기독교 변증학
성경적 믿음에 대한 포괄적인 주장

더글라스 그로타이스 지음
구혜선 옮김

기독교문서선교회

기독교문서선교회(Christian Literature Center: 약칭 CLC)는
1941년 영국 콜체스터에서 켄 아담스에 의해 시작되었으며
국제 본부는 영국의 쉐필드에 있습니다.
국제 CLC는 59개 나라에서 180개의 본부를 두고, 약 650여 명의
선교사들이 이동도서차량 40대를 이용하여 문서 보급에 힘쓰고 있으며
이메일 주문을 통해 130여 국으로 책을 공급하고 있습니다.
한국 CLC는 청교도적 복음주의 신학과 신앙서적을 출판하는
문서선교기관으로서, 한 영혼이라도 구원되길 소망하면서
주님이 오시는 그날까지 최선을 다할 것입니다.

Christian Apologetics
A Comprehensive Case for Biblical Faith

Written by
Douglas Groothuis

Translated by
Hyesun Ku

Copyright © 2011 by Douglas Groothuis
Originally published in English under the title as
Christian Apologetics
: A Comprehensive Case for Biblical Faith
by InterVarsity Press,
Translated and used by the permission of InterVarsity Press,
P.O. Box 1400, Downers Grove, IL 60515-1426, U.S.A.

All rights reserved.

Korean Edition
Copyright © 2015 by Christian Literature Center
Seoul, Korea

추천사 1

정성욱 박사
덴버신학교 조직신학 교수

　오늘날 우리는 기독교의 진리성이 심각하게 공격을 받고, 무참하게 짓밟히는 암흑의 시대를 살아가고 있다. 온갖 종류의 무신론(atheism)이 등장해서 하나님의 존재에 대하여 딴지를 건다. 기독교를 "개독교"라고 부르는 안티기독교 세력이 온라인과 오프라인에서 흥왕하고 있다. 특별히 한국적 컨텍스트에서 기독교회는 "밖에 버려져 사람에게 밟힐 뿐인" 신세로 전락해 가고 있다는 분석이 힘을 얻고 있다. 기독교를 비난하고 그리스도인들을 소리 높여 욕하는 것이 미덕으로 받아들여지는 무서운 시대가 되었다. 물론 한국 교회가 그동안 잘못해 온 부분들이 있었고, 우리가 공격의 빌미를 주었다는 점 또한 사실이다.

　그럼에도 불구하고 오늘날 기독교에 대한 무지막지한 비판에 대해서 우리는 침묵으로 일관할 수 없다. 그것은 우리의 책임을 방기하는 것이며, 우리의 특권을 무시하는 것이기 때문이다. 다시 말하면 우리 그리스도인들은 기독교의 진리성을 변호하는 것을 멈출 수 없다. 그것은 풍성한 빵이 있는 곳을 발견한 거지가 다른 거지들을 그곳으로 인도하려는 선한 노력과 같기 때문이다. 또한 기독교 유신론에 기초한 복음만이 허무감과 절망감 속에서 영원한 멸망으로 달려가고 있는 자들에게 유일한 소망의 메시지가 될 수 있음을 알기 때문이다. 우리는 울더라도 씨앗을 뿌려야 한다. 무엇보다 진리와 사랑과 생명의 씨앗을 뿌려야 한다. 기독교 변증학은 언제나 가장 적대적인 환경 속에서 눈물로 진리와 생명의 씨앗을 뿌리려는 사랑의 몸부림이었다.

본서는 이 시대 가장 탁월한 기독교 변증가 중 한 사람인 더글라스 그로타이스 교수의 필생의 역작이다. 그는 지난 22년간 덴버신학교에서 변증학, 기독교철학, 종교철학, 윤리학을 강의해 왔다. 상대적으로 한국 교회에는 덜 알려졌지만, 미국 교회와 세계 교회 내에서 그의 이름은 이미 널리 알려진 지 오래되었다. 저자의 철저하고 엄밀한 학문성과 하나님 말씀에 대한 탁월한 통찰력이 본서 구석구석에서 빛을 발한다. 기독교 유신론에 대한 이 정도로 포괄적인 변증서는 찾아보기 어렵다. 무엇보다도 그로타이스 교수는 고난을 아는 변증가이다. 그의 인생은 고난의 풀무에서 단련되어 왔다. 그래서 그의 변증학은 따뜻함과 인생을 향한 긍휼의 마음이 담겨져 있다.

옮긴이의 탁월한 번역으로 저자의 박학한 지식과 원래 의도가 충실하게 전달되었다고 본다. 확신하는 것은 본서가 이 시대 한국 교회에 말할 수 없이 큰 유익을 줄 것이라는 점이다. 험악한 시대를 살아가면서 기독교의 진리됨을 변호하고 또 그 진리 대로 살아내려고 분투하고 있는 조국 교회의 모든 형제와 자매들에게 본서를 적극적으로 추천한다.

추천사 2

김재성 박사
국제신학대학원대학교 부총장, 조직신학 교수

본서 『기독교 변증학』은 기독교와 성경적인 내용에 대해서 지성적으로 옹호하는 대답들, 즉 기독교에 대한 변증들을 총망라하고 있다. 전세계의 사상, 종교, 현대적인 흐름에서 나타나는 갖가지 기독교에 대한 의문들과 도전들을 기독교 진리의 확실성과 신뢰성에 입각해서 다룬다. 철학자들과 종교 사상가들이 다루는 여러 주제들에 대해서 기독교의 안목으로 변증학인 해답들을 담고 있는 종합대백과사전과 같다.

기독교 변증학이라는 학문은 크게 볼 때 신학의 영역 내에서 조직신학자들이 주로 다루는 논쟁적인 학문 분야이다. 그런데 이 책의 저자는 철학적인 관점에서 시작해서 점차 성경적인 변증을 옹호하는 쪽으로 나간다. 그래서 이 책은 변증학이라는 거대한 해설을 기독교 신학의 영역 내에서 쓰는 것이 아니라, 철학적인 논증과 이성적인 변호를 근거로 한다.

다시 말하면, 저자는 기독교 신앙을 옹호하고 변호하는 입장에서 이 책을 저술하였다. 이 책을 추천하는 나의 입장과 관점에서 볼 때, 변증학은 기독교 신학 내에 있어야 한다. 필자는 변증학의 근거가 이성이나 지성적인 탐구가 아니라, 하나님의 계시를 최우선적인 근거로 삼아야 한다고 생각하기 때문이다. 그러나 이 책에 담긴 방법론으로 말미암아 무조건 거부할 필요는 없다고 본다.

이런 관점을 가지게 된 이유에 대해서 이 책의 저자는 자신의 변증학이 프란시스 쉐퍼 박사의 입장과 같다는 점을 강조한다. 오랫동안 대학 캠퍼스에서 복음을 증거하던 사역자였기에, 유럽에서 이미 동일한 지성적 변증사역을 했던 쉐퍼 박사를 따라가고자 했다는 것이다. 일반 대학교에서 순수 철학을 연구한 이후에, 기독교 철학으로 옮겨온 저자의 배경에서 발전해 나갔음을 알 수 있다.

인간의 자유의지를 다루는 부분에서는 칼빈주의 개혁신학을 최고의 해답으로 인정하고, 그대로 받아들인다고 한다. 모든 분야에서 다 개혁주의 신학을 따르는 것은 아니지만, 특히 예정과 섭리를 다루는 부분에서는 개혁주의 신학을 최고의 해결책으로 제시한다. 인간의 한계로 풀 수 없는 부분은 하나님의 주권을 중심으로 다룰 수 밖에 없음을 인지하는 것이다.

본서는 기독교적 진리에 대하여 지성적인 답변을 추구하며, 어려운 사색을 마다하지 않는 사람들에게 큰 유익이 되리라 확신한다.

추천사 3

이재훈 목사
온누리교회 담임목사

　중세 신학자인 캔터베리의 안셀름은 "신앙은 이해를 추구한다"(Faith seeking understanding)라는 말로서 믿음과 이해의 관계를 잘 설명하였다. "나는 믿기 위해서 이해하려고 하는 것이 아니라 이해하기 위해서 믿는다"(I do not seek to understand that I may believe, but I believe in order to understand). 참된 믿음은 이해를 추구하나 믿지 못해서 이해가 필요한 것이 아니라, 믿음으로 더 깊은 이해를 추구한다는 의미이다.
　믿음의 대상이신 하나님을 다 설명하는 것은 불가능하지만 자신의 믿음의 이유를 설명할 수 없는 믿음은, 믿음이 아니다. 만일 설명할 수 없는 믿음이라면 다음의 말씀을 우리에게 주시지 않았을 것이다.

　　너희 속에 있는 소망에 관한 이유를 묻는 자에게는 대답할 것
　　을 항상 준비하라(벧전 3:15).

　과학과 기술, 논리와 이성이 삶의 도구와 방식에 있어서 기본이 된 오늘날, 한편으로 현대인들은 상대적인 기준과 가치에 따라 살아가고 있다. 무신론자, 유신론자, 다신론자, 여러 종교인들이 혼합되어 함께 살아가는 세상에서 기독교인들의 신학과 신앙에 대한 목소리는 점점 힘을 잃어간다. 우리는 다른 이들의 목소리에 귀를 기울이는 동시에 우리의

신앙에 대해 말할 수 있어야 한다. 즉 기독교인들은 스스로 자신의 신앙에 대해 변증할 수 있어야 한다. 더불어 그 변증은 서로 대화와 토론이 가능할 수 있을 만큼 논리적이고 포괄적이어야 한다. 이런 면에서 더글라스 그로타이스의 『기독교 변증학』은 지금까지 출판된 어떤 책보다 더 포괄적이면서 실제적인 변증학 도서이다.

독자들은 이 책을 통해 기독교 신앙의 실제적인 질문에 대한 해답을 얻을 수 있을 것이다. 또한 무신론자, 다신론자와 대화함에 있어서 폭넓은 사고와 논법으로 임할 수 있을 것이다.

본서는 성경, 철학, 세계관, 신학 모든 분야를 망라하고 있다. 하나님의 존재 증명부터 종교다원주의의 도전에 이르기까지, 다루어야 하는 모든 부분을 이처럼 세밀하고 정확하게 다룬 책은 찾아보기 힘들다. 본서는 코넬리우스 반틸의 변증학의 한계를 뛰어넘고 피상적이고 가벼운 현대 변증의 약점을 보완한 기념비적인 책이다. 그렇기에 본서는 신학을 공부하는 사람들뿐만 아니라 평신도에 이르기까지 신앙을 가진 누구에게나 큰 도움이 될 만하다.

진리의 권위가 무너지고 있는 현실 속에서, 진리 편에 서서 하나님의 권위를 드러낼 수 있는 『기독교 변증학』이 수많은 사람들을 하나님께로 돌아오게 할 것이라 믿기에, 기쁨으로 본서를 추천한다.

추천사 4

폴 코팬(PAUL COPAN) 박사
Palm Beach Atlantic University

"『기독교 변증학』은 접근 가능하고, 적절하고 지혜로운 기독교 믿음의 전면적인 변론입니다. 이 책은 한 노련한 변증가의 업적뿐만 아니라 그의 정열과 확신도 반영합니다. 나는 진심으로 이 책을 추천합니다!"

션 맥도웰(SEAN McDOWELL) 학장
『새 세대를 위한 변증학』(Apologetics for a New Generation)의 저자

"『기독교 변증학』은 제가 충심으로 보증하는 발군의 도서입니다. 오랜만에 접하게 된 가장 철저하고 통찰력 있으며 탁월하게 집필된 변증학 도서들 중 하나입니다. 더글라스 그로타이스는 비전문가가 쉽게 이해하며 그럼에도 변증학 권위자가 도전받을 수 있도록 면밀한 방식으로 저술할 수 있는 보기 드문 능력을 갖고 있습니다. 저는 모든 기독교인은 이 책을 주의깊게 읽고 그런 다음에는 회의론자가 읽도록 권해서 토론, 대화와 담화의 장이 열렸으면 하는 바람이 있습니다."

J. P. 모어랜드(J. P. MORELAND) 박사
『신에 대한 질문』(The God Question)의 저자

"그로타이스는 선두적인 복음주의 사고가이며 『기독교 변증학』은 수십 년간에 걸친 연구와 성찰의 기념비적인 결과입니다. 숨이 멎을 만큼 방대한 범위, 명료한 스타일로 쓰여진 이 책은 기독교 변증학에 있어서 현재 대단히 믿음직한 교재입니다. 나는 이런 도서는 처음으로 접해 보았으며 자신들 안에 있는 소망에 대해 대답하기 위해 배우기 원하는 모든 사람들에게 이 책을 전심을 다해 추천합니다."

윌리엄 A. 뎀스키(WILLIAM A. DEMBSKI) 박사
『기독교의 목적』(The End of Christianity)의 저자

"더글라스 그로타이스는 『기독교 변증학』을 마땅한 방식으로 진행하였습니다. 즉 변증학을 기독교 세계관 안에 두어 사람들이 실제적으로 질문하는 골치 아픈 문제들에 대답을 제시합니다. 만일 믿음이 유효한 옵션이라면 사람들은 이 골치 아픈 질문들에 대한 답을 필요로 합니다. 그의 책은 변증학에 대한 그의 다년간의 가르침과 저술을 활용하여 기독교 믿음의 변론을 위한 가장 효과적인 논증들을 정제해 놓았습니다."

한국어판 서문

더글라스 그로타이스(Douglas Groothuis) 박사
덴버신학교 철학 교수

    기독교 세계관과 삶을 변화시키는 복음의 메시지는 모든 사람들과 모든 시대에 해당된다. 바울이 설교했듯이 하나님이 이제는 어디든지 사람을 다 명하여 회개하라 명하신다(행 17:30). 베드로는 "다른 이로써는 구원을 받을 수 없나니 천하 사람 중에 구원을 받을 만한 다른 이름을 우리에게 주신 일이 없음이라"(행 4:12)고 선포했다.
    또한 기독교 변증학은 모든 국가의 사람들에게 적용되어야 한다. 기독교 변증학은 하나님과 사람 앞에서 반드시 필요한 기독교 제자도의 요소이다. 이는 한 분이시고 진실된 하나님은 반드시 전 세계에 알려져야만 하기 때문이다. 하나님의 독생자이신 예수 그리스도의 유일무이한 중재적인 사역을 통하여 모든 여성들과 모든 남성들이 하나님께 되돌아와야하기 때문이다(요 3:16; 딤전 2:5).
    바로 이런 이유들 때문에, 나는 나의 책이 한국인들에게 그들 고유의 언어로 출간되는 것이 너무 기쁘고 성경의 삼위일체 하나님께 감사드린다. 나는 애초에 기독교 변증학의 메시지를 영어권 독자들을 위해 저술하였지만, 기독교 변증학의 메시지는 우주보편적이다. 즉 기독교는 그리스도의 주권 아래 놓여 있는 생애 전체에 걸쳐 객관적으로 진실되고, 설득력 있게 합리적이고, 실존적으로 적용 가능하다(마 28:18-20; 벧전 3:15-16).

기독교인이거나 비기독교인이거나 모든 사람은 하나님의 메시지를 알아야 하고 그 메시지를 알려야 한다. 무신론적인 독재하에서 끔찍하게 고통당해 온 북한 사람들에게 한때 성도들에게 전해졌던 믿음(유 3절)을 설명하고 변호하는데 하나님께서 이 책을 사용하시기를 원한다.

나는 덴버신학교 졸업생인 구혜선 전도사에게 진심으로 감사한다. 그녀의 예리한 지성, 언어 능력, 기독교에 대한 헌신과 변증학에 대한 깊은 이해를 고려했을 때 구혜선 전도사는 이 책을 번역하기에 가장 적합한 사람이었다. 뛰어난 동료이며 신학자인 정성욱 교수가 친절하게도 한국어판 추천사를 써주었다. 본서가 나의 아내이며, 편집자이며 작가인 레베카 메릴 그로타이스가 마지막으로 편집한 책이라는 것을 슬픈 마음으로 언급한다. 아내의 인지 기능의 쇠퇴는 더 이상 그런 활동을 할 수 없게 한다. 그러나 아내는 나의 수고들을 위해서 계속적으로 기도해 주고 있고 나는 그런 아내가 참 고맙다.

진리, 정의와 선함의 하나님께서 이 책에서 무엇이든지 선한 것을 취하셔서 그분의 영원한 나라를 전진시키는 데 활용하시기를 바란다.

> 내가 이 반석 위에 내 교회를 세우리니 음부의 권세가 이기지 못하리라(마 16:18).

저자 서문

더글라스 그로타이스(Douglas Groothuis) 박사
덴버신학교 철학 교수

『기독교 변증학』(Christian Apologetics)은 기독교인으로서의 나의 삶과 내 삶에 공헌해 왔던 모든 사람들이 있었기에 가능했다. 내 평생에 이런 대작을 또 발표하기는 힘들 것이기 때문에 이런저런 모습으로 책의 존재에 기여한 가능한 한 많은 사람들에게 마땅히 감사를 전해야 할 것이다. 그렇지만 나는 감사한 마음을 최대한 간결하게 표현하도록 노력해 보겠다.

기독교 철학자로서 나의 지적인 발전은 수많은 사람들 덕분이다. 칼스튼 뮈세우스(Karsten Musaeus)는 대학 과정에서 세계관을 가르쳐 주셨다(『서구 사고의 여명: 기독교적 반응』[The Twilight of Western Thought: A Christian Response]: 책 제목이기도 하고 강의명이기도 하다-역주). 1970년대 후반 오레건대학의 사회학과를 다니는 동안 이 과정을 통해서 나의 중요한 사고가 형성되었다. 나는 후에 이 과정을 거의 5년 동안 가르쳤다. 우리 교수회의 후원자이며 오레건대학의 사회학 교수인 벤톤 존슨(Benton Johnson) 박사는 이 의외의 과목이 세속적인 공격들에 의해 없어지지 않도록 가장 은혜롭게 도와주셨던 분이다.

그 기간 동안(1979-1984) 나는 오레건대학의 기독교 두뇌집단(think tank)인 맥켄지연구센터(The Mckenzie Study Center)에서 일했다. 젊고 색다르고 열정적인 내게 캠퍼스 사역과 저술에서 기술을 발전시킬 수 있

도록 많은 도움을 주신 센터장 웨스 허드(Wes Hurd)에게 감사를 드린다. 또한 대학 시절에 리처드 베스윅(Richard Beswick) 씨는 나를 많이 격려해 주었다. 그분은 캠퍼스 사역자인데 나중에 나는 그분과 함께 오레건대학에서 일했다. 또한 나의 두 명의 친구들에게도 감사를 드린다. 스튜어트 스미스(Stuart Smith)와 팻 냅(Pat Knapp)은 내게 많은 위로를 주었고 나의 기독교 순례에 통찰을 제공했다.

내 어머니 릴리안 그로타이스 던(Lillian Groothuis Dunn, 1930-2010)은 평생 동안 위로하며 돕는 분이셨다. 몇 마디의 말로 그분에게 진 빚을 표현할 수는 없을 것이다. 지금 어머니가 보고 싶다.

키이스 얀델(Keith Yandell) 교수는 위스콘신-메디슨(Wisconsin-Madison)대학에서 나의 지도교수였다. 그곳에서 나는 1986년 철학으로 석사학위(M.A.)를 받았다. 키이스 교수로부터 나는 분석철학의 엄격함과 가치들을 배웠고 그것이 기독교 철학자들에게 어떤 의미가 될 수 있는지를 배웠다. 오레건대학에서 나의 박사과정 지도교수는 로버트 허버트(Robert Herbert, 2006년 소천)였다. 그분은 칭찬하는 데 너무 인색해서 내가 몇 주 동안이나 분석하는 데 골몰하게 했고, 이것은 내 사고를 더욱 날카롭게 해 주었다.

IVP의 편집장이신 앤드류 르 포(Andrew Le Peau)는 이 책의 부피가 두 배가 되고 교과서가 될 때까지 큰 인내와 친절을 보여주었다. 그는 나를 결코 재촉하지 않았고 그 대신 내가 이 책을 쓸 수 있도록 격려해 주었다.

각주를 교정하고 참고문헌을 모으고 성경 병렬구절들을 찾아내며 다른 문헌과 관련된 잡다한 일들을 해 주어 내가 본문 집필에 주력할 수 있도록 도와준 사라 가이스(Sarah Geis)에게도 감사를 드린다. 덴버신학교의 도서관 직원은 나의 간단한 요청에도 도서관에 있는 모든 자료들을 쓸 수 있도록 도와주었다. 또한 안식년 동안 이 책을 쓸 수 있도록 내게 여유를 제공한 덴버신학교의 지도자들에게 감사를 드린다.

데이빗 웨더(David Werther)와 폴 코팬(Paul Copan)은 책 전체를 조심스럽게 평가해서 보다 훌륭하게 만들어 주었다. 다원주의에 대한 나의 비평에 대해 살펴준 조나단 웰스(Jonathan Wells)에게서도 중요한 도움을 받았다. 그리고 그리스도의 부활에 대해 티모시 맥그루(Timothy McGrew)에게, 종교적 다원주의에 대해 해롤드 넷랜드(Harold Netland)에게, 자연신학에 대해 마이클 서더스(Michael Sudduth)에게 그리고 그리스도의 주장들과 자격(crudential)에 대해 에드 코모스주스키(Ed Komoszewski)와 로버트 보우만(Robert Bowman)으로부터 중요한 도움을 받았다. 물론 책에 어떤 실수라도 남아 있다면 그것은 모두 그들의 책임이 아니라 나의 것이다. 나의 동료 교수인 크레이그 블룸버그(Craig Blomberg)와 리처드 헤스(Richard Hess)가 도와준 장들 때문에 이 책은 더욱더 좋아졌다. 나는 이것에 대해서도 감사를 드린다.

덴버신학교의 선배 교수이며 경건한 기독교 사상가인 고든 루이스(Gordon Lewis) 박사와 버넌 그라운즈(Vernon Grounds, 1914-2010) 박사 두 분에 의해 나는 크게 영감과 격려를 받았다. 두 분 모두 소수의 복음주의자들만이 있을 때에 박사학위를 받았고 철학적 기술을 통해서 하나님 나라에 놀랍게 공헌했다. 나는 또한 수년간 내게 배웠고 또한 나를 가르쳤던 많은 학생들에게 감사를 드린다. 언급할 수 없을 정도로 많은 다른 분들 또한 『기독교 변증학』이 나오도록 중요한 통찰력과 참고를 제공했다.

나의 최고의 빚과 감사는 내 아내인 레베카 메릴 그로타이스(Rebecca Merrill Groothuis)에게 돌린다. 내 아내는 이 거대한 책의 모든 페이지 또한 나의 다른 모든 책들의 페이지를 교정했다. 탁월한 교정자이자 저술가인 레베카는 나를 보다 훌륭한 저술가와 철학자로 살 수 있도록 계속적으로 돕고 있다. 그녀는 여러 다양한 방법으로 이 책의 질을 향상시켰다. 더욱이 이 책을 쓰는 동안 그녀는 나로 하여금 경주를 마칠 수 있도록 격려했고, 상당한 난관에도 불구하고 이 방대한 분량의 교정을 마칠 수 있도록 열심히 일했다.

역자 서문

구 혜 선

    2009년 가을 덴버신학교에서 처음으로 변증학 수업을 듣던 때를 지금도 생생하게 기억한다. 청강생이었던 나는 세 시간에 가까운 그로타이스 교수님 수업을 들으며 가슴 속 깊은 곳으로부터 큰 감동을 느꼈다. 나의 손은 생소해서 어려운 단어들을 기록하느라 바빴고 나도 모르게 두 눈에서는 눈물이 흐르고 있었다. 그 눈물은, 나조차도 정확하게 표현하기 힘들었던 내 내면 속 깊은 질문들을 누군가가 명료하게 표현하는 것에 대한 감격의 눈물이었고 또 이런 고민은 나 혼자만의 고민이 아니었다는 것에 대한 안도의 눈물이기도 했다. 나는 그 당시 절대적인 진리의 개념이 상대화 되어가는 것 때문에, 더군다나 절대적인 진리의 개념을 고수하는 것이 마치 전통적이고 복음적인 기독교의 맹점인 것처럼 언급하는 견해들 때문에 깊은 절망과 답답함을 느끼고 있던 터였다.
    교수님을 만나지 않았다면 나는 이 절망이나 답답함을 기도처럼 내게 익숙했던 영적인 방법들을 통해서만 해결하려고 했을 것이다. 그러나 나는 교수님의 강의를 들으면서 전심을 다해 준비한 강의나 빈틈없이 준비한 논증 또한 하나님께 올려 드리는 귀한 기도나 예배가 될 수 있다는 것을 깨달았다. 물론 논증을 사용한 기독교의 변론이 예배나 다른 영적인 의식들을 대체할 수는 없지만 우리의 지성(mind)과 이성을 사용하여서도 하나님을 전심으로 예배할 수 있다는 것을 배웠다. 교수님은 학생들에게 우리 존재의 모든 것을 다해서 주님을 사랑해야 함을 강조하셨다. 우리의 의지, 지성와 정서 모두가 만왕의 왕이신 하나님께 고개 숙여 절해야 한다고 하셨다. 그래서 냉철하게 강의를 진행하시다가도 성령님이 감동을 주시면 늘 강의실에서도 무릎 꿇으셨고 강의의 나머지 시간은 열띤 기도회로 보내는 분이셨다. 안셀름처럼 교수님의 강의실은 예배당이었다. 나는 그로타이스 교수님에게는 신학교가 무덤이 될 수 있다는 말이 통하지 않는다는 것을 알게 되었다. 아마도 그런 이유는 교수님이 강의하시는 내용을 삶으로 살아내는 분이어서 그랬던 것 같다.

그는 신학교에서만 강의하지 않고 주립대학에서도 철학을 가르치셨고 늘 무신론자들과 공개토론의 기회를 가지셨다. 기독교 신학자나 철학자들의 신간뿐만 아니라 무신론자들의 신간에도 도서평을 게재하여 자신과 의견이 다른 사람들과 늘 대화의 창구를 열어 두셨다. 또 최근에는 『일곱 문장으로 요약해 본 철학』(Philosophy in Seven Sentences)이라는 책도 집필하셨다. 기독교의 변증을 위해서라면 라디오 프로그램에도 게스트로 나가셔서 기독교에 대한 다양한 도전들에 반응하기도 하셨다. 영혼들을 사랑하는 마음으로 문화를 해석하시고(exegete) 레이디 가가에게 공개서한을 보내 명목상의 그리스도인이 아닌 참된 신자가 되도록 도전하기도 하셨다. 교수님은 어떤 해에는 뉴 에이지와 범신론을 반박할 내용의 강의를 준비하시고 책을 집필하시기 위해 182권의 책을 읽기도 하셨다. 재즈 음악 애호가이신 교수님은 재즈 뮤지션처럼 남이 보지 않는 곳에서는 성실하게 연구하고 준비하셨고 즉흥 재즈 연주회(jam session)처럼 기회가 생기면 언제든지 그 기회를 놓치지 않고 세상과 잃어버린 영혼과 교류하셨다. 삶의 소망을 잃고 방황하는 사람들, 기독교를 의심하고 공격하는 사람들에게 나아가셨다.

교수님은 강의실에서 강의가 끝나도 그 곳을 떠나지 않으시고 가장 늦게까지 남아 마지막 질문자인 학생과 담소하고 나신 후에 불을 끄고 강의실을 떠나셨다. 강의실에서 교수실로 이어진 담소로 교수실 복도에는 늘 자기 차례를 기다리는 학생들이 있곤 했다. 냉철한 이성과 뜨거운 가슴을 가진 교수님은 마치 "뼛속에 갇힌 불"(렘 20:9) 때문에 하나님을 선포할 수밖에 없었던 예레미야 같았다. 아마도 진리가 사라져 끊어져 가고 있는 이때에(렘 7:28) 시류를 거슬러 행동하는 선지자와 같은 교수님의 모습에서 학생들은 하나님의 불을 느끼고 보았기에 교수님을 존경하고 따랐으며 동일한 불을 사모하며 수업에 임했다.

청강에 이어 2010년 가을 학기부터 종교철학을 전공하게 되며 처음으로 접하게 된 그로타이스 교수님의 『진리 부패』(Truth Decay)를 통해 포스트모더니즘의 공격에 맞서서 기독교를 특히 기독교의 진리를 변호하는 것을 배우게 되었다. 그 책을 통해 진리의 개념을 총체적으로 살펴보며 성경적인 진리관을 확고히 할 수 있었고, 『기독교 변증학』을 통해서는 내가 믿는 기독교가 어떤 것인지에 대한 전체적인 밑그림뿐만 아니라 세부적인 부분들도 충분히 습득하게 되었다.

객관적인 진리 개념 자체가 집중적인 공격을 받고 있는 포스트모더니즘 시대에 이 책은 대학부, 청장년부, 신학을 공부를 하신 집사님, 장로님들이 읽으시면 참 좋을 것 같다. 인생에서 가장 중요한 것들에 대해 고민하고 있는 조숙한 고등학생들도 대학 입시 전에 꼭 읽으면 좋겠다. 현재 미국에서 의식있는 교회들은 고등부에서 변증학 코스를 개설하여 청소년들이 이런 부류의 도서들을 접하여 기독교적 세계관에 입각한 사고의 틀을 견고케 한 후에 대학과 세상으로 내보낸다. 그런 맥락에서 주일학교 중고등부 교사들에게도 강력하게 추천하고 싶은 책이기도 하다.

그로타이스 교수님이 7년 반에 걸쳐서 집필하신 본서는 1부 변증 서문, 2부 기독교 유신론 변호를 위한 사례, 3부 기독교 유신론에 대한 반대, 부록 1: 재판 중인 지옥, 부록 2: 구약에서의 변증학적 이슈들로 이루어져 있다.

1부에서는 변증의 방법, 기독교 세계관과 성경적인 진리의 개념을 정의하고 변호한다. 여기에서 기독교는 객관적으로 진실되어 실재와 일치하고, 우리 삶에서 가장 중요한 것들에 대해 대답해 주기에 이성적으로 설득력있으며, 실존적으로 와닿아 호소력있고, 사회적으로, 전세계적으로 그리고 영원히 타당한 것으로 설명하고 있다.

2부에서는 14가지의 주옥같은 논증들을 통해 과학, 도덕, 종교체험,

신약의 변증학적 이슈들을 다룬다. 3부에서는 종교다원주의, 이슬람, 악의 문제처럼 실제적이고 난해한 이슈들을 다루며, 부록에서는 지옥에 대한 문제, 구약에서 자주 제기되었던 대표적인 질문들에 대답하고 있다.

그로타이스 교수님의 대작인 기독교 변증학은 소가 되새김질한 풀이 유아부터 노인이 마셔도 안전한 우유가 되듯이 비전문가도 영감을 얻으며 흥미롭게 읽을 수 있을 뿐만 아니라 변증학 전문가가 읽어도 도전받을 수 있는 탁월한 도서라고 생각된다. 왜냐하면 그는 이 책을 냉철한 이성뿐만 아니라 뜨거운 가슴으로도 저술했기 때문이다. 사모님을 이십여 년 가까이 간호하시면서 인간의 고통에 대해서도 깊은 이해함을 갖고 계시는 교수님을 통해 도대체 "나"라는 인간의 본성은 무엇인지 하나님이 누구신지 더 깊이 알게 된 역자의 축복이 이 책을 접하는 나와 같은 모든 주부들에게도 임하기를 기도하는 마음으로 역자 서문을 맺는다. 교수님의 말씀이 생각난다. 우리 모두는 뼛속 깊이 철학가라고 하셨다. 왜냐하면 인생에서 가장 중요한 문제들을 한두 번 쯤은 고민하기 때문이다. 그리고 우리 모두는 지성의 근원이신 예수님의 마음(mind of Christ)을 지녔기 때문이다.

학업과 가사를 병행하며 2012년 봄부터 2015년 여름까지 번역할 수 있도록 넉넉한 시간을 배려해주시고 부족한 나를 신뢰해 주신 기독교문서선교회에 깊은 감사를 드리고 일인 다역을 감당해 온 나를 위해 늘 기도, 사랑, 섬김으로 후원해 준 남편 금동섭 목사와 세 자녀들 그리고 양가에 생존해 계신 두 분의 어머님과 친지들께 감사드린다. 그리고 마지막으로 "이제 번역 끝나셨어요?"라고 물으며 늘 사랑으로 중보해 준 보스톤온누리교회 지체들께 감사드린다.

목차

추천사 1 정성욱 박사: 덴버신학교 철학 교수	5
추천사 2 김재성 박사: 국제신학대학원대학교 부총장	7
추천사 3 이재훈 목사: 온누리교회 담임목사	9
추천사 4 폴 코팬 외	11
한국어판 서문	13
저자 서문	15
역자 서문	18

제1부 변증 서문
Apologetic Preliminaries

1장 • 서론	25
2장 • 변증학의 성경적 근거	36
3장 • 변증 방법 세계관 평가하기	71
4장 • 기독교 세계관	114
5장 • 기독교 세계관의 왜곡	146
6장 • 진리의 정의와 변론	179
7장 • 왜 진리가 가장 중요한가?	213
8장 • 믿음, 위험 그리고 합리성	239

제2부 기독교 유신론 변호를 위한 사례
The Case for Christian Theism

9장 • 유신 논증 변호	260
10장 • 존재론적 논증	281
11장 • 우주론적 논증, 우주의 원인	314
12장 • 설계 논증	364

13장 •	기원, 설계와 다원주의	404
14장 •	지적 설계를 위한 증거	452
15장 •	하나님을 위한 도덕적 논증	501
16장 •	종교적 체험으로부터의 논증	553
17장 •	인류의 유일무이함, 의식과 인지	590
18장 •	폐위된 왕족	633
19장 •	나사렛 예수	663
20장 •	예수 그리스도의 주장, 자격증명과 업적	716
21장 •	성육신을 변론하며	766
22장 •	예수님의 부활	798

제3부 기독교 유신론에 대한 반대
Objections to Christian Theism

23장 •	종교다원주의	854
24장 •	변증학 그리고 이슬람의 도전	901
25장 •	악의 문제	923
26장 •	결론	973
부록 1 •	재판 중인 지옥	979
부록 2 •	구약에서의 변증학적 이슈들	993

용어해설	1013
참고문헌	1020
주제 색인	1084

제1부

변증 서문
Apologetic Preliminaries

1장

서론

소망, 절망 그리고 실재에 대한 인식

우주를 위한 소망이 있는가? 소망하는 자들(hopers)이 존재하는 우주 안(in)에는 분명히 소망이 있다. 미래시제로 사고하고 말하는 우리들, 즉 기대, 상상, 숙고 그리고 추측(지식에 근거한 추측과 무분별한 추측 모두)을 통하여 특이하게 인간에게만 존재하는 시제인 미래에 자신들을 투자하는 우리들이 바로 소망하는 자들이다.[1] 그러나 우주를 위한 그리고 두려움을 모르는 우주의 소망자들을 위한 소망은 조금이라도 존재하는 것인가? 우주에 대한 이 지엄한 질문보다 더 거창하고 의미심장한 질문을 찾는 것은 누구에게나 아주 힘든 일이다.

우리의 모든 냉소주의에도 불구하고 결국 우리는 불가피하게 소망할 수밖에 없는 피조물들이다. 우리는 기대한다. 더 많은 것과 더 나은 것을 갈망한다. 그것이 무엇이든지 간에 우리의 짧은 생애에 의미, 가치, 실체를 부여할 수 있다면 말이다. 가족들과의 정겨운 재회, 우리가 선출한 사람이 당선되는 선거, 직장에서의 승진, 두려웠던 조직검사의 음성 반응처럼 가족, 친구, 국가와 우리 자신들을 위한 우리의 소망들이 이루어지는 순간에도 더 큰 소망들(과 두려움들)은 여전히 그 모습을 어렴풋

---

1 George Steiner는 인간의 미래시제 사용의 의의에 대해 "the grammar of hope," in *Real Presences* (Chicago: University of Chicago Press, 1991), 56에서 논의했다.

이 드러내기 시작한다.

지금도 우리는 미래를 위해 고군분투한다. 우리가 우리의 삶, 우리의 종(species) 그리고 우리가 몸담고 있는 행성에 대해 다시 숙고해 볼 때에도 우리는 미래에 대해 고민을 한다. 그것은 무엇을 의미하는가? 어떤 것이 끝까지 남게 될까? 역사는 어떤 목표를 향해 전진해서 나아가고 있는가 아니면 단지 비틀거리며 따라가고 있는 것인가? 내 삶이 펼쳐지는 것 (혹은 내 삶의 실마리가 풀리는 것)이 지금 진행 중인 현재 이 순간은 어떻게 될 것인가? 지금 당장 우리는 뒤를 돌아보고 또 우리는 앞을 향해 전력을 다해 나아간다. 그러나 과연 내가 소망하고(to hope), 인식하며(to know) 행할 수(to do) 있는 것에는 어떤 것이 있는가?

우리가 삶의 시제들(tenses)을 탐구할 때 우리의 소망들이 공허하고 텅 빈, 집 없이 떠돌아다니는 망령들과 같을까봐 우리는 걱정한다. 또한 절망감이 승리하여 우리의 운명을 지배하게 될까봐 우리는 자주 두려워한다. 절망은 우리에게 야유를 보내거나 논쟁을 한 판 벌일 준비를 하며 늘 소망 바로 가까이에 있는 것 같다. 누가 "사랑은 죽음처럼 강하다"(아 8:6)라고 말하는 성경 철학자에게 동의할 수 있겠는가? 아니면 죽음이 우리 모두에게 최후 승리의 미소를 지을 것인가?

우리가 이러한 질문들에 대해 답을 구하는 방식은(혹은 우리가 이런 질문들에 대해 대답하려고 조금이라도 시도한다면) 우리가 누구이며 우리가 어떤 사람이 되어가는지를 결정하게 될 것이다. 우리 모두는 우주의 시민이다. 우리는 우리가 가장 중요하게 여기는 문제들에 관해서 연일연야(連日連夜)를 혼동과 불확실성 속에서 통과해나가며 대부분의 시간 동안 불안해 하는 여행자들이다. 어떠한 의미에서 우리는 혼자다. 어느 누구도 우리 대신 살아주거나 우리 대신 죽어줄 수 없다. 우리 각자는 유일무이하고 자신에 대해 책임을 져야 하는, 해체 불가능하며 영속적인 존재이다. 그럼에도 우리의 운명은 우리의 세상 그리고 우리의 동료 여행자들과 밀접하게 얽혀 있고, 각각의 여행자는 이런 집요한 광대무변함들 (immensities)에 대해 특별하게 대처(또는 회피)하는 자신만의 방식을 갖고 있다.

우리는 혼자이면서 동시에 함께한다. 끊임없이 반복되는 이러한 인간의 질문, 곧 갈망과 운명과의 씨름이 단지 인간적인 것에 지나지 않는다면, 너무나도 인간적인 것이라면 어떻게 하겠는가? 소망은 인간의 노력 그 이상으로 확대될 수 없고 소망은 인간의 노력을 초월한 그 어떤 것으로도 대답될 수 없다면 어떻게 하겠는가? 수천 년에 걸쳐 내질러진 인간의 부르짖음들이 단지 허공을 울리는 메아리여서 허공 안에서만 머문다면 어떻게 하겠는가? 그 가능성은 반드시 대면되어야만 한다. 만일 탐구 자체가 조금이라도 어떤 의미를 갖기 위해서라면 말이다.

결국 진리가 부재한 소망은 무의미하다. 아무리 위로가 되거나 거창한 것이라고 하더라도 환상과 망상은 아는 것(knowing)과 존재(being)하는 것의 진실성(integrity)을 찾기 위해 애쓰는 사람들의 적이다. "나는 우주가 목적을 갖고 있는 것으로 생각하기를 좋아한다." 혹은 "사후 세계에 대한 생각은 내게 평화를 준다"라는 진술들은 단순한 바람을 반영할 뿐이다. 이런 개념들은 우리가 이 세상을 살아가는 동안 혹은 죽음 이후의 우리의 삶에 목적이 존재한다는 것의 진실 혹은 거짓의 여부에 대해서는 언급하지 않는다. 왜냐하면 있는 그대로의 실재(reality)에 대한 보증된 인식, 즉 지식에 대한 참된 주장이 부재하기 때문이다.

실재를 향한 원기왕성하고, 굳세며 만족할 줄 모르는 욕구가(그것이 어떤 욕구이든지 간에) 진리를 테스트하고 분별하기 위한 유일한 원동력(engine)이다. 진리는 우리에게 있어서 가장 중요한 것이며, 특히 이 세상에서 우리 인간상태에 대한 진리가 가장 중요한 것이다. 인간상태라 함은 인간의 기원, 본성, 목적(만약 있다면)과 운명을 말한다. 진리를 아는 것과 진리의 요구에 따라 사는 것이 숙고하는 사람의 소망과 염원이 되어야 한다. 진리에 대한 우리의 지식만이, 실재에 대한 우리의 인식이 아무리 불완전하거나 부분적인 것이라고 할지라도, 소망의 주장과 절망의 두려움 사이에 있는 내적 다툼을 해결하는 데 도움을 줄 수 있다.

현재 객관적인 진리 개념 자체가 집중 포화를 받고 있다. 어떤 이들은 객관적인 진리를 지금보다 현실감각이 뒤떨어진 시대에 탄생한 철학적 후유증(hangover)에 지나지 않는 것으로, 그럼에도 여전히 너무나도 많은 사람들을 매혹시키는 실현 불가능한 키메라[2] 같은 것으로 여긴다(우리는 6장에서 이런 부인[denial]과 부인하는 자들[deniers]을 살펴볼 것이다).

진리는 좀 더 진부한 방식으로 꺼려질 수도 있다. 진리의 개념은 "현실적 삶"(real life)과 유리된 구시대의 유물처럼, 철학적 비판을 회피해버리고 무시와 안일의 태도를 견지할 수 있다. 이렇게 되면 진리 개념은 단지 한 개인의 짧은 기억 속에 존재하고 신중하지 못한 기대를 자극하는 것으로 제한된다.[3] 그럼에도 인간들은 자신들의 즉각적인 경험들을 초월하고 다른 문제들을 숙고할 수 있는 능력이라는 특권을 부여받았다. 바로 그런 기본적인 인간의 본성 때문에 철학, 문학, 종교가 존재하고 또 대학교 기숙사에서 밤늦은 시간에 토론이 벌어지는 것이다(적어도 우리는 이런 것들이 계속해서 일어나기를 소망한다).

어쩌면 우리가 주체가 되어 소망의 이유를 찾으려고 노력하거나 삶의 의미(들)를 얻기 위해 질문하는 것 대신에, 상황은 역전되어 있는지도 모른다. 어쩌면 우리는 삶이라고 하는 배심원 앞 증인석에 서 있다. 작고한 심리학자 빅토르 프랭클(Victor Frankl)은 자신의 고전적 작품인 『의미를 찾아서』(Man's Search for Meaning)에 바로 이런 내용을 담아서 다음과 같이 기술했다.

> 궁극적으로 사람은 자신의 삶의 의미가 무엇인지에 대해 질문해서는 안 된다. 오히려 질문은 자신에게 제기되었다는 것을 반드시 인식해야만 한다. 한 마디로 말해서 각 사람은 삶으로부터 질문을 받고 있고 오직 자기 자신의 삶에 대하여 **책임지는 것으로**(answering for) 삶에 대해 대답할 수 있는 것이다. 삶에 대해

---

2 그리스 신화에 나오는 머리는 사자, 가슴은 양, 꼬리는 뱀이라는 가공 괴물-역주.
3 C. S. Lewis는 자신의 고전적 논픽션인 *The Screwtape Letters* (1942; reprint, San Francisco: HarperSanFrancisco, 2001), 2-4에 등장하는 첫 번째 편지에서 "실제적인 삶"에 대한 혹은 즉각적인 경험의 흐름에 대한 집착을 통하여 심오한 문제들을 피하고자 하는 유혹에 대하여 쓰고 있다.

서 책임을 지는 것으로만 그는 반응할 뿐이다.[4]

프랭클은 "아우슈비츠(Auschwitz), 트레블린카(Treblinka), 마이다네크(Maidanek)의 가스실은 결국 베를린 정부의 이런저런 부처에서가 아닌 오히려 허무주의적인 과학자들과 철학자들의 책상과 강의실에서 준비되었다"라고 고찰한다.[5] 히틀러의 죽음의 수용소에 수감되어 있었던 프랭클은 자신들의 즉각적인 경험을 뛰어넘었던 의미에 대한 인식을 지녔던 포로들이 심지어 나치(Nazi)의 지옥에서조차 소망과 존엄성을 유지했던 것을 주의깊게 관찰했다. 이런 신념의 혜택이 없었던 사람들은 심지어 가스실에서 살아남았다고 하더라도 악의 극심한 중압감으로 인해 위축되어 죽는 경향을 보였다.

그럼에도 불구하고 한 개인은 거짓말을 믿으며 살거나 죽기도 할 것이다. 반면 한 개인은 삶을 위한 의미, 방향성 그리고 심지어 용기를 부여해 주는 어떤 것을 소망하면서도 진리의 반대편에 가 있기도 한다. 열심(zeal)은 지식을 보장하지 않는다. 사실 열심은 지식의 대리모 역할을 할 수도 있을 것이다. 심지어 열심은 우리로 하여금 가장 중요한 것들에 대해 눈이 멀게 하여 결국 다른 사람들을 파괴시킬 수도 있다.

몇 달 동안의 세심한 준비 후에 실재에 대한 어떤 특별한 해석에 힘입고 초점을 맞춘 19명의 젊은 열심당원들(zealots)이 사명을 완수하기 위해 2001년 9월 11일에 4대의 미국 여객기에 탑승했다. 사고 초기에 몇 명의 해설가들이 강조했던 것처럼 이 열심당원들은 아무 이유 없이 건물을 파괴하고자 했던 무의미한 허무주의자들이 결코 아니었다. 그들은 이생에서의 자신들의 목숨을 희생하고서라도 신(알라)의 뜻을 성취하기 위해 애썼다. 그러나 그들이 그렇게 한 것은 지극히 세속적인 쾌락을 제

---

4 Victor Frankl, *Man's Search for Meaning: An Introduction to Logotherapy* (New York: Pocket Books, 1959), 172.

5 Victor Frankl, *The Doctor and the Soul* (1955; reprint, New York: Vintage Books, 1986), xxviii.

공할 낙원에 대한 소망 때문에 그렇게 한 것이다. 열심당원들이 희생한 자신들의 생명들과 그들이 앗아간 3천 명 이상의 생명들 그리고 지구촌의 문명은 결과적으로 결코 돌이킬 수 없게 되었다.

이 종말론적 대재앙과 같은 테러는 뉴욕과 펜타곤, 펜실베이니아에 있는 들판만이 아니라 세계의 여론도 뒤흔들었다. 이 대재앙은 적지 않은 문화적 상대주의자들의 세상에도 충격을 주었다. 심지어 세속주의의 극치인 「뉴욕타임즈」(New York Times)조차 이런 가공할 사건들이 포스트모던주의자들의 상대주의가 거짓말임을 드러냈고, "초월적인 도덕적 기준"을 촉구한 사건들이었다고 사설로 논평했다.[6] 이런 종류의 어조는 단순한 개인적인 선호와 정치적 분석을 벗어나 그 너머로 옮겨간다. 그것은 세계가 어떠한지와 또한 세계가 반드시 어떠해야 하는지에 대한 본질적인 이슈들을 발동한다. 그것은 세계관을 찾으려는 격노이며 보편적 주장들(universal claims)을 만들어 내느라 용솟음치는 양심의 파도이다.

비슷한 취지로 데이빗 브룩스(David Brooks)는 「월간 아틀란틱」(Atlantic Monthly)에서 자신처럼 "회복 중인 세속주의자"는 "종교를 너무 만만하게 여겨 왔다"는 것을 깨달을 필요가 있다고 기록했다. 종교가 인간사(human affairs)에서 그 역할이 감소하고 있다고 잘못 가정하였기 때문에, 많은 세속주의자들은 실재(reality)에 비추어 종교적 주장들을 평가해 보려 하지 않은 채, 종교를 무시하는 접근 방식을 취해 왔다. 실재에 비추어 종교적 주장들을 평가해 보는 것은 무례하게 여겨질 것이며 너무나도 많은 소동을 일으키게 될 것이기 때문이다.

"와하비즘(Wahhabism: 오사마 빈 라덴과 그의 암살단들에 의해 견지된 이슬람 내 운동)은 이슬람을 왜곡하는 악한 종파인가? 그것에 대해 말하지 말라." 그러나 최근 사건들을 통해 브룩스(Brooks)는 그의 생각과 종교에 대한 접근 방식을 바꾸었다. "종교가 더 큰 역할을 감당하고 있는 세상에서 이런 접근 방식은 더 이상 받아들여질 수 없다. 개개인은 옳고 그

---

6 Edward Rothstein, "Attacks on U. S. Challenge Postmodern True Believers," *New York Times*, September, 22, 2001, A17.

름을 구별하기 위해 반드시 노력해야 한다."[7] 사실 비극들은 개인의 마음에서 일련의 개념적 잔해물을 정리하도록 도와줄 수도 있다.

9.11사건이 발생하기 수년 전에 정치 과학자 사무엘 헌팅턴(Samuel Huntington)은 곧 도래할 "문명의 충돌"에 대해 말했다. 이 논제는 "역사의 종말"을 선언하여 세계 문명들에 대해 논의를 일으키며 유명해진 1992년에 출간된 프란시스 푸쿠야마(Francis Fukuyama)의 책과 기막힌 대조를 이룬다. 헤겔의 역사철학에서 일련의 주제들을 재정비하여 푸쿠야마는 서구의 자유 민주주의들이 세계 경쟁을 위한 기준을 세웠다고 주장했다.

그런 의미에서 역사는 그것의 종말(end) 혹은 목적(telos)에 도달했다. 다른 국가들은 곧 이런 계몽된 서구 국가들을 따르는 수순을 밟게 될 것이다. 어떤 형태의 정부가 이상적인가에 대한 지구촌의 갈등은 줄어들 것인데 왜냐하면 공산주의가 실패하고 자유 민주주의가 세계적으로 상승세를 보이면서 사실상 그 이슈는 해결되었기 때문이다. 푸쿠야마는 이런 민주화와 안정화 과정이 궁극적으로는 일종의 권태로 이어지지는 않을까하고 의구심을 가지기는 했지만 지금 우리를 둘러싸고 있는 사건들을 예견하지는 못했다.[8]

그러나 헌팅턴은 조금 덜 행복한 다른 세상을 보았다. 문명 간의 갈등은 국적, 정치, 이데올로기 혹은 경제가 아닌 다른 "문화들" 그리고 다른 문화들이 실재에 대해 갖는 관점들에 의해 주로 심화될 것이라고 헌팅턴은 주장했다.

> 사람들과 국가들은 인간들이 대면할 수 있는 가장 기본적인 질문들에 대답하려고 시도하고 있다. 우리는 누구인가? 그리고 그들은 인간들이 전통적으로 그 질문에 대답해 왔던 방식인, **자신**

---

7 David Brooks, "Kicking Secularist Habit," *The Atlantic Monthly*, March 2003, 28.
8 Francis Fukuyama, *The End of History and the Last Man* (New York: Avon Books, 1992).

들에게 가장 중요한 것들에 의거해서 그 질문에 대답하고 있다.[9]

결국 인간들에게 가장 중요한 것은 그들의 세계관이다. 세계관은 인간들의 다양한 조상, 역사, 제도와 종교들을 감안하여 인간들이 자리잡고 있는 곳인 실재를 설명하고 의미를 부여하는 개념들의 복합체다.[10] "나에게 테러리스트는 너에게는 자유투사다"라는 슬로건은 서술적으로나 사회학적인 차원에서는 알맞을 수 있겠으나 철학적으로는 공허하게 울릴 뿐이다. 왜냐하면 그 슬로건은 소망, 의미, 진리, 도덕성과 합리성이라는 골치 아픈 질문들을 피하기 때문이다. 브룩스와 다른 이들이 주목해 온 것처럼 종교는 근대성(modernity)의 조건 아래에서 위축되고 있지도 않으며, 또한 종교는 사회적이고 정치적인 요인들에 기초해서 적절하게 설명될 수도 없다. 종교는 세계 정세 속에서와 죽을 수밖에 없는 인간들의 마음 속에서 종교 고유의 내재적인 파워를 갖는다.[11]

그러나 이런 관찰들이 중요하기는 하지만 (만일 있다면) 어떤 종교가 진실되고 따를 가치가 있는지에 대한 문제를 해결해 줄 수는 없다. 또한 전 세계적으로 일어나고 있는 종교 부활, 특히 제3세계에서의 이슬람과 기독교의 부활이[12] 지적인 평가에 있어서 세속적 세계관(실재를 이해함에 있어서 하나님에 대한 여지를 전혀 남기지 않는)에 불리한 것으로 간주될 수도 없다. 진리는 지지자의 수를 세는 것으로 결정되지 않는다. 궁극적인 실재에 대한 이런 질문들에 대답하는 것을 시작하기 위해서 우리는 사회적 변화를 사전에 도표화하거나 예상하는 것 이상으로 더 깊이 숙고해야만 한다. 우리는 가장 예리한 추론과 유용한 증거에 비추어 보아 각 대안들을 진중하게 생각하고 숙고하며 평가해야만 한다.

---

9 Samuel Huntington, *A Clash of Civilizations* (New York: Simon & Schuster, 1996), 21. 강조는 내가 추가한 것이다.
10 Ibid.
11 Peter L. Berger, ed., *The Desecularization of the World* (Grand Rapids: Eerdmans, 1999)을 보라.
12 Philip Jenkins, *The Next Christendom* (New York: Oxford University Press, 2002)을 보라.

나는 이생과 사후의 삶에 있어 모든 이에게 가장 중요한 것은 성육신하신 하나님인 나사렛 예수에 대한 한 개인의 태도(orientation)라고 하는 확실하고 설득력 있는 주장이 제시될 수 있다고 확신한다. 여기서 소망은 한 개인을 만족시키며 자유롭게 하는 진리 안에서 소망의 목표를 찾게 된다.

한 개인이 이러한 발견에 도달하는 것에는 많은 경로가 있을 것이다. 이 책은 지적인 조사와 논증의 길을 개척하고자 한다. 그것은 고대로부터 지속되고 있는 기독교의 유신론을 변론하고 옹호하는 변증학의 과업이다. 이 책은 자신들의 소망을 위한 더 강력한 이유를 찾고자 하는 불신자들과 신자들 모두에게 유용하다. 이런 목적을 위해 우리는 현재 세계에서 펼쳐지고 있는 기독교의 주요 경쟁자들의 반대주장들(counterclaims)에 비추어 기독교의 핵심적인 주장들을 조사해 볼 것이다.

나는 이 점에 관한 한 중립적인 체하지 않을 것이다. 나는 기독교 신앙을 고백하는 기독교 신자(professing Christian)로 기독교 세계관이 진실되고, 이성적으로 설득력 있으며, 실존적으로 와닿고, 사회적으로, 세계적으로 그리고 영구적으로 적절하다고 믿는 사람이다. 어쨌든 이 책은 사고하는 사람, 사려깊은 사람이라면 누구나 충분히 이해할 수 있는 합리적이고 사실적인 고찰들에 호소할 것이다.

내 접근 방식의 개요를 더 상세하게 설명하기 전에 내 자신의 여정에 관하여 몇 마디를 언급함이 적절할 터인데, 왜냐하면 한 개인의 인생 여정은 늘 그 사람의 사고방식을 형성하기 때문이다. 비록 책은 저자의 경력보다는 책에서 펼쳐진 주장들의 탁월함에 의해서 더 잘 평가되기는 하지만 말이다.

1976년 19세의 나이에 기독교로 회심한 후 나는 몇몇 사람들에 의해 (비록 노골적으로는 아니었지만) 경험에 기초한 믿음을 위해 지성의 삶을 포기하라는 권유를 받았다. 그런데 그 당시 대학에서 첫 해를 보내고 있던 나는 바로 이 지성의 삶을 막 탐구하기 시작했었다. 나는 몇 달 동안 고통스럽게 지내며 이를 시도해 보았다. 나는 지성의 삶을 포기하는 것에 실패했다. 그러나 기독교 신자인 것을 포기하지는 않았다. 다른 더 좋은 방법이 있었기 때문이다.

　탐구하는 마음(inquiring mind)은 단순한 체험들이 아닌 만족스러운 대답들을 필요로 한다. 아리스토텔레스가 자신의 『형이상학』(Metaphysics)의 들어가는 말에서 이야기했듯이 "인간은 본성적으로 알기를 원한다." 그리고 이것은 누구에게나 그렇듯이 그리스도인에게도 해당된다. 더 나아가 기독교 인간론은 인간은 자신의 창조주를 알도록 그리고 자신의 모든 마음을 다해 하나님을 사랑하도록 만들어졌다는 것을 확언한다(마 22:37-39). 이것은 많은 것을 요구하는 과제 같지만 보람있는 과제이기도 하다. 숙고하지 않는 믿음의 시도에서 실패를 경험해 보았기에 나는 지성의 삶을 그리스도께로부터 받은 소명으로 추구해 왔다.

　그래서 나는 철학석사와 박사학위를 취득했고 두 곳의 비기독교대학교에서 12년 동안 캠퍼스 사역을 했다. 나는 (학문적이고 대중적인) 여러 종류의 많은 출판간행물들에 다양한 주제들에 대해서 광범위하게 저술해 왔고, 1993년 이후로 전임 철학 교수로 재직하고 있다. 나는 기독교의 진리를 당연한 것으로 받아들이지 않는 공개토론의 장에서 규칙적으로 강연하고 저술물을 발표한다. 내가 이렇게 하는 이유는 지적인 요구가 큰 상황들에서 나 자신의 기량을 시험할 뿐만 아니라 기독교의 혁명적인 주장들로 청중들에게 도전을 주기 위해서이다.

　그렇기 때문에 이 책은 이런 주제에 대해 "최종 결정"(the final word)을 내린다고 주장하지는 않지만, 여기에 언급되는 주제들을 일관되게 그리고 지속적으로 고민해 온 삶으로부터 만들어진 것이다. 이 책은 기독교의 진리를 전제하지도 않으며 또한 어떤 철학적인 질문들을 회피하지도 않는다. 나의 접근 방식은 다음과 같이 말한 프란시스 쉐퍼의 것과 같다. "나는 마치 내가 그리스도인이 아닌 것처럼 모든 문제에 접근하려고 시도하고 어떤 대답이 나올지 지켜본다."[13]

13　Francis Schaeffer, "How I Have Come to Write My Books," in *Introduction to Francis Schaeffer* (Downers Grove, Ill.: InterVarsity Press, 1974), 35. 이것은 저자 목록이 없는 연구 가이드다.

『기독교 변증학』은 변증학을 위한 성경적인 근거와 기독교 믿음(faith)을 변호하기 위해 필요한 변증적인 방법을 제시하는 것으로 시작한다. 그런 다음에 다양한 거짓 비난들에 맞서서 기독교 믿음(이를테면, 기독교 세계관)을 설명하고 변론한다. 초기에 이렇게 세워진 기초 위에 객관적인 진리라는 개념의 변론과 열정적으로 진리를 추구할 필요가 뒤따르게 된다. 특별히 기독교 메시지의 고위험 부담을 감안했을 때(천국 또는 지옥) 그렇다는 것이다.

다음에 소개되는 몇몇 장들은 존재론적(ontological), 우주론적(cosmological), 설계론적(design), 도덕론적(moral) 그리고 종교 체험적(religious-experience) 논증들처럼 자연신학에서 비롯된 하나님에 대한 주장을 다룰 것이다. 유신론을 위한 이러한 논증들에 이어 인류의 유일무이함이 왜 기독교 유신론에 의해 가장 잘 설명되는지를 입증하기 위한 논증들이 추가되었다. 본서에서 인간의 유일무이함으로 논의하는 것으로는 인간의 위대함(greatness), 비참함(misery), 의식(consciousness)과 합리성(rationality)과 같은 것이 있다.

그 다음 몇 개의 장들은 성경의 역사적 신뢰성, 특히 신약성경의 역사적 신뢰성을 변론한다. 그러한 기초 위에 우리는 예수 그리스도의 정체성, 그분의 주장들, 자격, 성육신과 부활을 다룰 것이다. 이런 것들을 주장함에 있어서 우리는 대안적인 견해들과 어떻게 그 견해들이 지적으로 대처하는지도 고려해 볼 것이다.

기독교를 위한 이런 종합적인 변론을 제시한 후에, 우리는 기독교에 대한 세 가지 의미심장한 도전을 다룰 것이다. 그 세 가지는 종교다원주의(너무나도 많은 종교들을 감안했을 때 기독교가 유일한 길이 될 수 없다)의 도전, 이슬람의 부활과 이슬람만이 유일하게 진실된 종교라는 이슬람의 주장 그리고 악의 문제(세상의 악을 감안했을 때 하나님은 전선하시며[all-good] 전능하실[all-powerful] 수 없다)이다. 마지막 장은 주목하고(watching) 기다리며(waiting) 눈물 흘리는(weeping) 세상 앞에서, 기독교 진리를 확신하는 사람들이 그런 신념들을 확산시키는 삶을 영위하도록 강력히 권고한다.

2장
변증학의 성경적 근거

1. 기독교 세계관은 진실되며 이성적인가?

그것은 믿을 만하며 우리가 살아낼 만한 가치가 있는 것인가? 이런 질문들 안에는 기독교 변증학의 분야가 존재한다. 기독교 세계관은 이성적인 논증들에 기초한 대답들을 제공한다. 그럼에도 이런 논증들은 변증가 개인의 성품으로부터 분리될 수 없다. 그러므로 변증학은 필연적으로 이론적인 동시에 인격적이며, 지적인 동시에 관계적이다. 변증적 논증의 방법에는 변증가 자신의 태도도 따라온다. 곧 알게 되겠지만 변증적 논증의 방법과 변증가의 태도 두 가지 모두는 동등하게 매우 중요하다.

이번 장의 과제는 성경에 나와 있는 변증학의 근거를 설명함으로써 변증학에 대한 우리의 이해를 강화시키는 것이다. 이러한 기초들을 잘 다져서 만반의 준비를 갖추고 항로를 기록한 후에, 비로소 우리는 연이어 등장하는 각각의 장들에서 논증별로 펼쳐지는 지적인 모험이라는 대장정의 출항을 감행할 수 있게 된다.

2. 변증학의 의미와 그것의 성경적 근거

변증학(apologetics)이란 단어는 변호의 여지가 없는 입장을 편향적이고 호전적으로 변호한다는 것을 표현하기 위해 비하적 의미로 오늘날 자주 사용되곤 한다. 그렇지만 합법적인 입장 혹은 관점에 대한 신뢰할 만한 "변론"(apology)을 제시한다는 개념은 길고도 풍부한 역사를 가지고 있다. 예를 들면, 미국의 설립자들은 「연방주의 신문」(The Federalist papers)에서 미국식 정부 형태로의 변화를 위한 변론(또는 변증[apologetic])을 제시했다. 이렇게 박식하고 설득력 있는 변증가들은 반대에 직면했을 때 자신들의 정치적 관점을 설명했고 합리적으로 변론했다.[1] 이처럼 변증가는 특별한 입장을 변론하고 옹호하는 사람이다. 종교와 비종교를 망라하여 온갖 종류의 변증가들이 많이 존재한다. 변증의 직무가 그리스도인들이나 다른 종교인들 전용은 아니다.

예를 들어, 리처드 도킨스(Richard Dawkins)는 무신론적 다윈주의에 있어서는 지칠줄 모르는 변증가로 모든 종교들을 동등한 열정으로 원기왕성하게 반대하는데, 특히 기독교에 대해서 더 그렇다. 변증가들은 자신들의 입장을 인정 받기 위해서 선전(propaganda)이나 강제(coercion)에 의지할 수도 있겠지만 그렇게까지 할 필요는 없다. 물론 그리스도의 모범을 따르는 그리스도인들은 결코 그렇게 해서는 안 된다.

기독교 변증학은 객관적으로 진실되고, 이성적으로 설득력 있으며, 실존적으로나 주관적으로 호소력있는 기독교 세계관에 대한 이성적인 변론이다. 변증학이라는 말은 아폴로기아(apologia)라는 헬라어에서 유래하며, "변론"(defense) 혹은 "해명"(vindication)으로 번역될 수 있다. 신약시대에 "아폴로기아는 어떤 것을 공식적인 법정에서 변론하는 것이었다"(딤후 4:16).[2] 이 단어의 명사 형태인 아폴로기아(apologia)나 동사 형태

---

1 우리는 13장에서 기독교에 대한 Dawkins의 공격을 살펴볼 것이다.
2 L. G. Whitlock Jr., "Apologetics," in *Evangelical Dictionary of Theology*, ed. Walter Elwell (Grand Rapids: Baker, 1984), 68.

인 "아폴로게오마이"(*apologeomai*)는 신약에 8번 등장한다(행 22:1; 25:16; 고전 9:3; 고후 7:11; 빌 1:7, 16; 딤후 4:16; 벧전 3:15). 이 용어는 성경 본문 세 곳에서 복음의 이성적 변론을 위해서 특별하게 사용되었는데, 빌립보서 1:7, 16에서 사용되었고, 가장 잘 알려진 본문은 베드로전서 3:15-16이다.[3]

> 너희 마음에 그리스도를 주로 삼아 거룩하게 하고 너희 속에 있는 소망에 관한 이유를 묻는 자에게는 대답할 것(*apologia*)을 항상 준비하되 온유와 두려움으로 하고 선한 양심을 가지라 이는 그리스도 안에 있는 너희의 선행을 욕하는 자들로 그 비방하는 일에 부끄러움을 당하게 하려 함이라(벧전 3:15-16).

베드로는 자신들의 믿음 때문에 고통당하고 있는 그리스도인들에게 힘을 실어주기 위해 편지를 썼다. 그리스도인들이 인내할 수 있고 심지어 고통 가운데서도 소망을 발견할 수 있는 것은 예수님 그분 때문이다. 그러나 고통의 시간에도 소망을 가지고 있는 이유에 대해 누군가 물어 올 때 단순히 "예수님"이라고만 대답하는 것은 제대로 된 변증을 제시하는 것에 실패하는 것이다.

비록 이 구절이 변증학의 모든 영역을 직접 언급하고 있지는 않지만, 이 구절은 믿는 그리스도인들이 왜 기독교를 확신하는지에 대한 이유를 명확하게 설명할 수 있도록 격려한다. 이 구절에 비추어 보았을 때, 우리도 왜 애초부터 우리가 예수님을 믿는지, 즉 왜 예수님이 우리가 힘든 상황에 처해있을 때 우리의 충분한 위로와 영감(inspiration)이 되는지를 마찬가지로 설명할 수 있어야 한다.[4]

---

3 Kenneth Boa and Robert Bowman, *Faith Has Its Reasons: An Integrative Approach to Defending Christianity*, 2nd ed. (Colorado Springs: NavPress, 2005), 2를 보라.

4 James Sire는 이 구절에 대해 *A Little Primer for Humble Apologetics* (Downers Grove, Ill.: InterVarsity Press, 2006), 16에서 "변증학(기독교 믿음에 대한 변론)의 핵심 개념이 이 구절

변증학은 불신자들로부터 제기되는 다양한 도전들에 맞서서 본질적인 기독교 진리 주장들을 변론한다(5장을 보라). 변증학의 이 정의는 이성적 합법성(객관적인 진리)과 정서적 호소력(주관적인 끌림) 모두를 발동한다. 그렇기 때문에 변증학의 바로 이 정의는 파스칼이 평생토록 결코 완성할 수 없었던 자신의 변증 프로젝트에 대한 파스칼의 지침적 설명(programmatic comment)[5]을 상기시킨다.[6]

> 사람들은 종교를 경멸한다. 그들은 종교를 혐오하고 종교가 진실일까봐 두려워한다. 이것의 해결책은 먼저 종교가 이성에 대립되는 것이 아니며 오히려 경의를 표하고 존경할 가치가 있다는 것을 보여주는 것이다. 다음으로 종교를 매력적으로 만들고, 선한 사람들이 종교가 진실이기를 바라게 하고 그런 다음에는 그것이 진실되다는 것을 보여주는 것이다. 종교에 경의를 표할 만한 가치가 있는 이유는 종교는 인간의 본성을 제대로 이해하기 때문이다. 종교가 매력적인 이유는 참된 선을 약속하기 때문이다.[7]

믿음, 겸손, 신적 권위에 대한 복종, 기독교라는 대의명분에 대한 자

의 초점이 아니라는 것을 보는 것이 중요하다"고 말한다. 그의 의견도 타당하지만, 변증적 프로젝트도 베드로가 제시하는 기본적인 주장의 타당한 확장이다.

5 Programmatic comment는 지침적 진술이라고도 번역될 수 있다. 이런 종류의 진술은 무슨 일이 행해져야 하는지를 상세(명료)하게 설명하여 오해의 여지가 없도록 의미가 전달되는 것을 의미한다. 파스칼은 여기서 상세(명료)하게 설명하지는 않지만, 대개 다음과 같은 패턴으로 진행된다. "만일 우리가 X를 변호한다면, 우리는 Y와 Z를 할 필요가 있다."

6 Pascal의 변증적인 노력들에 대한 설명으로는 Douglas Groothuis, "The Character and Plan of the *Pensées*," in *On Pascal* (Belmont, Calif.: Wadsworth, 2003)을 보라.

7 Blaise Pascal, *Pensées* 12/187, ed. and trans. Alban Krailshaimer (New York: Penguin, 1966), 34. 첫 번째 숫자(12)는 Penguin 출판사 판에서 사용된 Lafuma 목록을 지칭하고, 두 번째 숫자(187)는 Great Books 출판사 판에서 사용된 더 오래된 Brunschvicg 체제를 지칭한다. 이런 부호체계가 본서가 진행되는 동안 사용될 것이다.

발적인 희생, 회개(무관심과 쾌락주의의 끝을 의미하는) 등의 요구 때문에 많은 사람들이 적어도 처음에는 기독교에 대해 경계하거나 심지어 분개한다. 그들은 정말 기독교가 진실된 것인지, 그들이 걸려든 것은 아닌지 그리고 만일 그들이 기독교의 조건을 따르게 되면 그들의 삶이 더 악화되는 것은 아닐까하고 두려워한다. 그러나 만약 기독교가 진실되며 그들이 순복하는 것에 실패한다면 하나님은 마지막 때 그들을 심판하실 것이다.[8]

난제에 대한 해결(antidote)은 기독교가 실제로 객관적으로 진실되다는 것을 보여주기 위해서 기독교의 핵심 주장들을 이성적으로 변론하는 것이다. 그러나 이것 이상으로 변증학은 기독교 진리가 매력적이라는 것을 입증할 필요가 있다. 왜냐하면 기독교 진리는 우리가 누구이며 우리가 우리의 창조주와 화목케 되기만 하면 이생에서와 사후 세계에서 피조물로서 우리가 얼마나 번영할 수 있는지를 설명하기 때문이다.

그러나 변증학이 비기독교인들의 부인과 의심에 대한 반응으로만 제공되는 것은 아니다.[9]

변증학은 또한 신자들이 의심들과 질문들로 씨름하는 것과 자신들의 성경적 믿음을 위해 더 뿌리 깊은 근거를 찾는 것을 막론하고 자신들의 믿음을 강화시킨다. 감옥에 투옥되었던 세례 요한이 자신이 이전에 선포했듯이 예수님이 진정한 메시아였는지에 대해 의구심을 갖고 있었을 때, 예수님은 메시아로서의 자신의 정체성에 대한 증거를 제공했다. 예수님은 세례 요한의 질문을 꾸짖지 않았고, 대신 구약에 약속된 예언들을 초자연적으로 성취한 메시아로서의 그분의 유일무이한 자격(credentials)을 나열하며 요한에게 대답했다(마 11:1-11).

기독교가 미국의 주요 지적 기관들에 많은 영향력을 행사하는 것에 실패한 한 가지 이유는 너무나도 많은 기독교인들이 자신들의 믿음

---

8 이런 타산적 고려(prudential concern)가 적절하며 8장에서 논의될 것이다.
9 기독교인의 의심에 대한 문제를 다룬 훌륭한 작품으로는 Os Guinness, *God in the Dark* (Wheaton, Ill.: Crossway, 2006)를 보라.

(beliefs)을 무지하고 불확실한 형태로 유지하고 있다는 것이다. 세상은 어려운 질문들을 모으는데 많은 기독교인들은 그에 대한 답을 추구하는 것 대신에, 그들은 논증보다 상투적인 말에 의존하면서 무지와 고립을 통해 확실성을 보존하려고 시도한다.

프란시스 쉐퍼(Francis Schaeffer)는 그의 주목할 만한 변증학 책인 『거기 계신 하나님』(The God Who Is There)의 마지막 부분에서 기독교인 독자들을 꾸짖으며 다음과 같이 도전한다.

> 우리가 진실될 뿐만 아니라 아름답기도 한 우리의 소명을 이해하게 될 때 그것은 우리를 흥분시켜야 한다. 어떻게 그렇게 정통적이고 복음적이며 성경을 믿는 기독교인이 흥분하는 것에 실패할 수 있는지를 이해하는 것은 어렵다. 지적인 영역에 있는 대답들은 우리를 불가항력적으로 흥분시켜야 한다. 그러나 이것 이상으로 우리는 거기에 계시는 하나님과의 인격적인 관계로 회복되었다. 만약 우리가 미온적인 기독교인이라면 우리는 처음으로 되돌아가서 도대체 무엇이 잘못된 것인지 알아보아야 한다.[10]

기독교 진리를 아는 것 그리고 그 진리를 변호하는 것을 기대하는 열심은 이성적 엄밀성(rational rigor)을 배제하지 않는다. 사실상 변증가는 지적인 통찰력과 힘든 연구를 단순한 감정적 열정으로 대체할 수 없다. 오히려 그것들은 함께 가야만 한다.

---

10 Francis A. Schaeffer, *The God Who Is There*, 30th anniv. ed. (Downers Grove, Ill.: Inter-Varsity Press, 1998), 190.

3. 신학 그리고 철학과 변증학의 관계

변증학은 종교철학의 한 영역으로(폭넓게 이해된), 종교적인 진리 주장들의 이성적인 조사다. 물론 한 개인은 기독교의 비평가로서(예를 들면, William Rowe 혹은 Michael Martin) 혹은 불교나 이슬람 세계관의 옹호자로서 종교철학에 참여할 수도 있다. 그러나 기독교 변증가는 기독교 세계관을 위해서 종교철학의 도구들을 활용한다.[11]

변증학은 신학과 철학 그리고 복음전도와 연결되어 있지만 이런 학문 분야들 중 어느 한 가지로 환원될 수 있는 것은 아니다. 변증학의 개념적인 내용은 신학에 의존하며, 신학의 목적은 신론, 구원론 그리고 그리스도론과 같은 다양한 주제들에 따라 성경의 진리 주장들을 체계적이고도 정합적으로 명확하게 표현하는 것이다.

성경의 진리에 강하게 헌신되어 있는 변증가는 그야말로 성경이 가르치는 것만 변론하기 위해 노력한다. 그러므로 변증학이라는 학문은 성경을 올바르게 읽어내는 기술을 요구하는데, 왜냐하면 어느 누구도 성경이 보증하지 않는 어떤 것을 변론하는 것을 원하지는 않을 것이기 때문이며, 성경은 논리와 해석학의 원리들에 의해 올바르게 해석되었을 때

---

11 지난 몇십 년 동안 기독교 철학자들은 철학의 최고 수준에서 기독교 진리에 대한 인상적인 주장을 펼쳐 왔다. 하지만 유명한 변증가인 John Warwick Montgomery는 변증학은 철학이 아니라는 주장을 한다. 그는 기독교를 변론하는 것에는 추상적인 논리적 논증을 제시하는 것 외에 더 많은 것이 있다는 것을 말하고 있는 것처럼 보인다. 그것에 대해서는 논쟁의 여지가 없지만 모든 종류의 변증적 변론은 그것이 우주론(cosmology) 혹은 역사기록(historiography) 혹은 심리학(psychology)에 관한 것인지의 여부에 상관없이 엄밀한 철학적 추론을 요구한다. Montgomery는 또한 "삶은 논리보다 크다"라고 단언하며 철학이 논리적 일관성을 고집하여 진리 추구를 중단시킬 수도 있다고 암시한다. 이것은 반드시 짚고 넘어가야 한다. 내가 3장에서 논의하겠지만 무모순성(the law of noncontradiction)을 고려했을 때 논리적 일관성은 모든 영역의 진리를 위해 필수적이고(necessary), 부정적인(negative) 테스트이다. John Warwick Montgomery, "Apologetics in the 21st Century," in *Reasons for Faith: Making a Case for Christian Faith*, ed. Norman L. Geisler and Chad V. Meister (Wheaton, Ill.: Crossway, 2007), 43-44를 보라.

궁극적인 권위를 갖기 때문이다.[12] 허수아비(a straw man)를 변호하는 것은 허수아비를 공격하는 것만큼이나 오류적인 것이다.[13]

변증학은 어떤 의미에서 신학의 한 분과로 간주될 수 있지만 변증학은 철학과 동등한 입장에 서 있다. 철학을 무리하게 한 마디로 정의하는 것은 쉬운 문제가 아니지만, 나는 철학이란, 혹은 다른 어떤 것으로 불린다고 하더라도, 이성적 분석을 통해서 중요한 진리 주장들을 조사하는 것이라고 제안한다.[14] 그 점에 비추어 보았을 때, 철학자가(훌륭하거나 신통치 않거나, 주류이거나 비주류이거나, 고용되었거나 비고용된 것의 여부에 상관없이) 되기 위한 필요충분조건은 인간 추론의 엄밀한 사용을 통하여 철학적 문제들과 관련된 진리를 추구하고자 하는 (삶에서 지속적으로 경험되어지는) 강력한 성향이다.

그렇다면 변증가로서의 기독교인은 반드시 훌륭한 철학자여야 한다 (비록 전문적인 철학자는 아니라고 해도). 이것은 타협이 불가능한 필요불가결한 부분이다. 논리적이고 설득적인 학문으로서 변증학과 철학의 연계는 본질적으로 중요하다. 성경을 아직 믿지 않는 사람들은 대개 성경적 교리 자체의 설명에는 관심이 없다. 불신자들에게 더 와닿는 것은 고려 중인 논증들이 이성적으로 설득력이 있는가의 여부다.

---

12 해석학에 대해서는 Craig L. Blomberg, William Klein and Robert Hubbard Jr., *Introduction to Biblical Interpretation*, rev. ed. (Nashville: Thomas Nelson, 2004)을 보라.
13 허수아비 논증의 오류(Straw Man Fallacy)에서 허수아비는 현재 논의의 중심이 되고 있는 논점이 부재를 상징한다. 이와 같이 새롭게 제시된 논점은 논점에 관한 결론을 내릴 수 없게 하고 원래 논점과 무관한 결론을 내리게 하는 오류로 이끈다. 즉 허수아비 논증은 편견, 선입견 혹은 무지로 인하여 상대방의 논점을 왜곡하고 그릇되게 제시하여 허상의 상징인 허수아비를 공격하는 비형식적 오류다. 원래 논점이 부재한 허수아비 논증은 청중이 원래 논증에 대한 지식이 전혀 없거나 무지할때 성공했다는 착각을 하게 된다-역주.
14 철학의 의미에 대한 상세한 기독교적 숙고에 대해서는 J. P. Moreland and William lane Craig, "Argument and Logic," in *Philosophical Foundations for a Christian Worldview* (Downers Grove, Ill.: InterVarsity Press, 2003)를 보라.

4. 변증학과 복음전도

기독교를 객관적으로 진실되고 이성적으로 설득력 있으며 주관적으로 호소력을 갖는 것으로 변론하는 것은 복음전도에 중추적인 역할을 감당한다. 빌리 그래함처럼 다수의 지도적인 복음전도자들은 변증학을 거의 사용하지 않는다. 그러나 그래함은 변증학을 폄하하지 않는다. 반면에 나는 전도의 은사가 있는 복음전도자와 대화를 나눈 적이 있었는데, 그는 변증가 라비 자카리아스(Ravi Zacharias)가 자신의 강의시간 동안 대학생 청중들에게 그리스도께 회심하라고 초청하기에 앞서 왜 그렇게 많은 시간을 할애해서 포스트모더니즘에 대해 설명하고 비판하는지를 짐작할 수 없었다. 이 사람의 관점에서 보면, "이 모든 철학적인 것은" 복음을 설명하고 복음에 "초청"하는 데 훨씬 더 유용하게 사용될 수 있었던 시간을 낭비한 것이었다.

나는 이 복음전도자의 불평은 오해에 기인한 것이라고 본다. 변증학은 사람들로 하여금 그리스도를 주로 받아들이는 것을 방해하는 지적인 장애물들을 제거하거나 약화시키기 위해 사용될 수 있다. 따라서 변증학은 전도 준비단계(pre-evangelism)의 역할을 한다. 어떤 경우에 (특히 불신이 너무나도 많은 이들에게 제2의 천성이 되어 버린 학문적인 환경에서) "이 모든 철학적인 것은" 복음전도가 일말의 가능성이라도 갖기 위해 요구된다. 위대한 성경학자이며 변증가인 그레샴 메이천(J. Gresham Machen: 1881-1937)은 20세기 초에 이것을 잘 간파했다.

> 하나님은 일반적으로 인간 마음의 어떤 선행적인 조건들과 관련하여 (회심을 위해) 힘을 행사하신다. 그리고 하나님의 도우심에 힘입어 우리가 할 수 있는 한 복음을 수용하는 데 우호적인 조건들을 조성하는 것은 우리의 몫이 되어야 한다. 거짓된 개념들은 복음을 받아들이는 데 가장 큰 장애물이다. 우리는 개혁가처럼 모든 열정을 다해 말씀을 선포할 수 있겠지만 그럼에도 낙오자 한두 사람만을 가끔씩 얻게 될 것이다. 만일 불가항력의

논리력에 의해서 사람들이 기독교를 무해한 망상(harmless delusion) 이상의 그 어떤 것으로도 간주하지 못하도록 막는 개념들이 국가나 세상의 모든 집단적인 사고를 통제하도록 우리가 허용한다면 그렇게 된다는 말이다.[15]

사람들이 "종교를 억지로 강요하는 것"에 대해 걱정하고 있는 이때에 복음전도(evangelism)에 도움이 되는 변증학과 개종(proselytizing)에 도움이 되는 변증학을 명확하게 구별하는 것이 중요하다. **개종시키는 것과 복음을 전하는 것**은 몇몇 맥락들에서는 동의어로 사용될 수 있지만 개종시키는 것은 한 개인에게 온당치 못하거나 비윤리적인 영향력을 행사한다는 것을 의미하기 위해 보통 경멸적으로 사용된다. 그렇지만 기독교적 설득은(변증학과 복음전도 모두를 포함하는), 만일 그것이 성경과 성령에 부합하는 설득이라면, 그런 기독교적인 설득은 일체의 부당한 압력, 개인적 위협, 권력 휘두르기, 강제나 기만을 삼가할 것이다.

회심이라는 목적이 설복시키는 **모든** 수단을 정당화하지는 않으며, 오직 성경 자체에서 흘러나오는 수단들만 보증한다. 그리스도를 닮은 변증학은 사랑 안에서 지혜롭게 진리를 소통하기 위해 노력한다(엡 4:15). 참된 기독교적 설득을 하는 동안, 한 개인은 다른 사람들이 기독교 메시지를 듣고 그것을 믿고 그것을 삶으로 살아낼 수 있도록 기독교의 메시지를 알리기 위해 단지 노력하는 것이다. 결과는 하나님의 주권과 청중의 판단에 달려있다. 사도 바울은 데살로니가 교인들에게 보낸 그의 서신에서 변증학의 기준을 설정하여 제시한다.

> 우리의 권면은 간사함이나 부정에서 난 것이 아니요 속임수로 하는 것도 아니라 오직 하나님께 옳게 여기심을 입어 복음을 위탁 받았으니 우리가 이와 같이 말함은 사람을 기쁘게 하려

---

15 J. Gresham Machen, "Christianity and Culture," in *Christianity, Education, and the State*, ed. John W. Robbins (Jefferson, Md.: Trinity Foundation, 1987), 51.

함이 아니요 오직 우리 마음을 감찰하시는 하나님을 기쁘시게 하려 함이라 너희도 알거니와 우리가 아무 때에도 아첨하는 말이나 탐심의 탈을 쓰지 아니한 것을 하나님이 증언하시느니라 (살전 2:3-5; 또한 갈 1:10을 보라).

5. 변증학을 위한 성경적 명분

제3장에서 변증 방법의 기초를 살펴보기 전에 변증학을 위한 강력한 성경적 토대를 세울 필요가 있다. 왜냐하면 많은 기독교인들은 변증학을 기껏해야 불필요한 것으로 그리고 최악의 경우에는 해로운 것으로 여기는 것 같아서이다. 어떤 사람들은 하나님의 방법들은 철저하게 신비롭고 우리의 이해를 넘어서기 때문에 기독교 진리를 위한 이성적 논증행위에 대해서는 어떤 여지도 남겨두지 않는다고 주장한다. 사람들은 "당신은 논증을 통해서 어느 누구도 하나님 나라에 들어가게 할 수 없다"고 종종 말한다. 물론 무한히 지혜로우신 하나님은 우리의 주의를 환기하여 구원에 이르게 하는 그분의 진리를 계시할 수 있는 무수한 방법들을 갖고 계신다. 그러나 우리가 앞으로 살펴보겠지만 성경적 증거는 기독교를 지지하는 논증들이 하나님의 공급이 필요한 자들을 만나주시는 하나의 방법이라는 것을 지시한다.

어느 누구도 논증을 통하여 기독교로 귀의할 수 없다는 주장은 정말 잘못된 것이다. 비록 불신자들과 논리적인 추론을 행하는 것이 좌절감을 안겨줄 수 있지만, 기독교에 대한 논증을 할 수 없다는 주장은 변증학 자체의 무익함보다는 부족한 논증, 부족한 설명이나 부족한 인품에 더 기인한 것일 수 있다.

두 명의 선두적인 기독교 변증가이며 철학자인 윌리엄 레인 크레이그(William Lane Craig)와 J. P. 모어랜드(J. P. Moreland)는 논증들은 복음 전략들, 특히 대학교 캠퍼스에서 중추적인 도구가 되어 왔다고 주장한다.¹⁶ 더 나아가 그들은 다음과 같이 주장한다. "솔직히 말해서, 철학에 대한 훈련 없이 어떻게 한 개인이 대학교 캠퍼스의 공개석상에서 효과적으로 사역할 수 있는지 우리는 모르겠다."¹⁷ 존 워윅 몽고메리(John Warwick Montgomery)와 C. S. 루이스(C. S. Lewis)처럼 유명한 지성인들은 자신들의 회심은 이성적인 논증을 통해서 자신들의 사고에 핵심적인 변화가 이루어졌다고 밝힌다.¹⁸

유명한 젊은 목사이며 작가인 랍 벨(Rob Bell)은 기독교는 너무 신비스러워서 논증을 통해서는 변호될 수 없다고 주장한다. 왜냐하면 기독교의 많은 역설들은 해결될 수 없기 때문에 이성적으로 변호하는 것 대신에 사랑하는 사람을 찬양하듯이 기독교의 역설들을 찬양해야 한다는 것이다.¹⁹ 기독교 세계관에 신비적인 요소들이 있는 것은 사실이지만 미해결된 역설들을 찬양해야 한다는 관점은 전혀 매력적이지도 않고 설득력도 없다.

변증학의 기초는 하나님의 바로 그 성품이다. 오직 한 분 하나님만 존재하시며, 수많은 가짜신들 앞에서 하나님의 본성과 계시는 신실한 자들에 의해서 반드시 확인되고 선포되어야 한다(출 20:1-3). 우리는 구약

---

16 Moreland and Craig, *Philosophical Foundations*, 4. 1979년 이래로 대학내 그룹들을 대상으로 담화해 왔던(대규모는 아니었지만 결코 미흡하지 않았던) 나 자신의 경험이 그들의 판단을 입증해 준다.

17 Ibid., 5.

18 C. S. Lewis, *Surprised by Joy: The Shape of My Early Life* (New York: Harcourt, Brace &World, 1955)를 보라. Lewis의 회심에 있어서 지적인 측면들에 관한 탁월한 이야기로는 David C. Downing, *The Most Reluctant Convert: C. S. Lewis's Journey to Faith* (Downers Grove, Ill.: InterVarsity Press, 2002)를 보라. 선두적인 기독교 철학자들의 많은 순례 이야기들도 강한 변증적인 요소들을 포함한다. Kelly James Clark, ed., *Philosophers Who Believe* (Downers Grove, Ill.: InterVarsity Press, 1993) 그리고 Thomas Morris, ed., *God and the Philosophers* (New York: Oxford University Press, 1995)를 보라. 또한 Keith Yandell, "Christianity and a Conceptual Orientation," in *Professors Who Believe*, ed. Paul M. Anderson (Downers Grove, Ill.: InterVarsity Press, 1998)도 참고하라.

19 Rob Bell, *Velvet Elvis* (Grand Rapids: Zondervan, 2006), 34-35. 짧고 내용이 없는 이 책은 변증학을 부적절한 것으로 일축하는 것 같다.

전반에서 종교적인 주장들을 이성적으로 추론하는 것의 중요성을 발견한다. 다음과 같이 모어랜드가 지적한 것처럼 말이다.

> 규칙적으로 선지자들은 성경적 하나님에 대한 믿음이나 영감을 받은 자신들의 메시지의 신적 권위에 대한 믿음을 정당화하기 위해서 증거에 호소했다. 즉 성취된 예언(사 40-45장), 기적들의 역사적 사실(엘리야와 바알의 선지자들), 성경의 하나님과 비교해 보았을 때 그토록 광대하고 질서정연한 우주의 원인이 되기에는 역부족인 유한한 신들(렘 10:1-16)이 그런 것들이다. 선지자들은 "하나님이 그렇게 말씀하셨고, 그러면 결정된 것이니, 당신은 그것을 믿어야 한다!"고 말하지 않았다. 선지자들은 자신들의 주장을 위한 이성적인 변론을 펼쳤다.[20]

이것은 선지자 이사야를 통한 하나님의 말씀에 의해서 강조되었다. "주께서 '오라 우리가 서로 변론하자'고 말씀하신다"(사 1:18, KJV).

이스라엘에게는 선지자들을 검증할 이성적 테스트가 주어졌다는 것을 여기에 더할 수 있다. 만약 선지자들이 이스라엘의 종교를 부인하였다면 그들은 거짓 선지자들이었다. 심지어 그들의 예언이 성취되었다고 해도 말이다(신 13:1-5). 만약 그들의 예언이 성취되지 않았다면 그들은 거짓 선지자들로 여겨졌다(신 18:20).

창세기 1장의 창조 서술은 다른 근동 문화들의 신화적 우주론들에 대항하는 논법(polemic) 혹은 변증(apologetic)으로 쓰여졌을 것이다. 신이 아닌(nondivine) 피조물과 분리되어 있는 한 분이신 창조주에 대한 창세기의 강조는 주변 문화들의 다신론과는 근본적으로 대조를 이루었다.[21] 우

---

20 J. P. Moreland, *Love Your God with All Your Mind* (Colorado Springs: NavPress, 1997), 132. 나는 성경구절들을 추가했는데 이 구절들은 인용 가능한 수많은 성경구절들 중 단지 일부분만 제시된 것으로 여겨져야 한다.
21 Gerhart Hasel, "The Polemical Nature of the Genesis Account," *Evangelical Quarterly* 46

주의 통치자는 필요하다면 위협을 발하고 판결을 선언할 수 있는 위치에 확실히 계신다. 그러나 그 통치자는 그분의 형상대로 만들어진 그분의 피조물들, 즉 추론할 수 있는 능력을 (유한하고 오류를 범할 수 있는 방식으로) 공유하는 피조물들에게 황송하게도 자신을 낮추어 논의하기도 하신다.

6. 변증 모델로서의 예수님

예수님은 구약성경을 되풀이하면서 지성을 포함한 우리의 전 존재를 다해 우리가 하나님을 사랑해야 한다는 것을 확언했기 때문에(마 22:37-39) 신자들은 하나님의 진리가 맹렬히 공격 받을 때 방어해야 한다. 예수님 자신이 그분의 사역 전체를 통해서 행한 것이 바로 이것이었다. 예수님은 변증가이며 또한 철학자였다. 비록 이런 범주들을 오늘날 그분에게 좀처럼 적용시키지는 않지만 말이다.[22] 예수님이 지적으로 도전 받았을 때 그 딜레마의 양 뿔을 솜씨좋게 피했던 그분의 능력에 대한 예를 한 가지만 살펴보라.[23]

사두개인들은 죽음 이후의 삶에 대한 질문을 해서 예수님을 궁지에 빠뜨리려 한다. 사두개인들은 바리새인들과는 달리 (비록 유신론자들이었지만) 죽음 이후의 삶이나 천사들 혹은 영들을 믿지 않았고, (비록 유신론자들이었지만) 그들은 구약성경에서 모세 오경에만 특별한 권위를 부여했다. 그래서 사두개인들은 예수님에게 "선생님이여 모세가 일렀으되 사람이 만일 자식이 없이 죽으면 그 동생이 그 아내에게 장가 들어 형을 위

(1974): 81-102를 보라.
22 Douglas Groothuis, "Jesus as Thinker and Apologist," *Christian Research Journal* 25, no. 2(2002): 28-31; 47-52를 보라.
23 예수님이 딜레마의 양 뿔을 피하는 다른 예는 마 22:15-22에 나와 있다. Groothuis, *On Jesus* (Belmont, CA.: Wadsworth, 2003, 『철학자 예수』이경직 역[서울: 연암사, 2013 刊]), 26-27을 보라.

하여 상속자를 세울지니라 하였나이다"(마 22:24)라는 모세의 명령을 상기시켜 준다. 그런 다음에 사두개인들은 동일한 여인이 일곱 형제와 연속적으로 결혼하고 미망인이 되어, 일곱 형제 중 어느 누구와의 사이에서도 자식을 낳지 않게 되고, 그 미망인은 죽게된다는 시나리오를 제안한다. 사두개인들은 날카롭게 질문한다.

> 그런즉 그들이 다 그를 취하였으니 부활 때에 일곱 중의 누구의 아내가 되리이까?(마 22:28).

사두개인들의 논증은 탁월하다. 사두개인들은 예수님이 자신들처럼 모세 오경을 존중한다는 것을 알고 있다. 사두개인들은 또한 예수님이 자신들과는 달리 죽은 자들의 부활이 있을 것이라고 가르친다는 것도 알고 있다. 사두개인들은 이 두 믿음이 논리적으로 서로 모순된다고 생각한다. 두 믿음 모두가 참일 수는 없다는 것이다. 그 여인은 부활했을 때 일곱 형제 모두의 아내일 수 없다(모세 율법은 일처다부제[polyandry]를 허용하지 않았다). 또한 그녀가 일곱 형제 중 어느 한 명의 아내여야 할 아무 이유도 없다(이를테면 일부일처제[monogamy]를 존중하느라).

따라서 사두개인들의 계산대로라면, 예수님이 제대로 모순에서 벗어나기 위해서는 반드시 모세를 반대하거나 사후 세계를 부인해야 한다. 사두개인들은 이것을 논리적 딜레마로 제시하고 있다. 즉 A(모세의 권위)이거나 B(사후 세계)이다.

철학자 마이클 마틴(Michael Martin)과 다른 이들은 예수님이 무비판적 신앙을 칭찬했고 논증하기보다는 협박을 일삼았다고 단언해 왔다.[24] 만일 이 비난들이 옳다면, 예수님은 (1) 경건하고 무관한 발언으로 질문을 피하거나, (2) 예수님 자신의 권위를 감히 문제 삼는 자들에게 지옥으로 위협하거나, (3) 주저함이나 부끄러움 없이 (사두개인들이 제시한 질문이)

---

24 Michael Martin, *The Case Against Christianity* (Philadelphia: Temple University Press, 1993), 167.

논리적으로 양립 불가능한 두 명제임을 단순히 주장하리라고 우리는 예상할 것이다. 그 대신 예수님은 사두개인들이 성경이나 하나님의 능력을 아는 데 실패했기 때문에 잘못에 빠져있다고 기탄없이 말한다.

> 부활 때에는 장가도 아니 가고 시집도 아니 가고 하늘에 있는 천사들과 같으니라 죽은 자의 부활을 논할진대 하나님이 너희에게 말씀하신 바 나는 아브라함의 하나님이요 이삭의 하나님이요 야곱의 하나님이로라 하신 것을 읽어 보지 못하였느냐 하나님은 죽은 자의 하나님이 아니요 살아 있는 자의 하나님이시니라 하시니(마 22:30-32).

언뜻 보아 명확하지 않을 수 있지만 예수님의 반응에는 빈틈이 전혀 없다.

첫째, 예수님은 부활을 믿는 것은 죽음 이전의 모든 제도들이 죽음 이후 부활 세계에서도 유지될 것을 철저하게 믿는 것을 의미한다고 하는 사두개인들의 가정에 도전한다. 구약성경 어디에도 이 가정을 가르치지 않으며, 예수님도 그것을 믿지 않았다. 따라서 이 딜레마는 해결된다. 예수님은 이런 거짓 딜레마를 노출시키는 제3의 대안을 이렇게 진술한다. 즉 부활하게 되면 결혼상태라는 것이 없다.

둘째, 사두개인들의 논리적 덫에 대한 반응의 일부로 예수님은 남자들과 여자들의 부활상태를 천사들의 상태와 비교함으로써 천사들을 믿지 않는 사두개인들의 불신에 도전한다(비록 사두개인들은 천사를 믿지는 않았지만 천사를 믿었던 그들의 동료 유대인들은 천사는 결혼이나 출산을 하지 않는 것으로 생각하고 있었다는 것을 알았다).

셋째, 예수님은 사두개인들이 자체적으로 높게 평가하는 그들 자신의 성경에서 한 본문을 인용한다(출 3:6). 이 구절에서 하나님은 불타는 덤불에서 그분이 아브라함, 이삭과 야곱의 하나님이라는 것을 선포한다. 예수님은 부활을 지지하기 위해 선지서들이나(단 12:2) 욥기(욥 19:25-27)처럼 모세 오경 밖의 저술물에서 다양한 본문을 인용할 수 있었다. 그러나 대신 예수님은 자신도 인정하고(마 5:17-20; 요 10:31) 사두개인들도 신뢰하고 있던 출처를 활용하여 능숙하게 논쟁한다.

넷째, 예수님은 자신이 인용하는 구절의 동사시제를 활용한다. 하나님은 아브라함, 이삭과 야곱의 하나님이시다(현재시제). 하나님이 이것을 모세에게 말씀했을 당시에 세 사람은 이미 죽은 상태였다. 하나님은 이생에서의 그들의 사망과 동시에 그들의 하나님 되심을 멈추지 않으셨다. 하나님은 "나는 그들의 하나님이었다"(과거시제)라고 말씀하지 않으셨다. 하나님은 살아 있는 자들의 하나님으로, 살아 있는 자들의 개념에는 "죽은" 족장들도 포함된다. 무리가 듣고 그의 가르치심에 놀랐다. 왜냐하면 예수님이 사두개파 사람들의 말문을 막으셨기 때문이다(마 22:33-34).

7. 다른 성경적 증거

예수님의 지적 통찰력과 변증적 명민함을 보여주는 다른 많은 예들을 총동원할 수도 있을 것이다. 그러나 요점은 예수님은 자신을 가장 맹렬하게 비판하는 자들에게 인정사정없이(unapologetically) 변증(apologetics)을 사용했다는 것이다. 예수님이 그리스도인들의 모델이라면 우리도 그렇게 해야 한다. 예수님의 사도들과 신약의 다른 저자들은 이것을 확실히 인식했다. 베드로는 예수님 추종자들에게 복음 안에 둔 그들의 소망에 대한 대답(변증)을 준비하고 이 대답을 온유함과 공손한 태도로 제시하라고(벧전 3:15-17) 권면한다. 마찬가지로 바울은 하나님을 아는 지식을 부인하는 논증들에 맞서는 것에 대해 말한다(고후 10:3-5[25]; 골 2:8-9을 보라). 유다는 다음과 같이 기록하여 이구동성으로 말한다.

> 사랑하는 자들아 우리가 일반으로 받은 구원에 관하여 내가 너희에

---

25 이 본문의 맥락은 교회의 가르침이지만 이 개념은 우주적 적용을 가지며 변증학을 포함한다. Sire, *Little Primer*, 21-22를 보라.

게 편지하려는 생각이 간절하던 차에 성도에게 단번에 주신 믿음의 도를 위하여 힘써 싸우라는 편지로 너희를 권하여야 할 필요를 느꼈노니(유 3절).

누가복음과 사도행전을 저술한 누가는 자신의 복음서인 누가복음 최초 수신인을 대신하여 **확실성**의 필요를 인식했다.

우리 중에 이루어진 사실에 대하여 처음부터 목격자와 말씀의 일꾼 된 자들이 전하여 준 그대로 내력을 저술하려고 붓을 든 사람이 많은지라 그 모든 일을 근원부터 자세히 미루어 살핀 나도 데오빌로 각하에게 차례대로 써 보내는 것이 좋은 줄 알았노니 이는 각하가 알고 있는 **바**를 더 확실하게 하려 함이로라 (눅 1:1-4; 강조는 추가됨).[26]

신약의 저자들은 변증학을 권할 뿐만 아니라 바로 그들의 주님이 그렇게 했듯이 신약의 저자들도 변증학에 적극적으로 참여한다. 사도행전에 기록된 베드로와 바울의 모든 설교들은 강한 변증적 골격을 갖고 있다. 사도들은 유대인들을 위해서 메시아에 대한 고대 유대 예언의 성취로서의 예수님에 대한 변증을 발전시킨다.[27] 그리고 이방인들을 위해서는 일반적인 자연과 역사를 통해 일하시는 하나님의 증거를 더욱 강조한다.[28] 바울의 설교 중 하나에는 추가적인 해설을 덧붙일 만한데 왜냐하면 그 설교는 변증학적인 경향을 물씬 풍기기 때문이다.

---

26 Craig Blomberg는 이 책의 19장 안에서 신약의 신뢰성을 논의한다.
27 변증학에서 때때로 경시된 이 논증은 20장에서 논의될 것이다.
28 F. F. Bruce, *The Defense of the Gospel in the New Testament* (Grand Rapids: Eermans, 1977)를 보라.

8. 아테네에서 바울: 비범한 변증가

바울은 베뢰아에 있는 데살로니가 사람들의 핍박을 피한 후에 아테네로 왔다(행 17:13-15). 아테네에서 바울의 증언은 그리스도인 교사가 비유대인(non-Jewish) 사상가들을 도전하는 내용으로는 사도행전에서 가장 자세하게 기록되어 있는 서술이다. 바울 당시 아테네는 그 도시의 지적, 문화적 혹은 군사적 영향력이 절정을 이루었을 때가 아니었지만 여전히 아테네는 문화 발전소(cultural powerhouse)였다. 아테네는 오늘날 대학들이 모인 거대한 도시와 매우 흡사했다. 그럼에도 바울은 매우 괴로웠는데 왜냐하면 그 도시가 우상들로 가득차 있었기 때문이다(행 17:16). 그런데 바울은 아테네 사람들에게 우뢰와 같은 심판을 터트리는 것 대신에, 그의 관습대로 회당에 있는 유대인들 그리고 하나님을 경외하는 헬라인들과 날마다 이성적으로 논증하기 시작했다.

아테네에서는 바울과 토론하기 시작했던 한 무리의 에피쿠로스 철학자들과 스토아 철학자들이 있었다(행 17:18). 비록 그들은 바울을 "이방 신들"을 대변하는 "말쟁이"(혹은 지적인 표절자)로 잘못 비난했지만, 그럼에도 불구하고 그들은 아레오바고 광장에 모여 있던 사람들에게 말할 수 있도록 바울을 초대했다(행 17:18-19). 이들은 스스로를 새로운 사상의 수호자로 여겼던 명망있는 사상가 집단이었다.

1) 피조물에서 창조주로

바울은 에피쿠로스 철학자들과 스토아 철학자들이 섬겼던 많은 "예배의 대상들"을 감안했을 때 그들이 "매우 종교적"이라는 것에 주목하여 공통분모를 찾아냈다(행 17:22-23). 바울은 이것이 **우상숭배임**을 알았다. 그러나 바울은 벽을 세우기보다는 다리를 놓기 위해서 중립적 기술(description)을 사용했다. 우리도 마찬가지로 우리의 삶의 현장에서 존재하는 불신의 상징들 때문에 고민해야 하지만 그럼에도 우리는 이런 다른 세계관들과의 접촉점들을 분별하고 활용하기 위해 노력해야 한다.

바울은 이어서 "알지 못하는 신"에게 바쳐진 제단을 발견했다고 말한다(행 17:23). 그러나 바울은 그들이 알지 못하는 신으로 여겼던 그 신이 누구인지를 지금 그들에게 선포한다. 바울의 선언(행 17:24-31)은 기독교 설득의 최고 걸작이며 그것의 아름다움을 이 협소한 공간에 다 포착할 수는 없다.[29] 자신이 대면하고 있던 철학자들의 관점들을 알고서 바울은 예수님의 메시지가 아닌 성경적 창조교리로 시작하는데, 성경적 창조교리는 스토아 철학자들과 에피쿠로스 철학자들(둘 다 그리스 사상) 모두에게 낯선 믿음이었다.

바울은 인격적이고 초월적인 하나님이 우주 전체를 창조하셨다는 것을 그리고 우주 전체의 지속적인 존재는 그 하나님에게 달려있다는 것을 확언한다. 하나님은 "만민에게 생명과 호흡과 만물을 친히 주시는 이심이라"(행 17:24-25; 히 1:3도 보라). 이 구절은 기독교와 두 철학 진영 사이에 날카로운 대조를 설정한다. 스토아 철학자들은 오늘날 뉴에이지 영적 원리나 "스타워즈" 영화 시리즈에 등장하는 "포스"(the Force)와 같은 비인격적인 "세계 영혼"(world soul)을 믿었다. 반면에 에피쿠로스 철학자들은 인류에는 전혀 관심을 보이지 않는 신들을 믿었다.

바울이 선포하는 이 창조주는 또 인류와 매우 밀접하게 연관되어 있으시다. 그분은 한 남자로부터 모든 사람들을 창조하셨고 사람들이 살 수 있는 환경들을 조성하셨다. 그분이 이렇게 한 이유는 다음과 같다.

> 이는 사람으로 혹 하나님을 더듬어 찾아 발견하게 하려 하심이로되 그는 우리 각 사람에게서 멀리 계시지 아니하도다(행 17:27).

아테네 철학자들에 반대하여, 바울은 인격적이고, 초월적이고, 내재적이며 관계적이신 하나님을 제시한다. 바울은 그리스도에 대해서 한 마디도 언급하기 전에 이 모든 것을 전한다. 바울은 여기에서도 우리의 변증 모델이 되어야 한다. 우리가 하나님에 대해 성경적 관점을 정립하지

---

29 D. A. Carson, "Athens Revisited," in *Telling the Truth*, ed. D. A. Carson (Grand Rapids: Zondervan, 2000)을 보라.

못한다면 사람들은 예수님을 주님, 하나님, 구세주(빌 3:20; 골 2:9)가 아닌 단지 힌두교의 구루(guru)나 힌두교 지도자(swami) 혹은 선지자로 간주하여 예수님을 잘못된 세계관에 두려고 할 것이다.

2) 공감대 찾기

"천지의 주재"(행 17:24)와 아테네인들의 거짓 신들 사이의 대조를 확고히 한 후에 바울은 그리스 시인들의 말을 인용함으로써 그들의 세계관과 접촉점을 다시 찾는다.

> 우리가 그를 힘입어 살며 기동하며 존재하느니라 너희 시인 중 어떤 사람들의 말과 같이 우리가 그의 소생이라 하니(행 17:28).

비록 그들의 근본적인 세계관은 크게 잘못되었지만 그리스인들은 신을 의지했을 뿐만 아니라 신에 대한 감각을 어느 정도는 갖고 있었다. 그리스인들은 크게 보면 틀렸지만 부분적으로는 옳았다. 창조세계와 양심에 주어진 하나님의 일반계시를 감안한다면(롬 1-2장), 기독교 증언은 어두운 세계관 속에 깊이 내장되어 산재해 있는 진리의 요소들을 찾기 위해 노력해야 한다. 바울은 계속해서 우리가 하나님의 자녀이기 때문에 신적 존재를 사람이 정교하게 만든 여느 형상처럼 여겨서는 안 된다고 주장한다. 아담 클락이 다음과 같이 기록하듯이 말이다.

> 만약 우리가 하나님의 자녀라면 그분은 인간의 미술과 도안에 의해 만들어진 금, 은 그리고 돌로 만들어진 형상들 같을 수 없다. 왜냐하면 부모는 반드시 그의 자녀와 닮아야 하기 때문이다. 따라서 우리가 살아 있는 지적인 존재들인 것을 생각하면, 우리 존재의 근원인 그분은 반드시 살아 있는 지적인 분이여야 한다. 종교적 예배의 대상은 예배자보다 훨씬 더 탁월해야 한다는 것 또한 필연적이다. 그런데 사람은…금, 은 혹은 돌로 만들어진 형상보다 더 탁월하다. 그럼에도 불구하고 사람을 예배하

는 것은 불경스러운 것이 될 것이다. 하물며 이런 형상들을 신들로 예배하는 것은 얼마나 더 불경스럽겠는가!³⁰

바울의 논증의 논리는 설득력이 있다. 더욱이 그는 하나님과 인류에 대한 아테네인들 고유의 믿음(beliefs) 자체를 기초로 하고, 그 위에 자신의 주장을 펼친다. 바울은 빈틈없는 변증적 기량을 발휘한다.

3) 믿음을 변론하기

마지막으로 바울은 과거에 하나님께서는 그분에 대한 무지를 간과하셨지만 이제는 "어디든지 사람에게 다 명하사 회개하라 하셨으니" 왜냐하면 하나님께서는 "이는 정하신 사람으로 하여금 천하를 공의로 심판할 날을 작정"하셨기 때문이라고 말한다. 하나님께서는 예수님을 죽은 자 가운데서 다시 살리심으로 이것이 사실임을 입증하셨다(행 17:30-31). 사도행전은 바울의 연설의 요약만 기록하고 있을 뿐이다. 그는 기록된 내용보다는 더 길게 말했을 것이다. 그렇기 때문에 우리는 바울이 예수님의 생애, 죽음과 부활의 완전한 의미를 설명했다는 것을 확신할 수 있다(고전 15:1-8을 보라).

바울은 성경적 세계관과 헬라적 세계관을 비교하는 철학 강의를 하는 것에 만족하지 않는다. 바울은 그의 청중들이 예수 그리스도께 개인적으로 그리고 존재적으로 반응할 것을 요청한다. 마찬가지로 오늘날 변증가들도 사람들이 회개하고 십자가에서 죽고 부활한 예수 그리스도를 주님으로 영접하도록 언제 그들을 초청해야 할지에 대해 깨어 있어야 한다.

저자(누가)는 다양한 반응을 기술하여 이 놀라운 이야기를 끝맺는다. 즉 어떤 이들은 바울을 비웃었고, 다른 이들은 더 듣기를 원했고, 또 다른 어떤 이들은 바울을 따르는 자들이 되었다(행 17:32-34). 세상 철학자들의 집단으로부터 이런 반응을 얻어냈다는 것은 주목할 만한 성취다.

---

30 Adam Clarke, *Commentary on the Holy Bible: One-Volume Edition*, abridged by Ralph Earle (Grand Rapids: Baker, 1967), 1006.

우리의 본보기인 바울처럼 우리도 우리들 가운데 있는 불신(unbelief) 때문에 걱정해야 한다. 따라서 우리도 기독교 세계관을 변호하는 변증가로서 사상의 시장(marketplace of ideas) 속으로 쾌활하고 다정하게 그리고 용감하게 들어가야만 한다. 우리는 우리의 청중과 공감대를 구축하는 것으로, 기독교 세계관을 이질적인 철학들과 구별하는 것으로, 불신자들이 예수 그리스도의 진리에 바르게 반응할 수 있도록 초청하는 것으로 변증한다.

그러나 변증학의 의무를 위한 강력한 정당성을 확립하는 것은 변증학을 위한 노력으로 충분하지 않다. 양질의 좋은 논증이 형편없는 사람의 수하에 있는 것은 절반의 옷만 입고 있는 것이다. 검(논증)은 가졌지만 방패(경건한 성품)는 결여되어 있기 때문에 쉽게 상처받고 비효과적인 것이다. 그러므로 변증 방법의 세부사항들을 살펴보기에 앞서 변증가의 영성과 성품을 간단하게 고려해 보는 것이 현명하다.

9. 기독교 변증가의 영성

겸손은 기독교 변증가의 (그리고 모든 기독교인) 주요 덕목이다. 겸손은 지적인 두려움 때문에 종교적 확실성을 버릴 것을 요구하지 않는다. 반대로 변증학에 대해 다각적인 적용점들을 지닌 한 구절에서 사도 바울은 다음과 같이 선포한다. "하나님이 우리에게 주신 것은 두려워하는 마음이 아니요 오직 능력과 사랑과 절제하는 마음이니"(딤후 1:7). 겸손은 모든 선한 것들-지적인 것과 그 외의 것들-의 원천이 하나님의 은혜에 깊이 뿌리박혀 있는 것으로 인식한다. 그렇기 때문에 그런 모든 것들은 감사할 수밖에 없는 선물들이다. 교만하면서 하나님께 의지하고 그분께 감사한다는 것은 어렵다.

앤드류 머레이(Andrew Murry)가 지적한 것처럼 인간의 겸손은 철저한 피조물로서의 우리의 존재에 근거한다. 우리는 모든 것을 우리의 창조주께 신세지고 있기 때문에 우리는 이 사실을 항상 염두에 두어야 한다.[31] 겸손은 오직 사랑 안에서 생존한다. 오로지 하나님께서 우리를 먼저 사랑하셨기 때문에 우리는 하나님을 사랑한다. 또한 오로지 하나님께서 다른 이들을 사랑하시고 우리에게 그들도 사랑하라고 위임하셨기 때문에, 우리는 다른 이들을 사랑하고 그들이 그리스도의 연인들로 살아가기를 원한다. 그렇기 때문에 인내, 친절함, 지구력, 진실성 등의 사랑의 덕목들이 모든 변증들을 활기차게 만들어야 한다(고전 13장).

그리스도인들에게 겸손이란 하나님의 선하심을 위반한 것을 용서받은 자의 신분에서 유래한다. "너희는 너희 자신의 것이 아니라 값으로 산 것이 되었으니" 그 값은 그리스도가 흘리신 피와 십자가에 달리신 찢어진 육체를 말한다(고전 6:19-20). 만일 우리의 변증 능력이 (혹은 사역에서 역량을 발휘할 수 있는 모든 분야가) 겸손의 은혜 속에서 성숙함 없이 발전한다면, 추한 오만함만 생기게 되어 그것은 최고의 변증력도 무뎌지게 하거나 저해하려 할 것이다.

고대의 가장 빼어난 지성인 중 하나였던 사도 바울은 이것을 잘 알고 있었다.

> 우리가 이 보배를 질그릇에 가졌으니 이는 심히 큰 능력은 하나님께 있고 우리에게 있지 아니함을 알게 하려 함이라(고후 4:7).

사도 바울이 지적하듯이 우리 스스로 안에는 자랑할 것이 아무것도 없다.

> 그러나 내게는 우리 주 예수 그리스도의 십자가 외에 결코 자랑할 것이 없으니 그리스도로 말미암아 세상이 나를 대하여 십자

---

31 Andrew Murray, *Humility* (Minneapolis: Bethany House, 2001, 『겸손』 강철성 역 [서울: CLC, 1994 刊]); Douglas Groothuis, "Humility: The Heart of Righteousness," in *Christianity That Counts* (Grand Rapids: Baker, 1994)를 보라.

가에 못 박히고 내가 또한 세상을 대하여 그러하니라(갈 6:14).

정확한 믿음을 믿지만 우리가 믿는 것의 진리에 우리의 영적 성숙함을 뒤처지게 하는 우리의 타락한 성향 때문에, 바울은 디모데에게 자신의 삶과 자신의 교리를 면밀히 관찰하라고 권면했다(딤전 4:16). 변증가들도 반드시 그렇게 해야 한다.

10. 기도와 변증학

겸손은 기도를 체화하고 기도의 품속에서 살아 숨 쉬는데, 그 기도가 변증학을 위한 것이거나 다른 어떤 과업을 위한 것의 여부에 상관없이 말이다. 바울은 불신자들을 향한 자신의 전도사역을 위해 기도를 요청했다(골 4:2-4). 바울이 가졌던 한 마술사와의 극적인 만남 배후에는 바울을 파송한 교회의 기도와 금식이 있었다(행 13:1-3). 이 마술사는 자신의 상관이며 바울의 가르침을 알기 원했던 지적인 사람인 총독 서기오 바울에게 바울과 그의 동료들이 복음을 설명하는 것을 못하게 하려고 했다(행 13:1-12). 바울은 그 마술사를 제압하고 서기오 바울을 개종하는데 성공했는데 그것은 성령의 능력을 통해서 그리고 파송한 교회의 기도와 금식에 힘입어 가능했다.

기도는 변증학의 모든 영역 속으로 깊이 들어간다. 변증가는 변증적 접촉을 준비하는 데 필요한 지혜를 위해서, 변증의 기회가 왔을때 필요한 적절한 말과 태도로 반응하기 위해서 그리고 청중들이 진리를 받아들이고 적극적이며 지혜롭게 반응할 수 있도록 반드시 기도해야 한다(요 16:13과 엡 6:13을 보라). 프란시스 쉐퍼는 견고한 변증은 성령이 운행하시도록 기도하는 것과 경쟁관계에 있는 것이 아니라고 확언했다.

> 내가 한 개인과 대화를 하고 있거나 연단에 앉아 5000명의 사람들에게 강연하며 그들의 질문들에 답하고 있을 때 매우 자주,

대부분의 사람들이 알고 있는 것보다 더 자주, 나는 그들을 위해서 기도하고 있다.[32]

변증학을 위한 용기와 열정을, 기도를 통해서 (그리고 아마 금식을 통해서) 찾을 필요가 있다. 날마다 불신앙의 사인(sign)들이 우리를 맞이하는 다원화된 문화 속에서 살고 있기에 우리는 전도하는 것에 대해 안일하고 무정해지기 쉽다. 사람들은 우리에게 삶이란 소유, 자존감, 외모와 명성이 전부라고 말한다. 그리고 우리는 거의 그렇게 생각한다. 사람들은 우리에게 모든 종교는 선하며 그래서 우리에게 가장 잘 맞는 종교를 하나 선택해야 한다고 말한다. 그리고 우리는 대부분 그렇게 생각한다.[33] 대안은 성경적 실재론(biblical realism)이다. 복음이 무한하게 소중한 이유는 복음이 죄, 사망 그리고 지옥에서 벗어나게 하는 유일한 길이기 때문이며 그리고 그리스도 안에서 용서, 새로운 피조물과 영생을 누리도록 들어가게 하는 유일한 길이기 때문이다.

11. 변증학의 목표: 기독교 회심 그리고 지적인 자신감

성경적으로 이해했을 때 회심은 죄와 이기심과 사단으로부터 급격하게 돌아서서 하나님과 그분의 왕국으로 향하는 것이다. 회심은 단순히 지적인 영역만이 아닌 전체 인격에 통합적으로 일어난다. 그러나 기독교가 진실되지 않거나 순종할 만한 가치가 없다면 성경의 하나님을 따르고 순종할 이유가 전혀 없다. 만약 기독교가 거짓이라면 기독교가 아무리 매력적이라고 해도 그것은 크게 문제가 되지 않을 것이다. 그것이 진

---

32 Francis A. Schaeffer, *The God Who Is There*, 30th anniv. ed. (Downers Grove, Ill.: Inter-Varsity Press, 1998), 205-6.
33 슬프게도 자칭 "복음주의자들"이며 "중생한" 그리스도인이라고 하는 많은 자들은 하나님이 다른 종교들을 통해서도 구원을 베푸신다고 믿는다. 이것은 23장에서 다루게 될 것이다.

리이면서 중요하지 않다면 무엇 때문에 어느 누가 관심조차 갖겠는가?[34]

따라서 회심은 필연적으로 지적이며 객관적으로 진실되다고 간주된 명제들에 인지적으로 동의하는 것을 수반한다. 이 인지적 동의가 일어나기 위해서는, 우리는 복음이 한 개인에게 요구하는 것이 무엇이며, 또 어떤 기초에 근거해서 복음이 그것을 요구하는지를 반드시 이해해야 한다. 이런 이해는 고전적으로 노티티아(*notitia*)로 알려져 왔다.

한 개인은 기독교가 실제로 어떤 것인지를 알지 못하면서 그리스도인이 될 수는 없다. 여기서 기독교 세계관과 교리가 가장 중요하다. 회심의 후보자는 그 누구나 다음과 같은 것들을 믿어야 한다.

1. 하나님은 거룩한 존재로 존재하시며 그분 앞에 모든 인간들은 자신들의 범법행위(죄들)들에 대해 도덕적으로 해명할 책임이 있다.
2. 죄의 질병은 너무 깊고 넓어서 모든 죄 문제의 해결은 상처받고 반항적인 우리 존재들의 외부에서 반드시 와야 한다.
3. 사랑이 넘치며 공의로우신 구원의 창시자이신 하나님은 그분의 유일한 아들 예수 그리스도를 보내셔서, 우리와 하나님 사이에 화목의 길을 제공하실 목적으로, 우리는 살아낼 수 없는 완전한 삶을 살아내고 우리의 죄를 대속하게 하셨다.
4. 예수님에게 맡겨진 이 사역의 실재(reality)의 정당성은 아버지께 그리스도가 단호히 순종하심으로, 그리스도가 십자가에서 죽으시고 죽은 자 가운데서 죽음을 물리치고 생명을 확증하는 부활로 다시 살아나심에 의해서 입증되었다. 용서와 회복의 길은 모두에게 열려 있지만 오직 믿음으로만 그리고 오직 예수 그리스도가 완성하신 사역을 통해서만 열려 있다.[35]

---

34 나는 기독교가 "최대로(maximally) 중요한 진리"라는 Alvin Plantinga, *Warranted Christian Belief* (New York: Oxford University Press, 2000), 499의 언급에 동의한다.

35 Francis A. Schaeffer, *The Finished Work of Christ* (Wheaton, Ill.: Crossway, 1998)를 보라.

우리가 기독교 메시지의 진리를 믿을 때에만 우리는 기독교 메시지의 대상을 신뢰할 수 있을 것이다. 그 대상은 예수 그리스도 안에서 그리고 예수 그리스도를 통해서 계시된 하나님이시다. 믿음(faith)의 이런 구성요소를 피두치아(fiducia) 혹은 신뢰라고 한다. 피두치아는 단순한 믿음(belief)과 밀접하게 연관되어 있지만, 단순한 동의 이상을 수반한다. 피두치아는 실존적 행위를 통해 그리스도와 그분의 대의명분에 자신을 위탁하는 것을 포함한다.

성경은 하나님을 "믿어야" 할 필요를 말하지만, 성경은 또한 그리스도를 "영접하는" 자들에 대해서도 말한다(요 1:12). 어떤 사람이 어떤 성경적 전제들이 객관적으로 진실되다는 것을 믿는다면 이어서 그 사람은 이런 진리들을 그/그녀 자신의 것으로 주관적으로 내면화하게 된다. 이렇게 함으로써 그 사람은 이런 진리들의 대상인 그리스도께 충성을 바치게 된다. 신뢰는 이런 경우에 결혼에 비유될 수 있을 것이다. 사랑에 빠진 사람은 결혼하기 전에 자신이 사랑하는 사람에 대한 많은 호의적인 것들을 믿는다. 그러나 "네, 그렇게 하겠습니다"라고 진심으로 서약을 하고 신랑이나 신부에게 자신을 내어 준 후에야 부부가 되는 것이다.

성경적으로 이해했을 때 그리스도 안에 둔 믿음은 새로운 방식으로 알고, 존재하고, 행하도록 인도하고 영감을 준다. 이 믿음은 야고보가 "선한 행위들"(약 2:14-26; 엡 2:9을 보라)로 요약한 파급효과를 발효한다. 이런 행위들은 (외적 행동뿐만 아니라 지적이며 도덕적인 내적 혁신도 포함하는) 하나님 앞에 유리한 입지를 위한 근거나 보증이 아니다. 그런 신분은 오직 은혜로만 오며 오직 그리스도 한 분만을 믿는 믿음으로만 받는다(엡 2:8-9; 딛 3:5). 어쨌든 믿음이 뿌리를 내린 곳에는 열매가 맺히고 자란다(마 7:15-23).

이런 이해가 변증학을 위해 매우 중요한 이유는 세계적으로 유행하고 있는 잘못된 회심과 이름뿐인 기독교 때문이다. 성경적인 기준들을

복음 메시지의 본질에 대한 더 많은 것이 20장에서 이야기될 것이다.

감안해 보면, 정말 구원받아서 천국을 소망하는 기독교인이 아닌데도 자신을 기독교인으로 내세우는 미국인들이 훨씬 더 많다. 변증학은 보편적인 영성이나 종교적인 형식주의(externalism)가 아닌 회심에 목표를 둔다. 회심은 예수님과 세례 요한 그리고 모든 구약의 선지자들이 분명하게 외쳤던 회개를 요구한다(마 4:17). 회개로의 촉구는 복음전도가 감당해야 할 일로 더 여겨질 수 있겠지만, 회개로의 촉구는 두 가지 이유로 변증학을 본질적인 요소로 포함한다.

첫째, 변증학은 기독교 세계관을 제시하려고 노력한다. 기독교 세계관의 한 국면은 사람이 거룩한 하나님 앞에서 병든 열정을 갖고 있고, 자기 중심적이고, 죄를 범하였고 그래서 사람은 근본적인 용서와 변화가 필요하다는 것이다. 회개하는 믿음은 그리스도 안에서 새로운 생명으로 들어가게 하는 유일한 길이다.[36]

둘째, 변증학은 회개가 도리에 맞는 행동이라는 것을 보여주어야 한다. 왜냐하면 기독교는 진실되고 합리적이며 파스칼식으로 말하자면 "매력적"이어서 기독교는 우리의 "참된 선"(true good)을 약속하기 때문이다. 이 참된 선은 예수 그리스도가 이룬 업적들을 통한 인격체의 회복이다.

변증학은 또한 질문이 많고 의심하는 기독교인들이 지적 자신감을 깨달아 복음의 진리를 위한 현명한 증인들로 거듭나도록 준비시켜 준다. 기독교인들이 변증적 논증들에 정통할수록 자신들이 갖고 있는 믿음의 진실과 합리성에 대한 지식은 증가하게 된다. 그리하여 그 지식은 그들에게 "하나님의 은혜의 복음"(행 20:24)을 설명하고 변론하기 위한 더 강력한 변증의 플랫폼(platform: 강령, 기본 원칙, 믿음들의 집합 등-역주)을 제공한다. 기독교 세계관에 대한 기독교인의 목표는 "지혜와 지식의 모든 보화들"을 얻기 위한 것이어야 한다(골 2:3).

---

36 개종을 위한 회개의 필요성에 대해서는 John MacArthur, *The Gospel According to Jesus* (Grand Rapids: Zondervan, 1988)를 보라.

12. 대화적 그리고 맥락적 변증학

변증학을 건전한 철학적 방법으로 명료하게 표현하는 것이 3장의 몫이다. 어쨌든 나는 대화, 분별, 맥락에 관련된 매우 실제적인 변증학의 몇 가지 이슈들을 열거함으로 결론을 맺으려 한다.[37]

변증적 발표를 위한 포럼들은 무궁무진하기 때문에 우리는 고대부터 있어 왔던 진리들을 소개하기 위한 새로운 방법들을 찾기 위해서 우리의 거룩한 상상력을 사용해야만 한다. 허나 어떤 포럼들은 어떤 의미에서는 정지상태(static)에 있다. 혹자는 한 편의 논증을 책의 일부로, 기사의 형태로, 편집자에게 보내는 편지로, 팜플렛으로 출판하거나 웹페이지나 블로그에 게시하거나 혹은 다소 다른 저술 형태로 출판한다.[38] 그리고 그것으로 끝이다. 다양한 형태로 발표된 이런 진술문들은 반응을 이끌어낼 수도 있고 이어서 그 변증가도 화답할 수도 있겠지만, 대화의 국면이 대개는 극소화(minimal) 된다.

다른 공개포럼들은 직접 토론을 포함하기 때문에 더 대화적이다. 이런 직접 토론들은 대면(face-to-face)미팅, 질의문답 시간을 포함한 강의, 토론, 편지, 이메일, 전화통화 등을 포함한다. 비록 대화가 지적인 도전이 거의 부재한, 단순 견해의 요점 없는 교환으로 전락할 수 있지만, 대화가 꼭 그렇게 될 필요는 없다.

설득력 있는 대화의 정신이 사도행전 전체를 통해서 바울의 가르침과 설교 안에 살아 있었다. 바울은 유대인과 이방인, 서민, 왕족 그리고 철학자들을 합리적인 대화에 참여시켰고 이 모든 것은 그리스도

---

37 David Clark, *Dialogical Apologetics* (Grand Rapids: Baker, 1994)의 뛰어난 논의를 참고하고, Greg Kohl, *Tactics: A Game Plan for Discussing Your Christian Convictions* (Grand Rapids: Zondervan, 2009)를 보라.
38 많은 기독교 팜플렛들이 극보수적이거나 지나치게 단순하거나 그렇지 않으면 공격적이지만, 팜플렛이라는 매체 자체는 가치가 있다. 나는 수년 동안 팜플렛들을 제작하고 배포해 왔다. 팜플렛의 사용에 대한 토론에 관해서는 Douglas Groothuis, "Event Specific Evangelism," in *Confronting the New Age* (Downers Grove, Ill.: InterVarsity Press, 1988)를 보라.

라는 대의명분을 위함이었다. 이는 사실상 사도행전 전체에 펼쳐져 있는 모든 전도나 선교활동(outreach)에 해당된다. 아지스 페르난도(Ajith Fernando)의 말처럼 "사도행전에 기록된 모든 메시지는 강한 변증적 내용을 가졌다."[39]

우리는 모든 종류의 불신자들과 비슷한 대화들을 하기 위해 노력할 수 있다. 이런 대화들은 앞에서 토론했던 변증학에 필수적인 모든 덕목들을 반드시 포함한다. 특별히 중요한 것은 대화에 참여 중인 상대방의 지적이고 영적인 상태에 맞추어서 경청하고 반응을 조절하고자 하는 자원하는 마음(willingness)을 가능케 하는 겸손함이다. 이 겸손은 세계관 분별뿐만 아니라 어느 정도의 관계적 기술도 요구한다. 쉐퍼의 지적처럼 잃어버린 영혼에 대한 사랑 또한 변증가가 부담해야 하는 대가이다.

> 이런 종류의 (변증적) 대화는 값싼 것이 아니다. 전적인 혼란상태에 빠져있는 20세기 사람들을 이해하고 그들에게 진지하게 말하는 것은 대가가 따른다. 변증적 대화는 당신을 유혹과 압박을 받기 쉽게 한다. 그래서 변증적 대화는 피곤하다. 최종적으로 참된 사랑은 우리가 이야기하고 있는 그 사람에게 완전히 노출되고자 하는 자원하는 마음을 의미한다.[40]

믿음을 변론하고 추천할 때 기독교인들은 자신들의 대화 파트너들이 실재에 대해 무엇을 믿고 있는지 정확하게 감지해야 한다. 세계관들의 전문적인 토론은 세계관을 유신론(theism), 이신론(deism), 범신론(pantheism), 자연주의(naturalism), 다신론(polytheism) 등의 정해진 범주로 분류하는 반면, 사람들의 믿음을 언제나 이렇게 명확하게 범주화 할 수 있는 것은 아니다.

---

39 Ajith Fernando, *Acts*, The NIV Application Commentary (Grand Rapids: Zondervan, 1998), 30.
40 Francis A. Schaeffer, *The God Who Is There*, 149.

덴버신학교에서 기독교 변증학을 전공하는 나의 학생들이 지난 20년 간에 걸쳐 실행한 수백 명과의 인터뷰를 통해서 알게 된 것이 있다. 그것은 사람들은 하나로 통일된 그 어떤 세계관에도 쉽게 조화되지 않는 광범위하고 다양한 믿음들의 집합을 종종 고수하고 있다는 것이다. 거기에는 아마 기독교가 한 줌(주일학교에서 남겨온 것), 뉴 에이지 영성이 듬뿍(개인적 풍요를 위해), 자연주의가 한 분량(과학관련 문제들에 관해) 그리고 당연히 상당한 양의 상대주의의 양념(모든 곳에 산재해 있음)이 있을 것이다.

빈틈없는 변증가는 친절하지만 도전적인 반응을 보일 뿐만 아니라 집중된 경청을 통하여 자동차 기어를 변속하듯 엄청난 양의 모순되는 믿음들 사이를 이리저리 옮겨 다녀야 한다. 변증가는 불신자의 믿음들이 어떤 것들인지를 이해하기 위해, 이런 믿음들이 어떻게 서로 연관되어 있는지 그리고 이 믿음들이 외부 세계와 개인의 삶과 어떻게 연결되어 있는지를 이해하기 위해 노력하고 있다는 것을 보여주어야 한다.

일단 한 사람의 세계관이 확인되었으면 변증가는 불신자를 기독교 관점으로 더 가까이 이동시키기 위해서 그 불신자와 공감대를 형성하는 데 힘을 기울여야 한다. 그 불신자가 무신론자라면 우리는 반드시 처음 기초부터 시작하여 유신론을 위해 변론해야 한다. 그렇지만 이 무신론자는 객관적인 도덕적 진리를 (논리적으로 일관되지 않게) 믿을 수도 있다. 만약 그렇다면 거기에는 주목할 만한 공감대가 존재한다. 만약 불신자가 유신론자이지만 기독교 유신론자가 아니라면 그때는 강조점을 기독교 유신론에 유일무이한 것들, 특히 성육신에 두어야 한다.

그러나 세계관 감지나 공감대를 위한 접촉점들을 찾는 것 이외에 우리는 기독교 진리를 위한 논증들을 언제 그리고 어떻게 제시할 것인지에 대한 관계적인 지혜가 필요하다. 불신자의 영혼의 상태에는 거의 관심없는 "쏟아붓기"(dumping) 혹은 "폭탄투하"(blasting) 식의 변증은 억압된 긴장을 해소시키고 변증가의 지식을 과시할 수는 있어도, 누군가를 영원한 구원 가까이로 인도하는 데에는 전혀 도움이 되지 않는다. 어떤 사람들은 기독교 진리를 충분히 들을 준비가 아주 잘 되어 있고, 어떤 사람들은 너무 꽉 막혀 있기 때문에 변증가는 반드시 한 발 물러서서 다음 기회를 위한 전략을 세워야 한다.[41]

파스칼의 강조처럼 우리는 현명한 변증을 위해 인간의 마음(heart)을 분별할 필요가 있다.

> 우리는 인간을 다루는 것이 평범한 오르간을 연주하는 것과 같다고 생각한다. 과연 인간은 오르간이지만, 유별나고 변화무쌍하고 변덕스럽다. 평범한 오르간만 연주할 줄 아는 사람들은 절대로 이 오르간(인간-역주)을 곡조에 맞게 연주할 수 없을 것이다. 당신은 반드시 어떻게 다뤄야 할지를 알아야만 한다.[42]

변증적 만남을 위해 결정적으로 중요한 또 다른 문제는 맥락 또는 상황이다. 우리 문화가 참된 지적인 대화와 담화에(이런 것들에는 시간, 노력 그리고 훈련이 소요됨) 거의 가치를 두지 않기 때문에, 우리는 이런 이상들을 실행하는 것이 가능한 맥락들을 반드시 의도적으로 찾아내야 한다. 그러나 우리는 이런 이상들이 지속되어 살아갈 수 있는 본문들을 신중하게 찾아야만 한다.

비록 우리가 "쉴새없이 분주하게 사느라" 결코 이상적이지 않은 상황에서 변증적 토론을 하고 있는 우리 자신들을 발견하기는 하지만 (하나님은 종종 그런 거룩한 만남들을 성사시켜 주신다) 가장 좋은 지적 환경은 침묵할 수 있고 또 인생에서 가장 중요한 문제들을 숙고하고 토론할 시간이 있는 환경이다. 이런 분위기는 주위를 산만하게 하는 자극들 (특히 진리와 합리성의 가장 큰 파괴자인 TV) 그리고 분주하고 지친 현대 문화의 환경으로부터 가능한 한 자유로워야 한다.[43] 침묵할 수 있는 곳은 이성적

---

41 마 7:6에 있는 "돼지 앞 진주"에 대한 예수님의 견해를 보라.
42 Pascal, *Pensées* 55/111, 44.
43 Douglas Groothuis, "Television: Agent of Truth Decay," in *Truth Decay* (Downers Grove, Ill.: IVP Books, 2000). 그리고 Neil Postman, *Amusing Ourselves to Death*, 20th anniv. ed.

으로 호소력 있는 진리를 발견하기 위한 비옥한 환경이다. 그러므로 그런 환경을 가꾸어야 한다.⁴⁴

환대(hospitality)와 친목의 덕목은 변증의 지평선 너머로 아주 거대한 모습을 드러낸다. 불신자들과의 토론을 위해 개인의 집을 개방하는 것은 이상적이다. 허나 슬프게도 공동체의 와해와 개개인의 가정 내부로 "은둔하는"(cocoon)경향을 감안했을 때, 한 개인이 각 가정의 엔터테인먼트 센터(TV, 오디오, 비디오, 가라오케, 게임기기 등—역주) 앞에서 시간을 보내는 것보다 인생에서 가장 중요한 문제들을 두고 다른 인간들과 대화하기 위해 더 많은 시간을 보내는 경우는 드물다.

불신자들에게 영향력을 미치는 사역을 한 프란시스 쉐퍼와 에디스 쉐퍼(Edith Schaeffer)가 성공할 수 있었던 비결은 스위스 알프스 산 기슭에 위치한 그들의 라브리(L'Abri) 공동체에 불신자들이 쉐퍼 부부와 함께 공동체 생활을 하도록 그들을 초대한 결과였다.⁴⁵ 물론 우리들 중 알프스 산 기슭에 산장을 가진 사람은 거의 없지만 그럼에도 불구하고 불신자들과 긴밀하게 연합하고 그들을 사랑하는 원칙은 우리에게도 적용된다.

13. 문제의 핵심: 진리를 변증하라

여기에 문제의 핵심이 있다. 우리는 성경적 세계관의 진리를 알아 그것을 최고의 논증들을 사용해서 가능한 한 많은 사람들에게 진실함을 다해 알리기 위해 반드시 진지하게 노력해야 한다. 그리스도 안에서 하

(New York: Penguin, 2005)를 보라.
44 침묵의 중요성에 대해서는 154 페이지에 인용된 Kierkegaard를 보라.
45 Schaeffers에 대한 주목할 만한 이야기에 대해서는 Edith Schaeffer, *L'ABri*, 2nd ed. (Wheaton, Ill.: Crossway, 1992); Edith Schaeffer, *The Tapestry: The Life and Times of Francis and Edith Schaeffer* (Waco, Tex.: Word, 1981)를 보라.

나님을 안다는 것은 가능한 가장 설득력 있는 형태로 기독교 진리를 다른 사람들에게 알리기 원한다는 것을 의미한다. 이성적이고, 도덕적이며 관계적인 하나님의 형상으로 창조되었다는 것은 우리의 전 존재는 기독교 증인으로서의 삶에서 하나님께 영광돌리는 것을 목표로 해야 한다는 것을 의미한다. 바로 그 증인으로서의 삶의 의미심장한 한 부분이 바로 기독교 변증학이다.

3장
변증 방법 세계관 평가하기

변증적 방법론을 위해 많은 글들이 쓰여져 왔다. 다양한 학파들은 자신들의 방법이 다른 방법보다 뛰어나다고 주장해 왔다. 어떤 변증가들은 변증학을 가장 필요로 하는 사람들인 불신자들이나 의심을 품고 있는 예수님의 추종자들에게 변증학을 제시하려고 노력하기보다는 동료들의 변증 방법을 논박하는 데 더 많은 시간들을 할애해 왔다. 복음전도자인 무디(Dwight L. Moody)는 복음전도에 대한 자신의 접근 방식 때문에 다른 기독교인에 의해 비판을 받은 적이 한 번 있다. 그때 무디의 반응은 전도는 하지 않는 그의 비평가들보다는 그래도 전도는 하는 자신의 방법을 무디 자신은 더 선호한다는 것이었다. 이 교훈은 변증 방법에도 적용된다.

변증학은 철학적 참여(philosophical engagement)를 의미하며 철학은 논리를 활용한다. 따라서 기초적인 논리적 원칙들의 간략한 토론이 근본적으로 중요하다. 어떤 기독교인들은 논리가 "단지 인간적"(merely human)이어서 우리가 하나님을 이런 방식으로 제한할 수 없다는 것에 근거하여 기독교 믿음을 정의하거나 변론하는 것에 논리를 사용하는 것을 경시해 왔다.

설상가상으로 그들은 논리에 어떤 유익이 있다고 해도 논리는 타락에 의해서 손상되어 왔기 때문에 인간의 지성(mind)은 추론을 통해서 하나님을 정확하게 이해할 수는 없다고 주장해 왔다. 이 이해에 의하면 믿음은 증거와 논리에 호소함 없이 혹은 증거나 논리에 반대하여 어떤 것을 믿는 것을 의미한다. 믿음은 심지어 증거와 논리에 반비례 관계에 있는 것으로 간주될 수 있다. 증거와 논리가 더 적을수록 믿음이 더 필요하고, 증거가 더 많을수록 믿음은 덜 필요한 것이다. 그러므로 가장 차원 높고 가장 훌륭한 믿음은 증거와 논리에 있어서 가장 얄팍한 토대를 갖는다. 이 입장은 신앙주의(fideism) 또는 "믿음주의"(faith-ism)로 알려져 있다. 본 장 후반부에서 신앙주의에 대해 더 심도있게 살펴보겠지만, 우리는 먼저 변증학을 위한 기초적인 논리의 필요불가결성을 구축할 필요가 있다.

1. 논리 법칙: 단지 좋은 개념들이 아닌 법칙

1) 무모순성의 법칙(혹은 원칙)(the law [or principle] of noncontradiction)[1]
진리의 논리는 무모순성의 법칙의 논리로 시작한다. 아리스토텔레스에 의해 처음으로 성문화된(발명된 것이 아님) 이 법칙은 다음과 같이 진술한다. "아무것도 동일한 시간에 동일한 면에서 동시에 참이면서 참이 아닐 수 없다는 것이다."[2] 양립 불가능한 속성들을 소유할 수 있는 것은 아무것도 없다. 즉 아무것도 그것이 아닌 어떤 것이 될 수 없다. 예를 들어, 예수님은 동시에 죄가 없으면서 죄 있을 수 없다. 만약 정확히 하나의 하나님만 존재한다면 많은 신들이 존재할 수 없다.

이 논리 원칙은 기독교의 고유 전유물이 아니다. 이 원칙은 모든 창조 세계에 해당되는 진리다. 하나님은 우리가 이런 방식으로 생각하도록 예정하셨는데 왜냐하면 세상도 이런 방식으로 운행되기 때문이다. 몇몇 신

---

1 "비모순율, 비모순성의 원리"라고도 부른다-역주.

2 Aristotle, *Metaphysics* 1005 b19-20.

학자들이 주장해 왔던 것에도 불구하고 기독교 믿음은 우리가 어떻게든 이 논리의 법칙(또는 다른 모든 법칙)을 초월할 것을 요구하지 않는다. 하나님은 일관되시고 거짓을 말할 수 없으시다. 하나님은 그분 자신을 부인하거나 거짓인 어떤 것을 단언하실 수 없고, 또 그분은 어떤 것을 동일한 시간에 동일한 방식으로 참이기도 하며 거짓인 것으로 만들 수도 없으시다. 이것은 하나님을 전혀 제한하는 것이 아니며 오히려 미덕이다.

사고의 이 기본 원칙이 잘못된 것이라고 주장하는 사람들은 무모순성 법칙을 부정하기 위해서라도 이 원칙을 반드시 긍정해야 한다. 무모순성을 부정함으로써 그들은 모든 사고, 언어, 대화와 진리의 개념을 조롱한다. "무모순성의 법칙은 거짓이다"라는 진술을 고려해 보라. 이 진술 자체가 참이 되기 위해서는 이 진술의 정반대인 "무모순성의 법칙은 참이다"를 반드시 부정해야 한다. 이런 과정에서 이 진술은 진실과 거짓의 이중성을 반드시 긍정해야 하는데, 이것은 바로 무모순성의 법칙 자체를 확증하는 행위이다. 어떤 이들은 현대 물리학이 무모순성의 원칙을 폐지했다고 생각한다. 왜냐하면 빛은 파동(wave)이면서 동시에 입자(particle)인 것처럼 움직이기 때문이다. 그러나 이것은 잘못된 주장이다. 지난 세기 말 양자전기역학(QED)의 발견은 다음을 입증해 주었다.

> 빛은 본질적으로 입자들로 구성되어 있지만 모든 기초 입자들은 "파동처럼" 행동할 수 있다. 어떻게 빛이 어떤 경우에는 파동처럼 행동하고 다른 경우에는 입자처럼 행동할 수 있었는지를 논리적으로 일관된 방식으로 보여줌으로써, 이 돌파구는 "파동—입자 이중성"이라는 당혹스러운 난제를 만족스럽게 해결하는 자기모순이 없는(self-consistent) 하나의 패러다임을 산출해냈다.[3]

---

3 Scott R. Burson and Jerry L. Walls, *C. S. Lewis and Francis Schaeffer: lessons for a New Century from the Most Influential Apologists of Our Time* (Downers Grove, Ill.: InterVarsity Press, 1998), 86-87. 저자들은 자신들의 출처로 Richard P. Feyman, *QED: The Strange Theory of Light and Matter* (Princeton, N.J.: Princeton University Press, 1985), 37을 인용한

어떤 이들은 자기 모순적 요소들을 수반하는 상황들이 있기 때문에 무모순성의 법칙은 우주적인 진리가 아니라고 주장할 것이다. 예를 들어, 혹자는 철학을 공부할 것인가 아니면 비디오 게임을 할 것인가로 갈등할 수 있을 것이다. 그렇기 때문에 그 사람은 A와 A가 아닌 것(non-A) 모두를 실행하기 원한다. 그러나 우리 마음 속에서 서로 갈등 가운데 있는 상충되는 요소들이 "동일한 시간에 그리고 동일한 면에서 존재하면서 존재하지 않을 수 있다"와 같은 논리적 모순들을 만들지는 않는다.[4]

무문순성의 원리는 진리에 대한 기독교적 독특성과 연결되고 그리스도를 믿고 선택하는 높은 관심과 결합한다. 이것은 그리스도인에게 진리란 대립적인 것을 의미한다. 포스트모던인들은 수많은 라이프 스타일들과 경향들과 외양들을 우쭐대는 웃음과 삐딱한 자세로 하품하며 "아무려면 어때"라고 내뱉을 수 있지만 "그 도(the Way)를 따르는 사람들은"(행 9:2) 그렇게 무관심할 수도 없고 쉽게 만족할 수도 없다.

2) 배타적 중간의 법칙(혹은 원칙)(The law [or principle] of excluded middle)[5]

이 법칙은 어떤 사실적 진술과 그것의 부정 진술 모두가 참일 수 없다고 진술함으로써 무모순성의 법칙 같은 그런 동일한 본질적 통찰력을 주장한다. 야훼는 주님이시거나 야훼는 주님이 아니시다. 부처는 깨달았거나 부처는 깨닫지 못했다. 중간적 대안은 없다. 예수님이 다음과 같이 경고할 때 이 원칙을 가정한다.

다. 현대 물리학이 무모순성의 법칙을 어떻게 논박하지 않는지에 대한 추가적인 자료로 다음을 보라. R. C. Sproul, *Not a Chance: The Myth of Chance in Modern Science and Cosmology* (Grand Rapids: Baker, 1994).

4 Ed L. Miller and Jon Jensen, *Questions That Matter*, 5th ed. (Boston: McGraw-Hill, 2004), 33.

5 "배타 법칙, 배타 원리, 배중율"로 칭하기도 한다-역주.

한 사람이 두 주인을 섬기지 못할 것이니 혹 이를 미워하고 저를 사랑하거나 혹 이를 중히 여기고 저를 경히 여김이라 너희가 하나님과 재물을 겸하여 섬기지 못하느니라(마 6:24).

모든 것은 검거나 희지 않다. 어떤 것들은 회색이다. 그렇기 때문에 이 원칙은 우주적으로 적용될 수 없다고 혹자는 항의할 것이다. 사실 모든 것이 검거나 희지 않다는 것은 참이다. 그러나 배중법칙은 모든 것을 이원관계로 환원시키지 않는다. 오히려 배중법칙은 어떤 진술도 그 진술과 그 진술의 부정 모두 참일 수는 없다는 것을 확언한다. 한 진술은 회색(혹은 모호한)이거나 회색이 아니라는(혹은 모호한) 것을 모두 긍정할 수 없다.[6]

3) 이가 법칙(혹은 원칙)(The law [or principle] of bivalence)

이 법칙은 모든 명백한 선언적 진술을 참이거나 거짓이라고 말한다. 즉 "참도 아니고 거짓도 아니다"라고 하지 않으며 참과 거짓 모두라고 말하지도 않는다(의도된 이중 의미들이나 혹은 무의미하거나 혹은 애매한 진술들은 이 원칙에 해당되지 않는다. 왜냐하면 이런 진술들은 어느 한 가지도 분명하게 주장하지 못하기 때문이다). "모하메드는 선지자들의 봉인(seal)이다"라는 진술은 참이거나 거짓이다. "예수는 육체로 오신 하나님이셨다"라는 진술도 참이거나 거짓이다. 게다가 이 두 진술 모두는 무모순성 때문에 동시에 모두 참일 수 없다. 모하메드가 예수님의 정체성에 대해 근본적으로 잘못 이해했다면 모하메드는 선지자들 중 가장 위대한 선지자(선지자들의 봉인)가 될 수 없다. 허나 만약 하나님이 없다면 이러한 진술 모두가 거짓일 수 있는데, 왜냐하면 하나님의 감화를 받은 선지자들도 없을 것이고 하나님의 성육신도 없을 것이기 때문이다.

해석에 따라서 문장들은 많은 의미를 가질 수 있다는 점을 주장하여

---

6 Miller and Jensen, *Questions That Matter*, 33.

이가법칙에 이의를 제기해 온 사람들이 있다. 따라서 만일 어떤 문장이 많은 의미를 갖는다면, 각 의미는 그것 고유의 진리 가치를 갖기 때문에 그 문장은 참이거나 거짓일 수 없다는 것이다. 그러나 이런 반대의견은 요점을 놓치고 있는데, 왜냐하면 이가법칙은 해석(해석학)의 질문들을 다루는 것이 아니라 일단 진술의 의미가 정해지고 난 후에 진술의 진리 가치를 다루기 때문이다. 일단 의미가 정해지면 진리 가치는 엄격하게 이가적(binary)이어서 진리 혹은 거짓이다.

마지막으로 남은 한 가지 원칙이 논리 메뉴를 완성시킨다.

4) 동일성의 법칙(혹은 원칙)(The law [or principle] of identity)

이 법칙은 어떤 것은 바로 그 자신이다. 즉 A=A라는 것을 단순하게 진술한다. 어떤 것은 그 자신이고 그 자신 외에는 아무것도 아니다. 만일 우리가 "당신은 오늘 당신 자신이 아니다!"고 말한다면, 우리가 동일성의 원칙을 어기는 것은 아니다. 오히려 우리가 의미하는 것은 당신은 우리가 알고 있는 당신답지 않게, 이상하거나 예상 밖의 행동을 하고 있다는 것이다. 당신이 이상하게 행동하더라도 당신이라는 사람은 여전히 당신 자신과 동일하다.

또 이 법칙은 실체들이 시간이 경과함에 따라 변화한다는 것을 부인하지도 않는다. 이 원칙이 부인하는 것은 어떤 실체가 어떤 주어진 시점에서든지 바로 그 자신이 아닌 것은 될 수 없다는 것이다.[7] 나는 동일한 시간에 51세이면서 동시에 52세가 될 수 없다.

어떤 다문화주의자들은 기본 논리 원칙들이 서구적(Western) 혹은 남성적(male)이며 따라서 보편적으로 타당할 수 없다는 것을 주장해 왔다.

---

7 이 법칙은 믿을 수 없을 정도로 간단하지만, 우리는 나중에 이 법칙이 마음(mind)에 대한 물질주의식 설명에 반대하는 강력한 무기라는 것을 발견하게 될 것이다. 힌트: 만약 정신적이고 물질적인 속성들이 동일한 것이 아니라면, 그것들은 같은 것이 될 수 없다. 따라서 심신동일론(mind-body identity theory)은 거짓이다. J. P. Moreland, *Scaling thr Secular City* (Grand Rapids: Baker, 1987), 83-84를 보라.

자신들의 보편성을 주장하는 것은 일종의 지적인 제국주의나 인지적인 식민주의에 참여하는 것이다. 개인이 이런 논리 원칙들을 사용하는 것의 여부는 관습이나 심지어는 취향의 문제다. 자신들의 보편성을 주장하는 것은 잘못된 것이며 편협한 생각이다. 그러나 마지막 진술이 조금이라도 의미가 있기 위해서는 무모순성 원칙을 반드시 참인 것으로 가정해야 한다.

더 나아가 논리의 기본 원칙들은 어느 한 인종이나 종교 집단의 소유물이 아니다. 기독교 철학자이면서 동시에 저명한 불교학자인 폴 그리핏스(Paul Griffiths)는 서구 논리와는 완전히 다른 특별한 "불교의 논리"가 존재한다는 개념이 거짓이라는 것을 입증한다. 주후 천 년경 집필된 인도 불교 작가들의 저술물들을 읽었던 자신의 경험을 회고하면서 그는 이렇게 말한다.

> 나는 즉시 굉장한 친근함과 칭찬받는 것 같은 느낌을 받았다. 여기 내가 인식할 수 있고, 편안함을 느낄 수 있고, 이해할 수 있는 철학 전통이 있었다. 여기 사실상 모든 철학적 질문들이 있었다. 그 철학적 질문들은 지식, 진리, 개인의 정체성, 언어 그리도 참고문헌과 같은 시급한 이슈들이었다. 나는 느꼈다. 여기 참된 전제들을 가진 타당한 논증들의 증거적(probative) 중요성에 상당한 역점을 두는 전통이 또 있다는 것이다.[8]

이런 관찰들은 비록 심각한 문화적 차이에도 불구하고, 모든 인간들은 하나님의 형상으로 만들어졌고 그렇기 때문에 본질적으로 비슷한 방

---

8 Paul Griffiths, "Philosophizing Across Cultures: Or, How to Argue with a Buddhist," *Criterion* 26, no 1 (1987): 11. 종교적 전통들 간에 논증들이 가능하다는 논제의 적용을 위해서는 다음을 보라. Paul Griffiths, *An Apologetic for Apologetics* (Maryknoll, N.Y.: Orbis, 1991).

식으로 생각한다는 성경의 주장과 일치한다.[9] 이 사실은 우리에게 자신감을 불어넣어 주어 논리를 활용하여 논증들을 합리적으로 발전시키는 근본적인 변증 방법을 개발하도록 한다.

2. 세계관 가설 평가

변증적 추론에 가장 좋은 방법은 가설 평가와 검증이다. 기독교 세계관은 가장 중요한 것들을 설명하려 시도하는 거대 가설(혹은 거대 담론[metanarrative])로 간주된다. 혹자는 기독교 믿음을 가설로 간주하는 것을 망설일 수도 있다고 한다. 왜냐하면 기독교 믿음은 한 개인이 자신의 삶을 하나님께 전적으로 내어드리는 하나님과의 살아 있는 관계이기 때문이다. 어떤 사람들에게 있어서 하나의 가정으로서의 기독교는 너무 잠정적이고 임상적이며 학문적으로 들린다. 나는 두 가지 반응을 제안하고 싶다.

첫째, 우리가 기독교 세계관을 추천할 때, 우리는 기독교 세계관을 공유하고 있지 않는 사람들에게 기독교 세계관에 대한 우리 자신들의 입장을 전달할 수는 없다. 불신자들에게 있어서 기독교는 아직 진실된 것으로 믿어지지 않는다. 기독교는 단지 (기껏해야) 가능성에 지나지 않을 뿐이다.

둘째, 기독교 세계관이나 그외 다른 세계관은 하나의 가설로 제시되어야만 한다. 왜냐하면 가설 자체는 가장 중요한 진리들을 위한 하나의 후보로 제시하는 것이기 때문이다(모든 종교들과 세계관들이 그런 것처럼).

우주와 우주 안에 사는 사람들의 본성과 의미를 설명하려고 시도한다는 점에서 세계관 가설은 모든 것을 다루는 포괄적인 이론이다. 세계관들을 지적으로 세밀히 분석할 수 있는 반면, 세계관들은 또한 한 존재

---

9 Francis Schaeffer, *Escape from Reason* (1968; reprint, Downers Grove, Ill.: InterVarsity Press, 2007), 46-47을 보라.

의 가장 깊은 내면의 지향, 즉 마음(heart)을 반영하고 다룬다. 따라서 기독교 세계관을 추천하는 것은 필연적으로 지적인 활동인 반면, 기독교 세계관을 추천할 때에는 인간 존재의 근간을 이루는 선입관, 편견, 사랑과 증오도 신중하게 검토해야 한다.[10]

한 개인은 최고 가설로서의 기독교 세계관을 위한 논증을 과연 어떻게 펼쳐야 하는가? 대답은 이렇다. 신중하게 천천히 그리고 하나하나씩 소개하면 된다.

첫째, 가설은 명확하게 세워져야 한다. 변증학에 있어서 이는 잘못된 고정관념과 풍자를 간파할 수 있는 안목과 더불어 기독교 세계관의 구성요소들과 함축에 세밀한 주의를 기울인다는 것을 의미한다.[11]

둘째, 기독교에 잠재적 경쟁자들인 세계관들을 알아내야 한다. 이런 세계관들은 개연성이 있거나 윌리엄 제임스(William James)의 표현을 빌자면 "살아 있는 가설들"(live hypotheses: William James에 의하면 죽은 가설과는 달리 살아 있는 가설은 그 가설이 제안된 이에게 참된 가능성으로 여겨지는 가설이다-역주)[12]이 될 것이다. 개연적인 세계관은 특정한 시간대와 장소에서 상당히 많은 사람들의 흥미와 관심을 끄는 세계관을 말한다. 그렇기 때문에 이란에서는 이슬람이 개연성 있는 가설이지만, 미국에서는 세속적 인본주의가 개연성 있는 가설이다. **개연성**(plausibility)은 어떤 주장이 진실되며 이성적인지의 여부를 다루는 **신뢰성**(credibility)과 혼동되어서는 안 된다.[13] 세계관의 신뢰성은 그 세계관을 지지하기 위해 집결된

---

10 James Sire, *Naming the Elephant: Worldview as a Concept* (Downers Grove, Ill.: InterVarsity Press, 2004)를 보라. 이 책의 몇 가지 약점을 비평한 것으로는 Jonah Schupbach, *Denver Journal* ⟨www.denverseminary.edu/article/naming-the-Elephant-Worldview-as-a-Concept⟩을 참고하라. Blaise Pascal은 자신의 변증에서 전인격을 다루는 것에 있어서 대가(master)였다. Pascal's *Pensées*, ed. and trans. Alban Krailsheimer (New York: Penguin, 1966)를 보라.
11 이에 대해서는 5장에서 토론할 것이다.
12 William James, *The Will to Believe and Other Essays on Popular Philosophy* (New York: Dover, 1956), 2-3.
13 나의 이 기본적인 구분은 Os Guinness의 강의에서 영감을 받은 것이다. 서구 세속화와 관

논증들의 설득력과 논리적 정합성의 여부에 의해 결정된다. 개연성 있는 세계관이 필연적으로 신뢰할 만한 세계관은 아니다.

역사를 통틀어 수용되기 위해 경합을 벌여왔던 세계관들은 일신론, 이신론, 이원론, 다신론, 범신론 그리고 자연주의다. 비록 어떤 이들은 오늘날 서구에서 이원론(영지주의 형태로)과 다신론(몰몬교 계통의)을 지지하지만, 오늘날 서구에서는 일신론(특별히 기독교와 이슬람)과 자연주의와 범신론이 가장 개연성 있는 경쟁 세계관들이다. 물론 각 세계관에는 다른 국면들을 가진 다양한 버전들이 있다. 예를 들어, 이슬람과 기독교는 모두 일신론적이지만, 기독교는 하나님은 삼위일체시며 예수 그리스도는 성육신하신 하나님이라는 것을 긍정하는 반면에 이슬람은 이를 부정한다.

셋째, 기독교 세계관을 위한 변증적 논증을 소개하는 데 있어서 마지막 단계는 경쟁 중인 각 세계관에 동일한 진리 기준이나 테스트를 적용하는 것이다.

어떤 이들은 진리를 위한 기준은 세계관마다 다르다고 주장한다. 즉 각 세계관은 진리 테스트로 간주될 수 있는 어떤 것을 각 세계관을 위해 정의한다. 따라서 이런 기준들은 경쟁 중인 세계관들을 평가하기 위해서 사용될 수 없다는 것이다. 예를 들면, 선교사이며 변증가인 레슬리 뉴비긴(Lesslie Newbigin)은 진리를 위한 기준은 세계관마다 다르다고 주장한다. 나는 다른 곳에서 그의 견해를 다소 상세히 비판했는데, 여기에서는 만일 각 세계관이 진리를 위해 각 세계관 고유의 테스트를 제시한다면 변증학은 불가능하게 될 것이라고만 말해두겠다.[14]

예를 들어, 어떤 기독교인은 삼위일체가 철저한 신비여서 논리적으로

련된 종교의 개연성에 대한 토론을 위해서는 다음을 보라. Peter Berger, *A Rumor of Angels* (Garden City, N.Y.: Anchor Books, 1970).

14 Newbigin에 대해 더 읽기 원하면 Douglas Groothuis, *Truth Decay: Defending Christianity Against the Challenges of Postmodernism* (Downess Grove, Ill.: InterVarsity Press, 2000), 153-59를 보라.

설명될 수 없는 것이라고 주장하면서 그럼에도 다른 세계관의 핵심 교리가 "논리적으로 설명될 수 없는 철저한 신비"라서 그 세계관은 반드시 거부되어야 한다고 주장할 수 있을 것이다. 허나 이렇게 하는 것은 통하지 않을 것이다.

만일 우리가 우리 스스로의 세계관에 이해하기 힘든 신비들을 허용한다면, 우리는 그것들을 모든 곳에서 허용해야만 한다. 혹은 만일 우리가 다른 세계관들에서 논리적 일관성을 요구한다면, 우리는 우리 자신에게서도 논리적 일관성을 반드시 요구해야 한다. 즉 이성적 평가를 위한 기준은 반드시 객관적이어야 한다. 결코 어떤 특별 변론(special pleading: 상대방이 제시한 사실들을 직접 인정하거나 부정하기보다는 그 사실들을 무효화하기 위해 새로운 사실들을 주장하는 변론. 변론시 불리한 면들은 생략하고 유리한 면들만 강조하는 것을 두고 하는 말-역주)이 있어서는 안 된다.

객관적인 기준 없이는, 각 세계관은 다른 세계관들로부터 철저하게 봉쇄될 것인데, 왜냐하면 각 세계관은 각 세계관 고유의 진리 주장들과 그 진리 주장들의 정당성을 입증하는 고유의 방법들이 있기 때문이다. 그러나 만일 기독교인들이 기독교의 진리와 합리성을 다른 세계관을 견지하는 사람들에게 입증하기 원한다면, 기독교인들은 경쟁 세계관들에 객관적인 기준을 반드시 적용해야 한다. 만일 객관적인 기준이 아무것도 주어지지 않는다면 설교는 될지 모르지만 변증은 아니다.[15]

세계관 평가를 위한 8개의 기준을 토론하기에 앞서 건설적인 변증학

---

15 기독교인들은 자신들의 세계관에 의존적인 합리적인 기준들을 소유하고 있으며 사용하지만, 이런 기준들은 변증학에 해당사항이 없다. 예를 들어, 요한은 영들이 하나님으로부터 왔는지의 여부를 우리가 반드시 테스트해야 한다고 말한다. 여기서 테스트(혹은 기준)는 그리스도론적이다(요일 4:1-6을 보라). 그러나 이 테스트는 기독교가 진실되다는 개념에 의존한다. 그렇기 때문에 "예수께서 육체로 오신 것"을 부인하는 영은 하나님께 속한 것이 아니라 적그리스도에게 속한 것이다. 그럼에도 불구하고 "요한일서 4장에 의하면 당신의 가르침은 거짓이다"라고 무슬림에게 말하는 것은 변증적인 의미를 전혀 지니지 못한다. 이 진술은 참이지만, 그것은 어떤 변증적 중요성도 갖지 못하는데 왜냐하면 그 무슬림은 쿠란의 가르침에 따라 요한일서의 진리를 부인할 것이기 때문이다.

과 부정적인 변증학의 차이를 설명할 필요가 있다. 건설적인 변증학은 (보통 긍정적인 변증학이라고 부름) 세계관 평가를 위한 적절한 기준에 기독교가 가장 일치한다고 주장하여 기독교 유신론을 위한 설득력 있는 논거를 확립한다. 본서의 핵심도 건설적인 변증학이다. 대부분의 장들에서 기독교 유신론을 위한 강력한 논거를 구축할 것이다. 여기서 변증가는 공격태세를 갖추고 있다. 반면에 **부정적 변증학**이란 용어는 두 가지 방식으로 사용될 수 있다.

첫째, 다른 세계관이 기독교보다 이성적으로 우월하다고 주장할 때 (예를 들어, 자연주의나 범신론), 기독교와 관련해서 그 세계관의 논리적 결함들을 보여주기 위해 적절한 기준에 비추어 그 세계관을 평가하는 것은 옳다. 우리도 이런 방식으로 논할 것이다. 이는 공격적인 접근 방식인데, 왜냐하면 비기독교 세계관들에 문제를 제기하기 때문이다.

둘째, 만일 기독교에 반대하여 실제적인 반론이 제기된다면 (예를 들어, "기독교는 객관적 실재가 결여된 단지 소원 성취에 지나지 않는다"와 같은 반론) 그 도전은 논박되어야 한다. 믿음의 장애물이나 방해물은 논증을 통해서 제거되어야 한다. 이것이 방어적 전략이다. 책 후반부에 등장하는 장들은 종교적 다원주의(이것은 기독교의 유일무이성과 최고 우수성에 도전한다) 그리고 악의 문제(이것은 악과 하나님의 선하심과 능력의 공존을 긍정하는 기독교 세계관의 정합성에 도전한다)에 대항하여 기독교 유신론을 변증할 것이다.[16]

다음의 기준은 변증학의 모든 유형에 적용되어야 한다. 나는 이런 기준들은 즉시 한 눈에 명백한 것으로 여기는데, 왜냐하면 이런 기준들은 가설들이 제시되고 테스트되는 곳이라면 삶의 어느 영역에서든지 활용되고 있기 때문이다. 각 기준을 위해서 나는 기준에 대한 일반적인 설명을 먼저 제시하고 이어서 더 공식적인 진술을 제공할 것이다.

---

16 다양한 변증가들이 변증학의 건설적이며 부정적인 과제를 어떻게 이해해 왔는지에 대해 더 많은 것을 알기 위해서는 다음을 보라. Kenneth Boa and Robert Bowman, *Faith Has Its Reasons*, 2nd ed. (Colorado Springs: NavPress, 2005).

3. 세계관 평가를 위한 기준

모든 세계관이 제일 먼저 테스트되어야 하는 첫 번째 기준은 **마땅히 설명해야 할 것을 설명하는가**이다. 하나의 세계관은 광범위한 참고 범위(reference range)를 갖는다. 세계관은 실재의 기초를 포괄적으로 묘사하는 것을 시도한다. 만일 세계관이 의미, 도덕성과 필멸성에 관련된 문제들처럼 삶의 중요한 국면들을 전혀 설명할 수 없다면 무엇인가 잘못된 것이다. 왜냐하면 이런 질문들은 끊임없이 지속되며 항상 적절하기 때문이다. 죽을 수밖에 없는 운명에 처해 있는 유한한 사람들이 줄 수 있는 설명의 종류들에는 비록 한계가 있다고 하더라도, 세계관을 변호할 때 너무 자주 "신비" 혹은 "역설"을 발동하는 것은 적절하지 않다. 그렇지 않으면 당신은 세계관을 전혀 변호할 수 없다.

> 기준 1. 만일 어떤 세계관이 본질적인 명제 X를 주장하는데, X가 철저한 미스테리이거나 난해하여 아무것도 설명해 줄 수 없다면(X는 단순한 주장에 지나지 않는다), X가 주장하는 내용은 그 세계관에 반하는(against) 이성적 태만이다.

이 점을 알리기 위해 다음에 이어지는 장들에서 내가 계속해서 주장을 펼치겠지만 자연주의와 범신론 모두는 핵심 교리 부분에서 이 오류를 범하는데, 왜냐하면 자연주의와 범신론은 우주와 인간 인격의 중요한 특성들을 설명할 수 없기 때문이다. 그런데 기독교인들이 "미스테리 카드"를 무차별적으로 사용할 때 기독교인들도 마찬가지로 이런 구덩이 속으로 추락할 수 있는 것이다. 어떤 기독교인들은 삼위일체의 논리(어떻게 셋이 하나가 될 수 있는가?)와 성육신의 논리(어떻게 무한한 하나님이 유한한 인간이 될 수 있는가?)에 대해 질문을 받았을 때 이런 교리들을 역설이나 신비라고 쉽게 동의한다.[17] 만일 이것이 말해 줄 수 있는 전부라면 기독교 일신론의 두 가지 결정적인 특징들은 설명할 가치가 없고 모순되는 개념들처럼 여겨진다. 이것은 변증학, 신학 혹은 기독교 대의명분을 위한 다른 어떤 건설적인 것을 위해서도 좋은 징조는 아니다.[18]

두 번째 기준은 **내부적 논리 일관성**(internal logical consistency)이다. 모든 세계관의 본질적 혹은 구성적 요소들은 모순 없이 서로 부합해야 한다. "본질적 혹은 구성적 요소"라는 표현으로 세계관 자체에 필수적인, 세계관 안에 있는 한 개념적 항목을 의미한다. 예를 들어, 카르마와 윤회의 개념들은 힌두교의 본질적이고 구성적 요소들이다(힌두교의 모든 다양한 학파들에서). 세계관의 모든 본질적 요소들의 내적 일관성은 모든 세계관을 위해 **필요한** 테스트이지만, 모든 세계관을 진실되고 이성적으로 확립하기에는 충분하지 않다. 어떤 세계관은 내적으로는 일관되지만 객관적 실재를 정확하게 묘사하는 것에 실패할 수 있다. 그러나 내적 **불일치**(inconsistency)는 어떤 세계관이 거짓이라는 것을 보여주는 **충분한** 지표다.

> 기준 2a. 만일 어떤 세계관이 X, Y 그리고 Z를 그 세계관의 본질적 요소들로 확언하고 이런 개별적 요소들 중 어떤 것도 다른 본질적 요소와 모순되지 않는다면, 이 세계관은 논리적으로 불일치하지 않기 때문에 참일 수도 있다.

> 기준 2b. 만일 어떤 세계관이 X, Y 그리고 Z를 그 세계관의 본질적 요소들로 확언하고 이런 개별적 요소들 중 어떤 것이 다른 본질적 요소와 모순되거나(X는 Y와 모순된다고 하자) 혹은 자

---

17 삼위일체와 관련된 토론은 4장에서 그리고 성육신에 대한 토론은 21장에서 논의될 것이다.
18 이는 신비의 개념이 기독교 세계관에서 전혀 용납될 수 없다는 것을 말하는 것이 아니다. 우리는 18장(원죄와 관련해서)과 25장(악의 문제와 관련해서)에서 이를 다시 다루게 될 것이다.

기 모순적이라면, 이 세계관은 논리적으로 불일치하기 때문에 필연적으로 거짓이다.

한 세계관 안에 있는 모든 불일치하는 항목들이 그 세계관에게 치명적인 것은 아니다. 예를 들어, 어떤 기독교인들은 유아들에게 세례를 주고 또 어떤 기독교인들은 그리스도에 대한 믿음을 고백하는 사람들에게만 세례를 주기 때문에 기독교는 거짓이라고 어떤 비평가는 비난할 수 있다. 그러나 세례가 기독교 제자도의 한 부분을 이루며 어떤 형태로든 필요불가결한 것이긴 하지만, 기독교 세계관의 핵심은 아니다. 그리고 세례의 특정한 형태는 기독교 세계관에 본질적인 것이 아니다. 유아에게 세례를 주는 사람들 그리고 그와 상반되는 믿음들을 견지하는 사람들 모두 다 옳을 수 없다는 것이 참이다.

그러나 세례에 대해 잘못된 견해를 고수하는 것이 누구이든지 간에 그 사람의 잘못된 견해가 기독교 세계관을 무효화하지는 않았다. 사람들은 세계관을 고수하고, 또 사람들은 의도하지 않는 실수를 범한다. 세계관은 세계관 지지자들의 특이성들(idiosyncrasies)에도 불구하고, 세계관을 가장 잘 대표할 수 있는 형태로 항상 평가되어야 한다.

세계관들이 평가되어야 될 세 번째 기준은 **정합성**(coherence)이다. 이 테스트는 일관성과 관련되어 있지만, 더 나아가 한 세계관의 본질적인 전제들이 밀접히 상호연결되어 있는지 그리고 개념적으로 연결되어 있는지에 대해 말한다. 비모순적인 개념들의 집합은 **정합적인** 세계관을 형성하기에는 충분하지 않다. 다음과 같은 진술문들을 고려해 보라.

1. 윌리 메이즈(Willie Mays)는 야구 역사상 최고의 중앙 수비수였다.
2. 존 콜트레인(John Coltrane)은 재즈 역사상 최고의 테너 색소폰 연주자였다.
3. 알레스카는 미연방에서 가장 큰 주다.

이런 진술문들은 모두 논리적으로 일관된다.[19] 그러나 상관없는 사실들로 이루어진 이 트리오를 결코 정합적인 세계관이라고 하지는 않는다.[20] 자 이제 하나님, 인간 그리고 구원에 대한 기독교의 주장들을 빨리 생각해 보라. 하나님은 인간을 그분의 형상으로 창조하신 인격적인 존재시다. 하나님과 인간의 형이상학은 이런 이유로 밀접하게 연결되어 있다. 인간들은 하나님에 대해 죄를 지어 타락했지만, 하나님은 그리스도 안에서 그분 스스로의 행동을 통한 속죄를 제공하셨다. 다시 말해 하나님의 존재와 행위는 인간의 조건과 서로 밀접하게 연결되어 있다.

일관성처럼 정합성도 세계관을 위한 필요조건이지만 세계관의 진리를 위한 충분조건은 아니다. 확실한 예를 들어보자면, 톨킨(Tolkien)의 『반지의 제왕』(Lord of Rings)의 신화적 세계는 매우 정합적이지만 전적으로 공상적이다.[21]

> 기준 3. 만일 어떤 세계관의 본질적 전제들이 정합적이라면(의미심장하게 개념적으로 상호 연결되어 있음), 세계관의 본질적 전제들이 이런 방식으로 연결되어 있지 않은 세계관보다 참일 가능성이 더 크다.

네 번째 기준은 **사실적 충분성**(factual adequacy)이다. 이것은 삶의 역사적이고 경험적인 영역들에 대한 것이다. 세계관은 내적으로는 일관되지만 그럼에도 세계관이 묘사하려고 시도하는 실재에 대해서는 불일치하

---

19 진술 1과 진술 2는 논의의 여지가 있는 반면, 진술 3은 논의의 여지가 없는 진리이다.
20 나는 이 통찰을 University of Wisconsin 교수인 철학자 Keith Yandell로부터 받았고, 그는 본 개념을 설명하기 위해 다른 예를 사용했다.
21 Tolkien의 『반지의 제왕』이 상상적이라고 해서 이런 신화적 세계가 C. S. Lewis의 소설의 경우처럼 Tolkien의 기독교 믿음들(beliefs)에 의해 상당한 영향을 받았다는 것을 배제하지는 않는다. 소설임에도 불구하고 어떻게 진리를 의사소통할 수 있는지에 대해서는 Michael Jubien, "Is There Truth in Fiction?" in *Contemporary Metaphysics* (New York: Blackwell, 1999)를 참고하라.

기도 한다. 예를 들어, 불교, 힌두교 그리고 자연주의의 몇몇 형태들은 우주가 영원하다고 주장한다. 유대교, 기독교와 이슬람이 긍정하는 것과는 달리 우주가 무에서 기원하지 않았다는 것이다. 만일 우주가 무에서 기원했다는 확실한 과학적이고 철학적인 증거가 있다면, 이것을 부인하는 모든 세계관은 이 본질적인 점에 대해서는 사실적으로 불충분하다.

세계관들은 우주적 사실들 뿐만 아니라 역사적 사실들에 대해서도 자주 불일치한다. 예를 들어, 이슬람은 예수 그리스도가 그분 스스로의 신성을 확언했다는 것을 부인하며 대신에 이는 교회가 나중에 왜곡한 것이라고 가르친다. 신약은 예수님이 신성을 주장했다고 확언하며, 기독교는 기독교 세계관의 핵심부에 그리스도의 신성을 고백한다. 물론 두 주장 모두가 참일 수는 없다. 갈등의 해결은 역사적 사실들과 그 사실들의 적절한 해석에 대한 논증들에 의해 반드시 이루어져야 한다.

> 기준 4. 어떤 세계관에 본질적인 사실적 주장들이 다양한 경험적, 과학적 그리고 역사적 방법들을 통해 확립될 수 있는 정도가 클수록 이 세계관이 참일 가능성도 더욱 커진다.

다섯 번째 기준은 **실존적 실행가능성**(existential viability)이다. 이것은 일종의 사실적 충분성(factual adequacy)이지만 인간의 내적 실재에 초점을 둔다.[22] 누군가가 어떤 특정한 세계관을 두고 "그게 내게는 잘 맞아"(works for me)라고 단지 주장한다고 해서 이 세계관이 실존적으로 실행 가능하다는 것을 의미하지는 않는다. 어떤 세계관이 실존적으로 실용적이라고 주장하는 것은 그 세계관은 철학적 위선없이 긍정될 수 있다는 것을 의미한다.

철학적 위선은 도덕적 위선이 아니다. 후자는 삶의 적절한 기준에 도달하도록 살아내는 것에 실패하는 것과 그런 다음에는 이 실패를 자신

---

[22] 세계관 평가의 이 기준은 6장에서 언급될 진리의 실용적인 정의와는 조심스럽게 구분될 필요가 있다.

과 다른 사람들에게 인정하는 것에 실패하는 것을 포함한다.[23] 이런 위선의 태도는 그 사람의 나쁜 성품의 증거가 되지만, 위선적 태도가 꼭 그 사람의 세계관에 의문을 갖게 하지는 않는다. 철학적 위선은 한 개인으로 하여금 자신의 세계관에 따라 살아가기 위해서 끊임없이 이중적으로 사고(doublethink)할 것을 요구한다.

세상에 객관적인 악이 없다고 확언하는 크리스천사이언스나 뉴에이지 영성 대부분 형태들의 세계관을 고려해 보라. 외견상으로 보아 분명한 악은 단지 "마음 속에"만 존재하는 것이고, 그것은 의식의 하위 형태일 뿐이다. 악을 부정하는 그런 세계관을 추종하는 자들은 악을 비실재 혹은 착각으로 반드시 재정의하거나 일축해야 한다. 강간이나 살인을 실제적인 악으로 형을 선고할 수 없다. 그러나 누가 그런 기반 위에서 일관되게 살 수 있겠는가?

또 다른 사실은, 만일 어떤 세계관이 (1) 삶은 목적이 없고 (2) 죽음이 개인의 끝이며 (3) 개인은 기쁨에 넘쳐서 희망차게 살아야 한다고 확언한다면, 이 세계관 또한 실존적으로 살아내기에 적합하지 않을 것이다(내적으로도 불일치한다).[24]

기준 5a. 어떤 세계관이 진리를 위한 가능성 있는 후보자가 되기 위해서는 그 세계관의 본질적 명제들은 반드시 실존적으로 실행가능한 것이어야 한다.

기준 5b. 만일 어떤 세계관이 습관적으로 철학적 위선으로 이끈다면, 그 세계관은 이성적으로 실격이다. 왜냐하면 이것은 세계관이 실재와 일치하지 않는다는 것을 나타내기 때문이다.

---

23 위선의 고전적인 비난은 마 23장에서 서기관들과 바리새인들에게 반대하여 선포하신 예수님의 설교에 나온다.
24 이런 세 가지 자연주의적인 믿음들(beliefs)의 불일치에 대한 더 많은 것이 15장에서 토론될 것인데, 15장에서는 자연주의는 살아낼 수 없는 허무주의를 수반한다고 주장한다.

생존력(livability)에 관련되었으며, 더욱 적극적으로 표현한 것이 여섯 번째 기준인 **지적 그리고 문화적 다산성**(intellectual and cultural fecundity) 이다. 만일 하나의 세계관이 (1) 진실되게 설명해 주고 (2) 내적으로 일관되며 (3) 정합적이며 (4) 사실적으로 충분하며 (5) 실존적으로 실행 가능하다면, 그 세계관은 문화적, 지적 발견과 창의성, 생산성을 촉진시켜야만 한다. 만일 어떤 세계관이 실재와 일치한다면, 그 세계관은 그 세계관을 따르는 자들이 자신감과 활력을 갖고 그 실재를 포용하고 그 실재에 정통하도록 동기부여해야 한다.

모어랜드는 진리의 본질과 진리의 능력에 대한 자신의 묵상에서 이 개념을 다음과 같이 표현한다. "이것이 진리가 그렇게 강력한 이유다. 그것은 영적이든 육체적이든 간에 우리로 하여금 실재와 협력하여 실재의 파워를 활용하도록 허락한다."[25]

그렇다고 해서 근본적으로 잘못된 세계관은 감동적인 문화적 효과를 발생시키지 않을 것이라고 말하는 것이 아니다. 나치주의도 잠시 동안이지만 나치 고유의 뒤틀리고 강력한 문화를 산출해냈다. 게다가 이것은 세계관을 위해 필요한 테스트이지 충분한 테스트는 아니다. 지적 문화적 다산성 테스트가 적절하게 활용되기 위해서는 반드시 다른 테스트들과 함께 고려되어야 한다.

그렇기 때문에 우리는 이슬람이 위대한 문명을 창출해 왔고 계속해서 전 세계 사람들에게 어필한다고 해서 이슬람이 진실임에 틀림없다고 그렇게 간단하게 말할 수 없다.[26] 만일 이슬람이 앞에서 언급했던 다섯 테스트 중 어느 하나라도 실패한다면(예를 들어 예수님의 정체성에 관한 사실적 충분성), 이슬람의 문화적 성공은-대단한 것은 못되지만-이슬람을

---

25 J. P. Moreland, *Love Your God with All Your Mind* (Colorado Springs: NavPress, 1997), 81.

26 게다가 이슬람의 이전 문화적인 성취들은 이념적 목적을 위해 자주 과장된다. Robert Spencer, *Religion of Peace: Why Christianity Is and Islam Isn't* (Washington, D. C.: Regnery, 2007); Alvin Schmidt, *The Great Divide: The Failure of Islam and the Triumph of the West* (Boston: Regina Orthodox Press, 2004)를 보라.

결정적으로 지지하는 것으로 간주될 수 없다.

기준 6. 만일 어떤 세계관이 참이라면, 그 세계관은 **지적이며 문화적인 다산성**을 초래해야 한다. 유익한 다산성이 클수록, 그 세계관이 참이라는 증거도 더욱 커진다.

일곱 번째로 **급진적인 임시변통적 재조정**(radical ad hoc readjustment)은 세계관들을 테스트하기 위한 아주 중요한 부정적인 기준이다. 어떤 세계관이 잠재적으로 자멸적인 반증에 직면했을 때, 그 세계관의 지지자는 반증에 맞서 증거를 조정하기 위해 세계관의 핵심 주장들을 재조정하기도 한다. 다양한 이론들과 세계관들은 시간이 경과하면서 자체적인 믿음들을 얼마든지 다듬을 수 있지만 급진적인 임시변통적 재조정은 피고석에 앉아 있는 세계관의 중심에 자리잡고 있는 심각한 문제를 드러내는 것이다. 두 가지 예가 이것을 설명해 줄 것이다.

1. (힌두교와 불교에서 견지되고 있는) 카르마(karma) 교리의 심각한 철학적 문제는 카르마가 자동적으로 그리고 비인격적으로 작동한다는 점이다. 카르마는 선하고 악한 카르마의 행동들을 기록하고 카르마식 상벌을 할당하는 의식을 가진(conscious) 행위주체 없이 포괄적으로 우주적인 명령과 지시라는 카르마의 고유업무를 반드시 수행해야 한다.
   비인격적이고 자동적인 과정이 카르마식 결과들을 설명할 수 없기 때문에 신지학자(theosophist: 신지학을 믿는 사람을 말한다. 신지학[theosophy]은 종교적이거나 반종교적인 오컬트적[occult] 믿음들의 집합으로 불교와 브라만교의 요소들을 종종 받아들이며 특별한 신비적 통찰력이나 고차원적인 추측을 토대로 하는 것으로 알려져 있다-역주) 애니 비센트(Annie Beasant)는 "카르마의 주군들"(the lords of karma)이라는 교리를 창안했는데, 결과적으로 카르마식 업무를 성취하기 위해 의식을 지닌 영적인 행위주체들을 사실로 상정하였다. 그러나 이 개념은 힌 두교나 불교 모두에 전적으로 낯선 개념이다. 이 개념은 임시 변통적 재조정으로 카르마 체계 전체에 심각한 이의를 제기케 한다.[27]

2. 또 다른 유형의 급진적인 임시변통적 조정이 세계관에 가해질 때는 건전한 기독교의 교리가 불필요하게 수정되었을 때 일어난다. 예를 들어, 열린신학(openness theology)을 생각해 보라.[28]

성경을 이렇게 이해하는 것을 옹호하는 사람들은 하나님의 본성을 재고함 없이는 우리는 악의 문제를 해결할 수 없다고 주장한다.[29] 따라서 그들은 만일 하나님께서 강력하고 섭리적으로 역사를 통제하고 계시다면, 악은 반드시 그분의 행위 탓으로 돌려야 한다고 고집한다. 이를 피하기 위해서 그들은 하나님은 미래의 많은 부분을 열어 놓으셨고 그렇기 때문에 하나님은 미래를 알 수 없다고 주장한다.

나는 25장에서 악의 문제를 다루지만, 여기에서 내가 말하고 싶은 요점은 신론에 대한 그런 전면적인 재조정은-성경이나 교회사에 등장하는 신조와 신앙고백이 전혀 지지하지 않는 재조정-진리를 위한 강력한 후보가 아니라는 것이다. 왜냐하면 그런 재조정은 기독교 유신론에서 본질적인 하나님에 대한 원초적(original) 이해를 왜곡하기 때문이다.[30]

---

27 Paul Edwards, *Reincarnation: A Critical Examination* (Amherst, N.Y.: Prometheus, 1996), 40-41.
28 열린신학은 최근 몇 년 동안 William Hasker, Gregory Boyd, Clark Pinnock, John Sanders 그리고 다른 사람들에 의해서 옹호되어 왔다.
29 그들은 자신들의 입장을 위해 다른 철학적인 이유들도 제공하지만 나는 악의 문제를 그들의 견해를 위해 주도적인 역할을 감당하는 추진력으로 간주한다.
30 내가 25장에서 주장하듯이 악의 문제는 하나님의 절대주권의 관점에서 가장 잘 이해된다. 열린신학이 전혀 필요 없다. 그렇지만 열린신학 지지자들은 성서 해석(biblical exegesis)

따라서 급진적인 임시변통적 재조정은 원래의 그 세계관이 비합법적인 조치를 통해서만 (카르마의 경우처럼) 구제될 수 있다는 것을 폭로하며, 또한 급진적인 임시변통적 재조정은 원래의 그 세계관이 어리석은 대안을 근거로 스스로 헐값에 팔아 넘겨졌다는 것을 보여줄 것이다.[31]

기준 7. 만일 어떤 세계관이 반증에 비추어 보아 세계관의 본질적인 주장들을 근본적으로 수정한다면, 그 세계관은 이성적 정당성을 상실한다.

여덟 번째로 모든 조건이 동일하다면 **단순한 설명일수록 지나치게 복잡한 설명보다 더 낫다.**

이 기준이 어떻게 전개되는지는 어떤 것이 설명되었느냐에 따라 달라진다. 예를 들어, 유물론주의자는 모든 유물론적 설명이 유신론적 설명보다 더 낫다고 주장할 것이다. 왜냐하면 유물론주의가 하나님과 물질세계 모두를 포함하는 유신론보다 더 단순하기 때문이다. 그러나 이것은 간단하다 못해 지나치게 단순화되었다.

유물론주의가 승리를 거두기 위해서는, 유물론이 설명하려고 시도하는 것이 무엇이든지 간에 세계관으로써의 유물론 고유의 자원들과 한계들을 감안하여 반드시 유신론보다 더 설득력 있게 설명해내야 한다. 예를 들어, 유물론은 어떤 종류의 비물질적 상태에도 호소할 수 없고, 또 유물론은 인간의 이성을 인간들과 더 광대한 우주를 위한 그 어떤 종류

을 통해 자신들의 주장이 정당함을 입증하려고 노력해 왔다. John Sanders, *The God Who Risks*, 2nd ed. (downers Grove, Ill.: InterVarsity press, 2007)를 보라. 열린신학의 비평으로는 John Piper et al., *Beyond the Bounds: Open Theism and the Undermining of Biblical Christianity* (Wheaton, Ill.: Crossway, 2003)를 보라.

31 나는 이것이 유신론적 진화를 옹호하는 사람들에게도 마찬가지로 해당된다고 믿는다. 이 세계에서 설계의 증거를 제거하는 것(다원주의가 하는 것처럼)은 기독교 유신론과 양립할 수 없다. 그것은 극단적인 임시변통적 재조정이다. 이것은 13장에서 조금 더 상세하게 다뤄질 것이다.

의 설계 계획에도 근거할 수 없다. 나중에 등장하는 여러 장들에서 우리가 발견하게 되겠지만, 이런 것들은 맹목적으로 단순한 주장들을 무너뜨리는 심각하고 (사실) 치명적인 약점들이다.

> **기준 8.** 세계관은 해당 세계관의 본질에서 벗어난 외부 실체들에 호소하거나 해당 세계관이 필요로 하는 것보다 더 복잡하게 만들어서 세계관이 확립하려고 의도하는 것들을 설명해서는 안 된다.[32]

여덟 개의 각 기준이 어떻게 전개되는가의 여부는 더 정교한 부수적인 고려사항들을 수반하게 될 수도 있을 것이다. 예를 들어, 역사적인 주장들의 영역 안에 있는 사실적 충분성은 문헌들에 역사기록학적 테스트들을 적용할 것을 요구한다. (우주, 생명 그리고 인류의 기원에 관한) 과학적인 주장들이 제기된 곳에서는 단순함과 우아함 그리고 다른 인식론적인 가치들이 중요한 요인들로 작용하기 시작한다. 그럼에도 불구하고 이런 여덟 개의 기준들은 우리의 세계관 평가의 과정을 도표화하는 데 있어서 본질적이다.

기독교와 기독교의 경쟁 세계관들에 이런 여덟 개 테스트의 각각을 적용하게 될 때 누적적인 사례 논증(cumulative case argument)이 형성된다. 몇 가지 부류의 증거는 기독교 유신론이 가장 잘 증명된 세계관이라는 가설로 수렴된다. 이는 피고의 유죄 혹은 무죄 여부에 대한 여러 명의 다양한 증인들의 증언이 의견의 일치를 보이는 법정의 재판 장면에 비유될 수 있을 것이다. 각각의 목격자는 격리된 상태에서 이야기의 한 부분만을 제공하지만, 다수의 증인들이 지식의 여러 다른 분야들을 대표해서 증언하고, 증인들의 평가가 일치한다면, 전체적인 사례는 상당히 강화된다. 만일 증인들의 증언이 경합하는 그 어떤 주장들보다 우세하고

---

32 이 주장이 발전된 것을 참고하려면 Richard Swinburne, "How We Explain Things," in *Is There a God?* (New York: Oxford University Press, 1996)을 보라.

만일 누적적 사례에 의해 형성된 여러 부류의 논증들 하나하나가 모두 다른 부류의 증거들과 일치한다면 그렇다는 것이다.

따라서 각 장마다 우주, 인간의 경험과 역사의 증언 모두는 사실들을 위한 가장 개연성 있는 설명으로서 기독교 유신론을 지목한다는 것을 주장할 것이다. 어쨌든 경쟁 세계관(말하자면, 반대측 증인들) 설명들의 자문도 중간에 구할 것인데, 왜냐하면 우리의 목표는 기독교가 경쟁 세계관들보다 더 나은 설명 혹은 더 나은 가설을 제시한다는 것을 주장하는 것이기 때문이다.

물론 다른 세계관들에 반대하는 부정적인 사례보다 기독교를 위한 긍정적인 사례에 더 많은 시간을 할애하게 될 것이다. 사실 기독교 세계관을 위해 강력하게 긍정적인 사례를 제시하는 것은 다른 견해들을 자동적으로 배제시킬 것이다. 예를 들어, 초월적인 입법자(lawgiver)에 대한 강력한 사례는 자연주의와 동양의 종교들을 배제할 것이며, 자연주의와 동양 종교들도 초월적인 입법자와 같은 결론을 고수할 수 없다.

이 누적적-사례 모델은 명석한 변증가인 에드워드 존 카넬(Edward John Carnell)의 변증 모델과는 다른데, 카넬과 그의 추종자들은 일반적으로 하나님의 존재를 위한 논증들을 활용하는 것에 실패한 바 있다.[33] 일반적인 일신론을 위해 변론하고 이어서 기독교에만 있는 특별한 것들을 위해 변론하는 대신에, 그들은 논증의 모든 단계에서 기독교 유신론 전체를 변론한다. 이런 전략의 일부는 역사적 사실에 근거한 것일 수도 있다.

카넬은 자신의 변증 방법을 1940년대 후반에 개발했는데 그 당시에는 철학분야에서 토미스트(Thomist: Thomas Aquinas의 철학이론에 의해 세워진 신학 전통인 Thomism을 따르는 사람-역주) 전통 외에는 유신론적 논증들은 거의 사장되어 있었다. 그런 상황은 앞으로 소개될 페이지들에서

---

33 Edward John Carnell, *An Introduction to Christian Apologetics* (Grand Rapids: Eerdmans, 1948)를 보라. 특별히 주목할 만한 Carnell의 추종자는 내가 존경하는 동료인 Gordon R. Lewis이다. 그의 *Testing Christianity's Truth Claims* (Chicago: Moody press, 1976)를 보라.

우리가 자문을 구하게 될 철학자들의 공헌 덕분에 지난 몇십 년간 급진적으로 변화되었다.

카넬이나 그의 추종자들과는 다르게 나의 접근은 기독교 세계관의 본질적인 요소들을 하나씩 논증하여 기독교 세계관의 정당성을 입증하는 것이다. 예를 들어, 나는 탁월한 우주론적 논증들은 무에서 우주를 창조하신 유일하고 인격적이며 전능하신 분의 존재를 입증한다는 것을 주장할 것이다. 이런 논증들은 무에서 창조(creation ex nihilo)를 부정하는 모든 세계관들(힌두교, 불교, 도교와 자연주의와 같은 세계관들)을 논박할 것이다.

우주론적 논증들은 삼위일체의 존재나 성육신에 대해 직접적인 언급도 하지 않으며, 삼위일체의 존재나 성육신에 반대하는 언급도 하지 않는다. 사실 이런 특별한 기독교 교리들은 전능하시며 인격적인 창조주가 이성적으로 근거된 후에야 더 신뢰할 수 있게 된다. 그런 다음 우리는 삼위일체와 성육신의 논리적 정합성, 확고부동한 성경의 증언과 실존적 중요성 등에 기초하여 삼위일체와 성육신을 변론할 수 있을 것이다.

4. 다른 변증적 체계들

건설적이며 유익한 변증적 논증들을 본격적으로 다루기 전에 우리는 다른 변증 방법들(신앙주의, 전제주의, 개혁주의 인식론과 증거주의)의 장점과 약점을 반드시 개략적으로 평가해 보아야 한다.

1) 신앙주의(Fideism)

신앙주의는 지적인 격리와 고립의 방법을 통해서 이성의 공격들에 맞서서 기독교 믿음을 보호하려는 하나의 시도다. 변증학이 기독교 믿음의 본질과 부합하지 않다고 믿는 어떤 사람들은 신앙주의를 변증학을 위한 해결책으로 여긴다. 신앙주의에는 다양한 종류가 있고 어떤 종류는 다른 종류보다 더 방어가 가능하지만, 모든 신앙주의는 자연신학, 성경적 신뢰성을 위한 증거 그리고 다른 세계관을 반박하는 논증들처럼 고전적인 변증학의 무기창고에서 지적으로 무장할 필요가 전혀없는, 믿음을 자기 증명적(a self-certifying)이고 자기 폐쇄적(self-closed)인 실재로 둔갑시키는 전략을 공유한다.[34]

하나님의 존재를 위한 논증의 효력을 거부하는 사람들 모두가 신앙주의자들은 아닌데, 왜냐하면 논증을 거부하는 사람들은 논증이 있어야 할 자리를 다른 변증으로 대체할 수도 있기 때문이다. 그러나 모든 신앙주의자들은 자연신학을 거부한다.[35] 어떤 이들은 믿음은 하나님의 선물이라는 것을 주장하여 믿음을 이성적 추론과 담화의 노력에서 멀어지게 한다. 많은 사람들은 지성(mind)에 미친 죄의 영향(죄의 인지적 영향[the noetic effects of sin])이 너무 커서 복음의 진리를 추론할 수 있는 능력을 상당히 저해한다고 주장한다.

나는 모든 종류의 이성적인 담화를 위해서는 논리적인 원칙들이 필요불가결하다는 것을 이미 주장했다. 논리로부터 기독교 세계관을 제외시키는 것은 특별 변론(special pleading)이며 불신자들로부터 어떤 존경도 받지 못한다. 그렇게 하는 것은 자신들의 믿음 때문에 갈등하고 있는 기독교인들을 도와주지도 못한다. 그런데 어떤 신앙주의자들은 논리적 원칙들이 기독교의 본질을 이해하는 것에는 유익하다고 인정하기도 하겠

---

34 C. Stephan Evans, *Faith Above Reason: A Kierkegaardian Account* (Grand Rapids: Eerdmans, 1998)를 보라. Evans는 Kierkegaard의 종교철학에 대하여 매우 우호적인 설명을 제시하며 Kierkegaard를 비합리주의라는 비난으로부터 벗어나게 해 주려고 노력한다. 신앙주의자로 간주된 반면에, Kierkegaard는 자신의 작품들 중 많은 곳에서 통찰력 있어 보이는 심리학적인 변증을 제시한다. 특히 *The Sickness Unto Death*는 내가 1976년에 기독교인이 되도록 도운 책이다. 한 변증 교재는 신앙주의를 변증 방법의 한 유형으로 보고 Kierkegaard와 다른 사람들과 함께 Pascal을 신앙주의를 지지하는 자로 포함한다. Kenneth D. Boa and Bdbert M. Bowman, *Faith Has Its Reasons*, 2nd ed. (Waynesboro, Ga.: Paternoster, 2005), 5부를 보라. 나의 책 *On Pascal* (Belmont, Calif.: Wadsworth, 2003)에서 분명하게 밝힌 이유들 때문에 나는 Pascal이 신앙주의자였다는 것을 부인하지만 많은 것은 신앙주의라는 용어의 정확한 정의에 달려있다.
35 나는 9-16장에서 기독교 변증학을 위한 자연신학의 역할과 힘을 논의한다.

지만 지성에 미친 죄의 끔찍한 영향을 감안하면, 우리는 논리적 원칙으로는 불신에서 믿음으로의 다리를 놓을 수 없다고 생각한다.

성경은 우리에게 인류의 모든 면이 죄로 타락했다는 것과 이성만으로는 하나님의 것들을 받아들이기에 충분하지 않다는 것을 경고하는 반면, 또한 성경은 자연 속에 드러나 있는 하나님의 일반계시에 대해서도 말한다(롬 1-2장). 성경은 또한 유효한 변론을 반복적으로 증거한다(이 책 2장을 보라). 따라서 변증을 금지할 선험적인(a priori) 이유는 전혀 없다. 의심할 여지없이 타락의 결과들은 변증을 더욱 어렵게 만들지만, 타락의 결과들이 변증을 불가능하게 만들지는 않는다.

마지막으로 성경적인 그리스도인들은 구원이 믿음을 통한 은혜의 선물이라는 것에 동의하지만, 이 사실로 인해 믿음을 위한 사례를 숙고하기 위해 지성을 활발하게 사용하는 것을 금지할 필요는 없다. 왜냐하면 우리는 우리의 지성의 사용을 통해서가 아니라 역사상 일어난 예수 그리스도의 객관적인 사역을 통해서 의롭게 되었기 때문이다. C. S. 루이스가 그랬던 것처럼 만일 우리가 뛰어난 변증적 논증들을 인지하는 것을 통하여 부분적인 믿음에 이르게 된다면, 우리는 우리의 지성을 이렇게까지 잘 사용할 수 있었다는 것과 면밀한 조사와 수용이 가능하도록 논증들이 가까이에 준비되어 있었다는 것을 감사해야만 한다. 변증 활동에서 하나님의 은혜의 선물인 구원과 상충되는 것은 아무것도 없다.

2) 전제주의(Presuppositionalism)

전제주의는 고전적인 변증학의 도구들을 거부하는 개혁주의 기독교에 의해 영향을 받은 변증학의 한 학파다.[36] 그러나 전제주의는 비이성

---

36 이는 개혁주의 신학을 견지하는 모든 혹은 대부분의 변증가들이 이 방법을 사용한다는 것을 결코 의미하지 않는다. 비록 Cornelius Van Til과 그의 추종자들은 전제주의가 칼빈주의와 가장 일치하는 방법이라고 주장하지만 말이다. John Gerstner와 R. C. Sporoul과 같은 철저한 개혁주의 사상가들은 강력하게 반대한다(John Gerstner, R. C. Sporoul and Art Lindsley, *Classical Apologetics* [Grand Rapids: Zondervan, 1984]를 보라). 게다가 변증학의 구 프린스톤 학파(Charles Hodge, B. B. Warfield)는 고전적인 접근법을 효과적으로 활용했다.

적인 신앙주의에 호소함없이 변증한다. 지난 세기에 있었던 전제주의의 주요 주창자들은 코넬리우스 반틸(Cornelius Van Til), 고든 클락(Gordon Clark) 그리고 칼 헨리(Carl F. H. Henry)이다.[37]

전제주의는 기독교인이 전체 기독교 세계관을 전제한 후에 불신자들과 함께 이 확신으로부터 추론해야 한다고 주장한다. 따라서 전제주의는 긍정적인 변증학을 제한하여 기독교 교리의 논리적 정합성만 보여주며 비기독교적인 관점들을 논박하기 위해서 부정적인 변증학에 의존한다. 전제주의는 한 개인이 기독교를 전제하지 않는 한, 그/그녀는 세상을 도덕적으로 논리적으로 과학적으로 이해할 수 없는데, 왜냐하면 기독교만이 이런 삶의 영역들을 이해할 수 있도록 요구된 조건들을 충족시키기 때문이다. 우리는 이성과 증거에 기초한 기독교를 위한 성공적인 논증들을 확립하기 위해 비기독교인들과의 사이에서 충분한 공감대를 찾아낼 수 없다. 전제주의자들은 고전적인 변증학의 논증들을 모두 논리적으로 결함이 있고 신학적으로 부적절한 것으로 비판한다.

(반틸이 제기한) 후자의 지적은 증거와 논리의 공유된 원칙들을 가지고 설득하는 것은 독립적이고 하나님을 거부하는 이성에 호소하는 것으로, 한 분이신 참된 하나님을 인식하는 것에 저항할 것이라는 입장에서 도출된 것이다. 클락과 헨리와는 달리 반틸은 인간의 논리를 초월하시는 하나님에게 인간의 논리를 적용할 수는 없는 것이라고 주장하기까지 했다.

나는 반틸로부터 많은 것을 그리고 특히 클락과 헨리로부터 많은 것을 배운 것은 사실이지만, 나는 그들의 변증적 체계들을 포용할 수 없다. 전제주의에 대한 전면적인 비평 대신 나는 몇 가지 요점들을 지적해 보겠다.[38]

---

37 다음을 보라. Cornelius Van Til, *The Defense of the Faith*, 4th ed. (1955; reprint, Phillopsburg, N.J.: P&R Publishing, 2008); Cordon Clark, *Reason, Religion, and Revelation* (Philadelphia: P&R Publishing, 1961); Carl F. H. Henry, *God, Revelation, and Authority*, 6 vols. (Waco, Tex.: Word, 1976-1982). 제1권은 변증 방법과 인식론에 대해 가장 직접적으로 말한다.

38 Clark 그리고 Van Til에 대한 탁월한 비평으로는 Lewis, "The Rationalism of Gordon

첫째, 만일 논리에 관한 반틸의 진술을 진지하게 받아들인다면, 모든 변증이나 신학이 파국을 맞게 될 것이다. 만약 인간의 논리가 하나님에게 적용되지 않는다면 우리에게는 신학적으로 선포하고 변증적으로 변론할 것이 아무것도 남지 않게 된다. 어쨌든 클락은 무모순성의 법칙이 진리를 위한 필수적이고 부정적인 테스트라고 고집했다.[39]

둘째, 하나님이 주신 추론 능력을 사용하는 불신자들에게 논증을 사용하는 것에 불경스러운 것은 아무것도 없다. 좋은 추론은 "자율적"이거나 "배교적인" 것이 아니라 오히려 진리를 발견하기 위해 하나님이 주신 방법이다. 죄의 인지적 영향 때문에 변증학은 더 힘들지만, 그렇다고 무익한 것은 아니다.

더 나아가 전제주의자들은 비기독교 세계관들을 논박할 때에 논리를 대폭적으로 사용한다(부정에 근거한 변증학). 그렇다면 왜 전제주의자들이 기독교를 위한 긍정적인 사례를 강화하기 위해 논리를 사용하는 것을 금하는지는 분명하지 않다.[40] 클락과 반틸 그리고 헨리는 유신론적 논증들에 반대하기 위하여 데이빗 흄과 다른 이들이 제기한 비난들을 본질적으로 반복했다. 이 책 후반부에서 논의되겠지만 그 비난들은 모두 성공적으로 반박되었다.[41]

반틸과 그의 추종자들(Greg Bahnsen, John Frame)은 때때로 "초월적인 논증"에 호소한다. 초월적인 논증이 주장하는 바는 다음과 같다. 즉 우

Clark," and "The biblical Authoritarianism of Cornelius Van Til," in *Testing Christianity's Truth Claims*.

39 Ronald Nash의 평론, "The Law of Noncontradiction," in *Life's Ultimate Questions* (Grand Rapids: Zondervan, 1999)를 보라.
40 나는 이 예리한 통찰력을 1980년 오레건주 유진(Eugene, Oregon)에서 있었던 변증학 컨퍼런스에서 John Montgomery가 내게 해 준 대답에서 얻었다.
41 Clark은 진리의 존재에 기초한 하나님의 존재를 위한 긍정적인 논증 하나를 제시했다. 그의 *A Christian View of men and Things* (Grand Rapids: Baker, 1981), 318-23을 보라. 여기서 그는 Augustine에 의존했다. 다수의 저자들이 자연신학을 반대하는 Hume의 공격에 도전한 책으로는 James Sennett and Douglas Groothuis, eds., *In Defense of Natural Theology* (Downers Grove, Ill.: InterVarsity Press, 2005)를 보라.

리가 기독교 세계관을 전제하지 않는 한, 우리는 우리의 이성적 기능을 신뢰할 하등의 이유가 없다는 것이다. 왜냐하면 기독교 세계관을 전제하지 않는 이성적 논리는 결국 개연성에 기초할 것이기 때문이다.[42] 이런 논리 구조는 편리하고 어떤 질문을 거부할 수 있지만, 이런 입장으로 변증학의 모든 내용을 담아낼 수는 없다.[43]

3) 개혁주의 인식론(Reformed epistemology)

지난 30여 년 동안 알빈 플랜팅가(Alvin Plantinga)와 니콜라스 월터스토프(Nicholas Wolterstorff) 그리고 윌리엄 앨스턴(William Alston)과 같은 혁신적인 기독교 철학자들은 변증적인 함축을 지닌 개혁주의 인식론으로 알려진 기독교에 대한 인식론적인 접근을 발전시켜 왔다.[44] 이들이 개진해 온 논증들의 엄밀함과 복잡성은 어떤 단순한 요약이나 비평도 적절

---

42 반틸주의자들은 Bahnsen이나 Frame 중 누가 진정한 Van Til의 제자인지에 대해 열띤 토론에 참여하지만, 나는 이런 토론에 참여하지 않을 것이다. 왜냐하면 나는 기본적인 방법에 동의하지 않기 때문이다. Van Til의 방법에 대한 현대적인 적용과 해석에 대해서는 Steven Cowan, *Five Views of Apologetics* (Grand Rapids: Zondervan, 2000)에 게재된 John Frame의 글을 보라. 그리고 John Frame, *Cornelius Van Til: An Analysis of His Thought* (Phillipsburg, N.J.: P&R Publishing, 1995); John Frame, *Apologetics for the Glory of God* (Phillipsburg, N.J.: P&R Publishing, 1994)을 보라. Van Til에 대한 또 다른 해석과 적용에 대해서는 Greg L. Bahnsen, *Van Til's Apologetic Readings and Analysis* (Phillipsburg, N.J.: P&R Publishing, 1998); *Presuppositional Apologetics: Stated and Defend*, ed. Joel McDurmon (Power Springs, Ga.: American Vision, 2008)을 보라. Frame과 다른 전제주의자들에 대한 William lane Craig의 평가를 *Five Views of Apologetics*, 232-235에서 보라.

43 우리가 17장에서 살펴보겠지만, 자연주의에 반대하는 이런 종류의 부정적인 변증은 Alvin Plantinga와 C. S. Lewis와 같은 철학자들의 휘하에서 훨씬 더 잘 다루어지고 있다.

44 개혁주의 인식론에 대한 논의는 *Journal of the Evangelical Theological Society* 45, no. 1 (March 2002): 178-82에 발간되었던 Alvin Plantinga의 *Warranted Christian Belief*에 대한 나의 서평/에세이를 주된 출처로 활용하고 있다. Plantinga, Wolterstorff 그리고 Alston의 관점들의 아주 초기 진술을 위해서는 저자들 모두가 에세이를 직접 기고한 Alvin Plantinga and Nicholas Wolterstorff, eds., *Faith and Rationality* (Notre Dame, Ind.: University of Notre Dame Press, 1983)가 있다.

하지 않게 만든다.[45] 다음에 이어지는 평가는 플랜팅가에 의한 몇 가지 포괄적인 주제들에 집중할 것이며, 그의 대표작인 『보증된 기독교 믿음』(Warranted Christian Belief)을 주로 참고할 것이다.

개혁주의 인식론자들은 세속적 사고가 기독교 변증학에 부당한 짐을 지워왔다고 주장한다. 세속적인 사고는 기독교인들이 자신들의 믿음을 위한 증거를 제공할 것을 요구하며, 그렇게 하지 않으면 비이성적이라고 위협한다. 플랜팅가는 이런 요구는 고전적 토대주의 혹은 좁은 토대주의로 알려진 자기 논박적(self-refuting) 인식론에 기초한 것이라고 종합적으로 주장해 왔다.

개략적으로 말해, 고전적 토대주의는 믿음은 다음과 같은 경우에만 오직 지식으로 성립된다고 주장한다. 즉 만일 그 믿음이 참이고 **그리고** 만일 (1) 그 믿음이 자명하거나 혹은 필연적으로 참이거나 혹은 감각기관에 명백하거나, 아니면 (2) 그 믿음이 자명하거나 혹은 필연적으로 참이거나 혹은 감각기관에 명백한 어떤 것에 의해 어느 정도 지지를 받을 수 있을 경우에만 지식이 된다. 유형 (1)의 믿음들은 유형 (2)의 모든 다른 믿음들을 위한 **토대**(따라서 **토대주의**)로 기능한다.

기독교인들과 기독교의 비평가들 모두 수 세기 동안 이런 패러다임적 인식론 안에서 활동했지만 플랜팅가는 두 가지 이유로 그것을 거절한다.

첫째, 다양한 믿음들(beliefs)은 고전적 토대주의의 협착한 범주에 들어가지 못한다. 그럼에도 불구하고 우리는 다양한 믿음들이 참이며 이성적인 것으로 여긴다. 예를 들어, (우리가 아침식사로 무엇을 먹었는가와 같은) 기억에 근거한 믿음들(memory beliefs)은 자명한 진리가 아니며, 필연적인 진리도 아니며 감각적으로도 명백하지 않다. 기억에 의존하는 믿음은 기억 밖에 있는 신뢰할 만한 믿음에 기초한 것도 아니다. 그럼에도 우리는

---

45 이런 프로젝트에 대해 호의적인 개관에 대해서는 Kelly James Clark, *Reason and Belief in God* (Grand Rapids: Eerdmans, 1990); Ronald Nash, "The Evidential Challenge to Religious Belief" and "Foundationalism and the Rationality of Religious Belief," in *Faith and Reason* (Grand Rapids: Eerdmans, 1988)을 보라.

기억을 일반적으로 신뢰할 수 있는 것으로 여긴다. 플랜팅가가 칭하듯 그런 "정확히 기초적인 믿음"(properly basic beliefs)은 다른 믿음들을 토대로 하여 성립되지 않으며("모든 미혼 남성들은 결혼하지 않는 남성들이다"와 같은 진술처럼) 필연적으로 참이 아니다.

둘째, 고전적 토대주의는 자기 지시적 실패(self-referential failure)로 시달리게 된다. 고전적 토대주의는 지식을 위한 토대주의 고유의 요구 사항들을 충족시킬 수 없다. 이런 인식론의 신조(tenets) 자체는 자명하지 않고, 필연적으로 참이 아니며, 감각기관에 명백하지도 않거나 지식의 그런 항목들에 기초하지도 않았다. 따라서 고전적인 토대주의는 결함이 있기 때문에 지식을 테스트하기 위해 사용되어서는 안 된다. 거기에는 종교적 지식을 위한 테스트도 포함된다.[46]

고전적 토대주의의 실패를 고려한 플랜팅가의 핵심적인 철학적 전략은 하나님 안에 둔 믿음과 전체 기독교 세계관은 정확히 기초적일 수 있는 믿음의 한 종류라고 주장하는 것이다. 만약 그렇다면 우리는 다른 형태의 논증들을 통해(전제로 시작해서 결론으로 추론하는 것) 우리가 이미 알고 있는 것들에 근거한 하나님의 존재를 위해 주장할 필요가 없다. 오히려 우리는 "기초적인 방식으로"(in the basic way) 하나님을 믿게 된다. 이런 믿음은 자연의 아름다움을 응시하거나 혹은 우리가 행한 어떤 것에 대한 하나님의 불편한 심기를 느끼는 것으로 생길 수도 있겠지만, 하나님을 믿는 믿음은 이런 사건들을 증거로 근거하지 않는다. 이런 사건들은 "비명제적인"(nonpropositional) 경험들로 하나님을 믿는 믿음에 이르게 하는 에피소드 역할을 한다.

플랜팅가는 기독교 믿음에 대해 다음과 같이 말한다.

---

46 나는 Plantinga의 비평이 강한 토대주의의 모든 형태에 치명적이라고는 확신하지 않는다. Timothy McGrew는 "A Defense of Classical Foundationalism," in Louis Pojman, *The Theory of Knowledge: Classical and Contemporary Readings*, 2nd ed. (Belmont, Calif.: Wadsworth, 1998)에서 주의 깊게 정교한 의미의 차이를 부여한 (그리고 비데카르트적[non-Cartesian]) 토대주의를 변론한다.

> 기독교 믿음은 보증(warrant)을, 지식을 위한 충분한 보증을 소유할 수 있다. 비록 내가 성경의 저자들이나 성경의 저자들이 가르치는 내용들의 신뢰성(reliability)에 대한 확실한 역사적 사례에 대해서 알지도 못하고 제시할 수 없다고 하더라도 말이다…이 모델에 의하면 기독교 믿음의 보증은 나 자신이나 다른 누구라도 이런 종류의 역사적 정보를 소유할 것을 전혀 요구하지 않는다.[47]

따라서 플랜팅가는 비평을 피하기 위해 정확히 기초적인 기독교 믿음의 특별한 지위를 자주 발동한다. 말하자면, 우리가 증거 게임을 해야 할 필요가 없다면, 우리는 일련의 반기독교적 논증들 때문에 위협감을 느낄 필요가 없다는 것이다. 더 나아가 플랜팅가는 만약 그리스도인의 믿음이 하나님의 존재와 기독교 정통성의 세부사항들을 위한 외적인 증거를 요구한다면, 우리가 인식론적으로 불리한 위치에 있는 것이라고 주장한다.

유신론을 위해 주장하고 이어서 기독교 증거들을 제시하는 고전적인 방법(Richard Swinburne이 예증하듯이)은 충분한 정당성을 제공하는 것에 실패한다. 다시 말해 보증은 이런 방식으로 세워질 수 없다. 하지만 만약 우리가 "기초적인 방식으로"를 믿는다면, 기독교 믿음을 위한 보증이 성립될 가능성은 매우 높아진다. 기독교 믿음을 정확히 기초적인 것으로 감안하여, 플랜팅가는 기독교 세계관을 증거와 논증에 호소해서 그 진실이나 거짓을 증명해야 하는 가설로서의 기독교 세계관을 제시하는 모델(즉 이 장에서 추천된 변증 모델)을 거부한다. 오히려 기독교 믿음은 기억 믿음들에 더 가깝다.

> 모든 이들은…기억에 근거한 믿음들을 받아들인다. 우리 모두

---

47 Alvin Plantinga, *Warranted Christian Belief* (New York: Oxford University Press, 2000), 259.

는 우리가 아침식사로 무엇을 먹었는지를 기억한다. 그리고 우리는 그런 믿음들을 현재의 경험과 현상에 대한 적절한 설명으로 결코 혹은 거의 제안하지 않는다.[48]

그렇기 때문에 플랜팅가에게 기독교는 기억 믿음과 같은 범주에 속하는 정확히 기초적인 믿음으로 간주될 수 있는 것이다. 그리고 기억 믿음처럼, 기독교는 그 어떤 것을 위해서도 설명을 제공하는 역할을 할 필요가 없기 때문에, 현상을 위한 최선의 설명에서 기독교를 제외시킨다.

그렇다고 해서 기독교 믿음을 "기초적인 방식으로" 여기는 것은 한 개인으로 하여금 어떤 잠재적인 "상쇄자"(defeaters), 즉 기독교 믿음을 보증되지 않은 믿음이나 더 형편없는 믿음으로 전락시키려고 하는 주장들이나 논증들을 짚고 넘어가야 할 필요에서 면제시켜 주지 않는다.[49] "기초적인 방식으로" 믿는 것이 필연적으로 누군가를 신앙주의자로 만드는 것도 아니다. 왜냐하면 기독교 믿음은 (정확히 기초적인 믿음이어서) 이성적인 것으로 여겨지기 때문이다.

비록 플랜팅가의 강조가 "정확한 기초성"(proper basicality)에 있지만, 플랜팅가는 하나님의 존재를 위한 모든 긍정적인 주장들을 금하지는 않는다. 플랜팅가의 "자연주의에 대항한 진화론적 논증"은 유신론이 진리가 아닌 한, 우리는 우리의 인지적 능력을 신뢰할 하등의 이유가 없다고 주장한다. 왜냐하면 다원주의적 인지적 능력은 인지적 능력의 정확한 기능을 보장할 만한 설계 가능한 지혜없이 단지 비인격적이며 우연한

---

48 Ibid., 330.
49 Plantinga는 자신의 *Warranted Christian Belief*에서 다음과 같은 5개의 잠재적인 상쇄자들을 다룬다. (1) 종교적 믿음은 단지 투사일 뿐이라는 Freud와 Marx의 주장들, (2) 성경적 진리를 부정하는 자유주의 성서학자들의 논증들, (3) (기독교 진리 주장들을 위해 필요불가결한) 전통적인 진리대응관 자체가 거부되어야 한다고 하는 포스트더니즘(주로 Richard Rorty에 의해서)으로부터 오는 도전, (3) 종교 다원주의가 유일무이하고 최종적인 기독교의 진리를 약화시킨다는 비난 그리고 (5) 악의 문제에 대해 최근에 형성된 반대의견.

힘에만 의존할 것이기 때문이다.[50] 또한 플랜팅가는, 지식의 보증을 위한 모든 자연주의적 설명들은(개념적이고 지각적인 것 모두) 실패하기 때문에 그것은 유신론적 설명을 더 개연성 있는 것으로 만든다고 주장한다.[51] 그럼에도 불구하고 긍정적인 논증들은 하나님을 믿는 보증된 믿음이나 기독교 유신론을 위해서는 요구되지 않는다.

형식적인 증거나 논증들과는 별도로 하나님께서는 누군가가 기독교 하나님을 믿도록 감화시킬 수 있다는 것을 플랜팅가가 확언하는 것은 지당하다. 이런 일은 항상 일어난다. 더 나아가 플랜팅가는 그의 연구를 통해서, 기독교 신자는 변증학의 전통적인 방법을 통해서는 기독교 믿음을 뒷받침할 수 없다는 것에 단순히 근거하여 불신자는 기독교 신자의 믿음을 논박할 수 없다는 것을 보여주려고 하는 것 같다.

만일 한 신자가 당면한 상쇄자들을 막아내고 하나님께서 어떻게 그/그녀가 믿음을 갖도록 인도하셨는지를 그/그녀가 명료하게 표현할 수 있다면, 그 기독교 신자가 그런 믿음을 갖는 것은 보증될 수 있을 것이다. 게다가 성령의 감동을 감안한다면, 어린 아이도 기독교를 믿을 수 있을 것이며 그렇게 믿는 것은 이성적으로도 정당화될 수 있을 것이다.[52] 그럼에도 불구하고 변증학에 대한 그의 접근은 여러 가지 면에서 제한적이다.

첫째, 플랜팅가는 외재주의(externalism)로 알려진 인식론의 특별한 유신론 버전에 의존한다. 플랜팅가의 이전 작품 『보증과 정확한 기능』(*Warrant and proper Function*)은 한 개인의 믿음(beliefs)은 인지적인 성공에 이바지하도록 하나님에 의해 설계된 환경에서, 자신의 믿음이 제대로 기능하는 것에 근거하여 보증을 받는다는 개념을 발전시켰다. 플랜팅가는

---

50 이에 대한 더 많은 내용이 17장에 실려 있다.
51 Alvin Plantinga, *Warrant; The contemporary Debate* (New York: Oxford University Press, 1993); Alvin Plantinga, *Warrant and Proper Function* (New York: Oxford University Press, 1993)을 보라.
52 나는 이 통찰력을 David Werther에게서 받았다.

이런 인식론을 위해 요구되는 형이상학을 기독교 세계관이 제공한다고 주장한다. 기독교를 믿지 않을 원칙상 이유들이 없는 한, 즉 기독교를 믿은 믿음이 내재적으로 비이성적인 것으로 입증되지 않은 한, 개인은 기독교 믿음을 이성적으로 믿을 수도 있다는 것이다.[53] 이럴 수 있는 이유는 기독교 믿음은 "성령의 자극"을 통해서 오기 때문이다. 따라서 플랜팅가에 의하면 신자는 그런 믿음에 대한 증거 없이도 그/그녀의 믿음을 위한 보증을 가질 수 있다.

이건 그럴 수 있다손 치더라도, "기초적인 방식으로" 하나님에 대한 믿음을 유지하는 신자가 그런 믿음(beliefs)의 진실성에 대한 지적인 의심들은 어떻게 다룰 것인지 궁금하다. 물론 그 신자가 어떤 종류들의 "상쇄자들을 상쇄할 수는" 있을 것이다. 그런데 만약 그/그녀가 하나님의 존재 자체나 성경의 신뢰성을 질문한다면 어떻게 하겠는가?

플랜팅가에 의하면 이런 믿음들을 변론하기 위한 전통적인 전략들은 그 믿음들을 설득력 있게 만들기 위한 충분한 이성적 정당성을 제공하지 않는다. 사실 플랜팅가는 기독교가 다른 종류의 증거에 호소하여 확인되어야 하는 하나의 가설이라는 것을 부인한다.[54] 그와는 반대로 한 개인은 성경의 영감을 믿는 것에 이르게 되는데 성경은 성령의 감화를 통해서 믿음에 이르게 되는 자들에게는 "자기증명적"(self-authenticating)이라는 바로 그 이유 때문이다.[55] 그러나 의심하는 기독교인의 경우는 "기초적인 믿음"(basic belief)은 불충분한 것 같다.

둘째, 플랜팅가의 철학적 체계를 감안했을 때, 철학은 기독교의 **진리**에 대해 선언할 수 없고, 철학은 기독교의 진리를 사람들이 믿을 수 있도록 **이성적으로** 만들 뿐이다. 만약 기독교 하나님이 존재한다면, 한 개

---

53 이 주제에 대하여 Plantinga는 이런 기초에 근거해서 기독교를 무효화하려고 시도하는 자들의 반성경적인 주장들에 반대하여 인상적인 논증들을 집결시킨다. 그의 *Warranted Christian Belief*, 1, 2, 5장을 보라.
54 Ibid., 329.
55 Ibid., 259-60.

인이 하나님을 믿는 이 믿음을 갖는 것이 정당화될 수 있지만, 기독교 하나님의 존재는 기초적이지 않은 지식에 호소하는 논증들을 통해서는 이성적으로 정립될 수 없다. 아무리 보편적인 유신론을 위한 플랜팅가의 몇몇 논증들이 강력하다고 해도 말이다. 자신의 대작 499 페이지의 마지막에서 플랜팅가는 다음과 같이 말한다.

> 그러나 그것[기독교]은 진실된 것인가? 이것은 정말 중요한 질문이다. 그리고 여기서 우리는 철학의 관할을 벗어나는데 이 영역에서 철학의 주된 역량은 기독교 믿음에 대한 일련의 반대의견, 방해물 그리고 장애물을 제거하는 것이다. 물론 철학의 이름으로가 아닌 내 생각을 말한다면, 과연 기독교는 내게 진실된 것으로 여겨지며 또한 최대로 중요한 진리로 여겨진다는 것만은 내가 말할 수 있다는 것이다.[56]

그럼에도 고대나 현대 모두를 거쳐 어거스틴, 안셀름, 아퀴나스와 다른 변증가들이 그랬던 것처럼 변증학에서 더 많은 것을 기대해야만 하는 것 같다.[57]

플랜팅가가 맞을 수도 있겠지만, (다른 기독교 철학자들과 함께) 나는 기독교 유신론을 위한 누적적인 증거 사례가 훨씬 더 강력하다고 여기기 때문에 이 책은 단지 기독교 세계관의 이성적 수용성을 위해서가 아닌 기독교 세계관의 진리와 설득력이라는 목표를 향해서 나아갈 것이다. 그렇게 함으로써 나는 인식론에서 내재주의(internalism)로 칭해지는 것에 호소할 것이다. 즉 우리는 많은 경우에 우리의 가장 깊은 믿음들을 위한 이유와 증거에 접속할 수 있고 접속해야만 한다. 이는 우리에게 있어서 가장 심오하고 의미심장한 지적 책무인 우리의 세계관의 경우에 특히

---

56 Ibid., 499.
57 변증학과 관련하여 Plantinga에 대해 더 알기 원하면 Keith A. Mascord, *Alvin Plantinga and Christian Apologetics* (Eugene, Ore.: Wipf & Stock, 2006)를 보라.

더 그렇다. 독자는 이런 노력의 성공에 대하여 그/그녀 자신만의 판단을 반드시 내려야 한다.[58]

4) 증거주의(evidentialism)

증거주의는 기독교에서 가장 의미심장한 역사적 사건들-특히 예수님의 부활-은 하나님의 존재를 위한 선행적인 논증들을 별도로 하더라도, 적절한 역사적 논증방법을 통해서 증명될 수 있는 문제들이라고 주장하는 변증학의 한 방법이다.

고전적인 변증가들은 일신론적인 하나님의 존재를 먼저 주장하고 그런 다음에 성경의 신뢰성과 예수님의 주장들과 자격처럼 기독교 고유의 특별한 것들을 주장한다. 이는 두 단계 전략으로 만약 일신론이 일단 증명되면, 기적, 특별계시 그리고 성육신과 부활을 통해 역사 속에서 일하시는 하나님의 개연성이 극적으로 증가한다는 개념을 활용한다. 이런 의미에서 기독교의 특별한 것들을 위한 증거를 통해서 비유신론적 세계관에서 기독교로 곧장 옮기는 것보다는 유신론에서 기독교로 옮기는 것이 지적으로 더 쉽다.

증거주의는 자연으로부터 하나님의 존재를 위해 논증하는 것을 최소화거나 생략하고 대신에 기독교를 위한 일단계(one-step) 논증을 선택한다. 선두적이고 다작을 발표한 두 명의 현대 증거주의자들로는 존 워윅 몽고메리와 게리 하버마스가 있다.[59] 신약의 신뢰성과 예수님의 부활을

---

58 내재주의에 대한 좋은 설명으로 Douglas R. Geivett, "Is God a Story Postmodernity and the Talk of Theology," in *Christianity and the Postmodern Turn; Six Views*, ed. Myton B. Penner (Grand Rapids: Brazos Press, 2005); J. P. Moreland and William Lane Craig, "The Structure of Justification," in *Philosophical Foundations for a Christian Worldview* (downers Grove, Ill.: InterVarsity Press, 2003)를 보라.

59 John Warwick Montgomery, *Faith Based on Fact* (Nashville: Thomas Nelson, 1978)를 보라. (이상하게도) 전체 문서는 게재되지 않았지만, 그의 전반적인 변증 방법이 요약되고 체계화된 것을 *Tractatus Logicus Theologicus* (Bonn: Culture and Science, 2002)에서 참고하라. Gary Habermas, *The Historical Jesus* (Joplin, Mo.: College Press, 1996); Habermas의 다른 많은 도서들 가운데 *Five Views of Apologetics*에 기고한 그의 글도 참고하라.

변론할 목적으로 N. T. 라이트(N. T. Wright)가 여러 권으로 집필한 도서도 이 범주에 해당되는 것 같다.[60]

증거주의자들은 증거의 평가에서 세계관이 수행하는 역할을 충분히 감안하지 않는다는 비난을 때때로 받는다. 우리의 전이해(preunderstanding)는 우리가 증거를 어떻게 해석하는지를 형성한다. 바꾸어 말하면, 속담에도 있듯이, "내 그물에 걸려 잡히지 않은 물고기는 물고기가 아니다"라는 것이다.

골수 자연주의자는 예수님의 부활이나 다른 모든 기적을 위한 모든 증거를 거부할 것이다. 왜냐하면 이런 초자연적 사건은 불가능하게 여겨지기 때문이다. 그렇지만 만일 매우 강력한 증거적인 사례가 부활을 위해 집결된다면, 한 개인은 일단계를 통해서 자연주의에서 기독교로 직접 개종할 수도 있을 것이다. 만일 그렇다면 증거주의자와 새로운 개종자를 위해서는 훨씬 더 좋은 것이다. 그렇지만 만일 변증가가 예수님의 부활을 위한 주장을 펼치기 전에 여러 부류의 증거에 입각하여 인격적이며 초자연적인 하나님의 존재를 위해 주장한다면, 기적적인 사건들은 더 개연성 있게 여겨질 것이다.

기적을 위한 증거는 한 개인이 비유신론적인 세계관에서 시작할 때처럼 그렇게 강력할 필요는 없을 것이다. 스윈번의 예를 들자면, 만일 어떤 사람이 별들이 때때로 폭발한다는 것을 안다면, 그 사람은 특정한 별이 폭발한 것에 대해 더 설득력 있는 주장을 펼칠 수 있다.[61]

증거주의자의 또 다른 잠재적인 문제는 불신자가 어떤 특정한 초자연적인 사건이 발생했다는 것을 확신할지는 몰라도 그 사건을 정합적인 세계관에 두지 않을 수도 있다는 것이다. 예를 들어, 유대인 신약학자 핀카스 라피데(Pinchas Lapide)는 예수님의 문자적 부활을 주장하지만, 예

---

60 N. T. Wright, *The New Testament and the People of God* (Minneapolis: Fortress, 1992); *Jesus and the Victory of God* (Minneapolis: Fortress, 1997); *The Resurrection of The Son of God* (Minneapolis: Fortress, 2003).

61 Richard Swinburne, *Is There a God?* (New York: Oxford University press, 1996), 118.

수님은 계속해서 그들만의 구별된 언약을 소유하는 유대인들이 아닌 이방인들만을 위한 구세주라고 믿는다.[62] 라피데가 부활과 예수님의 제한된 역할 두 가지 모두를 믿는 것이 부당하게 여겨지지만 이는 그 사실들이 아무리 결정적으로 중요하더라도 별도의 개별적인 사실들을 단순하게 입증하는 것보다는 더 많은 변증적 추론이 요구된다는 것을 강조한다.[63]

나중에 있는 장들 속에서 우리는 신약 안에 기록된 사건들의 진실성에 대한 많은 증거를 발견할 것이다. 여기서 증거주의자들의 공적은 매우 도움(이 영역을 대부분 무시하는 전제주의자들보다 훨씬 더 유익함)이 될 것이다. 그러나 증거주의자들의 통찰력은 변증학에 대한 더 크고 누적적인 사례의 접근 방식 안에 두어야만 한다.

5. 변증학의 한계들

비록 다양한 변증적 체계들은 그 유용함을 입증해 왔지만 최고의 변증 방법도 반드시 그것의 제한점들을 정면으로 직시해야 한다. 철저하면서도 포괄적인 변증이 오늘날 전적으로 필요한 반면, 변증학은 적어도 세 가지 실재에 의해 제약을 받는다.

첫째, 성경은 현대인들에게는 길고 고리타분하며 때때로 골치 아픈 책이다. 성경이 가르치는 것을 변론하는 것이 쉬운 일은 아니며 결단코 어떤 처방법을 허락하지도 않는다. 최고의 변증가도 그/그녀의 지적 한계들을 반드시 직면해야 하며 그/그녀가 알고 있는 것보다 더 많은 것을 알고 있는 것처럼 절대로 허세를 부려서는 안 된다. 어쨌든 이런 어려움을 인정하는 것은 신비, 역설 혹은 (설상가상으로) 불합리를 즐기기 위

---

62 Pinchas Lapide, *The Resurrection of Jesus* (Minneapolis: Fortress, 1985).
63 예를 들어, Lapide는 부활의 역사성에 입각해서 부활 서술을 믿으려 하지만, 예수님이 유대인과 이방인 모두의 주님이라는 예수님의 진술을 믿는 것에는 왜 실패하겠는가?

해서가 아니다. 오히려 우리는 우리의 모든 지적인 노력들이—특히 삶의 의미에 대해 가장 넓고 깊은 질문들을 다루는 노력들—오해, 무지와 지적인 실망으로 인해 어느 정도는 시달림을 받게 될 것이라는 것을 깨달아야 한다. 기독교 세계관이 우리 삶에 가장 중요한 것들에 대한 최고로 합리적인 설명이라는 것은 우리가 모든 최고의 논증들에 대한 열쇠를 갖고 있거나 우리에게 필요한 모든 진리들에 달성했다는 것을 함축하지는 않는다.

둘째, 변증학은 주체 자체의 어려움에 의해서뿐만 아니라 변증학을 실행하는 주체들인 우리의 연약함에 의해서도 제한된다. 우리는 우리의 언어, 우리의 저술물 그리고 우리의 행동을 통해서 기독교를 권하고 변증한다. 그리고 우리는 죄인이다. 우리는 이런 비길 데 없는 메시지를 위한 통로지만, 우리는 흠이 있다. 형편없는 성품을 지닌 사람에 의해서 전달된 최고의 논증은 기대했던 결과를 갖지 못할 것이다.

우리는 강력한 변증적 논증들을 알고는 있어도 그런 논증들을 제시할 용기가 부족할 수도 있고, 아니면 반대로, 전혀 그렇지 않지만 우리 생각에 강력하다고 여겨지는 논증들을 자신있게 제시할 수도 있을 것이다. 우리는 공부는 많이 하지만 기도는 너무 적게 할 수 있고, 혹은 그 반대일 수도 있다. 항상 뜻대로 되지는 않지만 그게 현실이다. 그럼에도 불구하고 중세 속담처럼 "하나님께서는 구부러진 막대기를 가지고 똑바른 선을 그을 수 있으시다"는 것에 우리는 감사할 수 있다.[64] 만일 우리가 변증가로서 부족하다면, 이는 기독교가 비진리(untrue)이거나 비이성적이라는 것을 혹은 우리의 모든 노력들이 헛되다는 것을 의미하지는 않는다. 우리의 임무는 가능한 최고로 순수한 마음으로 최선의 논증들을 성실하게 제시하는 것이다.

셋째, 변증학은 칼빈주의자들이 즐겨 표현하듯이, 반드시 하나님의

---

64 또한 다음을 보라. Francis Shaeffer, "The Weakness of God's Servants," in *No Little People, No Little Places* (Downers Grove, Ill.: InterVarsity press, 1974).

비밀스런 경륜의 틀 안에서 이해되어야 한다.[65] 하나님은 어떻게 혹은 왜 어떤 것들을 발생시키시는지에 대해 자주 우리에게 말씀하지 않으신다. 윌리엄 카우퍼(William Cowper)의 찬송이 표현하듯이 "하나님은 신비로운 방법으로 움직이시며 기사(wonders)를 행하신다." 하나님은 아무 방편이나 그분의 마음대로 동원해서 사용하실 수 있고, 그분은 모든 방편을 임의로 사용하실 수 있다.

장엄한 웨스트민스터 신앙고백(Westminster Confession of Faith)의 표현처럼, "하나님은 그분의 통상적 섭리에서 방편들을 사용하신다. 그럼에도 그분은 그 방편들 없이, 방편을 초월하여 그리고 방편에 역행하여 그분의 기쁘신 뜻을 따라 자유롭게 행하신다"(WCF, 5.3). 변증가는 어떤 병을 치료하려고 하는 의사에 비유될 수 있을 것이다. 그는 자신의 직업에서만 사용할 수 있는 연장들만 사용할 수 있겠지만, 그는 어떤 사람들은 치료를 받지 않고도 자연적으로 회복되며 어떤 사람들은 그들에게 꼭 도움이 되어야 하는 치료에는 잘 반응하지 않는다는 것을 깨닫는다. 그럼에도 불구하고 그는 자신의 사명에 실망하지 않는다.

6. 요약: 누적적이고 마음을 사로잡는 접근법

변증 방법에 대해 훨씬 더 많은 내용이 기록될 수도 있겠지만(변증 방법을 위해서만 기록된 책들이 있다), 우리는 이제 기독교 세계관의 진리를 위한 다수의 일치하는 논증들을 개진하는 것을 통하여 여기에 약술된 모델을 이제 적용해 볼 것이다.[66] 나는 긍정적인 증거(신앙주의, 전제주의 혹은 개혁주의 인식론)를 위한 필요를 제외하고, 기독교가 진리라고 전제

---

65 칼빈주의자들은 전형적으로 신 29:29에 호소한다. 롬 11:33-36도 보라.

66 Boa and Bowman, *Faith Has its Reasons*; Cowan, *Five Views of Apologetics*; Gordon Lewis, *Testing Christianity's Truth Claims* (Chicago: Moody Press, 1976); Bernard Ramm, *Varieties of Christian Apologetics*, 2nd ed. (Grand Rapids: Baker, 1962)를 보라.

하거나 수많은 역사적인 사실들을 모아서 우리가 누군가에게 기독교 진리(증거주의)를 확신시킬 수 있다는 것을 가정하지도 않을 것이다. 오히려 나는 기독교 세계관을 그것의 경쟁 세계관들보다 더 우월한 세계관으로 입증하거나 확인하는 다양한 논증들을 제공해서 인생에서 가장 중요한 것들을 가장 이치에 닿게 설명해 준다는 것을 보여줄 것이다.

본 장에서는 세계관 기준을 다소 전문적인 용어들을 사용해서 소개했지만, 이어지는 장들에서는 필요한 점들을 강조하기 위해서 전문적인 용어들을 축어적으로 인용할 필요는 없을 것이다. 간단히 말해, 만일 어떤 세계관이 설명하기로 약속한 것을 설명하는 것에 실패한다면, 세계관 고유의 방식으로 이치에 닿게 설명하는 것에 실패한다면(내적 일관성), 존재하는 것이 무엇인가를 기술하는 것에 실패한다면(객관적 그리고 내적 실재), 삶에 이해 가능한 의미를 부여하는 것에 실패한다면 혹은 지적으로 그리고 문화적으로 생산적으로 되는 것에 실패한다면 그 세계관은 고려 대상에서 탈락된다. 나는 기독교가 기독교의 어떤 경쟁자들보다도 이런 테스트들에 더 우수하게 합격한다는 것을 주장할 것이다.

4장

기독교 세계관

　기독교라는 말은 너무나도 폭넓게 적용될 수 있고 너무나도 방대한 영역의 의미들을 포함할 수 있기 때문에 우리가 기독교를 합리적으로 변론하기 위해서는 기독교라는 말의 의미를 어느 정도는 정의하고 한계를 설정해 볼 필요가 있다. 나는 내가 제시하는 기독교에 대한 이해는 편협하여 당파적이지 않으며 철저하게 성경적이기를 바라는데 왜냐하면 변증학의 임무는 기독교 전통 한 가지만을 강화시키는 것이 아니라 폭넓게 이해된 기독교의 핵심적인 교리들을 변론하는 것이기 때문이다.

1. 종교와 세계관

　종교로 이해되어진 기독교는 여러 가지 영역에서 논의될 수 있다. 종교철학가인 니니안 스마트(Ninian Smart)는 모든 종교는 다음의 여섯 가지 영역으로 이해될 수 있다는 것을 제안했다. 즉 신성한 내러티브,[1] 교

1　Smart는 신성한 내러티브(sacred narrative)의 동의어로 신화(myth)라는 용어를 사용하는데 그는 이를 두고 필연적으로 "허구적 이야기"를 의미하는 것은 아니다. 그가 의미하는 것은 상징적이고 우주적인 가치를 지닌 이야기를 의미한다. 그렇지만 어떤 세계 종교(특히 힌두

리, 종교의식, 사회적이고 제도적인 표현, 체험 그리고 윤리이다.[2] 종교의 필요충분조건은 반드시 어떤 것이어야 하는지를 확정하려고 시도함 없이,[3] 6개의 요소로 이루어진 이 분석은 세계 종교들의 다양한 국면들을 잘 묘사한다. 기독교의 진리와 합리성을 변론하는 것에는 어떤 방식으로든지 이런 영역들 모두를 포함한다. 그러나 변증학의 임무를 위해서 주된 관심은 기독교의 역사나 기관들이 아닌 교리에 두게 될 것이다.

기독교의 교리적인 영역을 가늠하는 가장 좋은 방법은 기독교를 하나의 세계관으로 고려하는 것이다.[4] 세계관(worldview)이라는 용어는 때로 세계에서 벌어지는 상황들에 대한 한 개인의 견해를 의미하곤 했다. 즉 전쟁과 평화, 이민, 해외원조 등과 같은 문제들에 대한 견해를 의미한다. 우리가 이런 이슈들을 어떻게 조망하는가의 여부도 우리가 갖고 있는 더 큰 세계관의 부분을 차지하는 문제이지만 내가 말하는 세계관은 그런 것을 의미하는 것이 아니다. 또한 세계관은 한 개인의 나이, 가장 선호하는 색소폰 연주자와 야구 전략에 대한 지식의 항목들처럼 단지 한 사람이 갖고 있는 믿음들(beliefs)의 총합을 의미하는 것도 아니다.

세계관은 실재의 포괄적인 비전에 가장 지대한 영향을 끼치는 믿음들로 형성된다. 세계관은 철학과 종교가 항상 논의해 왔던 핵심 영역들을 다루는 실재에 대한 총체적인 개념이다. 세계관을 통하여 한 개인은 우주에 대한 스스로의 지적인 지향을 정립하게 된다.

윌리엄 할버슨이 지적하듯이 세계관은 "실재에 대한 포괄적인 관점으로 한 개인은 이 관점에 비추어 자신의 의식 앞에서 벌어지는 모든 것을 이해하고 분류하려고 시도한다."[5] 그것은 서로 밀접한 관계가 있는

교와 불교)들의 "신성한 내러티브들"은 사실적인 역사임을 필연적으로 주장하지는 않는다.
2 Ninian Smart, *Worldviews*, 3rd ed. (New York: Prentice-Hall, 1999), 3-8장을 보라.
3 이 골치 아픈 질문을 위해서는 Winfried Corduan, *Neighboring Faiths* (Downers Grove, IL: InterVarsity Press, 1998), 20-21을 참고하라.
4 심도 있게 다룬 내용으로는 David Naugle, *Worldview: The History of a Concept* (Grand Rapids: Eerdmans, 2002)를 보라.
5 William H. Halverson, *A Concise Introduction to Philosophy*, 3rd ed. (New York: Random

실재에 대한 주요 가정들 또는 전제들의 군집이다. 인생에 대한 이런 기본적인 개념들은 명쾌하게 정리된 방식으로 (즉 철학자나 신학자에 의해) 견지될 수도 있고 아니면 세계관이라는 용어가 전혀 익숙하지 않은 누군가에 의해 대체로 부지중에 견지될 수도 있다.[6]

세계관은 일반적으로 서술적인 요소들도 포함할 것이다. 즉 우리에게 가장 중요한 믿음들은 우주와 인간 역사의 이야기가 전개되는 것을 인식하는 것에 의해서 자주 형성되는 것이지 단지 추상적인 진술들의 모음은 아니다. 이것은 기독교에도 명백히 해당되는 것으로 기독교의 신성한 책(성경)은 인간들과 개인적이며 집단적으로 교류해 온 하나님에 대한 많은 역사적인 서술에 깊이 뿌리박혀 있다.[7]

게다가 세계관들은 다양한 정도의 확실성과 헌신도로 견지되기도 한다. 믿음의 선포에 장애가 될 만큼 과다한 의심을 지속적으로 갖는 기독교인들도 존재할 뿐만 아니라 매우 확신에 차고 헌신된 무신론자들도 존재한다. 사람들은 다양한 정도의 인격적 고결함(integrity)과 일관성(consistency)으로 세계관을 믿을 수도 있다.

내 변증학 수업의 숙제를 위해 나의 학생들은 비기독교 신자에게 다음과 같은 질문들을 한다. (1) 궁극적 실재 혹은 가장 실제적인 것은 무엇인가? (2) 인류의 본질은 무엇인가? 우리는 누구인가? 우리의 본질은 무엇인가? (3) 어떻게 영적 해방에 도달할 수 있는가? 즉 인간문제에 대한 해답은 무엇인가? (4) 예수 그리스도는 누구인가? (5) 왜 (1)-(4)를 믿는가? 많은 학생들은 인터뷰를 하는 과정에서 인터뷰에 응한 이가 다소 두서없는 방식으로 양립 불가능한 믿음들(beliefs)을 고수하고 있다는 것을 명백히 보게 된다. 인터뷰에 의해 나열된 세계관들은 기독교, 이신

House, 1976), 452.
6   비록 내가 그의 이름을 직접 인용하지는 않았지만 나는 James W. Sire의 세계관 이해를 통해 도움을 받았다. "A Universe Charged with the Grandeur of God: Christian Theism," in James W. Sire, *The Universe Next Door: A Basic Worldview Catalog*, 5th ed. (Downers Grove, IL: InterVarsity Press, 2009)을 보라.
7   Naugle, *Worldview*, 297-303을 보라.

론, 자연주의와 뉴에이지 사고의 이상한 조합이었다. 그렇지만 지적으로 정직한 사람은 왜곡과 모호함에서 자유로운 어떤 총체적인 패턴에 정합적으로 일치하는 진리들을 믿기 위해 애쓸 것이다.

우리의 세계관은 우리가 누구인지와 우리가 무엇을 하는지를 빚어간다. 우리는 우리 안에 가장 깊이 자리잡고 있는 믿음들에 의해 구동되며 그 깊은 믿음들에 의거해서 세상을 해석하는데 자주 거의 무의식적으로 그렇게 한다. 세계관들은 필연적으로 실재에 대한 진리 주장을 내포하는 반면, 이러한 믿음들은 전성찰적(pre-reflective)이고 검증되지 않은 (unexamined) 방식으로 자주 견지되며, 지적인 이유뿐만 아니라 정서적인 이유로 자주 견지되곤 한다.

포스트모더니티의 특징인 전환(diversions), 산만함(distractions)과 오락 (amusements)을 감안할 때, 많은 사람들은 임계 초점(critical focus)처럼 자신들의 세계관에 정확하게 초점을 맞추는 것에 실패한다. 한 개인의 믿음들에 의문을 제기하는 것은 독특하게 인간에게만 있는 능력이긴 하지만, 급류처럼 쏟아지는 사회적 세력은 우리가 물살처럼 솟구치는 문화에 부지불식간에 휩쓸려 사회의 생산품들을 고분고분하게 소비하고, 사회의 이데올로기를 승인하고 전반적인 사회의 명령에 맹종하도록 부추긴다.

2. 진리를 주장하는 기독교 세계관

여느 다른 세계관처럼 기독교 세계관도 그것의 심층적인 차원에서는 실재에 대한 진리 주장 혹은 진리 단언의 체계이다. 이것이 반드시 강조되어야 하는데 왜냐하면 어떤 사람들은 일련의 다른 형태의 "기독교"는 유지하는 반면, 진리에 대한 기독교의 주장은 말소하고자 했기 때문이다. 이것은 고양이가 사라졌을 때 루이스 캐롤의 체셔 고양이(Lewis

Carroll's Cheshire Cat)[8]의 미소와 유사하다. 그럼에도 불구하고 루드비히 비트겐슈타인(Ludwig Wittgenstein)의 영향을 받은 현대 작가 몇몇(특히 Don Cupitt, D. Z. Phillips)은 종교의 본질은 실재의 기술이나 설명이 아니라 의미심장한 삶의 방식이나 형태이기 때문에 기독교는 아무 객관적인 진리 주장들과 상관없이 존재할 수 있다고 주장해 왔다.

예를 들어, "최후 심판"에 대한 믿음은 우리가 그동안 행한 모든 것에 대해 설명하기 위해 우리가 문자 그대로 어느 날 하나님 앞에 서게 되는 것에 대한 기대가 아니다. 오히려 그것은 삶에 대한 접근법으로 책임감이 우리의 사고의 최전면에 놓이게 되는 것이다. 이것은 사실이 아닌 가치의 진술이다. 이 접근법은 종교적 비실재론이라고 알려진 접근법이다. 일련의 "포스트 자유주의적"(postliberal) 신학자들도 이 방향으로 이동하는 것처럼 보이는데 왜냐하면 포스트 자유주의적 신학자들은 성경적 계시의 모든 객관적 주장들을 단지 성경적 담론의 테두리 안에서 생활하는 것으로 교체하기 때문이다.

성경적 계시를 명제적(또는 진리 단언적)으로 간주하는 대신, 그들은 성경적 계시를 성경 저자들의 생각과 감정을 표현하는 것으로 여긴다. 슬프게도 이머징(emerging) 교회들의 구성원들도 이 아이디어를 포용하거나 이 아이디어를 가지고 장난치는 것이다.[9]

모든 형태의 기독교 비실재론에 대한 최선의 해독제는 성경에 충성을 맹세한 위대한 사고가들과 운동가들을 연구하여 그들의 사상을 적당량 취할 뿐만 아니라 성경 자체를 어느 정도 지속적으로 읽는 것이다. 순교자들은 진리 주장에서 분리된 "삶의 방식"을 위해 목숨을 잃지 않았다. 어거스틴, 아퀴나스 그리고 파스칼과 같은 변증가들은 기독교 담론

---

8 Lewis Carroll은 이상한 나라의 앨리스를 쓴 작가로 체셔 고양이는 꼬리부터 시작해서 천천히 사라졌는데 가장 마지막으로 사라진 것이 미소였고 그 미소는 다른 모든 것이 사라진 후에도 한참 동안 남아 있었다-역주.

9 D. A. Carson의 *Becoming Conversant with the Emerging Church* (Grand Rapids: Zondervan, 2005) 그리고 R. Scott Smith의 *Truth and a New Kind of Christian* (Wheaton, IL: Crossway, 2005)를 보라.

의 객관적이고 영원한 진리와는 별개로 기독교 담론의 한도 내에서 사는 것의 의미심장함을 옹호하지 않았다. 그런 게 아니라 바로 이 기독교 담론의 진리가 바로 기독교인의 삶을 의미심장하고 가치있게 만들어 주는 것이다. 비실재론자들과는 정반대로 신학적 가치를 지닌 의미있는 진술들도 실재에 대한 단언들이다.

기독교인들이 선하고 성실한 삶을 살기 위해 고군분투하는 이유는 그들의 행위가 결국 하나님의 최후 검토 아래 놓이게 될 것을 알기 때문이다.[10] 사실과 가치는 만나서 서로 입맞춘다. 한 개인 자신만의 담론을 성경의 담론과 합하기 원하는 유일한 충분이유는 성경이 기술하는 창조, 타락과 구원이 진리이며 그것은 믿고 순종할 만한 가치가 있다는 것이다. 만일 그렇지 않다면, 성경의 스토리 라인을 따라 살아가는 것은 문자 그대로 거짓된 삶을 사는 것이고 또 다른 사람들에게도 이 거짓된 삶을 살라고 옹호하는 것이다.

종교의 비실재론적 형태들의 배후에 실제적으로 존재하는 것은 비기독교적인 세계관에 굴복하는 것이다. 그 이유는 만일 기독교가 아이디어의 세상에서 성공할 수 없다면-이를테면, 기독교가 물질주의적 세계관과 경쟁할 수 없다면-기독교의 유일한 대안은 모든 진리 주장을 버리고 전통, 종교의식, 상징성(symbolism), 체험과 공동체를 강조하는 것이다. 그런 조치를 거절해야 하는 두 가지 설득력 있는 이유들이 있다.

첫째, 본서도 주장하겠지만 기독교는 관념의 세계에서 지지 않았다. 따라서 기독교를 실재의 요구에서 제외시킬 하등의 이유가 없다.

둘째, 만일 기독교가 다른 세계관들과 지적으로 겨룰 수 없다면 유일하게 건전하고 논리적인 대안은 기독교를 통째로 버리는 것이다. 기독교는 진리임을 주장한다. 만일 그렇지 않다면 기독교는 거짓말을 한 것이고 기독교는 반드시 거부되어야 한다. 바울이 말했듯이 만

---

10 이것은 우리가 우리의 공로에 따라 하나님 앞에서 의롭게 될 것을 의미하지는 않지만 우리의 생애는 하나님의 평가를 받게 될 것을 의미한다. 그리스도 안에서 하나님의 은혜로 우리가 의롭다 함을 얻었어도 말이다.

일 그리스도께서 죽은 자 가운데서 다시 살아나지 못했다면 기독교인들은 지구상에서 가장 미혹되고 비참한 무리들이다(고전 15:17-19).[11]

누군가가 "기독교 세계관"에 대해 말할 때 기독교인들이 모든 것에 동의할 수 있거나 동의해야 하는 것을 의미하지는 않지만, 기독교인들은 자신들의 견해가 성경적 진리를 목적으로 한다는 것에는 반드시 동의해야한다. 역사를 통틀어서 오늘날 기독교인들은 그들이 어떤 신념을 가져야 하는지에 대해서는 이해함을 달리한다. 그렇지만 성경적인 세계관은 기독교의 본질적인 아이디어들, 기독교의 근본적인 교리들 그리고 이 아이디어들과 교리들이 하나님, 우주와 인간들을 설명하는 것에 있어서 얼마나 논리정연한지를 담아내려고 시도한다. 반대로 어떤 이들은 기독교를 진정한 세계관과는 대조적으로 행동양식과 감정과 상징의 집합으로 더 생각한다.

도로시 세이어는 제2차 세계대전의 암울한 시기에 "사실은 기독교가 우주의 해석이 되어야 한다는 개념을 놓쳤다"[12]라고 통탄했다. 반기독교적 거장인 니체도 이를 알았다. 기독교 윤리는 고수하면서 하나님에 대한 믿음을 거부하는 영국의 경향에 대해 말하면서 니체는 이렇게 선포했다. "기독교는 사물에 대한 체계이며 전체적으로 곰곰이 생각하여 해결해낸 사물에 대한 총체적인 견해다. 하나님에 대한 믿음이라고 하는 기독교에서 주된 개념을 파기하는 것은 기독교 전체를 파기하는 것이

---

11 종교에서 비실재론에 대한 신중하고 통렬한 비판을 위해서는 J. L. Mackie, *The Miracle of Theism* (New York: Oxford University Press, 1981), 217-219를 참고하라. Mackie는 무신론자였으나 비실재론은 유신론의 주장들과 근본적으로 조화되지 않는 것으로 이해했다. 더 최근에 발간된 기독교의 비실재론적 서술들에 대한 비판을 위해서는 Kai-Man Kwan, "A Critical Appraisal of Non-Realist Philosophy of Religion: An Asian Perspective," *Philosophia Christi*, series 2, vol. 3, no. 1 (2001): 225-35와 Peter Bryne, *God and Realism* (Burlington, VT.: Ashgate, 2003)에서 참고하라.

12 Dorothy L. Sayers, *The Letters of Dorothy L. Sayers: 1937-1943, From Novelist to Playwright*, vol. 2, *The Letters of Dorothy L. Sayers*, ed. Barbara Reynolds (New York: St. Martin's Press, 1998), 158; Naugle, *Worldview*, 4에서 인용됨.

다. 필연적으로 사람의 손에는 아무것도 남지 않게 된다."[13]

대부분의 미국인들은 하나님을 믿는 반면, 세계관을 명확하게 잘 표현한 사람들은 거의 없었다. 이는 거듭된 여론조사로 드러났는데 높은 퍼센트의 미국인들은 (1) 하나님을 믿으며 (2) 도덕적인 상대주의자들이다. 이는 모든 유신론적 세계관에서 궁극적 실재인 하나님은 한 개인의 삶에서 벌어지는 행동에 대해서는 할 말이 전혀 없다는 것을 의미한다.

2003년에 있었던 바나 여론조사(Barna Poll, 주로 암울한 소식의 선구자인 것 같다)는 복음주의자들 중 12%만 세계관이 무엇인지 알거나 세계관에 대한 적절한 정의를 말할 수 있었다는 것을 보고했다. 겨우 4%만 세계관이라는 개념에 대해서 무엇이든지 알아야 한다고 말했다.[14] 여기에 심각한 성경문맹을 나타내는 반복된 여론조사를 더하게 되면, 관념들의 세상 속에서 복음주의 영향의 결핍을 적어도 부분적이나마 설명할 수 있게 된다.

많은 기독교인들은 지적인 유령마을에서 살고 있으며 유령처럼 텅 빈 지성을 지니고 있다.[15] 많은 기독교인들은 풍요로운 (허나 상실한) 지적 유산에 대해 어느 정도 알며 "우리편에 있는"(C. S. Lewis 같은) 얼마 안되는 지식인들을 가리킬 수 있겠지만, 많은 기독교인들은 실재에 대한 그들의 내적인 지도를 개발하는 것에 자신들을 적응시켜 오지 않았다.

---

13 Friedrich Nietzsche, *The Twilight of the Idols*, in *The Portable Nietzsche*, ed. and trans. Walter Kaufmann (New York: Viking Press, 1975), 515–516에서 참고하라. 우리는 15장에서 도덕성에 대한 Nietzsche의 논점을 살펴볼 것이다.
14 "Biblical Worldview Has a Radical Effect on a Person's Life," *Barna Group*, December 1, 2003 ⟨www.barna.org/barna-update/article/5-barna-update/131-a-biblical-worldview-has-a-radical-effect-on-a-persons-life⟩. 더 최근에 있었던 바나 연구결과는 이 결과에 거의 변동이 없었음을 가리킨다: "Barna Survey Examines Changes in Worldview Among Christians Over the Past 13 Years," March 6, 2009 ⟨www.barna.org/barna-update/article/21-transformation/252-barna-survey-examines-changes-in-worldview-among-christians-over-the-past-13-years?q=worldview⟩.
15 유령처럼 텅 빈 지성에 대해서는 Os Guinness, *Fit Bodies, Fat Minds* (Grand Rapids: Baker, 1994), 1장을 보라.

이 책의 나머지 부분에서 어떤 것을 진리이며 이성적인 것으로 개진할 것인지를 규정하기 위해서는 기독교 세계관의 특징들을 제시하는 것이 필요하다. 우리는 우리가 모르는 어떤 것에 대해서는 변론할 수 없다. 윌리엄 윌버포스(William Wilberforce)가 관찰했듯이 사람들은 배움, 부와 군사적 탁월함을 위해서 "힘찬 결단, 원기왕성한 부지런함과 지속적인 투지"가 요구된다는 것을 인정하지만, 그럼에도 우리는 "노력, 연구나 탐구없이 기독교인들이 될 것을 기대한다!"[16]

> 이것이 더 터무니없는 것은 사람의 발명품이 아닌 하나님의 계시인 기독교는 우리들에게 새로운 관계들을 그것에 상응하는 의무들과 함께 보여준다. 또한 기독교는 기독교에만 특별한 교리들, 동기들과 원칙들을 포함한다. 우리는 우연찮게 능숙해질 것을 이성적으로 기대할 수 없다.[17]

기독교 세계관을 명확하게 표현해 보는 것 자체로도 중요한 변증학적 효과를 가질 수 있다. 기독교 세계관의 철학적 변론은 별개로 한다고 하더라도 말이다. 최소한 이것을 위한 두 가지 두드러진 이유가 있다.

첫째, 기독교가 단언하는 것과 단언하지 않는 것을 명료하게 설명하여, 거짓된 고정관념에 의한 믿음의 장애물들을 제거할 수 있을 것이다.

둘째, 역사상 가장 위대했던 일련의 지성들을 사로잡아 왔던 기독교 비전이 기독교 비전의 총체성과 의미심장함 속에서 모든 존재에 대한 하나의 관점으로 소개될 때, 이는 어떤 광범위하고 깊이 있는 세계관을 찾고 있는 사람들에게 건설적으로 영향을 줄 수도 있을 것이다. 절대적

---

16 William Wilberforce, *Real Christianity*, ed. James Houston (1829; reprint, Minneapolis: Bethany House, 1997), 4.

17 Ibid. Francis Schaeffer도 유사한 말을 했다. "우리 삶의 매일에서 우리가 제시하는 것이 정말 기독교의 입장이라는 것과 그것을 지금 우리 시대에도 가능한 것으로 소개하고 있는지를 확실하게 하기 위해 매일 성경을 공부해야만 한다"(Francis A. Schaeffer, *The God Who Is There*, 30th anniv. ed. [Downers Grove, IL: InterVarsity Press, 1998], 158).

으로 중요하게 기능하는 기독교적 지성이(기독교 세계관에 뿌리박은) 사회적, 정치적 그리고 심미적으로 관계가 있는 이슈들에 얼마든지 영향력을 발휘할 때에도 동일한 효과를 산출해 낼 수 있다.[18]

해리 블래마이어즈(Harry Blamires)는 기독교적 지성을 "기독교 전제들로 구성된 준거체계 내에서 세속적인 논쟁의 데이터들을 다룰 수 있도록 훈련되고, 정보를 갖추고, 구비된 지성이다"[19] 라고 주목한다.

3. 궁극적인 권위의 출처: 성경

기독교 세계관은 실재를 알기 위한 권위의 근거로 시작한다. 그 근거는 성경의 66권이다.[20] 모든 세계관들은 어떤 권위의 근거, 규범적인 지식의 출처를 갖는다.[21] 기독교인에게 있어서 그것은 성경이며 성경이 올

---

18 이것이야말로 위대한 네덜란드 신학자, 교육가며 정치가인 Abraham Kuyper(1837-1920)의 비전이었는데 그는 불신앙의 공격들에 도전하기에 충분하도록 철저한 기독교 세계관을 소유하는 것의 필요성을 많이 강조했다. 세계관에 대한 Kuyper의 사고의 요약을 위해서는 Naugle, *Workdview*, 16-25를 참고하라. Kuyper 자신의 체계는 그의 1898년 칼빈주의에 대한 강론, 즉 *Lectures on Calvinism* (Grand Rapids: Eerdmans, 1931)에 나와 있다. Kuyper의 비전과 그의 많은 훌륭한 업적에 대한 나의 존경에도 불구하고 나는 그의 변증학적 방법과는 반드시 의견을 달리하는데, 그의 변증은 Cornelius Van Til과 그의 추종자들의 전제주의(presuppositionalism)에 근거한다.

19 Harry Blamires, *The Christian Mind: How Should a Christian Think?* (1963; reprint, Ann Arbor, MI.: Servant Books, 1978), 43.

20 가톨릭 신자들은 개신교도들에 의해 정경으로 인정되지 않은 외경(Apocrypha)이라고 불리어지는 책들을 성경 안에 포함한다. 가톨릭의 제2경전(deuterocanon)의 본성과 왜 개신교도들이 그것을 수용하지 않는지에 대해서는 Neil R. Lightfoot, *How We Got the Bible*, 3rd ed. (New York: MJF Books, 2003), 163-170을 보라.

21 성경적인 세계관은 다양한 체계와 구성에 의거해서 제시될 수 있다. 예를 들어, James W. Sire, "A World of Difference: Introduction," in *Universe Next Door* 그리고 Ronald Nash, "What Is a Worldview?" in *Faith and Reason* (Grand Rapids: Zondervan, 1988)에 나오는 개념적 체계들을 비교해 보라.

바르게 해석되고 적용되었을 때 그렇다는 것이다. 기독교 세계관은 성경을 인류에 대한 하나님의 기록된 계시로 받아들인다.[22] 장시간에 걸쳐 다른 장소들에서 다수의 저자들에 의해 기록되었지만 인격적이고 도덕적 행위주체이신 하나님은 하나님이 원래 청중(original audience)에게 알리기 원하셨던 것과 후대 독자들의 유익과 하나님의 존귀와 영광을 위해 성경 작가들이 의사소통하도록 인도하셨다. 그렇다면 기독교 신자의 믿음은 성경의 전체 가르침과 일치해야만 한다.

그렇지만 한 개인의 세계관은 구약과 신약의 내용보다는 더 많은 것을 포함할 것인데 왜냐하면 세계관은 삶의 모든 것을 의미심장한 지적인 모델로 통합하기 때문이다. 성경 자체는 이런 종류의 통합을 격려하는데 왜냐하면 그 진리가 성경에 기록된 것인가의 여부에 상관없이 성경은 하나님이 모든 진리의 궁극적인 출처라고 주장하기 때문이다.[23] 게다가 우리가 발견하게 되겠지만 성경의 권위에 대한 주장은—성경이 단언하는 모든 것에 대한 성경의 진실성—지적인 진공에서 만들어질 필요는 없다. 성경의 신뢰성과 지혜는 다양한 방식으로 검증될 수 있다.[24]

4. 인식론: 우리가 그것을 아는 것을 우리는 어떻게 아는가?

하늘과 땅이 사고 속에서 만나는 것은 인간만 할 수 있다. 하나님의 형상대로 만들어진 우리는 창조세계 속에서 하나님의 지문을 찾아내고 양심 속에서와 성경을 통해서 하나님의 음성을 찾아낼 수 있는 인격적인 존재들이다. 우리는 하나님, 우리 자신들, 다른 사람들과 하나님의 창조세계를 알도록 설계되었다. 제임스 사이어가 표현하듯이 "인간은 그

---

22 성경적 영감과 권위에 대한 토의는 20장 후반부에서 참고하라.
23 이에 대해서는 J. P. Moreland, *Love Your God with All Your Mind* (Colorado Springs: NavPress, 1997), 53–57을 보라.
24 19장과 부록 2를 참고하라.

들 주변 세계뿐만 아니라 하나님 그분을 알 수 있다. 왜냐하면 하나님은 인간 안에 그렇게 할 수 있는 능력을 인간의 일부로 설계하여 만드셨고 인간들과 의사소통하기 위해 능동적인 역할을 취하시기 때문이다."[25]

비록 에덴동산의 동쪽에 있긴 하지만 인간은 자신들, 그들의 세계 혹은 하나님에 대해서는 철저한 어둠 속으로 추방된 것은 아니라고 성경은 단언한다. 비록 모든 사람들이 이러한 일들을 진실되고 이성적으로 이해하는 것에 이르지는 못하겠지만, 하나님은 이러한 영역들에 대한 지식을 가능하게 만들어 놓으셨다.

복음서들은 예수님이 올바르게 형성된 인식론을 소유했다는 것을 가리킨다. 예수님은 객관적인 진리는 인식가능하다는 것(실재론)을, 진리 주장을 뒷받침하는 데 있어서 사실적 증거가 결정적으로 중요하다는 것을, 무모순성이 진리를 위한 필수적인 테스트라는 것을, 예수님이 드러내는 진리는 경험적 결과들을 가진다는 것을, 진리를 받아들이는 데에는 상상력이 핵심적인 기관이라는 것을(예수님이 사용한 비유와 비유적 표현) 그리고 한 개인이 진리를 알 수 있는 능력은 한 개인의 도덕적 고결함과 긴밀한 연관이 있다는 것을 믿었다.[26] 이 책에서는 이런 원칙들의 모두를 집중적으로 다룰 것이다.[27]

---

25 Sire, *Universe Next Door*, 36. 이 주제를 개진시킨 것으로는 Ronald Nash, *The World of God and the Mind of Man* (Phillipsburg, N.J.: P&R Publishing, 1992)을 보라.
26 Douglas Groothuis, "Jesus' Epistemology," in *On Jesus* (Belmont, CA.: Wadsworth, 2003)를 보라.
27 그렇지만 인식에 있어서 상상력의 역할은 예수님의 다른 인식론적인 원칙이 언급된 만큼은 토의되지 않을 것이다.

5. 요약: 창조, 타락과 구원

기독교 사고를 위한 궁극적인 권위로 성경을 취하면서, 우리는 기독교 세계관을 창조, 타락과 구속이라고 하는 세 가지의 광범위한 범주로 체계화할 수 있다.[28]

창조(Creation). 성경적으로 이해되었을 때 우주는 삼위일체이며, 우주는 초자연적이고 인격적이고 도덕적인 존재가 무에서 손수 손으로 창조한 수제품이다. 유니테리언적(unitarian) 일신론(유대교, 이슬람과 유니테리어니즘)과는 달리, 신적인 존재는 한 분 하나님이며 아버지, 아들과 성령의 서로 동등한 세 위격으로 영원히 존재하는 분이라고 성경에서 가르치고 기독교 신조에서 단언한다.

그렇기 때문에 우주는 항상 존재하지 않았고 원인이나 이유 없이 불쑥 나타나서 존재하기 시작한 것도 아니다. 유일무이하게 창의적인 삼위일체의 행동에 근거해 보면 우주의 기원은 자연적이지 않고 초자연적이다. 더욱이 우주 그 자체는 신적이지(범신론) 않지만 우주의 창조, 보존과 완성은 하나님께 달려있다. 하나님이 창조하신 것은 좋았는데 왜냐하면 창조세계는 완전한 존재로부터 비롯되었기 때문이다. 인간들은 "아주 좋았는데" 왜냐하면 인간들은 하나님의 형상을 지니며 경건한 관계들을 통해서 창조세계를 개발하여 하나님께 영광을 돌리도록 예정되었기 때문이다.

타락(Fall). 신적인 기원과 좋은 본성에도 불구하고 우주는 타락했다. 첫째 인간들은 하나님의 분명한 명령에 불순종했으며 따라서 하나님, 그들 스스로와 창조세계에 대항하여 등을 돌렸다(창 3장). 이 분열은 전체

---

28 이 창조-타락-구속의 3요소는 Herman Dooyeweerd와 그의 추종자들 철학에 있어서 주요 주제이며 이것은 종종 기독교의 "근본 동인"(ground motive)으로 언급된다. 이 주제를 당대의 이슈들에 현대적으로 적용한 것으로 Nancy Pearcey, *Total Truth* (Wheaton, IL: Crossway, 2004)를 보라. Dooyeweerd의 필생의 역작으로는 4권으로 구성된 *A New Critique of Theoretical Thought*, trans. David H. Freeman and William S. Young (Phillipsburg, N.J.: P&R, 1969)이 있다.

우주에 악영향을 끼치게 되어 우주는 궁극적인 구속을 기다리며 탄식하고 있다(롬 8:18-26). 여성들과 남성들은 그들 스스로의 힘만으로는 이제 하나님을 제대로 섬길 능력이 없고 이 타락한 세상에서 인간들을 구속할 수 있는 것은 아무것도 없다. 우리는 이기심, 집착, 중독, 우상숭배와 모든 종류의 거짓 종교에 빠지기 쉽다. 우리는 창조주보다 창조세계를 더 예배한다. 이런 상태에 있는 인간은 하나님의 의로우신 심판 아래 놓여 있고 우리 스스로 안에는 소망이 없다.

구속(Redemption). 그럼에도 하나님은 그분의 죄지은 창조세계가 파괴적인 상태로 부패하도록 내버려두지 않으셨다. 타락 직후에 하나님은 우리의 첫째 부모님들에게 옷을 입혀주셨고 해방자가 와서 뱀이 시작한 것을 원상태로 돌릴 것이라고 간접적인 약속을 하셨다(창 3:15). 하나님은 그분의 구속적인 목적을 위해 특별한 그룹의 사람들을 은혜 가운데 선택하시고 선지자들에게 영감을 주시며 비전을 제시하고 역사상 개입하시면서 에덴동쪽의 인간들을 계속해서 추적하셨다.

이 모든 것은 신이신 메시아의 계시를 향한 것이었다. 때가 차서 하나님은 아들을 보내셨는데 그 아들은 아버지와 그가 동등함에 집착하지 않았고 하나님의 구속 계획에서 절정을 이루기 위해 이 세상에 오셨다. 예수님은 성령을 통한 완벽한 삶을 살아내심으로, 인간의 죄를 대속하고 우리와 하나님과의 관계를 정상화하기 위해 끔찍한 죽음을 맞이하심으로 그리고 죽음과 어두움, 죄와 사탄의 모든 권세들을 물리치기 위해 죽은 자 가운데에서 다시 살아나심으로 이 구속 계획을 성취하셨다.

창조, 타락과 구속의 세 가지 설명적 요소는 하나님, 인류, 우주의 성경적 드라마의 개요를 말해 준다. 그러나 실재에 대한 기독교 관점을 적절하게 설명하기 위해 이 개요는 상당히 확장될 필요가 있다. 우리가 궁극적인 혹은 최고의 실재인 하나님으로부터 출발하는 것이 적절하다.

6. 궁극적인 실재: 하나님

창세기의 첫 장은 "태초에 하나님이 천지를 창조하시니라"(창 1:1)고 선포한다. 이것은 하나님은 우주의 창조주라는 것과 그렇기 때문에 하나님은 우주를 초월하신다는 것을 말해 준다. 하나님은 감지하기 힘든 자연의 어떤 양상이 아니며 하나님은 시간이 경과하면서 자연적인 과정들을 통해서 출현하지도 않는다. 창조세계는 하나님의 존재로부터의 발산물(emanation)이 아니다. 오히려 하나님은 창조세계로부터 형이상학적으로 영원히 그리고 가차 없이(inexorably) 구별된다.

창조주이신 하나님은 인격적이다. 창조의 행위는 비인격적인 존재나 시스템의 자동적인 결과가 아니었고 지적이고 능동적인 창조주의 의지에서 흘러나왔다. 하나님이 시작했고 하나님은 창조세계를 만족스러워했고(창 1장) 손수하신 일을 기뻐하기까지 했다(잠 8장 참고). 이런 것들은 비인격체가 아닌 인격체의 특징으로 매커니즘이 아닌 행위주체자의 특징이다.

기독교 유신론은 철저하고 급진적으로 인격적인 세계관이다. 이사야 선지자가 드러낸 것처럼 하나님은 인격적으로 세상을 창조하셔서 사람들이 거주하도록 하셨다.

> 대저 여호와께서 이같이 말씀하시되 하늘을 창조하신 이 그는 하나님이시니 그가 땅을 지으시고 그것을 만드셨으며 그것을 견고하게 하시되 혼돈하게 창조하지 아니하시고 사람이 거주하게 그것을 지으셨으니(사 45:18).

기독교 형이상학(metaphysics)은 신적인 인격을 가진 그분 자신보다 더 심오한 속성(property), 힘(power)이나 원칙(principle)은 전혀 허용하지 않는다. 성경은 하나님을 들으시고(출 6:5), 창조하시고(창 1:1), 모든 것을 아시고(시 147:5; 요 3:20), 보시고(시 94:9) 의지를 지니신(요일 2:17) 분으로 묘사한다. 따라서 하나님은 자의식을 지닌(self-conscious) 성찰적인

(reflective) 존재이시며 "전능, 전지하며 무소부재하신 인격(Personality)이셔서 인격의 모든 영역을 나타내신다."[29]

하나님은 본질적으로 비가시적이고 비물질적이다. 그렇다고 해서 덜 인격적이거나 덜 관계적이지 않다. 삼위일체의 교리는 하나님이 본질적으로 관계적이라는 것을 강조하여 하나님의 인격성을 강조한다. 한 분이신 하나님은 서로 동등한 세 위격 안에서 영원히 존재하신다(신 6:4; 마 28:18).

체스터턴의 경구는 그냥 경박하게 뱉어낸 말이 아니다. "홀로 있는 하나님이라면 하나님이 아니었다."[30] 잘못된 기독교 가르침과는 정반대로, 하나님은 대화와 관계를 경험하기 위해서 인간을 불현듯 존재하도록 하실 필요가 없으셨다. 창조 이전에 하나님은 외롭지 않으셨다. 오히려 사랑의 관계를 위한 인격적인 존재들을 창조하심으로 하나님은 당신 자신의 본성에 대한 매우 중요한 어떤 것을 표현하고 계셨다.

하나님은 신성(또는 신격)에 대해서는 하나이시다. 이것은 자주 "한 본질"(one substance)로 언급된다. 하지만 하나님은 서로 동등하고 영원하신 위격들인 아버지, 아들 그리고 성령님에 대해서는 셋이시다. 그렇기 때문에 삼위일체이신 하나님을 최선으로 이해할 수 있는 방법은 하나님은 세 위격이 한 본질 안에 거하는 분(three-in-one)이라는 것이다. 아타나시우스 신조(Athanasian Creed)는 이 개념의 핵심을 잘 담아낸다.

> 자 이것이 진정한 기독교 믿음이다. 우리는 위격을 혼합하거나 신적인 존재를 분리함 없이 세 위격 안에 계시는 한 분이신 하나님과 한 분이신 하나님 안에 계시는 세 위격을 예배한다. 왜냐하면 각 위격—아버지, 아들 그리고 성령—은 서로 뚜렷하게 구별되어 다르지만 아버지, 아들과 성령의 신성은 하나이시며 영광에 있어서 서로 동등하시며 위엄에 있어서 서로 영원하시

---

29 Walter Martin, *Kingdom of the Cults* (Minneapolis: Bethany House, 1974), 284.
30 G. K. Chesterton, *Orthodoxy* (1908; reprint, New York: Image Books, 1959), 135.

기 때문이다. 아버지가 그러하시듯이 아들도 그러하시며 또한 성령님도 그러하시다.³¹

어떤 이들은 삼위일체 하나님의 개념을 모순(셋이 하나와 동등함)으로 간주한 반면에, 성경에서나 전 시대를 통틀어 교회의 최고 사상가들은 삼위일체를 그렇게 소개하지 않았다. 삼위일체가 모순적임을 입증하는 것은 어려운 일이다. 그런 주장을 논파하기 위해서 변증가는 성경적으로 성실하고 비모순적인 개연적 전략 한 가지나 한 가지 이상을 제공하기만 하면 된다.³²

삼위일체는 기독교 신자나 기독교 세계관에 있어서 논리적 수수께끼나 골칫거리가 아니다. 왜냐하면 삼위일체 안에서 우리는 최상으로 가능한 사랑을 위한 철학적 기초와 사랑이 넘치는 관계들을 향한 인간의 경향과 필요를 설명하기 위한 열쇠를 찾기 때문이다. 사랑은 그것이 가장 풍요로운 수준에서는 사랑하는 사람(lover), 사랑하는 행위(loving)와 사랑받는 자(beloved)를 요구한다.³³ 삼위일체의 교리는 삼위일체의 각 구성원이 삼위일체의 각기 다른 구성원과 영원토록 사랑이 넘치는 관계 속에 있었다는 것을 단언한다. 쉐퍼가 말했듯이 말이다.

우주는 인격적인 시작이 있었는데 삼위일체라는 고차원적, 인격

---

31 이것은 삼위일체에 대한 신조선언문의 일부에 지나지 않는다. 이 신조의 저자는 Athanasius는 아니었지만 그는 이 신조를 공식화하는 데 일조했을 것이다.
32 복음주의적 기독교인들에 의한 최근 철학적 접근들 몇 가지의 탁월한 요약으로는 Thomas Senor, "The Incarnation and the Trinity," in *Reason for the Hope Within*, ed. Michael J. Murray (Grand Rapids: Eerdmans, 1999)를 참고하라. 또한 J. P. Moreland and William Lane Craig, *Philosophical Foundations for a Christian Worldview* (Downers Grove, IL.: InterVarsity Press, 2003), 29장을 보라. 좀 더 상세한 신학적 내용을 위해서는 Millard Erickson, *God in Three Persons: A Contemporary Interpretation of the Trinity* (Grand Rapids: Baker, 1995)가 있다.
33 Richard Swinburne, *The Christian God* (New York: Oxford University Press, 1994), 177을 보라.

적인 시작이었다. 즉 "태초" 전에 인격적인 분이 이미 그곳에 계셨다. 사랑과 사고와 대화는 하늘과 땅의 창조 전에 존재했다.[34]

그렇기 때문에 성경적인 세계관에서 볼 때 인격적인 사랑보다 더 심오한 것은 없다. 인격적인 사랑이 우주의 기초다. 이 신학적이고 우주적인 인격주의(personalism)는 자연주의와 범신론 두 가지 모두와 극렬한 대조를 이룬다. 자연주의와 범신론은 사랑 없는 비인격(마음이 부재한 자연이거나 비인격적인 신)이 궁극적인 실재라고 단언하며, 따라서 사랑을 우주적 사고(cosmic accident, 자연주의) 혹은 환상(illusion, 범신론)으로 만들어버린다.

중요한 점은 삼위일체 교리없이 기독교의 요체인 성육신은 이치에 닿지 않는다는 것이다. 신격의 제2위격이신 예수 그리스도는 우리의 구속과 우주의 회복을 위해 인간의 본성을 취하셨다(골 1–2장).

형이상학적으로 뚜렷하게 구별되고 인격적인 존재이신 하나님은 원하시는 방법대로 다양하게 그분의 창조물들과 거침없이 상호작용하실 수 있다. 원작자가 그의 이야기에 개입된 것이다. 우주는 신적이지도 않으며 신과 철저하게 동떨어져 있지도 않았다. 하나님은 만일 세상이 자연법칙들과 그것의 작동들로만 운행된다면 불가능한 방법들인 기적적인 행위들을 통하여 인간의 역사에 개입하실 수도 있다. 예를 들어, 이것은 치유하고 축사하는 예수님의 기적들뿐만 아니라 선지자들의 초자연적인 영감과 성경의 기록된 계시도 포함한다.

따라서 우주는 원인과 결과가 있는 열려 있고 이성적인 체계다.[35] 우주는 자기 폐쇄적인 기계가 아니며 무질서하지도 않다. 오히려 우주는

---

34 Francis A. Schaeffer, *Genesis in Time and Space* (Downers Grove, IL: InterVarsity Press, 1972), 21.
35 Francis A. Schaeffer, *He Is There and He Is Not Silent*, 30th anniv. ed. (Wheaton, IL: Tyndale House, 2001), 38; Francis A. Schaeffer, *The Church Before the Watching World: A Practical Ecclesiology* (Downers Grove, IL: InterVarsity Press, 1971), 13을 참고하라. 기적을 포함하는 열린 우주의 개념을 위해서는 이 책의 22장을 보라.

질서정연하고 의미심장한 환경이며 우주 안에서 행위주체들인 하나님, 인간과 천사가 각각 그들 고유의 방법으로 그들만의 고유한 활동영역을 발견한다. 그런데 이 모든 것들을 총체적으로 고려해 보았을 때 인간은 도대체 누구인가?

7. 인간: 대답을 찾기 위한 물음표

인간은 우주 안에서 가장 시끄럽고 별난 물음표다. 인간들은 우주와 우주 내에서 자신들의 위치에 대해 또 우주 너머에 무엇이 있는지에 대해 끊임없이 스스로에게 질문한다. 위대한 유대인 철학자인 아브라함 헤셀(Abraham Heschel)은 이렇게 기록했다. "성경은 인간의 신학이 아니라 하나님의 인간학이다."[36]

이 통찰력은 심히 성경적인데 왜냐하면 시편기자가 세상과 관련된 인간의 위상에 대해서 저술했을 때 시편기자는 하나님께 인간에 대해서 질문했기 때문이다.

> 주의 손가락으로 만드신 주의 하늘과 주께서 베풀어 두신 달과
> 별들을 내가 보오니
> 사람이 무엇이기에 주께서 그를 생각하시며
> 인자가 무엇이기에 주께서 그를 돌보시나이까?(시 8:3-4).

대답은 하나님은 죽을 운명의 인간들을 "천사들보다 조금 더 낮게" 만드셨고 "그들에게 영광과 존귀로 관을 씌우셨다"는 것이다(시 8:5). 그렇기 때문에 인간들은 나머지 창조세계에 그들의 기량을 펼쳐 "하나님이 손으로 만드신 작품들을 통치하는 자들"이다(시 8:7-8). 이는 시편 8

---

36 Abraham Heschel, *God in Search of Man: A Philosophy of Judaism* (New York: Farrar, Straus & Giroux, 1976), 412.

편 초반의 구절들과 더불어 시편기자로 하여금 이렇게 감탄케 한다.

> 여호와 우리 주여 주의 이름이 온 땅에 어찌 그리 아름다운지요!
> (시 8:9).

하나님 자신의 위엄이 이러한 존재들 안에서 어떻게든 반영되어 있는데, 하나님은 인간들을 늘 염두에 두고 계시며 주의깊게 바라보고 있기 때문이다.

시편기자의 말들은 남자들과 여자들이 하나님을 알게 되고, 인간들로 이 세상을 채우고, 하나님의 좋은 세상을 통치하고 개발하기 위한 목적을 위해서 하나님이 설계하셔서 창조되었다고 창세기를 통해 우리에게 전달된 서술을 반영한다(창 1-2장). 기독교 세계관은 인간을 하나님의 형상과 하나님의 모양을 따라 창조된 것으로 여기며(창 1:26; 9:6), 인간을 시간, 물질과 자연법칙으로 생성된 목적 없는 부산물로 환원시키는 것을 거부한다. 하나님의 형상을 지닌 자들로서 인간들은 하나님 휘하에서 그리고 모든 창조물 속에서 피조된 본성과 궁극의 목적(혹은 목적)을 갖는다.

이 인간의 본성은 나머지 세상과 완벽한 조화를 이루며 하나님의 전지하신 디자인에 의해서 그렇게 조화되도록 의도된 것이다. 그렇기 때문에 버트란드 러셀(Bertrand Russell)의 인상적인 표현처럼 인간은 "원자들의 우연한 배열"[37]의 결과는 아니다. 반면에 인간들은 원래의 초기 상태에서도 신이 아니었다. 하나님과 더불어 인간들은 인격의 속성을 공유하지만-행위주체성(agency), 지성(intelligence), 창의성(creativity), 합리성(rationality), 감성(emotion)과 관계성(relationality)-영원히 유한하고 제한적이고 의존적인 형태로 공유한다.

우주에서 그 어떤 것도 인간처럼 하나님을 닮은 것은 없지만, 그럼에

---

37 Bertrand Russell, "A Free Man's Worship," in *Why I Am Not a Christian*, ed. Paul Edwards (New York: Simon & Schuster, 1957), 107.

도 인간들은 우주의 작은 부분에 불과하며, 인간들은 시편 8편에서 논의된 하나님의 위엄에는 훨씬 못 미친다. 따라서 기독교 관점에서 보면, 우리는 우리 자신들을 진정한 우리 자신(what we truly are) 아래로 강등시키거나(절망) 우리의 진정한 신분 이상으로 승진시키는(교만) 이중적 유혹에 끊임없이 직면하게 된다. 대체로 인간은 모든 살아 있는 것들 중에서 유일무이하다.

창세기는 하나님이 단순한 흙먼지에 숨을 불어넣어 살아 있는 존재들을 창조하셨다고 전한다(창 2:7). 인간들은 통합된 존재들이긴 하지만 컴퓨터나 자동차처럼 단지 물질적인 부품들의 조립으로 환원될 수는 없다. 인간들은 체화된(embodied) 고도로 개발된 영혼들이다. 즉 인간들은 비물질적인 실체를 소유하는데, 이 실체는 인간들의 육체적인 영역들과 상호작용한다.[38] 수정주의자들과는 정반대로 이것은 공공연한 예수님의 가르침이었다.[39] 인류에 대한 기독교 비전은 물질적인 것을 희생하여 비물질적인 것을 승격시키지도 않고(관념론, 범신론, 영지주의에서처럼) 비물질적인 것을 희생하여 물질적인 것을 승격시키지도 않는다(물리주의에서처럼).

지구가 우리의 물리적인 주소일 수 있지만, 지구는 우리의 어머니가 아닌 우리의 자매이다.[40] 성경적인 인간학의 이 측면은 인간의 사람다움(personhood), 사후 세계, 영성 등을 우리가 이해하는 것에 있어서 심오한 함축을 가진다.[41]

하나님은 인간들을 왕족으로 왕관을 씌워주셨지만, 인간들은 왕좌의 평화로운 임기에서 축출되었고 다시 왕좌에 복귀되는 것을 늘 갈구

---

38 즉 인간들이 이 땅에 존재하는 동안 말이다. 성경은 사람들은 자신들의 물리적 육체들이 소멸된 후에 영혼 또는 영으로 계속해서 존재한다고 단언한다(고후 5:1-10). 그렇지만 인간들의 최후의 상태는 부활한 상태의 몸-영혼이 될 것이다(고전 15장).
39 Douglas Groothuis, *On Jesus* (Belmont, CA: Wadsworth, 2003), 40-42를 보라.
40 Chesterton, *Orthodoxy*, 119.
41 J. P. Moreland and Scott R. Ra, *Body and Soul* (Downers Grove, IL: InterVarsity Press, 2000). 나는 17장에서 마음-몸의 문제를 더 발전시킬 것이다.

하고 있다. 바로 이런 것이 유토피아, 자기 기만(self-deception)과 정신이상(insanity)을 향한 심리적 에너지이다. 인류 타락의 교리는 신약에서 더 철저하게 다뤄지지만, 전도서에 통렬하게 요약되어 있다.

> 내가 깨달은 것은 오직 이것이라 곧 하나님은 사람을 정직하게
> 지으셨으나 사람이 많은 꾀들을 낸 것이니라(전 7:29).

사도 바울은 "한 사람"을 통해서 죄가 세상에 들어왔고 따라서 모든 것은 혼란에 빠지게 되었지만 그럼에도 해결책이 없는 것은 아니라고 선포한다. 왜냐하면 "다른 사람"인 예수 그리스도를 통해서 올바르게 반응하는 사람들에게는 구원이 보장되었기 때문이다(롬 5:12-20; 8:19-23).[42] 하나님의 명령에 반항한 처음 부부의 결과로 인간들은 자신들의 반항에 대한 책임을 져야 했고 에덴동산에서 추방되는 하나님의 형벌을 받게 되었고 이제는 적대적이고 위험하고 치명적인 세상으로 쫓겨나게 되었다.

한때 인간들은 자연적으로 자신들, 타인들, 자연 그리고 하나님과 조화를 이루었다. 그렇지만 하나님께 대항한 도덕적 범죄를 통하여 인간들은 그토록 조화로운 합의에서 추방되었고 모든 인간에게 (죄없으신 예수 그리스도만 제외하고) 전달된 체질적 타락을 겪게 되었다. 역사적으로 이는 "원죄" 교리로 불려 왔다. 이제 모든 인류는 창세기 3장에 기록된 동일한 소외와 부조화 그리고 나머지 성경 전체에 명백하게 드러난 인간 상태를 경험한다. 인간상태는 전쟁과 평화, 영웅적 행동과 비겁함, 사랑과 음욕, 헌신과 배신, 사랑과 증오, 믿음과 불신 중 하나이다.[43]

---

42 바울은 죄를 초래한 "한 사람"과 구속을 가져온 "한 사람"(예수 그리스도) 사이의 대칭(symmetry)에 대해 기록한다. 그렇지만 바울은 여자와 남자가 뱀의 유혹에 굴복했을 때 여자와 남자 두 사람 모두 죄가 세상에 들어오는 것에 대해 책임이 있었던 것에 대해서 안다(창 3장). 바울은 타락에 있어서 하와의 죄에 대해서 고후 11:3과 딤전 2:13-15에서 이야기한다. 나중 본문은 여자가 더 큰 비난을 받아야 하는 것을 의미하는 것으로 종종 오역되어 왔다.

43 원죄에 대해서는 Bernard Ramm, *Offense to Reason: The Theology of Sin* (San Francisco:

창세기 서술의 역사성에 대한 질문들과 창세기 서술과 진화론적 이론들과의 관계는 13장까지 기다려야 한다.[44] 그렇지만 예수님 자신에 의해 발언된 진술문들을 포함하여 창세기 밖의 많은 성경적 본문들은 처음 인간들을 우리의 첫 부모님들로 여기는 역사성에 호소한다(마 19:4-5; 롬 5장).

우리가 인식하고 숙고해야 하는 점은 인간들은 지구에 있던 원래 그들의 집에서 소원해졌다는 것이다. 우리는 여기서 번영하도록 설계되었지만, 우리는 바로 우리 집 앞마당에서부터 엇나가 있는 것이다. 전혀 다른 속성이 섞여있는 우리의 현재 상태를 감안하면, 우리는 별들이 있는 위를 향해 안간힘을 써서 우리를 끌어올려 보지만, 결국 우리는 땅이 있는 아래쪽으로 끌어내려진다.

우리야말로 하나님께 의식적으로 찬양으로 화답할 수 있고 또 우리의 창조자를 저주할 수도 있는 이 우주의 유일한 부분이다. 기독교는 에덴동산 동편의 인간들은 소망과 치유로부터 쫓겨난 것이 아니라고 외친다. 우리는 여전히 주의깊고 자상한 하늘 아래 놓여 있다. 우리의 기원이 고귀하기 때문에 우리의 마지막은 영광스러울 것이다. 허나 구속은 반드시 왕족의 폐허 속에 있는 자아 너머로부터 기원해야 한다. 구속은 위에 계신 하나님으로부터 반드시 유래해야만 한다. 그렇다면 하나님이 우리에게 제공하신 이 구원은 무엇인가?

Harper & Row, 1985); Harry Lee Poe, *See No Evil: The Existence of Sin in an Age of Relativism* (Grand Rapids: Kregel, 2004)을 참고하라. 우리는 18장에서 이 문제를 또 다루게 될 것이다.

44 어떤 기독교인들은 타락의 교리가 어떻게 해서든 다원주의와 양립 가능한 것으로 입장을 고수해 왔다. 다른 사람들(나를 포함한)은 성경 본문들에 비추어 보아서 그리고 다원주의에 고유한 증거적, 논리적인 문제들 때문에 이 조화를 거부한다.

8. 구원: 하나님으로부터 우리를 위하여

창세기부터 계시록까지 성경은 인간 피조물들을 추적하시는 하나님을 기록한다. 창조와 타락 후에 삼위일체 창조주는 인간의 죄성을 위해 대책을 마련하셨고 바벨탑과 홍수의 심판을 통하여 인간들이 자신들의 반항에 대해 책임을 지게 하셨다. 하나님은 후에 아브라함을 부르셨는데 그가 하나님의 인도를 따르고 하나님 당신이 직접 선택하신 사람들을 위대한 백성들로 세우기 위해서였다. 하나님은 이 백성들을 이집트의 속박에서 풀려나게 하셨고 그들을 약속의 땅에 두셨다. 하나님은 이들이 구별된 백성이 되도록 이들과 하나님의 언약을 맺어서 십계명에 요약된 것처럼 하나님의 뜻을 계시하셨다.

이 백성들의 망각과 강퍅함에도 불구하고 하나님은 방치된 진리를 선포하고 하나님의 백성들을 그들의 창조주와 구세주께 다시 돌이키기 위해 반복적으로 선지자들을 보내셨다. 더 나아가 선지자들은 이스라엘을 구출하실 뿐만 아니라 이 세상 끝까지 구원을 가져오시고 도래하실 메시아에 대해 이야기했다. 그리고 이 메시아는 단지 다른 선지자로서가 아닌 성육신하신 하나님으로 오셨다.[45]

나사렛 예수는 표적과 기사, 비할 데 없는 그의 가르침, 완전무결한 그의 성품, 로마 십자가에서의 유혈의 죽음, 마지막으로 영화롭게 된 육체를 입고 죽은 자 가운데서 그가 다시 살아나신 것을 통하여 스스로의 자격을 공적으로 인증했다. 부활하신 그리스도는 모든 민족 가운데 반드시 전파되어야 하는 새로운 삶의 방식을 그리스도의 추종자들에게 고취시켰다. 그렇게 한 이유는 인류를 하나님과 화해시키고 세대말이 되었을 때 그리스도의 재림을 고대하는 믿음, 소망과 사랑의 새로운 공동체를 창조하기 위해서 그리고 하나님이 예수 그리스도 안에서 단호하게 행하셨다는 것을 그리스도의 추종자들이 알게 되도록 하기 위해서였다.

---

[45] 그리스도가 신이고 동시에 인간인 것의 논리적 정합성에 대해서는 21장에서 논의할 것이다.

하나님이 세상에서 하시는 일들에 대한 이 간략하고 불충분한 서술은 하나님은 역사 속에서 참여하시는, 행동하는 하나님이라는 사실을 보여준다. 그렇다면 역사는 목적이 있다. 그 목적은 심판과 회복이라고 하는 하나님의 드라마를 보여주는 극장이다. 역사는 선형적이며 (순환적이거나 비사실적인 것과는 정반대로) 하나님의 섭리에 따라 인도되지만, 피조물로서의 인간들의 행위주체성을 저해하지 않는 방식으로 인도되기 때문에 인간들은 하나님과 하나님의 방식에 순순히 순복하거나 하나님과 하나님의 방식에 대적해서 반항할 수 있다.[46] C. S. 루이스의 소설인 『위대한 이혼』(*The Great Divorce*)의 등장인물이 표현하듯이 "결국에는 두 부류의 사람들만 남게 된다. 한 부류는 하나님께 '당신의 뜻이 이루어지기 원합니다'라고 말하는 사람들이고 또 다른 부류는 하나님이 그들에게 '당신의 뜻이 이루어지기 원합니다'라고 말씀하시는 부류이다."[47]

9. 도덕성의 근원

기독교 개념에 의하면 윤리학은 도덕적 지식을 전달해 주기 위해서 그분의 창조세계와 자유롭게 상호작용하실 수 있는 인격적이고 도덕적인 하나님의 실재에 견고하게 뿌리를 내리고 있다. 하나님은 그의 형상을 지닌 사람들 안에 죄 때문에 훼손되지 않고 도덕적 모니터 역할을 하는 양심을 의도적으로 넣어 두셨다(롬 2:14-15). 하나님의 성품은 영원히 선하시고 따라서 그분의 명령은 거룩하고 의롭다. 더욱이 하나님의 명령(양심과 성경에 의해 알려진)은 우주와 인간 사람들의 본성이 갖는 윤곽(contours)과 일치한다. 하나님의 도덕적 원칙들은 도덕적으로 중립적인 창조세계에 인공적으로 혹은 임의로 부과된 것도 아니며 수정이 필요한 본질적인 도덕적 원칙들도 아니다. 하나님은 선하시며 의로우시기

---

[46] 섭리와 인간 행위주체성의 관계는 25장에서 더 심도 있게 다뤄질 것이다.
[47] C. S. Lewis, *The Great Divorce* (1946; reprint, New York: Macmillan, 1976), 72.

때문에 기독교 윤리학은 사랑과 정의를 동등하게 강조한다.

우리의 첫 번째 의무는 우리의 모든 존재를 다해 하나님을 사랑하는 것이고, 그 다음에 우리 자신들처럼 타인을 사랑하는 것이다. 깨어진 세상에서 기독교인들은 자기 스스로의 힘이 아닌 하나님이 공급해 주시는 은혜와 권능으로 평화, 정의와 화해를 위해 일하도록 부르심 받았다. 예수님은 기독교인들의 최고의 본보기인데 왜냐하면 예수님은 속죄와 용서를 통해서 영적인 구원을 제공했을 뿐만 아니라 아픈 자들을 고치셨고, 굶주린 자들을 먹이셨고, 소외된 자들을 사랑하고 가르치셨고, 부패한 권력을 향해 진리를 말씀하셨기 때문이다. 성경 전체를 통하여 하나님은 힘없는 자들—가장 낮은 자들, 가장 보잘것 없는 자들과 잃어버린 영혼들—즉 냉담하고 교만한 자들에 의해 소외되고 억압받아 온 자들을 향한 깊은 관심을 표현하신다.

야고보는 이런 사람들과 상황들에 대한 기독교 신자의 반응에 기초해서 진정한 종교를 정의하기도 한다.

> 하나님 아버지 앞에서 정결하고 더러움이 없는 경건은 곧 고아와 과부를 그 환난중에 돌보고 또 자기를 지켜 세속에 물들지 아니하는 그것이니라(약 1:27).

창조주, 입법자, 구세주와 재판관을 따르는 것은 수직적인 차원에서 예배하는 것만을 수반할 뿐만 아니라 하나님의 관찰 아래 수평적인 차원에서 도덕적 행위를 하는 것도 수반한다. 미가 선지자가 선포한 것처럼 말이다.

> 사람아 주께서 선한 것이 무엇임을 네게 보이셨나니 여호와께서 네게 구하시는 것은 오직 정의를 행하며 인자를 사랑하며 겸손하게 네 하나님과 함께 행하는 것이 아니냐(미 6:8).

10. 역사와 사후 세계

하나님의 왕국은 그리스도에 집중되어 있고 그리스도를 통하여 사후 세계가 가장 명백하게 제시되었기 때문에 역사와 사후 세계에 대한 기독교 세계관에 대한 예수님의 가르침에 집중하는 것은 적절하다. 예수님은 하나님을 이 세상의 창조주일 뿐만 아니라 역사의 주권자로 이야기한다. 예수님은 유대인들의 역사에서 하나님이 직접 진두지휘하셨던 사건들은 도덕적이고 영적인 진리들을 예시하는 사건들로 자주 언급한다. 예수님은 자신의 가르침, 설교와 사역에 드러났던 것처럼 하나님의 나라에 새로운 장의 도래를 알린다.

예수님에게 있어서 하나님의 나라는 구속과 심판 두 가지 모두를 성취하시기 위해 역사상 하나님이 직접 개입하신 것을 가리킨다. 하나님의 나라는 정해진 장소나 한 그룹의 사람들이 모인 것이라기보다는 오히려 하나님의 권위와 지배권을 언급한다. 하나님의 나라는 현재와 미래의 두 영역을 모두 소유한다. 예수님의 인격과 행위 안에서 하나님의 나라는 새로운 권능으로 분출하게 되지만 아직 훨씬 더 많은 것이 일어나야 한다.

첫째, 예수님은 새롭고 사상초유의 방식으로 하나님 나라의 도래를 자신 스스로의 정체성과 사명에 연결시킨다. F. F. 브루스(F. F. Bruce)는 이렇게 말한다.

> 오리겐의 위대한 표현에서 예수님은 스스로가 곧 하나님의 나라(아우토바실레이아[*autobasileia*])이셨다. 아버지에게 "내 뜻이 아닌 당신의 뜻이 이루어지기 원합니다"라고 말씀하시고 또한 그러한 정신으로 십자가를 받아들이신 분 안에서 하나님 나라의 원칙들은 가장 온전하게 구체화되었기 때문이다.[48]

---

48 F. F. Bruce, *New Testament History* (Garden City, N.Y.: Doubleday, 1972), 173.

예수님은 하나님의 나라가 이미 임한 것의 증거로 영적인 영역 위에 그의 권위를 가지심을 주장한다(마 12:28). 예수님은 그의 제자들에게 "천국의 비밀을 아는 것이 너희에게는 허락되었으나"(마 13:11)라고 말씀하신 후 "그러나 너희 눈은 봄으로, 너희 귀는 들음으로 복이 있도다 내가 진실로 너희에게 이르노니 많은 선지자와 의인이 너희가 보는 것들을 보고자 하여도 보지 못하였고 너희가 듣는 것들을 듣고자 하여도 듣지 못하였느니라"(마 13:16-17)라고 말씀하신다.

둘째, 하나님의 나라는 유대민족에게만 제한된 것이 아니라 이방인에게도 미칠 만큼 광범위하게 제시되었다(눅 13:29-30). 사실 많은 유대인들은 예수님 안에서 하나님의 나라가 도래하는 것을 인식하는 것에 실패하게 될 것이고 그렇기 때문에 하나님 나라의 혜택들을 박탈당하게 될 것이다(눅 14:15-24). 유대인들 너머에 있는 하나님의 우주적인 목적들에 대한 이 주장은 예수님 청중들 중 많은 이들을 아연실색하게 했다.

셋째, 예수님은, 하나님 나라와 역사의 흐름이 계속 진행 중이고 영속적인 예수님 스스로의 권위와 밀접하게 연결된 것으로 간주한다. 자신의 부활 후에 예수님은 그의 제자들에게 자신이 모든 가능한 권위를 소유한다는 것과 제자들이 모든 민족을 제자로 삼아 삼위일체 하나님의 이름으로 개종자들에게 세례를 베풀고 자신이 제자들에 가르친 것을 모든 민족들에게 가르쳐야 한다는 것을 공표한다(마 28:18-20). 예수님은 그의 제자들에게 그들이 성령을 통하여 권능을 받게 되어 "예루살렘과 온 유대와 사마리아와 땅끝까지 이르러"(행 1:8) 예수님의 증인들이 될 것에 대해서도 말씀하신다.

또한 예수님은 축복 속에서 하나님과 더불어 혹은 후회, 상실과 박탈의 상태에서 하나님의 축복 밖에서의 사후 존재에 대해서도 말씀하신다. 예수님은 예수님 옆에서 십자가에 매달려 있던 죄수에게 그가 바로 그날 낙원에서 예수님과 함께 있게 될 것이라고 알린다(눅 23:43). 나사로와 부자의 비유에서 예수님은 "죽어서 천사들이 아브라함의 품으로 데려간" 거지 나사로를 죽어서 "지옥에서 고통을 당하고 있었던" 포학한 부자와 대조한다(눅 16:19-23). 또한 예수님은 사람들이 예수님과 그들의 이웃을 어떻게 대했는지를 근거로 해서 염소와 양을 영원히 가려내실 때가 옴을 경고하신다(마 25:31-46). 예수님은 이런 취지 때문에 암묵적으로 구약성경 안에 있는 일련의 구절들을 발판으로 삼는다(단 12:2). 그러나 예수님은 자신을 영원한 심판의 핵심적인 행위주체로 만든다.

한 개인은 죽음에서 비체화된 중간상태(disembodied intermediate state)-하나님의 임재 속 혹은 임재 밖에 있는 것-가 된다는 것과 이 상태는 미래의 어느 한 시점에서 최후 심판을 위해 예수님이 이 땅에 몸소 재림하심으로 이어질 것임을 예수님은 가르친다. 이 일 후에 육체의 영원한 부활이 일어날 것이다(요 5:28-29). 예수님은 그때에 최후 심판을 내릴 권위를 가진다는 것을 주장한다(마 7:21-23).

11. 핵심 요약: 시금석이 되는 표준 명제

윌리엄 할버슨(William Halverson)은 모든 세계관의 중심에는 시금석이 되는 "표준 명제"(touchstone proposition)가 존재하는데 이는 "실재에 대한 근본적인 진리로, 다른 명제들이 믿음(belief)을 위한 후보가 될 수 있는지의 여부를 결정하는 기준으로 기능한다."[49] 만일 아무 명제가 표준 명제와는 논리적으로 일관되지 않는 것으로 여겨진다면 그 명제는 반드시 거부되어야 한다.[50] 문제를 지나치게 단순화하는 위험을 무릅쓰고, 나는 기독교 유신론에 대한 표준 명제는 다음과 같은 것이라고 제안해 본다.

> 우주(원래는 좋았지만 지금은 타락하여 하나님의 심판과 회복을 기다리고 있음)는 삼위일체 하나님에 의해 창조되었고 지탱되며, 삼위일체 하나님은 자연, 인류, 양심, 성경 속에서 그리고 성육신을

---

49 William Halverson, *A Concise Introduction to Philosophy*, 3rd ed. (New York: Random House, 1976), 384.
50 Ibid.

통해서 최고의 절정을 이루며 그분을 계시하셨는데, 그렇게 하신 이유는 하나님이 만물 안에서 영광을 받으시기 위해서이다.[51]

12. 기독교 존재: 진리 안에서 사는 것

기독교는 어떤 세계관을 고수하거나 변증학을 통해서 세계관을 이성적으로 지지하는 것보다 훨씬 더 많은 것을 의미하는데, 비록 이런 것들이 기독교 증언을 위해서 필수적인 것들이라고 하더라도 말이다. 기독교 세계관은 그것의 객관적이고 설득력 있는 진리 때문에 독특한 기독교 생활 양식을 고취시킨다. 변증가가 기독교의 진리, 합리성과 타당성을 변증할 때 그/그녀는 그리스도 중심적이고, 성령으로 인도함 받고, 성경을 존귀히 여기는 존재의 방식도 변호하는 것이다.

기독교 세계관은 사람들이 그리스도를 따르고, 자신들을 자유케 하는 진리를 인식하고 순종하도록 초대한다.

> 그러므로 예수께서 자기를 믿은 유대인들에게 이르시되 너희가
> 내 말에 거하면 참으로 내 제자가 되고 진리를 알지니 진리가
> 너희를 자유롭게 하리라(요 8:31-32).

이 새 생명은 세상, 육체와 마귀와 같은 거짓된 주인들로부터 벗어나도록 자유를 부여한다. 그것은 무의미함에서 벗어나도록 자유함을 제공하는 새 생명인데 왜냐하면 우리가 우리 가운데 하나님의 나라가 분명하게 드러나도록 우리가 구할 때(마 6:33) 모든 것은 하나님의 영원한 영광을 위해서 이루어져야 하기 때문이다(전 12:13-14; 고전 10:31; 골 3:17). 기독교인의 삶은 자기 기만에서 벗어나도록 자유함이 주어지는데 왜

---

51 나는 Ronald Nash, *Faith and Reason* (Grand Rapids: Zondervan, 1988), 47에서 제시된 "표준 명제"를 발전시켰다.

냐하면 그리스도 안에서 우리는 우리의 가장 흉악한 죄들을 대면할 수 있고, 그 죄들을 회개할 수 있으며, 그리스도가 십자가 상에서 마치신 사역으로 인하여 우리가 용서받았고 하나님 나라에서 섬기도록 권능을 부여받았다는 것을 우리가 알기 때문이다(요일 1:8-10). 기독교 신자는 자아의 독재에서 벗어나도록 자유함을 부여받게 되는데 왜냐하면 우리는 성령의 능력을 통해서 우리의 이웃들과 우리의 원수들까지도 사랑함으로 우리 자신을 부인하고 우리의 십자가를 지고 예수 그리스도를 따르라는 명령을 받았기 때문이다(마 5:43-48; 눅 9:23-24).

기독교인의 삶은 자기 의존에서 자유함을 분명히 보이는데 왜냐하면 우리는 우리가 하는 모든 것에 대해 반드시 순간순간 하나님께 의뢰하면서 살아야 하기 때문이다(요 15장). 기독교인은 우리를 죽음과 비존재(nonbeing)의 두려움에서 자유케 해 주는 새 생명을 받았다. 그리스도께서 죽은 자 가운데서 불멸의 존재로 다시 살아나셨기에 기독교인들은 자신들도 종국에는 죽음을 이기게 될 것이라는 강력한 소망(지식에 근거한)을 갖는다(히 2:14-16).

이 새롭고 자유로운 생명은 영적인 모험의 삶인데, 그것이 화려하거나 스릴을 추구(thrill-seeking)해서가 아니라 각각의 기독교인은 하나님의 영원한 나라에서 감당해야 하는 독특한 역할을 지닌 유일무이한 인격체이기 때문이다. 각 기독교인은 보물, 시간과 재능이라는 선물들을 부여받았고 또한 어떤 대가를 치뤄서라도, 가능할 때면 언제든지 또 어디서든지 진리와 사랑을 드러내라고 하는 소명을 그/그녀의 삶에 받았다.[52]

마지막으로 그리고 가장 중요한 것으로는 그리스도 안에서의 새 생명은 우리가 하나님을 거침없이 사랑하고 삼위일체 하나님의 그 존재 자체를 기뻐하도록 자유롭게 풀어준다. 하나님을 이렇게 향유하는 것에 비추어 보았을 때, 어떤 희생도 너무 과할 수 없으며 어떤 인간의 성취도 하나님을 향유하는 것에 비교될 수 없다. 그리고 이 기쁨에는 "여호

---

52 소명의 교리에 대해서는 Os Guinness, *The Call* (Nashville: Thomas Nelson, 1998); John Piper, *Don't Waste Your Life* (Wheaton, IL: Crossway, 2003)를 보라.

와로 인하여 기뻐하는 것이 너희의 힘이니라"라는 결과가 꼭 동반된다 (느 8:10; 또한 시 90:14-15도 참고하라).[53]

그 중심에서부터 하나님을 존귀하게 하는 변증을 펼치는 세계관은 그것이 어떤 것이든지 간에 기독교 세계관의 풍요로움과 독특성을 정확하게 이해하는 것이 필수적이다. 기독교는 개념들의 정합적인 시스템일 뿐만 아니라 우주, 우주의 창조자 그리고 신적인 드라마 속에서 우리의 위치에 대한 진실된 이야기다. 그럼에도 불구하고 복음이라는 기독교 메시지는 희화화(caricature)되고 왜곡되어 자주 부정적으로 비추어져 왔다. 이제 우리는 이 문제를 살펴보도록 하겠다.

---

53 우리의 최고의 선이며 가장 큰 장점으로서 하나님을 즐거워하는 주제에 대해 통찰력 깊게 자세히 설명한 내용으로는 John Piper, *God Is the Gospel* (Wheaton, IL: Crossway, 2005)이 있다. 기독교인의 기쁨이 아득한 곳에 있을 때 도움이 되는 내용으로는 John Piper, *When I Don't Desire God* (Wheaton, IL: Crossway, 2004)을 보라.

5장

기독교 세계관의 왜곡

내가 믿는 하나님은 그런 하나님이 아니다

    우리는 선하시고 전능하신 하나님의 섭리 아래 놓여 있는 의미심장한 세상에서 살고 있다. 이 하나님은 우리가 그분의 대의명분에 가담할 수 있는 기회를 우리에게 주셨는데 예수 그리스도의 비길 데 없는 업적 때문에 하나님의 대의명분의 승리는 보장되어 있다. 우리의 아픔과 고통에도 불구하고, 우리의 운명은 회복된 세상에서 하나님의 선하심을 공유하는 모든 사람들과 영원히 함께 사는 것이다.

    4장에서 설명된 기독교 세계관의 개요는 기독교 신자가 아닌 많은 사람들에게도 매력적으로 보여질 수 있다. 어떤 이들은 기독교 세계관이 진리이기를 바라다가도 반지성주의(anti-intellectualism), 반과학적 입장(antiscience stance), 인종주의(racism), 성차별(sexism), 동성애 혐오(homophobia), 제국주의(imperialism), 생태계 방치(ecological disregard)와 사후 세계(afterlife)의 고리타분한 개념처럼 한 가지 혹은 한 가지 이상의 기독교 고유의 결함 때문에 기독교는 변명의 여지가 없다는 반복된 비난들로 당황하게 된다.[1]

---

1 기독교 세계관에 대한 다른 반대의견들은 이 책의 후반부에서 다루게 될 것이다. 기독교가 구원에 대해 너무 편협한 견해를 갖기 때문에 기독교는 진리일 수 없다고 하는 매우 의미심장한 반대의견도 23장에서 다루게 될 것이다.

이러한 별칭들은 기독교에 반대하여 자주 그리고 큰 소리로 퍼부어진다. 그 결과 기독교는 때로 너무나도 미심쩍은 종교로 간주되어 더 이상 연구해 볼 가치도 없는 것으로 여겨진다.[2] 이 장에서 나는 기독교 세계관에 대한 이러한 반대의견들 각각에 간략하게 대응해 보고자 한다.

1. 반지성주의: 지적인 자살로 간주되는 기독교

어떤 이들은 기독교에 기회를 주려하지 않는데 왜냐하면 그들은 기독교를 반지성적(anti-intellectual)이라고 간주하기 때문이다. 즉 기독교는 비판적인 지성보다는 무지와 쉽게 믿는 것(credulity)을 훨씬 더 가치있게 여긴다는 것이다.

앰브로즈 비어스(Ambrose Bierce)는 자신의 풍자적인 책 『악마의 사전』 (The Devil's Dictionary, 1911)에서 믿음(faith)을 "누군가가 대응하는 유사물(parallel)이 없는 것들에 대해 (올바른) 지식없이 얘기할 때, 증거가 없어도 단순한 믿음(belief)을 갖는 것"으로 정의했다.

어떻게 한 개인이 종교를 떠나는지에 대해 저술하면서 말린 위넬(Marlene Winell)은 자신의 "종교회복 지원그룹"에서 알게 된 샌디라고 하는 젊은 청년에 대해 이야기하는데 샌디는 대학 재학시 반지성주의적인 목사와의 만남으로 인해 그의 믿음을 잃게 되었다.

이 청년은 그가 대학재학시 노출되었던 환경으로 인해 의심을 품게 되었다. 이러한 질문들을 정면으로 언급하는 것 대신에, 그 반지성주의적인 목사는 대화의 주제를 계속 바꾸었다. 어느날 이 청년이 집요하게 묻자 그 목사는 "샌디, 이제 사실대로 얘기해야 겠네. 그건 죄라네"라고 대답했다. 그 청년은 "사고하는 것을 죄로 만든 종교"[3]를 따르는 것은 원

---

2 개연성(Plausibility)과 신뢰성(credibility)이 동일시 되어서는 안 된다. 이 구분은 3장에서 토의되었다.

3 Marlene Winell, *Leaving the Fold: A Guide for Former Fundamentalists and Others Leaving*

치 않았기 때문에 그 교회와 기독교를 떠났다.

그 누구도 비판적으로 사고하는 것을 무효화하는 종교를 따르려고 해서는 안 된다. 반지성주의는 기독교교회 안에서뿐만 아니라 미국 문화의 많은 부분을 단단히 장악하고 있다.[4] 미국 기독교의 어떤 면들에서 이런 비이성적인 믿음이 보여지는 것에는 상당히 많은 이유들이 있으며 여기서 우리가 다룰 내용은 아니다. 허나 그 이유들 중에서 성경 자체에서나 혹은 기독교 전통 중 가장 훌륭하며 가장 진실된 요인들에서 유래된 것은 하나도 없다는 것만은 밝혀 두겠다.[5]

어떤 이들은 믿음과 이성을 대항시키는 반면, 성경은 어둠 속에 뛰어드는 것 같은 맹목적인 믿음을 승인하지 않고 오히려 다양한 합리적인 수단을 통해 얻게 된 하나님을 아는 지식(knowledge of God)에 대해 말한다. 믿음의 **도약**(leap)대신, 성경은 잘 알고 있는(well-informed) 의지적인 믿음의 **단계**(step)를 추천한다.[6]

예수님은 가장 큰 계명은 지성을 포함한 개인적인 존재의 모든 것을 다하여 하나님을 사랑하는 것이라고 말했다(마 22:37). 예수님 자신의 사역은 예수님으로 하여금 당시의 최고 사고가들과 지적인 논쟁을 하게끔 했고 그 어떤 사고가도 논쟁으로는 예수님을 당해낼 수 없었다. 우리는

 Their Religions (Oakland, CA: New Harbinger, 1993), 80.
4 Richard Hoffstadter, *Anti-Intellectualism in American Life* (New York: Vintage, 1963).
5 미국 기독교 내의 반지성주의에 대해서는 Os Guinness, *Fit Bodies, Fat Minds* (Grand Rapids: Baker, 1994); Mark Noll, *The Scandal of the Evangelical Mind* (Grand Rapids: Eerdmans, 1994); Charles Malik, *The Two Tasks* (Wheaton, IL.: Billy Graham Center, 2000); J. P. Moreland, *Love Your God with All Your Mind* (Colorado Springs: NavPress, 1997); John Piper, *Think: The Life of the Mind and the Love of God* (Wheaton, IL.: Crossway, 2010)을 보라.
6 단순한 믿음들에 대해서 그리고 구원을 위해 요구되는 마음가짐에 대해서 Francis A. Schaeffer, *The God Who Is There*, 30th anniv. ed. (Downers Grove, IL: InterVarsity Press, 1998), 163-167과 이 책의 2, 20, 23장을 보라.

예수님이 귀류법(reductio ad absurdum)[7], 강이유 논증(a fortiori)[8], 전건긍정 (modus ponens)[9]과 증거에 호소하는 것과 같은 다양한 논증적 전략을 사용하는 것을 발견한다.[10] 더 나아가 예수님은 제대로 개발된 유신론적 세계관에서 출발하여 논증했다.[11] 사도 바울은 아레오바고에서 철학자들과 추론했고(행 17:16-31), 사도 베드로는 그의 독자들을 도전하여 그리스도 안에 있는 그들의 소망에 대해 "답을 하도록" 권면했다(벧전 3:15-16).

바울이 고린도전서 1-2장에서 하나님의 지혜가 믿지 않는 자들에게는 미련한 것이라고 언급할 때, 이는 지성 자체를 비하하는 것이 아니다. 바울은 구원에 이르게 하는 그리스도를 아는 지식에 이르기 위해서는 신적 계시를 통한 하나님의 주도하심이 요구된다는 것과 인간의 교만과 오만은 이 필연성에 겸손히 순복하는 것을 비이성적인 것으로 여긴다는 것을 오히려 강조하고 있는 것이다. 하나님의 계시가 비이성적인 것은 아니지만, 그럼에도 도움받지 않은 인간의 지성은 자기 스스로의 힘으로는 계시를 만들어 낼 수 없을 것이다.

유사하게 바울은 "공허하고 기만적인 철학"에 사로잡히지 말라고 그

---

7 연역적 논법으로 문자 그대로 부당함, 불합리함 혹은 터무니없음으로 환원시키기이다(reduction to absurdity). 즉 P라는 주장을 성립시키기 위해 P의 반대주장을 가정하는 것은 부당함(모순이나 터무니없는 결과)에 이르게 된다는 것을 보여주어 결국 P를 받아들이게 하는 것이다-역주.

8 다음과 같은 논리적 구조를 통하여 간결하고 설득력 있게 논증하는 방식이다. 1. 진리 A가 받아들여진다. 2. (A와 적절하게 비슷한) B의 진리를 뒷받침하는 것은 A의 진리를 뒷받침하는 것보다 훨씬 더 강하다. 3. 그러므로 A의 진리가 받아들여져야 한다면 B의 진리도 받아들여져야 한다(Douglas Groothuis, 『철학자 예수』[On jesus] 이경직 역[서울: 연암사, 2013 刊]에서 발췌함-역주).

9 전건긍정 형식의 논증은 타당한 연역적 형태를 가장 간략하게 표현하는 방식으로 두 개의 진술문을 상징하는 P와 Q를 사용한다. 1. 만일 진술 P라면 진술 Q이다. 2. 진술 P이다. 3. 그러므로 진술 Q이다. 간략하게 "만일 P라면 Q이다. P이다. 그러므로 Q이다"로 표현된다.

10 이 주제에 대해 더 읽기 원하면 Douglas Groothuis, "Jesus' Use of Argument," in *On Jesus* (Belmont, Calif.: Wadsworth, 2003); and James W. Sire, "Jesus the Reasoner," in *Habits of the Mind* (Downers Grove, Ill.: InterVarsity Press, 2000).

11 Groothius, *On Jesus*, 4-7장을 보라.

의 독자들을 경고하는데, 공허하고 기만적인 철학은 하나님의 계시에서 단절된 인간적인 것에 지나지 않는 것이다(골 2:8). 이것은 모든 철학을 정죄하는 것이 아니라 거짓 철학에 대해서만 그런 것이다.[12] 바울 자신은 사도행전에 등장하는 그의 많은 지적인 만남들을 통틀어서 그리고 그의 많은 신약 서신들 속에서 신중하게 논증한다. 우리가 성령으로 충만하게 된다고 해서 우리의 지성을 상실하게 되는 것은 아니다.[13]

얼마 전만 해도 기독교 변증학은 깊게 뿌리박힌 불신의 철학들에 대항하여 힘든 싸움을 마주했다. 자연신학은 흄과 칸트가 휘두른 칼에 맞아 이미 오래전에 사장된 것으로 여겨졌다. 하나님의 존재를 위한 논증들은 기껏해야 계몽되지 않은 지성인들의 실수를 드러내는 박물관의 소장품들에 지나지 않았다. 고등 비평가들은 복음서들을 산발적인 사실들, 특이한 신학화(idiosyncratic theologizing)와 존재론적으로 흥미진진한 신화들의 조야한 모음으로 환원시켰다.

철학가들과 변증가들이 종교적인 언어의 **명료도**(intelligibility)를 변호한 것은 잘한 일이었다(논리적 실증주의자들로부터 제기된 불합리를 고려했을 때). 종교적 언어의 합리성이나 진리는 차치하고서라도 말이다. 복음주의 변증학은—조금이라도 실현되었을 때는—전형적으로 학문의 전당(academy) 밖에서 실행되었고 종종 지적인 힘이 부족했다(그러나 J. Gresham Machen, Gordon Clark, Bernard Ramm, Edward John Carnell, Carl Henry 같은 20세기 복음주의 거장들은 이에 해당되지 않는다).[14]

그러나 종교철학에 가해졌던 지각변동적인 충격들은 지난 30년간 불신 속에 있던 지적인 세계에 균열을 만들고 건물들이 무너지게 하여 지

---

12 이런 구절들에 대해 더 알기 원한다면 Moreland, *Love Your God*, 58-59; Piper, *Think*, 10-11장을 참고하라.
13 기독교 신자가 믿는다고 하는 것의 본질과 믿음과 이성의 관계에 대해서는 7장에서 더 토의하게 될 것이다.
14 이 중요한 사고가들에 대한 에세이들은 Walter A. Elwell, *Handbook of Evangelical Theologians* (Grand Rapids: Baker, 1993)에서 참고하라. 이 신학자들의 다수는 철학가들이기도 했다.

적인 세계를 재편성했다. 무신론 철학가인 쿠엔틴 스미스(Quentin Smith)는 회의적인 철학잡지 「필로」(Philo)에서 학문 분야에서 철학과는 1960년대부터 "탈세속화"되어 왔고 이는 주로 선구자적인 역할을 감당한 알빈 플랜팅가의 저술물들 덕분이다라고 기록했다.

지난 몇십 년간 기독교 철학에 있어 왔던 르네상스를 고려했을 때, 무신론적 철학가들은 그들의 자연주의가 정당화되었다고 더 이상 가정할 수 없다. 스미스는 "근래 대부분의 자연주의자들이 견지하는 견해들의 정당화(justification)는 현대 유신론적 논증들에 의해 패배했다"라고까지 인정한다.[15]

2008년에 복음주의 철학협회 학술지인 「필로소피아 크리스티」(Philosophia Christi)는 종교철학 학술지 중에서 가장 많은 구독자 층을 보유했으며 일류 기고가들이 위원단으로 구성되어 있는 것이 특징이다. 중요한 두 책인 『믿는 철학가들』(Philosophers Who Believe)과 『하나님과 철학가들』(God and the Philosophers)에서 많은 지도적인 철학가들은 어떻게 그들의 기독교 믿음들이 자신들의 철학적인 추구에 관한 정보를 제공했는지를 기록했다.[16]

그렇다면 우리는 기독교는 활기찬 지성의 삶을 격려해야 한다는 것과 오늘날 많은 철학가들은 기독교를 철학적으로 인정하고 변증하고 있다는 것을 발견하게 된다. 따라서 기독교가 지적인 자살을 요구한다는 (거짓된) 기초에 근거해서 기독교를 고려해 보는 것을 거부할 하등의 이유가 없다.

---

15 Quentin Smith, "The Meta-Philosophy of Naturalism," *Philo* 4, no. 2 (2001) ⟨www.philoonline.org/library/smith42.htm⟩.

16 Kelly James Clark, ed. *Philosophers Who Believe* (Downers Grove, IL: InterVarsity Press, 1994). Thomas Morris, ed., *God and the Philosophers* (New York: Oxford University Press, 1995).

2. 기독교와 과학 사이에 있다고 추정되는 전쟁

많은 사람들은 과학적 진보에 기독교가 적대적이라는 것에 근거하여 기독교에 반대한다. 마치 요새화(retrenchment)와 반계몽주의(종교)의 세력들이 이성, 실험과 계몽(과학)의 세력에 대항하여 이념적인 대포를 항상 퍼붓고 있었던 것처럼 추정상의 "과학과 종교 간의 전쟁"에 관해 많은 말들이 있어 왔다.[17] 이 희화화는 리처드 도킨스의 베스트셀러인 『만들어진 신』(The God Delusion, 2006)에서 생생하게 그려졌다. 이런 까닭에 기독교는 수구적(reactionary)이고 반과학적이다. 그러나 반면에 만일 기독교가 사실상 과학적 진보에 상당한 공헌을 했다면 이는 긍정적인 변증학적 가치가 될 것이다.[18]

기독교와 과학의 관계는 광범위하며 다면적이다. 우리는 이 문제에 대해서 두 가지 변증학적인 대답을 살펴볼 것이다.

첫 번째 대답은 역사적인 것으로 기독교가 과학적 발견과 어떤 관계가 있어 왔는가?이다. 두 번째 대답은 철학적이고 신학적인 것으로 기독교 세계관은 우주의 본성과 과학적 발견과 같은 문제들을 어떻게 다루고 있는가?이다.

역사적 기록은 과학을 반박하는 교회의 누그러지지 않는 적대감에 대한 것이어서 무지몽매한 신학적 주장들에 대해 과학이 늘 승리를 주장하는 것을 보여주지 않는다. 반대로 자연에 대한 기독교의 이해는 종종 과학적 연구에 영감을 주었다. 기독교 일신론과 서구 역사와의 관계에 대해 오랫동안 진행된 흥미진진한 연구 프로젝트에서 사회학자인 로드니 스탁(Rodney Stark)은 중세 기독교 세계관은 과학, 테크놀로지와 상업의 발달을 위한 지적인 자원들의 원천을 제공했다고 주장한다.

스탁은 과학적 혁명이 일구어낸 후기 업적들은 "세속적 사고가 분출"

17　Andrew D. White, *The Warfare of Science and Religion* (1895; reprint, New York: George Braziller, 1955).

18　3장의 "변증학적 방법"에서 인간 개선에 관한 변증학적 기준을 보라.

된 결과들이 아니라 "바로 12세기 있었던 유일무이한 기독교적 발명인 대학에 의해 유지되어 온 중세 스콜라 학자들에 의해서, 수 세기에 걸친 체계적인 발전이 절정을 이룬" 결과라는 것을 주장한다.[19] 이 발전은 자연은 이성적으로 인식 가능하며(knowable) 자연은 공공의 선과 하나님의 영광을 위해 탐구되고 사용되어야 한다는 기독교 믿음에 깊이 뿌리박혀 있었다.

과학은 17세기와 18세기에 기독교 서구에서 있었던 과학혁명에 이르러서야 그 전성기에 도달하게 되었는데, 물리학, 천문학, 수학과 다른 과학들에 새로운 발견들이 이루어졌을 때이다. 이것의 부분적인 이유는 교회가 고수해 왔던 아리스토텔레스 철학에 기초한 자연에 대한 몇몇 로마 가톨릭식 개념들을 거부했기 때문이다.

예를 들어, 프란시스 베이컨(Francis Bacon)과 블레이즈 파스칼(Blaise Pascal, 둘 다 기독교 신자임)은 아리스토텔레스 철학에 의해 강력하게 영향을 받은 자연에 대한 일련의 선험적인(a priori) 설명들을 거부했고 대신에 더 실험적이고/경험적인(experimental/empirical) 접근법을 선택했다. 베이컨은 과학에 대한 귀납적인 접근법을 개발시켰고(비록 그는 약간의 실험을 시도하였지만) 파스칼은 진공, 액체들의 행위 등에 대한 의미심장한 실험들을 실행했다.[20] 아이작 뉴튼(Isaac Newton), 요하네스 케플러(Johannes Kepler)와 갈릴레오(Galileo)처럼 혁신적인 다른 과학적 거장들은 창조세계에 대한 연구와 개발을 격려한 유신론적 세계관을 견지했다.[21]

---

19 Rodney Stark, *The Victory of Reason: How Christianity Led to Freedom, Capitalism, and Western Success* (New York: Random House, 2005), 12.
20 과학에 대한 Pascal의 철학에 대한 간략한 설명을 원하면 Douglas Groothuis, "Scientist and Philosopher of Science," in *On Pascal* (Belmont, CA: Wadsworth, 2003)에서 보라. Bacon과 Pascal은 과학혁명에서 핵심적인 역할을 감당했으나 과학에 대한 그들의 이해는 서로 달랐다. Bacon은 과학을 통한 인간의 진보에 대해 훨씬 더 낙관적이었고 Pascal은 그렇지 않았다. Douglas Groothuis, "Bacon and Pascal on Mastery Over Nature," *Research in Philosophy and Technology* 14 (1994): 191-203에서 참고하라.
21 이러한 사고가들 모두가 정통적인 기독교 세계관을 견지한 것은 아니다. Newton은 아마도 아리우스주의자(그리스도의 신성을 거부함-역주)였을 것이다. 그럼에도 불구하고 이런 사

이 과학적 거장들은 성경이 과학을 저지하는 것이 아닌 오히려 자연에 대한 최고의 탐구와 양립 가능한 것으로 간주했다.

종교적 헌신과 과학적 열망 사이의 조화로운 기록에도 불구하고 불화가 있기도 했는데, 일반적으로 불화를 당연하게 여길 정도는 아니었다. 불화의 두 사례로는 갈릴레오가 가톨릭 권위자들과 가졌던 갈등과 다윈주의에 대한 헉슬리(Thomas Huxley)-윌버포스(Samuel Wilberforce)의 악명높은 논쟁이었다. 교회-과학 전쟁의 이러한 아이콘들은 세속주의자들의 트로피 선반에서 제거되어야 할 필요가 있다.

잘 알려진 대로 갈릴레오는 성경과 자연과학 사이에 어떠한 불일치도 구별하지 않았던 독실한 기독교 신자였다. 갈릴레오는 성경이 우리가 어떻게 하늘나라로 가는지는 말해 주어도 어떻게 하늘이 운행되는지에 대해서는 말해 주지 않는다고 저명하게 말한 바 있다. 그는 이 표현을 통해서 성경은 그것이 전달하기로 의도한 것 이상으로 압박되어서는 안 된다는 것을 말한다. 갈릴레오는 성경의 진리를 부인하고 있었던 것이 아니라 오히려 성경의 오역을 부인하고 있었던 것이다.

갈릴레오는 코페르니쿠스의 태양중심설(heliocentric theory)에 근거해서 자신의 이론을 세웠고 망원경 관찰을 통해 태양중심설을 확인했다. 교회는 성경과 새로운 과학적 발견들 간의 갈등보다는 아리스토텔레스 원칙에 대한 교회의 충성에 더 근거해서 갈릴레오의 이론에 반대했다. 게다가 갈릴레오는 그의 의견들을 개진시키는 데 있어서 무절제했고 그랬기 때문에 비난을 면치 못했다. 갈릴레오는 가택연금 상태에 놓이게 되었으나 어떤 잔인한 형태로 고문을 받거나 투옥된 적은 없었다. 갈릴레오가 경험한 부당한 대우는 분명히 변명의 여지가 없는 것이지만, 전적으로 유감스러운 이 에피소드는 성경과 과학적 진보 사이에 교정 불가능한 갈등이 조금이라도 있다는 것을 나타내는 것에는 실패한다.[22]

고가들은 유신적인 세계관을 고수했던 종교적인 사람들이었으며, 그들은 과학을 종교적인 신념에 대립되는 것으로 여기지 않았다.

22 Rodney Stark, *For the Glory of God: How Monotheism Led to Reformations, Science, Witch-*

우리는 후반부에 있는 장에서 다윈주의를 상세하게 논의하게 될 것이다. 허나 다윈주의의 본질적인 요소들을 비평하는 것의 헛됨을 보여주기 위해 한 사건이 종종 발동되는데 그것은 토마스 헉슬리("다윈의 불독"으로 알려짐)와 영국주교인 사무엘 윌버포스 사이에 있었던 논쟁이다. 다윈의 『종의 기원』(Origin of Species)이 출판된 지 얼마되지 않아 일어난 일로, 이 논쟁은 영리한 한줄짜리 재담으로 미개한 성직자를 어릿광대로 드러내 보인 헉슬리의 완승으로 간주되었다.

그러나 실제 상황은 아주 달랐다. 이 사건은 당시에는 거의 논란을 불러일으키지 않았고 어느 정도 시간이 흘러서야 지역 신문들에 기사화되기 시작했다. 헉슬리가 승자였다는 어떤 여론적 합의도 없었다. 신학적인 이유만으로 다윈을 반대하는 사람이라는 통상적인 별명이 붙여졌던 윌버포스는 사실상 과거에 저술했던 50 페이지에 달하는 소논문에 기초하여 자신의 이론에 대한 과학적(scientific) 비평을 집결한 것이다. 이 논쟁은 다윈주의의 이성적 비판을 영원히 축출하기는 커녕 매우 중대한 주제를 놓고 능력있는 두 지성인들이 서로 대련하는(sparring) 것을 보여주었다.[23]

역사적인 문제들을 간략하게 살펴보았으니, 우리는 중세에 그리고 특히 과학혁명 시 왜 기독교 세계관이 과학을 장려했는지에 대한 지적인 이유들을 좀 더 상세히 살펴볼 필요가 있다. 서구에서의 과학의 출현은 세계사에서 전례없는 것이다. 스탁(Stark)이 다음과 같이 말했다.

> 진정한 과학은 유럽에서 단 한 번 일어났다. 중국, 이슬람, 인도와 고대 그리스 그리고 로마의 각 나라들은 고도로 발달된 연금술을 보유하고 있었다. 그러나 오직 유럽에서만 연금술이 화

Hunts, and the End of Slavery (Princeton, N.J.: Princeton University Press, 2003), 163-166을 보라.

23 J. R. Lucas, "Wilberforce and Huxley: A Legendary Encounter," *Historical Journal* 22, no. 2 (1979): 313-330.

학으로 발달했다. 마찬가지로 많은 사회들은 정교한 점성학의 체계들을 발달시켰으나, 오직 유럽에서만 점성술이 천문학으로 이어졌다. 왜 그런 것일까?[24]

해답은 하나님, 창조세계와 인류에 대한 기독교 서구의 견해에 달려 있다. 다른 곳의 문화들과는 달리 "기독교인들은 과학을 발전시켰는데 왜냐하면 기독교인들은 과학이 **실현될 수 있다는** 것을 그리고 **실현되어야 한다는** 것을 믿었기 때문이다."[25] 철학가이며 수학자인 알프레드 노스 화이트헤드(Alfred North Whitehead)는 『과학과 현대세계』(*Science and the Modern World*)에서 중세인들은 "여호와의 개인적인 에너지와 그리스 철학가의 합리성을 망라한 것으로 상상된 하나님의 합리성을 고집했다. 모든 세부사항은 감독되었고 명령되었다. 즉 자연 속으로의 탐사는 합리성에 둔 믿음에 대한 정당성을 입증하는 것으로 귀결될 수밖에 없었다"[26]라고 지적했다.

다른 종교들에서의 신들은 (일신교 밖에서) 비이성적이고 비인격적이었고 질서정연하고 인식이 가능한 창조세계 안에서 믿음의 근거로 기능할 수 없었다. 아무 창조교리도 없었기 때문에 이러한 다른 문화들은 스탁이 제시하는 그런 우주만 상정할 수 있을 것이다. 그 우주는 "최대 불가사의이며, 일관성이 없고, 예측 불가능하고 독단적이다. 이러한 종교적인 전제들을 고수하는 사람들에게 있어서 지혜로 가는 길은 명상을 통해 신비로운 통찰력에 이르는 것으로 이성을 축하할 기회는 전혀 존재하지 않는다."[27]

그러나 반대로 기독교는 "하나님을 이성적이고, 반응을 보이고, 신뢰할 수 있고, 전능하신 존재로 또 우주를 하나님의 인격적인 창조물로 묘

---

24 Stark, *Victory of Reason*, 14.
25 Ibid.
26 Alfred North Whitehead, *Science and the Modern World* (New York: Macmillan, 1925), 18.
27 Stark , *Victory of Reason*, 15.

사했다. 따라서 우주는 합리적이고 법칙적이고 안정된 구조를 지니고 있으며 인간으로부터 이해되기를 기다리고 있는 것으로 묘사했다."[28]

비록 이슬람은 창조의 교리를 주장하긴 하지만 하나님과 인류에 대한 이슬람의 견해들은 기독교의 견해와는 크게 다르다. 이슬람의 하나님은 인식 불가능한 사령관이며 인간은 알라의 형상대로 만들어지지 않은 알라의 노예들이다. 창조세계는 매순간 하나님의 독단적인 뜻에 의해 통제되기 때문에 법칙들과 과정들은 식별될 수 없다. 기초적인 과학적 이론들이 발견될 수 없는데 왜냐하면 과학적 이론들은 자연의 규칙성에 의존하기 때문이다.[29]

저명한 역사학자이자 과학철학가인 스탠리 재키(Stanley Jaki)에 의하면 이슬람 사고가들은-아리스토텔레스를 무차별적으로 거의 모두 흡수했기 때문에-"라잘(Rasa'l: 초기 이슬람의 지식대백과사전)에 거침없이 등장했던 다양한 종류의 범신론적이고, 순환적이고, 정령숭배적이고 마술적인 세계의 그림에 대해 강한 혐오를 불러일으킬 만큼 충분히 합리적인 하나님의 개념을 갖고 있지는 않았다."[30] 기독교 사고가들이 기적을 믿는 반면, 그들은 기적은 드물며 하나님 자신이 세워 놓으신 자연질서의 기본적인 패턴과 충돌하지 않는 것으로 간주했다.[31]

케네스 샘플(Kenneth Samples)은 기독교 믿음은 10가지 방식으로 과학적 탐구에 호의적인 환경을 창출해낸다는 것을 잘 정리해 놓았다.[32]

1. 물리적인 우주는 객관적인 실재이며, 이 우주는 창조주와 존재론적으로 확연하게 구별된다(창 1:1; 요 1:1).

---

28 Stark, *Glory of God*, 147.
29 Ibid., 154-155.
30 Stanley Jaki, *The Savior of Science* (Grand Rapids: Eerdmans, 2000), 207, Stark, *Glory of God*, 155-156 에서 인용됨.
31 나는 22장에서 기적의 성경적인 이해와 변론에 대해서 더 설명할 것이다.
32 Kenneth Samples, *Without a Doubt* (Grand Rapids: Baker, 2004), 192-194. 나는 그의 정신에 입각해서 10가지 요점을 좀 수정해 보았다.

2. 자연법칙들은 질서, 패턴과 규칙성을 보이는데 왜냐하면 질서 정연한 하나님이 정립하셨기 때문이다(시 19:1-4).
3. 물리적 우주를 통틀어서 자연법칙은 한결같은데 왜냐하면 하나님이 그 법칙들을 창조하셨고 하나님의 섭리에 따라 유지하고 계시기 때문이다.
4. 물리적 우주를 이해하는 것이 가능한데 왜냐하면 하나님은 우리가 하나님 그분, 우리 자신들과 나머지 창조세계를 알 수 있도록 창조하셨기 때문이다(창 1-2장; 잠 8장).
5. 세상은 선하고, 소중하며 자세히 연구해 볼 만한 가치가 있는데 왜냐하면 완벽하게 선하신 하나님께서 어떤 목적을 위해서 창조하셨기 때문이다(창 1장). 유일무이하게 하나님의 형상을 지닌 인간들은 노동을 통하여 하나님의 영광과 인간의 개선을 도모하기 위해 창조세계의 선함을 분별하고 발견하고 개발시키도록 창조되었다. 창조명령(창 1:26-28)은 과학활동을 포함한다.[33]
6. 세상은 신적이지 않다. 따라서 세상은 예배에 적합한 대상은 아니지만, 세상은 이성적 연구와 경험적 관찰의 대상이 될 수 있다.
7. 인간은 우주의 이해가능성(intelligibility: 우주가 인간에 의해 이해될 수 있는 속성이나 능력-역주)을 찾아낼 수 있는 능력을 소유하고 있는데 왜냐하면 우리는 하나님의 형상대로 만들어졌고 우리는 지구 고유의 가능성들을 개발하기 위해 지구상에 배치되었기 때문이다.
8. 하나님은 자연에 대한 모든 것을 계시하지 않으셨기 때문에, 하나님이 창조세계 안에 세워 놓으신 패턴들을 식별하는 것에는 경험적 탐구가 필수적이다.

---

33 창조명령의 의미심장함과 심오함에 대해서는 Francis Nigel Lee, "The Roots of Culture," in *The Central Significance of Culture* (Philipsburg, N.J.: P&R, 1976)를 참고하라.

9. 하나님은 그분의 명령을 통해 인간들이 자연을 다스리도록 과학을 격려하시고 추진하기까지 하신다(창 1:28).
10. 과학적 과업을 수행하기 위해 필수적인 지적인 덕목들은(열심, 정직, 고결함, 겸손과 용기) 하나님의 도덕법의 일부이다 (출 20:1-17).[34]

기독교와 과학은 실랑이를 벌여온 반면, 올바르게 이해되었을 때는 기독교 세계관 안에서 과학에 대해 본질적으로 적대적인 것은 전혀 존재하지 않는다. 우리는 기독교와 과학(특히 다윈주의와)의 관계를 14장과 15장에서 더 자세하게 다룰 것이다.

3. 인종차별주의와 노예제도

슬프게도 사람들은 다양한 형태의 인종차별주의를 증진시키기 위해 성경을 사용해 왔다. 특별히 미국인들에게 주목할 만한 것은 남북전쟁 이전의 남부 기독교인들은 성경에서 노예제도를 영구적으로 정당화하기 위해 노력했다. 그렇지만 포괄적인 성경의 주제들은 노예제도를 승인하지 않는다. 모든 인간들은 하나님의 형상과 모양을 따라 평등하게 만들어졌고(창 1:26), 모든 이들은 똑같이 죄로 타락하게 되었다(롬 3장).

하나님이 이스라엘을 선택하신 것도 그들의 인종이나 민족성이 우월해서가 아니라 오로지 하나님의 무조건적인 은혜 때문이었다(창 12:1-3). 이스라엘은 이방인들에게 빛이 되기 위해 하나님으로부터 선택되었다. 이스라엘의 혈통을 통하여 모든 사람들을 초청하시는 메시아가 오셨다 (마 11:28-30; 28:18-20). 결국 "모든 나라와 종족과 백성과 언어"에서 나온 사람들이 하나님의 보좌 앞에서 그들의 구원을 경축하며 크게 기뻐

---

[34] 과학의 전제들에 대해서는 J. P. Moreland, *Scaling the Secular City* (Grand Rapids: Baker, 1987), 198-201도 보라.

하게 될 것이다(계 7:9).

　그러나 만일 기독교가 단지 백인 남자의 종교에 지나지 않는다면, 필립스 젠킨스(Philip Jenkins)가 열거한 자료에서처럼 특히 남반구 세계의 비백인 지역들에서 기독교가 가장 왕성하게 성장하고 있다는 것은 상당히 놀랍다.[35] 그럼에도 유럽과 미국 대부분에서 운동(movement)으로서의 기독교는 거의 틀림없이 정체되어 있거나 소멸되어 가거나 쇠퇴일로에 있다.

　지난 수 세기에 걸쳐 노예제도에 투자해 왔던 많은 사람들은 피부가 검은 인종들이 열등하고 영속적인 저주인 "함의 저주"(the curse of Ham) 아래 있다는 자신들의 견해를 근거하기 위해서 창세기 9:20-27을 인용해 왔다. 노아가 술에 잔뜩 취해서 깨어났을 때 함이 노아의 벌거벗은 몸을 옷으로 덮기 위해 그의 형제들인 셈과 야벳에게 요청한 것을 노아가 알게 되었을 때 노아는 함 자신이 아닌 가나안(함의 아들)을 저주했다. 후에 가나안 사람들은 이스라엘의 원수들 그리고 하나님의 심판을 받는 사람들이 되었다. 어쨌든 관련 당사자들이 모두 셈족들이었기 때문에 거기에 어떤 특정한 인종적 요소가 개입된 것은 아니었다. 정확하게 인종들의 피부 색소가 어떻게 그리고 언제 다르게 생성되었는지는 성경에서 언급하지 않는데 아마도 피부색은 하나님에게는 전혀 문제가 되지 않기 때문이다.

　노예제도에 대한 성경의 언급들은 노예제도를 하나님이 제정하신 규범적인 제도로 신성하게 보존하기 위한 목적이 아니었다. 구약의 율법 아래 실행되었던 노예제도는 노예가 된 사람들의 인종에 근거한 것이 아니라 전쟁 전리품(spoils of war)과 관련된 고대법에 근거한 것이었다. 사실 성경 시대 문화들의 노예제도는 인종에 근거해서 실행되었던 노예제도, 예를 들면, 내전(Civil War) 이전에 미국에 있었던 노예제도와는 거의 관련이 없었다.[36] 노예제도의 규모와 형태를 규정했던 구약 율법은

35　Philip Jenkins, *The Next Christendom* (New York: Oxford University Press, 2002).
36　Robert Hutchinson, "You Were Called to Freedom," *The Politically Incorrect Guide to the*

기존 제도를 어느 정도까지는 인도적으로 만드는 효과를 가졌다.[37] 더욱 중요한 것은 유대의 신정 정치는 영속적인 제도로 남을 것이 아니었다.[38] 가장 최고의 통치는 메시아 시대에 여전히 도래할 것이었다.

비록 그리스-로마시대의 노예제도는 어떤 사회를 위해서도 절대로 본보기가 될 수 없었지만, 미국 노예제도처럼 가혹하고 잔인하지는 않았다.[39] 신약에서 자신들의 주인들에게 순복하는 노예들에 대한 언급들은 노예제도의 승인이 아니라 일련의 사회적인 현실을 감안한 일시적인 명령이었다. 이는 바울이 노예 매매자를 악으로 언급하는 것에서(딤전 1:10) 또한 바울이 노예들에게 그들이 합법적으로 자유를 얻을 수 있을 때는 그렇게 하라고 지시한 것(고전 7:21)에서 분명하게 나타난다.

빌레몬서는 노예제도에 대한 기독교 견해에 대변혁을 일으키는 데 크게 이바지했다. 바울은 빌레몬에게 기록하는데 왜냐하면 빌레몬의 노예인 오네시모가 그리스도 안에서 빌레몬의 형제이기 때문에 오네시모에게 잘 대해 주어야만 하기 때문이다. 즉 오네시모는 "이 후로는 종과 같이 대하지 아니하고 종 이상으로 곧 사랑 받는 형제로 둘 자라 내게 특별히 그러하거든 하물며 육신과 주 안에서 상관된 네게랴"(몬 16절)라고 기록한다.[40]

노예제도에 대한 구체적인 비난은 복음서에서나 그 당시의 어떤 다른 세계문학에서도 찾아볼 수 없다. 그러나 비난의 생략은 어떤 제도의 영구적이며 타문화적인 합법성을 승인하는 것과 동일한 것은 아니

Bible (Washington, D.C.: Regnery, 2007)을 보라.

37 성경에 등장하는 노예제도의 본질에 대해서는 다음 도서들을 참고하라. Water J. Kaiser, Toward an Old Testament Ethics (Grand Rapids: Baker, 1983), 288-290; Christopher J. H. Wright, An Eye for an Eye: The Place of Old Testament Ethics Today (Downers Grove, IL: InterVarsity Press, 1983), 178-182.

38 구약성경이 렘 31장과 겔 37장에서 새 언약에 대해서 언급하는 것을 고찰해 보라.

39 Hutchinson, Politically Incorrect Guide, 165-172를 보라.

40 혹자들은 이 책은 노예제도의 문제를 다루지 않는다고 주장해 왔지만 이 주장은 소수가 펼쳐온 입장이었다. 전체 토론을 위해서는 Joseph Fitzmyer, The Letter to Philemon, Anchor Bible Commentary (New Haven, CT.: Yale University Press, 2000)를 참고하라.

다. 복음서는 기본적으로 예수님을 모든 불법적인 권위에 직접 도전한 사회개혁가로 묘사하지 않는다. 예수님의 사명은 그것보다는 더 집중된 (focused) 것이었다. 그렇지만 그의 추종자들에게 다른 사람들에게 군림하지 말고 오히려 종됨(servanthood)을 더 소중히 여기라고 한 것은 노예제도와는 궁극적으로 양립될 수 없는 어떤 윤리를 시행한 것이다(막 9:35). 잘못 이해한 기독교인들이 노예제도를 위한 구실로 사용하기 위해 맥락을 벗어난 성경 본문들을 사용한 반면,[41] 해방의 깊은 성경적 의미를 깊이 깨달은 기독교인들은 노예제도에 반대했고 마침내 대영제국(주로 William Wilberforce의 노력을 통해서)과 미국 두 곳에서는 승리를 거두었다.[42]

4. 기독교는 성차별적인가?

어떤 사람들은 기독교가 여성들을 열등한 상태로 축소시키는 남성위주의 종교라고 믿는다. 어떻게 우리는 성차별적인 책(성경)을 하나님으로부터 온 계시라고 신뢰할 수 있는가? 많은 여성들은 남성의 세계에서 이류시민으로 대접받는 고통을 느껴 왔다. 여성들은 여성들의 진정한 능력을 보는 것에 또 여성들의 참된 갈망을 이해하는 것에 실패한 남성들에 의해 정형화되어 왔다.

기독교인들은 이런 우려들에 민감해야 하는데 하나님은 우리 모두가 하나님의 형상에 따라 창조되었다는 진리에 기초해서 우리가 모든 사람들을 동등하게 존중하라고 요청하시기 때문이다(창 1:26). 우리는 우리 이웃을 우리 자신처럼 사랑해야 하고(마 19:19) 그리스도 안에서 우리의 하나됨과 평등함을 인식해야만 한다(갈 3:26-29). 그럼에도 안타깝게도

41　J. Oliver Buswell III, *Slavery, Segregation, and Scripture* (Grand Rapids: Eerdmans, 1964) 를 보라.

42　노예제도 폐지에 대한 기독교의 역할에 대해서는 Stark, *Glory of God*, 291-366을 보라.

많은 여성들과 남성들은 성경 자체가 인류의 절반을 홀대하는 것을 정당화하는 것으로 간주한다.

많은 비기독교인 페미니스트들은 성경의 하나님은 남성이라고 주장한다. 만일 하나님이 남성이라면 여성들보다는 남성들이 더 하나님 같은 것이다. 이 믿음은 여성들을 평가절하하는데 왜냐하면 여성들은 그들의 성별 때문에 특권있는 남성의 지위를 결코 갖지 못할 것이기 때문이다. 어떤 페미니스트들은 하나님의 성육신이 남성의 형태인 예수님으로 일어났기 때문에 이런 하나님은 여성들의 경험을 제대로 이해할 수 없다고 또 불평한다. 기독교의 이런 문제들 때문에 여성들은 신에 대한 여성적인 이해인 여신(goddess)으로 반드시 전환해야만 한다고 페미니스트들은 말한다.

그러나 여신에게 매료된 이들은 성차별주의자로 희화된 예수님이 아닌 진짜 예수님을 반드시 받아들여야만 한다.

첫째, 성경의 하나님은 어떤 의미에서도 남성이 될 수 없는데 왜냐하면 하나님은 성적인 존재가 아니시기 때문이다. 예수님은 하나님이 영이시며(요 4:24) 만물을 출산(procreation)을 통해서 생겨나게 하시는 분이 아니라는 것을 가르치셨다. 하나님은 남성이나 여성으로 대표되어서는 안된다(출 20:4; 신 4:16). 성경은 하나님을 "그"(he)로 언급하고 예수님은 하나님을 그의 아버지로 불렀는데 여성성에 대항하여 남성성을 강조하기 위해서가 아니라 하나님은 인격적이고 강력한 존재라는 것을 강조하기 위해서였다. 여신의 개념과는 달리 성경적인 하나님은 인지적이고, 의지적이고, 거룩하고 다정한 인격적인 행위주체이시며 하나님은 성경 안에서 그리고 예수 그리스도 안에서 인간의 본성을 취하심으로 그분 스스로를 드러내시는 분이다.

인간의 문화들을 통해서 남성들은 여성들보다 더 많은 권위를 누려왔다. 성경은 하나님의 능력과 명성, 또한 우리의 보호자와 제공자로서의 그분의 역할을 최선으로 알려주기 위한 용어들과 개념들을 사용한다. 그럼에도 불구하고 성경은 이스라엘을 낳는 하나님(신 32:18)과 기독교인들을 낳는 하나님(약 1:18)에 대해 이야기할 때 여성적인 이미지를 사용한다(신 32:18). 예수님은 암탉이 병아리를 날개 아래 품듯이 반항적인 이스라엘을 예수님 자신에게 모으려 했었다고 말했다(마 23:37-39). 이런 종류의 은유들은 비록 하나님이 성적인 존재는 아니시지만 그분은 우리가 남성과 여성의 두 성별 안에서 매우 가치있게 여기는 자질들을 소유하고 계신다는 것을 드러내는데 왜냐하면 하나님은 모든 좋은 선물과 완전한 은사를 주는 분이시기 때문이다(약 1:17).

둘째, 예수님이 남성위주의 종교적 시스템을 세우셔서 여성들을 영구적으로 남성들의 지배하에 두신 것이 아니다. 예수님은 사적으로 그리고 공개적으로 여성들에게 신학을 가르쳐서 추종자들을 놀라게 했는데 그때는 여성들이 그런 것에서 제외된 때였다(눅 10:38-42; 요 4:7-27; 11:21-27). 비록 예수님은 가족을 귀히 여기셨지만, 인생에서 여성의 주된 목적은 엄마가 되는 것(motherhood)과 가사로 축소할 수 있는 것이 아니라 하나님의 뜻을 알고 따르는 것에서 발견되는 것이라고 규정했다(눅 10:38-42; 11:27-28).

또한 예수님은 부활 후에 마리아에게 나타나서 세상을 변혁시킬 사건의 증인으로 마리아를 지명했는데 그때는 여성이 증인으로 존중받지 않던 때였다(마 28:5-10; 요 20:17-18). 예수님의 리더십 모델은 계급적 권위구조가 아닌 공동의 섬김과 희생에 기초한 것이었다.

> 예수께서 제자들을 불러다가 이르시되 이방인의 집권자들이 그들을 임의로 주관하고 그 고관들이 그들에게 권세를 부리는 줄을 너희가 알거니와 너희 중에는 그렇지 않아야 하나니 너희 중에 누구든지 크고자 하는 자는 너희를 섬기는 자가 되고 너희 중에 누구든지 으뜸이 되고자 하는 자는 너희의 종이 되어야 하리라 인자가 온 것은 섬김을 받으려 함이 아니라 도리어 섬기려 하고 자기 목숨을 많은 사람의 대속물로 주려 함이니라 (마 20:25-28).

이밖에도 초대교회에서 여성들은 선지자(행 2:17-18; 21:9)로 또 교사로(행 18:24-26) 섬겼다. 바울이 다음과 같이 말했을 때 바울은 남성과 여성 신자들의 영적이고 존재론적인 동등함을 명확하게 표현했다.

> 너희가 다 믿음으로 말미암아 그리스도 예수 안에서 하나님의 아들이 되었으니 누구든지 그리스도와 합하기 위하여 세례를 받은 자는 그리스도로 옷 입었느니라 너희는 유대인이나 헬라인이나 종이나 자유인이나 남자나 여자나 다 그리스도 예수 안에서 하나이니라 너희가 그리스도의 것이면 곧 아브라함의 자손이요 약속대로 유업을 이을 자니라(갈 3:26-28).

셋째, 그리스도 안에서의 하나님의 성육신은 하나님은 남성이라는 것을 함축하거나 하나님은 여성을 배제하거나 평가절하한다는 것을 함축하지 않는다. 성자 하나님이 인간의 본성을 취하기 위해서는 그분이 남성이나 여성이 되어야만 하는 것이다. 성자 하나님이 동시에 남성과 여성 두 가지 다일 수는 없는 것이다. 게다가 성자의 신적인 본성은 성별화되지 않았는데 왜냐하면 성(sexuality)은 신적인 속성이 아닌 인간적인 속성이기 때문이다. 예수님의 **인성**(humanity)에 대한 가장 중요한 사실은 그분의 남성성이 아닌 도덕적 완벽함과 전체 인류와의 동일시였다. 예수님은 우리 모두를 속속들이 이해한다.

> 우리에게 있는 대제사장은 우리의 연약함을 동정하지 못하실 이가 아니요 모든 일에 우리와 똑같이 시험을 받으신 이로되 죄는 없으시니라(히 4:15).

비록 예수님은 하나님 아버지와 성령님과의 완벽한 조화 가운데 살았지만, 예수님이 인간 가족과 합류했을 때 심지어 우리처럼 고통당하고 아픔을 느끼는 것이 어떤 것인지를 예수님은 개인적으로 경험했다(히 5:7-9).

성경의 하나님이 어떤 문제들을 가지셨다고 여기기 때문에 여신에게 끌리는 사람들이 있다. 그들은 예수 그리스도가 남성이 여성에게 저지른 죄를 포함한 세상의 모든 죄를 위해 돌아가셨다는 것을 깨달아야 한다. 예수님은 어떤 죄도 승인하거나 눈감아 주지 않지만 모든 사람이 죄를 회개하고 그분을 그/그녀의 구세주, 주인과 친구로 영접하도록 초청한다(요 15:15). 낭만적으로 여신이라고 불려지는 비인격적인 원칙, 힘(power)이나 임재는 사람들의 구세주는 커녕 그 누구의 친구도 될 수 없다.

여신 종교가 선사 시대의 어둡게 구석진 곳으로부터 추측되어 재구성된 반면에 예수님의 드라마는 연대를 산정할 수 있는 가능한 시공간의 인간 역사 안에 소중하게 간직되어 있다. 하나님은 인간의 얼굴인 예수님의 얼굴을 갖고 계신다. 예수님의 이야기는 전세계적으로 셀 수 없이 많은 수백만의 여성들과 남성들에게 지난 2000년간 회자되어 왔고 오늘도 계속해서 우리에게 전해지고 있다.

사실 예수님은 많은 상황들에서 여성들을 향한 존경심을 드러내심으로 종교제도권(과 예수님 자신의 제자들)을 아연실색하게 했다.[43] 성경이 가부장적인 문화들 속에서 그리고 그런 가부장적인 문화들에서 기록되기는 했지만, 성경은 사사, 여선지자와 교사처럼 다양한 능력을 가졌던 여성 지도자들을 칭송한다.[44] 하나님의 나라의 약속은 성령으로 충만하여 그리스도를 섬기는 남성과 여성 모두를 필연적으로 포함한다(행 2:17-18; 참고 욜 2:28-32).

---

43 이것에 대해서는 Douglas Groothuis, "Jesus' View of Women," in *On Jesus* (Belmont, CA: Wadsworth, 2003)를 참고하라.
44 성경에 등장하는 여성지도자들, 교사들과 선지자들은 미리암(출 15:20; 미 6:4), 드보라(삿 4-5장), 훌다(왕하 22:14-20; 대하 34:11-33), 노아댜(느 6:14), 이사야의 아내(사 8:3), 안나(눅 2:36), 빌립의 딸들(행 21:8-9), 브리스길라(행 18:24-26; 롬 16:3-5; 고전 16:19), 유니아(롬 16:7) 그리고 뵈뵈(롬 16:1-2)를 포함한다.

5. 기독교인들은 동성애를 두려워하는가?

기독교는 동성애 혐오적(homophobic)이라는 비난을 자주 받는다. 동성애 혐오적이라는 이 용어는 어떤 분명한 의미를 전달하기보다는 아무 생각 없는 독설로 더 부정확하게 사용된다. 어쨌든 기독교는 퇴행적이고 속속들이 편협하기 때문에 한 개인이 충성을 다짐할 만한 중요한 후보자는 아니라는 것이다. 이것이 기독교 세계관의 왜곡인지를 알아내기 위해서 두 가지 이슈들이 고려되어야 할 필요가 있다.

첫째, 도대체 성경은 동성애에 대해서 어떻게 진술하는지를 고려해 볼 필요가 있다.

둘째, 만일 동성애 행위가 성경에 의해 묵과될 수 없다면, 기독교인들 가운데에서 벌어지고 있는 동성애라는 실재를 감안했을 때 성경은 기독교인들에게 어떤 것을 주장하는가?

성경에 근거하여 동성애적 관계들을 정당화하려는 몇몇 수정주의자들의 시도들에 불구하고 성경적인 준거체계는 이성애적인 일부일처제(heterosexual monogamy)이다. 이성애적인 일부일처제는 남자, 여자, 결혼과 자녀에 관련하여 기초를 이루는 창세기 서술에 확고부동하게 근거한 것이다. 창세기 1-2장에서 하나님은 남자와 여자를 창조하셔서 결혼제도 안에서 한 몸이 되어 아이를 낳아 창조세계를 개발하고 발전시키게 하셨다(창 1:26-28; 2:23-25). 더 나아가 예수님은 이혼에 관한 질문을 받았을 때 이를 승인한다.

> 예수께서 대답하여 이르시되 사람을 지으신 이가 본래 그들을 남자와 여자로 지으시고 말씀하시기를 그러므로 사람이 그 부모를 떠나서 아내에게 합하여 그 둘이 한 몸이 될지니라 하신 것을 읽지 못하였느냐?(마 19:4-5).

남자와 여자의 한몸 관계(one-flesh relation)는 성경에 나오는 결혼의 정확한 의미이며 하나님 아래서 인간이 누릴 수 있는 만족의 원래 패턴이다. 반면에 동성애는 죄에 빠진 인류의 타락에서 유래한다. 사람들이 하나님을 있는 모습 그대로의 하나님으로 존귀하게 여기는 것에 실패하게 될 때 무슨 일이 일어나는지를 기술할 때 바울은 이를 분명하게 집어준다. 이 타락한 패턴의 결과의 일부가 동성애 행위다.

> 그러므로 하나님께서 그들을 마음의 정욕대로 더러움에 내버려 두사 그들의 몸을 서로 욕되게 하게 하셨으니 이는 그들이 하나님의 진리를 거짓 것으로 바꾸어 피조물을 조물주보다 더 경배하고 섬김이라 주는 곧 영원히 찬송할 이시로다 아멘 이 때문에 하나님께서 그들을 부끄러운 욕심에 내버려 두셨으니 곧 그들의 여자들도 순리대로 쓸 것을 바꾸어 역리로 쓰며 그와 같이 남자들도 순리대로 여자 쓰기를 버리고 서로 향하여 음욕이 불 일듯 하매 남자가 남자와 더불어 부끄러운 일을 행하여 그들의 그릇됨에 상당한 보응을 그들 자신이 받았느니라(롬 1:24-27).

이런 성적인 행위들은 창조세계를 거스르며 또한 부끄럽고 부자연스럽고 해롭다. 따라서 동성애적 지향은 선택의 여부와 상관없이 좋거나 적절한 것으로 용인될 수 없다. 더 나아가 바울은 그런 성적인 경향을 가졌지만 주님 안에서 회개하여 그들의 죄에서 깨끗하게 씻김을 받은 자들에 대해서 기록한다.

> 불의한 자가 하나님의 나라를 유업으로 받지 못할 줄을 알지 못하느냐 미혹을 받지 말라 음행하는 자나 우상 숭배하는 자나 간음하는 자나 탐색하는 자나 남색하는 자나 도적이나 탐욕을 부리는 자나 술 취하는 자나 모욕하는 자나 속여 빼앗는 자들은 하나님의 나라를 유업으로 받지 못하리라 너희 중에 이와 같은 자들이 있더니 주 예수 그리스도의 이름과 우리 하나님의 성령 안에서 씻음과 거룩함과 의롭다 하심을 받았느니라(고전 6:9-11, 강조는 추가됨).

한 개인이 동성애에 대한 성경적인 가르침을 규범적인 것으로 간주할지의 여부는 그/그녀가 성경을 하나님으로부터 영감을 받은 것으로 간주하는지의 여부에 달려있다.[45]

비록 동성애는 기독교인들에 의해서 승인될 수 없긴 하지만, 이는 기독교인들이 동성애자들을 증오해야 한다거나 경계해야 한다는 것을 의미하지 않는다. 예수님은 우리의 이웃을 사랑하라고 했고 동성애자는 우리의 이웃이다. 또한 예수님은 사람들에게 남의 눈에 있는 티를 살펴보기 전에 그들 자신의 눈에 있는 것을 들여다볼 것을 요청했다(마 7:1-5). 그렇기 때문에 심한 비판이나 경멸의 여지가 전혀 없는 것이다. 그러나 기독교적 사랑은 회개에로의 촉구를 포함한다(행 17:30).

몇몇 기독교 사역단체들은 기독교 신자가 되고 그들의 동성애적인 방식에서 돌아서기를 원하는 동성애자들을 도우려고 애쓴다. 그렇지만 회심은 동성애적인 욕구가 즉시 혹은 완전히 사라질 것이라는 것을 보장하지 않는다. 그러나 기독교인은 아무리 그것이 어려운 일이라 할지라도 성령님의 능력 안에서 하나님의 명령을 순종하기 위해 애쓴다.

동성애에 대한 성경적인 이해가 아무리 인기가 없다고 하더라도, 만일 기독교 세계관이 잘 뒷받침된다면 성경적인 관점은 문제에 대한 합리적이고 균형잡힌 관점을 신자에게 제공한다. 게다가 성경적인 관점은 용서를 위한 진정한 소망과 동성애자들을 위한 건설적인 변화를 제공한다.

---

45 혹은 한 개인은 동성애가 표준에서 벗어난 이형(aberrant)으로 간주할 만한 독립적인 성경 밖의 이유들을 갖고 있을 수 있다. Scott Rae, *Moral Choices*, 3rd ed. (Grand Rapids: Zondervan, 2010), 284-285을 보라. 그리고 Robert George, "Nature, Morality, and Homosexuality" in *In Defense of Natural Law* (New York: Oxford University Press, 1999)를 참고하라.

6. 강제와 제국주의

스리랑카의 경우와 같이 세상의 많은 곳에 흩어져 있는 기독교인들은 자국민들과 단결되기보다는 서구 제국주의와 연대한다는 비난을 자주 받는다. 이것은 서구 강국들에 의해 식민화된 경험이 있는 세계의 2/3에 속해 있는 국가들이 당면한 한 가지 결과이다. 비록 나는 제국주의의 역사를 제공할 수는 없지만, 성경에는 제국주의에 불리하게 작용하고 제국주의를 진정한 기독교 증언(변증학과 복음전도)에서 차별화시키는 성경적 원칙들이 존재한다.

기독교는 고대 지중해 세계, 즉 기독교에 크게 적대적인 환경에서 태동되었고 발전했다. 그럼에도 불구하고 기독교는 가르침, 설교, 기적과 봉사 행위들을 통해서 유대인들과 이방인들 모두에게 전달되면서 확장되었다. 예수님뿐만 아니라 사도들도 선교를 위한 방법으로 강제적인 수단을 허가한 적은 한 번도 없었기 때문에, 초대교회도 강제적인 수단을 승인하지 않았다. 국가에게는 "칼의 권세"(the power of the sword, 롬 13:1-7)가 주어진 반면, 교회에는 그것이 주어지지 않았다. 교회의 무기는 영적인 것이며 더 큰 능력을 소유한다(고후 10:3-5; 엡 6:12).

기독교가 콘스탄티노플에 의해 로마제국에서 합법화된 후에 그리고 특히 기독교가 국가 교회(state church)가 되었을 때, 상황은 더 복잡해졌다. 역사를 통해서 보면 교회가 협박하거나 개종(또는 표면적으로는 기독교적 행위지만 진정한 믿음이 결여된)을 강요하기 위해 때때로 교회가 국가의 강제력을 동원한 것을 안다. 그럼에도 우리는 성경 자체에서는 이런 전략을 위한 그 어떤 기초도 찾아볼 수가 없다.

"총체화하는 거대 담론"(totalizing metanarratives: 객관적인 보편적인 진리를 주장하는 세계관들)은 본질적으로 부당하다고 하는 포스트모던주의자의 비판에 비추어, 예수님은 그의 추종자들을 위임해서 성령의 권능을 입은 가르침과 행동들을 통해 사람들을 설득하고 영향력을 미치라고 한 것을 우리는 반드시 주목해야 한다(마 28:18-20; 눅 24:46-49; 행 1:8). 예수님은 제국주의, 착취, 강제, 협박 혹은 타인에게 어떤 형태로든지 부당한 권력을 사용하는 것을 결코 승인하지 않았다. 대신 예수님은 이웃을 사랑하고 원수도 사랑하라고 말한다(마 5:43-48).

사도행전은 초기 기독교인들이 강제 혹은 조종이 아닌 설득을 통해서 개종시키는 것에 성공하는 것을 보여준다. 우리는 스데반(첫 번째 기독교 순교자)과 같은 기독교인들이 그들의 믿음 때문에 핍박받고 죽게 된 것을 안다. 이는 기독교인들이 반대에 직면했을 때 무장봉기가 아닌 뜨거운 기도, 금식과 믿음의 행위를 하도록 이끌었다. 안타깝게도 나중에 정치적인 권력을 쥐게 된 일련의 기독교인들은 칼을 통한 기독교로의 순응을 강행했다. 그렇다면 우리는 예수님 또는 사도들의 가르침에서 이를 위한 어떤 보증(warrant)이라도 찾아내야 하는 궁지에 몰리게 될 것이다.

주변 민족들로부터 땅을 취해야 하고 또 어떤 경우들에는 주변 민족들을 전멸해야 하는 영토에 관한 명령(territorial imperatives)을 하나님이 고대 이스라엘에게 하달하신 것을 어떤 이들은 상기할 수 있을 것이다.[46] 이러한 명령들은 특정한 목적을 위해 특정한 때에 특정한 사람들에게만 해당되는 것이었다고만 말해두겠다.

구약성경의 성전(holy wars)을 기독교 노력(endeavors)의 일반적 원칙으로 간주할 만한 어떤 보증이 전혀 존재하지 않는다. 게다가 이러한 전쟁들의 목적은 그 땅의 주민들을 개종하기 위한 것이 아니라 그들을 군사적으로 패배시키기 위함이었다.[47] 따라서 요즘 기독교 전도활동과 전혀 평행을 이루지 않으며, 지금의 전도는 무력으로 땅을 정복하는 것과는

---

46 Richard Hess, 부록 2를 참고하라.
47 가나안 정복의 도덕적인 질문에 대해서 다음을 참고하라. C. S. Cowles, Eugene H. Merrill, Daniel L. Gard, Tremper Longman III, *Show Them No Mercy: Four Views on God and Canaanite Genocide* (Grand Rapids: Zondervan, 2003); Paul Copan, "Is Yaweh a Moral Monster?" *Philosophia Christi* 10, no. 1 (2008): 7-37; Paul Copan, *Is God a Moral Monster? Making Sense of the Old Testament* (Grand Rapids: Baker, 2011); Bob Siegel, "Why Did God Command the Israelites to Wipe Out the Other Nations?" in *I'd Like to Believe in Jesus But*… (Wheaton, IL.: Campus Ambassadors Press, 1999).

아무 상관이 없다.

　기독교의 십자군은 기독교의 선함과 진리에 위배되는 증거로 자주 언급되지만, 이것은 전혀 사실이 아니다. 십자군 전쟁의 왜곡된 견해들(특히 십자군의 규모와 목적들)에 대해서 많은 말을 할 수 있겠지만, 십자군 전쟁은 전체 기독교 세계를 위해 이슬람으로부터 성지(Holy Land)를 되찾기 위해서 로마 가톨릭 교황들을 위해 선동된 비교적 일시적이며 주로 방어적인 행동이었다고만 말해 두겠다.[48]

　이 책은 기독교의 개신교적 이해를 변론하며 교황의 직(office)도 비성경적인 것으로 거부하기 때문에, 십자군에 대한 교황의 이러한 판결들은 내가 진실되거나 합리적인 것으로 변론하고자 하는 것의 범위를 넘어선 것이다. 십자군에서 죽는 군인들에게는 천국이 보장될 것이라고 한 교황들의 주장은 전적으로 비성경적인 것이고, 사실 성경에서 발견된 다른 어떤 것보다도 이슬람의 주장들과 닮았다. 교회에 의해 주창된 거룩한 (군사적) 십자군으로의 촉구는 성경 자체와는 늘 조화되지 않는다.[49]

7. 기독교는 생태계를 방치하는가?

　기독교는 비인간적인 자연의 영역에는 거의 관심을 보이지 않으며 대신 영혼들의 구원과 위에 있는 천국에서의 영혼들의 영원한 상태에만

48　Robert Spencer, *The Politically Incorrect Guide to Islam and the Crusades* (Washington, D.C.: Regnery, 2005)의 2부를 보라. 그리고 Thomas Madden, "The Real History of the Crusades," *Crisis Magazine*, March 2002 〈www.crisismagazine.com/2011/the-real-history-of-the-crusades〉를 참고하라. Dinesh D'Souza, "Rethinking the Inquisition," in *What's So Great About Christianity* (Washington, D.C.: Regnery, 2007), 특히 204-206을 보라.

49　이는 정전(just war) 전통과는 구별되어야 하는데 정전 전통은 국가(교회가 아닌)가 도덕적으로 전쟁에 개입할 수 있는 조건들을 규명한다. Darrell Cole, *When God Says War Is Right* (Colorado Springs: WaterBrook, 2002).

집중하는 것으로 종종 특징지어진다. 인간들은 지구의 주인으로서 지구를 맘껏 착취할 수 있는 것으로 생각한다. 어쨌건 지구는 세기말에 파괴될 것이다. 기독교의 이런 희화화를 감안하여, 많은 환경운동가들과 환경보호주의자들은 자연에 대한 기독교적 견해를 거부했고 자연을 더 존중하는 것으로 여긴 비기독교 종교들로부터 과도하게 정보를 수집했다.

"당신의 어머니를 사랑하라"는 자동차 범퍼 스티커 위에 행성인 지구가(planet earth) 묘사된 것이 있다. 지구의 날(1970년에 시작됨)은 많은 그룹들에게는 성스러운 공휴일에 가깝다. 그럼에도 이방 종교들은 앞장서서 자연을 오염시키고 자연에 결례를 범해 왔다. 르네 뒤보(René Dubos)도 기독교는 "생태계 위기"[50]에 책임이 있다고 주장한 린 화이트(Lynn White)의 영향력 있는 에세이를 논박하며 그렇게 지적했다.

기독교 세계관은 자연을 신성화하지도 않고 자연의 가치를 폄하하지도 않는다. 성경에 의하면 창조세계는 신적이지 않고 결코 예배되어서도 안 된다. 그럼에도 자연은 본질적으로 악하지도 않으며 환상도 아니기 때문에 존중하며 대해야 한다. 우주는 하나님에 의해 선하게 창조되었고 인간들에게 주어졌다. 그래서 인간들이 하나님으로부터 부여받은 독창성으로 우주를 발전시키고 개발시키도록 하기 위해서였다.

창조세계에 대한 여자들과 남자들의 "통치권"(dominion)-비평가들과는 정반대로-은 창조세계를 희생한 무법적인 착취를 의미하도록 결코 의도되지 않았다(창 1-2장; 참고 시 8편). 그렇지만 타락으로 인해 창조세계가 스스로를 대적하게 되어 인간들, 동물들 그리고 나머지 자연 간에 조화를 이루는 것은 어렵다(창 3장). 그러나 이제 전체 창조세계는 우주적 구속을 위해 인간 본성을 취하고 이 땅에서 살기로 하신 하나님의 결정으로 인해 존엄성을 부여받아 왔다. 결국 균형은 회복될 것이고 자

---

50 René Dubos, *The Wooing of the Earth* (New York: Charles Scribner's, 1980), 70-78. Francis A. Schaffer and Udo Middleman, *Pollution and the Death of Man* (1970; reprint, Wheaton, IL: Crossway, 1992). Middleman은 새로운 발행본에 서문을 썼지만 본문을 저술하지는 않았다.

연 속의 모든 구석구석은 방해받지 않은 선함과 은혜로 복원될 것이다(롬 8:18-26; 계 21-22장).

그럼에도 불구하고 성경의 생태적 관심은 채식주의를 요구하지도 않으며, 동물들을 인간과 동등하거나 인간보다 더 고등한 도덕적 수준에 두지도 않는다. 인간만이 유일하게 하나님의 형상과 모양을 따라 만들어졌기 때문이다. 예수님은 인간을 "공중에 나는 새들"보다도 "훨씬 더 소중한" 존재로 표현하셨다(마 6:26).

옛 언약 아래에서, 하나님은 죄를 위해서는 피의 속죄가 필요하다는 것을 나타내시기 위해서 동물희생을 명령하셨다. 죄를 위한 그리스도의 죽음을 예시했던 유월절 식사는 어린 양을 먹는 것을 주요 특징으로 한다(출 12:21). 예수님 자신은 마지막 만찬 때 이 유월절 음식을 드셨고(마 26:17), 부활 후에는 생선을 드셨다(눅 24:40-43). 그럼에도 성경은 동물들을 무가치하게 여기거나 인간이 착취하기 위한 단순한 먹이로 여기지도 않는다. 옛 언약의 율법은 땅도 휴식을 취해야 하는 것의 필요와 동물도 제대로 대우해야 할 필요가 있는 것에 대해 이야기한다.[51]

비록 선한 양심을 가진 기독교인들도 하나님의 녹색 지구를 위해서는 어떤 정책들이 가장 최선인지에 대해서는 불일치할 수 있겠지만, 모든 기독교인들은 프란시스 쉐퍼가 칭한, 지구를 위한 "실질적인 치유"(substantial healing)를 위해 반드시 일해야 한다. 예수님이 재림하기도 전부터 말이다.[52]

비록 일련의 저자들은 이 세상의 종말을 신호하는 사건들이 임박했음을 강조해 왔지만, 예수님은 그가 하늘에서부터 재림하게 될 정확한 시간은 아무도 알지 못한다고 선포했다(막 13:32; 또한 행 1:11을 참고하라).

---

51 Rousas John Rushdoony, *Institutes of Biblical Law* (Nutley, N.J.: Craig Press, 1973), 245.
52 Schaeffer and Middleman, *Pollution and The Death of Man*; Alistrer McGrath, *The Reenchantment of Nature: The Denial of Religion and the Ecological Crisis* (New York: Doubleday, 2002). McGrath는 세속주의는 자연으로부터 하나님의 선한 창조세계라는 지위를 제거하기 때문에 자연을 존귀히 여기는 것에 실패한다고 주장한다.

그때까지 예수님의 추종자들은 가능한 한 최대한의 샬롬(shalom:정의와 평강)을 지구에 가져와야 한다. 예수님의 추종자들은 시간이 있을 때 그들의 달란트를 잘 활용해야 한다(눅 19:11-28). 이는 하나님이 안전하게 보관하기 위해 지구인들에게 유산으로 물려주신 동산을 잘 돌보는 것을 포함한다. 사실 최근 몇 년 동안 많은 복음주의 기독교인들은 이런 문제들에 더 관심을 갖게 되었다.

8. 기독교의 사후 세계는 매력이 없다

비록 기독교 변증학 교재에서 거의 언급되지는 않지만, 어떤 이들은 기독교가 매력적이지 않다고 일축해 왔다. 그들이 부분적으로 그랬던 이유는 사후 세계에 대한 기독교의 견해가 단조롭고 지루하다고 여기기 때문이다. 이는 반만 기억되는 주일학교 학습내용, 형편없는 종교미술 혹은 사람들이 구름 위에서 별 특별한 이유없이 영원히 하프를 켜는 사람들로 흔히 소개되는 것에서 종종 유래한다. 이 문제의 뿌리는 천국에 대한 잘못된 개념으로, 교회는 이런 잘못을 자주 범해 왔다.

성경적으로 이해했을 때 사후 세계에는 두 단계가 있다.

(1) 죽음 이후의 삶(life after death) 그리고 (2) 죽음 이후의 삶 이후의 삶(life after life after death).[53] 그리스도를 믿는 신자에게 있어서 육체적인 죽음은 영혼이 육체로부터 분리되어 하나님의 임재 속으로 들어가는 것을 의미한다. 성경은 한 개인이 "주님과 함께" 있음에도 불구하고 육체적 몸이 결여된, 즉 "옷을 입지 않은"(unclothed) 것을 제외하고는 이 단계에 대해서 많은 것을 계시하지는 않는다(고후 5:1-10). 다시 말해 이 비육화된 중간상태(disembodied and intermediate state)—죽을 수밖에 없는 삶

---

53 David Neff가 N. T. Wright와 함께 한 인터뷰를 You Can't Keep a Justified Man Down: An Interview with N. T. Wright," *Christianity Today On Line Exclusive*, April 1, 2003 〈www.christianitytoday.com/ct/2003/aprilweb-only/4-14-42.0.html〉에서 보라.

과 육체의 부활 사이-는 불완전하다.

우리는 육체적이고 영적인 통합체로 창조되었으나 죽음은 (죄로 인해) 이 통합체를 깨뜨렸다. 사망 시 기독교인은 이 세상의 죄로 영향받은(sin-affected) 존재의 사슬로부터 풀려나게 되지만 그리스도를 통해 구속받은 자들에게 약속된, 부활된 육체는 아직 입지 않은 것이다. 하프가 언급되는 상당히 상징적인 책인 요한계시록에는 구원받은 영들이 하나님을 찬양하는 것을 묘사하는 것이 몇 군데에 등장한다(계 14:2; 15:2). 그렇다고 해서 무한하게 장엄하신 하나님을 찬양하고 예배하는 활동이 도저히 지루하거나 무의미할 수는 없다.

우리가 유한한 존재들을 어느 정도까지는 찬양하고 칭송할 수 있겠지만, 음악의 대가들을 위한 기립박수도 어느 정도가 되면 (당연히) 종료하게 된다. 그렇지만 무한하고 완전한 존재를 위한 예배는 끝이 없는데 왜냐하면 유한한 존재들은 항상 하나님께 빚을 진 상태에 있게 될 것이기 때문이다. 그리고 영원무궁토록 예배를 통해서 기쁘게 경험하게 될 하나님의 무한한 생명을 항상 더 많이 소유하게 될 것이기 때문이다. 그것이 바로 천국이다. 천국은 비할 데 없고 필적할 데 없는 예수 그리스도와 함께 있는 것이다(눅 23:43).

창조세계의 마지막 상태는 "새 하늘과 새 땅"(계 21-22장)이다. 인간들은 이 세상을 개발하고 발전시키기 위해서 그리고 그렇게 함으로 하나님을 영화롭게 하기 위해 창조되었다(창 1-2장). 예수 그리스도는 인간들뿐만 아니라 전체 창조세계를 구속하기 위해 오셨다(롬 8:18-26). 그렇기 때문에 앞으로 다가올 세상에서 구원받은 여성들과 남성들은 개발과 발전의 임무를 계속하기 위해서 이 땅 위에 자신들의 자리를 잡게 될 것이다.[54]

게다가 비록 미국 복음주의에서는 통상적으로 가르치지는 않지만, 인류의 문화적 업적들은 정화되어 이 부활된 세상으로 옮겨지게 될 것

---

54 Michael Wittmer, *Heaven Is a Place on Earth: Why Everything You Do Matters to God* (Grand Rapids: Zondervan, 2004)을 보라.

라는 강력한 성경적 사례가 있다(칼빈주의 전통에 의해서 강조된). "열방의 부"는 영원한 하나님의 나라로 옮겨지게 될 것이며, 따라서 영원한 하나님 나라의 시민들에게는 향유와 감상을 위한 폭넓은 기회가 주어지게 되면서 말이다.[55] 하나님의 문화적 은혜에 대한 이러한 역사적인 유적들을 넘어서 다양한 문화적 창조물들이 회복된 우주에서 꽃피우게 되고, 이 회복된 우주는 타락이 없고 물이 바다를 덮듯이 분명한 하나님의 임재로 충만한 곳이 될 것이다(사 11:9; 계 21-22장).

그렇기 때문에 만일 한 개인이 성경을 진지하게 간주한다면, 사후 세계는 진부하고 따분한 것으로 여겨질 수 없다. 이레니우스가 기록했듯이 "하나님의 영광은 사람이 완전하게 살아 있는 것"이며 구원받은 자들은 그들의 영화로운 상태에서 완전하게 살아 있게 될 것이다.[56]

9. 왜곡에서 실재로

기독교에 대한 왜곡된 서술들은 그 서술들이 너무나도 대중적이고 열정적으로 홍보되기 때문에, 많은 사람들로 하여금 진정한 기독교 메시지에 대해 심사숙고하지 못하게 한다. 그러나 대중성과 열정은 진리를 보장하지 않는다. 이 장은 기독교는 기독교에 반대해서 제기된 희화들을 논박할 수 있다는 것을 주장했다. 기독교는 반지성적이지도 않고 반과학

---

55 Richard Mouw, *When the Kings Come Marching In: Isaiah and the New Jerusalem*, rev. ed.(Grand Rapids: Eerdmans, 2004).
56 Irenaeus, *Against Heresies*, 4.20.7. 천국의 상징주의가 객관적인 실재에 어떻게 연관되는지에 대해서는 C. S. Lewis, "Hope," *Mere Christianity* (1952; reprint, San Francisco: HarperSanFrancisco, 2001), 3권 10장을 참고하라. 천국이 왜 따분할 수 없는지에 대해 더 알기 위해서는 Jerry L. Walls, "Heaven and Hell," *The Routledge Companion to Philosophy of Religion*, ed. Chad Meister and Paul Copan (New York: Routledge, 2007), 593-594를 참고하라. 사후 세계가 이생에 의미를 부여하지 않는다는 것에 대한 반대의견으로는 J. P. Moreland, *Scaling the Secular City* (Grand Rapids: Baker, 1987), 130을 보라.

적이지도 않으며 오히려 실재를 이성적으로 그리고 경험적으로 이해하기 위해 지성(mind)의 삶을 환영한다.

기독교 세계관은 모든 인간들이, 아무리 타락했다고 하더라도, 하나님의 형상대로 만들어졌다고 단언한다. 그렇기 때문에 기독교 세계관은 인종이나 성별에 기초해서 차별하지 않고, 복음을 통해서 모든 이들에게 생명과 소망을 제공한다. 기독교 세계관은 동성애적 행위를 창조의 목적에 정반대되는 것으로 여기긴 하지만 동성애 혐오를 격려하지 않고 오히려 사랑과 회복을 격려한다.

기독교는 강제가 아닌 설득에 기초해서 기독교를 권해야 한다. 언제든지 기독교의 대의명분이 무력에 의해 증진될 때에는, 기독교 대의명분의 최고 권위인 성경에 충실하지 않게 된다. 창조의 성경적 교리는 자연의 중요성을 평가절하하기는 커녕, 지구는 하나님이 손수 만드신 작품으로 꼭 존중받아야 한다는 것을 의미한다. 하나님은 지구(와 우리)를 너무나도 높게 평가하시기 때문에 구원받은 자들의 사후 세계는 회복된 물리적 우주에서 무한한 기쁨 속에서 사는 것이 될 것이다.

6장

진리의 정의와 변론

"진리는 무엇인가?"라며 빌라도는 조롱하며 말했다. 그리고 빌라도는 대답을 듣기 위해 기다리지 않았다.

프란시스 베이컨(FRANCIS BACON)[1]

만일 변증학의 의미와 사명이 기독교의 진리를 이성적으로 변호하는 것에 있다면, 역사적으로 중요한 기독교의 진리관에 문제가 제기되었거나 전적으로 거부되었을 때는 변증학을 잠시 멈추어야 한다.[2] 1968년에 프란시스 쉐퍼는 새로운 세대에게 기독교를 의사소통할 때 발생하는 문제는 객관적이고 인식이 가능한 실재로부터 분리된, 새로운 진리관에 집중되어 있다고 저술했다.[3] 쉐퍼는 선지자적이었다. 그리고 쉐퍼가 그 당

---

1 Francis Bacon, "On Truth," in *Bacon: A Selection of His Works*, ed. Sydney Warfaft (Indianapolis: Bobbs-Merrill, 1965), 47.
2 이 장은 비슷한 형태로 "Truth Defined and Defended" in *Reclaiming the Center*, ed. Millard J. Erickson, Paul Kjoss Helseth and Justin Taylor (Wheaton, IL.: Crossway, 2004)에 게재되었다.
3 Francis A. Schaeffer, *The God Who Is There*, 30th anniv. ed. (Downers Grove, IL.: InterVarsity Press, 1998), 25. Schaeffer는 성경적이고 고전적인 진리의 견해를 "참된 진리"(true truth)라고 언급했다.

시에 분별했던 위험들이 지금 만연하고 있다. 진리, 특별히 영적인 진리가 지금은 사회적 혹은 개인적인 해석에 지나지 않는 관점의 문제로 대부분 취급되고 있다. 진리는 더 이상 만물의 본성에 관하여 관여하지도 않고 진리는 지적인 분석에 달려있지도 않다.

그럼에도 성경은 반복해서 믿음은 반드시 사실적이어야 한다는 것을, 그리고 믿는 것은 실재와 연결하는 것임을 단언한다. 죽은 사람의 부활에 대해 이의를 제기하고 있었던 고린도인들에 대한 바울의 진술을 살펴보자.

> 그리스도께서 만일 다시 살아나지 못하셨으면 우리가 전파하는 것도 헛것이요 또 너희 믿음도 헛것이며 또 우리가 하나님의 거짓 증인으로 발견되리니 우리가 하나님이 그리스도를 다시 살리셨다고 증언하였음이라 만일 죽은 자가 다시 살아나는 일이 없으면 하나님이 그리스도를 다시 살리지 아니하셨으리라 만일 죽은 자가 다시 살아나는 일이 없으면 그리스도도 다시 살아나신 일이 없었을 터이요 그리스도께서 다시 살아나신 일이 없으면 너희의 믿음도 헛되고 너희가 여전히 죄 가운데 있을 것이요 또한 그리스도 안에서 잠자는 자도 망하였으리니 만일 그리스도 안에서 우리가 바라는 것이 다만 이 세상의 삶뿐이면 모든 사람 가운데 우리가 더욱 불쌍한 자이리라(고전 15:14-19).

바울의 논증은 시공간상의 역사 속에서 예수님의 부활에 대한 하나의 진리 주장을 전제한다. 바울은 예수님의 부활이라고 하는 객관적인 진리에 모든 것을 건다. 만일 예수님의 부활이 객관적인 진리가 아니라면 예수님의 부활을 그토록 강력하게 믿는 바울의 믿음이나, 예수님의 부활을 긍정하면서 바울의 공동체가 경험하는 위로는 부적절한 것이다.

그럼에도 불구하고 많은 기독교인들은 기독교 자체에 대하여 객관적이고도 이성적으로 인식 가능한 진리의 개념 일체를 저버리고 있다. 많은 기독교인들은 이런 진리 개념은 기독교 전도(Christian witness)를 제한하고 진리 개념을 소통에 실패한, 구시대적 근대주의(modernist) 진리 서술에 결부시키는 것이라고 주장한다.

1. 진리와 복음주의자들

브라이언 맥클라렌은 3부작의 첫 번째 작품이 된 『새로운 종류의 크리스천』(A New Kind of Christian)이라는 자신의 인기도서에서 부적절하고 절망적인 근대주의적 복음주의의 유일한 대책으로 포스트모더니즘을 변호한다. 환멸을 느낀 기독교인 댄(Dan)이 목회를 그만두는 것을 고려하고 있을 때 맥클라렌은 매력적이고 쾌활한 포스트모더니즘 주인공인 네오(Neo)와의 교감을 통하여 댄의 믿음이 돋우어지는 얘기를 엮어낸다.[4] 아주 중요한 한 대화장면에서 네오는 댄에게 이렇게 말한다.

> 진리와 지식의 예전 개념들은, 음~, 내 생각에 "해체되었다"(deconstructed)고 봐. 하지만 우리는 그 단어를 지금 다 알 필요는 없어. 옛날 개념들이 문제시되고 있다네. 예전 개념들을 개선시켜줄 수 있는 진리와 지식에 대한 새로운 이해는 아직 충분히 다 개발되지는 않았다네. 그렇기 때문에 댄! 나는 결코 진리가 중요하지 않다고 말하는 것이 아니라네. 하지만 진리는 사실적인 정확성(factual accuracy) 이상을 의미한다는 것을 나는 말하고 있는 거라네. 그건 하나님과 이심전심의 상태에 있는 것을 의미한다네.[5]

네오는 진리를 "사실적인 정확성 이상의 것"이라고 주장하긴 하지만

---

4 포스트모더니즘 사고가인 Stanley Grenz, Leonard Sweet and Nancey Murphy가 우리의 책 각주에 모두 호의적으로 언급되었다.

5 Brian McLaren, *A New Kind of Christian* (San Francisco: Jossey-Bass, 2001), 61.

책의 나머지 부분에서는 진리가 사실적 정확성과 조금이라도 관련이 있는지에 대해 계속해서 의문을 제기한다. 네오는 근대주의(modernity)를 이렇게 묘사한다. 이 근대주의-부기맨이라는 귀신(the bogeyman)-를 "절대적인 **객관성**(objectivity)을 열망했던 어떤 시대"로 묘사한다. 우리는 이 근대주의가 시문학, 서술, 종교와 인문학을 희생한 대가로 절대적인 확실성과 지식을 산출할 것이라고 믿었다.

근대주의는 또한 "**비판적인 시대**"였다. 만일 당신이 "절대적이고 객관적인 진리를 믿고, 절대적인 확실성으로 그 진리를 안다면, 당연히 당신은 누구든지 당신과 다르게 인식하는 사람이 틀린 것을 반드시 입증해야 한다."[6] 네오는 복음주의자들이 객관적이고 절대적이며 인식 가능한 진리와 그것과 동의하지 않는 사람들을 논박할 필요를 강조하기 때문에 근대주의(종교에 대한 근대주의의 비판에도 불구하고) 세계관을 받아들인 것이라고 생각한다. 네오에 의하면 이 근대주의적 후유증은 철저하게 거부되어야만 한다.

포스트모던주의자가 객관적인 진리와 합리성을 "해체"하는 것에 대해서 네오는 직접 자세하게 설명하지는 않지만 다음과 동일한 것이다. 즉 진리는 실재(reality)에 대응하는 진술문 안에 더 이상 존재하지 않는다는 것이다. 그런 근대주의자의 개념은 해체되거나 그것의 "참된"(true) 요소들로 환원되지 않으면 안 된다. 진리는 관점의 문제에 지나지 않으며 진리는 주로 언어를 통해서 개인들과 공동체들이 구성하는 어떤 것이다.

만일 이 포스트모던주의자의 관점이 수용된다면 객관적인 진리는 원칙상 배제된다. 진리는 공동체들, 인종그룹들, 성별들과 다른 우연적인 요인들 속에서 소실되고 만다. 그 어떤 "거대 담론"(metanarrative, 혹은 세계관)도 실재에 대한 진실되고 합리적인 서술이라고 정당하게 주장할 수 없다. 그렇게 주장하는 것은 오만하고 불가능할 것이다.

맥클라렌은 이미 진리의 개념을 희석시켰기 때문에, 이제 그는 이러

---

6 Ibid., 17.

한 개념들에 들어맞도록 성경의 본질을 재정의해야만 한다. 예전 자유주의자들은 고전적인 진리대응관(correspondence view of truth)을 견지했고 많은 성경적 진술문들은-특히 역사와 과학에 연관된 진리 주장들-실재에 대응하는 것에 실패했다고 주장했다.[7] 반면에 포스트모더니즘에 매료된 기독교인들은 진리 자체의 바로 그 개념을 바꾸고 그런 다음에는 그들의 새로운 진리 개념을 성경에 적용시킨다. 따라서 성경은 성경 자체에 기록된 단어들과 성경 독자들의 관점들 외부에 존재하는 객관적이고 정해진 실재에 속속들이 일치해야 하는 압박감에서 놓여나게 되는 것이다.

이제 성경은 그것을 믿는 공동체에 의해서 의미심장하게 여겨진다는 점에서, 성경은 우리에게 위대한 담론들을 제공해 준다는 점에서 그리고 성경은 우리를 영적으로 고무시켜 준다는 점에서 "진리"인 것이다. 사실과의 완벽한 일치는 이제 더 이상 문제되지 않는다. 맥클라렌과 그를 대변하는 이들에게 있어서 이것을 깨닫게 되는 것은 "새로운 종류의 기독교인"이 된다는 것을 의미한다.

"젊은 복음주의자들"에 대한 설문조사에서 로버트 웨버(Robert Webber)는 변증학에 대한 젊은 복음주의자들의 견해들을 언급한다. 웨버가 질문한 사람들은 객관적이고, 명제적이고, 설득력 있는 합리적 변론을 통해서 변호 가능한 것으로 간주된 기독교의 진리를 미심쩍게 여기는 것 같다.[8] 웨버는 칼 F. H. 헨리의 대표작인 6권으로 된 『하나님, 계시 그리고 권위』(God, Revelation, and Authority)에서 3개의 핵심 명제들을 인용하며 젊은 복음주의자들-웨버의 생각에 이 운동(movement)에서 지도적 입장에 있는 사람들-에게는 단지 그런 초점이 부재한다고 주저함 없이 공

---

7 더 오래된 신학적 자유주의에 대한 고전적인 비평을 위해서는 J. Gresham Machen, *Christianity and Liberalism* (Grand Rapids: Eerdmans, 1923)을 참고하라.
8 나는 Webber의 표본이 타당했는지 미심쩍게 여긴다. 나는 강력하게 객관적인 견해의 진리와 합리적인 변증학의 필연성을 견지하는 젊은 복음주의자들을 많이 알고 있다. 이는 1993년부터 내가 덴버신학교에서 알고 지내왔던 종교철학을 전공하고 졸업한 대부분의 모든 학생들의 입장이다.

표한다. 그가 인용하는 진술문들은 다음과 같다.

1. 하나님의 계시는 이해할 수 있는 개념들과 의미있는 단어들, 즉 개념적 동사 형태로 전달된 이성적인 의사소통이다.
2. 성경은 신적인 진리의 저수지(reservoir)이며 도관(conduit)이다.
3. 성령은 신적인 계시가 의사소통되는 것을 감독한다. 첫째, 예언적인 사도적 저술물들에 영감을 주는 것을 통해서, 둘째, 성경으로 주어진 하나님의 말씀(Word of God)을 밝히 조명하고 해석하는 것을 통해서 감독한다.[9]

웨버는 젊은 복음주의자들이 기독교 진리의 과도한 명제적 이해를 거부하는 것에 동의한다. 진리의 전통적 견해는 반드시 사라져야 한다.

어떤 사람들은 진리는 이미 사라져 가고 있다고 생각하며 진리의 사망을 애도하고 있다. 미국 여론조사원인 조지 바나(George Barna)는 "중생(born again)의 경험이 있는 기독교인들" 중에서 오직 9%만 기독교 세계관을 소유하고 있다고 보고했다. 바나는 그런 세계관을 다음과 같은 방식으로 정의한다.

> 성경적인 세계관은 절대적인 도덕적 진리들이 존재한다고 믿는 것으로, 그런 진리는 성경에 의해 정의된다고 믿는 것이며 또 6가지 구체적인 종교적 견해들에 대해 확고한 믿음을 갖는 것으로 정의되었다. 그 견해들은 다음과 같다. 즉 예수 그리스도가 죄없는 삶(sinless life)을 사셨으며, 하나님은 전능하시고(all-powerful) 전지하신(all-knowing) 우주의 창조주이시며, 하나님이 여전히 오늘도 통치하고 계시며, 구원은 하나님으로부터 오는

---

9 Robert Webber, *The Younger Evangelicals* (Grand Rapids: Baker, 2002), 97. Henry가 이런 명제들을 모두 다룬 것을 원하면 Carl F. H. Henry, *God, Revelation, and Authority* (Waco, TX: Word, 1976–1983), vols. 2–4를 보라.

선물로서 획득할 수 없는 것이며, 사탄은 실제하며, 기독교인은 그리스도 안에 두는 자신들의 믿음을 다른 사람들과 나눌 책임감을 갖고 있으며 그리고 성경은 그것의 모든 가르침에 있어서 정확하다는 것이다.[10]

더 나아가 바나는 "대안적인 세계관들 중에 가장 주된 것은 포스트모더니즘이었고, 포스트모더니즘은 가장 젊은 두 세대들(즉 버스터세대[Busters]와 모자이크 세대[Mosaics]를 지칭함) 사이에서 지배적인 관점으로 여겨졌다"고 알린다.[11]

좀 더 학문적인 분야에서 스탠리 그렌츠(Stanley Grenz)와 존 프랭케(John Franke)는 그들의 책인 『근본주의너머: 포스트모던 맥락에서의 신학형성』(*Beyond Foundationalism: Shaping Theology in a Postmodern Context*)에서 피터 버거(Peter Berger)와 토마스 럭크만(Thomas Luckmann)의 서술 사회학(descriptive sociology)에서 등장하는 개념들을 사용하여 그렌츠와 프랭케식의 진리 개념을 설명한다.

지식의 사회학(sociology of knowledge)이라는 학문에서 버거와 럭크만은 언어를 통한 "실재의 사회적 구성"(social construction of reality)에 대해서 저술한다. 버거와 럭크만은 진리의 본질에 대해서 철학적인 주장들을 펼치는 것이 아니라 믿음들(beliefs)이 어떻게 형성되었으며 믿음들이 다양한 사회적 맥락들 속에서 어떻게 기능하는지를 기술한다. 엄밀하게 말해서, 지식의 사회학은 철학적 의미(즉 정당화된 참된 믿음[justified true belief])에서의 지식에 대한 것이 아니라, 단지 다양한 문화적 환경 속에서 어떻게 믿음들이 개연성을 얻게 되는지에 대한 것이다.[12]

---

10 "A Biblical Worldview Has a Radical Effect on a Person's Life," *Barna Group*, December 1, 2003 ⟨www.barna.org/barna-update/article/5-barna-update/131-a-biblical-worldview-has-a-radical-effect-on-a-persons-life⟩.
11 Ibid. 버스터 세대는 대개 1965-1983에 출생한 사람들을 지칭하며 모자이크 세대는 대개 1984-2002년에 출생한 사람들을 지칭한다-역주.
12 Peter Berger, *A Rumor of Angels: Modern Society and the Rediscovery of the Supernatural*

그럼에도 불구하고 그렌츠와 프랭케는 언어를 통해 실재를 구성한다는 개념을 취해서 신학적인 목적들에 차용한다. 그렌츠와 프랭케는 "인간의 언어학적-구성적인 과업과는 별개로 우주에는 소여성(givenness)"이 존재한다는 것을 인정하긴 하지만(포스트모던주의의 달인인 Richard Rorty도 이것을 인정함) 언어가 객관적인 실재에 옳게 혹은 틀리게 결부시키는지에 대해서는 고려하지 않는다.

오히려 그들은 이런 놀라운 진술을 한다. "단순한 사실은 우리는 '세계 그 자체 안'(world-in-itself)에서 거주하지 않는다는 것이다. 대신에 우리는 우리 스스로가 만들어낸 언어적 세계 속에서 산다."[13] (만일 이것이 사실이라면, 바로 그런 "명확한 사실"은 없게 될 것이다).

게다가 그렌츠와 프랭케는 "객관성"(objectivity)은 존재하지 않는다고 주장한다. 즉 "우리가 사회적 언어학적으로 구성한 실재, 그 너머에 존재하는 정적인 실재(static reality)로 이해된 그리고 우리가 사회적 언어학적으로 구성한 실재와 동시에 공존하는 것으로 이해된 객관성은 없다. 그것은 혹자들이 '있는 그대로의 세계'(the world as it is)라고 부를 만한 그런 객관성은 아니다"라고 주장한다.[14] 대신 "객관성"은 하나님이 미래에 결국 종말론적으로 초래하실 것에만 국한된 것이다.[15] 따라서 그렌

(Garden City, N.Y.: Anchor Books, 1970).
13 Stanley Grenz and John Franke, *Beyond Foundationalism* (Grand Rapids: Eerdmans, 2000), 53.
14 Ibid.
15 이 주장은 비논리적이다. 만일 언어가 객관적인 세계를 **지금**(now) 대변할 수 없다면, 왜 언어가 미래 세계를 대변할 수 있다고 생각하는가? 만일 언어가 본질적으로 사회적으로 구성된 것이라면, 현재 주장들에 대한 구성만큼이나 미래 주장들에 관한 구성도 두고 봐야 할 문제다. 게다가 저자들은 종말론적 실재에 대한 저자들의 진술문들이 **지금 당장 참**(true)된 것으로 우리가 믿어주기를 원한다. 만일 그렇다면 저자들의 이런 말들은 단순한 사회적 구성 이상이여야만 한다. 만일 그렇다면 우리는 그들이 주장하는 것처럼 "우리 스스로가 만들어낸 언어적 세계"에 거주하는 것이 아니라 "세계 그 자체 안"(world-in-itself)에 대한 인식적 주장을 어느 정도 하고 있는 것이다. 그렇기 때문에 그들의 관점은 자가당착적으로 여겨진다. 저자들은 그들이 명백하게 부인하는 진리의 견해를 전제하고 있기 때문이다. 저자들의 관점은 Jürgen Moltmann과 Wolfhart Pannenberg의 주제들과 맥을 같

츠와 프랭케는 언어가 지금 있는 그대로의 객관적인 세계인 언어 외부적 실재(extralinguistic reality)와 진실되게 결부시킬 수 있다는 것을 부인한다. 이것은 진리대응관(correspondence view of truth)으로부터 그리고 아무 종류의 신학적 실재론(성경과 조화를 이루는 신학적 진술문들은 객관적 실재를 반영한다는 주장)으로부터의 의미심장하고도 중대한 이탈이다.

이 장은 객관적 진리에서 벗어나 포스트모던 길 여정에 있는 이들에 의해 도전된 진리의 개념을 변호한다. 그것은 아주 고대부터 있어 왔고 논리적으로도 설득력 있는 진리의 비전이다. 그럼에도 불구하고 많은 복음주의자들은 비판적인 개입은 거의 하지 않은 채 일축해 버리고 있다. 최악의 경우 일련의 복음주의자들은 이 유서 깊은 진리관을 저버리는 것-최소한 소외시킨다-같은데 왜냐하면 많은 포스트모던인들이 이 진리관에 의문을 제기하거나 저버리고 있기 때문이다.

2. 진리에 대한 질문

진리에 대한 질문은 적어도 두 가지 핵심 구성요소가 있다.

첫째, 진리 그 자체의 본질은 무엇인가? 어떤 것이-믿음(belief)이나 진술문-거짓(false)이거나 불합리한(nonsensical) 것과는 대조적으로 참(true)되다고 하는 것은 무엇을 의미하는 것인가? 이런 종류의 질문들은 진리의 형이상학(metaphysics)이나 "존재"(being)를 다룬다. 진리 주장들은 평범한 사실이나(오늘 비가 오나요?) 고대부터 있었던 중대한 세계관들(많은 종교들 중 어떤 종교들의 세계관들이 진실된 것인가, 만일 그 중에 하나라도 있다면?)에 대한 것들일 수 있다.

둘째, 모순되는 진리 주장들은 도처에 산재해 있기 때문에 진리 주장

이한다. Pannenberg와 Moltmann의 종말론과 그들의 전체적인 세계관의 비평을 위해서는 Carl F. H. Henry, "Shall We Surrender the Supernatural?" in *God, Revelation, and Authority*, 6 vols. (Waco, TX: Word, 1976-1983), vol. 6을 참고하라.

들은 합리적으로 검증되어야 할 필요가 있다. 이것은 인식론(epistemology)의 영역이나 우리가 아는 것을 어떻게 우리가 아는지에 대한 학문분야로부터 도움을 받는다. 이 장에서 인식론을 직접적으로 언급하지는 않겠지만, 진리론(theory of truth)과 별개로 작동하는 인식론은 하나도 없다는 것을 주목하는 것이 시급하다.[16] 따라서 합리적이고 진리 추구적(truth-seeking)인 인식론을 위해서는 합리적 진리론(rational theory of truth)이 요구된다. 합리적 진리론이 철학, 신학이나 아무 다른 학문에 적용되는지의 여부와 상관없이 말이다.

1) 의미와 진리(Meaning and Truth)

4가지 선두적인 진리론을 평가하기 전에, 의미의 문제에 대해서 하나 짚고 넘어가야 할 것이 있다. 하나의 진술문이 참(true)이거나 거짓(false)이기 위해서는—우리가 진리와 거짓의 개념을 어떻게 이해하든지 간에—그 진술문은 의미있는 것이어야만 한다. 즉 진술문은 이해 가능한 진리 주장을 반드시 제시해야만 한다. 진술문은 반드시 어떤 실재의 몫(share of reality)을 개념적으로 명확히 나타내야 하며 뜻이 분명해야 한다.

예를 들어, "녹색 개념들은 격노하여 잔다"(Green ideas sleep furiously)는 진술은 참도 아니며 거짓도 아닌데 왜냐하면 그것은 아무것에 대한 진술도 개진하고 있지 않기 때문이다. 이 진술문이 문법적으로는 옳을 수는 있겠지만, 그럼에도 불구하고 이 진술문은 무의미하다. (기독교인들에 의해 만들어진) "하나님은 삼위일체시다"라는 진술문은 의미가 있다. (무슬림들에 의해 만들어진) "하나님은 삼위일체가 아니시다"라는 진술문은 의미가 있다.[17] (무신론자들에 의해 만들어진) "하나님은 존재하지 않는다"라는 진술문은 의미가 있다. "많은 신들이 존재한다"라는 진술문은 의미

---

16 세계관 테스트에 대한 인식론이 3장 "변증학적 방법"(Apologetic Method)에 등장한다.
17 어떤 이들은 삼위일체 교리가 모순된다고 여겨왔지만 이 교리가 무의미하다고 주장해 온 사람은 거의 없었다.

있다.[18] 물론 이런 진술문들 모두가 참일 수는 없다. 기껏해야 이런 진술문들 중 오직 하나의 진술문만 참일 수 있다.[19]

만일 진술문의 진리 주장이 분별되고 평가되려면 당연히 한 개인은 주어진 진술문의 의미를 올바르게 해석해야만 한다. 오역된 진술문을 논박(refutation)하는 것은 그 진술문의 진실이나 거짓은 다루지 않은 채로 남겨두게 된다. 이것은 세계관 전체에도 해당되는 말이다. 많은 이들은 기독교의 특정한 측면들의 의미를 오역해 왔고 그렇기 때문에 기독교가 저지르지 않은 잘못을 기독교의 탓이라고 주장해 왔다. 기독교가 주장하는 것들의 의미를 분별하는 것에 실패함으로 인하여 어떤 이들은 기독교를 부당하게 거부해 왔다.[20] 사실 어떤 세계관이 희화되었고 그런 다음에는 그 세계관이 희화된 것에 근거해서 비판받았다면 공정하게 조사되지 않은 것이다.

2) 진리대응론(The correspondence theory of truth)

진리대응관은-자주 실재론(realism)으로 언급됨-다소간의 세부사항에서 꽤 전문적 지식을 요할 수 있긴 하지만, 진리대응관은 상식적이며 실재에 대해서 무엇인가를 긍정하는 사람 그 누구나에 의해서 최소한 은연중에 활용된다.[21] 아리스토텔레스는 이미 수 세기 전에 이 문제의 핵심에 도달했다.

---

18 Douglas Groothuis, "Meaning" in *Encyclopedia of Empiricism*, ed. Don Garrett and Edward Barbanell (Westport, CT: Greenwood Press, 1997), 244-246을 보라.
19 이러한 진술문들이 형이상학과 관련된 모든 논리적 가능성들을 다루지는 않는다.
20 Philip J. Sampson, *Six Modern Myths About Christianity and Western Civilization* (Downers Grove, IL: InterVarsity Press, 2000). 그리고 이 책의 5장을 보라.
21 실재론의 어떤 버전을 견지하는 모든 이들이 다 진리대응관이라고 칭해지는 것을 흔쾌히 승인하지는 않지만, 이런 차이점들은 상당히 전문적인 지식을 요하는 것이어서 연이어 진행되는 내용에 영향을 미치지 않는다. Alvin Goldman, *Knowledge in a Social World* (New York: Oxford University Press, 1999), 60.

그렇지 않은 어떤 것에 대해서 그것은 그렇다고 말하거나, 그러한 어떤 것에 대해서 그것은 그렇지 않다고 말하는 것은 거짓인 반면에, 그러한 어떤 것에 대해서 그렇다고 말하고, 그렇지 않은 어떤 것에 대해 그렇지 않다고 말하는 것은 참이다. 그렇기 때문에 무엇이든지 그것이 그렇다고 말하거나, 그것이 그렇지 않다고 말하는 사람은 진리인 어떤 것이나 거짓인 어떤 것에 대해 말하게 될 것이다.[22]

하나의 믿음이나 진술문은 그것이 언급하는 실재와 일치하거나, 실재를 반영하거나 실재에 대응할 때만 참이다. 진술문이 참이기 위해서는 반드시 사실에 입각한 것이어야만 한다. 사실들은 믿음이나 진술문의 진실 혹은 거짓을 결정한다. 사실에 의존하는 것은 진리의 본질이며 취지이다. 다시 말해 하나의 진술문이 참이 되려면 진술문의 진리를 결정하는 진리-제조자(truth-maker)가 반드시 존재해야 한다. 어떤 사람이 어떤 진술문을 생각하거나 그것을 발언한다고 해서 진술문이 결코 참이 되는 것은 아니다.

우리가 우리 고유의 의견을 가질 권리는 있겠지만, 우리에게만 권리가 주어진 우리 자신들만의 사실이라는 것은 없다. 하나의 진술문을 믿는 것과 그 진술문이 참인 것은 별개의 문제이다. 이런 의미에서 진리는 성취이다. 모든 진리 후보자들이 실재에 의해 선택되지 않는다. 어떤 진리 후보자들은 패배한다. 모든 진술문들이 그들의 과녁을 적중시키는 것은 아니다. 어떤 진술문들은 과녁을 빗나가기도 한다.

인식론자인 알빈 골드만(Alvin Goldman)에게 있어서, 믿음과 진리와의 관계는 경마에 돈을 거는 것과 같다. 우리가 베팅을 하는 것의 여부나 어떤 말에 베팅을 할지에 대한 것은 우리에게 달려있다. 누가 경주에서 이기는지는 우리에게 달려있지 않다. "일단 당신이 하나의 믿음을

---

22 Aristotle, *Metaphysics*, 4.7.

형성하게 되면…그 믿음의 '성공'이나 '실패'는 당신에게 달려있지 않다. '성공'이나 '실패'의 여부는 세계에 달려있고, 일반적으로 세계는 당신과는 독립적으로 존재한다."²³ 다시 말해 "오직 세계만(즉 실재 자체) 진리와 거짓을 부여한다."²⁴ 그렇다면 진실된 진술문은 "기술적 성공"(descriptive success)이며, 진술문이 실재에 충실하다는 것을 의미한다.²⁵ 이것을 설명하는 다른 방법은 진리 주장들은 의도적이라는 것이다. 이는 진리 주장들은 어떤 것에 대한 것이거나 어떤 것에 속한다는 것을 의미한다. 진리 주장들은 하나의 국면(a state of affairs)을 겨냥하고 있고 만일 진리 주장들이 참이라면 그 진리 주장들은 개념적으로 그 국면을 담아낸다.

"하나님은 존재한다"는 거기 계시는 하나님의 존재에 대한 진술문으로 하나님이 부재하는 것과는 대조를 이룬다. 그렇다면 하나님은 "하나님은 존재한다"라는 의도적인 진술문의 의도적인 대상이다. 만일 하나의 진술문이 그것의 의도적인 대상을 찾는 것에 실패한다면, 그것은 거짓이다. 예를 들어, "알버트 고어는 2000년 미국 대통령 선거에서 승리했다"를 살펴보자.²⁶

우리가 미래시제에서 만들어진 진술문들의 진리나 거짓에 대해 말

---

23 Goldman, *Knowledge in a Social World*, 20. 그렇지만 어느 정도 제한된 사례들에서, 한 개인은 자신이 행하거나 말하는 어떤 것에 의해 믿음이나 진술문을 참으로 만들 수 있다. 예를 들어, 만일 내가 "나는 지금 말하고 있다"라고 말한다면 이를 내가 말하는 것은 진술문이 참이 되게 한다. 유사하게 어떤 목사가 "나는 지금 당신을 남편과 아내로 선포합니다"라고 말할 때처럼 어떤 발화들은 그것의 내용을 참이 되도록 만든다(전문적인 용어로 이를 "수행적 발화"[performative utterance]라고 한다). 혹은 누군가가 어떤 테니스 선수에게 그녀는 경기에서 이길 것이라고 말할 때와 같이 예측들은 진술문들이 참이 되도록 하는 것을 도와줄 수 있는데 사실 이런 예측은 선수에게 경기에서 승리하도록 용기를 부여하는 데 도움이 된다(ibid., 21을 보라). 그러나 하나님, 인류, 구원과 영원에 관련된 세계관들의 진리에 대한 사례들에서, 이런 종류의 조건들은 성립되지 않는다.
24 Ibid., 21.
25 Ibid., 60.
26 의도적인 대상들과 관련하여 진술문들이 의도적인 것에 대해서는 J. P. Moreland and William Lane Craig, *Philosophical Foundations for a Christian Worldview* (Downers Grove, IL.: InterVarsity Press, 2003), 136-137을 참고하라.

할 때 문제는 더 어려워진다. 즉 아직 존재하지 않는 것들에 대해서 우리가 예측할 때이다. 이는 현재에는 효용가치가 전혀 없는 난해하기만 한 형이상학은 아니다. 특히 우주적 역사와 개인적 불멸성에 관련된 것들이라면 우리는 특정한 약속들이 참된 것인지를 알기 원하고 또 알아야 할 필요가 있다. 이런 사례들일 경우에 우리는 "예수님은 다시 오실 것이다"라는 진술문은 현재나 과거의 객관적인 사건에 **지금** 대응하는 것에 근거하여 참이라고 주장할 수는 없는데 왜냐하면 재림 사건은 미래에 일어날 사건이기 때문이다.

이는 "예수님은 고대 팔레스타인에서 살았다"라는 진술문과는 다른데 왜냐하면 그 진술문은 객관적인 역사 속에서 발생한 과거의 한 사건이기 때문이다. 그럼에도 재림의 경우에는 그 주장이 의미있는데 이 주장은 쉽게 이해할 수 있는 국면을 규정하며 또 "예수님은 다시 오실 것이다 혹은 예수님은 다시 오지 않으실 것이다"는 틀림없이 참이기 때문이다. 이런 정반대의 실재들 중에서 오직 하나의 실재만 발생할 것이다. 그렇기 때문에 이 진술문은 참이거나 거짓인 상태의 조건에서 자유롭지 못하다.[27]

"예수님은 다시 오실 것이다"라는 진술문의 특정한 진리값(truth value)은 세계를 향한 하나님의 완전하신 지식과 무오하신 계획에 이 진술문이 일치하는 것에 여전히 근거한다. 게다가 기독교 세계관에 의하면 예측적인 진술문(predictive statement)은 미래의 어떤 미지의 시점에 역사상 성취됨으로 인하여 실제적인 재림 사건과 일치하게 될 것이다.

도덕적이고 논리적인 원칙들의 진리는 관찰 가능한 경험적인 사실들에 대한 진술문들이 일치하는 것과 동일한 방식으로 실재에 대응하지

---

[27] 어떤 철학자들은 그들이 발생할 것이라고 예측한 사건들이 일어나기 전에 미래에 대한 우연적인 진리들에 대한 어떤 진술문이 참이거나 거짓인 것의 여부에 대해서 논의하지만 나는 여기서 그것을 다루지는 않을 것이다. 모든 진술문들이 항상 참이거나 거짓이라고 여기는 견해(운명론적인 함축과 더불어)에 대해서는 Richard Taylor, *Metaphysics*, 4th ed. (New York: Prentice Hall, 1990), 63-67을 보라.

않는다. 무모순성(혹은 비모순의 원리)이 참인 것은 무모순성이 실재의 한 부분에만 대응하기 때문이 아니라 실재 전체(all of reality)에 대응하기 때문이다. 그 어떠한 것도 동일한 방식으로(in the same way) 동일한 점에서(in the same respect) 그것 자체와 그것이 아닌 것이 될 수 없다는 사실(A는 비-A[non-A]가 아니다)은 존재의 보편적인 조건 혹은 보편적인 요구사항이다.

무모순성은 항상 그리고 모든 곳에서 진리이며 반드시 그래야만 한다. 무모순성은 필연적인 진리이며, 그것은 거짓일 수 없다. 더 나아가 무모순성의 진리는 하나님 마음의 작용에(workings) 대응한다. 하나님은 진리의 하나님이시며 거짓(falsehood)의 하나님이 아니시다. 하나님은 스스로에게 모순되지 않으시고 자신을 부인하실 수 없다. 하나님은 만물을 진실되게 아시며 그분의 존재나 그분의 창조세계가 논리적 모순들을 내포할 수 없다는 것을 아신다.

도덕적 진술문들이 또한 참인 이유는 도덕적 진술문들은 실재와 일치하기 때문이다. "간음은 잘못된 것이다"라는 진술문은 참인데 왜냐하면 이 진술문은 하나님에 의해서 계시된 객관적, 우주적이고 절대적인 도덕법에 대응하기 때문이다. 이 도덕법은 영원히 안정된 하나님의 성품 그리고 하나님의 창조세계의 특성과 일치하기 때문이다.[28] 따라서 도덕법은 전체 실재에 빠짐없이 적용되며 모든 결혼에도 적용되는 것이다.

우리는 역사의 개별적인 사실을 입증하는 것과 동일한 방법으로 살인의 부당함을 입증하지는 않는다. 그럼에도 불구하고 도덕성에 대한 의미있는 진술문들은 그 진술문들이 도덕법에 일치하는가의 여부에 따라 참이거나 거짓이다. 도덕적 진술문들의 진리가 성립되는 또 다른 방법은 그 진술문들이 도덕법에 대응할 뿐만 아니라 가치의 객관적인 상태에 대응하는가 하는 것이다. 즉 간음 행위들은 그 행위들이 발생할 때마다 잘못됨(wrongness)이라는 객관적인 도덕적 속성(간음행위들은 도덕법을

---

28 하나님과 선함(goodness)의 관계는 15장에서 거론된다.

위반하기 때문에)을 갖는다. 반면 결혼관계에서-그리고 하나님이 인정하신 관계들 속에서-보여지는 사랑의 행동과 태도들은 그런 행동과 태도가 일어날 때마다 선하다고 하는 도덕적 가치(왜냐하면 그런 사랑의 행동과 태도들은 도덕법을 따르기 때문에)를 갖는다.[29]

그렇다면 진리는 모든 주장들과 공유되지 않는 배타적인 속성이다. 그런데 이 진실함(truthfulness)의 속성을 소유하는 것은 정확하게 어떤 것인가? 진리-담지자(truth-bearer)는 무엇인가? 진리-담지자는 개념적 의미의 최소 구성단위여야만 한다. 이것을 파악하기 위해서 우리는 문장을 명제로부터 구분할 필요가 있다. 하나의 문장은 마음 속에서(외부의 언어적인 지시자 없이) 기록되고 발언되거나 사고될 수 있다. 질문이나 명령과는 달리, 평서문(Declarative sentences)은 실제로는 이러저러하다고 규명함으로 실재에 대한 주장들을 명확하게 세운다. 명제는 평서문이 주장하는 어떤 것으로, 즉 평서문이 의미하는 어떤 것이다.

동일한 언어에서 다른 문장들은 "예수님은 주님이시다"(Jesus is the Lord)와 "주님은 예수님이시다"(the Lord is Jesus)처럼 동일한 명제적 내용을 가질 수도 있을 것이다. 만일 하나의 문장이 한 언어에서 다른 언어로 충실하게 번역되었다면-예를 들면, 신약이 헬라어에서 영어로 번역됨-두 문장 모두는 동일한 것을 의미한다. 즉 두 문장은 동일한 명제를 주장한다. 언어는 명제 없이는 진전할 수 없는데 왜냐하면 언어의 너무나도 많은 부분이 단어들을 사용해서 사실들을 적중시키는 것을 필연적으로 수반하기 때문이다.

3) 성경적인 진리관(The Biblical view of truth)

성경은 전문적인 진리관을 내세우지는 않지만 신구약 안에서 진리대응관을 함축적이고도 일관되게 개진시킨다. 만일 성경이 진리의 기본적

---

29 Moreland and Craig, *Philosophical Foundations*, 137-138을 참고하라. 이 단락은 도덕적 객관주의(moral objectivism)를 가정하고 하나님의 성품을 객관적인 도덕법의 근원으로 가정한다. 이런 주장들은 15과에서 변론될 것이다.

인 본질에 대한 성경 고유의 유일무이하고 특이한 진리관-다른 세계관들에 의해서도 일반적으로 공유되지 않은 진리관-을 제시했다면 이 진리관은 성경이 주장하는 진리의 외부적 평가로부터 성경을 격리시키고 고립시켰을 것이고, 따라서 변증학을 불가능하게 만들었을 것이다. 게다가 만일 성경이 진리의 기본적인 의미에 대한 기독교 특유의 서술만을 제시했다면, 기독교는 정의상(by definition)으로는 "진리"이겠으나 단지 사사로운 의미에서만 그럴 것이다.[30] 아무 세계관이나 그것만의 진리관을 주장할 수 있을 것이고 그렇게 해서 비난에서 면제될 수 있을 것이다.

진리를 의미하는 히브리어와 헬라어 단어들은 깊은 의미를 지니지만 그 단어들의 중심에는 사실에 일치한다는 개념을 갖고 있다.[31] 또한 성경은 하나님은 그분의 진리에 참되시다는 것을 강조하는데 이는 하나님은 성실하시고 거짓말을 하지 않으시리라는 것을 의미한다(히 6:18). 하나님은 진리의 하나님이시고 그분이 하시는 말은 진리이다(요 17:17). 성령은 "진리의 영"(요 14:17; 15:26; 16:13)이시고 그렇기 때문에 우리에게 진실된 것들을 가르쳐 주실 것이다. 하나님의 아들이신 예수님은 "은혜와 진리로 충만하시고"(요 1:14), 스스로를 "길이요 진리요 생명"이라고 선포하셨으며 그분을 통하지 않고서는 아버지께로 올 사람이 없다고 하셨다(요 14:6).

선지자들(렘 8:8), 예수님(마 24:24)과 사도들(요일 4:1-6)은 실수와 거짓을 통해서 진리를 왜곡하는 사람들을 경고한다. 따라서 성경 전체는 계시된 하나님의 객관적인 진리를 영적이고 윤리적인 삶과 성실함의 정중앙에 둔다. 하나님의 진리는 반드시 학습되어야 하고(행 17:11), 묵상되어야 하고(시 119편), 변론되어야 한다(벧전 3:15-17; 유 3절). 실수는 반드

---

30 Ibid., 131. 대체적으로 동의되어 있는 기독교 고유의 진리관이 존재하지만 이 기독교적 이해는 진리를 실재에 대응하는 것으로 간주하는 상식적 혹은 고전적인 진리관을 포함한다.

31 Douglas Groothuis, *Truth Decay: Defending Christianity from the Challenge of Postmodernism* (Downers Grove, IL: InterVarsity Press, 2000), 60-64를 보라.

시 사랑으로 다뤄져야 하는데(고후 10:3-5; 딤후 2:24-26), 그것이 신학적인 것이거나 도덕적인 것의 여부에 상관없이, 또 실수가 불신자의 거짓된 믿음에 관련된 것이거나 잘못된 기독교인들의 거짓된 믿음에 관련된 것의 여부에 상관없이 반드시 사랑으로 다뤄져야 한다.[32]

대응진리관의 여러 버전들은 대다수의 고대 철학가들(Plato, Aristotle), 중세철학가들(Augustine, Anselm, Aquinas), 근대 철학가들(Descartes, Locke, Hume, Leibniz, Russell)과 현대 철학가들(John Searle, William Alston, Alvin Goldman and Thomas Nagel)에 의해서 견지되어 왔다. 그럼에도 불구하고 두 가지의 다른 진리론들은 주목할 만하다. 그 두 가지는 포스트모더니스트(postmodernist)와 정합론(coherence)이다.

4) 진리는 존재하는가? 포스트모더니스트의 도전들

긴 시간에 걸쳐서 진리의 본질에 대해서 이렇게까지 고찰하는 것은 현재 당면한 실재들에서 이탈해서 잘난 체하는 철학적 사색에 지나지 않는 것인가? 이 고압적이고 단일적인(singular) 진리는 많은 진리들에 진리의 영역을 개방하는 것에 찬성하여 우리가 반드시 벗어내버려야 하는 어떤 것인가?[33]

대응진리관에 반대하는 사례는 이전에 설명한 것처럼 고대부터 있어 왔다. 고대 철학자인 프로타고라스는 만물에 의해 사람이 평가되는 것 대신에 "인간이 만물의 척도"라고 주장했다. 물론 소크라테스는 이를 그냥 말없이 순순히 받아들이지는 않았다. 대신에 플라톤의 『테에테우스』(Theaeteus)에서 언급된 것처럼 소크라테스는 프로타고라스에게 철학적으로 당혹스러운 일련의 질문들을 제기하여 프로타고라스의 주장을 재빨리 무효화했다. 프로타고라스는 교사였지만, 만일 우리가 단순한 의견

---

32 성경적 진리 견해에 대해 더 알기 원하면 Groothuis, "The Biblical View of Truth," in *Truth Decay*에서 참고하라.

33 나는 "The Truth About Truth," in *Truth Decay*에서 전통적인 진리관에 반대하는 사례를 다뤘다.

으로 진리와 거짓을 결정한다면 권위자로부터 조금이라도 배우려고 하는 사람이 누가 있겠는가? 게다가 프로타고라스는 그의 명제를 부인하는 사람들과 의견이 다르지 않은가? 그렇지만 어떻게 그가 동의하지 않을 수 있는가? "인간은 만물의 척도"가 의미하는 것은 각 사람은 자기 자신만의 척도이며 각 사람이 측정하는 것과 별개로 존재하는 측정법은 존재하지 않는다는 것이다.[34] 프로타고라스에 대한 고대 논박에도 불구하고 프로타고라스적 사고 정신은 최근 몇십 년간 많은 포스트모더니스트 철학자들, 역사학자들과 사회학자들 안에서 환생되어 왔다(몇 가지 왜곡을 의미에 가미하여).

한 마디로 포스트모더니즘은 진리는 객관적 실재와의 연관성으로 결정되는 것이 아니라 여러 다른 목적들을 위해 고안된 다양한 사회적 구성들에 의해 결정되는 것이라고 주장한다. 다시 말해서 다양한 문화들은 그 문화들 고유의 "언어 게임"(language games)이 있어서, 이 언어 게임은 실재를 아주 다르게 기술한다. 그렇지만 우리는 어떤 언어 게임이나 어떤 언어학적 "지도"(map)가 실재와 더 정확하게 상관관계가 있는 것인지에 대해서 판결을 내릴수 없는데 왜냐하면 우리는 우리 고유의 문화적 조건화(cultural conditioning)를 초월할 수 없기 때문이다.

그러나 회의론(객관적인 실재가 존재하지만 우리는 전혀 그 실재에 접근하지 못한다)을 긍정하는 것 대신에 전형적으로 포스트모더니스트들은 우리의 언어들과 개념들과는 별개로 인식할 수 있는 객관적인 실재는 전혀 존재하지 않는다고 단언한다.

궁극적인 이슈들에 대한 객관적인 진리를 우리가 안다고 말하는 것은 본질적으로 억압적이고 착취적인 "거대 담론"(metanarrative)을 설정하는 것이다(Jean-François Lyotard). 다양한 "해석적 공동체들"(interpretive communities, Stanley Fish)은 그들 고유의 진리를 결정한다. 종교적이거나 그렇지 않든지 간에 텍스트들은 고정불변의 객관적인 의미를 전혀 갖

---

34 이 문제를 아주 명쾌하게 다룬 내용으로 Ronald Nash, *Life's Ultimate Questions* (Grand Rapids: Zondervan, 1999), 231-232를 보라.

지 않는다. 따라서 본문들 자체는 진리도 아니며 거짓도 아니다(Jacques Derrida). 진리는 우리의 동료들이 우리로 하여금 책임을 교묘하게 피할 수 있도록 해 주는 어떤 것(Richard Rorty)이거나 권력구조들이 진리라고 여기는 것(Michel Foucault)이 진리다. 마지막으로 사물에 "하나님의 관점"(God's-eye-view)은 전혀 존재하지 않는다. 따라서 객관적인 진리는 전혀 존재하지 않는다.

포스트모더니스트 주장들은 다양한 형태가 있으며 개별적으로 평가되어야 한다. 그러나 모든 포스트모더니스트 주장들이 대응진리관을 거부하기 때문에 포스트모더니스트 주장들은 몇 가지 공통적인 비판에 놓이게 된다.[35]

첫째, 거대 담론들이 포괄적인 진리 주장들(또는 세계관들)이라서 억압적이지는 않다. 모든 사람들은 어느 정도는 세계관을 갖거나 세상이 어떤지에 대해 그리고 세상이 어떻게 작동하는지에 대해 가정한다. 이런 견해들은 동일한 세계관을 견지하지 않는 사람들에 대해서 억압적일 수도 있고 억압적이지 않을 수도 있다. 그것은 논쟁 중인 세계관의 지적인 내용(또는 진리 주장)에 대한 문제이다. 막스주의자의 세계관은 상반되는 선전에도 불구하고 역사적으로 매우 억압적이었고 구속적이었다. 오사마 빈 라덴의 이데올로기인 와하비 버전(Wahhabi version) 이슬람과 그의 파괴적인 추종자들은 2001년 9월 11일의 잔악행위들과 유사한 공포행위들을 전세계적으로 부추겼다. 기독교 세계관이 자주 왜곡되기는 하지만 기독교의 성육신, 사랑과 정의의 윤리를 감안해 보면 기독교는 본질적으로 억압적이지 않다.

둘째, 객관적인 진리를 거부하는 포스트모더니스트의 선언들은 이 선언들을 단지 그들 고유의 언어 게임이나 구성된 지도(constructed map)에만 국한시키지 않고 실재 자체에 적용가능한 선언으로 주장한다는 점에서 자기 모순적인 경향을 갖는다. 그럼에도 바로 이것이야말로 포스

---

35 Derrida, Foucault, Fish and Rorty에 대한 자세한 분석을 위해서는 Millard Erickson, *Truth or Consequences* (Downers Grove, IL.: InterVarsity Press, 2001)를 보라.

트모더니스트 자신들이 그렇게 될 수 없다고 주장하는 것이다. 예를 들어, 모든 거대 담론들은 억압적이라고 하는 주장 자체는 거대 담론이거나 실재에 대한 총체적인 설명인 것이다. 따라서 이런 종류의 주장들은 자기 반박적(self-refuting)이고 거짓이다. 게다가 다양한 부류의 해체주의자들은(deconstructionists) 본문에는 고정불변의 객관적인 의미가 없다고 주장하는 반면, 다른 사람들이 그들 고유의 저술물들을 "오역"할 때에 해체주의자들은 여전히 반대한다. 그러나 이는 여러 해석들을 판단케 하는 객관적인 기준이 되는 올바른 해석-작가가 의도한 의미(intended meaning)에 근거한-을 전제한다. 만일 그렇다면 텍스트들에 대한 무한한 가소성(endless plasticity)에 대한 포스트모더니스트의 핵심적인 주장은 진리일 수 없다.[36]

셋째, 올바르게 사고하는 사람들은 특정한 행위들을-예를 들어, 인종차별주의(racism), 여성 성기 절제(female genital mutilation), 강간, 어린이 학대, 2001년 9월 11일 미국에 행해진 살인적인 테러리스트 공격-객관적인 악, 잔학 행위들로 판단하지 단지 비교적인 사회적 구성들로 판단하지 않는다. 만일 그런 평가들이 옳다면, 포스트모던적 견해는 논리적으로 지탱될 수가 없는데, 왜냐하면 포스트모더니스트 서술에는 객관적인 도덕적 사실들은 부재하고 오직 끝없이 색다른 해석들만 존재하기 때문이다. 어떤 사람들이 현명치 못하게 말했듯이 "어떤 사람에게는 테러리스트가 다른 사람에게는 자유수호자이다." 이것은 기술적인 수준(descriptive level)에서는 그럴 수 있을지 몰라도-폭력 가해자들의 도덕적 상태에 대해서 상충되는 의견들이 존재한다-그 진술은 관련된 사람들의 도덕적 상태에 대해서 객관적인 판단(objective judgment)은 내리지 않는다.

넷째, 진리 주장들의 해결불가능한 다양성을 강조하여 포스트모더니즘은 이러한 주장들을 실재와 대조하여 테스트할 신뢰할 만한 기준을

---

36 Millard Erickson, *Postmodernizing the Faith: Evangelical Response to the Challenge of Postmodernism* (Grand Rapids: Baker, 1998), 156을 참고하라.

전혀 제공하지 않는다. 대신에 포스트모더니즘은 일종의 지적인 무관심에 항복한다. 진리는 당신(혹은 당신의 문화가)이 만들어 내는 어떤 것이고 그게 전부이다. 이 태도는 이 책에서 지금까지 논의해 온 진리에 대한 근본적인 관심을 좌절시킨다. 비록 포스트모더니스트들에게 진리 주장들을 평가할 객관적인 기준이 전혀 없다고 하더라도, 그럼에도 불구하고 객관적인 도덕 판단을 내린다. 자신들도 모르게 말이다.

2001년 9월 11일 테러 대재난 이후 「뉴욕 타임즈」(The New York Times)가 포스트모더니즘에 반대하는 입장을 사설로 밝힌 후에,[37] 스탠리 피쉬는 사실 그의 포스트모던적 견해가 그런 테러에 반대하는 도덕적 판단을 내리게 했다고 나중에 뉴욕 타임즈에 기고한 사설에서 주장했다. 그렇지만 그에게는 그런 판단을 조절할 만한 객관적인 기준이 전혀 존재하지 않았다는 것과 그가 사용 가능할 수 있는 기준들은 하나도 없었다는 것을 인정했다.[38] 만일 그렇다면 그의 판단은 객관적인 가치의 진공 속에서 상정된 주관적인 주장들의 가치만 지닐 뿐이다.[39]

비록 그 어떤 주요 종교도 포스트모던적 진리관을 고수하지는 않지만, 이 생각의 틀은 많은 사람들이 종교적 표현을 어떻게 간주하는가에 영향을 미쳐 왔다. 종교적 자유를 지닌 국가들에서(특히 미국), 많은 시민들의 기본 자세(default position)는 종교는 선택, 취향 그리고 선호의 문제라는 것이다. 한 종교가 진리인 것에 대해 혹은 다른 종교가 거짓인 것에 대해 이야기하는 것은 요점을 벗어난 것이다.

모든 종교는 포스트모던적 의미에서 "진리"인데 왜냐하면 모든 종교들은 사람들의 삶에 의미와 방향을 제시하기 때문이다. 그렇지만 서구의

---

37 Edward Rothsteine, "Attacks on U. S. Challenge Postmodern True Believers," *New York Times*, September 22, 2001, A17.

38 Stanley Fish, "Condemnation Without Absolutes," *New York Times*, October 15, 2001⟨www.nytimes.com/2001/10/15/opinion/15FISH.html⟩.

39 Alvin Plantinga, "The Twin Pillars of Christian Scholarship," in *Seeking Understanding: The Stobb Lectures*, 1986-1998 (Grand Rapids: Eerdmans, 1998), 129-134에서 이런 종류의 포스트모던 상대주의의 불합리를 개진시킨다(특히 Richard Rorty에 반대하여).

"이교도들"(infidels)에 대항하여 지하드를 실행하다가 죽을 의무에 대한 특정한 무슬림 믿음은 포스트모더니스트적 "관용"의 헛점을 백일하에 드러낼 것이다. 즉 종교적 믿음에 관해 총체적 상대주의(total relativism)를 지속적으로 유지하는 것은 어렵다는 것이다.

또한 포스트모더니스트 견해는 아무리 양립 불가능하다고 하더라도 몇 가지 서로 다른 종교들을 혼합하고 조화하여 자신들 고유의 종교(혹은 영성)를 창출해내는 것을 점점 더 원하는 현대인들의 경향과 관계가 있다. 만일 영적인 진리가 사회적 혹은 개인적 구성의 문제라면 한 개인은 논리적 일관성이나 계승된 전통(가령 불교, 유대, 기독교 혹은 이슬람 전통)에 의해 제한될 필요가 없다. 여기에는 실용주의의 요소도 포함된다.

만일 어떤 사람에게는 힌두교(요가 수행)와 기독교(교회출석, 기독교의 황금률과 기도)의 요소들을 결합하는 것이 "효과적이라면" 그 사람은 지적인 일관성(intellectual consistency)이나 고대로부터 내려온 전통이나 계시된 권위에 대한 영적인 충성(spiritual fidelity)에 대해 염려할 필요는 없다.[40] 그러나 이 잡동사니 접근법(smorgasbord approach)에는 지적인 진정성이 결여되어 있는데 왜냐하면 이러한 접근법은 종교적 믿음을, 무엇인가를 발견하여 그것에 의해 삶을 살아가는 것이 아닌 이용할 수 있는 어떤 것으로 전락시켜 버리기 때문이다.

포스트모던성(Postmodernity)은 자주 종교적 확신을 좀먹는다. 그 결과로 남게 되는 것은 대부분의 확실성과 지속적인 신념들이 결여된 자유롭게 떠다니는 영성(free-floating spirituality)이다. 현대 종교적 표현에서 다분히 나타나는 지적인 피상성(superficiality)과 결탁된 엄청난 숫자의 종교적 옵션들은 그다지 헌신하지 않아도 되고 충분히 생각하지 않아도 되는 종류의, 종교적으로 믿기(religious believing)를 격려한다. 이는 "종교"

---

40 요가의 세계관과 위험에 대해서는 Douglas Groothuis, *Confronting the New Age* (Downers Grove, IL: InterVarsity Press, 1988), 76-83; Brad Scott, "Yoga: Exercise or Religion?" *Watchman Expositor* 18, no. 2 (2001) ⟨www.watchman.org/na/yogareligion.htm⟩을 참고하라.

에서 "영성"으로의 전환에서 보여지는 것이다. 종교는 너무 구조적이고 권위적이고 배타적이고 틀에 박힌 것으로 간주된다. 반면 영성은 개개인의 요구에 더 맞춰진 것이고 주관적이고 포괄적이고 실용적인 실험에 개방되어 있다.

사회학자 로버트 워쓰나우(Robert Wuthnow)는 잘 확립된 종교적 세계관과 일련의 종교적 실행(set of practices) 속에 정착하여 "살아가는"(dwelling) 것을 지향하던 것에서, "찾아다니는"(seeking) 영성으로 이동하고 있는 미국인들에 대해서 말한다. 이런 영성을 찾아다니는 미국인들은 부분적인 지식과 부분적인 지혜를 추구하며 "신성한 것"에 대해 시시각각 느껴지는 어렴풋한 견해들 중에서 절충안을 찾으려고 한다.[41] 이 잠정성(tentativeness)은 영적인 관심에 대한 우리의 언어에 반영된다. 누군가가 종교적 문제들에 대해 강력한 신념을 갖고 있다면 그/그녀는 그 신념들을 (혹은 신념 중 가장 중요한 것들에 대해서) "지식+"확실성"의 관점에서 말할 것이고 또 인지적으로 강력한 다른 개념들을 사용하여 말할 것이다.

이는 사회학자인 피터 버거(Peter Berger)가 "확고부동한 객관화"(firm objectivations)로 칭하는 것으로 이것은 "세계관들과 개념들을 지지하는 이들의 의식 속에서 객관적인 실재의 확고부동한 상태를 가지고 세계관들과 개념들을 지지하는 것이 가능하다."[42]

그럼에도 종교적 믿음들을 개연적으로 만드는 사회적 합의가 무너질 때 종교적 언어 역시 그것의 지적인 힘을 상실한다. "하나님을 아는 지식"(knowledge of God) 대신에 "믿음들"(beliefs), "의견들"(opinions) 또는 "감정들"(feelings)에 대해 말한다. 확신에 찬 인식의 수단으로서의 믿음을 이야기하기보다는, "종교적 선호"(religious preference)와 더불어 "믿음의 도

---

41 Robert Wuthnow, *After Heaven: Spirituality in America Since the 1950s* (Berkeley: University of California Press, 1998), 3.

42 Peter Berger, *Facing Up to Modernity: Excursions in Society, Politics, and Religion* (New York: Basic Books, 1977), 174.

약"(leap of faith)을 우리는 이야기한다.[43] 이런 종류들의 잠정적인(tentative) 언급들은 버거가 말하는 "종교적 전통의 비객관화"(deobjectivation of the religious tradition)를 드러낸다.[44] 비객관화는 포스트모던적 다원주의의 압박 아래서 고통당하고 있는 사람들에 의해 내보여진 보편적인 경향을 가리킨다.

5) 정합적 이론들의 불충분함(Coherence theories inadequate)

진리정합론은 진술문(statement)이나 믿음(belief)을 참(true)이 되게 하는 것은 그 진술문이나 믿음이 다른 믿음들과 갖는 정합성(coherence) 혹은 일관성(consistency)이라고 주장한다. 만일 나의 "믿음의 거미줄"(web of belief)이 크고 내적으로 일관되다면-즉 만일 나의 믿음들 중 어떤 것도 서로 모순되지 않는다면-나의 믿음들은 진실된 것이다. 어떤 믿음이 나의 나머지 믿음들과 응집하여 논리정연하지 못하게 되면 그 믿음은 거짓이다. 다시 말해서 진리는 논리적 정합성(logical coherence)으로 단순하게 정의된다.

이 견해의 핵심적인 문제는 오류을 범하기 쉬운 인간들에 의해 견지된 믿음들의 집합이 정합적이지만 거짓일 수도 있다는 것이다. 한 살인 사건에서 모든 증거는 피고가 유죄인 것을 가리키지만, 무고한 피고에게 불리하도록 증거가 부정하게 조작된 것이라고 가정해 보자. 그렇다면 그 증거는 실재와 연결되어 있는 것에 실패한다는 바로 그 이유 때문에 거짓인 것이다.

더 나아가 두 개의 세계관들 각각은 내적으로는 논리적으로 일관되더라도 상대방의 핵심 진리 주장들을 서로 반박하는 것이 여전히 가능하다. 만일 이슬람과 기독교 두 가지 모두가 내적으로 논리정연하다고 하더라도, 본질적인 믿음들에 있어서 두 종교 모두가 진리일 수는 없을 것이다. 왜냐하면 기독교는 삼위일체와 성육신을 믿지만 이슬람은 그렇

---

43 Ibid.
44 Ibid.

지 않기 때문이다. 게다가 서로 대립되지만 내적으로는 논리정연한 두 개의 다른 과학적 이론들은 동일한 현상들을 아주 상이한 방식으로 기술하고 설명할 수도 있을 것이다. 지구중심설(geocentrism)과 태양중심설(heliocentrism) 두 가지 모두는 논리적으로 일관되게 공식화 될 수 있을 것이다. 그럼에도 두 가지 모두가 참일 수는 없다.

설상가상으로 정합론에 의하면 한 개인은 대응진리론을 정합적으로 고수할 수도 있을 것이다. 따라서 대응론-정합론을 반박하는 견해-은 그렇다면 참일 것이다. 이것은 진리 정합론의 서술은 무엇인가가 크게 잘못되어 있다는 것을 보여준다.

비록 논리적 정합성이 진리를 위한 필연적이고 부정적인 테스트라고 할지라도, 정합성 혹은 논리적 일관성은 진리 주장을 진실케 만드는 것이 될 수는 없다. 즉 만일 하나의 세계관이 서로 모순되는 핵심 믿음들을 내포하고 있다면, 그 세계관은 반드시 거짓이다. 어쨌든 정합성의 논리적 테스트는 진리 자체의 본질이 아닌 인식론(지식의 이론)과 관련된 것이다.[45]

6) 실용주의: 유익하지 않은 진리론(Pragmatism: Not a useful theory of truth)

실용주의적 진리론들은 찰스 피어스(Charles Peirce), 윌리엄 제임스(William James)와 존 듀이(John Dewey) 같은 미국 철학자들에 의해 개진되어 왔다(어느 정도는 다른 형태들로). 리처드 로티(Richard Rorty)는 많은 사람들에 의해 포스트모더니스트로 간주되지만 그는 실용주의 유산의 계승자이기도 하며 적어도 복음주의권 저자 한 사람에게 지대한 영향을 미쳤다.[46] 약간 단순화하자면 진리에 대한 일반적인 실용주의적 이해는

---

45 진리정합관에 대해 더 비판적인 분석을 원한다면 Moreland and Craig, *Philosophical Foundations*, 142-144를 참고하라.
46 Philip Kenneson, "There Is No Such Thing as Objective Truth and It's a Good Thing, Too," in *Christian Apologetics in the Postmodern World*, ed. Timothy Phillips and Dennis Okholm (Downers Grove, IL: InterVarsity Press, 1995), 155-170.

만일 어떤 믿음이 결국 바람직하고 유익한 결과를 산출해낼 때에만 진실되다는 것이다.[47] 어떤 것이 진리인 이유는 그것이 유리하다고 알려진 다양한 방식으로 작용하기 때문이다. 진리의 이 이론은 일종의 유용성을 넘어선 숙고를 생략한다.

윌리엄 제임스에 의하면 믿음에 있어서 가장 중요한 것은 "경험적 조건들 속에서의 현금가치"인 것이다.[48] 진리의 실용주의적 **정의**(definition)는 어떤 주장이 진실로 확인될 수 있는 수단이나 거짓으로 반증될 수 있는 경험이나 증거와 혼돈해서는 안 된다. 진리가 발견되거나 확인되는 방법들은 **인식론**(epistemology)에 관한 것이다. 그렇지만 실용주의적 진리관은 **형이상학적**(metaphysical) 주장이다. 실용주의적 진리관은 "진리는 제대로 작용하는 어떤 것이다"라고 주장한다. 즉 실제적인 삶이 어떤 것들은 진실되고 어떤 것들은 거짓이라는 것을 입증해서가 아니다(인식론적인 주장).

긍정적인 결과의 측면에서 진리를 정의하는 것은 여러 가지 이유로 지지하기 힘들다. 많은 사람들 중 버트란드 러셀(Bertrand Russell)은 실용주의적 진리관의 중심적인 주장들, 특히 윌리엄 제임스의 주장에 유익한 고찰들을 다소 제공한다. 이 비평들은 현재 포스트모던의 지성적 풍경의 탐험가에게도 적절한데, 왜냐하면 한 개인이 대응진리관을 포기하게 될 때 믿음의 선택과 유지에 있어서 실용적인 고려들(pragmatic considerations)이 중대하게 여겨지기 때문이다.

러셀에 의하면 제임스는 믿음의 효과가 좋을 때, 즉 그것이 "제대로 작동할 때" 그 믿음이 진리로 간주되어야 할 것을 요구한다. 만일 이 개념이 유용한 것이 되려면(실용주의자의 진리관을 감안할 때 꼭 들어맞는 표현

---

[47] 본 장의 이 부분이 Pierce, James와 Dewey에 의해 제안된 진리의 다양한 견해들을 제대로 다룰 수는 없다. 상세하게 다룬 내용으로는 Gertrude Ezorsky, "Pragmatic Theories of Truth" *The Encyclopedia of Philosophy*, ed. Paul Edwards (New York: Macmillan, 1967), 6:427-430을 참고하라.

[48] William James, *The Moral Philosophy of William James*, ed. John K. Roth (New York: Thomas Crowell, 1969), 295.

이다), 우리가 어떤 믿음이 진리인가의 여부를 알 수 있기 전에, 우리는 반드시 두 가지를 알아야 한다. (1) 어떤 것이 좋은 것인가 그리고 (2) 이 믿음이나 저 믿음의 효과는 반드시 어떤 것이어야 하는가.

왜냐하면 "어떤 믿음의 효과가 좋다고 우리가 결정한 후에야만 그 믿음은 '참'이라고 부를 권리가 우리에게 있다."[49] 그러나 이것은 아주 문제가 많다. 우리는 반드시 유용함에 의해서 믿음들을 평가해야 하고, 그럼에도 많은 경우에 우리는 믿음의 유용성이 어떠할 것인지에 대해서 정말 미리 알지 못한다. 러셀은 콜럼버스가 1492년에 신세계(New World)에 도착했다는 것을 믿는 것에 대한 예를 든다. 실용주의에 의하면 우리는 이 사건을 책에서 그냥 찾아 볼 수는 없다. 우리는 이 믿음이 우리에게 어떤 효과를 갖게 될지를 반드시 결정해야 하는 것이다. 그러나 어떻게 우리가 이것을 사전에 알 수 있겠는가?[50]

이외에도 이 사실 이후에 우리의 믿음들이 얼마나 유익했었는지를 알아야 하는 문제가 있다. 믿음에 결과가 따른다는 것은 의심할 여지가 없지만 믿음과 효과 사이에 정확하게 어떤 인과관계가 존재하는지를 결정하고 그 인과관계가 유익한지의 여부를 결정하는 것은 많은 경우에 난해할 수 있다. 러셀은 한 가지 사례를 들어 설명한다. "내게는 교황들은 항상 무오했는가?의 사실에 대한 명백한 질문을 해결하는 것이 교황들은 무오하다고 사고하는 것의 효과가 대체적으로 좋은가에 대한 질문을 해결하는 것보다 훨씬 쉬워보인다."[51]

게다가 어떤 아이디어가 "제대로 작동한다"는 것이 의미하는 것은 무엇인가? 제임스는 이것이 의미하는 두 가지 의미를 혼돈하고 있는 것 같다고 아더 러브조이(Arthur Lovejoy)는 지적했다. 한 견해는 만일 어떤 이론이 사건들에 대해서 참된 예측들을 한다면 그 이론은 진실된 것으로 입증된다는 것이다. 그것에 반대할 이유는 전혀 없다.

---

49 Bertrand Russell, *A History of Western Philosophy* (New York: Touchstone, 1967), 817.
50 Ibid., 817.
51 Bertrand Russell, *Philosophical Essays* (London: Longmans, Green, 1910), 135.

조지 W. 부쉬(George W. Bush)가 2000년 대통령 선거에서 승리할 것이라고 예측했던 사람들은 조지 W. 부쉬가 대통령으로 선출되었을 때 올바르게 예측한 것으로 입증되었다. 그런 점에서, 그들의 예측이 사실적으로 확인됨으로 인해(이는 물론 진리 대응관을 전제한다) 제대로 작동한 것이다. 그러나 "제대로 작동하는 것"은 믿는 것의 효과를 단순히 의미하는 것일 수도 있다. 즉 부쉬가 대통령으로 선출되는 것이 그 개인에게는 가치있게 여겨지는 것이다. 확실히 낙관주의는 영혼을 고무시켜 주지만, 낙관적인 생각들이 누군가를 얼마나 행복하게 해 주거나 성취감을 느끼게 해 주는 것과 상관없이, 낙관적인 생각들은 참이거나 거짓이다(사실들에 비추어 보아).[52]

진리의 의미는 단순히 그것이 바람직한 국면들(states of affairs)을 산출해내는 능력을 말하는 것이라고 하는 제임스의 주장에 대해 러셀은 이의를 제기한다. 이는 진리의 보편적인 의미를 무시한다. 두 진술문들 간의 차이를 고려해 보자. (1) 다른 사람들은 존재한다. (2) 다른 사람들이 존재한다고 믿는 것은 유용하다. 만일 제임스의 진리관이 옳다면 (1)과 (2)는 동일한 의미를 가질 것이다. 두 진술문은 뜻이 같다. 즉 두 진술문들은 동일한 명제를 표현하는 것일텐데 제임스는 **진리를 유용성으로** 정의하기에 그렇다. 그러나 두 진술문들은 분명히 동일한 명제를 표현하고 있지 않다. 따라서 진리의 의미는 어떤 믿음의 유용성일 수 없으며, 어떤 믿음들이 다른 믿음들보다 더 유용하거나 더 생산적인 것이라고 하더라도 말이다.[53]

게다가 어떤 믿음은 "제대로 작동"할지는 몰라도 진리가 아닐 수 있다. 어떤 여자는 정리를 잘 못해서 큰 액수의 돈을 잃었다고 믿을 수 있다. 깜짝 놀란 여자는 그녀의 삶을 개혁하고 정리하여 성공적인 여성사업가가 된다. 하지만 나중에 그녀는 자신이 잃어버렸다고 생각했던 돈은

---

52 Arthur Lovejoy, "The Thirteen Pragmatisms II," *Journal of Philosophy* 5 (1908): 29-39, Ezorsky, "Pragmatic Theories of Truth," 428에서 인용됨.
53 Russell, *Philosophical Essays*, 135.

사실 룸메이트가 훔친 것이라는 것을 알게 된다. 아무리 그 거짓 믿음의 결과가 생산적이었다고 하더라도 그녀가 돈을 잃어버렸다는 그녀의 믿음은 거짓이었다.⁵⁴

대응론에 의하면 하나의 믿음을 참되게 하는 것은 그 믿음이 실재와 일치하는 것이다. 그렇다면 무엇이 콜롬부스가 1492년에 신세계에 온 것을 참되게 하는가? 그것이 참된 이유는 이 사건이 15세기에 발생했기 때문이다. 이 역사적인 사실이 내 믿음을 참되게 하는 것이며 그것은 진리-제조자(truth-maker)이다. 이 믿음의 효과는 이 믿음의 진리가치(truth value)와는 무관하다. 그러나 제임스는 "실용주의적 원칙에 의하면, 만일 하나님에 대한 가정(hypothesis of God)이 그 단어의 가장 포괄적인 의미에서 만족스럽게 제대로 작동한다면 그것은 '참'이다"⁵⁵ 라고 주장한다. 사실 제임스는 다양하고 상충되는 종교적 믿음들은 "제대로 작동"할 수 있고 따라서 실용주의적 이론에서는 "참"이라고 생각했다.⁵⁶

진리대응관을 유기하는 포스트모던적 복음주의자들은 경쟁적인 세계관들과 대조해서 기독교의 객관적인 진리를 입증할 만한 모든 변증학적인 방법에 호소하는 것 대신에 자주 기독교 공동체의 의미성-기독교 공동체의 언어, 상징, 의식, 전통과 교제-에 호소한다.⁵⁷ 이런 포스트모더니스트 복음주의자들은 자신들의 그룹이 의미심장하고 실용주의적인 면에서 "참"되다고 간주하는 다른 종교 그룹의 일원(예를 들어 몰몬교 신자)을 향해 설득력 있게 할 말이 거의 없을 것이다. 종교에 대한 이 실용주의적 개념을 두고 한 러셀의 언급이 정확하다.

> 이는 하나님이 정말 그가 천국에 계시는지의 여부에 대한 질문

---

54 이 사례는 Winfried Corduan, *No Doubt About It* (Nashville: Broadman & Holman, 1997), 60-61에서 영감을 받은 것이다.
55 James, *The Moral Philosophy of William James*, 339.
56 William James, *Essays on Pragmatism* (New York: Havner, 1955), 159-176.
57 이런 관점은 작고한 Stanley Grenz의 후기 저술물에 명백히 드러난다. 이것과 관련한 Grenz의 진술문들에 대한 비평을 위해서는 Groothuis, *Truth Decay*, 116-117을 보라.

을 대수롭지 않고 쉽게 생략해 버린다. 만일 하나님이 유용한 가정이라면 그것으로 충분한 것이다. 우주의 건축가이신 하나님은 잊혀졌다. 기억되는 것이라고는 하나님 안에 둔 믿음이고 우리의 작은 행성에 거주하는 피조물들에 대한 그 믿음의 효과들이다. 교황이 실용주의적 종교변론을 규탄한 것은 당연하다.[58]

G. K. 체스터턴(Chesterton)은 실용주의 진리론 속의 아이러니컬한 모순을 분별하여서 진리론으로서의 실용주의를 간단하게 제거했다. 체스터턴은 인간은 인간의 삶과 밀접한 관계가 있는 그런 진리들을 꼭 다뤄야 한다고 실용주의자들이 주장하는 것을 옳은 것으로 관찰했다. "인간의 마음에 필연적인 것들을 믿어야 하는 준엄한 필요(authoritative need)가 존재한다. 그러나 나는 그런 필연성 중 하나는 바로 객관적인 진리 안에 둔 믿음이라고 말해 두겠다."

실용주의자는 우리에게 절대적인 것은 어떤 것이라도 무시하라고 말하지만, 절대적인 진리의 개념은 사고(thought)에 가장 필수적인 것이다. 따라서 인간을 우선시하고 가장 인간에게 적합한 철학을 소유하고 있다고 공언하는 실용주의자는 "실제적인 사실에 대한 인간의 감각을 터무니없는 것(nonsense)으로 만들어 버린다."[59]

이런 반대의견들에 비추어 볼 때, 실용주의 이론은 진리의 본질은 기술하지도 않으며 실재를 향한 영혼의 가장 심오한 갈증도 해갈시켜줄 수도 없다는 것이 명백해져야 한다. 어쨌든 만일 어떤 믿음이 실재를 정확히 반영한다면, 그 믿음은 그것의 약속에 부합하는 효과들을 산출해내야만 한다. 참된 세계관은 우리가 실제로 살아내기에 적합한 것이어야

---

58 Russell, *A History of Western Philosophy*, 818. Russell의 긍정적인 진리관을 위해서는 "Truth and Falsehood," *The Problems of Philosophy* (1912; reprint, New York: Barnes & Noble, 2004)를 보라.

59 G. K. Chesterton, *Orthodoxy* (1908; reprint, New York: Image, 1959), 36-37. 유사한 평가로는 Martin Buber, *The Eclipse of God* (New York: Harper & Row, 1952), 70을 참고하라.

만 한다. 그 세계관이 우리로 하여금 끊임없이 지적이고 도덕적 좌절감에 빠지게 해서는 안 된다. 만일 그 세계관이 그렇게 한다면 무엇인가가 잘못된 것이다. 그러나 이것은 진리를 위한 여러 가지 **테스트들** 중 하나가 된다(인식론의 분야에서). 실용주의적인 결과들은 어떤 믿음의 진리를 **결정하지 않는다**. 따라서 실용주의적 진리론은 거짓이고 반드시 거부되어야 한다. 복음주의자들과 그 누구라도 진실과 거짓의 문제들에 진지한 사람이라면 말이다.

7) 우주적 불경건(Cosmic impiety)

진리는 우리의 문화나 우리의 마음이나 우리의 의지에 어떻게든 달려있는 것이라고 여기는 모든 진리의 개념은 진리를 우리가 (집단적으로 혹은 개인적으로) 창조하고 통제할 수 있는 어떤 것으로 둔갑시켜 버린다. 진리의 본질과 의미로서의 대응(correspondence)을 유기하는 모든 진리관들의 경우가 바로 그렇다. 실재를 무시하는 이 처사는 러셀이 "우주적 불경건"이라고 칭한 것을 격려한다.

> 주로 인간통제 밖에 있어서 사실에 의존하는 어떤 것으로 정의되는 이 "진리"의 개념은 지금까지 철학이 겸손이라는 필연적 요소를 주입시켜 왔던 방법 중 하나였다. 이 견제(check)가 제거될 때 권력중독이라고 하는 일종의 광기를 향한 도상으로 한 단계 더 나아가는 것이다.[60]

러셀은 심오하고 풍요로운 어떤 것에 대해 말하고 있는데 그것은 진리와 비진리에 대한 진리다(a truth about truth and untruth). 사람들이 실재를 올바르게 이해하기 위한 책임감이 어떤 것이든지 간에 그것에서(무슨 일이 일어나든지 간에 진리에 대해 진실되어야 하는 것에서) 자신들

60　Russell, *History of Western Philosophy*, 828.

을 풀어 놓아줄 때, 사람들은 그들 외부에 있는 실재에게 신세를 지고 있는 존재로서 가져야 하는 겸손을 박탈당한다.

그렇다면 사람들의 외부에 존재하는 이 실재는 옳거나 그름이 판명 되겠지만, 사람들이 실재를 좌지우지하는 것은 아니다. 사람들은 오히려 이 실재에 반드시 순종해야 (혹은 불순종하거나) 한다. 무신론자이거나 유신론자이거나 혹은 그 누구이든지 간에, 우주적 경건은 우주의 진리에 순복하는 것을 의미한다. 그리고 그것이 무엇이든지 간에 우주 너머의 진리에도 말이다.

3. 정당성이 입증된 본질적인 대응론

진리대응론의 기준에 비추어 조사되었을 때 포스트모던적이고, 정합성을 띤 실용주의적 진리론들은 명백히 기준미달이다.[61] 한 문화는 그 문화에 의미와 중대성을 부여하는 믿음들을 구성할 수 있겠으나—예를 들어, 만일 어떤 사람이 이슬람교에서 지하드를 하는 중에 사망하게 되면, 그 사람은 곧바로 낙원으로 직행한다는 아이디어 같은 것—그럼에도 그런 믿음들은 사실들에 비추어 보았을 때 거짓일 수 있다.

일련의 믿음들은 내적으로는 정합적이만 실재와 일치하지 않을 수 있다. 일련의 믿음들은 다소 선한 결과들을 산출해내면서도(최소한 이생에서) 실재와 연결되는 것에는 의미심장한 방식으로 실패하기도 할 수 있을 것이다. 따라서 우리는 진리의 실재와 남겨지게 되며, 이 진리는 타협하지 않고 어떤 강제에도 저항하는 진리이다. 기독교인들은 누구보

---

61 본 장이 진리의 모든 이론들을 다루지는 않지만, 내 생각에는 변증학적 시도들에서 가장 대두될 만한 것들을 다루고 있다. 철학적 그룹에서 토의되는 또 다른 진리관은 진리 최소주의(minimalism) 혹은 수축적 진리서술(deflationary account of truth)로 칭해진다. Daniel Stoljar, "The Deflationary View of Truth," *The Standford Encyclopedia of Philosophy* 〈http://plato.stanford.edu/entires/truth-deflationary〉.

다 먼저 진리는 실재에 대응하는 어떤 것이라는 개념을 반드시 강력하게 긍정해야 하며 또 반드시 확고부동함으로 그렇게 해야 한다. 포스트모던 (혹은 다른) 교리의 바람들이 우리의 얼굴을 정면으로 강타한다고 할지라도 말이다.

7장

왜 진리가 가장 중요한가?

포스트모던 시대에 진리 찾기

진리라는 단어는 모든 언어에서 주요한 주제다.[1]

우리는 진리의 개념이 결여된 인간 언어를 상상할 수 없다. 그런 언어는 결코 그 누구에게도 제대로 알려줄 것이 전혀 없는데 그런 언어는 실재에 대한 일체의 지적인 접근이 결여될 것이기 때문이다. 언어 자체로서 그토록 많은 제약을 받는 언어는 없을 것이다(비록 일련의 정치인사들과 유명인사들의 "강연"이 그렇게 되어가기는 하지만).

진리의 개념은 우리가 호흡하는 지적인 산소(intellectual oxygen)처럼 필요불가결한 속성을 갖는다. 언제든지 우리가 의견을 진술하거나, 논증을 변호 혹은 비판하거나 질문을 하거나 이런저런 종류의 단언을 조사할 때 우리는 진리의 개념을 전제한다. 우리가 직접적으로 진리라는 단어를 진술하지 않더라도, 진리가 실제적이거나 인식 가능하다는 것을 부인하더라도 말이다.

진리의 개념은 우리를 떠나지 않고 끊임없이 따라다닌다. 다른 이들의 견해에 대한 우리의 진부한 사고, 우리의 서투른 변명, 우리의 의도

---

1 이 장의 초기 버전은 "Why Truth Matters Most: An Apologetic for Truth-Seeking in Postmodern Times" in *Journal of the Evangelical Theological Society* 47, no. 3 (2004): 441-454에 원래 게재되었다.

적인 무지, 살아 있는 사람들과 고인이 된 사람들 모두에 대한 우리의 부당한 공격들을 밝혀내면서 말이다. 반대로 우리 스스로의 아이디어들이 잘못 대변되거나 우리의 개인적인 인품이 중상모략을 당하게 되면 우리는 이 이슈를 해결하기 위해서 확고부동한 어떤 것에 호소함으로써 그것에 이의를 제기한다. 그 확고부동한 어떤 것은 바로 진리이다.

진리는 과묵한 심판관처럼 자신만만하게 팔짱을 끼고, 두 귀를 열고, 두 눈은 의도적으로 그리고 권위있게 모든 것을 응시하며 아무것도 놓치지 않으면서 우리를 면밀히 감독하고 있는 것 같다. 중요한 진리가 중대한 사안들에 전혀 힘을 미치지 못하는 것 같을 때에도 우리는 아주 오래전에 연락이 끊어진 친구나 우리가 한 번도 알고 지내본 적이 없는 부모님을 그리워하듯이 우리는 진리를 갈망한다. 그럼에도 진리가 우리의 정체를 드러내고 우리를 깨우쳐줄 때에도 우리는 진리의 응시에 눈 맞추기를 거부하고 우리 자신만의 잇속을 차리고 실재에 대한 방어적인 해석을 택하기 위하여 진리를 축출하려고 애쓴다. 이 장에서는 객관적인 진리와 진리 추구 두 가지 모두의 중대성과 가치를 위한 일반적인 변증을 전개한다.[2]

많은 기독교 변증학적 시도들은 불신자들은 진리를 알고 싶어하지만 그런 취지에 맞는 좋은 논증들에 대해서는 알지 못한다고 가정한다. 기독교 진리 주장들을 위한 양질의 논증들이 필수불가결하기는 하지만 그런 논증들만으로는 충분하지 않다. 많은 불신자들은 이런 논증들을 결코 심각하게 고려하지 않는다. 왜냐하면 단지 이런 논증들은 진리에 대해 무관심하기 때문이다.

예레미야 17:1-5을 묵상하면서 유진 피터슨(Eugene Peterson)은 "여기서 추정할 수 있는 것은 우리가 주도하는 종류의 삶들, 즉 단순히 우리가 무엇을 하는지가 아닌 우리가 누구인가 하는 문제는 그것이 어떤 진

---

[2] 포스트모던적 진리관에 대한 더 많은 내용을 위해서는 Douglas Groothuis, *Truth Decay: Defending Christianity Against the Challenge of Postmodernism* (Downers Grove, IL: InterVarsity Press, 2000)과 이 책의 6장에서 포스트모던적 진리관을 다룬 것을 참고하라.

리이든지, 진리에 대한 우리의 접근에 영향을 미치는 엄청나게 중요한 요인들로, 특히 하나님이신 바로 그 진리(the Truth)에 대한 접근에 영향을 미친다"고 주목한다. 다시 말해 "인식자(knower)의 이해력은 반드시 인식되어지는 것을 위해 반드시 **충분한** 것이어야만 한다."[3]

포스트모던 세계에 있는 많은 이들은 객관적 진리의 존재를 전적으로 포기해 버렸기 때문에 객관적 진리를 추구할 필요를 느끼지 못한다. 따라서 인식 가능하고 객관적인 진리의 개념을 철학적으로 변호할 뿐만 아니라(6장에서 다룸) 그 진리의 개념에 도달하는 것에 필수적인 미덕들을 추천해야 하는 변증학적 필요와 의무가 존재하는 것이다.

변증학적 목적들을 위해서 진리를 정직하게 평가하는 과정에서 우리는 (1) 진리(truth), 자기 기만(self-deception)과 개인적인 미덕(personal virtue)의 관계, (2) 불신하려고 하는 의지(the will to disbelieve), (3) 겸손이 진리 추구에 어떤 관계가 있는지의 여부, (4) 지적 무관심이라는 악, (5) 진리-회피(truth-avoiding)의 유혹인 전환(diversions) 그리고 (6) 진리-끌기(truth-attracting)의 가능성으로서의 침묵에 대해서 토의하게 될 것이다.

1. 진리, 자기 기만과 미덕

진리의 의미를 철학적으로 아주 명확하게 잘 표현할 수 없다고 하더라도 우리 모두는 진리의 의미를 어느 정도 직관적으로 안다. 진리는 우리가 알 수도 있고 모를 수도 있는 어떤 것이지만 우리 자신의 갈망(desires), 두려움(fears), 일시적 기분(whims)이나 혐오(hatreds)에 근거해서 조작하려고 해서는 안 되는 어떤 것이다. 윈스턴 처칠(Winston Churchill)은 "사람들은 때때로 진리라는 돌부리에 걸려 넘어지지만 대부분의 사람들은 마치 아무 일도 일어나지 않은 것처럼 황급히 일어나서 떠난다"

---

[3] Eugene Peterson, *Subversive Spirituality* (Grand Rapids: Eerdmans, 1997), 81.

고 익살스럽게 말했다. 이 가시 돋친 말은 인생에 있어서 진리의 가치를 강조한다.

동분서주하며 정신없이 분주한 삶을 사느라 진리를 무시하는 것은 어쨌든 잘못된 것이며 우리는 그것이 잘못되었다는 것도 안다. 그렇다면 진리를 추구하고 진리를 존중하고 기꺼이 진리에 순복하고자 원하는 다른 삶의 방식이 반드시 존재해야 하는데 특히 최고로 중요한 문제들을 다룰 때는 더욱 그렇다. 이런 진리에 순복하기 원하는 지향(orientation)은 고전적인 미덕 중 하나인 일종의 용기를 요구하는데 왜냐하면 진리는 우리가 선호하는 것이 아닐 수도 있기 때문이다.

오늘날 너무나도 많은 사람들이 "나는 그것이 편안해"(I'm comfortable with that)라고 말하여 동의를 표현하고 "나는 그것이 불편해"(I'm not comfortable with that)라고 말하여 반대를 표현하는 것은 시사하는 바가 크다. 가구와 헤드폰 같은 것이라면 편안함이 중요하지만 진리에 관해서 편안함을 얘기하는 것은 적절하지 않다.

반대로 진리의 추구는 고전적인 악의 하나인 나태함(sloth)을 반드시 멀리할 것을 우리에게 요구하는데 왜냐하면 진리는 사물의 표면 아래로 쑤셔 넣어져서 쉽사리 인식되지 않을 수 있기 때문이다. 게다가 단순한 호기심이 아닌 학문적인 열심이 함양되어야 한다.

호기심은 우리가 알 필요가 없는 (혹은 알면 안 되는) 것에 대한 정욕에 지나지 않는 것이며, 또 호기심은 허영심, 교만이나 불안함과 같은 숨은 동기가 몰아친 것일 수도 있다. 호기심은 본질적으로 선하지 않다. 왜냐하면 호기심은 「피플」(People)지의 어느 호에나 실려있는 내용처럼 험담(gossip), 사생활침해(기웃거림)에 이어서 낭비된 시간과 노력으로 치닫게 할 수 있기 때문이다.

다시 말해 호기심이 현대 서구 문화의 주된 열정(혹은 정욕)이라는 사실에도 불구하고 호기심은 악이 될 수 있다는 것이다. 반면에 학문적인 열심은 주제 학문에 적절한 방식들을 활용하여 반드시 알아야 하는 것들을 진지하게 조사한다. 학문적인 열심은 스스로 무지한 분야들을 감지하여 알아내고 신중, 인내와 겸허함으로 지식을 추구하며 반드시 알아야 하는 것을 알게 될 때까지 쉬지 않으며 추구한다. 따라서 우리는 잘 속는 것(거짓 믿음들을 너무 많이 고수하는 것)과 극단적인 회의주의(참된 믿음들을 너무 많이 놓치는 것) 두 가지 모두를 피하기 위하여 부단히 애쓴다.[4]

예수님은 지적인 논증(intellectual arguments)에 자주 참여하기도 했지만 함께 대화하던 사람들의 도덕적 상태를 예리하게 파악하고 있었다. 왜냐하면 그분은 한 사람의 영혼의 상태가 그/그녀가 일련의 것들을 인식하는 능력에 영향을 미친다는 것을 잘 파악하고 있었기 때문이다.[5] 요한복음은 예수님이 불신하는 종교 지도자들에게 이렇게 말씀하신다.

> 나는 내 아버지의 이름으로 왔으매 너희가 영접하지 아니하나 만일 다른 사람이 자기 이름으로 오면 영접하리라 너희가 서로 영광을 취하고 유일하신 하나님께로부터 오는 영광은 구하지 아니하니 어찌 나를 믿을 수 있느냐(요 5:43-44).

예수님은 인정이나 지위에 의한, 건강하지 않은 우려는 올바른 판단(이 경우에는 그분 스스로 정체성에 대한 냉정한 평가와 그것에 대한 올바른 반응)을 방해할 수도 있다는 것을 주장했다. 예수님은, 하나님이 "한 분이고 유일하신 그분의 아들"(his one and only Son) 안에 하나님의 사랑을 분명히 나타내셔서 예수님을 신뢰하는 사람들에게 영생을 제공하려고 하셨다는 것을 논의하셨다. 그런 후에 예수님은 이 선물을 활용하지 않을 사람들과 그들이 왜 그럴 것인지에 대해 계속해서 숙고했다. 그의 언어는 엄중하고 강력하다.

> 그 정죄는 이것이니 곧 빛이 세상에 왔으되 사람들이 자기 행

---

4 이에 대해서는 고전적인 에세이인 William James, "The Will to Believe" in *The Will to Believe* (New York: Dover, 1956)를 참고하라.

5 이에 대해서는 Douglas Groothuis, "Jesus' Use of Argument" in *On Jesus* (Belmont, CA.: Wadsworth, 2003)를 참고하라.

> 위가 악하므로 빛보다 어둠을 더 사랑한 것이니라 악을 행하는 자마다 빛을 미워하여 빛으로 오지 아니하나니 이는 그 행위가 드러날까 함이요 진리를 따르는 자는 빛으로 오나니 이는 그 행위가 하나님 안에서 행한 것임을 나타내려 함이라 하시니라 (요 3:19-21).

우리는 진리를 추구하는 과정에서 자기 기만과 진리 부인에 대한 다양한 유혹들을 감안하여 반드시 우리 스스로에게 가차없어야 한다. 매우 존경받는 물리학자 리처드 파인만(Richard Feynman)은 1974년 캘리포니아 공과대학교 졸업축사에서 이 책무를 강조했다.

과학적 진정성에 대해 논의한 후에, 파인만은 이렇게 말했다. "첫 번째 원칙은 당신은 당신 스스로를 절대로 속여서는 안 된다는 것입니다. 그리고 당신 자신이야말로 당신이 속이기 가장 쉬운 사람입니다. 그렇기 때문에 당신은 그 점을 반드시 유념해야만 합니다. 당신이 당신 스스로를 기만하지 않은 다음에야 다른 과학자들을 쉽게 기만하지 않게 됩니다."[6]

하나님을 사랑하는 것 대신에 세상의 혜택을 추구하는 위험에 관한 비유를 언급한 후에 키에르케고르는 "영원히 지속될 것에 당신의 삶을 투자하는 것에 실패하는 것"에 대해 이렇게 경고한다. "즉 영원히 지속될 것에 투자하는 것은 무슨 일이 일어나더라도, 이생에서 사람들의 손에서 어려움을 겪게 되는 결과가 오더라도 진리 안에서 하나님을 사랑하는 것이다. 그러므로 당신 자신을 기만하지 마라! 모든 사기꾼들 중에서 당신 자신을 가장 두려워하라!"[7]

---

6 Richard Feynman, *Surely You're Joking, Mr. Feynman: Adventures of a Curious Character* (New York: Bantam, 1989), 313.

7 Soren Kierkegaard, "An Eternity in Which to Repent," in *Provocations: Spiritual Writings of Kierkegaard*, ed. Charles Moore (Farmington, PA.: Plough, 1999), 47. 또한 렘 17:9도 참고하라.

2. 불신하고자 하는 의지

그러나 모든 이들이 자기 기만에 대한 건강한 두려움을 활용하고 있지 않다. 위대한 수필가이며 소설가인 알두 헉슬리(Aldous Huxley, 1894-1963)는 그가 청년기에 가졌던 철학을 통한 진솔한 깨달음에서 인간 영혼의 권모술수(machinations)에 대한 관찰의 기회를 우리에게 제공한다.

> 나는 어떤 의미도 없는 것을 당연한 것으로 여겼다. 이렇게 여긴 부분적인 이유는 실재로부터 추상화된 과학적 그림이야말로 전체 실재의 참된 그림이라고 하는 보편적인 믿음을 나도 공유했기 때문이며, 또 부분적으로는 다른 비지성적인 이유들에 기인한다. 나는 세상이 의미를 갖는 것도 원치 않기 때문에, 따라서 나는 세상은 의미를 전혀 갖지 않는다는 것을 가정했고 이 가정에 대한 만족스러운 이유들을 전혀 어려움 없이 찾아낼 수 있었다. 대분분의 무지는 극복할 수 있는 무지다. 우리가 알지 못하는 것은 우리가 아는 것을 원치 않기 때문이다. 어떻게 그리고 어떤 주제들에 대해 우리의 지성을 사용해야 할지를 결정하는 것은 우리의 의지다. 세상에서 어떤 의미도 간파해내지 못하는 이들이 그런 까닭은 이런저런 이유로 세상이 무의미해야 한다고 하는 그들의 기준에 부합하기 때문이다.[8]

헉슬리는 그가 살았던 시대에 용인되었던 정치적, 경제적 그리고 성적 규범으로부터의 자유를 갈망했고 이 모든 규범들은 상당 부분 기독교에 의해 영향을 받은 것들이었다. "이런 사람들을 논박하는 것과 동시에 우리들 자신의 정치적이고 성애적 반란을 스스로에게 정당화할 수 있는 기막히게 간단한 방법이 하나 있었다. 바로 그것은 세상은 어떤 일

---

8 Aldous Huxley, *Ends and Means*, 3rd ed. (New York: Harper & Brothers, 1937), 312.

말의 의미도 갖고 있지 않다고 부인하는 것이었다."⁹

현대 철학가인 토마스 나이겔(Thomas Nagel)은 다른 주목할 만한 고백을 통해서 유신론은 유신론의 "불쾌한 도덕적 교리, 사회정책과 정치적 영향력"이나 유신론의 "경험적 허위의 수용"보다 한층 더 깊은 차원에서 자신에게 혐오감을 준다고 고백한다.¹⁰

> 나는 훨씬 더 깊은 어떤 것에 대해 말하고 있다. 즉 종교 자체에 대한 두려움이다. 나는 내 자신이 이 두려움을 강력하게 경험한 것을 토대로 하는 말이다. 나는 무신론이 진리이길 원하며 내가 아는 사람들 중 가장 지적이고 박식한 사람들 중 일부가 신자들이라는 사실에 심기가 불편하다. 내가 단지 하나님을 믿지 않아서 하는 말이 아니며, 당연히 내 믿음이 맞는 것이기를 소망한다. 하나님이 없기를 간절히 바란다! 나는 하나님이 있는 것을 원치 않는다. 나는 하나님이 있는 우주는 원치 않는다.¹¹

나이겔의 진솔한 선언은 지적인 진공에서 만들어지지 않았다. 그는 유신론에 의지함 없이 영원한 도덕적이고 지적인 진리들의 존재를(상대주의에 반대하여) 설명하려 한다.¹²

---

9 Ibid.
10 Nagel은 무슨 생각이 있어서 이런 언급을 하는지에 대해서는 밝히지 않는다. "경험적 허위"에 대해서 성경이 네모난 지구나 지구중심설에 헌신되어 있다고 Nagel이 생각한다면, 그는 오해하고 있는 것이다. 왜냐하면 "세상의 네 모퉁이"나 "일출과 일몰"에 대한 언급은 우주론의 물리적 특징들이 아닌 현상학적이거나 투시적(perspectival: 고정된 시점에서 어떤 사물을 바라보는 것-역주)인 언어로 간주될 수 있기 때문이다. 우리는 현대에서 여전히 이런 비유적 표현들을 사용하는데 지구가 구형이라는 것과 지구가 태양의 주변을 회전한다는 것을 다 알고 있으면서 말이다.
11 Thomas Nagel, *The Last Word* (New York: Oxford University Press, 1997), 130.
12 나는 이 논증들이 부족하게 여겨진다(Douglas Groothuis "Thomas Nagel's 'Last Word' on the Metaphysics of Rationality and Morality," *Philosophia Christi*, series 2, 1, no. 1 [1999]: 115-122를 참고하라).

그럼에도 불구하고 나이겔의 본능적인 폭로는 사도 바울이 묘사하는 사람들, 즉 그들이 접속할 수 있는 신적인 지식에 대항하여 하나님의 존재라는 진리를 억압하고 하나님께 감사드리지 못하고 따라서 생각이 어두워진 사람들을 닮았다(롬 1:18-21 참고).

기독교 세계관에 동일하게 적대적이었던 또 다른 위대한 철학가도 인간상황을 면밀히 살펴보는 전지한 하나님의 개념을 거부했다. 공포논증(argumentum ad horrendum: 진실이기에는 너무 끔찍한 논증)에 근거한 것 같다. 프리드리히 니체(Friedrich Nietzsche, 1844-1900)의 기독교 비평은 다양한 측면을 지녔으나 인격적인 하나님에 대한 그의 거부는 철학적인 것 못지않게 본능적이거나 성향적인(dispositional) 것으로 보인다. 『짜라투스투라는 이렇게 말했다』(Thus Spoke Zarathustra)에서 "가장 추하게 생긴 사람"이 하나님에 대해 말하는 부분에서 등장하는 이 진술문을 고려해 보자.

> 그러나 그는 죽어야 했다. 모든 것을 본 그의 두 눈으로 그는 보았다. 그는 사람의 깊이와 궁극적인 토대, 그의 모든 숨겨진 불명예와 추악함을 보았다. 그의 연민은 그 어떤 수치심도 알지 못했다. 그는 가장 추악한 구석으로 기어들어갔다. 가장 호기심이 많고 도를 넘어 주제넘게 참견하는 이 자는 죽어야 했다. 그는 항상 나를 주시해 왔다. 그런 목격자에게 내가 직접 복수하거나 그럴 수 없다면 나는 살고 싶지 않았다. 사람을 포함한 모든 것을 주시하여 본 신, 이런 신은 죽어야 했다! 사람은 그것을 견딜 수 없다. 그런 목격자가 살아 있어야 한다는 것을 사람은 견딜 수 없다.[13]

---

13 Friedrich Nietzsche, *Thus Spoke Zarathustra*, in *The Portable Nietzsche*, ed. Walter Kaufman (New York: Viking Press, 1975), 379. 이 책의 주인공인 짜라투스투라(일종의 무신론적 반[anti] 선지자)는 Nietzsche를 대변하여 얘기하며 연설 전체를 긍정한다.

이 열정적인 진술문은 하나님의 존재에 대항하는 이성적인 논증(rational argument)은 전혀 아니다. 이 진술문은 오히려 인간의 불결함을 응시하고 있는 신, 거룩하고 모든 것을 아는 신에 대한 생각에서 오는 혐오감이다. 신을 거부하는 것만큼 신에 도전하는 것이다.

니체의 관찰은 실재 앞에서 정직의 중요성을 강조한다. 그 실재가 하나님의 얼굴이거나, 얼굴 없이 무관심한 우주이거나, 그 외의 다른 것의 여부에 상관없이 말이다. 다른 경우에도 니체는 진리의 요구에 대해서 동등하게 열정적으로 기록했다.

> 진리는 그 길의 모든 단계에서 투쟁되었어야만 했다. 인생에서 우리의 삶과 우리의 신뢰가 달려있는 우리의 마음(hearts)에 소중한 모든 것의 대부분은 진리에 희생되었어야만 했다. 영혼의 위대함은 진리를 위해 필요하며 진리의 봉사(service)가 가장 힘든 봉사이다. 지적인 것들에서 정직하다는 것은 무엇을 의미하는 것인가? 한 개인은 자신의 마음에 대해 확고부동하다는 것, 한 개인은 "구태의연한 감정들"을 경멸한다는 것, 한 개인은 모든 네(Yes)와 아니오(No)를 양심의 문제로 만든다는 것이다!¹⁴

니체가 전체적인 그의 철학을 객관적인 진리를 향한 진정한 존경과 화해시킬 수 있었는지는 의문의 여지가 있지만 그럼에도 이 인용문의 도덕적 충고는 심사숙고할 만한 가치가 있다.¹⁵

진리로 가는 도상에 서 있는 정직한 순례자는 불쾌하게 여겨지는 진리들(혹은 끔찍한 논증[*argumentum ad horrendum*])에서 뒷걸음치지 않을 것

---

14 Nietzsche, *The AntiChrist*, section 50, in *The Portable Nietzsche*, ed. Walter Kaufmann (New York: Viking Press, 1975), 632.

15 Nietzsche의 관점주의(perspectivalism)에 대한 비평으로는 Groothuis, *Truth Decay*, 107-108과 198-202를 보라. *Truth and Truthfulness* (New York: Princeton University Press, 2002), 12-19에서 Bernard Williams는 자신의 이론을 논박하는 것처럼 여겨지는 Nietzsche의 몇 가지 텍스트들을 얼버무리고 넘어간다.

인데 왜냐하면 우리가 당면한 사례가 우리에게 유쾌한 것일 수도 있고 불쾌한 것일 수도 있기 때문이다.[16] 진리는 진리 그 자체를 위해서 추구되어야 하지만 그 개인의 지적인 번영과 밀접한 관련이 있다. 즉 진리가 우리를 어디로 이끌든지, 진리의 결과가 무엇이든지 간에 진리를 따르는 것이 우리에게 최선이라는 확신이 있어야만 한다. 그리고 지적인 올곧음(intellectual rectitude)을 조금이라도 소유하고 있는 사람이라면 누구에게나 이것은 중요한 책무(imperative)이다.

잘 알려진 시적인 에세이 『자유인의 예배』(A Free Man's Worship)에서 버트란드 러셀(1872-1970)은 결코 활기차지 않은 세계관을 분명하게 잘 표현했다. 한 문장을 반페이지에 걸쳐 표현하며 러셀은, 이 우주 안에서 인류는 "그것들이 성취하고 있었던 궁극적 목적에 대한 선견지명(prevision)을 전혀 갖지 못했던" 맹목적인 원인들의 결과들로 여겨진다는 것과 한 개인의 영웅주의, 사고와 감정의 강렬함의 모든 것들은 "한 개인을 무덤 너머로 지탱하는 것에는" 소용없었다는 것을 열정적으로 기록했다. 사실 "인간 성취의 전체 신전은 폐허 속에 있는 세상 밑에 틀림없이 사장될 것이다."[17]

우리가 러셀의 관점에 동의하는지의 여부와 상관없이 그가 진리라고 간주한 것에 함축된 결과를 직시하고자 했던 러셀의 용기에 경의를 표해야 한다. 사실 그의 에세이는 신이 부재한 세상의 결론을 뒷받침하기 위한 그 어떤 논증(arguments)도 제공하지 않고 오히려 그런 견해를 따르면 어떤 결과가 나타나는지를 도출해낸다.[18]

블레이즈 파스칼(Blaise Pascal, 1623-1662)은 그의 미완성된 변증학적 논문과 관련된 메모에서 자신의 임무를 위한 목표를 제시했다.

---

16 Peter Geach, *Truth and Hope* (Notre Dame, IN.: University of Notre Dame Press, 2001), 6.
17 Bertrand Russell, *Why I Am Not a Christian and Other Essays on Religion and Related Subjects*, ed. Paul Edwards (New York: Simon & Schuster, 1957), 107.
18 우리는 15장에서 이 세계관을 다룰 것이다.

따라서 나는 진리를 찾고자 하고, 준비되고자 하고, 열정에서 자유케 되고 준비되어, 그가 진리를 찾을 만한 곳이라면 어느 곳으로나 진리를 따르고자 하는 갈망을 사람 안에서 각성시키고 싶다. 자신의 지식이 얼마나 심하게 열정으로 어둡게 가리워져 있는지를 깨닫는 것과 더불어 말이다. 나는 그가 그를 위해서 자동으로 결정들을 내려주는 그의 육욕(음욕적인 갈망)을 그가 증오하면 참 좋겠다. 그래서 그가 선택할 때 그 음욕이 그를 눈멀게 하지 않을 뿐만 아니라, 그가 일단 선택을 한 후에는 그를 방해하지도 않도록 말이다.[19]

파스칼은 더 나아가서 진리의 중력과 그것을 박탈당할 수 있는 가능성에 대해서도 말했다. "진리는 오늘날 너무나도 불분명해졌고 거짓들이 너무나도 확고부동하기 때문에 우리가 진리를 사랑하지 않는 한 우리는 진리를 결코 인식하지 못하게 될 것이다."[20] 게다가 우리가 진리를 인식하고 난 후에는 진리가 우리 안에서 뜻을 펼칠 수 있도록 해 주어야만 한다. "약골들은 진리는 알지만 진리가 그들에게 유익할 때에만 그것을 유지하고 그렇지 않을 때에는 진리를 져버리는 사람들이다."[21]

T. S. 엘리엇(Eliot)이 관찰했듯이 "인류는 그렇게 많은 실재를 감당할 수 없다."[22] 존재를 올바르게 해석하기 위해서는 용기와 불굴의 의지가 필요하다.

---

19 Blaise Pascal, *Pensées*, 119/423, ed. and trans. Alvan Krailsheimer (New York: Penguin, 1966), 60.
20 Ibid., 739/864, 256.
21 Ibid., 740/583, 256.
22 T. S. Eliot, *Murder in the Cathedral* (New York: Harcourt, Brace & World, 1963), 69.

3. 진리와 겸손

진리 추구가 성공적일 때 도덕적인 사람은 교만으로 득의양양해지지 않고 겸손해진다. 우리는 진리를 창조하는 것이 아니라 단지 진리를 발견할 뿐이다. "복음의 위대한 것들을"(Jonathan Edwards) 발견하는 이들은 우리를 겸손케 하고 또 존귀케 하는 진리를 발견한다. 우리를 구원하시는 예수 그리스도의 진리는 하나님의 은혜의 선물이다. 죄인들인 우리는 겸손함으로 그 선물을 받을 뿐이다. 그럼에도 예수님은 복음이 우리를 자유케 하는 진리라고 선포했다(요 8:31-32). 기독교인을 위해 그리스도가 일구어낸 자유는 우리를 소심함(timidity)이나 불확실함(uncertainty)으로 이끄는 것이 아니라 이 세상 사람 그 누구나를 자유롭게 해방시킬 수 있는 이 유일한 진리를 알리도록 해야 한다(딤후 1:7).

그렇지만 객관적 진리에 대한 지적인 잠정성(tentativeness)은 "겸손"으로 가장되어 복음주의적 작가들에 의해 종종 변호되곤 한다. 변증학을 하는 것에 있어서의 오만과 승리주의(triumphalism)의 위험을 마땅히 경고하는 한편 존 스택하우스(John Stackhouse)는 기독교가 "합리적인 의심도 없을 정도로"(beyond a reasonable doubt) 진실된 것으로 알려질 수는 없다고 주장하며 기독교 역사상 존재해 왔던 위대한 변증가들에게는 꽤 이질적인 태도를 단언한다.[23]

하지만 만일 그렇다면 기독교인은 어떠한 해결책도 없이 그/그녀의 믿음을 계속해서 의심하는 것에 대한 인식론적인 보증(epistemic warrant)을 갖게 될 것이다. 누구나 의심하는 것이 **합리적일** 뿐만 아니라 의심하지 않는 것은 비합리적인 것이 될 것이다. 의심들이 적절하게 다루어지면 깊은 믿음에 이르게 하는 도움이 될 수 있는 반면에, 의심하라는 명령은 축소된 기독교인의 삶을 초래할 것이다.

더 나아가 그는 자연주의(naturalism)와 불교는 이성적으로 믿어질 수

---

23 John Stackhouse, *Humble Apologetics* (New York: Oxford University Press, 2002), 111.

있다고 주장한다.[24] 만일 이것이 사실이라면, 어떻게 기독교 신자가 불교 신자나 자연주의자와 효과적인 변증학에 참여할 수 있을지 이해하기 어려운데, 왜냐하면 불교신자나 자연주의자의 견해는 기독교인의 견해만큼이나 합리적이어야 하기 때문이다. 더 나아가 불교와 자연주의는 성경적인 의미에서의 인격적인 창조주 하나님의 존재를 부인한다. 만일 불교와 자연주의가 합리적이라면 어떻게 이것을, 창조세계는 모든 인간들에게 하나님의 존재에 대한 충분한 증거를 제공했지만 죄인인 인간은 이 지식을 미련하게 억제했다고 하는 바울의 주장과 조화키실 수 있겠는가?(롬 1:18-21).

요한일서 1:1-3을 인용한 후에 스택하우스는 "요한은 고대 세계의 종교적이고도 철학적인 대안들의 목록을 열거하여 어쨌든 기독교가 다른 종교들보다 우월하다는 것을 판단하려 한 것은 아니다"라고 말한다.[25]

비록 요한은 세계관 목록이나 다른 모든 세계관들에 대한 기독교의 우월함에 대한 상세한 논증을 제시한 것은 아니라고 할지라도, 그럼에도 불구하고 요한은 실제로 겪어 얻은 직접적인 증거에 기초하여 예수 그리스도의 유일무이함과 최고권을 단호하게 선포한다.

이는 요한일서 2:28; 4:13; 5:9-12, 14-15과 같은 요한일서의 많은 구절들과 요한복음 1:1-3, 14, 18; 14:1-6에서 찾아볼 수 있다. 게다가 요한은 예수님이 "육체를 입고 오신 것"(요일 4:2; 요 1:14)을 강조하여 당시의 초기 영지주의(원시-영지주의)를 논박한다. 요한이 그리스도를 개인적으로 경험한 사실이 그의 관점을 덜 확실하게 만들었다는 제안은 이 본문이나 요한의 다른 어떤 저술에서도 보증되지 않았다.

요한은 그의 서신에서 확실성을 내뿜고 있으며 그의 독자들도 확실성을 공유하기 원한다. 그런데 스택하우스는 한술 더 떠서 "포스트모던성은 어느 누구도 확실하게 아는 것이 하나도 없다"는 점에 있어서 요한

---

24 Ibid., 150.
25 Ibid., 166.

일서 1:1-3과 "일치한다"고 주장한다.[26] 이 추정상의 겸손은 적어도 다섯 가지 이유로 경솔하다.

첫째, 사도요한은 "어느 누구도 확실하게 아는 것이 하나도 없다"는 진술문에 결코 동의하지 않을 것인데 왜냐하면 요한은 그리스도에 대한 확실한 증거를 제시했기 때문이다. 요한 스스로 만들어낸 자신만의 이야기나 선호 때문이 아니라 예수 그리스도가 성육신하신 하나님이심을 다른 사람들에게 선포하기 위해서 제시했다.

둘째, 대부분의 포스트모던주의자들은 회의주의자들이 아닌 비실재론자들(nonrealists)이다. 포스트모던주의자들에게 지식은 어렵지 않고 쉬운 것이다. 자신들이 처해 있는 언어 게임에 그냥 동의하고-우리가 그것을 총체화하는 거대 담론으로 여기지 않는 한-객관적인 진리에 대해 염려하는 것을 중단하면 되는 것이다.

셋째, 스택하우스는 어느 누구도 확실하게 아는 것이 하나도 없다는 것을 그는 안다고 단언한다. 만일 스택하우스가 이 명제를 확실하게 안다면 어떻게 이 명제가 진실인 것을 그가 알 수 있었는지 분명하지 않다. 사실 그것은 자가당착적(self-refuting)이다.

넷째, 우리가 확실하게 아는 수많은 반증(counterexamples) 명제들이 존재한다. 모든 사람들이 동의하는 (동의해야 하는) 진술문들로 다음과 같은 것들이다. (1) 단지 즐거움을 위해 무고한 사람들을 고문하는 것은 항상 잘못된 것이다. (2) 무모순성은 보편적인 진리이다. (3) 살인은 잘못된 것이다. (4) 물체들이 존재한다.

다섯째, 성경은 창조주와 올바르게 관계맺고 있는 사람들에게는 하나님을 아는 확실한 지식이 가능하다는 것을 반복적으로 약속한다(롬 8:15-16 참고). 변증학에서 "겸손"한 것이 우리로 하여금 인식론의 수렁에 빠지게 해서는 안 된다. 어쩌면 우리는 절대적인 증명(absolute proof)과는 별개로 정당화된 확실성(justified certainty)을 소유할 수도 있다.[27]

---

26 Ibid. 또한 232도 참고하라.
27 Ibid., 166.

처음부터 확실성을 강제 격리해 놓았기 때문에 모든 지적인 추구(intellectual quest)가 고의적으로 방해받는다. 이것은 마치 강인하고, 신속하고 건강한 명마는 너무 기운이 넘쳐서 공정하거나 정직하게 경쟁할 수 없다라고 하는 보편적인 원칙에 따라 경기가 시작되기 전에 말에게 부상을 입히는 것과 같은 것이다.

우리는 주어진 결론의 설득력은 그 결론을 뒷받침하기 위해 제공된 논증들에 기초해서 평가해야 하는 것이지 원칙상 그리고 영구히 확실성을 극구 부정하는 "겸손"이라는 어떤 이상을 규정하여 평가해서는 안 된다. 견고한 논증에 대한 흥분이 가라앉은 후에 우리가 내린 결론의 설득력을 축소해서 말하거나 과장하는 실수를 범할 수도 있다. 만일 우리가 축소해서 말한다면, 우리는 겸손한 것이 아니라 소심한 것이다. 만일 과장한다면, 우리는 어쩌면 너무 교만해서 논증의 한계와 약점을 인정하지 못하는 것일 수 있다. 소심함도 과장도 이상적인 것은 아니다. 정직하고 합리적인 진리 추구가 우리의 의제(agenda)를 결정해야 한다.

1908년 다작의 기독교 변증가이며 소설가이며 수필가인 G. K. 체스터턴(Chesterton)은 논증을 미연에 방지하기 위해 겸손을 활용하는 것에 대하여 비슷한 걱정을 하게 되었다. 그는 "겸손"은 "대개 인간의 욕망의 오만함과 무한함을 제한하기 위한 것이었다."[28]

이 세상의 위대함과 거대함을 즐기고자 하는 자는 "그 누구나 반드시 스스로를 늘 작게 만들어야만 한다." 그러나 체스터턴은 겸손이 "야망의 기관"(organ of ambition)에서 "확신의 기관"(organ of conviction)으로 이동하였는데, 겸손이 있어서는 안 되는 곳에 가 있는 것이다. 사람은 자기 자신에 대해서 미심쩍어 하게끔 되어 있지만 진리에 대해서는 확신하게끔 되어 있다. 그런데 이것이 뒤바뀌었다고 염려했다. 진정한 겸손 대신에 한 개인은 자신의 주장을 펼칠 수도 있겠지만 "그가 마땅히 의심해서는 안 되는 것, 즉 하나님의 이성(Divine Reason)"을 의심한다.[29]

---

28 G. K. Chesterton, *Orthodoxy* (1908; reprint, New York: Image Books, 1959), 31.
29 Ibid.

체스터턴은 "이 새로운 겸손"이 이성을 통한 진리 찾기를 완전히 포기할까봐 애타한다.[30] 사실 체스터턴의 고찰이 있은 지 100년이 지난 지금 잘못 자리매김한 겸손은 계속해서 담화를 어렵게 한다.[31] 확실성은 그것이 명확하고 설득력 있는 논증에 근거하고, 흔쾌히 동의되는 한, 또 반증들을 진지하게 고려해 볼 용의가 있는 한 절대 악덕은 아니다.

포스트모던주의자의 객관적 진리의 일축은 공허하며 지적인 만족을 주지 않으며 공허하게 울려퍼지는 반면, 일반적으로 인정된 거대 담론들(또는 세계관들)에 대한 포스트모던주의자의 의심은 일리가 있다. 20세기에서 그토록 오랜 시간 동안 너무나도 많은 이들에게 영감을 주어 왔던 일련의 거대 담론들에 의문이 제기되어 왔다. 특히 프로이트주의(Freudianism)와 마르크스주의(Marxism)가 그런 것들이다. 이 두 거대 담론 모두가 본질적으로 무신론적이다.

다윈주의의 체계도 과학적으로 또 철학적으로 도전을 받고 있다. 우리는 진리의 개념을 힘의 관계에 지나지 않는 것으로 환원시킬 수 없는 반면, 문화들이 진리와 거짓을 간주하는 방법은 담화를 통제하는 사람에 의해서 혹은 "마이크를 잡고 있는" 사람에 의해 부분적으로 결정되어 왔다.[32] 견해들은 본질적으로 비논리적이거나 증거가 부족해서가 아니라 견해들이 위협적이거나 선동적이거나 단지 유행에 뒤쳐진다는 이유로 소외될 수 있기 때문이다.

마찬가지로 이성적으로 뒷받침된 세계관 내에서도 그 믿음 체계의 어떤 국면들은 이성을 넘어서 구체화되거나 절대화되기도 한다. 아무리 우리가 확신에 차서 기독교가 이성적으로 보증된 세계관이라고 주장한다고 하더라도 일련의 기독교인들이 그들의 세계관이 수반하는 것에 대

---

30 Ibid., 32.
31 이 고찰의 출처인 정통 기독교(Orthodoxy)의 "The Suicide of Thought" 전체 장은 지금도 여전히 현재 지적인 상황에 놀랍게도 적용된다. Ibid., 30-45를 참고하라.
32 창조-진화 논쟁이 자주 어떻게 다루어졌는지에 대한 Phillip Johnson의 고찰을 *Defeating Darwinism by Opening Minds* (Downers Grove, IL: InterVarsity Press, 1997), 32-34에서 참고하라.

해서 부적절한 판단들을 내려온 것은 어쩔 수 없는 사실이다. 예를 들어, 어떤 기독교인들은 노예제도와 여성종속을 하나님이 명령하셔서 정하신 영구적인 제도들로 지지했다. 실제적으로 성경 자체에서는 그런 내용이 없어 보이는 데도 말이다.

포스트모던주의자의 "의심의 해석학"(hermeneutic of suspicion)은 그런 주장들이 진리 자체가 아닌 권력 있는 자들의 기득권에 더 기초한 것은 아닌지 재평가해 볼 것을 우리에게 요청한다.[33] 그러나 이 의심의 해석학 자체는 지혜로운 판단에 의거해서 진실된 것이 거짓된 것으로부터 분리될 수 있다는 것을 반드시 전제해야 한다. 그렇기 때문에 만일 우리가 남부의 노예 소유자들과 노예 매매자들에 의해 견지되었던 성경 해석을 돌아본다면 우리는 노예제도에 들인 노예 소유자들과 노예 매매자들의 투자 때문에 그들의 성경읽기가 부정적으로 영향받은 것을 알 수 있다. 즉 그들의 해석학과 인종차별주의라는 두 가지 견해 모두는 잘못되고 거짓된 것이었고 실재에서 벗어난 것이었다. 의심의 해석학은 객관적 진리의 개념 없이는 제대로 기능할 수 없다.

4. 무관심과 관용: 진리의 적

21세기 주민들은 진리의 적의 또다른 인질로 붙잡힐 수 있다. 그것은 지적인 무관심이다. 월간지인 「애틀란틱」(Atlantic Monthly)에서 조나단 라우치(Jonathan Rauch)는 종교에 대해 긴장을 푼 태도와 그가 칭찬받아 마땅하다고 여기는 무종교(irreligion)를 묘사하기 위해 종교무관심주의(apatheism)라는 말을 새로 고안했다.[34]

라우치만 그렇게 생각하는 것이 아니다. 종교무관심주의는 선의의 무

---

33 이 방법의 사용과 남용에 대해서는 Merold Westphal, *Suspicion and Faith* (Grand Rapids: Eerdmans, 1993)를 참고하라.
34 Jonathan Rauch, "Let It Be," *The Atlantic Monthly*, May 2003, 34.

관심에 기초한 것으로 개인 자신의 단순한 믿음이나 다른 사람들의 믿음에 대해 열정적으로 되는 것을 거부하는 것이다. 한 사람은 종교적인 선호도를 가질 수 있지만 그것이 활기찬 헌신의 원동력도 아니며 논란을 부채질하는 것도 아니라는 것이다. 이 사람은 이런 믿음에 의해 부름받은 것도 아니고 추진되는 것도 아니며 단지 그런 믿음을 소유하고 있을 뿐이다.

종교무관심주의에서 믿음(beliefs)은 그렇게 큰 의미를 갖지 않으며 그렇게 큰 의미를 가져서도 안 된다. 라우치는 종교무관심주의는 "피곤한 하루를 보낸 후에 부드러운 소파에 몸을 맡기듯 게으르게 드러눕는 것"이 아니라고 주장하며 이런 태도를 변호한다. 오히려 "그것은 종교적인 사고방식을 단련하기 위한 확고부동한 문화적 노력의 산물이며 자주 영적인 정열을 다스리기 위한 동등하게 확고부동한 개인적인 노력의 산물이다. 이것은 쇠퇴가 아니다. 이것은 성취이다."[35] 그는 종교무관심주의는 호전적인 이슬람 세계에서 너무나도 명백한 종교적 극단주의와 중국 정부의 독재적인 세속주의 두 가지 모두를 위한 해독제라고 여긴다.

반문화적 행위에 대한 강장제로서 라우치가 제시하는 무관심 옹호는 자제심을 잃고 광분케 된 어떤 미덕을 분명하게 보여주는 사례다. 그 미덕은 관용이라는 미덕으로 미국 창시자들은 우리와 의견이 다른 사람들을 혐오하거나 그들에게 무례하게 행하는 것을 거부하는 일종의 인내로 관용을 이해했고 그들이 가장 중요하게 여기는 것들에 대해서 불일치할 때에도 해당되었다. 서구의 고전적인 자유주의적인 의미에서, 이상적인 관용은 종교적인 문제들에 대한 강한 신념을 그리고 맹렬한 논쟁들과도 양립 가능한 것이다. 사실 초기 현대 관용의 선두적인 주창자 중 하나인 존 로크(John Locke)는 스스로가 기독교 신자임을 공언하며 변증학에 적극적으로 관여했던 사람이다.

라우치의 관용 개념은 평온함을 진리보다 더 우위에 두는 사람들이

---

35 Ibid.

편하게 여기지 않는 모든 진리에 대해서는 그 진리를 발견하고 고수하는 것을 원칙상 배제하게 될 것이다. 게다가 그가 추천하는 태도는 모든 종교들과 건전한 철학의 가르침과는 정반대이다. 왜냐하면 우리는 우리의 신념(convictions)에 관심을 가져야 하고 일관되게 우리의 신념들을 실행해야 한다. 관용의 현대 형태들은 소설가이며 변증가인 도로시 세이어(Dorothy Sayers)가 여섯 번째 죄목인 무관심(아케디아[acedia], 또는 나태)을 기록하며 경고했던 것처럼 심연으로 추락하는 경향이 있다.

> 세상에서는 그것은 스스로를 관용(Tolerance)이라고 부른다. 허나 지옥에서는 그것이 절망(Despair)으로 불려진다. 관용은 다른 죄들의 공범이며 죄들의 가장 끔찍한 형벌이다. 그것은 아무것도 믿지 않고, 아무것에도 마음을 쓰지 않고, 아무것도 알려고 노력하지 않고, 아무것에도 개입하려 하지 않고, 아무것도 누리지 않고, 아무것도 사랑하지 않고, 아무것도 혐오하지 않고, 아무것에서도 목적을 발견하지 못하고, 아무 이유 없이 사는 죄이며, 그냥 산 채로 목숨만 유지할 뿐이다. 왜냐하면 목숨을 다해 추구할 그 어떤 의미도 존재하지 않기 때문이다.[36]

그럼에도 불구하고 종교무관심주의가 만연한 것은 아니더라도 적어도 미국 내에서 광범위하게 퍼진 독소 같이 여겨진다. 라우치는 다음과 같이 말한다. "하나님과 강렬한 인격적인 관계를 중심으로 자신들의 삶을 편성하지만 남을 배려한다고 여길 만한 조짐을 전혀 찾을 수 없는" 그의 "기독교 친구들 안에서 종교무관심주의를 발견하기에 나는 부끄럽지 않은 무신론적 유대인 동성애자이다."[37]

그렇지만 심각한 기독교인에게 있어서 다른 인간의 영원한 운명에

---

36 Dorothy Sayers, *Christian Letters to a Post-Christian World* (Grand Rapids: Eerdmans, 1969), 152.
37 Rauch, "Let It Be," 34.

대한 무관심한 태도는 대안이 될 수 없다. 예수님은 그들의 미적지근한(또는 무관심의) 태도를 역겨워하시며 라오디게아 교회를 경고했다(계 3:14-16). 지난 수십 년간 시행된 여론조사에서 일관되게 지적된 것은 하나님 안에 믿음을 둔 수치가 매우 높고 대부분의 사람들은 스스로를 기독교인으로 확인하는 반면에 성경 지식의 기근이 존재한다는 것이다. 더 나아가 "신자들"의 높은 퍼센트는 불신자로 자칭하는 사람들의 행동과 거의 다를 바 없는 상대주의자들(relativists)이라는 것이다. 삶을 변화시키는 지식체계를 소유하며 유통시킨다고 주장하면서 아주 먼 옛날부터 있어 왔던 세계적인 종교와 일체감을 갖는 많은 사람들은 정작 진리의 문제들과 진리가 만들어 내는 차이에 대해서는 진정한 관심이 거의 없어 보인다는 불가피한 결론으로 여겨진다.

광범위한 이슬람 지역들의 경우에는 절대로 이렇지 않은데, 이슬람은 실재에 대한 이슬람의 권위적인 주장을 진지하게 받아들이고 그 주장을 전세계적으로 알리려 한다. 이슬람의 주장으로 인해 서구에 있는 많은 이들이 얼마나 심각한 위협을 받을 것인지에 대해서는 아랑곳하지 않고 말이다.[38]

지적인 나태함은 아주 오래전부터 있어 왔다. 소크라테스와 예수님은 속을 캐보는 질문(probing questions), 대화(dialogues)와 논쟁(debates)을 통해서 지적인 나태함과 싸웠다. 그러나 포스트모던성의 몇 가지 결정적인 특징들로 인하여 현대세계에서 인지적 무관심이 강화되었다. 라우치가 지적했듯이 이 무관심은 관용의 이름으로 정당화될 뿐만 아니라 엔터테인먼트 문화에 의해 공급되는 끊임없는 전환(오락거리, 주의를 산만하게 하는 것들)에 의해서도 조장된다.

---

38 Irving Hexham, "Evangelical Illusions: Postmodern Christianity and the Growth of Muslim Communities in Europe and North America," in *No Other Gods Before Me?* ed. John Stackhouse (Grand Rapids: Baker, 2001), 137-160을 참고하라.

5. 전환: 보류중인 진리

17세기 중반 프랑스에서 블레이즈 파스칼은 궁극적인 중요성을 갖는 문제들 속에서 진리를 추구하지 못하도록 막는 그러한 전환(diversions)들을 상당한 노력을 기울여 폭로했다. 그의 말은 여전히 진실되게 들린다.

파스칼 당대의 전환은 사냥, 게임, 노름과 다른 오락들로 구성되어 있었다. 당시에 있었던 전환의 레퍼토리는 완벽하게 시스템이 갖추어지고 과도하게 자극된 우리의 포스트모던 세계에서 사용 가능한 휴대폰, 라디오, 노트북, 비디오 게임, 무소부재한 TV(자동차 안, 레스토랑, 공항 등에서), 익스트림(extreme) 스포츠와 다른 많은 것들에 비교하면 경미한 것이었다. 그럼에도 불구하고 전환의 인간 심리학은 변하지 않은 채로 여전히 지속된다.

전환은 우리가 비참하거나 곤혹스러운 일을 직면했을 때 소소한 위로를 제공한다. 그럼에도 역설적으로 전환은 우리가 겪는 비참함의 가장 난적이 되는데 왜냐하면 전환은 우리로 하여금 우리의 진실된 상태를 반추하고 이해하지 못하도록 방해하기 때문이다. 따라서 파스칼은 전환은 "부지불식간에 우리를 파멸로 이끈다"고 경고한다.

왜? 만일 전환이 아니라면, 우리는 "지루해질 것이고 지루함은 우리로 하여금 더 확실한 탈출 도구를 찾도록 우리를 몰아부치겠지만 전환은 우리로 하여금 시간을 허비하게 하고 부지불식간에 우리를 죽음으로 이끈다."[39]

장기화된 마비상태(protracted stupefaction)의 과정을 통하여 우리는 우리의 궁극적인 망각(eventual oblivion: 의식하지 못하고 자각하지 못하는 상태, 전적인 소멸이나 멸종을 의미하기도 한다. '망각의 강'이라는 표현은 자주 저승의 강[혹은 저승]을 대신해 사용된다—역주)에 대해 망각하는 것을 배운다. 그렇게 함으로써 우리는 진정한 자유추구의 가능성을 중단시킨다. 전환

---

39 Pascal, *Pensées*, 414/171, 148.

은 소위 우리의 죽을 수밖에 없는 운명, 유한성, 실패들처럼 직접 대면하기에는 너무 끔찍한 곤경에서 인간들의 관심이 멀어지도록 도와준다. 우리의 열망과 우리 삶의 실재 사이에는 불가항력의 긴장이 존재한다.

> (그의) 고뇌에도 불구하고 사람은 행복해지기를 원한다, 오직 행복해지기만을 원하며 사람은 행복해지기 원하는 것을 어쩔 수 없다. 그런데 그는 행복해지기 원하는 것에 어떻게 착수할 수 있을까? 그가 할 수 있는 최선은 자기 스스로를 불멸하도록 만드는 것이겠지만 그는 그렇게 할 수가 없기 때문에 그는 그것에 대해서 생각하는 것을 중단하기로 결정했다.[40]

파스칼은 전환은 실재를 도피하는 시도이며 인간상태 어딘가가 고장 난 것의 신호라고 폭로한다. 엔터테인먼트에 대한 집착은 어리석거나 경박한 것보다 더 심각한 것이다. 파스칼에게 있어서 그것은 도덕적이고 영적인 병폐를 드러내는 것이다.

만일 전환들이 인간 삶의 가혹하고 불행한 실재들로부터 일시적으로 벗어나기 위해 수행된 사소하거나 우리의 주의를 잠시 돌리기 위한 활동들로 인식된다면 비난받을 만한 일은 아닐 것이다. 허나 자기 기만이 작동하기 시작한다. 결국 "우리는 우리가 심연을 보는 것을 중단하도록 우리 앞에 무엇인가를 놓아둔 후에 우리는 부주의하게 심연과 충돌하게 된다."[41]

파스칼에 의하면, 이 상태는 인간 본성의 타락을 명확하게 설명해 준다. 인간들은 이상하게도 그들의 우주에서 편안함을 느끼지 못한다. "만일 우리가 진실로 행복한 상태라면 우리는 우리의 상태에 대해서 생각하면서 우리 스스로를 전환시킬 필요를 느끼지 말아야 한다."[42]

---

40 Ibid., 70/165, 45.
41 Ibid., 166/183, 82.
42 Ibid., 641/129, 238.

우디 알렌(Woody Allen)은 영화 "맨하탄"(Manhattan)의 한 장면에서 이를 강조한다. 한 남자는 녹음기에 어떤 이야기를 위한 아이디어를 녹음하며 말하는데 그것은 "더 해결하기 힘들고 끔찍한 우주의 문제들을 다루지 않게 해 주기 때문에 그들 스스로를 위해서 이렇게 실제적이지만 불필요한 신경증적 문제들을 지속적으로 만들어 내는 맨하튼에서 사는 사람들"에 대한 이야기다.[43]

전환을 위한 강박적인 탐색은 종종 삶의 비참함을 탈출하기 위한 시도이다. TV나 컴퓨터 스크린이 갖가지 가능한 자극의 바다로 밀려올 때 우리가 방 안에 가만히 있는 것은 굉장히 힘들다. 파스칼이 말했듯이 "우리의 본성은 움직임(movement)으로 구성되어 있으며 절대적인 쉼은 죽음이다."[44] 포스트모던적 사람은 전환과 과도한 자극을 추구한다. 이것은 더 높은 실재들을 시야에서 사라지게 하면서, 죽을 수밖에 없는 우리의 운명에서 벗어나고자 하는 필사적인 노력이다.

6. 침묵과 진리

전환들과 무소부재한 소음과 현대문화의 산란함은 진지하고 훈련된 진리 추구에 장벽을 세운다. 비록 나는 기독교 세계관의 어떤 변증에도 그것이 포함되어 있다고 믿지는 않지만(그것이 어느 곳에서든지 조금이라도 언급된 적은 거의 없었다), 기독교 진리 주장들을 고려하는데 있어서 핵심적인 요소들 중 하나는 결코 논증이 아니고 논증들이 이해되거나 인정될 수 있는 어떤 상태이다.

키에르케고르보다 이것을 더 잘 말한 사람은 없는데 전력화(electrification)와 전력화에서 비롯된 마음을 마비시키는 다양한 미디어가 개시되

---

43 Woody Allen 감독의 "맨하탄"(Manhattan). Tom Morris, *Making Sense of It All: Pascal and the Meaning of Life* (Grand Rapids: Eerdmans, 1992), 32에서 인용됨.

44 Pascal , *Pensées*, 641/129, 238.

기 전에 그는 이렇게 기록했다.

> 현재 정세들과 인생 전반을 기독교 관점으로 관찰하면서 누군가는 이렇게 얘기해야 할 것 같다. 이것은 질병이다. 그리고 만일 내가 의사여서 누군가 내게 "무엇을 꼭 해야 하겠습니까?"라고 묻는다면 나는 "침묵을 창조하십시오, 침묵이 생기도록 말입니다"라고 대답할 것이다. 하나님의 말씀이 들려질 수 없고 만일 이 왁자지껄함 속에서 하나님의 말씀이 들리기 위해 귀청이 터질듯이 떠들썩한 수단을 동원해서 하나님의 말씀이 반드시 고함쳐져야만 한다면 그것은 하나님의 말씀이 아니다. 침묵을 창조하라!
>
> 그리고 우리 인간들, 우리같이 영리한 친구들은 소음을 증가시키기 위한 모든 새로운 수단을 발명해내기 위해서 최대로 가능한 정도의 용이함과 최대로 가능한 규모로 소음과 무의미함을 확산시키기 위해 잠 못 이루게 된 것 같다. 그렇다. 모든 것은 다 뒤죽박죽이 되어 버렸다. 의사소통의 수단은 완성되었지만 그런 달아오른 성급함으로 광고된 것은 쓰레기이다. 아, 침묵을 창조하라!⁴⁵

이성적 고찰이 진행되는 침묵 속에서 수용력 있고, 열려 있는 영혼에게 진리는 자신을 드러낼 것이다.⁴⁶

---

45 Kierkegaard in *Provocations*, 372. 침묵의 의미를 흥미진진하게 다룬 것으로 Max Picard, *The World of Silence*, trans. Stanley Goodman (Chicago: Henry Regnery, 1952)이 있다.
46 우리의 기술이 진보된 사회에서 전환이 가져오는 위험에 대해서는 Douglas Groothuis, *The Soul in Cyberspace* (Grand Rapids: Baker, 1997)를 보라.

8장

믿음, 위험 그리고 합리성

기독교 믿음을 위한 타산적 동기부여

> 나는 기독교가 진리라고 믿는 실수를 범하는 것을 두려워하기보다는 기독교가 진리가 아니라고 잘못 판단한 후에 알고 봤더니 기독교가 진리라는 것을 알게 되는 것을 더 두려워하겠다.
>
> 블레이즈 파스칼(BLAISE PASCAL)[1]

기독교 세계관을 객관적으로 진실되고, 합리적이고, 타당한 것으로 변호하는 변증학은 오늘날 기독교 전도에 본질적이다. 그렇기 때문에 나는 지금까지 그렇게 주장해 왔다. 게다가 기독교는 기독교의 진리에 근거해서 방대한 약속을 한다. 예수 그리스도를 그분의 조건대로 받아들임으로 한 개인은 이생에서뿐만 아니라 다음 생에서도 새롭고 더 풍요로운 존재 양식(mode of being)으로 접어들 수 있게 된다.

7장에서 나는 지적으로 고결한 노력으로서의 진지한 진리 추구를 칭찬했다. 기독교를 위한 사례가 아무리 강력하다고 할지라도, 만일 그것이 상세히 조사되지 않는다면 그 사례의 진실성은 수용될 수도 없고 인정될 수도 없다. 존 몽고메리가 추측한 바와 같이 만일 평균 한 사람이

---

[1] Blaise Pascal, *Pensées*, ed. and trans. Alban Krailsheimer (New York: Penguin, 1966), 387/241, 143.

대학의 인문학 과정에 투자하는 데 드는 시간만큼 기독교를 상세히 조사하는 것에 시간을 투자한다면 이들 대부분의 사람들은 믿음을 갖게 될 것이다.[2] 하지만 오늘날 그런 개별적인 연구를 고려라도 해 보는 사람들이 얼마나 되겠는가? 그리고 특히 인지학(anthroposophy)에서 선(Zen)까지 망라된 수많은 영적인 대안들을 고려해 보았을 때 왜 굳이 사람들은 그렇게 하려고 하겠는가?

1. 변증학에서 타산성의 위치

이 장은 기독교 믿음에 관련된 타산적 고려사항(prudential considerations)을 논해 볼 것이다. 내가 이곳에서 사용하는 타산성이라는 용어는 보편적으로는 단순히 믿음의 문제에 관련된 그리고 특별하게는 기독교에 관련된 개인적인 혜택과 손해에 대한 것이다. 오늘날 인생은 우리에게 과다하게 많은 주제들에 대해 가능한 믿음들의 다양한 모음들을 제공하고 또 많은 사람들은 이렇게 뒤죽박죽된 세계관들을 무관심으로 대한다.

물론 그렇게 마취된 사람들은 기독교 진리 주장들을 추구하는 것에 어떤 관심도 전혀 보이지 않을 것이다. 가장 중대한 이슈들을 위한 최고의 논증들이 고려되지 않은 채 방치되면 아무 소용이 없게 된다. 그렇기 때문에 변증학에 핵심적인 부분은 어떻게 하면 개종되지 않은 자들 가운데 기독교 주제들에 대한 관심을 촉진시킬 것인지에 대해 반드시 언급해야 한다. 영적인 옵션들로 넘쳐나는 세상에서 타산성이라는 카드를 사용하는 것이 부당한 것은 아니다. 타산성이 재치있고 정중하게 그리고 타산성이 삶의 다른 영역들에서 사용된 타산성이 갖는 의미와 일치하는 방식으로 사용될 때에만 그렇다는 것이다.

---

2 John Warwick Montgomery, "*Contemporary Apologetics*," 녹음된 강의, Trinity Theological Seminary, Newberg, Ind., 1976.

우리가 몸담고 있는 생업에서 번창하기 위해서 우리 모두는 우리의 생업에 관해서는 일련의 고찰된 믿음들을 반드시 개발시켜야 한다. 우리의 건강에 관한 믿음들도 상당히 진지하게 받아들여진다. 심각한 의학적 위협을 지시해 주는 것일 수도 있는 애매모호한 신체적 증상은 상세히 조사될 필요가 있다. 그러나 좀 더 선택적인 믿음들에 대한 추구는 어떤가?

어떤 믿음들이 필수적인 믿음들이며 또 어떤 믿음들이 사치스러운 믿음들인가? 우리는 어떤 것을 두고 믿음 혹은 믿음이 아닌 것으로서 자격이 있다 혹은 없다라고 고려해야 하는 것인가? 앞 장에서 덕스러운 사람은 진리를 추구하고 진리가 이끄는 곳은 어디로나 따라간다고 논했다. 또한 기독교 진리 주장들의 지식은 가능하고 바람직한 것이라고 주장했다. 그러나 이 대답이 지적인 올곧음을 위해서 요구되긴 했지만 대답의 일부분만 제공한다. 우리는 진실된 것과 증거에 의해 잘 뒷받침된 것은 믿어야 한다. 그러나 애초부터 어떤 진리 주장들이 우리의 관심을 차지해야 하는가? 다시 말해 진리와 거짓의 문제에 있어서 우리의 조사가 어디를 향해 나아가도록 해야 하겠는가?

2. 종교적 믿음에 대한 파스칼의 타산성[3]

비기독교인들이 기독교의 주장(claims)과 자격(credentials)을 조사해야 한다는 것을 기독교인들이 주장하는 것은 놀랄 일이 아니다. 종종 기독교인들은 그들 스스로의 경험에 기초해서 이것을 권장한다. 그리스도는 기독교인들의 삶을 더 나은 방향으로 개선시켜 주었고 그리스도는 그리스도의 조건대로(on his terms) 그분에게 다가오는 사람들을 동일하게 변화시켜 주실 수 있다. 실용주의(pragmatism)로 전락하지 않는 한 이 접근

---

3 다음에 이어지는 일련의 내용은 Douglas Groothuis, "Wagering a Life on God," from *On Pascal* (Belmont, CA: Wadsworth, 2003)을 수정한 것이다.

법은 적절하다. 그럼에도 불구하고 이것은 불신자에게 필요한 동기부여의 한 부분에 지나지 않는 것일 수 있다. 객관적인 진리의 확고부동한 골격을 유지하는 반면, 기독교 변증학은 기독교를 타산적 기초(prudential basis)에 근거해서도 추천해야 한다. 여기서 우리는 유명하고 많은 논란을 불러일으켜 온 블레이즈 파스칼의 내기 논증(wager argument)에서 어느 정도의 통찰력을 발동할 수 있다. 나는 여기서 파스칼을 그의 비평가들로부터 변호하는 것에 관심이 있지 않고 오히려 오늘날 변증학 상황에 그의 논증의 핵심을 (William James로부터 다소 도움을 받아서) 적용하고자 한다.[4]

많은 철학적 논쟁과는 달리, 이 내기 논증은 상상력을 사로잡고 쌍방에 강력한 열정을 촉발시킨다. 나는 철학전공인 학생으로부터 그가 기독교인이 아닌 이유는 내기 논증이 그에게 제시된 방식 때문이었다고 인정하는 것을 들은 적이 있다. 나의 기독교 학생들 중 한 명도 이 논증에 대한 심한 반감을 갖고 있어서 내가 그것에 대해 강의할 때 그는 출석하는 것을 거부하기도 했다. 그러나 내기 논증에 대한 반대의견들을 철저히 다루기 전에 믿음 형성(belief formation)에 있어서 타산성의 역할에 대한 분명한 이해가 자세히 개발될 필요가 있다.

먼저 우리가 주목해야 하는 것은 파스칼은 우리에게 단순히 지옥 탈출이라는 목적과 영생을 상속받기 위한 수단으로 하나님을 취급하라고 권유하고 있지 않다는 것이다. 그런데 타산적인 측면들은(prudential aspects) 기독교 주장들에 대한 한 개인의 흥미를 촉진시키는 데 강력한 역할을 감당해야 한다는 것이다. 변증가는 이런 타산적 관심사(prudential concerns)를 강조함으로써 달리 관심이 없는 불신자로부터 종교적 관심을 끌어낼 수 있을 것이라고 파스칼은 믿는다. 어쨌든 파스칼이 원하는 것은 불신자가 진실된 믿음에 도달하는 것이다.

---

4 Ibid. 참고.

참된 회심은 우리가 너무나도 자주 괴롭게 한 그분 그리고 언제든지 우리를 파괴시킬 자격이 있으신 우주적 존재 앞에서의 자아소멸(self-annihilation)에 있다. 진실된 회심은 하나님과 우리 사이에 화해될 수 없는 반목(opposition)이 존재함과 중재자 없이는 어떤 **구원**도 있을 수 없다는 것을 아는 것으로 구성된다.[5]

이제 파스칼 고유의 타산적 고려사항들(prudential considerations)로 넘어가 보도록 하겠다.

간단명료하게 말해, 만일 기독교가 진실되고 한 개인이 기독교인이 된다면, 거기에는 얻을 것이 많고 **궁극적으로** 중요한 것의 상실은 거의 없다는 것이다. 파스칼은 만일 누군가가 기독교인이고 기독교가 진실이라면 "무한하게 행복한 삶이 무한대로 진행되어지는 것의 획득"이 있다고 말한다.[6]

파스칼은 회복된 창조세계에서 구속된 모든 자들과 더불어 하나님과 함께 사는 신자의 영원한 상태에 대해 말하고 있다(계 21:1-22:6 참고). 우리는 이것에 이생에서 사는 동안 진리를 아는 것의 혜택과 하나님과의 회복된 관계라는 신적인 축복들 그리고 요동될 수 없는 나라를 추구하고 섬기는 특권을 추가해도 좋겠다(마 16:18; 히 12:28). 누군가가 이런 현세적이고 영원한 혜택을 받게 될 때, 비록 파스칼이 그의 유명한 논증에서 지옥을 노골적으로 언급하지는 않더라도 그/그녀는 지옥의 고통에서도 탈출하는 것이다. 게다가 만일 기독교가 진실되며 어떤 사람이 기독교인이 된다면 그/그녀는 이 세상에서 다른 방법으로는 불가능할 진리와 선함(goodness)의 도구도 되는 것이다. 이것은 인생의 방정식에 이타적인 요소를 들여온다.[7]

물론 참된 그리스도의 추종자는 세상의 즐거움을 회개하게 될 것이

---

5 Pascal, *Pensées* 378/470, 137-138.
6 Pascal, *Pensées* 418/233, 151.
7 Peter Kreeft, *Christianity for Modern Pagans* (San Francisco: Ignatius Press, 1993), 297.

며 세상의 즐거움을 다소 상실하게 될 것이다(롬 12:1-2; 요일 2:15-17). 게다가 그/그녀는 세상 시스템과의 갈등을 상속받기도 한다. 이 갈등은 가족, 친구들, 낯선 사람들이나 국가로부터 종교탄압을 초래할 수 있다. 그러나 이런 가운데에서도 그렇게 고통받는 사람들은 "복되다". 왜냐하면 "하늘에서 그들의 상급이 크기 때문이다"(마 5:11-12; 참고 벧전 4:12-19). 하지만 예수님은 제자 후보들에게 자신을 따르는 것의 "대가를 계산해 보라"고 도전하신다. 그분의 길(His way)은 인과적 노력이나 누군가의 여가 시간을 위한 취미는 아닌 것이다.

> 또 무리에게 이르시되 아무든지 나를 따라오려거든 자기를 부인하고 날마다 제 십자가를 지고 나를 따를 것이니라 누구든지 제 목숨을 구원하고자 하면 잃을 것이요 누구든지 나를 위하여 제 목숨을 잃으면 구원하리라 사람이 만일 온 천하를 얻고도 자기를 잃든지 빼앗기든지 하면 무엇이 유익하리요(눅 9:23-25).

동일한 본문에서 예수님은 자신을 따르는 것의 대가에 대해 말씀하신다. 또한 예수님은 더 엄청난 대가(영원한 대가)인 자신을 따르지 않는 것에 대해서도 경고하신다. 비록 예수님은 그런 경고들에 자신의 논법(argumentation)을 제한하지는 않았지만 그는 타산성의 자료들을 분명하게 제시하는 것을 두려워하지 않았다.[8] 반면에 만일 기독교는 진실된 것이고 한 개인이 기독교인이 되는 것에 실패하게 된다면, 많은 것을 상실하게 되며 궁극적인 중요성(final importance)을 갖는 것은 거의 아무것도 얻지 못하게 된다.

안토니 플루(Antony Flew)도 (당시에는) 무신론자로서 저술하면서 다음을 깨달았다. "만일 우리가 끊임없는 비참함에 놓여질 위험에 처해져 있을 가능성이 조금이라도 있다면 어떻게 이것을 피할 수 있는지를 알려

---

8 Douglas Groothuis, *On Jesus* (Belmont, CA: Wadsworth, 2003), 특히 1, 3장을 참고하라.

줄 수 있는 지식은 반드시 압도적인 중요성을 갖게 될 수밖에 없다."[9] 그렇다면 어떻게 하면 변증가는 이 영역과 관련된 지식에 관한 흥미를 생성시킬 수 있겠는가?

3. 타산적 고려와 활동

만일 우리가 우리 믿음들(우리의 인지적 구조를 구성하는 것)의 기본적인 재고 목록을 만들어본다면 우리는 어떤 믿음들은 다른 믿음들보다 더 중요한 것을 깨닫게 된다. 즉 어떤 믿음들은 우리 자신들에게와 우리 주변세계에서 다른 믿음들보다 더 많은 존재론적인 영향력을 행사한다는 것이다.[10]

예를 들면, 누가 훌륭한 짝(mate)이 될 것인지 분별하는 것은 결코 사소한 문제가 아니다. 결혼은 상당히 큰 위험부담을 동반하는 심각한 노력인데, 왜냐하면 한 개인은 그/그녀의 가장 친밀감있는 친구이며 평생 동반자를 선택하는 것이기에 그렇다. 반면에 스포츠 인물들의 상대적인 탁월함에 대한 믿음들은, 흥미롭기는 하지만, 결혼과 같은 동일한 결과를 수반하는 경우는 드물다. 그렇기 때문에 야구사에서 누가 가장 위대한 타자인지를 토론하는 것보다는 한 개인의 장래 결혼에 대해 알아보는 데 더 많은 노력을 들이는 것이 합리적이다.[11]

그러나 많은 사람들은 기독교 주장들에 대해서 미확정적이거나 무관심한 상태로 머물기 원한다. 이에 대해 파스칼은 우리는 **반드시** 기독교에 찬성하거나 반대하는 것에 내기를 걸어야만 한다고 주장한다. 미확정된 불가지론(Uncommitted agnosticism)은 대안이 될 수 없다. "선택의 여

---

9 Anthony Flew, *God and Philosophy* (Amherst, N.Y.: Prometheus, 2005), 34.
10 인지적 구조(noetic structure)에 대해서는 Ronald Nash, *Faith and Reaason* (Grand Rapids: Zondervan, 1988), 21-24를 참고하라.
11 가장 훌륭한 타자는 Ted Williams이다.

지가 없다. 당신은 이미 확정한 것이다. 그렇다면 당신은 어떤 것을 선택할 것인가?"[12]

상호 배타적인 두 명제 A와 B의 허와 실에 대해 우리는 (1) A를 믿는다(그래서 B를 불신한다). (2) B를 믿는다(그래서 A를 불신한다) 혹은 (3) A와 B에 대한 판단을 중지할 수 있다. 비록 우리는 기독교에 대해 미확정된 채로 지낼 수 있지만, 윌리엄 제임스(William James)의 용어를 사용하자면 타산적 요소(prudential element)가 더해지게 될 때에는 그 대안은 "**강요된**" 것이 된다.[13]

우리는 회의적인 상태를 유지하는 것으로 이 이슈를 피할 수는 없는데 왜냐하면 "만일 종교가 허위라면 비록 그렇게 함으로써 우리가 실수는 피하게 되겠지만, **만일 종교가 진실되다면**, 우리는 선(good)을 상실하게 되는데 마치 우리가 불신하기로 분명하게 선택한 것처럼 확실히 그렇다는 것이다."[14] 달리 말해, 확정된 불신자(committed unbeliever)로서나 불가지론자(agnostic)로서 기독교를 믿지 않는 것은 신자에게만 약속된 **혜택들을 포기하는 것**을 의미한다. 선택하지 않기로 결정하는 것은 하나님을 믿지 않는 것과 동일한 결과를 갖게 된다. 이런 면에서 "당신은 이미 확정한 것이다." 최종분석에서 무관심한 것은 그리스도와 정반대의 입장을 취하는 것이다. 그리스도께서 다음과 같이 말씀하신 것처럼 말이다.

> 나와 함께 아니하는 자는 나를 반대하는 자요 나와 함께 모으지 아니하는 자는 헤치는 자니라(마 12:30).

이 땅에서 사는 동안 우리의 임대계약은 제한된 기간 동안이며 우리는 그 계약이 언제 만료될지 알지 못한다. 따라서 이 결정은 우리에게 상당한 심리적 부담감을 부과해야 한다. 윌리엄 제임스 식으로 표현하자

---

12 Pascal, *Pensées* 418/233, 150.
13 William Rowe, *Philosophy of Religion* (Belmont, CA: Wadsworth, 1978), 178-180.
14 William James, *The Will to Believe* (New York: Dover Publications, 1956), 26.

면 그런 결정은 "중대한"(momentous)것이며 "사소한"(trivial) 것이 아닌데 왜냐하면 위험부담이 높고, 기회는 전무후무하며 선택은 돌이킬 수 없는 것이기 때문이다.[15]

파스칼이 다른 곳에서 언급하듯이 이 상황에 긴급성을 부여하는 것은 만일 한 개인이 "진실된 원칙(즉 진실된 하나님)을 예배함 없이" 죽는다면, 그 사람은 영원히 상실된 것이다.[16] 파스칼은 종교에 대한 무관심은 합리적인 자기 이해(reasonable self-interest)의 원칙들을 위반하는 것이라고 비난한다. 여기서 파스칼은 우주 속에서의 처절한 상실감을 표현하는 한 회의론자의 이야기를 서술한다.

> 내가 어디로부터 오는지 모르듯, 나는 내가 어디로 가는지를 모른다. 내가 아는 것이라고는 내가 이 세상을 떠날 때 나는 공허함(nothingness) 속으로 혹은 격노한 하나님의 두 손 안으로 영원히 추락하게 될 것이라는 것이다. 그러나 나는 이 두 가지 상태 중 어떤 것이 나의 영원한 숙명인지 알지 못한다. 바로 그것이 내가 처한 상태로, 무기력함과 불확실함 투성이다. 그리고 이 모든 것으로부터의 나의 결론은 나는 내게 무슨 일이 일어날 것인지를 알아보려고 하는 생각 없이 나의 남은 날들을 보내야만 한다는 것이다. 아마도 나는 내 의심들 속에서 다소간의 깨달음을 갖게 되기도 하겠지만 나는 그런 수고를 굳이 하고 싶지 않다.

이 시점에서 파스칼은 몹시 흥분하여, 다음의 네 가지 질문을 내놓는다.

---

15 Ibid., 3-4. 사람은 임종 순간까지 종교적 결정을 유보하거나 종교적 믿음들을 변경하는 것에 주목하여 James의 의견을 수정해야 한다. 허나 성경적 언어를 보면 우리가 심히 "우리의 심령을 강퍅케" 하여 그런 임종시 개종은 심리적으로 불가능한 것이 될 수도 있다.
16 Pascal, *Pensées* 158/236, 82.

누가 그렇게 주장한 사람을 친구로 갖기 원하겠는가? 누가 다른 많은 사람들 중에서 자신의 일들을 나눌 절친한 친구로 그를 선택하겠는가? 누가 역경 가운데 있을 때 그에게 도움을 청하겠는가? 인생을 살면서 그는 과연 어떤 쓸모가 있는 사람으로 변화될 수 있겠는가?[17]

이 질문들은 단순한 인신공격이 아니라 이 질문들은 설득력 있는 논증을 형성한다. 만일 신뢰할 수 있는 친구가 되는 것이 좋은 일이고, 만일 그런 친구가 회의론자처럼 결코 냉담하지 않다면, 그렇다면 태만하고 회의적인 사람이 되는 것은 좋은 일이 아니다. 이런 종류의 회의론자는 임종시 문제들을 조사해야 할 인간의 기본적인 의무수행에 실패한 것이다. 이런 지적인 나태함을 대면함에 있어서, 파스칼은 철학자기도 하지만 실존적 치료사(existential therapist)이기도 하다. 그는 이 인상적인 비유에서처럼 심리적인 폭발물로 상상력을 자극하여 그런 세상적인 무사안일(complacency)을 그가 반드시 치료해야 한다는 것을 깨닫는다.

지하 감옥에 갇혀 있는 한 남자는 그에게 형량이 선고된 것의 여부를 알지 못하면서 있다. 그것을 알아내는 데 한 시간밖에 남지 않았다는 것과 형이 선고된 것을 일단 알게 되면 그것을 철회하는 데에는 한 시간이면 충분하다는 것을 모르면서 말이다. 형량이 언도되었는지의 여부를 그 남은 한 시간 동안 알아보지 않으면서 그가 피케트(piquet) 카드놀이나 하면서 허비한다면 비정상적일 것이다.[18]

파스칼은 우리에게 죽을 수밖에 없는 우리의 운명을 직면하라고 도전한다. 그러나 자신의 작품인 『존재와 시간』(Being and Time, 1927)에서

---

17 Pascal, *Pensées* 427/194, 158.
18 Pascal, *Pensées* 163/200, 82.

"죽음 앞에 놓여 있는 존재"로서의 인류의 모습을 유한한 시간 동안 진실되게 살아야 할 소명으로 본 마틴 하이데거(Martin Heidegger)와는 달리, 파스칼은 초월성(transcendence)을 향한 소망, 그리스도 안에서 하나님의 은혜로 부여받은 **무한한** 생명을 향한 소망을 촉발시키고자 한다.

만일 기독교가 진실되다 믿는 것의 타산적 혜택(영원한 생명)은 무신론이나 다른 세계관을 믿는 것에서 제공되는 혜택(유한한 쾌락)을 훨씬 능가한다. 만일 기독교가 진실되다면 그것을 믿지 않는 것에서 초래되는 타산적 손실(영생의 상실, 즉 지옥을 얻는 것)은 비기독교적 세계관이 진실되다면 무신론이나 또 다른 세계관을 믿지 않는 것에서 초래되는 손실(다소간의 유한한 쾌락 상실)을 훨씬 능가한다.[19] 영원한 천상의 기쁨은 어떤 유한한 선함도 능가하며, 영원한 상실은 단순한 소멸(mere extinction)보다 훨씬 더 나쁜 것이라고 파스칼이 단언하는 것은 지당하다.[20]

4. 타산적 이해와 다른 종교들

기독교처럼 타산성으로 충일한 종교가 딱 하나 더 있는데 그것은 이슬람이다. 이슬람도 마찬가지로 무슬림이 되는 것이 영원한 행복을 위한 유일한 길(또는 적어도 가장 확실한 길)이라고 주장한다. 그렇다면 타산적 고려사항들을 감안했을 때 왜 누군가는 기독교를 이슬람에 우선하여 조사해야 하는가?

첫째, 타산적 문제들이 믿음을 결정하지는 않는다. 타산적 문제들은 상세한 조사와 이해를 촉진시킬 뿐이다. 한 개인은 그것이 어떤 종교적

---

19 이슬람이 진실되지 않는 한 그렇다는 것이다. 왜냐하면 이슬람은 기독교처럼 지옥을 위협하고 천국을 약속하기 때문에 그렇다. 이는 후반부에 논의되었다.
20 Pascal은 내기 논증에서 노골적으로 지옥을 언급하지 않지만 지옥이 함축된 것처럼 보인다. Pascal, *Pensées* 152/213, 79에서 영벌 교리를 승인하는데 거기에서 Pascal은 천국과 지옥 사이에 놓여진 인생의 취약함을 강조한다.

주장이든지 간에 그 종교적 주장의 타산적 약속들뿐만 아니라 종교적 주장의 신뢰성(credibility)을 반드시 고려해야 한다. 24장은 이슬람의 본질적인 주장들을 평가할 것이며 그 주장들이 지적으로 부족함을 찾아보게 될 것이다. 이 사실 자체만으로도 알라에게 순복하지 않는 자들에게 가해진 이슬람의 수많은 지옥 협박들을 무효화 하게 될 것이다.

둘째, 이슬람은 이슬람의 추종자들 그 누구에게도 영생을 **약속하지 않는다**. 한 개인이 지하드(jihad)를 하다가 죽지 않는 한, 그 어떤 무슬림에게도 그/그녀가 낙원에 들어갈지에 대한 확실성은 주어지지 않는다. 한 개인은 자신의 선한 행위들이 나쁜 행위들을 능가하기를 혹은 어쨌든 알라가 자비를 보여주기를 바랄 수밖에 없는 것이다.

기독교는 이 점에 관한 한 전혀 다르다. 그리스도와 사도들은 하나님의 사랑과 은혜에 기초하여(롬 8:16) 진정한 신자에게는 영생(지금 이 순간에서 시작되는)을 약속하는데, 이 영생은 오직 믿음으로만 받아들여지는 것이다(엡 2:8-9). 예수님은 이렇게 약속했다.

> 예수께서 이르시되 나는 부활이요 생명이니 나를 믿는 자는 죽어도 살겠고 무릇 살아서 나를 믿는 자는 영원히 죽지 아니하리니 이것을 네가 믿느냐(요 11:25-26).

그렇기 때문에 만일 기독교가 진실되다면, 기독교 신자는 구원의 확신을 가질 수 있다. 만일 이슬람이 진실되다면, 무슬림교도는 구원을 위해서 열심히 고군분투하여 그/그녀가 결국 낙원에 도착하게 되기를 소망할 뿐이다. 그렇다면 이 두 가지 대안들 중에서 기독교가 훨씬 더 매력적이다. 물론 어떤 것들이 가장 매력적인 주장들인가에 의해서 진리 주장들이 결정적으로 정해지는 것은 아니지만 기독교가 만일 진실되다면, 이슬람이 진실된 것보다는 훨씬 더 많은 것들을 신자에게 제공하게 될 것이다. 따라서 구도자가 기독교를 우선적으로 조사해 보는 타산성이라는 면에 있어서 정당화된 것이다. 현대 유대교는 사후 세계에 대해서

다양한 믿음을 고수하고 있다.[21]

더 정통적인 유대교 학파들은 상벌의 영원한 상태가 존재하는 것을 긍정한다. 어쨌든 비유대인들은 기본적인 도덕적 명령을 순종하는 것을 통하여 하나님께 용납될 수 있다고 보수적인 유대인들은 믿는다. 비유대인들이 하나님께 용납되기 위해서 유대인이 될 필요는 없다고 믿는다. 이방인들이 유대교에 참여하지 않았기 때문에 종교적 삶의 풍요로움을 놓치고 있다고 유대인들이 믿을 수 있겠으나 이방인들의 유대교 비참여 자체가 영구적으로 해로운 결과를 갖는 것은 아니다. 그렇기 때문에 유대교를 고려해 볼 타산적 동기부여는 기독교와 이슬람에 제공된 것보다는 훨씬 더 적다.[22]

타산적 원칙을 예시하기 위해서 좀 더 평범한 시나리오를 간주해 보라. 보험회사 두 곳을 고려하면서 한 개인은 A회사의 혜택이 B회사의 혜택을 훨씬 능가함을 읽게 된다. 그러나 이 시점에서 관련 당사자는 회사 A와 B에 대해 아는 것이 전혀 없다. 만일 그렇다면 다른 특별한 조건이 없는 한 A회사에 대한 사실들을 알아보는 것이 B회사에 대한 사실들을 알아보는 것보다 더 합리적이다. 물론 이것은 언뜻 보기에 그렇게 고찰된다는 것이다. A회사는 거짓 약속을 하는 것일 수 있고 B회사는 회사의 혜택들 중에서 그다지 뛰어나지 않은 혜택들을 실시하는 것일 수 있다.

천국과 지옥에 대한 교리들이 결여된 다른 종교들도 타산성에 근거한 동기부여들을 제공할 수도 있겠으나 그런 종교들은 기독교와 이슬람보다는 타산성이 덜 고취되어 있다. 힌두교와 불교는 윤회 교리를 가르치는데 그 교리에서 사후상태는 필연적으로 영원한 것으로 간주되지 않

---

21 유대교의 개요로는 Winfried Corduan, *Neighboring Faiths* (Downers Grove, IL: InterVarsity Press, 1998), 45-76을 참고하라.
22 나는 여기서 유대교 자체에 대한 비평은 하지 않을 것이다. 기독교를 변론하는 것에 있어서 나는 히브리 성경(또는 구약)은 하나님의 영감을 받았다는 것을 20장에서 주장한다. 어쨌든 메시아로서의 예수님에 대한 논증들은 기독교는 유대교의 성취라는 것을 수반한다.

는다. 나쁜 카르마를 무효화하고 궁극적인 깨달음에 도달하기 위해 얼마든지 많은 생애들이 필요할 수도 있으며 수많은 생애를 거친 후에야 한 개인은 삼사라(samsara: 윤회의 수레)를 탈출하게 되고 윤회할 필요는 없어지게 된다. 힌두교와 불교에 의하면 만일 한 개인이 이생에서 내기를 잘못해서, 이를테면 이슬람이나 기독교에 내기를 하게 되면, 종교적 조정은 다른 생애(incarnation)에서 가능하다. 그러나 기독교(히 9:27)와 이슬람은 그런 제2의 기회(또는 100만 번의 기회)를 전혀 제공하지 않는다.[23]

위험부담은 높고 내기를 위해 할당된 시간은 훨씬 짧은데 인생은 한 번밖에 없기 때문이다. 따라서 만일 누군가가 힌두교나 이슬람을 위한 변증학적 사례를 매력적으로 여긴다고 하더라도 그 사람은 기독교와 이슬람의 타산적 고려들을 감안하여 힌두교나 불교를 조사하기 전에 이런 고위험(high-risk)의 단일교적 믿음들을 배제하는 것을 시도해야 한다. 물론 이 사람이 힌두교나 불교를 지적으로 몹시 우월하게 여겨서 그/그녀가 기독교나 이슬람에 대한 합리적인 흥미를 전혀 발견하지 못하는 것이 아니라면 말이다.

아무리 다른 영적인 가능성들이 **상상 가능**(conceivable)하다고 할지라도 이것 자체만으로는 파스칼식 실험(Pascalian experiment)의 타산적이고 증거적인 보증을 저해하지 않을 것이다. 만일 우리가 인식론과 타산성에 있어서 기독교를 믿을 만한 충분한 이유를 갖고 있다는 것을 변증학을 통해 확신하게 된다면 종교적 충분성(sufficiency)과 유일무이함(uniqueness)에 대한 기독교의 주장들에 비추어보았을 때 더 이상의 테스트는 적절하지 않을 것이다. 그럼에도 이는 우리가 잘 믿고 있던 기독교에 종지부를 찍기로 선택할 수는 없을 것이라고 제안하는 것이 아니다. 그러나 한 사람이라도 믿는 한 그 어떤 다른 탐색(quests)도 적절하지 않은데 왜냐하면 종교적 믿음(초기의 영적인 경험을 넘어선)은 한 개인에게

---

23 어떤 이들은 구원을 위한 사후 기회를 논해 왔으나 이것을 위한 성경적인 증거는 상당히 미약하다. 부록 1을 보라.

총체적인 요구를 하기 때문이다.[24]

5. 정서, 이성과 종교적 믿음

기독교 믿음을 추구하기 위한 모든 타산적 이유들에도 불구하고, 또 우리가 믿는 것의 혜택을 보게 된다고 하더라도 믿음에 도달하는 것이 종종 어려운 이유는 정서적 경향, 두려움 혹은 사랑이 이 대안을 진지하게 고려하지 못하도록 하기 때문이다. 파스칼은 이것을 깨달았고 타산성에 근거한 이유들 때문에 기독교 믿음을 고려하고 있는 사람에게 종교적 방식으로 행하기를 강력하게 권고한 것으로 유명하다. 파스칼이 그렇게 촉구한 까닭은 그에게서 믿음이 나타나기를 원하는 바람이 있었기 때문이다. 파스칼은 이런 면에서 종교적 세뇌를 지지하는 것으로 종종 비난받아 왔다.

그러나 한 개인은 "하나님은 존재한다"는 명제에 단순히 길들여져서 그/그녀가 하나님이 존재한다는 것을 믿게 되는 것이라고 파스칼이 여기에서 제안하고 있는 것이 아니다. 이런 일정한 수순(protocol)은 그런 믿음을 위한 어떤 합리적 정당화도 제공하지는 않을 것이다. 길들이기는 논법이 아니다. 만일 어떤 믿음의 발생을 길들이기만으로 (인식론적인 고찰없이) 환원시킬 수 있다면, 그 믿음은 인식론적으로 정당화되지 않은 것이다. 그렇지만 파스칼의 충고를 좀 더 너그럽게 받아들이고 철학적으로 힘을 복돋아 주는 방식으로 이해할 수 있다.

비신자의 열정은 믿음을 억누를 수 있는데, 그때 타산성에 근거한 이유는 그 열정만 아니면 그/그녀가 믿도록 밀어붙일 것이다. 따라서 한 개인은 이렇게 억누르는 열정들을 무력화하는 것을 고려해서 믿음이 가능해지도록 해야 한다. 이것은 세뇌가 아니라 일종의 테스트(testing)이

---

24 Douglas Groothuis, *Obstinacy in Religious Belief,* Sophia 32, no. 2 (1993): 25-35를 보라.

다. 파스칼은 다른 곳에서 대화를 통해 이야기한다.

> "나는 쾌락의 삶을 포기했어야 해"라고 또 "만일 내가 믿음이 있었다면"이라고 그들은 말한다. 그러나 나는 당신에게 이렇게 말한다. "만일 당신이 쾌락의 삶을 포기한다면 당신은 곧 믿음을 갖게 될 것이다. 이제 그렇게 시작하는 것은 당신에게 달려 있는 것이다. 만일 내가 당신에게 믿음을 줄 수 있다면, 나는 그렇게 할 것이다. 그러나 나는 당신에게 믿음을 줄 수 없을 뿐만 아니라 당신이 말하는 것의 진실을 테스트할 수도 없다. 그러나 당신은 당신의 쾌락을 포기하고 내가 진실을 말하고 있는지의 여부를 의심할 여지없이 **테스트**해 볼 수 있다."[25]

어거스티니안으로서의 파스칼은 사람들은 본질적으로 음욕 혹은 박애에 의해 동기부여된다고 믿었다. 다시 말해 우리의 타락한 본성이나 은혜에 의해 동기부여된다는 것이다. 만일 우리가 음욕에 의해 지배된다면, 종교적 진리는 활용 불가능한 것이다. 만일 우리에게 거짓된 열정들을 중지하거나 적어도 약화시킬 용의가 있다면 박애는 돌파하고 나올 것이고 믿음도 뒤따를 것이다. 예를 들어, 예수님은 회의적인 종교 지도자들 몇 명에게 이렇게 말씀하신다.

> 너희가 서로 영광을 취하고 유일하신 하나님께로부터 오는 영광은 구하지 아니하니 어찌 나를 믿을 수 있느냐?(요 5:44).

예수님은 지위를 위한 교만한 안목이 한 사람으로 하여금 진리를 보는 것을 막을 수 있었다는 것을 주장한다.

이런 맥락에서 이제는 전성기를 지난, 교만한 배우를 고려해 보자.

---

25 Pascal, *Pensées* 816/240, 273, 강조는 추가된 것임.

찰스가 한때 탁월하게 연기해냈던 역할들을 이제 로드니라고 하는 젊은 배우가 훌륭하게 소화해내고 있다. 이 젊은 배우의 명석함을 찰스는 인정하지 않는다. 그런데 찰스는 그의 나이 때문에 자신을 한때 유명하게 만든 역할을 더 이상 연기해낼 수 없게 되었다. 그 역할이 지금은 로드니를 새로운 유명인사로 부각시키고 있다. 노장의 교만함과 질투심 때문에 찰스는 그의 젊은 "라이벌"의 재능에 눈멀게 된다.

그러나 찰스는 그가 로드니와 화해케 되는 것에 관심이 있는 현명한 친구의 상담을 통해 일주일 안에 로드니의 명연기 장면들을 3회 시청하라는 권유를 받게 된다. 그렇게 함으로써 찰스의 친구는 찰스의 둔감함이 극복되기를 기대하는 것이다. 찰스는 마지못해서 동의한다. 그 장면들을 시청한 후에 찰스는 교만함의 무분별함을 인정함과 더불어 로드니의 위대함을 고백하게 된다. 이제 찰스는 볼 수 있는 눈을 갖게 된 것이다.[26]

종교적 실행에 대한 파스칼의 추천은 세뇌를 권유하는 것이 아니라 오히려 다양한 종교적 실행들을 통하여 설득에 마음을 열 것을 권유한다. 그래서 다양한 종교적 실행들이 열정들을 누그러뜨리는 것에 한몫하여 한 개인에게 다른 방식으로는(otherwise) 설득력 없었을 주장들과 다른 방식으로는 가능하지 않았을 경험들에 자신을 개방하도록 돕기 때문이다. 다른 곳에서 파스칼은 길들이기 혹은 "관습"은 일련의 믿음들을 합리적인 방식으로 정립하는 것을 돕는다고 말한다.[27]

---

26 이것에 대한 자세한 내용으로는 Douglas Groothuis, *Wagering Belief: Examining Two Objections to Pascal's Wager. Religious Studies* 30 (1994): 479-486을 참고하라.

27 Pascal, *Pensées* 821/252, 274.

6. 그것은 참된 믿음인가?

비평가들은 내기하는 믿음(wagering faith)은 적어도 두 가지 이유로 참된 종교적 믿음과 거의 닮지 않았다고 주장한다.

첫째, 만일 잠정성(tentativeness)이 조금이라도 수반된다면 우리가 믿음을 갖고 있는 것으로 말할 수 없다. 영적인 실험을 통해 헌신을 테스트하는 것은 본질적으로 비종교적인데 왜냐하면 종교는 절대적인 믿음과 헌신을 요구하기 때문이다.

둘째, 내기하는 믿음은 거절된다. 왜냐하면 그것은 단지 한 개인 자신만 화를 면하고 천상의 보상을 받는 것을 위해서만 함양되기 때문이다. 내기하는 믿음은 이해타산적일 뿐이다. 이에 대해 나는 두 가지 대답을 제시한다.

첫째, 파스칼의 기독교 전통은 더 충만한 확신을 추구할 만큼 충분히 확신을 아직 갖지 않은 사람들에게 동기부여를 제공한다. 예수님은 만일 그의 청자들이 구하고, 찾고 두드리면 그들이 대답을 얻게 될 것이라고 권한다(마 7:7-8). 예수님은 "내가 믿습니다! 믿음이 부족한 나를 도와주십시오!"라고 간청하는 한 남자와 대면했을 때 그 남자를 꾸짖지 않고 그 남자의 불완전한 믿음에 반응하여 그 남자의 갈망(desire)을 들어준다(막 9:14-29). 예수님은 또한 겨자씨 한 알만큼 작은 믿음이 위대한 일들을 위해서 충분하다고 언급한다(마 17:20).

둘째, 하나님에게 내기하는 사람은 무한한 보상이라는 희박한 가능성을 위해 그의 모든 지적이고 도덕적인 진정성을 불사르는 종교적인 용병(mercenary)이 될 필요는 없다. 개인은 하나님에게 내기하기 때문에 지적인 혹은 도덕적인 기준을 조금도 위반할 필요가 없다. 정상적인 인간 관심사인 자기 이해(self-interest)가 이기적인 것일 필요는 없다(엡 5:29 참고). 예수님이 유한하고 무한한 선함들을 비교하며 다음과 같이 질문하셨을 때에는 자기 이해에 호소하신 것이었다.

사람이 만일 온 천하를 얻고도 제 목숨을 잃으면 무엇이 유익하리요 사람이 무엇을 주고 제 목숨과 바꾸겠느냐(마 16:26).

내기 논증의 충고를 따르는 것은 가능한 믿음 발달 단계의 첫 스텝으로 보여질 수 있다.[28] 믿음들은 그냥 자유자재로 받아들여질 수 없기 때문에 완성된 믿음에 이를 수 있는 과정이 착수되는데 일정한 조건들이 성립된다는 전제하에서 그렇다. 파스칼 스스로는 참된 회심과 타산성에 근거한 탐구 사이의 차이점을 알고 있다. 내기 논증은 자기 이해에 호소하지만 원초적인 이기심은 배제하는데, 다름이 아니라 내기하는 사람이 종교 참여를 하기 위해서는 그/그녀의 세속적인 열정들을 반드시 억제하기 시작해야 하기 때문이다.

한 사람이 마치 믿는 것처럼 행하는 것은 믿음을 정립하거나 강화시킨다고 여겨진 활동들에 참여하는 것을 의미한다. 이는 종교예식(religious services) 참여, 성경과 묵상집 읽기, 기도와 묵상, 영적 관심이 있는 문제들에 신자들과 연계되는 것을 포함할 수 있다. 이런 종류의 적극적인 참여가 무비판적 지지(uncritical engagement)의 사례가 될 필요는 없지만 오히려 공감적인 개입(sympathetic involvement)의 사례가 될 필요는 있다.

니니안 스마트(Ninian Smart)는 철학자들이 종교적인 질문들을 단순히 관념 속의 형이상학적 단언들(metaphysical assertions)로 대하는 경향이 있어 왔다고 올바르게 관찰했다. 그럼에도 종교적 주장을 그것이 기능하는 총체적인 환경(holistic milieu) 속에서 이해하기 위해서는 일련의 동정적인 상상과 심지어는 참여까지도 요구된다. 비록 이것이 총체적인 헌신에는 미치지 못한다고 하더라도 말이다.[29]

파스칼은 영성의 인지적이고도 육체적인 면 두 가지 모두를 강조한다.

---

28 Nicholas Rescher, *Pascal's Wager: A Study of Practical Reasoning in Philosophical Theology* (Notre Dame, IN: University of Notre Dame Press, 1985), 117-133.

29 Ninian Smart, *The Philosophy of Religion* (New York: Random House, 1970), 25.

우리는 하나님으로부터 무엇이라도 얻기 위해서는 외적이고 (outward) 내적인(inward) 것을 반드시 결합시켜야만 한다. 다시 말해 우리는 반드시 우리의 무릎을 꿇고 우리의 입술로 기도 등을 해야만 한다. 만일 우리가 이 외적인 부분으로부터 도움을 기대한다면 우리는 미신적인 것이고, 만일 우리가 외적인 부분을 내적인 부분과 결합시키는 것을 거부한다면 우리는 오만한 상태로 머무는 것이다.[30]

결론은 누군가가 그/그녀가 "마치"(as if) 신자인 것처럼 행동할 수 있겠지만, 위선과 자기 기만이 배제되었을 때에만 그렇게 할 수 있다는 것이다. 파스칼은 분명히 자기 기만을 격려하고 싶어하지 않는다. "사람들은 그들의 상상력을 그들의 진심으로 자주 받아들이고, 그들이 회심되어 가는 과정에 대해 생각하는 것을 시작하자마자 그들이 회심된 것으로 자주 믿곤 한다."[31]

7. 타산성, 진리와 변증학

기독교를 위한 사례는 기독교를 대표하는 논증들 그리고 관련된 세계관 경쟁자들에 대항해서 제시된 논증들 위에 세워지거나 무너진다. 그러나 사람들이 이런 논증들을 진지하게 조사하지 않는다면 이런 논증들은 아무런 영향을 미치지 못할 것이다.

기독교 진리 주장의 타산적 고찰은 그것이 지혜롭게 제공되었을 때 비신자들로 하여금 기독교를 조사하도록 격려하는 건강한 자기 이해를 발동할 수 있다. 더 나아가 우리는 단지 육체에서 분리된 지성들이 아니고 감정과 의지도 지닌 존재들이기에 기독교의 조사는 그것의 공적인 표

---

30 Pascal, *Pensées* 944/250, 324.
31 Pascal, *Pensées* 975/275, 347.

현, 그것의 형태과 실행에 노출되는 것도 포함해야만 한다. 이것은 "신앙 실험"(devotional experiment)이라고 칭해질 수 있다. 파스칼이 관찰했듯이 이런 활동들은(이성적인 묵상과 더불어) 한 개인이 하나님 앞에서 개인 스스로의 영혼 상태와 기독교 계시 자체의 영광들을 진정으로 분별하도록 도와줄 수 있을 것이다.[32]

---

32 영적 혹은 경건상의 실험의 증거 가치 이상을 원한다면 Caroline F. Davis, *The Evidential Force of Religious Experience* (New York: Oxford University Press, 1989)를 보라. 그렇지만 Davis는 이 종교적 실험의 개념을 기독교 이외의 다른 종교들을 정당화하는 것에도 확장시킨다. 본서의 16장을 보라.

제2부

기독교 유신론 변호를 위한 사례
The Case for Christian Theism

9장

유신 논증 변호

    자연신학은 유신론적 논증들로 구성되어 있다(때로는 유신론적 증명들이라고도 한다). 자연신학은 일신론의 하나님이 존재한다는 것을 입증하기 위한 이성적 논증들로서 그 입증의 타당성을 성경에 호소하지 않는다. 이 논증들은 일신론이 객관적으로 타당한 진리로 수용될 충분한 이유들이 있다고 주장한다. 일신론은 오직 한 분의 하나님이 존재한다는 것과, 그 하나님은 무에서 우주만물을 창조한 인격적이고 무제한적 능력과 지식, 선함을 소유한 완벽한 존재라고 주장한다. 이 존재는 흠모와 예배를 받기에 합당하며, 세상과는 별개로 뚜렷이 구별되어 존재하지만 지속적으로 세상에 관여하고, 기적을 창출해낼 수 있다.

    비정합적 실체들(incoherent entities, 예를 들면, 네모난 원)에는 좋은 논증이 펼쳐질 수 없으므로, 하나님이라는 존재가 실재한다는 것을 성립시키려는 여느 논증이나 결합된 논증들에서 사용되는 하나님의 개념은 논리적으로 정합적이어야만 한다.[1]

---

1 나는 4장에서 예비 논증을 통해서 삼위일체를 포함한 하나님의 개념이 정합적임을 제시하였다. 이 질문은 10장(존재론적 논증과 관련하여)과 그리고 21장(성육신과 관련하여)에서 또 제기된다. 우리는 25장에서 그런 하나님을 믿는 것과 악의 존재를 믿는 것의 정합성을 살펴보게 될 것이다.

유신론에 대한 이러한 이성적 논증들은 기독교뿐만 아니라 일신론을 바탕으로 하는 다른 종교들에도 포함되어 왔고 오랫동안 복잡한 역사를 거쳐 왔다. 이번 장에서는 유신론적 증명들(proofs)의 주요 유형들을 설명하고자 한다. 특히 유신론적 증명들이 기독교 변증학에 어떻게 기여하는지를 살펴보고 이 증명들을 거부하는 두 종류의 비판을 반박하며 유신론적 증명들을 변증하고자 한다.

1. 논증 형태들

증명이라는 용어는 전제들이 연역적으로 결론을 수반하여 결론 자체가 의심의 여지없이 단호하게 보장되는 논증을 의미한다. 즉 전제들이 이미 참으로 알려져 있다면, 결론도 참이어야만 한다. 그렇기 때문에 이런 의미에서 유신론적 증명은 기하학에서 정리(theorems)가 연역적으로 공리(axioms)로부터 추론되는 것처럼 하나님의 존재를 입증할 것이다. 어떤 유신론적 논증들은 그런 연역적 형태를 갖는다. 그렇지만 **유신론적 증명**이라는 표현은 논증이 귀납적(inductive)이거나 가추적(abductive: 가추법에 근거한 논법으로 상정논법이라고도 한다-역주)이라고 하더라도 하나님의 존재를 위한 모든 논증을 의미할 수 있다.[2]

유신론적 증명들은 **자연신학**(natural theology)의 산물로 계시신학(revealed theology: 올바른 성경 해석[exegesis]과 성경 본문들을 신학화하는 것에 의해 도출될 수 있는 신학)과는 구별된다. 예를 들어, 예수 그리스도를 통한 구원 계획은 역사상 나타난 하나님의 행동과 그 후에 기록된 성경계시를 통해서만 알려진다. 구원 계획은 창조세계만을 이성적으로 고찰해서는 알아낼 수 없다.

이와 같이 유신론적 증명들은 기독교 변증학의 전체는 아니지만 중

---

2 나는 기독교 유신론이 인간상태의 위대함과 비참함에 대해 최선의 설명을 제공한다는 것을 18장에서 주장할 때 상정논법 형태의 논증을 사용한다.

요한 부분을 형성하고 있다. 유신론적 증명들의 궁극적인 목표는 하나님의 존재와 그분에 대한 일련의 중심적인 속성들을 이성적으로 입증하는 것이지 기독교 하나님의 모든 속성들과 기독교 세계관 일체를 빠짐없이 규명하는 것에 있지 않다. 오히려 자연과 신의 도움을 받지 않은 이성만으로도 우리가 하나님에 대한 지식을 빠짐없이 알 수 있다고 주장하는 것은 유신론이 아닌 이신론(deism)이다.

2. 유신론적 논증들의 유형들

유신론적 증명들은 두 가지 범주로 구분되며 각각의 범주에는 일련의 논증군이 있다. 각각은 존재론적 논증과 우주론적 논증, 설계 논증, 도덕적 논증, 종교적 경험 논증, 그 외에도 다양한 형태들이 있다. 이 모든 논증들은 최근 수십 년간 개선되었고 분석적으로도 더 엄밀해졌다. 사실 이 모든 논증은 리처드 스윈번(Richard Swinburne)과 모어랜드(J. P. Moreland) 그리고 윌리엄 레인 크레이그(William Lane Craig)와 같은 탁월한 철학가들의 공로에 힘입어 철학 문헌에서 꽃을 피우는 중에 있다.

유신론적 논증의 첫 번째 범주는 후험적(a posteriori) 논증 또는 경험적 논증들이다. 예를 들어, 우주론적 논증, 설계 논증, 도덕적 논증, 종교적 경험 논증들은 이 세상에 산재한 증거들에 기초하여 하나님의 존재를 유추한다.

유신론적 논증의 두 번째 범주는 선험적(a priori) 논증들이다. 이 논증들은 경험 세계와는 분리되어 이성적으로만 알 수 있는 것에 의존한다. 그래서 존재론적 논증들은 세계에서 일어나는 일을 사용하지 않고 하나님 그 자체(God in itself)라는 개념에서 비롯되는 철학적 함축만을 사용한다. 존재론적 논증들은 일련의 논리적 원칙들과 결합해 다음과 같은 것을 주장한다. 하나님을 최고로 완벽한 존재로 여기는 바로 그 인식은 하나님의 존재를 이성적으로 전제하는 것을 요구한다.

각각의 유신론적 증명의 유효성은 개별적으로 평가되어야 하지만, 유능한 변증가는 다양한 종류의 논증들을 조합하여 개별적인 논증보다 훨씬 더 강력한 설득력을 지닌 유신론을 위한 축적 사례 논증(cumulative-case)을 구성할 수 있다. 누구든지 우주론적 논증을 사용하여 하나님을 창조자로, 목적론적 논증을 통하여 하나님을 설계자로, 도덕적 논증을 사용하여 하나님을 도덕법(moral law)의 근원으로서 하나님의 존재를 입증할 수 있다. 각각 논증은 마치 법정에 선 증인과도 같다.

각각의 개별 논증은 각각의 고유한 논증 방식으로 유신론의 진실을 증언한다. 유사하게, 내가 11장에서 주장한 것처럼, 최고의 과학적 이론들도(예를 들면, 빅뱅 이론) 별개의 논증들 몇 가지가 과학적 가설을 강력히 뒷받침해 주는 수렴된 증거가 되었기에 입증되었던 것이다. 그리스도의 부활처럼 기독교 유신론을 위한 거대규모 사례는 더욱더 많은 부류의 수렴 증거 사례들을 포함한다.

성경은 하나님이 그분에 대해 알 수 있는 일련의 진리들을 창조만물 가운데 드러내었다고 확언한다. 이것은 전통적으로 일반계시라고 지칭하고 로마서 1:19-20에 근거한 것으로 가장 잘 알려져 있는데 여기서 바울은 하나님 앞에서 인류의 죄책감을 논의한다.

> 이는 하나님을 알 만한 것이 그들 속에 보임이라 하나님께서 이를 그들에게 보이셨느니라 창세로부터 그의 보이지 아니하는 것들 곧 그의 영원하신 능력과 신성이 그가 만드신 만물에 분명히 보여 알려졌나니 그러므로 그들이 핑계하지 못할지니라 (롬 1:19-20).

존 스토트(John Stott)는 이 본문이 "'일반계시'의 주제에 관한 신약성경의 주요 본문들 중 하나"이고 특별계시와는 네 가지 방식에서 구별된다고 언급한다.

첫째, 이 계시는 "일반적"(general)이다. 그리스도를 알았던 사람들이나 성경 저자들의 책을 읽은 사람들만 특별계시를 받아들인 것과는 다르게 도처에 있는 모든 사람이 이 계시를 알기 때문에 일반적이다.

둘째, 이 계시는 "자연적"(natural)이다. 그리스도의 초자연적인 사역이나 성경의 영감(inspiration)과는 반대로 창조의 자연질서를 통해서 이 계시가 드러나기 때문이다.

셋째, 이 계시는 "지속적"(continuous)이다. 성경과 그리스도의 최종적이고 완성된 사역과는 반대로 "세상 만물의 창조 이후" 일반계시는 경감되지 않고 계속해서 계시되고 있다.

넷째, 이 계시는 "하나님의 은혜를 그리스도 안에서 나타내는 '구원적'인 것과는 달리 창조를 통해 하나님의 영광을 드러내는 '창조적'(creational)인 계시이다."[3]

일반계시가 자연신학을 위해 필요하지만 그것만으로는 충분하지가 않다. 게다가 이 두 단어는 동의어가 아니다. 일반계시는 하나님이 자신을 자연만물과 인간의 양심에 나타내셨음을 의미한다.

자연신학은 하나님의 존재를 위한 이성적 논증을 이끌어 내기 위해서 논리를 사용한다. 그러나 하나님이 자신의 존재를 자연과 양심을 통해 드러내지만, 하나님의 존재를 변증하는 철학적 논증을 뒷받침하기에 일반계시는 역부족이라고 어떤 사람들은 생각한다. 즉 하나님은 논증행위에 영향을 받을 수 없는 방식으로 자신을 계시했을 것이다. 만일 그렇다면 이 일반계시는 사유라기보다는 직관의 문제일 것이다. 그렇지만 일반계시의 본질과 자연신학의 오랜 역사, 최근 자연신학의 부활(정교하고 분석적인 유형)을 고려했을 때, 입증책임(burden of proof)은 성경적인 허용성(permissibility)이나 논리적 가능성을 부정하는 사람들에게 있다. 그럼에도 불구하고 자연신학에 반대하는 몇 논증들이 개진되어 왔으나 나는 이 논증들이 전혀 설득력이 없다고 여긴다.

---

3 John Stott, *The Message of Romans: God's Good News for the World*, The Bible Speaks Today (Downers Grove, IL: InterVarsity Press, 1994), 73.

3. 자연신학을 반대하는 아홉 가지 의견

반대의견들은 두 개의 범주로 나눌 수 있다.

첫째, 원칙적으로(in-principle) 반대하는 의견이다. 이것은 유신 논증이 본질적으로 (영적 또는 신학적인 면에서) 문제가 있다고 주장하는 것이다.

둘째, 실천적이거나 실제적인(in-practice) 반대의견이다. 이것은 우리가 아무리 소망한다 하더라도 유신 논증들이 우리의 기대에 부합할 수 없음을 주장한다. 먼저 우리는 원리에 반대하는 의견들을 살펴보고자 한다. 기독교 변증학의 목적을 위한 유신 논증들에 진보의 기미가 있음에도 불구하고 일련의 변증가들을 포함한 다수의 기독교 사상가들은 유신 논증을 거부했다.

1) 성경생략 논증(Biblical omission argument)

성경이 자연신학의 사례들을 제공하지 않기에, 우리도 성경과 마찬가지로 그런 노력을 하지 않아야 한다고 파스칼은 주장했다.[4] 자연은 만물의 창조주를 이야기하고 하나님이 없다고 하는 자(시 14:1; 53:1)는 어리석은 자라고 성경은 단언한다. 그러나 우리는 하나님의 존재를 밝히기 위한 발전된 철학적 논증을 성경에서 만족스럽게 찾아내기가 어렵다.[5]

---

4 Blaise Pascal, *Pensées* 463/243, ed. And trans. Alban Krailsheimer(New York: Penguin, 1966), 179.

5 어떤 이들은 자연신학의 배아(germ)-잘 익은 과일처럼 분명하지 않다면-를 롬 1:18-32과 행 17:16-34에서 찾을 수 있다고 제안하는데 이 본문들은 하나님의 존재를 위한 증거로서 자연에 호소한다. 성경주해가인 Adam Clarke는 행 17:29에 등장하는 바울이 이 논증을 사용하는 것을 밝혀낸다. 이는 청중들의 가정을 고려하여 하나님에 대해 논증하는 본문이다. (1) 만일 우리가 하나님의 자손이라면 하나님은 사람의 기술과 도구로 만들어진 금, 은과 돌의 형상으로 만들어질 수 없는데 부모는 자녀를 닮아야 하기 때문이다. (2) 따라서 우리가 살아 있고 지적인 존재임을 볼 때에 우리를 파생시킨 하나님은 반드시 살아 있고 지적이셔야 한다. (3) 종교적 예배의 대상은 예배자보다는 훨씬 더 탁월해야하는 것이 또한 필요하다. 그러나 사람은 금, 은 혹은 돌로 만들어진 형상보다 형용할 수 없을 만큼 더 뛰

파스칼은 성경에 충실하고자 노력했기 때문에, 그는 철학적 생략을 규범적(normative)이고 모범적(exemplary)인 것으로 여겼다. 파스칼이 옳다면, 철학자들이 유신 논증들을 입증하기 위해 최근에 이루어 낸 의미심장한 성과는 그것이 철학적으로 가치가 있을 수 있어도 신학적으로는 부적절하다. 그러나 파스칼의 관찰은 어떤 신학자도 자연신학이 자신의 **상황**에 적절한 것으로 여기지 않았음을 보여줄 뿐이다. 이것이 놀랍지 않은 것은 고대 히브리인들 세계와 그 주변민족들에게 무신론이 그렇게 심각한 문제는 아니었고 자연신학은 대개 타 세계관들보다는 무신론을 중심 표적으로 삼았기 때문이다.[6]

성경의 하나님을 거절했던 사람들은 십중팔구 다신론자들(polytheists)이나 범신론자들(pantheists)이었거나 혹은 일신론적(monotheistic)이거나 단일신론적(henotheistic, 단일신을 믿되 다른 신들의 존재를 인정하는 것)인 다른 신을 섬겼을 것이다. 성경 저자들은 이런 세계관들과 겨루기 위해 각각 다른 논증 전략을 사용한다. 예를 들어, 이사야는 그와 동시대에 있었던 거짓 신들이 이스라엘의 하나님처럼 오류 없이(infallible) 미래를 예언할 수 없다고 주장하며 거짓 신들을 반박했다(사 40-45장). 또한 성경적인 관점에서, 자연신학의 생략은 하나님의 존재를 증명하려는 공식적인 철학 논증과는 상관없이 한 개인이 하나님을 믿는 것이 정당화될 수 있음을 또한 나타낼 수 있다.[7] 그러나 이것 자체가 변증학적 목적에 자연신학이 부적격이라고 말해 주는 것은 아니다.

어나다. 그리고 게다가 사람을 예배하는 것은 불경스러운데 이러한 형상들을 신으로 예배하는 것은 얼마나 더 불경한가. (4) 주해: "아레오바고(Areopagus)에 있던 모든 남자들은 이 결론의 힘을 느꼈음에 틀림없다. 그리고 그들이 그렇게 느낀 것을 당연하게 여겼고 바울은 계속해서 그의 주장을 펼친다"(Adam Clarke, *Commentary on the Holy Bible* [Grand Rapids: Baker, 1967], 1006. 번호는 내가 첨가한 것이다).

6 하지만 이 책에서 보여지겠지만 성공적인 자연신학은 범신론과 다신론을 격파하도록 도와준다.

7 3장에서 기독교 하나님에 대한 믿음은 정확하게 기초적일 수 있다는 Platinga의 주장에 대한 언급을 보라.

결국 자연신학을 반대하는 파스칼의 주장은 침묵으로부터 오는 오류 논증(fallacious argument from silence)으로 보인다. 성경은 유신 논증을 분명하게 금지하지 않고 또 일반계시를 충분히 강조한다. 그러므로 성경 안에 발전된 자연신학의 부재는 어떤 상황에서도 자연신학은 무의미하고 금지되어야 함을 의미하는 것 같지는 않다.[8]

2) 성경권위 논증(Biblical authority argument)

위의 논증과 관련된 또 다른 논증은 성경이 하나님에 관한 최종적 권위를 갖기 때문에, 하나님이 존재한다는 주장은 외부지원이 필요없다는 것이다. 어떤 사상가들에게 하나님의 존재 그리고 성경에 있는 다른 모든 것들에 대한 성경적 선언은 그 존재를 성경 스스로가 증명하거나(self-attesting) 스스로 인증하는 것이다(self-authenticating). 외부의 지원이 필요하다는 것 자체가 성경이 갖는 최상의 권위를 약화시키는 것이다. 코넬리우스 반틸(Cornelius Van Til)과 헤르만 바빙크(Herman Bavinck)가 이런 견해를 지지했고 바빙크는 "성경은…하나님을 삼단논법(syllogism)의 결론으로 전락시켜 논증의 신빙성을 우리가 자의적으로 결정하게 내버려 두지 않는다. 오히려 성경은 권위 있게 말한다"[9]라고 얘기했다.

그럼에도 불구하고 권위 있게 말하는 것의 권위가 인식되기 위해서는 다른 사람들이 권위 있음을 분명히 볼 수 있어야만 한다. 예를 들어, 어떤 물리학 교과서는 물리학 주제에 관해 가장 확실한 진술을 담고 있

---

[8] 이 논증이 더 개발된 것으로는 Duglas Groothuis의 "Pascal's Biblical Omission Argument Against Natural Theology," *Asbury Theological Journal* 52, no. 2 (1997): 17-26에서 참고하라.

[9] Herman Bavinck, *The Doctrine of God*, trans. William Hendrickson (Grand Rapids: Eerdmans, 1951), 78; Alvin Plantinga, "Reason and Belief in God," in *Faith and Rationality*, ed. Alvin Plantinga and Nicholas Wolterstorff (Notre Dame, Ind.: University of Notre Dame Press, 1984), 64에 인용됨. Van Til은 기독교를 위해서는 본질적으로 한 가지 논증인 초월적 논증만 있다고 생각했지만 그는 이것을 고전적인 자연신학의 일부로 이해하지 않았다. 이 논의를 위해서는 Greg L. Bahnsen, *Van Til's Apologetic: Readings and Analysis* (Philipsburg, N.J.: P&R, 1998), 516-29를 보라. 나는 17장에서 유사한 논증을 소개한다.

기에 최고의 과학적 권위를 가지고 있을 것이다. 사람들이 무지와 왜곡 또는 의견차이로 권위를 인정하지 않는다 하더라도 이 권위는 손상을 입지 않을 것이다. 또한 누군가 이 권위의 자격(credentials)을 변호하더라도 이 권위는 약화되지 않을 것이다.

이 권위를 확증할 필요가 있다고 하더라도 이 교과서는 물리학 교과서로서 최고의 권위를 여전히 누리게 될 것이다. 권위로서의 자격을 공식적으로 확인하는 것이 권위를 약화시키기보다는 오히려 권위를 확고히 한다. 유사하게, 성경 고유의 권위가 자연신학의 논증들에 달려있는 것은 아니지만 그런 논증들을 통해서 하나님의 존재는 더 합리적인 것으로 입증되거나 표현될 수도 있게 된다. 그렇다면 하나님의 존재나 하나님의 감동으로 저술된 책들을 이전에는 비이성적이라며 거들떠보지도 않던 사람들의 눈에 성경이 권위를 얻게 될 것이다.

3) 죄의 인지적 영향 논증(The noetic effects of sin argument)

또 다른 실제적인 논증은 인간의 이성이 죄로 너무 타락해서 하나님의 존재를 입증할 어떤 소망도 보증할 수 없다고 주장한다. 죄가 지성(인지)에 미친 영향은 하나님의 존재를 입증하는 것을 헛된 야망이 되게 한다. 이런 반대 주장은 두 가지 기본적인 형태를 취한다.

첫째, 인간의 이성은 너무 **약해서** 그런 논증을 가능케 할 수 없다는 것이다.

둘째, 죄인인 인간의 이성은 너무 **왜곡되었기** 때문에 하나님이 존재한다고 결론을 내리는 논증에 순복할 수 없다는 것이다. 이런 반대 주장들은 하나님은 자신을 자연에 계시한다고 앞서 언급한 주장에 이어 로마서에 등장하는 바울의 진술에 자주 호소한다.

> 하나님을 알되 하나님을 영화롭게도 아니하며 감사하지도 아니하고 오히려 그 생각이 허망하여지며 미련한 마음이 어두워졌나니 스스로 지혜 있다 하나 어리석게 되어(롬 1:21-22).

인간의 이성적 추론과 추론가들이 타락으로 부정적인 영향을 받은 것은 의심의 여지가 없다. 그러나 이성 자체(존재의 논리적 구조와 논증)는 말씀이신(로고스[logos], 요 1:1) 하나님의 영원한 성품과 그의 형상을 따라 창조된 피조물들에게 이성을 부여하신 것에 기초해 있다.[10]

이런 의미에서, 이성은 타락한 것이 아니다. 이성 자체는 타락할 수 없으며 이성으로 남는다. 그러나 이성을 사용하는 사람들은 타락했고 무지와 부도덕, 태만에 근거한 다양한 판단의 오류를 범하는 경향이 있다. 게다가 그들은 고집 센 자기 기만으로 무분별하고 비이성적이 되기도 한다.[11]

그럼에도 불구하고 진리가 이끄는 곳이 어디든지 그곳을 따르기 원하는 사람들에게 건전한 이성적 추론(sound reasoning)은 규범이 된다. 명백하게 불합리한 것을 보고 즐거워하는 사람은 거의 없다. 특히 불합리의 정체가 지적 무책임과 현실에 대한 불성실로 드러났을 때는 더 그렇다. 성경이 변증학을 지지하고(2장 참고), 많은 현대인이 하나님의 존재를 믿기 힘들어 하기 때문에, 하나님의 존재에 대한 설득력 있는 논증들을 제시하는 것은 일리가 있는 것이다.[12]

---

10 요 1:1에 나오는 로고스는 단독적인 이성보다는 더 폭넓은 뜻을 갖는다. 로고스는 또한 언어적 의사소통을 지시한다. Murray J. Harris, *Jesus as God: The New Testament Use of Theos in Reference to Jesus* (Grands Rapids: Baker, 1992), 54–55. 사도요한은 헬라철학에서의 용례를 훨씬 능가하는 방식으로 로고스를 사용하는데 로고스는 인격적이고 도덕적이고 초월적이기 때문이다. 이러한 주제가 철저하게 개발된 내용을 위해서는 Carl F. H. Henry, *God, Revelation, and Authority* (Waco, TX: Word, 1976–1983), 3:164–247을 보라.

11 James Spiegel은 비도덕적인 불신에서 궁극적인 무신론의 뿌리를 탁월하게 풀어낸다. 하지만 그렇다고 해서 그는 자연신학이나 변증학의 다른 형태를 부인하지 않는다. 그가 저술한 *The Making of an Atheist: How Immorality Leads to Unbelief* (Chicago: Moody Press, 2010)를 보라.

12 자연신학과 관련해서 죄가 인지에 미친 영향을 위해서는 Michael Sudduth, "The Dogmatic Model of Natural Theology," in *The Reformed Objection to Natural Theology* (Burlington, Vt.: Ashgate, 2009)를 참고하라.

4) 직접적으로 하나님을 아는 지식 논증(Direct Knowledge of God argument)

키에르케고르와 반틸주의자(Van Tillian)와 같은 전제주의자들(presuppositionalists)은 하나님의 존재에 대한 논증을 시도하는 것은 근본적으로 부적절하다고 주장한다. 사람들은 하나님을 직접 인식하며 이것은 증명을 요구하지 않기 때문이다. 반틸주의자들은 하나님의 존재를 증명하기보다는 오히려 하나님의 존재에서부터 논증을 시작하길 원한다. 키에르케고르는 이성적 논증들이 아닌 심리학적 탐구라는 수단으로 불신앙에 도전하는 설득의 방법, 곧 "간접적 대화"(indirect communication)를 통해 하나님을 아는 지식을 사람들로부터 유도해낼 수 있다고 믿었다. 폴 모저(Paul Moser)도 유사하게 자연신학을 피하는 "자식의 관점에서 하나님을 아는 지식"(filial knowledge of God)을 개진하였다.[13]

정교하고 면밀하게 미묘한 뉘앙스의 차이를 설명하는 모저의 프로젝트는, 인간 인지자가 인격적인 방법으로 하나님을 알기 위해서는 하나님과 올바른 관계를 맺어야 함을 마땅히 강조한다. 이런 면에서 모저는 파스칼과 비슷하다. 그러나 모저는 자연신학의 비인격적이거나 비관계적인 본성 때문에, 하나님께 올바르게 반응하는 것의 함양이라는 명분을 위해서도 자연신학이 불필요하거나 심지어는 해롭다고 생각한다.[14]

그렇다면 우리는 자연신학을 어떻게 여겨야 할까?

바울은 로마서에서 이방인들도 피조물(롬 1:18-20)과 양심(롬 2:14-15)

---

13 간접적 대화에 대해서는 Søren Kierkegaard, *The Point of View of My Work as an Author*, trans. Walter Lowrie (New York: Harper & Brothers, 1962)를 참고하라. 이런 형태의 변증적 상호작용이 부인되어서는 안 된다. 단지 나의 우려는 이런 형태가 확고한 자연신학을 대체해서는 안 된다는 것이다.

14 Paul Moser, "Cognitive Inspiration and the Knowledge of God," in *The Rationality of Theism*, ed. Paul Copan and Paul K. Moser (New York: Routledge, 2003), 55-71에서 참고하라. 또한 그가 더 본격적으로 다룬 *The Elusive God* (New York: Cambridge University Press, 2008)을 보라. Moser의 견해를 더 심층적으로 비평한 것으로는 Garrett DeWeese, "Toward a Robust Natural Theology: Reply to Paul Moser," *Philosophia Christi* 3, no. 1 (2001): 113-18을 참고하라.

을 통해 하나님에 대한 지식을 어느 정도는 취득할 수 있다고 증언한다. 그렇기 때문에 모두는 하나님께 반항하는 것과 그들의 우상숭배에 대해 비난받아 마땅하다. 그러나 성경 본문은 도대체 하나님이 어떤 방법을 통해 자신을 모든 사람들에게 알리셨기에 사람들이 이 지식에 대해 책임이 있다고 하는 것인지 정확하게 얘기하지 않는다. 칼빈은 모든 사람에게 선천적으로 신 의식(sensus divinitatus)이 있다고 주장하였다.[15]

이 신에 대한 의식(sense of deity)은 아마도 논증에 기초하지 않은 직관적인 요소들을 지닌 것 같다. 간단히 말하자면 우리는 하나님 앞에서 우리의 피조성(creaturehood)을 주관적으로 경험하게 된다. 아니면 우리는 창조물의 재료로부터 그것이 창조되었음을 단순히 추론할 수 있을 것이다. 그렇지 않다면 어떻게 신 의식이 인간 내면에 자리 잡게 되었는가?

윌리엄 레인 크레이그(William Lane Craig)는 "추론 논증이 창조계에 내재되어 있는 비가시적인 하나님의 속성을 인식하는 것과 연관이 있음을 로마서 1:20이 아주 잘 나타내는 경우"라고 주장한다. "그것은 마치 '하나님의 비가시적인 속성이 창조된 피조물들을 고찰함으로 인식되어지는 것'과 같은 것이다."[16]

작고한 토마스주의(Thomas Aquinas) 학자인 에띠엔느 질송(Etienne Gilson)은 "사실 하나님의 존재를 철학적으로 제시하는 증명 이외에 자연발생적인 자연신학이 있다"라고 기술했다. 이것은 대부분의 사람에게서 관찰 가능하며 본능과 유사한(quasi-instinctive) 경향으로, "때때로 사람들로 하여금 우리가 하나님이라고 부르는 눈에 보이지 않는 그 존재가 결국 있는 것은 아닐까 하고 생각하도록" 초청한다.[17]

---

15 인간의 신의식 개념에 대해서는 John Calvin, *Institutes of the Christian Religion* 1.3.1을 보라. 그의 아이디어인 종교의 씨앗(seed of religion)은 1.4.1에 나온다. 이 아이디어는 Alvin Plantinga, *Warranted Christian Belief* (New York: Oxford, 2000)에서 상세하게 개발되었다. 나는 그의 접근법을 3장에서 비평한다.
16 William Lane Craig, "Classical Apologetics," in *Five Views of Apologetics*, ed. Steven Cowan (Grand Rapids: Zondervan, 2000), 40.
17 Etienne Gilson, *God and Philosophy* (New Haven, CT: Yale University Press, 1941), 115.

그러나 로마서 1장이 직관적인 지식을 언급하는 것이라 하더라도, 동일한 것(이 경우에는 하나님)이 다양한 방법으로 알려질 수 있기 때문에, 이는 유신 논증들의 정당성을 배제하지 않는다. 예를 들어, 나는 그를 개인적으로 알게 되거나, 그의 애정 어린 행동들에 대해 읽게 되거나 또는 그의 친구들로부터 그의 그런 행동들에 대해 듣게 됨으로 누군가가 다정한 사람이라는 것을 알 수 있다. 더욱이 유신 논증은 하나님에 대한 즉각적인 지식을 대신할 수도 있다.[18]

이런 직관적인 하나님의 지식에도 불구하고, 죄로 인해 그 지식이 또한 억제되고 있다. 하나님께 영광을 돌리고 하나님이 주신 선물에 감사하기보다는, 에덴동산 동편의 인간들은 하나님의 초월적인 실재를 당장 가까이에서 이용할 수 있는 물건들, 조작이 가능하고 직접 인식할 수 있는 것들인 우상들로 맞바꾸려는 보편적 성향을 공유한다. 칼빈이 지적했듯 인간의 마음(mind)은 "우상들을 끊임없이 주조해내는 대장간"[19]이다.

하나님과 하나님의 작품들로 둘러싸여 있음에도 불구하고 우리는 무한한 것을 유한한 것으로 대신하는 동안에 방향 감각과 지혜를 상실하며, 신을 만들어 내는 사람(god-makers)이 되었다. 그러나 이런 병적인 성향에도 불구하고 자연신학은 그 역할과 목적이 있다. 하나님의 실체를 증명하는 견고한 논증(solid argument)은 하나님을 저항하고 우상을 만드는 마음의 무기력함(torpor)과 부도덕함(turpitude)에 도전한다. 하나님이 그/그녀의 창조주라는 자연으로부터의 증거들은 우상으로 마비된 하나님의 피조물을 상기시켜 주고 바로잡아 줄 수도 있다.[20]

---

18 나는 Michael Sudduth로부터 이 통찰력을 받았다.
19 Calvin, *Institutes of the Christian Religion* 1.11.8.
20 초기 개혁주 사고가들은 즉각적이고 추론적인 하나님에 대한 지식 두 가지 모두를 인식했다. Sudduth, *Reformed Objection to Natural Theology*, 58-70을 보라. 19세기에 하나님에 대한 즉각적인 지식을 옹호했던 많은 뛰어난 사고가들(Charles Hodge, Augustus Strong and William Shedd)도 자연신학을 승인했다(ibid., 70-75를 보라).

5) 증명은 교만으로 귀결된다는 논증(Proofs lead to pride argument)

파스칼은 자연신학에 대한 추가적인 반대의견을 갖고 있다. 그는 성육신과 아무런 관련이 없는 성공적인 유신 논증들(theistic arguments)은 그런 논증들을 사용하는 사람들에게 교만을 불러일으킬 수 있을 것이라고 주장한다. 그런 논증들은 중재자이신 하나님의 사역과는 별개로 하나님에 대한 충분한 지식이 가능한 것처럼 생각하도록 유도할 수 있기 때문이다.

교만 또는 자족함은 파스칼이 종교적인 구도자에게 권장하고자 하는 것과는 정반대되는 상태이다. 구도자는 하나님 앞에서 겸손하고 수용적이어야 한다. "그리스도 없이 하나님을 아는 것은 불가능할 뿐만 아니라 소용이 없다."[21] 따라서 파스칼은 이런 논증들을 영적으로 위험한 것으로 여기며 거절한다.[22]

칼 바르트도 유사한 견해를 고수했다. 파스칼의 변증학적 방법은 단순히 신의 섭리나 창조주가 아닌 그리스도에 집중한다. 그는 사람들에게 예수님이 제공해 주신 구속을 위한 도덕적이고 영적인 필요를 열정적으로 납득시키기 원했다. 이런 맥락에서 그는 자연신학이 그리스도 없이 하나님을 입증하는 것을 염려하는데, 그런 입증은 인간의 상태에 대해서 파스칼이 증명해 보이려고 하는 인간의 "비참함"을 약화시킬 수도 있기 때문이다. 피조물들이 그들의 영적 빈곤감을 느끼기 위해서는 하나님이 반드시 어느 정도는 "숨겨져야만" 한다고 믿는다.[23]

기독교 전통은 교만이 영적 구속에 대한 우리의 필요를 불명료하게 하는 악이라고 가르친다. 그렇지만 하나님의 존재를 증명하는 좋은 논증이 유신 논증을 받아들이는 사람 안에 반드시 아니면 혹여 그런 종류의

---

21 Pascal, *Pensées* 191/549, 86.
22 Ibid., 352/526, 133; 190/543, 86.
23 회의론(skepticism)과 하나님의 숨겨짐(hiddenness)에 대한 Pascal의 개념들에 대해서는 Douglas Groothuis, "Skepticism and the Hidden God," in *On Pascal* (Belmont, CA: Wadsworth, 2003)을 참고하라.

교만을 부추길 것인지는 확실치 않다. 만일 창조주(Creator) 또는 설계자(Designer) 또는 입법자(Lawgiver)를 위한 좋은 논증이 생성되어 믿어진다면 한 개인은 다소 경외감을 불러일으키는 이 존재 앞에서의 그/그녀의 위치에 대해 상당히 궁금해할 수도 있다.

성공적인 유신 논증은 오히려 교만을 조장하기보다는 하나님의 형이상학적 위대함에 비교하여 인간이 작아 보이도록 할 수도 있다. 그것이야말로 하나님을 아는 우리의 지식을 위한 파스칼의 접근법에서 매우 중대하게 여기는 겸손을 위한 첫 번째 단계가 될 수도 있는 것이다.[24]

만일 파스칼이, 한 개인이 그리스도와는 별개로 하나님을 **구속적으로**(redemptively) 알 수 없다고 의미하는 것이라면 그는 성경과 동일한 태도를 취하는 것이다(요 14:6). 어쨌든 자연신학은 누군가로 하여금 하나님이 존재한다는 것을 알도록 도와줄 수 있고, 만일 그 사람이 무신론에서 유신론으로 옮기게 된다면, 그때부터 그/그녀는 기독교 유신론의 주장들과 자격들을 조사하기 시작할 것이다. 만약 그렇다면 구원의 유일한 방법으로서의 그리스도를 위한 주장의 정당함을 입증하는 변증학적 논증들은 많이 있다.

6) 자연신학은 특별계시와 경쟁 중에 있다고 하는 논증

(Natural theology in competition with special revelation argument)

칼 바르트는 자연신학이 성경의 계시와 경쟁 중에 있는 것으로 여겼기 때문에 자연신학을 강력히 거부했다.[25] 바르트에게 있어서 하나님의 계시는 오직 성경의 그리스도 안에서만 발견되었다. 그외 다른 계시 주장은 오직 유일하게 진실된 계시에 무엇인가를 첨가하여 그것을 도용하

---

24 Douglas Groothuis, "Proofs, Pride, and Incarnation: Is Natural Theology Theologically Taboo?" *Journal of the Evangelical Theological Society* 38, no. 1 (1995): 67-77을 참고하라.
25 Karl Barth, *Church Dogmatics: A Selection* (New York: Harper, 1961), 49-64; Karl Barth, *The Epistle to the Romans* (New York: Oxford University Press, 1977), 82를 참고하라.

고 변질시킨다.[26] 인간은 하나님이 규정하신 대로 계시를 받아야만 하며 성경을 떠나서 하나님을 가늠하려고 시도해서는 안 된다. 따라서 그는 일반계시(자연신학을 위한 필요조건임)를 부인했다.

바르트는 그의 나치즘(Nazism) 경험에 근거해 저술했는데, 나치즘은 거짓 주장들로 운명을 설명하며 성경적 계시를 대체하려 했다. 그는 바르멘 선언(Barmen Declaration) 기안을 도왔는데, 이 선언서는 나치 이데올로기를 고발했고 진정한 기독교 믿음을 위한 성경의 중심적인 역할을 강조했다.

프란시스 쉐퍼는 강력하고 설득력 있는 칼 바르트의 비평가였지만, 자연신학이 지식의 "자치"(autonomous) 영역을 설립하여 결국 특별계시의 진술(deliverance)과 경쟁하게 될 것이라고 주장하며 그 역시 자연신학을 비판했다.[27] 쉐퍼는 일반계시를 믿고 변증학에서도 일종의 검증주의(verificationist) 방법을 사용했지만, 전통적으로 이해된 자연신학은 거부했다.[28] 바르트가 성경의 권위와 하나님의 급진적인 초월성(radical transcendence)을 타협할 만한 어떠한 외부의 주장도 거절한 것은 옳았다. 그는 나치즘에 용감하게 대항했다.

쉐퍼는 기독교의 견실한 변론자였고 그의 변증은 일반계시를 포함한 것이었다. 그러나 일반계시와 자연신학의 올바른 이해는 특별계시에 조금도 위협이 되지 않는다. 왜냐하면 성경 자체는 하나님이 자연만물과 인간양심에 계시되었으며 일반계시에 대한 믿음은 특별계시에 뿌리

---

26 그러나 Barth는 성경을 무오한 것으로 여기지 않았다. 그는 성경의 고등비평 견해(higher critical views)를 고수했지만 하나님이 적당하다고 여길 때에는 성경을 통해서 여전히 초자연적으로 말할 수 있다고 생각했다.

27 Francis Schaeffer, *Escape from Reason* (1968; reprint, Downers Grove, IL: InterVarsity Press, 2006), 1장.

28 Schaeffer의 정밀한(exact) 방법은 이의가 제기되어 왔으나, Gordon Lewis는 Schaeffer의 접근법을 Edward John Carnell과 유사한 일종의 함축적인(implicit) 검증주의(verificationism)로 가장 잘 설명한다. Gordon R. Lewis, "Schaeffer's Apologetic Method," in *Reflections on Francis Schaeffer*, ed. Ronald W. Ruegsegger (Grand Rapids: Zondervan Academie Books, 1986), 69-104를 참고하라.

를 둔 것이라고 주장하기 때문이다. 게다가 건전한 변증학적 방법은 단지 자연신학뿐만 아니라 다양한 수단들을 동원하여 기독교 세계관을 입증하고자 한다. 4장에서 언급된 기독교 세계관의 시금석이 되는 표준 명제(touchstone proposition)를 고려해 보라.

> 우주(원래는 좋았지만 지금은 타락하여 신의 심판과 회복을 기다리고 있음)는 삼위일체 하나님에 의해 창조되고 지탱되며, 삼위일체 하나님은 자연, 인류, 양심, 성경을 통해 그리고 성육신에서 최고의 절정을 이루며 자신을 계시하셨는데 그렇게 하신 이유는 하나님이 만물 안에서 영광을 받기 위해서이다.

이 진술은 그 조건에 부합하지 않는 자료의 유입을 허락하지 않는다. 만일 하나님이 성경책(book of Scripture)뿐만 아니라 자연의 책(book of nature)을 저술하신 저자라면, 하나님이 자신을 부인하실 수 없는 것처럼 이 책들은 상반되지 않을 것이다. 고대 격언처럼 "모든 진리는 하나님의 진리이다"(All truth is God's truth).

바르트는 자연신학의 주장들을 특별계시의 경쟁자로 우려했지만 일반계시를 부인하고 자연신학을 위한 일반계시의 효용을 인정하지 않는 것의 위험성은 더 크다. 이는 성경을 자연으로부터 또 믿음을 이성으로부터 결별시키려 하는 경향이 있기 때문이다. 종종 신앙주의나 비합리주의가 결과로 따르게 되며, 따라서 변증학적 노력은 마비된다.[29]

지금까지는 자연신학의 정당성을 원칙적으로(in-principle) 반대하는 여섯 가지 논증들을 고찰하여 거부했고 이제 우리는 자연신학에 반대하는 세 가지 실제적인 논증들을 평가하는 것으로 결론을 내릴 것이다. 이 논증들은 자연신학 자체(per se)에 문제가 전혀 없다고 할지라도, 유신 논

---

29 자연신학에 대한 개요와 비평을 위해서는 Rodney Holder, "Karl Barth and the Legitimacy of Natural Theology," *Themelios* 26, no. 3 (2001): 22-37을 보라. 그렇지만 Holder는 일반계시(general revelation)와 자연신학(natural theology)을 융합하는 실수를 범한다.

증들이 기독교 변증학적인 대의명분(apologetic cause)을 위해 필수적인 것을 전달하는 데에는 여전히 실패한다고 주장한다.

7) 종교적 부적절함 논증(Religious irrelevance argument)

어떤 사람들은 자연신학 개념 자체가 문제 있는 것은 아니지만, 자연신학 논증들이 하나님의 성품에 대해 충분한 지식을 확보하지 못한다는 이유로 반대한다. 그 논증들이 밝혀내는 것은 파스칼의 유명한 표현처럼, "아브라함, 이삭과 야곱의 하나님"보다는 "철학자들의 하나님"에 대한 것이기 때문이다.[30]

논증이 아무리 합리적이고 성공적이라고 하더라도, 그것은 결국 변증학적으로 그리고 실존적으로 논의의 여지가 있다. 사실 개인이 하나님이 존재하는 것을 인정할 수 있겠지만 그 사실에 큰 감동을 받지 않을 수 있는 것이 사실이다. 특히 하나님이 단지 몇 가지 형이상학적인 기능은 수행하지만 매일매일의 삶에 영향을 미치거나 양심을 자극하는 것에는 실패하는 것으로 간주된다면 말이다. 반면에 성공적인 유신 논증(어떤 종류나) 혹은 성공적인 유신 논증군(축적적 사례 접근법[a cumulative-case approach])은 비록 총체적인 성경적 유신론에는 도달하지 못하지만, 회의론자나 무신론자가 기독교 믿음의 특징적인 주장(distinctive claims)을 좀 더 진지하게 고려할 마음이 나게 할 수 있다.

예를 들어, 만일 제인(Jane)이 자연신학에 근거한 한두 가지 논증으로 설득되어 무신론을 단념하게 되었다면, 그녀는 성경에 등장하는 하나님과 그리스도에 대한 구체적인 기독교 주장들을 평가해 보는 것에 흥미를 갖게 될 수도 있다. 제인이 무신론자였을 때에는 그녀의 무신론적 믿음이 하나님을 성경의 저자로서 간주하는 것의 가능성을 배제했기에 성경을 상세히 조사하는 것에 대한 철학적 동기부여가 미흡했을 것이다. 기독교 전통에서 자연신학은 그 자체가 목적으로 간주된 적은 한 번도

---

30 Pascal, *Pensées* 913, 309-310. 또 449/556, 169도 참고하라.

없었고(이신론[deism]으로 귀결될 수 있음), 오히려 기독교 신조(creed)와 관계가 있는 다른 증거들과 논증들의 준비단계로 여겨져 왔다.[31] 파스칼은 변증가로의 손상을 초래하면서도 믿음을 강화시켜 줄 잠재력 있는 이 자연신학이라는 도구를 부인하는 것 같다.[32]

8) 증명 복잡성 논증(Complexity of proofs argument)

파스칼과 다른 이들은 유신 논증들의 복잡성에 대해서도 불평한다. 논증들이 논리적으로 성공적이라고 하더라도, 논증들의 결론들은 철학적으로 사색하는 사람(philosophizer)에게는 거의 실존적인 영향을 거의 미치지 못하는데, 그런 사색자는 논증의 복잡성을 감안해서 결론의 보증(warrant)을 의심할 수도 있기 때문이다.[33] 가능 세계 논리(logic of possible worlds), 인과관계 본질(nature of causation), 빅뱅 우주론(big bang cosmology)과 그외 여러 가지를 수반하는 유신 논증들에 대한 철학적 논쟁은 꽤 복잡할 수 있다.

그럼에도 불구하고 형이상학적인 증명(우주론적 또는 설계론적 논증)을 거부하는 것보다 받아들이는 것이 더 설득력 있게 여겨진다면, 그 증명은 유신론을 위한 합리적인 지원(rational support)을 제공하게 된다. 이런 논증들은 복잡하고 난해할 수도 있지만 이 논증들에 능통하게 되면 그것에 대해 확신을 갖게 될 것이다.

설득력을 갖추기 위해서 모든 논증들이 복잡하거나 지적으로 많은 부담을 줄 필요는 없다. 우리는 복잡한 논증을 설득력 있는 몇 가지 간단한 원칙으로 요약할 수 있다. 예를 들면, 우주론적 논증(우주는 우주 외

---

31 만일 존재론적 논증이 성공적이라면, 유신론적인 속성들의 완전한 모음이 확립될 것이다. 10장에서 이 논증이 토의된 것을 보라. 이 부분은 David Werther 덕분이다. 종교적 부적절함 논증에 대해 더 알기 원하면 Sudduth, *Reformed Objection to Natural Theology*, 10-11장을 참고하라.

32 Douglas Groothuis, "Do Theistic Proofs Prove the Wrong God?" *Christian Scholar's Review* 29, no. 2 (1999): 247-260.

33 Pascal, *Pensées* 190/543, 86.

부의 원인과 설명을 필요로 한다는 것)에 감명을 받은 사람은 우주는 (1) 하나님으로부터 창조되었거나, (2) 영원하거나 또는 (3) 유한한 시점부터 원인 없이 갑자기 존재하기 시작했다고 추론할 수도 있다. (2)와 (3)이 (1)보다 덜 개연적이라고 간주하는 사람은 파스칼이 우려했을 "인간의 추론에서 아주 동떨어지지" 않은 논증을 지척에 두고 있는 것이다.[34]

자연신학의 주요 선두주자인 크레이그는 소년시절 별이 빛나는 하늘을 응시하며 그가 하나님을 믿게 된 것에 주목한다. 왜냐하면 그는 "이 모든 것들은 반드시 어딘가에서 와야만 했다고 생각했기" 때문이다. 그럼에도 그는 한 번도 우주론적 논증에 대해 들어본 적은 없었다. 그는 "많은 사람들은 전통적인 유신론적 증명들의 가장 초보적인 유형과 비슷한 방법으로 하나님이 존재한다는 것을 스스로에게 추론해 왔다"고 추측한다.[35]

9) 합리적으로 미약하다는 논증(Rational weakness argument)

마지막으로 나누고 싶은 유신 논증의 비판은 이런 논증들은 믿음을 갖도록 강요할 수 없다는 것으로, 즉 합리적인 사람들에 의해서 이 논증들은 성공적으로 저지될 수 있다는 것이다. 만일 그렇다면 기독교 유신론을 위한 전체 주장에서 유신 논증들은 어떤 가치를 갖는 것인가? 어쩌면 우리는 변증학적 노력을 다른 곳에 쏟아야 하거나 변증학 대신에 그저 복음을 선포하고 복음 대로 살아내야 할지도 모른다.

이에 대해 인간의 이성은 복잡한 것이라고 대답하고자 한다. 유신 논증들 자체는 꽤 강력할 수 있으나(최고의 논증들은 그렇다고 나는 믿는다) 그럼에도 여러 다양한 이유로 그렇게 인식되지 못하고 있다.

첫째, 만일 논증이 개인의 세계관과 날카롭게 대립된다면 그 사람은

---

34 Douglas Groothuis, "Are Theistic Arguments Religiously Useless? A Pascalian Objection Examined," *Trinity Journal* 15 (1994): 147–161.
35 William Lane Craig, "A Classical Apologist's Response," in *Five Views of Apologetics*, ed. Steven Cowan (Grand Rapids: Zondervan, 2000), 288.

(적어도 초기에는) 자신의 믿음(beliefs)을 포기하거나 대폭 수정하는 것은 꺼려할 것이다.

둘째, 어떤 사람은 그런 논증들을 위협적이라고 여길 수 있고 그래서 예전의 믿음들을 유지하는데서 오는 개인적인 위로를 얻기 위해서 그런 논증들을 단순히 피할 수도 있다.

셋째, 한 개인은 (별다른 이유 없이) 논리적인 기준을 너무 높이 올려서 그 어떤 유신 논증도 그 기준에 도달하지 못하게 할 수 있다. 즉 하나님의 존재를 입증하기 위해 모든 사람들에게 참(true)이라고 알려진 명확한 전제에 기반을 둔 연역적으로 타당한 논증이 없다면 하나님을 위한 확실한 증거는 없는 것이라고 그/그녀는 주장할 수도 있다.

그렇지만 형이상학에서 또는 일반적으로 중요한 문제들에 대해서 보편적 동의(universal assent)를 강요하는 논증들은 아주 드물다. 결코 그것이 논증 자체를 전적으로 중단할 이유가 될 수는 없다. 수술의 목적을 달성하는 것에 여러 번 실패한다고 해서, 그것이 수술에 반대하는 논증이 될 수는 없다. 더 중요한 것은, 전도를 위한 많은 시도들이 거부되지만 그것이 전도를 그만둬야 하는 논증이 될 수는 없다. 다른 모든 일을 할 때처럼, 기독교 신자들은 열심히 애써 노력을 하고 난 뒤에도, 결과는 하나님의 손에 맡겨야 한다.

결국, 유신 논증들의 입증은 증명해내는 것에 달려있다. 즉 논증들이 무엇을 할 수 있고 없는지에 대해서 아니면 논증들이 무엇을 당연히 하거나 하지 않아야 될 것에 대한 이론적 심사숙고(theoretical musings)가 아닌, 증명들의 타당함(validity)과 건전함(soundness)을 증명해내는 것에 달려있다. 우리는 논증들이, 단독으로 그리고 복수로 함께 고려되어서, 그렇지 않았을 때보다 하나님에 대한 믿음을 더 신뢰할 수 있게 하는지 확실히 밝혀내야만 한다. 그것이 바로 다음 장들에서 펼쳐질 확실한 목표이다.

10장

존재론적 논증

　　지금까지 있었던 논증 중 최고의 논란을 불러일으켰던, 사상사에서 가장 뛰어났던 지성인들 일부가 제기했던 철학적 논증을 상상해 본다면 그것은 하나님의 존재와 하나님의 속성에 대한 것이다. 이런 류의 추론은 어떤 경험적인 전제들을 요구하지 않으며 순전히 이성적 개념들로 진행된다. 이 논증의 결론으로 어떤 완전한 존재가 존재한다는 것을 발표한다고 지금 상상해 보라. 이 완전한 존재는 모든 가능한 완전함(all possible perfections)의 근거가 되며 어떤 결함도 찾아볼 수 없는 최상의 실체이다. 이것은 변증학적 공상인가? 아니다. 그것은 다름아닌 존재론적 논증(ontological argument)이다.

　　완전한 존재 개념에 관한 올바른 추론은 하나님이 존재한다는 결론을 초래한다고 존재론적 논증은 주장한다.[1]

　　이 논증을 위해, 하나님의 존재는 단순히 가능하거나(possible) 개연

1　Stephen T. Davis는 존재론적 논증은 하나님의 개념에서 논증하여 하나님의 존재로 결론짓는 것으로 종종 묘사되어 왔다고 지적한다. 그러나 이는 논증을 지나치게 단순화하고 논증을 은연 중에 부정적으로 비치지게 한다. 존재론적 논증은 하나님에 대한 특정개념을 요구하지만 그런 다음에는 하나님의 개념 자체를 넘어선 다른 논리적 원칙들에 기초한 하나님의 존재를 논한다("The Ontological Argument" in *The Rationality of Theism*, ed. Paul Copan and Paul K. Moser [New York: Routledge, 2003], 94를 참고하라).

성이 있거나(probable) 아주 그럴듯한 것(very likely)이 아니라 논리적으로 보증된다. 이런 면에서 존재론적 논증은 모든 유신 논증들의 "지존"(the king of the hill)이다. 이 논증은 선험적(a priori, 논의의 여지가 있는 경험적인 조건들에 전혀 의지하지 않음)이다. 그리고 연역적 형식을 취하기 때문에 그 결론은 단지 개연성이 있는 것이 아니라 확실하다. 그리고 결론은 형이상학적으로 최상급이다. 즉 어떤 완전한 존재가 반드시 존재해야만 한다. 만일 입증에 성공한다면, 존재론적 논증은 선험적 추론 또는 합리주의자 추론의 정수이다.

그렇기 때문에 존재론적 논증은 대중적이고 학구적인 지성을 장악하고 있는 경험론(empiricism)의 흐름에 매우 날카롭고 철저하게 역행한다.

리처드 도킨스(Richard Dawkins)는 그의 베스트셀러인 『만들어진 신』(The God Delusion)에서 존재론적 논증을 반박하는 데 다섯 페이지를 할애한다.[2]

역사상 존재해 왔던 이렇게 흥미진진한 추론의 사례들에 대한 사전 지식이 없는 우리가 도킨스의 논의만 접하게 되면 존재론적 논증은 진지한 철학적 업적이 아니라 농담에 더 가까운 것이었다고 결론 내릴 수 있다. 순진한 경험주의자로서 도킨스는 경험적 증거에 호소함 없이 하나님의 존재를 입증하는 논증은 상당히 불합리한 개념이라고 생각한다. 그러나 도킨스의 말만 유창한 거부는 존재론적 논증의 풍부함(richness)이나 치밀함(subtlety)을 전혀 담아내지 못한다. 11세기에 안셀름에 의한 이 논증이 기원된 이래로 이 한편의 존재론적 추론은 철학에서 최고의 지성들을 사로잡아 왔다. 저명한 종교철학자 윌리엄 로우(William Rowe)는 다음과 같이 말한다.

> 짐작컨대 사상사에서 그 어떤 논증도 그렇게 많은 근본적인 철학적 질문들을 제기해 왔고 그렇게 많은 심오한 생각을 자극한

---

2 Richard Dawkins, *The God Delusion* (Boston: Houghton Mifflin, 2006), 80–85.

적은 없었다. 존재론적 논증이 하나님의 존재를 입증하는 증명으로서 실패한다고 하더라도, 그것은 인간 지성의 가장 탁월한 업적 중 하나로 남게 될 것이다.[3]

이 논증은 종교철학 저술물로는 광범위하게 평가되어 왔지만, 대부분의 대중적인 변증론 책들은 이 논증을 생략했고 더 심층적인 교재들조차 존재론적 논증을 소홀히 다뤄 왔다.[4]

이 논증이 배제된 것에 대해 짐작되는 두 가지 이유는 (1) 이 논증은 실패한다 그리고 (2) 사용된 추론이 이해하기가 너무 어렵거나 혹은 생동감 있는 변증학에 필요한 실존적 호소력(existential punch)이 미흡하다는 것이다. 확실히 그렇다. 이 논증은 인간의 이성적 활동에 과도한 요구를 하고 필연적 존재처럼 난해한 형이상학적 개념들을 활용한다(그럼에도 더 우수한 설계 논증, 도덕론적 논증과 우주론적 논증, 종교적 경험 논증들 역시 논리적으로 엄밀하다). 그럼에도 불구하고 존재론적 논증이 건전한 논증이라면, 이것을 변증가의 공구 가방에 포함시키는 것이 타당하다.

게다가 이 논증은 실존적 호소력을 비축하고 있다. 안셀름식의 존재론적 논증은 기도의 한 부분으로 드려졌다. 그는 시편 14편에 등장하는 "어리석은 자"에게 하나님이 반드시 존재해야만 한다는 것을 확신시킬 수 있는 논증 한 편을 하나님께 진심으로 올려 드리기 원했다. 그렇기 때문에 예배당과 서재는 동일한 방이 되는 것이다. 최고로 위대한 존재는 우리로 하여금 예배하지 않을 수 없게 만드는데, 더 위대한 존재

---

3 William Rowe, *Philosophy of Religion: An Introduction* (Belemont, Calif.: Wadsworth, 1978), 46.
4 Lee Strobel이 저술하여 유명하고 탁월한 변증학적 도서들도 이 논증을 다루는 것에는 실패하며 좀 더 심층적인 J. P. Moreland의 *Scaling the Secular City*도 이를 다루지 않는다. Ronald Nash의 책인 *Faith and Reason*은 우주론적 논증, 종교 체험 논증과 설계 논증에 각각 다른 장을 할애하는 반면 존재론적 논증에는 한 단락만 할애한다. William Lane Craig가 저술한 *Reasonanle Faith*(1984, 1994)도 이 논증을 개진해서 논의하지 않았다. 그러나 세 번째 개정판(2008)은 존재론적 논증에 대한 우수한(bang-up) 버전을 포함한다.

(greater being)가 존재하는 것은 불가능하며 우리는 이 존재보다는 훨씬 더 미약한 존재들이기 때문에 그렇다.[5]

게다가 필연적 존재로서의 하나님의 개념은 우주론적 논증과 도덕론적 논증에서 중요한 역할을 감당하는데, 이는 이 책의 후반부에서 다룰 것이다.

1. 존재론적 논증 1

1) 가능한 가장 위대한 존재

성 안셀름은 노만 말콤(Norman Malcolm)과 찰스 하트숀(Charles Hartshorne)이 1960년대에 발견했듯이 존재론적 논증의 두 가지 형태를 제공한다.[6]

좀 더 다듬고 현대적인 재진술만 첨가하게 되면 두 형태 모두 설득력 있다. 첫 번째 논증은 『프로슬로기온』(*Proslogium*)의 두 번째 장에서 온 것으로 기도 가운데 시작된다.

> 우리는 하나님 당신이 그 이상의 위대함을 상상할 수 없는 존재임을 믿습니다. 아니면 어리석은 자가 자신의 마음에 이르기를 "하나님이 없다라"고 말했기 때문에 그런 본성이 없는 것입니까?(시 14:1). 그러나 어찌 되었든 간에 이 매우 어리석은 자는 제가 말하는 그 이상의 위대함을 상상할 수 없는 존재, 이 존재에 대해 들을 때에 그가 듣는 것을 이해합니다. 그리고 그가 이

---

5 존재론적 논증의 실존적 호소력에 대한 이 통찰력에 대해서는 David Werther에게 감사를 전한다.
6 Norman Malcom, *Knowledge and Certainty: Essays and Lectures* (Englewood Cliffs, N.J.: Prentice-Hall, 1963), 149-50; Charles Hartshorne, *Anselm's Discovery: A Re-examination of the Ontological Argument for God's Existence*(Chicago: Open Court, 1965).

해하는 것은 그의 이해력(understanding) 안에 있습니다. 비록 그 존재가 존재하는 것을 그가 이해하지 못한다고 해도 말입니다. 왜냐하면 어떤 대상이 이해력 안에만 있는 것과 그 대상이 존재하는 것을 이해하는 것은 별개의 것이기 때문입니다. 한 화가가 나중에 그릴 작품을 우선 마음에 품을 때, 그 작품은 그의 이해력 안에 있는 것이며, 그는 그것을 존재하는 것으로 아직 이해하지 못합니다.

왜냐하면 그가 아직 그것을 그림으로 표현하지 않았기 때문입니다. 그러나 그가 그림을 완성한 후에는, 그는 그의 이해력 속에 그림을 갖고 있을 뿐만 아니라 또한 그것이 실제로 존재한다는 것도 이해하게 되는데, 왜냐하면 그가 그림을 제작했기 때문입니다.

따라서 어리석은 사람조차 적어도 그 이상의 위대함을 상상할 수 없는 무엇인가가 이해력 속에 존재한다는 것을 확신합니다. 왜냐하면 그가 그것에 대해 들을 때, 그는 그것을 이해하기 때문입니다. 그리고 무엇을 이해했든지 간에 이해력 속에 존재합니다. 그리고 확신하건데 그 이상의 위대함을 상상할 수 없는 것은 이해력 속에서만 존재할 수 없습니다. 왜냐하면 그것이 이해력 속에서만 존재한다고 가정해 보십시오. 그렇다면 그것은 실재 속에서(in reality) 존재하는 것으로 상상될 수 있기 때문입니다. 실재 속에 존재하는 것이 더 위대한 것입니다.

그러므로 그 이상의 위대함을 상상할 수 없는 존재가 이해력 속에서만 존재한다면, 그 이상의 위대함을 상상할 수 없는 바로 그 존재가 그 이상의 위대함을 상상할 수 있는 존재입니다. 그러나 분명하게 이것은 불가능합니다.

따라서 그 이상의 위대함을 상상할 수 없는 존재가 현존하는 것이 분명하고 그것은 우리의 이해력 속(in the understanding)과

실재(in reality) 두 곳 모두에 존재합니다.[7]

안셀름은 "어리석은 자"의 불신에 당황하며 이 어리석은 자에 이어 무신론을 설복시키기 위한 논증을 구성하고자 힘써 노력한다. 우리는 그 논증을 이런 방식으로 도식화할 수 있다.

1. 하나님은 "그 이상의 위대함을 상상할 수 없는 존재"로 이해되거나 정의될 수 있다. 어리석은 사람도 하나님에 대한 이 개념을 갖고 있다.
2. 사물은 (a) (그림을 그리기 전에 그림에 대한 생각을 갖는 것처럼) 이해력 속에만 존재하거나 (b) 화가의 마음에 존재하고 연이어 캔버스에도 존재하는 것처럼 이해력과 실재 양쪽 모두에 존재하는 것과 같다.[8]
3. 단순히 이해력 속에만 존재하는 것보다 실재로 존재하는 것이 "더 위대하다."
4. 만일 하나님이 단순히 이해력 속에만 존재한다면(어리석은 자의 마음에만 존재한다면), 그렇다면 하나님은 가능한 가장 위대한 존재(the greatest possible being)가 아니다. 왜냐하면 실재 속에 현존하는 존재가 이해력 속에만 존재하는 존재보다 훨씬 더 위대할 것이기 때문이다.
5. 그러나 하나님은 정의(定義)에 따라서 가능한 가장 위대한 존재이다(1번에 근거해서).
6. 그러므로 하나님은 단지 (어리석은 자가 주장하듯이) 이해력 속

---

7 Anselm, *Proslogium* 2, in *Internet Medieval Sourcebook* 〈www.fordham.edu/halsall/basis/anselm-proslogium.html#CHAPTER%20II〉.
8 또한 사물은 실재에는 존재하지만 이해력 속에 존재하지 않을 수 있는데-적어도 어느 유한한 존재의 이해력 속에-유한하게 아는 자들(knower)에게 알려지지 않은 것들이 있기에 그렇다. 그러나 Anselm 자신은 이 범주에 대해 걱정할 필요는 없었다.

에만 존재하는 것이 아니라 실재 속에도 존재한다. 이는 귀류법(reductio ad absurdum)에 의한 것이다.

이 논증은 연역적이고 형식적으로 타당하다. 만일 다섯 개의 전제들이 참이라면, 전제들로부터 결론은 필연적으로 따르게 된다. 전제 1과 관련해서, "그 이상의 위대함을 상상할 수 없는" 존재의 개념에 대한 현대적 성찰은 상상할 수 있는 가장 위대한 존재 또는 가능한 가장 위대한 존재를 의미하는 것으로 이 개념을 채택해 왔다. 이 존재는 최대한 완전(maximally perfect)하고 따라서 없는 것보다 있는 것이 더 나은 속성(attribute) 모두를 소유한다.[9]

그러므로 가치론(axiology, 가치에 대한 이론이나 가치에 대한 개념[the theory or concept of value])이 핵심적인 역할을 한다. 게다가 이 존재는 최고치로 가능한 각각의 속성들도 소유한다. 이러한 무한성의 **질적**(qualitative) 개념은 무한성의 **양적**(quantitative) 개념과 혼동되지 않아야 한다. 예를 들어, 양적 개념은 숫자들(더 많은 숫자를 항상 더할 수 있다)이나 무게(더 많은 무게를 항상 추가할 수 있다)를 통해 획득된다.[10]

오히려 하나님의 완전성은 상한치(upper limit), 완성의 점(point of completion) 또는 "내재적 최대치"(intrinsic maximum)를 갖는다.[11]

하나님은 최대치의 능력과 최대치의 선함, 최대치의 지식에 관한 대립물들(opposites)이 조금도 혼합됨(admixture) 없이 최대치의 능력, 최대치의 선함, 최대치의 지식 등을 소유한다. 예를 들어, 한 개인은 야구에서 10할 이상의 타율을 칠 수 없고 볼링에서 300점 이상 스코어를 기록할 수는 없다. 이런 사례들이 수적인 양을 수반하지만, 그런 사례들은

---

9 철학가들은 때로 이것에 대해 모든 "위대하게 만드는 속성들"(great-making properties)을 소유하는 것이라고 말한다(Thomas V. Morris, *Our Idea of God: An Introduction to Philosophical Theolgy* [Downers Grove, Ill.: InterVarsity Press, 1991], 35-36을 참고하라).

10 전문적인 표현으로 이것은 "잠재적 무한"(a potential infinite)으로 불리며 이 용어는 11장에서 다시 살펴보게 될 것이다.

11 William Wainwright, *Philosophy of Religion*, 2nd ed. (Belmont, CA: Wadsworth, 1999), 8.

상한치 때문에 **질적 완전함**을 보여준다. 따라서 단순하게 어떤 능력만 소유하기보다는 하나님은 완전하게 힘있다(전능하다). 조금이라도 무지함이 있기보다는 하나님은 완전하게 안다(전지하다). 선과 악이 혼합되어 있기보다는 하나님은 완전하게 선하다(전선하다) 등이 있다. 절대적인 상한치를 소유하는 이런 자격은 우리가 곧 살펴볼 안셀름 논증의 두 번째 형태의 비판을 반박하는 데 중요하다. 마지막으로 하나님은 자신의 다른 모든 속성들과 조화가 되는 모든 바람직한 속성을 소유한다. 마치 어떤 존재가 착한 미혼남의 속성과 착한 기혼남의 속성을 (동시에) 소유할 수 없듯이, 하나님도 서로 대치되는 속성들을 소유하실 수 없다. 논리적으로 일관된 속성들의 모음은 **동시에 양립 가능하다**(공가능한[compossibile])고 알려져 있다.[12]

2. 존재론적 논증 비판

존재론적 논증 1이 타당하다면 존재론적 논증을 반박하기 위해서는 전제들의 진리를 공격해야 한다. 고닐로(Gaunilo)라고 하는 수도사가 처음으로 이 논증에 대한 비판을 제기했다. 그는 능가할 수 없는 하나님의 위대함을 고려해 볼 때 우리는 하나님에 대한 어떤 개념도 형성할 수 없다고 비난했다. 만일 그렇다면 우리가 논증을 개진시키기 위해서 필요한 이해할 수 있는 개념이 우리에게 전혀 없기 때문에, 존재론적 논증은 첫 번째 전제에서 실패한다.[13]

어떤 사람들은 완전한 존재(Perfect Being)라는 개념을 이해할 수 없다고 여전히 주장하지만, 하나님의 개념에 대한 엄밀한 철학적 연구가 이

---

12 Morris, *Our Idea of God*, 37.
13 Gaunilo, "In Behalf of the Fool," in *St. Anselm: Basic Writings*, trans. S. N. Deane (Chicago: Open Court, 1962), 148.

루어진 것을 감안하면 이 주장은 대부분의 효력을 상실했다.[14]

우리는 이 최상의 존재를 올바로 인식하기 위해 그에 대한 모든 것을 다 이해할 필요는 없다. 우리는 안셀름이 내려준 정의를 그저 이해하면 되는 것이다.[15] 완전한 존재라는 개념은 불명확하거나 신비의 베일에 싸여있지 않다.[16] 사실 우리는 앞의 두 단락을 요약해 볼 수 있다.

> 완전한 존재는 없는 것보다 있는 것이 더 나은 속성을 소유한 존재이며 동시에 양립 가능한(compossible) 탁월한 속성들의 집합을 최대한도(utmost degree)까지(아니면 속성들의 내재적 최대치까지) 소유하는 존재이다.[17]

존재론적 논증의 또 다른 유명한 비판은 칸트가 했다. 『순수이성비판』(The Critique of Pure Reason)에서, 칸트는 존재(이 경우는 하나님)가 주어의 술어나 주어의 속성으로 기능하는 것을 요구한다는 이유로 존재론적

---

14 예를 들어, "The Theistic Concept of God" in *The Routledge Companion to Philosophy of Religionl*, ed. Chad Meister and Paul Copan (New York: Routledge, 2007)의 4부를 보라. Morris, *Our Idea of God*을 참고하라. 그럼에도 불구하고 하나님의 불가능성에 대해 특별히 연구한 책이 있다. Michael Martin and Ricki Monnier, eds. *The Impossibility of God* (New York: Prometheus, 2003). 이 비난의 요약으로는 Patrick Grim, "Impossibility Arguments" in *The Cambridge Companion to Atheism*, ed. Michael Martin (New York: Cambridge University Press, 2007)을 참고하라. 내적 정합성을 지닌 유신론 저서로는 Richard Swinburne, *The Coherence of Theism* (New York: Oxford University Press, 1977); Ronald Nash, *The Concept of God* (Grand Rapids: Baker, 1983); Stephen T. Davis, *Logic and the Nature of God* (New York: Palgrave Macmillan, 1983)을 보라.
15 실제로 유한한 존재들은 어떤 것에 대한 모든 것을 알 수는 없지만 이 사실이 다양한 종류의 지식을 배제하지는 않는다. Francis Schaeffer가 자주 얘기했듯이, 우리는 하나님을 남김없이 철저하게 규명하지 못하더라도 하나님을 진실되게 알 수 있다(Francis A. Schaeffer, *The God Who Is There*, 30th anniv. ed. [Downers Grove, Ill.: InterVarsity Press, 1998], 121).
16 Davis, *God, Reason, and Theistic Proofs*, 27-28을 보라.
17 이 이해는 Davis, *Idea of God*, 35의 영향을 받았다.

논증을 반대한다.[18] 즉 다시 말하면, 안셀름의 첫째 논증에서 완전한 존재의 완전함 중의 하나는 존재인데, 이것이 하나님의 술어 또는 하나님의 속성으로 기능한다. 이는 전제 4에 등장한다.

> 하나님이 단지 이해력 속에서만 존재한다면(어리석은 자의 마음에만 존재하듯이), 그렇다면 그는 가능한 가장 위대한 존재가 아니다. 왜냐하면 이해력 속에만 존재했던 존재보다는 실재 속(in reality)에 존재했던 존재가 더 위대할 것이기 때문이다.

물론 우리가 "하나님은 존재한다"라고 말할 때 존재의 개념은 **문법적으로** 술어 또는 속성으로 기능한다. 이 경우에 **하나님**(God)은 주어이고 **존재한다**(exists)는 술어이다.[19]

마찬가지로, 우리가 "아브라함 링컨은 장신이었다"라고 말하면, 아브라함 링컨은 주어가 되는 것이고 장신이었다는 술어이다.

그러나 칸트는 존재한다는 것은 하나님의 술어나 속성으로 사용될 수 없다고 생각했다. 따라서 **존재한다는** 개념은 하나님의 개념에 어떤 것도 추가하지 않았다. 칸트에게 존재는 단지 논리적 술어였지 **진정한 술어**가 아니다. 진정한 술어는 "나무의 잎들은 진한 녹색이었다"(The tree's leaves were dark green)처럼 주어에 관한 중요한 정보를 더한다. 그러나 대조적으로 논리적 술어는 "나무의 잎들은 잎들이다"(The tree's leaves are leaves)처럼 어떤 의미심장한 것도 주어에 추가하지 않는다.[20]

칸트의 용어에 따르면 어느 문법적 진술문이든 논리적 술어로 기능

---

18 Immanuel Kant, "The Impossibility of an Ontological Proof of the Existence of God," *The Critique of Pure Reason*, trans. Norman Kemp Smith (New York: St. Martin's Press, 1929). Kant는 이 선험적인 유신론적 논증(a priori theistic argument)에 "존재론적 논증"이라는 별칭을 처음으로 적용시킨 사람이다.

19 Ed L. Miller and Jon Jensen, *Questions that Matter*, 5th ed. (Boston, McGraw-Hill, 2004), 301.

20 Davis, *God, Reason, and Theistic Proof*, 32.

할 수 있으나 진정한 술어는 사물을 "한정해"(determines) 주거나 주어의 개념을 "확장한다"(enlarges).[21]

만일 존재가 진정한 서술어로 기능하지 않는다면, 안셀름은 하나님이라는 바로 그 개념(논리적 원칙들과 더불어)으로부터 논증을 시작하여 하나님의 존재로 논증을 마치기 때문에 안셀름의 논증에 치명적이다. 칸트는 하나님의 개념에 하나님이 **전능한** 것이 필수적인 반면에, **존재하는** 것은 하나님의 개념에 필수적이지 않다고 주장한다. 동일하게, 세 변이 있는 것은 삼각형의 개념에 필수적이지만, **존재하는** 것은 삼각형의 개념을 위해서는 필수적이지 않다는 것이다.

즉 삼각형이라는 바로 그 개념이 꼭 세 변을 지니는 것을 필요로 한다고 하더라도 어떤 삼각형도 존재하지 않을 수 있다는 것이다. 바로 한 개인이 삼각형이 존재하지 않는 것으로 생각할 수 있듯이, 개인은 하나님이 존재하지 않는 것으로 상상할 수 있다. 존재의 서술은 관련된 개념들에 그 어떤 것도 추가하지 않는다. 칸트의 표현에 따르면, 존재의 개념은 그저 "판단의 연결사"(copula of judgment)일 뿐이다.[22]

이는 "헛간은 붉다"(The barn is red)와 같은 명제에서 존재(existence)는 주어와 술어의 연결자(link)라는 뜻이다. 이다(is)라는 단어는 여기서 판단의 연결사이다. 이를 염두에 둔 칸트는 우리는 어떤 사물 X가 존재한다고 판단하거나 (또는 긍정하거나) 혹은 판단하지 않는다고 주장한다. 우리가 만일 X가 존재한다고 긍정하면, 그렇다면 우리는 X의 모든(all) 서술어들이 존재한다는 것을 긍정하는 것이다. 그러나 만일 우리가 X가 존재한다고 긍정하지 않으면, X의 어떤(none) 서술어도 성립되지 않는 것이다. 만일 칸트가 맞다면, 안셀름이 틀린 것인데 그가 앞에서 제시한 논증에서 하나님의 개념에 존재의 술어를 추가했기 때문이다. 특히 전제 3과 4를 고려해 보라.[23]

---

21 Kant, *Critique of Pure Reason*, 504.
22 Ibid.
23 존재는 술어가 아니라고 하는 Kant의 반대의견에 대한 상세한 해설과 비평으로는 Alvin

비록 노만 말콤(Norman Malcolm)은 존재론적 논증의 다른 버전을 변호하지만(곧 살펴볼 것이다), 말콤은 존재는 서술어가 아니라고 하는 칸트를 지지했다. 어쩌면 말콤은 다양한 사례들을 통해 문제를 더 분명하게 드러나게 하였는지도 모른다. 말콤 생각에 이런 사례들의 불합리함(absurdity)이 안셀름을 논박했다고 생각했다. 이 진술문을 살펴보자. "내가 미래에 살게 될 집은 에어컨이 장착되어 있지 않은 것보다는 에어컨이 장착되어 있는 것이 더 좋을 것이다." 그러나 만일 집이 존재한다면 더 좋을 것이라고 말하는 것은 무엇을 의미하겠는가? 필요한 부분만 약간 수정하여(mutatis mutandis) 아이들, 자동차, 정치적 인물 등에도 동일하게 적용할 수 있다.[24]

그(것)들이 존재한다면 더 좋을 것이라고 말하는 것은 이상하다. 말콤은 안셀름이 실체(entity)의 개념에 의미를 더하는 실제 서술어(real predicate)로 존재의 개념을 몰래 들여온 것을 비난한다.

3. 서술어 명확히 이해하기

그러나 서술의 문제는 칸트와 말콤이 상상하는 것보다 더 미묘하고 다양한 형태를 갖는다. 말콤의 견해를 따른다면, 희망하는 집이나 자녀에 존재 개념을 추가하는 것은 이상하다는 것을 우리는 인정해야 한다. 이런 이상함이 발생하는 것은 논의의 맥락(context)에 집이나 자녀가 전제되었기 때문이다(비록 희망했던 대상이 정말 존재하게 될지의 여부에 대해서 우리가 궁금해할 수는 있겠지만).[25]

그러나 다른 기술적인 상황(descriptive settings)에서 얼마든지 존재를 서술어로 사용하는 것은 이상하지 않다. 예를 들어, 한 어린 소녀가 엄

Plantinga, *God and Other Minds* (New York: Cornell University Press, 1967), 26-47를 보라.
24 Malcolm, *Knowledge and Certainty*, 144. 나는 이 사례들을 약간 수정해 보았다.
25 Steven T. Davis, *God, Reason, and Theistic Proofs* (Grand Rapids: Eerdmans, 1997), 34.

마가 읽어주는 이야기를 듣고 있다고 해 보자. 그 이야기에는 동물학 교재에 등장하는 동물들(사자처럼 실재하는)과 그렇지 않은 동물들(유니콘처럼 실재하지 않는)을 포함한 다양한 동물들이 등장한다. 아이는 어떤 한 동물에 대해 이렇게 질문할 수도 있다. "엄마, 그 동물은 정말 살아 있어요 아니면 이야기에만 있는 거예요?" 아이는 어린이 동화에 묘사된 그 동물이 실재 속에 존재하는지 아니면 "이해력 안에만 존재하는 것"(Anselm의 표현을 사용하자면)의 여부를 질문하고 있는 것이다.[26]

아이의 질문은 완벽하게 이해 가능하고, 지성적이며 어떤 오류도 범하지 않는다. 이 경우에 존재는 술어로 합법적으로 기능하고 있는 것이며 또한 유사한 종류의 경우에도 동일하게 적용된다. 미확인 동물학(cryptozoology)의 주장들도 마찬가지다. 네스호의 괴물(Loch Ness Monster)이나 거대원인(Bigfoot)은 과연 존재하는가 아니면 존재하지 않는가? 제임스 프레이(James Frey)의 회고록(memoir)으로 추정되었던 『백만 개의 작은 조각들』(A Million Little Pieces, 2003)은 대부분 허구로 밝혀져 많은 이들은 도대체 회고록의 어떤 이야기들이 사실이었고 어떤 이야기들이 허구였는지 궁금해했다. 다시 말해 사건 X는 발생했는가?(실재 속에 객관적으로 존재함). 또는 사건 X는 발생하지 않았는가?(Frey의 마음 속에만 주관적으로 존재함). 여기에서 존재는 서술어로서도 합법적으로 기능한다.

그렇기 때문에 존재가 하나님이라는 주어를 위한 서술어로 기능하는 것은 전혀 문제가 없어 보인다. 왜냐하면 어린이 동화에 등장하는 동물들의 존재론적 위치(ontological status)나 미확인 동물학의 문제들이나 제임스 프레이에 의해 묘사된 사건들처럼 하나님의 객관적인 존재에 대한 문제는 합법적인 질문이기 때문이다. 이런 사물들은 **가능하게 존재하는 사물들**(possibly existing things)이기 때문에 따라서 존재는 이런 사물들의 존재론적 위치에 대한 적절하고 의미심장한 서술어이다.[27]

---

26 이 사례에 대한 영감은 Frank Ebersole, *Things We Know* (Eugene: University of Oregon Press, 1967), 240-243에서 받았다.

27 Davis, *God, Reason, and Theistic Proofs*, 35.

4. 존재하기 혹은 존재하지 않기

『프로슬로지움』(*Proslogium*)의 두 번째 장에서 자주 제기되는 마지막 반대의견은 존재하는 것 혹은 존재하지 않는 것이 더 나은지에 대한 질문에 대한 것이다. 왜냐하면 안셀름은 완전한 존재(Perfect Being)는 존재하지 않는 것보다는 존재하는 것이 더 낫다고 주장하기 때문이다.[28]

존재는 위대함의 명백한 한 부분이라고 그는 단언한다. 안셀름은 위대함으로 무엇을 의미하는지는 굳이 정의하지 않지만, 우리는 문맥상 의미를 대략 설명할 수 있다. 모든 가능한 존재(any possible being)는 존재하지 않는 것보다는 존재하는 것이 더 낫다고 하는 확립된 원칙이 아니다. 사실 살을 파먹는 것을 멈출 수 없는 바이러스는 존재하는 것보다는 존재하지 않는 것이 더 나으며, 안셀름은 이와 다른 것을 제안하는 것은 아니다. 정확히 말해 그는 어떤 단수적인 완전한 존재(a singular Perfect Being)를 확실하게 한정하여 언급하고 있는 것이며 그게 전부다. 즉 한 존재가 한 종 자체인 것(class by itself)만을 언급하고 있다.

존재하는 완전한 존재는 완전한 존재의 개념에 불과한 것보다는 확실히 더 위대하다. 위대함의 개념은 힘(power)에 있는 것 같다. 세상에서 일들을 성취해낼 수 있는 능력 말이다. 니체(Nietzsche)는 (존재하지 않는) 하나님의 관념(idea)은 서구 문명사에서 아주 강력한 것이었음을 인정했다. 비록 하나님은 19세기 말 유럽에서 "사망했다" 하더라도 말이다.[29]

그러나 존재하는 완전한 존재는 훨씬 더 위대할 것이다. 존재하는 완전한 존재는 더 강력하고, **존재하는 행위주체로서**(as an existing agent) 무엇인가를 성취해낼 수 있으며, 사람들의 마음속에 생각, 아이디어나 개

---

28 E. J. Lowe, "The Ontological Argument," in *The Routledge Companion to Philosophy of Religion*, ed. Chad Meister and Paul Copan (New York: Routledge, 2007), 331-332을 참고하라.

29 Friedrich Nietzsche, "The Gray Science" 125, in *The Portable Nietzsche*, trans. Walter Kaufmann (New York: Viking, 1968), 95.

념으로 단지 주관적으로만 존재하지 않는다.[30]

이런 의미에서 우리는 더할 나위 없이 초라한 사립탐정이 만화 캐릭터인 배트맨보다 더 위대하다고 단언할 수 있는데 왜냐하면 후자는 "이해력 속"에서만 존재하기 때문이다.

게다가 아이디어들(참인 것과 거짓인 것 모두)은 결과를 수반하기는 하지만, 아이디어 자체는 인과적으로(causally) 불활성적(inert)이다. 실제적인 **행위주체들**은 세계 안에서 정세들을 유발하기 위해 반드시 아이디어들을 믿어야 하고 아이디어들에 따라 행동해야만 한다. 그러므로 거짓된 아이디어 자체는 진정한 힘을 갖지 못한다. 오히려 거짓 아이디어들을 견지하는 행위주체들은 그들의 거짓 믿음에 준하여 행동하고 결과들을 낳는다. 이와 같이 참된 아이디어들을(객관적으로 존재하는 것들에 대한) 견지하고 그 아이디어들에 따라 행동하는 행위주체들은 그들의 참된 믿음에 의해 영향받은 정세들을 유발하게 된다.

따라서 안셀름의 첫 번째 논증에 가해지는 가장 일반적인 세 가지 반대의견은 좌초하게 되는 듯한데 왜냐하면 다음의 세 가지 명제들은 건전하기 때문이다.

(1) 완전한 존재의 아이디어는 상상 가능하다. (2) 존재는 하나님을 위한 서술어로 기능할 수 있다. (3) 완전한 존재는 존재하지 않는 것보다 존재하는 것이 더 낫다. 그러나 그의 첫 번째 존재론적 논증이 실패한다고 하더라도, 안셀름은 필연성(necessity)과 가능성(possibility 또는 양상 논리[modal logic])의 개념을 활용하는 다른 논증을 갖고 있다.

---

30 Davis, "The Ontological Argument," 98-99를 참고하라.

5. 존재론적 논증 2

『프로슬로지움』의 3장에 등장하는 논증은 노만 말콤과 찰스 하트숀이 구분하기 전까지는 늘 2장에 나오는 논증과 결합되어 있었다.[31] 두 번째 논증에서 안셀름은 기록한다.

> 하나님은 존재하지 않는 것으로 상상될 수 없다. 하나님은 그 이상의 위대함을 상상할 수 없는 그것(that)이다. 존재하지 않는 것으로 상상할 수 있는 것은 하나님이 아니다.
> 그리고 그 존재는 너무나도 확실하게 존재하여서 존재하지 않는 것으로 상상할 수 없다. 왜냐하면 존재하지 않는 것으로 상상할 수 없는 존재를 상상하는 것이 가능하기 때문이다. 그리고 이 존재는 존재하지 않는 것으로 상상할 수 있는 존재보다 더 위대하다. 그러므로 만일 그 이상의 위대함을 상상할 수 없는 그것이(that) 존재하지 않는 것으로 상상할 수 있다면, 그것은 그 이상의 위대함을 상상할 수 없는 그것(that)은 아니다. 그러나 이것은 양립할 수 없는 모순이다. 그렇다면 더 이상 위대한 것을 상상할 수 있는 것은 아무것도 존재하지 않는 존재가 너무나도 확실하게 존재하기 때문에 그 존재가 존재하지 않는 것으로는 전혀 상상할 수 없는 것이다. 따라서 이 존재는 바로 당신, 오 주님, 우리의 하나님이십니다.[32]

---

31 William Rowe는 3장에 나오는 논의는 Anselm이 별개의 논증을 의미한 것은 아니었을 것이며 오히려 그가 2장에서 정립한 논증에 대한 상세한 설명이었을 것이라고 제안한다. 그럼에도 불구하고 Rowe는 3장에서 제시된 개념들은 (하나님의 필연적인 존재) 분명한 존재론적 논증으로 형성될 수 있다는 것을 깨닫는다. William Rowe, "Modal Versions of the Ontological Argument," in *Philosophy of Religion: An Anthology*, ed. Louis Pojman (Belmont, CA: Wadsworth, 1987), 69–73을 참고하라.

32 Anselm, *Proslogium* 3 ⟨www.fordham.edu/halsall/basis/anselm-proslogium.html#CHAPTERIII⟩.

여기서 안셀름은 2장에서 사용한 것과 비슷한 논증전략을 사용한다. 이 논증이 다른 점은 후기 철학자들이 "필연적 존재"(necessary existence)라고 칭하는 개념의 사용이다.[33]

하나님은 단지 "더 이상 위대한 것을 상상할 수 있는 것은 아무것도 존재하지 않는 존재"로서 **우연히**(happen) 존재하게 되는 것이 아니다. 오히려 하나님은 논리적 필연성으로서 존재한다. 하나님은 우연적 정세(contingent state of affairs)로서 존재하지 않는다. 예를 들어, 색소폰처럼 어떤 것의 존재가 성립될 수도 있었고 성립되지 않을 수도 있었던 것처럼 존재하지 않는다. 우리는 색소폰이 전혀 발명되지 못한 (슬픈) 세계를 마땅히 상상할 수 있다. 그러나 필연적 존재는 반드시 존재해야 하기 때문에(마치 A=A와 같은 진리가 꼭 참이여야 하듯이), 그것의 존재는 우연적 사실의 문제가 아니다(예를 들어, 색소폰처럼). 따라서 필연적 존재의 존재를 부인하는 유일한 방법은 이런 존재가 터무니없거나 모순됨을 입증하는 것이다(기혼의 독신남처럼).[34]

말콤이 표현한 것처럼, 하나님의 "존재는 반드시 논리적으로 필연적이거나 논리적으로 불가능해야 한다. 하나님의 존재가 필연적이라는 안셀름의 주장을 거부할 수 있는 유일하게 이해 가능한 방법은 더 이상 위대한 것을 상상할 수 없는 존재로서의 하나님의 개념이 자기 모순적

---

33 이 두 번째 논증은 논란이 되어 왔으나 변론 가능한 아이디어인 존재가 술어라는 것에 의지하지 않는다.

34 Anselm의 첫 번째 존재론적 논증에 대한 나의 논의에서 나는 추정된 개체의 존재에 이의가 제기되었을 때 존재는 진정한 술어로 기능할 수 있다고 논했다. 그 개체가 하나님이라고 하더라도 말이다. 하지만 누군가는 안셀름의 두 번째 논증에서 안셀름은 "하나님은 존재하지 않는 것으로 상상할 수 없다"고 말하기 때문에 안셀름은 하나님이 존재하는 것의 여부에 대한 바로 그 질문 자체를 배제한다고 반대할 수도 있을 것이다. 그러나 Anselm이 하나님의 존재를 철학적으로 질문하는 것을 거부하고 있는 것이 아니다. 그리고 존재가 진정한 술어로 기능하기 위해 필요한 것은 이게 전부이다. 오히려 Anselm이 의미하는 것은 이것이다. 즉 우리가 하나님이 논리적으로 필연적인 존재라는 것의 의미를 파악하기만 하면 그리고 그것을 찬성하여 주장하면 하나님은 "존재하지 않는 것으로 상상할 수 없다"는 것이다.

이거나 터무니없다고 강력하게 주장하는 것이다."³⁵

필연적인 존재로서의 하나님을 위한 논증은 다음과 같은 공식적인 형태로 정리될 수 있다.

1. 하나님은 최대한으로 위대하거나(maximally great) 완전한 존재(Perfect Being)로 정의된다.
2. 완전한 존재의 존재는 불가능하거나 필연적이다(그것이 우연적일 수는 없기에).
3. 완전한 존재의 개념은 불가능하지 않은데 왜냐하면 그것이 터무니없거나 자기 모순적이지 않기 때문이다.
4. 그러므로 (a) 완전한 존재는 필연적이다.
5. 그러므로 (b) 완전한 존재는 존재한다.

이 연역적 논증은 타당하다. 누구라도 논증을 무효화하기 위해서는 세 전제 중 하나를 반드시 반박해야 한다. 전제 3이 유일하게 반박할 가치가 있지만, 격퇴하는 것은 쉽지 않다.

필연적인 존재로서의 하나님의 개념은 "탬버린들은 산성을 되풀이한다"(Tambourines reprise acidity)와 같은 문장처럼 터무니없지 않다. 완전한 존재로서의 하나님의 개념도 전혀 자기 모순적일 리가 없다.³⁶

그런 주장을 근거하기 위해서, 이의 제기자는 (1) 한 가지 또는 한 가지 이상의 하나님의 속성들이 하나님의 한 가지 또는 한 가지 이상의 다른 속성들과 충돌됨을 증명해 보이거나 (2) 하나님의 속성 중 단 한가지라도 비정합적임(incoherent)을 증명해 보여야 할 것이다. 나는 각각의 반대의견에서 제시된 각 사례에 응답하여 보겠다.

첫째, 혹자들은 전지(omniscience)의 개념은 비물질적인(immaterial) 존

---

35 Malcom, *Knowledge and Certainty*, 149–150.
36 악의 문제는 주장하기를 세상 안에서의 악의 존재와 결합된 완전한 하나님의 개념은 모순을 산출해낸다고 한다. 이 문제는 25장에서 다뤄질 것이다.

재로서의 하나님과 양립 불가능하다고 주장해 왔다. 하나님은 본질적으로 육체가 없기 때문에, 육체에 동반되는 고통과 즐거움과 더불어 육체를 지니는 것이 어떤 느낌인지 도저히 알 수 없기 때문이다. 하나님은 이 지식이 부족하기 때문에 하나님은 전지할 수 없다.[37]

따라서 하나님의 개념은 자기 모순적이고, 그렇기 때문에 그런 하나님은 존재하지 않는다. 이 논증의 결함은 전지의 개념에 있고 또한 기독교적인 하나님이라는 특정한 하나님을 파악하는 데 실패한 것에 있다.

전지에 대한 고전적인 신학적 주장은 우주에 있는 모든 지각있는 존재에게 일어나는 모든 일들에 대해 하나님이 1인칭 **경험**을 한다는 주장이 아니다. 그러나 하나님은 진실되고 거짓된(참인 것은 진리로 거짓인 것은 허구로 믿으며) 모든 명제들에 대한 **지식**(knowledge, 정당화된 참된 믿음)을 소유한다는 주장이다. 그럼에도 불구하고 아는 것에 대해서는 무제한적인 힘을 지니신 하나님을 고려하면, 하나님은 유한하고 육체를 지닌 피조물들, 즉 인간과 비인간의 주관적인 상태에 접속할 수 있고, "그들의 눈을 통해 보기," "그들의 귀를 통해 듣기" 등을 통해 유한하고 육체를 지닌 피조물들이 경험하는 것을 경험한다. 그렇기 때문에 하나님은 유한하고 육체를 가진 존재는 아니지만, 하나님은 유한하고 육체를 지닌 존재들의 주관성(subjectivity)에 공감할 수 있다. 이는 "전주관성"(omnisubjectivity)으로 불려질 수 있다.[38]

그럼에도 불구하고 하나님 그분은 유한하지 않고 육체를 지닌 존재

---

37 Michael Martin, *Atheism: A Philosophical Justification* (Philadelphia: Temple University Press, 1990), 287-297. 나는 Martin이 제기한 모든 반대의견들을 조사해 보지는 않았고 오히려 핵심적인 반대의견 하나만 살펴보았다. 내가 믿기로는 내가 제시하는 응답이 Martin의 모든 비난들을 무효화할 것이다.

38 Linda Zagzebski, "Omniscience," in *Routledge Companion to Philosophy of Religion*, ed. Paul Copan and Chad Meister (New York: Routledge, 2008), 264-265을 보라. 더 나아가, 하나님은 육체를 입은 유한한 피조물이 어떤 정세를 어떻게 경험할지를 감안하여, 즉 실제로는 그 어떤 유한한 존재에 의해서도 경험되지 않은 국면인, 반사실적 조건문적(counterfactual) 특질(*qualia*)을 알 수 있다. 이 때문에 하나님은 그 어떤 피조물도 결코 맡아보지 못한 장미의 향기를 아신다.

가 아니기 때문에 하나님은 1인칭의 입장에서 그런 종류의 존재를 경험할 수 없다. 이것은 하나님의 전지(고전적으로 이해된)를 전혀 부인하지 못한다. 오히려 이것은 하나님이 하나님으로서 누구신지와 하나님 아닌 것들(물질적이고 유한한 창조세계)에 대한 하나님의 관계를 분명히 규정한다.

게다가 기독교(여느 다른 종교와는 달리)는 삼위일체 하나님의 제2위격은 성육신하실 때 인간의 본성(human nature)을 취했다고 주장한다(요 1:14; 빌 2:5-8). 따라서 하나님은 육체를 지닌 인간상태의 1인칭의 관점에서 어떤 것(something)은 확실히 아시다(그렇지만 하나님은 결혼하는 것 또는 죄짓는 것처럼 예수님이 경험하신 것 이외의 조건들에 대해서 경험적으로는 아시지 못할 것이다). 따라서 하나님이 전지하지 않다는 주장은 실패한다. 왜냐하면 그는 만물에 대한 지식을 소유하고 계시고, 그리스도를 통한 인간의 1인칭 경험에 문외한(stranger)이 아니시기 때문이다.

둘째, 유명한 "돌의 역설"(paradox of the stone)은 신적인 속성인 전능함(omnipotence)이 자기 모순적이라고 주장한다. 이 반대는 보통 질문의 형태로 제기되어 왔다. 하나님은 너무 무거워서 하나님도 들어올릴 수 없는 돌을 만들 수 있는가?(유사한 비신학적 질문은 "불가항력[irresistible force]이 부동[immovable]의 대상[object]을 만나면 어떤 일이 일어나는가?"이다). 이는 진퇴양난을 자초한다.

1. 만일 하나님이 들어올릴 수 없는 돌을 창조할 수 없다면 하나님은 전능하지 않으시다. 왜냐하면 하나님은 그 돌을 창조할 수 없기 때문이다.
2. 만일 하나님이 들어올릴 수 없는 돌을 창조한다면 하나님은 전능하지 않으시다. 왜냐하면 그 돌을 들어올릴 수 없기 때문이다.
3. 그러므로 하나님은 전능하지 않으시다. 왜냐하면 전능의 그

개념 자체가 모순적이기 때문이다.³⁹

이 딜레마는 전능(omnipotence)과 논리에 대한 혼란 때문에 더 악화된다. 전능은 논리적 정합성(logical coherence)은 고려하지 않고 무엇이든지 할 수 있는 능력을 의미할 수는 없다. 아퀴나스가 말한 것처럼, 하나님의 힘은 논리적으로 가능한 국면(states of affairs)들을 현실화(actualize)하는 것에만 해당된다. 하나님의 힘은 논리적으로 불가능한 조건들을 현실화하는 것에는 적용되지 않는다. 하나님은 사각형 원(square circle)을 만들 수 없는데 왜냐하면 사각형 원이라는 그 개념 자체가 단순히 모순적이고 따라서 도저히 예시될 수 없기 때문이다. 마찬가지로 하나님에게 있어서 그가 들어올릴 수 없는 어떤 것을 창조한다는 것은 모순일 것이고 이런 모순들은 도저히 성립될 수 없다. 즉 동일한 국면은 들어올릴 수 없는 돌과 전능한 존재 두 가지 모두를 포함할 수 없다.⁴⁰

크레이그는 "최대한으로 위대함(maximal greatness)의 예시가 가능한지의 여부를 우리가 선험적(a priori)으로 결정할 수는 없다고 하더라도, 후험적(a posteriori)인 고찰들에 근거해서는 최대한으로 위대한 존재가 존재하는 것이 가능하다는 것을 믿게 될 수도 있는 것이다"라고 주장하여 필연적 존재 개념의 정합성에 더 신뢰성(credibility)을 더한다.⁴¹

39　이 논증은 하나님보다 덜한 힘을 지닌 신하위 존재들(subdeity) 다소를 배제한다. 그러나 우리는 여기서 그것에 대해서는 다루지 않으려고 한다.

40　나는 필연적으로 전능한 존재(necessarily omnipotent being)의 개념을 논의하고 있는 것이다. 필연적으로 전능한 존재는 그 속성을 상실할 수 없다. 그렇지만 한 개인은 우연적으로 전능한 존재(contingently omnipotent)를 고려할 수도 있겠다. 그런 종류의 존재는 너무 무거워서 들어올릴 수 없는 돌을 창조할 수도 있겠지만 그렇게 함으로써 그 존재는 전능함을 상실하게 될 것이다. 우연적으로 전능한 존재의 개념은 성경적이지 않다. 게다가 그런 개념은 비정합적이기도 하다. Joshua Hoffman and Gary Rosenkrantz, "Omniscience," in *Routledge Companion to Philosophy of Religion*, ed. Paul Copan and Chad Meister (New York: Routledge, 2008), 273-274를 참고하라. 돌의 역설과 그것을 해결할 수 있는 다른 방법에 대해서는 Morris, *Our Idea of God*, 74-76을 참고하라.

41　William Lane Craig, "The Ontological Argument" in *To Everyone an Answer: A Case for*

하나님의 관념에 대한 개념적 분석을 통하여 완전한 존재가 존재할 수도 있다는 것(존재론적 논증 2에서 필요했던 전제)을 우리가 선험적으로 결정할 수 있다고 나는 생각하지만, 크레이그는 다른 비선험적 논증들 세 가지를 제시하여 이 주장을 뒷받침한다.

첫째, 충족이유율(Principle of Sufficient Reason:PSR)을 활용하는 라이프니츠의 우주론적 논증은 모든 우연적 상태들의 설명으로 그런 필연적 존재를 주장한다(11장 참고).

둘째, 하나님을 위한 한 가지 도덕적 논증은, 도덕적으로 최대적이고 필연적 존재로서의 하나님은 반드시 도덕성의 근원과 설명이 되어야만 한다고 결론내린다(15장 참고).

셋째, 개념주의자(conceptualist) 논증은 명제들과 숫자들 같은 추상적 물체들(또는 추상물[abstracta])의 존재는 그들의 현실화를 위해 전지하고 형이상학적으로 필연적인 지성(하나님)을 요구함을 주장한다.[42]

크레이그는 이런 다른 논증들은 하나님의 존재가 가능하다는 생각에 신뢰성을 더한다는 그의 주장을 다음과 같이 요약한다.

> 따라서 라이프니츠의 우주론적 논증은 모든 구체적인, 즉 우연적인 개체(entity)의 존재 근거가 되는, 형이상학적으로 필연적인 존재로 귀결되며, 도덕적 논증은 도덕적 가치들의 근거로서 도덕적 가치들만큼이나 형이상학적으로 반드시 필연적인 도덕적 가치의 요체(locus)로 귀결되며, 개념주의자 논증은 추상적 대상들의 근거가 되는, 전지하고 형이상학적으로 필연적인 지성으로 귀결된다.[43]

---

the Christian Worldview, ed. Francis Beckwith (Downers Grove, IL: InterVarsity Press, 2004), 131.

42 Ibid., 135. 그렇다면 Craig는 추상적 물체들을 하나님의 마음의 본질적인 속성으로 언급해야 할 것이다. 왜냐하면 추상적 물체들은 하나님과는 별개로 자기 스스로 존재하지 않기 때문이다. David Werther가 나에게 이것을 지적해 주었다.

43 Ibid.

만일 이 논증들이 건전하다면, 이 논증들은 완전한 존재의 **개념**(또는 최대한 위대한 존재의 개념)이 논리적으로 가능함을 보여준다. 만일 그렇다면 앞의 존재론적 논증을 고려할 때, 완전한 존재는 필연적으로 존재하게 된다. 만일 그렇다면 논리는 우리를 상관하시는 그 어떤 존재의 존재를 입증한 것이다.

6. 가능 세계와 필연적인 하나님

『프로슬로지움』(*Proslogium*)의 3장에서 비롯되는 존재론적 논증은 알빈 플랜팅가(Alvin Plantinga)가 가능 세계 개념성(possible worlds conceptuality)을 사용해 더 한층 개발되었다. 이 주제는 복잡한 형이상학을 포함할 수 있기는 하지만 여기서는 단순한 이해력만 있어도 괜찮다.[44] 가능 세계는 가능성들을 고려해 보는 단순한 방법이다. 이는 존재하거나 (왜냐하면 가능할 뿐만 아니라 실제적이기 때문에) 혹은 존재할 수도 있었으나 존재하지 않는 논리적으로 가능한 국면들이다.[45]

다시 말해 가능 세계는 가상 세계(hypothetical world)를 구성할 수 있는 일련의 사실들을 기술(description)한 것이다. 가능 세계는 최대 논리적 일관성(maximally consistent)을 보이는 명제들의 집합이다. 따라서 가능 세계는 자신들보다 키가 더 큰 사람들을 포함할 수도 없고, 생존하기 위해서 산소가 필요한데 자신들의 세계에는 산소가 전혀 없는 그런 존재들을 포함할 수도 없다.[46] 이런 기본적인 이해를 바탕으로 하여 우리

---

44 이런 사고에 대한 입문서로는 Ronald Nash, "Possible Worlds," in *Ultimate Questions* (Grand Rapids: Zondervan, 1999)를 참고하라.
45 모든 가능 세계는 현실화되었다고 주장하는 가능 세계들의 버전들이 있다(David Lewis와 물리학에 있는 일련의 다중우주 이론들[multiverse theories]). 그러나 이 장의 목적을 위해서 여기서 그것을 살펴볼 필요는 없다. 다중우주 이론은 12장에서 다뤄진다.
46 이 두 번째 예는 동시 양립 가능성(compossibility)의 개념을 다룬다. 어떤 국면들은 어떤 세계들에서는 존재할 수 있겠으나 다른 세계들에서는 존재하지 않을 수도 있다. 동시 양

는 플랜팅가의 가능 세계 존재론적 논증으로 이동해 보겠다.

플랜팅가의 논증은 하나님의 존재는 가능하다고 하는 라이프니츠의 관념을 활용한다. 즉 그 관념은 모순이 아니다. 모순적이지 않은 라이프니츠의 관념에서 플랜팅가는 다음과 같이 주장한다.

1. 최대한으로 위대한 존재가 존재하는 것이 가능하다(이것으로 그는 지금까지 우리가 완전한 존재[Perfect Being] 또는 상상 가능한 최고로 위대한 존재[greatest conceivable being]로 묘사해 온 것을 의미한다).
2. 만일 최대한으로 위대한 존재가 존재하는 것이 가능하다면 최대한으로 위대한 존재는 어떤 가능 세계에 존재한다. 즉 하나님의 존재는 불가능(논리적이로 모순됨)하지 않고 그래서 우리는 하나님이 확실히 존재하는 세계를 상상할 수 있다.
3. 만일 최대한으로 위대한 존재가 어떤 가능 세계에 존재한다면 그는 모든 가능 세계에 존재한다(그렇지 않다면 그것은 최대한으로 위대한 존재가 아닐 것이다).
4. 만일 최대한으로 위대한 존재가 모든 가능 세계 안에 존재한다면 그는 현실세계(actual world)에 존재한다.[47]

이 논증은 가능성과 필연성의 개념들을 활용한다. 가능한 사태들은 현실의 시공간 세계에 실제적으로 존재여부와 상관없이 논리적으로 일관성 있다. 그래서 유니콘의 개념이 논리적으로 가능한 이유는 그것이 양립 불가능한 속성들은 소유하지 않은 동물로 이해되었기 때문이다. 유

립 가능한 세계(공가능적 세계)는 오직 양립 가능한 국면들만을 포함한다.

47 나는 "The Ontological Argument," 128에 등장하는 Craig의 공식을 수정해 보았다. 더 미묘한 차이가 있는 Alvin Plantinga의 원문은 "Profile," in *God, Freedom, and Evil* (Grand Rapids: Eerdmans, 1977)을 참고하라. 나는 존재론적 논증에 필요한 양상 논리에 대한 일련의 논쟁은 다루지 않았다. 이에 대해서는 Davis, "The Ontological Argument," 105-108을 참고하라.

니콘들은 우리 세계에 존재하지 않는다. 그럼에도 불구하고 그들은 존재할 수 있다. 즉 그들은 가능 세계에 존재한다. 그러나 유니콘은 그것의 속성 자체를 고려할 때 **반드시** 존재해야만 하는 필연적인 존재로 상상되지 않는다.

하나님은 그렇게 여겨진다. 그리고 형이상학적인 어려움이 거기에 있다. 만일 하나님의 개념이 **불가능한** 것이 아니라면 하나님은 적어도 가능 세계 한 곳에는 반드시 존재해야 하며 그 가능 세계에서 하나님의 존재는 필연적이다. 다시 말해 하나님이 존재하지 **않을** 수 없다. 그래서 만일 하나님이 논리적 필연적 존재로 한 세계에 존재한다면 그는 모든 세계에서 그렇게(as such) 필연적으로 존재한다.

플랜팅가는 존재론적 논증의 최고 버전들은 "중요한 결론을 위해 철학자들이 제안하는 가장 진지한 논증만큼이나 만족스럽다"고 주장한다.[48] 그러나 만일 어떤 사람이 하나님의 존재가 가능하다는 것을 거절한다면 그 사람이 논증을 부인하는 것도 마찬가지로 합리적인 것일 수 있다고 플랜팅가는 인정한다. 그렇기 때문에 우리는 일종의 철학적 교착상태(standoff)에 이르게 되며 여기서 이 존재론적 논증을 부인하고 긍정하는 것 모두가 합리적일 수 있다. 하나님은 동시에 존재하고 존재하지 않을 수 없는데도 말이다. 그렇지만 하나님의 존재 가능성을 부인하는 사람들에게 입증책임의 중압감이 더 있는 것 같다.[49]

개인은 하나님의 개념 속(이미 언급했듯이)에서 모순을 찾아 증명해 보여야만 하나님 존재의 불가능성을 입증할 수 있다.

고닐로 같은 어떤 사람들은 완벽한 섬처럼 별 볼일 없는 것들을 증명하는 병렬(parallel) 또는 모방(parody) 논증들을 제시해서 존재론적 논증을 불합리로 축소시키고자 했다.

---

48 Alvin Plantinga, "Self-Profile," *Profile* 5, ed. James E. Tomberlin and Peter Van Inwagen (Dordrecht: D. Reidel, 1985), 71.

49 E. J. Lowe, "The Ontological Argument, " in *The Routledge Companion to Philosophy of Religion*, ed. Chad Meister and Paul Copan (New York: Routledge, 2008), 339를 참고하라.

1. 가능한 가장 위대한 섬(greatest possible island)이 존재하는 것이 가능하다.
2. 만일 가능한 가장 위대한 섬이 존재하는 것이 가능하다면 이 섬은 어떤 가능 세계에서만 존재한다.
3. 만일 가능한 가장 위대한 섬이 어떤 가능 세계에서 존재하는 것이 가능하다면 그 섬은 모든 가능 세계에 존재한다.
4. 만일 가능한 가장 위대한 섬이 모든 가능 세계에서 존재한다면 그 섬은 현실세계(real world)에 존재한다.
5. 그러나 가능한 가장 위대한 섬이 이 세계에서 존재한다는 것은 불합리한데 왜냐하면 현존하는 모든 섬은 덜 완벽하기(less than perfect) 때문이다.
6. 그러므로 이 논증은 존재론적 논증을 논박한다. 왜냐하면 이 병행 논증은 귀류법을 사용하여 유사한 용어들을 대체하며 동일한 논증 형태를 사용하기 때문이다.[50]

이 논증은 타당하나(valid) 건전하지는(sound) 않다. 이 논증은 첫 번째 전제부터 불발한다. 적어도 두 가지 이유로 가능한 가장 위대한 섬은 존재할 수 없는데 두 이유 모두가 반대의견을 논박한다.

첫째, 최대 존재(maximal)는 위대함의 최고치를 소유하거나 최고치에 도달한다. 하나님은 모든 능력을 소유한다. 그 어떤 능력도 그의 영향력에서 벗어나지 못한다. 다시 말해 이 능력에는 "내재적 최대치"가 있다는 것이다.[51]

야구에서 투수가 자책점을 일절 허용하지 않을 때 투수에게 가능한 최고 방어율(ERA)이 0.00인 것처럼 말이다. 그러나 최대한의 섬(island)이라는 개념은 비정합적이다. 모래사장 또는 야자수 또는 달콤한 과일 또

---

50 이 논증은 Anselm에 반대한 Gaunilo 논증이 다소 확대된 버전이다(Gaunilo, "In Behalf of the Fool," 150-151).
51 Craig, "The Ontological Argument," 129.

는 춤추는 소녀들 등이 항상 추가될 수 있기 때문이다.

둘째, 섬은 정의에 의하면 **필연적 존재가 아니다.**[52] 섬의 존재는 모든 면에 있어서 **우연적이다.** 우리는 아무 섬이 없는 가능 세계를 손쉽게 상상할 수 있다. 존재론적 논증이 가능하게 하는 것은 **필연적 존재로서의 하나님의 존재론**(ontology of God as a necessary being)이다. 어떤 것이든지 하나님보다 부족한 것은 필연적으로(!) 이 존재론(속성들의 집합)이 결핍되어 있고 그래서 존재론적 논증의 주어가 될 수 없다. 따라서 이 평행/모방 논증은 실패한다.

철학자들은 유사-신들(quasi-deities, 덜 완벽한 신들)과 완전한 마귀(perfect devils)를 위한 다른 존재론적 모방 논증들을 제안하였다. 그러나 각각의 존재론적 모방 논증의 사례에서 개체(entity)는 완전한 존재가 소유한 자질들이 부족하다. 유사-신은 정의상 완전함이 부족하다.[53]

마귀는 정의상 불완전한데 왜냐하면 마귀는 선하지 못하고 악하기 때문이다.[54]

게다가 윌리엄 웨인라이트(William Wainwright)가 지적하듯이 유사신들과 완전한 마귀들이 존재하지 않는다는 것을 우리는 안다. 그들은 전제 5가 인정하듯 "조작된" 철학적 사례들이다. 그러나 하나님의 경우에는 이렇게 할 수 없다. 하나님의 존재는 철학적 탐구를 위한 진정한 질문으로 우발적인 것이 아니다. 그렇기에 존재론적 논증은 하나님의 존재

---

52 Ibid., 129-130. 만일 완벽한 섬과 같은 것이 존재하더라도 이 점은 말이 된다.
53 준 하나님(near deity) 논증의 또 다른 비판으로는 Craig, "The Ontological Argument," 130-131을 참고하라.
54 성경적으로 이해했을 때 마귀가 존재하지 않는다고 이렇게 말하는 것은 아니다. 오히려 한 개인은 어떤 의미에서도 완전한 존재가 아닌 마귀의 존재를 도출해내기 위해 선험적 존재론적 추론을 사용할 수 없다는 것이다. 왜냐하면 마귀는 우연적 존재이고 마귀의 존재는 후험적 논증들을 근거로 해서 주장되어야만 하기 때문이다. 마귀의 존재를 위한 주된 증거는 예수님의 증언과 성경이며 세상 안에 있는 악의 기원과 활동을 위한 최선의 설명이 되기도 한다. Michael Green, *I Believe in Satan's Downfall* (Grand Rapids: Eerdmans,1981), 특히 1장을 보라.

를 위한 합법적인 접근법이다.[55] 따라서 이런 평행/모방 논증들은 귀류 논증들과 마찬가지로 실패한다.[56]

7. 왜 성경적인 하나님은 필연적인 존재라고 생각하는가?

우리는 이 놀라운 존재론적 논증을 반박하는 마지막 반대의견을 고려해 보도록 하겠다. 지금까지 나는 하나님을 필연적인 존재로 고려하는 것이 타당하다고 주장해 왔다. 필연적 존재인 하나님은 최고로 가능한 정도(highest degree possible)까지 위대하게 만드는 속성(great-making property)을 모두 소유하는 존재이다. 그러나 어떤 이들은 성경적인 하나님(the biblical God)을 굳이 이런 식으로 고려할 필요는 없다고 주장한다. 논증들은 단지 철학적이며 히브리·기독교적 사고방식에 생경하다고 말한다. 과연 그러한가?

첫째, 하나님의 유일무이함(uniqueness)과 비능가성(unsurpassability)을 긍정하는 많은 본문들이 있다. 그 내용들은 이렇게 집약될 수 있다. 즉 하나님 같은 신은 아무도 없다. 그러나 이것이 하나님은 **가능한 가장 위대한 존재**가 아닌 단지 **현존하는** 가장 위대한 존재라는 것을 의미하는 것은 아닐까? 전혀 그럴 것 같지는 않다. 비록 성경이 정제된 철학적 개념들을 사용해 하나님을 설명하지는 않지만 하나님을 묘사하기 위한 개념적 자원이 부족한 것은 아니다. 증언을 보면 하나님은 아무것도 부족하신 게 없으시다는 것이다. 그는 자족하시다. 바울은 하나님은 자존하심을 아레오바고 설교에서 그와 동시대의 철학자들에게 명확하게 선포하였다.

---

55 Wainwright, *Philosophy of Religion*, 41.
56 Craig, "The Ontological Argument," 129-130; Davis, "The Ontological Argument," 100-103을 보라.

우주와 그 가운데 있는 만물을 지으신 하나님께서는 천지의 주 재시니 손으로 지은 전에 계시지 아니하시고 또 무엇이 부족한 것처럼 사람의 손으로 섬김을 받으시는 것이 아니니 이는 만민에게 생명과 호흡과 만물을 친히 주시는 이심이라(행 17:24-25; 참고 요 5:26).

하나님이 어떤 완전함에라도 못 미칠 수 있다는 생각은 그것이 성경에 명백하게 기록되지는 않았지만 다수에 걸쳐 긍정된 하나님의 유일무이함과 최고권에 비춰볼 때 무척 생경하게 여겨진다. 더욱이 성경은 피조물들에게 예배드리기를 명령한다. 예배의 대상으로서 완전한 존재를 요구한다. 이는 안셀름 스스로가 주장하듯이 무조건적인 흠모와 섬김은 오직 완전한 존재에게만 드리는 것이기 때문이다.

둘째, 또 다른 문제는 필연적이기에는 부족한(less-than-necessary) 하나님의 개념으로 혼란스럽게 한다. 만일 하나님이 필연적이지 않다면 하나님은 어떤 가능 세계들에는 존재하고 다른 가능 세계들에는 존재하지 않는다. 물론 그것은 하나님은 아예 존재하지 않으셨을 수도 있다는 것을 의미하며 결과적으로 하나님의 존재는 그냥 주어진 사실(brute fact)이라는 것을 함축한다. 그냥 주어진 사실은 어떤 것이 사실이며 항상 사실(하나님은 영원하다)이었다는 것이지만 애초에 사실이 아니었을 수도 있다. 이는 한층 더 나아가 그 어떤 것도 하나님의 존재를 설명할 수 없음을 수반한다. 하나님은 그냥 그렇게 있다는 것이다. 어쨌든 이것은 충족이유율(principle of sufficient reason: PSR)을 위반한다.

충족이유율은 어떤 긍정적인 국면이든지 그 국면은 다른 어떤 것에 의해서 설명되거나 그 국면 자체가 스스로를 설명한다고 (대략) 주장한다. 즉 모든 것에는 이유(충분한 설명)가 있다는 것이다. 하나님의 경우에는 존재론적 논증에 의하면 하나님의 존재는 하나님의 존재 자체에 근거한다는 것인데 하나님은 그 어떤 것에도 의존하지 않으시기 때문이다. 하나님은 필연적으로 존재한다.

하나님 밖에 있는 하나님 이외의 모든 것이 존재하는 이유는 하나님께서 이런 것들을 우연적 피조물로 창조하심과 지탱하심에 있다. 우리는 충족이유율을 11장(우주론적 논증)에서 더 자세하게 다루겠지만 이 원칙은 거의 틀림없이 심오한 이유의 원칙이다. 하나님께 충족이유율을 적용하지 않는 것은 임시변통(ad hoc)이며 반직관적(counterintuitive)으로 여겨진다.[57]

그러나 만일 우리가 하나님께 충족이유율을 정말 적용하게 된다면, 그렇다면 하나님은 반드시 가능한 가장 위대한 존재이시다.

8. 존재론적인 하나님은 누구신가?

만일 여기서 제시된 존재론적 논증들 중 하나라도 건전하다면, 그렇다면 최상급의(superlative) 또는 최대의(maximal) 존재는 존재한다. 이 존재는 없는 것보다는 소유하는 것이 더 나은 모든 속성들을 최고한도까지 소유한다. 따라서 이렇게 가능한 가장 위대한 존재는 반드시 전능(omnipotent)하고, 전지(omniscient)하고, 무소부재(omnipresent)하고, 자존(self-existent, 비우연적[noncontingent]이기 때문에)하고 전선(omnibenevolent)해야만 한다.

그야말로 존재론적 논증을 통해서 우리는 하나님에 대해 그 외에 어떤 것을 알 수 있을까? 이것의 대답은 가치론(axiology: 가치 이론[theory of value])에 달려있다. 만일 하나님이 가능한 가장 위대한 존재라면, 그렇다면 없는 것보다 소유하는 것이 더 나은 자질들은 어떤 것들인가? 달리 말하자면 위대하게 만드는 속성은 무엇인가? 나는 속성 몇 가지를 위대하게 만드는 속성으로 제안할 것인데 따라서 이 속성들은 가능한 가장 위대한 존재에게 고유한(attributable) 속성들이다.

첫째, 인격적인 존재는 비인격적인 존재보다는 더 고등하거나 더 위

---

57 충족이유율(PSR)을 존재론적 논증에 연계시키는 것은 David Werther가 내게 제안한 것이다.

대하다. 이는 인격적인 존재는 그의 생각과 설계에 따라 국면들을 초래시키는 **행위주체**라는 사실에 기초한다. 비인격적인 존재에게는 의식이 결핍되어 있고 행위의 주체성과 사랑, 정의, 자비, 용서 등을 예시할 수 있는 가능성이 부족하다. 따라서 가능한 가장 위대한 존재를 비인격적인 존재로 생각할 것 같지는 않다. 우리는 인간은 능력, 지식과 미덕에 있어서 제한이 있는 것으로 생각한다. 그럼에도 인간의 문제는 그들 인격의 문제가 아니라 죄인으로서의 그들의 인격에 결함이 있는 것이다.[58]

그렇지만 존재론적 존재는 무제한적이고 완전하다. 그러므로 존재론적 존재는 이 어떤 영역에서도 그렇게 제한받을 수 없다. 따라서 존재론적 하나님은 비인격적이지 않고 인격적이다.[59]

둘째, 만일 인격적인 존재가 비인격적인 존재보다 더 고등하다면 삼위일체의(또는 세 위격적[tripersonal]) 존재가 단일한 위격(unipersonal)의 존재보다 더 고등하다. 비록 존재론적 논증 내에서 삼위일체 하나님(Trinity)의 존재를 직접적으로 함축하는 것은 그 어떤 것도 없지만 우리는 삼위일체 하나님의 성경적 계시를 단일 위격의 하나님과 비교할 때 삼위일체의 개념을 가진 신이 더 탁월하다고 주장할 수 있다. 삼위일체의 개념은 위대하게 만드는 속성이다. 삼위일체의 개념은 세 위격이 한 본질 안에 거하는(three-in-one) 하나님은 완전한 상호교류(interaction)가 있는 영원한 관계를 확립한다는 개념에 근거한다.[60]

우리는 사랑과 관대함을 고립되고 은둔적인 존재보다는 더 고등한 것으로 간주한다. 만일 하나님이 그저 일원적(unitary)이라면, 그렇다면 하나님은 신적인 존재와의 화합이 가능한 존재들을 갖춘 우주를 창조하기 전까지는 철저하게 관계가 결여된 채 단수적(singular) 존재로서 존재

---

58 인간은 정의와 설계상(by definition and design) 우연적 존재들이지만 이는 결함은 아니다.
59 범신론의 비인격적인 신을 반박한 논증을 Douglas Groothuis, *Confronting the New Age* (Downers Grove, IL: InterVarsity Press, 1988), 107-113에서 보라.
60 신격(Godhead) 안에 두 구성원만으로도 사랑을 확립하기에는 충분할 것이라고 우리가 주장할 수도 있겠지만 세상에 있는 그 어떤 주요 종교도 두 신의 존재를 믿는 것(bitheism)을 가르치지 않기 때문에 이 대안은 역사적으로 그리고 실존적으로 이상하게 여겨진다.

한 것이다. 이 견해에 따르면 관계성은 우연적 피조물들의 창조를 통하여서만 현실화된 것이다. 그런 이유로 "하나님은 사랑이시다"(요일 4:8)의 진술문은 정당화될 수 없는데 왜냐하면 하나님은 하나님 스스로의 존재 자체 내에서 사랑에 영원히 가담하여 있지는 않을 것이기 때문이다. 유니테리어니즘(unitarianism: 삼위일체 하나님을 부정함-역주)에서 하나님은 사랑이 많은 것으로 묘사될 수 있을 것이다. 그러나 하나님이 사랑 많은 것은 그의 존재의 우연적 사실이 될 것이다. 왜냐하면 하나님은 사랑을 내보일 피조물들이 필요하실 것이기 때문이다.

그러나 만일 하나님이 스스로의 존재 자체 내에서 영원히 사랑하고 계신 중이라면, "하나님은 사랑이시다"라는 진술문은 진정성이 있고(genuine), 알 수 있으며(knowable), 존재론적으로 심오한 의미를 갖는다. 인간은 인간 관계들의 궁극적인 패러다임과 본래 의미의 근원을 삼위일체 속에서 찾을 수 있을 것이다. 삼위일체의 개념을 감안할 때, 하나님은 대인관계적(interpersonal: 피조물들과 상호작용하기)이기 전에 개인내적(intrapersonal: 삼위일체 하나님 안에서)이다. 따라서 사랑은 가능한 가장 깊고 가장 심오한 의미심장함을 소유한다.

삼위일체적 견해는 형이상학적으로 또한 가치론적으로 단일위격의 설명을 능가한다.[61] 추가적으로 최상급 하나님(본성상 삼위일체의 사랑이신)의 최상급의 사랑은 죄를 짓는 그의 피조물들을 위해서 일련의 대책을 마련할 것이다.[62] 이것에 대해 성경은 하나님의 상실되었으나 사랑하는 인간 피조물들에 대한 유일한 해결책으로서 그리스도의 십자가에 대해 말한다.[63]

---

61 삼위일체 교리의 함축과 단일한 위격에 대한 삼위일체의 우월함에 대해서는 Timothy Keller, *The Reason for God: Belief in an Age of Skepticism* (New York: Dutton, 2008), 213-216을 보라. 또한 사랑에 관련된 삼위일체의 논의에 대해서는 Richard Swinburne, *The Christian God* (New York: Oxford University Press, 1994), 177-179를 참고하라.
62 나는 18장에서 성경적인 죄의 교리에 대해서 가장 확실하게 주장할 것이다.
63 나는 예수 그리스도의 의미심장함을 20-22장에서 논의한다.

9. 존재론적 화려함

존재론적 논증의 다소 난해한 추론은 많은 사람들이 그것에 지적으로 접근하는 것을 힘들게 할 수도 있다.[64]

그럼에도 불구하고 존재론적 논증은 (Dawkins와 다른 사람들과는 정반대로) 조소를 받을 만한 것은 아니며 실존적인 의미심장함도 부족하지 않다. 이 장에서는 안셀름의 두 논증형태 모두가 (현대 논의들에 비추어 보강되었을 때) 성공적임을 주장했다. 만일 가능한 가장 위대한 존재가 필연적으로 존재한다면, 그렇다면 인격적인 하나님이 비인격적인 하나님보다 더 위대하고, 삼위일체의 하나님이 단일위격의 하나님보다 더 위대하다고 주장하여 안셀름의 존재론적 논증들은 강화될 수 있을 것이다.

그러나 안셀름의 존재론적 논증이 선험적인 논증이기 때문에, 존재론적 논증은 이 완전한 존재가 자기 스스로를 역사상 정확히 어떻게 계시해 왔을지에 대해서는 직접적으로 말하지 않는다. 그렇지만 만일 하나님이 완전하다면, 하나님은 창조물을 돌보실 것이고 죄를 지어 죽을 운명에 놓여 있는 인간들에게 어떻게 해서든지 손을 내미실 것이라는 것을 우리가 믿는 것이 마땅하다. 더 나아가 삼위일체의 개념이(존재론적 논증으로 뒷받침된) 성경에서 우리에게 하나님의 은혜로 특별히 허락되었기 때문에(vouchsafed) 우리의 구원을 위해 그리스도 예수의 인격 안에서 하나님이 성육신하셨다는 성경적 주장들을 고려할 강력한 이성적인 동기부여를 우리는 갖고 있다(요 1:1-18; 3:16-18; 14:1-6).

존재론적 논증이 철학적으로 궁극적인 실패를 겪는다고 하더라도 변증가의 화살통에는 화살들이 부족하지 않다. 수많은 다른 유신론적 논증들이 우리의 조사를 기다리고 있다. 이제 우주론적 논증을 필두로 살펴보도록 하겠다.

---

64 좀 더 전문적이며 호의적으로 존재론적 논증을 다룬 것으로는(기호 논리학을 많이 사용함) Robert E. Maydole, "The Ontological Argument," in *The Blackwell Companion to Natural Theology*, ed. William and J.P. Moreland (Malden, MA: Wiley-Blackwell, 2009)를 보라.

11장

우주론적 논증, 우주의 원인

우주는 지원 없이 홀로 존재하는 것인가, 아니면 우주의 존재는 우주 외부의 어떤 것에 의존하는 것인가? 이것이 궁극적인 우주론적인 질문이다. 우주론적 논증은 우주가 우주 밖의 어떤 것에 의존한다고 믿을 수 있는 이유를 제공한다. 이런 논증은 다양한 형태를 취한다.

이 장에서는 우주론적 논증들의 군(family)을 살펴보고자 하며 특별히 칼람 우주론적 논증(Kalam Cosmological Argument)을 면밀히 살펴보고 빅뱅 우주론(big bang cosmology)을 통하여 우주가 시작된 증거를 살펴보도록 하겠다. 우주가 유한한 시간 전에 무로부터(ex nihilo) 존재하기 시작했음을 성경이 가르치는 것에 대해 어떤 이들은 도전해 왔지만, 이 견해는 성경과 신조(creeds) 그리고 교회의 신앙고백 속에서 견고하게 뒷받침되어 있다.[1]

고트프리트 라이프니츠(Gottfried Leibniz, 기독교 유신론자)에서 마틴 하

---

1 Paul Copan and William Lane Craig, *Creation Out of Nothing: A Biblical, Philosophical, and Scientific Exploration* (Grand Rapids: Baker Academics, 2005), 1-2장; John Jefferson Davis, "Genesis 1:1 and Big Bang Cosmology," in *The Frontiers of Science and Faith: Examining Questions from the Big Bang to the End of the Universe* (Downers Grove, IL: InterVarsity Press, 2002), 특히 19-25를 참고하라.

이데거(Martin Heidegger, 무신론자)에 이르는 다양한 철학자들이 근본적인 철학적 질문은 "왜 아무것도 없지 않고 무엇인가가 존재하는가?"(why there is something rather than nothing)임을 주장해 왔다. 하이데거는 그의 책 『형이상학 입문서』(An Introduction of Metaphysics)에서 이렇게 질문했다, "왜 아무것도 없지 않고 존재물들(existents)이 존재하는가? 그것이 문제다. 분명히 이것은 평범한 질문은 아니다. '왜 아무것도 없는 것이 아니라 존재물들이 존재하는가, 왜 무엇이 조금이라도 존재하는가?' 명백히 이것은 모든 질문 중 으뜸이 되는 질문이다."[2] 그는 이런 질문은 엄청난 절망의 순간, 희열의 순간 그리고 권태의 순간에도 떠오르게 된다고 주장했다.[3] 이것은 질문 중 가장 심오하고 가장 광범위하고 가장 근본적인 질문이다.[4]

하이데거는 "성경을 하나님의 계시이며 진리로 받아들이는 모든 사람은 그 질문에 대한 답을 갖고 있다"라고 기록했다. 질문에 대한 답은 이것이다. "하나님을 제외한 존재하는 모든 것은 하나님에 의해 창조되었다."[5] 그렇지만 하이데거는 이 대답이 철학과는 전혀 무관하다고 주장했다. 왜냐하면 "'기독교 철학'은 둥근 사각형(round square)이고 오해(misunderstanding)이기 때문이다."[6]

하이데거와는 정반대로 기독교인들은 자신들의 유신론적 믿음을 위한 철학적 논증을 제공할 수도 있다. 기독교 철학자인(그리고 둥근 사각형은 아닌) 라이프니츠는 "마땅히 제기되어야 하는 첫 번째 질문은 왜 아무

---

2 Martin Heidegger, *An Introduction to Metaphysics* (New York: Anchor Books, 1961), 1. 번역자는 "존재물"(existents) 또는 "존재하는 물건들"(things that art)을 의미하기 위해 essents라는 용어를 고안해냈다. 나는 **존재물**(existents)라는 단어를 사용했는데 왜냐하면 이 단어는 신조어(neologism)가 아니고 직설적으로 의미를 전달하기 때문이다.
3 Ibid.
4 Ibid., 2-3.
5 Ibid., 6.
6 Ibid.

것도 없지 않고 무엇인가가 존재하는가?가 될 것이다"[7]라고 저술했다.

라이프니츠에게는 반드시 대답이 존재해야만 하는데, 왜냐하면 라이프니츠에게는 "충분한 이유 없이는 아무것도 발생하지 않기 때문이다. 즉 모든 것들을 충분하게 이해해야 하는 그가 왜 그것이 그렇고 다르지 않은지(why it is so and not otherwise)를 결정하는 데 있어서 충분한 이유를 제안하는 것이 가능하지 않은 상태에서는 아무것도 발생하지 않는다는 것이다."[8]

동시대 철학자인 러셀 스태나드(Russell Stannard)도 본질적으로 동의한다. "무의 상태(state of nothingness)는 설명을 요구하지 않는 반면에 무엇인가가 존재하자마자 바로 그 순간부터 설명을 필요로 한다."[9]

1. 우주론적 논증에 대한 두 가지 반론

우주론적 논증들은 여러 기본적인 형태들로 이루어져 있지만 모든 우주론적 논증들은 우주의 사실로부터 시작하여 우주의 원인까지를 논의한다. 세부사항들을 살펴보기 전에 상당히 흔한 논증의 오해(와 논박 시도[attempted refutation])가 반드시 일소되어야 한다. 어떤 사람들은 우주에서 하나님으로의 논증을 다음과 같은 것이라고 여겨 왔다.

7　G. W. F. von Leibniz, "Principles of Nature and Grace" (1714), in *Leibniz Selections*, ed. Philip P. Wiener (New York: Charles Scribner's, 1951), 527, 원본에서도 강조됨. Leibniz, "Monadology" (1714), in ibid., 540. Leibniz에 대한 심도있는 논의로는 Catherine Wilson, *Leibniz's Metaphysics: A Historical and Comparative Study* (Princeton, N.J.: Princeton University Press, 1990)를 참고하라.

8　Leibniz, "Principles of Nature and Grace," 527, 원본에서 강조됨. 우리는 곧이어 이 이유충족율을 살펴보게 될 것이다.

9　Russell Stannard, "Science and Religion," in *What Philosophers Think*, ed. Julian Baggini and Jeremy Stangroom (New York: Barnes & Nobles, 2003), 75.

1. 존재하는 모든 것은 반드시 원인을 갖는다.
2. 우주는 존재하고 그렇기 때문에 반드시 원인을 갖고 있어야 한다.
3. 따라서 우주는 첫 번째 원인에 의해 초래되었다(일명 하나님).

그러나 만일 전제 1이 참이라면, 하나님도 반드시 원인을 갖고 있어야 한다. 이것은 논증을 불합리(absurdity)로 축소시키는데 하나님은 끝없이(ad infinitum) 다른 존재에 의해 초래되지 않기 위해 첫 번째 원인으로 소개되었기 때문이다. 다름 아닌 버트란드 러셀은 이렇게 비난했다. "만일 모든 것이 꼭 원인이 있어야 한다면 하나님도 반드시 원인이 있어야 한다. 만일 원인 없이 존재할 수 있는 **어떤** 것이 있다면, 하나님처럼 세계도 원인 없이 존재할 것이다. 그러므로 그 논증에는 어떤 타당성도 있을 수가 없다."[10]

이것은 고전적인 허수아비 논증 오류(straw man fallacy)이다. 어떤 우주론적 논증도 "모든 것은 반드시 원인을 갖는다"고 주장하지 않는다. 오히려 이런 논증들은 (여러 다양한 형태로) 우주 자체에 대한 어떤 것(그것의 우연성[contingency]과 설명의 필요나 그것의 시간 속에서의 유한성)이 있다고 주장해 왔다. 우주는 우주 너머의 원인, 즉 자존하며(self-existent) **원인의 필요가 없는**(without need of a cause) 원인을 필요로 한다는 것이다. 바로 이 자존하는 존재가 우연적인 우주의 존재를 설명해 준다.

하나님은 그분 자체로 존재하는 것으로 항상 이해되어 왔다(즉 자존성[aseity]을 소유하는 것으로). 하나님은 선행된 원인이 없는(uncaused) 것도 아니고 스스로의 자체적인 원인을 가지고 있는(self-caused) 것도 아니지만 자존(self-existent)하신다(요 5:26; 참고 행 17:25). 무신론자들은 여러 이유로 필연적이거나 비우연적인 존재의 개념을 거부할 수도 있겠지만 어떤 우주론적 논증도 러셀이 선고한 죽음을 맞이하지는 않는다.

---

10 Bertrand Russell, *Why I Am Not a Christian and Other Essays on Religion and Related Subjects*, ed. Paul Edwards (New York: Simon & Schuster, 1957), 6–7.

우주론적 논증들에 대한 한 가지 다른 거부도 무효화되어야 한다. 칸트는 『순수이성의 비판』(Critique of Pure Reason)에서 우주론적 논증들은 존재론적 논증에 등장하는 논리적으로 필연적인 존재로서의 하나님의 개념을 전제한다고 주장했다. 즉 이 존재는 반드시 존재해야만 하고 이 존재의 비존재(nonexistence)는 비논리적이기 때문에 상상할 수 없다. 존재론적 논증은 완전한 존재 또는 최대한의 존재로서의 하나님이라는 바로 이 개념에 선험적인 논리적 원칙들을 더하면 하나님이 존재하는 것을 요구한다고 주장한다(10장에서 논했듯이).

그러나 칸트는 존재론적 논증은 논리적 필연성을 이유로 존재하는 완전한 존재의 존재를 확립시켰다는 것을 부인했다. 칸트는 존재론적 논증이 하나님을 위한 입증으로서는 실패하기 때문에 우주론적 논증들도 반드시 실패한다고 추론했다. 왜냐하면 우주론적 논증들도 논리적으로 필연적인 존재의 존재를 증명하려고 시도하기 때문이다. 만일 칸트의 이 비판이 성공적이라면, 우리는 다양한 형태의 우주론적 논증에 마음을 쓸 필요가 없는데 그 결론들이 반드시 거짓일 것을 이미 알기 때문이다.

첫째, 내가 10장에서 논한 것처럼 칸트가 존재론적 논증을 논박했는지 명확하지 않다. 둘째, 존재론적 논증이 실패한다고 하더라도, 대부분의 우주론적 논증들은 사실 하나님이 논리적으로 필연적인 존재라는 개념을 전제하지 않는다.[11]

우주론적 논증들은 만일 우주가 존재한다면, 하나님이 우주의 원인으로 반드시 존재해야 한다고 추론한다. 우주의 창조주로서 하나님은 신적 존재(divine existence)를 위해 우주(또는 그 어떤 것에도)에 의존하지 않는다. 그러나 이 논증은 하나님의 존재는 **논리적으로** 필연적이라는 결론을 도출해내지 않는다. 만일 하나님이 존재하신다면 하나님은 자존하신다. 그러나 이것은 **그 자체로** 반드시 존재해야만 하는 어떤 존재(또는 모든 가능 세계들에서 존재하는 누군가)의 개념과 동일한 개념은 아니다. 우주론적

---

11 충족이유율에서 유래되는 논증들은 예외다.

논증의 결론은 하나님이 **논리적으로** 필연적인 존재라기보다는 하나님은 **사실적으로**(factually) 필연적인 존재라는 것이다. 즉 우주의 모든 사실들을 설명하기 위해서는 하나님의 기원적 사실성이 요구된다는 것이다.[12]

그렇지만 하나님은 사실적으로 필연적인 존재로서(우주의 설명 또는 원인으로서) 존재한다는 우주론적 논증의 결론은 논리적으로 필연적인 존재로서도 존재하는 하나님과 양립 불가능하지 않다. 논리적으로 필연적인 존재는 우연적 우주를 통해 그의 존재에 대한 증거를 제공할 수도 있다.[13] 따라서 우주론적 논증들은 러셀이나 칸트의 비판 때문에 흔들리지 않는다.

자 그러면 이제 우리는 우주론적 논증의 세 버전, 이름하여, 충족이유율(principle of sufficient reason), 칼람 논증(kalam argument) 그리고 빅뱅 우주론(big bang cosmology)을 탐색해 보도록 하겠다.[14]

2. 충족이유율과 하나님의 존재

어떤 우주론적 논증들은 라이프니츠가 구상한 개념들을 조정해서 사용하는데 기본적으로 충분이유율(the principle of sufficient reason)을 사용한다.[15] 이 원칙은 여러 형태를 갖게 되었는데 그 중 하나는 다음과 같다.

---

12 Ronald Nash, "Two Concepts of God," in *The Concept of God* (Grand Rapids: Zondervan, 1983); Anthony Kenny, *A New History of Western Philosophy* (New York: Clarendon, 2010), 744를 보라.
13 존재론적 논증과 우주론적 논증들에 대한 Kant의 비평을 위해서는 Michael Peterson et al., *Reason and Religious Belief*, 3rd ed. (New York: Oxford University Press, 2003), 89와 이 책의 10장을 참고하라.
14 내가 토마스학파(Thomist)의 우주론적 논증들을 제외한 것은 그 논증들이 불충분하다고 여겨서가 아니라 다음에 이어지는 논증들이 더 설득력 있고 현재 변증학에 더 적절하다고 간주하기 때문이다.
15 이 주제에 대해 가장 탁월하며 철저한 논의는 Alexander Pruss, *The Principle of Sufficient Reason* (Cambridge, MA: Cambridge University Press, 2006)이다. 그는 내가 여기서 다루는

1. 모든 우연적 개체(entity)에게는 왜 그것이 존재하는지에 대한 충분한 설명이 존재한다.
2. "존재하는 모든 것에는, 그것의 존재를 위한 이유가 있으며, 다른 존재들의 인과적 효과성(causal efficacy) 또는 존재하는 것 고유의 본성의 필연성에 의한 것이다."[16]
3. "완전한 의미에서의 충분한 이유를 통해 내가 의미하는 것은 어떤 특정한 존재의 존재를 위한 충분한 설명이다. 충분한 설명은 반드시 궁극적으로 총체적인(total) 설명이어서 그 설명에는 더 이상 어떤 것도 추가될 수 없는 것이다."[17]

이 원칙으로부터 우주는 자기 설명적(self-explanatory)이지 않고 우연적(contingent)임이 주장되었다. 만일 우주에 있는 모든 것이 우주에 있는 다른 것들에 의해 설명될 수 있다면 이것은 전체적인 우주를 설명되지 않은 채로 남겨둔다. 그러나 하나님은 전체 우주의 존재를 설명하신다. 그렇지만 하나님 자신은 자신 외부의 설명을 요구하지 않으시는데 왜냐하면 하나님은 영원하시고 자존하는 존재이시기 때문이다.

충족이유율은 스스로의 존재를 위해 하나님께 항상 의존해 왔던, 영원히 존재하는 우주와 양립 가능한 유신 논증들을 지지하기 위해 전형적으로 사용되어 왔다.

예를 들어, 리처드 테일러(Richard Taylor)는 우주는 우주 외부의 설명을 필요로 하지만 그것은 영원히 존재해 왔을 수도 있다고 주장한다. 그

것보다 훨씬 더 상세하게 그리고 더 많은 문제점들에 대해 언급한다. 그리고 그가 저술한 장(chapter), "The Leibnizian Cosmological Argument" in *The Blackwell Companion to Natural Theology*, ed. William Lane Craig and J. P. Moreland (Malden, Mass.: Wiley-Blackwell, 2009)를 보라.

16 Charles Taliaferro, *Contemporary Philosophy of Religion* (Malden, MA: Blackwell, 1998), 355.
17 F. C. Copleston, "A Debate on the Existence of God: Bertrand Russell and F. C. Copleston," in *The Existence of God*, ed. John Hick (New York: Macmillan, 1964), 173.

러나 우주는 그것의 존재를 위해 필연적인 존재에 매순간 의존한다.[18]

테일러는 충족이유율을 "이성 자체의 전제"(presupposition of reason itself)라고 칭해 왔다.[19] 버트란드 러셀(Bertrand Russell)은 우주가 "그냥 거기에"(just there) 있었고 어떤 설명도 필요하지 않다고 단언했다.[20] 스티븐 데이비스(Stephen Davis)는 자신은 유신론자이기 때문에 충족이유율을 고수한다고 주장했다. 유신론은 충족이유율을 정당화하지만 이 원리가 유신론을 정당화하지는 못한다. 따라서 충족이유율 자체는 우주로 시작해서 우주-창조주(cosmos-Creator)로 결론짓는 논증의 부분으로 사용될 수 없었다.[21]

전부는 아니지만 대부분의 유신론자들은 하나님이 존재하신다면 모든 만물에는 어떻게든 하나님으로 추적될 수 있는 설명이 존재함을 믿는다.[22] 그러나 혹자는 충족이유율을 고수하면서도 이 원리의 형이상학적인 함축(implications)을 즉각적으로 분별하지 못할 수도 있다. 혹자는 아무것도 이유 없이는 존재하지 않기 때문에 원칙상 모든 긍정적인 상태는 선행하는 이유들(antecedent reasons)에 의해서 설명될 수 있다고 주장할 수도 있다. 그럼에도 이 원칙을 전체적인 우주에는 적용하지 않을 수 있다. 확실히 러셀 같은 사람들은 이 원칙을 전체적인 우주에 적용

18　Richard Taylor, *Metaphysics*, 4th ed. (New York: Prentice Hall, 1992), 101.
19　Ibid., 108.
20　Copleston, "A Debate on the Existence of God," 175.
21　Stephen T. Davis, *God, Reason, and Theistic Proofs* (Grand Rapids: Eerdmans, 1997), 146. 이 책에 등장하는 Davis의 우려는 고려할 만한 가치는 있지만, "The Cosmological Argument and the Epistemic Status of Belief in God," *Philosophia Christi*, series 2, 1, no 1 (1999): 8-10에서 자신의 견해를 번복했다.
22　예외라면 하나님은 미래를 개방한 채로 두어서, 무엇이 일어날지 모른다고 믿는 유신론자들일 것이며 또 더 나아가 더 위대한 선을 개진시키지 못하는 불필요한 악들이 존재한다고 믿는 사람들일 것이다. 이런 종류의 악들은 하나님의 섭리(providence)나 예지(foreknowledge)에 근거해서는 설명될 수 없을 것이다. 비록 이 진영에 속한 유신론자들이 열린신학의 전체적인 세계관을 감안할 때 이런 종류의 악의 발생이 설명 가능하다고 주장할 수 있기는 하지만 말이다.

하는 것을 거절하지만 그렇다고 이 원칙을 전체 우주에 적용할 수 없다는 것을 반드시 수반하지는 않는다. 이는 어떤 사람들은 자연계 너머로 설명을 확대하는 것에 대해 둔감하다는 것을 단순히 보여주는 것일 수 있다.

게다가 우주와 관련해서 충족이유율을 거절하는 것의 형이상학적 함축은 우주는 무의미하다는 것이다. 문자 그대로 아무 설명도 없다는 것이다. 러셀이 진술했듯이 거기 그냥 있는 것이다. 그러나 이는 허무주의(nihilism)를 반드시 수반하는데 허무주의는 어떤 것도 궁극적인 의미가 없고 만물이 분명한 이유 없이 존재한다고 주장하는 세계관이다.[23] 하지만 이것은 대부분 받아들일 수 없고(unacceptable) 살기에 적합하지 않은(unlivable) 세계관이다.[24]

예를 들어, 우주를 위한 설명은 없다. 그리고 인간은 객관적이고 내재적인 가치를 소유한다고 하는 것은 비정합적(incoherent)인데 왜냐하면 허무주의 설명에 따르면 존재는 어떤 최종적인 설명 그리고 어떤 객관적이거나 내재적인 의미가 거세되어 있기 때문이다. 주관적인 의미들이야 풍부할 수 있겠지만 주관적인 의미들은 개인의 자아보다 더 깊은 어떤 것에 뿌리내리고 있지 않아서 다른 모든 것들처럼 설명될 수 없고 무의미하여 종국에는 소멸될 것이다.

더욱이 우주에 존재하는 어떤 것이나 그리고 모든 것에 대한 설명을 추구하면서(과학이 그렇게 하듯) 전체적인 우주에 대해서 설명을 찾지 않는 것은 독단적이고 임시변통으로 여겨진다. 특별히 신적인 설명들이 정합적이며 오랜 세월 동안 그렇게 많은 지성인들에게 주요한 믿음으로 여겨져 왔을 때는 말이다.

---

23 C. Stephen Evans and R. Zachary Manis, *Philosophy of Religion*, 2nd ed. (Downers Grove, IL: InterVarsity Press, 2009), 75. 궁극적 의미의 질문은 명료함(intelligibility)이 결여되어 있기 때문에 불안을 경험하지 않고도 무시할 수 있는 질문이라고 몇몇 무신론자들이 주장하는 것에 저자들은 주목한다.
24 나는 허무주의를 15장에서 언급한다.

우주를 위한 설명으로 하나님을 택하는 것의 대안은 충족이유율을 받아들이고 우주(universe 또는 Universe)²⁵ 자체가 필연적인 존재, 즉 자체 설명이 가능한 존재라고 상정하는 것이다. 그렇지만 이런 형이상학적 찬사는 전적으로 부당한 것이다. 우주는 우리가 필연적 존재, 자존하고 스스로 설명이 가능한 존재에게서 기대할 수 있는 것을 동일하게 기대할 수 있는 그런 종류의 대상이 절대 아니다. 물론 우리는 실제와는 다른 것으로 혹은 전혀 존재하지 않는 것처럼 우주를 상상할 수 있다.

우리의 질문인 왜 아무것도 없지 않고 무엇인가가 존재하는가?는 더할 나위 없이 우주에 걸맞는 질문이다. 그러나 만일 우주가 자족(self-contained)하고, 자명(self-explanatory)하며 그리고 자존(self-existent)한다면, 그런 질문은 근본적으로 부적절하다. 왜 무모순성은 진실된가?라고 묻는 것과 진배없다. 테일러는 다음과 같이 주장한다.

> 왜냐하면 우리는 세계에 대해서는, 그것이 고유의 본성에 의해 존재하는 것을 제안할 만한 것을 세계 속에 존재하는 부분들(in its parts)에서도 찾을 수 없듯이, 아무것도 찾아내지 못하기 때문이다. 우리는 세계에 존재하는 어떤 것에 대해서도, 그것이 소멸해야 한다거나 혹은 심지어 그것은 애초부터 결코 존재하지 말았어야 한다고 가정하는 것에도 일말의 어려움을 갖지 않는다. 우리는 세계 자체를 이렇게 가정하는 것에 대해서 어려움을 거의 갖지 않는다.²⁶

그렇기 때문에 이제 우리는 이 후건부정(*modus tollens*) 논증과 씨름해야 한다.

---

25 만일 우주가 필연적인 존재라면(물론 그렇지 않지만), 우리가 하나님을 대문자를 사용하여 영문 표기하듯 우주의 머리글자를 대문자로 표기하려 할 것이다-역주.
26 Taylor, *Metaphysics*, 105; Evans and Manis, *Philosophy of Religion*, 69도 참고하라.

1. 만일 하나님이 우주를 위한 충분한 설명이 아니라면 (a) 우주는 설명이 없거나(no explanation) (b) 우주는 자명하다(self-explanatory).
2. 우주를 위한 설명이 부재하지 않다(부재하다면 허무주의를 반드시 수반할 것이다).
3. 우주는 자명(self-explanatory)하지 않다(범신론).
4. 그러므로 하나님은 우주를 위한 충분한 설명이다.

이 논증은 확실히 타당하고 전제 1은 모든 다른 선택사항들(options)을 포함하여 다루기 때문에 논의의 여지가 없다. 전제 2와 3은 간략하게 변론되었으며 책 후반부에서 허무주의와 범신론의 문제를 다룰 때 더 언급하게 될 것이다. 충족이유율은 우주에 시작이 있다는 것을 요구하지는 않지만, 이 원리는 하나님을 필연적인 존재로서 우주의 존재를 위한 최선의 설명으로 제시한다. 하나님은 우주가 왜 순간순간 존재하는지를 설명한다. 그렇기 때문에 충족이유율은 유신론에 힘을 실어주고 창세기에 기술된 창조 사건에 대한 가능성을 열어둔다. 다른 우주론적 논증들은 무에서의 창조(creation *ex nihilo*)에 대해 거론한다.[27]

3. 칼람 우주론적 논증

칼람 우주론적 논증은 주로 중세 무슬림 신학자들에 의해 개발되었으며 기독교 신학자인 성 보나벤쳐(St. Bonaventure)도 이 논증을 승인했다.[28]

---

27 나는 두 타입의 우주론적 논증들(기원적 창조와 영원한 창조) 사이에 있는 차이점과 중복되는 부분을 "Metaphysical Implications of Cosmological Arguments," in *Defense of Natural Theology*, ed. James Sennett and Douglas Groothuis (Downers Grove, IL: InterVarsity Press, 2005)에서 논의한다.
28 칼람 논증의 역사에 대해서는 William Lane Craig, "Historical Statements of the Kalam Cosmological Argument," in *The Kalam Cosmological Argument* (1979; reprint, Eugene,

최근 수십 년간 스튜어트 핵킷(Stuart Hackett), 에드 밀러(Ed L. Miller), 윌리엄 레인 크레이그(William Lane Craig), J. P. 모어랜드(J. P. Moreland)와 다른 학자들이 칼람 우주론적 논증을 부활시켜 왔고, 강렬한 철학적 논쟁의 주제가 되어 왔다.[29]

이 논증은 토미스트 학파의 논증(Thomist arguments)처럼 형이상학적 개념인 우연성이나 필연성에 의존하지 않는다. 토미스트와 라이프니츠 형태와 달리 우주론적 논증은, 만일 성공적이라면 무에서의 창조라는 성경적 교리를 보장한다. 크레이그가 언급했듯이 논증의 형태는 간결하고 깔끔하다.

1. 무엇이든지 존재하기 시작하는 것에는 원인이 있다.
2. 우주는 존재하기 시작했다.
3. 따라서 우주에는 원인이 있다.

이것은 연역적 논증이다. 이것으로부터 크레이그는 다음을 주장한다.

4. 우주의 원인은 하나님이다.

OR: Wipf & Stock, 2000)를 참고하라.

[29] Stuart Hackett, "The Cosmological Argument: The Argument from the Fact of Particular Existence," in *The Resurrection of Theism: Prolegomena to Christian Apology* (1957; reprint, Eugene, Ore.: Wipf & Stock, 2009); Ed L. Miller, God and *Reason: A Historical Approach to Philosophical Theology* (New York: Macmillan, 1972), 47-49. Craig는 칼람을 많은 저술물들과 공개토론을 통해 변론해 왔다. *Reasonable Faith: Christian Truth and Apologetics*, 3rd ed. (Wheaton, IL: Crossway, 2009), 111-156. 그리고 훨씬 더 상세한 내용으로는 William Lane Craig and James D. Sinclair, "The Kalam Cosmological Argument," in *The Blackwell Companion to Natural Theology*, ed. William Lane Craig and J.P. Moreland (Malden, MA: Wiley-Blackwell, 2009), 100-201; J. P. Moreland, *Scaling the Secular City: A Defense of Christianity* (Grand Rapids: Baker, 1987), 18-42; J.P. Moreland, "Yes: A Defense of Christianity," in J.P. Moreland and Kai Nielsen, *Does God Exist? The Debate Between Theists and Atheists* (1990; Amherst, N.Y.: Prometheus, 1993)를 참고하라.

그러나 우리가 논증을 평가할 때에는 꼭 한 번에 한 단계씩 평가해야 한다. 크레이그는 첫 번째 전제를 명백히 논란의 여지가 없는 개념으로 받아들인다. 즉 "무에서는 아무것도 나오지 않는다"(ex nihilo nihil fit). 이것의 대안은 사물이 원인 없이 불쑥 존재하기 시작하는 것(pop into existence)인데 최대회의론자인 데이비드 흄도 그의 편지에서 이를 부인했다.

> 저는 '무엇이나 원인 없이 발생할 수도 있는 것이다'라는 그런 터무니없는 명제를 결코 단언하지 않았다는 것을 말씀드리고자 합니다. 저는 그 명제에 대한 우리의 확실성(Certainty)이나 거짓됨(Falsehood)은 직관(Intuition)도 아니고 증명(Demonstration)도 아닌 다른 근원(Source)에서 비롯되었음을 주장했을 뿐입니다.[30]

터무니없는 것이 아니라면 반직관적인 원인 없는(causeless) 사건의 개념을 이해하기 위해 흄의 인과관계 설명을 논쟁할 필요는 없다. 어떤 이들은 원인 없는 사건이 가능하다고 주장하는데 왜냐하면 그것을 상상할 수 있거나 마음에 그릴 수 있기 때문이다. 나는 아무것도 전혀 없는 무의 상태에서 내 앞에 테너 색소폰이 갑자기 나타나는 것을 **상상할 수 있**다. 그러나 이것은 내 마음에 존재하는 가능한 일련의 **이미지들일** 뿐이다. 그렇기 때문에 그것은 무에서 구체화되는 **사물들의 존재론적 가능성**에 대해 거의 침묵하거나 아무것도 말해 주지 않는다.

무신경한 사고실험(thought experiment)을 비판하며 엘리자베스 안스콤(Elisabeth Anscombe)은, 혹자는 원인 없이 존재하기 시작하는 토끼를 상상할 수 있겠지만 실제로 이 이미지(image)는 이를테면 그림의 제목에 지나지 않는 것이라고 논평한다. "'모순이나 불합리함 없이' 가정하는

---

30 David Hume, "To John Stewart," in *The Letters of David Hume* ed. J. Y. T. Greig (Oxford: Clarendon, 1932), 1:187.

것이 가능하다고 해서 현실에서처럼 그것의 결과로 뒤따르는 것은 아무것도 없다."[31] 어떤 것을 단지 마음에 그릴 수 있는 능력은 그것의 가능성이나 개연성을 확립하는 것에는 확실히 실패한다.

어떤 것이(색소폰이든 다른 것이든) 무에서 나온다고 말하는 것은(즉 원인 없이 존재하기 시작하는 것) "무"에 인과력(causal power)을 부여하지 않는 것이다. "무"에는 모든 인과력이 결여되는데 왜냐하면 무는 전혀 어떠한 속성도 소유하지 않기 때문이다. 이는 모든 본질(essence), 속성(properties), 자질(qualities) 또는 특질(attributes)의 철저한 결핍을 나타내기 위한 언어학적인 장치다. 무는 아무것도 아니다. 여기에서는 어떤 인과력도 기능하지 못한다.

이런 것에 비추어 볼 때, 존 로크(John Locke)는 정곡을 찌르는 말을 한다. "순전한 무가 두 개의 직각을 가진 이등변 삼각형일 수 없는 것처럼 순전한 무는 어떤 실제적인 존재도 산출해낼 수 없다는 것을 사람은 직관적인 확실성을 통해서 안다."[32] 그러나 빅뱅의 기원을 논의함에 있어서, 물리학자인 폴 데이비스는 물질은 "제로(zero) 에너지 상태로부터" 창조될 수도 있음을 주장한다.

> 에너지는 양 에너지와 음 에너지 두 가지 모두가 다 가능하기 때문에 이 가능성이 생긴다.[33]

데이비스는 음 에너지와 양 에너지가 합해져서 제로 에너지가 되는 상태를 생각하고 있다. 그리고 이 제로 상태에서 만물이 창조되었을 것이다. 그러나 그의 무에서 유를 생성해내려는 시도는 무(nothing)와 유

---

31 Elizabeth Anscombe, "'Whatever Has a Beginning of Existence Must Have a Cause': Hume's Argument Exposed," *Analysis* 3, no. 4 (1974): 150.
32 John Locke, *Essay Concerning Human Understanding: An Abridgmen*, ed. John W. Yolton, bk 4, chap. 10 (New York: J. M. Dent & Sons, 1961), 330.
33 Paul Davies, *God and the New Physics* (New York: Simon & Schuster, 1984), 31.

(something: 양 에너지와 음 에너지의 합이 제로가 되는 것)를 혼동한다. 빅뱅 이전에 무는(곧 살펴보겠지만) 속성을 소유할 수 있는 주체가 아니라 모든 속성들의 부재(absence)이다. 존재론적인 의미에서는 어떤 주체도 존재하지 않으며, 단지 문법적이거나 개념적 의미에서 주어를 갖는다. "제로 에너지"의 개념은 무의 상태(nothingness)를 교묘하고 오류적으로 존재화하는 것을 반영한다.[34]

"무에서 유"(something from nothing)가 가능하다고 하더라도, 그런 것을 위한 어떤 가능한 증거도 있을 수 없을 것이다. 왜냐하면 우리는 항상 그럴듯하게 사건에 원인을 귀속시킬 수 있기 때문이다. 그러하기에 우리는 사건을 **결과**(effects)로 간주한다. 우리는 다시 테너 색소폰의 예로 돌아가 보아야 한다. 만일 이 색소폰 출현(saxophonophany)이 발생한다면 나는 이 악기가 무에서 존재화했다고 가정하지 않을 것이다. 만일 환영이나 홀로그램을 배제할 수 있다면 나는 어떤 새로운 물질화(materialization) 기구가 내 방에 색소폰을 "방출했다"고 추론할 것이다. 아니면 아마도 초자연적인 존재가 색소폰을 물질화했을 것이다.

어찌 되었든지 간에 "어떤 것은 원인 없이 존재하기 시작할 수도 있다"고 하는 진술문은 가능성에 대한 다음의 네 가지 선택사항 중 하나에는 반드시 해당되어야 한다.

1. 불가능하다(말하자면, 필연적으로 거짓이다).
2. 가능하다. 그러나 그럴 가능성은 고도로 희박하다.
3. 가능하다. 그러나 칼람 논증의 첫 번째 전제(무엇이든지 존재하기 시작하는 것에는 원인이 있다)보다는 다소 가능성이 더 적다.

---

34 이 단락은 Moreland, *Scaling the Secular City*, 39-41에서 많은 신세를 졌다. Moreland는 "정체성의 is"와 "술어적 서술로서의 is"에 대해 상세하게 다루며 Davis와 다른 사람들이 빅뱅 이전의 무에 대해서 "술어적 서술로서의 is"로 본질적으로 그리고 잘못 생각하고 있음을 보여준다. 무의 상태(nothingness)를 존재화하는 오류에 대해 더 알기 원하면 Francis Schaeffer, *He Is There and He Is Not Silent*, 30th anniv. ed. (Wheaton, IL: Tyndale House, 2001), 6-7을 보라.

4. 불가해하다(Inscrutable). 그리고 그렇기 때문에 칼람 논증 전제 1의 비판으로서는 부적절하다. 왜냐하면 사물이 원인을 통해 존재하기 시작한다는 개념은 전적으로 이해 가능하고(즉 불가해하지 않다) 일상적인 관찰에 의지하는 것이다.

혹자는 아원자 입자들(subatomic particles: 원자보다 작은 입자-역주)이 무에서 갑자기 존재하기 시작했듯이 전체 우주도 그냥 그렇게 갑자기 존재하기 시작했을 것이라고 주장해 왔다. 그렇지만 존 제퍼슨 데이비스(John Jefferson Davis)는 그런 견해를 철저하게 비판한다.

> 양자-역학적(Quantum-mechanical) 사건들은 전형적으로 결정론적 원인들을 갖지 않을 수 있지만 그것 때문에 양자-역학적 사건들이 무원인적(uncaused)이거나 비인과적(acausal)이지는 않다. 핵의 붕괴는 핵 자체에 내재적인 물리적인 현실성(actualities)과 잠재성(potentialities)을 고려하여 양자역학의 법칙에 의해 지배받는 시공 결합체(nexus)에 관련하여 발생한다. 우라늄 원자들이 (그러니까 토끼나 개구리로가 아닌) 납(lead) 원자와 다른 원소들로 일관되게 붕괴하는 사실은 이런 사건은 비인과적이 아니라 인과관계와 법칙적 구조들(lawlike structures)이 호용하는 범위 내에서 일어나는 것을 보여준다. 따라서 그런 경우에 인과적 원칙의 타당성을 어느 정도 가정하는 것은 일리 있게 여겨진다. 하나님은 핵의 내재적 상태와 핵의 외부적인 환경 두 가지 모두와 핵을 지배하는 법칙을 알기 때문에 언제든지 "핵이 어떤 것을 막 하려고 하는 것을 보는 것이" 가능하다.[35]

---

35 Davis, *Frontiers of Science and Faith*, 55-56. 이 인용문을 소개해 준 Jeremy Green에게 감사를 전한다. 또한 Craig, *Reasonable Faith*, 114-115; Moreland, *Scaling the Secular City*, 38-39를 보라.

합법적이고 성공적인 논증 형태를 위해 지금 우리에게 필요한 것은 부정할 수 있는 것보다는 더 그럴 듯한 전제를 갖는 것이다. 그래서 나는 전제 1을 선호하지만, 이 우주론적 논증은 우리가 전제 2, 3 또는 4와 같은 덜 엄격하여 다소 설득력이 떨어지는 전제들을 대신 채택한다 하더라도 여전히 합리적으로 전진해 갈 것이다.

칼람 논증의 두 번째 전제는 (1) 실제적 무한(actual infinite)이 존재하는 것의 불가능함, 또는 (2) 실제적 무한을 횡단하는(crossing) 것(또는 가로지르기)의 불가능함에 근거한다. 이 전제는 우주가 시작없이(beginningless) 선형적인(linear) 사건들의 연속(실제적으로 무한한 사건들을 요구함)으로 이루어져 있다는 것을 부정한다. 실제적 무한(actual infinite)은 잠재적 무한(potential infinite)과 반드시 구별되어야 한다. 후자는 항상 증가하지만 결코 상한치(upper limit)에 도달하지 않는 연속이다.

찬송가 "나 같은 죄인 살리신"(*Amazing Grace*)의 4절은 이런 철학적 관점을 강조한다.

> 우리가 거기서 산 지 만 년이 되었을 때
> 해처럼 밝게 살면서
> 우리가 하나님을 찬양하도록
> 우리가 처음 시작한 날에서 하루도 줄지 않으리.
>
> When we've been there ten thousand years,
> Bright shining at the sun,
> We've no less days to sing God's praise,
> Than when we've first begun.[36]

아니면 끝없이 증가하는 수직선(number line)을 생각해 보라. 유한하게

---

36 John Newton, "Amazing Grace" (1772).

확장된 선의 부분이 무한히 이등분되는 것도 잠재적 무한의 또 다른 예이다. 잠재적 무한의 품목들은 수적으로 증가하지만 품목들의 총계는 항상 유한하다.[37]

그러나 실제적 무한은 완전하고 자급자족적(self-contained)이다. 모어랜드에 의하면, 실제적 무한은 "실제적으로 무한한 숫자의 구성원들을 갖는 완성된 전체로 간주되는 집합이다."[38]

실제적 무한에는 새로운 구성원들이 추가될 수 없다. 이것이 실제적 무한이 잠재적 무한과 구별되는 것이다. 그러나 이 개념은 문제를 발생시킨다. 만일 우리가 실제적 무한에서 뺄셈이나 나눗셈을 시도한다면 어떤가? 예를 들어, 만일 실제적으로 빨간 색과 파란 색의 책을 동량으로 갖는 무한한 숫자의 책을 보유한 도서관이 있다고 했을 때, 여기서 파란색 책을 모두 감하면 동일한(무한한) 수의 책들이 도서관에는 여전히 남게 될 것이다.

만일 우리가 전체에서 빨간 색 책을 감하게 되도 마찬가지로 참이 된다. 그러나 이것은 불합리하다. 유사하게 만일 우리가 자연수의 실제적 무한 집합에서 모든 홀수를 빼면 남아 있는 수의 합은 여전히 무한이 된다. 이것도 논리적으로는 수용하기 힘들게 여겨지는데 왜냐하면 개별적인 부분집합은 기수(基數: 집합의 원소의 수)가 전체 집합과 동일할 수 없기 때문이다. 달리 말해 어떤 것의 부분은 그것의 전체보다는 작아야 한다. 더 정확히 말하자면 직관적으로는 그렇게 여겨진다는 것이다.[39]

그러나 혹자들은 칸토어의 집합론(Cantorian set theory)에 나오는 무한의 개념에 호소해서 이 전제를 문제 삼으며 무한은 명확하게 정의된(well-defined) 역할을 감당하고 있으며 불합리에 이르지 않는다는 것이다. 두 가지 기본적인 대답이 적절하다.

---

37 Moreland, *Scaling the Secular City*, 22.
38 Ibid., 20-21.
39 Ibid.

첫째, 우리는 집합론에 나오는 실제적 무한의 이론적 개념이 수행하는 고유기능은 인정할 수 있겠지만 실제적 무한이 가능하지 않은 공간과 시간 속에서 발생하는 환경에서 이 이론적 개념은 유사하지 않다. 실제적 무한을 상정함으로 발생되는 역설들은 시공간 실재들(spatial and temporal realities)을 자주 필연적으로 포함한다. 그러므로 우리는 시공간 상의 실제적 무한 개념을 입증하기 위해 집합론을 사용할 수 없다.

크레이그는 칸토어의 이론은 모순없이 일관되지만 정신 외적인 실재에는 적용될 수 없다고 주장한다. 그 목적을 위해 그는 저명한 독일 수학자 데이비드 힐버트(David Hilbert)를 인용하며, 칸토어의 집합론의 진가를 인정하기는 하지만 그럼에도 불구하고 이렇게 주장했다. "무한은 실재(reality)의 어느 곳에서도 찾을 수 없다. 무한은 자연에도 존재하지 않고 합리적인 사고를 위한 합법적인 근거를 제공하지도 못한다. 무한이 감당하도록 남겨진 역할은 단지 개념의 역할뿐이다."[40]

둘째, 만일 실제적 무한이 어떤 이론적인 영역에서 존재한다고 해도 실제적 무한은 연속적인 합산(successive addition), 즉 증분적 단계들(incremental steps)을 통해 횡단될 수는(traversed) 없을 것이라고 칼람 지지자들은 주장한다. "천리길도 한걸음부터"(A journey of a thousand miles begins with a single step)라는 중국 속담이 있다. 그러나 이 경우에는 개별적인 걸음들이 모두 합쳤을 때 여정의 전체 길이를 이룬다. 다시 말하면 거리는 유한한 증분(increments) 또는 단계들(steps)의 확정된 수로 횡단될 수 있다. 천리길의 여정은 마지막 한 걸음으로 **종결되는** 것 또한 맞는 말이다. 그러나 실제적 무한을 횡단하는 것은 이러한 것과는 전혀 다른 문제인데, 횡단되어야 할 거리가 무한하기 때문이다.

우리는 하나에서 무한까지 또는 무한에서 하나까지 셀 수 없다. 항상 여행해야 할 무한한 거리가 있기 때문에 절대로 도착하지 못한다. 이

---

40 David Hilbert, "On the Infinite," in *Philosophy of Mathematics*, ed. Paul Benacerraf and Hillary Putnam (Englewood Cliffs, NJ: Prentice-Hall, 1964), 151. Craig, *Reasonable Faith*, 117에서 인용됨.

설명을 돕기 위해 생각실험(thought experiement)을 하나 해 보도록 하자.

트리스탐 샨디(Tristam Shandy)는 아주 느린 작가이다. 그가 자서전의 하루 분량을 기록하는 데는 일 년이 소요된다. 꼼꼼한(또 자아도취적인) 이 영혼은 그의 인생 이야기를 얼마나 많이 기록하게 될까? 그는 마무리 할 수 있을까? 아니면 따라잡을 수나 있을까? 그래서 그가 그 당시에 경험하고 있던 바로 그날에 대해서 기록하게 될까? 물론 그는 그렇게 할 수 없다. 샨디씨가 영원 전부터 저술하고 있었다고 하더라도, 그의 자서전은 그의 연대기적인 실제 연령에는 결코 도달할 수 없을 것이다.[41]

나는 집합론(set theory)에서 무한이 사용되는 것에 대해 언급한 바 있으나, 집합론이 모든 시간적 개념을 생략한다는 것을 이해하는 것이 흥미롭고 중요하다. 이는 실제적 무한은 결코 조금씩 또는 순간들이 모여 점진적으로 성취될 수 없다는 바로 그 이유 때문이다. 버트란드 러셀이 말했듯이 "무한한 계급들(classes)은 그 구성원들의 본질적인 속성들에 의해 한꺼번에 주어지며, 그렇기 때문에 '완성'(completion) 또는 '연속적 합성'(successive synthesis)의 가능성은 없다."[42]

만일 실제적 무한이 존재하지 않거나 횡단될 수 없다면, 이는 우주의 선형적인(linear) 사건들의 연속(series)은 반드시 유한해야 함을 의미한다.[43]

만일 연속이 유한하다면, 그것은 반드시 시작이 있어야 한다. 만일 그것에 시작이 있다면 연속의 원인은 반드시 우주 외부에 존재해야만 한다. 게다가 발생원인(originating cause)은 무한한 순간들 속에 절대로 존재해서는 안 되는데 왜냐하면 그것은 실제적 무한의 문제를 처음

---

41 Moreland, *Scaling the Secular City*, 23.
42 Bertrand Russell, *Our Knowledge of the External World*, 2nd ed. (New York: W.W. Norton, 1929), 170, Craig, *Reasonable Faith*, 124에서 인용됨.
43 즉 사건들의 연속은 시작이 있었지만 이 연속은 끝이 없다. 그런 경우에 우주 안에서 일어나는 사건들의 연속은 잠재적인 무한일 것이다.

부터 다시 시작하는 것이 될 것이기 때문이다. 그러나 인과적 연속(causal series)의 창시자(originator)는 자신의 존재가 연속적인 사건들(series of events)을 수반하는 것이 아니면 순간들의 실제적 무한을 겪어야 하는 것은 아니다. 이는 두 가지 중 하나로 이해될 수 있다.

크레이그는, 창조없이(without creation) 하나님은 비시간적(atemporally)으로 존재하고 창조와 더불어(with creation) 시간적으로(temporally) 존재한다고 주장한다(그는 "창조 전"[before creation]과 "창조 후"[after creation]라는 말을 사용하지 않기 위해 조심하는데 왜냐하면 이 진술문들은 선형적 연속을 필요로 하기 때문이다). 그렇지만 크레이그의 관점은 문제가 있어 보이는데 왜냐하면 이 견해에 따르면 시간은 창조와 함께 존재하기 시작하기 때문이고 개인은 창조 전 시간에 대해서는 말할 수 없기 때문이다. 대신 크레이그는 우주가 없는 하나님(여기는 시간이 존재하지 않음)과 우주가 있는 하나님(여기는 시간이 존재함)에 대해 얘기한다.[44]

그럼에도 불구하고 어떤 면에서는 하나님이 창조 전(before) 시간 속에서 존재하셨다고 생각하는 것이 가장 그럴듯하게 여겨진다. 사실 예수님은 "세상이 시작되기 전에"(요 17:5) 하나님 아버지와 교제하셨던 것에 대해 말씀하신다.

이 문제를 해결하기 위해 우리는 하나님의 존재를 창조 전에는 "상대적 무시간성"(relatively timeless)으로 간주하는 알랜 패짓(Alan Padgett)의 견해를 채택할 수 있다. 창조 이전 하나님의 존재는 순간들로 그 어떤 미분(微分, 이는 실제적 무한이 횡단되는 것을 요구함)도 필요로 하지 않는다. 왜냐하면 그런 시간적 미분(temporal differentiation)을 위한 필요조건들, 이를테면 물리적 객체들과 자연법칙들은 아직 존재하지 않았기 때문이다. 창조 이전에 하나님은 "순수지속"(pure duration)의 상태로 존재하셨다.[45]

---

44 Craig가 이것을 논의한 것 God and Time: Four Views, ed. Greg Ganssle (Downers Grove, IL: InterVarsity Press, 2001), 4장에서 참고하라.

45 Alan Padgett, "Eternity as Relative Timelessness," in God and Time: Four Views, ed. Greg

하나님은 우리가 그런 것처럼 "시간 속에서" 존재하지 않으신데 하나님은 시간의 제약을 받지 않으시고 시간이 모자라지 않으시고 특정한 시간대에 놓여 있지 않으시기 때문이다. 하나님에게는 지금 몇 시인가? 라는 질문은 "태양에서는 지금 몇 시인가?"라는 비켄슈타인의 장난끼어린 질문(trick question)과 비슷하다. 이 질문에는 정합적인 대답이 없다. 그럼에도 불구하고 태양에는 지속기간이 있다. 즉 태양은 존재하기 시작했고 태양의 흑점 등을 경험한다. 하나님의 영원한 삶은 태양처럼 그런 개별적인(discrete) 물리적 사건들로 구성되어 있지는 않을 것이다. 그럼에도 불구하고 하나님은 창조 이전에 순수지속의 상태에서 존재하셨고, 창조(이는 유한한 시간 전에 있었음) 이후로는 선형적으로 연속되는 사건들 속에서 하나님은 계속해서 존재하신다.

크레이그나 패짓의 견해에 따르면, 하나님의 삶은 실제적 무한의 문제에 영향받지 않으신다.[46] 그렇지만 만일 혹자가 하나님은 개체화된 순간들(individuated moments)의 연속 속에서 존재하신다고 주장한다면 하나님의 "나이"는 이를테면 실제적인 무한일 것이다. 만일 우리가 이 견해를 견지한다면, 우리는 칼람 논증을 활용할 수 없을 것이다. 왜냐하면 칼람 논증은 하나님 자체를 배제할 것이기 때문이다. 그럼에도 불구하고 창조 이전에는 신적인 시간성(divine temporality)을 견지하는(또 상대적 무시간성[relative timelessness]까지도 거부하는) 누군가는 다른 우주론적 논증들이나 빅뱅 우주론의 연구결과에 호소할 수 있을 것이다. 하나님의 존재에 대해 우주론적인 방식으로 논증하는 것은 단독적인 논증이 아닌 방대하고 확장된 논증군을 동원해 하는 것이다.

Ganssle (Downers Grove, IL: InterVarsity Press, 2001).

46 더 나아가 혹자는 하나님은 **절대적으로** 시간과 상관이 없다(창조없이 그리고 창조와 더불어)고 주장할 수 있다. 즉 하나님은 결코 시간적 관계들에 들어가지 않으신다는 것이다. 비록 나는 이 견해에 최소한의 관심만 갖고 있지만, 이 견해 또한 실제적 무한이 하나님 자신에게 역화하는(backfiring) 문제를 제거해 줄 것이다. Paul Helm은 이 견해를 현재 선두적으로 지지하는 사람이다. 그의 에세이를 *God and Time: Four Views*, ed. Greg Ganssle (Downers Grove, IL: InterVarsity Press, 2001)에서 참고하라.

그럼에도 불구하고 어떤 사람들은 하나님이 무한한 존재로 여겨지기 때문에(예를 들어, 능력, 지식과 지혜에 있어서 무제한적임) 이러한 속성들과 관련해서는 실제적 무한의 문제가 대두된다고 생각할 수도 있을 것이다. 비록 실제적 무한의 문제가 시간에 대한 하나님의 관계에 대해서는 대두되지 않는다고 하더라도 말이다. 하지만 크레이그의 설명처럼 실제적인 문제는 없다.

하나님의 무한함에 대해 우리가 얘기할 때, 우리는 수학에서처럼 부분들의 무한한 숫자의 집합체(aggregate)를 언급하기 위해 수학적인 의미의 무한 개념을 사용하는 것이 아니다. 하나님의 무한함은 말하자면 양적인 것이 아니라 질적인 것이다. 이는 하나님은 형이상학적으로 필연적이고, 도덕적으로 완전하시고, 전능하시고, 전지하시고, 영원하시다 등을 의미하는 것이다.[47]

4. 칼람 논증 평가하기

칼람 논증의 장점은 당대의 과학자들과 철학자들 사이에 풍미할 법한 그 어떤 우주론으로부터도 어느정도 자유롭게 기능할 수 있다는 것이다. 이는 칼람의 두 번째 전제(우주가 존재하기 시작했다는 점)는 현재의 물리적 우주론에 근거한 것이 아니라 실제적 무한이라고 하는 논리적 문제에서 파생된 것이기 때문이다. 어쨌든 현재로서는 칼람 논증의 두 번째 전제는 빅뱅 우주론에서 상당한 지지를 받고 있다. 그러나 만일 칼람 논증이 건전하다면, 경험적 과학으로부터 어떤 외부적인 승인도 요구하지 않는다.[48]

---

47 Craig, *Reasonable Faith*, 119. 신적인 무한함의 의미에 대한 집중적인 논의를 위해서는 Douglas Groothuis, *To Prove or Not to Prove: Pascal's Rejection of Natural Theology* (Ph.D. diss., University of Oregon, 1993)의 3장을 참고하라.

48 그러나 칼람 논증은 물리적/시간적 우주의 존재와 일련의 인과관계 개념을 필요로 한다.

또 다른 장점은 영원한 우주(하나님에게 항상 의존하는)와 양립 가능한 여타 우주론적 논증들과는 달리 칼람 논증은 핵심 성경 교리인 무에서의 우주창조를 확고히 한다(창 1:1; 요 1:1). 칼람 논증이 지난 25년간 세계 정상의 철학자들로부터 수많은 철학적 논의와 관심을 불러일으켜 왔다는 것이 또 다른 자랑거리이다.

그러나 명료한 구조에도 불구하고, 칼람 논증의 설명은 사고가들이 수학철학(집합론, 집합론과 실재와의 관계)에 관해서, 다양하게 이해된 무한의 본질에 대한 형이상학의 깊고 때로는 어두운(이해하기 어려워) 바다를 헤쳐나갈 것을 요구한다. 이 논증이 사람들 "마음에 들 수" 있겠으나(하나님의 존재를 위한 그의 많은 토론들에서 Craig는 이 논증을 매우 간결하게 제시한다),[49] 논증의 도전들을 유익하게 다루는 것은 다소 지속적인 철학적 주의력을 요구한다. 이는 논증의 심리적 힘(psychological force)을 감소시킬 수 있는데 왜냐하면 대다수는 장기간에 걸쳐 이런 정도의 열심을 내지는 않을 것이기 때문이다("형이상학적 증명"이 불신자의 마음에 큰 영향을 미치기에는 너무 추상적이라고 한 Pascal의 우려를 기억하라).[50]

철학에 훈련된 사람들도 무한과 그에 함축된 의미들을 성찰할 때에는 도저히 이해할 수 없을 정도로 난해함을 경험할 것이다. 그럼에도 불구하고 칼람 논증은 무엇이든지 존재하기 시작하는 것은 그것의 존재를 위해서는 반드시 원인을 갖고 있어야 한다고 하는 아주 강력한 전제를 내포한다. 비록 쿠엔틴 스미스(Quentin Smith) 같은 무신론자 철학자들은 모든 것은 원인 없이도 무로부터 존재하기 시작할 수 있다고 주장하지만(우주는 스스로가 원인이 되었다[self-caused]), 오히려 이는 빅뱅의 우주적 탄알을 피하지 못하고 울며 겨자먹기식으로 그것을 깨물 수밖에 없었던

---

49 Craig가 한 토론의 필기록(transcripts)과 비디오를 그의 웹페이지인 〈www.reasonablefaith.org〉에서 참고하라.

50 Blaise Pascal, *Pensées* 190/153, ed. and trans. Alban Krailsheimer (New York: Penguin, 1966), 86. 9장에서 전개한 나의 논의를 참고하라.

무신론자들의 궁여지책으로 보여질 뿐이다.[51]

그러나 실제적 무한이 실재에서(in reality) 존재할 수 있는가? 집합론의 도전은 바로 이 부분에서 칼람 논증에 실질적인 문제를 제기한다. 만일 어떤 것이 추상적으로는 논리적으로 정합적이라면 그것은 예시될 수 있는 것으로 여겨지겠지만, 불가능한 것들은(사각원과 같은) 가능하게 예시될 수 없다. 물론 우리는 집합론의 수학에서 역설을 창조하는 것을 시도하여 집합론을 원칙상 반대할 수 있다. 진부분집합(proper subset[모든 짝수들처럼])이 전체집합(entire set)과 동일한 수의 구성원들을 포함할 수 있다고 주장하는 것은 비직관적으로 보여진다.[52]

크레이그는 무한한 집합들은 수학세계에서 정합적으로 기능함을 인정한다. 그러나 무한까지 수를 줄이거나 무한까지 수를 늘려가는 예들과 기타 상황들에 대해서 그는 실제적 무한이 시공간 세계의 부분이 될 수 있다고 하는 주장에 도전한다.[53]

실제적 무한을 제외시키는 데 어떤 종류의 주저함이 있든지 간에, 실제적 무한의 순간들을 **하나씩**(piece by piece) **횡단하는 것**(traversing)은 훨씬 더 문제있어 보인다. 칼람 논증은 무한한 **지속**의 우주를 배제하는 것에 목표를 두고 있기 때문에 우주가 존재하기 시작했다는 것이 이 논증의 중심 전제이다. 만일 과거가 선형적인 사건들의 실제적 무한이라면, 현재는 결코 도래할 수 없다. 그것은 "물로 만들어진 사다리를 오르는 것"[54] 또는 "바닥없는 구덩이에서 뛰어나오는 것"과 흡사한 것이다. 우리는 또 이것을 아래로 내려가는 에스컬레이터와 동일한 속도로 거슬러

---

51 Quentin Smith, "The Uncaused Beginning of the Universe," in William Lane Craig and Quentin Smith, *Theism, Atheism, and Big Bang Cosmology* (Oxford: Clarendon, 1993).
52 이것은 J. P. Moreland의 전략이다. *Scaling the Secular City*, 19-22를 보라.
53 Craig, *Reasonable Faith*, 116-124.
54 "물로 만들어진 사다리를 오르는 것"(climbing a ladder of water)은 Cornelius Van Til의 말이지만 그는 우주론적 논증을 변론하기 위해 이 표현을 사용하지 않았다. 왜냐하면 그는 고전적으로 이해된 모든 자연신학을 극구 부정했기 때문이다. Cornelius Van Til, *The Defense of the Faith* (Philadelphia: P&R Publishing, 1972), 102를 보라.

걸어 올라가는 것에 비유할 수 있다. 어떠한 진전도 일어날 수 없다. 그러나 빅뱅 우주론을 통해 얻어진 과학적 증거를 통해 하나님의 존재를 위한 발전은 이루어질 수 있다. 그러면 이것을 살펴보도록 하겠다.

5. 창조의 과학적 확인: 빅뱅

크레이그와 다른 이들은 빅뱅 우주론을 위한 과학적 증거를 통하여 무에서의 창조를 위한 인식론적인 지지를 찾아 왔다. 여러 부류의 수렴하는 증거는 이 우주론을 확고히 세워 왔으며, 이 우주론은 140억년 전에 우주가 무에서 절대 기원(absolute origination)한 것을 요구하는 것으로 대부분의 사람들에 의해 해석된다. 저명한 물리학자인 스티븐 호킹(Stephen Hawking)은 "거의 모든 사람들은 우주와 **시간 자체**가 빅뱅과 함께 시작되었음을 이제 믿는다"[55]라고 말했다. 무신론자인 쿠엔틴 스미스도 우주의 첫 번째 사건 전에는 그 어떤 것도 전혀 존재하지 않았음을 빅뱅 우주론이 수반함을 받아들인다.[56]

빅뱅 우주론의 상승에 관한 자세한 이야기를 여기서 다루는 것은 가능하지 않지만, 대략적인 개요를 말해 보도록 하겠다.[57]

아인슈타인(Einstein)의 일반 상대성 이론(general theory of relativity, 1917)은 그가 상상했던 것보다 훨씬 더 많은 영향을 미쳤다. 그의 중력

---

55 Stephen Hawking and Roger Penrose, *The Nature of Space and Time*, The Isaac Newton Institute Series of Lectures (Princeton, NJ: Princeton University Press, 1996), 20, J. P. Moreland and William Lane Craig, *Philosophical Foundations for a Christian Worldview* (Downers Grove, IL: InterVarsity Press, 2003), 478에서 인용됨. 과학작가이며 천문학자인 Robert Jastrow는 *God and the Astronomers*, 2nd ed. (New York: Norton, 1992), 14에서 의견을 같이한다.
56 Quentin Smith, "Uncaused Beginning of the Universe," 120.
57 나는 대부분은 Jastrow에게 의존할 것이나 Moreland and Craig, *Philosophical Foundation*, 476-79도 참고하라.

이론은 팽창하지 않고 일정한 상태에서 존재하는 영원한 우주를 가정한다. 그러나 러시아 수학자인 알렉산더 프리드만(Alexander Friedmann)은 아인슈타인이 영(zero)으로 나눗셈을 하였을 때 그의 계산에서 초보적인 실수를 범했음을 발견하였다. 이것이 수정되었을 때 중력이론은 팽창하는 우주를 예측했다.[58]

프리드만과는 별도로 벨기에 천문학자인 조지 르매트르(Georges Lemaitre)도 본질적으로 동일한 사실을 찾아냈다.[59] 그때부터 수정된 이론은 다양한 종류의 증거에 의거해 확증되기 시작했다.

1929년에 천문학자 에드워드 허블(Edward Hubble)은 지구 주변에 분포된 12개의 은하계(galaxies)가 고속으로 우리로부터 멀어져 가고 있다고 한 베스토 슬리퍼(Vesto Slipher)가 남긴 관측 자료를 알게 되었다. 이것은 "적색편이"(red shift)로 표시되었으며 이는 "원거리의 은하계에서 일어나는 빛의 색깔의 변화로, 훈련된 눈에는, 가공할 만한 고속의 움직임으로 지구로부터 이탈하는 것을 알리는 것이었다."[60]

허블은 밀튼 휴매슨(Milton Humason)의 도움을 받아 거대 망원경을 사용하여 은하계가 등방적(isotropic) 방식으로 서로 멀어져 가고 있음을 확증했다. 따라서 팽창하는 우주를 더한층 확립하게 되었다. 이것으로부터 허블은 그의 유명한 팽창하는 우주 법칙(law of the expanding universe), 즉 슬리퍼가 이전에 예측했듯이 "은하(계)가 원거리에 있을 수록, 그것은 더 고속으로 움직인다"[61]를 공식화하게 되었다. 허블의 법칙 자체는 우주가 지금 팽창하고 있음을 증명할 뿐 우주가 항상 팽창하고 있었다는 것은 증명하지 못한다. 즉 허블의 법칙은 빅뱅을 위한 필요조건은 되지만 충분조건은 되지 못한다.[62]

---

58 Jastrow, *God and Astronomers*, 18-19.
59 Ibid., 32.
60 Ibid., 18.
61 Ibid., 32, 원문에서 강조됨.
62 Ibid., 54.

빅뱅의 입지가 강화되면서 일련의 과학자들은 빅뱅을 기반부터 무너 뜨리려고 하였다. 1940년대 후반기에 프레드 호일과 다른 두 명의 과학 자들은 "정상상태"(steady state)우주를 상정했는데 이 이론에 의하면 우주 는 늘 팽창하지만 그럼에도 영원하다. 이 이론은 우주의 빈 공간인 아무 것도 없는 곳에서 새로운 물질이 계속해서 창조될 것을 요구했다(철학적 으로 의심스러운 아이디어임). 그런 다음 천지가 개벽할 다른 발견 하나가 빅뱅을 더 확인해 주었고 정상상태 이론은 기껏해야 불안정한 이론이 되어 버렸다.

제2차 세계대전 말미에 세 명의 과학자들은 우주가 엄청난 폭발을 통해서 존재하기 시작하였다면, 이 사건은 강렬한 방사선(radiation)을 배출해냈을 것이라는 것과 그래서 감소되기는 하였겠지만 현재 우주에 여전히 존재할 것이라고 계산했다. 1965년에 물리학자 아르노 펜지아스 (Arno Penzias)와 로버트 윌슨(Robert Wilson)은 "(이미) 예측되었던 우주적 화구 방사선(cosmic fireball radiation)을 발견했고 그렇게 함으로써 500년 현대 천문학사에서 가장 위대한 발견 중 하나를 이루게 되었다."[63]

그들의 초기 연구결과는 더 한층 입증되었다.[64] 비록 빅뱅을 위한 설명은 확립되지 않았지만, 이제 빅뱅의 **발생**을 위한 필요조건과 충분조건 두 가지 모두가 확립되었다. 이것이 함축하는 것은 우주에 있는 모든 것은 기원적 "특이점"(singularity)으로 추적될 수 있으며 이 특이점으로 부터 만물은 갑자기 생기기 시작했다는 것이다. 두 명의 저명한 물리학자가 결론 내렸듯이, "이 특이점에서 공간과 시간은 존재하기 시작했다. 문자 그대로 이 특이점 이전에는 아무것도 존재하지 않았고, 그렇기 때문에 만일 우주가 이러한 특이점에서 기원되었다면 우리는 틀림없이 무에서의 창조(creation *ex nihilo*)를 갖게 되는 것이다."[65] 그러나 우주의 시

---

63 Ibid., 69.
64 Ibid., 69-72.
65 John Barrow and Frank Tipler, *The Anthropic Cosmological Principle* (Oxford: Oxford University Press, 1986), 442.

작을 위한 더 많은 우주적 증거가 존재한다.

또한 우주 안에 풍부하게 존재하는 헬륨(helium)도 빅뱅이 발생했다면 기대할 법한 것을 확인해 준다.[66] 별의 형성과 존속을 위해서 수소가 꼭 필요하다는 사실도 우주의 절대적인 시작의 증거가 되는데 왜냐하면 수소는 다 고갈되었고 과정 중에 다시 생성되지 않았기 때문이다. 이것으로부터 천문학자들은 과거로 더 되돌아갈수록 더 많은 수소가 있었을 것이라고 추론한다. "시계를 더 앞으로 돌리면, 천문학자는 우주에는 아무것도 없었고 수소만 있었던 시점에 도착하게 된다. 그곳에는 탄소, 산소 그리고 행성들과 생명을 구성하는 그 어떤 원소들도 없었다. 시간상이 점이 우주의 시작을 틀림없이 나타냈을 것이다."[67]

마지막으로 열역학 제2법칙은 우주의 시작을 강력하게 나타낸다. 열역학은 에너지 과학이다. 열역학의 제2법칙은 닫힌계(closed system)는 평형상태(state of equilibrium) 또는 엔트로피(entropy)의 경향을 갖게 된다고 진술한다. 즉 "우주는 최대의 무질서와 최소의 에너지 상태를 향해 비가역적으로(irreversibly) 움직인다."[68]

이 종점(endpoint)은 "열죽음"(熱死, heat death)이라고 알려져 있다.[69]

엔트로피는 철학적 개념인 우연성(contingency)의 경험적이고 물리적인 사례다. 우주의 현재 질서(우주의 사용 가능한 에너지의 집합)는 이전 상태의 에너지에 달려있고 그것 없이는 불가능하다. 이 우연적 관계는 철저히 선형적이고 비가역적이다.[70]

엔트로피는 시간이 경과하며 증가하지 감소하지는 않는다. 이런 사항들을 고려할 때 후건부정(modus tollens) 논증이 따르게 된다.

---

66 자세한 내용은 Jastrow, *God and Astronomers*, 79-81을 참고하라.
67 Ibid., 85.
68 Moreland, *Scaling the Secular City*, 34.
69 이것의 두 가지 버전을 Moreland and Craig, *Philosophical Foundation*, 478에서 참고하라.
70 다시 말해 초자연적인 개입이 없이는 그렇다는 것이다.

1. 만일 우주가 영원하고 에너지량이 유한하다면 지금쯤이면 열 죽음(heat death)에 도달했을 것이다.
2. 우주는 열죽음에 도달하지 않았다(여전히 사용 가능한 에너지가 있기 때문에).
3. 그러므로 (a)우주는 영원하지 않다.
4. 그러므로 (b)우주에는 시작이 있었다.
5. 그러므로 (c)우주는 첫 번째 원인(하나님)에 의해 창조되었다.

아니면 더 간단히 말해 무엇이든지 풀어지고 있는 것은 먼저 감겨졌음에 틀림없다.

G. C. 널리치(G. C. Nerlich)는 여덟 권으로 된 영향력 있는 『철학대백과』(Encyclopedia of Philosophy)를 저술하면서 이 논증을 세 문장으로 거부하였다고 엘튼 트루블러드(D. Elton Trueblood)는 말한다.[71]

> 그러나 이 논증은 유신론적 가설에 결코 힘을 실어주지 못한다. 이 논증은 이 법칙이 우리를 어떤 지점으로 이끌고 가지만 그 이상으로는 우리를 안내하지 않을 것이라는 것을 의미할 뿐이다. 이 논증은 최소의 엔트로피 상태가 초자연적인 원인을 갖는다는 결론에 대한 어떤 보증도 제공하지 않는다.[72]

그러나 만일 자연법칙이 우주의 시작을 나타내고 우주의 시작 너머로 우리를 안내하지 않는다면 그 시작은 다른 근거인 비자연적인(nonnatural) 근거에 의해 설명되어야 한다. 많은 과학자와 철학자들이 가늠하기 시작했듯이 자연적 설명이 바닥이 날 때는 "초자연적인 원인"(supernatural cause)이 온당한 후보이다. 다른 유일한 대안은 만물은 원인

---

71 D. Elton Trueblood, *Philosophy of Religion* (Grand Rapids: Baker, 1957), 102-105.
72 G. C. Nerlich, "Popular Arguments for the Existence of God," *Encyclopedia of Philosophy*, ed. Paul Edwards (New York: Macmillan, 1967), 6:410.

없이 무에서 나왔다고 하는 것이다. 이 개념은 내가 이미 앞에서 이의를 제기했다.

다른 이들은 전체로서의 우주는 엔트로피 경향을 갖지 않을 수도 있다고 주장하여 이 논증에 반론을 제기해 왔다. 위트로우(Whitrow)가 말했듯 "전체 우주에 엔트로피 개념을 공식화하는 것은 곤란하게 여겨질 뿐만 아니라 엔트로피의 법칙 증가가 이러한 규모로 적용된다는 증거가 없다."[73] 좀 더 철학적으로 말하면, 우주 안에서 쇠퇴해가고 있는 품목들로부터 전체 우주가 쇠퇴해가고 있다라고 하는 결론을 추론하는 것은 구성의 오류(fallacy of composition)를 범하는 것이다. 만일 깃털 하나가 가볍다고 해서 천팔백만 개의 깃털들을 합친 것이 가볍다는 것을 함축하지는 않는다.

마찬가지로 각각의 벽돌은 직사각형이지만, 벽돌로 된 담벼락은 직사각형이 아닐 수도 있다. 전체는 개별적인 각각의 부분들이 공유하지 못하는 새롭고 정반대의 속성을 띨 수도 있다. 따라서 우주의 부분들은 쇠퇴할 수 있으나 전체 우주가 그렇다는 것은 아니다. 만일 이것이 사실이라면 엔트로피가 우주에 시작을 필연적으로 수반한다고 하는 논증은 실패한다. 이 난항은 어떻게 해결될 수 있을까?

첫째, 열역학 제2법칙은 과학적인 법칙으로 알려져 있다. 즉 에너지 교환에 해당되는 모든 사례들을 포함하는 보편적인 또는 포괄적인 주장이다. 비록 열역학 제2법칙은 우주의 특정 부분들에 관련되어 있긴 하지만, 이 법칙은 우주의 모든 에너지 교환을 설명하기 위해 공식화되었다. 이 법칙의 범위가 우주적이라고 한다면 "전체 우주를 위해(Whitrow가 주장하듯) 이 법칙을 공식화하는 것은 어렵지" 않으며 전적으로 자연스럽고 적절하다.[74]

게다가 우주의 어떤 부분에서도 이 법칙이 중지되었거나 철회되었다

---

73 G. J. Whitrow, "Entropy," in *Encyclopedia of Philosophy*, ed. Paul Edwards (New York: Macmillan, 1967), 2:528.

74 Moreland, *Scaling the Secular City*, 37을 참고하라.

는 증거는 없다. 폴 데이비스(Paul Davies)는 이 점을 명확하게 표현한다.

> 오늘날 적어도 우리가 알고 있는 그 우주가 과거의 유한한 한 순간에 기원했다는 것을 의심하는 우주론자는 거의 없다. 우주가 어떠한 형태로든지 항상 존재해 왔다는 대안은 오히려 더 기본적인 역설과 맞닥뜨리게 된다. 태양과 별들은 영원히 연소할 수는 없고 머지않아 그들은 연료가 고갈되어 최후를 맞이하게 될 것이다.
>
> 모든 비가역적 물리적 과정에도 동일하게 적용된다. 우주 안에서 모든 비가역적 물리적 과정을 구동하기 위해 사용 가능한 비축 에너지는 한정되어 있고 영원히 지속될 수는 없는 것이다. 열역학 제2법칙이 전체 우주에 적용되었을 때는 우주가 최대 엔트로피 또는 무질서의 최후 상태를 향해 있는 퇴화(degeneration)와 붕괴(decay)의 일방통행 슬라이드에 꼼짝없이 갇혀 있음을 예측한다. 최후 상태에 아직 도달하지 못했기 때문에, 우주는 무한한 시간 동안 존재하지 않았을 것이라는 결론이 뒤따른다.[75]

그러나 엔프로피 논증은 구성의 오류를 범하는가? 구성의 오류는 어떤 것에는 적용 가능하지만, 모든 전체-부분(whole-part) 관계에 적용되지는 않는다. 이것이 그런 이유는 구성의 오류는 **형식적** 오류가 아니기 때문이다(전건을 부인하는 것과 같은 것으로, 전건부정 형식이 나타날 때는 어떤 물질적인 고려와는 상관없이 언제든지 거짓이다). 구성의 오류는 오히려 **비형식적** 오류로 특정한 물질적 요인들이 존재할 때만 성립된다. 많은 전체-부분 관계에서 구성의 오류는 발생하지 않는다.

만일 각각의 트럼프 카드가 종이로 만들어졌다면, 1톤의 트럼프 카드

---

75 Paul Davies, "The Big Bang-and Before," Thomas Aquinas 대학강의 시리즈에 제출된 페이퍼. Thomas Aquinas College, Santa Paula, Calif., March 2002, Copan and Craig, *Creation Out of Nothing*, 243-44에서 인용됨.

들 역시 종이로 되어 있을 것이다. 만일 각각의 벽돌이 공간을 차지한다면, 그렇다면 전체 벽은 공간을 차지하게 될 것이다. 이런 종류의 사례들에서 부분의 속성은 전체의 속성처럼 나뉘어진다. 따라서 구성의 오류가 범해졌는지의 여부를 위해서 그 어떤 맥락-독립적 규칙(context-independent rule)도 규정될 수 없다. 우리는 각각의 사례들을 참조해야만 한다.[76]

가산요인(Additive factors)이 전체에 적용되었을 때는 변종(transmutation)을 초래하지 않을 수도 있다. 가벼운 트럼프 카드 백만 개를 하나씩 더하게 되면 카드들은 한 벌을 이루어 무거워지겠지만, 카드를 더 하는 것이 한 벌의 카드를 비물질적으로(immaterial) 만들지는 않을 것이다. 엔트로피적 존재들로만 구성된 우주가 비엔트로피(nonentropy) 속성을 소유할 것이라고 생각할 만한 충분한 이유가 없다. 그러나 만일 우주가 보편적으로 엔트로피적이라면, 우주는 기원적 에너지의 근원이 우주 외부에 있을 것을 요구한다. 무한퇴행(infinite regress)을 피하기 위해서 우리는 엔트로피적 퇴행에 좌우되지 않는 제1원인을 추론해야만 한다.

6. 빅뱅과 강력한 반대의견

로버트 제스트로우(Robert Jastrow)는 다음에 주목했다. 즉 빅뱅 이론이 입지를 굳히기 시작하자 많은 물리학자들은 빅뱅이 함축하는 것들을 받아들이는 것을 꺼렸다. 왜냐하면 빅뱅 이론은 자연주의적 과학(naturalistic science)이 단언할 수 있는 것에 제한을 가했기 때문이다. 또한 빅뱅 이론은 과학의 암묵적인 자연주의에 도전했다.

아더 에딩턴은 1931년에 "나는 이 논의에 다른 속셈이 있는 것이 아니다." 허나 "시작의 개념이 내게는 혐오스럽다. 나는 사물의 현재 질서

---

[76] Ed L. Miller, *God and Reason* (New York: Macmillan, 1972), 56을 참고하라.

가 단지 쿵하는 소리와(with a bang) 함께 시작되었다는 것을 도저히 믿을 수가 없다. 팽창하고 있는 우주는 터무니없고 믿을 수 없고 내게 아무런 감흥을 주지 못한다"[77]고 저술했다.

독일 화학자인 월터 넌스트(Walter Nernst)는 "시간의 무한 지속을 부인하는 것은 과학의 기초를 저버리는 것이다"[78]라고 기록했다. 자신의 연구로 빅뱅 이론의 확인을 도운 카네기 천문대(Carnegie Observatories)의 알랜 샌디지(Alan Sandage)는 "그것은 정말 별난 결론이며 그것은 정말 진실일 수 없다"[79]라고 말했다. 빅뱅의 발전을 위해 길을 여는 데 공헌한 일반 상대성 이론으로 저명한 아인슈타인 자신도 팽창하는 우주의 아이디어가 "자신을 짜증나게 하며" 그리고 "그런 가능성을 인정하는 것은 무분별하게 여겨진다"고 말했다.[80]

더 최근의 예는 유명한 물리학자인 스티븐 호킹에서 찾아볼 수 있다. 표준 모형(standard model) 또는 "고온의 빅뱅"(hot big bang) 모델에 대해 심사숙고하면서 그는 이렇게 말한다. "왜 우주가 꼭 이런 방식으로 시작되었어야만 했는지를 설명하는 것은 매우 어려울 것이다. 우리와 같은 존재를 창조하기로 작정한 하나님의 행위인 것을 제외하고는 말이다." 그런 다음 호킹은 "이 어려움을 회피하기 위한" 시도인 알랜 구드(Alan Guth)의 "급팽창 모델"(inflationary model)을 언급한다.[81] 허나 만일 우리가 신적인 창조를 용납하면 아무 "어려움"도 없다.

제스트로우는 몇 가지 변증적 쟁점들을 조명하는 데 도움이 되도록 이런 종류의 진술문들에 대해 숙고한다.

    이런 반응에는 야릇한 감정과 감정의 울림이 있다. 사실 당신은

---

77 Arthur Eddington, Jastrow, *God and the Astronomers*, 104에서 인용됨.
78 Walter Nernst, Jastrow, *God and the Astronomers*, 104에서 인용됨.
79 Alan Sandage, Jastrow, *God and the Astronomers*, 104에서 인용됨.
80 Albert Einstein, Jastrow, *God and the Astronomers*, 20–21에서 인용됨.
81 Stephen Hawking, The *Theory of Everything* (Beverly Hills, Calif.: New Millennium, 2002), 107.

그러한 판단이 뇌에서 유래하기를 기대하겠지만 그 반응은 가슴에서 오는 것이다. 왜 그런가? 내 생각에 과학자들은 무제한의 시간과 돈을 들여서도 설명될 수 없는 어떤 자연현상의 생각을 견딜 수 없기 때문이다. 과학 속에는 종교와 같은 것이 있다. 과학은 우주에 질서와 조화가 있다고 믿는 사람의 종교다. 모든 사건은 어떤 선행하는 사건의 산출물로서 이성적인 방식으로 설명될 수 있다. 그래서 모든 결과에는 반드시 그것의 원인이 있어야만 하며, 제1원인은 절대 있을 수 없다. 아인슈타인은 "과학자는 우주적 인과관계에 대한 인식으로 사로잡혀 있다"[82]라고 기록했다.

이 "과학종교"는 그것의 형이상학적 자연주의에도 불구하고 우주는 질서정연하고 조화로운 장소라는 본질적으로 기독교 개념이며 과학혁명을 고무시켰던 개념을 유용한다.[83]

어쨌든 과학혁명 이후에 과학이 세속화되면서 과학은 그 어떤 것에 대해서도 신뢰할 만한 과학적 설명이 되는 하나님을 제거해 버렸다. 그러나 빅뱅 우주론의 경우에 데이터는 우주를 넘어서 태고적 실재(primordial reality)로 우리를 이끈다. 제1원인은 당면한 사실들을 위한 최선의 설명이다. 그럼에도 이 설명은 선험적으로 배제되었다. 제스트로우의 말처럼 만일 "모든 결과에 반드시 원인이 있어야 한다면 제1원인은 결코 존재할 수 없기 때문이다." 호킹에게 제1원인은 설명이 아니라 극복해야 할 "어려움"이다. 아인슈타인은 유신론자이긴 하지만 창조주나 제1원인을 믿지 않았고 오히려 "존재하는 것의 질서정연한 조화

---

82 Jastrow, *God and the Astronomers*, 105. David Berlinski도 *The Devil's Delusion: Atheism and Its Scientific Pretenses* (New York: Crown Forum, 2008), 81에서 빅뱅의 함축으로 인해 야기된 심리적 불편함에 대해 주목한다.
83 5장에서 이에 대한 토론을 참고하라.

속에서 스스로를 드러내는 스피노자의 하나님"[84]을 믿었다. 우리는 13장에서 과학의 방법론과 형이상학을 살펴보게 되겠지만, 일부 과학자들이 그들의 데이터에 들여오는 이런 종류의 불법적인 "형이상학적 거부권"(metaphysical veto)을 유념하는 것만으로도 충분하다.

7. 빅뱅 우주론의 위상

그렇다면 빅뱅 우주론은 얼마나 견고하게 확립되어 있는가? 어떤 이들은 우리가 변증학을 이런 빅뱅 우주론이나 여느 다른 과학 이론과 결부시키는 것을 기독교를 행운에 맡기는 것이라고 주장할 수도 있을 것이다. 왜냐하면 과학 이론들은 미래에 틀린 것으로 입증될 수 있기 때문이다. 세 가지 관찰로 이러한 염려들을 불식시켜야 한다.

첫째, 성경이 우주 안에 존재하는 객관적인 실재들을 향해 말하고 우주 자체는 하나님에 대해 증거한다고 주장하기 때문에(일반계시), 기독교인들은 과학 이론들이 어떻게 기독교 유신론에 연관되는지를 고려해야만 한다.

둘째, 빅뱅 우주론은 우주로부터 시작해서 창조주로 매듭짓는 유일한 철학적 경로가 아니다. 정상상태 이론이 우주론에서 각광을 받았을 때에도, 하나님의 존재를 위해 활용 가능한 견고한 **철학적**(philosophical) 논증들이 여전히 존재했다. 만일 빅뱅 우주론이 만물이 무에서 나왔다는 것을 수반하지 않는 어떤 다른 이론으로 대체된다고 하더라도 기독교인들(과 다른 유신론자들)은 다른 우주론적 논증과 다른 종류의 논증에 호소하여 그들의 유신론적 믿음의 합리성을 확립할 수 있다.

셋째, 빅뱅 우주론은 우주에 대한 신참(Johnny-come-lately) 이론이 아니니다. 빅뱅 우주론의 족보(pedigree)와 자격(credentials)은 거시적 과학 이

---

84 Stephen Hawking, The *Theory of Everything*, 21. Einstein은 Spinoza의 신학에 대해서는 부분적으로만 옳았다. Spinoza는 하나님과 자연이 하나라고 믿었고 하나님은 인격적인 존재가 아니라고 믿었다.

론에 한해서는 최고이다(예를 들면, 다원주의보다 훨씬 낫다). 빅뱅 우주론은 처음에는 난해한 방정식을 통해 예측되었지만 나중에는 다각적인 단계들의 증거를 통해 확증되었다. 그렇기 때문에 빅뱅 우주론은 결코 성경(Holy Writ)이 아니지만, 현재 널리 보급된 강력한 기존 이론으로 탄핵이 있을 법하지는 않다.

게다가 빅뱅 표준모델에 도전하는 몇몇 경쟁자들이 있긴 하지만 이들은 지나치게 추정적이며 경험적 지지가 상당하게 결핍되어 있다. 예를 들어, 진동우주론(oscillating universe theory)은 창조와 파괴의 순환적 과정을 지지하여 우주의 절대적 기원을 부인한다. 그러나 이 견해는 두 가지 두드러진 이유로 빅뱅 모델을 전혀 대신할 수 없었다.

첫째, 이 견해는 우주가 사용 가능한 모든 에너지를 고갈시킨 후에는 완전히 새롭게 적재된 버전으로(fully loaded version) 기적적으로 원래 상태로 "복귀한다"라고 주장하여 이미 알려져 있는 물리법칙들을 반박하기 때문이다. 이러한 것이 발생하는 것을 가능케 한다고 알려진 장치는 없다.

둘째, 우주가 "원래 상태로 복귀될 수" 있다손 치더라도 이 모델은 우주 안에 있는 물질의 분배와 관련하여 경험적 지지가 부족하여 빅뱅의 해석을 선호한다.[85]

잘 알려진 것처럼 스티븐 호킹은 빅뱅이 함축하고 있는 절대적 기원(absolute origination)에 도전장을 내밀었다. 우주가 처음 시작될 때 기원적 특이점(original singularity)은 절대적 기원을 필연적으로 수반할 것이기 기 때문이다. 그는 다음과 같이 말한다.

> 우주가 특이점이었던 시작이 있는 한, 우주는 외부의 행위주체에 의해 창조되었다고 혹자는 가정할 수 있을 것이다. 그러나 만일 우주가 아무 경계선이나 가장자리 없이 정말 자급자족적

---

85 이 논증의 세부사항을 위해서는 Craig, *Reasonable Faith*, 103-6을 참고하라.

이라면(self-contained), 그것은 창조도 파괴도 되지 않을 것이다. 그것은 그저 존재할 것이다. 그렇다면 창조주를 위해 도대체 어떤 여지가 존재한다는 것인가?[86]

그럼에도 불구하고 호킹의 비-특이점(no-singularity)모델은 전적으로 추측에 근거한 것이고 "허수시간"(imaginary time)[87]과 같은 매우 의심스러운 개념에 의존한다. 더구나 호킹의 이론은 『만물의 이론』(The Theory of Everything)에서 명료하게 설명된 것처럼 비실재론적(nonrealist) 접근법을 취하는 것 같다. "실시간"(빅뱅 특이점을 위해 필요함) 또는 "허수시간"(특이점을 피하기 위해 Hawking에 의해 발명됨)이 객관적으로 실재하는지에 대한 질문을 제시한 후에, 호킹은 이렇게 주장한다.

과학 이론은 우리가 관찰하는 것을 묘사하기 위해 우리가 만들어 내는 수학적인 모델에 지나지 않는다. 과학 이론은 우리의 마음에만 존재할 뿐이다. 그렇기 때문에, "실"시간 혹은 "허수"시간 중에서 어떤 것이 진짜인가?라고 질문하는 것은 아무 의미도 없다. 이것은 그저 어떤 것이 더 유용한 묘사인가의 문제이다.[88]

만일 호킹이 과학 이론의 실용적이거나 도구적인 견해만을 단순히 선택하고 있는 것이라면, 그는 우주의 객관적인 실재를 안다고 하는 모든 주장으로부터 자신을 제외시키는 것이다. 이런 기념비적인 사안들에 연루된 대부분의 과학자들은 결단코 이런 방식을 택하지 않는다. 대신 그들은 이론을 공들여 만들어 내고 데이터를 해석하여 객관적 실재에 일치시키려고 시도하거나 적어도 객관적 실재에 접근하기 위해서 애쓴다. 모든 이론은 "우리의 마음 속에 존재한다"고 하지만 흥미로운 질문

---

86 Stephen Hawking, The *Theory of Everything*, 126.
87 Craig, *Reasonable Faith*, 134-136을 참고하라.
88 Stephen Hawking, The *Theory of Everything*, 124-125.

은, 모든 이론이 우주에 대해 묘사하고 있다고 알려진 것처럼 그렇게 우주에 대해서 정확하게 묘사하는지의 여부이다.[89]

양자요동 모델(quantum fluctuation model), 혼돈급팽창 모델(chaotic inflation model), 양자중력 모델(quantum gravity model) 그리고 에크파이로틱 모델(ekpyrotic model)을 포함한 여러 가지 이론들이 빅뱅을 몰아내기 위해 논의 중이다. 그러나 빅뱅을 위해서 또 빅뱅에 반대하는 신흥 경쟁 이론들을 반박하기 위해서 상세한 논증을 펼친 후에 크레이그와 코팬은 이런 결론을 내린다.

> 표준빅뱅 모델에 대해 확신있게 말할 수 있는 것은, 이렇게 반복적으로 그것의 예측들이 확인되어 왔고, 이렇게 반증을 위한 시도를 통하여 확증되어 왔고, 이렇게 경험적 발견들과 일치되어 왔고, 그리고 이렇게 철학적으로 정합적인, 우주론적 모델은 지금까지 아무것도 없었다는 것이다.[90]

빅뱅 우주론이 현대 물리학에 견고한 기반을 다지게 되자 몇몇 과학자들과 철학자들은 만물이 무에서 나왔음을 인정하고 울며 겨자먹기식으로 우주적 탄알을 이에 물고 참고 있다. 정상상태 우주론과 진동 우주론은 혼란에 빠져 있으며 빅뱅 우주론을 위해 준비 중인 확실한 후계자가 없는 상태이다. 그렇기 때문에 어떤 이들은 만물이 무에서 나왔다는 사실을 우리가 용납할 수 있다고 주장하고 있는데 그럼에도 제1원인은 인정하지 않는다. 우주의 기원적 원인으로서의 하나님에 대한 불신은 무엇이든지 모든 것의 근원으로서 전혀 아무것도 아닌 것에 맹목적인 믿

---

89 Hawking의 하나님과 창조세계에 대한 관점에 대한 비평을 위해서는 William Lane Craig, "What Place, Then, for a Creator? Hawking on God and Creation," in William Lane Craig and Quentim Smith, *Theism, Atheusm, and Big Bang Cosmology* (Oxford: Clarendon, 1993), 279-300을 참고하라.

90 Copan and Craig, *Creation Out of Nothing*, 240.

음의 도약(blind leap of faith)을 하는 것으로 귀결된다.

안토니 케니(Anthony Kenny)는 이 문제를 이렇게 분별한다. "빅뱅 이론의 지지자는 적어도 그가 무신론자라면, 우주의 물질이 무에 의해서(by nothing) 무로부터(from nothing) 나왔다는 것은 반드시 믿어야 한다."[91]

우리가 모든 것은 원인 없이 무에서 나왔다고 상정하지 않는 한, 초자연적인 창조주가 빅뱅을 폭발시켰다는 것을 우리는 인정해야만 한다. 그럼에도 불구하고 몇몇 기독교인들은 방금 제시된 논증을 받아들이기를 꺼려한다.

8. 빅뱅의 용납을 주저하는 기독교인들

기독교인들은 생물학과 진화에 대한 격전을 선호하여 자주 우주론을 무시해 왔다.[92] 그러나 만일 누군가가 신적인 창조를 기원적인 기적(original miracle)으로서 합리적으로 확립할 수 있다면, 추후에 지구의 역사에서 신의 개입을 변론하는 것은 철학적으로 더 신뢰할 수 있게 된다. 만일 우주가 신의 기적으로(무에서의 창조) 시작되었다면 신의 기적이 더 있을 수는 없는 것인가?[93]

어떤 기독교인들은 빅뱅을 참패로 여겨 반대하는데 왜냐하면 빅뱅 우주론이 시사하는 수십억 년에 비해 우주가 훨씬 어리다고 성경은 가르치기 때문이다. 생물학자 커트 와이즈(Kurt Wise)는 빅뱅 이론을 "우주의 기원에 있어서 무신론적인 이론 중 가장 잘 알려진 이론"으로 언급하는데 왜냐하면 이 이론은 "하나님을 전체 그림에서 전적으로 제외시키

---

91 Anthony Kenny, *The Five Ways: St. Thomas Aquinas' Proofs of God's Existence* (New York: Schoken Books, 1969), 66.

92 Craig Sean McDonnell, "Twentieth Century Cosmologies," in *Dictionary of Religion and Science in the Western World*, ed. Gary Ferngren (New York: Garland, 2000), 365.

93 이것은 Norman Geisler의 생각인데 그가 이것을 어디에 기록한 것인지는 모르겠다.

기"[94] 때문이다. 우리의 논증을 감안해 보면 이 평가는 잘못되었다. 빅뱅의 거부는 두 가지 연관된 우려 때문에 부채질 되었는데 이 두 가지 우려 모두 충분히 대답될 수 있다.

첫째, 생명과 인간의 형성에 있어서 하나님의 적극적인 행위주체성을 보존하기 원하는 일련의 사람들은 빅뱅 우주론이 대진화(macroevolution)에 힘을 실어주는 것으로 간주하는데 빅뱅 우주론은 우주가 진화하도록 그토록 많은 시간을 할애하기 때문이다. 많은 기독교인들은 빅뱅 우주론이 대진화를 함축하므로 빅뱅 우주론과 대진화에는 상관관계가 있다고 간주한다. 그러나 이 추론에는 오류가 있다.

빅뱅 우주론은 대진화의 진리를 **확립하지 않는다**. 내가 13장과 14장에서 논하겠지만 대진화의 증거는 매우 빈약하고 생명을 창조함에 있어서 하나님의 개입(intervention)과 지시(direction)에 대한 증거는 상당히 강력하다. 우주의 엄청난 고대성은 대진화가 진실되기 위해 **필요조건**은 되지만, **충분조건**이 되지는 않는다. 우연과 자연법칙(하나님 없는)이 생명과 인간을 시작하기 위해서는 영겁의 시간을 필요로 하겠지만, 그런 자연주의적인 이론이 생명의 특정화된 복잡성(specified complexity)을 설명하기 위해서 다소 신뢰할 수 있는 진화 장치(evolutionary mechanism)도 공급해야만 할 것이다. 그럼에도 불구하고 증거는 단호하게 이를 반박한다.[95]

둘째, 빅뱅 우주론에 대한 또 다른 반대의견은 우주가 만 년 정도밖에 되지 않았다고 성경은 말하고 있다고 하는 믿음이다. 내가 모든 논

---

94 Kurt Wise, *Faith, Form, and Time: What the Bible Teaches and What Science Confirms About the Age of the Universe* (Nashville: Broadman & Holman, 2002), 89. Wise는 고작 세 페이지에서 빅뱅에 대해 비판하는데 대부분의 비판은 성경은 지구가 6000년 정도 되었고 또 우주는 그다지 늙지 않았다고 가르치는 것에 집중한다. 그의 책의 부제는 과학이 젊은 우주를 확증한다고 주장하지만 그는 "빅뱅 이론이 틀리지만 지금까지 어떤 젊은 지구 창조론자의 이론도 빅뱅 이론의 증거에 대안이 되는 설명을 제시하기 위해 준비되지 못했다"라고 진술한다(ibid., 90).

95 William Dembski, *No Free Lunch* (New York: Free Press, 2002)를 참고하라. 나도 이 내용을 14장에서 다룬다.

증들을 빠짐없이 검토해 볼 수는 없지만 몇 가지만 언급해 보는 것으로 충분할 것이다.

1. 창세기 1장에 나오는 날/하루라는 단어는 미확정적이거나 장기간의 시간을 의미할 수 있다.
2. 창세기에서 지구와 태양이 창조되기도 전에 날/하루라는 단어가 사용되었고 이것은 날/하루가 24시간의 기간이 아니라는 것을 시사한다(날들을 측량하는 것이 아직 존재하고 있지 않았기 때문이다).
3. 하나님의 안식인 일곱째 날은 성경에서 완료된 것으로 기록되지 않았다. 만일 하나님의 안식이 24시간보다 상당히 긴 시간이라면 다른 날들도 마찬가지로 상당히 길게 간주될 수 있을 것이다.
4. 육일 간의 창조 뒤에 이어지는 시간의 양은 성경적인 족보(genealogies)를 사용해서 그 연대가 추정될 수 없다. 왜냐하면 이 족보는 일목요연한 연표(detailed chronologies)가 아니기 때문이다. 이는 창조 "주간"(week) 동안 소요된 시간의 양과 창조 이후로부터 경과된 시간의 양을 산정하는 데 있어서 상당한 여지를 허용해 준다.[96]

그러므로 만일 성경이 젊은 우주와 지구를 요구하지 않는다면, 우리는 무로부터의 창조에 강력하게 힘을 실어주는 확고부동하게 정립된 대규모의 과학 이론 앞에서 그 점을 강조하지 말아야 한다. 이런 전략에는 신학적으로 바람직한 동기부여도 있다. 하나님은 성경(딤후 3:15-16; 벧후 1:20-21)과 자연(시 19:1-4; 참고 롬 1:20) 모두의 저자이시다. 그는 이 두 "책들"을 통해서 계시되셨다. 나는 올바른 변증적 전략은 과학 제도권에

---

96 Moreland, *Scaling the Secular City*, 214-220; Hugh Ross, *Creation and Time* (Colorado Springs: NavPress, 1994)을 참고하라.

서 수용된 견해들이거나 과학 제도권의 전통적인 견해들을 항상 두둔해야 하는 것이라고 주장하고 있는 것이 아니다(사실 나는 13장과 14장에서 과학 제도권은 다원주의의 설명력에 관해서는 틀렸음을 주장할 것이다).

그렇지만 (1) 만일 성경이 아주 오래된 우주(늙은 우주)에 대해 강력한 가능성을 열어둔다면 그리고 (2) 만일 빅뱅의 증거가 누적적(cumulative)이고 인상적이라면, 가장 중요하게 (3) 만일 빅뱅 이론이 핵심적인 성경적 교리인 무로부터의 신적 창조에 힘을 실어 준다면, 빈틈없는 변증가는 빅뱅 이론을 틀림없이 승인할 것이다.

9. 우주론적 논증의 하나님

만일 우주가 원인이 있어서 시작을 갖는다면, 내가 언급해 온 우주론적 논증들에 근거해서 이 원인에 대해서 알아낼 수 있는 것은 무엇인가? 성공적인 우주론적 논증들도 성경의 하나님으로부터 상당히 동떨어진 하나님에 이르게 된다고 자주 주장되어 왔다. 나는 이 논증을 다른 곳에서 좀 더 충분히 전개하였지만, 여기에서는 우주론적 논증은 단수적이고, 인격적이고, 불멸하며, 전능한 존재를 확증한다는 것을 간략하게 피력해 보도록 하겠다.[97] 혹자들은 우주론적 논증들은 하나 이상의 선행된 원인이 없는 존재를 허용한다고 주장해 왔다.[98] 이 다신론적인 가능성을 위축시키는 상호 강화적인 두 가지 대답이 있는 것 같다.

첫째, 이론적 기초에서 보면 설명에 관한 한 복잡성이 달리 보증되지 않는 한, 복잡성에 비해 단순성이 전형적으로 선호되어 왔다. 오캄의 면

---

97 Groothuis, "Metaphysical Implications of Cosmological Arguments"를 참고하라.
98 Dallas Willard, "The Three-Stage Argument for the Existence of God," in *Contemporary Perspectives on Religious Epistemology*, ed. R. Douglas Geivett and Brendan Sweetman (New York: Oxford University Press, 1992), 207. Willard는 선행된 원인이 없는 하나 이상의 존재가 왜 존재할 수 있는지에 대해 주장하는 것에 실패한다. 그는 단지 그것을 주장할 뿐이다.

도날(Ockham's razor)을 발동하기 위해서는 우리는 설명적 실체들을 필요 이상으로 배가해서는 안 된다. 따라서 결론은 다수의 실체들을 상정할 다소간의 결정적인 이유가 있지 않는 한, 우주의 원인이 하나 이상 존재한다고 하는 개념보다는 하나의 원인이 존재한다고 하는 것이 더 선호되어야 한다는 것이다.[99]

둘째, 다수의 창조자들을 거부하는 것은 성공적인 설계적 논증에서도 도움을 받을 수 있다. 스윈번(Swinburne)은 한 명의 설계자 대신에 다수의 설계자가 있을 수 있다고 한 흄의 반대의견은 우주의 규칙성과 단일성에서 좌초하게 된다고 주장했다. 우주는 다수의 유한한 설계자들이 아닌 한 명의 설계자에 근거했을 때 더 단순하고 탁월하게 설명된다. 여러 명의 설계자는 우리가 관찰하는 종류의 우주를 산출해내기에 필요한 정도까지 협력하기에는 역부족일 것이다.[100]

그러나 만일 우주에 단일한(single) 원인이 있다면, 그것은 아브라함, 이삭 그리고 야곱의 하나님처럼 인격적인 존재인가? 이 원인은 인격적이거나 비인격적일 것인데 왜냐하면 이 범주들이 가능성들을 총망라하는 것이기 때문이다. 그것이 무엇이든지 간에 비인격적인 원인은 성경의 하나님은 절대로 아닐 것이다.[101]

어쨌든 우주론적인 원인이 인격적이라는 강력한 사례가 있다. 만일 우주의 원인이 비인격적인 원칙, 즉 창조를 위한 단순한 필요충분조건의 집합에 지나지 않는다면 그 원칙은 창조하는 것을 선택할 수는 없을 것

---

99 혹자들은 여기서 이 논증이 일신교의 엄격한 단일 위격보다 더 복잡한 기독교 교리인 삼위일체에 질문을 제기할 수 있다고 염려할 수 있다. 하나님은 세 존재가 아니라 세 위격을 갖는 한 존재이시다. 삼위일체의 논리와 설명력은 10장에서 언급되었다. 삼위일체의 철학적 정합성에 대해 좀 더 도움이 되는 사고를 위해서 Thomas D. Senor, "The Incarnation and the Trinity," in *Reason for the Hope Within*, ed. Michael J. Murray (Grand Rapids: Eerdmans, 1999), 252-60을 참고하라.
100 Richard Swinburne, *The Existence of God*, rev. ed. (New York: Oxford University Press, 1991), 141-142. 나는 몇 가지 설계적 논증을 12장과 14장에서 제시한다.
101 우주의 비인격적인 시작(성경적인 하나님과는 대조되는)의 개념과 연관된 일련의 철학적이고 실존적인 문제를 위해서는 Schaeffer, *He Is There and He Is Not Silent*를 참고하라.

이다. 그러나 그것은 자동적으로 우주를 현실화(actualize)할 것이며 "그것의 결과(effect)없이는 존재할 수 없을 것이다."[102]

만일 그렇다면 원인과 결과가 공존할 것이기 때문에 우주는 영원할 것이다. 크레이그는 한 예를 들어 이를 설명한다.

> 예를 들어, 물이 얼게 되는 것의 원인은 온도가 영도 이하로 내려가는 것이라고 하자. 온도가 섭씨 영도 이하로 내려가게 되면 언제든지 물은 얼게 된다. 한 번 원인이 주어지면 결과는 반드시 따르기 마련이고, 만일 원인이 영원부터 존재한다면 결과도 영원부터 존재해야만 한다. 만일 온도가 영원부터 영도 이하에 머물러 있다면, 그 당시 존재하고 있던 물은 어떤 물이나 영원부터 얼게 될 것이다. 그러나 만일 우주의 원인이 영원히 존재했다면, 우주도 영원히 존재했을 것이라는 것을 함축한다. 그리고 우리는 이것이 거짓임을 안다.[103]

우주는 영원하지 않기 때문에 우주의 원인은 비인격적이지 않고 인격적이다. 그러나 혹자는 추상적인 객체들/개체들(추상물[abstracta]이라고도 칭해짐)이 우주의 출현 전에 존재했었기 때문에 그것들이 우주를 창조했다고 주장할 수 있다. 추상적인 객체들/개체들은 "숫자, 집합, 기하학적 도형과 같은 수학적 객체들, 명제, 속성 그리고 관계처럼 무시간적이고 무공간적이고 비물질적이다."[104]

그렇지만 추상적인 객체들/실체들이 시공간상의 물질적인 우주의 일

---

102 Craig, *Reasonable Faith*, 153.
103 Ibid.
104 "Abstract Entity" in *The Cambridge Dictionary of Philosophy*, ed. Robert Audi, 2nd ed. (New York: Cambridge University Press, 1999), 3-4. 추상적 객체들의 존재와 본성에 대해 더 알기 원하면 Moreland, *Scaling the Secular City*, 80-82; Paul Copan and William Lane Craig, "Creation Ex Nihilo and Abstract Objects," in *Creation Out of Nothing: A Biblical, Philosophical, and Scientific Exploration* (Grand Rapids: Baker, 2005)을 참고하라.

부가 아니며 시공간상의 물질적인 우주 없이 존재할 수 있기도 하지만 추상적 객체들/실체들은 비인과적이다. 왜냐하면 추상적 객체들/실체들은 행위주체가 아니기 때문이다. 따라서 추상적 객체들/실체들은 우주의 창조를 초래할 수 없다.[105]

철학자들 심지어 어떤 기독교 철학자들도 우주론적 논증에 의해 지원받은 하나님은 전능한 하나님으로 간주될 수 없다고 종종 주장한다. 우주론적 논증이 단언할 수 있는 것은 하나님은 우주를 야기시킬 수 있는 능력이 있다고 하는 것이 전부다. 그러나 이것은 전능함을 확립시키는 것에는 미치지 못한다.[106]

그렇지만 만일 어떤 존재가 인과적 필연성과 자존성을 소유하고 무에서의 창조를 초래했다면, 이 존재는 능력에 있어서 십중팔구는 무제한적일 것이라고 누구나 가능성 있게 주장할 수 있다. 이것은 두 가지 고찰에서 비롯된다.

첫째, 절대적인 기원(origination)이나 개시(initiation: 무로부터 존재를 야기시키는 행위[exnihiliation]라고 부름)—외부의 지원없이 한 개인의 유일무이한 행위로 무에서 전체 우주를 창조하는—의 행위보다 더 위대한 능력의 소모를 상상하는 것은 어려워 보인다. 따라서 한층 더 강력한 이유로(a fortiori), 무에서 존재를 야기시키는 존재의 능력은 논리 자체에 속한 것들을 제외하고는(이는 제한적 의미에서의 한계가 아니라 오히려 이해 가능성[intelligibility]과 현실성[actuality]을 위한 불변조건을 말하는 것임) 어떠한 한계도 허용하지 않을 것이다. 실생활에서 예를 들자면, 만일 한 역도 선수가 300파운드(136kg)를 가슴 위로 들어올릴 수 있다면, 다른 특별한 조건이 없는 한 그는 100파운드(45kg)도 들어올릴 수 있다.

---

105 Copan and Craig, "Creation Ex Nihilo and Abstract Objects," 168-70을 참고하라.
106 Stephen T. Davis,"The Cosmological Argument and the Epistemic Status of Belief in God," *Philosophia Christi*, series 2, 1, no. 1 (1999): 6; William C. Davies, "Theistic Arguments," in *Reason for the Hope Within*, ed. Michael Murray (Grand Rapids: Eerdmans, 1998), 25.

예를 들어, 만일 필연적 존재가 모든 영광 가운데서 우주를 무에서 창조해내며(그리고 내가 이미 주장했듯이 이 존재는 인격적이다), 그리고 만일 무에서 존재를 야기시키는 행위가 유일무이하고 필적할 데 없이 빼어난 능력의 발휘라면, 이 존재가 기적을 행사하거나 역사 속에서 희망했던 목적을 달성하거나 미래에 우주를 재창조할 수 없을 것이라고 믿을 하등의 이유가 없어 보인다. 게다가 이런 성취들이 전능함의 더 주된 요구조건들의 일부라면 말이다.

둘째, 무에서 우주를 창조하는 그런 존재는 유일무이하게 인과적으로 필연적이고 자존적(또는 비우연적)일 것이다. 왜냐하면 그런 존재만 우연적 우주의 존재를 선행하고 따라서 어떠한 외부의 요인들에 의해서도 제한을 받지 않기 때문이라는 것이다(비록 이 존재가 특정한 제한을 스스로에게 자유자재로 가할 수 있기도 하겠지만).

그런 비우연적 존재가 그의 비우연적 위상(status)을 상실할 수는 없을 것인데, 왜냐하면 정의상(by definition) 그런 비우연적 존재는 자신의 존재를 위해 자신 외부의 그 어떤 것에도 의존하지 않기 때문이다. 그렇다면 그 어떤 것도 그것의 존재를 위협할 수는 없을 것이다. 그리고 만일 이 교정 불가능한(incorrigible) 비우연적 존재가 무로부터의 창조를 하였다면, 이 존재가 창조 이후의 어느 시점에서든지 목표를 성취할 수 없도록 했을 법한 논리적으로 가능한 것은 아무 것도 없었을 것같아 보인다. 왜냐하면 무에서 존재를 야기시키고 자존하는 존재는 그가 우주를 만들어 내는 행위로 드러낸, 이미 최대한인 능력이 조금이라도 감소되는 것을 겪을 수 없기 때문이다.[107]

---

107 그러나 David Werther는 (개인적인 대화에서) 지적하기를 만일 하나님의 존재가 인과적으로 필연적이고(비 라이프니츠적[non-Leibnizian] 우주론적 논증에 의해 확립되었듯이) 또한 논리적으로 필연적이지 않다면 하나님의 존재는 그냥 주어진 사실(brute fact)이다. 즉 하나님은 존재하지 않았을 수도 있었지만 (우연히) 자존적 존재로 존재한다. 그럼에도 불구하고 만일 하나님이 단지 그냥 주어진 사실로만 존재한다면, 하나님은 존재하기를 중지할 수도 있을 것이다. Werther에 의하면 "전능함조차도 하나님을 원인 없는 사건에서 보호할 수 없다." 만일 그렇다면 하나님의 존재가 논리적으로 필연적이지 않다면 하나님이 존재

그렇다고 하더라도 어떤 의미에서 전능함은-처음에는 정의하는 것이 어려운 개념임-그 어떤 행동에 의해서도 절대적으로 입증되거나 예시될 수는 없다는 것이 인정되어야 한다. 왜냐하면 적어도 우리는 행위주체에게 결핍된 더 강력한 능력을 필요로 하는 다른 행동을 상상할 수 있기 때문이다. 어쨌든 내가 생각하기에는 크레이그의 견해는 정곡을 찌른다. "전체 우주를 무에서 창조할 수 있는 능력을 지닌 존재는 전능함을 위한 성경적인 요구조건에 부합한다. 그뿐만 아니라 교회 신학자들은 무로부터의 창조는 하나님께만 속하는 힘이라는 것에 지금까지 합의해 왔다."[108]

비록 전능함은 무로부터의 창조에 의해 논리적, 필연적으로 수반되었다고 하는 것은 너무 과한 주장을 하는 것 같기는 해도, 이 존재가 또한 전능하다고 주장하는 것은 이성적으로 정당화된 것처럼 여겨진다. 여하튼 여기 집결된 우주론적 논증을 감안할 때 그것은 이성적으로 보증된 믿음이다.

10. 다른 세계관들을 위한 우주론적 논증과 그 함축

만일 지금까지의 우리가 내린 우주론적 논증의 결론이 건전하다면 몇몇 세계관들은 지적인 위기에 처하게 된다. 만일 우주가 영원하지도 않고 무에서 갑자기 존재하지도 않았다면, 무신론은 명백히 논박되는데 왜냐하면 다른 유일한 대안은 신적인 창조이기 때문이다. 만일 우리가 창조의 책임을 신들의 위원회(committee of deities)에 회부하는 것을 배제

하는 것을 중단하는 것이 가능하다. 어쨌든 10장에서 하나님은 논리적 필연성에 의해 존재하기 때문에 하나님이 소멸할 위험은 없다. 칼람 우주론적 논증은 우주의 존재를 위한 하나님의 존재의 필연성을 확립한다. 존재론적 논증, 라이프니츠적 우주론적 논증, 도덕적 논증과 개념주의 논증은 하나님의 존재가 그 자체만으로 필연적임을 확고히 한다.

108 William Lane Craig, "Closing Remarks," in *Five Views of Apologetics*, ed. Steven Cowan (Grand Rapids: Zondervan, 2000), 323.

해 왔다면, 다신론 역시 고려에서 제외된다.

범신론도 거부되는데 왜냐하면 범신론은 우주가 필연적 존재라고 주장하기 때문이다. 허나 우리가 우주의 우연적 본성을 고려했을 때 이는 비논리적인 개념이다. 범신론은 또한 다음의 두 가지 주장 중 한 가지를 펼치는데 각 주장은 이 장에서 제공된 우주론적 논증에 의해 논박된다. 범신론은 (1) 우주는 순환적(cyclical)인 방식으로 발전하고 쇠퇴하는 우주의 영원성을 긍정하거나, (2) 물리적인 우주의 실재를 전적인 환상으로 거부하며 비인격적인 신만 실재한다고 한다. 범신론이 우주론을 진지하게 받아들일 때에야—우주론을 환상(maya)으로 일축하지 않을 때—범신론은 끝없이 긴 시간의 기간(유가[yugas])으로 구성된 영원한 우주를 견지하게 된다.

칼 세이건(Carl Sagan)은 무종교자인데도 "우주 자체는 헤아릴 수 없이 거대하며 실제적으로 무한한 횟수의 죽음과 윤회(rebirths)를 거듭하여 겪는다. 범신론이야말로 시간의 규모가, 의심할 여지없이 우연히, 현대의 과학적 우주론에 대응하는 유일한 종교이다"[109]라고 말하며 독특한 힌두 개념에 감탄했다(Sagan은 성경적 우주론도 장기간의 시간을 허용한다는 사실은 언급하지 않는다). 불교 우주론은 힌두 우주론과 다르기는 하지만, 절대적인 시작점 없이 무한한 인과적 퇴행(infinite causal regress)으로 구성된 영원한 우주를 마찬가지로 옹호한다.[110] 그렇다면 불교도 성공적인 우주론적 논증들에 의해서 제외된다.

그렇지만 우리 논증의 현 단계에서 (우주의) 창조주의 본성은 완전히 확인되지 않았다. 우리는 지금의 상황을 발송인 주소가 부분적으로만 나

---

109 Carl Sagan, *Cosmos* (New York: Random House, 1980), 258.
110 불교 우주론은 "의존적 발생"(dependent origination)이라고 불려진다. 이것은 (간단히) 존재물들은(오직 희미하게만 존재하여 비실체적 [지]점들로 간주됨) 결국 창조주가 아닌 다른 존재물들에 의존한다는 것을 의미한다. 이 내용이 설명되고 비평된 자료로는 David L. Johnson, *A Reasoned Approach to Asian Religions* (Minneapolis: Bethany House, 1985), 133-136이 있다. 또한 Keith Yandell and Harold Netland, *Buddhism: A Christian Exploration and Appraisal* (Downers Grove, IL: InterVarsity Press, 2009), 121-128을 참고하라.

와 있는 편지를 받은 것에 비유할 수 있다. 우리는 누군가가 어딘가에서 우리에게 편지를 보낸 것은 알지만 우리가 좀 더 알아야 하는 것이 있다. 유대교, 기독교와 이슬람은 모두 한 분의 인격적이고 전능하며 영원한 존재가 우주를 무에서 유발시켰다는 것을 긍정한다. 그럼에도 불구하고 이 종교적 전통들은 모두 창조주에 대해 상반되는 주장들을 펼친다.

게다가 뚜렷한 종교로 한 번도 입지를 공고히 하지는 못했지만 그럼에도 철학적 가능성인 또 하나의 세계관이 하나 있는데 그것은 이신론(deism)이다. 역사적으로 대개 이신론은 창조주의 개념과 기본적인 도덕 원칙을 위해 기독교에 기생해 왔지만, 이신론은 성육신, 삼위일체, 기적이나 특별계시의 필요성은 부인해 왔다. 이신론은 적어도 일반계시의 몇 몇 선언들은 수용하지만 그 단계에서 포기하며, 하나님의 도움 없이 인간의 이성에 의존해서 이신론의 유신적 세계관의 나머지 부분을 명확하게 표현한다.[111]

그러므로 우리는 단순히 우주론적 논증들에 근거해서만 전체적인 기독교 세계관처럼 풍요로운 어떤 것을 위한 주장을 펼칠 수 없음이 명백하다.

---

111 이신론의 설명과 비평을 위해서는 James W. Sire, "The Clockwork Universe: Deism," in *The Universe Next Door: A Basic Worldview Catalog*, 5th ed. (Downers Grove, IL: InterVarsity Press, 2009)를 참고하라. Norman Geisler and William D. Watkins, *Worlds Apart* (Grand Rapids: Baker, 1989), 147-186; John Henry Overton, *The English Church in the Eighteenth Century* (New York: Longmans, Green, 1906), 75-112. 고전적인 문헌으로는 Joseph Butler, *The Analogy of Religion* (1736) ⟨http://books.google.com/books?id=8YUBAAAAYAAJ&dq=intitle:Analogy%20intitle:of%20intitle:Religion%20inauthor:Butler⟩이 있다. 이신론의 간략하고 학문적인 해설적 논문으로는 Stephen P. Weldon, "Deism," in *The History of Science and Religion in the Western Tradition: An Encyclopedia*, ed. Gary Ferngren (New York: Garland, 2000), 158-160에서 참고하라. 여기 소개된 몇 가지 참고문헌을 소개해 준 Tim McGrew에게 감사한다.

12장

설계 논증

우주적 미세조정

1. 우리는 고아인가 아니면 우주의 시민인가?

세속적인 목소리들, 특히 과학 학계의 많은 사람들은 이렇게 소리높여 주장한다. 즉 인간들과 나머지 우주는 단지 시간, 공간, 물질/에너지, 비인격적인 법칙과 우연의 결과일 뿐, 아무것도 아니라는 것이다. 이것이 우리의 형이상학적 혈통(pedigree)이다. 우리의 우주적 환경은 우리를 염두에 두고 만들어지지 않았다.

이는 철학적 추측이 아닌 과학적 사실이라고 많은 과학자들은 선포한다. 세계적인 명성의 물리학자 스티븐 와인버그(Steven Weinberg)는 "우주가 이해 가능하면 할수록 그것은 더 무의미하게 여겨진다"[1]라고 말한 것으로 유명하다.

반대로 기독교 세계관은 우주가 설계하는 행위주체(designing agent)가 손수 만든 작품이라고 단언한다. 창조주는 무에서 만물이 존재하도록 초

---

1   Steven Weinberg, James Glanz, "Science at Work: Steven Weinberg; Physicist Ponders God, Truth and 'Final Theory,'" *New York Times*, January 25, 2000 ⟨www.nytimes.com/2000/01/25/science/scientist-at-work-steven-weinberg-physicist-ponders-god-truth-and-final-theory.html⟩에서 인용됨.

래했고 우주의 구조와 기능을 설계 제작했다.

> 여호와께서 그의 권능으로 땅을 지으셨고 그의 지혜로 세계를 세우셨고 그의 명철로 하늘을 펴셨으며(렘 10:12).

하나님은 우리가 분별할 수 있도록 피조세계(creation)에 그의 지문을 남겨 놓으셨다(시 8:3). 인간은 하나님의 형상과 모양을 따라 만들어진 하나님의 상징들이다.[2] 하나님은 인간들이 발전시키고 개발시킬 수 있도록 준비된 우리에게 안성맞춤인 세상 가운데 우리를 놓아 두셨다(창 1-2장). 우주는 **목적론적**(teleological)이다.

그러나 우주는 인간을 위해서만 만들어지지 않았다. 하나님은 인간을 창조하시기 전에 하늘과 땅에 존재하는 비인간적 피조세계를 "좋다"라고 선포하셨다. 모든 피조세계는 창조주의 영광을 위해 만들어졌고, 창조주는 피조세계를 향해 피조세계의 조물주(Maker)를 찬양하라고 명령하신다(시 148편). 인간이 창조의 유일한 목적이 아니기 때문에 우주 안에 존재하는 방대한 양의 무인공간(uninhabited space: "황무지")은 인간을 위한 하나님의 관심을 반증하는 것이라고 하는 무신론자의 논증들에는 설득력이 없다. 광활한 우주는 우리를 향하신 하나님의 돌보심 그리고 나머지 우주에 드러난 하나님의 영광, 이 두 가지와 양립 가능하다.[3]

현대과학의 사회기풍(ethos)은 우주, 즉 우주 위에 위치한 우리의 행

---

2 인간의 변증학적 중대성은 17-18장에서 거론될 것이다.
3 Victor Stenger, *God: The Failed Hypothesis* (New York: Prometheus, 2007), 154-161. 욥 38-41장은 비록 거대 우주(larger universe)에는 집중하지 않지만, 하나님의 영광이 비인간 세계에 계시된 것에 대해 말한다. 게다가 우주 어느 곳에서든지 생명이 존재하기 위해 광활한 우주는 상당히 필연적이었을 것 같다. Stephen Barr, "Why Is the Universe So Big?" in *Modern Physics and Ancient Faith* (Notre Dame, Ind.: University of Notre Dame Press, 2004); Guillermo Gonzalez and Jay Wesley Richards, *The Privileged Planet* (New York: Free Press, 2004), 272-274 and Hugh Ross, "Why Such a Vast Universe?" in *Why the Universe Is the Way It is* (Grand Rapids: Baker, 2008)에서 참고하라.

성과 우리의 자리가 결코 특별한 것이 아니라고 하는 주장을 유용(流用)한다. 이것은 "코페르니쿠스의 원리"(the Copernican Principle)로 불리워져 왔으며 거시적으로 보았을 때 코페르티쿠스의 태양 중심설이 지구를 특권이 있는 자리에서 옮겨 놓았다고 하는 신화적 사고에 근거한 것이다.[4]

그러나 버트란드 러셀과 다른 수많은 이들이 제기한 이 주장은 틀린 것이다.[5] 이는 코페르니쿠스 이전 우주론은 특권이 있는 위치인 우주의 중심을 지구에 허용했다고 하는 전설에 근거한 것으로(지구중심설), 이 견해는 지구가 태양을 회전했다는 것(태양중심설)이 명백해졌을 때 거부되었다. 사실 지구중심적 모델은 인간들을 중히 여기지 않았고 오히려 인간들은 더 완벽한 영역인 물리적 하늘에서 멀리 떨어진 곳에서 사는 것으로 여겼다.[6] 게다가 성경 어느 곳에서도 가치나 의미를 우주 속 위치와 연관짓지 않는다. 오히려 인간의 가치는 인간은 하나님의 이미지를 지닌다는 것에 근거한다.

2. 설계되었으나 타락함

실재(reality)에 대한 기독교의 설명은 (1) 우주는 설계되었다, (2) 설계의 신호는 명백하다 그리고 (3) 이러한 신호가 설계자(Designer)를 지목한다고 주장한다. 그러나 실재에 대한 기독교의 설명은 (4) 이 설계된 피조세

---

4 *Privileged Planet*에서 Gonzalez와 Richards는 코페르니쿠스 원리의 주요 과학적 예견이 실패했음을 제시하며 이 원리를 반박하는 논증을 일관되게 제기한다.
5 Bertrand Russell, *Religion and Science* (1935; reprint, London: Oxford University Press, 1961), 216. 8장에서 모든 우주적 목적에 반박하여 논한다.
6 C. S. Lewis, "Imagination and Thought in the Middle Ages," in *Studies in Medieval and Renaissance Literature* (1966; reprint, New York: Cambridge University Press, 1998)를 참고하라. 이를 소개해 준 Robert Velarde에게 감사하다. 성경은 우주에 있는 지구의 물리적 위치에 대해 어떤 도덕적이나 영적인 의미를 부여하지 않는다. 오히려 인간의 의미심장함은 하나님의 형상과 모양을 따라 하나님이 창조하셨다는 것에 근거한다(창 1:26).

계의 모든 구조들과 과정들이 지금 완전함을 내보인다고 주장하지는 않는다는 것을 반드시 주목해야 한다. 만일 우리가 기독교 세계관은 진실임이 입증되거나 거짓임이 증명되어야 하는 어떤 가설로 간주한다면 이 가설은 반드시 제대로 진술되어야 한다. 이 가설의 일부는 인간들과 그 주변 우주는 **하나님께 반대한 인간의 반항의 결과로서 타락했다**는 것이다(창 3장; 롬 3장).

왜 하나님은 타락이 발생할 세상을 창조하시고자 하는가에 대한 내용은 25장에서 다룰 것이다. 기독교는 자연 속에서 설계가 명백하게 있을 것을 예측하지만, 기독교는 죄와 타락에 훼손되지 않은 흠 없는 세상을 예측하지는 않는다는 점을 주지할 필요가 있다.[7]

이 장과 14장에서는 자연의 다각적인 단계들에는 설계에 대한 충분한 증거가 있어서 설계자(Designer)가 있음을 추론케 한다고 주장한다. 그렇지만 기형(deformity), 부패(decay)와 질병(disease)의 증거도 마찬가지로 존재하기에 설계가 최적에는 미치지 못함을 종종 나타낸다.[8] 따라서 설계자를 믿을 수 있는 충분한 증거가 있지만 완벽한 피조세계를 주장할 만큼 충분하지는 않다. 타락의 아이디어를 보증할 충분한 기형이 있지만 그것이 설계의 아이디어 전체를 완전히 훼손시킬 만큼 충분하지는 않다. 이런 이유로 우리에게는 자연의 창조와 타락 두 가지 다를 위한 증거가 모두 있다.

대안은 설계자가 없는 것이거나(아무것도 설명해 주지 못함) 그가 할 수 있는 것은 했지만 충분히 실행할 수 없었던 불완전한 설계자일 것이다. 자존적(self-existent)이고 최대적(maximal)이고 도덕적(moral) 존재를 산출해내는 우주론적, 도덕적 그리고 존재론적 논증의 성공은 위와 같이 맥 빠지게 만드는 가능성을 제거한다.[9]

---

7 특히 롬 8:20-23을 참고하라.
8 그렇지만 눈(eye) 혹은 쓰레기 DNA의 빈약한 설계와 같은 불량한 설계에 대한 비난은 논박되었다(13장을 보라).
9 13과 14장에서 추정된 설계 결함에 대해 더 논의하겠다.

설계에 돌입하기 전에 한 가지가 더 되풀이되어야 하겠다. 모든 유신론족 논증은 협력하여 기능하며 그것을 염두에 두고 평가되어야 한다. 설계 논증이 유신론이나 기독교 전체의 무게를 감당하는 것은 아니다. 우리는 이미 우주가 인격적이고 전능한 존재에 의해 창조되었다는 것을 믿을 수 있는 설득력 있는 이유들을 이미 제시하였다. 이는 어느 세계관에서나 아주 중대한 이슈인 우주적 기원에 대한 질문에 해답을 준다. 설계 논증은 무엇이 창조되었고 누가 그것을 설계했는지를 자세히 살펴본다.

3. 다른 설계 논증들

리처드 스윈번과 같은 철학자들은 설계로부터 비롯되는 강력한 귀납적 논증들을(inductive arguments) 제시해 왔다. 이 귀납적 논증들은 우리가 곧 살펴보게 될 미세조정 논증(fine-tuning argument)에는 의지하지 않지만 계절의 주기, 행성의 궤도, 색상의 스펙트럼, 자연세계의 아름다움 등과 같은 오랫동안 알려져 온 자연의 현상들을 동원한다.[10]

그는 우주의 복잡성(자연체계들에 관해), 규칙성, 단순성(기본법칙들에 관해)과 아름다움은 자연주의 가설보다는 유신론의 가설에 더 있음직한 것이라고 주장한다. 즉 자연에서 흔히 관찰되는 이런 양상은 지성이 없는(mindless) 자연주의적 과정들보다는 창의적인 지성(creative mind)에 의해 더 잘 설명된다는 것이다.[11]

이 논증들은 광범위하게 다양한 자연현상들에 호소하며, 치밀하게 구성되었고 상당히 설득력 있지만, 이 장에서 이 논증들은 우주론에서 최

---

10 Swinburne은 여러 곳에서 미세조정 논증도 마찬가지로 변론한다. 다음을 보라. Richard Swinburne, "Teleological Argument," in *The Existence of God*, 2nd ed. (Oxford: Oxford University Press, 2004); Richard Swinburne, "How the Existence of God Explains the World and Its Order," in *Is There a God?* (New York: Oxford University Press, 1996).

11 J. P. Moreland, *Scaling the Secular City* (Grand Rapids: Baker, 1987), 44-49를 보라.

신이며 매우 인상적인 연구결과들에 호소하게 될 것이다. 하지만 만일 우주적 설계자를 위한 미세조정 논증이 실패하거나 설득력 있지 않다면, 우리는 그것에 의존하지 않는 데이터로 우리의 논제를 전환해야 할 수도 있다는 것을 나는 덧붙이고자 한다.¹²

4. 설계 탐지

21세기 주요 무신론 철학자들 중 한 명은—기독교를 공개적으로 토론하는 것을 꺼리지 않는 자—설계자와 창조주의 증거에 근거해서 2007년에 무신론 포기를 선언하여 유신론자들에게는 기쁨을 주고 무신론자들에게는 끔찍함을 안겨주었다.¹³

안토니 플루(Anthony Flew)는 반세기를 무신론으로 살다가 유신론으로 개종한 이유를 그의 베스트셀러인 『하나님이 있다』(There Is a God)에서 공동저자와 더불어 연대순으로 기록하였다. 그가 "신적 근원"(divine Source)을 믿게 된 것은 "과학으로부터 나온" "세계의 그림"이 이런 조건들 속에서 가장 잘 이해되었기 때문이다.¹⁴ 플루는 믿음의 도약을 하지는 않았다. 그는 "논증이 이끄는 곳이면 어디든지 그곳을 따르기"¹⁵ 원하는 철학자로 한결같이 지냈다. 그러나 증거는 그를 자연의 창조주와 설계자에게로 이끌었다.

---

12 각주 10의 참고문헌을 살펴보라.
13 Anthony Flew는 William Lane Craig와 하나님의 존재에 대해 1988년 논쟁하였다. 이 내용은 책으로도 출간되었다(철학자들의 다양한 답변들과 함께). *Does God Exist? Craig-Flew Debate*, ed. Stan Wallace (Burlington, VT: Ashgate, 2003)에서 보라. 또 Flew는 Gary Habermas와도 그리스도의 부활에 대해 세 번 토론하였다.
14 Anthony Flew와 Ray Abraham Varghese, *There is a God* (San Francisco: HarperOne, 2007), 88. Flew는 기독교 유신론으로는 개종하지는 않았고 이신론과 유사한 것으로만 개종했다. 그는 2010년에 사망하였다.
15 Ibid., 89.

아무것이나(anything)-컴퓨터나 살아 있는 세포 혹은 전체 우주이든 아니든-그것이 설계되었다고 주장하는 것은 설계된 그것이 스스로에 대해서 설명할 수는 없음을 의미한다. 설계된 것의 특징은 그러한 특징을 초래한 책임이 있는 설계된 것의 외부에 존재하는 지적인 행위주체를 가리킨다. 우리는 손쉽게 그리고 빈번히 설계된 것과 설계되지 않은 것을 구별한다. 우리는 나무에서 떨어진 둥지와 나무 밑둥가에 있는 관목 덤불을 구별할 수 있다.

이 장과 그 다음 장에서는 설계를 확립하고 다른 설명을 배제하기 위한 방법으로 "설계 추론"(design inference)을 사용할 것이다. 설계 추론은 윌리엄 뎀스키(William Dembski)에 의해 엄밀하게 개발되어 왔다.[16]

그는 자연에서 설계를 탐지하기 위해 경험적 전략을 제시하는데 이 전략은 신중한 기준을 사용한다. 지적인 원인을 탐지하기 위한 방법은 다양한 과학의 영역, 즉 고고학, 법과학, 지적 재산권법, 보험청구조사, 암호학, 난수생성과 외계지적생명체탐사(SETI: Search for Extra Terrestrial Intelligence)에서 이미 수용한 방법이다.[17] 지적 설계(ID: Intelligent design)는 설계를 탐지하거나 설계가 허위임을 입증하는 이런 방법들을 단순히 사용하며 이 방법들을 자연과학에도 적용한다.

설계는 "설명필터"(explanatory filter)의 사용을 통해 탐지되거나 추론되며 이 설명필터는 우연과 필연성을 여과해내어 우연성, 복잡성과 특정성의 흔적을 점검한다. 어떤 사건이나 물체가 이 세 가지 요인들을 모두 나타내 보인다면 지적인 원인의 결과(비지성적이고, 물질적인 원인과 대조되는)로 산정될 것이다. 각각의 요인이 단독으로는 필연적이지만 설계에는 불충분한 조건이다. 그러나 만일 이 세 가지 요인이 전부 존재한다면 이 삼중의 묶음(threefold cluster)은 설계의 필요충분적인 지표가 된다.

---

16 William Dembski, *The Design Inference: Eliminating Chance Through Small Probabilities* (New York: Cambridge University Press, 1988). 그의 아이디어는 *No Free Lunch* (Lanham, MD: Rowman & Littlefield, 2002)에서 더 개발되었다.

17 Dembski, "Introduction," in *Design Inference*.

뎀스키에게 있어서 만일 어떤 사건이나 물체가 자연법칙에 근거해서 설명될 수 없다면, 그 사건이나 물체는 **우연적**이다. 다시 말해 그 사건이나 물체가 자동적인 과정(automatic process)으로 설명될 수 없다면 그렇다는 것이다. 예를 들어, 뎀스키는 소금 결정은 화학법칙으로 묘사된 화학과정에 근거해서 설명될 수 있다고 말한다. 따라서 뎀스키의 말대로라면 소금결정은 우연적이지 않다. 그렇지만 복잡하게 세공된 은그릇을 자동적으로 기능하는 자연법칙에 근거해서 설명할 수는 없다. 우리는 은그릇이 지적인 행위주체에 의해 구상되었다는 것을 은그릇의 속성으로부터 추론한다. 자연법칙들이 우연적 사건에 영향을 미치기는 하지만(중력은 장소 설정에 영향을 미친다), 자연법칙들이 우연적 사건들에 대해 속속들이 설명할 수는 없다.[18]

복잡성(Complexity)은 확률의 한 형태이다. 복잡성이 크면 클수록 사건이나 물체가 우연히 발생했을 확률은 더 작아진다. 즉 지적인 인과관계 없이 발생했을 확률이 더 작아진다는 것이다. 그러나 뎀스키는 다음을 지적한다.

> 복잡성 자체는 우연을 제거하고 설계를 지적하기에는 충분하지 않다. 만일 내가 동전을 1000번 던진다면 나는 고도로 복잡한(또는 발생확률이 거의 불가능하다고 할 수 있는) 사건에 참여하게 되는 것이다. 사실 내가 동전을 던지는 연속적인 수열은 10의 36승 분의 1(trillion trillion trillion…)이 될 것이며, 이 생략부

---

18 우리는 또한 자연법칙의 존재가 설계 설명(design explanation)을 요구한다고 주장할 수도 있다. 자연법칙이 전혀 존재하지 않을 수도 있었음과 자연법칙의 우주적 범위와 규칙성을 감안했을 때 말이다(Swinburne의 "목적론적 논증"[Teleological Arguments]을 보라). 그러나 Dembski의 설계 필터는 제거적 귀납(eliminative induction)에 의해 탐지 가능한 어떤 종류의 설계를 표방한다. 우연과 자연법칙이 어떤 것을 충분히 설명할 수 없을 때, 설계가 남아 있는 대안이다. 그렇기 때문에 설계 필터는 설계를 인식하기 위한 충분한 조건이지만(긍정오류[false positives]가 있어서는 안 된다), 그것이 필연적이지는 않다(부정오류[false negatives]는 있을 것이기 때문에).

호에는 "조"(trillions)가 22개 더 들어가야 한다. 그럼에도 불구하고 이렇게 연속적으로 동전을 던지는 것이 설계 추론을 유발하지는 않을 것이다. 비록 복잡하기는 하지만 이 동전의 연속은 설계를 탐지하기에 적합한 패턴을 내보이지는 않을 것이다.[19]

결과적으로 우연성과 복잡성은 설계를 위해 필요하지만 설계를 위한 충분한 지표는 아니다.

설계 탐지의 마지막 요인은 **특정성**(specificity) 또는 **특정화**(specification)이다. 만일 어떤 물체나 사건이 설계 필터(Design filter)를 성공적으로 통과하기 위해서는, 그 물체나 사건은 그것의 단지 낮은 발생확률과는 별개로 어떤 패턴을 반드시 내보여야만 한다. 다시 말해 비개연적이고 우연적인 요인들은 반드시 사전에 **특정화되어야지**, 사건의 사실 이후에 **조작되어서는** 안 된다.

만일 당신이 7미터 가량 떨어진 곳에서 헛간 측면을 겨냥해 작은 화살을 무작위로 던진다면, 화살은 얼마든지 다양한 장소에 떨어질 수 있다. 이런 측면에서 보면 화살이 떨어지는 곳은 비개연적일 것이다. 만일 당신이 화살이 착지한 곳 주변에 과녁의 중심을 물감으로 그린 다음에 당신이 얼마나 정확하게 화살을 잘 던질 수 있었는지에 대해 논평한다면, 이는 뎀스키가 특정성이 아닌 조작이라고 인정하는 것이 될 것이다. 그렇지만 화살을 던지기 전에 헛간에 과녁의 중심을 물감으로 그리고 던지는 사람이 과녁을 명중하게 된다면, 그 결과는 특정화된 것이다. 특히 명중이라는 결과가 반복된다면 이는 행운이 아닌 기술을 나타낸다. 반면에 우연과 필연성은 임의로 던져진 화살의 도착지를 충분히 설명할 수 있다.[20]

19　William Dembski, "Science and Design," *First Things*, October 1, 1998. 또한 Discovery Institute's Center for Science and Culture 〈www.discovery.org/a/62〉에서 찾아볼 수 있다.
20　지적인 행위자가 화살을 던졌다는 사실은 여기서 부적절한데 왜냐하면 행위주체가 벽 위에 있는 특정화된(specified) 목표를 명중시키기 위한 던지기 행동에 어떤 특정한 의도도 적

설계 필터는 자연세계에서 "특정화된 복잡성"(specified complexity)의 사례들을 찾아내는 것을 시도한다. 특정화된 복잡성은 지성의 표지이다. 따라서 그것은 우연과 필연성의 요인들로 환원될 수 없다. 전체 우주 안에서뿐만 아니라(이 장의 주제) 세포와 세포정보 내용과 같은 미세체계(microsystem) 내에서도(14장에서 다룸), 설계 필터는 다음과 같은 구조를 갖는다.

1. X는 설계되었거나 우연의 결과거나 자연법칙의 결과거나(자주 필연성이라고 칭해짐)[21] 또는 우연과 자연법칙의 결합이다.
2. X는 우연 또는 자연법칙 또는 두 가지를 결합한 결과가 아니다.
3. 그러므로 X는 설계의 결과이다.

따라서 우리는 설계가 X와 관련된 모든 국면들에(중요한 것은 어떤 것도 빠뜨리지 않고) 대해 우연이나 자연법칙보다 더 잘 설명한다는 것을 이성적으로 결론 내리거나 추론할 수 있다. 간단한 예를 들어보자.

러쉬모어산(Mount Rushmore)을 방문하게 되면, 바람과 비로 인한 침식작용의 패턴으로 미국 대통령들의 얼굴이 나타나게 된 것이 아니라고 우리에게 알려줄 필요는 없다. 자연법칙과 우연은 러쉬모어산 주변을 에워싼 산비탈에 대해 설명할 수 있겠지만, 대통령들의 얼굴들은 (1) 그것들의 우연성, (2) 그것들의 복잡성과 (3) 대통령들의 얼굴들의 각각 특정화된 패턴을 고려하면 그렇게 설명될 수 없다.

하지만 혹자들은 설계 이론자들이 충분한 자연주의적 설명을 산출해

용하지 않았기 때문이다. 즉 행위주체는 헛간 벽의 특정 부위를 적중시키기 위해 시도하고 있었던 것이 아니다. 우리는 무작위적이며 기계적으로 화살을 던지는 사람을 등장시키는 것으로 예시에 변화를 줄 수 있을 것이다.

21 이는 **논리적** 필연성이 아니라 **물리적** 필연성이다. 자연을 지배하는 법칙에 따라 발생하는 것을 말한다. 또한 이 법칙은 자연법(natural law)과도 반드시 구별되어야 하는데 이 자연법은 특별계시와는 별개로 양심을 통해 알려질 수 있는 도덕적 진리들을 말한다.

내는 대신에, 초자연적인 설명에 도움을 청하는 것인 "틈새를 메우는 하나님"(God of the gaps: 과학으로 설명할 수 없는 부분, 즉 틈새[gap]를 하나님의 행위로 메워서 설명하는 경향을 비판할 때 사용하는 표현이다-역주)이라는 실패한 전략을 활용한다고 주장하며 원칙적으로 설계 설명을 거부한다. 다시 말해 틈새를 메우는 하나님은 결국 물리적 세계에 대한 우리의 무지를 은폐하기 위해 일종의 기계장치로 내려온 신(deus ex machina: 라틴어로 "기계장치의 신"이라고도 하며 고대 그리스 연극의 절정에서 갑자기 혹은 석연치 않게 신이 기계 장치를 통해 등장하여 갈등을 해결하는 것을 의미한다-역주)으로서 하나님을 들여와서 일련의 현상들을 설명하려 한다는 것이다.

아이작 뉴튼은 신적인 인과관계(divine causation)를 상정해서 그의 행성 운동 이론들에 존재하는 일련의 틈새(gaps)를 설명하고자 한 것으로 유명하다. 그러나 이런 신적인 설명은 더 많은 정보와 개선된 이론 모델의 진전으로 이전의 무지를 다룰 수 있게 되자 나중에는 필요없게 되었다.

이런 종류의 이야기들은 자연주의 과학적 설명은 물리적 세계 너머의 요인들에 의존하여 설명하는 그 어떤 설명도 항상 능가한다고 하는 과학적 담론(narrative)을 구성하기 위해 활용되어 왔다. 그렇지만 이 과학적 담론은 어리숙하며 자연주의에 치우쳐서 논점선취의 오류(begs the question)를 자주 범한다. 신적인 개입을 요구하는 설명이 자연법칙에 호소하는 설명으로 충분히 대체되어 오긴 했지만, 이 대체가 신적인 설명이 자연현상을 위한 더 나은 설명일 수도 있다고 하는 가능성을 배제하지는 않는다. 사실 우리가 곧 보게 되겠지만 우주론과 생물학을 위한 자연주의적 설명들은 점점 더 궁색하고 근거가 약해지고 있다.

이 이슈에 대해서 더 많은 것들이 논의될 수 있겠지만, 여기서는 설계 추론은 자연세계에 대한 **무지**에 근거한 것이 아니라 자연세계에 대한 **지식**에 근거한 것이라고만 말해 두겠다. 특히 최근 물리학(미세조정)과 생물학(세포와 DNA의 본성)에서 일구어낸 발견들을 감안하면 더욱 그렇다.²² 설계 설명을 원칙적으로 거절하는 사람들은 자연주의에 치우쳐서 논점선취의 논리적 오류를 범해 왔다. 만약 그렇다면 그들의 자연주의적 이론들은 반증(counter-evidence) 앞에서 자연주의적 이론들이 허위라고 입증하는 것이 불가능해지고(unfalsifiable) 불침투적이(impervious) 된다. 이러한 자질은 도저히 과학철학의 이론적 미덕이라고 할 수 없는 것이다.

13, 14장들은 살아 있는 유기체에서 설계를 삭제하려고 하는 다원주의자들의 시도 그리고 특별히 생물학에 응용된 설계 추론을 위한 논증들과 반대하는 논증들을 각각 논의할 것이다. 이 장은 우주 전체의 미세조정을 조사할 것이며, 따라서 하나님의 존재, 지성과 지혜를 드러내게 될 것이다.

5. 미세조정 설계

전반적인 우주의 특정한 상태는 체화된(embodied) 인간의 삶을 가능케 하는 정교하고 미세조정된 요인들의 앙상블을 드러낸다.²³ 이런 요인들을 "인류지향적 동시발생들"(anthropic coincidences)이라고 칭한다. 인류지향적 동시발생들은 우리가 아는 생명체의 존재를 위한 필요조건이며 모든 것은 면도날 위에서 균형을 유지하고 있다.²⁴ 이러한 요소들이 자

---

22 John Lennox, *God's Undertaker: Has Science Buried God?* (Oxford: Lion, 2007), 168-71을 참고하라. William Dembski, "Argument from Ignorance," in *The Design Revolution* (Downers Grove, IL: InterVarsity Press, 2004); Moreland, *Scaling the Secular City*, 205-207.
23 나는 체화된 인간의 생명을 강조하는데 왜냐하면 육체가 없는 이성적인 생명(천사, 마귀, 하나님 그리고 죽음 이후의 영혼과 부활 전의 영혼)이 논쟁의 관심사가 아니기 때문이다. 이성적인 생명은 물리적 요인이 미세조정되지 않아도 존재할 수 있기 때문이다. 체화된 인간 생명이 강조된 이유는 우리가 이 논증에서 주로 다루는 것이 비인간적 생명이 아니기 때문이다. 만일 우주의 몇몇 특징만 달랐어도 비인간 생명의 형태가 가능했을 수도 있다.
24 Richard Swinburne과 같은 유신론적 진화론자는 이러한 동시발생들은 생명과 종(species)을 위한 필요충분조건이라고 주장한다. 나는 이 견해를 14장에서 비판할 것이다.

연주의 세계관과 조화될 수 있겠는가?²⁵

빅뱅 우주론이 우주의 절대적인 시작을 위한 자격(credentials)을 집결하기 시작한 지 수십 년이 지난 후에, 유사한 함축을 지닌 어떤 것은 우주의 기본적인 물리적 조건을 연구하는 과학자들 사이에 적지 않은 동요를 일으키기 시작했다. 지구의 조건은 모든 생명체와 인간을 위해 독특하게 맞추어져 있었다고 유신론적 변증가들은 자주 주장하곤 했었다.²⁶ 그러나 아주 최근에야 과학자들은 우주에서 인간의 생명이 발생하기 위해서는 얼마나 많은 변수들이(variables) 반드시 정확하게 설정되어야 하는지를 발견했다.²⁷

이러한 발견들은 빅뱅 시나리오와 일치하는데 왜냐하면 이 발견들은 우주가 생명체에 조금이라도 도움이 되기 위해 반드시 갖추어야 하는 우주의 초기 조건들과 관련 있기 때문이다. 그러나 먼저 서론적인 반대 의견을 대면할 필요가 있다.

과학철학자인 브래들리 몬톤(Bradley Monton)은 미세조정 논증들은 과학적 전문성(technicality)에 시달린다고 지적한다. 하나님의 존재를 위한 다른 논증들과는 달리, 개인이 물리학에 정통해 있지 않는 한, 전문가들에 의해 제기된 우주적 미세조정에 대한 주장들을 평가하는 것은 꽤 난해하다.²⁸ 이것은 맞는 말이지만 논증들을 실격시킬 필요는 없다. 우리는 쟁점이 되는 주제들에 대한 결론에 도달하기 위해 자주 전문가의 증언에 호소한다. 물리학의 특이사항들(particularities)에 대한 우리의 이성적

---

25 나는 범신론이 이러한 요인들에 대해 설명할 수 있는지에 대해 이 장의 말미에서 간략하게만 언급할 것이다. 왜냐하면 유신론의 선두적인 경쟁자는 자연주의지 범신론이 아니기 때문이다.

26 Jimmy H. Davis와 Harry Lee Poe, "The Custom-Designed Home," in *Designer Universe* (Nashville: Broadman & Holman, 2002).

27 특히 Brendon Carter, "Large Number Coincidences and the Anthropic Principle in Cosmology" in *IAU Symposium 63: Confrontation of Cosmological Theories with Observational Data* (Dordrecht: Reidel, 1974), 291-298에 게재된 것이 중요하다.

28 Bradley Monton, *Seeking God in Science* (Boulder, CO: Broadview, 2009), 81.

인 확실성은 이 주제에 대한 우리의 지식에 따라 다르겠지만, 학문적인 의견은 우주는 생명체를 위해 미세조정되었다는 주장을 선호한다.

미세조정되었다는 글귀는 중립적인 묘사로 이슈를 유신론적 또는 비유신론적 해석으로 선입견을 갖게 하지 않는다. 미세조정이라 함은 우주의 다양한 국면들은 긴밀하게 조정되어 있고 인간의 생명을 가능하게 한다는 것을 단순히 의미할 뿐이다. 물리학자 스티븐 바는 미세조정을 옹호하여 저술한 11명의 저명한 물리학자들을 열거하는데 거기에는 스티븐 호킹(Stephen Hawking), 마틴 리스(Martin Rees)와 스티븐 와인버그(Steven Weinberg)가 포함되어 있다.[29] 그럼에도 불구하고 어떤 사람들은 동의하지 않는다.[30]

극도로 회의적인 다중우주 이론(mutiverse theory, 나중에 설명됨)이 미세조정에 대한 선정된, 비유신론적 설명이라는 사실은, 물리학자들이 우주가 주의깊게 미세조정되었다는 것에 일반적으로 동의한다는 주장에 신빙성을 부여한다. 그렇지 않다면 그들은 설계자 없는 우주을 설명하기 위해서 그토록 거창한 이론 만들기에 의존할 필요가 없을 것이다.[31]

설계의 증거를 검사하기 전에 한 가지 비유가 도움이 될 것이다. 화성(Mars)에서 발견된 생명체를 위한 자기 폐쇄적 생명권(self-enclosed biosphere)을 생각해 보라. 통제실에서 우리는 생명을 허락하는 환경이 되도록 각 다이얼의 눈금들이 정교하게 설정되어 있는 계기판을 발견한다. 꼭 적당한 만큼의 열, 산소, 습기, 공기압 등이 있어야 거주민들이 생존할 수 있는데 외부의 환경은 생존을 가능케 하지 않기 때문이다.

그 누구도 이 생명권이 지적인 사고와 행위능력 없이 그냥 출현했다고, 이 생명권은 자연법칙과 우연한 사건들로만 설명될 수 있을 것이라

---

29 Stephen Barr, *Modern Physics and Ancient Faith* (Notre Dame, IN: University of Notre Dame Press, 2004), 139.

30 Victor J. Stenger, *God: The Failed Hypothesis: How Science Shows That God Does Not Exist* (Amherst, N.Y.: Prometheus, 2007), 147-157을 참고하라.

31 William Lane Craig in *God? A Debate Between a Christian and an Atheist* (New York: Oxford University Press, 2004), 62를 참고하라.

고 추론하지 않을 것이다. 만일 그렇다면, 즉 생명을 지지하기 위해 우리의 우주 전체가 물리적 가치의 광범위하고 심오한 범위 전역에 걸쳐 미세조정된 것을 우리가 발견하게 된다면 우리는 얼마나 더 많이 설계를 추론할 수 있게 될까? 확률을 고려했을 때, 설계자 없는 생명을 허락하고 인간에게 우호적인 우주보다는 생명을 금하는 우주가 훨씬 더 개연성 있을 것이라고 기본적인 논증은 진술한다. 우리의 우주는 생명을 위해, 우주를 미세조정한 지성에 의해, 훨씬 더 잘 설명된다.[32]

인류지향적 상황(anthropic situation)을 패트릭 글린(Patrick Glynn)이 솜씨있게 요약하였다.

> 빅뱅에서 시작해서 우리가 알고 있는 생명체를 얻기 위해 필요한, 겉보기에는 이질적인 가치들과 비율들의 미세조정은 규모 면에서—은하계(galactic) 단계에서 아원자(subatomic) 단계까지—그리고 시간면에서 수십억 년이라고 하는 시간 경과에 걸쳐 방대한 차이점들을 보이는 것들 간에 정교한 조정을(coordination) 수반한다.[33]

다양한 인류지향적 요인들은 수없이 많고 그 요인들의 설명은 꽤 전문적일 수 있다. 그렇지만 우리는 초기 조건(initial conditions), 상수(constants)와 법칙을 고려해 그 요인들을 요약할 수 있다.

---

32 이 예증은 Robin Collins, in "The Evidence from Physics," in Lee Strobel's *The Case for a Creator* (Grand Rapids, MI: Zondervan, 2004), 130-31에 나온다.

33 Patrick Glynn, *God: The Evidence: The Reconciliation of Faith and Reason in a Postsecular World* (Rockland, CA: Prima, 1997), 31.

6. 미세조정 물리학

처음은 빅뱅으로 시작하도록 하자. 우주의 초기 조건은 인간에게 우호적인 우주를 위해서 결정적으로 중요하다. 스티븐 호킹은 빅뱅의 유신론적 함축을 저항하긴 하지만 이렇게 진술한다.

> 만일 빅뱅이 있은지 1초 후 팽창률이 10의 17승 분의 1만큼이라도(one part in a hundred thousand million, million) 작았다면, 우주는 현재의 크기에 도달하기 전에 재붕괴했을 것이다. 반면에, 만일 1초당 팽창률이 10의 17승 분의 1만큼이라도 더 컸다면, 우주는 너무 많이 팽창해서 실질적으로 우주는 지금 텅 비어 있을 것이다.[34]

호킹은 또 다음을 지적한다.

> 만일 전자(electron)에서 나오는 전하(electric charge)가 약간만 달랐어도 별들은 수소와 헬륨을 연소할 수 없었거나, 아니면 별들은 폭발하지 않았을 것이다…(그것은) 아무 형태의 지적인 생명체의 개발을 허용할 만한 (상수들을 위한) 숫자값의 범위가 비교적 거의 근소했음이 확실해 보인다고 하겠다. 대부분의 값들의 집합은 우주들을 발생시킬 것이다. 비록 이 우주들이 상당히 아름다운 우주들일지는 몰라도 그 아름다움에 놀라워할 수 있는 사람은 한 명도 포함하지 않는 우주들일 것이다.[35]

빅뱅 내에 무엇이 구축되어 있는가를 고찰하며 물리학자 로저 펜로

---

34 Stephen Hawking, *The Theory of Everything* (Beverly Hills, CA: New Millennium Press, 2002), 104.

35 Stephen Hwaking, *Brief History of Time* (New York: Bantam Books, 1988), 125.

즈(Roger Penrose)는 그 함축들에 대해 이렇게 논의한다.

> 제2열역학 법칙 그리고 우리가 지금 관찰하는 것과 양립 가능한 우주를 제공하기 위해서 창조주가 목표로 했던 기원적 위상-부피(phase-volume)는 얼마나 거대한 것이었나? 창조주의 목적은 (정확하게) 10의 10승의 123승 분의 1의 정확성(accuracy)을 가졌을 것이다. 이는 평범하지 않은 수치이다. 개인은 보통의 십진법을 사용해서도 전체 숫자를 빠짐없이 적어볼 수 없을 것이다. 숫자는 1뒤에 10의 123승의 연속적인 0들이 따를 것이다! 우리가 각각의 양성자(proton)와 우주 전체 속에 있는 중성자(neutron)에 일일이 0을 기입한다고 하더라도-또 우리는 이왕이면 다른 입자들도 여분으로 넣어서 포함시킬 수 있다-우리는 필요한 수치를 기록하는 것에 전혀 미치지 못하게 될 것이다. (이것이) 우주가 제대로 작동시키기 위해 필요한 정밀도라고 하겠다.[36]

이 숫자에 대해서 펜로우즈 또한 "나는 물리학에서 그 어떤 것이라도 10의 10승의 123승 분의 1과 같은 수치에 요원하게라도 근접하는 정확성을 지닌 것을 본 기억이 없다"[37]라고 저술했다.

천문학자인 마틴 리스 경(Sir Martin Rees)도 숫자들에 감명을 받았고 인간 생명을 위해 요구되는 수학은 "단지 여섯 숫자들"(just six numbers)로 집약될 수 있다고 주장한다. 이런 숫자들은 빅뱅 안에 구축되어 있

---

36 Roger Penrose, The Emperor's New Mind (New York: Oxford University Press, 1989), 344. William Dembski, Intelligent Design (Downers Grove, IL: InterVarsity Press, 1999)에서 인용됨.

37 J.P. Moreland and William Lane Craig, *Philosophical Foundations for a Christian Worldview* (Downers Grove, IL: InterVarsity Press, 2003), 483 에서 인용된 Roger Penrose, "Time-Asymmetry and Quantum Gravity," in *Quantum Gravity* 2, ed. C. J. Isham, R. Penrose and D.W. Sciama (Oxford: Clarendon, 1981), 249에 실림.

었으며 이 숫자들은 우리의 세계가 인간들에게 알맞도록 반드시 정확한 값을 지녔음에 틀림없다. 리스는 만일 이 숫자들 중 어느 하나만 달랐더라도, "그것이 아주 경미한 정도라고 하더라도, 아마 별들도, 복잡한 요소들도, 생명도 존재하지 않을 것이다"라고 지적한다. 숫자들은 우주의 가장 작은 국면과 가장 큰 국면 두 가지 모두를 통제한다. 렘리는 이런 "여섯 숫자들"의 특징을 리스의 주장을 인용함으로 제시한다.

1. 원자핵들을(atomic nuclei) 함께 결속시키며 지구상에 존재하는 모든 원자들이 어떻게 생성되는지를 결정하는 힘의 강도이다.
2. 상호 간에 중력으로 나뉘어진 원자들을 규합하는 힘들의 강도이다.
3. 우주 안에 있는 물질의 밀도로 거기에는 은하들, 확산기체(diffuse gas)와 암흑물질(dark matter)을 포함한다.
4. 이전에 의심되지 않았던 힘의 강도로, 우주의 팽창을 제어하는 일종의 우주적 반중력(antigravity)이다.
5. 행성들과 은하들과 같은 구조들의 성장을 움트게 하는 팽창하는 우주 안에서의 복잡한 불규칙성(irregularities) 또는 물결(ripples)의 진폭(amplitude)이다.
6. 우리 우주 안에 있는 세 가지 공간적 영역들로 "이것이 두 개 또는 넷이라면 생명체는 존재할 수 없을 것이다."[38]

만일 리스가 확인한 각각의 여섯 숫자가 다른 나머지 숫자들에 의존한다면-그러니까 한 가족 안에 존재하는 팔들과 손가락들의 숫자는 가족 구성원들의 숫자에 달려있는 것과 마찬가지로-그 숫자들이 생명체의 존재를 허용한다는 사실은 덜 충격적으로 여겨질 것이다. "그렇지만 현

---

38 Martin Rees, Brad Lemley, "Why Is There Life?" *Discover*, November 2000. ⟨http://discovermaganize.com/2000/nov/cover⟩에서 인용됨.

재 우리는 다른 나머지 숫자들의 값에서(values) 아무 숫자도 예측할 수는 없다"고 리스는 덧붙인다. 그렇기 때문에 이론가들이 다소 통합시키는 이론을 발견하지 않는 한, 개별적인 숫자는 각각의 다른 나머지 숫자들의 비개연성을 가중시킨다."[39]

게다가 자연의 다양한 힘들의(forces) 본성은 인간 생명에 필요한 까다로운 조건에 들어맞는다. 이것들은 수학적 상수들로, 이 상수들은 변하지도 않고, 이 상수들은 어떤 종류의 필연성에 의해 그것들의 값을 소유하지도 않는다. 즉 상수들의 값이 다를 수도 있었다. 두 가지만 고려해 보라. "강한 핵력(strong nuclear force)의 강도가 현재 상태보다 조금만 더 약했거나 더 강했다면, 그것은 생명체의 가능성을 위해서는 재앙적이었을 것이다"라고 물리학자 스티븐 바는 주장한다.[40]

이 강한 핵력(중력, 전자기력과 약한 상호작용들[weak interactions: 약한 핵력, 약력이라고도 부른다-역주]과 함께 자연의 네 가지 기본적인 힘 중 하나)은 원자핵들이 결합되는 방식 때문에 필요하며, 따라서 어떤 종류의 원자들이 가능한지가 결정된다. 바(Barr)는 이 힘이 단지 10배만 약했어도, 수소를 제외하고, 지금 갖고 있는 요소들을 생성해낼 만큼 충분히 강력하지 않을 것이라고 지적한다. 만일 그렇다면 어떤 생명체도 존재할 수 없을 것이다. 이 힘이 4퍼센트만 더 강력했어도 별들은 훨씬 더 짧은 시간 동안만 연명하였을 것이다. 생명체를 위태롭게 하면서 말이다.[41]

네 가지 힘 중 가장 약한 힘인 중력에도 동일하게 적용된다. 로빈 콜린스(Robin Collins)는 만일 중력의 힘이 10의 32승 분의 1(one part in ten thousand billion, billion, billion)만 달랐어도—"자연 속의 힘의 강도의 전체 범위에(이는 10의 40승 분의 1의 범위까지 미침)" 비례하여—인간이 거주했던

---

39 Ibid. 나는 숫자들의 수학적 기능에 대한 설명과 허용된 오차범위(margin of error allowed)에 대한 일련의 참고자료들을 제외하였다. Martin Rees, *Just Six Numbers* (New York: Basic Books, 2001)도 참고하라.
40 Barr, *Modern Physics and Ancient Faith*, 119.
41 Ibid., 121.

세계는 아마 하나도 없을 것이라고 주목한다.[42]

더 많은 인류지향적 동시발생들이 인용될 수 있겠지만, 나는 한 가지만 더 언급하겠다.[43] 콜린스는 특히 "우주상수"(cosmological constant)의 값에 감명을 받았다. 그는 미세조정으로부터의 설계 추론이 자연주의적으로 설명될 수 없다면 오직 이 요인에만 기초할 수 있다고 믿는다.[44]

우주상수는 우주의 팽창률을 다루는 아인슈타인의 일반상대성 방정식의 한 부분을 구성한다. 무신론자 물리학자인 스티븐 와인버그(Steven Weinberg)는 우주상수는 "우리에게 유리하게 놀라울 만큼 잘 조절되어 있다"고 지적한다. 우주상수는 아무 가치나 지닐 수 있었겠지만, "제1원칙들은" 우주상수는 양수이든 음수이든 간에 아주 클 수 있었다는 것을 제안한다. 사실 그랬다면 생명체의 존재는 가능하지 않았을 것이다.[45]

콜린스는 만일 "우주상수가 극도로 좁은 범위 안까지 미세조정되지 않았다면—'이론적으로 가능한' 우주상수 값의 범위의 10의 53승 분의 1 또는 10의 120승 분의 1까지—우주는 너무 순식간에 팽창하여 모든 물질은 급속히 분산될 것이고, 따라서 은하들, 별들 그리고 물질의 작은 집합체조차도 형성하지 못했을 것이다."[46] 콜린스에 의하면 이 상수가 우연히 발생할 가능성은 대기권 밖에서 무작위로 작은 화살을 던져서 지구상에 위치한 원자(atom) 하나의 크기보다 작은 과녁의 정중앙을 명중

---

42 Robin Collins, "The Teleological Argument: Fine-Tuning," in *Blackwell Companion to Natural Theology*, ed. William Lane Craig and J. P. Moreland (Malden, MA: Wiley-Blackwell, 2009), 214. 더 대중적이면서도 사려깊은 버전을 원한다면 Lee Strobel, *The Case for a Creator* (Grand Rapids, MI: Zondervan, 2004), 131-132를 참고하라.
43 Barr, *Modern Physics and Ancient Faith*, 15장을 보라. 인류지향적 동시발생 총 11개가 수록되어 있으며 모두 빠짐없이 기록된 목록은 아니다. 나는 그의 사례 중 단지 두 가지인 중력과 우주상수만 언급한 것이다.
44 Collins, "Evidence from Physics," 134.
45 Stephen Weinberg, "A Designer Universe?" *New York Review of Books*, October 21, 1999 ⟨www.nybooks.com/articles/archives/1999/oct/21/a-designer-universe⟩.
46 Robin Collins, "The Teleological Argument," in *The Routledge Companion to Philosophy of Religion*, ed. Chad Meister and Paul Copan (New York: Routledge, 2007), 352.

시키는 것과 같다고 한다.[47] 바(Barr)의 말처럼 "이것은 모든 물리학에 있어서 가장 정밀도가 높은 미세조정 중 하나다."[48]

저명한 수학자이며 천문학자인 프레드 호일(Fred Hoyle)은 이 다양하고 경이로운 미세조정의 자료에 대해 뛰어난 요약을 제공한다. "미세조정 사실들의 상식적인 해석은 슈퍼지성이(super intellect) 화학과 생물학뿐만 아니라 물리학에도 손을 댔다는 것이다. 또한 자연 안에서 언급할 가치가 있는 맹목적인 힘은(blind forces) 없다."[49]

『특권있는 행성』(The Privileged Planet, 2004)에서 곤잘레스(Gonzalez)와 리처즈(Richards)는 지구는 특별히 생명체를 위해서만 설계된 것이 아니라 우주의 과학적 발견을 위해서 설계된 것이라는 인상적인 주장을 펼치며 미세조정 논증을 확대시킨다.[50] 이들의 연구결과들은 우주 안에서 지구는 정말 전혀 특별한 것이 아니라고 일반적으로 듣게 되는 관찰과는 모순된다. 유명한 천문학자인 칼 새이건(Carl Sagan, 1934-1996)이 아주 멀리서 관찰되었을 때 지구는 "창백한 푸른 점"(a pale blue dot)에 지나지 않는 것으로 표현한 것처럼 말이다. 그러나 더 추가할 내용이 있다.

> 우리의 환경이 일목요연하며, 우리의 달이 딱 맞는 크기이며 지구에서 아주 정확한 거리에 떨어져 있으며, 또 달의 중력이 지구의 회전에 안전성을 부여한다는 것, 은하에서 우리가 바로 이런 위치에 있다는 것, 우리의 태양이 바로 그런 정밀한 질량과

---

47 Collins, "Evidence of Physics," 134.
48 Barr, *Modern Physics and Ancient Faith*, 130.
49 Fred Hoyle, "The Universe: Some Past and Present Reflections," *Engineering and Science* (1981): 12.
50 Gonzalez and Richards, *Privileged Planet*을 참고하라. 저자들이 인터뷰한 내용과 이 책의 아이디어들이 요약은 Lee Strobel, "The Evidence of Astronomy: The Privileged Planet," in *The Case for a Creator* (Grand Rapids, MI: Zondervan, 2004)에서 참고하라. *The Privileged Planet* DVD (Illustra Media, 2004)는 책에 등장한 기본적인 논증들의 훌륭한 실례들을 발췌하여 싣고 있으며 Illustra Media의 모든 제품이 다 그렇듯 탁월한 교구이다.

구성으로 되어 있다는 것, 이 모든 요인들은(그리고 더 많은 요인들은) 지구의 주거성을 위해서 필요할 뿐 아니라 과학자들이 우주를 가늠하고 발견들을 이루어내는 데 있어서 놀라울 만큼 결정적인 역할을 감당해 왔다. 인류는 우주를 해독할 수 있는 예외적으로 전략적인 요지에 위치해 있다.[51]

『특권있는 행성』은 지구가 나머지 우주를 관찰할 수 있는 이상적인 장소일 뿐만 아니라 지구를 거주 가능한 장소로 만들기 위해서는 반드시 엄청난 숫자의 우연들이 동시에 발생해야만 함을 주장한다. 이는 미세조정 논증을 심화하고 확장하여 인간 생명이 가능한 것을 설명할 뿐만 아니라 과학적 지식의 발견자와 청지기로서의 우리의 역할을 설명한다.[52] 우주의 미세조정은 이 논증을 제안한다.

1. 미세조정 자료는 (a) 우연, (b) 자연법칙, (c) 우연과 자연법칙의 결합이거나 또는 (d) 설계(design)의 결과이다.
2. 미세조정 자료는 우연이나 자연법칙, 또는 두 가지 모두의 결합이 아닌데 왜냐하면 미세조정 자료는 우연적이고, 복잡하고 그리고 특정화되었기 때문이다.
3. 그러므로 (a) 미세조정 자료는 설계의 결과이다.
4. 그러므로 (b) 설계자가 있다.

우리가 이 논증에 반대하는 의견들을 반박하면서 논증은 더 구체화될 것이다.

---

51 이 내용은 Illustra Media가 *Privileged Planet*의 책과 영화를 홍보하는 웹페이지에서 인용한 것이다. ⟨www.theprivilegedplanet.com⟩.
52 Michael Denton은 생명체가 존재하기 위해서는 반드시 "바로 그런 상태"(just so)여야만 하는 과다한 화학적이고 생물학적인 요인을 고찰함으로써 생명체가 지구에 존재하기 위해서는 미세조정된 요인들이 필요함을 더 심도있게 개진시킨다(Michael Denton, *Nature's Destiny: How the Laws of Biology Reveal Purpose in the Universe* [New York: Free Press, 1998]).

7. 미세조정 논증에 대한 반론

우주에 인간 생명이 존재하기 위해 요구되는 엄청난 우연들은 모든 관찰자들이 하나님의 경이로운 작업을 경외하도록 이끌지는 않았다. 미세조정 자료를 위한 다섯 개의 주된 자연주의적 설명들이 있다. (1) 자명한 이치 반론, (2) 불가해한 확률 반론, (3) 우연, 한 우주 가설, (4) 다중우주 이론, (5) 더 근본적인 법칙 반론. 우리는 미세조정을 위한 범신론적 설명도 고찰해 볼 것이다.

1) 자명한 이치 반론(Truism Objection)

자명한 이치 반론은 때로 약한 인류지향의 원리(weak anthropic principle: WAP)라고 불려진다. 미세조정된 요인들의 전체 세트가 우주 안에 있고, 모든 요인들은 우리의 존재를 위해 필요하다. 그러나 그래서 어떻다는 것인가? 만일 그 미세조정된 요인들이 거기 없다면 그것을 인지할 수 있도록 우리 또한 여기 이곳에 존재하지도 않을 것이다. 이 사실은 때로 "선택 효과"(selection effect) 또는 "선택 원리"(selection principle)로 불려진다.[53] 즉 진화는, 알 수 있고 세상에 적응할 수 있는 의식있는 존재들을 위해 선택한다는 것이다.[54]

생명체의 존재를 위해 놀라울 만큼 현저하게 미세조정된 우주의 여러 가지 특징들을 언급한 후에, 마틴 리스(Martin Rees)는 다음과 같이 지적한다.

> 어떤 이들은 신의 섭리에 의한 것처럼 여겨지는, 이 우주의 미세조정이 전혀 놀랄 일이 아니라고 주장할 것인데, 왜냐하면 우

---

53 Hawking, *Theory of Everything*, 104.
54 왜 이런 것이 도대체 발생할 수 있는지에 대해서는 다윈주의에 의해 설명되지 않는다. 13장에서 다윈주의에 대한 논의를 참고하라.

리는 달리 존재할 수 없기 때문이다.[55]

우리가 생명을 위한 필요조건이 나타나지 않는 한 우리는 인간 생명을 위한 필요조건들을 명쾌하게 설명할 수는 없을 것이라는 것은 틀림없는 사실인데, 왜냐하면 이곳에 관찰자로 존재하지 못할 것이기 때문이다.[56] 이것은 단순한 동어반복(tautology)이다. 그러나 이것이 설계를 위한 미세조정 논증을 기술하는 것은 아니다. 설계를 위한 주장은 "**선행적으로 비개연적인**(antecedently unlikely) 그 어떤 것이 필요한데 이는 의식있는 존재들이 그것을 알 수 있도록 하기 위한 바로 그 가능성을 위해서이다"[57]라고 주장한다. 바로 이 엄청나게 압도적으로 낮은 발생확률성-인간 생명을 금지할 만한 모든 가능 세계들을 감안할 때 인간의 생명에 대항하는 엄청난 역경이 있다-이 **최선의 설명으로의 논증**을 생성해낸다. 이것은 동어반복이 아니다.

미세조정자(Fine Tuner)의 증거로서의 미세조정을 부인하기 위해 자명한 이치 반론을 발동하는 사람들은 두 가지 별개의 아이디어를 서로 혼동한다.

> 첫째, 인간들이 인간의 생명을 허락하는 조건(human-life-permitting conditions)을 관찰하기 위해서는 그러한 필요조건들이 반드시 성립되어야 하며, 그렇지 않다면 인간은 인간의 생명을 허락하는 세계를(human-life-permitting world) 관찰할 수 없

---

55 Martin Rees, "Exploring Our Universe and Others," *Scientific American Special Issue: The Once and Future Cosmos* (2002): 87.
56 나는 미세조정이 생명을 위한 **충분한** 조건을 제공하지는 않지만, **필요한** 조건은 제공한다고 생각하며, 이 필요조건들은 충분한 설명을 필요로 한다. 생물학의 세계를 설명하기 위해 모든 미세조정에 덧붙여 신적인 개입 또한 필요하다는 것에 대한 주장을 14장에 가서 펼칠 것이다.
57 Michael Peterson et al., *Reason and Religious Belief*, 3rd ed. (New York: Oxford University Press, 2003), 93. 강조는 추가됨.

을 것이다(이는 자명한 이치 반론 또는 동어반복이다. 이것 자체로는 아무것도 설명하지 않는다).

둘째, 인간의 생명을 허락하는 세계를 위한 필요조건 자체는 설명되어야 할 필요가 있다. 이는 인간이 인간의 생명을 허락하는 세계를 관찰하기 위해서 반드시 존재해야 하는 세계이다(이 주장은 자명한 이치 반론이나 동어반복이 아니며, 이것 자체는 대답을 요구하는 근본적인 철학적 질문을 제기한다).[58]

인간을 허락하는 조건을 관찰하는 것은 대단한 일이 아니며 어떤 철학적 질문도 유발해서는 안 된다고 말하는 사람들은 이 예를 고려해 보아야 한다.

당신은 잘 훈련된 베테랑 명사수 열 명으로 구성된 총살형 집행대 앞에서 덜덜 떨며 서 있다. 상대방 국가를 대상으로 범죄를 저지른 당신에게 그들 국가의 독재자가 명사수들에게 당신의 사형을 명령했기 때문이다. 당신은 "받들어 총…조준…발사!"를 듣게 된다. 연이어 열 개의 총에서 폭음이 난다. 허나 이것이 당신이 경험하는 마지막 일이 아니다. 당신은 열 명의 사형 집행인들이 당신을 겨냥하고 있는 것을 본다. 당신은 아무 고통도 느끼지 못한다. 아무 상처도 없다. 총살대의 지휘관은 의심하는 당신의 눈을 응시하며 이렇게 외친다. "왜 그렇게 놀라십니까? 만일 그들 모두가 당신을 쏘았다면 당신은 이렇게 여기서 의아해하고 있지는 않을 것입니다!"[59]

---

58 William Lane Craig, *Reasonable Faith*, 3rd ed. (Wheaton, IL: Crossway, 2008), 165를 참고하라.
59 이 예화를 위한 영감은 John Lesile에게서 온 것이고 문학적인 세부사항은 나 자신의 창작이다(John Leslie, "How to Draw Conclusions from a Fine-tuned Universe," in *Physics, Philosophy and Theology: A Common Quest for Understanding*, ed. R.J. Russell, W. R. Stoeger and G.V. Coyne [Vatican City: Vatican Observation Press, 1988], 304를 참고하라). 또 이런 맥락의 다른 예를 원한다면 Swinburne, *Is There a God?*, 66-67이 있다. 그리고 Gonzalez and Richards, *Privileged Planet*, 267도 있다.

분명한 사실이지만, 이는 우리의 질의에 부적절하고 변변찮은 대답이다. 집행대의 구성원 열 명 전원이 그들의 목표를 명중시키지 못한 것에 대해서 어떤 **이유**나 **설명**이 있다고 결론내리는 것은 전적으로 논리적이다. 왜 그들이 명중시키지 못했는지 당신이 의아해하려면 저격수 모두의 총알이 빗나가야 하는 것이 필요하다. 그러나 저격수 모두의 총알이 당신을 빗나갔다고 하는 단순한 사실은 저격수들이 당신을 맞추지 못한 것을 **설명하기에 충분치** 않다.

그들 모두의 총알이 우연히 당신을 빗나갔다고 하는 이론은 그들 모두가 어떤 특별한 이유가 있어서 그랬다는 것보다 훨씬 덜 그럴듯하다(예를 들어, 아마도 그들은 뇌물을 받았을 것이다). 그 이유를 찾는 것—이 놀라운 사실을 위한 설명—만이 상식적이다. 마찬가지로 인간의 생명을 위해 요구되는 미세조정된 변수들의 선행적으로 비개연적인 방대한 배열을 감안할 때 당연히 설명이 필요하다.

이러한 인류지향적 특징이 발생하는 것을 **누군가**는 반드시 복권에 당첨되야 한다고 하는 사실과 비교할 수 있는 것은 아닌데, 어떤 한 사람이 복권에 당첨될 가능성이 아무리 희박하다고 하더라도 말이다. 어느 가능 우주나(생명체가 존재하는 또는 생명체가 존재하지 않는) 비개연적일 것이다. 그러나 인간의 생명을 허락하는 우주는 **독립적으로 발견 가능한 패턴**(특정성[specification])에 일치하는 특징을 내포한다. 이것은 생명 자체를 위한 무수히 많은 요구조건들이다.

침팬지가 타자기를 두들겨서 작성한 터무니없는 내용은 어떤 것이나 (무작위적 행동) 비개연적일 것이다. 그러나 만일 침팬지가 타자를 치고 있는 그 방에 우리가 들어갔는데 장편의 아름다운 소네트(sonnet)를 발견했다면, 우리는 무작위적으로 타자를 치고 있는 침팬지가 그 아름다운 정형시의 작가라고 추론하지는 않을 것이다. 정형시 속의 단어들과 단어들의 배열은 단순한 발생확률과는 상관없이 어떤 패턴(정보)을 따른다. 즉 그 소네트의 의미론, 문법, 구문론 같은 것이다. 따라서 우리는 지적인 작가를 추론하게 될 것이다. 크레이그가 지적하듯 말이다.

동일하게, 물리학과 생물학은 우주의 초기 조건에 대한 그 어떤 지식과는 별개로 생명을 위해 요구되는 물리적 조건이 어떤 것인지를 알려준다. 그 다음에 우리는 그러한 조건이 얼마나 믿을 수 없을 정도로 낮은 발생확률을 지녔는지를 발견하게 된다. 바로 이 특정화된 패턴에 낮은 발생확률을 더한 것은 우연 가설(chance hypothesis)을 받아들이기 어려운 것으로 만든다.[60]

2) 불가해한 확률 반론(Inscrutable odds objection)

월터 씨놋-암스트롱(Walter Sinnott-Armstrong)과 키이쓰 파슨즈(Keith Parsons)는 생명을 허락하는 우주의 확률은 단지 불가해한 것이지 낮거나 높은 것이 아니라고 항의한다.[61]

그들은 개인이 **시공세계** 내에 존재하는 것들의 발생확률은 계산할 수 있으나, **전체** 세계를 위한 발생확률은 계산할 수 없다고 추론한다. 예를 들어, 우리는 사용하는 카드들의 숫자와 종류를 알기 때문에 로얄 플러쉬(royal flush)가 나올 확률을 안다. 그러나 우주가 소유하는 유일무이한 특징을 가질 확률은 완전히 다른 것이다. 이는 상황의 극명한 유일무이성을 감안할 때 불가해한 것이다. 따라서 그 어떤 설계자도 명백한 미세조정으로부터 추론될 수 없는데, 왜냐하면 우주가 우연이나 설계에 의해 발생할 확률은 식별 불가능하기 때문이다.

그럼에도 가능한 인간-생명-친화적인(human-life-friendly) 우주보다는 가능한 인간-생명-금지적인(human-life-prohibiting) 우주가 훨씬 더

---

60 William Lane Craig, "Five Reasons God Exists," in William Lane Craig and Walter Sinnott-Armstrong, *God? A Debate Between a Christian and an Atheist* (Oxford: Oxford University Press, 2003), 11.

61 Walter Sinnott-Armstrong, "There Is No Reason to Believe in God," William Lane Craig and Walter Sinnott-Armstrong, *God? A Debate Between a Christian and an Atheist* (Oxford: Oxford University Press, 2003), 47. Keith Parsons, "Naturalistic Rejoinders to Theistic Arguments," in *The Routledge Companion to Philosophy of Religion*, ed. Chad Meister and Paul Copan (New York: Routledge, 2007), 437.

많아 보인다. 이 비율을 고려해 보라.

> A: 실제적인(actual) 인간-생명-친화적인 우주(미세조정된) 또는 가능한 다른 인간-생명-친화적인 우주들(만일 다른 우주의 조정이 인간 생명을 허락할 수 있다면).
>
> ---
>
> B: 가능한 인간-생명-금지적인 우주들(즉 A가 아님).

A/B의 비율은 극도로 작다. 우리가 비교할 수 있는 우주 생성의 다양한 사례들은 확실히 없는데, 왜냐하면 우리의 우주가 단 하나뿐이기 때문이다. 그러나 우리 우주의 유일무이함은 발생확률들의 고찰을 배제하지 않는다. 왜냐하면 다른 우주들이 논리적으로 상상될 수 있기 때문이다. 게다가 우리는 다른 상황들에서 단수적인(singular) 사건들의 발생확률들을 이성적으로 고려하기도 한다.[62]

존 배로우(John Barrow)의 예화가 유익하다. 종이 한 장에 붉은 점을 찍고 그것이 우주를(인간-친화적인) 대표한다고 하자. 이제 수차례에 걸쳐 미세조정 자료에 조금씩 변화를 가하도록 하라. 당신이 관찰하다가 인간 친화적인 우주가 나오게 되면, 붉은 점을 하나 더 찍도록 하고, 인간 금지적인 우주가 나오면 청색 점을 찍도록 하라. 당신은 다량의 청색 점들을 갖게 되고 아주 소량의 적색점들만 갖게 될 것이다. 크레이그는 배로우의 예를 이렇게 요약한다.

> 가능한 우주들의 공간에서, 생명체를 허락하는 우주보다는 생명체를 금지하는 우주가 엄청나게 더 큰 비율로 존재한다는 것이다.[63]

---

62 Moreland, *Scaling the Secular City*, 63을 참고하라.
63 Craig, *Reasonable Faith*, 164. 나는 Craig가 "인간의 생명을 허락하는"을 의미한다고 생각한다. 그러나 만일 그것을 의미하는 것이 아니라면 인간 생명을 허락하는 가능 세계보

3) 우연, 한 우주 가설(the chance, one universe hypothesis)

혹자는 이 생명을 위한 미세조정이 우연의 결과에 지나지 않는다며, 빅뱅의 인도되지 않은(undirected) 무작위적 효과로 주장할 수 있을 것이다. 이것이 수학적으로 가능할 수 있기는 하지만, 앞서 언급했듯이 극복해야 할 엄청난 난관을 감안했을 때 이는 대단히 비개연적이다. 이런 이유들 때문에 자연주의적 설명은 미세조정을 위한 설명으로 우연을 거의 언급하지 않는다. 만일 오로지 하나의 우주만 존재한다면, 그 우주가 생명체를 허락하는 특징들의 방대한 전체 세트를 내포하고 있을 우연은 경이로울 만큼 극소하다. 이는 일련의 사고가들로 하여금 다중우주 이론(때때로 많은 우주[many universe], 다우주[multiple universe] 또는 세계앙상블 이론[world ensemble theory]이라고 불리기도 함)의 몇몇 버전들을 상정하도록 유발했다.

4) 다중우주 이론(the multiverse theory)

우주의 미세조정은 지성에 의해 최선으로 설명된다는 증거에 직면한 스티븐 와인버그와 마틴 리스와 같은 자연주의자들은 인간을 허락하는 우주는 단지 광대하게(어쩌면 무한하게) 줄지어 있는 우주들의 무리 중 하나일 뿐이라고 상정해 왔다. 설계 이외에 오직 한 우주만 생명을 허락하는 우주일 확률은 극히 요원하지만, 만일 우리가 실제 우주들을 엄청나게 많이 배가하면 확률은 좋아진다.[64]

만일 당신이 우주적 주사위를 충분히 여러 번 던진다면, 발생확률이 극히 낮은 우주가 결국에는 나오게 될 것이다. 모어랜드와 크레이그가

다 생명체를 허락하는 가능 세계가 더 많다고 하더라도 기본적인 핵심은 유효한데, 왜냐하면 아무 생명체를 위한 것보다는 인간의 생명을 위해 더 많은 미세조정이 요구되기 때문이다.

64 다중우주 이론은 형이상학의 가능 세계와 혼돈되어서는 안 된다. 말하자면 다중우주 이론은 실제 존재하는 세계들이 나란히 존재함을 상정한다. 일반적으로 가능 세계 이론은 그럴 수 있었을 것이라고 추정되는 사물의 국면들을 다룬다. 나는 가능 세계에 대해 10장에서도 논의했다.

저술하듯이 "다세계 가설(many worlds hypothesis)은 본질적으로 우연 가설을 견지하는 지지자들이 미세조정 발생의 낮은 발생확률을 감소시키기 위해 그들의 발생확률적 자원들을 배가시키기 위해 애쓰는 것이다."[65]

데이비스는 점점 더 많은 소장파 과학자들은 다중우주 이론의 어떤 버전을 지지한다고 주장한다.[66]

그것에는 몇 가지 하위 이론들이 있으며, 이 하위 이론들은 두 개의 큰 범주로 구분될 수 있다.

첫째, **많은 우주들 다중우주 이론**(many universes multiverse theory)은 우주들은 물리학적인 면에서 공유하는 공감대가 전혀 없이 서로로부터 완전히 고립되어 있다고 주장한다. 우주들의 숫자는 실제적으로 무한하기 때문에 논리적으로 가능한 모든 것은 어떻게든 발생한다.

둘째, 우리의 우주는 **다중도메인 우주**(multidomain universe)의 일부로 심층적인 (그리고 여전히 미지의) 단계에서는 인과적으로 연결되어 있지만 각 우주의 도메인(domain: 영역)은 나머지로부터 고립되어 있다는 주장이다. 이 이론들 중 최근에 가장 대중적인 이론은 급팽창이론(inflation theory)으로 이 이론은 빅뱅이 우주의 끝없는 진전을 촉발하여 우주 하나가 다른 우주를 연달아 꼬리를 물고 따라가고 있다고 주장한다.

다중우주 이론은 휴 에버렛(Hugh Everette)의 양자역학(quantum mechanics)에서의 "다세계 해석"(many worlds interpretation)과 혼돈되어서는 안 되는데, "다세계 해석에 의하면 우리가 직접적으로 인식하는 세계 말고도 다른 많은 유사 세계들이 동일한 시공간상에 평행적으로 존재한다. 다른 나머지 세계들의 존재는 무작위성(randomness)과 원격작용(action at a distance)을 양자 이론에서, 따라서 모든 물리학에서 제거하는 것을 가능케 한다."[67]

---

65 Moreland and Craig, *Philosophical Foundations*, 487.
66 Paul Davies, *Cosmic Jackpot* (Boston: Houghton Mufflin, 2007), 263.
67 Lev Vaidman, "Many-Worlds Interpretation of Quantum Mechanics," *Standford Encyclopedia of Philosophy*. ⟨http://plato.standford.edu/entries/qm-manyworlds⟩.

다세계 해석은 양자론적 사건들(quantum events)의 기이한 세계에 대한 논란의 소지가 있는 해석이지만, 미세조정을 설명하기 위한 시도로 공식화된 것은 아니다. 오히려 파동함수(wave-function) 붕괴 문제를 해결하기 위해 창안되었다. 다세계 해석이 양자 이론의 몇 가지 문제들을 해결할 수 있을지는 몰라도, 다세계 해석은 의미있는 타자들을 생성시키고 엄청나게 반직관적이다.[68] 비록 그렇다 하더라도 다세계 해석은 양자역학 해석이라는 어려운 분야에서 선호된 이론은 아니다. 게다가 바(Barr)가 지적하듯이 "다세계 해석이 옳다고 하더라도 우주의 다른 부분들이 또 다른 효과적인 법칙을 소유하게 될 것이라는 것을 의미하지 않는다. 그것은 추가된 가정이다."[69]

그러나 우리의 우주를 생명체를 위해 적합한 무작위적 "다우주의 괴짜"로 지명하기 위해 발생확률적 자원들을 충분히 증가시키기 위해서는 바로 이런 상이한 법칙들이 필요하다. 따라서 다우주 이론을 설사 지지한다고 하더라도 에버렛의 해석이 제공하는 것은 거의 없어 보인다.

"많은 우주들 다중우주 이론"(many universes multiverse theory)은 형이상학적 추측에 지나지 않으며 그것도 아주 빈약한 추측이다. 일어날 수 있는 모든 것은 일어난다고 상정하는 것은(존재론적으로 나머지 모두와 분리되어 있는 우주들에서) 기괴하고 불필요하다. 이 이론은 단순히 설계자를 피하기 위하여 논리적 근거 없이 언급되었다. 형이상학에서 실제와 가능을 하나로 합칠 이유는 전혀 없다. 더욱이 "우리는 관찰들에서 내려진 어떤 관측이나 추론들을 통해서도 다른 우주들이 존재했었다는 것을 결코 알 수는 없을 것이다."[70]

다중우주 이론의 다중도메인 버전은 "많은 우주들 다중우주 이론"보다는 덜 터무니없으며 나름대로의 지지자들을 보유하고 있다. 이런 이유는 만일 이론이 맞다면 물리학에서 미결된 일련의 문제들을 설명하는

---

68 Barr, *Modern Physics and Ancient Faith*, 248-252를 참고하라.
69 Ibid., 152. 또한 154-157도 참고하라.
70 Ibid., 153. 또 Davies, *Cosmic Jackpot*, 264-65도 참고하라.

데 도움이 될 것이다. 게다가 다른 도메인들의 존재를 간접적으로 확인하는 것이 이론적으로 가능해지는데 만일 "근본적인 자연법칙이 발견되고 경험적으로 옳다고 증명된다면, 자연법칙은 다른 도메인들의 존재를 수학적으로 함축한다는 것이 발견되었다."[71]

최근 가장 인기있는 도메인 이론(domain theory)은 안드레이 린드(Andre Linde)의 급팽창 모델이다. 이 이론은 여전히 독립적인 증거가 부족하기는 하지만, 아인슈타인의 상대성 이론과 양자역학을 결합할 수도 있을 것이다. 물론 쉬운 일은 아니다. 그렇지만 이것의 성공은 지극히 의심스러운 끈이론(string theory)의 진실을 요구한다.[72] 기껏해야 이 이론은 항간에 유행하는 사후입금수표(postdated check)[73]인 것이다. 바로 그렇기 때문에 개인이 자연주의에 선험적으로 헌신되어 있지 않다면, 이 이론은 설계보다 더 나은 설명을 제공하지 않는다. 그러나 이 다중우주 이론은 또 다른 심각한 문제들을 안고 있다.

만일 어떤 다중우주 이론이 **실제 무한**(actual infinity)으로 존재하는 우주들을 상정한다면, 그렇다면 이 다중우주 이론은 실제 무한의 존재에 대한 반론들에 반드시 직면해야만 하며, 이 반론들은 11장의 칼람 우주적 논증에서 소개되었다. 우주들의 반을 A라고 명명하고 나머지 절반의 우주들을 B라고 명명해 보자. 만일 우리가 우주의 전체 숫자에서 A를 빼면 결과는 여전히 무한한 숫자의 우주가 될 것이다. 그러나 전체는 전체 자체와 전체의 절반 두 가지 다가 동시에 될 수 없기 때문에 이것은 불가능하다. 따라서 동시에 또는 영원히 과거로 이어져서 실제적으로 무한한 수의 우주들이 존재할 수는 없다.

---

71 Barr, *Modern Physics and Ancient Faith*, 153.
72 Craig, *Reasonable Faith*, 163; David Berlinski, *The Devil's Delusion: Atheism and Its Scientific Pretensions* (New York: Crown Forum, 2008), 116–123, 128, 131을 참고하라.
73 발행일보다 결제일이 나중으로 기록되어 있는 수표여서 실제 발행일보다 나중에 찾을 수 있는 수표를 말한다. 수표를 발행할 당시가 아니라 수표에 적혀 있는 그 날짜에 잔고가 충분하도록 입금을 해놓겠다는 약속으로 부도를 발생시킬 수도 있기 때문에 신뢰성이 다소 떨어질 수 있다-역주.

그러나 만일 실제 무한의 우주가 불가능하지 않다고 하더라도, 그런 우주 회합이 존재할 가능성은 엄청나게 희박하다. 현재로서는 다중우주에 대한 독립적인 증거가 아직 부재하다(비록 다중도메인 버전이 가능한 증거를 상정하긴 하지만). 이 추정상의 많은 우주들은 원칙적으로 관찰이 불가능하여 많은 우주들의 존재는 반드시 추론되어야만 가능하다. 그러나 그들의 존재를 추론하는 가장 중요한 이유는 설계자를 부인하면서도 여전히 물리학의 미세조정을 설명하기 위해서이다. 그러나 우리가 아는 것으로부터 주장함으로써 특정화되고 발생확률이 낮은 패턴들이 설계자를 분명히 나타낸다는 것을 우리는 보게 된다.

이 설계로의 추론은 삶 전체를 통해 사용된 "할 수 있다"(빌 4:13-역주)의 원칙이며 또 고고학, 암호학, 법의학 등의 다양한 과학 분야에서도 활용되었다.[74]

콜린스가 지적한 것처럼 독립적인 증거를 감안할 때 아직 입증되지 않은 이론들(만일 참이라면 데이터에 대해 설명할 것이다)에 호소하는 것보다는 우리가 아는 것의 관점에서 설명의 뼈대를 세우는 것이 더 이성적이다.

공룡의 뼈를 고려해 보자. 화석 기록에서 공룡의 존재를 최선으로 설명하는 것은 공룡이 죽었고 공룡 뼈대 일부를 화석으로 남겼다는 것이다. 우리가 이것을 추론하는데 왜냐하면 (우리가 지금까지 관찰해 온) 다른 유사한 동물들도 뼈대가 있고, 죽어서 화석을 남기는 것을 우리가 알기 때문이다. 그렇지만 만일 우리가 기이한 유골의 설명을 위해 "공룡뼈 제조분야"(dinosaur-bone-making field)에 호소한다면 우리는 전혀 알려지지 않은 어떤 것을 설명으로서 사용하는 것이다. 특히 더 나은 설명이 바로 목전에 있는데 그렇게 할 하등의 이유가 없는 것이다. 마찬가지로 (1) 설계를 어떻게 분간하는지를 우리가 알고 있고 (2) 우주의 미세조정이 우주 외부의 설계자의 관점에서 가장 손쉽게 설명될 때에는 난해한 다중우주

---

74 Dembski의 *Design Inference*의 도입 부분을 참고하라.

이론들(모두 설계자가 결핍됨)에 호소해야 할 정당성이 전혀 없다.[75]

바(Barr)는 "관찰할 수 없는, 한 하나님(one unobservable God)을 없애기 위해" 다양한 다중우주 이론들은 "무한한 숫자의 관찰 불가능한 대체물들"을 요구한다고 지적한다.[76] 미세조정은 한 설계자의 업적 때문이라고 하는 것이 훨씬 더 간단하고 상식적인 설명이다.[77] 간략히 말해 다중우주 이론은 명백하게 임시변통적 이론이며, 경험적 증거가 부족하고 과도하게 복잡하다. 다른 특별한 조건이 없는 한, 어떤 이론이 논의가 되고 있는 자료를 충분히 설명하는 한, 그 이론(과학적인 또는 다른 그 외의)은 가능한 한 단순해야 한다.[78] 다중우주 이론은 경험적 과학에 의존적이거나 책임감있는 이론이기는커녕 형이상학의 터무니없는 이론으로 더 여겨진다.

증거에 굴하지 않는 리처드 도킨스는 다중우주 이론이 두 가지 이유로 유신론을 참패시킨다고 주장한다.

첫째, 설계하는 하나님은 우주만큼이나 복잡할 것이고 따라서 우주를 위한 설명으로는 실패한다는 것인데, 왜냐하면 설계자 자신이 해명되어야 하기 때문이다.

둘째, 다중우주 이론은 단순한데 왜냐하면 각각의 우주는 자연법칙들의 단순한 집합을 소유하기 때문이다.[79]

---

75 Collins, "*Evidence from Physics*," 148.
76 Barr, *Modern Physics and Ancient Faith*, 157. Barr는 이 원칙을 다중우주 이론에 적용할 뿐만 아니라 물리학 관련 물질주의(materialist) 설명들의 다른 국면에도 적용시킨다.
77 이런 단순성으로의 호소는 여러 유한한 설계자들을 배제한다. 게다가 각각의 유한한 설계자는 설명이 필요할 것인데, 왜냐하면 각각의 유한한 설계자는 자존하지 않을 것이기 때문이다.
78 혹자들은 물질주의가 유신론보다 더 단순해서 모든 설명에서 선호되어야 한다고 주장해 왔다. 그러나 단순성은 좋은 이론의 한 가지 미덕에 지나지 않는다. 이 책에서는 유물론이 우주의 기원과 본성을 충분히 설명하는 것에 실패한다고 주장하며, 그것은 적지 않은 결함이다. 그러므로 더 풍요롭고 생명력 있게 설명해 줄 수 있는 이론이 요구된다. 그리고 그것은 기독교 유신론이다.
79 Richard Dawkins, *The God Delusion* (New York: Houghton Mifflin Harcourt, 2006), 146-47.

이런 도킨스의 주장은 다음과 같이 답할 수 있다.

첫째, 만일 하나님이 하나의 우주만큼이나 복잡하다고 하더라도, 이는 하나님을 미세조정의 설명으로서 탈락시키지는 않을 것이다. 만일 우리가 화성(Mars)에서 생명을 입증할 수 있는 수공예품을 발견한다면(예를 들면, 복잡한 망원경이나 정교한 동상), 이러한 공예품은 이성적인 행위주체들에 의해 설계되었다고 우리는 이성적으로 추론하지 단지 자연적이고 인도되지 않은(unguided) 원인들에 의한 것이라고 추론하지는 않을 것이다. 이런 행위주체들(화성인이나 그 외의 다른)이 복잡할 것이라는 사실은 그런 행위주체들의 존재가 첨단 공예품을 위한 적절한 설명이 되는 것을 배제하지 않는다.

둘째, 전통적으로 일신론(monotheism)에서 상상된 하나님은 화성의 수공예품들과 그 수공예품들의 설계자와는 달리 우연적인 물리적 상태의 집합물이 아니다. 오히려 하나님은 비물질적이고 자존하는 존재이다. 따라서 하나님은 더 이상의 설명을 요하지 않는다.[80]

다중우주가 단순한 설명이라고 하는 도킨스의 주장은 불합리하다. 각각의 우주가 자연법칙을 갖는다는 사실은 (아마도 무한한) 우주들의 전체 앙상블(다중우주)을 단순명료하게 만들지 않는데, 왜냐하면 각 우주는 그것의 법칙들, 개체들과 과정들의 특성에 있어서 나머지 모든 우주들과 다를 수 있기 때문이다.

5) 더 근본적인 법칙 반론(More-fundamental-law objection)

설계자 없이 미세조정에 대해 설명하는 또 다른 이론으로는 우리가 지금 알고 있는 그 어떤 자연법칙보다 더 근본적인 것으로서, 아직 알려지지 않은 비인격적인 자연법칙에 호소하는 것이다. 만일 우연이 존재하고 있는 한 우주의 미세조정을 설명할 수 없고, 또 만일 다중우주들이

---

80 이 내용은 11장의 "충족이유율"(principle of sufficient reason)에서 다뤄졌으며, 충족이유율은 모든 존재하는 것은 설명되어야 할 필요가 있거나 그 자체가 설명이라고 진술한다.

불가능하거나, 비개연적이거나, 설계와 양립 불가능하다면(Collins의 주장처럼) 자연법칙의 물리적 **필연성**에 호소할 수 있다. 이 설명은 법칙적 행위(lawful behavior)의 필연성에 호소함으로써 미세조정의 우연성들을 설명해야 할 필요를 제거할 것이다. 만일 어떤 슈퍼자연법칙(superlaw)이 발견된다면 우주의 현재 상태에 대한 해명이 될 것이다. 그렇지만 그런 거대자연법칙(grand natural law)은 발견되지 않았고 그런 법칙을 발견할 어떤 희망도 오직 추측일 뿐이며 우주적 사후입금수표와 같다.

물리학자들이 "만물의 이론"(theory of everything)을 희망하고 있기는 하지만, 그런 이론은 아직 발견되지 못했다. 따라서 만물의 이론은 설계 가설에 대한 반론으로 간주될 수 없다.

그러나 우연적으로 여겨지는 모든 것이 실은 물리적으로 필연적임을 입증하는 극상의 자연법칙(superduper natural law)을 밝혀낸 만물의 이론이 발견되었다고 가정해 보자. 이것이 그 결과로 생긴 우주를 위한 최선의 가설로서의 설계를 제거하겠는가? 그렇지 않다. 상정된 자연법칙 자체는 생명체가 존재하기 위해 특정화되고 발생확률이 낮은 자연법칙일 것이다. 즉 다를 수도 있었다는 것이다.

버나드 카(Bernard Carr)와 마틴 리스(Martin Rees)가 기록했듯이, "만일 겉으로 보기에 인류지향적인 모든 동시발생들이 (어떤 대통일 이론[grand unified theory]의 관점에서) 설명될 수 있다고 하더라도, 물리학 이론에 의해 명령된 관계들이 공교롭게도 의식있는 체화된 생명체에도 호의적인 관계들이라는 것은 여전히 놀랄 만한 것이다."[81]

주장된 법칙(purported law)과 생명체를 허락하는 특징들의 관계는 여전히 놀랄 만한 것인데 왜냐하면 자연법칙이나 과학법칙에 적용된 필연성의 개념은 **논리적** 필연성이 아닌 **물리적** 필연성이기 때문이다. 다시 말해 만일 법칙이 성립된다면, 모든 추정상의 우주의 우연성들은 이 법칙의 관점에서 설명된다. 그러나 이 법칙 자체는 무모순성(law of

---

81 Bernard Carr and Martin Rees, Collins, "The Teleological Argument," 356에서 인용됨.

noncontradiction)이나 동일률(law of identity)처럼 필연적인 진리는 아니다.

제안된 물리적 법칙은 아예 존재하지 않았을 수도 있거나(어떤 우주도 존재하지 않았다면), 아니면 일련의 다른 메타 법칙(meta-law)이 성립되었을 수도 있다(만일 이 우주가 아닌 다른 우주가 거기에 존재했었더라면). 즉 이 법칙이 성립되지 않는 논리적으로 가능한 세계들이 많이 존재한다는 것이다.[82] 게다가 과다하게 많은 본질적으로 이질적인 요소들을 놀라운 방식으로 통합시킨다는 점에서 이 추정상의 법칙이 일어날 확률은 상당히 희박하다는 것이다.

곤잘레스와 리처즈가 지적하듯이 이는 마치 당구 게임에서 초구(opening shot)에 당구 공 전체가 모든 홀(hole)에 들어가도록 유도하는 것과 같을 것이다. 단지 이 게임에서 당신은 일반적인 당구 게임에서보다 훨씬 더 많은 공들을 갖게 될 것이다.[83]

6) 범신론과 설계(Pantheism and design)

결국에는 유신론적 미세조정의 사례가 우연(단독우주나 다중우주)에 호소하는 것보다 혹은 설계자 없이 단일화된 비인격적 자연법칙에 호소하는 것보다 더 개연적이다. 유신론적 해석은 범신론적 해석에 대해서도 으뜸패를 갖는다. 범신론의 신은 인격적 창조주가 아니며 편만하고(all-pervasive) 비인격적인 실체로 대개 말로 표현할 수 없는 것으로 여겨진다. 설계 증거는 이런 종류의 신(deity)을 세 가지 주요 이유로 배제한다.

첫째, 설계자에 의한 미세조정 논증은 상식적인 주체-객체 관계(subject-object relationship)의 개념을 활용한다. 즉 우리는 우주의 본질을 평가하는 주체라는 것이다. 앎의 주체와 앎의 대상에는 뚜렷한 차이가 있다. 그와 반대로 범신론은 전형적으로 비이원론적이어서(nondualistic), 하나님, 우주 그리고 자아 사이에 어떠한 구별도 제거한다. 즉 범신론은

---

82 이 개념에 대한 더 많은 자료를 원한다면 Barr, *Modern Physics and Ancient Faith*, 146-48을 참고하라.
83 Richards and Gonzalez, *Privileged Planet*, 261-65.

미세조정 논증이 활용하는 우연성들을 초월하고 하나님/우주/자아를 필연적인 존재로 만드는 것으로 추정된다. 그렇지만 세계는 필연적인 존재를 위해서는 상당히 부족한 후보다. 왜냐하면 (1) 세계는 어떤 유한한 시간 전부터 존재하기 시작했고(빅뱅과 칼람 우주적 논증을 감안할 때) 그리고 (2) 세계의 우연적 특징들은 논리적으로 필연적이지 않은 것에서 가치를 취하기 때문이다.[84]

둘째, 설계자로의 추론은 비인격적 존재의 개념을 반박하는데 왜냐하면 설계는 지성을 요구하기 때문이다. 인간 생명을 위해 우주를 설계한 존재는 반드시 어마어마하게 지성적이어야 하며(지성) 그리고 이 존재가 의도하는 것을 불러올 수 있는 능력을 반드시 소유해야 한다(행위주체).[85] 다시 말해서 이 존재는 인격을 가진 사람(Person)이며 비인격적이지 않다. 범신론의 신은 이런 신학적 프로필에 적합하지 않다.

셋째, 만일 범신론자가 하나님은 말로 형언할 수 없으며, 오직 비이성적인 신비적 경험들로만 "알려진다"고 주장한다면 (미세조정이나 그 외의 다른) 어떤 **이성적 논증**(rational argument)도 이러한 신의 존재를 뒷받침할 수 없다. 물음표는 아무것도 설명하지 않는다.

---

84 Davies는 하나님 대신에 필연적인 존재로서의 우주의 개념을 연구하고 하나님을 더 나은 후보자로 생각하지 않는 것 같다(*Cosmic Jackpot*, 265)! 하나님을 필연적 존재로 논의하는 10-11장을 보라.

85 예를 들어, 비이원론자 이론가인 Ken Wilber는 궁극적 실제(ultimate reality)가 설계자라는 것을 공개적으로 부인한다(Ken Wilber, *The Integral Vision* [Boston: Shambhala, 2007], 153을 보라).

8. 설계자에게 주파수 맞추기

우리는 유명한 설계자가 설계한 우주에 살고 있다고 결론내린다. 이는 우연, 법칙, 우연과 법칙의 결합 또는 비인격적인 하나님으로는 설명될 수 없다.[86]

이 설계자는 따라서 단 하나이며, 우주 외부에 있고(초월적), 인격적인 행위주체이며(미세조정을 생각할 수 있는 지성과 미세조정을 초래할 의지가 있는) 그리고 어마어마하게 강력하다(우주의 복잡성과 범위를 감안할 때). 나는 설계에 보이는 결함들(우주론보다는 생물학에 더 확실해 보임)은 인간의 타락에 의한 것이지 하나님의 본성에 기인한 것은 아니라고 주장했다.[87] 더욱이 존재론적 논증은 하나님이 완전하게 선하지 않거나(최대 존재는 반드시 완전하게 선해야 한다) 완전하게 강력한 것은 아니다(최대 존재는 반드시 완전하게 강력해야 한다)라는 개념을 배제한다.

무로부터의 우주론적 논증도 마찬가지로 전능한 존재를 허용하는데, 왜냐하면 무에서 만물을 창조하는 것은 무제한적인 능력을 가리키기 때문이다.

---

86 나는 미세조정에 대한 모든 반론을 언급하지는 않았지만 사려깊은 질문자가 가장 타당하고 의미심장하게 여길 논증들을 조사해 보았다고 나는 믿는다. 미세조정 논증과 그 반론들을 가장 철저하게 다룬 것으로는 Collins, "The Teleological Argument"가 있다. Timothy McGrew, Lydia McGrew and Eric Vestrup, "Probabilities and Fine-Tuning: A Skeptical View," in *God and Design: Theological Argument and Modern Science* ed. Neil Manson (New York: Routledge, 2003), 200-208에서 제기한 반론들에 대한 Collins의 대답들을 247, 249-52에서 참고하라. Elliott Sober도 반론들을 제기했다("Absence of Evidence and Evidence of Absence: Evidential Transitivity in Connection with Fossils, Fishing, Fine-tuning, and Firing Squads," *Philosophical Studies* 143 [2009]: 63-90). 미세조정 논증을 무효화시키고자 한 Sober의 시도는 Troy Nunley의 "Fish Nets, Firing Squads and Fine-Tuning (Again): How Likelihood Arguments Undermine Elliott Sober's Weak Anthropic Principles" *Philosophia Christi* 11, no. 2 (2010): 33-51에서 비판되었다. 그리고 Troy Nunley, "On Elliott Sober's Challenge for Biological Design Arguments," *Philosophia Christi* 9, no. 2 (2007): 443-58을 보라.

87 이 책 18, 25장에 인간의 타락에 대한 내용이 더 나온다.

만일 이 논증들이 효과적이라면 우리는 이 존재 앞에 겸손히 부복해야 한다. 이 하나님이 누구이며 하나님이 무엇을 주실 수 있는지 그리고 하나님이 무엇을 원하시는지에 대한 지식을 더 구해야 할 것이다.[88] 그러나 아직 더 많은 증거가 우리 눈앞에 있다. 이번에 살펴볼 증거는, 모든 설계나 객관적인 의미는 철저히 불모화되었다고 자연주의자들이 말하는 영역이다. 자 이제 생물학의 세계로 가보자.

---

88 설득력 있는 자연신학이라면 이런 실존적 효과가 있어야 한다고 "Proofs, Pride, and Incarnation: Is Natural Theology Theologically Taboo?" *Journal of the Evangelical Theological Society* 38, no. 1 (1995): 67-76에서 나는 구체적으로 주장한다.

13장

기원, 설계와 다원주의

대부분의 미국인들은 하나님이나 어떤 우월한 힘을 믿는 반면, 더 낮은 퍼센트는 완전히 자연주의적인 다원주의식 생명 해설을 지지한다.[1] 대중매체와 특히 생물학 같은 자연과학에 종사하는 사람들은 일반 대중보다 더 세속적인 경향이 있다. 따라서 일련의 문화적 충돌은 불가피하며 예측할 수 있는 것이다. 언제든지 다원주의가 공공장소에서 도전되면 (특히 공립학교 과학 교과과정에서) 과학과 대중매체 제도권은 가세하여 사전에 준비된 안내문 견본을 내보인다.

근본주의자들은 공립학교에서 다원주의를 검열하여 과학 커리큘럼에 또다시 종교를 주입하려고 시도하고 있다. 이러한 정교 (church-state) 분리의 부인은 미국시민자유연맹(American Civil

---

[1] 2009년 조그비 통계(Zogby poll)에서 52퍼센트는 생명은 지성에 의해 인도됨을, 33퍼센트는 순전히 자연주의적 과정이라고 생각했고, 7퍼센트는 둘 다 아니라고 했으며, 8퍼센트는 다르게 또는 확실치 않다고 말했다. 리포트 전문은 Discovery Institute의 웹사이트인 *Evolution: News & Views* ⟨www.evolutionnews.org/zogby09poll063009%20(2).pdf⟩에 나와 있다. 이 자료는 대부분의 미국인들은 유신론자라는 것을 염두에 두고 고려해야 한다. 그들이 하나님을 어떤 방식으로 창조와 생명의 발달에 접목시키는지와 상관없이 말이다. Rodney Stark, *What Americans Really Believe* (Waco, TX: Baylor University Press, 2009), 75-78.

Liberties Union: ACLU)에 의해 도전되었다. 부모와 자녀들은 그들이 종교적으로 선호하는 것은 어떤 것이나 믿을 권리가 있지만, 과학교육은 공적인 교실에서 개인적이고 종교적인 믿음들이 가르쳐질 여지를 남겨두지 않는다.

다음 단계의 안내문은 다원주의를 비평하는 자들이 비판할 방법이 있으면 그들의 주장을 개진할 수 있었겠지만, 그렇게 하는 데 실패했다고 주장한다.

> 만일 창조주의자들이 그들의 입장을 위한 과학적 증거를 갖고 있다면, 그들은 이론의 검증 장소인 전문적인 상호 심사 학술지(peer-reviewed journals)에 그들의 주장을 펼칠 수 있을 것이다. 그러나 그들은 아직 그렇게 하지 않았다. 따라서 그들은 과학적이라고 할 자격이 없다.[2]

다윈의 안내문들은 다음을 가정하여 사전에 모든 대답을 완결해 놓는다. 즉 (1) 다원주의는 합리적인 의심의 여지없이 과학적으로 확증되었다. (2) 다원주의에 대한 모든 도전은 종교적으로 근거한 것이고, 따라서 비과학적이고 비합리적이다, (3) 공공토론의 장에서 다원주의에 어떤 형태로든 도전하는 것은 헌법적인 정교 분리를 위반하는 것이며 우리가 신정 정치로 변하지 않도록 반드시 합법적으로 저항되어야 한다. 그리고 (4) 과학 제도권은 사상의 열린시장(open marketplace of ideas)으로서 편견은 거의 없거나 부재하다.

나는 이 네 가지 진술문들을 거짓으로 간주한다. 비록 (3)번과 (4)번

---

[2] 이 내용은 2004년에 있었던 국립공영 라디오(National Public Radio) 방송을 거의 문자 그대로 서술한 것이다. 이와 같은 공공성명은 지적 설계와 같은 적절한 용어를 거의 사용하지 않고 대신 웅변적 목적을 위해 창조론을 활용한다.

사항을 상세히 토론할 공간이 허락되지는 않지만 말이다.[3] 그렇지만 역사적으로 매우 의미심장한 과학적 논문들 몇 가지가 비상호 심사 학술지(not peer-reviewed)에 게재되어 왔으며,[4] 지적 설계(ID)를 지지하는 수많은 논문들과 도서들이 상호 심사 학술지에 발표되어 왔음을 주목해야 한다. 비록 그것들에 대한 편견이 강렬하지만 말이다.[5]

본 장에서는 다음의 두 가지 주요한 논제들을 논의할 것이다.

1. 생물권(biosphere)을 위한 포괄적인 설명으로서의 다윈주의에 대한 믿음은 기독교 믿음에 방해물이 되어 왔다. 따라서 설득력 있는 논박이 타당하다.
2. 다윈주의는 논리적으로나 증거적으로도 치명타를 입는다. 일반적으로 생각된 것보다는 훨씬 더 미약하게 뒷받침되어 있다. 14장에서 분자기계들(molecular machines)과 DNA 속에 있는 정보 내용을 위한 최선의 설명으로서의 설계에 대한 긍정

---

[3] 지적 설계를 가르치는 것의 합헌성에 대해서는 Francis Beckwith, *Law, Darwinism, and Public Education* (Boston: Rowman & Littlefield, 2003)을 참고하라. 그리고 Thomas Nagel, "Public Education and Intelligent Design," *Philosophy & Public Affairs* 36, no. 2(2008)도 참고하라. Thomas Kuhn, The *Structure of Scientific Revolutions*, 3rd ed. (Chicago: University of Chicago Press, 1996)는 비록 지적 설계는 언급하지 않지만 과학의 순수 객관성에 도전한다. 사회학적인 분석으로 과학 제도권이 지적 설계를 어떻게 다루는지에 대해서는 Steve Fuller, *Science vs. Religion? Intelligent Design and the Problem of Evolution* (Malden, MA.: Polity Press, 2007)을 참고하라. 과학 제도권이 다윈주의에 도전하는 사람들을 어떻게 핍박하는지에 대한 상세한 비평을 위해서는 Jerry Bergman, *Slaughter of the Dissidents: The Shocking Truth About Killing the Careers of Darwin Doubters* (Southworth, WA.: Leafcutter Press, 2008)를 참고하라. 또한 2008년도에 Ben Stein이 주연한 영화 *Expelled*도 참고하라.

[4] Frank Tipler, "Refereed Journals: Do They Insure Quality or Enforce Orthodoxy?" in *Uncommon Dissent: Intellectuals Who Find Darwinism Unconvincing*, ed. William Dembski (Wilmington, Del.: ISI Books, 2004).

[5] 업데이트된 이 출판물들의 목록을 위해선 "Peer-Reviewed & Peer-edited Scientific Publications Supporting the Theory of Intelligent Design (Annotated)," Discovery Institute, August 26, 2010 ⟨www.discovery.org/a/2640⟩을 참고하라.

적인 논증들을 제시해 보도록 하겠다.

깊게 뿌리박힌 다윈주의 사상은 생명체의 창조에 하나님이 개입하신 것과 자연에서 인간들을 따로 떼어 구별하신 것을 토론하고 가르치는 것에 엄청난 장애물이다. 과학에서(와 전반적인 문화 속에서) 사실상의 자연주의 제도권은 대부분의 과학관련 공공담화에 철통같은 통제력을 갖는다.

그럼에도 불구하고 다윈주의를 과학적으로 도전하는 지적 설계 운동(ID movement)은 다윈주의 제도권에게 건설적이고 창의적인 방식들로 설명해 달라고 요청하고 있다. 이 운동은 다양한 종교들이나 종교를 믿지 않는 다양한 사상가들로 구성되어 있으며, 이들은 인도되지 않은 (undirected) 단순한 자연적 원인보다는 비인간적 지적 원인들이 자연의 정세들을 더 잘 설명해 준다고 주장한다.[6] 따라서 지적 설계 운동은 그렇지 않으면 닫혔을 기독교 변증학의 문을 열어준다.

많은 다윈주의자들은 다윈주의에 대한 모든 비평들을 종교적으로 근거한 것이라고 여겨 거부하며 따라서 비과학적이고 심각한 주의를 기울일 가치가 없는 것이라고 한다. 그러나 이는 현대과학의 공식 견해가 종교적으로 기반을 둔 견해들을 항상 참패시킨다는 것을 가정한다. 특히 과거에 과학적인 의견이 우생학(eugenics)을 선호했다는 것을 감안할 때 이것은 의문의 여지가 있는 공리이다(axiom).[7]

다윈주의에 대한 모든 중대한 비평들이 종교적인 출처에서 비롯된다고 하는 것은 거짓이다.[8] 다윈의 이론이 출판된 후 몇 년간 다윈주의에

---

6 이 운동의 탁월한 역사와 설명을 위해서 Thomas Woodward, *Doubts About Darwin: A History of Intelligent Design* (Grand Rapids: Baker, 2003)을 참고하라.

7 현대 우생학 운동과 사회적 다윈주의는 일반적으로 다윈의 사상에 깊이 뿌리박은 것이다. John G. West, *Darwin Day in America* (Wilmington, DE: ISI Books, 2008) 그리고 Benjamin Wiker, "What to Make of It All?" in *The Darwin Myth* (New York: Regnery, 2009)를 참고하라.

8 그러나 과학의 무신론 철학자로서 Bradley Monton은 논증 자체가 중요한 것이지 논증을

대한 과학적 비평들은 숱하게 많이 있었다.[9] 최근 몇 년간 다양한 사고가들은 아무 종교적인 출처들에 호소함 없이 다윈주의에 반대하여 논쟁을 펼쳐 왔다.

이러한 사고가들로는 왕성하게 집필하는 철학자 모티머 애들러(Mortimer Adler, 1902-2001), 하버드 법대 출신 법률가인 노만 맥베스(Norman MacBeth), 영국 소설가이며 과학 저술가인 아더 코슬러(Arthur Koestler, 1905-1983), 사회 비평가이며 과학 저술가인 제레미 리프킨(Jeremy Rifkin), 영국 과학 저술가인 프랜시스 히칭(Francis Hitching), 고든 래트래이 테일러(Gordon Rattray Taylor, 1911-1981) 그리고 리처드 밀튼(Richard Milton)이 포함된다.[10]

그의 과학적 명성 때문에 매우 중요한, 호주의 유전학자인 마이클 덴튼(Michael Denton)은 『진화: 위기의 이론』(*Evolution: A Theory in Crisis*,

---

제시하는 사람의 종교적인 관점은 중요하지 않다고 지적한다. 그렇지 않게 생각한다면 "우물 안에 독 풀기" 오류를 범하는 것이다. Bradley Monton, *Seeking God in Science* (Boulder, CO: Broadview Press, 2009), 12-14와 William Dembski, *Design Revolution* (Downers Grove, IL: InterVarsity Press, 2004), 45-49를 참고하라.

9 Benjamin Wiker, "One Long Argument, Two Long Books," in *The Darwin Myth*를 참고하라.

10 Mortimer Adler, *The Difference of Man and the Difference it Makes* (New York: Holt, Rinehart & Winston, 1967), 특히 5장의 Norman MacBeth, *Darwin Retried* (New York: Dell, 1971)에 주목하라. 이 책은 저명한 과학철학자인 Karl Popper에 의해 승인 받았으며 그는 책의 뒷 표지에 다음의 추천사를 기록했다. "다윈에 대한 냉담하지만 탁월하고 공정한 재심. 나는 이 책을 다윈 논쟁에 관한 한 가장 칭찬받을 만하고 정말 중요한 기여라고 여긴다…실로 소중한 책이다." 또한 Norman MacBeth, *Darwinism: A Time for Funerals: An Interview with Norman MacBeth* (San Francisco: Robert Briggs, 1985); Arthur Koestler, *Janus: A Summing Up* (New York: Vintage Books, 1978), 9-11장을 참고하라. Jeremy Rifkin and Ted Howard, *Entropy: A New World View* (New York: Viking Press, 1980). 주 저자인 Rifkin은 범신론자이다. Francis Hitching, *The Neck of the Giraffe: Why Scientists Now Are Attacking Darwin's Theory of Evolution* (New York: New American Library, 1982); Gordon Rattray Taylor, *The Great Evolution Mystery* (New York: Harper & Row, 1983); Richard Milton, *Scattering the Myths of Darwinism* (Rochester, VT: Park Street Press, 1997).

1985)에서 다윈주의의 과학적 불충분함을 조직적으로 비평한다.[11]

2001년부터 다양한 세계관을 소유한 900명이 넘는 과학자들은[12] 다윈주의의 정통성에 의문을 제기하며 발표한 성명서에 서명하였다. 내용을 살펴보자.

> 우리는 무작위 돌연변이(random mutation)와 자연선택(natural selection)이 생명의 복잡성을 설명할 수 있는 능력이 있다고 하는 주장에 회의적이다. 다윈주의 이론의 증거에 대한 신중한 조사가 독려되어야만 한다.[13]

그러나 생명의 기원과 발달에 관한 거친 물결에 뛰어들기 전에 우리는 성경을 최선으로 이해함에 입각한 기독교 세계관은 생명의 기원, 종과 인류에 대해 무엇을 가르치는지 추적해 볼 필요가 있다.

1. 기원과 성경

신학적 자유주의자들은(Theological liberals) 성경의 많은 부분이 신화여서 과학적으로는 무지하고(전과학적[prescientific]) 따라서 부적절하다고 여긴다.[14] 그들은 창세기의 처음 열한 장은 시공간적인 역사로(space-time

---

11 Michael Denton, *Evolution: A Theory in Crisis* (Bethesda, MD: Alder & Ader, 1985).
12 이 목록에 서명하기 위한 요구조건은 다음과 같다. "다윈주의를 과학적으로 반대하는 서명자들은 생물학, 화학, 수학, 공학, 컴퓨터과학 또는 다른 자연과학의 한 분야에서 반드시 박사(Ph.D.)학위를 소지해야 하며 또는 반드시 의학박사(M.D.)학위를 소지하고 의학 교수로 활약 중이어야 한다"(FAQ: *Scientific Dissent from Darwinism* ⟨www.dissentfromdarwin.org/faq.php⟩).
13 서명인들의 총 목록과 다른 정보를 위해서 *Scientific Dissent from Darwinism* ⟨www.dissentfromdarwin.org/index.php⟩을 참고하라.
14 신학적 자유주의의 강해를 위해서는 Donald E. Miller, *The Case for Liberal Christianity* (New York: Harper & Row, 1981)를 참고하라. 자유주의에 대한 고전적이며 전통적인 비평

history) 참고되어서는 안 된다고 주장한다. 오히려 이 본문은 영감을 주는(가공의) 서술로서만 기능할 뿐이다. 복음주의적 기독교인은 이 경로를 택할 수는 없는데, 왜냐하면 복음주의는 성경적 영감과 권위에 대해 높은 견해를 고수하기 때문이다.

대략적으로 말해 이는 성경이 제대로 해석되었다면 진술문들이 하나님의 본성, 구원의 도, 도덕성, 역사 또는 우주에 대한 것인지를 막론하고 성경의 단언하는 모든 것은 진실이라는 것을 의미한다.[15] 그러므로 복음주의자는 지구상 생명의 기원에 대한 어떤 성경적인 진술도 신화로 여겨 거부하는 것을 꺼려야 한다. 어쨌든 광범위한 복음주의적 진영에서는 성경과 과학의 관계에 대한 세 가지 기본적인 견해가 부상하게 되었다. 원활한 진행을 위해서 우리는 간략히 실태를 조사하고 대안을 선택할 필요가 있다.

첫째, 어떤 기독교인들은 창세기 이야기가 진실이라고 주장은 하지만, 창세기 이야기는 과학에 대해 언급할 의도는 없었고 단지 창조의 "누구"와 "왜"에 대해서만 언급하는 것이라고 주장한다. 반면에 과학은 창조의 "어떻게"와 "언제"에 대해서 언급한다. 따라서 기독교인들은 다윈주의를 기꺼이 받아들여야 하는데 왜냐하면 성경은 과학적 세부사항들에 대해서는 침묵하기 때문이다.

하나님은 다양한 종과 인류의 궁극적인 진화를 초래하기 위해서 다윈의 매커니즘을 사용하셨을 수 있다. 에덴동산과 문자 그대로 최초의 부부는 반드시 은유적으로나 시적으로 간주되어야 한다. 인간의 타락은,

---

을 원한다면 J. Gresham Machen, *Christianity and Liberalism* (1923; reprint, Grand Rapids, MI: Eerdmans, 2009)을 참고하라.

15 성경무오설(biblical inerrancy)에 대해 신중하게 단어를 선택한 성명문으로는 *The Chicago Statement on Biblical Inerrancy* (Sunnyvale, CA: Coalition on Revival, 1978)를 참고하라. 이 소책자의 PDF판이 Coalition on Revival의 웹사이트인 ⟨http://65.175.91.69/Reformation_net/COR_Docs/01_Inerrancy_Chrisitan_Worldview.pdf⟩에 있다. 또한 Carl F. Henry, *God, Revelation, and Authority* (Waco, TX: Word, 1976), vols. 1-4, 특히 vol. 4, 논문 15: "The Bible as the Authoritative Norm," 7-592도 참고하라.

문자 그대로의 사건이 아닌 번영을 위한 하나님의 조건에 도달하는 것에 실패한, 처음 진화한 인간들의 실패이다.[16]

유신론적 진화론은 하나님은 우주를 창조하셨고 우주의 내재적 속성들이 최초의 생명과 후속적인 종들(species)을 자연스럽게 생산하도록 했다고 가르치는데, 여기서는 어떤 지적 설계의 직접적 증거도 없다. 그렇기 때문에 유신론적 진화론자는 자연발생설(abiogenesis: 무생물에서 생물로의 진화)과 다윈주의를 종의 발달에 충분한 설명으로 수용한다.[17] 대체적으로 말해 유신론적 진화론자들은 성경에 대한 과학의 관계를 이렇게 접근한다.[18] 나는 이것을 거부한다.

1. 과학적 증거는 다윈의 대진화나(macroevoltion) 자연발생설(14장에서 언급됨)을 뒷받침하지 않는다. 종(species) 내에서의 소규모 변화(소진화[microevolution])는 다윈의 매커니즘으로 설명될 수 있지만, 모든 종들의 기원(대진화[macroevolution] 또는 종분화[speciation])은 다윈의 매커니즘으로 설명될 수 없다.
2. 유신론적 진화론자들의 성경 해석은 부자연스러워 보인다. 11장에서 논의했듯이 문자 그대로 하루가 24시간인 날이 6일 소요된 창조 주간이 비록 보증된 것은 아니지만, 창세기 1-2장은 자연질서에 직접 **투자하고** 그것을 **인도하시는** 하나님을

---

16 C. S. Lewis는 명석한 기독교 변증가로서 자주 진화적인 용어로 비문자적 타락을 설명하기 위해 애썼다. "The Fall of Man," in *The Problem of Pain* (1962; reprint, New York: Touchstone, 1996)을 참고하라.
17 다윈주의는 자연발생설을 언급하지 않는데 왜냐하면 다윈의 이론은 생명의 발생이 아닌 종의 진화에 관심을 가졌기 때문이다. 만일 자연선택이 아무것이나 설명할 수 있으려면 그것은 (살아 있는) 유기체를 복제하는 것으로 반드시 시작해야만 한다. 따라서 다윈주의는 어떻게 생명체가 무생물에서 발달할 수 있었는지에 대해서는 언급할 수 없다.
18 예를 들어, Bernard Ramm, *The Christian Approach to Science and Scripture* (Grand Rapids: Eerdmans, 1954), 7장, Francis Collins, *The Language of God* (New York: Free Press, 2006), and Alister McGrath, *A Fine-Tuned Universe* (Louisville: Westminster John Knox, 2009)를 참고하라.

소개한다. 이 하나님은 지적 설계에 호소함 없이 설명될 수 있는 원칙들에 따라 자연질서가 스스로 알아서 진화하도록 그냥 내버려두지 않으셨다.[19]

하나님이 각 동물의 "종류"에 따라 창조하는 것은, 확정적인 본성과 본질을 소유한 개별적인 생명 형태들 간에 존재하는 하나님이 발생시킨(God-generated), 차이점을 나타낸다. 이는 한 종류가 다른 종류로 진화하는 유동적인 발달과는 대조된다.[20] (우리는 종류[kind]가 종[species]과 동일한 것이라고 말할 수 있을 만큼 창세기 서술과 현재 생물학의 범주들과의 연관성에 대해 충분히 알지 못한다. 종류는 더 보편적이지만 뚜렷하게 창조된 존재론적 범주를 나타내며, 이 존재론적 범주는 대진화에 의해 요구되는 생물들의 총 가소성[total plasticity]에 잘 어울리지 않는다).[21]

더 중요한 것은 하나님의 인간 창조는 생물 세계의 나머지 부분에서 두드러지는데 왜냐하면 인간들은 하나님의 형상을 따라 직접 만들어졌기 때문이다. 창세기 이외에도 최초의 부부를 문자적 실재로 언급하는 성경에서 신학적으로 아주 중요한 구절들이 많고 이런 구절들은 신학적으로 엄청난 중대성을 갖는다(예를 들어, 마 19:4-6; 롬 5:12-21; 고후 11:3).[22]

---

19 정확히 하나님이 그의 창의적인 설계를 통해 어떻게 창조세계에 투자하시는지는 논의를 좀 더 하면 알 수 있다. 나는 나중에 하나님의 설계가 명백하고 비평가들이 주장하듯 과학의 진보를 방해하지 않음을 주장할 것이다. 창조세계에서의 하나님의 지적 투자는 다름아닌 역사적 기적의 차원에서 이해하는 것이 최선일 것이다. William Dembski, *The Design Revolution* (Downers Grove, IL: InterVarsity Press, 2004), 23-25장에서 이를 사려 깊게 다룬다. 그리고 William Dembski, "Moving the Particles," in *The End of Christianity* (Nashville: Broadman & Holman, 2009)도 참고하라.
20 J. P. Moreland, *Love Your God with All Your Mind* (Colorado Springs: NavPress, 1997), 35-36 그리고 Mortimer Adler, "The Possible Answers," in *The Difference of Man and the Difference It Makes*를 참고하라.
21 과학에서 유용하게 사용되는 기술 용어로서의 종류(kind)에 대해서는 J.P. Moreland, *Christianity and the Nature of Science* (Grand Rapids: Baker, 1989), 222를 참고하라.
22 이 기본적인 관점의 변호를 위해서 Francis Schaeffer, *Genesis in Space and Time* (Down-

진화가 그 역할을 다 감당한 후에 하나님이 초자연적으로 역사상 개입하시기는 하지만 생명 자체에 하나님의 설계 증거를 남기는 것에는 실패한다고 복음주의자들이 믿는 것도 마찬가지로 일관성이 없어 보인다. 이런 점에서 유신론적 진화론은 기독교 유신론보다는 이신론에 더 근접해 보인다.[23] 게다가 다윈이 분명하게 **설계자를 위한 필요를 제거하기 위해** 공식화 한 생명의 관점을 유신론자가 채택하는 것은 이상하다.[24]

다윈 자신은 말했다. "바람이 부는 경로에 설계가 없듯이 유기적 존재들의 가변성과 자연선택의 행동에는 더 이상 설계가 존재하지 않는 것 같다."[25] 다윈은 자연세계는 너무나도 잔인하고 소모적이라고 여겼기 때문에 그는 자연법칙과 우연으로 생명의 발달을 설명해서 창조주를 전체 그림에서 제거하고 싶어했다.[26]

만일 하나님이 사람을 포함한 다양한 생명의 형태들을 초래하기 위해 황송하게도 다윈주의 진화를 "사용"하셨다면, 하나님은 그분이 비가

---

ersGrove, IL: InterVarsity Press, 1972)을 참고하고 더 성서해석적(exegetical)이고 신학적으로 다룬 것을 원하면 C. John Collins, *Genesis 1-4: A Linguistic, Literary, and Theological Commentary* (Phillipsburg: P & R, 2006), 특히 166-67; 251-55; 257-60을 참고하라.

23 Phillip Johnson, *Defeating Darwinism* (Downers Grove, IL: InterVarsity Press, 1977), 16-17과 Michael A. Harbin, "Theistic Evolution: Deism Revisited?" *Journal of the Evangelical Theological Society* 40, no. 4 (1997): 639-52를 참고하라.

24 이 내용은 Benjamin Wiker's가 쓴 탁월한 Darwin의 전기, 즉 *The Darwin Myth* (Washington, D.C.: Regnery, 2009)에 잘 나와 있다.

25 Charles Darwin, *Life and Letters of Charles Darwin, Including an Autobiographical Chapter*, ed. Francis Darwin (New York: Appleton, 1898), 1:278-79, Stephen Meyer, *Signature in the Cell* (San Francisco: HarperOne 2009), 19에서 인용됨. 어떤 사람들은 *The Origin of Species* 제2판과 나머지 인쇄판들(모두 여섯 개였다)의 뒷부분에 있는 다윈의 언급에 아연실색하게 되었다. 그는 하나님은 첫 번째 생명의 형태 또는 형태들에 생기를 불어넣었다고 하였다. 다윈 자신은 후에 친구인 Hooker에게 이렇게 글을 남겼다. "나는 내가 대중의 의견에 굴복하여 창조에 모세 오경적 용어를 사용한 것을 오랫동안 후회해 왔는데, 그 용어를 통해 내가 정말 의미한 것은 어떤 미지의 전체 과정을 통해 '나타났다'는 것이다" (Frederick Buckhardt et al., *The Correspondence of Charles Darwin*, 11.2778, Wiker, *Darwin Myth*, 139에서 인용됨).

26 Cornelius Hunter, *Darwin's God* (Grand Rapids: Brazos, 2002)을 보라.

시적으로 남게 될 어떤 체계를 활용하기로 이상하게 결정하신 것이다.[27] 무신론자며 다윈주의자인 윌리엄 프로빈(William Provine)은 이런 류의 사고는 마땅히 심각한 결함이 있는 것으로 간주한다.[28] 마이클 덴튼(Michael Denton)의 평가는 정확하다.

> 기독교에 관한 한, 진화론의 출현과 전통적인 목적론적 사고의 제거는 재앙적이었다. 생명과 사람이 우연의 결과라는 제안은 생명과 사람이 지성적이고 창의적인 활동의 직접적인 결과라고 하는 성경적인 단언과는 양립 불가능하다.[29]

둘째, 과학적 창조론(scientific creationism)이다. 왕성한 저술 활동을 펼친 작가인 헨리 모리스(Henry Morris, 1918-2006)와 드웨인 기쉬(Duane Gish)에 의해 옹호된 것이다. 두 사람 모두 과학분야에서 박사학위를 획득했고 수십 년간에 걸쳐 수백만 명의 다윈주의자들과 논쟁해 왔다. 그들의 업적은 대부분 창조연구소(Institute of Creation Research)의 후원으로 지속되고 있다.

가장 최근에는 켄 햄(Ken Ham)이 이 아이디어를 책, 강연 그리고 켄터키 주 피터스버그에 위치한 창조박물관을 통해 지지해 왔다. 창세기는 하나님이 만 년 전 즈음에 하루가 24시간으로 되어 있는 날에서 6일 동안 우주와 모든 생명을 창조하신 것을 가르친다고 창조론은 주장한다. 성

---

27 유신론적 진화론에 반대하는 논증은 John Mark Reynolds, "Getting God a Pass: Science, Theology, and the Consideration of Intelligent Design," in *Signs of Intelligence: Understanding Intelligent Design*, ed. William A. Dembski and James M. Kushiner (Grand Rapids: Brazos, 2001)를 참고하라. Carl F. H. Henry, *God, Revelation, and Authority*, vol. 6 (Waco, TX.: Word, 1976-1983), 7장; James S. Spiegel, "The Philosophical Theology of Theistic Evolutionism," *Philosophia Christi* 4, no. 1 (2002): 89-99, ed. Jay Richards, *God and Evolution* (Seattle: Discovery Institute, 2010).

28 William Provine, Lee Strobel, *The Case for a Creator* (Grand Rapids: Zondervan, 2004), 22에서 인용됨.

29 Denton, *Evolution*, 66.

경의 문자적 해석에 호소할 뿐 아니라 창조론자들은 다윈주의의 결점을 비난하고 젊은 지구와 우주를 지지하는 내용을 인용한다. 그들은 6일 모델에서 이탈하는 그 어떤 것도 비성경적일 뿐 아니라 비과학적인 것으로 간주한다.

창조주의자들이 다윈주의의 국면들, 특히 화석 기록에서 대진화를 위한 증거 부족에 대한 것에 의문을 제기하기 위해 요먼(yeoman)[30]처럼 아주 유용하고 열성적이며 소중한 일을 종종 해내지만,[31] 6일 창조에 대한 그들의 성경적 문자주의(Biblical literalism)는 두 가지 이유로 곤란하다.

1. 11장에서 언급했듯이 창세기 창조 서술은 정해진 시간의 기간을 고집하지 않고, 오히려 6개의 창의적인 기간들 또는 "날들"을 강력히 주장한다. 게다가 성경의 족보는 정확한 시간 기간을 고정하기 위한 연대표로 사용될 수 없다.[32] 이는 우주의 창조와 우리의 첫 번째 부모님 이후에 경과한 시간의 양에 대한 질문을 개방된 채로 둔다.[33]
2. 정합적인 기독교 세계관은 과학혁명의 주창자들이 이해했던 것처럼 "자연책"(the book of nature, 시 19:1-6)과 "성경책"(the book of Scripture, 시 19:7-10; 딤후 3:15-17)을 합하는 것을 꼭 시도해야 한다.

30　Yeoman은 봉건제 붕괴시기(14-15세기)에 출현한 영국의 상류층과 영세농 사이의 부유한 독립 자영 농민층으로 19세기 전반에 소멸되었다. 평민보다는 높은 신분으로 작은 농장의 지주였으며 재력을 갖춘 자수성가한 사람들로 매우 충직하고 성실하게 일했다. 그래서 세력 있는 귀족을 두려워하던 왕은 Yeoman에게 대신 관직을 수여했고, 그들은 가신, 호위병, 하급관리로 활약하기도 했다-역주.
31　Duane Gish, *Evolution: The Fossils Still Say No!* (Green Forest, AR.: Master Books, 1995).
32　Norman Geisler, "Genealogies, Open or Closed," in *Baker Encyclopedia of Apologetics* (Grand Rapids: Baker, 1999), 267-70.
33　Francis Schaeffer, *No Final Conflict: The Bible Without Error in All That It Affirms* (Downer Grove, IL: InterVarsity Press, 1975).

프란시스 베이컨(Francis Bacon)은 그 책들을 "하나님의 말씀의 책"(the book of God's Words)과 "하나님의 업적의 책"(the book of God's Works)으로 언급했다.[34] 하나님은 성경과 피조세계, 두 가지 모두의 저자이신데, 왜냐하면 하나님은 진리의 하나님이시고 이 두 책들은 서로 모순되지 않기 때문이다. 따라서 두 책들은 적절한 원칙에 따라 정확하게 해석될 필요가 있다.

우주가 130-150억 년 되었고 지구 역시 아주 태고적부터 존재했었다고 하는 압도적인 증거가 존재한다.[35] 11장에서 우리는 빅뱅 우주론에 대해서 토의했고 이 증거를 사용해서 심오한 성경적 교리인 무로부터의 창조를 변론했다. 따라서 만일 성경이 젊은 지구나 젊은 피조세계를 고집하지 않는다면 그리고 만일 자연책의 증거가 훨씬 더 늙은 우주를 지원한다면, 문자적 6일 창조와 겨우 몇천 년밖에 되지 않은 우주를 변호할 필요는 없다.[36]

셋째, 이는 내가 보기에 성경과 피조세계 모두를 가장 일관되게 조화시키는 모델이다. 이는 점진적 창조론(progressive creationism) 또는 날-시대 창조론(day-age creationism)으로 불려지는 것이다.[37]

---

34 Francis Bacon, *The Advancement of Learning* (1605; reprint, New York: Random House, 2001), bk. 1, 10.
35 Hugh Ross, *Creation and Time* (Colorado Springs: NavPress, 1994), 9-12장을 참고하라.
36 이 주제에 대한 논쟁으로는 J. P. Moreland and John Mark Reynolds, eds. *Three Views on Creation and Evolution* (Grand Rapids: Zondervan, 1999)을 참고하라. 나는 Robert C. Newman, "Old Earth (Progressive) Creationism"의 의견을 대부분 지지한다. 또한 Robert C. Newman and Herman J. Eckelman Jr., *Genesis One and the Origin of the Earth* (Hartfield, PE: Interdisciplinary Biblical Research Institute, 1989)를 참고하라. 또 William Dembski, "Part II: Young-and Old-Earth Creationism," in *The End of Christianity: Finding a Good in an Evil World* (Nashville: Broadman & Holman, 2009)도 보라.
37 지적 설계 운동(ID movement)은 젊은 지구 창조주의자들(그럼에도 불구하고 이들은 초기 창조론자들과는 다르게 젊은 지구를 그들 논증의 특징으로 삼지 않는다), 날-시대 사고가들(day-age thinkers), 공통조상(common ancestor) 지지자들(그러나 그들은 다윈주의 장치가 충분한 설명이라는 것을 거부한다) 그리고 불가지론자들도 포함한다. 나는 성경과 자연 사이에 가장 안성맞춤인 것을 제공하고 있다.

이 설명은 창조 시간표와 연대기의 세부사항에 대해서는 다소 융통성이 있다(한 개인이 창세기를 어떻게 해석하느냐에 달려있음). 그러나 나는 다음의 주장들은 성경적으로 그리고 신학적으로 타협 불가능한 사항들이라고 본다.

1. 하나님은 무에서 우주를 창조하셨다.
2. 하나님은 각각의 "종류"를 특별하게 창조하셨는데, 그것을 대진화의 오랜 자연주의적인 과정을 통해 창조하지 않으셨다. 그렇지만 우리는 성경의 "종류"(kind)가 생물학자들이 말하는 "종"(species)에 일치하는 것이라고 확실성 있게 말할 수 없다(비록 종류와 종이 매우 유사할 수도 있겠지만).
3. 하나님이 각각의 종에 부여하신 본성을 감안하면(소진화), 종(species)은 변화할 수 있고 다양하게 제한된 방식으로 그들의 환경에 적응할 수도 있다.
4. 다른 종들과 인간의 창조 사이에 상당한 양의 시간이 경과되었다.
5. 하나님은 인간을 특별하게 창조하셨는데, 그분은 자연주의적 진화의 오랜 과정을 통해 창조하지 않으셨다.
6. 최초의 인간 부부는 하나님에 의해 특별하게 창조되었고 시공간의 역사 속에서 타락을 경험했다.[38]

---

38 이 설명은 동물의 죽음과 고통은 인간의 타락 이전에 발생했음을 함축한다. 이는 타락은 세계 전체의 분열(disruption)뿐만 아니라 인간의 죽음과 고뇌를 초래한 것으로 해석한다. 어떤 사람들은 이것을 창세기 기록의 부인으로 받아들이지만 본문은 결코 모든 죽음이 타락 당시에 시작된 것이라고 말하지 않는다. 독창적인-그러나 내 마음에 분명한 확신을 주지는 않지만-방식으로 모든 죽음과 고난을 초래한 것이 인간의 죄라는 개념과 늙은 우주를 조화시키는 방식을 참고하려면 Dembski, "Part I: Dealing with Evil," in *End of Christianity*를 보라. Hugh Ross는 이 문제에 대한 설명을 성경적으로 또 과학적으로 *The Genesis Question* (Colorado Springs: NavPress, 1998), 93-100에서 제시한다.

창세기 1장 사건들의 정확한 시기는 다소 미결된 상태이기는 하지만, 일반적인 순서는 분명하다. 처음에는 무생물 세계였고, 그 다음은 비인간 생명, 그 다음으로는 인간 생명이다. 하나님은 각 "종류"를 특별하게 창조하셨지만, 이는 한 종류 내에서의 발달을 배제하지도 않고, 종의 멸종도 배제하지 않는다. 월터 브래들리(Walter Bradley)는 그럴듯한 점진적인 창조주의자 견해를 개발시켜 왔는데, 그는 이 견해가 지질학적 기록과 잘 맞아떨어진다고 믿는다.[39]

2. 다윈주의는 무엇인가?

진화론의 역사는 방대한 주제이지만 우리는 본질적인 것들을 정제할 수 있다. 찰스 다윈 이전에도 그의 가족 구성원을 포함한 많은 사람들은 다양한 진화적 개념들을 고찰해 보았지만,[40] 다윈의 유산은 종의 기원(종분화[speciation])을 설명하기 위해서 구체적인 장치를 주창한 것에 있다. 그는 이 장치를 자연선택으로 칭했다.[41]

---

39 Walter Bradley, "Why I Believe the Bible is Scientifically Reliable," in *Why I Am a Christian*, ed. Norman Geisler and Paul Hoffman (Grand Rapids: Baker, 2001), 161-81. 신학적으로 개발된 점진적 창조론의 견해는 Gordon R. Lewis and Bruce A. Demarest, *Integrative Theology* (Grand Rapids: Zondervan, 1990): 2:17-68이 있다.
40 Wiker, "Hatching the Evolutionary Plot," in *Darwin Myth*.
41 Alfred Russel Wallace는 동일한 시간대에 유사한 이론을 개발시켰으나 역사의 장난으로 다윈에게 획득된 자격(그리고 신화적 위치)을 전혀 부여받지 못했다. Martin Fichman, *An Elusive Victorian: The Evolution of Alfred Russel Wallace* (Chicago: University of Chicago Press, 2004)를 참고하라. 그리고 Michael Flannery, *Alfred Russel Wallace's Theory of Intelligent Evolution: How Wallace's "World of Life" Challenged Darwinism* (Riesel, TX.: Erasmus Press, 2008). 나중 작품은 Darwin과는 달리 Wallace가 진화가 지적인 목적을 지닌 것을 믿었음을 보여준다. 자연주의의 형이상학이 다윈의 과학을 만들어낼 수밖에 없게 했지만 Wallace의 과학적 감각은 자연에서 설계를 보지 않을 수 없도록 했다고 Flannery는 주장한다.

인공선택에서 동물이나 식물의 사육가는 지적인 개입을 통하여 종의 발달을 유도한다(비록 인공선택이 결코 새로운 종으로 귀결되지는 못하고, 단지 기원적인 종의 변이[modifications]로 끝나지만). 다윈에 의하면 **자연**선택에서 이 과정은 비지성적이며 무목적이다. 자연은 순응적으로 진화하고 풍요롭게 번식하는 생명체들을 선호한다. 자연은 부적응을 불임과 죽음으로 심판한다. 최적응자(fittest)가 생존하고 번식한다. 충분한 시간이 주어진다면 이 자연선택의 과정은 전혀 새로운 종의 개발로 유도되어지며, 새로운 종은 점진적 변화 과정을 통해 출현하게 된다. 이것을 "변이를 수반한 혈통"이라고 칭한다.

다윈은 유전학에 대해서나 현미경으로만 관찰할 수 있는 기막히게 복잡한 세포의 세계에 대해서는 아는 것이 전혀 없었다(14장 참고). 후기 다윈주의자들은 그레고 멘델(Gregor Mendel: 다윈주의자가 아님)의 유전적 발견에 호소하면서 무작위 유전자 돌연변이(random genetic mutations)는 생명체들이 새로운 종으로 변화하게 하는 수단을 제공한다고 주장하여 다윈 이론에 살을 붙였다. 무작위 돌연변이가 발생한 후에, 자연선택은 자식 세대에 유익한 돌연변이적 변화들을 보존하기 위해 기능을 발휘하기 시작한다. 이것은 "신다윈주의적 합성"(neo-Darwinian synthesis)이라고 불리며 꽤 설득력 있는 최근 도전자들에도 불구하고 현재 과학 제도권을 지배하는 세계관이다.

다윈주의자들은 유전적 부동(genetic drift: 유전적 변이의 다른 근원)처럼 진화를 구동시키는 다른 요인들을 가끔 언급하기도 하지만, 무작위적 돌연변이에 작용하는 자연선택이 가장 깊은 단계에서의 변화를 위한 지배적인 모델이다.[42]

---

42 제안된 유전적 돌연변이를 증대시키기 위한 다윈주의적 방법 그리고 어떻게 이러한 노력들이 종분화를(speciation) 설명하는 것에는 실패하는지에 대한 논의로는 Jonathan Wells and William Dembski, "The Origin of Species," in *The Design of Life: Discovering Signs of Intelligence in Biological Systems* (Dallas: Foundations for Thought & Ethics, 2008)를 참고하라.

기독교 변증학을 위한 다윈주의의 중대성은 무엇인가? 만일 다윈주의가 참이라면, 기독교가 진리일 가능성은 훨씬 적다. 다윈주의는 한 개인이 "지적으로 성취감 있는 무신론자"가 되는 것을 가능케 해 준다고 리처드 도킨스는 말했다.[43] 즉 다윈주의는 무신론에 힘을 실어주는데 왜냐하면 하나님을 생물학에서 쫓아냈기 때문이다. 많은 교과서들은 자연에 대한 기독교식 설명의 대안으로서 다윈주의를 소개한다.

회의론자들과 무신론자들은 다윈주의를 기독교와 유신론의 파기자(defeater)로 백여 년 넘게 활용해 오고 있는데 왜냐하면 그들은 인도되지 않은 진화가 설계를 대신한다고 주장하기 때문이다. 다윗왕은 자신이 "경이롭고 멋지게 만들어졌다"(시 139:14, NIV)라고 말했으며 또 사도 바울은 하나님은 당신 스스로를 자연을 통해 알리셨다(롬 1:18-21; 참고 시 19:1-6)고 주장한 반면에 다윈주의는 종 발달의 모든 국면과 인간 육체의 발달의 모든 국면을 자연의 작용과 자연선택과 우주의 배경조건들을 감안할 때 시간, 공간, 우연과 자연법칙에 의거해서 설명될 수 있다고 단언한다.[44]

기독교 다윈주의자들은 하나님이 무에서 우주를 창조했고 그런 다음에는 진화하도록 내버려 두었기 때문에 생물학에서 설계는 명백하지 않다고 단언한다. 지구상에서의 광대한 생명체의 전체 세트는 설계자 없이도 충분히 이해될 수 있다. 그럼에도 다윈주의의 견해를 감안하면 "하나님이 다윈주의의 진화를 활용하셨다"는 아이디어는 기괴한 주장인데 왜냐하면 이는 그분 자신의 일을 통해서 하나님 자신이 탐지되는 것을 불가능하게 만들어 버린 어떤 과정(즉 다윈주의의 진화)을 하나님이 사용했다는 것을 의미할 것이기 때문이다.[45] 더욱 심각한 것은 만일 유신론자가 다윈주의를 인도되지 않은 자연법칙과 우연의 과정이라고 이해한다

---

43 Richard Dawkins, *The Blind Watchmaker* (New York: W. W. Norton, 1986), 6.
44 나는 12장에서 이러한 배경조건이 인간의 생명을 위해 미세조정되었지만 이러한 내용이 다윈주의자들의 논의에서는 거의 제기되지 않았다.
45 자연 내에서 하나님의 계시에 대해서는 특히 시 19:1-6과 롬 1:18-21을 참고하라.

면 하나님이 개입하실 여지는 전혀 없는 것이다.

그러나 다윈주의는 생물학적 이론 훨씬 이상의 것이다. 다윈주의는, 종교적인 믿음을 지식에 대해서는 자격이 없는 것으로서 소외시키기 원하는 서구의 지적 엘리트들의 세속적인 세계관에 필요불가결하다. 자연과학과 인문학은 이런 자연주의적이고 세속적인 세계관이 장악하고 있고, 그렇기 때문에 기독교적 주장을 무시하거나 노골적으로 공격한다. 따라서 다윈주의에 이의를 제기하는 것은 엘리트들의 지적인 삶에서 이토록 많은 부분에 영향을 미치는 세속주의 사고방식을 격퇴하는 데 핵심적이다.[46]

3. 다윈주의의 기본적인 결함

다윈주의가 의심할 여지없다고 하는 주장에도 불구하고 다윈주의를 과학적으로 비판하는 문헌은 방대하고 훌륭하다. 한 관점이 사회 안에 깊이 뿌리박히게 되면(다윈주의가 그랬던 것처럼), 그 관점에 반대하는 사람들은 무식한 사람(또는 더 형편없는 사람)으로 쉽게 묵살될 수 있다. 지배적인 관점을 지지하는 사람들은 엄밀한 논증에 참여할 필요가 없다고 믿는다. 작고한 생물학자 테오도르 도브잔스키(Theodore Dobzhansky)의 인용은 비평가들을 침묵시키기 위해 자주 발동되기도 하였다. "생물학의 어떤 것도 진화의 빛에 비추어보지 않는 한 납득되지 않는다."[47]

만일 그렇다면 다윈주의(그가 "진화"로 의미한 것)에 도전하는 것은 생

---

46 Phillip Johnson, *Reason in the Balance* (Downers Grove, IL: InterVarsity Press, 1995); John West, *Darwin Day in America* (Wilmington, DE.: ISI Books, 2007)를 참고하라. Darwin이 Hitler에게 미친 영향은 Richard Weikart, *From Darwin to Hitler: Evolutionary Ethics, Eugenics, and Racism in Germany* (New York: Palgrave Macmillan, 2004)를 보라. David Berlinski가 영화 *Expelled*(2009)에서 표현했듯이 다윈주의는 나치즘의 기원과 작동을 위한 **필요조건이지 충분조건은** 아니었다.

47 Theodore Dobzhansky, "Nothing in Biology Makes Sense Except in Light of Evolution," *American Biology Teacher* 35 (1973): 125–29.

물학의 모든 업적을 저해하는 것을 의미한다. 그러나 도브잔스키는 틀렸다. 생물학의 위대한 과목 대부분(해부학, 식물학, 미생물학, 계통분류학, 발생학과 같은 것)은 다윈의 이론 이전에 설립되었고 이들 학문들이 번영하기 위해서 다윈주의를 필요로 하지 않는다. 생물학의 몇몇 저명한 선구자들은 다윈의 이론을 거부했는데 발생학자 칼 에른스트 폰 베어(Karl Ernst von Baer), 비교생물학자 리처드 오웬(Richard Owen), 동물학자 루이 아가씨(Louis Agassiz)와 유전학자 그레고르 멘델(Gregor Mendel)이 그런 이들이다.[48]

최근 「과학자」(The Scientist)에 게재된 기사에서 미국국립과학협회(U. S. National Academy of Sciences) 회원인 화학자 필립 S. 스켈(Philip S. Skell)은 20세기의 주요 생물학적 발견을 고려하며 그는 "다윈의 이론은 주목할 만한 안내를 전혀 제공해 오지 못했으나 장족의 발전을 이룬 후에 흥미로운 이야기식 설명으로 도입되었다"[49]고 기록했다.

4. 물질주의에 대한 철학적 헌신

현대 다윈주의 제도권은 세계관과 운영방식으로서 자연주의(또는 물질주의)에 철학적으로 헌신되어 있다. 이것은 아무리 강조해도 지나치지 않다. 연구될 수 있는 것은 자연계가 전부이며 반드시 자연계 자체로만 과학적 질문들에 대한 모든 대답들을 제공해야 한다. 다윈의 자연주의는 두 가지 형태를 취하는데 형이상학적 자연주의와 방법론적 자연주의이다.

---

48 Jonathan Wells, *The Politically Incorrect Guide to Darwinism and Intelligent Design* (Washington, D.C.: Regnery, 2006), 79.
49 Philip S. Skell, *The Scientist*, August 2005 ⟨www.discovery.org/a/2816⟩. Wells 또한 이 취지를 위해 중요한 과학자들의 몇 가지 다른 인용들을 언급한다. Jonathan Wells, *Icons of Evolution* (Washington, D.C.: Regnery, 2000), 80-81.

형이상학적 자연주의는 오직 물질적인 상태들만 존재한다고 하는 철학적 주장이다. 비물질적이고, 영적이거나 초자연적인 것은 전혀 존재하지 않는다. 방법론적 자연주의는 형이상학적 자연주의의 가정을 감안한 과학적 탐구 수단이다. 이 방법론은 소위 말하는 불가지론적 방식으로도 진술될 수 있다. 과학자는 그/그녀가 하나님과 초자연적인 것을 배제하는 것은 아니지만, 학문으로서의 과학은 하나님과 초자연적인 것의 연구를 시도해서는 안 된다고 주장한다. 따라서 오직 자연적 설명만 허용된다. 오직 물질주의적 설명만 "과학적"이라고 명명된다.

이 분야에 대한 특별한 지식이 없는 사람에게 방법론적 자연주의는 겸손하고 불가지론적으로 여겨지지만, 방법론적 자연주의는 형이상학적 물질주의를 위한 계략이다. 만일 하나님이나 어떤 초자연적인 것이 존재한다 하더라도 이것이 우주에서 명백한 것이 될 수 없다고 방법론적 자연주의는 가정한다. 그렇기 때문에 방법론적 자연주의는 사용 가능할 수도 있는 증거에도 불구하고 비물질적인 것(영혼, 하나님 또는 초자연적인 것)을 위한 모든 경험적 증거에 대해서 형이상학적 거부권을 발동한다.

이것은 전혀 중립적이지 않은 전략이다. 어느 주어진 분야의 연구를 위해서 어디든지 증거가 과학을 이끄는 곳으로 가고 그런 다음에 최선의 가설을 선택하는 것이 과학의 사명이라면, 방법론적 자연주의는 과학 자체를 저버린다.[50] 생물학에 만연한 자연주의는 저명한 생물학자이고 다윈주의의 옹호자인 리처드 르완틴(Richard Lewontin)의 이 선언에서 분명하게 나타난다.

---

50 방법론적 자연주의를 위해서는 다음을 참고하라. Cornelius Hunter, *Darwin's Proof* (Grand Rapids: Brazos, 2003), 147, William Dembski, *Design Revolution* (Downers Grove, IL: InterVarsity Press, 2004), 171–72, Alvin Plantinga, "Methodological Naturalism," *Origins and Design* 18, no. 1 (1996): 18–27 ⟨www.arn.org/docs/odesign/od181/methnat181.htm⟩; "Methodological Naturalism? Part 2: Philosophical Analysis" *Origins & Design* 18, no. 2 (1997): 22–34 ⟨www.arn.org/docs/odesign/od182/methanat182.htm⟩. 우리는 14장에서 과학의 고유 의미에 대해 살펴볼 것이다.

과학구조에 다소간 존재하는 명백한 불합리에도 **불구하고**, 건강과 생명에 대한 터무니없는 많은 약속을 지키는 것에 실패함에도 **불구하고**, 입증되지 않은(그랬을 것이라는) 이야기들에 대한 과학 공동체의 관용에도 **불구하고**, 우리는 과학의 편을 드는데, 왜냐하면 우리는 물질주의에 대한 헌신이라고 하는 사전 헌신(prior commitment)을 했기 때문이다. 과학의 방법들과 기관들이 현상적 세계에 대해 우리로 하여금 어떻게든 물질적인 설명을 하지 않을 수 없도록 만드는 것이 아니라, 정반대로 물질적인 원인들에 대한 우리의 **선험적인** 충성이 우리로 하여금 물질적인 설명을 산출하는 조사 장치와 개념들의 집합을 만들어내지 않을 수 없도록 한다는 것이다. 충분한 지식이 없는 자들에게 그것이 아무리 반직관적이고, 아무리 어리둥절하게 여겨질지라도 말이다. 게다가 바로 그 물질주의는 절대적이기 때문에 하나님의 발을 한 발짝이라도 방문 안에 들여놓는 것을 우리는 허용할 수 없다.[51]

필립 존슨(Phillip Johnson)이 그의 중추적인 책 『심판대의 다윈』(*Darwin on Trial*)에서 설득력 있게 주장했듯이 만일 한 개인이 선험적으로 자연주의에 헌신되어 있다면, 다윈주의와 같은 어떤 것은 **반드시 진리여야만** 하는데, 왜냐하면 자연주의는 생명의 기원과 발달 배후에 어떤 지성의 존재도 허락하지 않기 때문이다.[52] 이 책의 발간 전에 비록 문화적 영향력은 덜했지만 문화비평가 리처드 위버(Richard Weaver)는 본질적으로 동일한 주장을 펼치며 만일 자연주의만이 유일하게 허락된 세계관이라면

---

51 Richard Lewontin, "Billions and Billions of Demons," *New York Review of Books*, January 9, 1997, 31.

52 Phillip Johnson, *Darwin on Trial*, 2nd ed. (Downers Grove, IL: InverVarsity Press, 1993). 이 점은 책 전체에 강조되어 있으며, 이는 다양한 경로로 지적 설계 운동을 촉진케 하였다.

다원주의의 대안들은 고려될 수 없다고 논의한 바 있다.[53]

다윈 당시대에도 탁월한 생물학 교수였던 조지 미트바트(George Mitvart)는 다윈은 모든 종교적 실재들을 해명하기 위해 자연주의를 전제하였다고 주장했다.[54]

르완틴이 "방문 안에 들여놓는 하나님의 발"을 경고할 때 그가 의미하는 것은 "절대적인 물질주의"를 제외한 모든 것은 과학 자체를 무너뜨릴 수 있다는 것이다. 즉 과학적 관찰과 이론화를 위해 필요한 규칙성을 와해시킬 수 있는 무계획적인 신의 개입을 자연질서에 허용함으로써 과학 자체를 무효화시킬 수 있다는 것이다. 그런 잘못된 주장은 14장에서 다루게 될 것이다.

만일 생명의 기원에 대한 경험적 과학연구가 "절대적 물질주의"에서 분리된다면 설명의 가능성들은 엄청나게 확대된다. 이 "쐐기" 전략(wedge strategy: 생명의 기원에 대한 조사에 비물질적인 고찰을 도입하는 것)은 지구상에 있는 생명의 기원과 발달을 위한 최고의 설명에 관한 논쟁을 재개하는 데 핵심적으로 중요하다.[55] 필립 존슨의 표현처럼 자연주의자들에게는 "태초에 미세 입자들이 있었고" 이 미세 입자들은 모든 창조행위를 감당해야 했다. 이는 "태초에 말씀이 계시니라"(요 1:1)라고 하는 성경적 주장과는 상반된다.[56]

체스터턴은 기독교인은 전적으로 정적인 창조를 고집할 필요가 없다고 지적한 바 있는데 왜냐하면 자연적 발달은 하나님의 세계에서 발생하기 때문이다. 그렇지만 물질주의자는 그의 이론에 설계의 어떤 요소가 잡입되는 것을 절대로 허용해서는 안 된다. "기독교인은 상당한 양

---

53 Richard Weaver, *Visions of Order: The Cultural Crisis of Our Time* (1964; reprint, Bryn Mawr, PA.: Intercollegiate Studies Institute, 1995), 139-40.
54 Wiker, *Darwin Myth*, 124-30에 나오는 논의를 참고하라.
55 Phillip Johnson은 *The Wedge of Truth* (Downers Grove, IL: InverVarsity Press, 2000)에서 이 전략을 심도 있게 설명한다.
56 Phillip Johnson, "Theistic Naturalism and Theistic Realism," in *Reason in the Balance* (Downers Grove, IL: InterVarsity Press, 1995).

의 정해진 질서와 필연적인 발달이 우주 안에 있음을 스스럼 없이 믿을 수 있다. 그러나 물질주의자는 그의 티끌 한 점 없는 기계에 유심론(唯心論, spiritualism)이나 기적과 같은 작은 티끌이라도 들어오는 것을 허락할 수 없다."[57] 다윈주의의 주장은 매우 의심스러운 어떤 증거에 달려있다. 사실 그것은 사실보다는 이미지에 더 의존하고 있다.

5. 진화론의 아이콘들

캘리포니아 대학교 버클리에서 발생학으로 박사학위를 취득한 조나단 웰즈(Jonathan Wells)는 다윈주의를 위한 지지는 몇 가지 기만적인 "아이콘들"(icons)에 상당히 의존하고 있다고 주장한다. 이들 상징물들은 당연하게 여겨지는 아이디어들을 그림의 형태로 표현한 것으로 자주 사람들이 다윈주의에 대해 비판적으로 사고하는 것을 막는다.

1) 나방의 색깔

다윈주의자들은 심지어는 후추나방의 경우에도 자연선택이 발생함을 주장한다. 그것을 "진행 중인 진화"(evolution in action)라고 한다. 후추나방은 다양한 회색의 색조들을 띤다. 산업혁명 이후 산업도시인 영국 멘체스터시 근방의 90퍼센트 이상의 나방은 더 어두운 색을 띠게 되었다. 오염으로 나무 몸통은 검게 그을렀고 어두워진 나무줄기에 앉은 짙은 색의 나방은 밝은 색의 나방보다 위장이 용이해졌다. 밝은 색의 나방은 눈에 띄게 되었고 배고픈 새들의 손쉬운 목표물이 되었다.

무작위적 유전적 돌연변이(random genetic mutation)로 생성된 짙은 색의 나방은 환경에 의해 "선택"되었는데 그들은 포식으로부터(predation) 더 안전했기 때문이다. 이것은 자연선택을 위한 교과서의 사례였다. 적

57　G.K. Chesterton, *Orthodoxy* (1908; reprint, New York: Image Books, 1959), 24.

어도 그렇게 여겨졌다. 1980년대까지 후추나방은 자연선택을 위한 포스터에 등장하는 곤충이었다.

그런 후 몇 가지 모순들이 드러나기 시작했다.

첫째, 이론에서 예상되었던 것처럼 가장 심하게 오염된 지역에서 밝은 색의 나방은 어두운 색의 나방으로 대체되지 않았다.

둘째, 오염의 영향을 적게 받은 영국의 시골 지역에서 어두운 색 나방의 빈도는 예상했던 것보다 더 높게 나타났는데 왜냐하면 자연선택은 밝은 색의 나방을 더 선호할 것이라고 기대했기 때문이다.

셋째, 런던에서 오염이 감소되었을 때, 나무 몸통의 색은 더 밝아지게 되었는데, 어두운 색의 나방의 비율은 런던 북부에서는 증가하였고 남부에서는 감소하였다.

(다윈주의자들에게) 설상가상으로 이 나방들은 **일반적으로 나무 몸통에 앉지 않는다**. 어떤 독자들은 교과서 사진에 실린, 나무 몸통에 앉아 있는 후추나방을 보았기 때문에 이에 이의를 제기할 수 있을 것이다. 나방들이 나무 몸통에 앉아 있는 것처럼 보이는 것은 누군가 손으로 나방들을 나무 몸통에 올려 놓았기 때문이다.[58]

그럼에도 불구하고 다윈주의의 기대에 부합하는 분별력을 후추나방들이 가졌었다고 **하더라도** 나방 한 종(species) 안에서의 차별적인 색소침착 경향의 변화(나무 몸통색의 변화를 따르는 것)는 나방이 처음부터 과거의 어떤 종에서 어떻게 진화했는지는 설명하지 못할 것이다. 또한 이는 나방들이 다른 종으로 진화하는 과정 중에 있었음을 증명해 주지도 못할 것이다. 오염-포식 이론(pollution-predation theory)의 정당성이 입증된다고 하더라도 이는 나방의 색소침착에 대해서만 설명할 뿐 "종의 기원"에 대해서는 설명하지 못한다.

---

58 Wells, *Icons of Evolution*, 156-57.

2) 핀치새의 부리 변이

또 다른 "진행중인 진화"로 추정된 예는 핀치새의 부리다. 다윈은 대영제국군함 비글호에서 5년간 항해 중 방문했던 1835년 갈라파고스 섬에서 다양한 종의 핀치새를 목격했다. 구전에 의하면 그는 부리의 크기로 구별되는 다양한 종의 핀치새를 자연선택의 강력한 증거로 취했다고 한다. 이 새들은 자주 "다윈의 핀치새"로 불린다. 그럼에도 다윈은 종의 기원에서 이들에 대해서는 전혀 언급하지 않고 다만 그의 항해 일지에 핀치새에 대해 간략하게 기록하였다.[59] 그럼에도 불구하고 1930년대 신다윈주의의 발흥과 더불어 핀치새는 또 다른 "진화론의 아이콘"이 되었다.

1970년대에 피터와 로즈메리 그랜트 부부와 그들의 팀은 핀치새들을 공부하기 위해 갈라파고스에 갔다. 1977년의 가뭄 동안 핀치새가 먹을 수 있는 씨앗이 대폭 감소되었다. 이 시간동안 중간 크기의 부리를 가지고 있던 핀치새 개체 수는 이전 개체 수보다 15퍼센트 가량 쇠퇴하였다. 생존한 핀치새들은 죽은 새들보다 약간 더 큰 몸집과 부리를 갖는 경향을 갖게 되었다. 피터 그랜트는 매우 흥분해서 "만일 가뭄이 평균 10년에 한 번 발생하고 가뭄 사이에는 선택이 발생하지 않고 이러한 속도로 방향성 선택(directional selection)이 반복된다면 200년 사이에 한 종은 다른 종으로 변형될 것이다"라고 말했다. 그러나 만일 종분화(speciation)가 발생하는데 2000년이 걸린다고 하더라도 이것은 "군도에 수십만 년 전부터 존재해 왔을 핀치새"[60]에 비교하면 아무것도 아니었다. 자연선택은 우리 시대에 드러났다. 적어도 그렇게 여겨졌다.

그랜트의 예측은 부리의 크기에 역행이 없는(규범으로의 회귀) 단방향성 외삽법(unidirectional extrapolation)에 의존하였다. 1982-1983년의 엘니뇨 온난화와 우기의 영향 후 갈라파고스에서의 핀치새 먹이는 다시 풍

---

59 Ibid., 162.
60 Peter R. Grant, "Natural Selection and Darwin's Finches," *Scientific American* 25 (1991): 82-87, Wells, *Icons of Evolution*, 167-68에서 인용되었다.

부해졌고 핀치새의 부리는 이전의 정상적인 크기로 되돌아갔다. 핀치새 부리의 크기의 누적적 성장(cumulative growth) 대신에 변동이 발생했다. 따라서 핀치새 부리 변이는 조금도 다윈주의적이지 않음이 증명되었다. 그럼에도 불구하고 수많은 다윈주의지지자 출판물들은 난처한 핀치새 부리의 복귀 사실을 생략하였다. 웰즈가 주목하듯이 이는 "주식 주선인이 1998년에 주식의 가치가 5퍼센트 증가되었기 때문에 주식의 가치가 20년 안에 두 배로 배가될 것이라고 주장하지만, 1999년에 5퍼센트 감소한 것은 언급하지 않는 것"[61]과 흡사하다.

다윈주의자들은 진화적 장치가 복잡성 증가라는 그들의 임무수행을 허용하기 위해 상투적으로 긴 시간에 호소한다. 그러나 A. E. 와일더-스미스(A. E. Wilder-Smith)가 지적하듯이 오랜 기간에 걸친 시간은 퇴행(regression)과 퇴화(devolution)도 허락한다. 진화론적 시대(evolutionary epochs)는 급진적인 변화를 위한 편도 승차권이 아니다.[62]

3) 자제심 잃고 맹진하는 진화적 외삽법

앞에서 언급한 사례들은 외삽법(extrapolation)에 대한 다윈주의의 의존을 강조한다. 이 사례들이 개체군들에 소폭으로 발생하는 적응적 변화들을 증명해 주는 것에는 성공적이라 할지라도 한 종이 다른 종으로 발달하는 것에는 불충분한 증거를 제공한다. 다시 말해 소진화(하나의 종 안에서 일어나는 조그만 변화들로 주요 구조적 변화와 새로운 신체 기관을 전혀 생성해내지 못함)는 대진화(새로운 종의 진화)를 논리적으로 확립하지 않는다.[63]

---

61 Wells, *Icons of Evolution*, 175.
62 A. E. Wilder-Smith, *The Creation of Life: A Cybernetic Approach to Evolution* (Wheaton, IL: Harold Shaw, 1970), 26-27. 많은 Smith의 통찰력이 대부분 무시되긴 했지만, 나중에 다윈주의 비평의 전조가 되었다.
63 이 논의의 중요성을 위해서는 L. Duane Thurman, *How to Think About Evolution and Other Bible-Science Controversies* (Downers Grove, IL.: InterVarsity Press, 1978)를 참고하라. 4장과 5장이 소진화(사실을 다룸)와 대진화(이론을 다룸)에 대해 각각 논의한다. 또한 Wells and Dembski, *Design of Life*, 102-106도 참고하라.

노만 맥베스(Norman Macbeth)의 지적처럼 "외삽법은 위험한 절차다."

> 만일 당신이 처음 몇 개월 동안 신생아의 성장을 관찰하며, 외삽법을 아이의 미래에 적용한다면 아이는 6세가 되었을때 2.4미터가 됨을 보여줄 것이다. 따라서 모든 통계학자들은 외삽법의 사용에 주의를 권한다. 그렇지만 다윈은 전혀 주의를 기울이지 않고 맹렬히 돌진했다.[64]

또한 현대 다윈주의자들은 "진행중인 진화"(사실 그것이 실제적으로 존재하지 않는데도)를 찾기 위해 혈안이 되어 동일한 과잉행동 경향(hyperactive tendency)을 앓고 있다.

자연선택 자체는 종분화(대진화)를 위한 원동력을 제공하지 못한다. 자연선택은 **종의 생존**을 설명하는 것에는 도움이 되지만(시간이 경과되면서 생존하기 위해서 반드시 종들은 환경에 어느 정도 적응해야 하기 때문에),[65] 자연선택은 **종의 도착**(the arrival of species)에 대해서는 아무것도 설명하지 못한다.[66] 인공선택에 종사하는 동물 육종가들은(animal breeders) 특정 종(예를 들면, 말, 소, 돼지, 완두콩 또는 사탕무[beets]와 같은)의 기본적인 특성을 어느 정도 바꿀 수는 있겠지만 그들이 새로운 종을 창조할 수는 없다.

사탕무는 더 달게 될 수 있겠지만 그것이 다른 종으로 진화되지는 않는다. 사실 역사상 가장 위대한 식물 육종가로 추앙되며, 아이다호 감자

---

64 MacBeth, *Darwin Retried*, 31.
65 이것은 많은 다윈주의의 비평가들이 지적한 것처럼 설명이라기보다는 자명한 이치(truism)라고 하겠다.
66 이 결정적인 표현은 1세기 전 Darwin의 비평가이며 네덜란드 식물학자인 Hugh de Vries의 *Species and Varieties: Their Origin by Mutation* (1904; reprint, New York: Garland, 1988), 825-826에서 처음으로 제안되었다. Wells and Dembski, *Design of Life*, 108에서 인용됨.

(1871)와 공식적으로 문서화된 800여개의 새로운 식물의 육종가인[67] 루터 버뱅크(Luther Burbank, 1849-1926)는 종이 그들의 유형에 충실한 경향을 띠는 것을 "평균으로의 회귀 법칙"(the law of Reversion to the Average)으로 불리워질 수 있다고 주장했다. 이 법칙은 "생명이 있는 모든 것을 다소간 고정된 한계 내에 유지한다."[68] 그는 이 법칙이 "설계에 의한 식물 육종"(plant-breeding by design)에 해당된다고 주장했다. 그가 명명한 "우연에 의한 식물 육종"(plant breeding by chance)[69]의 경우는 얼마나 더 승산이 있는 것일까?

4) 헤켈의 조작된 배아발생도

"개체발생은 계통발생을 반복하기"(ontogeny recapitulates phylogeny) 때문에 우리 눈앞에서 발달 과정 중에 배아 속에서 진화가 증명되었다는 주장이 개진되어 왔다. 즉 척추동물의 배아의 단계적인 발생(개체발생[ontogeny]) 과정은 한 종에서 다른 종으로 생명이 발생하는 것(계통발생[phylogeny])을 가시적인 형태로 반복한다는 것이다. "생물발생 법칙"(the biogenetic law)이라고 불리는, 신빙성을 잃은 원칙에 의하면, 이 주장은 인간의 배아는 단세포 해양생물(marine organism), 유충(worm), 물고기(fish), 양서류(amphibian), 포유동물(mammal) 그리고 그 다음에는 사람의 (human) 단계들을 거치게 되며 따라서 전체 진화의 대장정을 축소판으로 반복한다는 것이다.[70]

---

67 Nara Schoenberg, "Luther Burbank Biography Salutes the Great Plant Breeder," *Chicago Tribune*, May 31, 2009 〈http://articles.chicagotribune.com/2009-05-31/news/0905280271_1_Luther-burbank-gardener-mother-nature〉.

68 Luther Burbank, *Partner of Nature*, ed. Wilbur Hall (New York: D. Appleton-Century, 1939), 98. MacBeth는 이런 취지로 식물 교배에 대한 몇 가지 다른 출처를 *Darwin Retried*, 39에서 인용한다.

69 Ibid., 107. 인용한 용어는 Burbank의 것이고 추론은 내가 내린 것이다.

70 Richard Milton, *Shattering the Myths of Darwinism* (Rochester, VT: Park Street Press, 1997), 189.

다윈은 화석잔해물에서 대진화를 위한 증거가 단편적인 것을 알았다. 그렇기 때문에 그는 발생학이 그의 이론을 지지해 줄 것이라고 믿었다. 동일한 강(class)[71]에 속하고 가장 뚜렷하게 구별되는 종의 배아들은 그 배아들의 초기 단계들에서 매우 유사하며 배아 발달의 후기 단계에 가서야 차이점을 보이게 된다는 정보를 그는 얻게 되었다(Ernst Haeckel[1834-1919]의 그림에서 구체화된 오해). 다윈은 이렇게 믿었다. 즉 "배아는 덜 변형된 상태의 동물이고 배아는 선구체의(progenitor) 구조를 드러낸다."[72]

그는 배아발생학을 두고 그의 이론을 "지지하는 사실들을 제공해 주는 가장 강력한 단일 분야"로 여겼다.[73] 생물학 교과서들은 다윈주의를 홍보하기 위해 백 년 넘게 헤켈의 묘사에 의존해 왔다. 웰즈는 이 그림

---

71 생물학적인 분류를 높은 등급에서 낮은 등급으로 하면 다음과 같다.

	호박벌	북극곰
영역(Domain)	진핵생물	진핵생물
계(Kingdom)	동물계	동물계
문(Phylum)	절지동물문	척색동물문
강(Class)	곤충강	포유강
목(Order)	막시류목	육식류목
과(Family)	꿀벌과	곰과
속(Genus)	뒤영벌속	큰곰과
종(Species)	테리콜라종	마리티무스종

위의 표는 스티븐 마이어 외, 『생명의 진화에 대한 8가지 질문』(Explore Evolution), 이승엽, 김응빈 공역 (서울: 21세기 북스, 2011), 23에서 인용하였다-역주.

72 Charles Darwin, *The Origin of Species by Means of Natural Selection* (London: John Murray, 1935), 449-450. 다음에서 복사도 가능하다. "The Complete Works of Charles Darwin Online," Darwin Online at ⟨http://darwin-online.org.uk/content/frameset?viewtype=side&itemID=F373&pageseq=467⟩.

73 Charles Darwin, "Letter to Asa Gray (September 10, 1860), in *The Life and Letters of Charles Darwin*, ed. Francis Darwin (London: John Murray, 1887), 2:338. 또한 ⟨http://darwin-online.org.uk/content/frameset?viewtype=side&itemID=F1452.2&pageseq=354⟩에서 참고할 수 있다.

이 세 가지 방식으로 오해를 불러일으키고 있음을 요약한다.

> (1) 그림들은 헤켈의 (진화) 이론에 가장 잘 들어맞는 (배아들의) 강(classes)과 목(orders)만 포함한다. (2) 그림들은 그들이 보여주려고 목적하는 배아들을 왜곡한다. 그리고 (3) 가장 심각한 점으로, 그림들은 척추동물의 배아들이 매우 다르게 보이는 초기 단계들을 완전히 누락시킨다.[74]

오늘날의 배아묘사는 발생반복 이론(recapitulation theory)을 지지하지 않는다. 헤켈의 그림들이나 발생학의 사실들도 생명이 공통조상으로 추적될 수 있다고 하는 다윈주의의 주장에 어떠한 힘도 실어주지 못한다.[75]

5) 다윈의 생명나무

다윈 당시의 화석 기록은 다윈의 진화론을 위해서 충분하지 못하게 지원함을 다윈도 인정했지만, 그는 그것을 극복할 수 없는 문제로 여기지는 않았다. 그는 다음과 같이 인정했다.

> 이 멸종의 과정이 방대한 스케일로 일어난 것처럼, 한때 지구상에 존재했던 중간체(intermediate) 변종들의(varieties) 숫자도 정말 그렇게 방대할 것이다. 그렇다면 왜 모든 지질형성과 모든 지층은 그런 중간체 연결 화석들로 넘쳐나지 않는가? 확실히 지질학은 그렇게 미세하게 분류된 유기적 사슬은 어떤 것도 내보이지 않는다. 그리고 아마도 이것이야말로 나의 이론에 대항해서 피력될 수 있는 가장 확실하고 심각한 반론일 것이다.[76]

---

74 Wells, *Icons of Evolution*, 102.
75 혹자는 여전히 배아가 "아가미 틈"(gill slits)을 보유함을 주장하나 그것은 단지 그렇게 보이는 것이지 유전적이거나 구조적인 근거는 없다(ibid., 105–106을 참고하라).
76 Darwin, *Origin of Species*, 280 ⟨http://darwin-online.org.uk/content/frameset?viewtype=s

그의 이론은 장기간에 걸친 증분적인 변화를 요구했고 이것에 의해 한 종이 다른 종으로 진화하기는 했지만, 그는 "동물계의(animal kingdom) 몇몇 주요 분화들은 화석 함유 암석들(fossiliferous rocks) 중에서 가장 낮은 층으로 알려진 곳에서 갑자기 출현한다"고 인정했다. 다윈은 이것을 그의 이론에 심각한 문제로 여겼다.[77] 그럼에도 불구하고 다윈은 화석들이 그를 대신해서 미래의 고생물학자들을 위해서 더 큰소리로 확실하게 말해 줄 것을 소망했다.

이 소망은 지연되었다. 다윈주의 모델은 화석 증거의 광범위한 패턴 두 가지를 제시하여야만 한다.

첫째, 다윈의 생명나무다. 고생물학적 증거의 가장 초기 지층들은 단순하고 드문 생명체들, 그 다음으로는 증가하는 복잡성을 지닌 생명체들을 점점 더 많이 드러내야 한다. 생명나무 몸통은 다음에 오는 가지들보다 훨씬 더 적은 수와 훨씬 더 단순한 형태들을 함유해야 한다.

둘째, 다윈은 진화가 매우 소폭의 증분으로 진행된다고 주장했다. 따라서 종들 간에 전이 형태들의 실제적인 기록이 존재해야만 한다. 우리는 화석화(fossilization)가 완벽한 기록을 보존할 것을 기대할 수는 없다고 (어떤 생물들은 화석화하는 것에 실패하거나 발견되는 것에 실패할 것이다) 다윈은 지적했지만, 만일 다윈의 이론이 맞다면 막중한 양의 전이 형태들을(transitional forms) 발굴할 만한 충분한 시간과 자원들이 있었을 것이다. 그럼에도 불구하고 이 두 가지의 광범위한 증거의 패턴들은 눈앞에 있는 암석들에 의해서 뒷받침되지 않는다는 증거가 갈수록 더 유력해지고 있다.

다윈의 생명나무는 화석 기록에 의해서 거짓인 것이 입증되었다. 단세포 생명체가 지구 역사의 가장 초기 지층들을 차지하는 것이 맞는 것처럼 여겨지기는 하지만, 많은 생물들은 추적 가능한 조상들 없이 폭

---

ide&itemID=F373&pageseq=298〉.

77 Ibid., 306 〈http://darwin-online.org.uk/content/frameset?viewtype=side&itemID=F373&pageseq=324〉. 또한 Wells, *Icons of Evolution*, 35–37도 참고하라.

발적인 숫자로 출현한다.[78] 이 현상은 "캄브리아기 대폭발"(Cambrian Explosion)로 알려진 것에, 더 구어적인 표현으로는 "생물학의 빅뱅"에 특별히 해당된다. 즉 5-6억 년 전으로 연대가 추정된 이 기간 동안의 화석 기록은 주요 동물 집단들이 갑자기 출현하였고 완전하게 형태를 갖추고 있었다. 그러나 다윈에 따르면 이 동물 집단들(문[phyla])은 시간이 경과함에 따라 점진적으로 그 수가 증가해야 한다. "그렇지만 화석 기록을 보면 문에 속한 거의 대부분의 동물들은 캄브리아기 대폭발과 거의 동일한 시기에 갑자기 출현하는데, 그 동물들의 숫자는 멸종으로 인해 그 후에 경미하게만 감소한다."[79]

어떤 다윈주의자들은 화석 기록이 너무 단편적이어서 다윈의 북소리에 맞추어 분명히 행진했을 선-캄브리아기(pre-Cambrian) 조상들을 보존할 수 없다고 반박한다. 허나 이런 변론은 비개연적이고 증거에 기초했다기보다는 더 임시변통적이다. 대부분의 고생물학자들은 선-캄브리아기 조상이 존재했었다면 그들의 발견을 가능케 할 만큼 화석 기록이 충분히 완전하다고 생각한다. 그럼에도 아무 화석 기록도 뒤따르지 않고 있다.[80]

그러나 다윈주의의 점진진화론(gradualism)을 구출할 수 있는 또 다른 방법은 캄브리아기의 조상들이 그들의 작고 부드러운 몸 때문에 전혀 화석화되지 않았다고 주장하는 것이다. 허나 이것이 우리를 납득시키는 것에 실패하는 이유는 더 태고적의 작은 연체동물들의 화석들이 다

---

78 다양한 연대측정법의 정확성에 대해서는 상당한 논란이 있다. Milton, *Shattering the Myths of Darwinism*, 5장을 참고하라.
79 Wells, *Icons of Evolution*, 43.
80 Ibid., 42-44. Stephen Meyer et al, "The Cambrian Explosion: Biology's Big Bang," in *Darwinism, Design and Public Education*, ed. Angus Campbell and Stephen C. Meyer (East Lansing: Michigan State University Press, 2003), 354-358; Stephen C. Meyer, "The Cambrian Information Explosion: Evidence for Intelligence Design," in *Debating Design: From Darwin to DNA*, ed. William A. Dembski and Michael Ruse (New York: Cambridge University Press, 2006). 또한 DVD, *Darwin's Dilemma* (Illustra Media, 2009)를 참고하라.

른 환경들에서는 보존되었기 때문이다.[81]

따라서 캄브리아기 폭발 때 주요 동물 문들이 완전한 형태를 갖춘 상태로, 다윈의 이론이 요구하는 길게 가지가 뻗어나가는 나무의 역사 없이도, 이미 존재했다. 최고로 높은 범주들인 문들이 동물 역사의 바로 시작점에 있는 것이다.[82]

6. 전이 형태는 어떻게 할 것인가?

진화론의 비평가들은 차치하고, 많은 진화론자들은 『종의 기원』(The Origin of Species)이 출간된 지 한 세기가 훨씬 지났는데도 화석 기록은 진화 발달의 느리고 점진적인 패턴을 나타내는 것에 대해서 여전히 침묵한다고 고백했다. 진화 발달의 패턴은 오히려 생명체들의 급격한 출현과 고집스런 정지(stasis: 오랜 기간 동안 생명체에 변화가 없는 것)의 패턴이다.

더 나아가 고생물학자 데이빗 라우프(David Raup)가 논평하듯이 화석 기록을 아는 우리의 지식이 상당히 확장되었음에도 불구하고, 아이러니 칼하게도 "우리는 다윈의 때에 보유했던 것보다 훨씬 더 적은 진화론적 변이의 사례들을 갖고 있는데" 왜냐하면 "미국내 말의 진화처럼 화석 기록에서 다윈주의적 변화를 보여주는 고전적인 사례들은 폐기되거나 수정되어야 했기 때문이다."[83]

현시점에서 다윈주의자들은 두 가지 조치에 의존한다.

첫째, 전이 형태들이 한때 존재했었지만 전이 형태들의 증거는 아무것도 없는데 왜냐하면 그 전이 형태들은 단명했기 때문에 화석화하는 것에는 실패했기 때문이라고 주장하는 것이다. 『종의 기원』 후 100년이

---

81 Wells, *Icons of Evolution*, 44.
82 Ibid., 54.
83 David Raup, "Conflicts Between Darwin and Paleontology," *Field Museum of National History Bulletin* 30, no. 1 (1979): 25, Dembski and Wells, *Design of Life*, 68에서 인용됨.

지난 1961년에 개릿 하딘(Garrett Hadin)은 진화 사슬의 모든 연결 화석을 보여줄 수 있냐고 하는 질문에 이렇게 대답했다. "아니다. 물론 그럴 수 없다. 지질학적 기록은 불완전하고 항상 그렇게 불완전할 것이다. 왜냐하면 단명한 중간체 종들(intermediated species)이 화석화할 확률은 거의 희박하기 때문이다."[84]

맥베스는 이 대답이 "한 세기 동안의 발굴과 채집 후에 내놓은 상당히 진부한"[85] 대답이라고 논평한다. 게다가 만일 중간체 종들에 대한 증거가 하나도 없다면 그들이 "단명한" 것을 어떻게 알 수 있는가? 이는 미 증명된 사항을 사실로 가정하는 논점선취의 오류를 범한다. 대진화의 표준이론에서 미시적 변화들은(micro-changes) 수천만 년에 걸쳐 일어나고 거시적 변화들은(macrochanges) 수억 년에 걸쳐 일어난다. 이는 전혀 단명하는 것으로 여겨지지 않는다. 물론 이런저런 이유로 모든 필요한 전이 형태들이 화석화하지 않은 것은 가능하지만, 그런 희박한 가능성은 이러한 형태들이 실제로 존재했었는지에 대한 증명이나 개연성도 제공하지 않는다.[86]

둘째, 진화론자들이 사용하는 도피 경로는 "도약진화"(saltation)의 길이다. 새로운 생명체가 장구한 역사의 증분적 변화없이 진화의 현장에 불현듯 (지질시대 안에) 도착하는 것이다. 도약진화 이론(saltation theory)은 바로 이 명백한 중간 형태의 결핍 때문에 주목할 만한 유전학자인 리처드 골드슈미트(Richard Goldschmidt)에 의해 개진되었다.

골드슈미트는 그의 동료들에 의해 가차없이 거부당했지만, 유사한 이론이 "단속평형설"(punctuated equilibrium)이라는 발군의 표제로 나일 엘드리지(Niles Eldredge)와 저명한 스티븐 제이 굴드(Stephen Jay Gould)에 의해 제기되었다. 이 이론은 새로운 종의 갑작스런 출현과 결합된 오랜기

---

84 Garrett Hadin, *Nature and Man's Fate* (New York:Mentor, 1961), 103. MacBeth, Darwin Retried, 32에서 인용됨.
85 MacBeth, *Darwin Retried*, 32.
86 Ibid.

간 동안의 종 정지(species stasis)를 인정했다.

대부분의 화석 종의 역사는 특별히 점진진화론과 일치하지 않는 두 가지 특징을 포함한다.

1. 정지(Stasis)–대부분의 종은 그들이 지구에서 서식하는 동안 방향성 변화는 전혀 내보이지 않는다. 사라질 때와 거의 유사한 모습으로 그들은 화석 기록에 출현하며 형태 변화(morphological change)는 대개 제한적이고 무방향적이다.
2. 갑작스런 출현(Sudden appearance)–어떤 가까운 지역에서도 하나의 종은 그 종의 조상들의 꾸준한 변형에 의해 점진적으로 발생하지 않는다. 즉 하나의 종은 모두 한꺼번에 갑자기 나타나며 이미 "완전히 성숙되어" 나타난다.[87]

전이 형태들을 왜 찾을 수 없는지에 대한 임시변통적 이유들을 제공하는 것 대신에, 이 이론은 새로운 형태들이 매우 급속도로 발달되었다고 단언하여 전이 형태 전부를 생략한다. 이는 모든 변화가 더디고 증분적이라고 하는 정통 다윈주의에서 벗어난다. 리처드 도킨스(Richard Dawkins)와 다니엘 데닛(Daniel Dennett) 같은 선두적 다윈주의자들은 이 이론을 문제 삼은 바 있다. 그럼에도 불구하고 굴드의 의견은 화석 기록에 관한 한 강력하다.

> 화석 기록에서 전이 형태들의 극심한 희귀성은 고생물학 학문계의 비밀로 지속된다. 우리의 교과서를 장식하는 진화론적 나무들은 가지들의 끝과 마디에서만 데이터를 갖고 있고 나머지는 아무리 합리적이라고 하더라도 추론이지 화석 증거는 아니다. 우리는 우리 자신들이 인생사에서 유일하게 제대로 된 학

---

87 Stephen Jay Gould, "Evolution's Erratic Pace," *Natural History* 86 (1977): 14.

생들이라고 자처하지만, 그럼에도 우리가 선호하는 자연선택에 의한 진화 이야기를 보존하느라 데이터를 너무나도 형편없이 평가해서, 우리가 연구한다고 공언하는 바로 그 과정을 우리는 절대로 보지 못한다.[88]

점진진화론자들(주류)과 단속평형설 지지자들(소수 의견)이 이와 같은 취지로 사용한 인용문들은 쉽게 많이 모아질 수 있으며 대부분의 저자들은 이 문제가 다윈주의 요새를 무너뜨린다고는 생각하지 않는다.

그렇지만 어려움은 더 악화되는데 왜냐하면 유전학(genetics)은 종들이 그들의 기원을 다른 이전 종들로부터 파생한다는 증명을 전혀 제공하지 못하기 때문이다. 생명 유전학은 생명체들의 기본적인 구조들과 기능들을 보존한다. 유전적 돌연변이가 관찰되었을 때, 그들은 거의 항상 해롭고 적응에 도움이 되지 않는다. 다윈주의자 수장인 리처드 도킨스도 그렇게 인정한다.[89]

유전적 돌연변이가 생명체를 위한 유전적 정보를 증가시킨 적이 있다고 알려진 경우는 없다. 그러나 종이 변함없는 그 상태로 남아 있는 것 대신에 다른 종으로 변화하기 위해서 필요한 것이 바로 그런 것이다. 이것은 점진진화론자들과 도약진화론자들에게 심각한 문제를 제기하며, 특히 도약진화론자에게 더 그런데 왜냐하면 더 급진적이고 급속한 변화가 상정되기 때문이다. 그래서 폴 그라쎄(Paul Grasse)는 이렇게 말한다.

> 돌연변이들은 시간이 지나면 비정합적으로 발생한다. 돌연변이는 서로 상호보완적이도 않고, 계승하는 세대들 안에서 정해진

---

88 Ibid., 14. Niles Eldredge의 유사한 언급을 "Missing, Believed Nonexistent," *Manchester Guardian* (The Washington Post Weekly) 119, no. 22 (November 26, 1978), 1에서 참고하라.
89 Dawkins, *The Blind Watchmaker*, 233. Dawkins는 이것이 다윈주의에는 전혀 문제가 되지 않는다고 잘못 생각한다.

방향을 향해 누적적으로 진행되지도 않는다. 돌연변이들은 이미 존재하는 것을 수정하지만, 무질서하게 변형시킨다. 다소간의 무질서, 아주 경미한 만큼만이라도 어떤 조직적 존재 안에 출현하게 되면, 질병 그 다음에는 죽음이 뒤따른다.[90]

따라서 "돌연변이들이 아무리 수없이 많을지라도, 돌연변이들은 어떤 종류의 진화도 산출하지 않는다."[91] 돌연변이는 생명체 안에서 작은 변화들을 야기할 뿐이다. 즉 돌연변이는 생명체 내에서 주요 변화를 창조해낼 수 없다.

이탈리아의 유전학자인 지우세페 세르몬티(Giuseppe Sermonti)는 자연선택(생명체의 내적인 변화는 돌연변이에 의존함)은 새로운 생명체들을 발생시키기는 커녕, 개체군들을 생존하기 위해 필요한 규범으로 복귀시켜 안정시키는 효과가 있다. 어떤 종들은 자연선택을 통해서 많은 것을 상실하기도 하는데, 이를테면 두더지의 경우는 눈의 효용을 상실한다. 그러나 이런 "종들은 미래가 없는 종들로 개척자들이 아닌 자연의 감옥에 수감되어 있는 죄수들이다."[92] 종들은 근본적으로 안정적이거나 멸종한다. 사실 몇몇 종들은 "실제적으로 5억 5천만 년 전 다세포 동물들의 시초 이래로 불변한 채로 존재해 온 것과 다름없는 것"으로 알려져 있다. 종 분화가 아닌 종 안정성이 "생명의 진정한 표징"이다.[93]

그럼에도 불구하고 대부분의 다윈주의자들은 화석 기록이 몇몇 강력

---

90 Pierre-Paul Grasse, *Evolution of Living Organisms* (New York: Academics Press, 1977), 97-98.
91 Ibid., 88.
92 Giuseppe Sermonti, *Why Is a Fly Not a Horse?* (Seattle: center for Science & Culture, 2005), 51. 이 책은 이탈리어본(*Dimenticare Darwin*, 1999)의 번역본이다.
93 Ibid., 52. 유전적 돌연변이와 자연선택이 종의 형성을 위해 새로운 정보를 배출해내는 것의 비개연성을 다룬 것으로는 William A. Dembski and Robert J. Marks Jr., "Conservation of Information in Search: Measuring the Cost of Success," *Man and Cybernetics, Part A: IEEE Transactions on Systems and Humans* 39, no. 5 (2009): 105-61을 참고하라.

한 전이 형태들, 특히 시조새가 파충류와 조류 간에 잃어버린 고리를 하사해 주었다고 주장한다. 시조새는 새처럼 날개, 깃털과 차골(wishbone)을 가졌으나, 시조새는 파충류 동물처럼 뼈로 된 꼬리, 앞다리 발톱과 이빨을 갖고 있었다. 무신론 변증가인 크리스토퍼 히친스(Christopher Hitchen)는 이 멸종된 종을 확실한 증거로 자신있게 내세운다.[94] 그렇지만 "파충류라고 여겨질 수 있는 시조새의 모든 특징들은 틀림없이 확실한 조류의 다양한 종들에서 발견될 수 있다."[95]

다음의 여섯 가지 사실을 고려해 보라.

1. "현재 백조의 뼈와 깃털 배열은 시조새와 현저한 유사성을 보여준다."[96]
2. 남미산 호아친새(hoatzin)와 타조는 그들의 날개에 발톱을 갖고 있다.[97]
3. 현대의 새들은 이빨을 갖고 있지 않지만 고대의 어떤 새들은 이빨을 가졌었다. 그렇지만 그 누구도 이러한 고대의 새들이 파충류와 조류 사이의 중간체(intermediates)라고 주장하지 않는다.[98]
4. 시조새의 얄팍한 가슴뼈는 "미약한 날개짓과 형편없는 비행"을 하게 했을 것이므로, 따라서 시조새의 가슴뼈는 시조새를 조류로서는 아마 부실한 후보로 만들었을 것이라고 주장되고 있다. 그렇지만 오늘날 호아친새는 유사한 얄팍한 가슴뼈를 갖고 있으며, 펭귄처럼 비행 능력이 없는 현대의 조류도 많이 있다.[99]

---

94 Christopher Hitchens, *God is Not Great* (New York: Twelve Books, 2007), 281–82.
95 Francis Hitching, *The Neck of the Giraffe* (New York: Signet, 1983), 21.
96 Ibid.
97 Ibid.
98 Ibid., 22.
99 Ibid.

5. 비록 시조새의 뼈가 한때는 파충류의 뼈처럼 단단한 것으로 생각되었지만, 시조새의 뼈는 새의 뼈처럼 텅 비어 있었다고 지금은 알려진다.[100]
6. 최근의 발견들은 시조새와 같은 화석기에 존재했던 진짜 조류 화석들을 보여준다. 이는 다윈주의에서 중간자(intermediary)로서의 마지막 자격이 박탈되는 것으로 여겨진다.[101]

1) 인간의 진화: 우리는 공통조상을 갖는가?

다윈의 생명나무의 진실됨은 증명되지 않았고, 반면에 고대로부터 존재해 온 화석 기록은 생물학적 변화의 명확한 그림을 전혀 제시하지 못하고 있다. 덴튼은 이렇게 주장한다.

> 화석들은 계속해서 새롭고 흥분되고 기이한 생명의 형태들까지도 산출해냈으나 그 화석들은 다윈의 무수한 전이 형태들을 하나도 산출해내지 못했다. 지구 구석구석에서 지질학적인 활동이 엄청나게 증가했음에도 불구하고 또 이상하고 아직 알려지지 않은 형태들이 많이 발견되었음에도 불구하고, 무한한 수량의 연결고리들은 아직 발견되지 않았고 화석 기록은 다윈이 『기원』(Origin)을 집필할 때와 마찬가지로 불연속적(discontinuous)이다.[102]

생물학적 역사를 재구성하기 위해 화석 유해에서 이용 가능한 데이터, 즉 인류 이전의 피조물에서 인류로 귀결되는 것으로 추정되는 데이터는 정말 희박하다. 조상-자손 관계는 골치 아픈 문제인데 왜냐하면

---

100 Ibid.
101 Ibid., 22-23을 참고하라. 시조새가 전이 형태라는 주장에 대한 좀 더 긴 비평을 위해서는 Wells, *Icons of Evolution*, 111-136을 참고하라.
102 Denton, *Evolution*, 162.

"어떤 화석도 출생증명서와 함께 매장되어 있지 않기 때문이다."[103]

만일 한 개인이 자연주의를 전제한다면, 그렇다면 여전히 잔존하는 단정적인 빈틈들에도 불구하고 화석 기록은 선인류에서 인류로 귀결되는 것으로 해석될 것이다. 이 빈틈들은 확실한 지질학적 증거로 채워진 것이 아니라(확실한 지질학적 증거는 불충분함) 자연주의의 이데올로기로 채워졌다. 자연 외부에서 확실한 지질학적 증거를 형성할 수 있는 것은 아무것도 없다고 가정하기 때문에 화석 기록 안에서 (또는 자연의 어느 부분에서도) 확실한 단절을 전혀 허용하지 않는다. 그렇지만 만일 우리가 자연주의를 가정하지 않고 단순히 증거에 주목한다면(다윈주의와 설계를 대조하면서) 다른 상황이 전개된다.

수많은 선사시대의 후보들이 인간과 인간들의 유인원 같은 조상들 사이의 잃어버린 고리로 제안되어 왔으며, 그 후보들로는 꽤 걸출한 사기(fraud)인 필트다운인(Piltdown man: 1912년 영국 서섹스[Sussex] 주 필트다운[Piltdown]에서 두개골이 발견되었으나 후에 가짜로 판명됨-역주)과 그 외의 것들이 있다.[104]

많은 사람들은 선인류에서 인류로의 진화 경로가 밝혀졌다고 생각한다. 이 신념의 주된 원인은 자주 목격된 아이콘 때문인데 이 상징물은 등이 구부러진 유인원 같은 피조물로 시작하여, 그 다음에는 좀 더 직립형의 (그리고 인간처럼 생긴) 피조물로 계속 이어지고 진짜 인간으로 끝을 맺는다. 그러나 이것이 실재라기보다는 이미지에 더 가깝다. 화석 기록 자체는 이 도상학(iconography)을 뒷받침하지 않는다. 다윈과 초기 다윈주의자들은 인간의 진화는 화석 기록으로 지지되지 않았다는 것을 알고

---

103 Henry Gee, *In Search of Deep Time: Beyond the Fossil Record to a New History of Life* (New York: Free Press, 1999), 113, Wells, *Icons of Evolution*, 220에서 인용됨.
104 Wells, Icons of Evolution, 217. 이 실패한 후보자들의 토론를 위해서는 Marvin L. Lubenow, *Bones of Contention: A Creationist Assessment of Human Fossils*, rev. ed. (Grand Rapids, MI: Baker, 2004), 6-12장을 참고하라. 그리고 Dembski and Wells, "Human Origins," in *Design of Life*도 참고하라.

있었다. 비록 그들의 이론이 그것을 필요로 하기는 하였지만 말이다.[105]

추정상의 "잃어버린 고리"에 대한 과장된 대서특필에도 불구하고, 후속적인 발견물들은 다윈주의의 주장을 전혀 입증하지 못했다.[106]

게다가 인간과 추정상의 선인류 조상들 간에는 본질적인 해부학적이고 생리학적인 차이점이 수없이 많이 존재한다. 도덕적 자각, 의식, 합리성과 같은 인간에게만 독특하게 존재하는 자질들은 말할 것도 없고 말이다(15, 17-18장 참고). 파리대학교의 과학대학 교수였던 마르셀-폴 슈첸버거(Marcel-Paul Schutzenberger)는 1996년에 잡지 「라 르쉐르쉐」(*La Rescherche*)와 가진 인터뷰에서 고전적인 다윈주의 점진진화론자들과 단속평형설을 지지하는 자들(도약진화론자들), 두 그룹 "모두는 인간을 고등한 영장류로부터 구별하는 여러 생물학적 체계들의 거의 동시다발적인 출현에 대해 확신이 가는 설명을 제공할 능력이 전혀 없다"고 주장했다.[107]

이런 특징들로는 두 발 보행(bipedalism: 두 발로만 걷는 것)을 포함하는데 두 발 보행은 골반과 소뇌의 변형을 필요로 한다. 또한 "미세한 촉각을 부여하는" 손가락들을 갖춘 더 민첩한 손, 발성을 위해 인두(咽頭)의 변형을 필요로 한다. 그리고 "발화 행위(speech)의 구체적인 인식을 허락하는 측두엽 단계에서 현저하게 요구되는" 중추신경계의 변형을 필요로

---

105 Wells, "From Ape to Human: The Ultimate Icon," in *Icons of Evolution*.
106 이는 특히 2009년 봄 "Ida" 화석이 대단한 발견으로 보도되었을 때 더 그랬다. 사실 그것은 다윈주의에 실제적인 증거를 제공하지 못했다. Casey Luskin, "What 'Ida' Give for a Missing Link," *Washington Examiner*, June 8, 2009 ⟨http://washingtonexaminer.com/op-eds/2009/06/what-ida-give-missing-link⟩; Kate Wong, "Weak Link: Fossil Darwinianus Has Its 15 Minutes: Skepticism about a fossil cast as a missing link in human ancestry," *Scientific American*, August 2009 ⟨www.scientificamerican.com/article.cfm?id=weak-link-fossil-darwinius⟩을 참고하라.
107 Marcel-Paul Schutzenberger, "The Miracle of Darwinism," in *Uncommon Dissent: Intellectuals Who Find Darwinism Unconvincing*, ed. William Dembski (Wilmington, DE.: ISI Books, 2004), 49.

한다.[108] 설계자의 대체물인 자연선택은 인간의 몸과 그 기능의 유일무이함을 설명하기 위해 요구되는 동시적인 변화들에 대한 어떤 계획 세우기와 지적인 협응(intelligent coordination)도 제공하지 못한다.[109]

저명한 생물학자이며 다윈의 옹호자인 에른스트 마이어는(Ernst Mayr) 이러한 취지로 저술했다.

> 호모(Homo: 사람속[屬])의 가장 초기 화석인 호모 루돌펜시스(Homo rudolfensis)와 호모 에렉투스(Homo erectus)는 메워지지 않은 커다란 틈을 사이에 두고 오스트랄로피테쿠스(australopithecus)로부터 분리되어 있다. 이 외관상의 도약진화를 우리는 어떻게 설명할 수 있겠는가? 잃어버린 고리로 사용할 수 있는 화석은 하나도 없는 상황에서 우리는 역사적 과학의 유서 깊은 방법인, 역사적 서술의 구성에 의지해야만 한다.[110]

2) 상동성: 다윈주의인가 아니면 설계되었는가?

상동성이란 유사한 신체 구조들은 다른 생명체들 안에서 다른 기능을 발휘할 수 있다는 것을 의미한다. 다윈주의자들은 생명체의 다른 종들 간의 신체 구조에서의 유사성들은 다윈주의로 결말짓게 하는 것이라고 우기는데, 왜냐하면 이 상동성은 공통 발생상의 혈통을(common developmental lineage) 명백하게 나타내기 때문이다. 돌고래 앞지느러미의 뼈 패턴과 박쥐의 날개 뼈 패턴은 유사하지만 각각은 아주 다른 기능을

---

108 Ibid.
109 많은 이들은 인간과 침팬지의 DNA 사이에 존재하는 98퍼센트의 유사성이 공통조상에 대한 강력한 증거가 된다고 주장한다. 그렇지만 화석 기록에 존재하는 종들 간의 간격들이 여전히 남아 있고 유전적 상동성은 조상을 확립하지 않는다. 더 간단히 말해, 차이를 만드는 것은 생물학적 부분들이 조립된 방식이다. 이것을 위해서는 Demski and Wells, *Design of Life*, 6-8을 참고하라.
110 Ernst Mayr, *What Makes Biology Unique? Considerations on the Autonomy of a Scientific Discipline* (New York: Cambridge University Press, 2004), 198.

위해 사용되었다.[111] 웰즈는 생명나무와 함께 상동성은 "아마도 생물학 교과서에서 가장 보편화된 진화의 상징물일 것이라고" 지적한다.[112]

다윈은 상동성을 대진화를 위한 중요한 증거로 간주했고, 상동성은 현재도 많은 이들에 의해 그렇게 간주된다. 그럼에도 불구하고 상동성에 대한 모든 것이 다 만족스러운 것은 아니다.

무엇보다 상동성의 개념은 공통혈통(common descent) 때문에 자주 유사성으로 정의된다. 즉 상동성은 다양한 생명체들이 공통조상으로부터 상이한 방식으로 진화한 것을 나타낸다. 그러나 만일 상동성이 다윈의 진화로 정의된다면, 상동성의 진실은 당연하게 가정되고 논점은 교묘히 회피되어 어떠한 증거도 요구하지 않게 된다.[113]

다윈이 상동성을 공통혈통의 증거로 택했지만, 에른스트 마이어와 같은 후기 다윈주의자는 공통혈통을 상동성 외부의 데이터에 의해 독립적으로 확립되는 것으로 가정한다. 그렇기 때문에 상동성은 그런 가정의 결과가 된다.[114] 웰즈는 이것을 순환논법으로 여기는데 "공통조상은 상동성을 증명하고 상동성은 공통조상을 증명한다"고 하기 때문이다.[115] 만일 그렇다면 그것은 오류적이다.

그러나 상동성을 당연한 사실로 가정하지 않는 다윈주의자들은 상동성을 위한 생물학적 근거를 찾는다. 그들은 상동성을 위해 배아적(embryonic) 또는 유전적 정당성을 기대한다. 즉 기능은 다르지만 공통혈통의 관점에서 유사 구조를 설명할 수 있는 무엇인가를 찾기 원한다. 그렇지만 두 접근법 모두 문제가 있다.

덴튼이 지적하듯이 상동적으로 간주되는 다양한 신체 기관들과 구조들을 "배아발생(embryogenesis)의 가장 초기 단계 내에서의 상동 세포나

---

111 Wells, *Icons of Evolution*, 59.
112 Ibid., 61.
113 Ibid., 62.
114 Ibid.
115 Ibid., 63.

상동 영역으로 추적하는 것은 불가능하다. 다시 말해 상동 구조들은 서로 다른 경로들을 통하여 도착하게 되었다."[116] 다윈은 상동성을 "일치하는 배아 부분에서(embryonic parts) 비롯된 부분들의 발달에서 유래된 부분들의 관계"로 정의했지만 이것은, 나중에 과학적 발견을 통해 알려지게 되었기 때문에, 발생학의 사실들에 대해서 대답하지 않는다고 덴튼은 주장한다.[117]

상동성을 위한 또 다른 논증은 추측에 근거한 것으로 경험적인 요인들에 의존하지 않는 것이다. 이것은 일종의 사실과 무관한 추론이다. 다윈주의자들은 지적인 설계자는 각기 다른 임무들을 달성하기 위해 상이한 생명체들 안에서 유사한 구조들을 결코 사용하지 않을 것이다(상동성)라고 다윈주의자들은 주장한다. 다윈은 말한다.

> 무엇인가를 움켜잡기 위해 형성된 사람의 손, 땅을 파헤치기 위한 두더지의 손, 말의 다리, 돌고래의 지느러미 그리고 박쥐의 날개, 이 모든 것들이 동일한 패턴에 따라 만들어져야 한다는 것보다 더 호기심을 끌 수 있는 것은 무엇인가? 또 동일한 **뼈**들이 동일한 상대적 위치 안에 포함되야 하는 것보다 더 호기심을 끌 수 있는 것은 무엇인가?[118]

따라서 다윈에 의하면 인도되지 않은 자연선택의 과정은 설계보다는 상동성을 위한 더 나은 설명이다.

이 논리에는 결함이 있다. 유사한 구조들이 제각기 다른 목적들을 상당히 만족스럽게 성취해내고 있을때 왜 설계자가 다른 목적들을 위해 전혀 다른 구조들을 활용하겠는가? 다윈주의자는 하나님의 마음을 읽을

---

116 Denton, *Evolution*, 146.
117 Ibid., 149. 전체 논증을 위해서 145-149를 참고하라.
118 Darwin, *Origin of Species*, 434 ⟨http://darwin-online.org.uk/content/frameset?viewtype=side&itemID=F373&pageseq=452⟩.

수 있는가? 설계자가 이렇게 하는 것을 금지케 하는 도덕적 혹은 논리적 원칙은 정확히 어떤 것인가? 게다가 많은 인간 설계자들은 서로 다른 목적들을 위해 유사한 구조들을 활용한다. 만일 인간 설계자들의 경우에 이것이 사실이라면 왜 생물들의 구조들을 설계하는 비인간 설계자에게는 그것이 해당될 수 없는가? 그것이 아니라면 어쩌면 하나님은 구조를 절약하고 기능을 최대화하는 것을 좋아하는 것일 수도 있다. 어쨌든 하나님의 행동이라고 알려진 것에 대한 정당화되지 않은 상동성의 가정들을 감안하면, 설계에 반대하는 이 상동성 논증은 실패한다.

3) 흔적 기관들과 체계들

다윈 이야기에서 흔적 기관들은 아이콘과 같은 지위는 갖지 못하지만 흔적 기관들은 다윈주의를 위한 증거로 자주 인용되었다. 지금은 아무 소용이 없게 되었지만 아마도 인간의 몸은 우리의 동물 선조들로부터 상속받은 기관들이나 구조적 잔존물을 내포하고 있을 것이다. 에른스트 비더샤임(Ernst Wiedersheim)의 『인간의 구조』(*The Structure of Man*, 1895)는 86개의 흔적 기관들을 열거하였으나 최근의 연구결과는 이에 대해 문제를 제기해 왔다.[119]

"흔적의/퇴화한"(vestigial)이란 단어는 자주 무지함을 은폐하기 위해 사용되었다. 인간의 미골(coccyx: 꼬리뼈)은 아무 쓸모가 없는 꼬리의 흔적으로 간주되었다. 그럼에도 『그레이 해부학』(*Gray's Anatomy*)의 최근판은 미골을 "골반저근(pelvic floor)에 붙어 있는 근육과의" 결정적인 "접촉점"이라고 밝힌다. 인간의 맹장도 "면역체계의 기능적 구성요소"인 것으로 알려졌다.[120] 흔적 기관으로 알려진 많은 기관들은 일반 신체 기관의 자격을 박탈당한 채 존재해 왔다. 퇴화된 눈이라서 아무 기능도 못하

---

119 Milton, *Shattering the Myths of Darwinism*, 187.
120 Demskiand Wells, *Design of Life*, 132. "Evolution of the Human Appendix: A Biological Remnant No More," *Science Daily*, August 21, 2009 ⟨www.sciencedaily.com/release/2009/08/090820175901.htm⟩도 참고하라.

는 것으로 한때 여겨졌던 솔방울샘(송과선[松果腺], pineal gland)은 중요한 기능을 수행하는 내분비선(endocrine gland)이다.[121] 흉선과 갑상선도 이전에는 다윈주의자들에 의해서 퇴화된 흔적 기관으로 여겨졌었다. 흉선(thymus gland)은 어린 유아가 면역체계를 발달시키는 것을 돕고 갑상선(thyroid)은 내분비선으로 두 가지 중요한 호르몬을 분비한다는 것이 이제는 분명하다.[122]

여전히 흔적 기관 목록에 등장하는 기관들은 선수 대기석에서 나와서 다시 경기에 참여해야 할 것이다.[123]

이것을 마찬가지로 적용할 수 있는 것이 소위 쓰레기 DNA(junk DNA)이다. 쓰레기 DNA는 유전적 정보를 전혀 포함하지 않고 그래서 당면 목표가 전혀 없기 때문에 퇴화된 것으로 여겨지는 DNA의 양상들을 말한다. 그렇지만 퇴화하고 비기능적인 것으로 알려진 DNA는 유전자 활동 조절에 매우 중요한 목적을 제공한다.[124]

그러나 프란시스 크릭(Francis Crick)을 포함한 다윈주의자들은 이 쓰

---

121 Milton, *Shattering the Myths of Darwinism*, 187.
122 Ibid., 188.
123 어떤 책은 흔적 기관이 없는 것을 증명할 수 있다고 한다. Jerry Bergman and George Howe, *Vestigial Organs Are Fully Functional: A History and Evaluation of the Vestigial Organ Origins Concept* (Terre Haute, IN: Creation Research Society, 1990). 또한 Demski and Wells, *Design of Life*, 131-136도 참고하라.
124 James A. Shapiro, "Why Repetitive DNA Is Essential to Genome Function," *Biological Review* 80 (2005): 227-50; Richard Sternberg, "On the Roles of Repetitive DNA Elements in the Context of a Unified Genomic-Epigenetic System," *Annals of the New York Academy of Sciences* 981 (2002): 154-188; Richard Sternberg and James A. Shapiro, "How Repeated Retroelements Format Genome Function," *Cytogenetic and Genome Research* 110 (2005): 108-116을 참고하라. 식물 안에 존재하는 "쓰레기 DNA"의 역할에 대해서는 특히, Jian Feng 외 다수, "Coding DNA Repeated Throughout Intergenic Regions of the Arabidopsis Thaliana Genome: Evolutionary Footprints of RNA Silencing," *Molecular BioSystems* 5 (2009): 1679-1687을 참고하라. "쓰레기 DNA"의 용도에 대해서는 Stephen Meyer, *The Signature in the Cell* (San Francisco: Harper One, 2009), 125, 257, 367, 406-407, 454-455, 461, 464를 참고하라.

레기 DNA는 당면 목표를 갖지 않는다고 원래 믿었었는데 왜냐하면 생명은 무작위적으로 대충 짜깁기되었고 따라서 이전 생명체들의 비기능적인 잔존물로 채워져 있다고 그들은 가정했기 때문이다. 리처드 도킨스는 쓰레기 DNA를 인용하여 "창조주의자들"을 선동하고 왜 설계자가 그런 것을 만들겠느냐고 창조주의자들에게 묻는다.

"다시 한번 창조주의자들은 왜 창조주가 게놈(genomes: 유전체라고도 한다-역주)을 해석되지 않은 위유전자(pseudo-genes: 비발현유전자, 유사유전자로 칭하기도 한다-역주)와 연속반복 쓰레기 DNA(junk tandem repeat DNA)로 굳이 어지럽히는 수고를 해야 하는지에 대해 골똘히 생각하기 위해 좀 진지한 시간을 가져보는 것도 좋을 것이다."[125] 그러나 도킨스는 틀렸다.

어쨌든 어떤 도롱뇽들과 물고기들의 "눈"처럼 몇몇 기관들은 흔적 기관이다. 이런 동물들은 완전히 어두운 지역에서 산다. 그러나 이것은 다윈주의의 대진화를 거의 증명하지 못한다. 그것이 보여주는 것이라고는 현재의 종(species) 구성원들에 와서는 그 기관들의 기능이 상실되었지만 이러한 피조물들의 조상들 일부가 한때는 기능하는 기관을 소유했었다는 것이 전부다. 기능을 상실하는 것과 전혀 새로운 기능으로 (또는 이전의 종에서 새로운 종으로) 진화하는 것은 동일한 것이 아니다. 그것은 오히려 진화의 퇴행성 형태를 나타낸다.

> 이는 창조적인 혁신을 초래할 만한 진화의 어떤 메카니즘에 대해서도 통찰력을 전혀 제공하지 않는다.[126]

---

125 Richard Dawkins, "The 'Information Challenge,'" in *Intelligent Design Creationism* (Boston: MIT Press, 2001), 626.
126 Demski and Wells, *Design of Life*, 133.

4) 다윈 반대: 설계를 위한 시작

이 주제는 방대하고 우리의 지면은 제한되어 있다. 그럼에도 불구하고 우리의 세계는 초자연적인 지성에 의해 설계되었고 이 초자연적인 지성의 흔적은 과학적으로 관찰 가능함을 성경은 선포한다고 나는 주장해 왔다. 우리가 "젊은 지구"나 문자적 6일 창조를 반드시 옹호할 필요는 없지만, 성경은 하나님의 손길이 생명의 주요 그룹들(groupings: 그룹으로 나누기, 집단화-역주, 종류들[kinds])의 창조에 개입된 것에 대한 주장들을 우리에게 강력히 위탁한다. 반면에 다윈주의는 하나님으로부터 안내되지 않은 단독의 세계를 제시한다.

따라서 다윈주의는 성경적 계시와 올바른 과학에 충실하고자 하는 기독교인들에게는 현명한 대안이 아니다. 다윈주의 자체는 확실한 경험적 증거나 견고한 논증보다는 증거의 연기만 내뿜는 철학적 물질주의에 대한 충성에 의해 더 가동된다.

"진화의 아이콘들"은 생물학의 냉철한 조사와 연구를 방해하는 우상으로 간주하는 것이 더 낫다. 그러나 다윈주의를 단순히 비판하기만 하는 것은, 비판이 필요하기는 하지만, 충분하지 않다. 다윈주의에 문제를 제기해야 하고 다윈주의는 논박될 뿐 아니라 다른 모델로 대체되어야 한다.[127] 14장에서는 분자기계들과 DNA에 내재되어 있는 정보로부터 자연 안에 있는 설계를 위한 경험적 증거를 결집해 볼 것이다.

---

[127] William Dembski가 저술한 Neil Broom, *How Blind the Watchmaker?* (Downers Grove, IL: InterVarsity Press, 2002)의 서문을 참고하라.

14장

지적 설계를 위한 증거

다윈주의는 (구다윈주의와 신다윈주의 두 가지 모두) 생명의 주요 형태들의 발달을 자연주의에 근거해서 설명하는 것에 실패한다. 제도화된 과학을 위한 지배적인 모델로서의 사회적 지위에도 불구하고 다윈주의는 "벌거벗은 임금님이다." 다윈주의는 심리학적으로 또 제도적으로 깊이 뿌리박혀 있는 철학적 물질주의 전제의 산물이다. 바로 이것이 초자연적인 것이 과학에 침입하여 과학을 감염시키는 것에 따른 두려움과 함께 다윈주의 패러다임의 힘을 유지시키는 것이다.[1]

1. 다윈주의에 대한 과학적 대안으로서의 지적 설계

그러나 만일 잘 차려입은 임금님이 과학적인 증명보다는 이데올로기로 더 뒷받침되어 있다면 이 지구라는 행성에서 생명의 기원, 본질과 발달을 설명해 줄 수 있는 진정한 과학적 대안이 있는가? 지적 설계(ID:

---

[1] "개연성 구조"(plausibility structure)가 지식사회학(sociology of knowledge)과 관련해서 어떻게 작용하는지에 대한 설명은 Peter Berger, *A Rumor of Angels* (New York: Anchor Books, 1969), 34-38을 참고하라.

intelligent design) 운동은 대안이 있다고 주장한다. 더 나아가 지적 설계는 기독교 세계관을 위한 중대한 변증학적 함축을 조금이라도 갖는가? 이 장에서는 지적 설계 접근을 조사해 볼 것이고 또 지적 설계가 기독교 변증학을 위해 갖는 함축을 탐구해 본 후에 결론을 내릴 것이다.

다윈주의자들은 그들에게 가해지는 비판을 자주 일축한다. 그리고 그들의 이론이 다소 부실함을 드러낸다고 하더라도(물론 이것은 시간이 지나면 해결될 것임) 자동적으로 승리한다고 주장한다. 왜냐하면 지금까지 그 어떤 이론도 다윈주의를 대체할 수 없었기 때문이다.

따라서 다윈주의가 허위임을 입증하기 위해서는 (1) 다윈주의는 반드시 증거를 통해 문제가 제기되어야 하고, (2) 다윈주의는 다른 과학적 모델로 반드시 대체되어야 한다. 그렇지만 두 번째 조건은 다윈주의에 문제 제기를 하기 위해 꼭 필요한 것은 아니다. 왜냐하면 이 조건은 다윈주의의 사례에 대한 불공평한 편견을 갖게 하기 때문이다. 법정에서 변호사는 그의 피고인이 범죄 혐의에서 벗어나도록 무죄임을 밝혀주어야 한다. 변호사는 거기에 덧붙여 실제 범인을 찾을 필요가 없다.

만일 이론에 충분한 문제가 있다면(이론이 반드시 설명해야 하는 것을 설명할 수 없다), 그 이론은 신뢰성을 잃게 된다. 예를 들어, 저명한 철학가인 토마스 나이겔은 다윈주의는 인간의 합리성이 이룬 업적들을 설명할 수 없다고 확신있게 주장하는데, 그는 합리성을 "엄청나게 과도한 정신적 능력이어서 자연선택으로는 설명될 수 없는 것"으로 간주한다.[2] 비개연적인 설명들에 호소하여 자연선택이 모든 것을 설명할 수 있다고 가정하는 대신에, 나이겔은 인간의 정신적인 능력을 설명하지 못하는 불가능에 근거해서 다윈주의를 거부한다.[3]

그럼에도 불구하고 다윈주의처럼 대규모이며 깊이 뿌리박힌 과학적

---

2 Thomas Nagel, *The View from Nowhere* (New York: Oxford University Press, 1986), 80.
3 Ibid., 81. Nagel은 대안으로 "창조론"을 내세우는 것은 아니라고 한다. 나는 생물학을 다윈주의적으로 이해하는 것에 대한 우선적인 대안으로 지적 설계를 제안한다. 17장에서는 유신론이 인간의 합리성을 가장 잘 설명해 준다고 주장한다.

이론들은 그물을 넓게 던지고 그 이론들에 오랫동안 억류되었던 포로들을 그렇게 쉽사리 풀어주지 않는다. 1978년 다윈주의에 반대하는 상당한 과학적 사례를 개진시킨 후에 아서 코슬러(Arthur Koestler)는 대체 이론이 눈앞에 없었기 때문에 다윈주의가 여전히 폭넓은 충성을 확보하는 것을 애석하게 여겼다.[4] 그렇기 때문에 어떤 대안이 증거를 더 잘 설명할 때 다윈주의를 반박하는 사례는 상당히 힘을 받게 된다. 바로 그것이 지적 설계가 성취하기 원하는 것이다.

다윈주의의 가장 핵심적인 특징(Daniel Dennett이 "보편 산"[universal acid][5]이라고 칭하는 것)은 생명에서 **설계**(design)가 잘려나갔다는 것이다.[6] 모든 지성은 비지성적인 물질 상태로부터 일체의 선행하는 계획 없이 진화해 왔다. 데넷의 말로는 그 어떤 하늘 갈고리도(sky hooks) 없다. 지구 위에 위치하면서 생명을 생성하거나 인도하기 위해 아래로 뻗는 것은 아무것도 없다는 것이다.[7]

리처드 도킨스는 생물학은 "어떤 목적을 위해서 설계된 듯한 외관을 보이는 살아 있는 것들의 공부"임을 인정한다.[8] 비록 그는 설계되었다고 생각하지는 않지만 말이다. DNA 이중나선구조(double-helix structure)의 공동발견자인 프랜시스 크릭(Francis Crick)은 이렇게 기록한다. "생물학자들이 반드시 끊임없이 기억해야 하는 것은 그들이 보는 것은 설계된 것이 아니라 오히려 진화된 것이라는 것이다."[9] 살아 있는 것들의 설계를 위한 확실한 경험적 증거가 있는가? 성경은 자연 안에 하나님이 일

---

4 Arthur Koestler, *Janus: A Summing Up* (New York: Vintage Books, 1978), 165.
5 보편 산은 그것을 담고 있는 용기조차 녹일 수 있는 강력한 산성 용액을 말하며, 여기서 Dennett이 의미하는 보편 산은 진화론이다. 즉 진화론에 대립되고 방해되는 모든 이론이나 사상 혹은 그것이 무엇이든지 간에 이 보편 산이 다 녹여버린다는 것이다—역주.
6 Daniel Dennett, "Universal Acid," in *Darwin's Dangerous Idea: Evolution and the Meaning of Life* (New York: Simon & Schuster, 1996).
7 Ibid., 73-80.
8 Richard Dawkin, *A Blind Watchmaker* (New York: W. W. Norton, 1986), 1.
9 Francis Crick, *What Mad Pursuit* (New York: Basic Books, 1990), 139.

하신 증거가 있음을 드러낸다(시 19:1-6; 롬 1:18-21). 그러나 자연은 과학이 탐지할 수 있는 설계를 드러내는가? 이에 답하려면 우리는 과학적인 설명 자체의 본질을 꼭 먼저 고찰해 보아야 한다.

2. 기원 과학과 기능 과학

오래된 혹은 창조론 문헌은 창조론과 다윈주의 두 가지 모두가 과학 고유의 문제가 아니라고 종종 주장했는데 왜냐하면 창조론과 다윈주의는 종의 기원처럼 실험실에서 경험적으로 실험될 수 없는 것들을 다루기 때문이다. 왜냐하면 이 주제는 반복 가능한 실험을 실행하여 해결될 수 없기 때문에 진정으로 과학적이지 않다.[10] 따라서 창조론과 진화론 모두는 믿음의 영역에 맡겨지게 되었다. 하나님 안에 믿음을 두든지 하나님 없는 자연에 믿음을 두게 되었다. 이 접근 방법은 다윈주의가 직접적으로 검증할 수 없는 것을 강조하는 한편 두 가지 주요 이유로 문제의 소지가 있다.

첫째, 과학은 실험실에서 해결될 수 없는 쟁점들을 오랫동안 다루어 왔다. 과학이 언제든지 특이점(singularity: 우주의 창조, 생명의 기원과 종의 기원와 같은 것들)을 다루는 것은 과학은 직접적인 경험적 한계 너머의 사건들을 숙고하는 것이다. 그럼에도 불구하고 내가 11장에서 빅뱅 우주론을 입증하는 증거의 여러 부류들에 대해 주목한 것처럼, 현재 활용 가능한 증거는 과거의 특이점들과 관련이 있다. 곧 살펴보게 되겠지만 분자기계의 특징과 생체세포 안에 있는 정보의 질은 설계를 위한 강력한 증거를 제공한다. 우리가 이 개체들의 기원적인 형성을 관찰할 수도 없고 새로운 개체들을 창조할 수 없다고 하더라도 말이다. 이런 종류의 조사는 맹목적인 믿음의 문제가 아닌 객관적인 증거에 근거한 원리

---

10 John Ankerberg and John Weldon, *Darwin's Leap of Faith* (Eugene, OR: Harvest House, 1998), 248-249.

에 입각한 추론의 문제다. 이것은 **법의학적** 또는 역사적 학문이다.

노만 가이즐러(Norman Geisler)와 커비 앤더슨(Kerby Anderson)이 기원 과학(origin science)과 기능 과학(operation science)을 구분한 것이 유익하다. 기원 과학은 특이점들을 다루고 고고학자들과 범죄 수사관들이 이용하는 범죄과학 추론(forensic reasoning)을 사용한다. 고고학자들과 범죄 수사관들은 현재 증거의 관점에서 과거의 사건들을 설명해야만 한다. 생명의 기원과 같은 특이점과 관련해서 우연이나 자연법칙보다는 설계가 더 나은 설명이라고 지적 설계는 주장한다. 반면 기능 과학은 화학 반응이나 발생학 같은 자연에서 진행 중인 과정들에 대한 것이다.[11]

이런 과정들은 반복 가능하고 관찰 가능하기 때문에 특이점은 아니다. 기원/특이점의 문제를 다루는 과학과 반복 가능하고 직접 검증 가능한 자연의 국면들을 다루는 과학 사이에는 뚜렷한 차이가 있다. 두 가지 모두 과학적이지만, 각각은 다소 상이한 조사 방법을 사용한다. 스티븐 마이어(Stephen Meyer)는 그의 유전적 정보의 기원 조사에서 과학의 많은 부분은 역사적 질문과 관련된 것임을 보여주기 위해 최선을 다하는데, 역사적 질문은 현재에 검증 가능한 효과가 있는 유일무이한 사건들을 조사하는 것이다.[12]

규칙성의 연구를 불가능하게 만들어 버릴 만큼 설계자가 진행 중인 자연의 과정들을 위반한다는 것이 아니다. 유신론적 진화론자인 케네쓰 밀러(Kenneth Miller)의 비난처럼 이것을 지적 설계 지지자들이 주장하는 것이 아니다.[13] 오히려 규칙적으로 기능하는 자연세계의 핵심적인 특징들은 아득한 과거의 어떤 단계에 있었던 설계의 영향으로 가장 잘 설명된다고 지적 설계는 주장한다.

---

11 Norman Geisler and Kerby Anderson, *Origin Science* (Grand Rapids: Baker, 1987)를 참고하라.

12 Stephen Meyer, *The Signature in the Cell* (San Francisco: HarperOne, 2009), 166-170; 324-328; 343-44; 381-383; 408-410을 참고하라.

13 Phillip Johnson, *The Wedge of Truth* (Downers Grove, IL: InterVarsity Press, 2000), 126-135를 참고하라.

둘째, 우리가 기원에 대해서 과학적 증거를 활용해야 하는 이유는 기독교 유신론은 자연에 있는 설계의 가시성에 대해 객관적인 주장을 하기 때문이다. 즉 이러한 주장을 뒷받침할 어떤 증거가 당연히 존재한다는 것이다. 지적 설계 운동은 다윈주의가 전체 생물권(biosphere)을 설명하는 과학적 이론으로서 실패한다고 주장할 뿐만 아니라, 자연 속에서 설계를 확인할 수 있다고 주장한다. 그러나 이 결론을 지지하기 위해 지적 설계에 근거한 논증을 펼치기 전에 우리는 먼저 지적 설계에 대한 몇 가지 반론을 살펴볼 필요가 있다. 이것들이 만약 설득력이 있다면 원칙적으로 지적 설계를 실격시키게 될 것이다.

3. 지적 설계에 대한 다섯 가지 반론

첫째, 지적 설계 반대자들은 자주 "동전 앞면이 나오면 내가 이기고 동전 뒷면이 나오면 네가 진다"는 식의 불공평한 두 갈래(two prongs) 전략을 사용한다. 첫 문장의 진술은 지적 설계는 과학이 아니라 그저 위장된 종교에 지나지 않는다는 것이다. 따라서 지적 설계는 비과학적인 것으로 일축되어야 하는데 왜냐하면 종교는 과학적 쟁점과 관계가 없기 때문이다. 그러나 뒷 문장의 진술은 지적 설계에 반대하는 과학적 증거에 호소하는 것이다. 두 문장이 결합되면 서로를 파괴한다. 만일 지적 설계가 종교적 믿음이고 과학적 신념이 아니라면, 그렇다면 지적 설계를 지지하거나 반대하기 위해 활용 가능한 과학적 논증이 하나도 없게 된다. 우리가 양다리를 걸칠 수는 없다.[14]

둘째, 순전히 자연주의적인 과학 이해에 호소하여 지적 설계를 존재

---

14 Michael Behe, "Answering Scientific Criticism of Intelligent Design," in *Science and Evidence for Design in the Universe: The Proceedings of the Wethersfield Institute*, ed. Michael J. Behe, William A. Dembski and Stephen C. Meyer (San Francisco: Ignatius Press, 1999), 144-145.

하지 않는 것으로 정의하는 것이다. 혹자들은 설계자에게 호소하는 그 어떤 설명도 과학에 불법적인 것이라고 주장한다. 살아 있는 것들에 관한 한 지적인 원인들은 원칙적으로 그리고 선험적으로 배제된다. 13장의 다윈주의 논의에서 이미 언급했듯이 이런 식의 과학 해석은 물질주의를 향해 철학적으로 깊이 편향된 것이다. 오늘날 과학의 일반적인 정의는 다음과 같다.

> 정의 1: 과학은 경험적 관찰과 합리적인 이론화를 통해 자연현상을 위한 물질주의적 설명을 추구한다.[15]

이 정의는 어떤 비자연적인 설명도 원칙상 비과학적인 것으로 제외한다. 따라서 이 정의는 어떤 자연체계 속에서도 지성이 원인적 우위(causal primacy)를 소유하는 것을 배제한다. 나는 더 중립적이고 공정한 과학의 정의를 다음과 같이 제안하고자 한다.

> 정의 2: 과학은 경험적 관찰과 합리적 이론화를 통해 자연현상을 위한 최선의 설명을 추구한다.

이 가정하에서 일련의 자연사건이나 과정을 위한 최선의 설명은 지적인 원인을 포함할 수도 있다. 과학의 정의에 대한 논쟁은 종교철학 또는 과학 고유의 문제가 아니다. 오히려 이것은 과학철학 영역에 해당된다.[16]

---

15 이런 종류의 이해는 지적 설계의 열렬한 반대자인 Eugenie Scott에 의해 제공되었다. Meyer의 논의를 *Signature in the Cell*, 146-147에서 살펴보라.
16 나는 이 통찰력을 Anthony Lombardo로부터 받았다. 철학과 같은 여타 지적 탐구와 과학 간의 경계 문제는 골치 아픈 사안이다. 많은 지도적 사고가들은 여타 탐구학문에서 과학적 추구만 특별히 명확하게 구별해 주는 것은 한 가지도 없다고 믿는다(Meyer, *Signature in the Cell*, 400-401; 419; 430-431을 참고하라). 그럼에도 불구하고 내가 제안한 과학에 대한 이해가 과학의 실용적이고 개괄적 정의로 적절하게 여겨진다.

과학의 물질주의적 이해를 위한 보편적인 정당화(그런 정당화가 있기라도 하다면)는 지적 설계의 도입은 "과학을 멈추게 하는 과학 마개(science stopper)"를 야기한다는 것이다. 고난이도의 과학 이슈를 다룰 때 사람들은 단지 "하나님이 그렇게 하셨다"라고만 말하고 중단할 것이다. 그렇게 함으로 과학적 설명들이 제거되고 이전의 과학적 업적들이 폄하되는 것이다. 리처드 르원틴(Richard Lewontin)은 "만일 하나님이 방문 안에 발을 들여놓는 것을 허락한다면" 무슨 일이든지 일어날 수 있고 과학은 망한 것이다.[17] 이 "과학 마개"(science-stopper) 논증은 적어도 네 가지 이유로 실패한다.

1. 서구 과학은 과학혁명(Scientific Revolution)에서 다윈에 이르기까지 방법론적 혹은 철학적 물질주의 없이도 매우 순조롭게 전진하고 있었다. 예를 들어, 아이작 뉴튼 경(Sir Isaac Newton)은 그의 물리법칙을 설계에 의거해 설명한 유신론자였다. 서구 문화의 형이상학 체계는 전반적으로 유신론이었지 자연주의는 아니었다.[18]
2. 지적 설계는 화학, 생물학이나 물리학(즉 "기능 과학"의 영역 안에서)의 질서정연한 작동 속에 지적 원인의 직접적인 개입을 지지하지 않는다. 예를 들어, 12장에서는 우주 속에 존재하는, 미세조정된 엄청나게 많은 요인들이 생명을 가능하게 하며 활동 중인 지성을 드러내는 것이라고 주장했다. 그렇지만 이 지성에 직접 호소해서 자연에서 현재 **진행 중인** 작동들을 설명하지 않았다. 오히려 이 지성은 미세조정된 우리 우주의 기원적 구성을 위한 최선의 설명으로 제공되었다. 따라서 자연의 규칙성을 연구하는 과학은 규칙성을 만지작거리는

---

17 Richard Lewontin, "Billions and Billions of Demons," *New York Review of Books*, January 9, 1997, 31.
18 5장에 나와 있는 기독교가 초기 과학에 어떻게 기여했는지에 대한 논의를 살펴보라.

하나님 때문에 위태로워지지 않는다.
3. 기독교 유신론은 하나님의 변덕에 기초한 무작위성(randomness)이 아닌, 합리적이고 규칙적인 자연의 패턴을 보장하는 하나님을 단언한다.[19]
4. 지적 원인을 위한 추구—또는 설계 추론—는 생물학 이외의 다른 많은 과학 영역인 고고학, 암호학과 지적 외계 생명체 탐사(SETI: search for extra terrestrial intelligence)와 같은 분야에서 여전히 건재하여 잘 실행되고 있다.[20] 지적 설계는 이 지적 추론을 생물학 속으로 확대시킨다.

셋째, 지적 설계에 대한 다윈주의자들의 또 다른 반론은 생물학에서 지적 원인에 호소하는 것은 검증 불가능하다는 것이다. 지적 설계는 어떤 예측도 할 수 없다. 진정한 과학에 필요한 특징이 부재한 것이다.[21] 그러나 만일 우리의 관심이 기원 과학(과학적 질문의 역사적 차원)에 있다면 우리의 주 관심사는 "예측"(predictions)이 아니다. 박테리아 편모(bacterial flagellum)의 구성이나 지구상 생명의 기원을 설명하는 것은 미래에 어떤 일이 일어날 것인지를 예측하는 것이 아니다. 그것은 사용 가능한 최선의 증거와 추론에 의거해서 과거의 사건을 **역사적으로 설명하는 것이다.**[22]

그렇기는 하지만 지적 설계는 검증 가능한 일련의 경험적 주장과 예

---

19 하나님은 당신이 합당하다고 고려하실 때에는 기적을 통해서 역사상 개입하기도 하지만 이것이 어떠한 자연법칙의 이해 가능성도 위태롭게 하지는 않는다(기적에 대해 논하는 19, 22장을 참고하라).
20 William Dembski, "The Design Inference," in *The Design Revolution* (Downers Grove, IL: InterVarsity Press, 2004); William Dembski, *The Design Interference* (New York: Cambridge University Press, 1998).
21 Niles Eldredge, *The Monkey Business* (New York: Washington Square Books, 1982), 39를 참고하라.
22 Meyer, *Signature in the Cell*, 166-170; 324-328; 343-344; 381-383; 408-410을 참고하라.

측을 하고 특정한 종류의 증거를 찾아낸다. 예를 들어, 공통조상(common ancestry)을 고수하지 않는 지적 설계 지지자들은 화석 기록은 다윈주의의 점진진화를 뒷받침하지 않을 것이라고 주장한다. 그렇다면 이는 생명의 기본적인 종류들은 하나님에 의해 설계되었음을 제안하며 이 종류들은 불명확한 변화에 좌우되지 않는 본질적 본성을 지닌다는 것을 의미한다.[23]

또 이것은 인간은 "하등" 동물의 경향과 행동에 근거해서는 충분하게 설명될 수 없음을 예견하는데 왜냐하면 인간은 하나님의 형상(객관적인 설계 계획)을 지니기 때문이다.[24] 생명이 설계되었음을 견지하는 사람은 소위 흔적 기관이라고 불리우는 많은 기관들의 진정성에도 의문을 제기하게 될 것이다.[25]

윌리엄 뎀스키는 1998년에 쓰레기로 여겨졌던 더 많은 DNA가 기능적인 것으로 증명될 것이라고 예측했다. 그는 옳았다.[26]

넷째, 어떤 다윈주의자들은 누군든지 생물학에 설계의 입장을 허용하고자 하는 사람은 그러한 견해를 반드시 종교적인 권위에 근거해야만 하기 때문에, 그렇게 하는 것은 과학에는 적법하지 않은 것이라고 주장하며 지적 설계를 폄하한다. 여기에는 경험적으로 오류가 있다.

토마스 나이겔, 데이비드 벌린스키(David Berlinski) 그리고 다윈주의에

---

23 Michael Behe와 같은 몇몇 지적 설계 이론가들은 공통혈통을 긍정하여 이 주장을 지지하지 않겠지만 나는 공통혈통을 지지하지 않으며(13장을 참고하라), 그렇기 때문에 이런 주장을 펼치는 것이다.
24 이것은 Steven Pinker와 다른 이들에 의해 변호된 진화심리학에 대한 직접적인 도전이다.
25 13장의 마지막 부분을 참고하라.
26 William Demski, "Science and Design," *First Things*, March 1998, 21-27. Meyer는 지적 설계에 기초한 몇 가지 상세한 예측을 *The Signature in the Cell*, "Some Predictions of Intelligent Design," 부록 A에서 한다. 또한 William Demski, "Testability," in *The Design Revolution*; Hugh Ross, *Creation as Science* (Colorado Springs, CO: NavPress, 2006), 227-253을 참고하라. Ross는 "믿는 이유 모델"(Reason to Believe Model: 지적 설계 관점인, 본질적으로 늙은 지구 창조론)의 예측을 자연주의, 6일 창조론, 유신론적 진화론(theistic evolution)과 비교한다.

이의를 제기해 온 다른 사람들이나 설계의 가능성을 고려했던 사람들은 그들의 비평을 개진하기 위해 그 어떤 종교적인 권위에도 호소하지 않는다.[27]

게다가 전체 지적 설계 운동(타종교를 믿는 사람들과 종교적 믿음을 갖지 않는 사람들을 포함한다)은 다원주의에 도전하기 위해 성경이나 다른 종교적인 권위를 발동하지 않는다. 오히려 지적 설계는 과학 공동체에서 현재 사용되고 있는 과학적 증거와 이성의 모델에 근거해 주장한다. 종교적인 성경이 자연 안에 있는 설계에 대해 언급하는 것은 이런 성경이 단언하는 것과는 **독립적으로** 자연 내에서 설계 발견의 가능성을 배제하지 않는다는 것이다.

게다가 진정한 과학자들이라고 해서 불공평한 편견과 선입견에서 면제될 수는 없다. 과학자들은 어디든지 증거가 이끄는 곳으로 따라간다고 주장한다. 하지만 어느 신자든지 종교적 대의명분을 따르기 위해 교조주의, 선동, 이기주의와 권위주의의 영향을 받을 수 있는 것처럼 과학자들도 마찬가지로 그렇게 치우칠 수 있다(그리고 물론 많은 과학자들 스스로도 종교적 신자들이다).

이것은 과학적 제도권에 반대해서 우물에 독타기 오류를 범하는 것이 아니라 단순히 공평한 경쟁의 장을 마련하기 위해 땅을 고르게 하는 것이다. 생명의 기원과 본질에 대해 종교적 신념을 갖는다고 해서 누군가가 이런 신념을 위해서 합법적인 과학적 논증을 제시할 수 있는 자격을 박탈하지는 않는다. 이런 논증들은 독특한 종교적인 가정에 의존하지 않는 것들이다.

예를 들어, 벤젠 분자(benzene molecule)의 구조를 발견하는 데 중추적인 역할을 했던 F. A. 케쿨(F. A. Kekule)은 1865년에 스스로를 삼켜 먹

---

27 Thomas Nagel, "Public Education and Intelligent Design," *Philosophy and Public Affairs*, 36, no. 2 (2008). David Berlinski, *The Devil's Delusion: Atheism and Its Scientific Pretensions* (New York: Crown Forum, 2008). 나는 13장 초반에서 다른 비종교적인 다원주의 비평가들을 언급하였다.

는 뱀의 꿈을 꾼 후에 벤젠의 고리구조를 창안하게 되었다고 발표했다. 그렇지만 그는 자신의 꿈에 근거하여, 즉 다른 과학자들이 자신과 유사한 환상을 보도록 시도하면서 그의 주장을 개진하지는 않았다.

오히려 그는 자신의 사례를 과학적으로 주장하였고 그 사례의 정당성은 입증되었다.[28] 모어랜드의 말에 주목하자. "어떤 과학적 이론이 꿈, 성경 또는 화장실 낙서에서 영감을 받았는지의 여부는 아무런 상관이 없다. 문제는 그 이론을 위한 독립적인 과학적 이유가 제시되었는가의 여부다."[29]

다섯째, 대다수의 생물학자들은 다윈주의가 이미 오래전에 전투에서 승리했다고 믿는다. 그렇기 때문에 지적 설계는 논란의 여지가 있는 문제이다. 이는 다윈주의의 지배에 대한 도전을, 그것이 어떤 것이든 거들먹거리며 신경질적인 톤으로 반응하는 다윈주의자들의 반응을 부분적으로 설명해 준다.[30] 그러나 이런 작동원리(modus operandi)는 다음 두 가지 문제의 소지가 있다.

1. 다윈주의의 과학적 비판은 다윈이 1859년에 그의 이론을 출판한 이후로 계속되어 왔다. 오늘날의 태양중심설(heliocentrism)과 판구조론(plate tectonics)처럼 다윈주의가 전체 과학 공동체의 무조건적인 충성을 구가한 적은 결코 없었다.[31]
2. 아주 확고부동하거나 "성공적인" 과학 이론들도 번복될 수 있다.[32] 40년 정도 만에 판구조론은 산악 형성의 원통형기둥 이

---

28 J. P. Moreland, *Christianity and the Nature of Science* (Grand Rapids, MI: Baker, 1989), 229를 참고하라.
29 Ibid.
30 Nancy Pearcey, "You Guys Lost!" in *Mere Creation: Science, Faith and Intelligent Design*, ed. William Dembski (Downers Grove, IL: InterVarsity Press, 1998)를 참고하라.
31 13장에서 나는 900명이 넘는 과학 영역에 박사학위 소지자들이 다윈주의에 문제를 제기하는 성명서에 서명하였다고 지적했다.
32 Moreland, *Christianity and the Nature of Science*, 154-156을 참고하라.

론(cylindrical column theory)을 뒤집었다. 사실 다수에 의해 견지되었고 깊이 뿌리박혀 있던 과학적 이론들은 관찰과 이론적 재구성에서 일어난 발달을 통해 오류임이 입증되어 왔다. 따라서 과학을 공부하는 분별력 있는 학생은 회의적인 태도를 유지해야 하고 표준으로 받아들여지는 정통(orthodoxies)에 가해진 도전에 반드시 열려 있어야 한다. 그것이 다윈주의라고 하더라도 말이다.

4. 마이클 비히와 분자기계

『다윈의 블랙박스』(Darwin's Black Box)에서 생화학자 마이클 비히(Michael Behe)는 다윈주의에 파문을 일으켰다.[33] 『다윈의 블랙박스』는 다윈과 그의 동시대 과학자들은 환상적으로 복잡한 세포의 본질에 대해서는 아무것도 알지 못했다는 사실을 언급한다. 사실 그들은 생명의 구성요소들은 비교적 단순하다고 생각했다. 그러나 최근 몇십 년간 블랙박스는 고배율 정밀측정 현미경에 의해 열리게 되었고 그리고 분자생물학은 이제 잘 정립된 분야이다. 그렇지만 다윈주의는 이러한 새로운 사실들이 일어나기 전에 발생했고, 이는 신다윈주의로 발전되었다. 하지만 이제는 비히의 지적처럼 "다윈주의 이론이 진실이 되기 위해서는 생명의 분자구조를 설명해야만 한다." 물론 비히는 다윈주의 이론은 그렇게 할 수 없을 것이라고 믿는다.[34]

생물학에서 설계를 위한 논증에서 "생명의 분자구조"는 우연 또는 필연(자연법칙)에 기초해서는 설명될 수 없다고 주장한다. 논증 형태는 내

---

33 Behe는 생물학의 다른 양상에 대한 것에도 논증을 확장한다. 특히 *The Edge of Evolution* (New York: Free Press, 2007)에서 인도되지 않은 유전적 돌연변이를 통하여 가능한 변화의 한계를 다룬다. 그러나 나는 여기에서 이러한 논증들은 고찰하지 않을 것이다.

34 Michael Behe, *Darwin's Black Box* (New York: Free Press, 1996), 25.

가 12장에서 우주론적 미세조정을 주장하기 위해 사용한 것과 본질적으로 동일하다.

1. 분자기계는 특정화된 복잡성을 증명한다(즉 분자기계는 우연적이고 복잡하고 특정화되었다).
2. 특정화된 복잡성은 우연이나 자연법칙, 또는 두 가지의 결합에 근거해서는 설명될 수 없다.
3. 지적 행위주체는(intelligent agency) 특정화된 복잡성을 초래하는 것으로 알려진 원인이다.
4. 그러므로 분자기계 안에 있는 특정화된 복잡성의 기원을 위한 최선의 설명은 지적 설계이다.

비히의 본질적인 논증은 특정한 분자기계들은 인도되지 않은 점진진화적 다윈주의 매커니즘을 통해서는 초래될 수 없었다는 것이다. 그것이 그런 이유는 만일 구성부품들이 생존에 필요한 기능을 수여하려면 분자기계의 구성 부품들은 동시에 그리고 서로 협력하여 기능하는 것이 요구되기 때문이다. 비히는 이것을 "환원 불가능한 복잡성"(irreducible complexity)이라고 부른다.

환원 불가능한 복잡성이라 함은 단일한 체계를 의미한다. 이 체계는 잘 조화된 여러 상호작용적인 부품들로 구성되어 있으며 이 부품들은 기본적인 기능을 가능케 하고, 여기에서 어떤 한 부품이라도 제거되면 이 체계는 사실상 기능하는 것을 멈추게 된다는 것을 의미한다. 환원 불가능한 체계는 전구체(前驅體, precursor) 체계에서 일어나는 소폭의 연속적 변형을 통해서 직접 배출될 수 없다(즉 초기의 기능을 끊임없이 개선함으로, 동일한 매커니즘에 의해 계속해서 돌아가는 체계로는 될 수 없음). 왜냐하면 환원 불가능하게 복잡한 체계의 어떤 전구체라도 한 부품이라도 부족하게 되면 정의상으로는(by definition) 비기능적이다.

환원 불가능하게 복잡한 생물학적 체계라는 것이 만일 존재한다면 그것은 다윈주의 진화에 강력한 도전이 될 것이다.[35]

환원 불가능한 복잡성은 "누적적인 복잡성"(cumulative complexity)과 대조될 수 있다. 후자는 도시의 설립과 성장처럼 복잡성이 하나하나(piece by piece) 쌓이는 체계를 묘사한다. 따라서 도시는 그 존립에 영향을 받지 않으면서 수많은 건물들과 길들은 철거될 수 있다. 다윈주의 매커니즘은 생명체 내에 존재하는 이런 종류의 복잡성을 설명할 수도 있을 것이다. 왜냐하면 다윈주의 매커니즘은 경미한 변형들을 통해서 점진적으로 형성되었기 때문이다. 그러나 환원 불가능한 복잡성은 완전히 다른 상황이다.

비히는 "자연선택은 이미 작동하고 있는 체계만 선택할 수 있기 때문에, 만일 생물학적 체계가 점진적으로 만들어질 수 없다면 그 생물학적 체계는 자연선택의 작동이 가능할 수 있도록 통합적인 단일체로서 한꺼번에 발생해야만 할 것이다"라고 지적한다.[36]

비히는 환원 불가능한 복잡성의 개념을 분자기계보다는 일상에서 접할 수 있는 훨씬 덜 복잡한 아이템을 사용해서 적절하게 설명한다.

> 쥐를 잡기 위한 쥐덫에는 받침대, 용수철, 해머, 고정막대와 덫으로 쓸 고리가 필요하다. 자 당신이 지금 쥐덫을 만들려고 한다고 해 보자. 당신의 차고에서 오래된 막대 아이스크림(받침대를 위해)에서 나무 막대기 하나, 오래된 태엽시계에서 스프링, 쇠지레 형태인 금속조각(해머용), 고정막대로 사용하기 위한 감침질 바늘 그리고 걸쇠로 사용하려고 생각한 병 뚜껑을 모을 수 있다. 그러나 이 부품들은 막연하게나마 기능적인 쥐덫과 어느 정도 유사성이 있다고 하더라도 사실 각각의 부품은 서로

---

35 Ibid.
36 Ibid.

맞춰지지 않았으며 대폭 수정(extensive modification) 없이는 기능적인 쥐덫으로 만들어질 수 없을 것이다. 변형이 진행되는 내내 그 부품들은 쥐덫 구실을 못하게 될 것이다. 부품들이 다른 역할을 수행했다는 사실(시계 속에서, 쇠지레로서 등)은 그 부품들이 쥐덫의 일부를 감당하도록 돕지 않는다. 실은 그 부품들의 이전 기능은 부품들이 복잡한 체계의 일부가 되어 사실상 그 어떤 새로운 역할을 감당하는 것에도 부적절하게 만든다.[37]

즉 쥐덫의 모든 부품들이 제자리에 놓이지 않는 한 쥐덫의 일부로서의 쥐덫의 부품들은 비기능적이다. 몇몇 부분만으로는 쥐덫의 기능을 제공하지 못한다. 비히는 혈액응고 연속단계(blood clotting cascade), 섬모(cilium)와 박테리아 편모(bacterial flagellum)를 포함하여 환원 불가능한 복잡성으로 간주하는 몇 가지 분자기계의 예를 제공한다. 그는 "환원 불가능한 복잡성의 사례들은 사실 생화학 교재의 모든 페이지에서 찾을 수 있다"고 주장한다.[38] 우리는 박테리아 편모만 간략하게 살펴보도록 하겠다.

1996년에 비히는, 이 모터(motor)에 대해 사용 가능한 과학적 문헌(모두 다윈주의자들에 의해 저술됨)은 어떻게 이 모터가 점진적인 방식으로 형성될 수 있는지를 설명하려고 시도하는 것에서조차 실패한다고 지적하였다. 단지 가정일 뿐이다. 분자적 진화를 언급하는 주요 학술지들―「분자진화저널」(Journal of Molecular Evolution), 「국립과학원 회보」(Proceedings of the National Academy of Sciences, Nature, Science), 「분자생물학저널」(Journal of Molecular Biology)―은 "복잡한 생화학적 구조의 발달 가운데 있는 중간 형태들을 위한 상세한 모델을 논의하는" 논문을 하나도 포함하지 않는

---

37 Ibid., 66.
38 Michael Behe, "Design in the Details: The Origins of Biomolecular Machines," in *Darwinism, Design, and Public Education*, ed. John Angus Campbell and Stephen C. Meyer (East Lansing: Michigan State University Press, 2003), 298.

다.[39] 그러나 비히는 모터가 점진적인 방식으로 형성될 수 있다는 이런 가정은 추정으로 간주하고 대안을 제안한다.

이러한 체계들은 사전에 설계되었기 때문에 각 부분은 서로 다른 부분과 상호 협력하여 최종 결과를 배출하도록 의도되었다. 어떤 기능을 수행하기 위해 전체에 맞춰 부분들의 관계를 계획하는 이런 개념(인간 경험에서 너무나도 보편적인 것)은 선행하는 의도의 어떤 암시도 거절하는 다윈주의와는 현저한 대조를 이룬다. 편모는 지적 설계 운동을 대표하는 표상이 되었고 큰 논란의 주제가 되어 왔다. 비히는 편모의 기능을 요약해서 설명한다.

> 편모는 일련의 박테리아들이 수영하기 위해 필요한 정말 문자 그대로의 선외 모터(outboard motor)이다. 이것은 모터보트와 같은 회전 장치로 프로펠러를 액체를 거슬러서 회전시켜 그 과정에서 박테리아가 앞으로 전진하여 움직이도록 한다. 편모는 여러 부분들로 구성되어 있으며 프로펠러처럼 작동하는 긴 꼬리, 프로펠러를 구동축(drive shaft)에 부착시키는 고리 지역(hook region), 박테리아의 외부에서 유출되는 산을 내부에서 사용해서 회전할 수 있도록 동력을 공급하는 모터, 프로펠러가 회전하는 동안 세포막 평면(plane of the membrane) 안에서 이 구조가 고정된 상태를 유지케 하는 고정자 그리고 구동축이 박테리아 세포막을 통해 급격히 치솟을 수 있도록 하는 투관 물질인(bushing material) 축받이통을 포함한다.
> 갈고리, 모터, 프로펠러, 구동축이나 유전학 연구에서 편모의 활동이나 건설을 위해 필요하다고 입증된 40개의 다른 종류의 단백질 대부분이 부재할 경우, 우리는 원래 속도의 2분의 1 또는 4분의 1만큼 회전하는 편모조차 가지지 못하게 된다. 편모가

---

39 Behe, "Design in the Details," 298-299.

기능하지 못하거나 아예 건설조차 되지 않는다. 쥐덫의 경우처럼 편모는 환원 불가능하게 복잡하다.⁴⁰

편모의 환원 불가능한 복잡성은 뎀스키가 말한 특정화된 복잡성(12장을 참고하라)의 사례다. 편모는 **우연적**이며 편모의 건설은 그 어떤 자연법칙을 근거해서도 설명될 수 없다. 편모는 경이로울 만큼 **복잡**하며 편모의 기능은 **특정화**되어 있다. 이것이 발생할 확률이 단지 희박한 것만은 아니다. 편모의 복잡성은 실제 생명체계의 구성부품들과는 독립적인 어떤 패턴에 딱 들어맞는다. 즉 편모의 핵심적인 기능은 선외 모터 안과 같은 다른 곳에서 발견되었다. 편모의 복잡한 기능성은 특정화된 복잡성의 사례로 설계를 위한 충분한 증거다.⁴¹

다윈은 그의 점진적이고 인도되지 않은(undirected) 진화론의 논파 가능성을 제기했었다. "만일 수많은, 연속적인, 소폭의 변형을 통해서는 도저히 형성될 수 없었을 어떤 복잡한 기관이 존재했다는 것이 증명될 수 있다면 내 이론은 완전히 와해될 것이다. 그러나 나는 그런 사례를 전혀 찾을 수 없다."⁴²

---

40 Michael Behe, "Answering Scientific Criticism," in *Science and Evidence for Design in the Universe*, ed. Michael Behe, William A. Dembski and Stephen C. Meyer (San Francisco: Ignatius Press, 1999), 134-135. Behe는 *Darwin's Black Box*, 70-73에서 좀 더 심도있게 기술한다. 기계의 총체적인 복잡성을 더 이해하기 위해서는 *Darwin's Black Box*에 등장하는 도면을 참고할 수 있고 더 좋은 것은 편모가 소개된 다음의 두 DVD 중 하나를 보라. *Unlocking the Mystery of Life's Origins* (Illustra Media, 2002); *A Case for a Creator* (Illustra Media, 2006).

41 William Dembski의 설명을 *Intelligent Design: The Bridge Between Science and Theology* (Downers Grove, IL: InterVarsity Press, 1999), 149에서 참고하라.

42 Charles Darwin, *Origin of Species*, 6장 (London: Langham, 1859), 189. "The Complete Works of Charles Darwin Online," *Darwin Online* <http://darwin-online.org.uk/content/frameset?viewtype=side&itemID=F373&pageseq=207>에서 복사도 가능하다. 나는 다섯 개의 출판본 중에서 처음 출판된 것을 선택하여 인용하였다. 왜냐하면 나중 인쇄된 것들은 라마크르주의(Lamarkianism: 프랑스 박물학자로 다윈과는 조금 다른 진화론을 주장했다-역주)의 어떤 양상들을 반영해서이며 이 이론들은 현재 다윈주의자들에 의해 더 이상

한편으로 다윈은 그의 이론의 허위를 입증할 수 있는 가능한 수단을 제공하는 것처럼 여겨진다. 만일 이런 방식으로 이해한다면 다윈은 자신의 이론에 대한 가능한 논박을 위해 도전장을 던지고 있는 것이다. 즉 "만일 당신이 X가 참이라는 것을 입증할 수 있다면, 내 이론은 거짓이다." 만일 이런 방식으로 이해한다면 비히의 생화학적 도전은(다윈은 이것에 대해 무지했음) 적절하고 강력한 것인데 왜냐하면 비히는 환원 불가능한 구조들이―우리가 지금 보유하고 있는 증거를 감안할 때―왜 "수많은, 연속적인, 소폭의 변형"에 의해서는 형성될 수 없는지를 인상 깊게 설명하기 때문이다. 생화학적 블랙박스가 더 이상 폐쇄되지 않은 상태에서, 과학자들은 박스 안을 들여다보고 환원 불가능한 복잡성을 위한 확실한 증거를 발견할 수 있을 것이다.

비히가 강조하듯이 "우리는 우리가 모르는 어떤 것에서가 아닌 우리가 아는 어떤 것으로부터 설계를 추론하고 있는 것이다. 우리는 어떤 블랙박스를 설명하기 위해 설계를 추론하고 있는 것이 아니라 열린 박스(open box)를 설명하기 위해 설계를 추론하고 있는 것이다."[43] 따라서 이것은 무지로부터의 논증도 아니며 "틈새를 메우는 하나님"에게 호소하는 것도 아니다. 그렇지만 비히는 일련의 다윈주의 설명이 나타날 가능성도 열어둔다(아래를 참고하라).

반면에 많은 다윈주의자들은 다윈의 그런 시인을 다윈주의를 비히 혹은 다른 이들의 비판에서 비호하기 위한 대책으로 이해했다. 이런 반응은 증명되지 않은 사항을 사실로 가정하는 논점선취의 오류를 범하는 것이고 사후입금수표를 발행하는 것이다. 도킨스 같은 다윈주의자들은 비히를 "게으르다"고 부르거나 환원 불가능한 복잡성을 설명하기 위해 설계를 발동하여 진정한 과학을 포기했다고 주장함으로 응수한다.[44]

지지되지 않는다. 나는 이 통찰력을 William Dembski에게 돌린다.
43 Behe, "Design in the Details," 301.
44 James W. Sire, *Naming the Elephant: Worldview as Concept* (Downers Grove, IL: InterVarsity Press, 2004), 113–114를 참고하라.

그들은 생물학적 단순성에서 시작하여 극도의 복잡성으로 마무리짓는 일련의 다윈주의 경로가 어딘가에 **반드시** 존재할 것이라고 주장하는데 왜냐하면 그들은 실재하는 환원 불가능한 복잡성의 존재를 부인해야만 하기 때문이다. 그럼에도 불구하고 이런 다윈주의 대답은 이 난제에 대해 신뢰가 가는 대안을 개진하는 대신에 자연주의적인 대답을 단지 가정할 뿐이다. 일련의 다윈주의 생화학적 서술이 박테리아 편모에 대해 설명할 수도 있을 것이라는 사실은 그런 생화학적 서술이 실제적으로 존재한다는 것의 증거가 전혀 될 수 없다. 왜냐하면 가능성은 신뢰성과 동일하지 않기 때문이다.

비히는 그 자신의 이론을 반증하는 방법들을 상상해 볼 수 있다.

> 사실 지적 설계는 직접적인 경험적 반박에 열려 있다. 생각실험(thought experiment)을 통해 이 점을 명확하게 해 보자. 『다윈의 블랙박스』에서 나는 박테리아 편모가 환원 불가능하게 복잡했고 그래서 의도적인 지적 설계를 요구했다고 주장했다. 이 주장의 다른 면은 편모는 무작위적 돌연변이에 작용하는 자연선택이나 다른 어떤 비지성적인 과정에 의해서는 산출될 수 없다는 것이다. 이런 주장을 반증하기 위해서 과학자는 실험실에 가서 편모가 결핍된 박테리아 종을 다소 선택적인 스트레스 아래 두고(가령 유동성의 스트레스), 만 세대 동안(ten thousand generations) 배양하여 혹시 편모가 (또는 동일하게 복잡한 어떤 체계가) 생산되었는지를 관찰할 수 있다. 만일 그런 일이 일어난다면, 내 주장은 말끔히 논박될 것이다.[45]

그렇지만 다윈주의 비평가들이 설계를 위한 어떤 증거라도 그들의 인도되지 않은, 점진적인 모델이 허위임을 입증하는 반증으로 수용할 것

---

[45] Michael J. Behe, "Reply to My Critics: A Response to Reviews of Darwin's Black Box: The Biochemical Challenge to Evolution," *Biology and Philosophy* 16 (2001): 697.

인지에 대해 비히는 의아스럽게 여긴다. 그 어떤 비지성적인 과정도 편모와 같은 체계를 생산해낼 수 없다는 것이 지적 설계 이론가의 주장이다. 다윈주의자의 주장은 일련의 비지성적인 과정이 편모와 다른 모든 환원 불가능하게 복잡한 생명체계를 생산해낼 수 있다는 것이다. 그러나 비히는 이렇게 지적한다.

> 첫 번째 주장(지적 설계)이 허위임을 입증하기 위해서, 누군가는 적어도 비지성적인 과정 한 가지가 그런 체계를 생산해낼 수 있는 것만 입증해 보이면 된다. 두 번째 주장(다윈주의)이 허위임을 입증하기 위해서, 잠재적으로 무한한 수의 비지성적 과정들에 의해서 그런 체계가 발생될 수 없었음을 누군가는 입증해야 할 것이다. 실질적으로 그렇게 발생되는 것은 불가능하다.[46]

이러한 반증으로부터의 다윈주의 면역(Darwinian immunity from disproof)은 성숙한 과학철학이나 방법론의 표지라고 하기 어렵다. 프랭클린 해롤드(Franklin Harold)는 이런 사고방식을 『과학으로 본 삶의 경이』(*The Way of the Cell*)에서 유형화한다. 그는 "우리는 원칙상 지적 우연과 필연의 대화를 설계로 대체하는 것을 거절해야 한다. 허나 우리는 지금 현재 어느 생화학적 체계의 진화라도 상세하게 설명할 수 있는 다윈주의 설명은 하나도 없다는 것을 반드시 시인해야 한다. 단지 다양한 희망사항들일 뿐이다"라고 저술한다.[47]

이는 모든 설계 추론을 허용 가능한 과학(acceptable science)의 범위 밖으로 밀어내는 개념적 게리맨더링(gerrymandering)[48]이다. 한 가지 과학

---

46 Michael J. Behe, "Philosophical Objections to Intelligent Design: Response to My Critics," *Discovery Institute*, July 31, 2000 ⟨www.discovery.org/a/445⟩. Behe는 "Reply to My Critics," 698에서 유사한 점을 주장한다.

47 Franklin Harold, *The Way of the Cell: Molecules, Organism, and the Order of Life* (New York: Oxford University Press, 2002), 205.

48 1812년 미국 매사추세츠 주지사 Eldridge Gerry가 자신에게 유리하게 선거구를 자의적으

이론의 진가를 가늠하는 것에 있어서 그 이론이 허위임을 입증하는 책무는 과학철학의 영역에서 논의할 문제이며, 모든 훌륭한 철학 이론이 꼭 논박되어야만 하는 것은 아닐 수도 있다. 그럼에도 불구하고 생물학처럼 농후하게 경험적인 과학은 (증거가 개연적인 대안 모델에 꼭 들어맞는 한) 호평받은 이론을 번복할 수 있는 반증 가능성에 열려 있어야 한다. 이것이 바로 지적 설계 이론과 지적 설계를 지지하는 반례(편모 같은 것)가 제공하고 있는 것이다. 다윈주의자들이 볼 수 있는 눈과 들을 수 있는 귀만 있다면….

비히에 반대해 또 다른 반론을 제기한 사람은 환원 불가능한 구조들의 개별적인 부품들이 다른 것들을 위해서도 유익하게 사용될 수도 있다고 말하는 케네스 밀러(Kenneth Miller)다. 이것은 때로 적응적 흡수 이론(cooption theory)으로 불려진다. 편모의 한 부분(세포 펌프)은 편모 밖의 생명체 안에서 발견되었다. 따라서 편모는 환원 불가능하게 복잡하지 않다. 그것의 복잡성은 오히려 잉여적인데 왜냐하면 편모의 부품 중 하나가 다른 곳에서 사용되었기 때문이다.

그러나 이 반론은 허수아비의 오류(straw man fallacy)를 보여준다. 비히는 한 번도 환원 불가능하게 복잡한 체계의 각 부분이 생물 세계의 다른 곳에서 그 외 다른 기능을 발휘해서는 절대로 안 된다고 주장하지 않았다. 물론 쥐덫의 한 부분은 쥐덫밖에서 둔기(blunt object)로 사용될 수 있을 것이다.[49] 게다가 밀러가 인용하는 세포 펌프는 그것 자체가 환원 불가능한 복잡성의 또 다른 경우에 해당될 가능성이 크다.[50]

로 나누었다. 그런데 그 모양이 전설상의 괴물인 샐러맨더(salamander: 도롱뇽)와 비슷해서 여기에 그의 이름 "Gerry"를 합성하여 게리맨더링(gerrymandering)이라는 용어가 탄생하게 되었다. 원래는 기형적이고 불공정한 선거구 획정을 뜻하지만 여기서는 어떤 것을 부당하게 제멋대로 손질하거나 고치는 의미로 사용되었다―역주.

49 Michael Behe, "Irreducible Complexity Is an Obstacle to Darwinism Even If Parts of a System Have Other Functions: A Response to Sharon Begley's *Wall Street Journal* Column," Discovery Institute, February 18, 2004 ⟨www.discovery.org/a/1831⟩.

50 Stephen C. Meyer, "Verdict on the Bacterial Flagellum Premature: A Response to Beg-

지적 설계 비평가들은 편모 자체가 현재의 환원 불가능하게 복잡한 기능들을 **직접** 진화시킬 수 있었다고 지금 주장할 수 없기 때문에(이것을 해낼 수 있는 어떤 점진적인 경로도 없다는 것을 감안할 때), 비평가들은 단순한 것에서 복잡한 것으로의 어떤 **간접적인** 경로를 반드시 상정해야만 하며 이 경로는 다른 생명체들을 통합하는 것을 반드시 수반해야 한다.

그렇지만 간접적 경로를 뒷받침하는 그 어떤 증거도 출현하지 않고 있다. 다윈주의 제안은 신뢰할 수 있는 것과는 대조적으로 가능한 것을 반드시 발동해야만 하는데 왜냐하면 그들은 자연주의적 설명 외에는 모든 옵션을 배제하기 때문이다.[51] 『공짜 점심은 없다』(No Free Lunch)에서 뎀스키는 인도되지 않은, 단지 자연적인 과정에 의해 박테리아 편모가 발생할 수 있는 확률을 계산하였다. 그 분석이 기술적이기는 하지만 뎀스키는 편모의 많은 구성 부품들이 요행으로 조합될 확률은 없다고 계산해낸다. 즉 이것이 발생할 가능성은 사실상 없는데 왜냐하면 이런 확률은 "보편적 확률범위"(universal probability bound)에 미치지 못하기 때문이다.[52]

많은 이들은 비히가 현대과학이 공포한 규칙을 위반하고 있기 때문에 격분했다. 이 규칙은 방법론적 자연주의(methodological naturalism)로서 오직 인도되지 않은, 자연적 원인들만 자연 안에 있는 무엇이든지를 설명해도 좋다는 것이다.

크리스찬 드 뒤브(Christian de Duve)는 그가 1995년에 저술한 『생명 먼지』(Vital Dust)에서 이 점을 명확하게 나타냈다.

---

ley's 'Evolution Critics Come Under Fine…' in the *Wall Street Journal*," Discovery Institute, February 19, 2004 ⟨www.discovery.org/a/1843⟩. 환원 불가능한 복잡성에 관한 다른 두 가지 과학적 비평에 대한 대답으로는 Michael Behe, "Answering Scientific Criticisms of Intelligent Design," in *Science and Evidence for Design in the Universe* (San Francisco: Ignatius Press, 1999), 133-149를 참고하라.

51　Dembski, *Design Revolution*, 294-295.
52　William Demski, "The Emergence of Irreducible Complex Systems," in *No Free Lunch* (New York: Free Press, 2002).

경고: 이 책 전체에서 나는 최우선적인 원칙을 따르기 위해 노력했다. 즉 생명은 자연적인 과정으로 다뤄져야 한다는 것으로 생명의 기원, 진화와 징후들, 인간 종에 이르기까지와 인간 종을 포함해서 비생물적(nonliving) 과정들이 동일한 법칙들에 의해 지배된 것처럼 말이다.[53]

그러나 이 규칙은 내가 이곳과 13장에서 논하였듯이 모든 지적인 원인들은 반드시 금지되어야 한다는 불법적인 이념적 구마행위(엑소시즘 [exorcism])를 통해 결국 과학을 억압하게 된다. 그렇지만 우리는 설계 필터라는 과학적 테스트를 사용하여 경험적 관찰에서 설계를 추론할 수도 있다.

5. DNA: 설계를 지시하는 언어

지적 설계를 위한 논증은 분자기계로 끝나지 않고 생명의 독특한 구조 속으로 더 한층 깊이 침투해서 들어간다. 여기 제시된 논증은 설계 추론의 또 다른 사례다. 다음과 같이 도식화할 수 있다.

1. DNA는 언어의 형태로 유전적 정보를 내포한다.
2. 이 유전적 정보는 특정화된 복잡성(specified complexity)의 한 예다(즉 이것은 우연적이고 복잡하며 특정화되었다).

---

53 Christian de Duve, *Vital Dust: Life as a Cosmic Imperative* (New York: Basic Books, 1995), xiv. De Duve는 성서적 문자주의로서 "창조론"을 거절하는데 그가 저술할 당시에 접할 수 있었던 Walter L. Bradley, Roger L. Olsen and Charles B. Thaxton, *The Mystery of Life's Origin: Reassessing Current Theories* (New York: Philosophical Library, 1984); A. E. Wilder-Smith, *The Scientific Alternative to Neo-Darwinian Evolutionary Theory: Information Sources and Structures* (Costa Mesa, CA.: TWFT Publishers, 1987)처럼 더 한층 정교한 지적 설계 논증들은 고려조차 하지 않으면서 말이다.

3. 특정화된 복잡성은 우연이나 필연성 또는 우연과 필연성의 결합에 근거해서는 설명될 수 없다.
4. 지적 행위주체는 특정화되고 복잡한 정보를 생산하는 것으로 알려진 원인이다.
5. 그러므로 DNA 안에 있는 특정화된 복잡성의 기원을 위한 최선의 설명은 지적 설계다.

경이로운 편모(그리고 다른 모든 생명있는 것들)의 구성과 기능을 위해 필요한 유전자 조립 명령은 특정화된 복잡성을 지시한다. 발생할 확률이 극히 희박한 구조들이 특정화된 형태(이 경우에는 언어)에 딱 들어맞는 것이다.

DNA는 촘촘하게 감겨 있는 3차원의 이중나선구조로 빽빽하게 채워진 풍부한 정보를 담고 있으며 이 정보는 A(아데닌), T(티민), G(구아닌), C(시토신)의 네 글자로 대표되는 화학적 염기들이 정확한 순서로 배열되어 암호화되어 있다. DNA 속에 정확한 순서로 배열된 화학 물질들은 단백질 합성이라고 불리는 과정을 통하여 20개의 아미노산을 조립하여 단백질로 만드는 데 필요한 명령을 만들어 낸다. 결국 이 단백질은 세포 안에서 분자기계를 형성하는데 이 분자기계는 세포 내에서 모든 필요한 기능을 수행한다.[54]

지적 설계 비평가인 브루스 알버츠(Bruce Alberts)가 학술지 「세포」(Cell)에서 인정하듯 말이다.

세포 전체는 공장처럼 간주될 수 있다. 이 공장은 연동식 조립 라인의 정교한 네트워크를 보유하고 있으며, 각각의 라인은 거대한 단백질 기계들의 집합으로 구성되어 있다. 왜 우리는 세포

---

54 RNA도 풍부한 정보를 소유한 분자이며 이것은 세포핵(nucleus)에서 갖고 나온 DNA의 메시지를 세포 안으로 가져가는 기능을 담당한다. 그러나 간결함을 위해 세포 내에서의 RNA의 역할을 기술하지 않겠다. Meyer, *Signature in the Cell*, 197-200을 참고하라.

기능 단백질의 근간을 이루는 거대한 단백질 조합을 **기계**라고 칭하는가? 정확하게 말해 육안으로 보이는 거시적 세계를 효과적으로 다루기 위해 인간이 기계를 발명했듯이 이런 단백질 조합은 고도로 협응된 **가동 부품**(moving parts)을 지니고 있다.[55]

따라서 DNA는 생명과 유전에 필요한 "유전자 암호"(genetic code)를 담고 있으며 "생명의 언어"로 언급되어 왔다. DNA의 정보 내용은 방대하다. A(아데닌), C(시토신), T(티민), G(구아닌)의 화학염기들은 네 글자로 된 알파벳처럼 배열되어 지시사항을 내포한다. 알파벳의 단순성에도 불구하고 전달된 정보의 복잡성, 양(volume)과 효율은 어마어마하다. "인간처럼 복잡한 생명체를 특정화하기 위해 필요한" 모든 "정보는 몇십억 분의 일 그램보다 무게가 덜 나가고 이 문장 끝에 있는 마침표보다 더 좁은 공간에 들어갈 정도로 작다."[56]

스티븐 마이어는 그의 많은 기사와 육중하고 권위있는 책인 『세포 안의 서명』(The Signature in the Cell)에서 DNA와 RNA 정보 내용이 설계를 나타내는 특정화된 복잡성을 입증한다는 설득력 있고 엄밀한 사례를 제시했다.[57]

수정(crystals)이나 토네이도처럼 그들 안에 내재된 정보에 의지하지 않고도 설명될 수 있는 물리적 구조들과는 달리, 살아 있는 세포들은 생명의 본질적인 단위로 "정보를 저장하고 편집하고 전송하며 또 세포들의 근본적인 신진대사 과정을 규칙적으로 조절하기 위해 정보를 사용할 수 있는" 능력을 소유하고 있다.[58]

---

55 Bruce Alberts, "The Cell as a Collection of Protein Machines: Preparing the Next Generation of Molecular Biologists," *Cell* 92 (1998): 291–294.
56 Charles Thaxton and Nancy Pearcey, *The Soul of Science* (Wheaton, IL: Crossway, 1994), 222.
57 이 중요한 작품은 고도로 함축적이고 철저하며 재미있게 읽을 수 있는 정보 논증에 대한 설명으로, 여기서 나는 다른 자료들과 더불어 요점만 나누도록 하겠다.
58 Stephen Meyer, "The Explanatory Power of Design," in *Mere Creation: Science, Faith and*

DNA 서열의 특정성은 정보를 지닌다. "DNA 속에서 서열 특정성은 단백질 속에서 서열의 특정성을 낳는다. 또는 달리 말해서 단백질 서열 특정성은 DNA 속에 암호화되어 있는(정보에 달려있음) 이전 특정성에 달려있다."[59] 따라서 DNA는 특정화된 복잡성을 나타내 보인다. 이것은 단순히 복잡하기만 한 것이 아니라—이종의 연동 부분을(disparate and interlocking parts) 많이 포함하며—그 복잡성이 특정화되어 있다. 왜냐하면 본질적으로 다른 부분들은 생명체의 기능성을 위해 필요한 메시지에 대해 서로 의사소통하기 때문이다.[60]

이 정보는 인간의 암호나 언어와 강력한 유사성을 보인다. 문자언어에 있는 알파벳 글자들이 배열된 순서에 따라 특정한 메시지를 전달하듯이 DNA 분자 속에 있는 핵산염(nucleotide)들이나 염기들(bases)의 서열도 마찬가지로 세포 속에서 단백질 합성을 지시하는 정확한 생화학적 메시지를 전달한다.[61] DNA는 언어와 유사하지 않다. DNA는 언어이지만 인간에 의해 창조된 언어가 아니다.

모든 언어들의 보편적인 속성은, 그것이 동물, 기계, 인간 또는 생물학적 언어이든지 간에 상관없이 "정의된(defined) 상징의 집합이 사용되며 또한 명확하게 동의된 법칙과 의미가 언어 요소들의 단일한 기호마다 할당되어 있다는 것이다."[62]

이것은 문어체나 구어체 영어가 그렇듯이 DNA에도 해당된다. 유전자 암호는 다른 정세들을 나타내는 기호 체계(암호)일 뿐이라는 것이다. "정보는 항상 아주 다른 어떤 것의 추상적인 표현이다."[63] 예를 들어,

---

Intelligent Design, ed. William Dembski (Downers Grove, IL: InterVarsity Press, 2000), 113-114.
59 Ibid., 122.
60 Meyer, *Signature in the Cell*, 364-369.
61 Meyer, "Signature in the Cell," in *Signature in the Cell*.
62 Werner Gift, *In the Beginning Was Information* (Bielefeld, Germany: Christliche Literature, 2000), 72.
63 Ibid., 84.

"테드 윌리엄스는 야구계에서 위대한 타자였다"라는 문장이 테드 윌리엄스 자신이거나 야구공이거나 타자가 아니다. 오히려 낱말들의 연속(의미론과 구문론을 사용한)은 이런 것들을 상징적으로 표현한다. DNA도 마찬가지다.

> DNA 분자 속에 있는 유전적 글자들은 아미노산을 **나타내며** 아미노산은 뒤이은 단백질 분자와의 결합을 위한 나중 단계에서만 구성될 것이다.[64]

그런 정보는 그것의 물리적인 구성요소들로 환원 가능하지 않다. 예를 들어, "덕은 레베카를 사랑한다"라는 진술은 컴퓨터 스크린이나 인쇄된 페이지에 나타날 수 있고 모래사장에 막대기로 기록될 수 있다. 게다가 간단한 문장의 의미는 세 매체 안에 있는 모든 물리적 요소들을(하나도 빠지지 않고 남김없이) 설명한다고 해도 파악될 수는 없다. 각기 세 매체는 형태가 매우 다르며 다른 성분으로 만들어졌다. 그렇지만 그 메시지는 동일하다.

유전자 선택이론(gene selection theory)에 있어서 선두주자인 조지 C. 윌리엄스(George C. Williams)는 단순한 물질과 정보와의 차이에 대해서 설명한다. 우리는 "부피와 전하(charge)와 길이와 넓이를 갖는 물체에 대해서 말할 수 있는 반면에, 정보는 그렇게 표현될 수 없다. 이와 같이 물질은 정보 전달의 최소단위인 바이트(bytes)가 없다." 이는 그로 하여금 "물질과 정보는 두 가지 별개의 존재 영역들이며, 그 영역들은 개별적으로 그들 고유의 용어로 논의되어야 한다"는 결론을 내리게 한다.[65] 기트(Gitt)는 이 함축을 하나의 정리(theorem)로 도출해낸다. "물질에서 정보가 자체적으로 발생하도록 야기한다고 알려진 어떤 자연법칙도, 알려진 어

---

64 Ibid., 84. 강조는 추가됨.
65 George C. Williams, "A Package of Information," in *The Third Culture*, ed. John Brockman (New York: Touchstone, 1995), 43.

떤 과정도, 또 알려진 어떤 연속적인 사건들도 없다."⁶⁶

그러나 지적 설계의 사례는 자연 과정이 언어나 복잡하고 특정화된 정보를 산출해낼 수 있는 능력을 단순히 부정하는 것에 기초하지 않는다. 스티븐 마이어는 우리가 고도의 정보 내용을 지닌 명백한 공예품을 (특정화된 복잡성의 경우) 접할 때 우리는 지적 원인과 설계를 추론한다고 주장한다. 왜냐하면 우연과 필연성은 불충분한 설명이기 때문이다. 마이어가 학술지인 「워싱턴 생물학회 회보」(Proceedings of the Biological Society of Washington)에 기고한 상호 검토된 논문에서 다음과 같이 표현한 것처럼 말이다.

> 우리는 합리적이고 의식있는 행위주체들의-특히 우리 자신들 안에서-경험을 반복해 왔다. 특정한 서열로 진행되는 암호 라인(lines of code)의 형태뿐만 아니라 위계적으로 조직된 부품 체계의 형태 속에서도 복잡하고 특정화된 정보를 발생시키거나 그런 정보의 증가를 야기하는 경험을 반복해 왔다. 경험에 근거한 정보 유통에 대한 우리의 지식은 대량의 특정한 복잡성(특히 암호들과 언어들)을 보유한 체계들이 언제나 생각(mind)이나 개인적인 행위주체(personal agent)와 같은 지적인 근원으로부터 유래함을 확인해 준다.⁶⁷

혹자는 로제타석(이집트 상형문자를 판독하는 열쇠가 됨)에 새겨진 마킹 (markings)을 자연법칙과 우연한 사건에 근거해서 설명할 수 있을 것이라고 추론하지는 않을 것이다. 왜냐하면 로제타석은 의미를 특정화하는 복

---

66 Gitt, *In the Beginning Was Information*, 107.
67 Stephen C. Meyer, "The Origin of Biological Information and the Higher Taxonomic Categories," *Proceedings of the Biological Society of Washington* 117, no. 2 (2004): 232-233.

잡성인 지성의 표지를 지니고 있기 때문이다.[68]

리처드 도킨스조차도 "유전자 기계 암호는 묘하게도 컴퓨터 같다. 전문용어의 차이점만 제쳐놓으면 분자생물학 학술지의 페이지들을 컴퓨터 공학 학술지의 페이지들과 맞바꿀 수도 있을 것이다"라고 인정한다.[69]

무신론자인 빌 게이츠는 "DNA는 컴퓨터 프로그램 같지만 우리가 개발해 낸 그 어떤 소프트웨어보다 훨씬 더 진보되어 있다"라고 평한다.[70]

휴버트 요키(Hubert Yockey)는 "유전자 암호는 현대 통신과 컴퓨터 암호에서…발견된 동일한 원칙에 의거해서 소통과 기록의 문제들을 직면하고 해결하고자 구성되었다"라고 고백한다.[71] 도킨스나 게이츠나 요키도 컴퓨터가 우연과 자연법칙에 기초해서 설명될 수 있을 것이라고 추론하지는 않는다. 그럼에도 유전적 정보는, 그것의 모든 특정화된 복잡성에도 불구하고, 그것을 설명하기 위해 지적인 원인을 요구하지는 않는다고 세 사람 모두는 주장한다.

설계 추론은 특정화된 복잡성의 존재는 우연이나 자연법칙(비지성적인 원인들)이 아닌 설계를 지시한다고 주장한다. 이런 설계 추론은 무지에 근거한 것이 아니라 (1) 고도로 복잡하고 정보적 본성을 지닌 DNA에 대한 우리의 **지식**(1950년대 초기가 되어서야 밝혀지게 됨) (2) 다른 환경에서 어떻게 설계를 탐지하는가에 대한 우리의 **지식**(설계 여과 장치)과 지성은 정보의 알려진 원인이라는 사실에 근거한다.

따라서 "틈새를 메우는 하나님"(God of the gaps)과 같은 유언비어는 생략해도 된다. 반면에 정보 부자이며 정보 전달의 역할을 감당하는 DNA의 특성을 자연주의적으로 설명하려고 하는 시도는 반드시 미지의 검증

---

68 Meyer, *Signature in the Cell*, 346, 351.
69 Richard Dawkins, *River Out of Eden: A Darwinian View of Life* (New York: Basic Books, 1995), 17.
70 Bill Gates, *The Road Ahead*, rev. ed. (New York: Viking, 1996), 228.
71 Hubert Yockey, "Origin of Life on Earth and Shannon's Theory of Communication," *Computers and Chemistry* 24 (2000): 105, Meyer, *Signature in the Cell*, 368-369에서 인용됨.

되지 않은 자연적 과정에 호소해야만 하는데 이것은 일종의 "틈새를 메우는 자연주의"(우연과/또는 필연성, a kind of naturalism of the gaps) 같은 것이다. 자연주의자들은 지적 설계 없이 어떻게 생명이 지구에서 발생했는지를 설명하기 위해서는 자연발생설(abiogenesis)의 어떤 버전에 반드시 도움을 청해야만 하는데 그것은 자연주의자들에게는 만만치 않은 과제로 아직 성공을 경험하지 못하고 있다.

6. 자연발생설

다윈과 그와 동시대 사람들은 세포 생명의 방대한 복잡성에 대해 아는 것이 거의 없었다. 그들은 DNA나 분자기계에 대해서 전혀 아는 것이 없었다. 다윈은 생명을 상당히 간단한 형태의 물질로 여겼다. 이런 가정하에서 설계자 없이 비생명에서 생명으로의 변이(자연발생)는 터무니없게 여겨지지 않았다. 그것은 물질적 설명으로 해결되어야 하는 또 다른 과학적 문제에 지나지 않았다. 이런 견해는 20세기에도 어느 정도 유지되었는데, 다시 말해 세포의 방대한 복잡성이 현미경으로 밝혀지고 DNA의 구조에 관련된 과학적 돌파구가 있기 전까지 그랬다는 말이다.

그러나 다윈의 자연선택의 개념은 무생물에는 적용될 수 없는데 왜냐하면 생명없는 것들은 자체적으로 번식하지 못하기 때문이다. 생물이 탄생하기 이전의 전생물학적 선택(prebiological selection)은 없는데 왜냐하면 자연선택은 생명체 복제를 요구하기 때문이다. "생명 시스템은 에너지를 가공처리하는 것(process), 정보를 저장하는 것과 복제하는 것으로 자신들을 무생물들로부터 구별한다."[72]

루드윅 베르탈란피(Ludwig Bertalanffy)는 "선택, 즉 '더 개선된' 생명의

---

[72] Walter L. Bradley and Charles Thaxton, "Information and the Origin of Life," in *The Creation Hypothesis*, ed. J. P. Moreland (Downers Grove, IL: InterVarsity Press, 1994), 177.

전구체들의 생존이 선호된다는 것은 스스로 유지가 가능하고, 복잡한 열린계(open systems)를 이미 전제하는 것으로 이 열린계들은 경쟁할 수도 있는 것이다. 따라서 선택은 그러한 계들의 기원에 대해서는 설명할 수 없다."[73] 그렇지 않게 달리 가정하는 것은 범주오류(category mistake)이다.[74]

그럼에도 불구하고 무기물질(inorganic materials)에서 아미노산(생명을 위한 기본적인 구성 단위)을 생산해내는 실험은 지구에서 생명이 기원되었을 때에도 어떤 유사한 일이 발생했음을 증명하는 것이라고 한동안 일반적으로 통용되었다.

1953년 화학자 해롤드 유레이(Harold Urey)와 그의 시카고대학 대학원생인 스탠리 밀러(Stanley Miller)는 생명 도착 전 지구의 상태와 유사한 것으로 생각되어진 환경을 시험관 안에 창조했다. 이 관 속에는 메탄(methane), 암모니아(ammonia), 수소(hydrogen)와 물(water)이 들어 있었다. "그런 다음 그는 물을 가열했고 번개를 시뮬레이트하기 위해 고전압 전기불꽃을 지나 순환시켰다."[75] 일주일 안에 물은 "단백질에서 발견되는 가장 단순한 두 가지 아미노산인 글리신(glycine)과 알라닌(alanine)"을 생산해 냈다. "그렇지만 대부분의 반응 생성물들은(reaction products) 살아 있는 생명체에서 발생하지 않는 단순 유기화합물(organic compounds)이었다."[76] 많은 이들은 이 실험결과를 두고 자연 환경 속에서 생명이 비생명에서 발달할 수 있는 증거라며 환호했다.

그렇지만 이 실험은 지구의 초기 대기는 환원성 환경이었다는 (즉 초기 대기는 활성산소가 결핍되어 있었음) 것을 가정한다. 현재 대부분은 이를 거부한다. 웰즈는 그런 과학적 합의를 이렇게 요약한다. "결론은 분

---

73 Ludwig Bertalanffy, *Robots, Men and Minds* (New York: Braziller, 1967), 82, Bradley and Thaxton, "Information," 177에서 인용됨.
74 Meyer는 *Signature in the Cell*, 272-277에서 이에 대해 매우 상세하게 설명한다.
75 Jonathan Wells, *Icons of Evolution* (Washington, D.C.: Regnery, 2000), 13.
76 Ibid., 14.

명하다. 만일 지구의 원시적인 환경의 사실적인 시뮬레이션을 사용하여 밀러-유레이의 실험이 반복된다면 그것은 제대로 작동하지 않는다. 따라서 생명의 기원 연구가들은 어딘가 다른 곳을 찾아보아야 했다."[77] 게다가 아미노산은 복잡성과 기능성에 관련해서는 기능성 단백질과는 하늘과 땅처럼 동떨어져 있다. 그럼에도 불구하고 웰즈가 주목하듯이, 신뢰를 잃은 이 실험은 많은 교재와 대중의 마음 속에 "진화의 상징물"로 남아 있다.[78]

밀러-유레이 실험이 불발된 이후에 다른 이들은 살아 있는 첫 "생명체"(organism)는 RNA와 유사한 분자였다고 상정해 왔는데, DNA가 복제하기 위해서는 상당히 많은 수의 복잡한 단백질이 요구되기 때문이다. 만일 DNA가 단백질을 필요로 한다면 그것은 단백질을 선행할 수 없다!

그러나 RNA도 마찬가지로 그것을 구성하기 위해서는 살아 있는 세포들을 요구하며 RNA는 결코 단순한 분자가 아니다. 만일 RNA가 어떻게든 무생물로부터 생산되었다고 하더라도 생존하고 또 차후에 발생하는 모든 진화적 발달에 중추적인 역할을 감당하도록 RNA가 충분한 수로 생산되었거나 충분한 강력함을 지닌 RNA가 생산되었을 것 같지는 않다. 그 당시 지구 환경을 감안했을 때는 말이다. 게다가 "RNA 세계 이론"은 생물학적 정보의 기원을 설명하지는 않고 그것을 전제한다. "순서결정 문제"(sequence problem)에 대한 물질주의적 설명은 전혀 없는데, 즉 어떻게 하면 가설상의 자기 복제성 RNA 분자 안에 있는 염기쌍들이 올바른 순서로 배열되어 복제를 가능케 할 수 있는가 하는 것이다.[79]

어쨌든 계속해서 자연발생설을 지지하는 자들은 생물에 내포된 복잡한 정보는 설계 없는 비정보적(무생물) 체계로부터 출현했다고 하는 주장을 반드시 변론해야 한다. 우리가 어느 매체를 통해서든지 어떤 메시지를("덕은 레베카를 사랑한다") 발견하게 되면, 우리는 그 메시지를 작성한

---

77 Ibid., 22.
78 Ibid., 24-27.
79 Meyer, *Signature in the Cell*, 312.

어떤 지성(mind)과 의지(volition)의 존재를 자연스럽게 추론한다. 그렇지만 물질주의자에게는 자연발생을 변론하기 위한 그런 설명적 대응책이 전혀 없다. 만일 생명이 비생명에서 유래한다면, 그렇다면 정보는 비정보에서 유래한다. 물질, 자연법칙, 시간, 공간과 변화의 영역-더하기 무(plus nothing)-은 생명의 출현과 생명의 풍부한 정보 구조를 반드시 설명해야만 한다.

다윈주의는 생물이 다른 생물로 발달하는 것을 설명하려고 한다. 우리는 13장에서 다윈주의가 그것을 설명하는 것에는 형편없음을 보았지만, 다윈주의는 적어도 하나의 "존재의 도메인"(domain of existence, 몇 페이지 전에 나오는 George Williams의 언어를 사용하자면)으로서의 생명의 연속성에 호소할 수 있을 것이다. 그러나 자연주의자들이 정보는 아무 지적 인과관계 없이 비정보에서 나왔다고 단언할 때 그 주장은 아주 다른 것이다. 왜냐하면 정보와 비정보는 비교 불가능한(incommensurable) "존재의 도메인"이기 때문이다.

그럼에도 물질주의 설명에 의하면 물질적인 것은 어떻게든 정보를 발생시킨다. 이것은 일종의 무로부터의(ex nihilo) 출현 같은 것이다. 왜냐하면 비생물학적 물질 속에서 정보의 본질적인 속성은 전적으로 부재하기 때문이다. 만일 정보가 물질적 구성요소로 환원될 수 없다면, 그렇다면 물질적 구성요소는 정보의 존재를 설명할 수 없다.

이런 자연발생(경험적 관찰에 뿌리를 둔)에 대한 철학적 반대를 보완하기 위해 우리는 더 구체적으로 과학적인 반론을 첨가할 수 있다. 1967년 MIT의 저명한 수학자인 머레이 에덴(Murray Eden)은 무생물에서 생명체의 우연한 출현은 통계적으로 불가능하다고 주장했다.[80] 이 사례의 세부사항은 꽤 복잡하기 때문에 여기에서 철저하게 검토될 수는 없다.

그러나 우연에 의해 지구상에 생명체가 발달하는 것은 천문학적으로

---

80 Murray Eden, "Inadequacies of Neo-Darwinian Evolution as a Scientific Theory," in *Mathematical Challenge to the Neo-Darwinian Interpretation of Evolution*, ed. Paul S. Moorhead (Philadelphia: Wistar Institute 1967), 109-110.

불가능한 확률이라고 자연주의 과학자들도 인정했다고만 말해 두겠다.[81] 왜냐하면 허용된 시간 내에 기능성 단백질을 위한 모든 20개의 아미노산들이 우연과 자연법칙에 의해 조립될 확률은 기막히게 희박하기 때문이다.

마이어는 우연 논제(chance thesis)는 대부분의 모든 이론가들에 의해 포기되어 왔다고 설명하는데 왜냐하면 140억 년 동안 전체 우주에 존재했을 확률론적 자원들은 가장 단순한 생명 형태의 특징조차도 설명할 수 없기 때문이다.[82] 저명한 과학자인 프레드 호일(Fred Hoyle)은 생명의 기원에 대한 자연주의적 설명의 가능성을 위해 기억에 남을 만한 비유를 제안했다. 그것은 마치 난지도 같은 폐품처리장을 소용돌이치며 휩쓸고 지나가는 토네이도에 의해 보잉 747(jumbo jet) 항공기가 조립되는 것과 같은 것이다.[83]

몇몇 이론가들은 어떤 가능한 자연법칙이나 법칙들에 기초해서 생명의 기원(DNA가 그것의 핵심적인 부분임)을 설명하려고 해왔다. 그럼에도 이러한 추측들은 단지 추측일 뿐이다. 왜냐하면 이미 알려져 있는 어떤 자기 조직(self-organization)의 자연법칙도 특정화된 복잡성을 설명할 수 없기 때문이다.[84] 마이클 폴라니(Michael Polanyi)는 DNA는 어떤 필연적인 화학반응, 즉 어떤 자연법칙에 의해 DNA가 결정되는 것이 아니라는 것을 증명해 보였다. 만일 그렇게 결정되는 것이라면 DNA 안에 있는 복잡한 암호화는 발생할 수 없을 것인데 왜냐하면 DNA 안에 있는 암호는 법칙들에 의해 초래된 단순한 반복이 아닌, 의미를 특정화하는 우연

---

81 Hubert Yockey, *Information Theory, Evolution, and the Origin of Life* (New York: Cambridge University Press, 2005)을 참고하라.
82 Meyer, "Chance Elimination and Pattern Recognition," in *Signature in the Cell*.
83 Fred Hoyle, *The Intelligent Universe* (New York: Holt, Rinehart & Winston, 1984), 18-19.
84 Stuart Kaufman은 이 복잡성은 물질에 본질적으로 내재되어 있다고 주장해 왔다. 그러나 그의 설명은 그의 자연주의적 원칙으로는 결코 설명되지 못하는 잔존하는 정보 또는 경험적 자료가 없는 강한 추측으로서의 어떤 잔존하는 정보를 항상 가정한다(Meyer, "Self-Organization and Biochemical Predestination," in *The Signature in the Cell*을 참고하라).

적 관습(contingent conventions)을 요구하기 때문이다.

폴라니(Polanyi)는 이렇게 기록했다. "DNA의 배열(configuration)의 기원이 어떤 것이든지 간에 그것의 순서가 잠재 에너지의 힘에서 기인하는 것이 아니어야만 DNA는 암호로서 기능할 수 있는 것이다. DNA 암호는 인쇄된 페이지에 있는 단어들의 서열만큼이나 물리적으로 불확정적이어야만 한다."[85] DNA는 암호, 유전적 언어이기 때문에 마치 "덕은 레베카를 사랑한다"(Doug loves Rebecca)를 물리학이나 화학에만 기초해서는 설명할 수 없는 것처럼, 언어로서의 DNA의 정체성은 화학이나 물리학에만 기초해서는 설명할 수 없다. 우리는 이 말의 **저자**가 누군지 인식한다. 폴라니에게 있어서 DNA 안에 있는 정보는 "하등단계의 화학법칙이나 속성으로는 설명될 수 없는데 이것은 마치 신문 헤드라인에 게재된 정보를 잉크의 화학적 속성을 참고해서는 설명할 수 없는 것과 같다."[86]

지성은 DNA의 본질과 기원을 위한 최선의 설명이다. 설계 추론은 주어진 증거를 감안할 때 정당한 결론이다. 그러나 어떤 이들은 무슨 대가를 치르더라도 이 설명만은 거부한다.

휴버트 요키(Hubert Yockey)식 접근법은 현대과학 제도권을 끈질기게 따라다니는 물질주의에 대한 공격적인 헌신을 예증한다. 지금은 은퇴한 원자핵 물리학자이며 생물정보학자(정보 이론을 생물학에 응용하는 사람)인 요키는 생명 기원에 대해서는 선구적인 이론가이며 생물과 무생물 사이를 조심스럽게 구별하기도 했다. 그는 지구상에서의 생명의 기원을 위한 설명으로 한때 유명했던 "원시 수프"(primordial soup)를 비평했는데 왜냐하면 그것은 살아 있는 세포에 암호화되어 있는 어마어마한 양의 정보에 대해 설명할 수 없기 때문이다. 생명은 필연적으로 정보-부자(information-rich)의 암호를 내포하지만 비생명체는 그렇지 않다. 이렇

---

85 Michael Polanyi, "Life's Irreducible Structure," in *Knowing and Being*, ed. Marjorie Grene (Chicago: University of Chicago Press, 1969), 229.
86 Meyer, *Signature in the Cell*, 240. Meyer는 Polanyi, *Knowing and Being*, 229의 내용을 부연하여 설명하고 있다.

게 크게 벌어진 틈은 물질주의적 설명으로는 메울 수 없다고 그는 주장하는데 왜냐하면 허용된 시간 내에 비생명으로부터 생명이 진화하는 것은 통계적으로 불가능하기 때문이다.[87]

그렇지만 요키는 지적 설계를 자연발생설의 대안으로 고려하는 것은 거부한다. 대신 그는 생명의 기원은 알 수 없는 것이라고 단언한다. 그에게 있어서 생명은 "공리"(axiom: Yockey의 용어)가 되며 그렇기에 설명될 수 있는 어떤 것이 아니다.[88] 그러나 수학의 공리는 외부의 정당화가 필요없는 자명한 시작점이다. 수학의 공리는 더 명백하게 진실된 어떤 다른 것으로부터 추론되지 않는다. 생물학적 생명을 공리적으로 만드는 것은 심각한 범주 오류를 범하는 것이다.

지구상에 있는 생명은 논리적 원칙이 아니며 그것은 필연적인 국면도 아니다. 오히려 그것은 우연적이고 비개연적이며 특정화된 국면이다. 태고적 지구는 한때는 전생물적(prebiotic)이었다가 나중에 생물적(biotic)이 되었다. 생물발생 이전으로부터 생물로의 인과적 변이는 생명 자체가 공리라는 것을 기초로 해서는 설명될 수 없다. 따라서 생명 자체는 생명 외부의 설명을 요구한다. 이는 수학의 공리와는 전적으로 다른 것이다.

7. 우주 공간으로부터 온 생명

자연발생을 위한 상황은 전혀 전도유망해 보이지 않는다. DNA 이중나선구조의 발견자이며 무신론자인 프랜시스 크릭(Francis Crick)은 그의 책 『삶 그 자체』(*Life Itself*)에서 "생명의 기원은 거의 기적처럼 보여지며 그것을 계속 유지하기 위해서는 너무나도 많은 조건들이 충족되어야만 한

---

87 Yockey, *Information Theory*, 93.
88 Ibid. 그의 지적 설계 부인을 위해서는 "Does Evolution Need an Intelligent Designer?" in *Information Theory*를 참고하라.

다"고 고백했다.[89] 어쨌든 크릭은 "지시된 포자설"(directed panspermia: 외계 생명체 유입설, 정향적 범균론이라고도 칭한다-역주)에 호소하게 되었는데 이는 외계인들이 무인 우주탐사선을 통해 지구로 생명포자를 투입하였기 때문에 생명체를 위한 씨앗이 지구에 뿌려졌다는 주장이다. 그는 **지시되지 않은**(undirected) 과정을 통해 생명이 우연하게 지구에 생길 확률은 너무나도 작은 것을 깨달았다. 그러나 **지시된** 포자설(외계생명체 유입설)은 생명의 기원을 설명하기 위해서 그가 필요하다고 여긴 "기적"이었는데 왜냐하면 생명은 지성 없이 무생물에서 출현할 수 없기 때문이다.

이것은 설계 설명이다. 그러나 이렇게 설계에 호소하는 것은 전형적인 임시변통 논증의 사례다. 자연주의가 지구의 생명 기원에 대해 설명하는 것을 실패할 때 크릭은 미지의 비개연적인 외계 근원에 호소한다.

천문학자 휴로스(Hugh Ross)는 이 이론은 "세 가지 극복할 수 없는 장벽에 충돌하게 된다"고 지적한다.

첫째, 물리법칙과 우주의 크기 때문에 "아무리 합리적인 기간(시간)이 주어진다고 해도 행성 간(interstellar)의 횡단"을 외계인에게 허락하지 않는다. 우주선이나 우주선에 탑재된 생명은 이동 중에 방사선, 행성 간 먼지와 파편 그리고 일반적 퇴화(general degeneration)에 의해 파괴될 것이다.[90]

둘째, 일반적으로 용인된 연대 측정법을 감안하면 생명체가 지구 위에 출현했을 당시 우주의 나이는 99억 살밖에 되지 않았고 이는 "신체적으로 진보된 종이 출현하고 기술적인 첨단화를 개발시키기에는 너무 심하게 어리다."[91]

셋째, 크릭의 터무니없는 설명은 생명 기원의 질문을 한 발 뒤로 후퇴하게 한다. 만일 지적인 존재들이 지구상에 생명을 심었다면 그들은 어디에서 온 것인가? 지구상의 자연발생은 "해결"되었지만, 지구 밖 외

---

89 Francis Crick, *Life Itself: Its Origin and Nature* (New York: Simon & Schuster, 1981), 88.
90 Hugh Ross, *Creation and Science* (Colorado Springs: NavPress, 2006), 120.
91 Ibid.

계의 자연발생은 미결된 채로 남게 된다.[92] 외계인들이(비개연적이지만 만일 그들이 존재한다면) 그런 것을 할 수 있을 것이라고 알려진 방법은 아무것도 없다.[93] 만일 하나님 같은 설계자가 선험적으로 배제된다면 비신학적인 기적이 필요하다.[94]

다른 이들은 생명은 유성(meteors)에 붙어와서 지구에 우연히 심겨졌을 수도 있다고 주장했다. 이는 **지시되지 않은**(undirected) 포자설일 것이다. 그러나 이는 앞에서 논박된 비개연적인 시나리오보다 훨씬 더 비개연적인데 왜냐하면 이미 언급된 반론뿐 아니라 어떤 인도하는 지성도 부재할 것이기 때문이다.[95]

따라서 만일 우연, 외계인, 자연법칙(또는 세 가지 모두가 다소 결합된 것)이 세포의 정보적 특성이라고 하는 특정화된 복잡성을 설명하는 것에서 배제된다면, 유일하게 사용 가능한 원인은 지적 원인이거나 지적 설계다. 이 논증은 견고하게 정립된 생물학적 자료와 정보-부자 시스템(information-rich system)의 알려진 원인인 지성에 기초한다. 이는 미결된 논점을 사실로 가정하고 논의를 계속하는 논점선취의 오류도 없고 사후 입금수표를 발행하지도 않고 또한 무지에 호소하지도 않는다.

---

92 Richard Milton, *Shattering the Myths of Darwinism* (Rochester, VT: Park Street Press, 1997), 218을 참고하라. 지시된 포자설에 반론을 제기하는 논증들을 더 보기 원하면 Massimo Pigluicci, "Where Do We Come From? in *Darwinism, Design, and Public Education*, ed. John Angus Campbell and Stephen C. Meyer (East Lansing: Michigan State University Press, 2003), 196-197을 참고하라.

93 Peter Ward and Donald Brownlee, *Rare Earth: Why Complex Life Is Uncommon in the Universe* (New York: Springer, 2003).

94 Phillip Johnson, *Darwin on Trial*, 2nd ed. (Downers Grove, IL: InterVarsity Press, 1991), 110-111.

95 Pigluicci, "Where Do We Come From?" 196을 참고하라. Pigluicci는 지적 설계도 비판하고 포자설도 반대한다.

8. 생체모방: 기술을 위한 모델로서의 자연

최근에 생체모방(biomimicry)이라고 하는 생물학에 대한 새로운 접근법이 거대 과학 제도권 안에서 많은 이의 상상력과 자금을 확보하고 있다. 이 학문은 생물학의 복잡하고 특정화된 구조들을 연구하여 이들을 인간 공학 기술의 모델로 활용한다. 빌 게이츠가 앞에서 어떤 컴퓨터 보다도 DNA 정보 구조가 훨씬 더 복잡하다고 한 말을 기억하라. 만일 그렇다면 그 구조는 (그리고 그와 유사한 다른 것들도) 다양한 기계들을 위한 아이디어를 제공할 수 있다.

로이터통신은 "IBM은 우리 몸의 기본 구성요소(DNA)가 차세대 마이크로 칩(반도체 집적 회로소자)의 구조가 되어줄 것을 기대하고 있다"고 보고한다.[96] 확실히 마이크로칩은 특별한 기능을 위해 지적으로 설계되었다. 그것은 특정화된 복잡성을 나타내 보인다. 마찬가지로 더 개선된 정보 구조를 탐색하고 있는 엔지니어들은 공학기술에 있어서 개선된 효율성의 모델을 위해서 DNA와 생물학의 다른 측면들에 기대를 걸고 있다.[97]

생체모방의 관점에서 다음 논증을 살펴보자.

1. 과학자들은 다양한 인간기술을 위한 **개선된 설계 계획**을 개발하기 위해 자연 안에서 자연스럽게 발생하는 메커니즘들을 (DNA와 같은) 모방하고 있다.
2. 만일 1이 맞다면 이는 자연스럽게 발생하는 이런 메커니즘들 자체는 설계되었음을 가정하는데 왜냐하면 이 메커니즘들은

---

96 Claire Baldwin, "IBM uses DNA to Make Next-Gen Microchips," Reuters, August 16, 2009 ⟨www.reuters.com/article/idUSTRE57F1K720090816⟩.

97 Bharat Bhushan, "Biomimetics: Lessons from Nature-An Overview," *Philosophical Transactions of the Royal Society of London* 367 (2009): 1445-1486. 이 저자는 지적 설계를 지지하지 않는다. 이 논문에 게재된 전체 이슈는 모두 생체모방에 관한 것이다.

인간 설계 계획(human design plans)보다 더 우월한 설계 계획을 나타내 보이기 때문이다.
3. 그러므로 자연스럽게 발생하는 이런 매커니즘들은(DNA와 같은) 설계되었으며, 그렇지 않다면 기술에 의한 모방 후보자가 아닐 것이다.

9. 오래된 반론: 설계 결함

다윈주의자들은 인간의 눈(맹점[blind spot]을 지님)이나 불충분하게 기능한다고 추정된 "판다의 엄지"(panda's thumb)와 같은 자연 안에 있는 설계 결함의 사례들을 인용하여 늘 지적 설계의 대의명분에 심각한 타격을 가하려 한다. 우리가 13과에서 상동적인 구조를 논의했을 때 나는 이런 종류의 비평을 간략하게 짚고 넘어갔지만 우리는 그것을 더 심도 있게 논의해 볼 필요가 있다. 그 논증은 다음과 같다.

1. 만일 전능하고(all-powerful) 전지한(all-knowing) 존재인 하나님이 생명체를 창조했다면, 그렇다면 그 생명체는 어떤 설계 결함도 보이지 않을 것이다.
2. 생명체는 설계 결함을 입증한다. 즉 생명체는 최적으로 설계되지 않았는데 왜냐하면 생명체를 개선할 수 있는 또 다른 설계를 우리가 상상할 수 있기 때문이다.
3. 그러므로 (a) 생명체는 하나님에 의해 설계되지 않았다(후건부 정식에 의해).
4. 그러므로 (b) 생명체는 다윈주의 진화의 산물이다(생명체는 설계되지 않았고 인도되지 않았다).

스티븐 제이 굴드(Stephen Jay Gould)는 다윈의 뒤를 이어 다윈주의의 최고의 증거는 "최적의 설계"(optimal design, 그는 이것의 발생을 인정한다)

가 아닌 생명 세계의 대충 짜깁기되어 급조되곤 하는 임시변통적 본성(cobbled-together)이라고 주장한다.

그는 다윈이 난초(蘭草, orchids)에 대해 논의하는 것에 호소해서 이 원칙을 설명하는데 곤충에서 꽃가루를 추출하기 위해 꽃들이 사용하는 매커니즘은 진화의 초기 단계에서 다른 목적을 위해 사용되었던 매커니즘이 단지 재정비된(retooled) 것의 결과라고 주장한다. 하나님이라면 그런 방식으로는 일하지 않으실 것이기 때문이다. "만일 그분의 지혜와 권능을 반영할 아름다운 기계를 하나님이 설계하셨다면, 틀림없이 그는 다른 목적을 위해 전반적으로 형성된 부품들의 집합은 사용하지 않으셨을 것이다. 난초는 이상적인 엔지니어에 의해 만들어지지 않았다. 난초는 사용 가능한 구성요소들의 제한된 집합에서 임시로 급히 짜 맞춰진 것이다."[98]

"이 난초는 하나님에 의해 설계되지 않았다. 하나님에 의해 설계되었다면 난초의 '정교한 장치'(intricate devices)는 독자적 체계가 될 것이다." 어떻게 굴드는 이와 같이 신학적으로 반사실문적(counterfactual)인 지식을 얻게 되었는가? "만일 유니콘이 존재한다면 유니콘은 뿔을 꼭 한 개만 갖고 있을 것이다"(유니콘이 없기 때문에 반사실적 주장이다)라고 단언하는 것은 적절하다. 그러나 "만일 하나님이 세상을 만드셨다면 난초 안에 있는 식물의 구성요소들은 다른 식물들 안에 있는 구성요소들과는 유사하지 않을 것이다"라고 단언하는 것은 훨씬 더 근거가 미약하다.

굴드의 견해는 심미적 가치(aesthetic values)를 활용하는 것이기 때문에, 하나님은 소수의 기본구조(단순성[simplicity])와 다수의 상이한 구조(다중성[multiplicity])를 미학적으로 더 높이 평가한다고 우리는 쉽게 주장할 수 있을 것이다. 만일 하나님이 실제적으로 설계자라면 분명히 우리는 이런 가능성을 배제할 수 있는 위치에 있지 않다.

굴드의 비평은 난초에 관해서는 심미적이다. 그러나 판다의 엄지손가

---

98 Stephen Jay Gould, "The Panda's Thumb," in *Intelligent Design Creationism*, ed. Robert T. Pennock (Boston: MIT Press, 2001), 670.

락을 고려하며 그것의 기능과 관련해서는 차선의 설계를 발견한다. 그가 발표한 것의 세부사항을 다 제공하지 못하지만 굴드의 결론은 다음과 같다.

> 판다의 엄지손가락은 다윈의 난초에 명쾌한 동물학적 대응물을 (counterpart) 제공한다. 한 엔지니어가 제시한 최선의 해결책은 역사에 의해 제외되어 왔다. 판다의 진짜 엄지손가락은 다른 역할에 할당되어 있고, 다른 별도의 기능을 감당하기에는 너무 특수화된 상태여서 물건을 능숙하게 만질 수 있도록 서로 마주볼 수 있는 손가락이 될 수는 없다. 그래서 판다는 손에 있는 여러 다른 부분들을 사용해야만 하고 그래서 확대된 손목뼈로 만족해야 하는데 다소 어설프지만 꽤 실행 가능한 해결책이다. 이렇게 작은 종자뼈로 만들어진 엄지손가락은 멋진 발명품이 아니라 전혀 설계되지 않은 대충 짜맞추어 급조된 것이라서 엔지니어의 대회에서는 명함도 내밀지 못하는 것이다.[99]

굴드는 만일 판다의 엄지손가락이 완전하게 마주 볼 수 있는 엄지손가락으로 사용 가능한 것이 아니라면 그것은 설계되어서는 안 된다고 추론한다. 이에 대해 네 가지의 대답이 있다.

첫째, 굴드와 많은 다른 이들은 종교는 과학에 어떠한 영향력도 갖지 않는다고 주장한다. 굴드는 "중복되지 않는 교권"(nonoverlapping magisteria: 약어로 NOMA를 사용한다-역주)을 주제로 책을 저술했다. 이는 종교와 과학은 전적으로 다른 영역에 대해 얘기하며 그렇기 때문에 그들의 진리 주장이나 연구 조사 방법에 있어서 "중복되지" 않는다고 하는 개념이다.[100]

---

99 Ibid., 673-676.
100 Stephen Jay Gould, *Rocks of Ages: Science and Religion in the Fullness of Life* (New York: Ballantine, 2002).

이 주장은 여러 이유로 인해 거짓이지만, 굴드가 난초와 판다의 엄지 손가락이 설계하시는 하나님에 대한 반증이라고 믿는 것은 분명하다. 그럼에도 그는 양립할 수 없는 두 가지를 다 가질 수는 없다.[101]

둘째, 만일 설계 결함이 있는 것 같아 보여도 그 사실은 설계의 존재를 송두리째 부정하지는 않는다. 의문의 물체나 대상을 설명할 법한 우연과 자연법칙을 설계 필터를 사용해서 제거함으로써 우리가 설계를 추론하게 되기 때문에, 설계 필터의 이런 성공을 감안한다면 설계는 최선의 추론으로 남게 된다. 뎀스키의 말처럼 "어떤 이상화된 최적에 적중하지 못한다고 해서 생물학적 설계를 흠잡는 것은" 완전히 틀린 것이다. "설계자의 목표를 알지" 못하는 "굴드는 설계자가 그 목표들 중에서 결함이 있는 타협을 제안한 것인지의 여부를 말할 수 있는 입장이 아니다."[102]

셋째, 차선적 체계들로 여겨지는 많은 체계들은 사실 전혀 차선적이지 않다. 굴드와는 반대로 판다의 엄지손가락은 그가 주장하는 것처럼 그렇게 역기능적이지 않다. 히데키 엔도(Hideki Endo)와 그의 동료들은 "이전의 형태학적인(morphological) 모델들에서 제안되었던 것보다 훨씬 더 정교하게 움켜잡을 수 있는 매커니즘을 거대한 판다의 손은 갖고 있다"고 주장해 왔다.[103]

넷째, 12장에서 언급했듯이 기독교 세계관은 인간의 타락을 감안하여 완벽한 피조세계의 존재를 단언하지 않는다. 따라서 우리는 "에덴의 동

---

101 J. P. Moreland, *Scaling the Secular City* (Grand Rapids: Baker, 1987), 200-202를 참고하라.
102 Demski, *Design Revolution*, 59. 다윈주의자들이 다윈주의를 지지하고 설계를 부인하기 위해 어떻게 일련의 신학적 개념들을 전제하는지에 대한 상세한 논의를 위해서 Paul Nelson, "The Role of Theology in Current Evolutionary Reasoning," in *Intelligent Design Creationism*, ed. Robert T. Pennock (Cambridge, MA: MIT Press, 2001)을 보라.
103 Richard Thornhill, "The Panda's Thumb," *Perspective on Science and Christian Faith* 55, no. 1 (2003): 31. 인간의 눈도 형편없이 설계된 것이 아니다. Demski, *Design Revolution*, 59-60을 참고하라.

쪽"의 삶이 아무 결함이 없기를 기대해서는 안 된다. 인간 타락의 개념은 악의 문제와 관련된 몇 가지 질문들을 제기하나,[104] 기독교는 현재 세계는 피로 골절(stress fractures)의 징후를 도처에서 드러낼 것이라고 예측한다. 피조세계의 불완전함의 사례들을 열거하는 것으로 기독교 세계관은 전혀 논박되지 않는다.

10. 지적 설계와 설계자의 본성

우리는 이런 지적 설계 논증들이 기독교 변증학에 어떻게 기여하는지 살펴볼 필요가 있다. 분자기계와 세포의 정보적 본성은 자연주의의 설명적 제한을 초월하는 설계자를 위한 강력한 증거를 제공한다. 설계 추론은 이 결론을 보증한다. 그러나 이러한 논증들을 감안할 때 설계자에 대해 우리가 알 수 있는 것은 무엇인가?

뎀스키는 지적 설계가 반드시 기독교적 가설이거나 유신적인 가설일 필요도 없다고 주장한다. 지적 설계는 또한 "이신론자들의 시계공-하나님(watchmaker-God), 플라톤의 『티메우스』(Timaeus)에 나오는 창조신 데미어지(demiurge) 그리고 고대 스토아 학파의 신적인 이성(logos spermatikos: 로고스의 씨, 종자적 이성 혹은 이성의 씨앗으로 번역되기도 한다-역주)"과도 양립 가능하다고 한다.

"한 개인은 특정화된 복잡성을 설명할 수 없는 그냥 주어진 사실로 취급하여 설계자에 대해 불가지론적 견해까지도 취할 수 있다."[105] 이 논평은 지적 설계는 단지 "숨어 있는 창조론"(stealth creationism)에 지나지 않는다는 인식의 방향을 바꾸기 위해 제시되었다. 그러나 지적 설계가 이 모든 관점들과 양립 가능하다는 주장은 어쩌면 너무 광범위하게 형이상학적 그물을 던지는 것일 수도 있다. 나는 아드바이타 베단타 힌두

---

104 25장을 참고하라.
105 William Dembski, *Intelligent Design* (Downers Grove, IL: InterVarsity Press, 1999), 252.

교(Advaita Vedanta Hinduism) 또는 선불교(Zen Buddhism)에 의해 역사적으로 대표되어 왔던 비이원론적(nondualistic) 유형의 범신론에 주로 집중하여 나의 의견을 피력하고자 한다.

켄 윌버(Ken Wilber)와 같은 비이원론적이며 범신론적인 현대 철학자들은 다원주의의 자연주의적 환원주의(naturalistic reductionism)—윌버는 이를 "평원적"(flatland) 세계관이라고 칭한다—를 거부하고 "영적인"(spiritual) 세계관을 선호한다.[106] 그렇지만 비이원론적이며 범신론적 세계관들은—"전체적인 지성"(Mind-at-Large, Aldous Huxley) 그리고 "영"(Spirit, Wilber)에 대한 비이원론적 범신론자들의 주장들에도 불구하고—우주 안에 있는 설계에 대해 설명할 수 없다. 왜냐하면 범신론적 신은 (1) 비인격적이고 (2) 모든 이원성(dualities) 너머에 존재하기 때문이다.

신적인 실재는 존재의 총합과 동일한 것으로 간주된다. 다시 말해 비이원적(또는 일원적)이라는 것이다. 따라서 어떠한 주체-객체 관계도 비사실적이며 반드시 초월되어야만 하는 것이다. 유신론에 존재하는 창조주-피조세계의 이원성은 존재하지 않는다.

게다가 이런 신의 비인격적인 본성은 의식있는 행위주체(conscious agency)의 가능성을 제거한다. 그럼에도 만일 설계자가 존재한다면 이 존재는 일련의 정세들을 설계하고 초래하는 반드시 지적인 **행위주체**여야만 한다. 더 나아가 설계자와 설계된 대상 사이에는 주체-객체 관계가 반드시 존재해야 한다. 설계자와 설계된 것의 개념은 상관적(correlative)이기 때문에 이 둘은 동의어가 될 수 없다. 그럼에도 비이원론은 설계자와 설계된 것 사이에 그런 구별을 전혀 인정하지 않는데 왜냐하면 하나의 신적 실재 외에 아무것도 존재하지 않기 때문이다. 그러므로 비이원론적 범신론에 의하면 설계는 전혀 존재할 수 없고 따라서 설계를 위한 증거도 없다.

게다가 만일 "영"이 비이원론적이라면, 그렇다면 (1) 다양한 가능성들

---

106 Ken Wilber, *A Brief History of Everything*, 2nd ed. (Boston: Shambhala, 2001)을 참고하라.

중에서 계획하는 설계자의 개념과 (2) 자연 속에서 펼쳐지는 다양한 현상들 중에서 그리고 그 현상들을 통해서 설계를 실현하는 설계자의 개념, 이 두 가지는 원칙적으로 배제된다. 서로 경쟁하는 설계들 중에서 선택할 옵션들이(복수) 존재하지 않는 것이고 선택된 설계를 현실화할 수 있는 개체들(복수)도 존재하지 않는 것이다.

이러한 이유들(과 다른 이유들)로 지적 설계는 어떤 형태의 비이원론적 범신론과도 양립 불가능하다. 지적 설계가 기독교 유신론 외부의 비물질주의적 세계관들에 다소 지적인 뒷받침을 제공하기는 하지만, 지적 설계는 이신론을 포함한 작은 무리의 **유신론적**(theistic) 세계관들에 인식론적(epistemic)인 지지를 가장 확실하게 제공하는 것으로 여겨진다. 모든 비인격적이고 비물질적인 세계관(비이원론적인 범신론처럼)에는 설계의 개념이 성립되기 위해 필요한 형이상학적인 구성요소들이 부족하다. 만일 이 설명이 정확하다면, 지적 설계를 위한 논증은 자연주의뿐만 아니라 이원론적 범신론에도 반대하는 논증들인 것이다.

또한 지적 설계 논증들은 **비인격적**(impersonal)이고 **비유신론적**(nontheistic)인 다른 어떤 세계관과도 양립 불가능하다. 따라서 스토아주의(범신론의 한 형태), 범신론과 신플라톤주의는 설계된 것으로부터 확연히 구별되는 인격적인 설계자의 존재를 그들이 부인하는 한 패배할 수밖에 없다.[107] 이신론은 인격적인 설계자를 긍정하기 때문에 설계 필터를 통과하는 것처럼 보인다. 그러나 유신론과는 다르게 이신론은 하나님이 피조세계와 지속적으로 상호작용하는 것을 부인한다.

우리는 또 다른 "설계 필터" 논증을 추가해야 하는데, 그것은 설계를 과학적으로 탐지하는 것 너머로 이동하여 설계자의 본성에 대해서 논하는 것이다. 다음에 제시된 논증은 이 장과 이전 장의 내용을 요약한다.

   1. 자연 안에 있는 설계는 (a) 외계(extraterrestrial)의 영향(우발

---

107 어쩌면 설계된 것과는 확연히 구별되는 지적인 설계자의 범주를 충분히 유지하는 범신론과 신플라톤주의의 다른 버전들도 있을 수 있겠으나 그것을 여기에서 언급할 수는 없다.

적 또는 의도적), (b) 범신론(pantheism), (c) 다신론(polytheism), (d) 범재신론(panentheism), (e) 이신론(deism) 또는 (f) 유신론(theism)으로 설명된다.
2. 설계는 우발적인 외계의 영향으로는 설명되지 않는데 왜냐하면 생명체가 방대하고 적대적인(hostile) 거리로 된 공간을 통과하여 여행하고 그런 후에 비옥한 지구에서 움틀 수 있다는 확실한 증거가 부재하기 때문이다. 그러나 그것이 가능하다고 하더라도, 무작위로 뿌려진 하나 또는 여러 개의 생명체로부터 모든 생명체가 진화하는 것은 여전히 설명하지 않은 채로 남겨질 것이다.
3. 설계는 의도적인 외계 생명체로 설명되지 않는다. 만일 그런 경우라고 하더라도, 그것은 외계 생명체가 어떻게 설계되었는지를 설명하지 않은 채로 남겨두게 될 것이다.
4. 설계는 범신론으로 설명되지 않는데 왜냐하면 (a) 범신론적 개념의 하나님은 인격적(설계를 위한 필요조건임)이지 않다. 그리고 (b) 범신론은 자연을 목적론적인(teleological) 부분들의 질서 있는 집합이 아닌 분리되지 않은 단일체로(undivided unity) 간주한다.
5. 설계는 다신론으로 설명되지 않는데 왜냐하면 유한한 신들의 증식(multiplication)은 우리가 불필요하게 설명해야 하는 개체들을 늘려서는(multiply) 안 된다고 하는 원칙을 위반하기 때문이며 또 다신론은 철학적으로 독립적인 지지기반이 부재하기 때문이다.
6. 그러므로 자연 안에 있는 설계는 이신론, 범재신론 또는 유신론으로 가장 잘 설명된다.

이 설계 필터가 이신론을 허용하는 것이 기독교 변증학을 궤도에서 벗어나게 할 필요는 없는데 왜냐하면 다음에 이어지는 장들에서 설계자는 스스로를 그리스도와 성경 안에서 계시하셨다는 것을 주장할 것이고 따라서 이신론의 멀리 계신 하나님을 논박하기 때문이다.

우리는 본서에서 범재신론에 대해서는 언급하지 않았는데, 역사적으로 추종자들이 부족해서가 아니라 오늘날 우리에게 현실적인 대안으로 여겨지지 않기 때문이다.[108] 그렇지만 앞의 논증들은 무에서의 창조를 입증하였고, 그 논증들은 이 세계와 하나님 모두가 영원하며 세계가 하나님의 부분이라고 주장하는 범재신론적 아이디어를 논박한다(11장 참고).

우주 안에 있는 설계의 증거는 이 책에 수록된 하나님의 존재를 위한 다른 논증들과 분리되어서는 안 된다. 만일 우주론적 논증, 존재론적 논증 그리고 미세조정 설계 논증에 기초해서 하나님의 존재를 위한 건전한 논증이 소개될 수 있다면, 생물학 내에서 설계의 개연성은 강화된다. 이런 배경지식과 더불어, 지적 설계는 그것이 마땅히 있어야 할 자리인 전반적인 증거의 영역에서 자리매김을 해야만 한다.

지적 설계 혼자서는 기독교를 위한 포괄적인 변증을 제공할 수 없다. 대신 지적 설계는 가장 중요한(overarching) 세계관으로서의 유신론에 어느 정도 지지를 제공할 뿐만 아니라, 생물학 영역에서 군림하고 있는 자연주의에 반대하여 강력한 증거를 제시한다. 그러나 계속해서 이어지는 장들에서 깨닫게 되겠지만 우리가 심사숙고해 볼 만한 가치가 있는 유신론을 위한 증거들이 훨씬 더 많이 존재한다.

---

108 범재신론의 비평을 위해서는 John Cooper, *Panentheism: The Other God of the Philosophers-From Plato to the Present* (Grand Rapids, MI: Baker, 2006)를 참고하라. Norman Geisler, "Panentheism," in *Baker Encyclopedia of Christian Apologetics* (Grand Rapids, MI: Baker, 1999).

15장

하나님을 위한 도덕적 논증

철학자 필립 할리는 선함(goodness)에 놀랐다. 그는 잔인함에 대한 책을 저술했다. 그 책에서 그는 나치가 무방비 상태의 아동들에게 실시한 "의학 실험"을 포함하여 나치의 유대인 대학살(Nazi Holocaust)에서 자행된 여러 가지의 악을 조사했다.

1940년대의 첫 해, 나치 독일은 승리로 의기양양해 있었다. 그들이 가진 무시무시한 권력의 비호 속에 의사로서, 권위의 상징인 가운을 입고 있는 아리안계(Aryan) 성인을 상상해 보라. 그런 다음에는 몸에서 피를 다 빼내기 위해 깔대기가 부착된 철제 테이블에 나체 상태로 누워 있는, 뼈만 앙상하게 남은 유대인 또는 집시 어린이를 상상해 보라. 마지막으로 그 의사가 아이 위로 몸을 굽히고 아이의 몸을 조각조각 자르는 것을 상상해 보라.[1]

할리의 연구는 자신의 영혼을 난도질하고 있었다. "내가 배운 것은 당신이 벌을 받지 않은 채 지옥에 갈 수는 없다는 것이다."[2] 그는 쓴마

---

1 Philip Hallie, *Surprised by Goodness* (McLean, VA: Trinity Forum, 2002), 10. 그의 발견에 관한 모든 이야기는 Philip Hallie, *Lest Innocent Blood Be Shed* (New York: Harper, 1979)에 나온다.

2 Hallie, *Surprised by Goodness*, 10.

음과 분노를 갖게 되었고 평소의 그답지 않게 격노나 침묵으로 그의 학생들에게 반응하게 되었다. 그의 행동으로 그의 가족도 분노하게 되고 두려워하게 되었을 즈음, 그는 집을 나와서 그의 사무실을 향해 걷기 시작했고, 그때 그는 자살에 대한 생각을 품고 있었다. 그때 할리는 프랑스 남동쪽의 세벤느 산맥에 위치한 르 샹봉(Le Chambon)이라고 하는 거의 알려지지 않은 작은 개신교 마을의 이야기를 소개하는 책을 발견했다. 그는 나치에게 유대인들을 고발하는 것을 거부한 어떤 위그노(Huguenot) 목사와 용감하게 유대인들을 숨겨준 마을 사람들에 대한 이야기를 읽었다.

"내가 그 기사의 세 번째 페이지 아랫부분을 읽고 있을때 내 뺨들이 가려워지기 시작했고, 내가 가려운 뺨을 긁기 위해 손을 뺨에 대었을 때 내 뺨이 눈물로 덮여 있는 것을 발견했다. 실은 눈물을 좀 흘린 정도가 아니라 내 뺨은 눈물범벅이 되어 있었다."[3]

이렇게 해서 할리는 지옥으로부터의 탈출을 시작했다. 그는 전체 마을 주민이 3500명 밖에 되지 않는 사람들이 6000명에 달하는 유대인을 용케 구해낼 수 있었던 것을 알게 되었다. 대부분 구출된 사람들은 중앙 유럽에서 나치에 의해 부모님이 살해된 유대인 어린이들이었다.

르 샹봉(Le Chambon)의 주민들은 그들 자신의 집 또는 마을 사람들이 마련한 집에 이 아이들을 숨겨주었다. 또한 주민들은 아이들 가운데 일부가 험난한 산자락을 넘어 안전하게 스위스 제네바에 도착하도록 용기를 북돋아 주었다. 위그노 설교자들의 지도력 아래 주민들 거의 대부분은 "우리 모두는 하나님의 자녀이며 우리는 서로를 반드시 보살펴야만 한다"는 깊은 종교적 신념을 지니고 있었다.[4]

두 가지 철학적인 질문이 떠오른다.

첫째, 왜 이 교수는 눈물을 흘렸는가? 그의 눈물은 단지 정서적인 해

3　Ibid., 12.
4　Phillip Hallie, "From Cruelty to Goodness," in *Virtue and Vice in Everyday Life*, ed. Christina Hoff Summers and Fred Summers, 7th ed. (Belmont, CA.: Wadsworth, 2006), 22.

소외(emotional release) 표시였는가? 아니면 그 눈물은 깊은 도덕적 반응을(moral response) 알리는 것인가?

둘째, 이 위그노 교도들의 기독교적 세계관은 선악에 대한 합당한 철학적 설명과 반응을 위해 필요했는가? 하나님의 존재를 위한 도덕적 논증을 제시하기 위해서, 우리는 반드시 (1) 객관적인 도덕적 실재의(objective moral reality) 존재를 확립해야만 한다. 그리고 (2) 개인적이고 도덕적인 하나님이 객관적인 도덕적 실재의 존재와 지식을 위한 최선의 설명임을 분명히 보여주어야만 한다. 그것이 바로 이 장의 과제다.

1. 두 가지 붉은 청어의 오류[5]

그러나 시작하기에 앞서 나는 곧 다루게 될 논증과 관련되어 보편적인 두 가지 (그리고 악취를 풍기는) 붉은 청어를 제거해야만 한다.

첫째, 폴 컬츠(Paul Kurtz) 같은 무신론자들은 하나님을 믿지 않고도 도덕적일 수 있으며 따라서 도덕성을(morality) 위해서 종교는 필요하지 않다고 자주 주장한다.[6] 그러나 객관적인 도덕성으로부터 출발하여 하나님으로 귀결되는 논증은 이 이슈와는 관련이 없다. 비기독교인들도(무신론자들을 포함해서) 어느 정도까지는 진정한 도덕적 원칙을 소유하며 또한 그 도덕적 원칙에 따라 행동한다는 것을 기독교인들은 인정한다. 사

---

5 붉은 청어의 오류(fallacy of red herring)는 논증의 주제를 벗어나면서 주의를 다른 곳으로 돌리는 오류를 말한다. 영국에서는 여우 사냥개가 강한 청어 냄새 속에서도 여우 냄새를 분간하여 사냥감인 여우를 놓치지 않도록 후각을 단련시키기도 했다. 여기서는 이와는 반대로 도망자들 혹은 여우 사냥을 반대하던 사람들이 사냥개의 주의를 따돌리기 위해 훈제하여 붉은 색으로 변하면 매우 강한 냄새를 풍기는 붉은 훈제 청어를 가지고 다녔던 것에서 유래한 것이다. 논점을 피하기 위하여 중요성이 떨어지는 이슈를 크게 부각시키면서 본질적인 문제를 은폐하려는 의도적인 동문서답, 즉 주의전환의 오류이다-역주.

6 Paul Kurtz, "Opening Statements," in *Is Goodness Without God Good Enough? A Debate on Faith, Secularism, and Ethics*, ed. Robert K. Garcia and Nathan L. King (Lanham, MD: Rowman & Littlefield, 2009), 25-29를 참고하라.

도 바울도 그러한 것에 대해서 말한다(롬 2:14-15). 무신론자들의 주장은 논점을 벗어난 것이고 주제를 완전히 벗어난 것인데 왜냐하면 하나님을 위한 도덕적 논증은 선함(goodness)의 형이상학적인 근거를 다루는 것이기 때문이다.

둘째, 존 아더(John Arthur)와 다른 이들은 하나님은 도덕의 근원이 될 수 없다고 하는데 왜냐하면 비유신론자들도 **좋음, 옳음, 그름**과 같은 도덕적 용어들을 사용하는데 이런 용어들을 정의하기 위해서 하나님의 뜻을 굳이 참고하지 않기 때문이다.[7] 이것도 맞는 말이기는 하지만 우리가 다룰 논증과는 해당사항이 없다.

도덕적 논증은 사람들이 일반적으로 도덕적 용어들을 어떻게 사용하고 또는 정의하는지와는 아무 상관이 없다. 대신 도덕적 논증은 도덕적 주장들의 **정당화**를 다루는 것으로 메타윤리학(metaethics: 도덕적 주장들의 철학적 근거)의 한 국면이다.[8] 사람은 훔치는 것이 왜 잘못된 것인지에 대한 궁극적인 이유를 알지 못해도 훔치는 것이 도덕적으로 잘못된 것이라는 것을 깨달을 수 있다. 우리는 고틀랍 프레게(Gottlob Frege)에 의해 유명해진 뜻-지시체 구별(sense-reference distinction)을 활용할 수 있다.[9]

저녁별인 금성(evening star)과 아침별인 명성(morning star)은 하루의 다른 시간대에 떠오르기 때문에 다른 **뜻**(senses)를 가진다. 그렇지만 그 둘은 동일한 별이다. 뜻은 비록 다르더라도 **지시 대상**은 동일하다. 이와 같이 무신론자(또는 다른 비유신론자)가 도덕성의 의미(meaning)에 대한 **뜻**(sense)을 가질 수는 있겠으나 그럼에도 도덕성이 궁극적으로 지시하는

---

7 John Arthur, "Why Morality Does Not Depend on Religion," in *Vice and Virtue in Everyday Life*, ed. Christiana Hoff Summers and Sommers, 7th ed. (Belmont, CA: Wadsworth, 2006), 88.

8 메타윤리학(Metaethics)은 "형이상학적, 인식론적, 의미론적 그리고 심리학적인 전제들과 도덕적 사고, 대화와 실행들의 헌신들을 이해하려고 하는 시도이다"(G. Sayre-McCord, "Metaethics," in *The Stanford Encyclopedia of Philosophy*. 〈http://plato.stanford.edu/entries/metaethics〉). 물론 이 장에서는 메타윤리학의 전 영역에 대해 언급하지는 않을 것이다.

9 Gottlob Frege, *Zeitscheift fur Philosphie and philosophische Kritik* 100 (1892): 25-50.

대상이 하나님의 성품과 뜻이라는 것을 깨닫는 것에는 실패한다.

2. 윤리적 상대주의

「뉴욕타임즈」(New York Times)는 2001년 9월 11일 테러리스트가 미국을 공격한 사건 같은 것들은 대중에게 어필하는 포스트모던 윤리적 상대주의에는 부재한 "초월적인 윤리적 기준"(transcendent ethical standard)을 향해 외치는 것이라고 선포했다.[10] 그럼에도 윤리적 상대주의는 여전히 대중을 사로잡는 대안이다. 윤리적 상대주의는 도덕적 판단이 우연적인 사회적 역사적 합의에 달려있다고 주장한다. 도덕성은 단지 인간이 만들어 낸 것이다. 한 사람의 테러리스트는 다른 사람을 위한 자유투사인 것이다. 도덕성은 포스트모던식 마음에 의해서 수정 가능하고 우연적이다.

상대주의는 크게 문화적 상대주의(cultural relativism)와 개인적 상대주의(individual relativism: 때로 사적인 주관주의[private subjectivism]라고도 불리움) 두 가지 형태로 나뉘어진다. 문화적 상대주의는 우리가 속한 문화의 도덕적 원칙들을 따라야 한다고 가르친다. 문화적 판단이 규범적인 것이다. 그럼에도 이러한 판단은 그 문화에 속한 사람들에게만 구속력이 있다. 만일 문화 A가 결혼 밖에서의 성관계가 잘못되었다고 말하고 문화 B는 그것이 항상 잘못된 것은 아니다라고 한다면, A와 B 두 사회는 서로 모순되지 않는다. 더 정확히 말해, A 문화에서는 혼외 성관계가 잘못된 것이지만, B 문화에서는 그것이 반드시 잘못된 것은 아니다. 도덕성은 장소에 따라 달라진다.

개인적 상대주의는 어느 특정한 한 문화에 유리한 도덕적 위치를 부여하지 않는다. 도덕적 판단과 의무는 전적으로 각자의 개인적인 취향에

10　Edward Rothstein, "Attacks on U. S. Challenge Postmodern True Believers," *New York Times*, September 22, 2001, A17.

기초한다. 도덕성은 당신이 무엇을 생각하느냐에 달려있다. 나는 문화적 상대주의는 개인주의적 상대주의로 환원된다고 주장할 것이다. 그러나 우리는 먼저 일반적인 상대주의에 대한 기본적인 논증들을 꼭 살펴보아야 한다.

1) 의존성과 다양성 논제

상대주의자들은 두 가지 주요 주장들을 통해 그들의 관점을 뒷받침하는 경향이 있는데 그것은 의존성 논제(dependency thesis)와 다양성 논제(diversity thesis)다. 의존성 논제는 도덕성이 본질적으로 문화적 요인들에 의존하는 것이지 다른 요인들에 의존하는 것이 아니라고 단언한다. 문화가 어떤 언어가 사용될 것인지를 결정하듯이 문화는 도덕적 기준과 도덕적 감수성을 결정한다.

여기에서는 문화는 객관적, 보편적, 절대적이고 초월적인 도덕적 진리에 접속하지 못한다는 가정이 작용하고 있다. 그렇기 때문에 폭넓은 저자들로 구성된 선집(anthology)에 수록된 수필에서, 루쓰 베네딕트(Ruth Benedict)는 다음과 같이 기록한다.

다양한 문화권에서 발췌된 사례들은 "정상성(normality)이 문화적으로 정의된다는 사실을 받아들이도록 강권한다."[11] 그녀는 "음성학적 발음"(phonetic articulations)의 폭넓은 범위로부터 언어가 선택되듯이, 가능한 폭넓은 범위에서 관습이 선택된다고 주장한다.[12]

"동네 사람들이 입는 옷과 가옥의 유행에서부터 사람들의 윤리와 종교에 관한 격언에 이르기까지 모든 종류의 조직화된 행위의 가능성은 가능한 행동특성 가운데에서 유사선택에 **달려있다.**"[13] 만일 인간이 그들의 문화에 의존해 도덕성을 결정한다면, 그 도덕성은 그들 자신의 문화

---

11 Ruth Benedict, "A Defense of Ethical Relativism," in *Moral Philosophy: A Reader*, ed. Louis P. Pojman, 2nd ed. (Indianapolis: Hackett, 1998), 35.

12 Ibid.

13 Ibid., 강조는 추가됨.

밖으로나 문화 이상으로 확장될 수 없다.

의존성 논제는 반쪽 진리(half-truth)를 취해서 그것을 완전한 거짓말로 팽창시킨다. 문화가 도덕규정(moral codes)에 영향을 미친다는 것은 논의의 여지가 없다. 난데없이 불쑥 나타난 존재처럼 그 누구도 비문화적이지 않다. 문제는 "정말 **도덕성 자체**는 문화적인 것 외에는 아무것도 아닌가"이다.

베네딕트의 유비(analogy) 논증은 문제가 있다. 문화들이 그들의 언어를 위해 각기 다른 음성학적 가능성에서 선택하듯이 그들은 또한 도덕성에 있어서도 서로 다른 관습을 선택하여 각 문화마다 어떤 것이 정상인가에 대한 문화 고유의 감각을 내놓게 되는 것이라고 주장한다. 만일 우리가 한 구어(spoken language)를 다른 언어보다 객관적으로 더 나은 것으로 간주하는 것에 실패한다면,[14] 우리는 한 도덕적 "언어"가 다른 도덕적 언어보다 조금이라도 더 낫다는 것을 주장할 수 없다. 허나 서로 다른 언어들은 동일한 명제를 표현할 수 있고 동일한 대상을 언급할 수 있다.

우리는 "지구는 둥글다"를 영어, 힌디어나 스페인어로 발화하거나 기록할 수 있으나 그 의미(즉 명제적 내용)는 동일하다. 그렇기 때문에 언어 간에 번역이 가능한 것이다.[15] 상이한 음성학(phonetic), 구조론(syntactic)과 의미론(semantic)적 요소들은 "지구는 둥글다"와 같은 판단을 문화마다 다르게 내리지 않는다. 따라서 만일 도덕과 무관한 가지각색의 다양

---

14 이 주장조차도 논쟁의 여지가 있다. 표의문자(ideographic)로 된 언어들은 상형문자(pictographic)로 된 언어들보다 추상적인 개념들을 더 잘 표현할 수 있는 자원들을 가지고 있다(그렇다고 상형문자가 표의문자가 갖는 일련의 장점들을 가지고 있지 않다고 말하는 것은 아니다). 어떤 언어들은 다른 언어들에 비해 특정한 것들을 표현하는 것에 있어서 더 정통하다. 이와 관련해 산스크리트어, 독일어와 중국어에 대한 예를 위해서는 Francis Schaeffer, *Art and the Bible* (Downers Grove IL: InterVarsity Press, 2006), 78-79를 참고하라.

15 명제, 진리와 언급(reference)에 대해서 더 알기 원한다면 Douglas Groothuis, "The Truth About Truth," in *Truth Decay* (Downers Grove, IL: InterVarsity Press, 2000)와 본서의 6장을 참고하라.

한 언어적 단언들이 객관적인 실재를 성공적으로 담아낼 수 있다면, 마찬가지로 다양한 도덕적 단언들도 객관적인 실재를 담아내기도 하고 담아내는 것에 실패하기도 하는 것이다.

문화들마다 서로 다른 의미론과 문법을 활용하여 하늘이 푸르다는 것을 언급한다. 마찬가지로 문화들은 수학 문제를 풀기 위해서는 서로 다른 숫자 기호(numerical symbols)를 사용한다. 그러나 이런 기호 형태의 다양성은 하늘의 푸름을 "단순히 문화적"인 것이 되게 하거나 수학 방정식의 진리값을 "단순히 문화적"인 것이 되게 하지 않는다.

우리가 지구가 둥글다는 것을 알기 위해서 다양한 문화적인 형태들(영어의 구문론과 의미론, 현대 천문학의 공식의견)에 의존하지만 이렇게 한다고 해서 지구의 객관적인 원형(circularity)을 위태롭게 하는 것은 절대로 아니다.

게다가 문화 안에 내재된 믿음들은 (아무리 확고부동하게 정립되었고 문화에 깊이 침투되어 있다고 하더라도) 단순히 잘못된 것일 수 있다. "모든 질병은 마술에 의해 야기되었다"라는 진술을 살펴보자.

어떤 종족들은 이것을 (믿어 왔고 아마도 여전히) 믿겠지만 우리는 이것이 거짓임을 안다. 아니면 코페르니쿠스 시대 이전에 압도적으로 많은 대다수의 사람들이 견지했던 태양과 관련된 지구의 위치에 대한 천문학적 의견들을 생각해 보라. 지구중심설(Geocentrism)은 수 세기 동안 자명한 이치로 받아들여졌지만 그것은 수 세기 내내 틀린 이론이었다. 마찬가지로 한 문화의 **도덕적** 판단들이 오류로부터 차단되었다고 믿을 이유가 전혀 없다.

의존성 논제는 바로 다양성 논제로 이어진다. 만일 모든 도덕성이 문화에 의존한다면 그리고 만일 문화들이 다르다면 도덕성은 문화마다 다를 것이다. 다양성 논제에 의하면 선택 가능한 범위의 행동과 관습은 방대하다. 그리고 서로 다른 문화들은 문화들의 구체적인 상황에 따라 서로 다른 것들을 정상 또는 비정상이라고 판단하며 다양한 합의를 선택해 왔다. 한 사회는 동성애를 용납하는 데 반하여, 다른 사회는 동성애에 낙인을 찍을 수도 있다. 기타 여러 가지가 있다.

따라서 만일 각기 다른 사회들이 다른 도덕적 판단을 내렸다면(그리고 만일 도덕적 판단들은 우연적인 문화들에 불가분하게 의존한다면), 모든 문화들에 적용할 수 있는 타문화적(crosscultural)이고 객관적인 도덕적 진리는 있을 수 없게 된다. 도덕적인 것은 한 문화가 "정상적"인 것으로 간주하는 것이며 따라서 선함은 정상성(normality)으로 정의된다. 포스트모더니즘은 상대주의를 확장하여 언어 자체까지 포함했는데, 그렇게 함으로써 모든 진리(단순히 도덕적 주장뿐만 아니라)를 상대화하게 되었다.[16]

다양성 논제는 두 가지 설득력 있는 이유로 좌초하게 된다.

첫째, 문화들이 가장 기초적이고 핵심적인 도덕적 판단에 있어서 철저하게 불일치한다고 하더라도, 이 불일치는 이런 판단들이 모두 동등하게 수용 가능하고, 다른 도덕적 판단보다 더 개선된 도덕적 판단은 전혀 없다는 결론을 내리게 하지는 않는다. "X에 대해 널리 받아들여진 불일치가 있다"라는 명제는 "X에 대한 평가가 어떤 것이든지 간에 그것을 제안하는 그룹에게는 그 평가가 진실되며 합법적이다"를 논리적으로 함축하지 않는다.

둘째, 다양한 문화 사이에 존재하는 근본적인 인간 가치에 대한 다양성은 우리가 상상하는 것보다 덜하다. 황금률의 변형은 세계사를 통해서 또 다양한 종교들과 윤리체계 안에서 발견될 수 있다. 인류학자인 클라이드 클럭혼(Clyde Kluckhohn)은 문화들 사이에 존재하는 도덕성에 대한 중대한 공통점을 분별해냈다.

> 모든 문화는 사형집행(execution), 전쟁에서의 살인(killing) 그리고 다른 "정당화할 수 있는 살인(homicides)과 구별되는 살인(murder)의 개념을 갖는다. 근친상간과 성행위에 대한 다른 규정들에 대한 개념, 한정적인 상황에서 거짓말(untruth)의 금지에

---

16 포스트모더니스트 윤리를 더 알기 원하면 Douglas Groothuis, "Ethics Without Reality, Postmodern Style," in *Truth Decay* (Downers Grove, IL: InterVarsity Press, 2000)와 본서의 6장을 참고하라.

대한 개념, 보상(restitution)과 상호주의(reciprocity)의 개념, 당사자들과(parties) 어린이들 간에 부가된 상호적 의무의 개념들과 다른 많은 도덕적 개념들은 전적으로 보편적인 개념들이다.[17]

C. S. 루이스도 동일한 결론에 도달했다. 『인간폐지』(*The Abolition of Man*)에서 객관적인 도덕 질서에 대해 주장한 후에, 그는 수 세기 동안 펼쳐졌던 인류의 기초 도덕율(moral precepts)을 조사했다. 그는 "도(Tao)의 실례들"을 여덟 가지 기초 영역으로 구분했다.

1. 일반적인 인애(general benevolence)의 법칙: (a) 부정적인 것과 (b) 긍정적인 것
2. 특별한 인애(special benevolence)의 법칙
3. 부모, 연장자, 조상에 대한 의무
4. 정의의 법칙: (a) 성적 정의, (b) 정직, (c) 법정에서의 정의 등
5. 어린이와 후손에 대한 의무
6. 선한 믿음과 진실성의 법칙
7. 자비의 법칙
8. 관대함의 법칙[18]

위의 관찰은 바울이 주장한 것과 정확하게 일치하는데 바울은 하나님의 창조물인 이유만으로도 모든 사람은 "그 마음에 새긴 율법"(롬 2:14-15)을 가지고 있다고 했다. 동일한 진리는 구약의 선지자들에 의해서도 긍정되었다. 구약의 선지자들은 비록 이스라엘 주변에 위치한 민족들이 모세의 율법을 받지는 않았지만 그들의 악한 행위에 대해서는 책임을 물었다. 그럼에도 불구하고 이방 민족들은 그들의 행위에 대해 하

---

17 Clyde Kluckhohn, "Ethical Relativity: 'Sic et Non'," *Journal of Philosophy* 52 (1955): 672.
18 C. S. Lewis, *Abolition of Man* (1944; reprint, San Francisco: HarperSan Francisco, 1974), 83-102.

나님께 해명할 책임이 있도록 하는 도덕적 지식을 소유하고 있었다(욘, 암 1-2장). 도덕규정(moral codes)과 도덕적 자각(moral awareness)은 결코 전적으로 다양한 문화적 영향의 결과만은 아니다.

한 문화가 갖는 형이상학적 믿음은 그 문화의 도덕적 원칙의 시행에 영향을 미쳐서 대조적인 도덕적 행위를 초래할 수도 있다. 만일 한 원주민 부족이 개인의 부모가 연로하여 노쇠해지기 전에 부모를 죽이는 것이, 병약해진 상태에서 죽는 것보다 더 나은 사후 세계를 보장하는 것이라고 믿는다면, 원주민들이 부모를 죽이는 것은 그들의 부모를 향한 존경을 반증하는 것이 아니다.[19]

물론 기독교는 사후 세계에 대해서 완전히 다른 개념을 갖고 있기 때문에 기독교인은 절대로 그런 것을 생각하지 않을 것이다.[20] 그럼에도 불구하고 양쪽 문화의 사람들은 그들의 연장자를 존경한다는 동일한 기본 도덕적 원칙을 공유한다. 허나 그들의 다른 세계관들을 감안할 때 이 동일한 도덕 원칙(principle)의 적용은 결과적으로 다른 규칙(rules: 다양한 상황에 적용된 원칙)을 초래할 수 있다.

2) 어떤 문화가 도덕성을 결정하는가?

문화적 상대주의를 괴롭히는 또 다른 장애는 어떤 문화가 행동 규범을 승인하는 문화인지를 결정하는 것에 있다.[21] 이것은 인식론적인 문제로 많은 경우에 보편적인 규범을 찾는 것을 불가능하게 만든다. 만일 어떤 사람이 단일 문화를 가진 외딴 벽지의 오스트레일리아 원주민 부족의 일원이라면, 어떤 문화가 그/그녀의 가치를 결정할 것인지는 분명하다. 그러나 만일 어떤 사람이 다양한 하위 문화가 공존하는 국제적인 환

---

19 William Frankena, *Ethics*, 2nd ed. (New York: Prentice-Hall), 109를 참고하라. 또한 James Rachel, *The Elements of Moral Philosophy*, 3rd ed. (New York: McGraw-Hill, 1999), 28-29도 참고하라.
20 N. T. Wright, *Surprised by Hope: Rethinking Heaven, the Resurrection, and the Mission of the Church* (San Francisco: HarperOne, 2008)를 참고하라.
21 J. P. Moreland, *Scaling the Secular City* (Grand Rapids, MI: Baker, 1987), 243-244.

경에서 거주하면서 더 큰 규모의 사회에서 서로 자주 충돌하게 된다면 어떤 문화가 규범적인 문화인지는 명확하지 않다. 예를 들어, 지금 미국에서는 동성애의 문제에 대해 사회가 나뉘어져 있다. 많은 교회들은 동성애적인 행위를 죄로 여기지만, 어떤 자유주의적 교회들은 그렇게 생각하지 않는다.

일반 대중은 나뉘어져 있다. 법률체계는 동성애적인 활동을 허용하지만 동성애 결혼은 아직 모든 주(state)에서 승인을 한 것은 아니다. 만일 우리의 "문화"가 우리를 구속하는 규범을 결정한다면, 폐쇄된 공동체에 은폐되어 사는 사람들을 제외한 모든 사람들은 도대체 어떤 것이 그들의 결정적인 문화가 될지 궁금해 하게 될 것이다. 게다가 적절한 문화가 확인될 수 있다고 하더라도, 문화적 합의를 도덕적 중재자로 만들어 내는 개념은 개혁가의 딜레마(reformer's dilemma)로 알려진 불합리를 초래하게 된다.

많은 용감한 도덕적인 개혁가들(간디, 여성참정권론자와 Martin Luther King Jr.와 같은 사람들)은 오랫동안 지속되어온 도덕적 견해에 기초해 왔던 문화적 합의에 대항했다. 불의(injustice)에 대한 그들의 반대는 광범위한 합의를 분별하는 것에 기초하지 않았고, 오히려 객관적인 도덕적 원칙에 호소함으로 반대한 것이었다.

킹은 미국 창시자들의 이상에 호소했으나 그는 또한 지속적인 흑인 차별정책인 짐 크로우(Jim Crow) 법에 대항하였다. 그가 쓴 "버밍햄 감옥에서 쓴 편지"는 자연법 논법의 고전적인 사례이다. 그와 그의 지지자들이 왜 법을 어겨서 그가 체포되어 수감되었는지에 대해 설명하며 킹은 이렇게 기록했다.

> 정의로운 법은 사람이 만든 규정으로서 도덕법 또는 하나님의 법과 조화되는 것이다. 정의에 어긋나는 법은 도덕법과 조화되지 않는 규정이다. 성 토마스 아퀴나스의 말을 빌자면 불의한

법은 영원한 법과 자연법에 뿌리를 두지 않은, 인간의 법이다.[22]

문화적 상대주의에 의하면 킹과 칭찬받아 마땅한 다른 모든 도덕 개혁가들은 문화적이고 도덕적인 **일탈자**(deviants)로 정죄받아야 한다. 도덕 개혁가들은 그들 사회에 현존하는 기준에 의거해서 판단되었을 때 반드시 부도덕한 것으로 간주되어야 한다. 객관적인 도덕법에 대한 그들의 항소는 거짓 절대주의(false absolutism)로 기각될 것이다. 그러나 이런 결론은 터무니없다. 만일 개혁가의 논증이 수용된다면, 문화적 상대주의는 반드시 거부되어야 한다. 만일 킹이 맞다면, 상대주의는 귀류법(reductio ad absurdum)에 의한 오류가 된다.

3) 발전, 관용 그리고 상대주의

만일 아무 객관적인 도덕적 기준과는 별개로 어떤 것이 도덕적이고 부도덕한 것인지를 다양한 문화들이 결정한다면, 도덕적 발전이라는 개념을 적용하는 것은 불가능하다. 우리가 주장할 수 있는 것은 문화들은 문화들의 도덕적 평가와 관련해서 **변화한다**고 하는 것이 전부다. 그러나 도덕적 발전이라는 바로 그 개념은 한 문화가 유사해지기 위해 노력하는 어떤 기준 또는 이상을 가정한다. 그렇기 때문에 여성들에게 선거권을 부여하고 자산을 소유케 하고 남성과 동등한 교육을 받게 하는 미국의 법은 1900년에 법적으로 규정해 놓은 것보다는 더 발전된 것이다. 반대로 도덕적 부패의 개념은 한 문화가 어떤 기준에서 퇴보하고 있음을 가정한다. C. S. 루이스는 이렇게 기록한다.

> 만일 "선함"과 "개선"이라는 용어의 유일한 의미가 각 사람의 이데올로기에서 파생한다면, 물론 이데올로기 자체는 상대방의 것보다 더 낫거나 더 나쁠 수 없다. 측정자(measuring rod)가 측

---

22 Martin Luther King Jr., "Letter from a Birmingham Jail," in *The Book of Virtues*, ed. William Bennett (New York: Simon & Schuster, 1993), 260.

정된 것으로부터 독립된 것이 아니라면, 우리는 그 어떤 측정도 할 수 없다. 그와 동일한 이유로 한 시대의 도덕적 아이디어를 다른 시대의 아이디어와 비교하는 것은 소용없다. 발전(progress)과 쇠퇴(decadence)는 동일하게 무의미한 단어들인 것이다.[23]

우리는 문화에 관한 한 발전의 개념을 사용하는 것을 포기할 수 있겠지만, 이런 무도덕적인(amoral) 결의는 유지하기 어렵다. 남북전쟁(Civil War) 이래로 아프리카계 미국인에 대한 법을 미국은 발전시키지 않았다고 정직하게 주장할 수 있는가? 설상가상으로 도덕적 발전의 개념을 거부하는 것은 우리가 곧 다루게 될 허무주의(nihilism)를 초래하게 된다는 것이다.

여전히 누군가는 서로 다른 도덕성과 종교를 용인하기 위해서는 문화적 상대주의가 필요한 조건이라고 항변할 수 있을 것이다. 초월적 도덕 원칙에 대해 확신을 갖고 있는 사람들은 그들과 의견이 불일치하는 사람들을 관용하는 것이 불가능하기 때문에 초월적인 도덕적 원칙은 불관용과 독단주의(dogmatism)를 조장한다고 주장하면서 말이다.

이것은 두 가지 이유로 잘못된 것이다.

첫째, 문화적 상대주의는 관용을 보편적인 도덕적 원칙으로 정당화할 수 없다. 비록 상대주의자들은 상대주의가 관용을 초래한다고 종종 주장하기는 하지만 말이다. 만일 문화 A가 종교에 대해서 철저하게 비관용적이라면(사우디아라비아처럼) 그리고 문화 B는 종교적으로 비관용적이지 않다면(미국처럼), 상대주의자는 문화 A가 문화 B보다 조금이라도 더 좋거나 나쁘다고 주장할 수 없다. 그럼에도 문화적 상대주의자들은 일반적으로 비관용적인 문화들을 관용하지 않는다. 그들은 비관용적인 문화의 비관용을 정죄한다. 그러나 상대주의를 감안한다면 이것은 논리적으로

---

23 C. S. Lewis, *Christian Reflection* (1967; reprint, Grand Rapids: Eerdmans, 1978), 73; G. K. Chesterton, *Orthodoxy* (1908; reprint, New York: Image Books, 1959), 35-36을 참고하라.

일관성이 없는 것이다. 따라서 문화적 상대주의는 관용을 절대적, 보편적, 규범적, 객관적 도덕 원칙으로 만들 수 없다.[24]

둘째, 문화들을 감독하는 객관적인 도덕 원칙들에 대한 헌신은 반드시 관용을 위태롭게 하지 않는다. 이런 도덕적 원칙들의 내용이 차이를 만들어낸다. 오사마 빈 라덴의 도덕적 원칙은 서구적인 의미의 관용과는 모순이 되지만, 성경에 근거한 도덕적 원칙들은 서구적인 의미의 관용과 모순되지 않는다. 성경은 종교적 개종이라는 대의명분을 위해 결코 폭력을 옹호하지 않는다. 또한 불신자들을 향한 증오도 권유하지 않지만 오히려 사랑할 것을 촉구한다. 원수까지도 사랑할 것을 촉구한다(5장 참고).

3. 문화적 상대주의에서 개인적 상대주의로

문화적 상대주의가 유효할 수는 없다. 그러나 최종적인 문화를 대신하여 어느 정도 도덕적 권위를 유지하기 위한 시도를 한다. 문화적 상대주의는 무정부주의를 피하기 위해서 개인의 선택을 넘어선 도덕적 권위를 주장한다. 그럼에도 문화적 상대주의는 개인적 상대주의(또는 사적인 주관주의)로 환원되는데 개인적 상대주의는 자율적인 개인의 견해와 선택 외부에 있는 어떠한 도덕적 권위도 생략한다. 우리는 적어도 많은 현대의 사례들을 통해 문화적 상대주의를 위해 최종적인 "문화"를 결정하는 것의 불가능성을 관찰했다. 만일 우리의 최종적인 문화를 위한 어떠한 규칙도 없다면, 왜 개인들이 그들 위에 있는 어떤 문화적 권위의 제약을 받아야 하는지 전혀 이유가 없어 보인다. 우리는 오히려 우리를 뒷

---

24 관용에 대한 풍부한 논의를 위해서는 Brad Stetson and Joseph G. Conti, *The Truth About Tolerance: Pluralism, Diversity and the Culture Wars* (Downers Grove, IL: InterVarsity Press, 2005)를 참고하라. Os Guinness도 관용은 평가절하된 개념이며, 다원화된 사회를 위해서는 충분하지 않다는 주장의 정당성을 입증한다. 그는 관용이라는 단어 대신 정중함을 지지한다. 그의 *The Case for Civility* (San Francisco: HarperOne, 2008)를 참고하라.

받침해 줄 어떠한 사회적 집단의 도움과 함께 혹은 그런 사회적 집단의 도움 없이 우리 자신만의 가치를 창출해낼 수 있을 것이다.

루이 포이만(Louis Pojman)은 이렇게 말한다. "그러나 왜 나는 인간 사이에 존재하는 합의를 모두 없애고 나만의 도덕성을 발명해내지 못하는가? 이 견해에 따르면, 도덕성은 결국 단지 발명품에 지나지 않기 때문인가?" 만일 어떠한 객관적인 기준이 전혀 없다면, 옳고 그름을 결정하는 것은 개인에게 달려있는 것이다.[25]

게다가 "우리는 우리 문화의 도덕성에 순복해야만 한다"는 도덕적 주장은 문화적으로 상대적인 것이 아니라 타문화적(crosscultural)이고 절대적이다. 그렇기 때문에 상대주의자들은 그들의 진술로 자가당착을 범한다. 그들의 상대주의에도 불구하고 그들은 다음과 같은 보편적이고 절대적인 도덕적 명령을 발표할 것이다.

1. 우리는 우리 자신의 도덕적 견해가 보편적이고 절대적인 것으로 **결코** 단언해서는 안 된다.
2. 도덕적 절대주의자들은 **절대적으로** 틀렸다.
3. **모든 사람**은 상대주의자가 되어야 한다.

이 명령 중 어떤 것도 상대주의의 "산욕"(acid bath: 원료를 산의 액체 속에 담가 처리하는 일-역주)에서 살아남지 못한다. (1) **결코** (2) **절대적으로** (3) **모든 사람**과 같은 용어들은 상대주의 자체에 의해 규정된 규칙들과 논리적으로 일관되지 않는다. 그러므로 상대주의자들의 근거로 봤을 때, 1-3의 진술문은 참일 수 없다. 언제든지 상대주의자들이 그런 진술을 할 때에는, 이는 그들의 도덕적 체계는 실존적으로 실행 가능하지 않고 모순되며 따라서 거짓임을 내보이는 것이다.

---

25 Louis Pojman, "A Defense of Ethical Objectivism," in *Moral Philosophy*, 3rd ed. (Indianapolis: Hackett, 2003), 44.

4. 본능적인 반례들을 통한 논박

상대주의에 대항한 또 다른 치명타는 본능적인 반례가 있다. 문화적이고도 개인적인 상대주의는 어떤 인간의 행동도 본질적으로 그리고 항상 틀리지 않다는 것을 필연적으로 수반한다. 그럼에도 다음의 진술문들을 고찰해 보도록 하자.

1. 단지 쾌락을 얻기 위해 무고한 이들을 고문하는 것은 **항상** 잘못된 것이다.
2. 강간은 **항상** 잘못된 것이다.
3. 여성 성기 절제(Female genital mutilation)는 **항상** 잘못된 것이다.

만일 상대주의가 참이라면, 진술문 1-3은 참이 될 수 없는데 왜냐하면 진술문 1-3은 절대적이고, 보편적이며 객관적인 도덕적 주장을 펼치기 때문이다. 따라서 상대주의는 이미 언급한 세 가지 진술 중 하나를 사용한 간단한 후건부정(modus tollens) 논증으로 설명하여 논박될 수 있다. 진술문 2를 생각해 보자.

1. 만일 상대주의가 참이라면, 강간은 항상 잘못된 것이 아닌데, 왜냐하면 어떤 문화나 개인은 특정한 상황하에서 강간을 허용할 수도 있기 때문이다.
2. 그러나 강간은 항상 잘못된 것이다.
3. 그러므로 상대주의는 거짓이다.

비슷한 맥락에서, 문화적 또는 개인적 상대주의에 반대하는 이 논증은 참혹한 인간의 악에 호소하여 더 개진될 수 있다. 그런 참혹한 인간 악의 예를 살펴보자.

1. 2001년 9월 11일의 테러리스트에 의한 대참사.
2. 1930년대 조세프 스탈린이 공산체제에 대한 저항을 응징하기 위해 계획된 기근으로 6백만 소작농들을 죽게 한 것(대부분 우크라이나의 농부들이었음).[26]

이런 사건들을 접하는 우리의 즉각적인 반응은 깊은 도덕적 혐오감이어야 한다. "나라면 그렇게 하지 않을 것이다. 하지만 나는 다른 사람들을 판단할 수는 없어"와 같은 반응은 안 된다. 그런 사건들에 의해 정상적으로 유발된 깊은 도덕적 혐오감이 전제하는 것은, 어떤 객관적인 도덕 질서가 위반되었다는 것이다.

5. 저주로부터의 논증

참혹한 악은 저주를 외치게 한다고 피터 버거는 주장한다. 어떤 행동들은 너무 절망적으로 사악해서 현세에서 가할 수 있는 그 어떤 형벌보다도 더 큰 것을 요구한다. 이 "저주로부터의 논증"(argument from damnation)은 인간 경험의 한 종류에 기초한 것으로 "이런 경험들에서는 우리가 인간에게 허용 가능하다고 여기는 우리의 감각이 근본적으로 능욕당함을 느껴서, 범죄자와 범죄에 대해 오직 적절한 반응은 초자연적 영역의 저주일 수밖에 없는 것처럼 여겨진다".[27]

납치된 두 대의 비행기가 뉴욕시의 트윈 타워에 돌진하여 들이받는 것을 목격한 헤아릴 수 없이 많은 사람들은 "(신이시여) 천벌을 내리소서!"라고 소리쳤다. 이 절절한 외침은 "주님의 이름을 함부로 부르는" 사례가 아니었다. 오히려 이런 외침은 저주를 불러오기 위해 하나님의 특

---

26 Stephane Courtois et al., "The Great Famine," in *The Black Book of Communism: Crimes, Terror, Repression* (Cambridge, MA: Harvard University Press, 1999).

27 Peter Berger, *A Rumor of Angels* (New York: Anchor Books, 1969), 65.

권적 권능에 호소한 것이다. 이 저주적인 외침은 두 가지 의미에서 초월적인 영역을 드러냈다.

첫째, 이 정죄(condemnation)는 "절대적이고 확실"하다.[28] 거기에 단서를 달거나 주저함은 없다. 판결은 "필연적이고 보편적인 진리의 상태"를 갖는다.[29] 사회과학적 분석은 공중납치범들이 왜 그런 행동을 했는지를 정치학, 심리학, 경제학의 관점에서 이유를 밝힐 수 있는 반면에, 이런 설명은 타당하고 절대적인 도덕적인 판단에는 미치지 못한다.

> 그렇다면 우리는 간단한 대안과 마주하게 된다. 여기에 진리라고 불리워질 수 있는 것은 그 어떤 것도 없다고 부인하든지(우리 존재 속에서 가장 심오하게 경험하는 것을 부인하게 하는 선택) 아니면 우리는 우리의 확실성을 확증하기 위해 우리에게 너무나도 "자연스러운" 경험의 실재 너머를 반드시 바라보아야 한다.[30]

둘째, "천국을 향해 소리지르는 행위는 마찬가지로 지옥을 향해서도 외친다."[31] 이런 악에 대한 가감 없는 정죄를 감안하면, 어떤 지상의 형벌도 충분하지 않다. 2001년 9월 11일에 있었던 19명 공중납치범들의 즉각적인 죽음은 그들 행동의 극악무도함에 적합하지 않다. 왜냐하면 "(악의) 행위자는 자신을 인간 공동체 외부로 배치할 뿐만 아니라, 또 인간 공동체를 초월하는 도덕 질서로부터 그 자신을 최종적으로 분리시켜서 인간 차원 이상의 응징(retribution)을 발동케 하기 때문이다."[32] 저주로부터의 논증은 극단적인 악이 초자연적인 정의를 절실히 필요로 한다는 사실에 초점을 맞추고 있다.

---

28 Ibid., 67.
29 Ibid.
30 Ibid. 나는 인용문을 더 쉽게 읽을 수 있도록 구두점을 약간 수정했으며 인용문의 의미는 그대로이다.
31 Ibid.
32 Ibid., 67-68.

이런 무제한적인 악은 무조건적인 선함의 배경에서만 그 본색을 드러낸다. 그렇기 때문에 우리는 필립 할리가 언급한 르 샹봉 마을 주민의 칭찬받아 마땅한 행동과 지옥에 떨어져야 할 나치 의사들의 행동의 사례를 생각하게 되는 것이다. 그러나 어떤 사람들은 도덕성 판단을 전부 내다 버렸다. 그러고 나면 허무주의가 우리를 음울하게 심연 가운데로 손짓하며 부르게 된다.

6. 허무주의 대면하기

문화적 상대주의는 개인적 상대주의로 이어지고 자율적인 자아는 도덕적 입법자가 된다. 자아가 최고 통치자이기 때문에 도덕적 일치나 도덕적 불일치를 위한 합리적인 근거는 전혀 없다. 초콜렛 아이스크림이 바닐라 아이스크림보다 더 낫다고 주장할 수 없듯이(우리의 평가는 순전히 주관적이기 때문에), 우리는 나치의 실험(정정: 고문)이 유대인 어린이들을 그런 운명에서 구출한 위그노 교도들보다 조금이라도 더 낫거나 나쁘다고 주장할 수 없다. 비록 상대주의가 보편적으로 수용된 사회 가치들의 가면(makeup) 뒤로 숨지만, 그것의 진정한 얼굴은 허무주의다.

허무주의는 많은 영역을 갖지만 그것의 핵심은 도덕적, 미적, 지적인 가치 등 객관적인 가치 일체를 부인하는 것에 있다.[33] 허무주의는 도덕적 무의미함을 단언한다. 객관적인 도덕적 의미나 가치는 없기 때문에, 도덕적 추론의 가능성은 전혀 없다. 개인들이 아무것이나(anything) 혹은 무(nothing)에 기초하여 "도덕성"을 창출하도록 맡겨진다. 아더 레프

---

33 Karen L. Carr, *The Banality of Nihilism: Twentieth Century Response to Meaningless* (New York: State University of New York Press, 1992)를 참고하라. 일반적인 허무주의에 대해서는 Eugene Rose, *Nihilism: The Root of the Revolution of the Modern Age* (Forestville, CA: Fr. Seraphim Rose Foundation, 1994)와 Helmut Thielicke, *Nihilism: Its Origin and Nature-with a Christian Answer* (New York: Harper & Row, 1961)를 보라.

(Arther Leff)의 표현을 빌자면 사람들은 "가드리트"(Godlets: 어린 신, 작은 신-역주)가 되어 간다. 가드리트는 도덕적으로 독단적인 행위주체자들로 실재의 중립적인 스크린에 가치를 투사하는 사람들을 말한다.[34]

잘 알려지지 않은 독일 철학자 막스 슈티르너(Max Stirner: 1806-1856)는 허무주의의 얼굴을 보여준다. 슈티르너는 "젊은 헤겔파" 중 하나였고 칼 막스와 동시대 사람이었다. 『유일자와 그 소유』(*The Ego and Its Own*, 1845)에서 슈티르너는 개개의 인간 너머에 놓여진 것은 무엇이든지(인간의 본질, 하나님, 도덕적 아이디어 또는 정치적 권위 같은 것들) 각 사람으로부터 그 또는 그녀만이 갖는 독특한 개인성과 행위성을 박탈한다고 주장했다.

따라서 개개의 인간 너머에 놓여진 것은 반드시 사라져야 한다. 그는 그와 동시대 살았던 무신론자들이 "경건하다"고 비난했는데 왜냐하면 그들은 모순되게 기독교의 도덕율을 고수했기 때문이다.[35] 그러나 슈티르너에게 있어서 그런 모든 추상적 개념들은 위법이었다. 우리는 우리 자신만을 위해서만 그리고 우리가 원하는 방식대로만 살 뿐이다. 자신 외부의 그 어떤 것도 그를 전혀 주장할 수 없음을 강조하면서 "모든 것들은 내게는 무(nothing)이다"라고 슈티르너는 외쳤다.

"공허함이라는 의미에서 보면 나는 아무것도 아니지만 나는 창조적인 무(creative nothing), 바로 이 아무것도 아닌 무에서 창조자로서의 나 자신은 모든 것을 창조한다." 슈티르너는 선과 악을 초월한다. "당신은 '선한 명분'(good cause)이 내 관심사라고 생각하는가? 어떤 것이 선하고 어떤 것이 나쁜가? 아니, 나 자신이 내 관심사이며 나는 선하지도 나쁘지도 않다. 둘 다 내게는 의미가 없다…나 자신보다 내게 더 중요한 것은 아무것도 없다."[36]

---

34 Arthur Leff의 생각은 이 장 후반부에서 전개될 것이다.
35 Max Stirner, *The Ego and Its Own* (New York: Libertarian Book Club, 1963), 185. 여기서 Stirner는 Nietzsche를 닮았다.
36 Ibid., 5.

슈티르너는 "나는 그것이 **옳은** 일인가의 여부를 내 안에서 결정한다. 나의 밖에서는 그 어떤 **옳음**도 존재하지 않는다."[37] 모든 가치는 자아에 의해서, 자아를 위해서 그리고 자아를 통해서 나오는 것이다. 자아는 가능한 것은 무엇이든 취할 수 있고 그래서 슈티르너의 유일한 저서의 제목은 『유일자와 그 소유』(The Ego and Its Own)인 것이다. 어떤 행동도 금기시되지 않는다.

> 내가 세상을 나만의 것으로 만들 수 있는 것만큼 나는 세상에 관해서 자유를 확보하게 된다. 어떤 힘이나, 설득 또는 탄원, 정언적 요구(categorical demand)를 통해서, 위선(hypocrisy), 부정행위(cheating) 등을 통해서라도 말이다. 자유를 위해 내가 사용하는 수단들은 내가 누구인지에 의해 결정된다.[38]

권리의 개념은, 그것이 본질적으로 사람 안에서 발견되었거나 국가에 의해 수여되었든 간에 허구이다. 권리의 개념은 개개의 자아 위에 놓아둔 또 다른 비실재적 절대에 지나지 않는다. "내가 무력으로 얻을 수 있는 것은 내가 무력으로 얻고 내가 무력으로 얻을 수 없는 것에 대해서는 나는 권리가 없다."[39] 슈티르너는 유혈의 극단에 이르기까지 이를 따른다. "그러나 나는 살인할 수 있는 자격을 나 자신으로부터 부여받았는데 만일 내 자신이 그것을 내 자신에게 금하지 않는다면, 만일 나 자신이 살인을 '잘못된 것'으로 두려워하지 않는다면 말이다."[40]

슈티르너는 한 남자와 그의 여동생 사이의 근친상간이나 살인을 정죄할 수 없다.[41] 진리조차도 자아(ego)에게 반드시 양보해야만 하는 것이

---

37 Ibid., 190. Stirner는 인칭 대명사와 느낌표를 각별하게 좋아했다.
38 Ibid., 165.
39 Ibid., 210.
40 Ibid., 190.
41 Ibid., 45-46, 190.

다. 슈티르너는 진리의 개념이 하나님의 개념과 아주 밀접하게 연계되어 있는 것을 이해했다. 하나님과 진리 두 가지 모두 개인을 감독하고 그 또는 그녀에게 요구한다. "당신이 진리를 믿는 한, 당신은 당신 자신을 믿는 것이 아니고, 당신은 종(servant)이며 종교적인 사람이다. 당신 홀로 진리다. 더 정확히 말하자면 당신은 진리 이상이다. 그 진리는 당신 앞에서 아무것도 아니다"(나는 혹시 Stirner가 그의 독자들이 Stirner의 진술을 자신들을 위한 진리로 여겨주길 원했는지 의아스럽다).[42]

슈티르너의 선포는 한 가지 진리를 예증한다. 즉 상대주의는 허무주의를 저지하기에는 역부족이라는 것이다. 물론 모든 상대주의자들이 실천적인 허무주의자들이 되지는 않을 것이다. 상대주의자들은 아마도 (임의로) "사랑은 내게 좋은 것이다"(Love works for me)와 같은 좋은 도덕적 교훈을 받아들일 수도 있을 것이다. 그러나 도덕적 기준이 개인에 따라 상대적일 때 그 결과는 허무주의이며 그리고 "모든 것이 허용된다"(Dostoyevsky). 이 논증은 귀류법이다.

1. 상대주의는 허무주의로 이어진다.
2. 허무주의는 도덕적으로 수용 불가능하다.
3. 그러므로 (a) 상대주의는 도덕적으로 수용 불가능하다.
4. 그러므로 (b) 우리가 객관적인 도덕성을 지지하기 위한 다른 도덕 이론이 필요하다.

이 장에서 펼쳐진 논증들은 때로는 다소 상이한 도덕 원칙들이 적용될 수도 있다는 것을 부인하지 않는다. 심층적인 도덕적 **원칙**(principle)과 그 원칙을 개별적인 도덕적 **규칙**(rule) 안에 적용하는 것에는 차이가 있다. 예를 들어, 하나님은 예배받으셔야 한다는 것은 객관적이고 절대적인 도덕적 **원칙**이지만, 하나님이 어떻게 예배받으셔야 하는지에 대한 도

42　Ibid., 353(원본의 구두점은 이상하다).

덕적 규칙은 구약(희생제도)에서 신약(그리스도는 희생제물을 완성하신다)으로 오면서 바뀌게 된다. 나는 윤리적 상대주의가 논증에 의해 명백히 틀리다는 것을 주장해 왔다. 만일 그렇다면 우리는 어떤 종류의 객관적인 도덕적 질서와 맞닥뜨리게 된 것이다. 어떻게 하면 객관적인 도덕 질서의 존재를 최선으로 설명할 수 있겠는가? 인격적이고 도덕적인 하나님이야말로 인간들에게 이미 알져져 있는 도덕적 가치의 존재에 대한 최선의 설명이다.

7. 선함에서 하나님으로

만일 순진무구한 어린이들에게 행한 나치의 실험을 무제한적으로 악이라고 하고 그리고 만일 유대인 어린이들을 구한 르 샹봉 주민들의 영웅적인 행동을 무조건적으로 선이라고 한다면, 우리는 그런 선과 그런 악의 기원, 존재와 지식을 설명하고, 우리가 선을 추구하고 악에 대항할 수 있는 충분한 동기부여를 제공해 주는 어떤 세계관을 찾을 필요가 있다. 선함으로부터 출발하여 하나님으로 귀결되는 기본적인 논증은 아주 간단하다.

1. 만일 인격적인 하나님이 존재하지 않는다면, 객관적인 도덕적 가치는 존재하지 않는다.
2. 객관적인 도덕적 가치는 확실히 존재한다.
3. 그러므로 인격적인 하나님은 존재한다(후건부정에 의해서).[43]

---

43 William Lane Craig, "Five Reasons Why God Exists," in *God: A Debate Between a Christian and an Atheist*, ed. William Lane Craig and WalterSinnott-Armstrong (New York: Oxford University Press, 2004), 19. 나는 하나님의 묘사에 "인격적인"을 추가하였는데 왜냐하면 Craig가 명확하게 언급하지 않은 비인격적인 개념의 하나님이 있기 때문이다.

전제 2의 진실은 이미 확립되었다. 전제 1은 많은 무신론자들에 의해서는 부인되었지만, 다수의 무신론자들에 의해 긍정되었다. 우리는 비인격적인 하나님의 관점(범신론)이 도덕적 가치를 지지할 수 있는지 먼저 질문해 보고, 그런 다음에 우리는 자연주의자가 이해하는 도덕성에 대해 언급해 보도록 하겠다.

1) 범신론과 도덕성

비이원론적 범신론은 존재하는 모든 것은 신적이고 절대적으로 단일하다고 주장한다.[44] 영향력있는 힌두교 학교(아드바이타 베단타)의 신조는 "아트만(Atman)은 브라만(Brahman)이다"를 단언한다. 개인의 자아(아트만)는 브라만(비인격적이고 무도덕적인 우주적 자아)과 동일하다. 찬도갸 우파니샤드(Chandogya Upanishad)에서 한 아버지가 아들에게 이렇게 말한다. "나를 믿어라. 내 아들아, 보이지 않고 미묘한 본질이 바로 전체 우주의 영이다. 그것이 진정한 실재다. 그것이 아트만이다. 네가 바로 그것이다."[45]

"네가 바로 그것이다"(THOU ART THAT: 어떤 번역은 "그것이 너이다" [THAT ART THOU]라고도 한다)는 대화 전체에 걸쳐 단호한 결론으로 반복된다. 아드바이타 베단타에게 있어서 창조주와 피조세계 사이에는 어떤 구분도 존재하지 않는다. 사실 이 우주의 존재를 초래한 인격적이고 도덕적인 행위자의 자격으로서의 창조주는 없다. 이 하나의 (또는 비이원적인) 실재는 선과 악의 구분을 초월한다.

---

44 범신론에는 형이상학적으로 다양한 버전들이 있으며 모든 형태는 철학적 문제에 봉착해 있다. 내가 비이원론적 범신론을 선택한 것은 그것이 서구에서 오랫동안 대중성을 유지했었기 때문이다. 범신론의 철저한 비평을 위해서는 David Clark and Norman Geisler, *Apologetics in the New Age: A Christian Critique of Pantheism* (1990; reprint, Eugene, OR.: Wipf & Stock, 2004)을 참고하라.

45 *The Upanishads*, trans. Juan Mascaro (Harmondsworth, UK: Penguin, 1965), James W. Sire, *The Universe Next Door: A Basic Worldview Catalog*, 5th ed. (Downers Grove, IL: InterVarsity Press, 2009), 150에서 인용됨.

만일 "모든 것이 하나라면," 그 어떤 종류의 다양성을 위한 존재론적 공간이 전혀 없는 것이며, 도덕성에서도 마찬가지로 부재한다. 객관적인 도덕적 가치는 전혀 없는 것이다.

힌두교의 비이원론은 카르마의 실재도 마찬가지로 긍정하는데 카르마는 비인격적인 매커니즘으로 사람들(과 모든 살아 있는 것들)에게 도덕적 결과를 하나의 생에서(from lifetime) 다음 생으로(to lifetime) 판결하고 할당한다. 그렇기 때문에 범신론은 도덕적 상벌뿐만 아니라 도덕적 평가를 어느 정도 용인하려고 하는 것이다. 그러나 그런 교리를 변론하는 유일한 방법은 수 세기 전 힌두 철학자인 상카라(788-820)가 시도했던 것처럼 실재의 "두 진리" 견해를 견지하는 것이다.[46]

상카라는 실재의 하층(마야)에서 실재는 "사실적"(real)이지만, 절대적 단일성(브라만)인 상층에서는 "비사실적"(unreal)이라고 말했다. 이는 관점의 문제이나 깨우친 존재는 만물을 순수한 브라만으로 간주한다. 어쨌든 진리의 두 단계 견해를 통해 도덕성을 구출하고자 하는 상카라의 시도는 실패하는데 왜냐하면 브라만의 궁극적인 실재는 결국 도덕적 이원성의 현상을 부정하거나 반박하게 되기 때문이다(아무리 그것이 사실적으로 여겨진다고 하더라도).

만일 브라만이라고 하는 하나(one)의 비이원론적인 최고의 실재만이 존재하는 것의 전부라면 이원성은 존재할 수 없다. 도덕적 이원성에 대한 주장들은(선과 악, 친절함과 잔인함) 객관적인 조건을 묘사할 수 없다. 아무것도 동일한 시간에 동일한 면에서 동시에 도덕적이면서 무도덕적일 수 없다. 그럼에도 바로 이것이 두 가지-진리 이론(two-truth theory)이 요구하는 것이다. 즉 실재는 (카르마의 조건 아래 놓여 있는 개개의 자아

---

46 현대 비이원론자인 Ken Wilber는 유사한 철학적 구출을 시도하지만 Sankara의 전략과 본질적으로 차이가 나는 것은 하나도 없다. Ken Wilber, *A Brief History of Everything*, rev. ed. (Boston: Shambhala, 2000)를 참고하라. 내가 Wilber의 책을 비평한 것에 대해 Douglas Groothuis, "A Summary Critique: A Brief History of Everything," *The Christian Research Journal* 〈www.equipresources.org/arf/cf/%7B9C4EE03A-F988-4091-84BD-F8E70A3B%21%7D/DN267.pdf〉을 참고하라.

에 관해서는) 도덕적이며 동시에 (브라만과 하나인 개인의 정체성에 관해서는) 무도덕적이라는 것이다. 만일 그렇다면 그 견해는 모순적이고 따라서 거짓이다. 그 견해는 논리적 일관성 테스트에 실패한다.

그렇지만 많은 비이원론자들은 도덕적 구별을 위한 존재론적 공간을 어느 정도 일구어 내기 위해서 자신들의 에너지를 허비하지는 않는다. 그들은 단지 객관적인 도덕적 가치의 존재를 전면적으로 거부할 뿐이다. 그렇게 함으로써 그들은 실재의 면전에서 왜곡된 논리적 일관성을 내보인다. 로버트 퍼시그(Robert Pirsig)의 인기 소설인 『선 그리고 오토바이 관리기술』(Zen and the Art of Motorcycle Maintenance)에서 그는 그가 인도에서 참석했던 한 강의에 대해 자세히 이야기한다. 교수는 환상과 같은 세계의 본질에 대해서 상세하게 설명하고 있었을 때 퍼시그는 히로시마와 나가사키에 원자폭탄이 투하된 것이 환상에 불과한 것이 맞냐고 물었다. 이에 대해 "그 교수는 미소지으며 '그렇다'고 말했다." 바로 그 시점에 퍼시그는 "강의실을 떠났고, 인도를 떠났고, 포기했다."[47]

객관적인 도덕적 실재를 부인하는 것은 비논리적이고 그렇게는 살 수 없다. 한 개인이 반사회적 인격장애자가 아닌 한 그/그녀는 마치 도덕이 존재하지 않는 것처럼 살 수는 없다. 그렇기 때문에 비이원론적 범신론은 생존력이나 실용성의 테스트에 실패한다.

우리는 비이원론의 도덕적 문제를 다른 각도에서 접근할 수 있는데 그것은 도덕적 지식의 명제적 본질이다. 범신론의 신성은 비인격적이고 무도덕적일 뿐 아니라 인지적인 용어로 아는 것도 불가능하다. 만일 하나님이 전부고 모든 이원성을 초월한다면, 명제들(도덕적인 것과 그 이외의 다른 것들)을 위해 요구되는 개념적 이원성도 반드시 부정되어야만 한다. S는 P이다(주어는 어떤 속성을 갖는다)라는 간단한 긍정문은 철저하게 이원적이다. "살인은 도덕적으로 잘못되었다"라는 도덕적 명제는 비이원론이 금지하는 개념적 이원성을 요구한다. 비이원론을 감안할 때 명백하

---

47 Robert Pirsig, *Zen and the Art of Motorcycle Maintenance* (New York: William & Morrow, 1999), 143-144.

게 진실된 이 단순한 도덕적 명제는 수용 불가능하다. 만일 그렇다면 비이원론은 거짓이다.

그러므로 비이원론은 내적으로 모순되었고(도덕성을 동시에 긍정할 뿐 아니라 부인함) 따라서 필연적으로 거짓이거나 아니면 비이원론은 계속 논리적인 일관성을 유지하며 객관적인 도덕 가치의 존재를 부인한다. 이는 우리에게 다음의 후건부정 논증을 남긴다.

1. 만일 범신론이 참이라면, 그렇다면 어떤 객관적인 도덕적 가치도 존재하지 않는데 왜냐하면 (a) 범신론은 도덕적 가치를 명백히 부인하거나 또는 (b) 범신론은 두 단계 진리관(two-level view of truth)에 기초하여 객관적인 도덕 가치를 동시에 긍정할 뿐만 아니라 부인하는 헛된 일을 시도하기 때문이다.
2. 객관적인 도덕적 가치가 존재한다.
3. 그러므로 범신론은 거짓이다.

2) 무신론과 객관적인 도덕 가치의 부인

대부분의 무신론 형태는 실재에 대해서는 그것이 어떤 것이든지 비물질적인 형태가 존재하는 것을 부인한다. 실재는 물질적이며 그 어떤 도덕적 목적이나 객관적인 도덕법칙도 결핍되어 있다. 무신론자 버트란드 러셀은 그의 저명한 수필 "자유인의 예배"(*A Free Man's Worship*)에서 이를 극적으로 기술하였다.

> 사람은 자신들이 어떤 목적을 달성하고 있는지에 대한 예지가 (prevision) 전혀 없었던 원인들의 산물로서, 사람의 기원, 사람의 성장, 사람의 소망과 두려움, 사람의 사랑과 신념은 원자들의 우연한 배열의 소산일 뿐이라는 것이다. 어떤 불같은 열정도, 어떤 영웅적 행위도, 어떤 생각와 감정의 강렬함도 한 개인의 삶을 무덤 너머로 보존할 수 없다는 것이다.
>
> 대대로 이어진 모든 노동, 모든 헌신, 모든 영감, 인간의 천재성

에서 나오는 모든 정오의 밝음도 태양계의 방대한 죽음에서 소멸할 운명에 놓여 있고, 사람의 업적이라는 전체 성전은 폐허 속의 우주 잔해 밑에 결국 반드시 매장되어야 한다. 논란의 여지가 전혀 없는 것은 아니지만, 그럼에도 거의 틀림없이 모든 것들이 보여주는 것은 이 모든 것들을 거부하는 그 어떤 철학도 존속할 것을 소망할 수 없다는 것이다.[48]

러셀은 도덕은 인간이 만들어낸 것에 지나지 않으며 인간들 스스로는 "원자들의 우연한 배열의 소산"이라고 단언한다. 그는 인간 무리는 "개인이 자신의 이익을 위해서만 행동하게 될까봐 염려되어 개인의 이해를 무리와 조화시키는 것을 유발하기 위해 다양한 장치들을 발명했다. 그 장치들 중 하나가 도덕성이다"[49]라고 주장한다.

따라서 그들의 비극적인 조건에도 불구하고, 사람들은 설계, 의미나 희망찬 운명이 부재한 세상의 무심한 잔인함에 대항해서 고귀하지만 부질없는 투쟁을 치뤄야만 하는 것이다. 우주는 목적이나 의미가 부재하지만, 이 모든 것에 직면한 인간들은 "이상"(ideals)을 소유한다.[50] 이 "이상"은 창조주나 순수 개념의 그 어떤 영역(전능한 물질[matter]이 존재하는 것의 전부이므로)에서도 유래하지 않는다. 그리고 이러한 인간의 이상은 "태양계의 방대한 죽음에서 소멸할 운명에 처해 있다."

따라서 도덕은 물리적이고 생물학적인 요인들로 환원되는데 왜냐하

---

48 Bertrand Russell, "A Free Man's Worship," in *Why I Am Not a Christian and Other Essays on Religion and Related Subjects*, ed. Paul Edwards (New York: Simon & Schuster, 1957), 107.
49 Bertrand Russell, *Human Society in Ethics and Politics* (New York: Simon & Schuster, 1955), 125, Craig, "Five Reasons Why God Exists," 17에서 인용됨.
50 Russell, *Why I Am Not a Christian*, 104-116. "A Free Man's Worship"에서 사용된 일련의 Russell의 언어는 그가 "사실 세계"(the world of fact)의 너머에 존재하는 비유신론적인 객관적 가치의 영역("이상"[ideals])을 믿었을 수도 있다는 것을 제안하지만, 그렇게 해석하기 어렵다. 만일 이 수필에서 이것이 그의 입장이라면, 그는 "무신론적 도덕적 실재론"(atheistic moral realism)의 범주에 해당되며 비평은 아래에 실려 있다.

면 단지 이것이 존재하는 것의 전부이기 때문이다. 단순히 물리적이고 문화적인 것을 초월하는 도덕적 실재를 위한 독립적인 영역은 전혀 없는 것이다. 철학자이며 다윈주의 수장인 마이클 루스(Michael Ruse)는 다음과 같이 설명한다.

> 도덕성은 손과 발과 이에 못지 않은 생물학적인 적응이다. 객관적인 어떤 것에 대한 이성적으로 정당화할 수 있는 주장의 집합으로 간주된 윤리는 환상에 불과하다. 나는 누군가가 "당신 자신처럼 당신의 이웃을 사랑하라"고 말할 때 그것을 높이 평가하는데, 그들은 그들 자신 이상의 그리고 자신 너머의 어떤 것을 언급한다고 생각한다. 그럼에도 불구하고 그런 언급은 정말 근거 없는 것이다. 도덕성은 생존과 번식을 위한 도움일 뿐이고 생존과 번식을 위한 도움 너머 혹은 이것 외부에는 어떤 존재도 없다.[51]

프리드리히 니체는 미친 사람이 등장해서 "하나님은 죽었다"라고 주장하는 것으로 잘 알려진 그의 비유, "미친 사람"(The Madman)에서 이 문제를 극적으로 표현한다. 이 비유(그리고 그의 다른 저술)에서 분명한 것은 "하나님의 죽음"은 그것과 함께 객관적인 가치, 의미와 중대성의 소멸을 가져 왔다. 이타주의는 보편적인 도덕적 법칙에서 어떤 근거도 갖지 못했다. 권력에의 의지만이 번영하기 위한 갈등에서 본질적인 사실이었고, 몇몇 안되는 인류의 표본만 존재할 가치가 있었다. 니체는, 하나님은 부인했지만 여전히 기독교 도덕 원칙을 보유한 계몽주의 철학자들을 참을 수 없었다. 니체는 이렇게 신을 죽이는 것을 가장 훌륭한 행동으로 환호하며 맞이했지만 그는 (동시대 많은 사람들에 앞서서) 어떤 철학

---

51 Michael Ruse, "Evolutionary Theory and Christian Faith," in *The Darwinian Paradigm* (London:Routledge, 1989), 262, 269.

적 결과를 초래하게 될지도 알았다.[52] 니체처럼 실존주의자 쟝-폴 사르트르(Jean-Paul Sartre, 1905-1980)도 하나님을 생략하고도 전통적인 도덕성을 보유할 수 있다는 개념을 거부했다. 적어도 수평적인 차원인 인간들만 있는 곳에서의 도덕성의 존재를 거부했다.

> 하나님이 존재하지 않는다는 것은 몹시 난처한 것인데 왜냐하면 아이디어의 천국에서 가치를 발견할 수 있는 모든 가능성이 하나님과 함께 사라지기 때문이다. **선험적인 선(Good)**은 더 이상 있을 수 없는데 왜냐하면 그것을 생각할 수 있는 무한하고 완벽한 의식이 더 이상 존재하지 않기 때문이다. 어느 곳에도 선은 존재한다고, 우리가 반드시 정직해야 한다고, 우리가 반드시 거짓말을 하지 않아야 한다고 기록되어 있지 않는데, 왜냐하면 우리들은 사람들만 있는 어떤 차원에 존재하기 때문이다. 도스토예프스키가 말했듯이 "만일 하나님이 존재하지 않는다면, 모든 것이 가능할 것이다."[53]

사르트르, 알베르 카뮈(Albert Camus)와 다른 무신론적 실존주의자들은 가치 없는 세상에서 가치를 영웅적으로 창출하여 허무주의를 초월하려고 했다. 그러나 만일 "모든 것이 허용 가능하다면" 이런 실존주의자의 명령조차도 도덕적 힘을 상실하게 된다.[54] 객관적인 가치를 만들어낼 수 있는 인간은 없다. 그/그녀가 새로운 원색(primary color)을 창조해 보려고 하는 것과 같다.[55] 사르트르는 "사람은 쓸모없는 열정이다"(Man is a

---

52 Friedrich Nietzsche, "The Gay Science," 125, in *The Portable Nietzsche*, trans. Walter Kaufmann (New York: Viking, 1968), 95.
53 Jean-Paul Sartre, *Existentialism and Human Emotions* (New York: Philosophical Library, 1957), 22.
54 실존주의의 탁월한 해설과 비평을 위해서는 James Sire, "Beyond Nihilism: Existentialism," in *Universe Next Door*를 참고하라.
55 C. S. Lewis, "The Way," in *The Abolition of Man* (1944; reprint, New York: Touchstone, 1996).

useless passion)라고 통탄했을 때 이것을 인정한 것이다.[56] 만일 모든 것이 무의미하고 불합리하다면, 자율적이고 개인적인 가치의 창조도 무의미하고 불합리한 것이다.

3) 아더 레프: 하나님이 부재함 가운데 존재하는 법

『형언할 수 없는 윤리, 부자연스러운 법』(Unspeakable Ethics, Unnatural Law)에서 아더 레프(Arthur Leff)는 인간 법 배후에 존재하는 타의 추종을 불허하는 도덕적 권위로 하나님이 여겨지지 않는 한, 법은 가지각색의 임의적 합의로 와해되어, 그 어떤 인간의 법도 "근데 누가 그러는데?" (But says who?: 이는 권위를 질문하거나 문제삼는 표현으로 감히 누구에게 그런 권리가 있느냐는 것이다-역주)처럼 권위를 문제삼는 조롱을 버텨내지 못할 것이다. 레프는 우리 현대인들은 두 가지 모순된 것을 긍정하고자 한다고 그의 주장을 시작한다.

1. 옳고 그름에 대한 완전하고, 초월적이고, 내재적인 명제의 집합, 우리가 의롭게 살 수 있도록 권위 있고 명료하게 인도해 주는 발견 가능한 규칙들이 거기에 존재한다.
2. 우리는 우리 스스로를 위해 무엇을 당연히 해야 할지를 선택할 수 있을 만큼 전적으로 자유로울 뿐만 아니라, 개인과 한 종(species)으로서, 우리가 어떻게 마땅히 존재해야 할지를 스스로를 위해 결정할 수 있을 만큼 전적으로 자유롭다.[57]

1번과 2번의 진술은 논리적으로 양립 불가능하다. 그럼에도 불구하고 "우리가 원하는 것은, 하늘이 우리를 도와(초월자를 믿지 않는 Leff가 진심으로 하늘의 도움을 요청하는 것은 아니다. 완벽하게 통치받는 것과 동시에 완

---

56 Sartre, *Existentialism and Human Emotions*, 90.
57 Arthur Allen Leff, "Unspeakable Ethics, Unnatural Law," *Duke Law Journal* 1979, no. 6 (1979): 1229.

벽하게 자유한 것은 오직 하늘만 도울 수 있다는 것을 의미한다-역주) 완벽하게 통치받고 완벽하게 자유한 것을 동시에 경험하는 것이다. 즉 옳은 것과 선한 것을 발견하는 것과 동시에 옳은 것과 선한 것을 만들어 내는 것이다."[58] "발견된 법과 만들어진 법 사이에" 존재하는 이 긴장은 "우리는 우리들 자신보다 더 매력있거나 더 궁극적인 것은 찾아낼 수 없다"고 말한 법률 작가들의 최근 의혹을 설명해 준다.[59]

권위 있는 법을 찾아내기 위해, 우리는 법 체계의 토대로 사용될 수 있는 "'개인은 마땅히 X를 해야 한다' 또는 'X를 하는 것이 옳다'의 형태를 띤 규범적 명제들의 집합들을 향해 반드시 손을 뻗어야 한다."[60] 이렇게 발견된 법은 "발견자(finder)에 의해서 창조되는 것이 아니며 따라서 그 법은 그에 의해서 변경되거나 도전될 수 없다."[61] 만일 우리가 "그대는 간음을 범하지 말지어다"처럼 절대적인 구속력을 갖는 도덕적 의무들에 기초한 법 체계를 상상할 수 있다면, 우리는 "정세들(state of affairs)에 대한 판단을 생성해내는 어떤 장치인" **평가자**(evaluator)를 필요로 함을 우리는 반드시 인식해야만 한다.[62]

> 만일 평가하는 것이 의심의 여지없이 확실하려면, 평가자와 그의 평가 과정은 비슷하게 보호되어야만 한다. 만일 평가가 제대로 되기 위해서는 평가자는 반드시 재판받지 않는 판사, 판결받지 않는 입법자, 어떤 전제에도 의지하지 않는 전제 제작자(premise maker), 창조되지 않은 가치 창조자여야 한다. 자 만일 그런 것이 존재한다면 당신은 그런 것을 무엇이라고 부르겠는가? 당신은 그것을 그분(Him)이라고 부를 것이다.[63]

---

58 Ibid.
59 Ibid.
60 Ibid., 1230.
61 Ibid.
62 Ibid.
63 Ibid.

그런 "하나님에 근거한 체계는 비유할 대상이 전혀 없다." 만일 하나님이 존재한다면, "간음은 잘못되고, 나쁘고, 죄많은 것으로 유형화하는 존재들로서, 우리는 정의되고 구성되는 것이다. 따라서 그런 체계에서 간음을 저지르는 것은 '당연히' 나쁜데 그것은 오로지 체계 자체가 초자연적으로 구성되었기 때문이다."[64]

하나님의 도덕적 선언은 "수행적 발화"(performative utterances)이다. 이 진술문들은 정세를 묘사하지 않고 발화를 수행함으로써 정세를 구성한다. "내가 세상에 대해 정확하게 알리고 있는지에 대해서는 의심의 여지가 없다. 왜냐하면 나는 세상을 구성해 가는 과정 가운데 있기 때문이다."[65] 또한 "나는 이제 여러분을 남편과 아내로 선포합니다"와 같은 결혼식 주례자들의 수행적 발화를 고려해 보라. 하나님의 발화와는 달리 이런 말 자체는 실재들을 만들어 내지는 못한다. 오히려 이런 수행적 발화는 적절한 사람에 의해 일련의 규칙을 따라 반드시 발화되어야만 한다.

그러나 레프는 관습적인 수행적 발화를 넘어서 궁극적이고 객관적인 도덕적 권위의 문제로 옮겨 간다. 이런 도덕적 권위를 소유하고 있어서 명령에 의해 도덕적 진리를 선험적으로 결정할 수 있는 사람은 아무도 없다고 레프는 주장한다.

> 제기된 질문을 사실로 가정하지 않는 한 선험적으로 그런 힘을 가졌다고 여겨질 만한 사람은 아무도 없다. 언급했듯이 **하나님**을 제외하고 말이다. 전지전능하고 무한하게 선한 존재의 선포는 항상 진실되고 유효하다는 결론이 **필연적으로** 따른다. 하나님이 "빛이 있으라"고 말할 때, 빛은 거기에 있다. 그리고 그것이 좋다고 하나님이 볼 때, 과연 그것은 좋은 것이다.[66]

---

64 Ibid., 1231.
65 Ibid.
66 Ibid., 1232. 강조는 추가됨.

그런 다음에 레프는 그는 하나님이 존재하시는지 그렇지 않은지에 대해서 선언할 수 없다고 이의를 제기한다. 왜 법 이론가들이 "초자연적인 근거"의 혜택 없이는 법률적 또는 도덕적인 명제들을 발표하는 것을 단념하는지를 단지 보여주기 위해 레프는 이 문제를 제기한 것이다.[67] 오직 하나님의 뜻만 "우주보편적인 '누가 그러는데?'"(cosmic 'says who?': 권위를 문제삼아 만국민이 예외 없이 제기한다는 것을 강조하기 위해 우주적인 이라는 형용사를 추가했다. 여기서는 '우주보편적인' 혹은 '만국민의'로 번역하겠다—역주)를 극복하고 권위를 계속해서 유지할 수 있을 것이라고 그는 주장한다. 법률적이고 윤리적인 이론은 "시편기자의 말처럼 주와 같은 분은 아무도 없다는 사실을" 감안해야만 한다. "만일 주님이 존재하지 않으신다면, 은유적인 등가물(equivalent)은 있을 수 없다."

> 이것은 왜냐하면 그 누구도, 어떤 사람들의 결합도, 오랜 시간의 경과로 아무리 신성해진 문서라고 해도, 어떤 과정도, 어떤 전제(premise)도, 그 어떤 것도, 조사 불가능한 선과 악의 조사원이라는 이 중심적 기능을 담당하는 실제적인 하나님에 견줄 수 없기 때문이다. 소위 말하는 하나님의 죽음이 단지 하나님의 장례식이였던 것만은 아니다. 하나님의 죽음은 정합적인 윤리적 체계나 법적 체계는 어떤 것이든지, 아니 더 정확하게 말하자면 체계 외적 전제들에 의존하기에, 순간 이상의 설득력을 갖는 윤리적 체계나 법적 체계의 총체적인 제거도 마찬가지로 초래한 것으로 판명된다.[68]

오직 하나님만 "최종적인 평가자"로서 전적으로 인간적 체계의 외부에 존재하는 도덕적 전제들을 제공할 수 있다.[69] 반대로 모든 대리 평가

---

67 Ibid.
68 Ibid.
69 Ibid., 1233.

자는(surrogate evaluator) "반드시 우리 중 하나, 우리 중 몇 명, 우리 모두 여야 한다. 하지만 그 외의 다른 어떤 것이 대리 평가자일 수는 없다."[70]

하나님이 없는 법률적 체계나 도덕적 체계는 그것이 어떤 것이든지 도덕적 평가자의 역할을 하는 사람이 내리는 공리처럼 자명한 선택에 의해 차별화될 것이다. "우리 중 누가 반드시 준수되어야 하는 '법'을 마땅히 선포할 수 있겠는가?"[71] 레프는 법과 도덕성을 위한 유한한 평가자로 기능하는 사회적 하나님의 다양한 후보들(various social God candidates)을 분석한다.

우선, 그는 법 체계를 해석되어야 할, 그냥 주어진 사실(brute facts)로 간주하는 기술주의(descriptivism)를 조사한다. 레프가 이 용어를 사용하지는 않지만, 이는 "법률적 관행주의"(legal conventionalism)로 칭해질 수 있다. 기술주의는 누가 법 체계를 발생시켰는지에 대해서는 관심을 기울이지는 않지만 "어떤 규칙들이 실제적으로 준수되는지"를 조사하는데, 이 때 규칙들을 정당화하거나 규탄하려고 하지 않는다. "만일 법이 주권자의 명령으로 정의된다면, 주권자가 명령하는 것은, 그것이 무엇이든지 준수된다. 이런 사람을 주권자라고 정의한다."[72] 거기에는 주권자를 평가할 수 있는 "체제 외적인"(extrasystemic, 또는 초월적인) 어떤 원칙도 존재하지 않는다.

그래서 기술주의는 "모든 법 체계를 동등한 것으로 '입증한다'(validate)."[73] "기술주의 체제 아래에서는 어떤 것에 대해 당연히 그래야 한다거나 당연히 그래서는 안 된다라고 말하는 것은 불가능하다."[74] 그런 사실 때문에 최종적인 평가자로서의 하나님의 역할이 어떤 법 체계에서나 그리고 모든 법 체계에서 기정 사실로 주어진다.

---

70 Ibid.
71 Ibid.
72 이는 동어반복(tautology)인데 Leff는 이것을 언급하지 않는다.
73 Ibid., 1234.
74 Ibid.

그러나 하나님이 부재한 가운데에서 주권자나 법을 생성하는 그 누구나에게 왜 "궁극적인 존경을 얻을 자격을 부여하는가?"[75] 아마 "각 사람은 자기 자신을 위한 궁극적인 평가의 권위자일 것이다." 이를 인격주의(personalism)라고 칭한다. 이 견해에 의하면 이제 개인들은 수행적 발화를 통한 선악 결정의 특권을 갖게 된다. 즉 "어떤 것이 나쁘거나 좋다고 하는 것, 틀리거나 옳다고 하는 것은 바로 그것이 각 개인에 의해 발화되었다는 단지 그 이유 하나 때문이다."[76]

기술주의의 문제는 기술주의는 규범적인 체계라면 아무것이나 승인한다는 것이다. 그러나 "'하나님은-바로-나' 접근 방법의 문제는 그 많은 체제들 중에서 왜 그것을 선택하는지에 대한 어떤 자세한 설명이나 정당한 이유 없이" 모든 이들의 개인적 규범 체계를 인정한다는 것이다. 어떻게 동일한 도덕적 지위를 갖는 다수의 신들이(또는 Leff가 말하는 작은 신들이) 도덕적으로 규제될 수 있겠는가? 그들 위에 최종 평가자가 부재한 상황에서 말이다.

"작은 신을 선호하는 것"만이 "신들 상호 간 협약"(interdivinity transactions)의 유일한 근거일 때에는 무엇이든지 허용된다.[77] 인격주의의 견해에 따르면 "각각의 약속자가 어떤 약속은 반드시 지켜져야 한다고 생각할 때만 그 약속은 반드시 지켜진다. 약속 이행의 가치는 다른 여타의 가치와 전혀 다를 것이 없기 때문에" 어떤 계약이나 조약에 호소한다고 해서 이 슬픈 상황에서 벗어날 수는 없다.[78]

아마도 우리는 개인 상호 간의 차이를 양적으로나 질적으로 구별하는 방법을 찾을 수 있을 것이다. "한 개인은 어떤 것을 취할지 선택할 수 있을 것이다. 즉 대부분이 동의하는 평가들을 취하거나 최고의 평가

---

75 Ibid., 1235.
76 Ibid.
77 Ibid., 1236.
78 Ibid., 1237.

를 취할 수 있다."⁷⁹ 그러나 "다수의 의견이 법을 정해야 한다"는 원칙은 어떤 최종적인 평가자에 의해서도 초래될 수 없기 때문에 다수결주의(majoritarianism) 역시 실패하게 된다.

어쩌면 논리가 규범적인 평가의 문제에 해결책을 제공해 줄 수도 있을 것이다. 내적으로 일관된 도덕적 체계를 지닌 **합리적인** 사람들에 의해 검토된 판단은 비논리적인 사람들이 허둥지둥 내어놓는 도덕적인 변덕보다는 더 비중 있게 여겨져야 한다. 그러나 여기에서도 합리적인 도덕주의자는 "만일 누군가가 엉성하거나 충동적인 종류의 윤리적 선언보다 더 신중하고 일관되고 정합적인 윤리적 선언들을 더 '뛰어나게' 선포할 능력을 가지고 있어야"만 선호될 수 있다. "누가 그런 능력을 갖고 있으며 어떻게 그 능력을 갖게 되었는가?"⁸⁰

레프는 다른 가능한 평가의 근원들을(정치적 헌법을 하나님으로 만드는 것을 포함해서) 고려해 보지만, 모든 것은 동일하게 본질적인 문제에 봉착하게 되는데 레프는 이것을 "우주보편적인 '누가 그러는데?'" 반론으로 부른다. 하나님이 부재한 세상은 객관적인 도덕적 권위가 부재한 세상이다. 레프는 그의 에세이를 설득력 있는 역설로 마무리한다.

> 결론적으로 나는 마치 우리가 가진 것이라고는 우리가 전부인 것처럼 여겨진다고 말할 수밖에 없다. 우리 자신들과 서로에 대해 아는 지식을 감안하면, 이것은 전혀 우리의 구미를 당기게 하지 않는 현실이다. 세상을 둘러보았을 때 만일 모든 사람들이 형제지간이라면 지배적인 모델은 가인과 아벨로 여겨진다(성

---

79 Ibid.
80 Ibid., 1238. Leff의 논증을 한 단계 발전시켜 보기 위해서, 만일 우리가 논리적인 일관성을 여느 개연적인 윤리적 체제를 위한 충분조건으로 삼는다고 하더라도 (모든 사고체계는 반드시 그 사고체계 자체와 논리적으로 일관되어야 하므로), 내적으로 일관되지만 그럼에도 불구하고 서로 모순되는 두 가지 또는 그 이상의 윤리적 이론들이 존재할 수 있을 것이다. 만일 그렇다면 우리는 논리적 일관성 하나에만 근거해서는 그런 윤리적 체계들 중에 어떤 것을 선택할지 결정할 수 없을 것이다.

경에서 형 가인은 동생 아벨을 살해함-역주). 이성도 사랑도 공포조차도 우리를 "선하게" 만들지 못했고, 그것보다 더 심각한 것은 왜 그 어떤 것이라도 우리를 선하게 만들어야 하는지에 대한 이유가 전혀 없다는 것이다.

윤리가 우리가 형언할 수 없는 어떤 것인 경우에 한해, 법은 부자연스럽게 되고 따라서 도전할 수 없는 것이 될 수 있을 것이다. 지금 상태로라면 모든 것이 누구에게나 다 가능하다(즉 아무나 윤리를 말하고 또 아무나 그것에 도전할 수 있다-역주).

그럼에도 불구하고
아기들에게 네이팜 폭탄투하를 하는 것은 나쁘다.
가난한 사람들을 굶겨 죽이는 것은 사악하다.
서로를 사고 파는 것은 타락한 것이다.
히틀러, 스탈린, 아민과 폴 포트 그리고 커스터 장군(수[sioux] 인디안과 싸워 참패한-역주)에 용감히 맞서 저항하다가 숨진 사람들은 구원을 얻은 것이다.
묶인한 사람들은 저주받아 마땅하다.
악이라고 하는 어떤 것이 세상에는 존재한다.
[자 모두 함께:] 누가 그러는데?(누가 그런 선과 악이 있다고 하는가?-역주).
하나님 우리를 도와주세요.[81]

레프는 앞에서 하나님의 존재 문제를 결정하는 것은 삼가하겠다고 주장했지만, "마치 우리가 가진 것이라고는 우리가 전부인 것처럼 여겨진다"고 말하며 이제 그는 하나님의 비존재를 긍정한다. 그럼에도 몇 마디 후에 레프는 독재자들에 대한 우리의 반응에 대해서는 객관적인 선

---

81 Ibid., 1249. 대괄호는 원문에 있는 그대로이다.

악의 존재를 긍정하며 "악이라고 하는 것이 세상에는 존재한다"고 말한다. 그러나 이 진술문조차도 "누가 그러는데?" 반론에 봉착하게 된다. "하나님 우리를 도와주세요"와 같은 난제에 비추어 보았을 때 말이다.

그의 주장은 그를 궁지에 몰아넣었지만, (그가 하나님의 부재를 전제했다는 것을 고려해 볼 때) 그는 그 궁지에서 그가 도달할 수 없는 어떤 것을 향해 울부짖는다. 우리는 동일한 결론을 공유하는 두 가지 논증을 통해 레프의 딜레마를 요약할 수 있다.

1. 만일 하나님이 존재하지 않는다면, 도덕성과 법은 기반을 상실하게 되고 객관적인 선과 악은 전혀 존재하지 않게 된다 (이에 있어서 Leff는 Russell, Nietzsche, Stirner, Ruse, Sartre, Camus, Dostoyevsky와 다른 이들의 지지를 받고 있다).
2. 객관적인 선과 악이 존재한다(내가 이 장의 초반부에 제공한 사례들뿐만 아니라 Leff가 인용하는 사례들에 의해서도 예시되었다. Leff는 상대주의에 대항하는 나의 사례에서 이미 언급한 바 있는 "강렬한 반례" 전략을 사용한다).
3. 그러므로 (a) 도덕성과 법에는 궁극적인 기반이 전혀 없다는 것과 객관적인 선과 악이 전혀 존재하지 않는다는 것은 거짓이다.
4. 그러므로 (b) 하나님은 궁극적인 평가자로서 존재하신다.

레프의 논증은 **선언적 삼단논법**(dysjunctive syllogism)으로 단순화할 수 있다.

1. 하나님은 존재하시거나(궁극적인 도덕적 평가를 제공하는 사람) 허무주의가 참이다(모든 도덕적 평가는 임의적이다).
2. 허무주의는 거짓인데 왜냐하면 객관적인 선과 악이 존재하기 때문이다.
3. 그러므로 하나님은 존재한다(궁극적인 도덕적 평가자로서).

레프가 허무주의를 피하기 위해서는 이 논증들을 반드시 받아들여야만 한다. 그러나 그렇게 하기 위해서 그는 하나님을 "최종 평가자" 또는 "평가장"(evaluator-in-chief)으로 반드시 인정해야 한다. 대신 레프는 그가 부인하는 하나님에게 울부짖고 있다. 이 논증들의 강력함에도 불구하고 비유신론적 비방자들은 이 결론에 대항하여 두 부류의 변론을 펼친다. 그것은 유티프로 딜레마(Euthyphro dilemma)와 무신론적 도덕적 실재론이다. 우리는 각각의 변론을 차례로 살펴보도록 하겠다.

4) 유티프로 문제

많은 사람들은 하나님을 객관적인 가치의 근원으로 만드는 것은 유신론에 치명적인 딜레마를 만들어 내기 때문에 아무것도 해결하지 못한다고 주장한다. 플라톤에 의해 『유티프로』(*Euthyphro*)에서 처음으로 제기된 이 논증은 다음을 주장한다. 즉 (1) 만일 어떤 것이 선하다면 하나님이 그것을 선한 것으로 정해서 그런 것이며, 하나님은 아무것이나(살인조차) 선한 것으로 정할 수 있으며, 그런 사실 때문에 그것은 선한 것이 될 것이다. 그러나 이것은 터무니없다. (2) 만일 하나님의 뜻이 선함의 근원이 아니라면, 선함은 하나님의 존재 외부에 놓이게 되고 이는 하나님으로부터 그분의 도덕적 최고우위(하나님의 본질적인 속성)를 갈취한다.

이 딜레마는 사실상 키메라(chimera: 상상 속의 괴물-역주)인데 유신론자는 논쟁의 두 뿔을 무사히 피해갈 수 있기 때문이다. 유티프로 논증은 거짓 딜레마의 원인이 되는 허수아비(또는 허수아비 신)의 개념을 활용한다. 성경적인 유신론-이슬람은 또 다른 문제다(24장 참고)-은 하나님의 성품과 하나님의 뜻에 기초하여 하나님을 모든 선함의 근원으로 주장한다. 하나님의 도덕적 뜻은 하나님의 불변하는 본성에 기초한다. 영원 전부터 아버지와 아들과 성령의 삼중적 사랑 관계 속에서 존재해 온 삼위일체 하나님은 이를 테면 도덕적으로 강간을 명령할 수는 없다. 하나님은 천성적으로 그것을 금하신다. 하나님의 고결함은 그것을 혐오하신다. 성경에 따르면 객관적인 도덕적 가치들은 우연적인 우주가 무에서 창조된 것처럼 그렇게 **창조된** 것이 아니다(창 1:1; 요 1:1).

객관적인 도덕적 가치들은 사랑이 많으시고 정의롭고 자급자족하시는 하나님의 영원한 성품, 본성과 실체에 그 근원을 둔다. 하나님이 자신을 창조하지 않듯이 하나님은 그의 존재를 영원토록 구성하는 도덕적 가치들을 창조하지 않으신다. 그러한 까닭에 하나님이 인간들을 하나님의 형상과 모양에 따라 창조하실 때에는, 인간들은 객관적인 도덕적 가치들을 알 필요가 있으며 서로를 반드시 그 도덕적 가치에 따라 대해야 한다.

다시 레프에게 귀기울여 보자면, 하나님의 도덕적인 발화가 "수행적"이라고 말하는 것은 이전에 존재하지 않았던 것을 특정한 때부터 존재하도록 하나님이 창조하는 것을 의미하는 것은 아니다. 마치 주례목사가 지금 결혼한 한 커플을 "남편과 아내"로 선포하는 것처럼 말이다. 오히려 하나님의 성품은 영원히 변함없이 선하며, 그렇기 때문에 하나님이 도덕적 발화를 수행하실 때(십계명 안에서나 예수님의 삶과 가르침을 통해서) 하나님은 그분의 존재의 영원한 본성에 따라 말씀하시는 것이다. 바로 여기에 신적인 발화는 논의의 여지가 없고 최종적인 것임을 선포할 수 있는 보증이 있는 것이다.

하나님의 명령은 신적인 성품과 관련해서도, 신적인 피조세계와 관련해서도 독단적이지 않은데 왜냐하면 피조세계는 창조주의 흔적을 지니고 있기 때문이다. 따라서 간음, 절도, 살인, 거짓 증언 등을 하나님이 재가하는 것은 불가능하다.[82]

---

82 이 문제의 이해를 돕기 위해서는 James Hanink and Gary R. Marr, "What Euthyphro Couldn't Have Said," *Faith and Philosophy* 4, no. 3 (1987): 241-61을 참고하라. 이 글은 하나님이 아브라함에게 그의 아들 이삭을 그에게 희생제물로 바치라고 명령했을 때 하나님은 살인을 요구한 것이라고 하는 반론도 다룬다. 또한 William Alston, "What Euthyphro Should Have Said," in *Philosophy of Religion: A Reader and Guide*, ed. William Lane Craig (New Brunswick, N. J.: Rutgers University Press, 2002), 283-298도 참고하라.

5) 도덕적 가치는 그냥 주어진 사실인가?

도덕성의 기초로서의 하나님을 거절하기 위한 두 번째 시도는 객관적 도덕가치를 신이 존재하지 않는 우주에서 그냥 주어진 사실로 간주하는 것이다. 객관적인 도덕적 가치들이 존재하기는 하지만, 그것들은 하나님과 관련이 없는데 왜냐하면 하나님이 존재하지 않기 때문이다. 이는 "무신론적 도덕적 실재론"으로 칭해진다.[83]

그렇게 함으로써 무신론자는 허무주의와 유신론 두 가지 모두에 저항한다. 어떤 것들은 도덕적으로 비열하고(강간) 또 어떤 것들은 도덕적으로 감탄할 만하다고(사랑) 무신론자는 주장한다. 이러한 것들은 개인이나 사회의 우연적인 평가로 환원될 수 없는 도덕적 **사실**들이다.

따라서 이 사실들은 생물학에서 다뤄지는 것처럼 여느 물질적인 속성으로 환원될 수 없는 것들이다. 그렇지만 여러 가지 이유를 들어(아마도 유티프로 문제 또는 악의 문제 때문에) 무신론자는 이런 도덕적 사실들을 평가장(evaluator-in-chief)으로서의 하나님 안에 두지 않는다.

시놋-암스트롱(Sinnott-Armstrong)은 하나님이 불허해서가 아니라 강간은 누군가를 다치게 하는 단순한 이유 때문에 강간이 잘못이라는 것을 우리가 아는 것이라고 주장한다. 그것이면 충분하다는 것이다. 시놋-암스트롱은 강간이 잘못이라는 것을 아는 것에 하나님을 끌어들일 필요를 찾지 못하는데, 특히 그는 하나님을 불신해야 하는 다른 이유들을 찾아내기 때문에 그렇다.[84] 그러나 무신론적인 도덕적 실재론은 여러 가지 철학적 문제들 때문에 난관에 직면하게 된다.

첫째, 이런 도덕적 사실들의 존재론적 상태는 (기껏해야) 당혹스러운 것이다. 도덕적 사실들은 그냥 주어진 사실로도 설명되지 않고 우주의

---

83 William Lane Craig and Walter Sinnott-Armstrong, *God? A Debate Between a Christian and an Atheist* (Oxford: Oxford University Press, 2003), 19-20, 34, 67을 참고하라.

84 Walter Sinnott-Armstrong, "There Is No Good Reason to Believe in God," in *A Debate Between a Christian and an Atheist* by William Lane Craig and Walter Sinnott-Armstrong (Oxford: Oxford University Press, 2003), 32-36을 참고하라. 그리고 또한 Iris Murdoch, *The Sovereignty of the Good* (1970; reprint, New York: Routledge, 1986)을 참고하라.

부속품 일부로 그냥 존재한다. 그러나 객관적인 도덕적 가치로서의 도덕적 사실들은 물질적인 국면으로는 환원 가능하지 않다. 그뿐만 아니라 도덕적 사실들은 **객관적**이기 때문에, 여느 개인의 마음 속의 주관적인 생각들로 환원 가능하지도 않다. 이런 도덕적 사실들은 그 밖의 다른 점에서는 전적으로 물질적인 우주의 부분을 이루는 비물질적인 실재임에 틀림없다.[85]

도덕적 사실들은 인격적인 존재도 아니고 여느 인격적인 존재에 뿌리를 두지 않기 때문에 의식 또는 행위주체성 또는 감정이 결핍되어 있다. 무신론자이며 철학자인 J. L. 맥키(J. L. Mackie)는 객관적인 도덕적 가치의 존재는 실재의 무신론적 해석과는 모순된다고 주장했다. 왜냐하면 도덕적 가치는 정말 너무나도 유별나고 그 밖의 다른 점에서는 무가치하고 그저 물질에 지나지 않는 우주 안에서 어울리지 않기 때문이다. 또한 그는 도덕적 가치의 존재를 부인했는데 왜냐하면 도덕적 가치의 존재는 (무신론자인) 그로 하여금 유신론의 영역으로 들어갈 것을 요구할 것이기 때문이다.[86]

둘째, 도덕적 사실들은 "살인은 잘못된 것이다" 또는 "강간은 잘못된 것이다" 또는 "자선이 잔인함보다 더 낫다"와 같은 명제들을 필연적으로 포함할 것이다(또한 도덕적 사실은 "살인하지 말라," "강간하지 말라," "자선하되 잔인하지 말라"와 같은 상관적 명령문을 포함한다. 이런 명령적 측면의 중대성에 대해서는 차후에 설명하겠다). 그렇기 때문에 만일 인간이 이런 도덕적 진술문들 중 하나의 진술문에 대해 생각하거나 말한다면, 오직 그 진술문이 진술문 자체의 외부에 위치한 어떤 실재에 대응하여 일치할 때에만 그/그녀의 진술은 참이 된다(진리 대응관을 감안할 때).

---

85 비록 철저한 물질주의자들은 모든 것을 자연과학으로 설명해야만 하기 때문에 어떤 비물질적인 개체도 용인하지 않겠지만, 무신론자는 명제, 숫자 등의 다른 비물질적인 (그러나 비인격적인) 개체들의 존재를 인정할 수도 있다. 이것을 위한 유익한 논의로는 Victor Reppert, *C. S. Lewis's Dangerous Idea: In Defense of the Argument from Reason* (Downers Grove, IL: InterVarsity Press, 2003), 50-54를 보라.

86 J. L. Mackie, *Ethics: Inventing Right and Wrong* (New York: Penguin, 1977), 15-49.

한 인간에 의해 만들어진 하나의 도덕적 진술문은(그것이 맞든지 틀리든지) 인간의 마음 속에 한가지 **생각**을 구성하게 된다. 어떻게 참된 진술문은 (규범적 힘을 가진) 일종의 마음과는 별개로 존재할 수 있는가? 그럼에도 무신론적 도덕적 실재론에 의하면, 무신론적 세계관을 상대주의/허무주의에서 구출하기 위해 필요한 객관적인 도덕적 사실은 어느 누구의 마음 속에도 자리잡고 있지 않다. 객곽적인 도덕적 사실들은 마음 없이 단순히 그렇게 존재한다. 이는 형이상학적으로 상당히 기이하게 여겨진다. 왜냐하면 그것을 제안하는 그 어떤 마음 없이 명제적 내용이 존재하기 때문이다.[87]

도덕성에 대한 진술문들의 객관적이고 규범적인 존재를 위해 훨씬 더 개선된 설명은 그런 진술문들은 마음 속에 있는 생각들이라고 하면 될 것이다. 하나님의 마음은 이 기능을 완벽하게 수행해낸다. 그렇지만 무신론적 도덕적 실재론에는 그런 자원이 전혀 없다. 그냥 주어진 도덕적 사실의 개념이 이해 가능하다고 하더라도 도덕적 진리를 위해서는 유신론이 더 나은 설명을 제공한다. 영국 철학자인 해이스팅즈 래쉬달(Hastings Rashdall)은 만일 우리가 객관적이고 절대적인 도덕 질서를 믿는다면, 우리는 하나님도 반드시 논리적으로 믿어야 한다고 주장한다.

> 참된 도덕적 이상이 어떤 의미에서는 이미 실재하는 마음, 우리 스스로의 도덕적 판단 속에서 무엇이든지 진실된 것의 근원인 마음, 그 마음이 존재하는 것을 우리가 믿을 때에야 비로소 우리는 도덕적 이상을 세계 자체에 못지 않은 실재하는 것으로 합리적으로 생각할 수 있게 된다. 우리의 도덕적 이상은 그것이 하나님의 마음 속에서 영원히 존재하고 있는 도덕적 이상의 계시로 합리적으로 간주될 수 있을 때에만 객관적인 타당성을 주장할 수 있다.[88]

---

87 Moreland, *Scaling the Secular City*, 124-125.
88 Hastings Rashdall, *The Theory of Good and Evil* (Oxford: Clarendon, 1903), 2:211-212.

셋째, 무신론적인 도덕적 실재론에 의하면, 그냥 주어진 도덕적 사실들과 그것들을 우연히 알고 있는 인간과 서로 연관시키는 우주의 총체적인 설계는 존재하지 않는다. 이것 또한 단순한 우연에 지나지 않는다. 왜냐하면 이런 도덕적 사실들은 인격적이지 않기 때문에 어떤 종류의 의도적인 인식적 행위주체성(intentional cognitive agency)을 통해서도 도덕적 사실들의 진리를 인간들에게 **의사소통**할 수 없다. 이 견해에 의하면 인간은 목적 없이 진화해 왔고 자연선택과 돌연변이를 통해 생산된 것을 초월하는 어떤 기능을 통해 그냥 주어진 도덕적 사실들을 그저 우연히 직관화하게 된 것으로, 이 기능은 순전히 물질적이고 비지성적인 과정이다.[89]

크레이그는 "바로 그런 종류의 피조물이 맹목적인 진화 과정(도덕적 가치들이 있는 추상적 존재의 영역에 상응하는)으로부터 출현할 확률은 엄청나게 희박하다"고 주목한다.[90] 그러나 유신론에 의하면, 도덕적 지식은 전적으로 설명 가능하고 기대된 것이다. 도덕적이며 의사소통하는 존재인 하나님은 우리가 도덕적 진리를 알 수 있도록 창조했다.

넷째, 레프가 매우 능숙하게 논했듯이 **도덕적 평가**는 그것이 의무, 금기사항, 기관의 도덕적 상태이거나 무엇이든지 간에 어떤 **인격적인 평가자**에 기초한다. 그러나 무신론적인 도덕적 실재론자는 정의, 공정함과 사랑 같은 객관적인 도덕적 가치들을 그냥 상정한다. 이런 도덕적 사실은 인격적인 평가자와는 전혀 별개로 존재한다. 우리는 어떤 사람이 정의롭거나 혹은 정의로운 판결을 내리는 것을 상상할 수는 있지만, 무엇이든지 인격적인 것으로부터 정의의 개념을 추출하는 것은 그것의 의미를 손상시킨다.[91] 객관적인 선과 악의 존재를 변론하기 위해서 우리는

Ronald Nash, *Faith and Reason* (Grand Rapids: Zondervan, 1988), 161에서 인용됨.

89 어떤 무신론자들은 비물질적인 마음이 물질적인 전건들에 의해 진화했다고 주장하지만, 이는 드물고 지지할 수 없는 견해다. 17장에 나온 나의 논평을 참고하라.

90 Craig, "Five Reasons God Exists," 20. Greg Ganssle, "Necessary Moral Truths and the Need for Explanation," *Philosophia Christi* 2, no. 1 (2000): 105-112도 참고하라.

91 Craig, "Five Reasons There is God," 19를 참고하라.

평가장인, 인격적이고 도덕적인 하나님의 판단이 필요하다.

다섯째, 비인격적이고 추상적이며 그냥 주어진 도덕적 사실에 기초한 도덕적 의무가 어떻게 가능할 수 있는가? 우리는 단순한 아이디어(마음 속에 있지도 않은)에 의무감을 가질 수 있는가? 도덕적 의무(obligation)를 위한 필요충분조건은 하나님께 달려있다. 레프가 주장하듯이 만일 "악이라고 하는 어떤 것이 세상에 존재한다면" 선을 장려할 뿐 아니라 악을 피하고 반대해야 할 의무가 우리에게 있다. 도덕법의 개념 자체는 우리가 의무감을 갖는 입법자를 함축한다.

무신론 철학가인 리처드 테일러는 "의무라는 것은 어떤 것을 빚(신세) 지고 있는 것이다. 그러나 어떤 사람이나 사람들에게만 어떤 것을 신세질 수 있다. 단독으로 존재하는 의무 같은 것은 존재할 수 없다"라고 정확하게 정의한다.[92] 하나님에 의해 부과된 의무로 이해되면 도덕적 의무가 이해되지만, 만일 "인간 입법자보다 더 높은 자"가 없다면 도덕적 의무라는 개념 자체도 "이해할 수 없는" 개념이 되어 버린다.[93] 이것을 간단한 후건부정식 논증으로 만들어 보면 다음과 같다.

1. 만일 하나님이 존재하지 않는다면 도덕적 의무는 존재하지 않는다.
2. 부모에게, 자녀들에게, 동료 시민들에게, 진리 자체 등에 도덕적 의무가 있으며, 이 도덕적 의무는 사회적으로 구성되는 것(상대주의) 이상이다.

---

92 Richard Taylor, *Ethics, Faith, and Reason* (Englewood Cliffs, NJ: Prentice-Hall, 1985), 75. 또한 82-84도 참고하라. 흥미롭게도 Taylor의 영향력 있는 교재 *Metaphysics* (Prentice-Hall에서 1963년에 출판 이래 4쇄를 발행한)에서 Taylor는 하나님의 존재에 대한 두 가지 논증을 지지한다. 나중에 그의 견해에 변화가 생긴 듯하고 아니면 그는 자신도 믿지 않는 유신 논증을 *Metaphysics*에서 개진하고 있었던 것이다. Elizabeth Anscombe도 "Modern Moral Philosophy," *Philosophy* 33, no. 124 (1958): 1-19에서 도덕적 의무에 대한 정당성을 주장한다.

93 Craig, "Five Reasons God Exists," 19-20.

3. 그러므로 하나님은 도덕적 의무의 근원으로서 존재한다.

 여섯째, 만일 하나님이 존재하지 않는다면, 인간에 대해 높은 도덕적 견해를 갖는 것은 불가능하다. 만일 인간이 신의 형상을 지니지 않는다면, 인간의 가치는 그들의 차별적인 능력과 경험적 자질에 기초한 것에 의해서만 결정될 수 있다.[94] 만일 인간이 단순히 인간이기 때문에 갖게 되는 객관적인 가치를 전혀 소유하지 않는다면, 인간은 미국 독립선언서에서 말하는 "양도할 수 없는 권리"를 소유할 수 없을 것이다. 기독교에 의해 상당한 부분이 형성된 서양의 도덕적 전통은 이런 종류의 인간 평가절하에 저항한다.[95] 그럼에도 세속적 도덕적 체계들이 이런 평등의 개념을 고집할 때 그들은 기독교 유신론에서 훔쳐온 자본에 불법 의존하는 것이다.[96]

---

94 Louis Pojman, *How Should We Live?* (Belmont, CA: Thomson, Wadsworth, 2005), 101을 참고하라. 인간 삶의 평가절하와 신의 형상을 지닌 자로서의 인간을 재확인할 필요에 대해서는 Francis A. Schaeffer and C. Everett Koop, *Whatever Happened to the Human Race?* (New York: Fleming H. Revell, 1979)를 보라.
95 물론 여기에는 Peter Singer처럼 기독교 세계관 없이 인간에게 독특한 가치를 부여할 이유가 없다고 인식하는 급진적인 예외도 있다. 그러나 Singer는 기독교를 거절하기 때문에 그는 인간을 다른 것보다 선호하는 것 일체를 "종차별주의"(speciesism)로 여기며 이것을 인종차별주의(racism) 또는 성차별주의(sexism)와 동일한 도덕적 범주에 둔다(Peter Singer, *Rethinking Life and Death* [New York: St. Martin's Press, 1995]를 참고하라).
96 나는 하나님에 대한 성경적인 세계관을 염두에 두고 있다. 힌두교나 불교에서 말하는 신과 인류의 개념은 그들의 카르마(karma) 교리를 감안했을 때 인류 모두에게 양도할 수 없는(inalienable) 권리를 허락하지는 않는다. 이슬람은 인간이 하나님의 피조물이라고 가르치기는 하나, 인간이 하나님의 형상을 따라 만들어졌다고 간주하지는 않는다. 오히려 인간을 알라의 노예로 여긴다. 따라서 이슬람은 기독교 서구에서 부상한 인권에 필적할 만한 전통을 결코 개발해내지 못했다.

8. 도덕성은 자아를 지지하는가?

이제 하나님을 위한 도덕적 논증에 대한 마지막 반론을 살펴보겠는데, 이는 무신론 철학자들뿐만 아니라 몇몇 유신론 철학자들에 의해서도 제기되어 왔던 반론이다.[97] 도덕적 진리는 필연적인 진리라고 반대자들은 주장한다. 이것이 의미하는 것은 삼각형이 세 변만 가지듯이 도덕적 진리는 거짓일 수 없다는 것을 의미한다. 도덕적 진리는 모든 가능 세계에서 진실이다. 개략적으로 말해 가능 세계는 상상 가능하거나 논리적으로 정합적인 최대치의 국면이다.[98] 그렇기 때문에 어떤 가능 세계에서나, 하나님이 부재하든지 하나님이 존재하든지 간에, "살인은 잘못된 것이다"와 같은 도덕적 진리들이 성립된다. 만일 그렇다면 도덕적 주장을 근거하기 위해서 하나님의 존재가 요구되지는 않는데, 하나님은 존재하지 않아도 객관적인 도덕법이 존재하는 가능 세계들이 존재하기 때문이다.

내가 이전에 논의했던 많은 부분은 이 주장을 간접적으로 다루고 있는데, 왜냐하면 도덕적 진리는 단순한 비인격적인 사실로서는 존재할 수 없다고 나는 논쟁해 왔기 때문이다. 그런 추정상의 비인격적인 도덕적 사실은 형이상학적으로 너무 약화되어서 도덕성이 요구하는 기능들을 수행해낼 수 없다. 그러나 도덕적 진리가 필연적인 진리라고 하더라

---

97 Richard Swinburne, *The Existence of God*, 2nd ed. (New York: Oxford University Press, 2004), 212-215를 참고하라. Keith Yandell, "Theism, Atheism, and Cosmology," in *Does God Exist? The Craig-Flew Debate*, ed. Dan Wallace (Burlington, VT: Ashgate, 2003), 96을 참고하라. 이 유신론자들은 이 장에서 소개된 종류의 하나님을 위한 도덕적 논증을 사용할 수는 없었지만, 그 사실이 하나님을 위한 다른 논증들의 가능성을 배제하는 것은 아니다. Thomas Nagel은 필연적인 진리인 논리와 도덕성이 하나님 없이 존재할 수 있다고 하는 그의 논문에 대해 일관된 방어를 펼쳐 왔다(*The Last Word* [New York: Oxford University Press, 1977], 6장을 참고). 이에 대한 Douglas Groothuis, "Thomas Nagel's 'Last Word' on the Metaphysics and Rationality of Morality," *Philosophia Christi*, series 2, 1, no. 1 (1999): 115-122를 참고하라.

98 가능 세계 사고로의 입문을 위해서는 Ronald Nash, "Possible Worlds," in *Life's Ultimate Questions* (Grand Rapids: Zondervan, 1999)와 본서의 10장에 나오는 논의를 참고하라.

도 그것이 하나님을 위한 도덕적 논증을 약화시키거나 무효화할 필요는 없다고 부언할 수 있다.

강력한 기독교 철학의 한 학파는 안셀름이 존재론적 논증을 통해 주장했듯이 하나님의 존재는 논리적으로 필연적이라고 주장한다. 즉 하나님은 반드시 존재해야만 한다는 것이다. 하나님은 모든 가능 세계에서 존재하시고 논리적으로 필연적인 존재이다. 나는 10장에서 존재론적 논증의 두 가지 버전을 변론했다. 만일 하나님이 논리적으로 필연적이라면, 모든 가능 세계 안에서의 하나님의 존재는 모든 가능 세계 안에서의 도덕적 진리의 존재를 필연적으로 포함한다.

그렇기 때문에 도덕성으로부터 하나님이라는 결론으로 주장하는 것에는 어떤 방해도 없게 되는데 하나님과 도덕성은 모든 가능 세계에서 발생하는 상관 개념(correlative concepts)이기 때문이다. 게다가 필연적인 진리들은 "서로에게 설명적인 우선순위의 관계에 위치할 수" 있다.[99] "살인은 항상 잘못된 것이다"와 같은 진술문은 모든 가능 세계에서 진리이다. 그러나 이 진술문이 모든 가능 세계에서 진리인 것은 바로 이 진술문이 전지하며 전선하신 존재의 마음 속에 존재하는 생각이기 때문이다.

"살인은 잘못된 것이다"는 필연적인 진리인데 왜냐하면 "하나님은 존재한다"가 필연적인 진리이기 때문이다. 마찬가지로 "숫자들은 존재한다"가 필연적인 진리이기 때문에 "더하기는 가능하다"도 필연적인 진리인 것이다.[100] 우리는 숫자 없이는 덧셈을 할 수 없다. 필연적인 도덕적 진리와 연관된 하나님의 최고성(primacy)의 개념은 어거스틴의 전통 안에서 발견된다. 어거스틴의 전통은 도덕적 진리들은 (또한 다른 모든 추상적인 대상들은) 필연적인 진리지만 그럼에도 그들의 존재를 위해서는 역시 하나님의 영원한 사유에 의존하는 것으로 이해한다.[101]

---

99 William Lane Craig, "A Reply to Objections," in *Does God Exist?* 169. 또한 Peter Van Inwagen, *Metaphysics* (Boulder, CO: Westview Press, 1993), 108을 참고하라.

100 Craig, "A Reply to Objections," 169.

101 나는 이 통찰력을 Craig, *Does God Exist?* 170에서 추론했다. 어거스틴의 관점을 원하

9. 하나님이 없는 세상에서는 부재한 도덕적 동기부여

만일 우리가 하나님이 부재한 우주에서 지성과는 별개로 존재하는 도덕적 사실을 허용한다고 하더라도, 이는 도덕적인 삶을 고귀하게 하지 못할 것이다. 예를 들어, 아이리스 머독(Irish Murdoch)은 우리가 문자 그대로 아무 이유 없이 선해질 것을 요청한다.[102] 그렇게 함으로써 우리는 완전한 존재(그런 존재는 없다)를 기쁘게 하는 것도 아니고, 우주를 위한 도덕적 계획(그런 계획은 없다)에 일치하는 것도 아니다.

우리는 도덕적 삶(그런 삶은 부재하기에)에서 어떤 도움도 기대할 수 없을 뿐만 아니라, 궁극적으로 선이 악을 이길 것이라는 것이 보장된 것도 아니다(누가 알겠는가?). 게다가 우리 자신의 입장에 불리할 때 옳은 일을 행하는 것에는, 행하기 위한 동기부여가 거의 또는 전혀 없다.[103] 그런 세상에서 이타주의나 자기 희생으로의 요청은 확실히 이상하다. 왜냐하면 선은 상주고 악은 벌하는 것을 전혀 할 수 없는 비인격적인 도덕적 사실들로 이루어진 우주에게는 그런 요청이 적합하지 않게 여겨진다.[104]

그럼에도 만일 하나님이 인격적이고 도덕적인 행위주체로 존재한다면, 도덕성은 하나님의 성품에 확고하게 기초하게 된다. 도덕적 삶은, 그것이 아무리 힘겨울지라도, 궁극적으로 신적인 창조의 개요(contours)와 섭리적 역사 그리고 영원과 일치한다. 성령님의 인도와 권능을 통한 도덕적 지시(자연법과 특별계시를 통한)와 도덕적 힘을 주시기 위해

면 Ronald Nash, *The Light of the Mind: St. Augustine's Theory of Knowledge* (Lexington: University Press of Kentucky, 1969)를 참고하라.

102 Murdoch, *Sovereignty of the Good*, 71.
103 Moreland, *Scaling the Secular City*, 127을 참고하라.
104 신이 부재한 세상에서 도덕성의 기이함에 대해서는 George Mavrodes, "Religion and the Queerness of Morality," in *Philosophy of Religion: An Anthology*, ed. Louis Pojman and Michael Rea, 5th ed. (Belmont, CA: Thomson, Wadsworth, 2008), 578–86을 참고하라. 기독교 유신론이 도덕적 동기부여를 제공하는 것에 대한 자료는 Linda Zagzbeski, "Does Ethics Need God?" *Faith and Philosophy* 4, no. 3 (1987): 282–293 그리고 Moreland, *Scaling the Secular City*, 128–132를 참고하라.

하나님 자신은 우리에게 응할 준비를 항상 하고 계신다.[105]

10. 하나님이 떠나지 않는 양심

도덕론적 논증은, 논증의 모든 복잡함에도 불구하고, 즉각적인 실존적 통렬함(existential bite)이 있다. 만일 객관적인 도덕적 진리가 그것의 근원이 되는 선한 하나님의 존재를 증언한다면, 우리는 그때 하나님 앞에서 피고석에 서게 된다. 우리의 양심은 초월적인 선함과 동시에 우리의 옹졸함, 절도, 잔인함, 부정직함, 음욕과 백 가지 이상의 다른 크고 작은 범법 행위를 통해 이 선함을 우리 스스로가 위반하는 것을 드러낸다. C. S. 루이스는 『순전한 기독교』(Mere Christianity)에서 "자신들이 조금이라도 회개할 만한 행동을 한 것을 모르며 자신들에게 용서가 필요하다는 것을 느끼지 못하는" 사람들에 대해서 기독교는 할 말이 아무것도 없다고 독자의 주의를 환기시키며 하나님을 위한 도덕론적 논증을 마친다.

> 그것은 당신이 그 법의 배후에 도덕적 법과 권능이 존재한다고 깨달은 후이며 그리고 당신이 그 법을 어겨서 당신 자신이 그 권능에게 도덕적으로 잘못했다는 것을 깨달은 후라는 것이다. 이 모든 것 다음이며, 어김없는 바로 그 순간에, 기독교는 말하기 시작한다는 것이다.[106]

---

105 Louis Pojman, *How Should We Live?* (Belmont, CA: Wadsworth, 2004), 98-104를 보라. Pojman은 만일 하나님이 존재한다면 도덕성을 질적으로 향상시키는 여섯 가지 요인을 열거하지만 또한 종교가 어떻게 악을 위해 사용될 수 있는지에 대한 경고도 한다.

106 C. S. Lewis, *Mere Christianity* (1943; reprint, New York: Simon & Schuster, 1996), 38-39.

16장

종교적 체험으로부터의 논증

　기독교 세계관은 인간이 하나님의 형상을 지닌다고 주장한다. 그 하나님은 인격적이고, 관계를 맺으시며, 의사소통하시며 지식을 토대로 하나님과 관계를 맺을 수 있도록 인간을 만드신 존재이다. 하나님의 형상을 따라 만들어졌다는 것은 하나님과의 회합을 가능케 하고 어떤 면에서는 자연스러운 것이다.
　하나님의 형상을 지닌 자들로서 존재한다는 것은, 죄로 인해 야기된 분열, 균열과 통점(痛點)에도 불구하고, 하나님과 인류 간에 창조된 친화력을 확립한다는 것이다. 게다가 우리는 역사의 렌즈를 통해서 혹은 우리들 한가운데에서 역사하시는 하나님의 행동을 인식할 수도 있는 그런 피조물이다.
　하나님은 하나님의 본성에 대한 이성적 고찰을 통해서(존재론적 논증), 창조 질서와(우주론적 논증) 인간의 양심 안에(도덕론적 논증) 자신을 계시하셨다고 이 책은 주장해 왔다. 또한 성경과 기독교인들은 하나님은 다양한 종류의 인간 경험을 통해서 자신을 계시하신다고 수 세기에 걸쳐 주장해 왔다.

1. 기본적인 고려사항

종교적 체험으로부터의 논증들을 위한 기본적인 논증 형태는 최선의 설명으로의 추론이다. 궁극적인 질문은 의문상의 체험 또는 체험들이 진실된 것인가의 여부이다. 진실된 체험은 진리를 전하는 체험으로서 기만하지 않는다. 진실성은 체험을 진리 주장과 연관시킨다. 예를 들어, 환영(hallucinations)과 신기루(mirages)는 진실하지 않다. 만일 사막 한가운데에서 갈증으로 죽어가는 한 남자가 실제로는 존재하지 않는 분수가 그의 앞에 있는 환영을 보게 된다면, 그는 거짓 믿음을 갖게 되며 그의 경험은 진실되지 않다. 만일 내가(Miles Davis의 팬) 스타벅스에서 마일스 데이비스의 곡을 듣고 "이건 마일스의 곡이다"라고 믿음을 갖게 된다면 그 믿음은 진실되다. 따라서 그 체험은 진실된 것이다.

리처드 스윈번(Richard Swinburne)의 "경신성(輕信性)의 원칙"(경신 원리라고도 부른다. 경신은 믿기 쉬움, 쉽게 믿는 것을 뜻한다–역주)은 진실성 결정에 있어서 핵심열쇠다. 이 원칙은 반대를 입증할 확실한 증거가 없는 한, 만일 개인 S가 E를 체험하는 것으로 여겨지면, S는 E가 십중팔구는 존재하는 것으로 믿어야 한다고 주장한다.[1]

그렇기 때문에 만일 내가 하나님을 어떻게 해서든 만났다고 믿는다면, 다른 특별한 조건이 없는 한, 나는 십중팔구는 하나님을 만났을 것이라고 가정해야 하는 것이다. 물론 내가 실수할 수도 있다. 그러나 이 원칙은 모든 진리 체험과 경험들(특히 하나님에 대한 진리 주장과 체험)이 무죄로 밝혀지기 전까지는 유죄로 추정하는 회의적인 개념에 도전한다. 일반적으로 우리는 다른 경우에는 이 "유죄추정" 추론을 적용하지 않는다. 사실 모든 경험이 어떤 다른 경험에 기초해서 정당화되었어야 한다면, 우리는 무한퇴행의 깊은 구렁에 곤두박질치며 추락하게 될 것이다. 어떤 경험도 진실성 있는 것으로 정당화될 수 없는 결론으로 치닫게 될

---

1 Richard Swinburne, *The Existence of God*, 2nd ed. (New York: Oxford University Press, 2004), 303.

것이다. 그렇기 때문에 만일 하나님의 존재를 거부할 만한 확실한 이유가 없다면, 이런 경험들은 하나님의 존재에 다소간의 증거를 제공하는 것으로 간주되어야 한다. 이렇듯 기독교를 위한 종교적 체험에 적용되는 경신성 원칙은 원칙상 다음과 같을 때 효력을 상실하게 된다.

만일 (1) 하나님의 개념이 비정합적이거나 (2) 하나님의 존재가 자연주의를 위한 설득력 있는 사례에 의해 배제되면 경신성의 원칙은 무효화될 것이다. 저자는 이런 조건들 그 어느것도 성립될 수 없다고 논증해 왔다. 따라서 종교적 체험 논증은 추진될 수 있는 것이다. 만일 성공적이라면, 자연신학, 성경의 신뢰성 그리고 그리스도의 유일무이함과 결합된 종교적 체험으로부터의 논증이 기독교 유신론을 위한 누적적 사례(cumulative case)에 기여하도록 말이다.

스윈번의 또 다른 원칙은 종교적 논증을 더 한층 견고케 한다. 증언은 대개 신뢰할 만하다고 증언 원칙(principle of testimony)은 주장한다.[2] 즉 우리는 일반적으로 사람들이 거짓말을 하고 있거나 기만되었다고 가정하지 않는다. 이 원칙은 경신성 원칙과 동일한 개념을 활용한다. 즉 다른 특별한 조건이 없는 한, 우리는 보통 개인적인 증언은 의심하지 않는다. 물론 사람들이 말하고 있는 것이 진리가 아닐 수도 있지만, 입증 책임은 무고함을 입증하는 데 있지 않고 유죄임을 입증하는 데 있다. 그렇기 때문에 만일 누군가가 하나님을 특별한 방식으로 체험했다고 주장한다면, 우리는 이 사람이 기만당했다거나 진리를 말하고 있는 것이 아니라고 가정해서는 안 된다(전체적인 증거를 평가하기 전에는).

그러나 하나님을 위한 증거로 사용할 만한 하나님에 대한 경험을 인간은 가지고 있는가? 역사를 통하여 상이한 종교들은 다양한 종류의 종교 체험들을 수없이 주장해 왔다. 내가 그 모든 체험들을 다 평가할 수는 없다.[3] 또한 나는 신적인 활동의 표징으로 간주되었던 성경 밖에서 보

---

2 Ibid., 322-324.
3 예를 들어, 우리는 천사, 마귀 또는 초자연적 인격과 연관된 환상적인(visionary) 경험은 논하지 않을 것이다. Phillip H. Wiebe는 이런 종류의 현상들을 (기독교인들이 궁극적 실재로

고된 기적 주장도 논의하지 않을 것이다.[4] 혹자들은 응답된 기도는 하나님 또는 초자연적인 존재에 대한 경험적 증거를 제공한다고 주장해 오긴 했지만, 나는 이것에 대해서도 거론하지 않을 것이다.[5]

종교 체험과 관련된 주장은 네 가지 범주로 정리된다.

첫째, 한 개인은 자신이 전혀 해 보지도 않은 종교 체험을 했다고 기만적으로 주장할 수 있다. 증언 원칙을 감안할 때 수 세기 동안 보고되어 온 모든 기독교의 종교적인 체험들이 의식적인 기만에 의한 것일 가능성은 매우 낮다.

둘째, 한 개인은 환영이나 신기루처럼 객관적인 지시 대상(objective referent) 없이 전적으로 주관적인 체험을 할 수도 있으며, 그럼에도 그 체험을 진실된 것으로 믿을 수 있다.

셋째, 혹자는 신적인 체험은 아니더라도 보통 이상의 어떤 것을 체험할 수 있으며, 그것을 신을 체험한 것이라고 잘못 주장할 수 있다. 이것은 거짓 귀속(false attribution)이다.

넷째, 한 개인은 신적인 실재를 체험할 수 있다. 물론 바로 이것이 본 장에서 내가 논하기 원하는 설명의 범주다.

그렇게 하기 위해 나는 (1) 공허함과 하나님을 향한 갈망으로부터의 논증, (2) 신령한 체험(numinous experience)으로부터의 논증과 (3) 비유신론적이고 신비주의적 논증들에 대해 논의해 보도록 하겠다.[6]

여기는 예수님의 환상을 포함해서) 그의 두 책에서 다룬다. *Visions of Jesus* (New York: Oxford University Press, 1997); *God and the Other Spirits* (New York: Oxford University Press, 2004).

4 나는 신약과 관련된 기적의 보고에 대해서 20, 22장에서 논의한다.

5 Paul C. Reisser, Dale Mabe and Robert Velarde, "Is God a Dependent Variable?" in *Examining Alternative Medicine: An Insiders Look at the Benefits and Risks* (Downers Grove, IL: InterVarsity Press, 2001)를 참고하라. 이것은 뉴에이지와 경험적으로 기도의 결과를 가늠하는 좀 더 정통 기독교적인 주장 두 가지 다를 거론한다. 그들의 회의론은 기독교 전통 안에 존재하는 기도의 중요성에 전혀 의혹을 품게 하지 않는다. 기도의 중요성에 대해서는 Andrew Murray, *With Christ in the School of Prayer* (다양한 출판본이 있음)를 참고하라.

6 R. C. Zaehner는 신비주의적 체험을 세 범주인 유신적(theistic), 일원론적(monistic) 그리

더 나아가 유신론적 논증에 반대하는 두 가지의 자연주의적 부정인 투사 논증(projection argument)과 종교 체험의 자연적이고 생리학적 요인으로의 환원 또한 논의될 것이다.

2. 공허함과 하나님을 향한 갈망으로부터의 논증

하나님의 존재를 위한 한 논증은 인간이 가슴 아리도록 경험하는 하나님의 부재를 다룬다. 성 어거스틴이 『고백록』(The Confessions)의 서두에 기록되어 잘 알려졌듯이 "오 주님, 당신은 당신을 위하여 우리를 만드셨습니다. 그리고 우리의 마음은 당신 안에서 쉼을 얻게 될 때까지 안절부절하지 못합니다"라고 말했던 것처럼 말이다. 즉 한편으로는 초월주를 향한 가슴 아린 갈망이 있고 또 다른 한편으로는 그 갈망을 채우기에는 역부족인 그냥 세속의 좋은 것들이 있다. 블레이즈 파스칼(Blaise Pascal)과 C. S. 루이스(C. S. Lewis)는 이 주제에 대해 깊이 연구했다. 두 사람의 논증을 결합하면 아주 설득력 있는 주장이 탄생된다.

인간에 대한 파스칼의 부분적인 이해에서 파스칼이 인간을 "폐위된 왕"(deposed royalty, 18장 참고)으로 이해하는 이유는 사람들은 자체적으로 그들이 치유할 수 없는 비참함과 그들이 피할 수 없는 죽음을 그들 스스로 안에서 분별해내기 때문이다. 진정한 종교 안에서 확실한 위로를 찾지 않는 한, 사람들은 절망을 피하기 위한 방편으로 이런 실재로부터 자신들의 주의를 다른 곳으로 전환(diversion)하게 될 것이다.

파스칼에게 있어서 전환을 추구하는 것은 우리의 타락한 상태를 보여주는 증거가 된다. 만일 우리가 스스로에 대해 진정으로 만족한다면

고 자연신비주의(nature mysticism)로 나눈다. 나는 처음 두 가지만 다루고 세 번째는 다루지 않을 것인데 이는 하나님의 존재와 직접적인 연관이 없고 오히려 자연을 이해하는 것에 연관되어 있기 때문이다(R. C. Zaehner, Mysticism: Sacred and Profane [New York: Oxford University Press, 1957]을 참고하라).

우리 자신을 산만하게 할 필요는 없을 것이다. 그렇지만 "죽음, 비참함과 무지를 고칠 수 없기 때문에, 사람들은 행복해지기 위해서 그런 것들을 생각하지 않기로 결정했다."[7] 우리는 전환을 통해 도피한다.

그러나 비참함을 벗어나려고 한다는 것 자체가 우리에게 얼마나 하나님이 필요한지를 증명해 준다. 전환은 인간들이 너무 끔찍해서 정면으로 응시할 수 없는 참상, 즉 필멸성, 유한성과 죄성에서 우리의 주의를 다른 곳으로 돌리게 한다. 파스칼은 전환의 정체를 폭로한다. 파스칼에 의하면 전환은 불쾌한 현실을 도피하려는 시도이며 다소 불안정하고 이상한 인간상태의 표시다. 오락에 대한 흥미 또는 집착은 어리석음과 경박함보다 더 심한 것이다. 그것은 설명이 필요한 도덕적이고 영적인 병폐를 드러낸다. 우리의 상태는 "변덕, 지루함, 불안함"이다.[8]

파스칼에 의하면 전환의 추구는 인간의 타락에 뿌리박혀 있다. "사람 내면에 진정한 행복이 존재할 때도 한때 있었지만, 지금 남은 것이라고는 그것에 대한 공허한 글과 흔적만 남았을 뿐이다."[9] 모든 사람들은 행복을 추구하지만, 모든 사람들은 인생의 부족함에 대해 끊임없이 불평한다. 파스칼은 인간 스스로 안에서 또는 세상적인 노력을 통해서는 충분한 의미와 만족을 찾을 수 없는 인간의 심오한 필요를 예수 그리스도만 유일하게 채울 수 있다고 주장한다. 하나님만이 채울 수 있는 이 "하나님 모양의 진공"(자주 이렇게 요약된 개념)에 대해 파스칼은 설명한다.

> 한때 사람 내면에서 진정한 행복이 존재했었다는 것, 그것에서 지금 남은 것이라고는 공허한 자국과 흔적만 남았을 뿐이라는 것 외에 이 갈망, 이 무기력감이 선포하는 것은 무엇인가? 그는 그의 주변에 있는 모든 것으로 이 공허한 자국과 흔적을 채

---

7 Blaise Pascal, *Pensées* 133/169, ed. and trans. Alban Krailsheimer (New York: Penguin, 1966), 66.
8 Ibid., 24/127, 36.
9 Ibid., 148/428, 75.

우기 위해 노력한다. 존재하는 것들에서는 찾을 수 없는 도움을 존재하지 않는 것들 속에서 추구하면서 말이다. 그럼에도 불구하고 도울 수 있는 것은 아무것도 없다. 왜냐하면 이 무한한 심연은 무한하고 불변한 대상으로만 채워질 수 있기 때문이다. 즉 하나님 그분에 의해서만 채워질 수 있다.[10]

전도서는 하나님을 다음과 같이 관찰한다.

> 하나님이 모든 것을 지으시되 때를 따라 아름답게 하셨고 또 사람들에게는 영원을 사모하는 마음을 주셨느니라 그러나 하나님이 하시는 일의 시종을 사람으로 측량할 수 없게 하셨도다 (전 3:11).

파스칼은 내면의 공허함에 대한 이 주장을 하늘나라에 가서나 현금으로 바꿔 사용할 수 있는 사후입금수표처럼 단순히 천상에서나 누릴 수 있는 행복으로만 여기지 않았다(Pascal의 내기 논증에는 부합해 보이지만). 기독교 신자는 얼마간의 영적인 갱신과 지속적인 영적 권능을 이 세상에서 사는 동안 경험할 수 있다.[11]

C. S. 루이스는 갈망으로부터의 논증을 그의 수필 "영광의 무게"(The Weight of Glory)에서 발전시켰다. 우리 모두는 현재 당면한 자연세계가 결코 채워줄 수 없는 어떤 것을 향한 깊은 갈망 또는 동경감을 경험하며 여기서 그 어떤 것은 초월적으로 영광스러운 것이다. 자신의 자서전에서 루이스는 그의 인생 전반에 걸쳐 일어났던 납득할 수 없지만 경탄함을 금치 못했던 그 어떤 것에 대해 자세히 이야기한다.

이 경험들은 아주 잠깐 동안이었지만 더없이 소중한 순간들로 그는

---

10 Ibid.
11 Ibid., 917/540, 312.

그것을 "기쁨"의 경험이라고 불렀다.[12] 그 순간들은 하나님을 만난 순간들은 아니었고 그의 개종으로 직접 이어지지도 않았다. 대신에 그 순간들은, 매일 경험하는 세상이 자기 폐쇄적인 체계가 아니라는 것을 알려주는 지표였다. 즉 저 너머로부터의 한 줄기 빛이 때때로 "그림자 나라"(shadow lands)[13]를 엿보곤 하는 것이었다. 초월을 약간 맛봄으로 해서 갈증은 강화되었고, 이 갈증은 실현의 가능성을 나타낸다.

> 피조물들은 만족될 수 없는 욕구를 갖고 태어나지는 않는다. 배가 고픈 아기에게는 음식이라는 것이 있다. 헤엄치고 싶어 하는 오리새끼에게는 물이라는 것이 있다. 성적 욕구를 느끼는 남자들에게는 섹스라는 것이 있다. 만일 이 세상의 어떤 경험도 만족시킬 수 없는 욕구를 내가 갖고 있다면, 나는 다른 세상을 위해 만들어졌다는 것이 가장 그럴듯한 설명이다. 만일 예전에 내가 경험했던 어떤 즐거움도 그 욕구를 만족시켜 주지 못한다면, 그것은 우주가 가짜라는 것을 입증하지 못한다. 아마도 지상에서 경험하는 욕구는 결코 그것을 만족시키도록 계획된 것이 아니라 그 욕구를 단지 불러일으키기 위한 것이다. 이는 바로 진정한 만족을 줄 수 있는 진품이 있다는 것을 제안하기 위함이다.[14]

세속화와 세속성은 지상에서의 욕구 충족이 우리 영혼의 필요를 채우기에 충분하다고 여기도록 우리를 기만했다고 루이스는 주장한다. 어쩌면 실제로는 훨씬 더 근사한 어떤 것이 우리에게 제공될 때에도, 세상

---

12 C. S. Lewis, *Surprised by Joy: The Shape of My Early Life* (New York: Harcourt Brace Jovanovich, 1955).
13 그림자, 유령, 비실재, 비확실성의 땅이나 지역을 말한다. 저승, 영계, 무의식의 경지로 해석하기도 한다. 여기서 Lewis는 고통이 있고 불확실한 이생에서의 시간을 천국과 대비하여 이 개념을 사용하고 있다. 그에게는 천국, 즉 다가올 사후 세계가 훨씬 더 실재적이고 확실한 곳임을 알 수 있다-역주.
14 C. S. Lewis, *Mere Christianity* (1944; reprint, New York: Simon & Schuster, 1996), 121.

적인 야망과 전환 때문에 우리의 갈망은 길들여지고 줄어들었음을 우리가 발견하게 될 것이다.

> 우리는 무감각 속에 있는 냉담한 피조물이어서 무한한 기쁨이 우리에게 제공되었을 때에도 술, 섹스와 야망으로 빈둥대며 지낸다. 멋진 해변가에서 휴가를 제공받는 것의 의미를 상상할 수 없어서 빈민가에서 진흙놀이를 계속 고집하는 무지한 어린 아이처럼 말이다. 우리는 너무나도 쉽게 만족한다.[15]

전도서는 인간 영혼의 굶주린 공허를 포착한다.

> 사람의 수고는 다 자기의 입을 위함이나 그 식욕은 채울 수 없느니라(전 6:7).

냉담한 집착이라는 주문(spell)에 걸린 것은 최근에 30대 젊은이들 사이에서 외모를 뜯어 고치기 위해 온갖 형태의 성형수술이 증가하는 것에서 여실히 드러난다. 많은 사람들은 더 숭고한 열망을 대가로 썩어가는 토기를 단장하려 하는 것이다.

루이스는 이 끈질긴 갈망 또는 동경감(Sehnsucht)이야말로 인간 성격의 기본적인 사실을 드러내며 다른 더 고등한 실재를 암시하는 것이라고 주장한다.[16] 굶주림을 느끼는 것이 우리가 빵을 찾게 될 것을 의미함이 아니라고 이의가 제기될 수 있겠으나, 그것은 요지를 놓치는 것이라고 루이스는 생각한다.

---

15 C. S. Lewis, *The Weight of Glory and Other Essays* (1949; reprint, San Francisco: Harper-SanFrancisco, 1980), 26.
16 동경(Sehnsucht)은 C. S. Lewis와 Sigmund Freud에 의해 사용된 독일 단어이다. 이것을 위해서 Armand Nicholi, *The Question of God: C. S. Lewis and Sigmund Freud Debate God, Love, Sex, and the Meaning of Life* (New York: Free Press, 2002), 41-47을 참고하라.

사람이 육체적인 허기를 느끼는 것은 그가 아무 빵이라도 얻게 될 것을 증명하지는 않는다. 그는 대서양 한가운데 떠있는 뗏목 위에서 아사할 수도 있다. 그러나 사람의 허기는, 사람은 먹어야 육체의 원기를 회복하는 인종 출신이라는 것을 그리고 식용 가능한 실체들이 존재하는 세상에서 거주한다는 것을 확실히 입증한다. 마찬가지로 낙원에 대한 나의 욕구는 내가 낙원을 누리게 될 것을 입증하는 것은 아니지만(그러면 좋겠지만), 낙원과 같은 것이 존재하고 어떤 사람들은 낙원을 누리게 될 것이라는 것을 나타내는 꽤 확실한 지표라고 생각한다. 남자는 한 여자를 사랑하지만 그녀의 마음을 얻지 못할 수도 있다. 그러나 만일 "사랑에 빠진다"라고 하는 현상이 성적 욕구가 없는 세상에서 일어난다면 그것은 아주 뜻밖의 일일 것이다.[17]

대상을 향한 욕구 관계를 노만 가이즐러(Norman Geisler)와 윈프리드 코르듀안(Winfried Corduan)은 "충족 가능성"으로 칭한다. 충족되거나 또는 충족되지 않을 수 있는 경험의 능력을 말한다. 그럼에도 불구하고 이 능력(capacity)은 충족의 가능성(possibility), 즉 그런 대상의 존재가 있음직함을 나타낸다.[18]

인간을 "폐위된 왕족"으로 간주하는 기독교 가정을 감안할 때(하나님의 형상을 지닌 자이기도 하며 은혜에서 타락하기도 한 자) 그 초월적인 것을 향한 욕구와 그것이 제한된 느낌은 죄로 인해 손상된 것으로 반드시 간주되어야 한다. 한 개인의 상황을 초월하고자 하는 욕구, 영광 또는 기쁨을 경험하기 원하는 욕구는 순전한 욕구가 아니다. 그것은 오히려 제대로된 신적인 충족감을 갈망하는 영혼과 어떤 가능한 방법을 동원해서라도 타락한 세상을 초월하는 것을 갈망하는 육체의 혼합물이다.

---

17 Lewis, *Weight of Glory*, 32-33.
18 Norman Geisler and Winfried Corduan, *Philosophy of Religion*, 2nd ed. (Eugene, OR: Wipf & Stock, 2003), 74-76.

그럼에도 이 갈망 자체는 인간 난제에 해결책을 제공하지 않는다. 이 갈망 자체는 하나님으로부터 오는 인지적 계시의 근원도 아니며 구원의 도구도 아니다. 그러나 기독교적 충족에 대한 가능한 전조다. 갈망으로부터의 논증은 기껏해야 물질세계 너머에 존재하는 인간 만족을 위한 일련의 초월적인 근원을 신뢰할 수 있게 만든다. 비록 이 논증이 초월의 정확한 본질을 구체적으로 명시하지는 않지만, 이 논증은 유신론적인 세계관을 가리킨다. 왜냐하면 인간은 사람의 인격을 충족시킬 수 있는 초월적인 실재를 갈망한다고 하는 주장에 기초하기 때문이다.

반대로 불교는 인성이 소멸된 상태인 열반을 경험하기 위해 욕구의 중지를 지지한다. 이는 초월을 경험하기 위한 처방으로, 욕구를 정화하거나 충족시키는 것이 아니라 욕구를 제거하는 것이다. 유사하게 아트만을 브라만으로 (즉 개개의 자아를 우주적인 자아로서) 직관하는 것이 아드바이타 베단타 힌두교의 목표인데, 이는 인격의 충족이 아닌 인격의 결말을 가져온다.

3. 거룩한 존재에 대한 신령한 체험

어떻게 한 개인은 신적인 것을 더 직접적으로 몸소 체험할 수 있을까? 종교적 체험의 표준 범주는 신령한 체험이다. 이 용어는 루돌프 오토(Rudolf Otto)가 『거룩의 개념』(*The Idea of the Holy*)에서 처음으로 사용했다.[19]

이것은 두려움 때문에 한 개인을 그 자리에서 얼어붙게 만들기도 하고 무서워 소름끼치게 하는 대상을 경험하는 것을 지칭한다. 이러한 체험은 즉흥적이기도 하고 종교적 수양을 통해 함양되기도 한다. 신령한 대상은 대상을 인식하는 개인과는 (비이원론적인 체험과는 달리) 완전히

---

19 Rudolf Otto, *The Idea of the Holy*, 2nd ed. (New York: Oxford University Press, 1958).

별개로 인식된다. 현상학적으로는 계시적인 사건에는 다음의 세 가지로 구성된 삼중적 구조가 있다. (1) 체험하는 주체, (2) 체험 또는 신령한 어떤 것에 대한 의식, (3) 체험에서 존재하는 신령한 객체(대상). 철학적으로 말해 이런 체험들은 **의도적**이다. 즉 체험은 자아 외부에서 일어나는 객관적인 어떤 것에 대한 것이다. 체험은 인지적이다. 즉 대상의 특징들은 체험 자체 내에서 확인되었고 개념들을 사용하여 나중에 보고되었다.

이는 자아와는 별개인 대상들에 대한 보통의 경험과 구조적으로 유사하다. 나무를 보고 있다고 생각해 보라. (1) 나무를 보는 내가 존재한다. (2) 나는 나무를 경험한다 그리고 (3) 내가 나무를 경험할 수 있도록 나를 위해 나무가 그곳에 존재한다. 그렇기 때문에 이러한 신령한 체험들의 **본질** 또는 **구조**는 감각-경험(sense-experience) 주장들과 동일하다. 만일 우리가 이런 종류의 감각 경험 등을 일반적으로 진실된 경험이라고 간주한다면(그 경험들을 의문시할 어떤 이유가 주어지지 않는 한), 신령한 체험도 마찬가지로 진실된 것으로 간주하도록 문이 열리게 된다.

신령한 체험을 두드러지게 하는 것은 파악된 대상의 비범한 본성이며, 보통 그런 체험의 실존적인 여파(aftereffects)에 있다. 구약성경에 등장하는 신령한 체험의 고전적인 예는 웃시야 왕의 죽음 후에 이사야 선지자가 체험한 것이다.

> 웃시야 왕이 죽던 해에 내가 본즉 주께서 높이 들린 보좌에 앉으셨는데 그의 옷자락은 성전에 가득하였고 스랍들이 모시고 섰는데 각기 여섯 날개가 있어 그 둘로는 자기의 얼굴을 가리었고 그 둘로는 자기의 발을 가리었고 그 둘로는 날며 서로 불러 이르되 거룩하다 거룩하다 거룩하다 만군의 여호와여 그의 영광이 온 땅에 충만하도다 하더라 이같이 화답하는 자의 소리로 말미암아 문지방의 터가 요동하며 성전에 연기가 충만한지라(신 6:1-4).

이를 접한 이사야는 "그 때에 내가 말하되 화로다 나여 망하게 되었도다 나는 입술이 부정한 사람이요 나는 입술이 부정한 백성 중에 거주하면서 만군의 여호와이신 왕을 뵈었음이로다 하였더라"(사 6:5)라고 울부짖었다.

이사야의 위기는 하나님이 그의 죄책감을 가져가고 이사야의 죄가 속죄되고 나서야 해결되었다(사 6:6-7). 그런 다음에 이사야는 예언적 위임을 받게 된다.

이 서술의 구조는 삼중적이고 깊은 지적인 내용을 담고 있다.[20] 여기에는 주체, 객체(대상) 그리고 의식이 있다. 이사야(주체)는 그가 하나님(객체)에게 대해서 경험한 것(이사야의 의식)을 알린다. 이 체험에서 많은 진리 주장들이 파생하게 된다.

1. 하나님은 최대한으로 거룩하시다(거룩의 삼중 사용으로 나타냄).
2. 하나님은 천사들에 의해 예배됨.
3. 세상은 하나님의 영광으로 가득차게 됨.
4. 하나님 출현이라는 이 비범한 현상에 대한 반응으로, 성전은 흔들렸고 연기로 가득차게 됨.
5. 이사야 스스로의 대답을 보면, 이사야는 그의 백성들과 더불어 자신의 불경함을 보게 되고, 그는 죄 가운데 있는 사람들의 처지를 비통해 하고 그리고 난 다음에 그는 구원을 받는다.[21]

이와 유사한 하나님과의 만남들이 성경 전체를 통해 일어난다. 불타는 떨기나무에서 모세에게 임한 하나님의 계시(출 3장),[22] 에스겔이 본 하

---

20 이 삼중적 이야기는 Keith Yandell의 강의에서 유래한 것이다.
21 이 서술에 대한 신학적으로 탁월한 설명으로는 R. C. Sproul, *The Holiness of God* (Wheaton: Tyndale House, 1985)을 참고하라.
22 불타는 떨기나무에 대한 자세한 인식론적 설명을 위해서는 Douglas Groothuis, "Was Mo-

나님의 환상(겔 1-3장), 욥이 본 하나님의 환상(욥 38-42장), 사도 바울이 경험한, 부활한 그리스도(행 9장) 그리고 요한이 밧모섬에서 경험한, 영화롭게 된 그리스도(계 1:12-18) 등이 있다. 각각의 이야기를 보면 삼중적 구조가 확실히 갖추어져 있으며 이는 체험의 객체가 평범하지 않은 경우라 하더라도 정상적인 감각 경험의 구조와 동일하다. 아무리 이러한 경험들이 예사롭지 않다고 하더라도 지식의 뼈대는 불가사의한 난센스(nonsense)나 비논리(illogic)로 해체되지 않는다.

이런 종류의 체험들이 성경 문학에만 제한된 것은 아니다. 1662년 파스칼의 죽음 후에 그의 개인소지품 중에서 한 양복 윗 저고리에는 양피지가 안감에 함께 꿰매어져 있었다. 파스칼은 새로운 자켓을 구입할 때마다 이 양피지 문서도 옮겨서 꿰맸던 것 같았다. 파스칼은 문자 그대로 그의 심장 가까이에 두기 위해 이 양피지를 항상 그의 몸에 지니고 있었던 것 같다. 그 종이에는 1654년 11월 23일자 체험이 간결하면서도 시적인 이야기로 기록되어 있었다. 이 서술은 종종 "회고록"(The Memorial)으로 언급되기도 한다. 파스칼은 이렇게 기록한다.

저녁 10시 30분부터 다음날 새벽 0시 30분까지.

불(Fire)

"아브라함의 하나님, 이삭의 하나님, 야곱의 하나님,"
그 하나님은 철학자들과 학자들의 하나님이 아니십니다.
확신, 확신, 마음에서 우러나는 기쁨, 평강.
예수 그리스도의 하나님.
예수 그리스도의 하나님.
나의 하나님 너의 하나님.

---

ses Rational After All?" *Philosophia Christi* 17 (1994): 31-44를 참고하라.

"당신의 하나님이 저의 하나님이 될 것입니다."
하나님 이외의 이 세상 및 모든 만물은 잊혀졌습니다.
하나님은 복음서에서 가르쳐 준 방법을 통해서만 발견될 수 있습니다.
인간 영혼의 위대함.
"아 공의로우신 아버지여, 세상은 당신을 몰랐지만 저는 당신을 알았습니다."
기쁨, 기쁨, 기쁨, 기쁨의 눈물.
저는 제 자신을 하나님으로부터 단절했습니다.
그들은 생수의 근원인 나를 버렸다(렘 2:13).
"나의 하나님 당신은 저를 버리실 것입니까?"
제가 다시는 그로부터 단절되지 않게 해 주십시오!
"그리고 이것이 영원한 생명입니다. 즉 그들이 유일하게 진실한 하나님이신 당신과 당신이 보내신 예수 그리스도를 알게 되는 것입니다."
예수 그리스도. 예수 그리스도.
저는 그분으로부터 제 자신을 단절했고, 그분을 배척했고, 그분을 부인했고, 그분을 십자가에 못박았습니다.
제가 절대로 그분으로부터 단절되지 않게 해 주십시오!
그분은 복음서에서 가르쳐 준 방법을 통해서만 지켜질 수 있습니다.
달콤한 완전한 포기.
나의 지도자인 예수 그리스도에 대한 전폭적인 순복.
지상에서의 하루치 노력에 대한 답례로 주어지는 영원한 기쁨.
저는 당신의 말씀을 잊지 않겠습니다.
아멘.[23]

---

23 Pascal, *Pensées* 309-310, 913.

이 체험은 체험에 대한 파스칼의 감정적인 반응뿐만 아니라 많은 진리 주장도 전달한다. 파스칼이 이 체험과 이 체험의 기록을 비밀에 부친 것은 그에게 궁극적인 의도가 있어서 이 사건을 조작한 것은 아니라는 견해에 신뢰성을 더해 준다. 이 체험 후에 새 사람이 된 파스칼은 생전에 다 완성하지 못한 프로젝트인 기독교 종교 변론을 구상하게 되었다. 어쨌든 1669년 파스칼 사후에 출판된 『팡세』(Pensées)는 각별한 영향력을 끼쳐오고 있다.

신령한 체험은 유대교와 기독교 역사상 자주 주목되어 왔다. 그렇기 때문에 신령한 체험들은 그런 체험에 등장하는 객체들의 존재에 관한 한 일단 채택된 증거(prima facie evidence)를 제공한다. 물론 유사한 체험들을 이슬람 그리고 힌두교와 불교의 유신론적 버전들에서도 찾아볼 수는 있다.

그렇지만 이 사실이 (1) 이슬람, 불교, 힌두교와 기독교가 동일한 하나님을 예배한다거나 (2) 신령한 객체를 체험하는 모든 사람은 그 체험 때문에 구원받았다는 것을 함축하지는 않는다. 무슬림은 하나님을 체험하고 체험의 객체를 다소 오인할 소지가 있다. 예를 들어, 나는 책상 위에 놓여 있는 모자를 확인하고 그 모자 주인이 톰인데도 내 친구 빌의 모자라고 잘못 주장할 수 있다. 모자를 본 나의 경험은 진실된 것이지만, 나는 진실되지 않은 특징을 모자에 부여한 것이다.[24]

게다가 신령한 체험을 구원과 동등하게 취급할 필요는 없다. 비록 그럴 수도 있겠지만 말이다. 다메섹 도상에 있었던 바울의 동반자들은 그리스도의 초자연적인 출현 같은 것을 체험했지만, 이 체험이 그들의 회심을 알렸다는 표시는 전혀 없다(행 9:1-9).

진실된 신령한 체험에 주장될 수 있는 것의 전부는 그런 체험들은 초월적 중대성을 지닌 외재적이고 인격적인 존재와의 만남을 수반한다는 것이다. 우리는 기독교 전체 문제를 신령한 체험에 근거할 수 없다. 그

---

24 이 사례와 여기서 사용된 구별은 William Wainwright, *Philosophy of Religion*, 2nd ed. (Belmont: Wadsworth, 1999), 136에서 영감을 받은 것이다.

럼에도 불구하고 진실된 신령한 체험을 위한 논증은 강력하다.[25]

4. 변혁적 체험

일신교적 종교 체험의 또 다른 방식은 변혁적(transformational) 또는 인과관계적(causal)이라는 것이다. 여기서의 초점은 단순한 개종 체험이 아니라 기독교 믿음, 회개와 종교적 결단을 동반하는 개인 인격의 변혁에 있다. 성경은 신자들을 향한 약속으로 충만하다. 아버지와 인간들 사이에서 중재자라는 유례없는 사명을 선포하신 후에 예수님은 핵심적인 약속을 발표하셨다.

> 수고하고 무거운 짐 진 자들아 다 내게로 오라 내가 너희를 쉬게 하리라 나는 마음이 온유하고 겸손하니 나의 멍에를 메고 내게 배우라 그리하면 너희 마음이 쉼을 얻으리니 이는 내 멍에는 쉽고 내 짐은 가벼움이라 하시니라(마 11:28-30).[26]

파스칼은 상당히 강렬한 회심(또는 재회심)을 체험했고 그 체험은 그의 인생이 더 개선된 방향으로 극적인 전환을 가능하도록 했다. 자신이 회심한 체험을 사도행전에서 두 번 언급하는 바울사도도 마찬가지다(행 22; 26장).[27]

---

25 하나님에 대해 일련의 증거를 제공하는 신령한 체험에 대한 논의로는 Keith E. Yandell, "Does Numinous Experience Provide Evidence That God Exists?" in *Christianity and Philosophy* (Grand Rapids: Eerdmans, 1984) 그리고 Yandell, *The Epistemology of Religious Experience* (New York: Cambridge University Press, 1994), 4부를 참고하라.
26 성경에 나타난 약속을 상세히 다룬 내용과 오늘날 그리스도인들에게 어떻게 적용되는지를 알기 원한다면 Larry Richards, *Every Covenant and Promise in the Bible* (Nashville: Thomas Nelson, 1998)을 참고하라.
27 John Stott는 바울의 회심 당시의 역동을 *Why I Am a Christian* (Downers Grove: InterVar-

기독교 운동에 대해 그가 과거에 반대한 것과 아람어로 예수님이 말씀하신 후에 바울이 눈을 뜰 수 없게 된 환상이 동반된 것에 대해 상세히 설명한 후에 바울은 아그립바 왕에게 "하늘에서 보이신 것을 내가 거스르지 아니하고"(행 26:19)라고 말한다. 더 정확히 말해 바울은 그의 회심 후에 복음을 더 폭넓게 도처에 알리게 되었다. "하나님의 도우심을 받아 내가 오늘까지 서서"(행 26:22; 참고 롬 1:16-17)라고 말하며 바울은 끔찍한 어려움과 역경 중에서도 그의 삶에 역사하시는 그리스도의 능력에 대해 자주 언급한다(고후 1:3-11). 이런 사례들을 보면 그리스도인들은 그들의 삶에서 중대한 변화를 체험하고 이러한 변화의 원인을 하나님의 영향력 때문이라고 생각한다.

이런 보고들이 (진실되다면) 사실상 기독교 믿음의 진리를 위해 필요한 (그러나 충분하지는 않은) 조건이 되는데, 많은 성경구절들은 예수님을 따르는 자들은 개종 후에 "풍성한 삶"을 경험하게 될 것이라고 예견하기 때문이다(요 10:10). 그리스도인의 성장과 관련된 이러한 체험들의 성격과 정도는 이 장에서 충분히 다뤄질 수 없는 깊은 주제다.[28]

대개 그리스도인들은 자신과 타인 안에서 경험되어지는 선과 악에 대한 새로운 도덕적 각성에 대해(히 5:11-14) 전한다. 또한 그리스도인들 사이의 교제(시 133편)뿐만 아니라 성경의 지혜를 통해서도 일차적으로 경험하게 되는, 인도받는다는 느낌과 부르심에 대해(딤후 3:15-17)서 전한다.

개인의 도덕적 발전(성령의 주도적인 도움을 통해 도덕적 원칙에 충실하고 인격적 미덕 개발하기) 그리고 예수 그리스도의 사역을 통한 하나님을 향한 깊은 소속감(롬 8:14-16)을 전한다. 파스칼은 그리스도 안에서 결정

---

sity Press, 2004), 18-23에서 설명한다.

28 기본적인 기독교 영성에 대해서는 Francis Schaeffer, *True Spirituality* (Wheaton: Tyndale House, 1972), Jerram Barrs and Ranald Macaulay, *Being Human* (Downers Grove: InterVarsity Press, 1978); J. P. Moreland, *Kingdom Triangle* (Grand Rapids: Zondervan, 2007)을 참고하라.

적인 균형을 발견했고, 주제넘음도 아니고 절망도 아닌 제3의 길을 찾았다.

> 예수님은 교만함 없이 우리가 접근할 수 있는 하나님이시며 그
> 앞에서 절망 없이 우리 자신을 겸손히 낮출 수 있는 분이시다.[29]

만일 이런 류의 경험이 희소하거나 일체 존재하지 않는다면, 기독교 세계관에서 의미심장하고 필수적인 요소를 놓치게 될 것이다. 신자들은 새로운 조건을 지닌 존재라는 하나님의 축복을 받기도 하겠지만(마 5:1-13), 자신들의 지속적인 죄성과 기독교 대의명분에 대한 적대적인 세력에 도전받아 괴롭게 될 것(롬 7장)이라고 성경은 주장한다.

성경뿐만 아니라 전 세계에 흩어져 있는 그리스도인들도 지난 2000년 동안 이렇게 동일한 내용을 알려 왔다. 기독교 메시지가 진실되다면 이런 보고들은 당연한 것이다. 변혁적 체험에 대한 이러한 보고들만으로 기독교의 진리를 변론할 수는 없겠지만, 이런 이야기들은 기독교 메시지의 확인이라고 하는 매우 중요한 역할을 담당한다. 변화된 삶을 목격하는 것은 변화를 직접 체험한 사람 가까이에 있는 이들에게 매우 중대한 영향을 미칠 수 있다.[30] 허나 기독교로 회심한 이후에 더 개선된 방향으로 변화된 삶은 이따금씩 주장되어 왔던 것처럼 기독교를 위한 **충분한** 논증은 아니다. 왜냐하면 다른 종교 전통들도 변화된 삶에 대해 유사한 주장을 펼치기 때문이고, 긍정적인 변화는 단지 플라시보 효과(placebo effect)에 의해서도 가능하기 때문이다.[31]

그러나 믿음을 저버린 사람들에 대한 보고는 넘쳐나는데 어떤 사람

---

29 Pascal, *Pensées* 212/528, 98. 또 ibid., 351/537, 133도 참고하라.
30 Walter Martin, "The Unanswerable Argument," in *Essential Christianity* (Ventura: Regal, 1980)를 참고하라.
31 그렇지만 만일 다른 종교들이 3장에서 제시된 진실성의 다른 테스트들에 실패한다면 긍정적인 변화의 보고를 진지하게 고려할 이유는 전혀 없게 된다.

들은 종교적 체험이 부족하다는 인식 때문에 저버렸다. 그럼에도 이런 반대 증거가 종교적 체험으로부터의 긍정적인 변증에 맞서는 결정적인 요인이 될 필요는 없다.

첫째, 어떤 사람들은 기독교 대의명분에 결단을 고백한다고 하더라도 진정한 제자가 되는 것에는 실패할 것이라고 예수님과 사도들은 예견했다. 이런 사람들은 믿음을 저버릴 것이다. 예수님의 씨뿌리는 자 비유와 세 가지 종류의 땅은 이를 확실히 설명해 준다(마 13:1-23). 사도 요한은 애초부터 기독교 교제권에서 한 번도 영적인 부분을 이루지 못했기 때문에 기독교 교제권을 떠난 사람들에 대해서도 유사한 경고를 한다(요일 2:19; 참고 히 6:1-12).[32]

둘째, 어떤 사람들은 일종의 영적 황홀경을 정기적으로 체험하기 위해 규범에서 벗어난 기독교 형태를 받아들일 수도 있다. 이런 체험들이 중단되면, 그들은 배신감을 느끼고 믿는 것을 중단한다. 그럼에도 성경은 진정한 신자들의 기쁨과 고난 두 가지 모두를 언급하지 결코 고통, 역경, 슬픔이 없는 삶을 약속하지는 않는다(벧전 4:12-19; 참고 시 88편).

셋째, 기독교의 합리성에 견고하게 뿌리내리지 못한 사람들은 그들의 종교적인 체험이 믿음에 대한 그들의 모든 의심을 안전하게 헤쳐나가 주기를 기대할 수도 있다. 이런 사람들은 환멸을 느끼게 되는데 성경에 등장하는 약속들이 경험되었지만 불충분하다고 느껴서가 아니라 믿음 자체의 지적인 기초에 대한 오해 때문에 그런 것이다.[33] 신앙주의(fideism,

---

32 내가 이해하는 바로는 배교자는 애초부터 중생(regenerate)을 경험한 적은 한 번도 없었다는 것이다. 기독교인의 인내(덜 호감을 주는 문구를 사용하자면 영원한 보장)에 대한 강력한 사례를 위해서는 John Stott, *Men Made New* (Downers Grove: InterVarsity Press, 1966), 19-20을 참고하라. 그리고 더 상세한 내용을 원하면 John Stott, "God's People United in Christ," in *Romans* (Downers Grove: InterVarsity Press, 1994)를 보라.

33 믿음, 의심과 이성의 관계를 탁월하게 다룬 글로 Os Guinness, *God in the Dark: The Assurance of Faith Beyond a Shadow of Doubt* (Wheaton: Crossway, 1997); Gary Habermas, *The Thomas Factor: Using Your Doubts to Draw Closer to God* (Nashville: Broadman & Holman, 1999)을 참고하라.

믿음지상주의로도 번역함)는 기대기에는 너무 빈약한 갈대다(3장 참고).

5. 종교-체험 논증에 대한 반론

되풀이되는 한 가지 반론은 종교 체험은 일반적인 감각 경험이나 실험실 결과처럼 반복적이거나 객관적인 방식으로 점검되거나 확인될 수 없다는 것이다. 종교 체험의 주관적인 성격 때문에 진리의 근원으로는 신뢰할 수 없다는 것이다. 그렇지만 이 반론은 범주 오류를 범하며 하나님의 존재에 반대하는 주장에 대해서는 논점을 교묘히 피한다.

첫째, 범주 오류를 생각해 보자. 만일 내가 내 서재 창문 너머에 작은 나무 두 그루가 있다고 주장한다면, 이는 관심을 갖고 지켜본 관찰자에 의해 쉽게 확인되거나 반박될 수 있다. 누군가가 나의 집에 와서 관목 두 그루를 살펴보거나 단순히 내 증언을 믿을 수 있다. 그러나 하나님은 고정된(stationary) 물체가 아니다. 일신교에서 하나님은 무소부재하다고 주장하기는 하지만, 하나님은 공간의 한 장소에 위치해 있어서 감지될 수 있는 물리적 대상이 아니다. 하나님은 비가시적인 인격적 존재로 신적인 지혜로 여러 다른 시간대에서 다양한 방식들을 통해 자신을 계시하시는 분이시다(히 1장). 게다가 유한하고 오류를 범하기 쉬운 인간은 하나님에 대한 완전한 그림을 볼 수 없고 부분적으로 엿볼 수밖에 없다(고전 13:9).

이런 단서는 기독교 가설에 필수적인 부분이다. 따라서 우리가 물체를 확인하듯 그렇게 하나님을 확인할 수 있을 것이라고 기대해서는 안 된다. 조지 마브로즈(George Mavrodes)가 말한 것처럼 말이다.

> 만일 기독교 신학자들이 옳다면, 하나님은 자신을 계시하기로 선택하실 때에만 하나님은 체험될 것이다. 그렇다면 한 개인이 하나님을 감지하는 것에 실패하는 것은 다른 사람의 하나님 체험에 대한 긍정적인 주장에 반박하기 위한 주장으로는 별 의미

를 갖지 않는다. 왜냐하면 그 실패는 어떤 이유에서든지 그 사람이 하나님을 체험할 준비가 아직 되어 있지 않다는 사실 또는 하나님은 (우리가 추측하거나 추측할 수 없는 이유로) 당신 스스로를 그에게 계시하기로 아직은 선택하지 않았다는 사실에서 유래할 가능성이 다분하기 때문이다.[34]

당신이 록키산맥에서 하이킹을 하는 동안 망원경으로 산양을 발견했다고 가정해 보자. 그리고 당신은 흥분한 등산 파트너에게 잽싸게 망원경을 넘겨준다. 그런데 망원경을 건네받은 친구는 산양을 볼 수 없다. "당신이 거짓말을 했다" 또는 "산양이 시야에서 사라졌다?" 중 어떤 것이 더 이성적인 대답인가? 이것은 하나님을 체험하는 것과 유사하다. 하나님은 자신을 드러내겠다고 작정하실 때에만 자신을 드러내신다. 우리는 종교적 체험을 어떤 공식에 맞춰 계획할 수 없다.

둘째, 회의적인 반론은 비물질적이고 인격적인 존재의 출현에 반대하여 논점을 교묘히 피할 뿐이다. 하나님은 **정의상**(by definition) 단순한 경험적 수단으로는 확인되지 않는다. 만일 우리가 이런 보고가 물리적 대상 보고의 범주(예측 가능한 측량과 반복 가능성을 포함해서)에 부합하지 않는다는 이유로 하나님 체험에 대한 보고를 인정하지 않는다면, 우리는 종교적 체험이 진실된 것인가에 대한 논점을 그저 피하는 것이다. 그러나 우리가 사용할 수 있는 적절한 테스트들이 있다.

종교적 체험은 진실성을 위해 다양한 방법으로 조사될 수 있다.

첫째, 성경 안에 기록된 종교적 체험을 필두로 기독교 안에는 종교 체험의 오랜 전통이 있다. 우리는 기본적인 전통 안에 있는 다양한 형태들을 감안하여 우리의 체험이나 다른 이들의 주장을 기본적인 전통에 비추어 테스트할 수 있다.

둘째, 어떤 종교 체험에서든지 혹시 그 종교 체험을 믿기 힘들게 만

---

34 George Mavrodes, *Belief in God: A Study in the Epistemology of Religion* (New York: Random House, 1970), 79.

드는 요인들이 있었는지를 우리는 질문해 볼 수 있다. 예를 들어, 여러 종교적 주장들(보통 기독교인들은 아님)은 페요테(peyote: 페요테 선인장에서 채취한 마약-역주)나 환각제(LSD)처럼 정신에 변화를 주는 약물의 영향 아래 있는 사람들에 의해 개진되어 왔다.[35]

이런 경험들은 비정상적이고 부자연스러운 뇌상태의 변화에 기초한 것이기 때문에, 그런 체험의 진실성은 원칙상 의문의 여지가 있다. 마찬가지로 만일 과거에 환각을 느낀 전과가 있는 어떤 사람이 신령한 체험을 알린다면, 이 증언을 문제삼을 수도 있다. 그러나 모든 신령한 체험 보고를 환각 또는 속임수로 여기는 것은 논점을 피해 이미 정해 놓은 결론으로 유도하는 것이다. 다시 말해 신령한 체험을 정신질환과 동일시하는 것은 반론의 원천을 봉쇄하기 위해 우물에 독뿌리기를 하는 것이다.

우리는 종교 체험이 종교적 세계관의 입증을 위한 수단 중 하나에 지나지 않음을 기억해야 한다(물론 무신론을 위해서는 성격상 그렇게 긍정적이고 체험적인 논증은 존재하지 않는다. 그렇기 때문에 무신론 세계관은 그들에게 유리하게 사용할 수 있는 이런 종류의 증거가 부족하다). 세계관들은 이런 외견상 체험의 중대성을 지지하거나 의문삼는 다른 부류의 증거와 연계해서 반드시 평가되고 가늠되어야 한다.

예를 들어, 몰몬경을 읽는 동안 "불타는 가슴"(burning bosom)을 체험하는 것에 기초하여, 몰몬경이 신적인 영감을 받은 책이라고 많은 몰몬교도들은 주장한다. 그러나 이 체험은 신령하지도 않고 그것 자체가 변혁적이지도 않으며, 다신교와 그리스도론과 구원처럼 핵심 기독교 교리에 관한 몰몬교의 수정을 뒷받침할 수 있는 종류의 증거는 결코 아니다. 그러므로 미국 역사 등에서 많이 제기되는 몰몬경 수정주의자들의 주장을 뒷받침할 만한 역사적이거나 고고학적인 자료가 절대적으로 부족하

---

35 Os Guinness, "The Counterfeit Infinity," in *The Dust of Death* (1973; reprint, Wheaton: Crossway, 1994); R. C. Zaehner, *Zen, Drugs, and Mysticism* (New York: Pantheon, 1972)을 보라.

다는 것을 만일 누군가가 문제삼는 경우에, "불타는 가슴"에 호소하는 것은 지적인 측면에서는 전적으로 불충분하다.³⁶

종교-체험 주장은 한 세계관을 지지하거나 반박하기 위해서는 증거와 밀접한 관련이 있는 다른 근원에 비추어 평가되어야 할 필요가 있다. 이는 기독교 유신론에 있어서 종교 체험은 누적적 사례의 일부분만을 구성할 뿐이라는 사실을 강조한다. 종교 체험이 변증학의 전체 짐을 지게 해서는 안 된다. 어쨌든 종교 체험 현상은 기독교 변증 모자이크의 일부를 이룬다.

6. 투사 반론

혹자들은 종교 체험은 인간의 생각과 욕구의 투사에 지나지 않는다며 반대한다. 독일 철학자인 루드윅 포이어바흐(Ludwig Feuerbach, 1804-1872)는 신학의 본질은 인간학이라고 주장했다. 전능, 전지, 무소부재와 같은 하나님에 대한 모든 개념은 단지 객관화된 인간의 속성을 무한으로 배가한 후에 실재로 있지도 않은 존재의 속성이라고 단정한 것이다.

"사람은 기독교의 하나님이고, 인간학은 기독교 신학의 신비다"라고 포이어바흐는 주장했다.³⁷ 이 유령 신은 승격되고, 인간은 품격이 떨어지게 되었다. 우리가 비존재하는 하나님을 예배하면 할수록 우리는 우리 자신들로부터 더 소외된다. 따라서 우리는 신을 뒤로하고 인류만 신뢰해야 한다.

---

36 이것이 일반적인 몰몬교의 반응이다. 비록 몇몇 몰몬교 변증가들은 몰몬경 외부의 수정주의적 역사적 주장에 호소하려 하겠지만 (실패하면서도) 말이다. 몰몬교에 대해서는 Walter Martin, "Mormonism," in *The Kingdom of the Cults*, ed. Hank Hanegraff, rev. ed. (1967; reprint, Minneapolis: Bethany House, 1997); Francis Beckwith et al., *The New Mormon Challenge* (Grand Rapids: Zondervan, 2002)를 보라.

37 Ludwig Feuerbach, *The Essence of Christianity*, trans. George Eliot (New York: Harper & Row, 1957), 336. 강조는 원본에 근거한 것임.

칼 막스(1818-1883)는 포이어바흐에 토대를 세우고 정치적 요소를 첨가해서 종교는 "민중의 아편"(the opiate of the masses)이며 "무정한 세상 속에서" 거짓 "안식처"라고 주장했다.[38] 하나님의 개념은 고용주들에 의한 착취를 대중이 용납하도록 만들기 위해 대중을 달래는 역할을 하는 것이다.

지그문트 프로이드(Sigmund Freud)는 하나님과 종교의 개념은 소원 성취에 기초한 것이라고 덧붙이면서 포이어바흐의 논제 위에 심리학적 토대를 확립했다.[39] 『환상의 미래』(The Future of an Illusion)에서 그는 공포, 트라우마와 시련을 직면한 인간은 위로와 소망을 제공하는 우주적 아버지라는 인물을 투사하여 그들이 거주하고 있는 종종 잔인하고 설명할 수 없는 우주(궁극적으로는 그들을 죽일 세상)에 대해 보상하려 한다고 주장했다.[40] 종교적인 아이디어는 문명을 위해 요구되는 박탈감에 대해서도 보상한다.[41]

프로이드는 종교적 믿음은 환상이라고 주장했다. "환상의 특징은 그것이 인간의 바람에서 유래한다는 것이다."[42] 프로이드에게 환상은 반드시 거짓 믿음이 아니다.[43] 그럼에도 프로이드는 종교적 믿음은 태고적 전통과 현재 당면한 욕구를 넘어서는 지적인 지지를 전혀 받지 못한다고 주장했다.[44] 이는 절대 무해한 환상이 아니다. "종교는 따라서 인류의

---

38 Karl Marx, *Critique of Hegel's Philosophy of Right*, Hans Küng, *Does God Exist?* (New York: Doubleday, 1980), 229에서 인용됨. Marx의 종교관 비평을 원한다면 217-61과 William Dryness, *Christian Apologetics in a World Community* (Downers Grove: InterVarsity Press, 1983), 172-80을 참고하라. 신학적 비평을 원한다면 Rousas John Rushdoony, *Freud* (Nutley: P&R Publishing, 1965)를 보라.
39 Sigmund Freud, *The Future of an Illusion* (1927; reprint, Garden City: Anchor Books, 1961), 58.
40 Ibid., 23-24.
41 Ibid., 24.
42 Ibid., 49.
43 Ibid.
44 Ibid., 50.

우주적인 강박 신경증일 것이다."⁴⁵ 오직 과학만이 "우리를 우리 외부에 존재하는 실재의 지식으로 인도해 줄 수 있다."⁴⁶

이 투사 논증(projection arguments)은 변증학과 영속적으로 관계있는 논증이다. 투사 논증의 맹점을 지적하기 전에, 이 논증의 장점을 짚고 넘어가야 한다. 성경은 우상숭배를 정죄하는데 이는 유한한 피조물의 이미지에 신을 창조해내기 때문이다. 거짓 종교는 진리의 억압뿐만 아니라 투사에 의해서도 재촉된다. 성경은 숨은 동기를 위해서 성경의 내용을 왜곡하거나 와전시키지 말라고 자주 경고한다(렘 8:8; 마 15:1-9; 벧후 3:16). 그렇지만 모든 종교 주장들이 단순히 인간의 아이디어들과 열망으로 환원될 수 있는가? 이를 부인할 수 있는 좋은 이유가 있다.

첫째, 포이어바흐, 프로이드와 막스는 종교적 믿음을 위한 유일한 근거는 미신이라고 생각했다. 하나님에 대한 믿음은 과학이나 철학 또는 역사에서 전달된 증거적 무게가 전혀 없었고, 그렇기 때문에 그들은 하나님에 대한 믿음을 심리학적 망상에 지나지 않는 것이라고 편히 해명해 왔다. 그러나 본서에서 주장하듯이 하나님의 존재와 기독교 메시지를 위한 다수의 논증들이 존재한다.

둘째, 포이어바흐, 막스와 프로이드는 종교가 인간의 품격을 도덕적으로 떨어뜨린다고 여겼다. 이는 그들로 하여금 종교에 대해 대안적인 설명을 하도록 부채질했다. 포이어바흐는 하나님에 대한 믿음이 인간을 그들의 본질에서 소외시킨다고 주장했다. 막스는 종교가 프롤레타리아(노동자계급)에게서 투지를 앗아갔다고 생각했다. 프로이드는 종교를 개인과 사회에 정서적으로나 도덕적인 건강을 공급하는 데 실패한 본질적인 신경과민으로 간주했다.⁴⁷ 이런 비난을 상세히 다룰 수는 없지만 몇 가지만 살펴보는 것만으로도 충분하겠다.

---

45 Ibid., 71.
46 Ibid., 50.
47 Ibid., 60-62. Freud에 대한 꼼꼼한 비평을 원한다면 Küng, *Does God Exist?* 262-339를 참고하라.

포이어바흐에 대해 이야기하자면, 비록 기독교가 무한한 하나님의 존재를 긍정하기는 하지만, 기독교는 하나님의 형상대로 만들어진 유한한 인간 존재의 중대성을 절대로 부인하지 않는다. 인간은 하나님 밑에서 다른 사람들과 더불어 번영을 누리고 하나님의 영광을 위해서 창조세계를 개발하고 향유하기 위해 창조되었다. 이레니우스(Irenaeus)가 단언했듯이 "하나님의 영광은 충만하게 살아 있는 사람"이다.[48]

인간은 하나님으로부터 자율을 마땅히 주장할 수는 없지만, 그들의 죄에도 불구하고, 하나님 아래서 존귀함과 그리스도 안에서 구원을 주장할 수 있다. 종교가 대중을 달래서 유약하게 한다는 막스의 주장은 명백하게 그릇된 통념이다. 분명히 종교가 윌리엄 윌버포스를 달래서 유약하게 만들지 않았기에 그는 하나님의 정의의 이름으로 영국에서 노예제도와 연관된 전체 경제와 문화 체제에 도전할 수 있었다. 사실 역사상 있었던 수많은 긍정적인 사회운동 배후에는 기독교 이상이 자리잡아 왔다.[49] "과학적"이기 원했던 프로이드의 열성에도 불구하고, 그의 심리학적 연구는 상당 부분 추측에 근거한 것이며 매우 제한된 경험적 증거에 기초한 것이었다. 그가 분석한 종교적인 사람들이 신경과민적이었을 수도 있었겠으나 그렇다고 해서 그 사실이 종교 자체를 신경과민으로 규탄하지는 않는다.[50]

셋째, 프로이드 스스로가 인정했듯이 X가 참(true)이기를 강렬히 염원한다고 해서 X가 참인 것에 불리하게 작용하지는 않는다.[51] 사실 파스칼과 루이스가 논했듯이, 초월을 향한 우주보편적인 갈망이 있다는 것은

48　Irenaeus, *Against Heresies*, 4.20.7.
49　Alvin Schmidt, *How Christianity Changed the World* (Grand Rapids: Zondervan, 2004), David Bentley Hart, *Atheist Delusions: The Christian Revolution and Its Fashionable Enemies* (New Haven: Yale University Press, 2009)를 참고하라. 기독교가 이슬람보다 더 풍요로운 문화유산을 소유함에 대한 내용으로는 Alvin Schmidt, *The Great Divide: The Failure of Islam and the Triumph of the West* (Salsbury: Regina Orthodox Press, 2004)를 참고하라.
50　Paul Vitz, Sigmund, *Freud's Christian Unconscious* (Grand Rapids: Eerdmans, 1993).
51　Freud, *Future of an Illusion*, 49.

이 갈망이 어떻게 해서든지 충족될 수 있음을 보여주는 것일 수도 있다. 한스 큉(Hans Küng)이 "한 마디로 실재 안에 존재하는 실재적인 어떤 것은 나의 심리적 경험에 확실히 대응한다. 즉 실재하는 하나님은 하나님을 향한 소원에 확실히 대응할 수 있다"고 잘 표현한다.[52]

어떤 사람은 순전히 심리적인 이유로 기독교 믿음을 갖게 되고(즉 자신의 아버지로부터는 한 번도 받아본 적이 없는 사랑, 용납, 용서를 받기 위해서) 여전히 참된 믿음을 유지하기도 한다. 심리학적인 동기로 유발되었기 때문에 이 믿음은 거짓된 것이라고 일축하는 것은 발생적 오류(genetic fallacy)의 전형적인 사례다. 믿음의 기원 그 자체는 그 믿음을 진실된 것에서 실격시키지 않는다.

모어랜드에 의하면 "믿음이 어디서 왔는가 하는 문제는 왜 그것을 믿어야 하는가와는 다른 문제다. 믿음의 유래는 발견의 심리학을 수반하지만 후자는 정당화의 인식론(epistemology of justification)을 수반한다."[53]

만일 X는 존재하지 않는다고(예를 들어, 만일 X가 치아 요정이라고 한다면) 믿을 만한 다른 이유들이 우리에게 있다면, 왜 누구라도 X를 믿으려 하는지에 대한 심리적 (또는 신경증적) 이유를 찾는 것이 타당할 것이다. 그러나 우리가 그런 이유를 찾기 전까진, 그런 지적인 사후 분석은 시기상조이며 주제넘은 것이다.

넷째, 소원 성취로 보기에는 바람직하지 않은 후보로 간주될 수 있는 기독교의 양상들이 있다. 대부분의 기독교인들은 영원한 형벌 교리를 불편해 하고 대개는 성경의 하나님이 좀 덜 격노하기를 **바랄** 것이다. 나는 내 많은 친구들과 친척들이 결국 지옥에서 최후를 맞이하게 할 수도 있는 종교를 발명해내지는 않을 것이다. 또한 하나님이 내 모든 생각을 면밀히 조사하여 사악한 생각을 사악한 행위를 범하는 것과 다름 없는 것으로 여기는 종교를 만들어 내지 않을 것이다(마 5:22 참고).

성경적 계시의 특징 중 하나는 하나님은 계속해서 사람들을 놀라게

---

52 Küng, *Does God Exist?* 210.
53 J. P. Moreland, *Scaling the Secular City* (Grand Rapids: Baker, 1987), 229.

하고 때로는 아연실색케 한다는 것이다. 신령한 체험은 수혜자들에는 종종 충격적인 것으로서, 전혀 갈망했거나 기대했던 것이 전혀 아니다. 이렇게 충격적인 기독교의 요소가 기독교를 비이성적으로 만들지는 않는다. 오히려 이런 요소는 하나님은 길들여질 대상이 아니라는 것을 의미한다. 하나님은 너무 거룩하시고 길들여지지 않으시기 때문에 길들여질 대상은 아니시다.[54]

다섯째, 우리는 두 가지 방법으로 투사 논증(projection argument)을 반전시킬 수 있다.

아버지나 다른 권위를 가진 인물과의 형편없는 관계에 근거한, 즉 보편적인 권위 문제 때문에 무신론자들이 하나님을 거절하는 것이라고 유신론자들은 주장할 수 있을 것이다. 이런 권위 있는 인물에 대한 일반적인 거절은, 곧 궁극적 권위인 하나님의 거절로 해석된다. 토마스 나이겔도 그것만큼은 인정한 바 있다.[55] 우주 위에 종교적인 인물을 투사하는 대신에 무신론자들은 과거 심리적 고통, 어쩌면 아버지를 살해하고 싶은 욕망(Freud의 오이디푸스 콤플렉스[Oedipus complex])때문에 이 개념을 지워버린다. 사실 프로이드는 서구의 여러 저명한 무신론자들처럼[56] 그의 아버지와의 관계가 원만하지 않았다.[57]

일견 무신론자들은 유신론적 믿음을 갖기 어렵게 만드는 얼마간의 심리학적 증후군에 더 시달리는 것처럼 여겨진다. 왜냐하면 꽤 명석한 이들을 다수 포함해서 지구상의 대부분 인간들은 역사를 통해 하나님

---

54 R. C. Sproul, *If There Is a God, Why Are There Atheists?* (Wheaton, IL: Tyndale House, 1988)를 보라. 또는 C. S. Lewis가 사자, 마녀 그리고 옷장에 등장하는 한 등장인물을 통해 이렇게 말하는 것에 주목하자. "아슬란(그리스도를 상징하는 등장인물)은 길들일 수 있는 사자가 아니야."
55 Thomas Nagel, *The Last Word* (New York: Oxford University Press, 1998), 130. 7장에서 이 논의를 참고하라.
56 Paul Vitz, *Faith of the Fatherless: The Psychology of Atheism* (Dallas: Spence, 1999)을 보라.
57 Nicholi, *Question of God*, 16; 23-24; 35; 47-48; 71; 117; 149; 223-224를 보라.

또는 초자연적인 어떤 형태를 믿어 왔기 때문이다.[58]

게다가 모어랜드의 지적처럼 "기독교로 개종하는 사람들을 빈틈없이 통제되는 그룹에 끼어맞출 수는 없다. 왜냐하면 개종자들은 다양한 성격 유형을 가진 사람들이고, 인생에 처해 있는 형편들(행복, 슬픔)이 다르고 시간, 장소, 문화와 교육에 있어서 상이한 환경에 처해 있기 때문이다."[59]

이러한 개종(혹은 일반적인 유신론적 믿음)을 프로이드의 (혹은 다른) 신경증과 같이 구별 가능한 신경증의 한 종류로 설명하는 것은 불가능하지 않다면 이는 비개연적으로 여겨진다.

또다른 반전 또한 신뢰할 만하다. 아버지-아이 관계에 기초하여 하나님의 존재에 대한 진실된 믿음을 양산해낼 수 있는 심리적 장치를 하나님이 우리 내면에 넣어두셨다고 기독교 신자는 주장할 수도 있다. 존 힉(John Hick)은 이 점을 분명히 해둔다.

> 만일 유대-기독교 전통이 가르치듯 인간 아버지와 그의 자녀들과의 관계가 하나님과 사람의 관계와 유사하다면, 인간이 하나님을 마땅히 하늘 아버지로 여기는 것은 놀랍지 않다. 또한 가족 안에서 유아가 전폭적인 의존을 통해서 그리고 성장하는 어린이가 사랑받고 보살핌을 받고 훈육받는 경험을 통해서 마땅히 하나님을 알게 되는 것은 놀랍지 않다.[60]

인간은 부모-자식 관계의 비유를 통하여 하나님과의 관계에 대한 정보를 얻을 수 있는 것이다. 우리가 다른 이유를 들어 유신론을 배제하지 않는 한, 이런 가능성에 대한 토의를 일축할 수 없다.

---

58 Justin Barrett은 신경과학에서 사용 가능한 최고의 증거에 근거해 그렇게 하는 것이 자연스럽다는 것을 주장한다(*Why Would Anyone Believe in God?* [Lanham: Rowman & Littlefield, 2004]을 참고하라).

59 Moreland, *Scaling the Secular City*, 229.

60 John Hick, *Philosophy of Religion*, 4th ed. (Englewood Cliffs, NJ: Prentice-Hall, 1990), 35.

7. 신경신학: 범주오류(Neurotheology: A Category Mistake)

최근 몇 년간 많은 뇌 연구가들은 종교적 믿음에 대한 생물학적 근거에 대해 연구하고 추측해 왔다. 많은 이런 의견들의 기본적인 논제는 하나님 또는 신성한 것에 대한 믿음은 뇌의 특정 기능에 근거해서 설명될 수 있다는 것이다.

즉 신경과학은 왜 우리가 종교적 믿음을 갖는지에 대해 대답해 주는데, 그 대답은 우리가 감지하거나 분별하는, 객관적으로 사실적인 국면과는 전혀 상관이 없다.[61] 대부분의 이런 설명은 물질주의를 전제하며 철학적으로는 논점을 교묘히 회피한다. 하나님은 존재하지 않고 신성한 영역도 전혀 존재하지 않는다는 것(모든 것이 물질이다)을 우리가 잘 알기 때문에, 우리는 왜 그렇게 많은 사람들이 종교적인 체험을 하게 되는지 설명할 (그리고 해명할) 필요가 있다. 물론 이는 논증이 아니라 입증되지 않은 전제일 뿐이다.

그렇지만 만일 어떤 특정한 뇌 상태가 일련의 종교적 믿음이나 체험과 상관관계가 있다는 것은 종교적 믿음에 전혀 위협이 되지 않는다. 우리는 영적인 존재일 뿐만 아니라 물질적 존재다. 성경이 가르치고 우리의 경험이 확인해 주듯이 사람의 마음은 육체와 상호작용한다. 이 상호관계가 영적인 것이 물질적인 것으로의 환원으로 이해될 때에만 종교적 믿음에 대한 위협으로 여겨진다(17장 참고).

이런 환원적 견해에는 또 다른 문제가 있는데 환원적 견해는 공격하는 부메랑이 되어 다시 날아온다는 것이다. 종교적 믿음의 신경학적 구성요소(물리적 상태)가 확인되기 때문에 종교적 믿음이 단지 환상이라고 해명한다면, 동일한 논증의 힘을 빌어 "종교적인 믿음은 환상이다"(하나님은 없다)라는 믿음 또한 환상이라고 우리는 반드시 해명해야 하는데 왜냐하면 그런 믿음 또한 단순한 신경학적 상태에 지나지 않기 때문이다.

---

61 예를 들어, M. Alper, *The God Part of the Brain: A Scientific Interpretation of Human Spirituality and God* (New York: Rogue Press, 2000), 79를 보라.

이런 종류의 환원과 논박은 뇌 활동으로 확인될 수 있는 모든 믿음들에도 확장될 수 있을 것이다.[62] 그러나 이런 결론은 논리적으로 그리고 실존적으로 뒷받침될 수 없는 인식론적 허무주의(epistemological nihilism)를 초래하게 된다.

종교의 신경학적인 기초를 설명하기 위해 수백만 달러가 보조금으로 지급되는 한편, 무신론 또는 회의론을 설명하는 것에는 아무것도 투자되지 않는 것에 주목하라. 분명히 무신론과 회의론에는 무죄추정의 원칙이 적용되지만, 종교적 믿음은 명백한 유죄다.

결론적으로 뇌의 신경학적인 활동에 대한 모든 지식적인 진보 그리고 종교적 믿음과 경험에 대한 뇌 신경학의 연관성은 종교적 믿음의 진리를 전혀 논박할 수 없다. 그것은 철학의 몫이다. 다른 많은 영역에서처럼 여기서도 자연주의적 과학(예를 들어, 물질주의적 설명)은 무자격으로 지적 권위를 강탈하는 자이다.[63]

8. 다양한 종교 체험 주장: 동양 종교들

우리는 지금까지 일신교와 몰몬교도들의 종교 체험 주장만 언급해 왔다. 그렇다면 불교와 힌두교와 같은 종교에서 나타난 종교적 체험들은 어떤가? 이것은 다소 복잡한 주제이지만 간략한 비평을 살펴보자.

우선, W. T. 스테이스(W. T. Stace)와 같은 몇몇 사고가들은 신비로운 체험은 본질적으로 비이원론적이라며 편향적으로 이해해 왔다. 신비주의와 철학에서 스테이스는 비이원론적 경험이 모든 신비로운 체험의

---

62 William James는 본질적으로 동일한 논증을 사용하여 종교적 믿음을 일종의 육체적 질병에 근거하여 일축해 버린 사람들을 반박했다. William James, *The Varieties of Religious Experience* (New York: Longmans, Green, 1902), 10-18을 보라.
63 종교적 믿음과 관련한 신경학을 탁월하게 다룬 내용을 원하면 Paul Copan, "Does Religion Originate in the Brain?" *The Christian Research Journal* 31, no. 2 (2008): 32-40을 참고하라.

규범이라고 임의로 규정하여 신령한 체험을 주변적인 것으로 격하시킨다.[64] 이렇게 극도로 선택적인 해석은 역사와 문화 전반에 있어 왔던 풍요로운 유신론적 체험들을 공정하게 평가하는 것이 아니다. 그뿐만 아니라 이것은 이러한 종류의 경험에서 발견되는 뿌리깊은 지적인 문제들을 언급하지도 않는다.

불교신자와 힌두교도들의 문헌과 간증에서 발견되는 "깨달음"(enlightenment)에 대한 대부분의 주장들은 앞에서 설명한 것처럼 종교적 체험의 본질에 정반대되는 개념을 거의 변함없이 수반한다. 이 두 종교 사이에 존재하는 상당한 차이점(그리고 각각의 종교에 내재되어 있는 다원주의)에도 불구하고 불교의 니르바나(nirvana: 열반)에서와 힌두교의 목샤(moksha: 해탈)에서의 깨달음 체험, 두 가지 모두는 개체성의 부정, 인성과 언어의 부정을 요구한다. 경험된 것으로 알려진 궁극적 실재는 개념의 영역을 완전히 넘어선 형언할 수 없는 것으로 간주된다. 엄청난 거룩함과 능력을 지닌 다른 존재와의 인격적인 만남이란 것은 없다. 오히려 한 개인은 (의지, 정서와 사고를 지닌) 인격체로서 실재를 경험하는 것을 멈추게 된다.

니르바나는 양초가 꺼진 다음에 남은 어떤 것 혹은 문자 그대로 "소멸되는 것이다."[65] 이는 욕구나 인격적이고 개인적인 존재를 초월하여, 욕구나 인격적이고 개인적인 존재가 부재한 상태인 것이다. 유사하게 목샤(Moksha)는 자아가 존재하는 것을 멈추고 그런 상태에서 특성이 부재한 비인격적 존재인 브라만(Brahman)에서 정체성을 발견하는 상태로 간주된다.[66] 목샤는 우주적인 존재(브라만)의 실현에 대해 말하고 니르바나는 자아가 전혀 존재하지 않는 것(아나트만[anatman])에 대해 말하는데, 둘 다 이런 개인의 상태를 파악할 수 있는 개별적인 개체적 자아와

---

64 W. T. Stace, *Mysticism and Philosophy* (New York: Jeremy Tarcher, 1960).
65 Bart Gruzalski, *On the Buddha* (Belmont: Wadsworth, 2000), 16-17.
66 특성이 부재한 존재의 개념은 상당한 문제를 갖는다. Keith Yandell, *Philosophy of Religion* (New York: Routledge, 1999), 102-9를 참고하라.

언어능력의 실재를 부인한다. 따라서 신령한 체험을 지각경험과 유사하게 만드는 모든 특성은 사라지게 된다. 통상적인 의미에서의 앎의 주체(knower), 앎(knowing) 또는 앎의 객체(known)와 같은 용어는 전혀 존재하지 않게 된다.

개념 경험(conceptual experience)의 가능성 또한 사라지게 되는데, 왜냐하면 이런 깨달음의 상태는 개념을 뒤로 제쳐두기 때문이다. 따라서 이런 종류의 신비주의적 경험은 신비로운 체험으로 시작해서 여느 세계관의 진리와 합리성으로 결론 맺는 논증을 형성하기 위해 필요한 지식을 전달할 수 없다. 세계관은 필연적으로 개념적인 시스템으로 어떤 중요한 **실재에 대한 지식을** (맞거나 틀리게) 주장한다.

만일 내가 경험 X가 정상적인 인간 앎(인간의 자아성, 명제적 언어 등과 같이)의 모든 범주 너머에 있다고 주장한다면 그 경험은 그 어떤 세계관을 위해서도(그 점에 관한 한 혹은 어떤 명제를 위해서도 마찬가지다) 논리적 증거로는 도저히 기능할 수 없게 된다. 증거의 개념은 일련의 논리적인 형태(연역법, 귀납법 또는 상정논법)를 기반으로 하여 명제가 전제로 정리되어 결론으로 귀착되는 것을 요구한다. 그러나 만일 신비주의적 경험 X를 (지적인 내용이 없어서) 형언할 수 없다면, 그것은 논리와 증거의 (변론) 절차에서 영구히 금지된 것이다.

그렇기는 하지만 이런 경험들에 대한 보고는 문자 그대로 언어로 전할 것은 아무것도 없다는 사실에도 불구하고 웅장하고 매력적인 언어로 표현될 수가 있다. 켄 윌버(Ken Wilber)는 인성, 논리와 언어를 초월하는 "공허함"을 경험하는 것에 대해 자주 매번 더 황홀해 한다. 그럼에도 그는 이 실재를 자유, 사랑, 총체성과 그 외 여러 가지의 긍정적인 속성을 소유하는 것으로 반복해서 기술한다(물론 언어를 사용해서). 그는 "원래 얼굴"(the original Face)에 대해서도 저술하는데 이것은 우주의 단일성(oneness)을 말하는 것이다.[67] 감정을 자극하는 이 언급은 본질적으로 인

---

67 Ken Wilber, *A Brief History of Everything*, rev. ed. (Boston: Shambhala, 2000), 39. 동일한 문제는 Joseph Campbell의 베스트셀러인 *The Power of Myth* (New York: Doubleday,

격적이지만, 윌버의 세계관은 비인격적이다. 왜냐하면 그는 인격적인 하나님의 존재를 명확하게 부정하기 때문이다. 아무리 시적인 언어라고 하더라도 빈약한 철학을 은폐할 수는 없다.

그럼에도 혹자들은 요가 수행(또는 유사한 동양의 수행)이 긍정적인 혜택을 발생시키기 때문에 그것은 요가 수행의 원동력이 되는 세계관의 진리를 시사하는 것이라고 주장할 것이다. 요가가 중립적인 신체 훈련이라고 종종 주장되는 데 반하여 요가의 뿌리와 구조는 힌두교의 형이상학에 기초한 것이다. 요가의 (신성한 것과 연합되는 것을 의미함) 핵심은 자세(posture), 호흡법(breathing)과 주문 외우기(chanting mantras)를 통해서 비인격적인 내면의 신(God within)을 찾는 것이다.

자세, 호흡법과 주문 외우기라는 수단들을 통해 몸의 힘은 중립화되고 몸을 방해하는 것들에서 벗어나게 된다. 그럼에도 서구에서는 요가가 그저 신체훈련에 지나지 않는 것으로 재포장되어 왔는데 이런 주장은 힌두교 요가 수행자들이 거부하는 주장이다.[68]

이 논증을 감안할 때 요가 수행에서 어떤 일이 일어나더라도, 그것은 실재의 최고 상태가 논리, 언어, 인성과 개체성을 초월하는 것으로 여겨지는 세계관에서는 증거로 기능할 수 없다. 만일 요가가 한 개인을 더 편안하게 하거나 평온하게 한다고 하더라도, 이런 효과들은 논리정연하게 기술될 수 없는 추정상의 의식의 고등 상태를 위하여 인성, 논리, 언어와 심지어는 육체 자체도 초월되는 세계관의 합리성에 기여할 수 있

1988)에 등장하는 비이원론적 세계관도 고민케 한다. 그는 하나님을 형언할 수 없다고 언급하지만 그런 다음에 하나님을 묘사하기 위해 다양한 개념을 사용한다. 이런 아이디어들과 다른 아이디어들의 비평을 위해서는 Douglas Groothuis의 Joseph Campbell, *The Power of Myth*를 논평한 것을 *Christian Research Journal* (fall 1989) ⟨www.iclnet.org/pub/resources/text/cri/cri-jrnl/web/crj0036a.htm⟩에서 참고하라.
68 Subhas R. Tiwari, "Yoga Renamed Is Still Yoga," *Hinduism Today*, January-February-March, 2006 ⟨www.hinduismtoday.com/modules/smartsection/item.php?itemid=1456⟩. 요가의 본질과 위험에 대해서는 Douglas Groothuis, *Confronting the New Age* (Downers Grove: InterVarsity Press, 1988), 77-80을 보라.

는 것은 아무것도 없다.

원래 요가와 관련 수행은 인간의 번영(기독교 세계관의 핵심공약)에 기여하기 위한 것이 아니다. 오히려 요가와 관련 수행의 목적은 인류의 한계를 탈출하여 한 개인이 인성, 개체성과 합리성을 초월한 상태에 도달하는 것을 목표로 한다. 이 수행 안에는 만남이나 변화를 통하여 인간이 (인간의 자격으로) 신을 체험하는 것은 전혀 없다. 대신 인성은 (그리고 지식, 관계와 합리성을 가능케 하는 인격의 능력은) 비인격적인 신적인 존재 안으로 해체된다. 게다가 그 어떤 **비인격적인** 신비주의적 체험도 세상에 지친 영혼에게 **인격적인** 만족을 가져다 줄 수 없다. 파스칼이 말한 것처럼 하나님 모양의 진공이 "무한하고 불변하는 대상, 즉 하나님 자신으로" 채워지는 것 대신에 하나님 모양의 진공 자체가 제거되는 것이다(그 사람 전체와 더불어).[69]

이런 비이원론적 종교적 체험에 대한 보고는 일반적인 감각 경험이나 개념적 경험과 닮은 점을 전혀 찾을 수 없다. 비이원론적 종교 체험은 신령한 체험에서처럼 주체-객체-의식의 삼중구조를 허용하지 않는다.

오히려 사람의 인격은 말살되고 논증을 형성하기 위해 필요한 개념들은 부재하게 된다. 비이원론적인 신비주의 형태 안에서(Wilber, 아드바이타 베단타와 초월적 명상에 의해 지지된 것과 같은 형태들), 선악의 범주는 통합된 실재 속으로 사라지게 된다. 그러나 만일 진정한 하나의 실재가 무도덕한 것(선악의 이원성을 넘어선)이라면, 신령한 체험을 통해서 부족한 개인 누구나가 더 개선된 상태로 변화될 수 있는 근거는 전혀 존재하지 않게 되는 것이다. 또한 부족했던 사람이 훌륭하게 되었다고 알려진 그 어떤 변화도 종교 체험의 진실성을 위한 증거로 사용될 수 없을 것이다. 왜냐하면 궁극적 실재(브라만)는 선악을 초월하기 때문이다. 무도덕한 신에게 성인이 되는 것(Sainthood)은 별 의미가 없다.

69　Pascal, *Pensées* 148/428, 75.

9. 인간 경험에서 만난 하나님

개인적인 종류의 종교 체험들은(그 체험들 속에서 하나님도, 하나님을 체험하는 개인도, 비인격적인 단일함이나 진공 속으로 사라지지 않음) 사실적이고 동서고금에 걸쳐 현재까지 계속 발생하고 있다.

많은 사람들이 개인적인 종교적 체험을 갈망하며 또 우리 중 많은 이들은 그런 체험을 한다. 이 사실은 이러한 체험의 토대가 되는 인격적이고 관계적인 분이 존재하는 것에 대해 주목할 만한 증거를 제공한다. 그러나 하나님을 만난 이 이야기들은 홀로 서지 못한다.

이 이야기들은 이 책에서 창조주, 설계자와 입법자이신 분의 존재를 위해 제시된 다른 논증들과 연합되어야 한다. 더욱이 17장은, 초월적인 것을 향한 인간의 추구는 그 위엄과 비참함의 두 가지 모두에 있어서, 기독교가 풀이한 인간의 본성에 의해 최선으로 설명된다고 단언한다.

17장

인류의 유일무이함, 의식과 인지

만일 기독교가 진실된 것이라면, 인간은 하나님뿐만 아니라 나머지 창조세계와도 유일무이한 관계에 놓이게 된다. 하나님의 형상을 지닌 자로서의 인간은 하나님을 대표하고 따라서 도덕적이고 인격적인 존재로서의 인간은 하나님과 닮았지만 유한하다(창 1:26).

인간은 하나님의 섭정자로서 나머지 창조세계에 대해 지각적, 논리적 그리고 언어적 우위를 행사한다(시 8편). 이는 인간들은 그들 스스로 피조세계와 하나님에 대한 유일무이한 인식을 소유하며(의식), 그들의 인식 속에서 개념들을 합리적으로 연계시킬 수 있고(인지) 그리고 그들의 이성적 인식을 상징을 통하여 기록되고 발화된 것(언어)으로 의사소통할 수 있다는 것을 의미한다. 바로 이 기독교의 개념은 이런 인간의 능력이 그 어떤 비유신론적 세계관으로도 설명될 수 없다고 주장한다.[1] 즉 인간

---

1 나는 인간 언어의 유일무이함과 유신론이 자연주의나 범신론보다 언어를 더 잘 설명한다는 논증을 개진시키지는 않겠다. 이것을 위해서는 Clifford Wilson and Donald McKeon, *The Language Gap* (Grand Rapids: Zondervan, 1984); John W. Oller and John L. Omdahl, "Origin of the Human Language Capacity: In Whose Image?" *The Creation Hypothesis*, ed. J. P. Moreland (Downers Grove, IL: InterVarsity Press, 1994)를 참고하라. 인간의 언어가 어떻게 동물의 의사소통과 현저하게 다른지를 알기 원한다면 Mortimer Adler, *The Difference of Man and the Difference It Makes* (New York: Holt, Rhinehart & Winston, 1967),

은 자연적인 속성만 소유하는 진화된 동물의 상태로 환원될 수는 없다. 또한 인간은 신으로부터 부여받은 능력에도 불구하고 (범신론이 주장하듯) 신적인 상태로 격상될 수도 없는데, 인간 안에 늘 내재되어 있는 유한성 때문이다.

성경적인 인간학은 이런 인간 인격의 독특하고 특징적인 능력을 체화된 마음 또는 체화된 영혼으로 설명한다. 우리는 육체와 영혼의 관계적 단일체이다. 철학적으로 이것은 실체 이원론(substance dualism)으로 알려져 있다. 각 사람은 물질적 본성(물리학, 화학과 생물학으로 설명될 수 있음)과 비물질적 본성(물질적 상태와 상호작용할 뿐만 아니라 물질적 상태를 초월하기도 함)을 갖고 있다. 비록 우리의 비물질적인 실체가 죽음을 맞이할 때와 부활 전에 육체적 본성에서 분리되기는 하지만, 두 가지 본성 모두 인간 인격을 구성한다.

실체 이원론을 위한 논증을 전개시키기 전에 **실체**(substance)와 **속성**(property)의 개념을 구체화 할 필요가 있다.

첫째, 실체는 특정한 어떤 것이어서 동시에 두 장소에 존재할 수 없는 것이다(그렇지만 붉음[redness]이나 순환성[circularity]과 같은 보편자[universal]는 동시에 두 장소에 존재할 수 있다). 한 마리의 말은 실체다.

둘째, 실체는 그것의 속성이 변화할 수 있다. 말의 털은 시간이 경과하면서 변화할 수 있지만 그 말은 여전히 말인 상태로 유지된다.

셋째, 실체에 부착되는(affix) 속성과는 달리 실체는 기본적 혹은 본질적인 개체다. 말의 색, 나이와 크기가 말이라는 실체의 속성이긴 하지만 말은 어떤 것의 속성도 될 수 없다.

넷째, 실체는 인과력(causal powers)을 갖는다. 말은 음식을 먹을 수 있고 사람들을 태워주기도 한다. 속성은 그런 능력을 소유하지 않는다.[2]

8-9장과 Stephen R. Anderson, *Dr. Doolittle's Delusion: Animals and the Uniqueness of Human Language* (New Haven, CT: Yale University Press, 2004)를 참고하라.

2   이 설명은 J. P. Moreland, *Scaling the Secular City* (Grand Rapids: Baker, 1987), 79에서 논의된 것에 달려있다.

실체 이원론에 적용했을 때, 한 개인의 영혼이나 마음은 그/그녀의 몸이 갖는 속성이 아닌 (민첩함과 같은) 속성을 가지며 이는 개인의 몸과 상호작용을 하는 별개의 실체다. 또한 한 개인의 몸도 영혼이나 마음의 속성이 아닌 (몸무게가 90 kg인 것 같은) 속성을 가지며 개인의 마음이나 영혼과 상호작용하는 별개의 실체다.

성경은 인간을 육체적이고도 정신적인 것으로 명확하게 기술한다. 창세기 2장에 보면 하나님은 첫 번째 인간을 흙(물질)으로 창조하셨고 하나님의 성령으로 그 사람 안에 생명을 불어넣어 주셨다. 따라서 그에게 마음 또는 영을 주신 것이다. 게다가 사람에 대한 예수님의 이해는 이원론적이었다. 이는 예수님이 그의 옆 십자가 위에서 회개하던 강도에게, 비록 그들의 육체는 죽어서 무덤에 머물게 될지라도 그 강도는 바로 그날 예수님과 천국에 있게 될 것이라고 확인해 주신 것에서 분명하게 나타난다(눅 23:43).[3]

마찬가지로 사도 바울도 그가 "육체를 떠나는" 것은 "주님과 함께 집에 있는 것"(고후 5:1-10)이라고 주장하는데 이는 이원론을 긍정하는 것이다. 일련의 기독교인들이 이원론을 그리스 철학의 잔존물이라고 치부해 온 것에 반하여, 이원론적 관점은 상당히 성경적이다.[4]

반면에 인류에 대한 물질주의적 설명은 성경적인 설명보다는 다원주의적 이해와 훨씬 더 잘 조화된다. 게다가 곧 보게 되겠지만 의식과 인지는 물질주의보다는 이원론으로 더 잘 설명될 수 있고 또 이원론은 다른 어떤 세계관보다 유신론에 의해 더 잘 설명된다.

이 장에서는 기독교 세계관이 이런 인간 특유의 자질을 가장 잘 설명할 수 있다고 주장할 것이다. 이 논증들의 장점을 강력히 발휘함으로 인

---

[3] Douglas Groothuis, *On Jesus* (Belmont: Wadsworth, 2003), 40-42를 보라.
[4] 이 논제를 성경적이고 신학적인 관점에서 심층적으로 변론한 내용을 위해서는 John Cooper, *Body, Soul, and the Life Everlasting: Biblical Anthropology and the Monism-Dualism*, rev. ed. (Grand Rapids: Eerdmans, 2000) and N. T. Wright, *The Resurrection of the Son of God* (Minneapolis: Fortress, 2003), 5-10장을 참고하라.

해, 나는 인간상태의 몇몇 측면들을 기독교 변증학의 거대한 팔레트 속의 다채로운 논증으로 활용했으면 한다.

1. 의식에 대한 설명

"나는 생각한다. 그러므로 나는 존재한다"라는 부인할 수 없는 진리의 발견을 통해 데카르트는 잘 알려진 바와 같이 회의론과 싸웠다.[5]

데카르트가 모든 것에 대해 기만당했다고 하더라도 그가 사고하고 있는 것을 그는 알았다. 그리고 만일 그가 사고하고 있었다면, 그는 존재한 것인데 왜냐하면 삼각형이 세 변 없이 존재할 수 없는 것처럼 사고는 사고가 없이는 존재할 수 없기 때문이다.[6] 이런 사고와 그에 따른 사고가의 실재를 감안할 때, 도대체 어떻게 우리는 사고할 수 있는 능력을 철학적으로 설명할 수 있을까? 대체적으로 사고하는 것은 의식과 인지를 수반한다. 먼저 가장 일반적인 범주인 인간의 의식을 살펴보도록 하겠다.

2. 물질주의자의 퍼즐

물질주의 철학자에게 있어서 의식은 난제이다. 물질주의자들은 의식을 소유하고 있지만 의식을 어떻게 갖게 되었거나 그것을 왜 소유하고

---

5 이런 류의 추론은 Augustine이 *The City of God* 11.26에서 회의론자들을 비평한 것으로 거슬러 올라간다. Augustine, *The Trinity* 9.6.9.에서 유사한 아이디어들을 참고하라. Augustine이 회의론자들을 비평한 내용은 Gordon R. Lewis, "Immediate Knowledge," in *Faith and Reason in the Thought of St. Augustine* (Ph.D.diss., Syracuse University, 1959), 117-24를 참고하라. 이 자료들은 Gordon Lewis의 제안이다.

6 Rene Descartes, *Meditations on First Philosophy* (many editions); *Rules for the Direction of Mind* (many editions).

있는지에 대해서는 확실하지 않다. 물질주의 철학자인 콜린 맥긴(Colin McGinn)은 『신비한 불꽃』(The Mysterious Flame)에서 진화가 의식을 자물쇠로 채워 단단히 보관하고 있기 때문에, 의식은 설명을 교묘히 피하며 영원한 불가사의로 남게 될 것이라고 주장한다.

"마음과 뇌의 유대(bond)는 심오한 신비다. 더욱이 그것은 궁극적인 신비며 인간의 지성으로는 결코 풀어낼 수 없는 신비다."[7]

이는 모든 것을 물리학, 화학과 생물학을 토대로 해서 설명하려 하는 물질주의자의 속내를 인정하는 것이다. 그럼에도 불구하고 맥긴은 물질주의적으로 의식을 설명하는 것에 내재하는 골치 아픈 문제를 감안하고도 이런 결론에 도달한다. 그는 (별다른 논증 없이) 자연에 대한 유신론적 설명이 다윈주의에 의해 찬탈되었다고 주장한다(나는 다윈주의를 반박하며 지적 설계를 옹호하는 주장을 13-14장에서 펼쳤다). 따라서 아무리 그것이 불충분할지라도 자연주의가 기본 모드다(default mode).[8]

의식이 "궁극적인 불가사의"로 여겨지게 된 이유는 물질주의자는 반드시 크기(size), 무게(weight), 질량(mass), 운동(motion) 등과 같은 물질적 속성만을 사용하여 실재를 기술해야 하며, 이런 물질적 속성은 생물학, 화학과 물리학의 영역이다. 이런 과학적 설명(scientific descriptions)은 의식을 전제하는데 왜냐하면 과학자들이(의식을 지닌 존재로서) 과학적 설명을 만들어내기 때문이다. 그러나 의식 자체는 순수 물질주의적 기술에 열려 있는가?

물질주의자들은 몇 가지 대답을 제시해 왔지만, 우리가 "마음과 몸의 문제"(mind-body problem)로 알려진 것의 복잡함을 다 탐구해 볼 수는 없다.[9] 그렇지만 주된 난제를 G. K. 체스터턴이 철학적 명언으로 잘 포착하였다.

7　Colin McGinn, They Mysterious Flame (New York: Basic Books, 2000), 5.
8　Ibid., 80-85.
9　이 주제를 철저하게 다룬 것으로 J. P. Moreland and Scott Rae, Body and Soul (Downers Grove: InterVarsity Press, 2000), 1부를 참고하라.

물질주의자가 항상 신비주의자라는 것은 명백하다. 물질주의자는 종종 밀교 해설자(mystagogue)라는 것도 마찬가지로 맞는 말이다. 그는 우리의 이성이 상상할 수 없는 것들, 지성이 결여된 (mindless) 질서나 객관적인 물질이 주관적인 마음이 되는 것처럼 전부 신비로운 것들만 다루기 때문에 신비주의자다.[10]

유사하게 무신론 철학자인 레이먼드 탤리스(Raymond Tallis)는 의식을 물질적 생명체로 설명하려고 하는 진화론 이론에 의문을 제기한다. 진화론 이야기는 다음과 같은 것을 주장한다.

> 살아 있는 피조물의 모든 특징은 자연발생적 변이(spontaneous variation)에 작동된 자연선택(natural selection)에 의해 생성되어 왔다. 그런 특징이 있는 이유는 그것이 생존가치를 갖고 있거나 적어도 한 번쯤 생존가치를 소유한 적이 있었거나 생존가치를 소유했던 다른 어떤 것들의 결과였던 것이다.[11]

자연주의자인 탤리스는 거의 대부분의 우주적 역사에는 어떤 종류의 의식이나 지성이 결여되어 있었고 우주 배후에서 우주를 지도하는 지성은 없었다고 가정한다. 그런 다음에 무계획된 진화를 통해서 의식을 지닌 존재들이 출현케 되었다. 한참이 지난 후에 의식을 지닌 존재들이 지성과 심사숙고할 수 있는 능력을 진화시켰다. 그러나 탤리스는 의식과 지성이 과연 어떤 혜택을 전달하는지를 질문하는데 왜냐하면 우주는 이러한 속성들이 진화되기 전 이미 수십억 년 동안 잘 지내오고 있었기

---

10   G. K. Chesterton, *Generally Speaking* (New York: Dodd, Mead, 1929), 106, *The Quotable Chesterton*, ed. George J. Marlin, Richard P. Rabatin and John L. Swan (Garden City: Image Books, 1987), 211에 인용됨.

11   Raymond Tallis, "The Unnatural Selection of Consciousness," *The Philosopher's Magazine*, 3rd quarter (2009): 28.

때문이다. 생물계 대부분은 무의식적이고 비이성적인 수단을 통하여 생존하고 번식한다. 지성이라고 하는 더 고등한 기능이 출현하기 훨씬 전부터 "진화의 모든 단계에 의식보다 더 유망한 대안이" 있었을 것이다. "더 효과적인 무의식의 매카니즘들이 자연발생적 변이를 통해서 동일하거나 더 높은 확률로 내던져졌을 것 같다."[12]

탤리스는 무의식의 매커니즘들이 더 진화할 것 같다고 생각하는데 부분적인 이유는 진화의 역사에서 보면 의식(consciousness)은 그것을 선행하는 비의식(nonconscious)의 상태와 본질적으로 다르다는 사실 때문이다. 예를 들어, 시력 기관(물리적인 속성들의 집합)은 "빛의 인식"(awareness of light: 물리적인 속성들의 집합이 아님)과는 판이하게 다르다. 우리는 이 이슈를—감각질(qualia) 문제—곧 다루게 되겠지만, 탤리스의 자연주의적 세계관은, 의식은 생존에 필요하지도 않았을 뿐만 아니라 물질주의적인 용어로 설명될 수도 없는 상황에서, 무의식의 우주가 의식을 진화시키는 것을 설명하는 것에는 실패한다라고만 말해 두겠다.

물질주의에 반대하는 논증과 심신 이원론을(mind-body dualism) 옹호하는 논증을 언급하기 전에 우리는 몇 가지 변증학적 단계를 거슬러 올라가 조사해 보겠는데 왜냐하면 우리의 논증은 지적인 진공에서 발생하는 것이 아니기 때문이다. 나는 자연신학과 과학을 통하여 물질주의가 잘못되었으며 유신론이 진실된 것이라고 주장했다. 만일 인격적이고 도덕적인 하나님을 위한 견고한 논증들이 부재하다면, 우리는 체스터턴의 말처럼 "지성이 결여된(mindless) 질서"와 "객관적인 물질"이 "주관적인 마음"으로 되는 것을 철학적으로 주장하기 위한 정당성을 더 갖게 될 것이다.

모어랜드가 주목했듯이 "심/신 물리주의(mind/body physicalism)를 지지하는 대부분의 동기는 세계관의 차원에서 물리주의 찬성론을 펼치기 위해서였다. 만일 그런 세계관 차원에서 물리주의가 거짓이라면, 심/신

---

12 Ibid., 32.

물리주의를 견지할 이유의 일부가 사라지는 것이다."[13]

유신론은 실체 이원론을 고려할 수 있는 세계관을 위한 골격을 제공한다. 이것을 위한 추론은 우주의 비물질적인 창조주이며 설계자며 입법자이신 하나님의 성품에 깊이 뿌리박혀 있다. 그런 우주는 어김없이 이원론에 우호적인데 왜냐하면 하나님 자체가 비물질적으로 사고하며 행동하며 물질세계와 상호작용하는 존재이기 때문이다.[14]

3. 마음과 물질: 다른 종류

존재론적인 함축을 지닌 정신적이고 육체적인 상태는 그 종류(kind)에 차이가 있다. 즉 정신적 상태는 매우 정제되거나 정교한 육체적 상태가 아니다. 정신적 상태는 전혀 육체적 상태가 아니다. 종류가 다르다는 것은 두 가지 고찰을 수반한다.

첫째, 두 가지가 그 종류에 차이가 있을 때에는 한 가지는 "다른 것이 소유하지 않는 결정적인 특징을 소유한다."[15] 예를 들어, 짝수는 균등하게 정수로 나누어질 수 있는 반면, 홀수는 그렇게 정수로 나누어질 수 없다.

둘째, 종류가 다른 두 가지 사이에는 중간단계(intermediate ground)가 없다. 홀수와 짝수 "사이"에는 아무것도 없다. 숫자는 이것 아니면 저것이다. 모티머 애들러(Mortimer Adler)는 그 차이를 이렇게 정리한다.

> 중간단계가 불가능하다는 것은 종류의 불연속성 또는 비연관성

---

13 Moreland, *Scaling the Secular City*, 82.
14 Charles Taliaferro, "The Project of Natural Theology," in *Blackwell Companion to Natural Theology*, ed. William lane Craig and J. P. Moreland (Malden: Wiley-Blackwell, 2009). 또한 Charles Taliaferro, "God and the World" in *Consciousness and the Mind of God* (New York: Cambridge University Press, 1994)을 참고하라.
15 Adler, *Difference of Man*, 19.

을 구성한다. 종류 간에 유일하게 다른 것들은 비연관적으로 혹은 불연속적으로 다르다. 따라서 예를 들어, 정수는 홀수이거나 짝수이다. 세 번째 가능성이나 제3의 것(tertium quid)은 존재하지 않는다.[16]

다른 한편, 정도에 차이가 있는 것은 중간단계를 허용한다. 어떤 것은 밝고 어두움, 길고 짧음, 크거나 작은 것에 있어서 더하거나 덜 할 수 있다. 메이져 리그 야구의 두 타자는 만일 한 타자가 시즌당 41회 홈런을 치고 다른 타자가 동일한 시즌에 홈런을 39개 친다면 그 정도(in degree: 홈런을 치는 것에 대한 숙달)에 있어서 서로 다를 수 있다. 그러나 두 타자가 장외 홈런을 날릴 때 야구공을 어떻게 강타하는지에 대해서는 두 타자는 그 종류(in kind)에서 차이를 보인다. 애들러는 종류가 다른 것과는 달리 "정도가 다른 두 가지는 별개라서 다른 것이 아니고 연속적으로 다르다"라고 지적한다.[17]

4. 모순되는 속성들

물질적 상태와는 그 종류에 있어서 다르게 여겨지는 정신적 삶의 유일무이한 속성들을 어떻게 우리는 존재론적으로 설명하는가?

물질주의자들은 믿음, 소망, 사랑, 합리적 심사숙고, 청색을 보는 것, 우울함을 느끼는 것 등과 같은 상태들을 의식에 속하는 것으로만 생각한다. 바위는 다정하지 않고 침대는 밉살스럽지 않다. 사랑과 혐오는 독특한 정신적 상태다. 윌리엄 해스커(William Hasker)의 표현처럼 물질주의의 설명은 단순성에 있어서 이원론을 능가하지 못하는데, 정신적 실체를 거절한 후에 "그런 다음에 우리는 육체적 실체가 모든 다른 맥락들 안에

16　Ibid., 20.
17　Ibid.

서 갖는 것으로 이미 잘 알려져 있는 속성들과는 전혀 다른 속성들을 육체적 실체에 반드시 귀속시켜야만 한다."[18]

정신적 상태와 육체적 상태는 그 종류가 다른 것이지 정도에 차이가 나는 것이 아니다. 따라서 **종류**가 다른 것은 동일할 수 없다고 하는 아주 단순한 동일성의 원칙(principle of identity)을 감안할 때 두 상태는 동일할 수 없다.[19] 정신적인 상태와 육체적인 상태 사이에는 형이상학적 중간점이 없다. 정신과 육체 사이에는 그 상태들의 단계화된 연속체가 존재하지 않는다. 사실 정신적 상태에는 육체적 상태를 이루는 **결정적인 속성들**(defining properties)이 결여되어 있고 육체적 상태에는 정신적 상태를 이루는 **결정적인 속성들**이 결여되어 있다. 모순되는 속성들은 동일한 대상에 첨부될 수 없다. 라이프니츠가 주목했듯이, 만일 우리가 인간의 뇌를 공장에 비유한다면, 우리가 움직일 수 있는 부품들은 관찰할 수 있겠지만 사고 자체는 결코 볼 수 없을 것이다.

> 한 개인은 **지각**(perception)과 지각에 의존하는 것은 수치와 운동 같은 **기계적인 원칙에 의해서 설명할 수 없다**는 것을 인정해야만 한다. 생각하고, 느끼고 지각할 수 있도록 구성된 한 기계가 있다는 상상 속에서, 혹자는 그 기계를 크게 확대한 것을 상상할 수 있을 것이다. 그렇게 해서 우리가 풍차 속으로 들어갈 수 있듯이 그 속으로 들어갈 수 있도록 말이다. 이런 가정을 하며 그 속으로 들어갔을 때 우리는 부품들이 서로 맞물려 돌아가는 것만을 보게 될 것이며 지각을 설명할 그 어떤 것도 결코 찾아내지는 못할 것이다. 따라서 지각을 위해서는 복합물이나 기

---

18 William Hasker, *Metaphysics* (Downers Grove: InterVarsity Press, 1982), 71. 원본에서도 강조됨.

19 이는 만일 물체 A와 B 사이에 다른 점이 없으면 그 두 물체는 진정으로 동일한 물체라고 말하는 Leibniz의 유명한 구별 불가능한 것들의 동일성의 원칙(law of the identity of indiscernibles)의 한 버전이다. 나는 마음과 몸 사이에 존재하는 차이점의 종류를 강조하기 위해서 차이가 종류에 있음을 부각시켰다.

계 속이 아닌 단순한 실체 속을 들여다 보여야 하는 것이다.[20]

아니면 영혼의 비물질성에 대한 파스칼의 탐구적 질문을 고려해 보자. "철학자들이 그들의 열정을 억누르고 나면, 도대체 어떤 물질적 실체가 이것을 용케 성취해낸 것인가?"[21]

생각은 둥글지도 않고 네모도 아니며 일정한 무게가 나가는 것도 아니고, 장미처럼 향기가 나지도 않고 색깔이 있는 것도 아니다. 장미에 대한 생각은 붉지 않으며 울퉁불퉁한 길에 대한 생각은 울퉁불퉁하지 않고 스테이크 생각을 한다고 스테이크 냄새가 나는 것도 아니다. 그럼에도 어떤 의미에서 생각은 물질의 상태와 동일하다고 물질주의자들은 주장하고 싶어 한다. 예를 들어, 리처드 테일러는 오늘날의 과학 안에서가 아니면 적어도 원칙상으로라도 아직은 불가사의한 지시적, 정신적 상태를 설명할 수 있는 육체적인 상태를 우리가 찾을 수 있을 것이라고 생각한다.[22] 허나 이런 개념이 말이나 되는가?

5. 개인적인 접속과 교정 불가능성(확고부동함)

환자가 깨어 있는 상태에서 뇌에 정교한 수술을 집도하는 동안 외과 의사는 문자 그대로 뇌를 보게 되고 뇌의 물질적인 본성에 대해 환자보

---

20 Gottfried Leibniz, *Monadology and Other Philosophical Essays*, trans. and ed. Paul Schrecker and Anna Martin Schrecker (New York: Bobbs-Merrill, 1965), 17장. 원본에서도 강조됨. Leibniz는 실체 이원론자는 아니었지만 물질주의에 반대한 그의 요점은 여전히 나의 논증과 밀접한 관련이 있다.
21 Blaise Pascal, *Pensées* 115/349, translated by A. J. Krailshaimer (New York: Penguin Books, 1985), 59. 또한 동일한 책 57 페이지에 있는 108/339b도 참고하라.
22 Richard Taylor, *Metaphysics*, 4th ed. (Englewood Cliffs: Prentice-Hall, 1990), 31-32를 참고하라. 이는 미래과학에 대한 약속어음 또는 사후입금수표와 같은 것으로 자연주의자들은 설명이 궁색할 때 일반적으로 이런 태도를 취한다.

다 훨씬 더 잘 안다. 외과 의사는 가해진 자극에 대해 환자가 무엇을 느끼는지에 대해 질문할 수 있으며 뇌 기능은 정확하게 관찰될 수 있다.

외과 의사가 뇌를 들여다 볼 수 있기는 하지만(또한 컴퓨터 단층 촬영을 통해 이미 뇌를 보았다), 의사는 환자의 감정("무서워요")을 보거나 들을 수는 없다. 또한 의사는 환자가 형성하는 생각("무엇인가 콕 찌르는 것이 느껴진다" 또는 "콕 찌르는 것을 전혀 느낄 수 없다")을 보거나 들을 수도 없는데 비록 그런 느낌이 발생한 후에 이런 생각이 언어적으로 보고되는 것을 곧 들을 수 있긴 하지만 말이다.

이것의 요지는 두려움을 느끼고 사고를 형성하는 이런 의식의 상태는 물질적 기술(material descriptions)로 환원될 수 없다는 것이다. 어떤 장치가 있어서 인간 뇌의 모든 물질적 속성과 그 과정을 빠짐없이 기록할 수 있다고 하더라도 그 장치가 의식 자체를 포착할 수는 없을 것이다. 의식이 뇌와 탐침(probe) 같은 다른 물리적 대상으로부터 영향을 받는다는 사실은, 물에 파장을 일으키는 나무로 된 노(wooden oar)가 물을 나무로 변화시키지 않는 것처럼, 결코 의식을 물리적 속성으로 환원시키지 않는다.

개인적 접속에 관련된 것으로 개인의 주관적인 상태에 대한 정신의 교정 불가능성이 있다. 교정 불가능한 범죄자는 교정될 수 없는 사람이다. 교정 불가능한 믿음은 확고부동하여 절대 틀릴 수 없는 믿음이다.

예를 들어, 만일 당신이 통증을 느낀다면 당신은 그 고통을 느끼는 것에 대해서 틀릴 수 없다. 당신이 왜 이런 통증을 느끼는지 그 어떤 의사도 설명해 줄 수 없다고 하더라도 그것은 진실이다.

또한 누군가 "환상지통"(phantom limb pain)을 느끼고 있을 때에도 해당되는 진실이다. 만일 팔을 잃은 사람이 "나는 팔이 아프다"(통증이 있는 부분이 팔인 것처럼 여겨져서)라고 주장하면, 이는 틀린 것이다. 그러나 고통을 동반하는 신체적 상황이 어떻든 간에 "난 통증을 느낀다"라는 주장은 진실된 것이다. 그럼에도 우리는 신체적 대상에 대한 교정 불가능한 지식을 갖고 있지 않다. 왜 통증을 갖는지에 대해서는 우리가 틀릴 수도 있는 것이다. 사실은 신기루인데 길에 물이 보인다고 생각할 수도 있는 것이다. 그 외에도 여러 예가 있다. 그러므로 교정 불가능한 믿음은 비물질적인 의식의 또 다른 표지인 것이다.[23]

6. 감각질: 거부할 수 없는 느낌

사람이 막대기의 자극을 느끼고 환상지통을 갖는 것은 콸리아(qualia: 감각질)를 경험하는 많은 사례 중 두 가지에 불과하다. 콸리아(감각질)는 의식의 경험 또는 주관적인 느낌을 형성하는 감각을 지칭한다. 내가 이 논증을 컴퓨터에 입력하면서 경험하는 감각질은 (1) 타이핑을 하면서 자주 발생하는 왼쪽 어깨의 약한 통증, (2) 왼쪽 어깨의 통증을 완화시키기 위해 내 왼쪽 어깨를 받치고 있는 커다란 봉제 동물 인형의 느낌, (3) 내가 집필하는 동안 나를 시원하게 해 주는, 작은 선풍기의 소리다.

이 모든 감각질들이 물질적인 상태와 연관되어 있으나, 감각질들은 물질적인 상태로 환원될 수 없다. 나는 감각질을 경험한다. 이런 주관적인 경험은 1인칭 관점의 서술이며 물질적 상태에 해당하는 것처럼 3인칭 서술로 환원되거나 번역될 수 없다. 그러나 물질주의자의 관점에서 보면 모든 경험을 물리적 상태의 3인칭 기술로 환원시킬 수 있어야만 한다. 하워드 로빈슨(Howard Robinson)은 감각질을 설명하는 물질주의자의 어려움을 폭로한다.

> 어떤 것을 경험의 대상으로 갖는다는 개념은 우선적으로 물리적인 개념이 아니다. 자연과학에서는 이치에 닿지 않는다는 것이다. 어떤 것을 경험의 대상으로 갖는다는 것은 주관적인 느낌 혹은 경험이 어떠한 것인지와 동일한 것이다.[24]

---

23 J. P. Moreland and William Lane Craig, *Philosophical Foundations for a Christian Worldview* (Downers Grove: InterVarsity Press, 2004), 234-236.
24 Howard Robinson, *Matter and Sense* (Cambridge: Cambridge University Press, 1982), 7.

7. 명제적 태도와 의도성

감각과 지각에 덧붙여 감각질은 명제적 태도도 포함한다. 명제적 태도는 어떤 명제에 대하여 개인이 취하는 인지적 지향을 말한다. 한 개인은 명제 P를 믿거나, 명제 P를 믿는 것에 실패하거나, P에 대한 판단을 유보할 수 있다. 그러나 명제적 태도는 여느 물질적인 기술과도 쉽게 어우러지지 않는다. 컴퓨터는 제로와 일의 이진법에 따라 작동하지만 암호에 대한 인지적 지향을 전혀 갖지 않는다. 컴퓨터는 산출할 뿐이다. 물질주의자인 존 설(John Searle)도 강력하게 주장했듯이 컴퓨터는 생각하거나 경험하지 못한다.[25]

소망하는 것, 두려워하는 것, 갈망하는 것 등뿐만 아니라 믿음, 불신, 믿음의 보류와 혼란은 세상에 있는 것들에 대한 명제적 태도이다. 명제적 태도는 어떤 것을 겨냥하고 있다. 만일 당신이 시카고 컵스(Chicago Cubs)가 내년에 월드 시리즈에서 이길 것을 믿는다면 그 믿음은 당신 외부의 어떤 것에 관한 것이다. 마찬가지로 뱀파이어들의 공격을 두려워하는 망상적인 믿음에도 동일하게 적용된다.

이런 믿음에는 방향, 목표 또는 초점이 있다. 그런 믿음은 세상 속에서 벌어지는 어떤 국면을 알아보고 찾아낸다. 물질주의자들은 명제적 태도 중 하나인 의도성(intentionality)으로 이 현상을 설명하기 위해 안간힘을 써왔다. 왜냐하면 의도성은 환원 불가능한 주관적인 마음의 상태로 자연적 속성으로는 쉽게 다뤄지지 않는다.

컵은 포크 옆에 놓여 있고, 컵과 포크 두 가지 모두 식탁 위에 놓여 있을 수 있다. 이런 종류의 관계는 물질주의자들에게 전혀 문제가 되지 않는다. 그러나 한 사람의 믿음과 추정된 믿음의 지시 대상과의 관계는 전적으로 다른 것이다. 어쨌든 사람의 마음(비물질적 실체)은 사고를 통해

Moreland, *Scaling the Secular City*, 85에서 인용되었다. 원본에서도 강조됨.

25 John Searle, "Can Computers Think?" in *Minds, Brains, and Science* (Cambridge: Harvard University Press, 1984).

세상과 관련된 믿음을 의도적으로 가질 수 있는 것이다.

8. 진리: 물질주의자의 난제

물질주의는 앞에서 논의한 감각질, 명제적 태도와 의도성과 밀접하게 연관된 진리를 설명하려 할 때에도 실패하게 된다.

첫째, 나는 존 콜트레인(John Coltrane)이 역대 재즈 색소폰 연주자 중 최고였다고 믿는, 주관적 상태인 감각질을 가지고 있다.

둘째, 이 감각질의 예는 "나는 그것이 진실됨을 믿는다"로 표현되는 명제적 태도이다.

셋째, 명제적 태도는 명제를 필연적으로 수반한다. 명제는 평서문(declarative sentence)이 표현하는 어떤 것이다.[26]

유사한 문장들은 동일한 명제를 표현할 수 있다. 즉 (1) "존 콜트레인은 역대 최고의 색소폰 연주자이다." 그리고 (2) "그 누구도 재즈 색소폰 연주자로서의 존 콜트레인에 필적하거나 능가하지 못한다." 이 두 문장들의 의미는 동일하다. 그렇다면 명제는 과연 무엇인가? 다양한 문장들이 상이한 언어를 사용해서도 동일한 명제를 표현할 수 있기 때문에 문장 자체는 명제가 될 수 없다. 오히려 명제는 조금도 물리적인 표현으로 환원될 수 없는 의미의 지적인 단위다. 실재에 대한 확인을 구성하는 개념들로 이루어진 하나의 사고다. 모든 인간 언어의 중심에 자리잡은 명제는 물질주의적 우주와는 조화되지 않는데 왜냐하면 물질적인 물건이나 물질적인 상태가 아니기 때문이다.

---

26 의문문, 감탄문 그리고 명령문과 같은 다른 종류의 문장은 명제가 아닌데 이런 문장들은 어떤 상황을 긍정적으로 확인하지 않기 때문이다. 그럼에도 불구하고 그 문장들은 명제에 근접한 것이고, 명제와 연관되지 않았을 때에는 무의미하게 된다. 이에 대한 내용을 더 원한다면 Douglas Groothuis, "The Truth About Truth" *Truth Decay* (Downers Grove: InterVarsity Press, 2000)를 참고하라.

넷째, 내 믿음은 교정 불가능하게 의도적이다. 존 콜트레인에 대한 것이기 때문이다. 의도성은 금방 지적한 것처럼 물리적 상태가 아니다.

다섯째, 물질주의자에게는 또다른 문제가 있는데 그것은 진리 자체의 본질과 지식이다. 진리는 명제와 명제의 지시 대상과의 대응이다. "존 콜트레인은 역대 색소폰 연주자 중 최고다"라는 나의 진술문은 만일 그리고 오직 존 콜트레인이 내가 그에게 부여하는 속성들을 소유해야만 진리인 것이다.[27] 그러므로 진리는 **관계적** 본성을 지니며 명제적 믿음은 그것의 대상에 대응한다. 거짓 명제는 실재와의 일치에 실패한다. 그러나 진리에 필요한 상관관계가 물질주의적 세계에서는 발생할 수 없는데 왜냐하면 믿음과 명제는 물질적 상태로 환원 불가능하기 때문이다. 따라서 물질주의에 의하면 내 믿음(진리 주장)과 그 믿음이 지시하는 세상(진리 주장이 진리 또는 거짓이 되게 하는 것) 사이의 **관계**는 존재할 수 없는데, 이런 상호관계는 물질적인 것이 아니기 때문이다. C. S. 루이스가 이것을 잘 포착하여 설명한다.

> 우리는 지구상의 천문학자의 생각과 몇 광년 떨어진 곳에 있는 물질의 행동 사이에는 우리가 진리라고 부르는 특별한 관계가 존재함을 인정하지 않을 수 없다. 그러나 만일 우리가 이 관계를 별이라는 물질과 물질 덩어리로 여겨지는 천문학자의 뇌 사이에 존재하는 것으로 만들어 버리려 한다면 이 관계는 모든 의미를 상실하게 된다. 뇌는 의심할 바 없이 공간적 관계, 시간적 관계 그리고 정량적 관계처럼 모든 종류의 관련성들을 별과 가질 수 있을 것이다. 그렇지만 물질의 한 작은 부분이 물질의 또 다른 작은 부분에 대한 진리라고 말하는 것이 내게는 터무니없게 여겨진다.[28]

---

27 미학적 자질이 객관적이며 위계적으로 서열을 매길 수 있다고 하는 논증으로는 Douglas Groothuis, "True Beauty," in *Truth Decay*를 참고하라.
28 C. S. Lewis, *Christian Reflections* (Grand Rapids: Eerdmans, 1987), 64-65.

물질주의에서 진리는 흔적도 없이 물질로 사라지는 것 같다. 만일 그렇다면 우리는 물질주의 (또는 그 외 어떤 것이라도) 자체가 진리라고 하는 호소에 절대 귀기울이지 말아야 한다(이 문제에 대해 아래에 더 나누어 보겠다).

9. 사랑: 물질주의자의 산

"내 아내는 나를 사랑해"처럼 마음을 따뜻하게 해 주는 생각을 내가 하고 있다고 상상해 보라. 이런 감각질 경험의 사례가 진실로 판명되기 위해서는, 앞서 언급한 다섯 가지 포인트에 추가해서 반드시 성립되어야 하는 몇 가지가 더 있다.

첫째, 나는 내 아내의 사랑의 대상인 실질적인 자아로 반드시 존재해야만 한다. 내 아내가 "나를" 한 인격체로 사랑한다는 것의 의미는 시간이 경과해도 나의 본질(essence)이나 나의 결정적인 속성을 상실함 없이 "내가" 존재한다는 것이다. 이원론자는 한 개인을 결정하는 인격적인 속성을 그의 몸이 아닌 영혼에서 찾는데 왜냐하면 이는 자아가 소실됨 없이 몸은 총체적인 변화(큰 뇌수술처럼)를 겪을 수도 있기 때문이다. 영혼이 영혼 안에 내재된 다양한 속성을 지닌 실질적인 실체가 아닌 이상, 이 자아라는 개념은 무용지물인 것이다. 물질주의자가 보는 인간은 비물질적인 실체가 부재한 별개의 물질적 상태들의 연속일 뿐이다.

둘째, 사랑과 같이 의도적인 격렬한 감정의 상태를 경험하는 영속적인 의식의 중심부가 되기 위해서는 내 아내 또한 실질적인 자아로서 반드시 존재해야만 한다.[29]

셋째, 사랑 자체는 객관적 실재로 반드시 존재해야 한다. 물질주의자에 있어서는 어떤 도덕적 혹은 감정을 불러일으키는 진술도 물리적 기

---

29 이 주제에 대해서는 Moreland and Craig, *Philosophical Foundations*, 239-241을 참고하라.

술로 남김없이 전환가능하거나 물리적 기술에 반드시 근거해야만 한다 (epiphenomenalism: 부수현상설). 그럴 경우 사랑은 일련의 물질적 조건하에 유발되는 신체적 반응에 지나지 않는 것으로 트림, 재채기 또는 가쁜 숨과 같은 신체적 현상이다.

게다가 우리가 다른 사람을 사랑할 때 우리는 도덕적으로 이상적인 상태에 들어가는 것임을 믿는다(여기서 논의된 사랑은 병적이거나, 불륜이거나 그 외 사악한 종류의 것이 아님을 가정하면서). 이 상태는 수천 년간 많은 사람들이 경험해 온 것으로서 많은 사람들은 노래, 시, 그림과 산문을 통해 표현해 왔다. 그러나 만일 사랑이 사랑을 느끼는 사람들 안에 존재하는 물리적 상태의 집합에 지나지 않는다면 도덕적 이상으로서의 사랑의 경험은 사라지는데 왜냐하면 이상은 물질적 상태가 아니기 때문이다.

게다가 만일 사랑의 감정이 한 사람의 물질적 상태의 집합과 동일하며 그것이 전부라면, 어떻게 아주 판이하게 다른 개인의 물질적 상태의 집합을 마찬가지로 사랑의 일례라고 설명할지는 어려워진다.[30]

그렇지만 만일 사랑이 (사랑이신 하나님의 영원한 성품에 뿌리내린) 도덕적 이상으로 존재한다면 또 우리가 우리의 정신적 상태(인지적이고 정서적인)에서 이상을 알 수 있고 보여줄 수 있는 실질적인 영혼이라면, 사랑은 존재론적으로 이해되고 실재 속에 견고하게 자리잡게 된다. 수많은 노래, 시, 산문, 웃음과 눈물이 형이상학적으로 사랑을 뒷받침하고 있는 것이다. 혹자는 이것 대신에 신비화에 호소할 필요가 없는 것이다.[31]

---

30 내가 개발한 사랑에 대한 본 논증은 두 사람이 동일한 사고를 하는 것을 물질주의는 설명할 수 없다고 하는 Gordon Clark의 논증을 반영하는 것인데 왜냐하면 사람은 동일하지 않은 완전히 다른 물질적 상태의 집합에 불과하기 때문이다(Gordon H. Clark, *A Christian View of Men and Things* [Grand Rapids: Eerdmans, 1952], 318-323; John Haddad, *Leaving Dirt Place: Love as an Apologetic for Christianity* [Eugene: Wipf & Stock, 2011]을 참고하라).

31 신비화에 대한 근본적 이유로는 Os Guinness, *The Dust of Death*, revised (1973; reprint, Wheaton: Crossway, 1994), 42-46을 참고하라.

10. 이원론에 대한 반론 반박하기

상기 의논한 문제들에도 불구하고 물질주의자는 실체 이원론의 문제가 훨씬 더 심각하다고 믿는다. 그래서 우리는 간략하게 그들의 핵심 논증들을 살펴보고자 한다.

첫째, 물질주의자는 그들을 위하여 오캄의 면도날에 호소하여 더 높은 이론적 논거를 주장한다. 우리는 어떤 현상을 설명하기에 필요한 그 이상의 설명적 개체들을 절대로 늘려서는 안되기 때문에 인간을-의식과 모든 것-두 가지(정신과 물질)가 아닌 오직 한 가지 실체(물질)에만 기초해서 설명해야 한다.

그러나 이 원칙은 **모든 설명을 위해 어떤 희생을 치뤄서라도 단순성**을 고집하지는 않는다(3장에서 논의된 것을 보라). 그렇게 한다면 단순히 아둔한 사람들을 위한 이론일 것이다. 오히려 이 원칙에 의하면, **이론은 설명되거나 기술되어야 하는 현상의 본질(자주 복합적인)을 감안할 때 가능한 한 단순해야 한다는 것이다.** 한편으로 태양중심설은 지구중심설보다 더 단순한 이론인데 왜냐하면 지구중심설은 행성운동을 설명하기 위해 정교한 주전원(epicycles) 체계를 필요로 했기 때문이다. 그러나 태양중심설은 지구중심설보다 당면한 사실들과도 더 잘 조화를 이룬다.

다른 한편, 뉴튼의 역학(중간 정도 크기의 물체에 안성맞춤이다)은 양자물리학보다 더 단순하지만 미시적인 차원(현미경으로 봐야만 보이는)과 거시적인 차원(육안으로 보이는)을 아우르는 광범위한 범위의 현상들을 설명하기에는 역부족이다. 뉴튼 역학의 단순성은 일련의 복잡성에 대해 설명할 수 없었던 반면에 좀 기이하기는 하지만 양자 이론은 그 복잡성들을 설명해낸다.[32]

우리는 물질주의의 단순성이 범주의 결핍을 겪는다고 주장해 왔다. 물질주의가 단순하기는 하지만 1인칭 접속과 교정 불가능성, 감각질, 명

---

32 양자역학에 대한 입문서로는 John Polkinghorne, *Quantum Theory: A Very Short Introduction* (New York: Oxford University Press, 2002)을 참고하라.

제적 태도, 의도성, 진리와 사랑을 충분하게 설명할 수 없다. 자, 결코 적은 실수라고 할 수 없지 않은가! 이런 실재들을 위해 이른바 비물질이라고 하는 다른 설명적 범주가 필요하다. 게다가 만일 우리가 어떤 희생을 치뤄서라도 단순성을 선호한다면, 물질주의를 제치고 관념론(모든 것은 정신이다)을 손쉽게 선택할 수도 있다. 그러나 내가 이 장에서 이원론을 위해 제시한 논증들은 물질주의뿐만 아니라 관념론에도 저촉된다.

둘째, 물질적 상태가 의식에 영향을 미치기 때문에 의식 자체도 반드시 물질적인 상태여야 한다고 물질주의자들은 주장한다. 약물은 기분을 바꿀 수 있고 혼수상태나 죽음까지도 유발할 수도 있다. 양질의 육체 운동은 기분을 고무시킨다. 그러나 만일 영혼이 비물질적이라면, 그것은 물질적 상태에 의해 영향받지 않을 것이다.

그러므로 영혼은 존재하지 않는다. 그렇지만 이원론자는 육체와 영혼 간에는 상호작용이 없다고 주장하는 것이 아니기 때문에 이 논증은 실패한다. 오히려 몸은 영혼에 영향을 미치고 영혼은 몸에 영향을 준다. 육체적 실체가 우리의 의식에 영향을 미친다는 것은 잘 알려진 사실 외에도 일련의 정신적 상태가 뇌의 물리적 구성(configuration)을 변화시킨다는 증거가 늘어나고 있다.[33] 그러나 어떤 특정한 정신적 상태가 특정한 뇌 상태와 **상관관계**가 있다고 해도, 이는 정신적 상태가 뇌 상태와 **동일하다**는 것을 의미하지는 않는다.

그러나 과학자들이 일련의 뇌 기능이 뇌의 특정한 부위와 상관관계가 있다는 것을 발견했기 때문에 혹자들은 의식은 단지 물질적인 것에 지나지 않는다고 주장한다. 그럼에도 어떤 미래과학이 모든 정신상태는 하나의 특정한 뇌상태 혹은 여러가지 뇌상태들과 상관관계가 있다는 것을 찾아낸다고 하더라도, 이는 이런 두 가지 전혀 다른 종류의 상태가

---

33 Jeffrey Schwartz and Sharon Begley, *The Mind and the Brain: Neuroplasticity and the Power of Mental Force* (New York: Harper Perennial, 2003); Mario Beauregard and Denyse O'Leary, *The Spiritual Brain: A Neuroscientist's Case for the Existence of the Soul* (San Francisco: HarperOne, 2007)을 보라.

갖는 우연적(contingent)인 상관관계 외에는 아무것도 입증하지 못할 것이다. 완전한 과학적 설명(scientific description)은 신체적이고 정신적인 상태가 존재론적으로 분리될 수 없음을 드러내겠지만, 그 두 상태가 존재론적으로 동일함을 보여주지는 않을 것이다. 제롬 쉐퍼(Jerome Shaffer)는 이렇게 말한다.

> 만일 그리고 오직 얼마간의 특정한 뇌 활동이 일어날 때에만 각각의 특정한 정신적 사건이 발생한다고 하더라도, 이것이 물질주의자의 동일성 이론을 확립하지는 못할 것이다. 동일성 원리는 정신적인 사건들과 신경계통 사건들은 일련의 규칙적이고 법칙적인 방식으로 상관관계를 갖는다고 단순히 주장하는 것이 아니다. 이런 정신적인 사건들과 신경계통 사건들은 하나이며 동일한 사건이라는 것이며 게다가 이런 사건들은 기본적으로 물리적이라고 주장한다.[34]

셋째, 물질주의자는 정신과 물질은 본질적으로 너무 다르기 때문에 상호작용할 수 없다고 자주 반대하는데 왜냐하면 그 두 가지는 상호작용이 발생할 수 있는 모체(matrix)나 매개체(medium)가 결핍되어 있기 때문이다. 그러나 실체 이원론이 진실된 것이라면 정신과 물질은 반드시 상호작용해야 한다. 따라서 실체 이원론은 반박된다.[35]

이 논증은 적어도 두 가지 이유로 실패한다.

1. 우리는 두 실체 모두가 존재하고 상호작용하는 것을 알기 위해서 두 가지 실체가 어떻게 상호작용하는지를 꼭 알 필요는

---

34 Jerome Shaffer, "The Mind-Body Problem," in *The Encyclopedia of Philosophy*, ed. Paul Edward (New York: Macmillan, 1967), 4:339.

35 Searle, *Minds, Brains, and Science*, 17. Richard Taylor, "Interactionism," in *Metaphysics*, 4th ed. (Englewood Cliffs: Prentice-Hall, 1990).

없다. 만일 물질주의에는 반대하고 비물질적 실체로서의 정신의 객관적인 존재를 지지하는 좋은 사례가 성립된다면, 이 원론을 위한 좋은 증거가 존재하는 것이다. 애들러가 지적했듯이 만일 물질주의에 의문을 제기하고 정신 상태에 비물질성을 부여할 만한 이유가 있다면, 상호작용의 문제는 그 사실 이후에 고려되어야 한다. 만일 상호작용을 지지하는 논증과 증거가 존재한다면, 이런 종류의 수수께끼가 상호작용설을 무효화해서는 안 된다.[36] 아원자 입자(subatomic particles)의 활동과 관련된 많은 수수께끼와 난제들이 있지만, 그럼에도 불구하고 아원자 입자의 존재는 잘 정립되어 있다.

2. 이 물질주의 비판은 매우 의문의 여지가 있는 이론에 의존한 것이며, 게다가 우리는 두 가지 모순되는 것들이 아무 문제없이 상호작용하는 것에 대한 충분한 증거가 있다.

얀델은 이렇게 설명한다.

아마도 이것은 현대 철학에서 인과적 유사성 원리(causal likeness principle)가 유일하게 사용된 때일 것으로 이 원리는 어떤 속성 Q와 연관된 어떤 속성 Y에 X가 영향을 미치기 위해서 X는 Q 또는 Q와 유사한 어떤 것을 반드시 갖고 있어야 한다고 주장한다. 어떤 정도의 유사성이 요구되는지에 대한 기준도 없고, 이 원리를 수용할 이유도 없다. 이원론자들은 왜 색상이 없는 것들에 의해 색상이 경험되는지, 왜 감기와 독감이 박테리아와 바이러스에 의해 야기되는지, 왜 감각이 없는 것들에 의해 고통이 야기되는지 그리고 이와 같은 종류의 것들은 어떻게든 문제가 되지 않는 것에 반하여 심신의 상호작용은 문제가 되는 것

---

36 Adler, *Difference of Man*, 198–199.

의 이유는 명확하지 않다고 생각한다.[37]

또한 모어랜드와 크레이그도 "자기장(magnetic field)은 압정을 움직일 수 있으며, 수백만 마일 떨어진 행성에서도 중력은 실행될 수 있고, 양성자(protons)는 서로에게 척력(repulsive force)을 가할 수 있으며 그 외 많은 다른 것들도 할 수 있다"고 지적한다.[38]

셋째, 물질주의자는 다윈주의가 물질주의를 반드시 수반한다고 주장한다. 물질주의자들은 다윈주의가 진실된 것을 알기 때문에, 물질주의는 당연한 귀결이다. 다윈주의의 논리적인 귀결은 물질주의라는 것은 맞다(13장을 보라). 그러나 물질주의의 전제가 철회되면 다윈주의 사례는 타격을 입게 된다. 게다가 물질주의는 너무나도 많은 문제를 안고 있고 이원론이 더 나은 이론이기 때문에, 우리가 의식에 대한 다윈주의식 설명을 거절하는 것은 보증된 것이라고 주장할 수 있겠다.[39] 이렇게 하면 멋있게 형세를 역전시키게 된다.

넷째, 물질주의자들은 다음과 같이 단언한다. 즉 물질은 오직 인간 안에서만 발견되는 매우 기이한 속성들을 가질 수도 있다. 그러나 정신적인 사건들을 설명하기 위해 별개의 영혼이나 정신을 상정하는 것은, 의식을 설명하기 위해 물질주의의 불가사의에 호소하는 것과 다름없는 입장이다. 그렇기 때문에 정신적이고 육체적인 상태는 아직 과학에 의해 더 발견되어야 하지만 어떤 면에서는 동등하다고 말하는 것이 더 안전한 것이다.[40] 그러나 흥미롭게도 윌프레드 펜필드(Wilfred Penfield)와 존 에클스(Sir John Eccles)처럼 뇌 기능을 전공하는 여러 선두적인 뇌 과학자들은 의식에는 육체적 뇌 외에 무엇인가가 더 있다고 그들의 **과학적인 연구에 근거하여** 결론을 내렸다. 그들이 생각하기에 별개의 정신의 존재

---

37 Keith E. Yandell, *Philosophy of Religion* (New York: Routledge, 1999), 262.
38 Moreland and Craig, *Philosophical Foundations*, 243.
39 Ibid.
40 Taylor, *Metaphysics*, 29-33.

가 과학적 조사결과를 더 잘 설명해 준다.[41]

이 주장은 수퍼과학적 물질주의자의 설명에 대한 소망과 정면으로 배치된다.

11. 마음에서 마음 충만한 제작자로

지금까지 실체 이원론에 대해 설득력 있는 사례를 펼쳐 왔다.[42] 따라서 인간은 쌍방 간으로 환원이 불가능한 몸과 마음이라고 하는 두 실체로 만들어진 것에 기초해서 설명된다. 그렇지만 그리고 나서 우리는 우주에 있는 마음의 존재를 어떻게 설명하는가?[43] 이원론이 기독교 유신론과 잘 조화되는 반면, 모든 이원론자들은 기독교인이 아니거나 심지어 유신론자도 아니다.[44] 그래서 어떤 세계관이 이원론을 최선으로 설명해 주는지를 반드시 고려해 보아야 한다.[45] 유신론을 제외하고는 오직 두 가지 옵션밖에 없는데 이 두 가지 모두 철학적으로 문제가 있다.

첫째, 비유신론자는 마음은 물질에서 유래되었다고 전혀 아무 설명 없이 단순하게 주장할 수 있다. 이는 우주에 대해 그냥 주어진 사실인

---

41 Karl R. Popper and John C. Eccles, *The Self and Its Brain* (London: Routledge & Kegan Paul, 1977); Wilder Penfield, *The Mystery of the Mind* (Princeton: Princeton University Press, 1975); Beauregard and O'Leary, *The Spiritual Brain*.
42 더 깊이 있는 논의를 원하면 J. P. Moreland, "The Argument from Mind," in *Scaling the Secular City*와 Moreland and Craig, *Philosophical Foundations*, 11-12장을 참고하라.
43 동물들 일부가 영혼을 갖는지에 대한 여부는 지금 다루는 논증과 직접적인 관련이 없기 때문에 여기서 다루지는 않겠다(나는 동물들 일부는 영혼을 갖는다고 생각하지만 말이다). C. S. Lewis는 이를 "Animal Pain," in *The Problem of Pain* (1962; reprint, New York: Touchstone, 1996)에서 논의한다.
44 David Chalmers는 유신론자는 아니지만 주목할 만한 이원론자이다. *The Conscious Mind* (New York: Oxford University Press, 1997)를 보라.
45 이 논증을 잘 개진시키고 논의한 도서로는 J. P. Moreland, *Consciousness and the Existence of God* (New York: Routledge, 2008)이 있다.

것이다. 마음(Mind)은 설계 원인이 되는 선행자로서의 마음 없이 물질에서 그냥 생긴다. 쟝 폴 사르트르는 인간의 의식은 더 이상 설명될 수 없는 신비로운 "자유의 치솟음"(upsurge of freedom)이라고 주장하며 이 입장을 고수해 왔다.[46]

다른 철학자들도 유사한 주장을 펼쳐 왔다. 그러나 이는 "지구의 역사상 어떤 시점에 무에서 마음이 출현한 것이다"라고 하는 믿음과 같은 것이다. 그럼에도 성경적인 무에서의 창조교리와는 다르게 이 시나리오에는 아무것이나 원하는 것을 만들어냈을 그 어떤 창조자, 그 어떤 설계하는 행위주체도 결여되어 있다. 도저히 설명할 수 없는 어떤 치솟음, 우주적 딸꾹질만 있을 뿐이다. 유신론을 (설명의 하나로서) 거절할 만한 극히 분명한 이유가 있지 않는 한(Sartre에게는 그런 이유가 없었다), 이런 식으로 마음을 설명하는 것은 어떤 대가를 치뤄서라도 영혼을 보존하려고 하는 처절한 조치에 지나지 않는다. 이는 11장의 칼람 우주적 논증에서 논의된 확고부동한 원칙인 "무에서는 아무것도 생기지 않는다"(ex nihilo, nihil fit)를 위반한다.

더 심각한 것은 이것은 전혀 **설명**이 될 수 없다는 것이다. 최소한 설명은 다른 요인 또는 **요인들**(the explanans: 설명항)에 근거하여 **어떤 것**(explicandum: 피설명항)에 대해 설명할 필요가 있다. 그러나 심적 원인이 부재한 마음 논증(mind-without-mindful-cause)은 마음을 설명하기 위해 물질 내부 혹은 물질 외부 그 어떤 것에도 호소할 수 없다. 마음은 그냥 그렇게 존재한다. 이것은 설명이 아니다. 이는 마음이 부재한 진공 속에서 궁리 중인 느낌표인 것이다.

둘째, 마음은 물질 안에 내재한 것이거나 잠재적인 것이라고 비유

---

46 Jean-Paul Sartre, "Conclusion," in *Being and Nothingness: An Essay on Phenomenological Ontology* (1943; reprint, New York: Rouledge, 1994). Howard Mumma, *Camus and the Minister* (Brewster: Paraclete Press, 2000), 6장에서 Howard Mumma는 그가 Sartre와 이 주제에 대해 나눈 이야기를 상세히 기술하고 있는데, 답변을 압박 받았을 때 Sartre는 비인격적이고 결정적인 물리적 인과관계의 세상에서 인간의 자유가 유래하는 것에 대해 어떤 대답도 할 수 없었다.

신론자는 주장할 수 있다. 물질이 인도되지 않은 진화를 오랜 기간 동안 거치면서 충분히 복잡해질 때 수소와 산소가 결합되어 물을 만드는 것과 동일한 방법으로 의식은 출현한다.[47] 이 견해에 의하면, 마음은 분리된 실체가 아니다. 그림자가 독립적으로 존재하는 것이 아니라 존재하기 위해 다른 요인들에 의존하듯이 마음도 그것의 존재를 위해 물질에 의존한다. 이는 자주 부수현상설(epiphenomenalism) 또는 속성 이원론(property dualism)이라고 불리워진다.

이 견해는 마음의 존재를 물질의 **속성**(property)으로 인정하여 일원론적 물질주의(물질 외에는 아무것도 없다)의 문제에서 벗어나려고 한다(성경적 이원론은 마음을 실체[substance]로 여기지만 그 어떤 것의 속성으로도 여기지 않는다). 하지만 부수현상설에는 몇 가지 문제가 따른다.

1. 부수현상설은 마음이 그 생존을 위해 물질에 의존하기 때문에 마음이 행위주체로 활동할 수 있음을 부인한다. 결과적으로 모든 생각은 선행하는 물질적 요인에 기초하여 물질적 요인 없이 존재하지 않을 것이기 때문에 인간의 생각은 어떠한 인간의 행동도 결코 충분히 설명하지 못한다. 그러나 우리는 보통 우리 자신들을 **행위주체**로 간주하기 때문에, 이 견해는 확신을 주기에는 부족하다. 우리가 행위주체라는 것은 교정 불가능한 믿음이거나 적어도 정확히 기초적인 믿음이다.
2. 부수현상설은 의식을 속성으로 환원시키기 때문에 시간이 경과함에 따른 자아의 단일성을 설명하는 것에 어려움을 갖게

---

47 일부 유신론자들조차 마음이 비물질적인 실체라는 것을 부인하였다. 타계한 Donald M. MacKay, *Human Science and Human Dignity* (Downers Grove: InterVarsity Press, 1977), 26–34와 Joel Green, ed., *In Search of the Soul: Four Views of the Mind-Body Problem* (Downers Grove: InterVarsity Press, 2005)을 보라. 좀 다르긴 하지만 중복되는 Kevin Corcoran과 Nancey Murphy의 견해를 보라. 이 두 사람은 물리주의의 다양한 버전을 옹호한다.

된다.⁴⁸ 이 견해에 따르면 나는 경험을 하는 자아가 아니다. 나는 의식을 속성으로 갖는 뇌(뇌 자체는 의식을 지니지 않음)에 지나지 않는다. 만일 내가 직접 경험을 하는 자아가 아니라 경험이 동반된 물질적 실체에 지나지 않는다면, 시간의 경과와 함께 자아의 단일성은 유지될 수 없게 되는데, 왜냐하면 내 육체적 상태(의식의 기초)는 시간의 경과와 함께 철저한 변화를 겪기 때문이다. 하지만 영혼의 기본적인 본질은 바뀌지 않는데 왜냐하면 영혼은 실체이기 때문이다.

3. 부수현상설은 비물질적인 것에 의지하지 않고 만물을 설명하고자 했던 물질주의의 배후에 존재하는 물질주의 원래의 추진력을 드러낸다. 그러나 이는 "우리의 기원을 다원주의적으로 이해하는 것과는 자연스럽게 조화되지 않는다."⁴⁹

물리주의자인 폴 처치랜드(Paul Churchland)는 이렇게 관찰한다.

표준적인 진화 이야기의 주요 핵심은 인간 종과 인간 종의 모든 특징들은 순수 물리적 과정에서 유발된 전적으로 물리적 소산물이라는 것이다. 만일 이것이 우리 기원을 올바르게 설명하는 것이라면 그 어떤 비물질적 실체나 속성을 우리 자신에 대한 이론적인 설명에 끼워 맞출 이유나 그럴 여지도 없는 것 같다. 우리는 물질의 피조물일 뿐이다.⁵⁰

J. C. 스마트도 동의한다.

---

48 이는 본 장의 사랑에 대해 나눈 부분에서 이미 다룬 내용이다(400-401 페이지).
49 Moreland and Craig, *Philosophical Foundations*, 263.
50 Paul Churchland, *Matter and Consciousness* (Cambridge: MIT Press, 1984), 21. Moreland and Craig, *Philosophical Foundations*, 264에서 인용됨.

어떻게 비물리적 속성이나 실체가 갑자기 동물 진화의 과정에서 발생할 수 있는가? 유전자 안에서의 변화는 세포의 생화학에 변화를 유발시키는 복합분자 안에서의 변화이다. 이는 개발 중인 배아(embryo)의 형태나 조직의 변화로 이어질 수도 있다. 그러나 대체 어떤 종류의 화학적 과정이 비물리적인 어떤 것을 출현케 할 수 있는가? 그 어떤 효소(enzyme)도 유령의 생산을 촉진시킬 수는 없는 것이다![51]

스마트는 물질주의자적 마음의 철학을 변론하기 위해 이 논증을 사용했다. 그러나 물질주의를 반박하는 사례를 감안하면 스마트의 요점은 물질에서 마음이 출현하는 것을 배제한다. 내가 계속 주장해 온 것처럼 마음이 실제적으로 존재한다면 우리는 마음의 존재를 위해서 출현보다는 더 나은 설명이 필요하다.

그러나 만일 비유신론자들이 의식을 물질 안에 어떻게든 내재하는 잠재성으로 만들어 버리려 한다면, 그들은 물질주의에서 아주 많이 동떨어져서, 만물이 근본적으로 정신적인 것이라고 하는 범심론(panpsychism)을 향해 이동하는 것이다. 게다가 의식이 잠재된 물질의 개념은 이해하기 쉽지 않은 개념이다. 씨앗은 잠재적으로 나무이지만 씨앗은 유전적 청사진에 따라 유기적으로 발달하는 살아 있는 유기체다. 하지만 정신과 물질은 정도의 차이가 아닌 종류가 다른 두 가지 다른 실체다. 물질은 정신의 속성이 될 수도 없고 정신은 물질의 속성이 될 수 없다(비록 서로 다른 두 가지 실체가 인격 안에서 상호작용을 하지만 말이다).

그뿐만 아니라 만물이 근본적(잠재적 또는 실제적)으로 의식을 지녔다고 하는 주장은 인간 의식의 구조와 진리를 파악할 수 있는 우리의 능력에 대해 아무것도 설명해 주지 못한다. 우리가 잠재적인 의식의 개념에 대해 이해할 수 있다고 하더라도, 무의식/잠재적 형태의 의식을 초월

---

51 J. J. C. Smart, "Materialism," *Journal of Philosophy* 22 (1963): 660.

하는, 더 완전히 개발되고 실제화된 인간 의식의 복잡한 구조들을 위한 설명으로 사용될 수는 없다. 왜냐하면 보다 작은 것(잠재적 의식)은 더 큰 것(실제화된 인간 의식)의 설계자가 될 수 없기 때문이다.

그렇지만 혹자는 위의 모든 설명을 포기하고 마음의 실재를 설명하기 위해 제대로 된 범신론을 선택할 수 있다. 이 세계관에 의하면 마음은 우주적인 마음(universal mind)이나 모든 실재를 포함하는 의식(consciousness)으로 설명된다. 마음은 물질에 잠재해 있는 것이 아니라 정확히 말하자면 마음이 모든 것을 구성한다. 우주적인 하나의 신성한 의식만 존재할 뿐이다. 따라서 물질은 존재하지 않는다. 즉 계몽되지 않은(unenlightened) 마음의 환상에 지나지 않는다.

나는 앞선 장들에서 이 세계관을 비판해 왔으나 범신론이 물질의 존재를 설명할 수 없다는 것은 분명히 해야 한다. 범신론은 물질을 비실재적인 것으로 해명할 뿐이다. 그렇기 때문에 물질주의와 동일하면서도 정반대의 실수를 저지르게 된다. 모든 것을 물질로 환원하는 것 대신에 범신론은 모든 것을 마음으로 환원시킨다. 그럼에도 물질이 있다고 믿는 것은 마음과는 다른 현상을 최선으로 설명하는 것으로서 혹은 정확히 기초적인 믿음으로서(properly basic belief) 기본적인 것이며 정당한 것이다. 따라서 물질이라는 사실을 부인하는 모든 세계관은 인간 삶에 지극히 합당한 것을 설명하는 것에 실패한다.

더 심각한 것은 범신론은 오직 하나의 **무한한** 의식만 존재한다고 주장하기 때문에 우리의 **유한한** 의식을 설명할 수 없다는 것이다. 그러나 우리는 우리의 지성, 기억과 지각이 무제한적이지 않고 제한된 인지적인 제약하에서 우리의 삶을 경험한다. 이것은 교정할 수 없는 유한함이다. 우리가 실제적으로 무한하다고 주장하는 모든 세계관은 여기서 좌초할 수밖에 없는데, 왜냐하면 어떤 것은 동일한 시간에 동일한 면에서 동시에 유한하면서 무한할 수 없기 때문이다.[52]

---

52 Winfred Corduan, *Reasonable Faith: Basic Christian Apologetics* (Nashville: Broadman & Holman, 1994), 93–94.

게다가 범신론은 우리의 의식에 너무나도 흔히 일어나는 주체-객체 의식 관계를 부인하는데(16장 참고), 왜냐하면 범신론에서는 진정한 존재론적 구분을 전혀 인정하지 않는, 하나의 신성한 실재만 있다고 단언하기 때문이다. 이 견해에 따르면 구별은 기만이다. 그럼에도 우리가 일반적으로 사람, 나무와 건물을 의식하는 것이 실재하는 것이라고(환상이 아닌) 정당하게 믿을 수 있기 때문에 우리에게는 범신론을 부정할 확실한 이유가 있는 것이다. 체스터턴은 "만일 우주가 실재하는 것이 아니라면 생각해 볼 것이 아무것도 없다"라고 신랄하게 말했다.[53] 그러나 우리는 마땅히 사물들(복수형[plural])에 대해서 생각한다. 그렇기 때문에 범신론은 거짓이다.

일원적 물질주의, 무에서의 마음, 부수현상설, 범심론과 범신론을 제거하고 나니 유신론의 보좌 앞에 서 있는 우리 자신들을 발견하게 된다. 유신론에 의하면 절대적이고 인격적이며 자존하시는 마음(하나님)이 원래의 기본적인 실재이시다. 이런 의식은 잠재적인 것도 아니며 갑자기 불쑥 나타나 존재하지도 않는다. 의식은 태초부터 있어 왔다. 하나님은 위대하신 "스스로 있는 자"(출 3:14)이시다.

하나님은 그분의 창조적인 의지로 무에서 물질적인 피조세계와 비물질적인 피조세계를 창조하셨고, 오직 한 종(species)만 지목하여 그분의 형상과 모양을 지니게 하셨다(창 1:26). 그렇기 때문에 인간은 비물질적인 행위주체의 수제품이다. 비물질적인 행위주체인 하나님은 특별한 목적을 위해 이미 창조된 물질과 영(spirit, 또는 마음)으로 직접 빚어서 인간을 만드셨다. 따라서 인간의 물질성은 하나님이 이미 창조하신 "흙"(the dust)에 근거해서 설명된다. 그러나 인간의 비물질성은 흙에 근거해서 설명되는 것이 아니라 영이신 하나님의 직접적인 행위주체성으로 설명된다(요 4:24). 게다가 몸과 마음의 상호작용은 하나님의 설계 계획으로 설명된다. 일련의 물리적 상태가 왜 정신적 상관관계와 연관성을 반드시

---

53 G. K. Chesterton, *Orthodoxy* (1908; reprint, New York: Image Books, 1959), 34.

가져야 하는가는 물질주의자들을 당혹하게 해왔으나, 인간이 지혜로운 설계자에 의해 "경이롭고 멋지게 만들어진"(시 139:13-15) 몸과 영혼임을 믿는 유신론자들을 당혹케 하지는 않는다.[54]

기독교 세계관은 어떤 뇌상태가 어떤 정신상태와 상관관계를 갖게 될지 말하지도 않으며 뇌연구에 대한 필요를 배제하지도 않는다. 오히려 기독교 세계관은 하나님의 지혜로운 창조를 감안하여, 뇌-마음 상관관계라는 바로 그 개념을 위한 형이상학적 기초를 제공한다.

12. 인지: 어떻게 우리는 세상을 알 수 있는가?

인간 본성에는 설명이 필요한 또 다른 독특한 특징이 있는데 그것은 이성을 통해 세상을 알 수 있는 우리의 능력이다. 이 인식론(epistemology)의 주제는 방대하다. 우리는 인식론에 대해 3장에서 논의하였으며 세계관을 위한 이성적인 테스트를 제시하였다. 그러나 더 뿌리깊은 질문이 존재한다. 그것은 "우리가 세상을 조금이라도 알 수 있는 능력은 어떻게 설명할 수 있을까"이다. 우리는 대개 우리가 하는 기본적인 이성적 추론의 신뢰성을 전제한다. 모든 정신적으로 유능한 인간은 다양한 성취도에 따라 그들의 이성을 사용한다. 이성은 아리스토텔레스가 말한 "이성적인 동물"(rational animal)인 인간을 구성하는 요소이다.

이성적인 마음은 올바른 논증 형태를 사용하고(또 논리적 오류를 피한다), 지적인 훈련을 하고 지적 겸손을 보인다. 이것이 전체 논리적 영역을 포괄적으로 다루는 것으로 볼 수는 없지만 건전한 추론의 공통성과

---

54 하나님만이 물리적이고 정신적인 상태 간의 관계를 설명할 수 있다고 하는 논증에 대해 더 다루기 원하면 Richard Swinburne, *The Existence of God*, 2nd ed. (New York: Oxford University Press, 2004), 192-221; Robert Adams, "Flavors, Colors, and God," in *The Virtue of Faith* (New York: Oxford University Press, 1987)를 보라.

필요성을 예시하기에는 충분하다.⁵⁵

물론 우리는 우리가 실수를 하기 쉬운 것도 깨닫는다. 우리는 논리적으로 틀리게 추론할 수도 있다. 그럼에도 실수(error)의 개념은 정확성의 개념을 전제로 한다. 때때로 우리는 올바르게 이해해서 알게 되기도 한다. 누군가 "글쎄, 그건 비이성적이었어. 그래서 내가 그것을 한거야"라고 외치면서 어떤 관점을 옹호하는 것을 상상하는 것은 어렵다.

앞 문단에서 혁신적이라고 할 만한 것은 아무것도 없지만, "우리의 인지적인 능력에 대한 우리의 신뢰를 어떻게 정당화할 것인가?" "어떻게 인간은 세상을 알 수 있는 능력을 습득하게 되었는가?"와 같은 변증학적 이슈를 제기한다. 따라서 이 질문은 우주 속에 존재하는 추론하고 지각하는 마음의 존재를 어떤 세계관이 가장 잘 설명하는가에 대한 것이다.

이제 이성의 존재로부터 주장하여 이성의 합리적인 근원인 하나님의 존재로 결론 맺는, 다양한 철학자들이 제시한 논증 종류의 요약된 버전을 살펴보겠다.⁵⁶ 이는 초월적(transcendental) 논증으로 우리가 우리의 기본적인 추론을 신뢰하기 원한다면 반드시 성립되어야 하는 조건들을 고려한다. 물질주의와 범신론이 물질적 실체와 상호작용하는 비물질적 실체로서의 마음의 실재를 설명할 수 없듯이 물질주의와 범신론은 이성의 현상이나 이성의 효능도 설명할 수 없다. 첫 번째로 물질주의를 살펴보자.

---

55 기본적인 귀납적, 연역적 추론과 양상 논리의 탁월한 소개로는 J. P. Moreland and William Lane Craig, "Argumentation and Logic," in *Philosophical Foundations*를 보라.
56 이것은 한 논증에 국한시키는 것이 아니라 논증군을 언급하는 것이다. 나는 대부분의 내용을 C. S. Lewis가 제시했거나 그에 의해 영감 받은 논증을 바탕으로 풀어나갈 것이다. C. S. Lewis, "The Cardinal Difficulty of Materialism," *Miracles* (1947; reprint, San Francisco: HarperSanFrancisco, 1996); Alvin Plantinga, *Warranted Christian Belief* (New York: Oxford University Press, 2000), 227-240.

13. 물질주의와 이성

물질주의는 마음이 부재하며 물질을 우선시하는 세계관이다. 무의식의 물질이 의식과 합리성을 선행하였으며 물질은 의식과 합리성의 유일한 기초와 설명으로 기능한다. 인간의 앎(knowing)을 설명하기 위한 물질주의를 반박하는 기본적인 논증은 다음과 같다.

1. 만일 물질주의가 참이라면, 우리는 우리의 인지적 능력을 신뢰할 수 없는데 (a) 인지적 능력은 세상을 알기 위해 설계된 것이 아니고 (b) 인지적 능력은 이성적인 통찰력을 경험할 능력이 없는 한낱 물질적 기관에 지나지 않기 때문이다.
2. 우리의 인지적 능력은 기본적으로 신뢰할 만하다.
3. 그러므로 물질주의는 거짓이다(후건부정[modus tollens]에 의해서).

이 논증이 제대로 작동할 수 있도록 우리는 우리의 인지적 능력이 기본적으로 신뢰할 만하다고 가정할 것이다. 만일 인지적 능력이 신뢰할 수 있는 것이 아니라면 우리는 논증 자체를 시작할 수도 없을 것이다! 정말 중요한 질문은 전제 1이 참인가이다. 다시 말해서 "물질주의는 신뢰할 만한 인지적 능력을 배제하는가?"이다. 우리는 우리의 이성적 능력은 설계된 것이 아니다라고 하는 물질주의자의 주장으로 시작해 보겠다.[57] 그런 다음 우리는 우리의 사고는 전적으로 물질적 원인에 의해 결정되었다고 하는 물질주의자의 주장을 다룰 것이다.[58]

물질주의에 의하면 인간은 닫힌계(closed system)의 원인과 결과 안에서 작동하는 비인격적이고 비이성적이며 비목적적인 힘의 결과다. 니체

---

[57] 나는 여기서 어느 정도는 이 논증의 Alvin Plantinga 버전에서 얻은 통찰력에 의존하고 있다. 이 논증은 "자연주의에 대항한 진화적 논증"(the evolutionary argument against naturalism)으로 종종 불린다.
[58] 이것은 대부분 C. S. Lewis, *Miracles* 3장에서 얻은 통찰력을 활용할 것이다.

의 진술을 생각해 보라. "어떻게 합리성이 세상에 도달하게 되었는가? 예상대로 우연한 사고에 의해 비이성적으로 도달한 것이다. 만일 우리가 그 우연한 사고가 어떤 것인지 알기 원한다면 마치 수수께끼의 답을 맞추듯 우리도 그렇게 추측해야 할 것이다."[59] 우리의 이성적 능력은 오직 자연선택에 근거해서 출현하였고 그것은 무작위적 유전변이에 의해 활성화되었다.

오펠리아 벤슨(Ophelia Benson)과 제레미 스탱룸(Jeremy Stangroom)은 인간은 우주 안에서 "진리를 그들의 대상으로 삼을 수 있는 능력"을 가진 유일한 존재임을 주장한다. 그럼에도 벤슨과 스탱룸은 우리는 여전히 "우리와 독립적으로 존재하는 실재를 개념화할 수 있는 능력과 그 실재가 무엇인지 발견할 수 있는 가능성"을 "자연선택의 기이하게 도발적인 우연적인 사고" 덕분에 갖게 되었다고 주장한다.[60] 물질주의자이며 다윈주의자인 스티븐 핑커(Steven Pinker)는 "우리의 뇌는 진리가 아닌 적합함(fitness)"을 위해 형성되었다고 유사하게 주장한다.[61]

만일 이것이 맞다면, 우리는 이 자연적이고 비이성적인 과정이 이성을 통해 진리를 알게 하는 능력으로 진화할 수 있는지 전혀 확신할 수 없게 된다. 자연선택은 생존형질의 효용에 관한 것으로 실재에 대한 지식은 아니다. 이성과 관찰을 통해 진리를 아는 능력이 분명히 생존에 힘을 실어주긴 하겠지만, 자연선택이 합리성을 생산할 가능성이야말로 의심스러운 점이다. 안토니 플루(Antony Flew)의 의견을 들어보자.

---

59 Friedrich Nietzsche, *Daybreak: Thoughts on the Prejudices of Morality*, trans. R. J. Hollingdale (New York: Cambridge University Press, 1985), 125. Nietzsche는 이성은 비이성적으로(irrationally)가 아닌 무이성적으로(nonrationally) 나왔다고 말했어야 하는데, 왜냐하면 이성적인 존재만 비이성적일 수 있기 때문이다. 마음이 없고 목적이 없는 자연은 비이성적일 수가 없으며 단지 무이성적일 뿐이다. 그럼에도 불구하고 Nietzsche는 이 함축성 있는 부분에서 극적이고 철학적 효과를 위해 이성적-비이성적의 대구(antithesis)를 사용한다.
60 Ophelia Benson and Jeremy Stangroom, *Why Truth Matters* (New York: Continuum, 2006), 21.
61 Steven Pinker, *How the Mind Works* (New York: W. W. Norton, 1997), 305.

"다윈의 상당히 역설적인 표현인 '자연선택'의 위험(또 이 위험은 종종 실현되어 왔다)은 이런 류의 선택이 맹목적이고 비이성적이라는 것을 사람들이 간과하도록, 자연선택은 사람들을 오도할 수도 있다는 것이다. 이것이 바로 핵심이다."[62]

J. P. 모어랜드는 자연선택이 맹목적이고 비이성적인 것을 함축하는 것에 대해 부연설명한다.

> 세상에 대해 정확하게 느끼고 사고할 수 있는 우리의 능력은 그런 능력의 생존가치 때문에 시간이 경과하면서 진화하게 되었다고 말하는 것으로 설명될 수 없다. 우선 한 가지는, 거짓에서 진리를 구별하여 아는 능력이 생존에 필요한 것인지 분명하지 않다는 것이다. 생명체가 그것이 처한 환경과 일관되게 (consistently) 상호작용하는 한 그 생명체가 정확하게(accurately) 상호작용할 필요는 없다. 예를 들어, 만일 어떤 생명체가 청색 물체를 항상 적색으로 보았거나 반대로 적색 물체를 항상 청색 물체로 보았거나, 혹은 큰 물체를 항상 작은 물체로 보았거나 반대로 작은 물체를 큰 물체로 보았다면, 그 생명체와 그것의 자손은 그것이 처한 환경에 적응할 것이다. 아메바가 있는 그대로의 세상을 이해한다고 믿는 것은 어렵지만, 아메바는 세상과 일관되게 상호작용하기는 한다.[63]

많이 애용된 교과서 『형이상학』(Metaphysics)에서 리처드 테일러(Richard Taylor)는 흥미로운 사례를 제시하여 우리의 인지적 능력이 설계된 것이

---

62 Antony Flew, *Evolutionary Ethics* (New York: St. Martins's Press, 1967), 17. Flew는 자연선택에서 윤리적 원칙을 얻어내는 것과 관련해서 언급한다. 그럼에도 불구하고 합리성이 맹목적이고 무이성적인 기초에 근거한다는 그의 관찰은 인식론적 영역에도 여전히 해당이 된다.

63 Moreland, *Scaling the Secular City*, 50. 또한 ibid., 49-50을 참고하라. Plantinga는 이 주제를 *Warranted Christian Belief* (227-240)에서 더 상세하게 개진시킨다.

아니라면, 그 인지적 능력이 우리 외부의 세상에 대한 사실을 전달해 줄 것이라고 신뢰할 이유가 전혀 없다는 것을 피력한다.[64]

영국의 한 산비탈에 "영국 철도는 당신이 웨일즈에 오신 것을 환영합니다"라는 메시지를 한 자 한 자 나타내는 돌들의 콜렉션이 있다고 생각해 보자. 테일러는 돌들이 우연히 이렇게 배치되었을 가능성이 있기도 하지만(그렇게 될 확률은 거의 없지만), 돌들이 의도적으로 배열되지 않았다면 우리가 그 메시지의 의미를 믿을 이유는 전혀 없을 것이라고 주장한다. 만일 당신이 돌로 만들어진 표지에 근거하여 웨일즈로 진입하고 있다고 생각한다면 "당신은 돌들의 배열이 우연이라고 가정할 수는 없을 것이다."[65]

더 강력한 것은 "당신이 웨일즈로 들어가는 증거로 돌의 배열을 고려함과 동시에 그 돌들은 자연적이거나 물리적인 힘의 평범한 상호작용의 결과로 우연히 그렇게 배열되었다고 가정하는 것은 비이성적일 것이다"라는 것이다.[66] 오직 그 메시지가 설계되었다고 가정할 때에만 우리는 그 메시지가 **그것 외부의** 어떤 진실, 즉 누군가가 우리를 웨일즈로 환영함을 알린다는 것을 우리는 믿을 수 있게 된다.

비록 테일러는 우리 뇌와 신경체계의 복잡성은 기원의 배후에 아무 목적도 없는 다윈주의 원인에 기초해서 설명될 수 있다고 (내 생각에는 그릇되게) 주장하지만(13-14장 참고), 그는 이렇게 또 주장한다. 만일 우리의 뇌와 신경체계가 오직 무목적의 과정에서만 발생하는 것으로 고려한다면, 뇌와 신경체계가 그것들 너머에 존재하는 실재의 상황들에 대해 조금이라도 진실된 것을 우리에게 말해 줄 수 있을 것이라는 것을 우리는 믿을 이유가 전혀 없을 것 같다.

만일 우리의 감각기능과 인지기능이 "어떻게든 어떤 창조적인 존재

---

64 *Metaphysics*는 Taylor가 2003년에 타계하기 전에 영향력 있는 Prentice-Hall의 기본 교과서 시리즈에서 4쇄를 더 인쇄하였다.
65 Taylor, *Metaphysics*, 111.
66 Ibid.

의 목적을 체화하고 표현하는 것이라고 가정함 없이 우연변이, 자연선택 등을 통해서 전적으로 설명될 수 있다면," 감각적이고 인지적인 기능은 그것들 자체만으로는 우리를 어떤 진리로라도 안내할 수 있는 신뢰할 만한 가이드라고 우리는 말할 수 없다. 그것들 고유의 구조와 배열에서 추론될 수 있는 것은 제외하고 말이다."[67]

만일 감각기관이 진리를 탐지해내도록 설계되지 않았다면, 감각기관 "고유의 구조와 배열"로부터 우리가 어떻게 무언가를 추론할 수 있을지 나에게는 그것이 확실치 않다. 그러나 테일러의 기본 핵심은 유효하다. 즉 설계되지 않은 인지적이고 지각적인 능력은 우리를 둘러싼 세계에 대해 아무것도 말해 줄 수 없다.

물질주의자들은 때로 이 점을 인정한다. 리처드 로티(Richard Rorty)의 파멸적인 다음의 진술을 살펴보자. 리처드 로티는 다원주의의 생명진화 이야기(자연주의의 유일한 창조 스토리)[68]는 진리나 "자연에 대한 하나의 진실된 이야기"를 위한 여지를 두지 않는다는 것을 인정한다.

> 다른 종과는 달리 생명체의 한 종(species)이 그것의 증대된 번영을 지향하는 것이 아니라 진리를 지향한다는 아이디어는 모든 인간이 인간 안에 내장된 고유의 도덕 나침반을 소유하고 있다고 하는 것만큼이나 비다원주의적인 발상이다. 도덕 나침반이란 사회적 역사와 개인적인 행운과 상관없이 움직이는 양심을 말한다.[69]

하지만 자연주의자인 로티는 자신이 말한 가정(assumption)으로 자신을 꼼짝 못하게 만드는데 왜냐하면 인간 동물이 아무 **진리**나 도덕 또는

---

67 Ibid.
68 이것은 지적 설계 운동의 입안자인 Phillip Johnson에 의해 자주 사용된 문구다.
69 Richard Rorty, "Untruth and Consequences," Paul Feyerabend의 자서전인 *Killing Time in The New Republic*의 논평, July 31, 1995, 36.

그밖의 것을 이해한다는 개념을 저해하기 위해 그가 아는 다원주의의 진리를 전제해야 하기 때문이다. 그는 양다리를 걸치며 논리와 손잡을 수 없다.

그러므로 만일 물질주의가 참이라면, 우리의 추론하는 능력을 신뢰할 근거가 부재하게 된다. 우리의 믿음이 진실될 **수도**(might) 있겠지만(즉 우주적인 요행으로 무이성적인 힘이 진실된 믿음을 갖도록 야기하는 것), 우리는 이런 믿음을 견지할 아무런 **이유**가 없을 것이며, 그렇기 때문에 이런 믿음은 **지식**으로 간주될 수 없을 것이다. 만일 물질주의 이론이 진실되다면 우리에게는 그것이 진실되다고 믿을 하등의 이유가 없을 것이다.[70] 무신론자이며 철저한 물질주의자인 파트리샤 처치랜드는 이 점을 시인한다.

> 본질적인 것으로 요약해 보면 신경체계는 유기체가 음식을 먹고, 도망가고, 싸우고 번식하는 것에 성공하는 것을 가능케 해 준다. 신경체계의 주된 일과는 유기체가 생존할 수 있도록 몸의 부분들이 제자리에 있을 수 있도록 하는 것이다. 감각운동기 제어(sensorimotor control)는 진화상의 이점을 부여한다. 더 근사한 스타일로 세상을 대표하는 것은 유기체의 **생활 양식**에 **초점이 맞추어져** 있고 유기체의 **생존 확률을 강화시키는 한** 유리하기 때문이다. 진리는 그것이 무엇이든지 간에 확실히 최후방을 차지한다.[71]

자연선택에 의한 자신의 자연주의적 진화이론을 오랜 시간 힘겹게 개발하고 변론해 온 찰스 다윈 자신도 그가 고백한 자연주의에 비추어 다윈 자신의 이성적인 능력에 의문을 제기했다.

---

70 Richard Purtill, *Reason to Believe* (Grand Rapids: Eerdmans, 1974), 38–47을 보라.
71 Patricia Churchland, "Epistemology in an Age of Neuroscience," *Journal of Philosophy* 84 (1987): 548–549, 원본에서도 강조됨.

하등한 동물들의 마음으로부터 발전해 온 인간의 마음에서 생기는 확신이 과연 일말의 가치가 있는 것인지 아니면 조금이라도 신뢰할 만한 것인지에 대한 진저리나는 의구심이 나에게 항상 일어난다. 만일 원숭이의 마음속에 어떤 확신이 존재한다고 하자. 과연 누가 원숭이의 마음에서 생기는 확신을 신뢰하려 하겠는가.[72]

다윈은 자연선택의 세부사항이 종분화(speciation)를 설명하는 것을 의심하지 않지만, 오히려 추론할 수 있는 그의 능력 자체를 의심한다는 것에 주목하라.

만일 물질주의가 진리를 알 수 있는 방도로서의 합리성을 제거한다면, 우리는 어느 정도의 진리는 알려질 수 있다고 하는 우리의 직관을 부인하고 인식론적 허무주의자가 되거나, 아니면 우리는 진리와 지식을 가능케 하는 세계관을 기꺼이 받아들여야만 한다. 그러나 실제로 절벽 아래로 허무주의적 발걸음을 취하는 사람은 거의 없을 것이다. 그렇게 하는 것은 상식에 어긋나고 진리–추구 절차를 취하는 과학적인 방법론을 파괴하게 될 것이다.[73]

우리의 이성의 신뢰성을 위한 설명으로서의 물질주의를 거절하는 또 다른 이유가 존재한다. 만일 세상이 다양한 인과적 패턴으로 배열된 물질적인 것들로만 만들어져 있다면, 우리의 생각은 이런 인과적 매트릭스에서 자유롭지 않을 것이다. 이는 우리의 모든 사고는 일련의 결정주의(determinism)와 무작위의 결합을 통해 철저하게 결정되거나 설명되는 다

72　Charles Darwin to W. Graham, July 3, 1881, in *The Life and Letters of Charles Darwin*, ed. Francis Darwin (1897; reprint, Boston: Elibron, 2005), 1:285.

73　인식론을 통한 자연주의에서 허무주의로에 대해서는 James W. Sire, *The Universe Next Door: A Basic Worldview Catalog*, 5th ed. (Downer Grove: InterVarsity Press, 2009), 103–107을 보라. 이 주제만 다룬 학문적인 도서로는 Alvin Plantinga가 머리말을 쓰고 대답하는 형식으로 저술한 James Beilby, ed., *Naturalism Defeated? Essay on Plantinga's Evolutionary Argument Against Naturalism* (Ithaca: Cornell University Press, 2002)을 참고하라.

양한 물질적 과정에 의해 결정될 것이고 또한 우리의 사고 자체는 물질적일 것이라는 것을 의미한다.[74] 그러나 우리가 전제에서 결론으로 추론할 때 우리는 물질적인 인과관계로 사고하기보다는 이성적인 추론을 통해 사고한다. 축축하게 젖어 있는 내 잔디의 원인이 비인 것처럼 하나 또는 하나 이상의 전제의 진리는 결론의 원인이 아니다.

오히려 전제는 이성적 추론을 통해 결론에 도달하게 된다. 만일 P이면 Q이다. 그러므로 Q이다. **그러므로**(therefore)라는 단어는 합리성(rationality)의 용어이지 물질적 인과관계의 용어가 아니다.

C. S. 루이스는 현상을 위한 원인과 믿음을 견지하기 위한 이유를 구별한다. 전자는 무이성적인 반면 후자는 진리 안으로 이성적 **통찰력**을 소유할 능력을 요구한다. 우리가 **왜냐하면**(because)이라는 단어를 어떻게 사용하는지 고려해 보자. 만일 우리가 "X가 움직였는데 왜냐하면 그것이 Y에 의해 추진되었기 때문이다"라고 말한다면, 우리는 **왜냐하면**을 인과적 방식으로 사용하는 것이다. 그럼에도 만일 우리가 "나는 Y 때문에 X를 믿는다"라고 말한다면, 우리는 **왜냐하면**을 인과적인 방식으로 사용하는 것이 아니라 X를 믿는 이유 또는 이성적 근거로 사용하는 것이다.

루이스는 만일 물질주의가 진리라면 우리가 믿음을 견지하는 **이유**를 결코 인정할 수 없을 것이라고 주장했는데, 왜냐하면 우리의 모든 뇌상태는 물질적으로 **야기된**(caused) 방식 안에서 엄격하게 결정될 것이기 때문이다. 사고는 근육의 욱신거림 정도의 한낱 반사작용(reflex action)에 지나지 않는 것으로 축소될 것이다. 그러나 영화로운 근육의 욱신거림이 증거를 신중히 검토하고 보증된 결론에 도달할 수 있는가? 그렇게 생각할 이유는 전혀 없다. 따라서 우리의 마음으로 물질적 힘을 초월하여 실재에 대한 진리를 발견할 수 있다는 개념은 보증되지 않은 것이다.[75]

---

74 나는 이번 장의 서두에서 이 문제를 물질주의자의 입장에서 본 마음(mind)과 함께 언급하기 때문에 여기에서 그 문제를 또 다루지는 않겠다.

75 Lewis로부터 영감을 받은 이 논증의 발전된 버전을 보기 원한다면 Victor Reppert, *C. S. Lewis's Dangerous Idea* (Downers Grove: InterVarsity Press, 2002); Victor Reppert, "The

14. 범신론과 이성

범신론에 반박하여 인간의 이성을 설명하는 사례는 물질주의를 반박하는 것과 유사하며 좀 더 간결하다.

1. 만일 범신론이 참이라면, 우리는 우리의 이성적인 기능을 신뢰할 수 없는데, 왜냐하면 (a) 이성적인 기능은 세상을 알도록 설계되지 않았고, (b) 알아야 할 유한하고 물질적인 세상이 존재하지 않고, (c) 이성은 진리를 분별하는 기관이 아니기 때문이다.
2. 우리는 우리의 이성적인 기능을 신뢰할 수 있다.
3. 그러므로 범신론은 거짓이다(후건부정[modus tollens]에 의해서).

이성을 설명하고 정당화하기 위해 범신론보다 더 열악한 상태에 처한 세계관은 찾기 힘들 것이다. 나는 전제 1의 각 부분을 순서대로 살펴보기로 하겠다.

첫째, 범신론자들은 우주적인 또는 최고의 마음을 긍정하기는 하지만, 이 개체는 인격적인 행위주체라기보다는 일종의 비인격적인 의식이다. 그렇기 때문에 이 존재는 피조물들이 세상을 알도록 설계하지 않는데 왜냐하면 설계는 지적인 인격을 요구하기 때문이다. 따라서 우리의 이성적인 기능은 근거 없는 것이다.

둘째, 범신론은 모든 것은 신성하다고 단언하여 피조세계와 창조주와의 구분을 제거한다. 따라서 알려질 수 있는 유한하고 물질적인 세상은 전혀 존재하지 않는다. 그러나 앞에서 논의했듯이 이성을 통해 접근가능한 유한하고 물질적인 세상을 믿는 것이 지적으로 타당하다.

셋째, 범신론은 실재를 절대적인 하나 또는 비이원적으로 알기 위해

Argument from Reason" in *Blackwell Companion to Natural Theology*, ed. William Lane Craig and J. P. Moreland (Malden: Wiley-Blackwell, 2009)를 참고하라.

양자택일 논리(either-or logic)를 심하게 활용하는 정상적인 인간 추론은 반드시 초월되어야 한다고 전형적으로 주장한다. 우리는 16장에서 이 개념의 논리적인 문제를 논의했으나, 여기에서 이 개념은 인간의 합리성을 정당화하는 대신에 이를 저해한다고만 말해 두겠다.

15. 기독교식 해답

기독교는 하나님, 창조와 인류의 교리들을 통하여 우리의 이성적 능력에 대한 정당화를 제공한다. 만물의 이성적 창조주인 하나님은 그의 형상과 모양을 따라 인간을 창조하셨다. 신적인 이미지는 합리성을 포함한다. 하나님은 인간이 하나님에 대한 의존과 이성적 기능의 사용을 통하여 인간이 번창하도록 세상을 지적인 영역으로 창조하셨다. 타락 이후라고 하더라도 지식이 가능한 것은 하나님이 그것을 보장하시기 때문이다.

유신론자는 이성은 생물학적으로 유용한 것만 선택할 수 있는 선택의 과정에 의해서 형성된, 비교적 최근에 개발된 것이라는 견해를 고수하지 않는다. 유신론자에게 있어서 이성(하나님의 이성)은 자연보다 더 오래된 것이고, 이성으로부터 자연의 질서정연함이(자연의 질서정연함만으로도 이성[하나님의 이성]을 아는 것을 가능케 해 준다) 파생되었다. 유신론자에게 있어서 앎을 행하고 있는 인간의 마음은 하나님의 이성에 의해 조명된 것이다. 인간의 마음은 비이성적인 인과관계의 거대한 연쇄(nexus)로부터 필요한 만큼 충분히 자유롭게 되었고, 연쇄에서 놓여난 인간의 마음은 우리가 알고 있는 진리에 근거해서 결정하게 될 것이다.[76]

루이스는 일반적인 "유신론"에 대해 얘기하는데 왜냐하면 이성으로부터 하나님으로의 초월적인 논증은 다른 비기독교적 일신교들과도 양

---

76 Lewis, *Miracles*, 34–35.

립 가능하기 때문이다. 예를 들면, 이슬람과 유대교도 초월적인 하나님은 하나님과 우주를 알 수 있는 능력을 겸비한 인간을 창조하셨다고 주장한다. 그러나 지금까지의 우리의 변증학을 감안해 보면, 우리는 기독교 범주 안으로 더욱더 움직여가고 있다.

기독교 유신론을 위한 추가적인 증거는 다음 장에서 제공될 것이다. 이 장에서는 의식뿐만 아니라 이성도 물질주의나 범신론으로는 설명될 수 없음을 주장했다. 그러나 기독교 유신론은 바로 우리 자신들을 위해 충분한 설명을 제공한다.[77]

---

77 일부 다른 형태의 유신론은 인간이 비물질적인 영혼을 소유하는 것을 설명하려고 하겠지만 다른 형태의 유신론은 어떤 것도 18장에서 논의하는 인류의 위대함과 비참함을 설명할 수는 없다.

18장

폐위된 왕족

파스칼의 인간학적 논증

> 성경은 사람의 신학이라기보다는 하나님의 인간학이다.
>
> 아브라함 헤셸(Abraham Heschel)[1]

우리 인간은 스스로의 인간성(humanity)에 대해 자주 골똘히 생각한다. 인간성의 높이와 깊이를 면밀히 살펴보며 우리의 선과 악의 의미에 대해 의아스럽게 여기기도 하고 염려하기도 한다.[2] 그 어떤 동물도 이렇게 자신들에 대해 숙고하지 않는다. 이 점에서 그리고 너무나도 많은 다른 면에서 우리는 살아 있는 피조물 가운데에서 독특하다. G. K. 체스터턴이 말했듯이 "모든 사람은 그가 누구인지 잊어버렸다. 자아는 그 어떤 별보다도 더 멀리있다. 동일한 정신적 재난에 봉착한 우리 모두는 우리의 이름을 망각하였다. 우리는 진정으로 우리가 누구인지에 대해 모두 망각했다."[3] 문학 비평가인 조지 스타이너(George Steiner)는 이런 맥락에

---

1 Abraham Heschel, *God in Search of Man: A Philosophy of Judaism* (New York: Farrar, Straus and Giroux, 1976), 412.
2 이 장은 "Deposed Royalty: Pascal's Anthropological Argument," *Journal of the Evangelical Theological Society* 41, no. 2 (1998): 297-312의 개정본이다.
3 G. K. Chesterton, *Orthodoxy* (1908; reprint, Garden City: Doubledays, 1959), 54.

서 다음과 같은 관찰을 한다.

> 저 멀리에서 감지된 재난의 신호에 대해서 내면적 대답을 지니지 않은 문명은 거의 없고, 그런 대답을 지니지 않은 개인의 의식도 아마 거의 없을 것이다. 그 "어둡고 성스러운 숲" 속 어딘가에서 방향이 잘못 틀어졌고, 그로부터 사람은 존재의 자연스러운 결을 거슬러 사회적으로, 심리적으로 고군분투해야 했다.[4]

왜 꽃다운 젊은이가 2008년도에 버지니아 공대에서 수십 명의 무고한 사람들을 살해하고 자신의 목숨을 마감하는 광란적인 살인을 자행하겠는가? 왜 그런 악은 그토록 강하고 예측할 수 없는 타격을 가하는 것인가? 이렇게 용솟음치는 인간 악에도 불구하고 우리는 또한 인간의 마음, 심령과 손이 일구어 놓은 아름다움, 용기와 천재성으로 감명받는다. 모든 비극이 지나간 자리에는 생명을 구하고, 죽어가는 사람을 위로하고 자발적인 이타적 행위로 자신보다 남을 더 소중하게 여기는 영웅들이 부상하게 된다. 인간은 다른 인간을 고문하기 위해 기계를 만들기도 하고, 인간은 즐거움을 제공하는 음악을 만들어 내어 음악을 숭고하게 격상시키기도 한다.

인간 존재의 의미는 당혹스러운 만큼 영속적인 질문이다. 이 질문은 우리의 노래와 시에서 떠나지 않고 우리의 관계들을 따라다니며 괴롭히고 우리의 철학과 종교로 하여금 고민하게 한다. 셰익스피어가 『리어왕』(King Lear)에서 얘기한 것처럼 "내가 누구인지 말해 줄 사람은 누구인가?"[5] 이 질문은 변증학을 위한 강력한 단서를 제공하는데 기독교 세계관은 우리의 위대함과 비참함 두 가지 모두를 설명하는 것에 있어서 궁극적인 실재에 대해 설명하는 다른 어떤 후보자들도 따라올 수 없을 만

---

4 George Steiner, *In Bluebeard's Castle: Some Notes Towards the Redefinition of Culture* (New Haven: Yale University Press, 1971), 4.

5 William Shakespeare, *King Lear* 1.4.238.

큼 탁월하게 설명해내기 때문이다.

블레이즈 파스칼은 인간학적인 논증을 위한 영감을 제공한다. 그가 "형이상학적 증거"(metaphysical proofs)라고 명칭한 고전적인 자연신학에 대한 파스칼의 반감이 그의 변증학적인 노력을 방해하지는 않았다.[6] 『팡세』(Pensées)와 다른 곳에서 파스칼은 여러 가지 변증학적 전략을 개발하는데 그 전략은 기독교 계시를 지지하는 인간 본성으로부터의 논증도 포함한다. 그는 창조와 타락에 대한 기독교 교리는 인간 역설을 가장 잘 설명하고 기독교를 존경받을 만한 종교로 만든다고 주장한다. 파스칼은 그의 변증학적 노력을 이 인간학적 논증에만 국한시키지 않고 회의론자와 다른 믿지 않는 사람들의 관심을 끌기 위해 변증학적 노력을 노련하게 활용한다.

본서의 변증학적 프로젝트는 이미 앞의 여러 장에서 다룬 다수의 유신론적 논증들의 변론를 감안할 때 파스칼의 프로젝트보다는 더 광범위하다. 이 논증들이 개별적으로 또는 논증 몇 개가 결합되어 공동으로 성공적인 만큼, 이 논증들은 완전한 존재, 창조주, (인간 의식과 이성뿐만 아니라 미세조정과 특정한 생명체들의) 설계자, 도덕 입법자 그리고 유신적 종교 체험에 필요한 신성한 영감을 위한 누적된 사례를 형성한다. 파스칼의 인간학적 논증은 인간상태에 대해 유일무이하게 기독교적인 설명을 제시하며, 지금 내가 활용하는 것처럼 인간학적 논증은 이미 확립해놓은 유신론의 기초에 의존한다.[7]

---

[6] 자연신학을 반대한 Pascal에 대해서는 Douglas Groothuis, "Are Theistic Arguments Religiously Useless? A Pascalian Objection Examined," *Trinity Journal* n.s., 15 no 2 (1994): 147-161; Douglas Groothuis, "Proofs, Pride, and Incarnation: Is Natural Theology Theologically Taboo?" *Journal of the Evangelical Theological Society* (March 1995): 67-76; Douglas Groothuis, "Pascal's Biblical Omission Argument Against Natural Theology," *Asbury Theological Journal* 52, no. 2 (1997): 17-26을 참고하라.

[7] Pascal은 자연신학을 의심했기 때문에 그것과는 별개로 인간학적 논증을 사용했다. 나는 자연신학을 승인하기 때문에 하나님의 존재를 논의함에 있어서 자연신학의 이성적 설득력에 비추어 인간학적 논증을 사용하고 있다.

본 장은 인간은 하나님의 형상과 모양에 따라 창조되었으며 인간은 죄 가운데로 타락했다고 하는 두 가지 유일무이한 성경적 믿음에 초점을 맞춘다. 그 어떤 비성경적인 세계관도 이런 주장을 펼치지 않는다. 이슬람이 성경과 어느 정도 관련되어 있다고 하기는 하지만, 이슬람은 우리가 신의 형상에 따라 만들어졌다고 하는 것을 부인하는데, 그렇게 하는 것은 철저하게 초월적 신인 알라와 인간을 너무 가까이 두지 않기 위해서이다. 또한 이슬람은 죄는 인간이 그들 자신의 노력으로 하나님을 기쁘게 하는 것을 불가능하게 만드는 우주보편적인 상태라는 교리를 부정한다.

파스칼의 변증학적 지향은 오늘날 서구 기독교인들에게 교훈하는 바가 있다. 인간의 상태로부터 변증학적 논증을 개발하는 것은 심리학적으로 고찰되는 개인주의적인 문화에 매력적이다. 오늘날 많은 신학적 문맹과 철학적 미숙함이 존재하기는 하지만, 영혼, 인간 잠재력과 영성에 대한 굉장한 관심이 존재한다. 사람들이 하나님의 존재, 성경의 신뢰성 또는 그리스도의 신성을 의심할지는 몰라도, 사람들은 자신들이 존재하며, 자신들과 자신들의 고통과 자신들의 가능성들을 이해하기를 갈망한다는 것을 안다.[8] 그렇기 때문에 우리가 믿지 않는 사람으로 하여금 유신적 논증에 대해 관심을 갖게 하지는 못한다고 할지라도, 우리는 인간의 상태에 초점을 맞추는 논증에 관심을 가지게 할 수 있을 것이다. 그러나 인간학적 논증이 자연신학과 연계해서 사용된다면 기독교 세계관을 확립하는 데 훨씬 더 좋을 것이다.

인류의 모순을 다룬 파스칼, 인간상태에 대한 그의 설명과 그가 사용한 논증 형태를 살펴봄으로써 우리는 기독교를 위한 파스칼의 인간학적인 논증의 변증학적 힘을 알아낼 수 있다.

---

8 이를 위해서 Millard Erickson, *Christian Theology* (Grand Rapids: Baker, 1983-1985), 457-458을 참고하라.

1. 인간의 위대함과 비참함

진정한 종교는 경쟁이 되는 다른 종교들보다 인간상태를 반드시 더 잘 설명할 수 있어야 한다고 파스칼은 주장한다. "사람의 위대함과 비참함은 너무나도 명백하기 때문에 진정한 종교라면 인간 안에는 위대함의 어떤 위대한 원칙과 비참함의 어떤 위대한 원칙이 존재한다는 것을 우리에게 반드시 가르쳐야만 한다."[9]

인간은 현저하게 다른 속성들의 희한한 조합이다. 과학과 기술은 파스칼의 시대에 엄청난 진보를 이루었고, 그것의 많은 부분은 파스칼에 의해 일어났다. 그럼에도 파스칼이 지적하듯이 진리는 자주 독창적인 발명가들의 주의를 끌지 못한다.[10] 이는 파스칼로 하여금 이렇게 외치게 한다.

> 도대체 인간은 어떤 종류의 괴짜인가! 얼마나 참신하고, 얼마나 괴물 같고, 얼마나 혼란스럽고, 얼마나 역설적이며, 얼마나 비범한가! 만물의 재판관, 미약한 지렁이, 진리의 보고, 의심과 실수의 소굴, 우주의 영광과 쓰레기![11]

파스칼은 인간 삶에서 조화되지 않는 병치들(juxtapositions: 비교나 대조를 위해 행동이나 예를 나란히 배치하는 것을 말한다-역주)을 압박한다. 그는 인간 경험의 다양함을 단순히 긍정하고 있는 것이 아니라 완전한 회의주의와 독단적인 이성적 확신 사이에 위치해 있는 고통스러운 상태를 강조하고 있는 것이다. 프란시스 쉐퍼(Francis A. Schaeffer)가 말하듯 "모

---

9 Blaise Pascal, *Pensées* 149/430, ed. and trans. A. J. Krailshaimer (New York: Penguin, 1966), 76.
10 이 주제에 대해 더 읽기 원하면 Douglas Groothuis, "Bacon and Pascal on Mastery Over Nature," *Research in Philosophy and Technology* 14 (1994): 191-203을 참고하라.
11 Pascal, *Pensées* 131/434, 64.

든 사람은 그가 그 자신이 누구인지에 대한 난제에 만족스러운 답을 찾을 때까지 긴장 가운데 놓여 있다."[12]

『팡세』(Pensées)의 많은 단편들은 이 병치의 아이러니와 부조리를 논의한다. 이는 자연은 "부패"하였다는 것을 자연을 통해서 알리기 원하는 파스칼의 목적에 부합하며 "부패"라는 단어는 하나님의 은혜에서 타락한 것을 함축한다.[13] 그러나 파스칼은 인간의 타락한 사실을 단순히 가정하지 않는다. 그는 인간의 상태는 초기 모델에 결함이 생긴 버전이라는 것을 제안하게끔 인간의 상태를 탐구한다.

파스칼은 어떤 경우에도 이성, 실험 또는 관찰은 헛되거나 오만한 것이라고 거절하지 않는다. 그럼에도 그는 인간의 유한성과 인지적인 타락이 자주적인 이성의 능력을 심각하게 제한하는 것으로 본다. 그는 인간의 사고는 인간을 자연보다 우위에 두는 것을 긍정하고 "모든 인간의 존엄성은 사고하는 것에 있다"고 말한다.[14] 그럼에도 그는 외부의 방해에 당면한 이성의 연약함과 지구력의 부족함에 대해 말한다. 이성이 인류에 존엄성을 부여하기는 하지만 이성은 쉽게 궤도에서 이탈한다. 우리는 우리로 하여금 방향감각을 잃게 하고 손쉽게 우리를 박멸하기도 하는 자연의 방식에 늘 영향을 받는다. "수증기 한 방울, 물 한 방울이면" 우리를 "죽이기에 충분하다."[15]

파스칼은, 인간은 에덴 동쪽에서 타락했다는 그의 논증과 맞물려 이를 중요하게 여긴다. 그에게 이것은, 한때 인간은 그들 자신, 타인, 자연 그리고 하나님과 자연스럽게 조화를 이루고 있었음을 의미한다. 하지만 하나님에게 도덕적으로 범죄함으로 인하여 인간은 그런 조화로운 협정에서 추방되었고 오늘날까지 계속되는 본질적인 부패를 겪게 되었다.[16]

---

12 Francis A. Schaeffer, *The God Who Is There*, 30th anniv. ed. (Downers Grove: InterVarsity Press, 1998), 113.
13 Pascal, *Pensées* 6/60, 33.
14 Ibid., 200/347, 95.
15 Ibid.
16 Pascal은 의심의 여지없이 직접적이고 초자연적인 하나님의 행위에 의해서 특별히 창조된

우리의 모든 능력이 훼손되기는 했지만 말소된 것은 아니다. 우리는 우리 능력의 완전함을 상상할 수 있지만 그것의 현재적 부족함은 반드시 견뎌내야만 한다. 인간 이성의 정상적인 작동도 우리의 통제를 벗어난 요인들에 의해 쉽게 틀어지게 된다. 파스칼이 역설적으로 관찰하듯이 말이다.

> 이 세상의 최고 재판관의 마음은 근처에 어떤 소음이 일어나도 영향을 받지 않을 만큼 그렇게 독립적이지 않다. 꼭 대포의 굉음이 있어야 그의 사고가 중단되는 것이 아니다. 풍향기나 도르래 소리로 충분히 그의 사고를 정지시킬 수 있다. 어떤 순간에 그의 추론이 그다지 온전하지 않더라도 놀라지 마라. 그의 귓가에 윙윙거리며 날아다니고 있는 파리가 있어서 그렇다. 그가 좋은 충고를 할 수 없도록 만들기에 그것으로 충분하다.[17]

궂은 날씨가 더 좋은 날씨에서 비행하는 항공기의 능력을 저해하지 않는 것처럼 위의 관찰은 진리를 분별할 수 있는 이성의 능력을 저해하지 않는다. 이 관찰은 단지 인간의 이성을 인간의 "비참함"의 한계 안에

문자 그대로의 첫 번째 인간 부부를 믿었고, 인간 타락에 대한 그의 통찰력은 덜 문자적인 해석으로 수용될 수 있다. 우리가 Pascal의 요점에서 간직해야 하는 것은 머나먼 과거에 있었던 첫 인간들이 (그들이 어떻게 발생하였든지 간에) 하나님이 정해 놓은 방식으로 삶을 살아내는 것을 위반하였고, 은혜에서 타락으로 추락했으며 창세기 3장에 기록된 것처럼 이 타락은 동일한 고립과 부조화를 경험하는 다음 세대들에게 계승되어 왔다는 것이다. 현대과학과 친숙하고 그것의 진가를 인정하는 현대 유신론적 진화의 관점(나는 이 관점을 지지하지 않는다)에서 이해한 타락을 위해서는 Bernard Ramm, *The Christian View of Science and Scripture* (Grand Rapids: Eerdmans, 1954), 214-242를 참고하라. 진보적인 창조론자 (늙은 지구)의 관점을 원하면 Hugh Ross, *Creation and Time* (Colorado Springs: NavPress, 1994); Gordon R. Lewis and Bruce A. Demarest, *Integrative Theology* (Grand Rapids: Zondervan, 1990), 2:17-68을 참고하라. 나는 후자의 견해를 훨씬 더 선호한다. 그리고 이것은 유신적 진화나 이신론과 혼동되어서는 안 된다. 이에 대해서는 13장을 보라.

17 Pascal, *Pensées* 48/366, 43.

위치하게 하여 인간으로 하여금 이 한계를 숙고하도록 촉구한다. 존귀케 된 것은 또 쉽게 방해 받게 된다.

> 사람은 확실히 사고하도록 만들어졌다. 그 안에 그의 모든 존엄성과 탁월함이 놓여 있으며 또 사람의 온전한 의무는 마땅히 그래야 하듯이 사고하는 것이다. 자 이제 사고의 순서는 우리들 자신과 우리의 저자 그리고 우리의 목적으로 시작하는 것이다.
>
> 그렇다면 세상은 무엇에 대해 생각하는가? 결코 그런 것에 대해 생각하지 않고, 춤추기, 류트와 같은 현악기 연주하기, 노래하기, 작시, 무예 즐기기(tilting at the ring: 말을 타고 달리면서 높이 매단 둥근 고리를 창끝에 꿰는 것-역주) 등 그리고 격투하기, 왕이 되는 것, 사고함 없이 왕이 되는 것 또는 사람이 되는 것에 대해서 생각한다.[18]

존엄성과 명예의 관을 쓴 사람들은 그들을 존귀케 하는 바로 그 능력을 오용한다. 즉 일상적이고 사소한 것들에 대한 심취가 궁극적인 문제로부터 그들의 관심을 전환시킨다. 위대함이 남용되긴 하지만 그럼에도 위대함은 분명히 존재한다. 비참함에 대한 바로 그 자각은 위대함의 증거가 된다.

> 사람의 위대함은 그가 비참하다는 것을 아는 것에서 온다. 나무는 그것의 비참함을 모른다. 따라서 한 개인이 비참하다는 것을 아는 것은 비참하지만, 한 개인이 비참함을 아는 것에는 위대함이 있다.[19]

---

18 Ibid., 620/146, 235.
19 Ibid., 114/397, 59.

파스칼에게 있어서 인간의 한계를 인식하는 것은 탁월함의 징표였는데 그것은 비인간 영역에는 알려지지 않은 자의식을 드러내는 것이기 때문이다. 어떤 도덕적인 실패조차도 경탄을 자아내게 하는 일종의 독창성을 드러낸다.

> 위대함(Greatness). 원인과 결과는 인간 스스로의 강한 육욕(concupiscence)에서 그토록 탁월한 질서를 산출해 낸 인간의 위대함을 보여준다.[20]
>
> 인간의 위대함은 그의 강한 육욕 안에서도 존재한다. 그는 육욕에서 그토록 훌륭한 시스템을 산출해낼 수 있었고 또 육욕을 진정한 자선(charity)의 이미지로 만들어낸다.[21]

파스칼은 이 단편들에서 그가 무엇을 의미하는지에 대해서는 어떤 사례도 제시하지 않지만 대략 마음에 와닿는 것들이 있다. 파스칼은 "시스템"이라는 단어를 사용하여 탐욕(avarice)이 이타주의로 가장되는 문화를 빗대어 말한다. 예를 들어, 대형회사는 회사가 자선단체에 기부하는 것(따라서 회사 자체의 선행)을 떠들썩하게 알릴 수 있는데, 이는 가난한 사람들을 일으켜 세우기 위해서가 아니라 판매를 최대화하기 위한 회사의 대중 매체 이미지를 높이기 위해서이다. 이 마케팅(선전) 계획은 기발한 것일 수도 있겠으나 그 의도는 야비하다. 위대함이 한심한 목적을 위해서 사용된 것이다. 구제 불능 루쏘의 사례 또한 적절하다. 역사학자 폴 존슨은 쟝 쟈크 루쏘의 수사학적 역량은 자주 자신을 정당화하기 위한 노력으로 기만적으로 활용되었다고 지적한다.

루쏘는 세상이 그와 같은 수준의 천재에게는 생계를 제공해야 한다고 믿었다. 이를 위해, 루쏘는 여러 명의 부유한 후원자들에게 빌붙어살곤 했는데 그들이 루쏘가 얼마나 힘든 사람인지 알아차리고 그를(즉 못

---

20 Ibid., 106/403, 57.
21 Ibid., 118/402, 60.

마땅해하는 철학자를) 쫓아낼 때까지 말이다.

> 루쏘는 어마어마하게 긴 진정서를 작성하는 것으로 대부분 그의 주요 언쟁을 특징지었다. 이런 진정서들은 그의 가장 뛰어난 작품들 중 하나이며, 변론술의 기적이다. 뛰어난 기발함으로 진정서의 수신자가 괴물이라는 것을 입증하기 위해 증거가 교활하게 조작되었고, 역사는 재집필되었으며 연대기는 혼동되었다.[22]

루쏘는 그의 육욕에서조차 지적 위대함을 나타냈다. 그가 지금 살아 있다면 정치 캠페인과 행정에 능한 탁월한 관리자였을 것이다.

인간 이성의 위대함에도 불구하고 기만을 위한 기회와 양상들은 무수히 많다. 이성은 타락을 통해 본질적으로 약화되기도 하였고 이성의 목표를 좌절시키는 외부적 요인들에 의해 저해되어 왔다.[23]

이성은 상상, 질병, 이기심, 전환(diversion), 잘못된 인식, 관습, 교만, 허영, 모순(충돌하는 경향들), 과학과 철학의 어리석음 그리고 인간의 불의로 인해 인간에게 부정적 영향을 끼칠 수 있다.

파스칼에 의하면 인간은 궁극적인 중요성을 갖는 사안들에 대한 지식은 하나님의 계시에 반드시 의존해야만 하는 교정 불가능하게 유한한 인식자들이라는 점에서 인간의 이성은 항상 제한을 받아 왔다. 이는 인류가 타락하지 않은 상태에서도 해당되는 진리였다. 그렇지만 타락 이후로 인간들은 계시자이신 하나님께 인식론적으로 의존해야 하는 유한한 인식자로 자신들을 마땅히 자리매김하지 않는다. 오히려 인간은 확신에 차서 우주를 자주적으로 알아내려 하거나 아니면(이 추구의 공허함을 깨닫게 되면) 인간들은 철저한 회의론에 비관적으로 굴복한다.

---

22 Paul Johnson, *Intellectuals* (New York: Harper & Row, 1988), 14.
23 Pascal의 이성의 부패를 이해하기 위해서는 Terence D. Cuneo, "Combating the Noetic Effects of Sin: Pascal's Strategy for Natural Theology," *Faith and Philosophy* 11, no. 4 (1994): 특히 645-647를 참고하라.

위대함과 비참함(인식론적인 것이나 다른 것이건 간에)에 대한 파스칼의 숙고는 기독교 성경이 아닌 인간 경험의 일반적인 사실에 호소하는 인간학을 형성한다. 이 인간학은 인간 종에 대한 체계적이고 과학적인 평가를 산출해내지는 않는다. 오히려 파스칼은 인간학적인 위기를 강행하는 것을 의도하여, 신중하게 고려해 보았을 때, 인간은 그들 자신에게조차도 불가사의임을 지적하고자 한다. 그는 다음의 글에서 그가 어떻게 인간학적 위기를 조장하기 원하는지를 약술한다.

> 만일 그가 자신을 높인다면, 나는 그를 겸손케 합니다.
> 만일 그가 자신을 겸손케 한다면, 나는 그를 높입니다.
> 그리고 나는 계속해서 그를 반박할 것입니다.
> 그가 다음을 이해할 때까지 말입니다.
> 즉 그는 모든 이해를 뛰어넘는 괴물이라는 것을.[24]

파스칼은 인격적인 하나님으로부터 온 명제적 계시로 여겨져야 하는 기독교의 성경에 우리가 호소할 때에만 인간 본성의 불가사의는 설명될 수 있다고 주장한다.

2. 철학이 줄 수 없는 위로

파스칼은 인간의 철학은 인류에 대한 동일하고도 상반되는 두 가지의 실수를 저지르기 때문에 단지 인간의 철학만으로는 우리가 누구인지 말해 줄 수 없다고 주장한다. 인간의 철학은 비참함을 희생하여 위대함을 높이거나 위대함을 희생하여 비참함을 높인다. 이는 파스칼과 드 사시(M. De Saci)라고 하는 포르 루아얄(Port-Royal)의 영적인 지도자 사이

---

24 Pascal, *Pensées* 130/420, 62.

에 오고간 대화를 서술하는 "에픽테투스와 몽테뉴에 대한 담화"라고 불리우는 문헌에 확실하게 나타나 있다.

화두에 오른 두 대표적인 철학자들은 에픽테투스와 몽테뉴였는데 이 두 사람은 한 영역에서는 경탄할 만했지만 전체적으로는 불균형적이었다. 스토아 학파인 에픽테투스는 인간 존재의 의무인, 하나님께 순종하는 것의 중요성과 겸손의 미덕을 이해한다. 하지만 에픽테투스는 사람들은 그가 규정한 기준에 따라 생활할 수 있다고 잘못 생각한다. 그래서 그는 "악마적인 교만"에 빠지게 되고 결국 영혼은 신성하고 자살도 무방하다고 생각하는 오류로 그를 치닫게 한다.[25]

한편 몽테뉴는 회외론자이고 "교만한 이성"을 위한 강장제와 같은 사람이다. 인간의 무지에 관한 그의 광범위한 숙고와 이성의 난관은 텅 빈 합리주의에서 과다한 확신을 빼내는 역할을 한다. 파스칼은 몽테뉴가 "교만한 이성"을 이성에 대항해 사용함으로써 이성 자체의 부족함을 드러내는 것에 대한 기쁨을 고백한다.[26] 그럼에도 불구하고 몽테뉴는 우리가 회의적인 숙고를 대면했을 때 미결정의 상태를 계속 유지하여 도달할 수 없는 진리나 선을 추구하지 않을 것을 조언한다. 따라서 그는 난공불락의 회의론을 선택함으로써 인간의 비참함을 높인다.

각각의 사고체계는 다른 사고체계에 의해 부인된 진리를 하나 정도는 내포한다. 스토아주의(금욕주의)는 위대함은 취하고 비참함을 거절하기 때문에 건방짐과 교만의 잘못을 저지르게 된다. 회의론은 비참함을 유지하고 위대함을 거절하기 때문에 낙담에 빠지게 된다. 아무리 "그 두 가지 사고체계의 동맹으로 완벽한 도덕의 체계가 형성되었을 것으로" 여겨질지라도 두 사고체계에서 양립 가능한 요소들만 선택하여 합성할 수는 없다.[27] 이런 이유는 스토아주의는 확실성을 장려하는 반면 회의론은 의

---

25 Blaise Pascal, "Conversation with M. De Saci on Epictetus and Montaigne," in Blaise Pascal, *Thoughts*, ed. Charles W. Eliot (New York: P. F. Collier, 1910), 392..

26 Ibid., 400.

27 Ibid., 403.

심을 장려하기 때문이다. 스토아주의는 인류의 위대함을 주장하고 회의론은 인류의 나약함을 주창한다. 이런 양립 불가능함을 감안할 때 각 체계는 "서로의 허위뿐만 아니라 각 체계의 진리도 파괴할 것이다."[28]

두 체계 모두는 각 체계의 편파성 때문에 홀로 설 수 없을 뿐만 아니라, 상호배타적인 전제 때문에 통합될 수도 없다. 각각의 관점은 상대방을 반박하기는 하지만, 그럼에도 불구하고 기독교의 창조와 타락의 교리처럼 전적으로 다른 인간학을 통해서만 조화가 가능한 부분적인 진리들을 제공한다. "따라서 그들은 복음의 진리에 자리를 내어주기 위해 서로를 깨뜨리고 파괴한다."[29]

파스칼은 인간학을 위한 철학적 대안들을 모두 총망라하지는 않지만, 이교도 철학을 재발견하고 있었던 17세기 프랑스인들에게 매우 관심을 끌었던 두 가지 견해에 이의를 제기한다. 이 견해들의 변형은 오늘날 우리와도 함께한다. 파스칼의 논증은 이중구조를 갖는다.

첫째, 두 견해 모두 윤리적 그리고 인식론의 두 영역 안에서 비참함이나 위대함 둘 중의 하나인 인간의 상태를 충분히 설명하지 못한다.

둘째, 이교도 견해들의 합성은 가능하지 않고, 따라서 순전히 다른 철학적 시도를 배제하게 된다. 파스칼은 제3의 견해를 제안한다. 그는 인간의 모든 철학체계를 초월하는 설명에 담론을 개방하고자 한다. 그 설명은 **도움받지 않은 이성**(unaided reason)을 초월하되 도움받지 않은 이성에 반대하지 않는 설명이다.[30]

---

28 Ibid.
29 Ibid.
30 Pascal, *Pensées*, 173/273, 83; 174/270, 83-84; 185/265, 85; 188/267, 85를 보라.

3. 인간 철학을 초월하며

파스칼은 복음이 해당된 진리들을 연합하고 모든 허위를 몰아내는 "전적인 신의 행위로" 모순을 조화시킨다고 믿는다.[31] 전적인 신의 행위, 즉 복음은 "진정한 천상의 지혜를" 만들어 내는데 "진정한 천상의 지혜 속에서 이렇게 상반되는 것들은" 단순한 "인간의 교리"에는 전혀 알려지지 않은 방식으로 개념적인 조화를 이루게 된다.[32] 철학자들의 문제는 동일한 주제에 대한 상반되는 묘사를 그들이 긍정했다는 것에 있다. 다시 말해 혹자는 인간 본성은 위대하다고 했고 다른 사람은 인간 본성은 비참하다고 했다. 허나 상반되는 두 서술어는 동일한 주어를 보편적으로 성립시킬 수 없다.

그럼에도 불구하고 성경적 계시(그리고 도움받지 않은 이성이 아닌)는 우리가 모든 비참함을 우리의 타락한 본성에 그리고 위대한 모든 것은 은혜에 귀속시켜야 함을 말해 주는데, 우리의 고유한 본성으로는 이것을 어렴풋이 느낄 뿐이라고 파스칼은 『팡세』(Pensées)에서 말한다. 이것은 하나님만 가르쳐 주실 수 있는 혁신적인 아이디어이다. 우리는 동일한 주어에 모순되는 술어 두 가지를 귀속시킬 필요가 없다. 인간은 철학자들에 의해서 제안되지 않은 일종의 이중 본성(dual nature)을 소유한다.

인간 본성은 이전의 상태에서 타락했으며 지금 그 상태에 도달할 수는 없지만, 그 예전 상태는 인류의 폐허 속에서도 여전히 식별 가능하다. 우리는 완전히 부패하지도 않았고, 전적으로 위대하지도 않다. 그럼에도 우리가 하나는 선하고 하나는 악한 두 영혼을 소유하고 있는 것이 아니다. 파스칼은 이렇게 관찰한다.

> 인간의 이원론은 너무나도 명백해서 어떤 사람들은 자신이 영혼을 두 개 가졌다고 생각해 왔다. 왜냐하면 그들에게 단순한

---

31 Pascal, "Conversation," 403.
32 Ibid.

존재는, 무한한 뻔뻔스러움에서 간담을 서늘하게 하는 낙담으로 치닫는 그런 위대함과 갑작스런 변화를 소화해낼 능력이 없는 것처럼 여겨졌기 때문이다.[33]

이 모순되는 국면은 "모든 인류를 경탄케 하였고, 그들로 하여금 전혀 다른 사고의 학파들로 갈라서게 하였다.[34] 만약 인간 본성이 그토록 많은 다양한 (그리고 때로는 논리적으로 양립 불가능한) 해석들을 철학자들에 의해 창출해낼 수 있다면 인간 본성에는 심히 불가사의한 어떤 것이 있다. 비록 우리는 애완동물의 행동에 대해서는 거의 당혹스러워하지는 않으며 애완동물이 하는 행동들은 우리를 즐겁게 해 줄 수도 있지만, 우리가 다른 사람들의 행동을 이해할 수 없는 것이 아니라면 뜻밖의 행동이라고 종종 여긴다. 절친한 친구가 당신을 위해서 자신의 생명을 무릅쓰고 나중에 단지 자신의 사리사욕을 위해 당신을 배신한다. 무엇이 그런 "모순"을 설명해 줄 수 있겠는가?

파스칼은 이런 인간학적 위기를 위해 계시적인 해결책을 제공한다. 이것은 자율적인 사고에는 생경한 개념들에 호소하는 해답이다. 그럼에도 파스칼은 이런 개념들이 다른 경쟁하는 의견보다 인간상태를 더 잘 설명해 준다고 믿는다. 만일 우리가 신학적 개념인 창조와 타락을 허락한다면 인간의 풍경은 우리가 그 개념들을 부인했을 때보다 엄청나게 더 명확해질 것이다. 신학적 개념인 타락을 정확하게 묘사하기 위해 파스칼은 하나님의 관점에서 서술한다.

> 그러나 너는 더 이상 내가 너를 만들었던 그 상태에 있지 않다. 나는 사람을 거룩하고, 무고하고, 완벽하게 만들었고, 나는 그를 빛과 이해로 충만하게 채웠고, 나는 그에게 나의 영광과 나의 경이로운 작품들을 보여주었다. 그때 사람의 눈은 하나님의

---

33 Pascal, *Pensées* 629/417, 236.
34 Ibid., 149/430, 77.

위엄을 바라보았다. 그때 사람은 지금 그의 눈을 멀게 하는 그 어두움 가운데 있지도 않았고, 그를 몹시 괴롭히는 죽음과 비참함의 지배하에 있지도 않았다.

그러나 그는 뻔뻔스러워지지 않고는 그토록 위대한 영광을 지닐 수 없었다. 그는 스스로를 자신의 중심이 되도록 만들었고 나의 도움없이 살고 싶어했다. 그는 나의 통치에서 퇴거하였고, 스스로 안에서 행복을 찾기 위한 그의 갈망은 그를 나와 동등한 자리로 높이게 되었고, 나는 그가 하고 싶은 대로 하도록 내버려 두었다. 나는 그의 지배하에 있던 피조물들이 그에게 반항하고 그의 원수가 되도록 유발했고, 그렇기 때문에 오늘날 사람은 야수 같이 되어 버렸다. 그리고 사람은 나에게서 너무나도 멀리 떨어져 있기 때문에 모두 사장되었거나 명멸하는 그의 지식에서 내가 그의 작가라는 어렴풋이 드는 생각만 겨우 남아 있을 뿐이다.[35]

그런 다음 파스칼은 인간은 "인간의 제2의 본성이 되어 버린 비참함과 육욕"에도 불구하고 "처음 본성의 행복에서 유래하는 미약한 본능"을 다소 보유하고 있는 것에 대해서 말한다.[36] 이 이중본성은 철학자들이 조화시킬 수 없었던 모순을 설명한다.

우리는 이 상태를 노화해 가는 레지 잭슨(Reggie Jackson, 1946년생)의 타격 스윙에 비유할 수 있다. 아마도 메이져 리그 투수로서 투구를 날리는 것은 불가능하겠지만 야구에서 은퇴한 지 몇 년이 지났어도 그의 스윙은 여전히 유연하고 힘찰 승산이 있다. 그 "영광의 소문"은 오늘도 식지 않는데 레지는 항상 이 나이가 아니었기 때문이다.[37] 그가 예전에

---

35 Ibid.
36 Ibid.
37 "Rumors of glory"는 Bruce Cockburn의 앨범 *Humans* (1980)의 "Rumors of Glory"에서 얻은 것이다.

도 항상 지금 상태와 같았다고 하는 것은 위대함을 희생한 채 비참함을 강조하는 것이고, 지금 그는 이전 전성기 때를 훨씬 벗어나지 않았다고 하는 것은 비참함을 희생한 채 위대함을 강조하는 것이다.

물론 레지 잭슨의 경우는 왕년의 위대함에 대해서 우리는 어렴풋한 기억 이상의 더 많은 것을 기억한다. 이것은 논란의 소지가 전혀 없는 역사적으로 확인 가능한 사실이다. 인간의 타락과 같은 경우는 이런 종류의 주장이 아니고 역사적으로 확인될 수도 없다(성경 본문을 제외하고는). 오히려 인간의 타락은 역사적인 현상을 설명하기 위해 사용된 신학적 공준(theological postulate)[38]이다.

진정한 종교는 그것이 신뢰받기 위해서는 인간의 본성을 반드시 설명할 수 있어야 한다고 파스칼은 규정한다. 위대함의 원칙은 원래의 타락되지 않은 상태이고 비참함의 원칙은 죄로 타락하고 하나님으로부터 멀어지는 것을 말한다. 이교도 철학은 이 부분에서 실패하고 철학적으로나 실존적으로 해결책을 위한 소망을 우리에게 주지 못한다고 파스칼은 제안한다.

당혹스러운 상황에 대한 설명으로 타락을 개진시키면서, 파스칼은 인간은 한 번도 누려보지 못한 것은 그리워할 수는 없다는 원칙의 도움을 받는다. 현재 우리의 타락한 상태가 비참한 유일한 이유는 과거에 타락하지 않은 상태를 우리 인류가 누려본 적이 있기 때문이다. 파스칼은 말한다.

> 중요한 것은 만일 사람이 한 번도 타락해 본 적이 없다면 그는 순진무구한 확신 속에서 진리와 행복을 누리게 될 것이다. 그리고 만일 사람이 항상 타락한 상태에만 있다면 그에게는 진리나

---

[38] 요구, 요청을 의미하는 그리스어에서 파생된 말로 공준은 어느 특정 분야에만 해당되는 공리를 명시하여 이론을 전개해 나가는 토대로 삼는다. 이에 반해 공리는 여러 학문적 영역에서 공통적으로 사용될 수 있는 자명한 가정(명제 형태)을 명시하여 이론을 전개해 나간다-역주.

행복(bliss: 천상의 기쁨, 천국, 더 없는 기쁨, 더 없는 만족, 최고의 행복으로 번역되기도 한다-역주)에 대한 개념이 부재할 것이다. 그러나 지금 우리의 상태는 불행하고(만일 인간상태 안에 위대함의 요소가 없었다면 우리는 덜 불행해야 한다) 행복의 개념도 있지만 그것을 달성할 수가 없다. 우리가 진리의 이미지를 지각하기는 하는데 우리가 가진 것은 가짜밖에 없다.[39]

이 모든 비참함의 사례들은 인간의 위대함을 입증한다. 이는 위대한 주인의 비참함이요, 폐왕의 비참함인 것이다.[40]

파스칼은 더 나아가 이렇게 질문한다. "한 번이라도 왕위를 빼앗긴 경험이 있는 왕을 제외하고 과연 누가 다시 왕이 되지 않는 것을 불행하게 여기겠는가?"[41] 그 누구도 입이 하나밖에 없어서 불행하지는 않지만 외눈인 사람은 불행하다고 파스칼은 단언한다. 그 누구도 눈이 세 개가 아니라서 괴로워하지는 않지만 눈이 하나도 없는 사람은 굉장한 고통을 겪는다. 달리 말하면 우리에게 익숙해진 것이나 우리가 당연하게 소유해야 하는 것을 박탈당할 때 불행은 찾아온다.

그럼에도 불구하고 사람들은 그들이 전혀 갖지 못했던 능력의 결핍에 대해 불평한다. 비행하고 싶은 바람(wish to fly)이나 본인이 전혀 경험해 보지 못한 정치적 권력을 갈망하는 것을 생각해 보라. 본인이 한 번도 누려본 적이 없는 것에 대한 동경은 박탈과 연관된 고통만큼 강렬한 것은 아니라고 파스칼은 대답할 수 있을 것이다. 그러나 정말 그것이 강렬한지의 여부는 사람마다 다를 것이다. 어떤 젊은이는 프로 배구 선수가 될 수 있는 운동 기량이 부족해서 수년간 괴로워 할 수도 있는 반면에, 어떤 프로 배구 선수는 심각한 부상 때문에 조기 은퇴한 후에 짧은

39　Pascal, *Pensées* 131/434, 65.
40　Ibid., 116/398, 59.
41　Ibid., 117/409, 59.

시간 동안만 고통스러워할 수도 있다. 어떤 사람은 자신이 전혀 누려보지 못했던 것 때문에 고통당하고, 다른 사람은 상실된 것 때문에 덜 심각하게 괴로워한다.

또 파스칼은 비행하고 싶은 거창한 소원이나 타락 이전의 처음 부모님도 소유하지 못했던 다른 파워를 소유하기 원하는 것은 바로 우리가 타락한 본성이 갖는 감소된 능력에 만족하지 못하기 때문에 생성된 것이라고 대답할 것이다. 지상 낙원에 있던 아담과 하와는 이미 타락 이전의 지구가 그다지 열악하지는 않았기 때문에 비행할 수 없었어도 만족스러웠다. 만일 한 개인의 타고난 능력이 결함 없이 작동한다면, 보통 이상의 것을 향한 갈망은 전혀 없을 것이라고 파스칼은 확실히 주장할 수도 있다. 이 경우에 초인간적인 능력에 대한 언뜻 보기에 터무니없어 보이는 욕구는 초인간적인 능력을 전혀 내포하지 않았던 원래 우리의 본성을 상실한 것에서 나오는 것으로 보여질 수 있다.

그렇다면 파스칼의 주장의 힘은 어디에 있는가? 인간의 비참함의 이유에 관한 파스칼의 관찰은 인간 본성에 대한 그의 전체 변증학에서 고립되어서는 안 된다. 단지 그는 사람들은 한 번도 소유해 본 적이 없는 소유물의 결핍보다는 상실된 소유물 때문에 더 고통을 통렬하게 자주 느끼는 것이라고 주장하고 있는 것이다. 그런 다음 파스칼은 인간의 타락함에 대한 그의 공준(postulate)의 진리를 위한 사례로 이를 사용한다. 즉 지금도 우리는 이전 상태인, 타락하지 않은 상태에 대해 어렴풋이 감지하고 있고, 우리의 능력을 완전하게 사용하던 것을 상실함에 괴로워한다. 그 이전 상태를 반드시 이런 방식으로 확인하지는 못하더라도 말이다.

4. 최선의 설명을 찾아서

그의 인간학적 논증의 변론을 더 개진하기 위해 파스칼은 (1) "두 가지 본성"을 지니는 것으로 인류를 해석하는 것은 지적으로 설득력이 있으며, (2) 인간의 상태도 설명되어야 할 필요가 있으며 그리고 (3) 인간이 하나님의 형상을 따라 만들어졌다는 교리와 타락의 교리에 의해 설명력이 제공된다는 세 가지 주장을 변론해야만 한다.

첫째, 파스칼의 논증이 순조롭게 출발하기 위해서, 그는 알기 쉽게 인간의 상태를 묘사할 필요가 있다. 나는 파스칼의 인간의 위대함과 비참함의 분석이 진실로 들리며, 적어도 부분적으로는, 이것이 그를 지속적으로 사로잡았던 것이다. 그는 우리 앞에서 거울을 들고 있는데 그 거울은 갈피를 잡지 못하게 하는 모순과 매우 광범위한 범주의 상황 속에 놓여 있는 전체 인격을 반사하고 있다. 마틴 워너(Martin Warner)가 파스칼의 글이 갖는 힘에 대해 이렇게 지적한다.

> 인간상태에 대한 파스칼의 단편들은(fragments) 어느 정도는 관찰력의 정확성 또 어느 정도는 누적적인 효과를 제공하는 단편들의 영역와 범위에 있다. 인식론, 심리학, 윤리학, 정치학, 법학 그리고 직업의 선택과 같은 문제들에서도 파스칼은 사실을 정직하고 정확하게 서술하기 위해서는 인간의 "비참함"(misere)의 측면에서나 "위대함"(grandeur)의 측면에서, 아니면 더 빈번하게는 이 둘 사이에 있는 긴장의 측면에서 해석을 유도하는 개념들을 필요로 한다는 것을 보여주려고 시도한다.[42]

파스칼은 여러 곳의 신경을 자극하고, 그것들은 결합하여 인간의 본성 속으로 비범한 통찰력을 각인케 한다. 이 다양한 관찰과 판단은 누적 효과가 있다. 한 가지의 숙고만으로는 기독교의 입장을 설명할 수 없지만, 상호보강적인(reinforcing) 고찰들은 한 개인이 비기독교적 관점을 재검토할 것을 제안한다.

둘째, 만일 우리에게 파스칼이 인간상태를 묘사한 것이 진리로 들린다고 할지라도 고집센 회의론자는 인간의 삶은 우리가 설명할 수 있는

---

42 Martin Warner, *Philosophical Finesse* (Oxford: Clarendon, 1989), 176.

이성적 능력을 초월하는 모순과 난제들로 꽉 차있다고 쉽게 말할 수 있다. 이런 문제가 특히 증명할 수 없는 형이상학을 수반하는 것을 알면서도 도대체 왜 우리는 이런 모순들과 난제들을 설명하지 않으면 안 되는가? 왜 우리는 인생이 이미 충분히 힘들 때 이런 인간학적 위기를 강행해야 하는가?

파스칼은 인간의 어리석음을 역사에 남기는 것 정도에 만족하는 무심한 회의론을 너머서 더 나아가기 원한다. 그는 실존적으로 와닿고 이성적으로 신뢰할 만하여 설득력 있는 설명을 제공하려 한다. 파스칼은 지금 다루고 있는 주제가 심사숙고할 만한 것인지 묻는다. 그것은 『파이드루스』(Phaedrus)에서 소크라테스가 질문한 것에서 강조된 것처럼 우리 존재의 핵심이다. "나는 뱀 티푸스(Typho)보다 더 복잡하고 정열로 부어오른 괴물인가, 아니면 어떤 신성한 것에 참예하는 더 단순하고 부드러운 본성의 피조물인가?"[43] 수 세기에 걸쳐 철학자들과 현자들은 우리가 우리 스스로에 대해 알 것을 충고해 왔고, 인간의 본성이라는 질문에 대한 철학자들의 대답은 현저하게 달랐지만, 이 중대한 질문은 계속된다.

파스칼은 인간이 위대하고 비참하다는 회의론자의 의견에 어떤 면에서는 동의할지도 모른다. 회의론자는 바로 이때 토론을 중단하고 싶어한다. 이것에 대해 파스칼은 단순히 인간학적이고 심리학적인 사실들의 단순한 개관은 충분하지 않다고 주장한다. 만일 우리가 자기 이해, 종교적 통찰력, 영적 갱신 또는 도덕적 개선에 대해 소망을 조금이라도 갖고자 한다면, 우리는 이것 이상으로 더 밀고 나아가 우리의 기원과 본성에 대한 어떤 것을 알고자 추구해야 할 필요가 있다.

파스칼은 회의론자의 피난처인 전환들은 궁극적으로 회의론자를 만족시키지 못한다고 하는 회의론자의 근거를 토대로 해서 논할 수도 있다. 전환은 일시적으로 냉혹한 현실에서 우리의 주의를 다른 곳으로 돌리게 할 수는 있으나, 계속되는 "텅빈 어두움"은 어두움의 방식으로나

---

43 Plato, *Phaedrus* 230a.

어두움이 가진 자원으로는 치유될 수 없다.⁴⁴ 전환이 결코 궁극적인 평화를 가져다 줄 수 없는 것은 바로 이것 때문이다. 게다가 파스칼은 해결책 없이 타락한 것으로 인간의 상황을 묘사하지 않는다. 그의 분석은 인간의 이중 본성을 전제하고 다루는 교리인 성육신을 통하여 문제에 대한 해결책을 예상하기 때문이다. 파스칼의 격언은 이것을 정확히 담아낸다. "예수님은 우리가 교만 없이 다가갈 수 있는 하나님이시며 그분 앞에서 우리는 절망 없이 우리 자신을 겸손하게 낮출 수 있다."⁴⁵

이런 삶과 소망에 대한 전망은 인간상태의 문제에 대한 한 개인의 타산적인(prudential) 관심을 더 촉발시킬 것이다. 회복을 위한 소망이 있을 수도 있다. 그러나 우리가 그 가능성을 조사하기 위해서는 전환의 유혹을 반드시 피해야만 한다.

> 전환은 우리가 우리 자신에 대해서 생각하는 것을 막고 부지불식간에 우리를 파멸로 이끈다. 그렇기 때문에 우리가 지루해져야 한다는 것은 당치도 않지만, 지루함은 우리로 하여금 더 확실한 탈출의 도구를 찾도록 몰아부칠 것이다. 그러나 우리는 전환으로 시간을 때우게 되고 우리도 모르는 사이에 전환은 우리를 죽음으로 데려간다.⁴⁶

비유적으로 말하자면 "우리는 우리가 심연을 더 이상 보지 못하도록 우리 앞에 무엇인가를 놔 둔 다음에 우리는 심연을 향해 어리석게 뛰어간다."⁴⁷

---

44 "Hollow darkness"는 Bruce Cockburn의 앨범 *Inner City Front* (1981)의 "Justice"에서 따온 것이다.
45 Pascal, *Pensées* 212/528, 98.
46 Ibid., 414/171, 148.
47 Ibid., 166/183, 82.

그렇다면 알라. 교만한 사람이여. 당신 스스로에게 당신이 얼마나 심한 역설인지를 말이다. 겸손하라. 무기력한 이성아! 침묵하라. 미약한 자연아! 사람은 무한하게 사람을 초월함(man infinitely transcends man)을 배우라. 당신만 모르는 당신의 진정한 상태에 대해 당신의 주인으로부터 들으라. 하나님께 경청하라.[48]

많은 맥락에서 위대함과 비참함에 대한 지표들을 말함으로써 파스칼은 우리가 인간 본성을 새로운 방식으로 해석할 수 있도록, 그것을 유리한 관점에서 이해하도록 유도하고 있다. 이러한 반추를 통해서 그는 우리에게 우리가 폐위된 왕족(deposed royalty)이라는 새로운 통찰력이 섬광처럼 떠오르기를 기대한다. 이는 우리에게 강요된 관점이 아니라 묵상을 통해 부각되는 관점이다. 파스칼은 우리의 위대함과 비참함을 관찰하기 위해 우리 자신 속을 들여다 볼 것을 촉구한다. "당신 자신의 충동을 따르라. 당신 자신을 관찰하라. 그리고 이 두 가지 본성의 생생한 특징을 당신이 찾아낼 수 없는지 한 번 보라."[49]

그의 프로젝트를 명확하게 하기 위해 한 예를 들어보겠다. 당신이 미술관에서 이해하기 어려운 그림이 전시된 것을 보게 되었다고 가정해 보자. 그림은 심각한 결함뿐만 아니라 탁월함을 나타내 보이기 때문에 미적으로 평가하는 것이 난해하다. 당신이 순전히 외관에 근거해서 그림을 관찰하는 동안 당신은 좌절하게 될 것이다. 왜 탁월함과 결함 두 가지 모두가 공존하는가? 왜 화가는 그런 특징들을 그렇게 별나게 결합하겠는가?

나중에 화랑에 있는 가이드가 와서 당신에게 이 그림은 거장에 의해 그려졌으나 강도들이 험하게 다루어서 손상을 겪게 되었다고 알려준다. 그러면 당신은 동일한 작품을 새롭게 갖게 된, 유리한 관점에서 보기 시작한다. 원작의 위대함은 손상된 부분과 함께 이제 명확하게 드러

---

48 Ibid., 131/434, 65.
49 Ibid., 149/430, 78.

났다(당신이 원작의 위대함을 볼 수 없다고 할지라도 말이다). **그림 자체에서는 추론할 수 없는** 배경지식은 그림의 수수께끼를 설명해 준다. 당신은 이제 동일한 그림을 인식이 최대화된 새로운 통찰력으로 대할 수 있게 되었다. 파스칼은 유사한 주장을 하고 있는 것이다. 인간 본성을 진정으로 이해하기 위해서는 인간은 그들 스스로를 반드시 신학적인 틀 안에서 궁극적으로 바라볼 수 있어야만 한다.[50]

셋째, 파스칼은 그의 인간학적 논증에 대한 또 다른 도전을 마주한다. 그는 타락과 원죄의 교리들이 난해하다는 것을 모르는 것이 아니다. 그는 그의 인간학적 관점을 꽤 명확하게 기술하는 흥미로운 단편에 이러한 어려움을 담아낸다.

> 원죄는 사람 눈에는 어리석어 보이지만 바로 그렇게 제안되었다. 당신은 내가 이 교리를 불합리한 것으로 제안했기 때문에 이 교리가 본질적으로 불합리하다고 나를 책망해서는 안 된다. 그러나 이 어리석음은 모든 사람의 지혜보다도 더 현명하며 모든 사람보다 지혜롭다(고전 1:25). 그러므로 이 어리석음 없이, 우리가 무엇이길래 사람에 대해서 말할 수 있겠는가? 사람의 모든 상태는 바로 이 감지될 수 없는 이 미미한 점에 달려있다. 이 어리석음이 이성에 상반되는 어떤 것이라는 것과 또 그의 이성이, 이성 자체의 방법을 통해서 이 어리석음을 발견하기는커녕, 그것을 접하게 되었을 때 뒤로 물러난다는 것을 알아채면서 어떻게 그는 그의 이성을 통해서 그것을 인식할 수 있게 되었을까?[51]

이 교리의 "불쾌한"(offensive) 면에도 불구하고 파스칼은 그 교리의 설

---

50 Geddes MacGregor, *Introduction to Religious Philosophy* (Boston: Houghton Mifflin, 1959), 142-143을 보라. 나는 그의 예를 어느 정도 각색하였다.
51 Pascal, *Pensées* 695/445, 246.

명력 때문에 그것을 채택한다.

> 분명히 이 교리보다 더 무례하게 우리를 심하게 요동케 하는 교리는 없으며 그리고 아직도, 이 신비 때문에 우리가 우리 스스로에게 불가해한 상태로 남아 있다는 것이 가장 이해할 수 없는 것이다. 우리 상태의 매듭은 그 심연에서 비틀리고 돌려졌기 때문에, 사람이 자기 스스로 이 신비를 생각해내는 것보다 사람이 이 신비 없이 자신을 생각해내는 것이 더 힘들다.[52]

"우리 스스로에게 불가해함"으로 두고 파스칼은 인류의 "모순," 이상한 병치(juxtapositions) 그리고 위대함과 비참함의 갈등을 염두에 두고 있다. 죄의 교리는 왜 하나님은 그의 창조세계에 부패함이 들어가는 것을 허용했는지에 대한 해답되지 않은 질문들을 남겨 놓을 수 있기도 하지만, 그럼에도 불구하고 죄의 교리는 인간에 대해 우리가 관찰하는 사실들과 일치된다. 즉 인간은 왕족의 위엄과 비참함의 징후를 동시에 보여준다. 이것을 볼 때 원죄 교리는 본질적으로 불합리한 것이 아니라 인간의 상태를 설명하기에 가장 합리적인 방법이다.

파스칼 자신은 원죄 교리를 "이성에 대한 침해"라고 부른다. 그럼에도 그는 원죄 교리가 인간상태의 수수께끼를 풀어주는 신비라고 여기는데 이 신비 없이 우리는 스스로에게 불가해한 존재로 남아있게 되기 때문이다. 만일 우리가 이 신비를 감소시키고, 우리의 처지를 설명하고 구원을 위한 소망을 찾기 원한다면, 우리는 신학적 범주의 창조, 타락과 성육신을 발동해야만 한다고 파스칼은 주장한다.

이 논쟁적인 전략은 "신비주의의 모든 비밀은 바로 이것이다. 즉 사람은 그가 이해하지 못하는 것의 도움으로 모든 것을 이해할 수 있다는 것이다"라고 한 G. K. 체스터턴의 관찰과 일치한다.[53] (여기서 "신비주의"

---

52 Ibid., 131/434, 65.
53 Chesterton, *Orthodoxy*, 28. Chesterton은 신비를 불합리한 것으로 보지 않는다.

는 기독교 유신론을 의미하는 것이며, 신비체험을 의미하는 전문용어가 전혀 아니다). 비록 다른 것과 연결해서 말하고 있기는 하지만, 그의 요점은 신비로운 것은 굉장한 설명력을 가질 수 있다는 것이다. 공인되었듯이 인류의 타락을 헤아리는 것은 어렵다. 허나 그것이 우리의 세계관에 인정되고 나면, 인간상태의 수수께끼는 설명되며 인간의 풍경은 이전과 결코 비교될 수 없을 만큼 밝게 조명된다.

체스터턴은 이 설명적 상황을 태양과 관련된 우리의 시력에(vision) 비교한다. "우리가 쳐다볼 수 없는 하나의 피조물은 그것을 통하여 우리로 하여금 만물을 바라보게 한다. 정오의 태양처럼, 신비주의는 우리의 육안으로 지각할 수 없는 그것의 의기양양한 눈부신 빛을 통해 나머지 모든 것을 설명한다."[54]

5. 상정논법(가추법): 최선의 설명

파스칼의 고찰은 우리에게 다른 관점에서 인간상태를 고려할 수 있는 동기를 부여해 준다. 이런 고찰들은 독특한 논리적 형태의 논증을 취한다. 파스칼의 논법은 귀납적이지도 않고 연역적이지도 않으며 단순히 신앙주의적인(fideistic) 신학적 주장도 아니다. 오히려 그것은 설득력 있는 어떤 설명, 즉 다른 방식으로는 이해 가능하거나 의미심장하지 않을 정보를 밝혀내는 어떤 가설에 호소하는 것이다. 이를 상정논법(abduction)이라고 한다.

C. S. 퍼스(C. S. Peirce)는 아리스토텔레스의 선례를 따라 상정논법을 이렇게 설명한다. "놀라운 사실 C가 관찰되었다. 그러나 만일 A가 참이라면, C는 당연한 것이 될 것이다. 따라서 A가 참인 것을 의심할 이유가 있는 것이다."[55]

---

54 Ibid., 29.
55 Charles Peirce, *Collected Papers of Charles Sanders Peirce*, ed. C. Hartshorne and P.

연역적 논증은 보편적인 것으로부터 시작하여 개별적인 것으로 결론 짓기 때문에 만일 전제들이 참이라면 그것의 결론도 반드시 참이여야 한다. 개별적인 것으로부터 시작하여 보편적인 것으로 결론 짓는 타당한 귀납적 절차를 고려하게 되면 귀납적 논증의 결론은 개연적이다. 퍼스에 의하면 상정논법을 사용한 논증은 "어떤 것이 그럴 법하다고 단순히 제안하는 것이다."[56]

파스칼의 논증의 경우에 "놀라운 사실"은 인간의 모순적인 본성이다. 이 상태를 "당연한 것"이 되게 하는 것은 하나님의 창조와 인간의 타락이다. 죽음을 면할 수 없는 인간인 우리는 우리의 손아귀 너머에 있는 상실한 왕위를 허무하게 찾고 있는 폐위된 왕족인 것이다.

이런 종류의 논증은 과학적 이론화와 법정에서 자주 사용된다. 만일 천체물리학자들이 달 혹은 다른 위성 혹은 행성의 기원을 설명하려고 시도한다면, 그들은 최초의 과정을 재연하기 위해 귀납적 실험을 실행할 수는 없다. 연역법도 실행 가능하지 않다. 대신 그들은 달과 그 주변환경에 관한 가능한 모든 데이터들을 조사하고 달의 존재와 특질에 대한 설명을 상정하려 할 것이다. 법정의 사례를 보면 재판 중인 당사자의 유죄 또는 무죄에 대한 판결을 지원하기 위해 다양한 종류의 증거가 진열된다. 절도혐의로 고발된 여성은 범죄가 발생하는 동안의 그녀의 소재에 대해서 검사보다 더 잘 설명해야만 한다.

만일 이런 종류의 추론이 다른 맥락에서도 통상적이고 유용하며 수용 가능하다면, 그것을 종교철학 내에서 사용하는 것을 배제해서는 안 된다. 인간의 타락함에 대한 주장에서 파스칼은 광범위한 사실들의 집합을 증거로 제시하는데 그는 이 사실들은 원죄를 가정했을 때 최선으로

Weiss, 6 vols. (Cambridge, MA: Harvard University Press, 1931-35), B, 69a; Warner, *Philosophical Finesse*, 25에서 인용됨. 이 상정논법은 복음적 변증가인 Edward John Carnell에 의해서 그의 저술물 전체에 걸쳐 사용되었다. Gordon R. Lewis는 이 전략을 "검증주의"(verificationism)라고 부른다. 이를 *Testing Christianity's Truth Claims* (Chicago: Moody Press, 1976), 176-284에서 참고하라.

56 Ibid.

설명된다고 주장한다. 이 접근법은 그로 하여금 후건을 긍정하는 오류를 피할 수 있도록 도와주는데, 다음과 같이 진술된다.

1. 만일 A가 참이면 B이다.
2. B가 참이다.
3. 그러므로 A가 참이다.

다음은 오류를 보여준다.

1. 만일 비가 내린다면 잔디는 젖을 것이다.
2. 잔디가 젖어 있다.
3. 그러므로 비가 내렸다.

꼭 그렇지는 않다. 잔디는 아침 이슬, 스프링클러나 소방용 호스와 같은 여러 다른 이유로 젖을 수 있다. 비가 내렸을 수도 있겠지만, 손쉽게 채택할 수 있는 다른 설명들도 있다. 여기서 실수는 하나의 결과를 위해 가능한 수많은 원인들을 알아보는 것에 실패한 데 있다.

그렇지만 하나의 가설이 광범위하게 다양한 관련현상들의 설명을 용이하게 한다면, 논리적 상황은 바뀌게 된다. 만일 우리가 A는 B1, B2, B3 등을 함축한다고 말하고, 또 우리가 B1, B2, B3 등을 찾게 되고 또 그것들이 성립된다면, A는 상당한 개연성을 갖게 된다. 달리 말해 만일 비가 내린다면 (1) 잔디는 젖을 것이고, (2) 보도는 젖을 것이고 또 (3) 길은 미끄러워질 것이라고 우리가 말한다면 그리고 우리가 이런 상태를 확인할 수 있다면, 그렇다면 비에 의한 설명은, 비 때문에 가능한 함축이 단 한 가지만 발생하는 것보다는, 더 타당한 것이 된다.[57]

거짓임을 증명하는 경우들이 있을 수 있고, 다른 설명들이 사실들을

---

57 D. Elton Trueblood, *Philosophy of Religion* (Grand Rapids: Baker, 1957), 63–64를 보라.

더 철저하게 잘 설명할 수 있다고 주장할 수 있기 때문에 이 설명이 논박 불가능한 것은 아니다.

상정논법을 통해서 설명을 설득력 있게 만들고 후건긍정의 오류에 대항해 변론하는 것은 확인 사례들의 양(quantity)을 배가해서 해결되는 간단한 문제가 아니다. 만일 그렇게 할 수 있는 것이라면 우리가 이렇게 주장할 수 있다.

1. 만일 비가 온다면 내 잔디밭에 있는 잔디 1에서 10,000까지의 잔디 잎사귀가 젖게 될 것이다.
2. 잎사귀 1에서 10,000개가 젖어 있다.
3. 그러므로 비가 왔다.

이 논증은 거의 설득력이 없는데, 후건에 등장하는 품목들(젖은 잔디 잎사귀들)은 이전 사례에서 비가 온 것을 확인하는 다양한 데이터처럼, 비가 온 것을 확증해 주는 현상들과 관계가 있는 범주에 광범위하게 분포되어 있지 않기 때문이다.

인간상태에 대한 그의 해석이 당면 현상에 대한 최선의 설명이라고 하는 상정논법의 논증을 구성하는 데 있어서, 파스칼은 폭넓고 다양한 여러 종류의 적절한 인간학적 확인에 호소한다.

6. 결론: 불신을 위한 치료

파스칼은 신적인 계시 주장은 철학적이고 실존적 난제에 설득력 있는 신학적 설명을 제공함으로써 인간상태의 수수께끼를 푼다고 주장한다. 인간은 (1) 타락했기 때문에 비참하며, (2) 타락하지 않은 기원과 그것의 흔적으로 인해 위대하며, (3) 성육신을 통해 구원 가능하다고 신적인 계시는 진술한다. 파스칼은 다양한 각도에서 인간상태를 관찰하고, 그의 계시적인 인간학을 위해 누적적이고 상정논법적인 사례를 공들여 개발하고, 다른 세계관을 향해서는 인간상태를 더 잘 설명해 보라고 도전한다.

인간학적 논증에 집중한 긴 단편에서, 파스칼은 인간상태를 설명해야 하는 필요를 구체화한 후에 우리에게 도전장을 던지며 구체적인 소망을 공급한다.

> 그 점에 있어서 세상의 모든 종교들을 조사해 보자. 그리고 기독교 외에 그것을 충족시키는 종교가 하나라도 있는지 살펴 보자.[58]

이 장은 비교 인간학에서처럼 그렇게 체계적이고 종합적인 임무를 달성하려 하지는 않았지만(이 점에 대해서는 자율적인 철학의 문제가 언급되기는 했지만), 기독교를 위한 파스칼의 주장의 기본적인 내용은 경쟁 세계관 그 어떤 것에라도 개별적으로 적용될 수 있다. 탄탄한 자연신학과 결합하게 되면, 인간학적 논증은 인간 존재를 스스로에게와 타인들에게 설명하는 것을 용이하게 하여 기독교 변증학을 더욱 강화시킨다.

---

58 Pascal, *Pensées* 149/430, 76.

19장

나사렛 예수

역사학자들은 어떻게 그분을 알 수 있으며 왜 그것이 중요한가?
크레이그 L. 블룸버그(Craig L. Blomberg)[1]

나사렛 예수는 인간의 역사상 지구에 발을 디뎠던 사람 중에 가장 영향력있는 사람이다. 지금까지 20억이 넘는 사람들이 그분의 추종자라고 주장하고 있으며 이는 그 어떤 종교나 세계관을 지지하는 사람들보다 더 많은 숫자이다. 기독교는 상당히 편중되게 많은 수의 인도주의적 발전의 기회들을 문명의 역사를 통해 교육, 의학, 법률, 미술, 인권 운동 그리고 심지어는 자연과학(하나님이 우주를 질서있게 설계하셨고 사람들이 그것을 알아내도록 단서를 남겨놓았다는 믿음에 근거함)과 같은 분야에서

---

1 Craig Blomberg는 덴버신학교 신약학 특훈교수(Distinguished Professor)이다. 이 에세이의 저작권은 2008년부터 CCI(Christ on Campus Initiative)가 갖고 있으며 비영리단체인 신학적 이해를 위한 Carl F. H. Henry 센터(트리니티복음주의신학교의 사역)와 MAC 재단에 의해 후원 받는 CCI의 허가로 사용되었다. CCI는 대학교 학생들을 대상으로 자료를 준비하고 기독교 관점에서 근본적인 이슈들을 다양하게 다룬다. 독자들과 기관들은 이런 에세이들을 무료로 유포시킬 수 있다. CCI와 접촉하기 원하는 사람은 비서인 Dr. Scott Manetsch에게 smanetsc@tiu.edu를 통해 이메일로 연락할 수 있다.

일으켜 왔다.[2] 이 사람은 누구였으며 어떻게 우리는 그분에 대해 신뢰할 만한 정보를 얻을 수 있을까? 최근 미국에서만 발표된 예수님의 인기있는 이미지만 해도 여덟 가지의 다른 초상화를 그릴 수 있다.

"득도한 현자," "사랑 넘치는 구세주," "남자다운 구원자," "수퍼스타," "몰몬교의 맏형," "흑인 모세," "랍비" 그리고 "동양의 그리스도"[3]가 그것이다. 이러한 묘사들은 여러 면에서 서로 모순되기 때문에 모든 묘사들이 균등하게 정확하다고 볼 수는 없다. 역사학자들은 반드시 예수님에 대한 고대 증거로 돌아가서 그것의 탁월한 점을 평가해야만 한다. 이 증거는 비기독교, 역사적 기독교 그리고 혼합적(기독교와 비기독교적 관점의 합성물) 증거의 세 주요 범주로 나뉘어진다.

과도한 수의 웹사이트와 블로그가 예수님이 존재하지 않았다는, 전혀 정당화되지 않은 주장을 펼친다. 이 문제를 상세히 조사해 온 성경학자들과 역사학자들은 서로 다른 신학적 또는 이념적 관점에도 불구하고 사실상 만장일치로 이 견해를 거부한다. 서력기원(기독교와 유대교가 연대기적으로 중복되기 시작한 시기로 대략 예수님의 탄생 이후임)의 초기 몇 세기 동안 비기독 유대교, 그리스 그리고 로마 자료에 12회 이상에 걸쳐 예수님에 대한 언급이 나타난다.

조세푸스(Josephus: 1세기 유대 역사학자), 탈무드(4-6세기에 걸쳐 백과사전적 랍비 전통 모음이 마침내 성문화됨)의 여러 부분, 그리스 작가들인 사모사타의 루시안(Lucian of Samosata), 마라 바 세라피온(Mara bar Serapion), 로마 역사학자들인 탈루스(Thallus), 타키투스(Tacitus), 플리니 수에토니우스(Pliny Suetonius)와 같은 다양한 작가들이 예수님에 대해 언급했다.

예를 들어, 2세기 초에 타키투스는 네로의 기독교인 핍박에 대해 이

---

2 Jonathan Hill, *What Has Christianity Ever Done for Us? How It Shaped the Modern World* (Downer Grove: InterVarsity Press, 2005)를 보라.

3 Stephen Prothero, *American Jesus: How the Son of God Became a National Icon* (New York: Farrar, Straus & Giroux, 2003).

렇게 기록하며 설명한다. "이 이름의 창시자인 그리스도는 티베리우스의 통치하에 본디오 빌라도 총독에 의해 처형당했다"(Annals 44.3).

탈무드는 예수님이 기적을 베푼 것을 반복적으로 확인하지만 예수님에 대해서는 "마술을 행하고 이스라엘을 정도에서 벗어나게 했다"(바빌로니아 탈무드 산헤드린[Babylonian Talmud *Sanhedrin*] 43a; 참고 토세프타 탈무드[Tosefta *Shabbath*] 11.15; 바빌로니아 탈무드[Babylonian Talmud *Shabbat*] 104b)라고 언급한다.

1세기 후반에 조세푸스는 예수님을 "지혜로운 사람," "경이로운 행동을 하는 사람," "선생" 그리고 "우리들 중 지도자들에 의해 고발된 자로서 (지도자들은) 그에게 십자가형을 선고했다"(*Antiquities of the Jews* 18.3.3)라고 칭한다.

모든 **기독교** 증거를 자동적으로 배제시키는 것은 역사적으로 편파적인 것이다. 마치 예수님의 추종자가 된 사람은 그 누구도 예수님의 삶과 가르침에 대해 정확하게 전달할 수 없거나 모든 **비기독교** 증거가 필연적으로 더 "객관적"이라고 가정이라도 하듯이 말이다. 그러나 비기독교적인 출처만 사용한다고 하더라도 초기 기독교 주장들의 주요 개요를 확인할 만한 충분한 증거가 있다.

즉 예수님은 1세기의 처음 30여년간 이스라엘에서 살았던 유대인이고, 사생아로 태어났고, 세례 요한의 삶 그리고 사역과 교차되었고, 특히 그분의 경이로운 공적으로 많은 군중들을 끌어모았고, 제자라고(그 중 다섯 명의 이름이 지명되었다) 불리우는 특별히 가까운 추종자들의 그룹을 갖고 있었고, 때로 이단적이거나 신성모독적으로 간주되었던 물의를 일으키는 가르침 때문에 유대교 지도자들과 충돌하였고, 본디오 빌라도가 유대에서 집정하는 기간 동안(주후 26-36년) 십자가에 못박혔으나 그럼에도 그의 많은 추종자들은 예수님을 기대하고 있었던 이스라엘의 해방자, 메시아였던 것으로 믿었다. 이 믿음은 예수님의 죽음에도 불구하고 사라지지 않았는데 왜냐하면 많은 그의 지지자들은 그가 죽음에서 부활한 것을 목격했다고 주장했기 때문이다.

따라서 그의 추종자들의 숫자는 꾸준히 늘어났으며, 그들은 예배와 가르침을 위해 함께 정기적으로 모였고 마치 그가 신(또는 하나님)이라도 되는 것처럼 그에게 찬송가를 부르기도 하였다.[4]

이 복합적인 그림에 대해 종종 가해지는 현재 반응은 정보량이 좀 부족해 보인다는 것이다. 반면에 지난 몇 세기까지만 해도 일반적인 역사와 전기(biography)는 왕과 왕비들(혹은 그들과 문화적으로 동등한 사람들)의 공적, 군사적 정복과 패배, 한 사회의 제도권에서 권력의 자리에 있었던 관리 그리고 더 일반적으로는 부유층에 거의 독점적으로 초점을 맞추어 왔는데, 특히 주로 이런 사람들이 읽을 수 있거나 기록된 문서를 소장할 여유가 있었기 때문이다.

예수님은 이러한 항목들 중 어떤 것에서도 관심을 받기에는 부적격이었다. 게다가 서력기원 처음 몇 세기 동안 비기독교인 중에서 앞으로 천오백 년 후에 예수님의 영향력이 그토록 급성장하고 널리 확산될 것이라고 상상할 이유를 조금이라도 가진 사람은 아무도 없었다.

그렇기 때문에 사실은 지금까지 기독교계 외부에서 그런 양의 정보가 보존되어 왔다는 것이 오히려 인상적인 것이라고 주장할 수 있다. 물론 여느 개인이나 사건에 대한 대부분의 고대 증언은 수 세기를 걸쳐 내려오면서 상실되어 왔으나 우리가 더 이상은 알지 못해서 그렇지 예수님에 대해 만들어진 너무나도 많은 다른 언급들이 존재했을 수도 있다.

---

4 이 자료들에 대해 더 철저하고 공평한 설명은 Robert E. van Voorst, *Jesus Outside the New Testament* (Grand Rapids: Eerdmans, 2000)에 게재되어 있으며 거기에서 사용된 Tacitus와 탈무드 그리고 Josephus의 영어 번역을 택했다. 특별히 Peter Schafer의 저서는 율법학자 문헌에 대한 확실한 언급과 다양한 추가적인 암시에 대한 유대적 관점을 이해하는 것에 도움이 된다(*Jesus in the Talmud* [Princeton, N.J.: Princeton University Press, 2007]). Josephus가 원래 저술한 내용에 대해서는 이의가 제기되어 왔으나, 합리적인 의견일치는 유일하게 기독교적인 삽입어구들은 예수님의 메시아 되심과 부활은 예수님의 추종자들이 그런 일들이 발생했다고 주장했다는 것에 단순히 주목하는 것이라기보다는 예수님의 메시아되심과 부활을 긍정하기 위함이었다는 것을 제안한다(John P. Meier, "Jesus in Josephus: A Modest Proposal," *Catholic Biblical Quarterly* 52 [1990]: 76-103을 보라).

1. 예수님에 대한 역사적, 기독교적 증거

나사렛 예수에 대한 가장 중요한 역사적 정보는 단연코 신약의 사복음서에 등장한다. 그러나 연대기적으로 보았을 때 이 책들이 현존하는 최초의 기독교 문서는 아니다. 예수님은 기원후 30년 또는 33년에 십자가형에 처해졌지만, 가장 보수적인 학자들도 사복음서는 기원후 60년 전에 기록되지 않았다고 인정한다. 허나 이론(異論)의 여지가 없는 대부분의 바울 서신들은 아무리 늦어도 50년까지는 모두 기록되었다. 이 서신들은 로마서, 고린도전후서, 갈라디아서, 데살로니가전서와 빌레몬서를 포함한다. 따라서 이 책들이 예수님의 행적과 언행을 전달할 때 단순히 이미 저술된 복음서 한두 권의 정보를 참고해서 기록할 수는 없었다.

오히려 바울의 서신들은 기록된 이야기가 배출되기 전에 이러한 상세한 내용을 보존하고 있었던 구전 전승을 반드시 반영해야만 하는 것이다. 야고보의 서신은 예수님의 가르침에 대한, 특히 그분의 산상수훈에서, 암시로(allusions) 추정되는 표현을 36회 정도 언급하고 있다. 그리고 야고보서는 빠르게는 40년대 중반까지도 그 연대가 추정될 수도 있다.[5] 그러나 이는 더 논쟁이 된 부분이기 때문에 나는 우리의 초점을 방금 언급한 바울의 서신에만 제한하겠고 그런 다음 복음서를 살펴보기로 하겠다.

1) 사도 바울

때때로 바울의 서신서 독자들은 왜 바울은 그가 예수님의 가르침과 행적을 훨씬 더 재언급하지 않는지에 대해 의아해한다. 몇몇 요인들은 이 침묵에 대해 의심의 여지없이 설명해 준다.

첫째, 그는 예수님에 대해 상당히 자세한 정보를 이미 들어본 적이 있는 기독교교회들을 대상으로 기록하고 있다.

---

5 Peter H. Davids, *The Epistle of James* (Grand Rapids: Eerdmans, 1982), 22, 47-48.

둘째, 그는 그러한 회중들이 당면한 현재 상황을 반영하는 특별한 이슈들을 주로 다루고 있었다.

셋째, 서신의 장르는 우선적으로 예수님의 생애를 다시 이야기하도록 디자인된 것이 아니었다. 요한복음을 기록한 동일한 저자가 기록했음직한 요한의 서신들은 저자 자신이 예수님의 구체적인 언행들과 사건들에 대해 상세하게 직접 기록했음에도 불구하고 예수님이 살아생전에 했던 구체적인 언행들과 사건들에 대해서는 거의 조금도 재언급하지 않는다.

넷째, 기독교인들은 예수님의 삶에서 가장 중요한 특징은 그분의 십자가형과 부활이었음을 빨리 인식했고, 바울은 그의 서신에서 이 주제들에 대해 하고 싶은 말이 많았다.

그러나 바울의 서신 속에서 예수님 전통에 대한 인용 횟수와 특히 암시된 횟수를 실제보다 적게 추정하기 쉬운데, 고대 작가들은 타인의 가르침의 요지를 작가 자신들의 말로 자유롭게 표현할 수 있었다는 바로 그 점 때문이다. 사실 어떤 그룹들의 좋은 수사학은 그렇게 할 것을 요구했다.[6] 바울은 예수님 생애의 기본적인 개요를 명확하게 알고 있다.

> 바울이 예수님에 대해서 아는 것으로 여겨지는 것은 예수님이 인간으로 여자에게서 태어났다는 것(롬 9:5), 즉 그분이 유대인으로서 율법 아래 있었다는 것(갈 4:4), 아담과는 달랐지만(롬 5:15) 그분이 다윗의 후손으로 태어났다는 것(롬 1:3; 15:12), 그분에게 야고보라는 이름의 형제를 포함해서 형제들이 있었다는 것(고전 9:5; 갈 1:19), 그분이 배신당한 날 밤에 식사를 했다는 것(고전 1:23-25), 그분이 십자가형에 처해졌고 십자가에서 죽었고(빌 2:8; 고전 1:23; 8:11; 15:3; 롬 4:25; 5:6, 8; 살전 2:15; 4:14 등), 매장되었고(고전 15:4) 또 삼일 후에 다시 살아났다는 것(고전 15:4; 롬 4:25; 8:34; 살전 4:14 등)과 후에 베드로, 제자들과

---

6 Richard Bauckman, *Jesus and the Eyewitnesses: The Gospels as Eyewitness Testimony* (Grand Rapids: Eerdmans, 2006), 333-334.

다른 사람들에 의해 목격되었다는 것이다(고전 15:5-7).[7]

더 의미심장한 것은 바울은 광범위한 주제들에 대한 매우 구체적인 예수님의 가르침을 안다는 것이다. 고린도전서 11:23-25은 누가가 나중에 누가복음 22:19-20에 기록한 언어와 비슷한 언어로 마지막 만찬에서 떡과 포도주에 대해 예수님이 하신 말씀을 상당히 상세하게 인용한다. 동일한 서신의 전반부에서 바울은 복음을 선포하는 자들은 복음을 전하는 일을 통해 그들의 생계를 해결해야 한다는 원칙에 호소한다(고전 9:14; 참고 마 10:10; 눅 10:7).

바울은 예수님이 이혼은 반대했지만(고전 7:10; 참고 막 10:2-12) 세금 내는 것은 지지한 것을 안다(롬 13:7; 참고 막 12:17). 그분은 악을 악으로 갚는 것에 대해 가르치지 않았고 오히려 원수를 사랑하고 핍박하는 자를 위해 기도할 것을 가르쳤다(롬 12:14, 17-19; 참고 마 5:38; 눅 6:27-28, 36). 또한 도덕적으로 중립적인 문제들은 판단하지 말고 서로 관용할 것을 가르쳤다(롬 14:13; 참고 마 7:1; 눅 6:37).

바울은 예수님이 모든 음식은 깨끗하다고 선포했다는 것(롬 14:14; 참고 막 7:18-19) 그리고 이스라엘 민족 지도자들에 대한 하나님의 임박한 심판을 경고했다는 것(살전 2:15-16; 참고 마 23:32-36) 그리고 말세에 그의 재림과 관련해서 수많은 특정 사건들을 예측했다는 것을 잘 알고 있다(살전 4:15-17; 5:2-6; 마 24-25에서 그리스도의 감람산 담화를 보라).

앞의 예들은 바울의 서신들에서 예수님의 가르침에 대한 가장 분명한 언급들이다. 암시로 여겨질 수 있는 훨씬 더 긴 목록도 편집될 수 있다.[8]

결과적으로 "바울이 역사적인 예수님에 대해서 거의 아는 것이 없었

---

[7] Stabley E. Porter, "Images of Christ in Paul's Letters," in *Images of Christ: Ancient and Modern*, ed. Stanley E. Porter, Michael A. *Hayes and David Tombs* (Sheffield, U. K.: Sheffield Academic Press, 1977), 98-99.

[8] 특히 David Wenham, *Paul: Follower of Jesus or Founder of Christianity?* (Grand Rapids: Eerdmans, 1995)를 보라.

다거나 전혀 아는 것이 없었다. 혹은 바울은 예수님을 기독교의 창시자로 만들기 위해서 모든 면에 있어서 예수님의 그림을 심하게 왜곡시켰다"고 주장하는 것은 별 소용이 없을 것이라는 것이다. 그러나 우리는 이 점을 더 강조할 수도 있다. 그의 예수님 부활에 대한 상세한 논의에서 바울은 이렇게 기록하고 있다.

> 형제들아 내가 너희에게 전한 복음을 너희에게 알게 하노니 이는 너희가 받은 것이요 또 그 가운데 선 것이라 내가 받은 것을 먼저 너희에게 전하였노니 이는 성경대로 그리스도께서 우리 죄를 위하여 죽으시고 장사 지낸 바 되셨다가 성경대로 사흘 만에 다시 살아나사 게바에게 보이시고 후에 열두 제자에게와 그 후에 오백여 형제에게 일시에 보이셨나니 그 중에 지금까지 대다수는 살아 있고 어떤 사람은 잠들었으며(고전 15:1, 3-6).

"전해 받기"(receiving)와 "전달하기"(passing on)란 말은 여기서 신중하게 암기된 구전 전통을 위한 전문적인 용어이다. 핵심적인 기독교 교리였기 때문에 예수님이 죽은 지 3년 정도 지난 즈음에 갓 개종한 다소의 사울(우리에게는 바울로 더 잘 알려진)은 이런 기본적인 복음의 사실들에 대해서 가르침을 받았을 것이다.

이미 이 짧은 기간 동안 예수님이 육체적으로 죽음에서 다시 살리심을 받았다는 믿음은 새로운 개종자가 배워야 했던 근본적인 가르침의 핵심 내용으로 깊이 뿌리박히게 되었다. 예수님의 생애 동안 있었던 원래 사실들이 몇십 년 동안 방치된 후에 그것이 점진적이고 진화적인 신화나 전설로 발전하여 핵심적인 기독교 교리가 만들어진 것이라고 할 수는 없다.[9]

---

9 이런 주장들에 대한 인상적인 지지가 무신론 역사학자인 Gerd Lüdemann(Alf Özen과 함께)의 *What Really Happened to Jesus? A Historical Approach to the Resurrection* (Louisville: Westminster John Knox, 1995), 15에 나온다.

2. 신약에 나오는 복음서들

신약 외부의 확증적인 증거에도 불구하고 예수님에 대한 상당 부분의 증거는 공관복음서(공관복음이라 불리는 이유는 세 복음서는 차이점보다는 유사점이 더 많고 세 복음서를 병렬 배열하여 서로 쉽게 비교할 수 있기 때문이다)와 유사한 점보다 차이점이 더 많은 요한복음에서 나온다.

1) 공관복음서: 마태복음, 마가복음, 누가복음

지난 두 세기간 신약학계에 강력한 영향력을 미친 것으로 입증된 각양각색의 "역사적 예수를 위한 탐구"는 주로 공관복음서에 집중되어 왔다. 이 모든 연구의 결론은 당대 학계의 대표적인 그룹이 적어도 마태복음, 마가복음과 누가복음의 전반적인 개요와 이 공관복음에 공통적으로 핵심적인 사항들은 역사적으로 신뢰할 만한 것으로 믿는다는 것이다. 핵심적인 주제로는 다음과 같은 특징들을 포함한다.

예수님은 유대인 선생으로 목수로 자랐으나 30세 정도 되어서는 공적인 사역을 시작했다. 그분은 자신을 요한의 침례에 의탁했고, 이 땅에서 하나님 나라(또는 통치)의 현재와 미래의 차원에 대해 공표했다. 그의 청중에게 사랑에 기초한 윤리적 명령을 주었고, 상당한 분량을 비유로 가르쳤고, 많은 경우에 유대 법률의 전통적인 해석에 도전하였으나 한 번도 기록된 율법을 어긴 적은 없었다(또 다른 사람들에게 어기라고 가르치지도 않았다). 놀라운 기적과 이사를 베풀어 하나님 나라의 도래를 나타내고자 했으며, 유대인들이 그의 추종자가 되었을 때에만 그는 암묵적으로 그리고 노골적으로 그가 메시아 또는 유대인들의 해방자임을 주장하였다.

그분은 자신이 세상의 죄를 위해 고통당하고 죽어야 했고, 죽음에서 다시 살아나게 되고, 야훼 곁에 있는 그분의 하늘 보좌로 돌아가는 것과 정해지지 않은 미래의 어떤 시점이 되면 최후의 심판일의 도래를 위해 지구로 되돌아올 것을 반문화적으로 믿었다. 그분은 모든 사람들이 그들의 죄에서 회개하고 12사도들을 필두로 새롭고, 진실되고, 자유로운 하

나님의 백성들의 핵을 이루도록 촉구했다.[10]

많은 요인들이 수렴되어 위의 내용에 비교적 근접한 자화상이 만들어졌다. 그리고 이 자화상이 역사적으로 정확하다는 가정이 개연성 있는 것으로 간주된다.

2) 원작자와 연대

많은 보수적인 학자들은 이 세 문서에 대한 초대교회의 만장일치적 귀속(attribution)을 받아들이기 위한 개연성 있는 논증들을 제시한다. 마가는 우리가 알지 못하는 어떤 이유 때문에 바울과 바나바의 첫 번째 선교여행 때 그들을 저버린 것으로 아마 가장 잘 알려진, 신약성경에서 상대적으로 중요하지 않은 인물이다(행 13:13; 15:37-38).

책 저자로 귀속시킬 수 있었던 더 뛰어나고 존경받던 첫 세대 기독교인들이 많았던 것을 감안할 때 만일 그가 실제적으로 복음서를 저술하지 않았다면 그의 이름을 붙인 복음서가 있을 가능성은 희박하다. 누가의 경우도 마찬가지로 그는 바울의 총애를 받던 의사로 신약성경에 그의 이름은 단지 세 번만 등장하며 각각의 경우도 눈에 띄지 않는 서신 말미의 인사에 가려져 있다(골 4:14; 딤후 4:11; 몬 24절). 반면 마태는 예수님의 생애 동안 가장 가까운 추종자들이었던 12사도 중 하나였으나 회심한 세금 징수관(마 9:9-13)으로서의 그의 배경은 마태를 12명 중에 가장 존경받지 못하는 자로 쉽게 만들었을 것이다!

그럼에도 불구하고 많은 자유주의적인 신약학자들은 마태, 마가와 누가가 그들의 이름을 따서 복음서를 저술한 것을 의심한다. 그러나 이 학자들은 세 복음서들이 사도적 기독교 전통의 계보를 따른 정통 기독교인들에 의해 1세기 이내에 기록된 것에 대해서는 거의 모두 동의한다. 전통적으로 마가복음을 60년대 말이나 70년대 초기에 두는 것을 제안하고 마태복음과 누가복음은 80년대로 본다.

---

10 특히 N. T. Wright, *Jesus and the Victory of God* (Minneapolis: Fortress, 1996); Ben Witherington III, *The Christology of Jesus* (Minneapolis: Fortress, 1990)를 참고하라.

보수주의자들은 세 복음서들의 창작 시기에 대한 교부들의 증언을 받아들여 세 책 모두의 연대를 60년대 초반이나 60년대 중반으로 본다. 어쨌든 양쪽 연대 중 어떤 것을 택하든지 간에, 우리는 그들이 서술하고 사건들이 일어난 지 50년 후에 혹은 50년이 좀 되지 않은 시기에 편집된 문서에 대해 말하고 있는 것이다. 즉각적인 정보 접속이 가능한 시대에 사는 우리에게 이것은 긴 시간으로 여겨질 수 있다. 그러나 고대의 지중해 세계에서 이는 놀라울 만큼 짧은 시간이었다. 예를 들어, 현존하는 것 중 가장 오래된 알렉산더 대왕의 전기는 기원후 1세기 후반과 2세기 초에 알렉산더 대왕을 칭송한 플루타르크(Plutarch)와 아리안(Arrian)의 것이다. 알렉산더는 기원전 323년에 사망했는데도 말이다!

그럼에도 고전적인 역사학자들은 방대하고 신뢰할 수 있는 정보를 이 고서들에서 얻어내어 알렉산더의 업적에 대한 세부사항을 어느 정도는 재구성할 수 있다고 통상적으로 믿는다. 이는 두 가지 다른 출처 사이에 존재하는 일련의 차이점을 조화시키는 데 따르는 다양한 문제와 각 저자가 자신의 정보를 여과시킨 특정한 이념적 틀에도 불구하고 여전히 진실로 남아 있다.[11]

고대 그리스와 로마를 연구한 영국 역사가 A. N. 셔윈-화이트(A. N. Sherwin-White)가 거의 반세기 전에 기록했던 말은 그때와 마찬가지로 지금도 동일하게 적용될 수 있다. "그렇기 때문에 그리스와 로마의 역사가들이 자신감에 고양된 반면에 20세기 복음서 내러티브 연구는, 다름 아닌 전도유망한 소재로 시작하여, 너무나도 암울한 반전을 맞이하여서 (어떤 사람들에게는) 역사적인 그리스도는 알 수 없는 사람이 되어 버렸고 그리스도의 사명의 역사는 기록될 수 없게 되었다."[12]

---

11 Craig L. Blomberg, "The Legitimacy and Limits of Harmonization," in *Hermeneutics, Authority, and Canon*, ed. D. A. Carson and John D. Woodbridge (Grand Rapids: Zondervan, 1986), 특히 169-173.

12 A. N Sherwin-White, *Roman Society and Roman Law in the New Testament* (Oxford: Oxford University Press, 1963), 187.

이 암울함은 훨씬 더 낙관적인 정신으로 교체되어야만 한다.

3) 문학적 장르

두 번째 이슈는 복음서의 장르이다. 공관복음 저자들은 그들의 당대의 관습에 따르면 중대한 역사와 전기로 간주될 만한 저서들을 집필할 것을 의도하였는가?

증거는 그들이 그렇게 의도한 것을 강력하게 제안한다. 누가복음 1:1-4에 나오는 내용은 누가가 세 가지 생각 중 어떤 것에 집중하고 있었는지에 대해 분명히 지시해 준다.

> 우리 중에 이루어진 사실에 대하여 처음부터 목격자와 말씀의 일꾼 된 자들이 전하여 준 그대로 내력을 저술하려고 붓을 든 사람이 많은지라 그 모든 일을 근원부터 자세히 미루어 살핀 나도 데오빌로 각하에게 차례대로 써 보내는 것이 좋은 줄 알았노니 이는 각하가 알고 있는 바를 더 확실하게 하려 함이로라(눅 1:1-4).

서문을 꼼꼼하게 읽어보면 (1) 누가는 예수님 생애의 다양한 면을 문서로 작성한, 예전에 기록된 문서 출처들을 알고 있었고, (2) 누가는 예수님이 한 사역의 목격자들을 인터뷰했으며 더불어 구전 전통을 통해서 다른 사람들로부터 추가적인 정보를 모았고 그리고 (3) 누가는 그의 후원자인 데오빌로에게 기독교 믿음의 타당성에 대해 최선을 다해 납득시키기 위해 문서들을 스스로 선택하고 잘 정리하였다. 때로 매우 유사한 언어로 표현되기도 하는 바로 이런 종류의 구체적인 내용을 그 당시 배출된 가장 신뢰할 만한 역사 문헌 가운데 하나로 여겨지는 책들의 다소 긴 서문들에서 찾아볼 수 있다.

가장 유명한 것들로는 유대인 작가인 요세푸스와 그리스 작가인 헤로도토스, 타키투스, 폴리비오스와 루키아노스가 저술한 역사책들이 있다.[13] 그리스-로마의 "기술적인 산문"(technical prose) 또는 "과학적인 문학"(scientific literature) 속에 더 근접한 비유가 등장하는데 의학, 철학, 수학, 공학과 수사학 같은 주제들을 다룬 논문들을 포함해서이다.[14]

이는 현대 회의론자들이 종종 복음서에 부과하기 원하는 허구의 문학장르와는 상당히 거리가 먼 것을 입증해 준다.

물론 역사적 의도를 갖는다고 해서 한 개인이 목적하는 바가 결코 성취된다고 볼 수는 없다. 사실 우리의 조사는 현시점에서 세 가지 질문에 답해야 한다. (1) 복음서 저자들은 얼마나 신중하게 역사적인 세부사항을 보존하기 원했는가? (2) 그렇게 하기 위해 그들은 어떤 능력을 갖고 있었는가? (3) 그들이 노력한 것에 대해 얼마나 성공적이었는가?

첫 번째 질문과 관련해서, 복음서 편집자들은 정확한 세부사항을 철저하게 보존하는 것에는 큰 관심을 갖지 않았을 것이라는 주장이 자주 제기되었다. 때로 이런 결론은 초기 기독교 선지자들에 의해 발언된 부활하신 주님의 말들이 지상의 예수님이 했던 발언들과 섞였을 것이라는 확신에 기초한 것이다. 어떤 때에는, 언제든지 세상에 종말은 올 수 있다고 생각했던 사람들의 운동이 그토록 세심한 주의를 기울여 예수님의 생애를 연대순으로 기록할 이유는 전혀 없었을 것이라고 주장되었다. 또 다른 경우에 비평가들은 이념적인 (이 경우에는 신학적) 사심이 객관적인 사실을 전달하는 한 개인의 능력을 필연적으로 왜곡시킨다고 불평한다. 자 이제 이런 반대의견들을 차례로 살펴보자.

---

13 A. W. Mosley, "Historical Reporting in the Ancient World," *New Testament Studies* 12 (1965-1966): 10-26; Terrence Callan, "The Preface of Luke-Acts and Historiography," *New Testament Studies* 31 (1985): 576-81.

14 Loveday C. Alexander, *The Preface to Luke's Gospel* (Cambridge: Cambridge University Press, 1993).

4) 저자의 의도

1세기 그리스-로마 문화에서, 선지자 지망생들은 위대한 영웅이 그의 생전에 한 말과 그가 무덤 너머에서 말한 것(사후발언-역주)이라고 믿어진, 그의 추종자들을 향한 신탁(oracles)을 구분할 필요를 간혹 느끼지 못했다. 그러나 유대 전통에서는 유명한 가르침의 출처로 여겨진 랍비의 정확한 이름을 보존하기 위해 세심한 주의를 기울였는데, 랍비의 사후에 발언이 회자되었다고 하더라도 만일 랍비가 그 발언의 원작자라는 정보가 분실되면, 그 발언의 출처는 익명으로 처리되었다. 신약에서 명백하게 세 차례만 등장하는 초기 기독교 선지자의 말은(행 11:28; 21:10-11; 계 2:1-3:22) 확실히 지상의 예수님이 한 말과 두드러지게 다르며 구별 가능하다. 게다가 바울은 예언의 은사가 발현된 것으로 추정된 모든 것들은 함께한 다른 기독교인들에 의해 평가받아야 한다고 주장했다(고전 14:29).

구약시대 때부터 소위 신적인 말들을 위한 핵심적인 기준은 그 말들이 이전 계시와 일관성이 있는가였다. 그렇기 때문에 아무리 복음서 가르침의 일부가 실제적으로 역사적 예수가 아닌 후기 기독교 선지자들로부터 유래한 것이라고 할지라도, 예수님의 가르침의 전체적인 그림은 물리적으로 변경되었을 수 없다.[15]

많은 기독교인들이 지구의 임박한 종말을 기대하는 것은 언뜻 보기에 더 실제적인 것으로 여겨진다. 데살로니가 서신서들은 그리스도가 여전히 곧 돌아오실 것이라는 것을 긍정하는 것과 그럼에도 여전히 발생해야 하는 종말의 징후들이 있었던 것 사이에서 바울이 아슬아슬한 줄타기를 했어야 함을 보여준다. 그러나 이것이 예수님의 추종자들에게 새로운 문제는 아니었다. 유대인들은 기원전 8세기 초기의 저술 선지자들(writing prophets: 문서 예언자들이라고도 한다-역주) 때로부터 주의 날(Day of the Lord)이 각양각색의 다양한 방식으로 임박했다고 하는 야훼의 대

---

15 Ben Witherington III, *Jesus the Seer: The Progress of Prophecy* (Peabody, MA: Hendrickson, 1999), 293-328을 더 참고하라.

변인들의 선포와 씨름해야 했고(예, 욜 2:1; 옵 15절; 합 2:3) 또 여전히 그렇게 계속해서 수 세기가 흘러갔다. 이 딜레마를 위해 기독교 이전(pre-Christian) 유대교가 채택한 가장 일반적인 해결책은 시편 90:4을 인용하는 것이었다.

> 주의 목전에는 천 년이 지나간 어제 같으며 밤의 한 순간 같을 뿐임이니이다(시 90:4).

베드로후서 3:8은 신약 기독교가 동일한 전략을 채택하였고, 일명 그리스도 재림의 지연은 아마도 온통 마음을 다 빼앗는 이슈도 아니었으며 몇몇 사람들이 주장했던 것처럼 역사를 말살할 만한(history-erasing) 위기도 아니었음을 보여준다. 게다가 쿰란에서 발견된 대부분의 사해문서 발견의 책임이 있는 에세네파(Essene) 유대인들은 그들 목전에서 벌어지고 있는 말세 사건들을 목격하고 있음을 믿으며 살았고, 그럼에도 그들은 그들 운동(movement)의 실질적인 역사를 연대순으로 기록할 수 있을 만큼 충분한 정보를 포함해서 비범한 문헌을 배출해냈다. 처음 기독교인들이 그와 달리 행동했을 것 같지는 않다.[16]

그렇다면 이념적 의제는 필연적으로 복음서 저자들을 편향되게 했으며 그들로 하여금 충분히 객관적인 역사를 저술할 수 없게 했다는 비난은 어떤가? 이념적 편견이 심각한 역사적 수정주의(revisionism)를 창출해 낸다는 것에 대해서는 논쟁의 여지가 없다. 구 소련 백과사전의 예수 그리스도에 대한 한 줄 설명에서 예수님을 기독교의 신화적인 창시자로 분류하는 것을 보라.[17] 가장 최근에는 공공연하게 반유대주의자인, 이란의 대통령 마흐무드 아흐마디네자드(Mahmoud Ahmadinejad)는 창고를 채울 만큼 모아진 진리를 입증하는 기록의 존재에도 불구하고 홀로코스트

---

16 Charles L. Holman, *Till Jesus Comes: Origins of Christian Apocalyptic Expectation* (Peabody, MA: Hendrickson, 1996)을 보라.

17 I. Howard Marshall, *I Believe in the Historical Jesus* (Grand Rapid: Eerdmans, 1977), 15.

가 정말 그런 규모로 발생했었는지를 심각하게 질문했다. 예수님을 단순한 유대 선지자에서 우주적인 이방 신으로 탈바꿈시키면서 예수님의 추종자들도 그것에 견줄 만한 어떤 일을 한 것은 아닐까?[18]

그런 것 같지는 않다. 결국 가끔은 한 개인이 증진시키기 원하는 바로 그 이념은 주의 깊은 역사적 증명을 요구한다. 홀로코스트 생존자들은 많은 유대인 역사학자들처럼 홀로코스트와 같은 그 어떤 집단학살도 결단코 그들의 동족들에게 (혹은 그 누구에게도) 또다시 자행되어서는 안 된다고 열렬한 관심을 가졌었고, 바로 그런 이유 때문에 그들은 잔학행위를 하나도 빼먹지 않고 연대순으로 공들여 기록하였다.

1세기 기독교는 대담하게 다음과 같이 주장했다. 즉 인류의 죄를 위해서는 속죄를, 그의 추종자가 된 사람들과 이스라엘 하나님 야훼 사이에는 화해를, 그리고 미래에 재창조되고 온전케 된 우주에서는 영원한 삶의 가능성을 제공하기 위해서 하나님은 나사렛 예수의 삶, 죽음과 부활 속에서 이미 유일무이하게 행하셨다는 것이다. 만일 기독교의 반대세력들이 신약 자료의 핵심적인 요소들과 예수님에 대한 실제 사실들이 거의 흡사하지 않음을 제시할 수 있었다면, 이 신출내기 종교는 즉시 무너졌을 것이다. 아니면 바울이 매우 단순하게 표현한 것처럼 "그리스도께서 다시 살아나신 일이 없으면 너희의 믿음도 헛되고 너희가 여전히 죄 가운데 있을 것이요"(고전 15:17). 요컨대 복음서 저자들은 정확한 역사를 보존할 모든 이유를 다 갖고 있었다.

5) 구성 절차

그런데 그들은 역사를 정확하게 보존할 수 있었을까? 고대 기준으로 보았을때 30년의 구전 전통이 현저하게 짧은 기간이라고 하더라도, 부지중에 그리고 무심코 내용이 왜곡될 수 있는 넉넉한 시간이다. 60년대

---

18 그런 논제의 책으로 Maurice Casey, *From Jewish Prophet to Gentile God: The Origins and Development of New Testament Christology* (Louisville: Westminster John Knox, 1991)가 있다.

초반 이전에 기록된 문서들이 20년대 말기나 30년대 초기에 있었던 예수님의 행적와 가르침을 정확하게 기술했다고 우리가 정말 믿을 수 있는가? 우리가 믿을 수 있다고 밝혀졌다. 고대 유대인들은 감탄스러울 정도로 암기술을 연마했다. 어떤 랍비들은 구약을 통째로 외우기도 했다. 몇명은 구전 토라(구전 율법)의 상당한 부분을 자유자재로 구사하기도 했다(이런 주장을 믿는 것이 어려운 사람들에게 20세기의 저명한 유대인 저술가인 Chaim Potok은 뉴욕시의 정통파 유대교도를 위한 학교인 예시바[yeshivas]에서 유사한 학습을 하고 있는 것으로 확인된 정통 유대인 학생들의 놀라운 학습기량에 대해 즐겨 말하곤 했다). 최근에 새로운 토라의 사본을 베껴쓴 서기관은 종종 그 지역에서 가장 우수하거나 존경받는 랍비를 찾아가서 랍비의 기억에 비추어 그의 원고를 감수케 했다!

또한 이런 놀라운 솜씨가 고대 지중해 세계에 있던 유대인들에게만 제한되었던 것도 아니다. 그리스의 남학생들(그리고 불행하게도 아주 드문 예외를 제외하고 유대와 이방의 상황에서는 오직 남학생들에게만 해당되었다)은 때때로 『일리아드』(Iliad)나 『오딧세이』(Odyssey)—호머의 서사시로 그리스 사람들에게는 마치 성경과 같은 기능을 한 책—를 암기했는데 각 도서는 대략 100,000 단어로 되어 있었다. 어떻게 그런 암기가 가능했을까?

첫째, 그 당시 문화는 구전문화로 우리처럼 현대세계를 장악하고 있는 모든 인쇄 매체에 의존하지 않았다.

둘째, 학교에서 사용된 주된 학습법은 반복적 암기였다. 유대인들에게는 토라의 본문을 암기하기 전까지 그것을 토론할 자격이 주어지지 않는 전통도 있었는데 이는 그가 본문을 와전시킬까봐 그랬던 것이다.

셋째, 유대인들에게 있어서 "성경"은 5세에서 12세 또는 13세까지에 걸쳐 이루어지는 다분히 의무적인 교육의 기간 동안 학생들이 유일하게 학습하는 과목이었고 최소한 회당이 있는 정도의 유대인 공동체이면 어느 곳에서나 시행되었다.

넷째, 따라서 암기는 인생에서 대량의 내용을 통달하기에 가장 쉬운 나이(아주 어린 나이)부터 시작되었다.

다섯째, 본문은 자주 노래로 불리거나 노래처럼 읊조려졌으며(chanted)

지금의 학생들이 유행가 가사를 잘 기억하듯이 곡조가 있어서 학생들은 단어를 암기하는 데 도움을 받았다. 끝으로 그토록 열심히 학습된 본문에는 암기를 돕는 여러 가지 다양한 장치가 산재해 있었다. 특히 구약성경에서 행(lines), 대구(couplets)와 더 큰 사고의 단위 간에 수많은 형태의 대구법(parallelism)이 존재하는 것이 결정적으로 중요했다.[19]

이런 종류의 사회적 환경에서 복음서 한 권 분량의 내용을 정확하게 기억하고 전달하는 것은 비교적 용이했을 것이다.

동시에 단순한 암기가 복음 전통의 전승 배후에 존재하는 유일한 요인이 될 수는 없다. 만일 그렇다면 우리는 서로 다른 네 복음서를 갖고 있지 않을 것이다. 아니면 우리가 네 복음서를 갖고 있다고 하더라도 지금 사복음서처럼 그렇게 다르지는 않을 것이다.

오랫동안 공관복음서는 그들 안에 있는 일종의 **문학적**(literary) 관계를 거의 확실하게 반영한다고 인식되어 왔다. 다시 말해서 이 세 가지 문서들 중 한 가지 혹은 그 이상의 문서들은 한 가지 혹은 그 이상의 문서들이나 다른 공동의 출처들을 사용했다는 것이다. 이렇게 해야만 전혀 유사하지 않거나 약간의 유사한 내용만 섞여 있는 동일한 사건의 병렬적 서술들 간에 존재하는 대규모 축어적 유사성(extensive verbatim parallelism)을 설명할 수 있다.

몇몇 보수적인 학자들은 오직 신성한 영감만이 현재의 유사성과 차이점의 결합을 설명할 수 있다며 완전한 독립을 주장해 왔지만, 이것은 누가복음 1:1-4에 등장하는 누가 자신의 증언과 유대와 그리스-로마에 있었던 표준적인 역사와 전기기술 관행에 위배되는 것이다.

따라서 대부분의 복음서 학자들은 적어도 우리가 지금 보유하고 있는 복음서들의 완성된 형태를 믿는다. (1) 마가복음이 처음 쓰여졌고, (2)

---

19 이런 종류의 내용과 그것에 관련된 용례들을 보기 원하면 특히 Birger Gerhardsson, *Memory and Manuscript: Oral Tradition and Written Transmission in Rabbinic Judaism and Early Christianity* (1961, 1964; reprint, Grand Rapids: Eerdmans, 1998); Birger Gerhardsson, *The Reliability of the Gospel Tradition* (Peabody, MA: Hendrickson, 2001)을 참고하라.

마태복음과 누가복음은 그들이 원하는 부분만큼 개별적으로 마가복음에 의존했고 그리고 (3) 마태복음과 누가복음 각각은 기록된 문서와 구전된 내용 두 가지를 다 포함하는 추가적인 자료들을 사용했다.

이 추가적인 자료들 중 하나는 공통적인 출처로 여겨도 무리가 없게 여겨진다. 이 추가적인 자료는 주로 예수님의 발언으로 되어 있으며 마가복음에는 등장하지 않지만 마태복음과 누가복음에 공통적으로 등장하는 250개에 달하는 구절들을 감안할 때 마태와 누가는 이 자료를 접하고 있었다. 이 가설적인 출처를 Q 문서(독일어 켈레[Quelle]가 "출처"를 의미한데서 유래함)라고 부르게 되었다.[20]

여기에 한 가지 다른 요인이 또 작용하게 되었는데 특히 최근 이 부분에 면밀한 연구가 펼쳐지고 있다. 어떤 본문이 "정경화"(canonical: 기록된 형태에 있어서 독특하게 신성하고 권위가 있는)되기 전에 고대 지중해 문화에서 존경받던 전통들은 정해진 한도 내에서 어느 정도 융통성을 갖고 구전으로 전승되었다.

20세기 후반에도 아프리카, 발칸제국, 레바논과 팔레스타인과 같은 다양한 지역에 펼쳐져 있는, 문자 사용 이전이거나 반문맹의 공동체들이나 사람들의 그룹은 구전 화자(oral storytellers: 구전 가수)인 공인 "전승자"를 임명하였는데, 그들에게는 그 그룹의 사람들이 갖고 있는 신성한 전통을 정기적으로 재연하거나 공연할 책임이 있었다. 그럼에도 매번 재연된 서사시는 마지막 단어까지 토씨도 빠뜨리지 않고 반복되기는 커녕 한 번 사용된 실제적인 단어들이 다음 기회에 사용되는 단어들과 10-40 퍼센트 정도는 다를 수 있었다.

이런 차이의 허용은 에피소드들의 다양한 선집들을 가능케 했고 에피소드의 부분들은 생략, 설명, 적용과 의역을 포함할 수 있게 되어, 화

---

20 복음자료비평(Gospel source criticism)에 대한 탁월한 입문서로 다양한 가설과 각각에 대한 논리적 근거를 제안하는 책으로는 Robert H. Stein, *Studying the Synoptic Gospels: Origin and Interpretation*, 2nd ed. (Grand Rapids: Baker Academic, 2001)이 있다. 이 책은 구전 전승과 정경 복음서들의 최종 편집을 잘 다룬다.

자는 어느 정도 다소 창의적인 기교를 표현할 수 있었고 또 어느 정도는 청중의 흥미를 신선하게 유지할 수 있게 했다. 동시에 60-90퍼센트의 정보는 변화 없이 보존되었는데, 이야기의 가르침을 위해 수정함 없이 원래대로 보존되는 것이 필요하다고 여겨진 모든 요소들을 포함한 것이다. 이런 요소들 중 한 부분이라도 빠뜨리거나 왜곡하는 전승자는 실수를 알아차린 청중에 의해 중단되고 교정을 받아야 했다.[21]

이제 공관복음서로 돌아가보자. 이 세 공관복음서 중 적어도 두 책에 확실하게 등장하는 모든 구절들을 선택해 보라. 즉 다양한 복음서 저자들이 동일한 시간 혹은 동일한 장소로 지정하는 이야기들에, 단지 예수님이 다소 유사한 행동을 두 번에 걸쳐 하는 것이라고 하거나 동일하게 기본적인 가르침을 다른 상황에서 가르치고 있는 것이라고 일축될 수 없는 서술들에, 당신 자신을 제한시켜보라. 병렬 서술들(parallel accounts) 속에서 동일한 헬라어 단어들을 세어보라. 서로 다른 단어들을 10%미만 정도나 40%이상 찾을 가능성은 희박하다! "비공식적으로 통제된 구전 전통"으로 칭해져 왔던 것이 공관복음서의 제작에 분명히 사용되어 왔고 단순한 축어적인 암기와 기존에 기록된 출처들에 문학적으로 의존한 것만은 아니었다.[22]

이런 종류의 전통은 작은 단어 하나하나를 축어적으로 재생산하지는 않지만 저자가 의도했던 이야기나 가르침의 근간을 이루는 세부사항에는 충실하다.

또한 우리는 우리처럼 개인주의를 전혀 가치있게 여기지 않았던 문화 안에 놓여 있었던 공동체의 힘을 감히 과소평가해서는 안 된다. 바트 얼만(Bart Ehrman)은 복음 전통의 구전 계승(oral transmission)을 어린이들

---

21 가장 중요한 연구자들 중 두 사람과 그들의 가장 중요한 작업으로는 Albert B. Lord, *The Singer of Tales*, 2nd ed. (Cambridge, MA: Harvard University Press, 2000); Jan Vansina, *Oral Tradition as History* (Madison: University of Wisconsin Press, 1985)가 있다.

22 Kenneth E. Bailey, "Informal Controlled Oral Tradition and the Synoptic Gospels," *Asia Journal of Theology* 5 (1991): 34-54; reprinted in *Themelios* 20 (1995): 4-11.

이 하는 전화놀이에 비유하는데 한 아이에게 길고 복잡한 메시지가 속삭여지면 그 아이는 자신이 들었다고 생각하는 메시지를 다음 아이에게 전할 책임이 있고 계속 이렇게 전달되는 것이다.[23]

이 "전통"이 수많은 참가자들에게 전달된 후에, 그것이 몇 분밖에 지나지 않았을 때, 마지막 아이는 메시지의 마지막 버전을 큰 소리로 얘기하게 되는데 대개 메시지가 와전된 것 때문에 좌중에 폭소가 터지게 된다. 그러나 얼만이 선택한 이 비유보다 더 부적절한 것은 없을 것이다.

복음서 전통은 속삭여진 것이 아니라 공개적으로 선포되었고, 그것도 어린아이들이 아닌 성인들에게 선포되었으며, 정통한 전승자의 입회하에서나 사도적 견제와 균형이 있는 가운데에서 선포되었다(예를 들면, 베드로와 요한이 행 8:14-17에서 어떻게 행하는지를 보라). 사실 급성장하고 있는 연구 분야인 오늘날의 사회과학은 어떻게 다양한 하위 문화들의 "사회적 기억"(social memories)이 **공동체** 내에서 반복과 해석을 통해서 형성되는지 면밀히 검토하고 있는데, 사회적 기억은 달리 확립될 수 없어 보이는 어떤 고정된 형태의 구전 전통을 창출해낸다.[24]

이 경향은 별개로 하더라도 케네쓰 베일리(Kenneth Bailey)의 연구를 보면 그가 성인 중동 학생들 그룹들과 한 "전화놀이"는 와전된 메시지가 아닌 놀랄 만큼 잘 보존된 메시지를 얻게 되었음을 확실하게 보여주었다![25] 복음서들이 출현한 문화를 감안한다면 우리는 바로 이런 것을 복음서들에서 기대해야만 한다.

---

23 Bart D. Ehrman, *Jesus: Apocalyptic Prophet of the New Millennium* (Oxford: Oxford University Press, 1999), 51-52.
24 Bauckham, *Jesus and the Eyewitnesses*, 319-357에서 이를 잘 정리하여 보충하였다.
25 Kenneth E. Bailey, "Middle Eastern Oral Tradition and the Synoptic Gospels," *Expository Times* 106 (1995): 563-567.

6) 명백한 모순

그렇기 때문에 기독교 첫 세대에게는 예수님에 대한 정확한 정보를 보존코자 하는 충분한 이유가 있었다. 그들은 확실히 그렇게 할 수 있는 능력도 갖고 있었다. 그러나 그들이 자신들의 목표를 달성하는 것에 성공했는가? 그들이 성공했다는 것을 긍정하는 것에 있어서 주된 방해물로는 그리스도의 생애에 있었던 에피소드들의 병렬서술들에서 보이는 명백한 모순이라 하겠다. 제한된 공간에서 이렇게 추정되는 문제들의 종합적인 목록같은 것을 살펴볼 수는 없다.[26] 그러나 모순들 대부분은 예측 가능한 범주들로 구분되어진다.

가장 큰 그룹은 스토리텔링과 기록에서 있을 수 있는 자연스러운 변형을 단순히 반영하는 것으로서 동일한 사건의 부분적으로 독립적인 서술들 대부분은 이런 특색을 나타내며, 사건 자체의 역사적 진실성에 대해서는 이의를 제기하지 않는다. 많은 모순들은 복음서 저자의 목적, 특히 저자의 신학적 강조점들과 가장 관계있는 (또는 관계없는) 세부사항들을 포함(또는 생략)하게 된다. 이런 모순들이 두 가지 병렬 서술 사이에 드라마틱한 차이점을 만들어 내는 경우는 극히 드물지만, 그런 극적인 차이가 있을 때에도 우리는 왜 두 관점 모두가 진실될 수 있는지를 이해할 수 있다. 예를 들어, 제자들은 예수님이 그들에게 갈릴리 호수 물 위에서 그들을 향해 걸어온 후에도 강퍅한 마음 때문에 여전히 예수님을 오해하고 있었는가?(막 6:52) 아니면 제자들은 예수님을 하나님의 아들이라고 부르고 예배했는가?(마 14:33).

우리가 상상력을 조금만 동원해도 제자들의 입장에서 생각할 수 있게 되고, 충분한 이해나 마음 속 깊이 진심으로 공감하지 못해도, 어떻게 예배의 행위와 타이틀의 칭송(titular acclamation: 호칭이나 직함에 따른 환호나 갈채-역주)이 자연스러운 반응일 수 있는지를 보게 된다. 그리

---

26 그러나 Craig L. Blomberg, *The Historical Reliability of the Gospels*, 2nd ed. (Downers Grove: InterVarsity Press, 2007), 152-195와 Darrell L. Bock, *Jesus According to Scripture: Restoring the Portrait from the Gospels* (Grand Rapids: Baker Academic, 2002)을 참고하라.

고 일단 마태복음에서는 더 큰 믿음과 예배의 순간들을 더 자주 묘사하는 경향이 있는 반면에 마가복음에서는 제자들의 실패들과 오해들이 되풀이되는 주제임을 알게 되면, 우리는 왜 각 저자가 그런 방식을 택해서 사건들을 서술하는지를 볼 수 있게 된다.

일부 가장 명백하게 드라마틱한 모순들은 고대 세계에서 사건들을 전달하기 위해 단지 다른 관행들을 사용한 것이다. 백부장은 자신이 직접 예수님에게 가서 자신의 노예를 고쳐 달라고 부탁하는가?(마 8:5-9) 아니면 백부장은 그의 친구들을 보내는가?(눅 7:1-8) 추정컨대 후자이다. 왜냐하면 문자 그대로 마땅히 정해진 대리인을 통했다 하더라도 어떤 사람이 어떤 것을 말하거나 행하고 있는 것으로 말하는 것은 아주 자연스러운 것이었기 때문이다.

현대의 특정한 상황에서도 동일한 진리가 적용될 수 있는데, 예를 들어, 공보비서는 대중매체를 향해 연설문 작성자가 작성한 원고를 읽지만, 그럼에도 뉴스에서는 "오늘 대통령은 말하기를…"이라고 발표한다.

회당장 야이로는 그의 딸이 아직 살아 있을 때 예수님에게 와서 그의 딸을 고쳐달라고 부탁하고 나중에 가서야 그의 딸이 막 죽은 것을 발견하게 되는가?(막 5:22-23, 35), 아니면 야이로는 딸이 죽은 후에야 예수님에게 오는가?(마 9:18) 마태는 더 긴 마가의 이야기들을 꾸준히 요약하기 때문에, 마태는 여기에서도 그렇게 했을 것이다. 그렇기 때문에 마가는 가장 온전하고 정확한 세부사항을 제공한다. 그러나 만일 마태가 현대의 과학적인 정확성의 기준을 만족시키지 않는다고 하더라도, 그런 기준을 아직 고안해내지 못한 1세기 세계에 그런 기준을 적용하는 것은 부당하다. 그 어떤 차이점도 이야기의 핵심인 야이로의 딸인 소녀의 기적적인 부활에는 영향을 미치지 않는다.

무슨 이유에서인지 복음서의 병렬 서술들 간에 더 흔히 되풀이하여 제기되는 모순 중의 하나는 우리가 지금 부활절로 기념하는 주일 이른 아침에 예수님의 무덤에 갔던 여인들에 의해 목격된 개인들의 신원에 대한 것이다.

마가복음 16:5에서 여성들은 흰 옷을 입은 한 청년을 보며, 마태복음

28:2-3은 눈처럼 흰 옷을 입은 천사에 대해 언급하는가 하면, 누가복음 24:4은 빛나는 옷을 입은 두 남자에 대해 말한다. 성경에서 천사들은 꾸준히 흰 옷이나 빛나는 옷을 입은 남자들로 묘사되어 왔기 때문에, 마가나 누가가 노골적으로 천사들이 있었다고 언급할 필요가 전혀 없었던 것이다. 그들의 숫자에 대해서는, 만약 거기 천사가 두 명 있었다면 여인들이 자신들에게 얘기한 한 청년을 보았다고 말하는 것은 전혀 부정확하지 않다. 특히 한 명이 일관되게 둘의 대변인 역할을 했었다면 말이다. 오직 마가나 마태가 여인들은 한 사람이 홀로 있는 것을 봤다고 말했을 때에만 실제적인 모순이 있는 것이다.[27]

다윗이 진설병을 먹는 이야기에 대제사장으로서 등장하는 아비아달에 대한 마가의 언급(막 2:26)과 그것은 아히멜렉이었다는 구약의 명확한 진술(삼상 21:1-6)을 조화시키려고 애쓰며 대학원에서 논문을 쓴 후에 경험했던 자신의 개인적인 순례에 대해 얼만은 기술한다. 얼만의 지도교수는 왜 그는 마가가 실수했다고 그냥 인정할 수 없느냐고 물었다. 얼만은 이 질문은 그의 안에 무엇인가를 봇물처럼 터지게 하여 성경은 실수로 점철된 인간의 책에 지나지 않음을 인식하게 되었다고 주장한다.[28]

역설적으로 이 "전부-아니면-전무"(all-or-nothing) 접근 방식이야말로 몇몇 초보수주의자들이 (비논리적으로) 마찬가지로 고집해 온 방식이다.

그러나 그 어떤 다른 고대 문헌의 역사학자도 이런 방식으로 일하지 않는다. 명백한 실수 하나 때문에 일반적으로 신뢰할 만하다고 입증된 문서를 갑자기 불신하게 되지 않는다. 동시에 마가가 정말 실수를 **범한** 것인지는 전혀 확실하지 않다. 그가 만일 시간을 나타내려고 했다면 그가 헬라어로 사용하는 표현은 무척 드문 표현이다. 왜냐하면 마가가 아

---

27 소위 예수님의 부활에 대한 다양한 이야기를 둘러싼 모든 모순을 탁월하게 분석한 내용을 위해서는 John W. Wenham, *Easter Enigma: Do the Resurrection Stories Contradict One Another?* (Grand Rapids: Zondervan, 1984)를 보라.

28 Bart D. Ehrman, *Misquoting Jesus: The Story Behind Who Changed the Bible and Why* (San Francisco: HarperSan Francisco, 2005), 9.

비아달의 이름 앞에서 사용한 전치사 에피(*epi*) 때문인데 이 단어는 일반적으로 ~너머로(over), ~의 위에(on top of), ~의 표면에(on), 가까운(near), ~을 향하여(toward) 또는 장소를 표시하는 다른 단어를 의미한다.[29]

그러나 마가복음 12:26의 예수님이 모세와 불타는 떨기나무 이야기를 자세히 묘사하는 맥락에서 동일한 구조가 등장하는 것을 보면, 대부분의 번역들은 헬라어로 떨기나무의 "본문에서"(in the passage) 또는 "서술에서"(in the account)라고 옮긴다. 아마도 마가는 마가복음 2:26에서도 마찬가지로 예수님이 아비아달에 대한 **본문**을 언급하는 것으로 사람들이 이해하도록 의도했을 것이다. 물론 아비아달이 사무엘상 22장까지는 등장하지 않는다는 추가적인 반대의견을 제기케 한다.

그러나 고대 유대교는 율법서를 매년 그리고 율법서를 제외한 나머지 구약의 모든 부분을 3년에 한 번씩 완독하기 위해 매주 회당에서 얼마나 많은 "본문들"을 읽을지를 나누었다. 이는 대부분의 경우에 여러 개의 장들이 하나의 "본문"으로 모아지곤 했다. 게다가 우리는 각 본문은 그 본문에 등장하는 핵심인물에 자주 근거해서 간략한 제목이 주어진 것을 안다. 그리고 전반적으로 아히멜렉보다는 아비아달이 더 잘 알려진 인물이었다. 그렇기 때문에 사무엘상의 여러 장에 걸쳐 "아비아달"이라고 명명되어 있었어도 이례적이지는 않을 것이다. 우리가 이것을 입증할 수는 없으나 충분한 개연성이 있기 때문에 마가가 지금 실수를 한 것이라고 하는 가정까지 할 필요는 없다.[30]

우리는 (지금까지 간략하게 다뤄온) 이러한 것들과 유사한 수많은 사례들을 계속해서 제공할 수 있다. 제안된 어떤 해결책들은 다른 것들에 비해 더 설득력 있게 여겨진다. 외관상 모순으로 여겨지는 어떤 것들은 한

---

29 Walter Bauer et al., eds., *A Greek-English Lexicon of the New Testament and Other Early Christian Literature*, 3rd ed. (Chicago: University of Chicago Press, 2000), 367에서 18번째와 마지막 정의(definitions)군에 가서야 시간적 사용("의 시간에"[in the time of])이 등장한다.

30 특히 John W. Wenham, "Mark 2.26," *Journal of Theological Studies* 1 (1950): 156을 보라.

개 이상의 가능한 해결 방안을 갖고 있고, 또 해석하는 사람들에 따라 가장 개연성 있어 보이는 다른 제안들을 선택할 것이다. 이따금씩 우리는 그 어떤 제안들을 적용해도 어려움들이 해결되지 않는 어떤 문제에 봉착하게 된다. 이럴 경우에 많은 부분은 우리가 복음서 저자들에게 얼마나 선의의 해석을 베풀 용의가 있느냐에 달려있다. 특정 본문이 "영감을 받은" 것인지의 여부에 대해 갖고 있던 기존의 확신과는 전혀 별도로, 역사학자들은 우리가 앞에서 예시해 온 것과 아주 유사한 방식으로 신뢰할 만한 조화(credible harmonization)를 정기적으로 모색한다. 즉 역사학자들은 고대 저자들 사이에 존재하는 외견상 모순되는 증언을 대면할 때 그리고 자신들이 다른 곳에서는 꽤 만족스럽게 자신들의 입지를 세웠고 또 "정통한"(in the know) 위치에 있을 때 그렇게 한다.[31]

그리고 문제가 되는 본문들은 전혀 새로운 것이 아니며 기독교인들은 그런 본문들에 대해서는 지난 2000년간 익히 알아 왔다. 5세기의 어거스틴과 16세기의 칼빈은 복음서들 간의 조화에 대한 상세한 주석을 저술했고 오늘날 회의론자들이 문제시하는 본문들을 정기적으로 언급했다. 학술적인 단일본과 소논문과 더불어 더 보수적인 현대 주석들은, 블로그들이 열거할 수 있는 모든 "실수"에 대한 개연적인 해결책들을 포함한다. 얼만처럼 추정상의 유일한 실수의 발견으로 자신의 믿음이 쉽게 흔들린 사람들은 추정상의 유일한 실수의 발견에 대한 냉철하고 역사적인 조사를 하기보다는 그들의 믿음을 저버릴 이유들을 간절히 찾고 있었음을 시사한다.

요컨대 우리는 공관복음서 저자들은 그들 당시의 시대 기준에 따라 정확한 역사를 보존하기 원했을 것이라는 것, 공관복음서 저자들은 그렇게 할 수 있는 모든 가능성을 갖고 있었다는 것을 단언할 수 있다. 그리고 세부사항의 충분한 편차와 함께 결합된 예수님의 삶과 사역의 본질적인 윤곽에 대해 널리 받아들여진 일치의 전반적인 패턴은 각 공관복

---

31 나의 "Legitimacy and Limits of Harmonization," 139-174 전체를 참고하라.

음 저자는 적어도 일련의 독립적인 출처들과 전승자들로부터 정보를 수집했다는 것을 보여주는데 이는 공관복음서 저자들이 실제적으로 신뢰할 만한 역사적이고 전기적인 문서들을 구성하였다는 것을 매우 개연성 있게 만든다. 해결할 수 없는 모순은 전혀 등장하지 않는다.

7) 요한복음

그런데 네 번째 복음서는 어떤가? 여기서 공관복음서와의 유사점보다는 차이점이 더 많아 보인다. 주목할 만한 것은 마태복음, 마가복음이나 누가복음에서보다는 요한복음에서 병렬 본문들을 더 찾기 힘들다는 것이다. 요한복음에는 비유, 축사 행위(exorcisms)가 없으며 하나님의 왕국에 대한 가르침은 거의 찾아볼 수 없고, 예수님이 요한으로부터 세례를 받은 것이나 예수님이 그의 제자들과 이 땅에서 마지막으로 함께 마지막 식사 때에 성만찬(Lord's Supper)을 제정한 것을 언급하지 않는다. 반면에 요한복음은 공관복음서에서 지배적인 내용인 갈릴리의 무리로부터 인기를 구가하던 주요시기 이전의 예수님 사역에 대한 내용 두 장을 포함한다(요 2-4장).

요한은 예수님이 인기를 얻던 시절 예수님이 절기에 맞추어 예루살렘까지 갔던 여정에 주로 초점을 맞추는데, 이 내용은 다른 공관복음서에는 전혀 없는 내용이다. 예수님의 가장 극적인 기적인 나사로의 부활(요 5-11장)과 더불어 예수님이 자신에 대해 스스로가 한 주장들 또한 그곳의 다양한 유대교 지도자들과 촉발시킨 갈등도 공관복음에서는 찾아볼 수 없다. 그의 사역 동안 요한의 예수님은 그 어떤 정경적 복음서에서보다도 더 그의 신성을 넌지시 비치며, 자신의 승귀된(exalted) 본성에 대해 가장 노골적으로 언급한다.

이런 모든 이유들 그리고 다른 관련 이유들에도 불구하고 많은 학자들은, 공관복음 내의 상당 분량의 역사에 대해 개방되어 있는 학자들도 포함하여, 요한복음의 역사적인 신뢰성에 대해 종종 더 회의적이다. 그런데 이런 견해가 정당한 것인가?

8) 일반적인 고려

기독교 교회사의 많은 시간 동안 기독교인들은 신약의 네 복음서들 중 최종 주자이며 가장 최근에 저술된 책인 요한복음은 공관복음서에서 잘 다룬 내용을 반복할 필요를 못 느꼈고 주로 공관복음서의 서술들(narratives)을 보충할 의도로 기록된 것이라고 단순히 가정하였다. 그렇지만 성경자료비평(biblical source criticism)의 전성기인 20세기 초반에 학자들은 공관복음서 안에 있는 병렬 본문들을 비교했을 때와는 상당히 달리, 요한복음과 공관복음서는 동일한 사건의 병렬 본문들을 포함했을 때조차도 정확하게 동일한 단어가 반복되는 경우는 거의 없음을 관찰했다.

그래서 의견의 추는 정반대의 확신 쪽으로 기울게 되었다. 즉 마태복음, 마가복음과 누가복음이 문학적 의존관계라는 다소간의 형태를 통해 최소한 부분적으로는 서로 연관되어 있었던 반면에, 요한이 요한복음을 공관복음과는 독립적으로 저술했기 때문에 매우 달랐다는 것이다. 20세기 후반이 되자 대부분의 데이터를 정당하게 평가하는 중도적인 관점이 점점 더 고취되었다.

1세기 말까지 제국 주변에 있던 대부분의 기독교인들은 공관복음서가 다시 들려주는 주요 서술들과 익숙해졌을 것이다. 교회에서 마태복음, 마가복음 또는 누가복음의 실제 사본이 그들에게 크게 낭독된 것을 들어본 적이 있었는지의 여부와는 상관없이 말이다. 그렇기 때문에 요한복음은 공관복음서와는 문학적으로 별개인 것처럼 여겨지는 반면, 요한이 공관복음서가 잘 다룬 것의 많은 부분을 굳이 다시 반복할 필요는 없다는 옛 논증이 다시 부활될 수도 있을 것이다.[32]

요한복음의 독특한 배경도 요한이 기록한 특징적인 내용의 많은 부분을 설명해 준다. 아주 초기의 교회 전통은 요한복음을 야고보의 형제이며 세베대의 아들인 고령의 사도가 에베소에서 그곳 공동체 내부와 공동체 주변의 기독교교회들을 향해 기록한 것으로 여긴다. 당시 기독교

---

32 특히 Richard Bauckham, ed. *The Gospels for All Christians: Rethinking the Gospel Audiences* (Grand Rapids: Eerdmans, 1998)를 참고하라.

교회들은 예수님을 메시아라고 고백하는 회당 회원들을 제명시키며 날이 갈수록 점점 더 적대적으로 되어가는 유대교와 예수님의 신성을 긍정하는 것에는 아무 문제가 없었지만 그의 참된 인성을 거부한 초기 영지주의로(이 책 698 페이지를 보라) 인해 이중 도전을 겪고 있었다.

따라서 당시 종교적 지도자들과 갈등을 초래했음에도 불구하고 예수님은 주요 유대교 절기와 의식의 완성이라고(요 5-10장에서처럼) 요한이 강조하는 것을 보고 놀라지 말아야 한다. 예수님의 신성에 대한 더 숭고한 주장들은 어떻게 "말씀이 육신이 되어 우리 가운데 거하셨는지"(요 1:14)에 대한 교정적 강조와 더불어 영지주의자들에 의해 심한 영향을 받은 자들과의 사이에 공감대를 형성하기 위한 요한의 방법이었을 것이다.[33]

요한복음과 공관복음서 양방이 실제적으로 얼마나 더 많이 알고 있었는지와 요한복음과 공관복음서가 모순적이라기보다는 얼마나 상호보완적인가를 보여주는 특별히 흥미진진한 현상은 때때로 "상호연동"(interlocking)으로 칭해 왔다. 요한이 어떤 것에 대해 아주 비밀스럽게 언급해서 다른 이들로 하여금 여러 종류의 질문들을 제안하게 한다. 그러면 다름 아닌 공관복음서에서 이에 대한 대답을 한다. 혹은 반대로 공관복음서가 질문들을 제안하게 하고 요한복음이 답하는 식이다.

예를 들어, 요한복음 3:24은 세례 요한의 투옥에 대해 지나가는 말로 언급하는데 오직 공관복음서만 그 사건에 대해 서술하고 있다(막 6:14-29과 병렬구절들). 요한은 예수님이 대제사장 가야바 앞에서 심문을 받은 것을 알았는데(요 18:24, 28), 공관복음서들만 이 심문의 절차나 그것의 결과에 대해서 기술하고 있다(막 14:53-65와 병렬구절들). 반대로 공관복음서는 예수님이 성전을 3일 만에 허물고 재건할 것을 주장한 것을 고발

---

[33] 더 나아가 Craig L. Blomberg, *The Historical Reliability of John's Gospel: Issues and Commentary* (Downers Grove: InterVarsity Press, 2001), 17-67; Paul N. Anderson, *The Fourth Gospel and the Quest for Jesus: Modern Foundations Reconsidered* (London: T & T Clark, 2007)를 참고해서 보라.

하기 위해 목격자들이 그의 말을 왜곡했다고 주장한다(막 14:57-58). 그러나 공관복음서 서술의 어느 곳에서도 독자로 하여금 이 혐의 제기를 찾도록 준비시켜 주지 않는다.

반면에 요한복음 2:19은 만일 유대 지도자들이 "이 성전"을 허물면 그것을 3일 만에 재건하겠다고 한 예수님의 주장을 포함시키지만, 예수님은 그의 몸인 성전, 즉 그의 죽음과 부활에 대해 암시하고 있었던 것이라고 계속해서 설명한다. 하지만 이 발언은 거짓증인들이 선포한 것을 공관복음서가 주장한 것으로 손쉽게 왜곡될 수 있다.

아니면 그들의 율법은 신을 모독한 자들에 대해서는 돌로 쳐서 죽이는 사형을 규정하는 것에 있어서 충분히 명확했음에도 불구하고 왜 유대 지도자들은 다시 로마 총독 빌라도의 도움을 요청하였는가?(막 15:1-3과 병렬구절들). 요한복음만 그것에 대해 대답하고 있다. 로마의 점령 기간 동안 유대인들이 그들 율법에서 이 부분을 실행하는 것을 금지당했었기 때문이다(요 18:31). 더 많은 그런 상호 연동의 예가 양방향에서 제시될 수 있다.[34]

9) 특정 구절들

우리는 요한복음에만 독특하게 등장하는 에피소드들을 포함하여 최소한 대부분의 주요 에피소드들의 확실한 핵심부분을 신뢰할 만한 것으로 수용하는 것에 대한 강력하게 역사적인 이유들을 주목하면서 이 네 번째 복음서를 순차적으로 밟아갈 수도 있을 것이다.

요한복음 1장에서 독특한 것은 예수님의 사역이 세례자 요한과 중복되는 기간인데 이때는 확실히 예수님이 그의 전임자보다 "더 빛을 발하기" 전이였다. 그러나 사람들은 예수님을 모든 이 위에 높이는 것에 여념이 없었기 때문에, 초대교회가 그리스도는 "더 흥하고"(요 3:30) 요한이

---

34 특히 Leon Morris, *Studies in the Fourth Gospel* (Grand Rapids: Eerdmans, 1969), 40-63과 D. A. Carson, *The Gospel According to John*, Pillar New Testament Commentary (Grand Rapids: Eerdmans, 1991), 52-55를 참고하라.

"쇠하도록" 시간을 조작했을 것 같지는 않다.

요한복음 2장은 물을 포도주로 바꾸는 놀라운 기적으로 시작한다. 그럼에도 이 기적은 (진리로서 지속적으로 간주되었던) 새 포도주(예수님의 하나님 나라에 대한 가르침)는 새 포도주 부대(새로운 종교 형태들)가 필요하다고 하는 작은 비유와 완벽하게 어우러지기 때문이다.

요한복음 3장은 예수님이 니고데모와 나눈 대화를 강조하는데 니고데모는 랍비문학에서 부유하고 권세 있는 바리새파의 벤-구리온가(ben-Gurion family)에서 자주 언급되는 희귀한 유대 이름이다.

요한복음 4장에 등장하는 사마리아 여인을 향한 예수님의 놀라운 배려는 공관복음 전반에 나오는 소외된 자들에 대한 그분의 긍휼함과 면밀하게 일치한다. 요한복음 6장에 등장하는, 예수님이 생명의 떡이라는 특별한 회당 설교는 서문적 미드라쉬(proem midrash)로 알려진 표준 랍비식 성서해석학 형태와 정확하게 일치한다.

초막절(Festival of Tabernacle)에서 자신을 생수와 세상의 빛이라고 한 예수님의 주장은(요 7-9장) 그 절기의 두 가지 핵심적인 의식과 정확하게 일치한다. 물을 긷는 의식과 가지가 7개 달려있는 촛대를 사용한 매일 성전예배가 이 초막절에만 시행되었다. 그리고 혹자는 요한복음 전체를 통해 유사한 방식으로 각 주요 부분의 개연적인 진정성을 위한 주요한 이유들을 계속해서 확인하며 나아갈 수 있다.[35]

그렇다면 요한복음과 공관복음 간의 명백한 모순들은 어떻게 해야하는가? 많은 부분은 공관복음 안에서 모순으로 추정되는 것들의 대표적 실례들을 통해 다뤄질 수 있을 것이다. 상당 부분은 유월절(성인이 된 예수님이 십자가형을 당했던 유월절)에 예루살렘을 단 일회만 방문한 것을 포함시킨 마가의 선택과 상관있다. 이 선택은 그 다음에 마태와 누가도 따라한 선택이다. 공관복음이 기록하는 모든 것을 예수님이 실행하

---

35 특별히 나의 *Historical Reliability of John's Gospel*, 71-81과 Richard Bauckham의 *The Testimony of the Beloved Disciple: Narrative, History, and Theology in the Gospel of John* (Grand Rapids: Baker Academic, 2007)을 참고하라.

기 위해서는 몇 개월보다는 더 긴 시간 동안 예수님의 사역이 지속되었을 근본적인 가능성이 있다. 그리고 모세의 기록된 율법을 준수한 유대인으로서 예수님은 토라에 명시되어 있었던 다양한 연례 절기들에 당연히 참석했을 것이다. 사실 요한은 자신의 서술들을 그 순서에 있어서 공관복음서보다 더 일관되게 연대기순으로 기록한 것으로 보인다.

공관복음서 저자들은 자주 주제나 형태별로 글감을 분류했고, 특히 예수님의 위대한 갈릴리 사역 기간은 더욱 그렇다. 왜냐하면 나사로 부활은 예수님이 예루살렘으로 마지막 여행을 하기 직전에 유대에서 일어났는데, 한 번 공관복음에서 그들의 개요들을 결정하고 난 후에 이 기적은 그 개요들과 조화되지 않았다. 비유도 생략되었을 수 있는데, 왜냐하면 비유들은 전례없는 유대 형태로 에베소에서는 덜 적절하였기 때문이며, 요한복음은 초기 기독교 전통에 따라 에베소를 염두에 두고 기록되었기 때문이다. 축사 행위가 빠진 것은 그리스-로마세계에서 축사 행위들은 종종 조작적인 종교적 "마술"로 더 간주되었기 때문이다. 하나님 나라의 개념은 주로 영생의 주제로 대체되었다. 이것은 합법적인 대체였는데 왜냐하면 이미 마태복음 19:16, 23-24에서 예수님은 두 개념을 상호교환적으로 사용하기 때문이다.

요한복음과 공관복음은 최후의 만찬일에 대해 서로 모순된다고 자주 이의가 제기되어 왔다. 공관복음은 합리적이며 명확하게 최후의 만찬을 유월절 식사로 기술하는 반면에(예, 막 14:12, 14, 16), 요한복음은 그것을 유월절 절기의 시작 바로 전날에 둔다는 것이다(특히 요 13:1, 29; 18:28; 19:14, 31을 고려할 때 그렇다). 그러나 요한복음 13:1에서 "유월절 절기 바로 전이었다"고 설명하고, 그런 후에 바로 다음 구절에서 저녁 식사를 하는 동안이라고만 언급하기 때문에, 시간적으로 이른 다른 식사라기보다는 이제 유월절이 시작되었다라고 가정하는 것이 적어도 자연스럽다.

유다가 식사 장소를 떠나서 다른 제자들은 그가 "명절에 필요한 것을" 사올 것이라고 생각할 때(요 13:29), 유다가 일주일에 걸쳐 소요되는 절기를 위한 양식을 구하기 위해서 나가는 것으로 당연히 여겨질 수 있었을 것이다. 특히 왜냐하면 어떤 이들은 유다가 바로 유월절이 시작되는 저녁의 주된 전통에 따라 가난한 사람들에게 무엇인가를 주기 위해서라고 생각했기 때문이다. 곧 다가올 유월절 식사 때문에 유대 지도자들은 금요일 아침에 자신들을 불결하게 하는 것을 원치 않았다는 것은 (요 18:28) 저녁 만찬보다는 한낮의 식사를 제안하는데, 왜냐하면 유대식 계산으로는 새로운 하루는 해질 때 시작되었고 바로 전 날의 불결함을 제거했기 때문이다.

요한복음 19:14은 "이 날은 유월절의 준비일이요"라고 번역되지만, 그것은 또 "이 날은 유월절 주간의 예비일이었다"라고 해석될 수 있다. 즉 유월절 주간의 금요일인데 왜냐하면 금요일은 유대 안식일 또는 토요일을 위한 예비일이었기 때문이다. 31절은 사실 이 해석을 지지하는데 왜냐하면 이 구절은 명확하게 다음날이 안식일일 것을 선포하기 때문이다. 그렇기 때문에 다시 말하자면 본문을 더 신중하게 정독하는 것은 모순의 혐의를 약화시킨다.

그렇다면 승귀된 예수님에 대한 요한의 견해로 자주 예수님을 하나님과 동일시하는 요한의 "높은 그리스도론"(high Christology)[36]은 어떻게 바라봐야 하는가? "나는 세상의 빛이다," "참포도나무," "양의 문," "선한 목자," "길이요 진리요 생명이다" 또는 "부활과 생명"과 같이 사정을 다 아는 우리에게도 너무나 승귀된 것처럼 들린다. 이렇게 예수님의 입에서 직접 나온 진술들은 애초에는 애매모호함 없이는 의사소통될 수 없었던, 모두 은유적 표현들이다. 출애굽기 3:14(요 8:58)에 등장하는 신적인 "나는 (스스로 있는 자)이다"에 대한 요한의 호소도 물론 많은 이들을 당혹케 했다.

---

36 고등 그리스도론, 고등 기독론, 고 기독론으로 번역되기도 한다. 영원 전부터 하나님과 함께 계셨던 로고스가 성육신하여 위에서 이 땅으로 내려오신 내용으로 시작하는 요한복음은 대표적인 높은 그리스도론의 관점을 책 전반에서 보여준다. 우주적 통치자로서의 예수님, 부활하고 승천하시고 하나님 아버지의 우편에 앉아 계시고, 언젠가 궁극적인 세상의 심판자로 재림하실 예수님의 모습도 높은 그리스로론에 해당된다. 공관복음에서는 이에 반대되는 개념인 낮은 그리스도론(low Christology)인 이 땅에서 출생하여 부활하시기까지의 예수님을 보여준다-역주.

어쨌든 열두 제자들조차도 예수님의 사역에서 이생의 마지막 밤이라는 늦은 시간이 되어서야 예수님이 드디어 "지금은 밝히 말씀하시고 아무 비유로도 하지 아니하시니"(요 16:29)라고 이야기할 수 있었다. 그리고 그때조차도 당신의 죽음에 대한 제자들의 반응을 예상하며 제시한 예수님의 대답을 보면 제자들은 여전히 충분히 이해하지 못하고 있음을 시사한다(요 16:31-32). 반면 공관복음만 처녀 임신을 서술하는데 이는 단연코 높은 그리스도론을 나타내는 것이다. 그리고 공관복음에서도 예수님은 "나는 이다"의 언어를 사용하는데 때로 "나는 그이다" 또는 "그것은 나다"와 같이 영어 번역에서 가려져 있는 표현이다. 그러나 마가복음 6:50에서 물 위를 걸어오는 맥락 안에서나 마가복음 14:62에서 산헤드린 공회 앞에서 그의 메시아됨에 대해 대답할 때, 그의 신성에 대해 좀 더 강력한 자기 계시(self-revelation)가 암시된 것은 믿지 않을 수 없다.[37]

10) 지형학과 고고학

흥미로운 것은 요한복음이 정경적 복음서들 중에서 가장 적나라하게 신학적인 반면, 사건들이 발생하는 장소들에 대한 지리적 정보도 가장 많이 제공한다. 지리적 정보에 대한 그러한 언급들이 책을 기록한 요한의 주된 목적을 반영하는 것이 아니라는 바로 그 이유 때문에(주된 목적들을 위해서는 요 20:31을 참고하라), 그 언급들이 역사적으로 일관되게 정확한 것으로 드러날 때 더욱더 의미심장하다. 대부분의 지역을 오늘날에도 여전히 방문할 수 있으며, 고고학적 발견들은 공관복음과 비교했을 때 요한복음을 편중되게 부각시켜 준다.

예루살렘의 양의 문 근처에 있는 다섯 개의 행각으로 둘러진 베데스다 연못(요 5:2), 예루살렘의 실로암 연못(요 9:7), 수가 마을에 있는 야곱

---

[37] 내가 다른 곳에서 저술한 것에 추가해서 이 부분에 대해 사용된 종류의 본문 해석의 종류들을 위해서는 특별히 Carson, *John*; Andreas Köstenberger, *John*, Baker Exegetical Commentary on the New Testament (Grand Rapids: Baker Academic, 2004); Craig S. Keener, *The Gospel of John: A Commentary*, 2 vols. (Peabody, MA: Hendrickson, 2003)을 보라.

의 우물(요 4:5-6), 가바다의 돌로 포장된 바닥(요 19:13), 본디오 빌라도의 비문 증거(요 18:29), 로마인들이 십자가형을 당한 희생자들의 발목에 못을 관통시켰던 증거(눅 24:39과 요 20:25을 비교하라) 등이 있다.[38]

11) 문학적 장르

순수하고 해석되지 않은 역사적 연대기로부터 완전한 소설에 이르는 전체 범위가 있다고 했을 때 요한복음이 공관복음들보다 전자인 역사적 연대기로부터 좀 더 벗어나 있다는 것은 의심의 여지가 없다.[39]

요한은 요한 특유의 언어적 스타일을 사용해서 예수님이 한 말들을 묘사하기 때문에 때로 어디서 예수님이 말을 맺고 요한이 이야기를 시작하는지를 아는 것이 거의 불가능하다(전형적인 예로 요 3:13-21을 보라).

당시의 역사기록학의 관행에 따라, 자주 요한은 공관복음서의 저자들보다 노골적으로 더 신학적일 때가 많다. 그러나 문학장르의 면에서, 그의 작품은 고대 지중해 세계에서 알려진 그 어떤 저술서보다 마태복음, 마가복음과 누가복음에 여전히 더 근접해 있다. 그리고 이런 형태가 비교적 신뢰할 만한 전기들을 가장 근접하게 반영하였다는 강력한 주장이 제시되어 왔다.[40]

요한복음과 공관복음서의 구절별(passage-by-passage) 비교는 거의 모든 시점에서 개념적 병렬이 존재함을 지적하는데, 비록 개념적 병렬들이 문학적 의존성을 반영하지 않으며 그리고 비록 개념적 병렬들이 더 드라마틱한 방식으로 자주 서술되어 있더라도 말이다. 기독교 메시지의 진

---

38 현재 전반적인 복음서를 위한 고고학 관련 최고의 도서로는 James H. Charlesworth, ed. *Jesus and Archeology* (Grand Rapids: Eerdmans, 2006)가 있다. 고고학적인 측면에서 복음서의 정확성을 강조한 것으로는 Bargil Pixner, *With Jesus Through Galilee According to the Fifth Gospel* (Collegeville, MN: Liturgical Press, 1996)이 있다.

39 특히 Derek Tovey, *Narrative Art and Act in the Fourth Gospel* (Sheffield, U.K.: Sheffield Academic Press, 1997)을 보라.

40 특히 Richard A. Burridge, *What Are the Gospels? A Comparison with Graeco-Roman Biography*, 2nd ed. (Grand Rapids: Eerdmans, 2004)를 보라.

실성에 대한 신뢰할 만한 증언을 제공하기 위해서라는 요한복음의 바로 그 강조는(요 21:24-25) 요한복음의 역사적 신뢰성을 그만큼 더 중요하고 개연성 있는 것으로 만든다.

3. 종교혼합주의 증거

최근 대성공을 거둔 소설 중 하나인 『다빈치 코드』(The Da Vinci Code)와 같은 것이 많은 독자들을 잘못된 방향으로 이끌어왔는데 왜냐하면 "고대 문서들의 모든 기술들이(descriptions) 정확하다"는 거짓된 주장 때문이다.[41] 그 결과로 이제 세계의 수많은 사람들은 다양한 비정경적(noncanonical) 문서들이 신뢰받을 만한 더 강력한 역사적 가능성을 갖고 있어서 기독교 기원을 대체할 수 있는 대안적 이야기를 제시한다고 믿는다. 실제로는 전혀 그렇지 않다. 특별히 많은 사람들의 흥미를 끌어왔던 것은 영지주의 복음서들이었고 그렇기 때문에 우리는 먼저 그것들을 다루고 그런 다음에 신약시대 이후의 외경(apocryphal) 문서를 살펴보기로 하겠다.

1) 영지주의 복음서

제2차 세계대전 직후에 이집트의 나지 함마디(Nag Hammadi)로 알려진 장소에서 초기문서 코디스(codices)의 은닉처가 발굴되었다. 2세기에서 6세기에 걸쳐 기원한 이러한 책들의 상당한 대다수는 정교한 영지주의 사고를 반영하고 있었다.

영지주의는 느슨하게 연결되어 있는 종교 운동들의 집합으로 혼합주의적 신화(syncretistic mythology)를 창출해내기 위해 그리스 철학과 종교의식의 의미심장한 요소들을 기독교적인 성격, 주제들과 결합하였다. 이

---

41 Dan Brown, *The Da Vinci Code* (New York: Doubleday, 2003), 1.

렇게 다양한 운동의 중심에는 물질은 본질적으로 악하다는 신념이 자리 잡고 있다. 따라서 오직 영만 구속될 수 있는 것이다.

예수님을 통해 온 것으로 자주 믿어 왔던 구원은 그분의 대속적인 죽음과 육체적 부활을 통해서 온 것이 아니었다. 오히려 구원은 지식, 더 정확히 말해 밀교적(esoteric) 지식을 통해 온 것이다. 자신들 안에 뿌리 깊이 자리잡고 있는 신성의 불꽃을 인식하고 그것을 불길로 타오르게 한 사람들은 그런 다음에 영지주의의 종파의 초심자가 되어 육체와 물질 세계의 족쇄에서 이미 어느 정도는 해방되어 살면서, 죽음에 이르러 이 세상과 자신들의 육체를 한꺼번에 탈출하는 것을 고대한다.

따라서 대부분의 영지주의자들은 자신들의 정상적인 육체적 소욕을 부인하려고 시도했던 금욕주의자들이었지만, 몇몇은 정반대 극단으로 치우쳐서 어차피 곧 없어질 육체를 탐닉하는 쾌락주의자(hedonists)가 되기도 했다. 대부분의 영지주의는 반유대주의적이어서 이스라엘의 하나님을 사악하게 여기고 이스라엘 백성들의 율법을 그릇된 것으로 여겨 거부했다. 영지주의는 또한 엘리트주의적이어서 신들이 이미 신성의 불꽃을 심어놓지 않은 사람은 그 누구도 절대로 구원을 받을 수 없다고 믿었다.[42]

2) 도마복음

정경적 복음서에서 이미 발견된 정보를 단순히 반복하는 텍스트들을 제외하고 예수님에 대한 역사적인 정보를 보존할 법한 영지주의 복음서가 하나라도 있다면 그것은 소위 콥트 도마복음(*Coptic Gospel of Thomas*)이라고 불리우는 것이다. 4세기 기원으로 나지 함마디 형태를 갖지만, 그것의 2세기 헬라어 사본 조각들은 19세기 고고학 발굴지인 옥시링크스(Oxyrhynchus)에서 이미 발견되었다. 도마복음은 일관되게 연결되어 있

---

42 영지주의에 대해 최근에 발간된 탁월한 입문서로 Riemer Roukema, *Gnosis and Faith in Early Christianity* (Harrisburg, PA: Trinity Press International, 1999); Alastair H. B. Logan, *The Gnostics: Identifying an Early Christian Cult* (London: T & T Clark, 2006)가 있다.

는 서술적 전기는 아니지만 예수님이 하신 말씀으로 알려진 대부분 독립적인 114편의 어록이다. 약 1/3 이상은 정경 본문에서 상당히 뚜렷한 병렬구절이 있고, 또 다른 1/3 정도는 의미가 상당히 확연하게 영지주의적이며, 나머지 어구들은 학자들의 관심을 가장 많이 불러일으키는 부분이다. 다른 곳에서는 보존되지 않지만 예수님이 실제로 하신 가르침들이 이 어록 안에 들어 있을 수 있을까? 물론 그럴 가능성도 있지만 어떻게 한 개인은 어떤 어구들이 예수님이 발언한 것인지를 분별해낼 수 있겠는가?

결국, 짐작컨대 도마복음의 **모든** 어구들은 영지주의적 방식으로 해석될 수 있고, 그렇기 때문에 가짜에서 진짜를 가려내기 위해서 누구나 쉽게 사용할 수 있는 확실한 기준을 개발해내는 것은 어려울 것이다. 예수님이 하신 것으로 거슬러 올라갈 수 있는 구절들로 경험과 지식에 근거한 추측을 해 온 사람들은 어구 82("내게 가까이 있는 자는 불가까이 있는 것이고 나로부터 멀리 떨어져 있는 자는 왕국에서 멀리 떨어져 있는 것이다")와 어구 77b("나무 한 조각을 쪼개라 그러면 나는 그곳에 있는 것이다. 돌을 들어 올리라 그러면 너는 나를 그곳에서 찾을 것이다")를 자주 포함시키며, 아니면 음식이 든 항아리를 나르던 여자(97)와 벽에 칼을 꽂은 남자(98)와 같은 짧은 비유들을 포함시킨다. 각각의 내용은 이렇게 기록되어 있다.

> (97) 예수는 말했다, "(아버지)의 왕국은 마치 항아리 가득 음식을 나르던 어떤 여인과 같다. 그녀가 길 (위)를 걸어가고 있는 동안, 집에서는 좀 떨어진 곳에서, 항아리의 손잡이가 부서졌고 음식은 그녀 뒤 길 위에 모두 쏟아졌다. 그녀는 그것을 알아차리지 못했고 어떠한 사고가 일어난 것도 눈치채지 못했다. 그녀가 그녀의 집에 도착해서 항아리를 내려 놓았을 때 그것이 비어 있음을 발견하였다."

> (98) 예수는 말했다, "아버지의 왕국은 마치 힘있는 한 남자를 죽이기 원했던 어떤 한 남자와 같은 것이다. 자신의 집에서 그

는 칼을 꺼냈고 그의 손으로 벽을 관통할 수 있는지 알아보기 위해서 칼을 벽에 꽂았다. 그런 다음 그는 그 힘있는 남자를 죽였다."

그렇지만 그런 어구들 몇 가지를 받아들인다고 해서 우리가 갖고 있는 예수님의 자화상이 전혀 근본적으로 변혁되지는 않는다. 영지주의(또는 다른 형태의 비정통[heterodoxy])가 사실상 정통 기독교인 사도적 기독교를 앞선다고 주장하는 것은, 도마복음(Thomas) 또는 다른 문서들을 1세기 중반으로 연대 추정할 것을 요구하는데, 그런 연대를 지지하는 실제적인 문서상의 증거나 외부적인 증언이 전혀 없는데도 말이다.

실제적으로 니콜하스 페린(Nicholas Perrin)은 다음의 사실을 입증하였다. 즉 도마복음의 구조는 재미있고 외우기 쉬운 단어들이 각 어구를 다음 어구로 연결하는 것을 토대로 하고 있으며, 시리아어 형태일 때 가장 분명하게 나타난다는 것이다. 이 시리아어 형태는 시리아 사람 타티안이 주후 180년경에 기록한 사복음서의 조화(harmony of the Gospels)에 의존한 것이다. 그렇기 때문에 도마복음을 이보다 더 이른 날짜로 연대 추정하는 것에는 무리가 있겠다.[43]

만일 그렇게 추정한다고 하더라도, 도마복음이 네 개의 정경적 복음서 모두와의 병렬구절들을 내포하고 있다는 사실과 병렬구절들 배후에 있다고 학자들이 일반적으로 확인해 주는 모든 추정상의 출처들과 여러 단계들의 편집과정은 도마복음은 2세기가 되기까지는 집필되지 않았다는 것을 강력하게 제안한다. 2세기는 네 개의 정경 본문들이 완성되어 널리 유통되기 시작하던 때이다. 일레인 페이글스(Elaine Pagels), 카렌 킹(Karen King)과 같은 학자들과 다른 사람들은 자주 전통적인 기독교의 형태들보다 토마스주의 또는 영지주의 형태의 기독교를 더 지지하는데, 왜냐하면 그들은 그런 형태의 종교가 여성들에게 더 긍정적인 것을 증명

---

43 Nicholas Perrin, Thomas, *the Other Gospel* (Louisville: Westminster John Knox, 2007), 73-106.

한다고 믿기 때문이다.[44]

어떤 본문들은 평등주의(egalitarianism)의 한 형태를 장려하는 것처럼 보여지며 이것은 인간사가 시작될 때에 인간은 원래 남녀양성적(androgynous)이었다고 강력하게 주장하며 그래서 언젠가는 우리 모두가 남녀양성을 지니게 될 것이라고 하는 믿음에 근거한 것이다. 그러나 이는 서로 다름 안에서 평등함을 주장하는, 현재 일반적으로 통용되고 있는 형태보다는 오히려 지난 세대의 페미니즘만을 옹호하여 동등함이란 미명하에 남성과 여성의 구별을 불분명하게 해놓았다. 더욱이 한 개인은 부분적인 평등주의라도 얻기 위해서는 영지주의 문학을 매우 선택적으로 읽어야만 한다. 예를 들어, 도마복음의 마지막 어구를 고려해 보자.

> 시몬 베드로는 그들에게 말했다, "마리아가 우리를 떠나게 하자. 왜냐하면 여자들은 생명의 가치가 없기 때문이다." 예수는 말했다, "나 자신은 그녀를 이끌어서 그녀가 남성이 되도록 할 것인데, 그렇게 해서 그녀 또한 당신들 남성들을 닮은 살아 있는 영이 되게 하기 위해서이다. 자신을 남성으로 만드는 모든 여자는 하늘의 왕국에 들어가게 될 것이다"(도마복음 114).

어떤 연령대에 속했던 간에 대다수의 여자들은 이 어구를 매력적인 선택으로 여기지 않는다!

3) 다른 영지주의 복음서

다른 나지 함마디 문서들 중 내용에 있어서 정경 본문과 조금이라도 중복되는 것은 거의 없다. 복음서라고 불리는 것들은 예수님이 부활 후에 한 명 또는 그 이상의 제자들과 천국에 있는 존재들과 개체들의 본

---

44 Elaine Pagels, *Beyond Belief: The Secret Gospel of Thomas* (New York: Vintage Books, 2003) 와 Karen L. King, ed., *Images of the Feminine in Gnosticism* (Harrisburg, PA: Trinity Press International, 1988).

성에 대해서 비밀리에 한 대화로 알려진 대개 장황하고 밀교적인 독백들의 모음으로 나사렛 예수의 실제적이고 현실적인 윤리와는 아주 거리가 멀다. 예수님의 온전한 인성을 부인하는 영지주의이기에 예수님의 지상에서의 삶에 대해서는 거의 흥미를 보이지 않는다. 대신 빌립, 마리아, 야고보와 다른 이들이 저술한 것으로 잘못 여겨진 문서들은 예수님의 천상의 기원과 관계들, 타락과 구속 안에서의 인간의 본성, 이생과 하늘 사이의 병렬적 실재들 등과 같은 것을 추측하는 데 그들의 거의 모든 주의를 기울인다.[45]

부분적인 예외는 더 최근에 발견되고 극히 최근에 출판된 유다복음(Gospel of Judas)이다. 이 책은 실제로 서술 형태로 되어 있으며 비록 단편적인 형태로 되어 있지만 유다복음은 예수님 생애의 마지막 주간에 있었던 선택적인 사건들만을 다룬다. 그리고 이레니우스(2세기 말 프랑스 리용의 감독)의 저서물들에서 우리가 이미 숙지했듯이, 유다복음은 유다를 그리스도를 배신한 악한이 아닌 영웅으로 만든다. 이 땅에서의 그의 불명예스러운 마지막에도 불구하고 그는 하늘에서 승격될 것인데 **누군가 예수님을 권위자들에게 넘겨주어야 했고 그렇게 해서 예수님은 세상의 죄를 대속해야 했기 때문이다**. 물론 이 논리는 결함이 있는데 왜냐하면 무수하게 많은 다른 경로들을 통해서 예수님은 사망에 이르시게 될 수 있었기 때문이다. 그리고 그것은 고대 영지주의자들 중에서도 극소수의 의견을 대표하는 것이다.

2006년 미국지리학협회(National Geographic Society)에 의해 놀랍게도 선동적이고 때때로 부정확하게 소개된 이 복음서의 내용에도 불구하고,[46] 매우 자유주의적이고 비기독교 성경 학자들조차 이 책이 사건들의

---

45 특히 Majella Franzmann, *Jesus in the Nag Hammadi Writings* (Edinburgh: T & T Clark, 1996)를 보라.
46 Rodolphe Kasser, Marvin Meyer and Gregor Wurst, eds., *The Gospel of Judas* (Washington, D.C.: National Geographic Society 2006).

원래 버전을 반영할 가능성은 전혀 없다고 재빨리 인정한다.[47]

4) 다른 외경 복음서들

2세기 중반부터 기독교에서는 다른 "복음서들"도 등장하게 되었다. 많은 외경 복음서들이 남아 있게 되었는데, 어떤 책들은 부분적인 형태로만 남아 있는 반면에, 다른 책들은 단지 다양한 초기 기독교 저자들이나 때로 그들의 적수들이 그 책들을 언급했기 때문에 알려지게 되었다. 이러한 도서들의 대부분은 신약의 독자들이 복음서 기록 안에 존재하는 "간격들"(gaps, 틈새)에 대해 갖는 자연스러운 호기심을 만족시켜 주는 것처럼 보인다. 아이인 예수님은 어땠을까? 콥틱어 도마복음(*Coptic Gospel of Thomas*)과 혼돈되지 말아야 할 도마의 유아기복음(*Infancy Gospel of Thomas*)은 예수님을 "천재 소년"으로 묘사하는데 그는 찰흙에서 새를 빚고 그 새들에 생명의 호흡을 불어넣어 새들이 날아가게 하거나 험악하게 자신을 놀리는 것을 멈추기 싫어했던 놀이 친구를 말려 죽인다.

야고보의 원복음(*Protoevangelium of James*)은 "마리아의 무오수태"(immaculate conception)에 대해 기술하고 있는데 이는 마리아의 부모가 그녀를 임신했을 때 그들이 음욕에서 완전히 자유했었기 때문에 마리아를 무오하도록 해 준다는 믿음이다. 외경들은 또한 **진정한** 처녀 출산을 묘사하며 예수님이 마리아의 자궁에서 나온 후에도 산파들은 그녀의 처녀막이 찢어지지 않은 것을 확인해 주기까지 했다!

예수님 생애의 다른 끝에서 니고데모복음(*Gospel of Nicodemus*)은 예수님이 지옥으로 내려간 이야기를 담고 있는 반면, 베드로복음(*Gospel of Peter*)은 부활 이야기를 윤색하는데 예수님은 두 명의 천사를 양쪽에 대동하여 무덤에서 나타나며, 천사들의 머리는 하늘을 향해 닿아 있고 그리스도의 머리는 하늘을 뚫고 들어가기까지 했다! 이 문서들이 이 문서에서 주장하는 사람들로부터 유래되었다거나 이 문서들이 신약에서 발

---

47 예를 들면, Bart D. Ehrman, *The Lost Gospel of Judas Iscariot: A New Look at Betrayer and Betrayed* (Oxford: Oxford University Press, 2006), 172-173.

견되지 않은 진정한 역사적 사건들을 반영하는 것이라고 믿어줄 진정한 역사학자들은 거의 아무도 없다.[48]

여전히 고대에서 기원한 것처럼 잘못 제안되는 다른 문서들도 종종 있는데 사실 그 문서들은 중세나 더 최근에 저술되었는데도 말이다. 바나바복음(Gospel of Barnabas)은 중세 이슬람 작품으로 명백하게 이슬람 교리를 가르치며 몇몇 부분에서는 쿠란과 모순되기조차 한다(예를 들면 그리스도의 메시아되심을 부인함).[49] 좀 더 정통적인 기독교 본문들은 예수님을 반대하여 재판 과정에 참여했던 유대인과 로마인 지도자들에 의해 기록된 한 번도 공개되지 않은 문서를 공개하는 것이라고 주장하기도 한다(가장 주목할 만한 것으로 19세기 작품인 『아르치코 문고』[Archko Volume]라고 불리는 순수 현대 소설이 있다).

몰몬경은 특히 19세기 초기에 신학적으로 문제가 되었던 이슈를 언급하는데 유럽인 이주자들로부터 전도되기 전 미국 인디언들의 운명에 대한 것이다. 그리스도가 등장하기 이미 수 세기 전 미국 양 대륙으로 이주했던 유대인들과 그 자손들의 공적에 대한 오랫동안 감추어져 있던 이야기이며 또한 이스라엘에서 죽고 부활한 지 얼마되지 않아 예수님이 미대륙으로 와서 사람들에게 추정상 출현한 이야기이다. 퍼 베스코우(Per Beskow)는 이런 종류의 많은 이야기와 유사한 이야기들의 참된 유래를 논의한다.[50]

---

48 모든 비정경적 복음서들에 대한 입문서의 표준비평 영어 번역으로서 우리에게 지금 알려진 것은 Wilhelm Schneemelcher, ed., *New Testament Apocrypha*, vol. 1, 2 and ed. (Louisville: Westminster John Knox, 1991)가 있다. 정경적 본문보다 더 오래되고 더 신뢰할 수 있다고 베드로복음의 부분을 유일하게 변호하는 사람으로는 John Dominic Crossan, *The Cross That Spoke: The Origins of the Passion Narrative* (San Francisco: Harper & Row, 1988)가 있다.

49 Oddbjorn Leirvik, "History as a Literary Weapon: The Gospel of Barnabas in Muslim–Christian Polemics," *Studia Theologica* 54 (2001): 4–26; Jan Joosten, "The Gospel of Barnabas and the Diatessaron," *Harvard Theological Review* 95 (2002): 73–96.

50 Per Beskow, *Strange Tales About Jesus: A Survey of Unfamiliar Gospels* (Philadelphia: Fortress, 1983).

신약의 몇몇 부분들에 대해 의심하는 경향이 있는 사람들은 이러한 외경적 출처들에 일말의 확신을 둘 역사적 근거가 전혀 없다는 것을 적어도 우리는 주장할 수 있을 것이다.

규범적인 역사학적인 기준을 다수 활용한 신약과 영지주의/외경 복음서들의 신속한 비교는 놀랄 만큼 효과적인 것으로 증명되었다. 정경 본문들은 모두 1세기에 기원하였고, 예수님 생존 당시의 목격자들로부터 두 세대는 지났기 때문에, 적어도 두 세대 후인 2세기 중반보다 더 빨리 유래한 것으로 입증될 수 있는 다른 복음서는 아무것도 없다. 대부분은 1세기에서 5세기 후에 나왔다! 정경 복음의 문학장르는 역사기록학(historiography)과 전기(biography)와 아주 비슷한 데 반하여, 짧게 동강이 난 이야기 이상을 포함하는 영지주의 본문은 단 하나도 없고, 대부분은 그런 짧은 내용도 결여되어 있다. 외경 본문들은 전형적으로 연결된 산문으로 기록되어 있지만, 예수 생애나 사역의 아주 근소한 부분 이상을 다룬다고 주장하는 외경 본문은 전혀 없다.

도마복음에서 약간의 요소들만 제외하고는 조화의 문제가 전혀 없는데 왜냐하면 외경에서 예수님이 말하거나 행동하는 종류의 것들은 정경에 등장하는 예수님의 그것과 너무나도 다르기 때문에 어떤 것을 받아들일지를 (두 가지 중 하나라면) 반드시 선택해야만 하기 때문이다. 둘 다 옳을 수는 없는 것이다! 정경의 복음서들은 나사렛 예수가 인간이었다는 것에 대해서는 어떠한 의혹도 남기지 않는다. 단지 예수님의 추종자들이 고민했던 이슈는 예수님의 가르침과 기적에 대해 어떻게 설명하는가에 대한 것이었고 그들은 시간이 갈수록 신성을 나타내는 언어를 사용하지 않을 수 없었다는 것이다.

영지주의 복음서와 적어도 외경 복음서들의 일부는 그리스도라 칭해지는 영적인 존재인 이 신(deity)에 대해서는 의문의 여지가 없지만, 그 영이 한 번이라도 완전한 인간이었을지의(또는 계속 완전한 인간이었을 수도 있는) 여부에 대해서는 의문의 여지를 많이 둔다. 영지주의 복음서나 외경 복음서들을 조금이라도 특징짓는 부분들을 위한 고고학적 확증은 전혀 없는데, 왜냐하면 그것들의 내용 대부분은 어떤 구체적인 장소에 결부된 사건들이나 또는 발언들을 포함하지 않기 때문이다. 영지주의 복음서나 외경 복음서들을 지지하는, 비기독교 출처들에서 유래된 증언은 전혀 없는데 특히 다른 사람들의 주의를 끌 만큼 그것들은 충분히 잘 알려지지 않았었기 때문이다.[51]

사람들이 신약의 메시지를 받아들이는 데 있어서 자주 걸림돌로 확인되는 남아 있는 두 가지 핵심적인 반론들을 다루려 하는 시점에서 이러한 모든 관찰들은 결정적으로 중요함이 입증된다.

4. 남은 문제들

1) 본문과 정경의 문제

나는 이런 종류의 질문들을 자주 접하곤 한다. 우리가 갖고 있는 것이 정경 복음서의 저자들이 처음으로 기록한 것이라는 것을 우리는 도대체 어떻게 아는가? 성경 본문들은 너무나도 여러 번 복사되었기 때문에 너무나도 많은 실수가 허용되어서 마태, 마가, 누가와 요한이 처음 기록한 내용은 판이하게 달랐을 수도 있지 않은가? 거기다 모든 다른 번역본들을 더해 보라. 특히 영어만 해도 고대 헬라어에서 번역된 것인데 단연코 더 많이 변질되었다. 그렇지 않은가? 그리고 이 첫 번째 질문군이 대답될 수 있다고 하더라도 신약정경에 포함된 복음서들은 단지 교회 정치(ecclesiastical politics)의 산물들이라는 것이 사실이지 않은가?

정통 기독교가 궁극적으로 영지주의를 이겼기 때문에 우리는 아주 다른 어떤 것 대신에 지금의 성경을 갖고 있는 것인가. 그래서 그 복음서들만이 믿음과 행위를 위해 독특하게 영감을 받은 권위적인 출처들이

---

51 Craig L. Blomberg, "Canonical and Apocryphal Gospels: How Historically Reliable Are They?" *From Athens to Jerusalem* 6, no. 3 (2006): 1-7을 보라. 한 가지 예외는 유아기복음(Infancy Gospel)의 기적 중 하나가 쿠란에 언급되어 있기에 Muhammad가 접촉했던 적어도 몇몇 기독교인들의 비정통성에 대해서는 확인해 주고 있는 것이다.

라고 누가 주장할 수 있겠는가? 이 첫 번째 질문군은 성경 본문과 번역의 문제를 다루고 두 번째 질문군은 정경의 형성과정에 대해서 다뤄보겠다. 각각의 질문군을 차례로 간략하게 살펴 보도록 하겠다.

2) 성경 본문과 번역

구텐베르크 이전의 신약의 일부 혹은 전체를 손으로 기록한 5700개 이상의 헬라어 사본들이 존재하고 있다. 이 헬라어 사본들은 몇 구절을 적은 조각부터 신약 전체 사본에까지 이른다. 2세기 초기로 시작하여 15세기 인쇄기 발명에 이르기까지 시간이 지남에 따라서 본문의 공급원들은 (대표된 본문의 수와 양에 있어서) 계속적으로 증가하였다. 대체적으로 성경 본문들은 놀랄 만큼 주의를 기울여 필사되었다. 대부분 도입된 변이들은 철자 변이(variant spellings), 의도적이지 않은 누락(accidental omission) 또는 한 글자의 반복, 한 단어를 동의어로 교체하기 등과 같은 것이었다.

다양한 신학적 종류의 본문 비평가들은 거의 모두는 우리가 대략 신약의 97% 이상 정도를 일말의 합리적인 의심의 여지없이 재구성할 수 있다고 동의한다. 그리고 그 어떤 기독교 믿음이나 교리도 본문적으로 반론이 제기된 구절에만 전적으로 의존하지 않는다는 것은 확실한 사실이다. 원작자가 무엇을 기록했는지를 우리가 아는 것을 확신할 수 있다는 측면에서 볼 때, 모든 이러한 요인들은 신약의 책들을 고대 세계에서 기록된 모든 다른 작품으로부터 구별시킨다.[52]

바트 얼만의 『성경왜곡의 역사』(*Misquoting Jesus*, 각주 28번 참고)는 더 호기심을 자극하고 함축성 있는 몇 개 안되는 소수의 본문적 변이들

---

52 비교 통계의 샘플을 위해서 Darrell L. Bock and Daniel B. Wallace, *Dethroning Jesus: Exposing Popular Culture's Quest to Unseat the Biblical Christ* (Nashville: Nelson, 2007), 31을 참고하거나 J. Ed Komoszewski, M. James Sawyer and Daniel B. Wallace, *Reinventing Jesus: What The Da Vinci Code and Other Novel Speculation Don't Tell You* (Grand Rapids: Kregel, 2006), 71을 보라.

(textual variants)만 전적으로 집중하기로 선택한다. 그래서 그의 책은 부주의한 독자들로 하여금 그런 변화들이 실제 사실보다 더 빈번하게 발생했다고 생각하도록 오도할 수 있다. 그러나 얼만조차도 나중 변화들로부터 가장 원문이라고 여겨지는 본문을 걸러낼 수 있을 만큼 우리에게 충분한 본문 증거가 있다고 인정한다.

번역에 대해 말하자면, 모든 주요 영어 번역본들에서 찾아볼 수 있는 차이점들은 그저 언어 철학이 다른 것에 불과하다. 번역이 얼마나 문자적인가 아니면 우회적인가(또는 더 전문적으로 말하면 얼마나 형식적인 혹은 역동적인 등가[equivalent]인가)에 대한 것이다. 주요 성경 12개를 어느 것이나 비교해 보면 전체적인 차이는 놀라울 만큼 국부적이라는 것을 명백히 보여주며, 다시 반복하지만 믿음에 대한 모든 기본적인 내용들은 이러한 모든 번역본들에 분명히 나타난다.[53]

3) 신약정경의 형성과정

이미 2세기 중반에 기독교 저자들은 정경적이라고 여겨지는, 즉 유례없이 정확하고 권위 있어서 히브리 성서(기독교인들이 구약이라고 부르게 된)에 필적할 만한 도서들의 목록들을 수집하기 시작했다. 처음에는 주로 비정통적 가르침들인 영지주의의 다양한 분파들이 육성되고 있는 것에 대한 반응으로 일어났다. 그러나 흥미로운 것은 영지주의자들 스스로가 영지주의의 독특한 문서들 중 그 어떤 문서도 어느 정경 속이나, 그들의 책 속에 혹은 다른 누군가의 책 속에 포함시키기 위해 제안한 기록이 전혀 없다는 것이다.

대신 영지주의자들은 그들의 독특함을 뒷받침하게끔 신약 문서들을 재해석하려고 시도했는데 신약 문서들에 독특하게 부여된 권위를 그들

---

53 특히 Gordon D. Fee and Mark L. Strauss, *How to Choose a Translation for All Its Worth: A Guide to Understanding and Using Bible Versions* (Grand Rapids: Zondervan, 2007)를 보라. 이 원칙의 유일한 예외는 여호와의 증인의 New World Translation으로 그들의 교리를 반박하는 부분들에서는 헬라어를 오역함으로써 그들의 교리를 독자들로부터 은폐한다.

이 인식했기 때문이다. 몇 세기가 흐르면서 주후 367년까지 신약에 대해 일치하는 책들의 숫자가 증가하게 되었고 알렉산드리아의 감독인 아타나시우스(Athanasius)는 그의 부활절 회칙에서 그 이후로 줄곧 정경을 구성해 온 27개의 목록을 작성했다. 4세기 말 북부 아프리카의 카르타고와 히포에서 열린 두 번의 세계 공의회에서 이에 대한 공통적 합의를 비준했다.

우리가 아는 한, 네 개의 복음서들과 사도행전 그리고 바울의 서신서들에 대해서 심각하게 의문이 제기된 적은 한 번도 없었다. 유일하게 의미심장한 논쟁은 히브리서, 야고보서, 베드로후서, 요한이서, 요한삼서, 유다서와 요한계시록에 대한 것이었다. 그리고 신약에 포함되기 위한 매우 중대한 후보자로 고려되었다가 탈락된 책들도 서신들이었는데 구체적으로는 2세기부터 있었던, 대체적으로 정통 기독교 저술 모음집에서 유래한 사도적 교부들의 저술로 알려진 서신서들을 말한다. 그때조차도 제외된 서신들보다는 가장 미약하게 지지받았던 서신들 중에 "정경 안에 들어가게 된" 서신들에 대해 상당히 더 많이 열광했다.

이런 저술가들, 교회 지도자들이나 공회들은 어떤 영향력을 줄 만한 방법으로 영지주의적 혹은 외경적 자료들을 "제압하지" 않았는데 왜냐하면 어떤 정경이 한 번이라도 영지주의적 혹은 외경적 자료들을 포함시켰다는 증거가 전혀 없고, 정경화(canonization)를 위해 누군가가 그 내용을 제안한 적도 없을 뿐 아니라 누군가가 제안했다고 하더라도 정경 포함을 위한 심각한 후보자로 고려될 만큼 영지주의적 혹은 외경적 자료들이 충분히 광범위하게 알려지지도 않았기 때문이다.

사실 영지적이거나 외경적인 자료들은 초대교회에 의해 사용된 세 가지 주요 기준 모두에 불합격했을 것이다. 초대교회는 정말 문자 그대로 때로 죽음도 불사할 책들을 선택했는데 적용한 주요 기준 세 가지는 사도성(apostolicity: 책이 사도에 의해 또는 사도와 가까웠던 동료에 의해 기록되는 것), 정합성(coherence: 이미 받아들여진 성경과 모순되지 않는 것)과 보편성(catholicity: 초기 기독교 공동체의 모든 주요 분파 내에서 특히 적절하고

규범적인 것으로 광범위하게 받아들여지는 것)이다.[54]

5. 기적과 부활

우리가 이미 긍정한 것의 많은 부분에 대해 잠재적으로 호의적인 어떤 독자들에게 있어서 주요 걸림돌은 초자연적인 것에 대한 질문이다. 나머지 증거가 아무리 강력하다고 할지라도 우리는 정경적 복음서들처럼 기적적인 이야기들로 가득찬 어떤 문서들의 역사적인 주장들을 심각하게 고려할 수 있겠는가? 그리고 특히 모든 기적들 중에서 가장 극적인 기적으로 주장되는 예수님의 부활의 진실성에 너무나도 많은 것이 달려있을 때 말이다.

이 질문에 대한 가장 큰 부분은 이 소논문의 범위 밖에 놓여 있는데 왜냐하면 그것은 세계관이라고 하는 훨씬 더 폭넓은 질문을 개입시키기 때문이다. 먼저 이 우주를 애초에 창조하신 하나님을 믿을 이유가 존재하는가? 만일 그런 이유가 존재한다면 기적은 거의 틀림없이 선험적으로 가능하게 되며 아마도 정말 그럴 것이다. 과학은 우주가 원인과 결과의 닫힌 연속체라는 것을 진실되게 입증했는가? 만일 그렇다면 우리는 기적적인 것들을 반드시 제외시켜야 하는데 적어도 우리가 정상적으로 사고했을 때는 그렇다.[55] 이러한 이슈들은 다른 곳에서 반드시 철저하게 숙고되어야 한다.

우리가 이 연구의 결론에 이르러 주목할 수 있는 것은 다른 고대문서들은 때로 기적 관련 서술들을 내포한다는 것이다. 기적 관련 서술들은

---

54 이 역사의 전체적인 세부사항을 위해서는 특히 F. F. Bruce의 *The Canon of Scripture* (Downers Grove, IL: InterVarsity Press, 1988)를 보라. 서력기원 초기의 신약 모음의 다양한 목록과 일람표를 위해서 *The Canon Debate*, ed. Lee M. McDonald and James A. Sanders (Peabody, MA: Hendrickson, 2002), 591-597의 부록 D를 참고하라.

55 Graham A. Cole, "Do Christian Have a Worldview?" Christ on Campus Initiative, 2007을 보라. 〈http://henrycenter.org/files/cole.pef〉에서 읽을 수 있다.

초자연적인 것에 대한 역사학자들의 견해가 어떤 것이든지의 여부와 상관없이 역사학자들로 하여금 기적 서술들의 다른 많은 부분들에서 균형 잡힌 역사적 세부사항을 발췌하는 것을 저지하지 않는다.

인상적인 예로는 줄리어스 시저가 그를 황제가 되게 하고 공화국을 제국이 되도록 한 내전을 일으키도록 루비콘 강을 건너는 것에 대한 4개의 기존 서술들이 있다. 고대 지중해 출처들에서 발견된 사건들 중에서 가장 역사적인 (그리고 역사상 중요한) 것으로 자주 시사되지만, 그럼에도 불구하고 이 이야기의 어떤 서술들에서는 기적적인 유령이 동반된다 (신약복음서들의 문제들과 놀랄 만큼 병렬을 이루는 조화와 연대 추정의 문제들과 더불어). 그럼에도 초자연적인 것을 부인하는 고전학자들은 여전히 이 모든 서술들을 통하여 실질적인 역사적 정보를 자신있게 찾아낸다.[56]

초자연적인 것에 열려 있는 성경학자들은 이중 잣대를 채택한다고 자주 비난받는다. 즉 성경학자들은 성경에 나오는 다양한 기적 관련 이야기들은 용납하겠지만 고대사의 다른 작품들에 등장하는 기적 이야기들은 용납하지 않을 것이라는 것이다. 만일 성경학자들이 그런 판단을 하는 유일한 논리적 근거가 다양한 이야기들이 등장하는 자료의 출처에만 근거한 것이라면 이것은 정말 이중 잣대가 될 것이다. 그러나 자주 성경적 서술들을 위한 확증적 증거가 단지 더 강력하기 때문이다.[57]

반면에 역사를 통틀어 수많은 시점에서 진정성의 엄격한 기준을 통과한 소수의 기적 관련 주장들이 존재하며 기독교 학자들이라고 해서 그런 기준을 용납하지 말아야 할 이유는 전혀 없다. 성경의 하나님은 그의 백성이 아닌 사람들을 통해서도 자주 일하신다. 또한 인간의 제조와 악마적 영향력도 명백한 기적-제조 능력의 가능한 출처들이다.[58]

---

56 Paul Merkley, "The Gospels as Historical Testimony," *Evangelical Quarterly* 58 (1986): 328-336.

57 복음서들을 위해서는 특히 Graham H. Twelfree, *Jesus the Miracle Worker* (Downers Grove, IL: InterVarsity Press, 1999); Rene Latourelle, *The Miracles of Jesus and the Theology of Miracles* (New York: Paulist Press, 1988)를 보라.

58 더 나아가 Joseph Houston, *Reported Miracles: A Critique of Hume* (Cambridge: Cambridge

게다가 정경 복음서의 기적들과 거의 유사한 병렬적 내용들이 얼마나 자주 **후기** 유대나 그리스-로마 출처들에 등장하는지를 관찰하는 것은 의미심장하다.[59] 그렇기 때문에 만일 어떤 전통이 다른 전통에 영향을 미쳤다면, 이는 다른 것이 기독교를 후에 "흉내낸 것"이다. 명백히 기독교 이전 전통들은 신약 복음서들의 기적들과 극히 유사한 표현들을 전혀 소개하지 않는다.[60]

부활의 주제를 개별적으로 충분히 제대로 다루기 위해서는 전적으로 새로운 소논문이 또 필요하게 될 것이다. 그러나 우리가 여기서 최소한 주목할 수 있는 것은 예수님이 실제적으로 육체를 입고 다시 살아 돌아오지 않았다면 설명하기 매우 힘든 반박의 여지가 없는 역사적인 사실들이 몇 가지 있다는 것이다.

1. 어떻게 패배를 경험한 작은 무리의 예수님 추종자들이 거의 하루아침에 담대한 증인들로 변화되어, 50일 전에 예수님의 십자가형에 가담했던 동일한 많은 사람들 앞에서 목숨을 걸고 예수님의 육체적 부활을 선포할 수 있었는가?
2. 무엇이 헌신적인 유대인들의 한 그룹에 동기를 부여해서 그들이 영원히 불변하다고 믿었던 안식일(쉼과 예배의 날)을 토요일에서 주일로 바꾸도록 하였는가?
3. 왜 그들은 그들 증언의 모든 버전들에서 고대 법정에서는 대개 채택될 수 없는 증언으로 여겨졌던 여성들이 부활을 처음으로 목격한 주된 증인들이었다고 주장했는가?

University Press, 1994)을 참고하라.
59 예컨대 Philostratus, *Life of Apollonius of Tyana* 그리고 Hanina ben Dosa 또는 원을 그리는 Honi, 영지주의 구속자 신화, 그리스-로마의 "신성한 남성들"과 로마 미트라이즘(Mithraism)에 대한 더 일반적인 탈무드식 이야기들이다.
60 Ronald H. Nash, *The Gospel and the Greeks: Did the New Testament Borrow from Pagan Thought?* 2nd ed. (Phillipsburg, NJ: P&R Publishing, 2003); Eric Eve, *The Jewish Context of Jesus' Miracles* (London: Sheffield Academic Press, 2002)를 참고하라.

4. 무엇이 그들로 하여금 신명기 21:23에 비추어 보면 하나님의 저주를 나타내는 것으로 이미 해석된 바 있는 십자가형에 의한 예수님의 죽음에도 불구하고, 예수님이 주(Lord)이며 해방자라고 선포하게끔 하였는가?
5. 어떻게 말세가 되어서야 모든 사람들이 죽은 자 가운데서 동시에 다시 살리심을 받을 것이라는 유대적 기대(단 12:2)가 심판날보다 앞서서 그리고 총체적 부활과는 독립적으로 예수님이 다시 살리심을 받았다고 선포하도록 허용했는가?

신약에서 자세히 서술된 서술들을 용납하는 것보다 기독교의 처음 몇 년간 있있던 부활 전통의 부상에 대한 다양한 대안적 서술들을 믿는 것에 더 큰 믿음이 요구된다.[61]

6. 왜 이것이 중요한가: 역사적인 예수님의 영속적 중요성

만일 정경적 복음만이 진실된 인간상으로서의 나사렛 예수의 삶과 사역에 대한 가장 기본적인 개요 이상을 보여주는 우리의 유일한 출처로 지속된다고 가정해 보자. 그리고 만일 어떤 종교적인 믿음과는 별개로 순전히 역사적인 근거에 입각해서 그들이 그려낸 예수님 자화상의 주된 윤곽들을 역사적으로 신뢰할 만한 것으로 용납할 견실한 이유들이 존재한다고 가정해 보자. 그렇다면 예수님을 주와 구세주로 인정하며 또 예수님에게 충성하기 위해 한 개인의 생애를 그에게 위탁하는데 필연적으로 포함되는 "믿음의 행보"(step of faith)는 한 개인이 예수님의 사역에 대하여 할 수 있는 가장 합당한 반응을 하는 것이다.

---

61 특히 N. T. Wright의 The Resurrection of the Son of God (Minneapolis: Fortress, 2003)과 Larry W. Hurtado, Lord Jesus Christ: Devotion to Jesus in Earliest Christianity (Grand Rapids: Eerdmans, 2003)를 참고하라.

역사가 이런 복음서들에 있는 모든 것을 확증할 수는 없겠지만 역사는 충분하게 뒷받침해 줄 수 있다. 그래서 더 난해한 질문들이 발생하는 영역들에서 의심보다는 신뢰의 정신이 자연스럽게 유지되도록 한다. 삶이 더 선하게 변화된 증언을 갖고 있는 수백만의 기독교인들의 간증은, 종종 역사상 예수님의 이름으로 자행한 더 수치스러운 행동에 책임이 있는 비교적 소수의 신자들보다도 언론의 관심을 훨씬 더 끌지는 못하지만, 우리 스스로를 예수님에게 연합시키기로 선택하는 그 가치를 강력하게 경험적으로 확인해 준다.

  죄사함을 받고, 하나님과 올바른 관계에 놓이는 것, 영원무궁한 중요성을 갖는 이 생에서의 한 개인의 소명을 이해하는 것 그리고 다가올 생애에서 그리스도 안에서의 하나님의 바로 그 임재 안에서 그리고 오랜 세월 동안 그분의 모든 백성들과 더불어 무궁한 행복을 누릴 것을 학수고대하는 것 모두는, 그런 헌신이 때때로 이 세상에서 유발할 수 있는 수치, 고통과 순교에도 불구하고 한 개인이 자신을 예수님에게 의탁할 수 있는 강력한 동기부여를 제공한다.

  하나님은 믿음을 강요하는 것과 사람들이 거부하는 것(그분 자신과 구원을 포함하여)을 주는 것을 거절하신다. 바로 그렇기 때문에 하나님과 모든 선한 것들로부터 영원히 분리되는 대안은 이 생에서 경험하는 그 어떤 못마땅한 것이나 불쾌한 것도 무색하게 만든다. 더군다나 하나님은 믿음을 강요하지도 않으시고, 사람들이 거부하는 것은(그분 자신과 그분의 구원을 포함하여) 결코 억지로 주려고 하지 않으시기 때문이다.

20장

예수 그리스도의 주장, 자격증명과 업적

그리스도를 교수형에 처한 사람들은(그들을 공정하게 평가해 보자면) 한 번도 예수님이 지루한 사람이라고 비난한 적은 없었다. 반대로 그들은 예수님이 안심하기에는 너무 역동적이라고 생각했다. 나중 세대들은 엄청나게 충격을 주는 그분의 성격을 자기들 마음대로 무디게 만들었고 그분에게 지루한 분위기를 덧입혀버렸다. 우리는 유다지파 사자의 발톱을 아주 솜씨있게 잘라내고, 그분이 "온유하고 유순하다"고 확인해 주었다. 그리고 우리는 그분을 나의 많은 목회자들과 독실한 노부인들 집에 잘 어울리는 애완동물로 추천했다.

도로시 세이어즈(DOROTHY SAYERS)[1]

예수님이 고대 팔레스타인에서 처음으로 소동을 일으키기 시작했을 때부터 예수 그리스도의 정체성에 대한 논쟁은 수그러들지 않고 계속되어 왔다.[2] 전통적인 의견에서부터 시작하여 참신한 것과 이단적인 의

---

[1] Dorothy Sayers, "The Greatest Story Ever Staged," in *The Whimsical Christian 18 Essays by Dorothy Sayers* (Grand Rapids: Eerdmans, 1978), 14.

[2] 이 장에서 다루는 내용의 일정 부분은 원래 Douglas Groothuis, *Jesus in an Age of Contro-*

견에 이르기까지 모든 사람은 예수님에 대한 의견을 갖고 있다. 스티븐 프로테로(Stephen Prothero)가 주장하듯 "창세기에서 하나님은 사람들을 하나님 자신의 형상에 따라 창조하신다면 미국에서 미국인들은 예수님을 그들 마음대로 계속해서 창조해 왔다."[3]

예수님이 그의 제자들에게 물으셨다. "사람들은 인자의 아들을 누구라고 하느냐?" 그의 제자들은 어떤 이들은 그를 세례자 요한이라고 하고, 다른 이들은 엘리야라고 하고 또 다른 이들은 그를 예레미야나 선지자들 중 한 분이라고 말한 사람도 있다고 전했다. 그런 다음 예수님은 물으셨다. "그러면 너는 어떠냐?…너희는 나를 누구라고 하느냐?" 베드로는 대답했다. "주는 그리스도시요 살아 계신 하나님의 아들이시니이다"라고 대답했다(마 16:13-16; 참고 막 8:28; 눅 9:18-20). 이 질문은 그때 이후로 계속해서 반향을 불러일으켜 왔다. 존 스토트(John Stott)가 주목했듯이 우리는 반드시 예수님과 **무엇인가를** 해야 한다. 예수님이 우리에게 자신을 주와 구세주로 소개하시기 때문에 우리는 어떻게든 그분에게 반드시 인격적으로 반응해야만 한다(요 14:1-6).[4]

이 장은 신약 전체에 드러난 예수님의 이야기와 그의 유일무이하고 필적할 데 없는 정체성에 집중한다. 그렇지만 게리 하버마스(Gary Habermas)와 로이스 그루언러(Royce Gruenler)에 의해 지지된 "최소 사실"(minimal-facts) 접근법을 통하여 우리는 그리스도의 신성에 대한 강력한 사례를 제시할 수 있다.[5] "최소 사실"은 신약성경에 나오는 사실적 주장들의 부분집합(subset)으로 가장 급진적인 신약 비평가들조차도 사실로

---

versy (Eugene, OR: Harvest House, 1996)에 처음으로 등장했다.

3 Stephen Prothero, *American Jesus: How the Son of God Became a National Icon* (New York: Farrar, Straus & Giroux, 2004), 298.

4 John Stott, "The Hound of Heaven," in *Why I Am a Christian* (Downers Grove, IL: InterVarsity Press, 2000).

5 Gary Habermas, *The Risen Jesus and Future Hope* (Lanham, MD: Rowman & Littlefield, 2003), 3장 그리고 Royce Gruenler, *New Approaches to Jesus and the Gospels* (Grand Rapids: Baker, 1982)를 보라.

받아들이는 본문들로 구성되어 있다.[6]

이러한 본문들만으로 예수님이 자신에 대해 비범한 주장을 한 것을 입증한다. 그루언로는 예수님 당시의 유대인 공동체나 초대교회에 공통적이었던 생각들과는 다른 예수님의 열다섯 가지 발언들을 분리시켰다. 이 기준은 예수님이 실제적으로 한 많은 발언들도 배제한다. 이렇게 과도하게 촘촘한 필터(overly stringent filter)를 고려하더라도, 이러한 발언들은 예수님이 이전의 종교적 인물이나 미래의 그 어떤 종교적 인물보다도 자신을 더 위대하게 여겼음을 보여준다. 또한 예수님이 죄의 용서를 선포하고, 역사의 종말에 세상을 심판하고 심지어 예배조차 받을 수 있게 하는, 하나님이 가진 바로 그 권위를 자신이 소유했다는 것을 믿으셨다는 것을 보여준다. 진정성에 지나치게 제한된 원칙이 제시되었음을 고려하더라도, 예수님에 대한 높은 견해는 후대의 교회가 고안한 것이 아니라 예수님 자신의 자아상(self-image)에 뿌리박고 있다.[7]

그러나 예수님을 이해하기 위해서는 이야기를 토막내기보다는 전체 이야기 스스로가 말하기를 나는 선호하는데, 왜냐하면 예수님의 믿음과 행동 그 자체가 변증이기 때문이다. 많은 사람들은 복음서들 안에서 발견된 예수님 생애의 이야기들만 읽고도 기독교인들이 되어 왔다.[8]

나는 19장에서 이런 복음서들의 신뢰성에 대해 이미 논의했기 때문에 내가 무단으로 본문을 인용하는 것이 아니다.

각 복음서는 특색있는 예수님의 자화상을 제공한다.[9] 예수님의 초기

---

6 나는 22장에서 예수님의 부활을 위한 논증에서 "최소 사실" 접근법을 사용할 것이다.
7 Gruenler, *New Approaches*, 1부.
8 Mark Gabriel에게도 이런 일이 일어났다. 이슬람에 환멸을 느낀 그는 마태복음을 읽고 예수님을 주와 구세주로 즉시 인식하게 되었다. Mark Gabriel, *Jesus and Muhammad* (Lake Mary, FL: Charisma House, 2004).
9 어떤 이들은 복음서 이야기가 서로 모순된다고 주장했다. 하지만 이것은 전혀 확실하지 않은 주장이다. 사실 성경 학자들은 복음서들을 설득력 있게 조화시켜 왔다. 한 예로 Craig Blomberg, *The Historical Reliability of the Gospels*, 20th anniv. ed. (Downers Grove, IL: InterVarsity Press, 2007), 4부를 보라.

생애를 간략하게 논의한 이후에 복음서들은 그의 가르침과 사역을 자세하게 제시하며 십자가 처형에 이르기까지 지상에서 그의 삶의 마지막 며칠에 대해서는 아주 세세한 부분까지 다룬다. 따라서 복음서는 집중된 전기(focused biographies) 또는 정제된 보고서(distilled reports)이다. 역사적 사실은 신학적 메시지에 결코 부차적이지 않고 신학적 메시지에서 제거되면 절대 안 된다. 오히려 장갑이 손에 잘 맞는 것처럼, 역사적 사실은 신학적 사실과 잘 맞는다.

1. 처녀 잉태와 예수님의 탄생

마태복음은 "헤롯 왕 때에 예수께서 유대 베들레헴에서 나시매"(마 2:1)라고 말하며 예수님을 정면으로 역사 속에 설정한다. 마태복음 1:18-25; 누가복음 1:26-38은 예수님은 인간 아버지의 중재 없이 성령이 그의 어머니 마리아를 덮어 감쌌을 때 잉태되었다고 전한다.

유일무이하고 초자연적인 예수님의 인간적 기원은 그분을 모든 다른 이들로부터 두드러지게 한다.[10] 그는 죄성 있는 인간의 본성을 물려받지 않았다. 그의 인간적 유래는 자연적이었을 뿐만 아니라 초자연적이었다. 그럼에도 이 초자연적인 잉태는 외계 침입자에 의한 인공적인 침입이 아니었다. 초자연적 잉태는 부적절한 것이 아니었는데 왜냐하면 세상은 신이 정해 놓은 구원의 무대였기 때문이다.[11] 예수님은 초자연적인 기원과 참된 인간의 본성 두 가지를 갖고 있다. 그는 우리와 같은 사람이지만 또한 우리를 초월한 자이다.

처녀 잉태는 예수님이 가진 유일무이성에 대한 한 가지 중요한 측면이고 반드시 변론되어야만 한다(비록 현대의 많은 변증학적 서적들이 처녀

---

10 유사하게 부활도 그를 다른 이들로부터 구별시켰다(Bernard Ramm, *An Evangelical Christology: Ecumenic and Historic* [Nashville, TN.: Thomas Nelson, 1985], 69를 보라).

11 C. S. Lewis, *Miracles* (New York: Macmillan, 1960), 59를 보라.

잉태를 생략하고 있지만). 이 주장은 다른 종교들과 신화에 등장하는 신과 인간이 결합해 번식한다는 이야기들과 혼동되면 안 된다. 존 프레임(John Frame)은 다음과 같이 주목한다.

> **처녀 잉태의 개념**에 대한 명백한 병렬 본문을 이교도 문학에서는 찾아볼 수 없고 단지 신과 여자 사이의 성교에 기인한 출생만 있을 뿐이며(마태복음과 누가복음에서는 이런 암시를 전혀 찾아볼 수 없다), 결과적으로 반신반인이라는 존재를 낳게 되는 것이다(이것은 성경적 그리스도론과는 확연히 다른 것이다).[12]

프레임은 더 나아가 마태복음과 누가복음이 처녀 탄생 사건을 특정한 역사 속에 고정한 것처럼 모든 이교도 이야기는 탄생 사건을 특정한 역사 속에 고정 시키지 않았음을 주목한다.[13]

누가가 예수님에 대한 역사적 사실들을 면밀하게 연구했다고 제시하고 얼마 되지 않아(눅 1:1-4), 그는 처녀 잉태와 예수님의 탄생에 대한 논의를 시작한다. 누가가 이런 식으로 사실에서 신화로 전환하는 것이리라고 생각할 이유는 전혀 없다. 벤 위더링턴(Ben Witherington)은 마태복음과 누가복음의 두 서술 모두는 "처녀 잉태라는 가정이 없으면 무너진다. 게다가 예수님 기원의 신학적 중요성에 대한 두 사복음서 저자들의 논증은 두 저자가 갖고 있었던 처녀 잉태에 대한 역사적 실재라는 가정

---

12 John Frame, "The Virgin Birth," in *Evangelical Dictionary of Theology*, ed. Walter A. Elwell (Grand Rapids: Baker, 1984), 1145.
13 Ibid. 처녀 잉태의 성경적 관점의 독특성을 위해서는 Norman Anderson, *Jesus Christ: The Witness of History* (Downers Grove, IL: InterVarsity Press, 1985), 74-75를 보라. Ben Witherington은 70 페이지에서 처녀 잉태를 제안하는 것으로 보여지는 신약의 다른 본문 여러 개를 다룬다(Ben Witherington III, "Birth of Jesus," in *Dictionary of Jesus and the Gospels*," ed. Joel Green, Scot McKnight and I. Howard Marshall [Downers Grove, IL: InterVarsity Press, 1992], 70을 보라).

위에 기초하고 있다."¹⁴ 게다가 초대교회가 이 초자연적인 주장을 고안해 낼 이유는 없다. 비록 마태가 "처녀가 잉태해 아들을 낳고"(사 7:14)의 예언을 예수님이 성취하는 것을 말하고 있기는 하지만, 당시 유대인들은 처녀에게서 태어난 메시아를 기대하고 있지는 않았다. N. T. 라이트가 말하는 것처럼 말이다.

> 메시아가 처녀에 의해 태어날 것이라는 것을 제안하는 기독교 이전 유대 전통은 없었다. 아무도 마태가 그러기 전까지는 이사야 7:14을 이런 식으로 사용하지 않았다…유일하게 상상 가능한 병렬 본문들은 이교도들의 것으로서 이렇게 지독하리만큼 유대적인 이야기들은 당연히 그런 이교도 이야기들을 모방하여 만들어지지 않았다. 적어도 누가는 이 이야기를 말하는 것은 예수님을 이교도의 반신(demigod)으로 비춰지게 할 위험도 있었다는 것을 틀림없이 알았을 것이다. 이야기가 문자 그대로 진실되다는 것을 적어도 믿지 않았다면, 왜 예수님을 높이는 은유(exalted metaphor)를 위해서 굳이 이런 위험을 감수하려 했을까?¹⁵

기독교인들은 처녀 잉태를 위해 이교도 신화를 빌리지는 않을텐데 왜냐하면 그들은 당시에 있었던 이교도 사고와 비교하고 반대하여 자신들을 끊임없이 정의해 왔기 때문이다(참고 행 17:16-34; 고전 1-2장; 골 2:8).¹⁶ 초자연적인 출생들을 다룬 이교도 신화들은 아마도 복음서 이후로

---

14 Witherington, "Birth of Jesus," 70. 전체 내용은 ibid., 70-72를 참고하라.
15 N. T. Wright, "God's Way of Acting," *Christian Century*, December 16, 1998, 1215-1217.
16 책 한 권 분량으로 된 고전적인 변론을 위해서는 J. Gresham Machen, *The Virgin Birth of Christ* (New York: Harper, 1930)를 보라. 처녀 잉태가 구약에 예견된 것에 대한 변론은 Charles Lee Feinberg, *Is the Virgin Birth in the Old Testament?* (Whittier, CA: Emeth, 1967); Norman Geisler, "The Virgin Birth," in *Baker Encyclopedia of Christian Apologetics* (Grand Rapids: Baker, 1999), 759-764를 참고하라.

연대가 추정될 것이다. 여하튼 신약의 타협하지 않는 일신론과는 달리 이런 신화들의 세계관은 다신론적이다. 예수님의 초자연적인 잉태는 부처의 탄생의 초자연적인 이야기들과 본질적으로 다른데 왜냐하면 이런 이야기들은 처녀인 엄마가 주요 인물로 등장하지도 않으며 부처가 실제로 출생하고 난 수백 년 후(주전 6세기)에 기록되었기 때문이다. 그의 생애 동안 부처는(예수님과는 다르게) 초자연적인 존재가 아닌 득도한 현자로 여겨졌다.[17]

2. 말구유 안에서의 왕, 그리스도

예수님의 유아기 또한 그분의 특수성을 예시해 준다. 천사가 꿈에 나타나 요셉에게 두려워하지 말고 마리아를 그의 아내로 맞이하라고 말했는데 왜냐하면 다음과 같은 이유 때문이다.

> 그에게 잉태된 자는 성령으로 된 것이라 아들을 낳으리니 이름을 예수라 하라 이는 그가 자기 백성을 그들의 죄에서 구원할 자이심이라 하니라(마 1:20-21).

예수님은 히브리어 요슈아(*Joshua*)를 음역한 것으로 "여호와는 구원이시다" 또는 "구세주이시다"를 의미한다. 천사가 선포한다.

> 천사가 이르되 무서워하지 말라 보라 내가 온 백성에게 미칠 큰 기쁨의 좋은 소식을 너희에게 전하노라 오늘 다윗의 동네에

---

17 Elmar R. Gruber and Holger Kersten은 이 주장을 펼친다. *The Original Jesus: The Buddhist Source of Christinity* (Rockport, MA: Element Books, 1995), 82-83을 보라. 그 주장은 Geoffrey Parrinder, *Avatar and Incarnation* (New York: Barnes & Noble, 1970), 135와 Machen, *Virgin Birth of Christ*, 339-341에서 논박되었다.

너희를 위하여 구주가 나셨으니 곧 그리스도 주시니라(눅 2:10-
11; 참고 마 1:18).

메시아(Messiah) 또는 그리스도(Christ)라는 단어는 고유한 이름이 아닌 타이틀이다. 그리스도는 하나님에 의해 "기름부음 받은 자"를 말하며 구약성경을 고대 헬라어로 번역했을 때(70인역[Septuagint]) 하나님에 의해 특별히 준비된 자들을 향한 하나님의 호의를 언급할 때 사용되었다.

예수님은 잉태되었을 당시부터 "메시아이며 주님(the Lord)이시다."
구약의 제사장들, 선지자들이나 왕들 중에서 "주"로 환호받은 사람은 아무도 없었다. 그렇기 때문에 현자(동방박사 세 사람[magi])들이 "유대 사람의 **왕으로 태어나신 분을**" 예배하기 위해 동방에서 온 것이다(마 2:2, 강조는 추가됨).

유아기 서술들과 몇 가지 다른 사건들 외에, 복음서들은 예수님의 유년기와 성년기 초기에 대해 상세한 기술을 하지 않는다. 그러나 그가 가족 안에서 종교적 가르침을 받았으며, 예배들과 절기들에 참석하고, 그의 아버지의 가업, 즉 목공 기술을 배운 것은 믿을 만한 이유가 있다(막 6:3; 참고 마 13:55). 누가는 예수님의 할례와 그분이 12세가 되던 해 사이의 시간을 이렇게 말하여 요약한다.

아기가 자라며 강하여지고 지혜가 충만하며 하나님의 은혜가
그의 위에 있더라(눅 2:40).

예수님의 남은 청소년기와 성년기 초기는 한 문장으로 요약되어 있다.

예수는 지혜와 키가 자라가며 하나님과 사람에게 더욱 사랑스
러워 가시더라(눅 2:52).[18]

---

18 혹자들은 예수님이 12세에서 30세 사이인 "잃어버린 세월" 동안 동양까지 여행하셨다고 잘못 주장해 왔다. 이것을 위한 증거는 없으며, 학자들에 의해 심각하게 고려된 것이 아니다.

3. 대중의 눈에 비친 예수님

예수님이 세례 요한에 의해 세례를 받으시는 장면이다.

> 백성이 다 세례를 받을새 예수도 세례를 받으시고 기도하실 때에 하늘이 열리며 성령이 비둘기 같은 형체로 그의 위에 강림하시더니 하늘로부터 소리가 나기를 너는 내 사랑하는 아들이라 내가 너를 기뻐하노라 하시니라(눅 3:21-22; 참고 마 3:16-17; 막 1:10-11).

비록 예수님의 세례는 그분을 사람들과 동일시했지만, 세례는 그분을 다른 사람들로부터 구별시키기도 했다. 왜냐하면 하나님 아버지는 그를 특별한 사명이 있는 "아들"로 승인했기 때문이다.[19]

> 예수께서 가르치심을 시작하실 때에 삼십 세쯤 되시니라 (눅 3:23).

예수님은 그의 공적인 설교, 가르침과 기적적인 사역을 시작하기 전에 금식하셨고 광야에서 마귀에 의해 시험을 당하셨다. 마귀는 일련의 도전들을 통해서 예수님을 만류하여 자신의 운명을 단념케 하려 했는데, 마귀가 발동한 모든 성경구절들은 맥락에서 벗어난 것들이었다. 예수님은 성령에 의뢰함과 뛰어난 성경 지식으로 승리를 거뒀다(마 4:1-11; 참고 눅 4:1-13). 예수님은 사탄과 일대일 영적 전투를 하셨고, 예수님은

그럼에도 불구하고 뉴에이지 사람들 사이에서는 인기가 있다(Douglas Groothuis, *Jesus in an Age of Controversy* (1996; reprint, Eugene, OR: Wipf & Stock, 2002), 7-8장을 보라.

19 예수님이 원래는 그렇지 않았는데 나중에 하나님의 아들이 되었다던가 혹은 그분이 세례 시 하나님의 아들로 "입양되었다"고 하는 이론을 반박하는 내용으로는 Robert M. Bowman Jr. and J. Ed. Komoszewski, *Putting Jesus in His Place: The Case for the Deity of Christ* (Grand Rapids: Kregel, 2007), 87-88을 보라.

그 인품의 고결함을 지키셨다. 이 통찰력은 예수님의 본성과 사역을 이해하는 데 있어서 중추적이다. 그분은, 특히 그분의 축사와 십자가 상에서의 죽음과 연이은 부활을 통해, 가공할 만한 어둠의 세력에 묶여 있는 자들의 영적인 해방자로 일관되게 소개되었다.

4. 예수님: 최고의 선생

그분의 공적인 사역 동안 예수님은 많은 사람들로부터 선생 중의 선생으로 환호받았다.

> 사흘 후에 성전에서 만난즉 그가 선생들 중에 앉으사 그들에게 듣기도 하시며 묻기도 하시니 듣는 자가 다 그 지혜와 대답을 놀랍게 여기더라(눅 2:46-47).

> (산상수훈 후에) 예수께서 이 말씀을 마치시매 무리들이 그의 가르치심에 놀라니 이는 그 가르치시는 것이 권위 있는 자와 같고 그들의 서기관들과 같지 아니함일러라(마 7:28-29; 참고 막 1:22; 요 7:15).

예수님이 성전에서 말씀을 마친 후에, 성전 경비병들은 대제사장들과 바리새파 사람들에게 "그 사람이 말하는 것처럼 말한 사람은 이 때까지 없었나이다"(요 7:46)라고 인정했다.

탁월한 역사학자인 폴 존슨(Paul Johnson)은 예수님을 교육을 잘 받아 똑부러지게 말하는 남자로 여긴다.

> 그는 개화되고 세련되고 교양있는 남자로 세심한 주의와 정확함, 섬세함, 정확성과 재치로 그가 해야 할 말들을 선택했는데 이 모든 것들은 그가 종교적 문헌뿐만 아니라 세속적인 문헌도

광범위하게 독서하고 있었음을 보여주는 것이다. 내가 믿기로 그는 모국어인 아람어와 히브리어뿐 아니라 라틴어와 헬라어에도 능통했고 그는 교육받고 계명을 충실히 지키는 유대인으로서 말하고 읽었다.[20]

예수님은 교훈적 가르침, 대화와 특히 비유들을 활용해서 그의 청자들에게 진리를 전하려 하셨다. 예수님의 비유들은 노련하고 강력한 이야기들로 강퍅한 마음을 가진 사람을 당혹케 했고 진정한 구도자에게는 빛을 비춰 주었다.[21]

예수님의 비유 사용은 그분을 구약과 깊이 연결시켜 주며 또한 그를 당대 교사들로부터는 구별시켜 준다. 이 주제는 중요한 것인데, 요지는 예수님이 스스로에 대해 자주 비유들 안에서 언급하셨다는 것이며, 그 당시 랍비들은 한 번도 그렇게 한 적이 없다는 것이다. 이것은 전례없이 독특하지만, 더 놀라운 것은 "대부분의 비유들에서 예수님은 구약에서 하나님을 언급하는 이미지들을 통하여 스스로를 묘사한다는 것이다."[22]

필립 페인(Philip Payne)은 20개에 달하는 예수님의 비유들 속에서 이런 종류의 이미지들을 10개 찾아냈다.[23]

비록 신학적으로 항상 곤혹스러운 입장에 처하긴 했지만, 예수님은 어떤 질문자 때문에 당황하신 적이 한 번도 없었고 상대방의 빈약한 논리나 부정직함을 드러내어 자주 그의 적수들을 역습하셨다. 마태복음 22장에 이것이 잘 나타나는데 예수님은 아주 어려운 신학적 질문 두 가

---

20 Paul Johnson, *Jesus: A Biography From a Believer* (New York: Viking, 2010), 28; ibid., 62도 참고하라.
21 비유에 대해서는 Craig Blomberg, *Interpreting The Parables of Jesus* (Downers Grove, IL: InterVarsity Press, 1990)를 참고하라.
22 Millard Erickson, *The Word Became Flesh: An Incarnational Christology* (Grand Rapids: Baker, 1991), 442.
23 Philip B. Payne, "Jesus' Implicit Claim to Deity in His Parables," *Trinity Journal*, n.s., 2, no. 1 (1981): 3-23.

지를 접하시게 된다. 하나는 가이사(Caesar)에게 세금을 내는 것이고 다른 하나는 사후 세계의 성격에 대한 것이다. 두 사례들의 거짓 딜레마들을 드러낸 후에 사람들이 놓은 지적인 덫을 탈출할 수 있는 길을 제공하는데, 본문은 대화자들이 예수님의 가르침에 경탄했다고 기록한다(마 22:15-33; 참고 막 12:13-17; 눅 20:20-26).[24] 파스칼은 예수님의 가르침의 천재성을 간단명료하게 기술한다.

> 예수님은 위대한 것들에 대해 너무 쉽게 말해서 그분이 그것들에 대해 생각해 보지 않은 것처럼 여겨지지만, 그럼에도 너무나도 명쾌하게 말했기 때문에 그분이 위대한 것들에 어떤 생각을 하고 있었는지는 명백하다. 그런 단순성을 겸비한 그런 명쾌함은 훌륭하다.[25]

5. 예수님의 기본적인 세계관

다음은 예수님이 가진 세계관의 개요에 지나지 않는다. 그렇지만 그분의 행동들과 그분 자신에 대해 공표한 주장들과 관련하여 그분의 세계관을 이해하는 것은 매우 중요하다.

1) 하나님

예수님은 하나님의 실재에 대해 명쾌한 아이디어들을 명료하게 표현하셨고 그분은 이것을 가르침의 핵심으로 삼으셨다. 오직 유일하신 하나님만 존재하신다. 그 하나님은 인격적이고, 인식 가능하시고, 찬양, 예배

---

24 예수님의 논증사용에 대해 더 알기 원하면 Douglas Groothuis, *On Jesus* (Belmont, CA: Wadsworth, 2003)에서 "Jesus' Use of Argument"를 보라.
25 Blaise Pascal, *Pensées* 309/797, ed. and trans. Alban Krailshemer (New York: Penguin, 1966), 125.

와 섬김을 받으시기에 합당하다. 그 하나님은 존재론적으로는 피조물과 분리되어 있지만 섭리, 예언, 기적을 통해서 그리고 가장 강력하게는 예수님 그분의 삶을 통해 피조물과 관계하고 계신다. 그러나 예수님은 하나님을 믿기 위해서 어두움 속으로 맹목적인 믿음의 도약을 하라고 촉구하지 않으셨다. 대신에 그는 확신과 확실성 있게 하나님에 관해 이야기하셨다.

예수님은 자신의 생명을 통해 하나님의 나라가 새롭고 강력한 방식으로 나타난 것이라고 가르치셨다.[26]

> 회개하라 천국이 가까이 왔느니라 하시더라(마 4:17; 참고 막 1:15).

이것은 역사 속에서의 하나님의 통치며, 타락한 질서에 임한 하나님의 침투다. 예수님은 다음과 같이 말씀하셨다.

> 그러나 내가 하나님의 성령을 힘입어 귀신을 쫓아내는 것이면 하나님의 나라가 이미 너희에게 임하였느니라(마 12:28; 참고 눅 11:20).

예수님은 하나님의 나라의 실제적인 표현으로서 오신 것이다.

> 예수께서 온 갈릴리에 두루 다니사 그들의 회당에서 가르치시며 천국 복음을 전파하시며 백성 중의 모든 병과 모든 약한 것을 고치시니(마 4:23).

예수님은 하나님의 통치에 새로운 장을 여셨고 미래에 하나님의 통치를 완성시키실 것이다.

26　F. F. Bruce, *New Testament History* (Garden City, N.Y.: Doubleday, 1972), 173을 보라.

밀라드 에릭슨은 "예수님은 그가 행한 이사들을(wonders) 하나님 나라의 도래나 하나님 나라의 임재의 표적들로 여기셨을 뿐 아니라(막 12:28; 눅 11:20), 예수님에 대한 긍정적인 반응만을 하나님 나라에 들어가기 위한 유일하게 참된 조건으로 만드셨다(마 7:21-27; 눅 6:46-49; 22:28-30; 23:42-43)"는 것에 주목한다.[27]

예수님이 그분의 제자들로 하여금 아버지와 아들과 성령의 이름(단수형[singular])으로 세례를 주라고 위임했을 때 삼위일체이신 한 하나님의 개념을 나타낸 것이다(마 28:19).[28] 예수님은 아버지 하나님께 기도하시고, 존재론적으로 승격된 용어를 사용해서 성령님에 대해 이야기하시고(요 14:26) 또 그분 스스로가 하나님과 동등함을 긍정하신다(요 8:58). 예수님이 이 모든 것을 실행할 때 한 분 이상의 하나님에 대해서 언급하신 적은 한 번도 없었다.[29] 예수님 탄생의 서술들을 보면 예수님이 세례받으실 때 그랬던 것처럼(마 3:13-17; 눅 3:21-22) 하나님 아버지, 성령님과 하나님의 아들에 대한 언급(눅 1:26-80)을 발견하게 된다.

2) 인성

인간은 하나님의 피조물(마 19:3-4; 막 10:6)이며, 예수님은 인간의 가치를 동물보다 우위에 두셨다(마 6:26; 참고 눅 12:6-7, 24-31). 예수님은 인간을 영적으로 얻거나 잃을 것이 많은, 영적인 존재로 생각하셨다(마 16:26; 막 8:36; 눅 9:25). 하나님의 손에 의해 창조되긴 하였지만, 인간은 그들 심령 가운데 있는 악에 의해 오염되고 괴로움을 당하게 되었다.

속에서 곧 사람의 마음에서 나오는 것은 악한 생각 곧 음란과

---

27 Erickson, *Word Became Flesh*, 440.
28 Robert L. Raymond, *Systematic Theology*, 2nd ed. (Nashville: Thomas Nelson, 1998), 225-227.
29 삼위일체에 대해서는 4장을 참고하라. 또한 Millard Erickson, *God in Three Persons* (Grand Rapids: Baker, 1995)도 참고하라.

도둑질과 살인과 간음과 탐욕과 악독과 속임과 음탕과 질투와
비방과 교만과 우매함이니(막 7:21-22; 참고 마 15:19).

죄는 가끔 범하는 실수가 아니고 하나님에게 불순종하고 다른 사람에게 상처를 주는 우리 안에 깊이 뿌리내리고 있는 경향이다. 예수님은 다음과 같이 경고하셨다.

진실로 진실로 너희에게 이르노니 죄를 범하는 자마다 죄의 종이라(요 8:34).

예수님은 그분이 살았던 당시에 가장 주도면밀하던 종교적 지도자들에게 "너희 중에 율법(도덕법)을 지키는 자가 없도다"(요 7:19)라고 알려주셨다.

3) 윤리

도덕법에 대한 예수님의 이해는 그분이 "율법 가운데 가장 중요한 계명"을 단언했을 때 드러났다.

예수께서 이르시되 네 마음을 다하고 목숨을 다하고 뜻을 다하여 주 너의 하나님을 사랑하라 하셨으니 이것이 크고 첫째 되는 계명이요 둘째도 그와 같으니 네 이웃을 네 자신 같이 사랑하라 하셨으니 이 두 계명이 온 율법과 선지자의 강령이니라 (마 22:37-40; 참고 막 12:28-33).

예수님의 윤리적인 가르침은 타협함 없이 그 기준이 높다. 디트리히 본회퍼(Dietrich Bonhoeffer)는 그 가르침을 "비범하다"고 했다.[30] 당시의

---

30 Dietrich Bonhoeffer, *The Cost of Discipleship* (New York: Touchstone, 1995), 2장.

종교적 형식주의와 위선을 관통하여, 예수님은 하나님 명령의 뿌리로 가서 그 명령들의 심오한 의미를 드러내셨다. 우리는 외면적으로 살인해서는 안될 뿐만 아니라, 분노와 중상모략을 통해 다른 사람을 내면적으로 암살해서도 안 된다(마 5:21-26). 우리는 간음을 저지르지 않을 뿐만 아니라 음욕을 품고 다른 사람을 쳐다보지도 말아야 한다(마 5:27-32). 그렇지만 예수님은 율법 이상의 믿음을 가진 사람들을 칭찬하셨는데 그분을 신뢰한 사람들에게 이렇게 말씀하셨다. "네 믿음이 너를 치유했다"(또는 구원했다)(막 5:21-34; 10:46-52; 마 9:22; 눅 7:36-50; 8:48; 17:11-19).

율법을 단순히 고수하는 것이 아닌 예수님을 향한 실존적 지향이 그들에게 육체적이고 영적인 회복을 가져 왔다. 도덕적 성취를 통해 구원을 얻을 수 있다고 요구한 엄격한 도덕주의자로 예수님이 해석되어서는 안될 것이다. 예수님은 구원을 얻을 수 없는 인류의 무능력에 대한 해답으로 자신을 드러내셨다. 그분은 "하나님께서 보내신 이를 믿는 것이 하나님의 일이니라 하시니"(요 6:29)라고 말씀하셨다.[31]

6. 예수님: 기적을 행하는 자

예수님은 기적을 행하는 자로 환호받으셨는데, 이것은 그분을 상황의 주인으로 구별시켜 주며 유일무이한 권위를 소유한 자로 인증해 준다.[32]

예수님의 생전에 유대인들이 메시아에 대해 가졌던 통상적인 기대가 이사(wonder)를 행하는 인물은 아니었다. 따라서 예수님의 기적에 대한 기록을 나중에 꾸며내었다는 것은 개연성이 없다. 크레이그 에반스(Craig

---

31 예수님의 윤리에 대해 더 알고 싶으면 Douglass Groothuis, "The Ethics of Jesus" *On Jesus* (Belmont, CA.: Wadsworth, 2003)를 참고하라.
32 기적을 믿는 합리성(rationality)에 대해서는 19장에서 간략하게 변론되었다. 나는 22장에서 이 문제를 더 심도 있게 다룰 것이고 기독교의 가장 위대한 기적인 예수님의 부활을 변론할 것이다.

Evans)가 주목하듯이 "메시아적인 믿음은 단순히 유망한 메시아가 치유하고 마귀를 축사하는 것을 요구하지 않았다. 따라서 초기 기독교인들이 필요에 의해서 그렇게 많은 숫자의 기적 이야기들을 만들어냈을 것이라고 결코 기대해서는 안 된다."[33]

그분의 기적은 가르침을 확립하는 것에 집중되었으며 긍휼함을 나타내보였고 하나님의 나라를 입증해 보였다. 예수님의 기적은 한 번도 과시를 위한 실연(demonstrations)이었던 적은 없었다. 그는 고압적으로 표적을 요구하는 자들을 위해서 기적을 행하는 것을 거절하였다(마 12:38-45; 막 8:11-12; 눅 11:16-28). 그럼에도 불구하고 예수님의 사역은 초자연적인 실연으로 폭발한다. 기적적인 활동의 넓이와 깊이는 전대미문의 것이다. 바다를 잔잔케 하고(마 8:23-27; 막 6:50-51; 눅 8:24-25), 허기진 군중을 위해 음식을 배가시키고(마 15:32-38; 14:15-21), 물을 포도주로 바꾸면서(요 2:11), 예수님은 자연보다 우위에 있는 그의 능력을 실연을 통해 보여주셨다.[34]

예수님은 또한 비범한 치유자로 초자연적으로 문둥병, 수종, 마비, 열병, 실명, 귀먹음, 말못함, 출혈과 같은 다양한 육체적 질병들을 고치셨다. 예수님은 기능적인 문제들만 치유하신 것이 아니라(생명체가 온전한데 역기능적인 경우), 실명(blindness)처럼 육체적 퇴화를 수반하는 심각한 기질적 질환들도 치유하셨다(눅 18:35-43). 예수님의 치유 능력은 그때 함께 있지 않았던 백부장의 종을 고쳤을 때처럼 먼 곳에서도 작용되었다(마 8:5-13).

예수님의 권위가 가장 극적으로 발휘된 것은 죽음 자체를 역전시킨 것이었다. 복음서들은 그런 사례 세 가지를 기록하는데, 가장 극적인 것은 나사로가 다시 살아난 것이다. 예수님이 나사로의 병에 대해 들었을 때 그분은 말씀하셨다.

---

33 Craig Evans, "Life-of-Jesus Research and the Eclipse of Mythology," *Theological Studies* 54 (1993): 28.
34 자연에 대한 다른 기적으로는 마 17:24-27; 21:18-22; 막 11:12-14, 20-25이 있다.

이 병은 죽을 병이 아니라 하나님의 영광을 위함이요 하나님의
아들이 이로 말미암아 영광을 받게 하려 함이라 하시더라
(요 11:4).

예수님은 불가사의하게 며칠을 기다리신 후에 나사로에게 오셨다. 도착하자마자 그분은 나사로가 나흘 전에 숨을 거둔 것을 알게 되었다. 나사로의 누이들을 위로한 후에 예수님은 어디에 나사로를 묻었는지 물으셨다. 그분은 비통하게 여기시며 그들과 함께 눈물을 흘리셨다.

이에 예수께서 다시 속으로 비통히 여기시며 무덤에 가시니 무덤이 굴이라 돌로 막았거늘 예수께서 이르시되 돌을 옮겨 놓으라 하시니 그 죽은 자의 누이 마르다가 이르되 주여 죽은 지가 나흘이 되었으매 벌써 냄새가 나나이다 예수께서 이르시되 내 말이 네가 믿으면 하나님의 영광을 보리라 하지 아니하였느냐 하시니 돌을 옮겨 놓으니 예수께서 눈을 들어 우러러 보시고 이르시되 아버지여 내 말을 들으신 것을 감사하나이다 항상 내 말을 들으시는 줄을 내가 알았나이다 그러나 이 말씀 하옵는 것은 둘러선 무리를 위함이니 곧 아버지께서 나를 보내신 것을 그들로 믿게 하려 함이니이다 이 말씀을 하시고 큰 소리로 나사로야 나오라 부르시니 죽은 자가 수족을 베로 동인 채로 나오는데 그 얼굴은 수건에 싸였더라 예수께서 이르시되 풀어 놓아 다니게 하라 하시니라(요 11:38-44).

나사로의 누이였던 마리아를 방문하러 왔던 많은 사람들은 "예수를 믿게"(요 11:45) 되었다. 이 강력한 기적은 그가 하나님으로부터 보내심을 받았다고 하는 예수님의 주장의 정당성을 입증해 주었다(요 11:42).[35]

---

35 어떤 사람들은 이 기적은 요한복음에서만 보고되었기 때문에 아마도 요한이 꾸며낸 것이지 역사적인 것은 아니었을 것이라고 주장한다. 실제로 일어났던 사건이었다면 모든 복음

예수님은 인간의 고통에 "깊은 비통을" 느끼셨다. 하지만 그분은 죽음 앞에서 무력하지 않으셨다. 예수님은 하나님의 영광을 드러내시며 죽은 사람을 생명으로 소생시키셨다. 기적은 예수님에 대한 믿음을 돋우었다. 한층 더 기적적인 또 다른 부활이 앞에 놓여 있었다(22장 참고). 예수님이 행하신 기적의 전체 숫자, 다양함, 능력 그리고 긍휼함만 놓고 볼 때에도 그런 범주에 속할 사람은 예수님밖에 없다.[36]

7. 예수님: 최고의 축사자

예수님은 마귀의 속박에서 고통받는 다수의 사람들을 자유케 하셨다. 성경 역사의 그 어느 곳에서도 예수님의 사역에서처럼 타락한 천사(마귀)가 더 명백한 적은 없다. 예수님은 마귀에 의해 심하게 시험을 당하신 후에 그의 사역을 시작하셨고(마 4장; 눅 4장) 정기적으로 마귀를 다루셨으며 한 번에 하나씩 또는 그룹으로 마귀들을 퇴치하셨다.

좀 더 드라마틱한 마귀와의 대면에서, 귀신들린 남자는 예수님 앞에 무릎을 꿇고 그분에게 큰 소리로 외쳤다. "지극히 높으신 하나님의 아들 예수여 나와 당신이 무슨 상관이 있나이까 원하건대 하나님 앞에 맹세하고 나를 괴롭히지 마옵소서." 예수님이 그의 이름을 물었을 때 그는 "내 이름은 군대니 우리가 많음이니이다"라고 대답했다. 그때 예수님은 귀신들을 내쫓았고 그 후에 마귀들은 돼지 떼에 들어가서 돼지 떼가 물에 빠져 죽게 했다. 귀신 군대라고 해도 예수님에게는 상대가 될 수 없었다. 그런 다음 "옷을 입고 정신이 온전하여 앉은" 한때 귀신들렸던 남

서가 그것을 전했을 것이기 때문이다. 그러나 이 추론은 여러 가지 이유들로 잘못되었다. Craig Blomberg, *The Historical Reliability of John's Gospel* (Downers Grove, IL: InterVarsity Press, 2002), 165-172를 보라.

36 하나님의 신성한 아들로서 예수님의 정체성을 위한 그분의 기적의 중요성을 위해서 Bowman and Komoszewski, *Putting Jesus in His Place*, 198-206을 참고하라.

자는 예수님을 따라가게 해달라고 졸랐다. 그러나 예수님은 "집으로 돌아가 주께서 네게 어떻게 큰 일을 행하사 너를 불쌍히 여기신 것을 네 가족에게 알리라"라고 대답하셨다(막 5:1-19).

많은 경우에 예수님은 귀신의 존재를 확인하시고 쫓아내시고 따라서 고통 가운데 있는 한 사람을 자유케 하신다. 사도 베드로는 예수님의 치유하심을 마귀에 대한 그분의 권능과 연결시키며 다음과 같이 말한다.

> 하나님이 나사렛 예수에게 성령과 능력을 기름 붓듯 하셨으매
> 그가 두루 다니시며 선한 일을 행하시고 마귀에게 눌린 모든
> 사람을 고치셨으니 이는 하나님이 함께 하셨음이라(행 10:38).

이러한 모든 축사 행위들은 예수님이 십자가에 매달려 죽으심으로 마귀, 귀신의 세력과 죽음 자체를 궁극적으로 정복하실 것의 전조가 된다(골 2:14-15; 히 2:14-15; 요일 3:8).[37] 사도행전에서 예수님의 추종자들은 귀신을 "예수 그리스도의 이름으로" 쫓아내며 예수님의 축사 사역을 계속 이어간다.[38]

게다가 귀신은 오늘날까지 계속해서 활동하고 있으며 전 세계에 흩어져 있는 그리스도의 추종자들은 역사를 통틀어 귀신의 속박에 붙잡혀 있는 포로들을 해방시키기 위해 예수님의 권위를 적용해 왔다.[39]

---

37 축사자 예수님에 대한 자세한 공부를 하기 원하면 Graham Twelftree, *Jesus the Exorcist: A Contribution to the Study of the Historical Jesus* (Peabody, MA: Hendrickson, 1994)를 참고하라.

38 Graham Twelftree, *In the Name of Jesus: Exorcism Among Early Christians* (Grand Rapids: Baker Academic, 2007).

39 Francis McNutt는 마귀를 제압하는 그리스도인의 초자연적 권능과 치유, 그것의 손실에 대한 역사적 실제를 논의한다. *The Nearly Perfect Crime: How the Church Almost Killed the ministry of Healing* (Grand Rapids: Chosen Books, 2005); J. P. Moreland, *Kingdom Triangle* (Grand Rapids : Zondervan, 2007).

8. 예수님의 긍휼함

　예수님은 그분의 이웃을 사랑함으로 자신의 설교를 몸소 실행하셨다. 그분은 그 당시에 가장 낮은 계층에서 특별히 경청하는 청중인 "세리와 죄인들"을 찾으셨는데, 그들은 존경할 만한 사람들의 목록에서 제외된 자들이었다. 그분은 소외된 자의 친구로 알려져 있었고 많은 이들이 예수님을 믿었다. 그분은 매춘부처럼 낮은 위치에서 버림받은 자와 세리처럼 높은 위치에서 버림받은 자 모두를 사랑하셨다. 예수님을 따르던 큰 무리의 여성들도 있었는데, 그들은 예수님을 존경했고 예수님은 그들에게 교리를 가르치셨다. 도로시 세이어즈는 다음과 같이 인상적으로 관찰한다.

> 아마도 처음 요람(Cradle)으로 시작해서 마지막 십자가(Cross)까지 여성들이 있었던 것은 놀랄 일이 아닐 것이다. 그들은 한번도 이 남자(Man)같은 남자를(man) 알았던 적이 없었고 그 이후로도 그런 사람은 또 없었다. 그들에게 한 번도 잔소리 한 적이 없었고, 한 번도 아첨을 하거나, 한 번도 구스르거나, 한 번도 깔본 적이 없는 선지자와 선생이다. 한 번도 여성들에 대한 농담을 한 적이 없고 "아줌마들이라니, 하나님 우리를 도와주세요!"라고 하거나 "아가씨들이구나, 하나님 저들을 축복하소서!"라고 하지 않았다. 그분은 짜증내지 않고 야단치셨고, 생색내지 않고 칭찬하셨다.
>
> 그분은 여성들의 질문과 주장을 심각하게 받아들였다. 그분은 여성들의 활동 영역을 정해 주지 않았으며, 결코 여성들에게 여성스러울 것을 종용하거나 여성들이 여성스러운 것을 조롱하지 않았다. 그분에게는 다른 속셈이 없었으며 방어적으로 되야 하는 불안한 남성 귀빈이 절대 아니었다. 그분은 그분이 본 대로, 있는 그대로의 여성들을 받아들였으며 전적으로 비자의식적(unself-conscious)이었다.

복음서에는 어떤 행위도, 어떤 설교도, 어떤 비유도 여성을 왜곡함을 통해서 신랄함을 가져온 것은 하나도 없다. 그 누구도 예수님의 말씀들과 행위들을 통해서 여성의 본성에는 조금이라도 "우스운" 것이 있다고 추측할 수 없었다.[40]

9. 예수님: 권위의 남자

예수님은 사람들이 **예수님을 믿기를** 갈망하셨다. 그분은 치유를 위한 믿음의 대상이다. 그분은 말 한마디로 자연을 호령하신다. 말 한마디로 귀신을 쫓아내신다. 그분은 죽은 자를 살려내신다. 그분의 제자들은 그들의 이름이 아닌 예수님의 이름으로 귀신을 내어 쫓는다(눅 10:17). 예수 그리스도는 죄를 용서할 수 있는 유일무이한 권위를 지니셨다.

가버나움에서 몇 명의 임기응변에 능한 사람들은 예수님이 계시던 곳 바로 위의 지붕을 뚫어 구멍을 내고 중풍 환자를 자리에 눕힌 채 내렸다. 예수님이 그들의 믿음을 알아보시고 중풍환자에게 "작은 자야 네 죄 사함을 받았느니라"(막 2:5)라고 말씀하셨다. 어떤 종교적 선생들은 "이 사람이 어찌 이렇게 말하는가? 신성 모독이로다 오직 하나님 한 분 외에는 누가 능히 죄를 사하겠느냐?"(막 2:7)라고 반응했다. 예수님이 이렇게 반박하셨다.

> 어찌하여 이것을 마음에 생각하느냐 중풍병자에게 네 죄 사함을 받았느니라 하는 말과 일어나 네 상을 가지고 걸어가라 하는 말 중에서 어느 것이 쉽겠느냐 그러나 인자가 땅에서 죄를 사하는 권세가 있는 줄을 너희로 알게 하려 하노라 하시고 중풍병자

---

40 Dorothy L. Sayers, *Are Women Human?* (Grand Rapids: Eerdmans, 1971), 47. 여성을 혁신적으로 대우한 예수님에 대한 내용으로는 Douglass Groothuis, "Jesus' View of Women," in *On Jesus* (Belmont, CA: Wadsworth, 2003)를 참고하라.

에게 말씀하시되 내가 네게 이르노니 일어나 네 상을 가지고 집
으로 가라 하시니 그가 일어나 곧 상을 가지고 모든 사람 앞에서
나가거늘(막 2:8-12).

예수님은 하나님만 죄를 용서하실 수 있다는 것을 부인하지 않았다.
오히려 예수님은 중풍환자를 고치심으로써 죄를 용서하실 수 있다는 주
장을 뒷받침하였다. 따라서 그분은 죄를 용서하실 수 있다는 유일무이한
신적인 특권이 자신에게 있음을 암묵 중에 주장하시는 것이다.[41]

바리새인의 집에서 있었던 저녁식사에서 평판이 좋지 않은 한 여인
이 예수님 앞에 와서 향유를 예수님 두 발 위에 붓고 눈물로 발을 적셨
다. 집 주인인 바리새인이 이 행동에 반기를 들자 예수님은 이 여인은
용서받은 것이 많기 때문에 예수님을 많이 사랑했다는 취지의 한 비유
를 들어 말씀하셨다.

이에 여자에게 이르시되 네 죄 사함을 받았느니라 하시니 함께
앉아 있는 자들이 속으로 말하되 이가 누구이기에 죄도 사하는
가 하더라 예수께서 여자에게 이르시되 네 믿음이 너를 구원하
였으니 평안히 가라 하시니라(눅 7:48-50).

예수님은 그분의 말과 행동 속에서 유일무이하게 하나님에게만 속한
특전인 죄를 용서할 수 있는 권위가 있음을 주장하셨다.

예수님은 그분의 이름에 믿음을 두는 사람들을 귀히 여기셨다. 또
한 그분은 확신 있게 자신에 대해 말씀하심으로 많은 이들 안에 믿음을
돋우셨다. E. 스탠리 존스(E. Stanley Jones)가 말했듯이 "그분은 '아마도'
(perhaps), '…일런지도 모른다'(may be), '그런 것 같은데요'(I think so)와
같은 단어들은 결코 사용하지 않으셨다. 그분의 말들에도 손에 만져질

---

41 Bowman and Komoszewski, *Putting Jesus in Place*, 211을 보라.

듯한 확실한 느낌이 있었다. 그분의 말들은 확실한 권위와 함께 영혼 위에 임했다."[42] 이는 그분이 한 번도 사과하거나 주저하지 않았다는 사실에서 잘 드러난다.

그분은 "너희 원수를 사랑하라"(마 5:44)처럼 도전이 되는 절대적인 도덕적 요구들을 기탄없이 공표했다. 그분은 "의에 주리고 목마른 자는 복이 있나니 그들이 배부를 것임이요"(마 5:6) 그리고 "그러므로 예수께서 자기를 믿은 유대인들에게 이르시되 너희가 내 말에 거하면 참으로 내 제자가 되고 진리를 알지니 진리가 너희를 자유롭게 하리라"(요 8:31-32)와 같은 원대한 약속들을 예고없이 했다. 그분은 "천지는 없어질지언정 내 말은 없어지지 아니하리라"(마 24:35)라고 확신에 차서 단언했다. 그분은 그의 청자들에게 그들의 영원한 운명이 예수님에 대한 반응에 달려 있음을 경고했다(막 8:38). 그분은 주저함없이 미래를 예언했다(마 24장).[43]

예수님은 청중에게 최후의 심판일(Judgment Day)에 대해 경고했을 뿐만 아니라 스스로가 직접 세상의 재판관이심을 선포하셨다. 예수님의 이름으로 오는 거짓 선지자들을 경고하는 것에 있어서, 예수님은 심판일에 그들에게 "내가 너희를 도무지 알지 못하니 불법을 행하는 자들아 내게서 떠나가라"(마 7:23)고 말할 것이라고 선포하셨다. 예수님은 "내 말을 듣고 또 나 보내신 이를 믿는 자는 영생을 얻었고 심판에 이르지 아니하나니 사망에서 생명으로 옮겼느니라"(요 5:24)라고 분명히 말씀하셨다. 예수님은 세상을 심판할 권위를 소유하고 계시다.

인자가 자기 영광으로 모든 천사와 함께 올 때에 자기 영광의

---

42 E. Stanley Jones, *The Christ of the Indian Road* (New York: Grosset & Dunlap, 1925), 191.
43 John Stott, *Basic Christianity*, 2nd ed. (Downers Grove, IL: InterVarsity Press, 1971), 31을 보라. 예수님이 죽음 후 몇 년 안에 재림할 것이라고 거짓으로 예견했다고 하는 주장에 대해서는 Paul Copan, *When God Goes to Starbucks* (Grand Rapids: Baker, 2008), 15-16장을 참고하라. 예수님과 종말론을 깊이 있게 다룬 것으로는 Charles L. Holmes, *Till Jesus Comes: Origins of Christian Apocalyptic Expectation* (Peabody, MA: Hendrickson, 1996)을 보라.

보좌에 앉으리니 모든 민족을 그 앞에 모으고 각각 구분하기를 목자가 양과 염소를 구분하는 것 같이 하여(마 25:31-32).[44]

그분은 염소들은 "영벌에, 의인들은 영생에 들어가리라 하시니라"(마 25:46)라고 덧붙이시며 이 모든 것은 사람들이 이 땅에서 사는 동안 예수님을 어떻게 대했는지에 기초한 것이라고 하셨다. 예수님이 "보좌에 앉아 계시며" 최후의 심판을 내리시는 것에 대해 언급하실 때는 그분의 신성을 간접적으로 주장하는 것인데 왜냐하면 이런 특전들은 유대성서(구약)에 따르면 오직 하나님께만 속한 것이기 때문이다. 구약성경에 보면 그 어떤 천사, 선지자, 왕, 제사장이나 그 어느 누구도 "천상의 보좌"에 앉거나 사람들이 죽은 후에 그들의 삶에 대한 궁극적인 평가를 내리지 않는다. 오직 하나님만 그렇게 하신다. 예수님은 "그분의 천사들"에 대해서도 언급하신다. 성경적으로는 오직 하나님에게만 천사들에게 명령할 수 있는 권위가 있으시다. 다시 한번 예수님은 자신의 신성을 암묵 중에 주장하시는 것이다.

10. 예수 그리스도의 유일무이성

예수님이 갖고 계셨던 권위, 진정성과 확실성은 그분이 진술을 하시기 전에 자주 사용하신 아멘에 드러나 있다. 이런 형태의 담화는 모든 복음서들에서 등장하지만 예수님 이외에는 그 누구에 의해서도 결코 사용되지 않았다. 모든 영어 번역본들 중에서 오직 킹제임스 번역본(King

---

44 예수님의 호칭인 "인자의 아들"(the Son of Man)의 신학적 중대성과 그분의 다른 호칭을 더 알기 원하면 Ramm, *An Evangelical Christology*, 107-116; David Wells, *The Person of Christ* (Westchester, IL: Crossway, 1984), 67-81; I. Howard Marshall의 "Son of Man," in *Dictionary of Jesus and the Gospels*, ed. Joel B. Green, Scot McKnight and I. Howard Marshall (Downers Grove, IL: InterVarsity Press, 1992), 775-781을 참고하라.

James Version)과 뉴 킹제임스 번역본(New King James Version)만 아멘이라는 단어를 사용한다. 그것은 주로 "정말로"(verily) 또는 "진실로"(truly) 또는 "엄숙히"(solemnly)로 번역되거나 혹은 직접 번역되지는 않지만 "나를 믿으라"(Believe me), "나는 이것을 너희에게 말한다"(I tell you this), "이것을 기억하라"(Remember this) 등으로 표현된다. 이 "아멘" 서문은 예수님이 유일무이한 하나님의 사자로서 하나님을 대신하여 예언적으로 말씀하고 계신 것을 알린다.[45] 비록 신약의 다른 저자들도 진술의 말미에 아멘을 사용하여 강한 동의를 확언하기는 하지만, "초대교회의 다른 어떤 사람(사도나 선지자)도 예수님의 모범을 따라서 바로 이 공식을(formula) 사용할 만큼 자유롭지 않았다."[46]

예수님은 하나님의 나라나 천국(마 13:17; 18:3; 막 10:15; 요 3:3-5), 말세(마 10:23; 16:28), 예수님 당시의 유대교(마 6:2, 5, 16; 8:10), 믿음(마 17:20; 요 5:24) 외 여러 가지 문제들에 대해 언급하실 때 이렇게 강조된 발언(emphatic utterances)을 사용하셨다.[47] 이런 발언의 진리는 정확하게 권위의 근원으로서의 예수님 자신으로부터 근거한다.[48]

예수님은 하나님에 대한 유일무이한 지식을 소유하심을 고백하셨다. 복음서 대부분의 내용에 대해 일반적으로 회의적인 많은 사람들에 의해서도 진정성이 있다고 폭넓게 여겨진 구절에서 예수님은 다음과 같이 말씀하신다.

> 내 아버지께서 모든 것을 내게 주셨으니 아버지 외에는 아들을 아는 자가 없고 아들과 또 아들의 소원대로 계시를 받는 자 외에는 아버지를 아는 자가 없느니라(마 11:27).

---

45 G. F. Hawthorne, "Amen ," in *Dictionary of Jesus and the Gospels*, ed. Joel B. Green, Scot McKnight and I. Howard Marshall (Downers Grove, IL: InterVarsity Press, 1992), 7.
46 Ibid.
47 Ibid.
48 Erickson, *Word Became Flesh*, 434.

구약성경에 나오는 그 어떤 선지자, 제사장, 왕, 천사나 그 누구도 이런 종류의 주장을 펼친 적이 없었다. 예수님은 단순히 "한 아들"(a son)이 아닌 "유일한 아들"(the Son)로서의 그분 자신과 아버지와의 사이에 유일무이하고 독점적인 관계를 확립하신다. 그분은 또한 아들을 아는 아버지의 지식과 아버지를 아는 아들의 지식을 동등하게 취급하신다. 이는 신적인 지식의 동등함을 함축하는 것이다.

더 나아가 예수님은 아버지에 대한 절대적이고 독점적인 계시자(revealer)로서 그리고 아버지와 아들을 통해 아버지의 계시를 받아들이는 사람들 간에 중재자로서의 유일무이한 능력을 주장하신다.[49]

아버지에 대한 아들의 단일한(singular) 관계는 요한복음에 등장하는 많은 주장들에 근접한 병렬들을 이룬다. 특히 도마가 "주여 주께서 어디로 가시는지 우리가 알지 못하거늘 그 길을 어찌 알겠사옵나이까?"(요 14:5)라고 질문한 것에 대해 예수님이 하신, 논란의 여지가 있는 대답을 보라.

> 예수께서 이르시되 내가 곧 길이요 진리요 생명이니 나로 말미암지 않고는 아버지께로 올 자가 없느니라 너희가 나를 알았더라면 내 아버지도 알았으리로다 이제부터는 너희가 그를 알았고 또 보았느니라(요 14:6-7; 참고 요 1:18).

마태복음 11:27에서처럼, 예수님은 인간들과 하나님 아버지 간에 유일하고 독점적인 중재자이며 인간들에게는 유일하고 독점적인 하나님의 계시임을 주장하신다. 예수님을 아는 것은 또한 아버지를 아는 것이기도 하다. 예수님을 모르는 것은 아버지를 모르는 것이다. 중재자로서의 예수님의 단일한 역할은 초기 기독교 운동에서 일찍부터 관심과 선포의

---

49 William Lane Craig, *Reasonable Faith*, 3rd ed. (Wheaton, IL: Crossway, 2008), 311-312를 보라. 이 발언은 자유주의적인 학자들에 의해서도 매우 고대적인 것이며 진짜인 것으로 인식되었다.

항목이었다. 안식일에 하신 그분의 활동에 이의가 제기되었을 때 예수님은 이렇게 반응했다.

> 예수께서 그들에게 이르시되 내 아버지께서 이제까지 일하시니 나도 일한다 하시매 유대인들이 이로 말미암아 더욱 예수를 죽이고자 하니 이는 안식일을 범할 뿐만 아니라 하나님을 자기의 친 아버지라 하여 자기를 하나님과 동등으로 삼으심이러라(요 5:17-18).

예수님은 여러 번 안식일에 사람들을 고치셨고, 이를 "인자는 안식일에도 주인"(막 2:28)이심을 선언하기 위한 기회로 삼으셨다. 안식일에 대해서 가르치는 것과 "안식일의 주인"이라고 주장하는 것은 별개의 문제이다. 그런 사람은 다름 아닌 바로 창조의 주님일 수밖에 없는 것이며, 즉 안식일을 직접 창조하시고 축복하신 전능하신 하나님이신 것이다(창 2:2).

예수님에게 논쟁자들이 "너는 너를 누구라 하느냐?"라고 말했을 때, 그분은 "진실로 진실로 너희에게 이르노니 아브라함이 나기 전부터 내가 있느니라"고 말씀하심으로 결론 내려주셨다. 요한은 "그러자 그들이 돌을 들어 치려 하거늘 예수께서 숨어 성전에서 나가시니라"라고 관찰한다(요 8:53, 58-59). 따라서 예수님은 하나님으로서의 선재성(preexistence)을 확언하신 것이다.[50] 또한 예수님은 "하나님이 세상을 이처럼 사랑하사 독생자를 주셨으니 이는 그를 믿는 자마다 멸망하지 않고 영생을 얻게 하려 하심이라"(요 3:16)라고 말씀하여 그분의 유일무이함을 표현하셨다. 그분은 홀로 하나님의 "유일한 독생자"(only Son)로서 구속(redemption)의 행위주체이심을 확언하셨다.

예수님의 주장들은 누구나 말할 수 있는 것들이다(충분히 뻔뻔스럽다면). 그러나 이 주장들은 그분의 행위와 성품을 통해서만 **구체화될 수 있**

---

50 Bowman and Komoszewski, *Putting Jesus in His Place*, 96-97.

는 것이다. 복음서 저자들에게 있어서 하나님은 나사렛 예수에 초점이 맞추어져 있다.[51] 요한은 예수님이 세상에 오심으로 아버지를 알려주셨다고 선포한다(요 1:18).

예수님은 그 누구도 할 수 없는 방법으로 아버지를 영화롭게 하셨다. 따라서 그분은 하나님의 피조물들에게 강력하게 요구하실 수 있다. 예수님이 하신 경고에서는 배타성의 소리가 우리의 귓전을 울린다.

> 좁은 문으로 들어가라 멸망으로 인도하는 문은 크고 그 길이 넓어 그리로 들어가는 자가 많고 생명으로 인도하는 문은 좁고 길이 협착하여 찾는 자가 적음이라(마 7:13-14; 참고 요 10:7-10).

요한복음은 예수님의 유일무이성을 강조하는 7개의 "나는 ~이다"(I am) 진술문들을 열거한다.

1. "내가 곧 생명의 떡이니라"(요 6:48). 그리고 "나는 하늘에서 내려온 살아 있는 떡이니 사람이 이 떡을 먹으면 영생하리라 내가 줄 떡은 곧 세상의 생명을 위한 내 살이니라"(요 6:51).
2. "예수께서 또 말씀하여 이르시되 나는 세상의 빛이니 나를 따르는 자는 어둠에 다니지 아니하고 생명의 빛을 얻으리라"(요 8:12).
3. "나는 양의 문이라"(요 10:7, 9).
4. "나는 선한 목자라 선한 목자는 양들을 위하여 목숨을 버리거니와"(요 10:11).
5. "나는 부활이요 생명이니 나를 믿는 자는 죽어도 살겠고"(요 11:25).
6. "내가 곧 길이요 진리요 생명이니 나로 말미암지 않고는 아버지께로 올 자가 없느니라"(요 14:6).

---

[51] "하나님께 맞추어진 초점"의 개념에 대해서는 J. B. Phillips, *Your God Is Too Small* (New York: Macmillan, 1979), 63-66을 참고하라.

7. "나는 참포도나무요"(요 15:1, 5).[52]

예수님은 그분의 부활 후와 승천 이전에, 제자들을 위해 남겨두신 사명을 기탄없이 확언하셨다.

> 예수께서 나아와 말씀하여 이르시되 하늘과 땅의 모든 권세를 내게 주셨으니 그러므로 너희는 가서 모든 민족을 제자로 삼아 아버지와 아들과 성령의 이름으로 세례를 베풀고 내가 너희에게 분부한 모든 것을 가르쳐 지키게 하라 볼지어다 내가 세상 끝날까지 너희와 항상 함께 있으리라 하시니라(마 28:18-20).

예수님은 그분의 믿음들과 임무 모두에 있어서 확고부동한 자신감으로 말씀하셨다.

때로 예수님이 신성모독자, 정신나간 자에 이어 귀신들린 자로도 불리운 반면(21장 참고), 그분과 다른 사람들은 그의 도덕적 인격에 대한 놀라운 주장들을 펼쳤다. 본디오 빌라도는 그분을 범죄자로 유죄판결할 아무 근거도 찾지 못했다(눅 23:4). 예수님의 십자가 죽음을 목격한 백부장은 "이 사람은 정녕 의인이었도다"(눅 23:47)라고 말했다.

예수님 옆 십자가에 달려있던 죄수는 예수님께 "이 사람이 행한 것은 옳지 않은 것이 없느니라"(눅 23:41)고 선포했다. 그분 제자들이 한 증언은 시사하는 바가 크다. 요한은 예수님이 "은혜와 진리가 충만한"(요 1:14) 그리고 "의로우신 예수 그리스도"(요일 2:1)로 그 안에 죄가 없다(요일 3:5)고 언급한다. 베드로는 예수님을 한 번도 거짓말을 한 적이 없는(벧전 2:22), "흠 없고 점 없는 어린 양"(벧전 1:19)으로 칭송했다.

바울은 예수님이 죄인들을 위한 티끌 한 점 없는 제물로서 "죄를 알

---

52 Erickson, *Word Became Flesh*, 27-29를 보라. 예수님의 "나는 ~이다"(I am) 진술문들은 신성을 주장하기 위해서 발언된 것이라고도 주장되어 왔다. Ethelbert Stauffer, *Jesus and His Story* (New York: Alfred A. Knopf, 1974), 174-195를 보라.

지도 못하신" 것을 고백했다. 유다조차 "내가 무죄한 피를 팔고 죄를 범하였도다"(마 27:4)고 고백했다. 히브리서는 완벽한 대제사장인 예수님의 위대함에 대해 "모든 일에 우리와 똑같이 시험을 받으신 이로되 죄는 없으시니라"(히 4:15; 참고 히 7:26-28)고 기록한다.

예수님은 "스스로 말하는 자는 자기 영광만 구하되 보내신 이의 영광을 구하는 자는 참되니 그 속에 불의가 없느니라"(요 7:18)고 말씀하여 자기 영광만을 구하기 위해 말하는 사람과 자신을 대조하신다. 또한 예수님은 "너희 중에 누가 나를 죄로 책잡겠느냐?"(요 8:46)고 물으셨다.

예수님은 탄생으로 시작하여 이 땅에서 사역하는 동안 예배를 받으셨다(마 2:11). 신실한 유대인들은 하나님이 명령하셨듯이 오직 하나님만 예배한 것을 우리는 반드시 기억해야만 한다(출 20:1-3). 그럼에도 예수님은 몇 차례 예배를 받으셨다. 예수님이 제자들과 함께 배에 올라 풍랑을 잠잠케 하신 후에 제자들은 "예수께 절하며 이르되 진실로 하나님의 아들이로소이다"(마 14:33)라고 말하며 예수님을 예배하였다. 부활하신 예수님을 "막달라 마리아와 다른 마리아"(마 28:1, 9)가 처음으로 경배하였고 그런 후에는 열 한 제자가 예배하였다(마 28:17; 참고 눅 24:52).[53]

11. 그리스도이신 예수님

그리스도(Christ)는 히브리어 메시아(Messiah)의 헬라어 동의어다. 그래서 언제든지 예수님이 "그리스도"로 칭해질 때에는 메시아로 언급되는 것이다. 예수님은 사마리아 여인에게 이를 인정했는데 그녀는 예수님에게 이렇게 말씀하셨다

여자가 이르되 메시아 곧 그리스도라 하는 이가 오실 줄을 내가

---

53 Bowman and Komoszewki, *Putting Jesus in His Place*, 37-45.

아노니 그가 오시면 모든 것을 우리에게 알려 주시리이다 예수
께서 이르시되 네게 말하는 내가 그라 하시니라(요 4:25-26).

마찬가지로 예수님은 제자들에게 "누구든지 너희가 그리스도에게 속
한 자라 하여 물 한 그릇이라도 주면 내가 진실로 너희에게 이르노니
그가 결코 상을 잃지 않으리라"(막 9:41; 참고 마 23:10; 요 17:3)고 말씀하
셨을 때 그리스도이심을 인정하신 것이다. 원래 구약에서 메시아는 하나
님을 섬기는 일 중에서 특정한 임무들을 수행하기 위해 하나님으로부터
특별히 "기름부으심을 받은" 다양한 사람들을 언급하는 것이었다. 다양
한 예언들을 거치면서 이 개념은 하나님의 사명을 위해 하나님에 의해
유일무이하게 준비된 한 사람, 즉 메시아인 그 사람으로 좁혀져 왔다.

구약의 메시아 기대는 몇 가지 부류로 구성되어 있었다. 한 가지는
정치적인 것이었다. 메시아는 다윗의 보좌에서 공의로 통치할 것이다.

다른 하나는 종말론적인 것으로 "인자의 아들"은 악을 심판하기 위해
하늘에서 올 것이다(단 7:13-14). "인자의 아들"은 예수님이 가장 자주 사
용하신 자기 언급(self-reference)이었으며 이는 강력하게 신적이고 메시아
적인 함축을 내포했다.[54] 마지막으로는 그분의 백성들의 죄를 감당하는
고난받는 종(Suffering Servant)에 대한 것이었다(사 52:13-15; 53장).[55]

나사렛 예수는 비록 많은 이들이 기대한 방식으로는 아니었지만 세
가지 기대 모두를 다 충족시켰다. 그렇게 함으로써 그분은 자신의 사명
에 대한 아주 많은 예언을 성취하셨다.[56] 구약성경에는 특히 메시아의

---

54 "인자의 아들"이라는 예수님의 호칭의 신학적 중요성과 그분의 다른 호칭들의 중요성을
위해서는 Ramm, *Evangelical Christology*, 107-116; Wells, *Person of Christ*, 67-81; Marshall, "Son of Man," 775-781을 보라.
55 구약성경과 신약성경에서 고난 받는 종에 대한 내용을 위해서는 Richard Bauckham, "God Crucified," in *Jesus and the God of Israel: God Crucified and Other Studies on the New Testament's Christology of Divine Identity* (Grand Rapids: Eerdmans, 2008)를 보라.
56 이것이 주의 깊게 전개된 내용으로는 Walter Kaiser, *The Messiah in the Old Testament* (Grand Rapids: Zondervan, 1995)가 있다.

신성에 대한 여러 가지 예언적 언급이 등장한다.

1. 하나님의 아들은 하나님 우편 보좌에 앉으셔서 아버지와 동일한 권능으로 세상을 통치하실 것이다(시 2:7-12; 참고 시 110:1-2).
2. 약속된 메시아는 임마누엘이실 것이다(즉 "하나님이 우리와 함께 계신다," 사 7:14; 참고 마 1:23).
3. 약속된 메시아는 영원토록 통치하시는 "전능하신 하나님"이실 것이다(사 9:6-7 참고).
4. 베들레헴에서 태어난 통치자는 영원으로부터 기원한다(미 5:2).
5. 다윗의 의로운 가지는 "주님이신 우리의 의로운 구세주"(렘 23:5-6 참고)로 칭해진다.
6. 성전에 모습을 나타내실 분은 "주님"이시다(말 3:1 참고).[57]

예수님은 이 땅에서 정치적인 통치를 수립하지는 않았지만, 그럼에도 불구하고 자신을 우주의 왕과 주로 간주했다. 그분은 성육신 당시에 종말론적 심판을 가져오지는 않았지만 세기 말에 재림할 때 심판하실 것을 약속하셨다. 고난받는 종으로서 그리스도는 반드시 십자가로 가야만 한다.

---

57 이 내용은 Kenneth L. Barker and John Kohlenberger III, *Zondervan NIV Commentary*, vol. 2, *New Testament* (Grand Rapids: Zondervan, 1994), 570에 나온 내용을 약간 각색한 것이다. 성경적 예언에 대한 논증을 더 원하면 Robert C. Newman, *The Evidence of Prophecy* (Hatfield, PE: Interdisciplinary Biblical Research Institute, 2001), 특히 3부를 참고하라. 이러한 예언과 다른 예언들의 성취는 성경이 하나님의 영감을 받았다는 것에 신빙성을 더해 준다.

12. 그리스도의 죽음

예수님은 자신이 많은 고난을 당하고, 죽임을 당하고 3일만에 다시 살아나기 위해 반드시 예루살렘에 가야한다는 것을 제자들에게 설명하셨다(마 16:21). 예수님은 자신의 십자가형을 우연이나 실수가 아닌 사명의 필연적인 부분으로 받아들이셨다. 위대한 신학자인 B. B. 워필드(B. B. Warfield)가 적절하게 말했다.

> 그분은 세상에 죽기 위해 오셨다. 이 운명으로 인도한 길의 각 단계는 그분을 위해 결정된 것이 아니라 그분에 의해서 결정되었다. 그분이 희생자인 적이 한 번도 없었다. 오히려 그분은 항상 상황의 주인이셨고, 처음부터 끝까지 그분의 좁은 길을 계속해서 따라가셨다. 그분은 쓰라린 결론으로 치닫게 하는 이 좁은 길의 우여곡절을 처음부터 모두 다 알고 계셨을 뿐만 아니라 그분은 이 좁은 길의 우여곡절을 모두 완전히 통제하고 계셨다.[58]

예수님의 죽음 없이 그분의 사역은 무의미하다. 성경 전체를 통틀어 생명을 위해서는 죽음이 요구되었다. 창세기 3:15에 보면 타락 이후에 첫 번째 메시아의 약속은 그분이 사단의 머리를 파쇄시키는 바로 그때에 그분이 타격을 입게 될 것이라고 말한다. 그런 다음 하나님은 아담과 하와에게 동물의 가죽으로 된 옷을 입히시는데 그것을 위해서는 동물의 죽음이 필요했다. 하나님은 아브라함의 아들의 죽음을 대신해서 희생될 동물을 제공하신다(창 22장). 이스라엘 백성들이 구원받을 수 있도록 유월절 어린 양이 죽임을 당했다(출 12장).

구약성경의 전체 희생제도는 "세상 죄를 지고 가시는 하나님의 어린

---

58 B. B. Warfield, *The Person and Work of Christ* (Phillipsburg, N. J.: P&R Publishing, 1950), 17.

양이신" 예수님을 학수고대하고 있으며 이는 세례자 요한(요 1:29)과 고난받는 종의 예언(사 53장)에 의해 선포되었다. 쉐퍼가 기록하듯이 "기독교 메시지의 중심은 예수 그리스도의 구속적인 죽음이다."[59]

시간이 다가올수록 예수님은 그의 죽음에 대해 더 노골적으로 드러내셨다.

> 보라 우리가 예루살렘으로 올라가노니 인자가 대제사장들과 서기관들에게 넘겨지매 그들이 죽이기로 결의하고 이방인들에게 넘겨 주어 그를 조롱하며 채찍질하며 십자가에 못 박게 할 것이나 제삼일에 살아나리라(마 20:18-19).

마태복음의 3분의 1, 마가복음의 3분의 1, 누가복음의 4분의 1 그리고 요한복음의 2분의 1 정도는 예수님 생애의 마지막 시간들에 초점을 맞춘다. 대략 사복음서를 구성하는 내용의 3분의 1은 예수님의 마지막 주간과 관련된 것이다. 우리는 예수님의 죽음을 이해하기 위해 몇 가지 핵심적인 사건들과 진술들을 평가해 보도록 하겠다.

자신의 임박한 죽음에 대한 예수님의 인식은 그분의 사명감과 조화를 이룬다. 그분은 자신에 대해 다음과 같이 언급한다.

> 나는 선한 목자라 선한 목자는 양들을 위하여 목숨을 버리거니와 (요 10:11).

또한 제자들에게 힘과 명성을 위해 좋은 자리에 앉으려고 책략을 써서는 안 되고 오히려 이웃을 섬겨야 한다고 할 때 예수님은 자신을 궁극의 사례로 들어 설명하며 이렇게 말씀하셨다.

---

[59] Francis Schaeffer, *True Spirituality*, 30th anniv. ed. (Wheaton, IL: Tyndale House, 2001), 20.

인자가 온 것은 섬김을 받으려 함이 아니라 도리어 섬기려 하고 자기 목숨을 많은 사람의 대속물로 주려 함이니라(마 20:28).

배신당하기 직전에 예수님은 곧 다가올 자신의 죽음 때문에 몹시 고통스러워하며 기도하셨다.

아빠 아버지여 아버지께서는 모든 것이 가능하오니 이 잔을 내게서 옮기시옵소서 그러나 나의 원대로 마시옵고 아버지의 원대로 하옵소서(막 14:36).

이 기도 후에 예수님은 체포되셨고 그때 누군가 칼로 그분을 보호하려고 시도했다. 예수님은 그 행동을 야단치시면서 다음과 같이 반응하셨다.

너는 내가 내 아버지께 구하여 지금 열두 군단 더 되는 천사를 보내시게 할 수 없는 줄로 아느냐 내가 만일 그렇게 하면 이런 일이 있으리라 한 성경이 어떻게 이루어지겠느냐 하시더라
(마 26:53-54).

나중에 유대 지도자들이 "네가 하나님의 아들 그리스도인지 우리에게 말하라"고 하자 예수님은 "네가 말하였느니라 그러나 내가 너희에게 이르노니 이 후에 인자가 권능의 우편에 앉아 있는 것과 하늘 구름을 타고 오는 것을 너희가 보리라"(마 26:63-64)고 대답하셨다. 몇 마디밖에 안되는 말로 예수님은 전능하신 하나님과 동등하며("우편에 앉아"), 신적인 심판 가운데 오신("하늘의 구름 가운데") 약속된 메시아이며, 인자의 아들임을 확언하셨다. 대제사장은 이해했다. 그는 옷을 찢으며 "그가 신성모독 하는 말을 하였으니"(마 26:65)라고 소리질렀다. 그 다음에 예수님은 맞고 로마의 정치적 관료들에게 넘겨졌다. 그들은 예수님을 더 때리고, 조롱하고, 그분에게 침을 뱉고, 그분을 십자가에 못 박았다.

예수님은 십자가에 못 박히시기 전에 잔인하게 채찍질 당했고, 골고다로 가는 길의 나머지 부분을 위해 다른 남자의 어깨에 억지로 십자가가 들려지기 전까지, 예수님은 골고다로 가는 길 일부를 직접 십자가를 지고 가셨다(막 15:21; 요 19:17). 예수님은 두 명의 일반 죄수 사이에서 못박히셨다. 십자가의 고통 속에서 예수님은 "아버지 저들을 사하여 주옵소서 자기들이 하는 것을 알지 못함이니이다"(눅 23:34)라고 부르짖으셨다. 예수님은 원수들을 끝까지 사랑하셨지만, 그들에게 용서가 필요한 것에 대해서 확실하게 말씀하셨다.

예수님이 십자가에서 한 마지막 말은 "나의 하나님, 나의 하나님 어찌하여 나를 버리셨나이까?"(막 15:34)였다.

> (이 말씀 후에) 예수께서 큰 소리를 지르시고 숨지시니라 이에 성소 휘장이 위로부터 아래까지 찢어져 둘이 되니라 예수를 향하여 섰던 백부장이 그렇게 숨지심을 보고 이르되 이 사람은 진실로 하나님의 아들이었도다 하더라(막 15:37-39).

예수님의 십자가에서의 죽음과 그것의 의미는 이 사실이 있기 수백 년 전에 이미 계시되었다. 예수님 스스로도 메시아에 대해 이야기한 이사야 53장을 자주 인용하곤 했다.

> 그가 자기 영혼을 버려 사망에 이르게 하며 범죄자 중 하나로 헤아림을 받았음이니라 그러나 그가 많은 사람의 죄를 담당하며 범죄자를 위하여 기도하였느니라(사 53:12).

그것은 한 글자도 틀리지 않고 정확히 성취되었다. 이사야는 한 사람에 대해 이렇게 말한다.

> 그는 멸시를 받아 사람들에게 버림 받았으며 간고를 많이 겪었으며 질고를 아는 자라 마치 사람들이 그에게서 얼굴을 가리는

것 같이 멸시를 당하였고 우리도 그를 귀히 여기지 아니하였도
다 그는 실로 우리의 질고를 지고 우리의 슬픔을 당하였거늘 우
리는 생각하기를 그는 징벌을 받아 하나님께 맞으며 고난을 당
한다 하였노라 그가 찔림은 우리의 허물 때문이요 그가 상함은
우리의 죄악 때문이라 그가 징계를 받으므로 우리는 평화를 누
리고 그가 채찍에 맞으므로 우리는 나음을 받았도다(사 53:3-5).

비록 "우리는 다 양 같아서 그릇 행하여 각기 제 길로 갔거늘 여호와
께서는 우리 모두의 죄악을 그에게 담당시키셨도다." 그분은 "어린 양처
럼" 도살자에게 끌려가셨고 이는 "마땅히 형벌 받을 내 백성의 허물 때
문"이었다. 그리고 비록 "그는 강포를 행하지 아니하였고 그의 입에 거
짓이 없었으나" 주님은 "그의 영혼을 속건제물로" 드리신다(사 53:6-10).
이사야는 "그가 많은 사람의 죄를 담당하며 범죄자를 위하여 기도하였
느니라"(사 53:12)는 말로 이사야 53장을 맺는다. 예수 그리스도는 바로
이 고통받는 종이시다.[60]

그러나 예수님의 죽음이 필연적이기는 했지만, 그것이 끝은 아니었
다. 신약 전체의 핵심인 예수님의 부활없이 기독교는 존재하지 않을 것
이다. 바울이 선포하듯이 예수님은 부활을 통해서 권능 있는 하나님의
아들로 선포되셨다(롬 1:4). 우리는 이 기절할 만큼 놀랍고 최고인 예수
님의 자격을 22장에서 다룰 것이다.

13. 예수님에 대한 다른 증언

우리는 지금까지 사복음서에 나타나 있는 예수님이 직접 제기하신
그리스도의 주장과 자격을 주로 검토해 왔다(부활은 22장으로 넘기고). 이

---

[60] 예수님이 사 53장을 메시아적으로 성취하신다는 논증은 Michael L. Brown, *Answering Jewish Objections to Jesus* (Grand Rapids: Baker, 2003), 3:40-85에 상세하게 나온다.

것은 예수님에 대해 아는 우리의 지식을 전혀 고갈시키지 않는다. 신약 나머지 부분을 통하여 복음서들의 주제들이 반복되고 확대됨을 발견하게 된다. 나는 거기서 찾을 수 있는 높은 그리스도론(high Christology)의 거대한 물줄기에서 작은 물 방울 하나만 인용해 보겠다. 요한복음의 서두에서 이렇게 선포한다.

> 태초에 말씀이 계시니라 이 말씀이 하나님과 함께 계셨으니 이 말씀은 곧 하나님이시니라 그가 태초에 하나님과 함께 계셨고 만물이 그로 말미암아 지은 바 되었으니 지은 것이 하나도 그가 없이는 된 것이 없느니라 그 안에 생명이 있었으니 이 생명은 사람들의 빛이라 빛이 어둠에 비치되 어둠이 깨닫지 못하더라(요 1:1-5).

"말씀"(Word)을 위해 요한이 사용하는 단어는 헬라어로 로고스(logos)이다. 그리스 철학에서 이 단어는 우주의 **비인격적인** 지배 원리를 의미하기 위하여 사용되어 온 것에 반하여, 요한은 이 단어를 죄를 정복하기 위해 인간의 본성을 취하신 우주의 **인격적인** 하나님을 언급하기 위해 사용한다.

초대교회를 향한 그의 서신에서 요한은 "태초부터 있는 생명의 말씀에 관하여는 우리가 들은 바요 눈으로 본 바요 자세히 보고 우리의 손으로 만진 바라"(요일 1:1)라고 기록한다. 요한은 나중에 다음과 같이 말한다.

> 그는 우리 죄를 위한 화목 제물이니 우리만 위할 뿐 아니요 온 세상의 죄를 위하심이라 우리가 그의 계명을 지키면 이로써 우리가 그를 아는 줄로 알 것이요(요일 2:2-3).

예수님의 부활과 승천 이후에, 예수님이 그렇게 될 것이라고 약속하신 것처럼 베드로는 위대한 설교가요, 복음전도자가 되었다(막 1:17). 예루살렘에서 유대인 통치자들과 장로들 앞에 서서 성령이 충만해서 "다른 이로써는 구원을 받을 수 없나니 천하 사람 중에 구원을 받을 만한 다른 이름을 우리에게 주신 일이 없음이라 하였더라"(행 4:12)라고 선포했다. 또 사도 바울은 예수님의 유일무이성과 최고권을 강조한다.

> 하나님은 한 분이시요 또 하나님과 사람 사이에 중보자도 한 분이시니 곧 사람이신 그리스도 예수라 그가 모든 사람을 위하여 자기를 대속물로 주셨으니 기약이 이르러 주신 증거니라 (딤전 2:5-6).

신약은 그리스도가 십자가에 달려 죽으시고 부활하시고 승천하신 주로서 만물 위에 승귀된 것으로 제시하지만, 그리스도는 오직 모든 이의 종이 되심으로써, 믿음으로 그분에게 나아오는 사람들에게 생명을 주시기 위해 기꺼이 십자가에 희생제물로 바쳐지기 원하는 어린 양이 되심으로써 이를 성취했다.[61] 사도 바울은 예수 그리스도가 "하나님과 동일한 본성"을 지니셨지만 인간의 본성을 취하셨고 십자가에 달려 죽으시기까지 자신을 겸손케 하셨다고 기록한다(빌 2:6-8).

> (그로 인해서) 하나님이 그를 지극히 높여 모든 이름 위에 뛰어난 이름을 주사 하늘에 있는 자들과 땅에 있는 자들과 땅 아래에 있는 자들로 모든 무릎을 예수의 이름에 꿇게 하시고 모든 입으로 예수 그리스도를 주라 시인하여 하나님 아버지께 영광을 돌리게 하셨느니라(빌 2:9-11; 참고 사 45:23).

히브리서의 저자는 예수님을 인류에 대한 하나님 계시의 정점에 둔다.

---

61 예수 그리스도의 초월성과 겸손을 탁월하게 다룬 연구로는 Jonathan Edwards, "The Excellency of Christ," in *The Puritan Sage* (New York: Library Publishers, 1953), 326-332를 보라.

옛적에 선지자들을 통하여 여러 부분과 여러 모양으로 우리 조상들에게 말씀하신 하나님이 이 모든 날 마지막에는 아들을 통하여 우리에게 말씀하셨으니 이 아들을 만유의 상속자로 세우시고 또 그로 말미암아 모든 세계를 지으셨느니라 이는 하나님의 영광의 광채시요 그 본체의 형상이시라 그의 능력의 말씀으로 만물을 붙드시며 죄를 정결하게 하는 일을 하시고 높은 곳에 계신 지극히 크신 이의 우편에 앉으셨느니라(히 1:1-3).

14. 예수님과 다른 종교 지도자들

종교적으로 다원적인 환경에서 다른 종교들의 가르침과 그들의 지도자들을 비교하고 대조하는 것은 무례하거나 오만한 것이 아니라 변증학적으로 필요하다. 나는 어떻게 기독교가 종교적 다원주의와 관계있는지에 대한 문제를 23장에서 다시 다룰 것이다.

성육신하신 하나님으로서의 예수님의 정체성에 대한 지금까지의 나의 논증을 감안할 때, 예수님의 생애와 주장들을 다른 중요한 종교 창시자들이나 핵심 인물들과 비교하는 것은 적절하다고 하겠다(나는 21장과 22장에서 예수님의 유일무이성과 최고권에 대해 더 주장할 것이다). 이 지도자들은 현자(sages), 신의 화신(avartars) 또는 선지자(prophets)로 구분될 수 있다.

15. 구세주가 아닌 현자

불교는 싯다르타 가우타마(Siddhartha Gautama: 주전 563-479)가 스스로의 노력을 통해 깨달음에 이르게 되었고 따라서 "부처"(the Buddha: 깨달은 자)가 되었다고 가르친다. 그런 다음에 부처는 고통과 그것의 초월성에 "네 가지 고귀한 진리"(The Four Noble Truths)를 가르치기 시작했다.

부처는 한 번도 자신이 신, 선지자 또는 하나님과 인간 사이의 중재자임을 주장한 적이 없다. 그는 다른 사람들을 열반(nirvana)으로 인도하려고 했던 득도한 현자다.

노자(Lao-Tze: 주전 6세기)는 도교를 창시한 현자이다. 그는 혹자들에 의해 지혜의 "물길"(the watercourse way)을 찾기 위한 수수께끼 같은 경구들로 된 책인 『도덕경』(Tao Te Ching)의 저자로 여겨진다. 노자라고 하는 역사적인 사람의 존재는 논란의 소지가 있으나 그분은 구세주, 신비주의자나 선지자가 아닌 현자로 알려져 있다. 그의 목적은 유일한 길이 되는 것이 아닌 도(Tao, 또는 길)를 보여주는 것이었다.

마하비라(Mahavira: 주전 599-527)는 자이나교(Jainism)의 창시자였고, 그에 대해 알려진 것은 거의 없다. 그는 실재에 대한 통찰력을 지녔고 엄격한 금욕주의를 가르친 영웅적 인물로 간주된다. 자이나교가 무신론적이거나 다신론적(해석하기에 따라)이기 때문에 그는 결코 신적인 존재나 구세주적 인물의 사자(emissary)로 간주되지 않는다.

유교(Confucianism)는 공자(Confucious: 주전 551-479)를 윤리적 현자로 숭배하지만, 도교와 불교에서 볼 수 있는 신비주의적 요소들은 없다. 그는 "천도"(the way of Heaven)에 대해 말했지만 절대로 자기 자신을 중재자로 소개하지 않았다. 공자의 가르침에 일신교적인 암시가 있기는 하지만, 초월적 영역에 대해서는 거의 언급한 것이 없었다. 오히려 그는 가족과 국가를 위한 행동 원칙에 집중하였다.[62]

16. 성육신이 아닌 신의 화신 아바타

힌두교는 신 비슈누(Vishnu)가 아바타의 형태로 적어도 열 번은 이 땅에 출현했었다고 가르친다. 주요 아바타는 크리슈나(Krishna)로 『바카바

---

[62] Thomas I. S. Leung, "Confucianism," in *The Compact Guide to World Religions*, ed. Dean Halverson (Minneapolis: Bethany House, 1996).

드-기타』(Bhagavad-Gita)의 영웅이다. 그렇지만 아바타는 인격을 지닌, 하나님의 인격적인 현현으로 대개 여겨지지는 않는다. 오히려 아바타는 단지 브라만에 재흡수되기 위해서 인간의 형태를 취하는데, 이것은 종종 비인격적인 하나됨으로 간주된다. 화신은 자신의 노력으로 구원을 확보하지 않는데 왜냐하면 구원은 많은 생애들에 걸친 노력(윤회와 카르마)을 요구하기 때문이다. 모두 열 가지의 힌두교 아바타 중에서 그 어떤 아바타를 위한 역사적 기초도 지극히 미약하다. 그리고 그런 사실은 결국 시공(space-time) 역사의 실재를 강조하지 않은 힌두교에서는 중요하지 않다.[63]

17. 메시아가 아닌 선지자

모세는 오랜 시간 동안 유대교의 으뜸가는 인물로 여겨져 왔는데 모세는 율법을 받았고 하나님의 백성들을 이집트에서 나와 약속의 땅으로 인도했기 때문이다. 모세 스스로는 자신보다 더 위대한 다른 선지자가 올 것에 대해 얘기했다(신 18:18). 이분은 신약에 의하면 바로 예수님 자신이시다(행 3:17-23). 모세는 비록 결함이 있긴 했지만, 하나님의 율법을 그의 백성들에게 전달했고 범상치 않은 지도력을 제공했다. 모세가 선지자이긴 했지만 그는 예수님과는 달랐다. 즉 모세는 죄가 없다고 결코 주장하지 않았고, 한 번도 누구든지 모세에게 믿음을 두어야 한다고 제안한 적도 없었다. 메시아는 아직 오지 않았기 때문이다. 요한의 말처럼 "율법은 모세로 말미암아 주어진 것이요 은혜와 진리는 예수 그리스도로 말미암아 온 것이라"(요 1:17).

조로아스토교(Zoroastrianism)는 원래 고대 페르시아의 일신교로 신

---

63 힌두교와 아바타에 대한 내용은 Dean Halverson, "Hinduism," in *The Compact Guide to World Religion*, ed. Dean Halverson (Minneapolis: Bethany House, 1996), 87-90; Parrinder, *Avatar and Incarnation*을 보라.

(god) 아후라-마스다(Ahura-Masda)의 뜻을 알린 자로 알려진 조로아스터 (Zoroaster: 주전 628-551)를 선지자로 주장한다. 조로아스터는 제사장적 엘리트주의, 동물희생과 다신교에 반대하는 설교를 했다. 그는 그의 추종자들이 스스로를 위해 축복된 사후 세계를 확보하기 위해 진리를 따르고 거짓을 피할 것을 엄명했다. 그는 결코 자신을 구원의 방도로 제안하지도 않았고 예배받거나 기적을 행하지도 않았다.[64]

"알라는 하나님이고 마호메트는 알라의 선지자다"라고 모든 무슬림들은 단언한다. 마호메트(Muhammad: 주후 570-632)는 가장 위대한 마지막 선지자로 여겨진다. 쿠란을 받아들임을 통하여, 마호메트는 자신들의 경전을 왜곡해 온 기독교도들과 유대교도들의 실수를 바로잡아 주는 것으로 알려져 있다. 이슬람은 알라와 그의 피조물 간의 그 어떤 중재자도 거부한다. 예수님을 승격된 선지자로는 여기지만 하나님으로는 여기지 않기에 예수님의 은혜를 통해서만 구원받는 것을 부인한다. 마호메트는 죄없는 것으로 소개되지는 않으며 쿠란에서 그가 기적을 베푼 것으로 알려진 적은 한 번도 없다.[65]

바하이교(The Baha'i faith)는 세계의 주요 종교들 중 가장 최근의 것으로 모든 종교들과의 연속성을 주장한다. 바하이의 선지자 또는 "하나님의 현현"인 바하울라(Bahaullah: 주후 1817-1892)는 예수님이 재림한 것이며 천년 동안 하나님의 선지자라고 주장했다. 그럼에도 그는 아무런 기적도 행하지 않았고 중재자로 고려되지도 않는다. 오히려 그는 모든 종교들이 하나님으로부터 온 것이며 자신의 가르침들에서 완결된다는 것을 사람들이 믿도록 촉구한다. 바하이교는 예수님을 하나님의 다른 현현으로 여기지만, 성육신한 하나님으로 여기지는 않는다. 예수님이 추앙받

---

[64] 조로아스터교에 대해서 더 알기 원하면 Winfried Corduan, *Neighboring Faiths* (Downers Grove, IL: InterVarsity Press, 1998), 113-134; Sir Rustom Masani, *Zoroastrianism: The Religion of the Good Life* (New York: Macmillan, 1968)를 참고하라.

[65] 이슬람에 대해서는 24장에서 더 심도 있게 다룰 것이다.

기는 하지만, "하나님의 현현"으로는 한물간 것으로 여긴다.[66]

종교적인 지도자가 선지자, 현자 또는 아바타로 간주되는 여부와 상관없이 그의 (또는 그녀의) 지위는 성경에 나온 예수님께 부여된 것과는 근본적으로 다르다. 그 어떤 종교도 종교 창시자를 그토록 높이 평가하거나 그에 대해 그토록 엄청난 주장들을 펼치지는 않는다. 그렇다면 예수님이 부처, 마호메트 등과 더불어 다소 일반적인 종교 범주로 축소될 수 있다고 하는 근거 없는 주장들은 그만둬야 한다. 예수님은 우리에게 그런 시시한 대안을 제시하지 않으셨다.

18. 단 하나뿐인 예수님

이 장에서 제시된 예수님의 유일무이성과 최고권에 대한 증거가 결코 완벽하지는 않다.[67] 그렇지만 누적적인 증거는 예수님을 모든 다른 종교 인물들로부터 두드러지게 한다.[68] 그분은 초자연적으로 세상에 들어 왔고, 필적할 데 없는 표적과 이사를 행한 자로 공인되었고, 완전무결한 인격을 소유했고, 하나님에게만 어울리는 주장들을 펼쳤고, 또 인류를 구속하기 위해 죽으셨다. 역사적 사실에 근거한 최고의 이야기는 그분이 자신이 말한 바로 그 사람과 일치했었다는 것이다. 정말 그렇다면 우리는 예수님에게 그분의 조건대로(on his terms) 응답해야 한다.

---

66 바하이교에 대해서는 Francis Beckwith, "Baha'i Faith," in *New Religious Movements*, ed. Ronald Enroth (Downers Grove, IL: InterVarsity Press, 2005)를 보라.

67 Groothuis, *Jesus in an Age of Controversy*; Groothuis, *On Jesus*; Erickson, *Word Became Flesh*; Bowman and Komoszewski, *Putting Jesus in His Place*; Murray Harris, *Three Crucial Questions About Jesus* (Eugene, OR: Wipf & Stock, 2008)를 보라.

68 부처, 소크라테스, 마호메트, 공자와 비교한 예수님의 독특성에 관한 주장에 대해서는 C. S. Lewis, "What Are We to Make of Jesus Christ?" *God in the Dock* (Grand Rapids: Eerdmans, 1970), 157-158을 보라. 또한 Edwin Yamauchi, *Jesus, Zoroaster, Buddha, Socrates, Muhammad*, rev. ed. (Downer Grove, IL: InterVarsity Press, 1972)도 참고하라.

19. 예수님과 성경의 권위

지금까지 이 장에서는 신약의 역사적 신뢰성(19장 참고)에 근거한 주와 구세주로서의 예수님의 유일무이성와 최고권에 대해 주장을 펼쳐 왔다. 21장과 22장은 다시 죽음을 경험하지 않도록 죽음에서 다시 살아난 신-인(God-man)으로서의 예수님에 대해 더 논의할 것이다. 만일 이렇게 결합된 논증들이 성공적인 것으로 증명된다면, 예수님이 한 행위들의 실재와 그분의 성경이해를 포함해서 그분이 한 말들의 진리 모두에 대한 우리의 믿음을 보증한다.[69] 여기서 이 주제를 상세하게 다룰 수는 없지만, 확고부동하게 정립된 예수님의 권위에 기초해서 우리는 구약과 신약이 하나님의 영감을 받아 기록된 것임을 주장할 수 있다.[70]

복음서에 기록된 것처럼, 그분의 모든 가르침과 상호작용에서 예수님은 구약성경이 하나님의 영감을 받았다는 것을 긍정했다. 예수님이 언급하신 책들은 오늘날 우리가 구약성경에서 찾을 수 있는 동일한 책들이다(책 순서가 다소 변동되긴 했지만). 영감을 받았다고 하는 것은 실수를 범할 수 없는 하나님이 직접 성경의 저자들을 인도해서 하나님이 의도하신 것을 그들이 기록하게 하셨다는 것으로, 논리적, 역사적, 과학적 또는 도덕적인 것과 같은 종류의 실수가 일체 없이 기록하도록 하셨다는 것이다.[71]

---

69 예수님의 구약 이해에 대해 현대적으로 철저하게 다룬 것으로는 Craig L. Blomberg, "Further Reflections on Jesus' understanding of the Old Testament," in *The Scripture Project: The Bible and Biblical Authority in the New Millennium*, ed. D. A. Carson, vol. 1 (Grand Rapids: Eerdmans)을 찾아보라. 전체 성경에 대한 예수님의 견해로는 John Wenham, *Christ and the Bible*, 2nd ed. (1972; reprint, Grand Rapids: Baker, 1984)을 보라.
70 본서 768-772 페이지를 참고하라. 우리는 더 나아가 성취된 예언들, 성경 외적인 출처들에 의한 역사적인 확증, 성경의 통일성(비록 다양한 저자들에 의해 장기간에 걸쳐 기록되었고 모든 저자들이 서로 연락하며 지내는 사이는 아니었지만), 성경의 도덕적이고 영적인 지혜 등에 기초한 성경의 영감과 총체적인 진실성을 주장할 수 있다. 내가 본서 전반에 걸쳐 다양한 방식으로 해왔던 것처럼 말이다.
71 벧전 1:20-21; 딤후 3:15-16을 보면 두 저자들과 그들의 책들은 따라서 하나님의 영감을

예수님은 자신의 세계관에서 확정된 사항으로서 구약을 자신있게 인용하고 해석한다. 그분은 "성경은 폐하지 못하나니"라고 단언하는데 성경은 진리이며 영구적이기 때문에 무효화되거나 위반될 수 없음을 의미하는 것이다(요 10:35; 참고 요 17:17). 그리스도는 성경을 폐지하기 위해 오신 것이 결코 아니라 오히려 성경의 궁극적인 목적을 달성하기 위해 오신 것이다(마 5:17-19; 참고 눅 16:7).

이런 거룩한 책들은 예수님 자신의 인격과 사역 안에서 완성되는데, 왜냐하면 이 책들은 예수님에 대해 증거하기 때문이다(요 5:39; 눅 24:25-27). 마귀에 의해 광야에서 시험받으셨을 때 예수님은 사탄의 공격을 물리치기 위해 성경을 자신있게 단언하고 적절하게 해석하셨다(마 4:1-11; 눅 4:1-13).[72]

다윗이 성령의 감동을 받아 시편 110편을 기록한 것이라고 말씀하셨을 때처럼, 예수님은 구약성경을 하나님이 직접하신 말씀들과 동등하게 여겼다(마 12:35-36). 예수님은 또한 당시의 종교 지도자들이 인간의 전통을 핑계로 "하나님의 말씀"을 폐하고 있다고 말씀하셨다(마 15:1-6).[73]

필적할 데 없는 예수님의 자격에 비추어볼 때, 그분이 구약에 대해 내린 판단을 의심할 이유는 하나도 없다. 만일 그분이 실제로 기적을 만들어 내는 거장이요, 선생이요 또한 철학가이며 자신의 신적인 사명에 대해 유일무이한 주장들을 펼쳤고 자신의 완전무결하고 유일무이한 삶, 죽음, 부활과 승천으로 그 주장들을 뒷받침한 바로 그 사람이라면, 우

받은 것이라고 가르친다. 이 두 구절들은 구약을 언급하는 것이지만 아래에서 보여지듯이 영감의 개념은 신약에도 확장될 수 있다.

72 예수님이 구약성경을 승인하신 자세한 내용을 위해서는 John Stott, *The Authority of the Bible* (Downers Grove, IL: InterVarsity Press, 1974), 9-17; John Frame, "Jesus' View of the Old Testament," in *The Doctrine of the Word of God* (Phillipsburg, N.J.: P&R Publishing, 2010)을 찾아보라.

73 예수님(과 나머지 신약)이 구약을 활용하신 것에 대해 더 알기 원하면 B. B. Warfield의 "The Terms, 'Scripture' and 'Scriptures' as Employed in the New Testament," Warfield, "'It Says:' 'Scripture Says:' 'God Says,'" in *The Inspiration and Authority of the Bible* (1948; Philadelphia: P&R Publishing, 1970)을 참고하라.

리는 예수님 당시의 거룩한 성경 말씀에 대한 그분의 평가를 신뢰할 수 있다. 그분의 권위있는 가르침들을 통해서 우리는 구약 자체가 유일무이한 권위를 지니고 있음을 알 수 있다. 이 사실이 우리를 구약 안에 있는 다양한 역사적이고 도덕적인 질문들(질문 몇 가지는 부록 2에서 다룸)에서 구제해 주지는 않지만, 이 사실은 우리에게 강력한 확신을 부여해야 한다. 왜냐하면 이러한 책들은 성육신하신 하나님의 출판 허가를 받았기 때문에 극복할 수 없거나 감내하기 어려운 것들은 아니다.[74]

그런데 예수님의 지상사역 기간 동안 아직 기록되지 않았던 신약은 영감을 받은 것인가? 크레이그 블룸버그가 19장에서 논의한 것처럼 신약의 정경이 예수 그리스도의 사도들의 정합적인 고대의 가르침에 충실한지의 여부에 따라 결정되었다.[75]

정경으로 채택된 책들(구약성경과 결합되어 전체 성경을 형성함)은 (많은 사람들이 무책임하고 무지하게 주장하듯이) 당파적인 또는 정치적 이유로 선택된 것이 아니라, 궁극적으로는 정경으로 채택된 책들이 예수 그리스도 그분의 유일무이한 인격 안에 견고하게 고정되어 있었기 때문에 선택되었다. 이는 예수님이 이 세상에서 전무후무한 그의 대변자들로 사도들을 선택하고 위임한 것에서 예시되었다. 스토트가 말하듯이 "사도는 특별하게 선택된 사자(emissary)였으며, 다르고 높은 권위를 지닌 자(bearer), 주어진 메시지의 전령(herald)"이었다.[76]

사도들은 예수님으로부터 개인적으로 위촉되었고(눅 6:13; 행 9장; 갈 1:1), 예수님과의 유례없는 역사적 경험을 소유했고(막 3:14; 요 15:27), 성

---

74 혹자들은 예수님의 성육신은 그분의 지식을 제한함을 동반했고 따라서 예수님은 구약성경이 영감을 받은 것이라고 잘못 믿은 것이라고 비개연적으로 주장했다. 이 주장을 철저하게 반박한 내용으로 Norman Geisler, *Systematic Theology* (Minneapolis: Bethany House, 2002), 1:273-280을 참고하라.
75 신약의 책들은 사도(마태복음, 요한복음, 요한, 베드로와 바울의 서신서들) 또는 사도와 아주 가까웠던 동료들(마가복음과 누가복음)에 의해서 또는 사도적 교리에 부합되게(히브리서의 경우, 만일 바울이 직접 저술한 것이 아니라면) 기록되었다.
76 Stott, *Authority of the Bible*, 17.

령님에 의해 특별한 영감을 받았다(요 14:25-26; 16:12-13).[77] 특별하게 지명된 그리스도의 사자들로서 사도들이 소유했던 권위와 영감에 대한 많은 언급들을 신약에서 찾아볼 수 있다(예를 들면, 요일 1:1-3; 2:7, 24; 벧전 1:22-25; 살후 3:6-15). 고대교회는 이 권위를 그들의 믿음과 실천의 근거로 인식했다(행 2:42을 보라).[78]

이 알찬 주제에 대해 훨씬 더 상세하게 설명할 수 있겠지만, 예수님으로 시작하여 성경의 영감과 권위로 결론맺는 우리의 논증은 이와 같이 정제될 수 있다.

1. 신약은 역사적으로 신뢰할 만하다.
2. 신약은 예수님을 능가할 수 없는 최고의 권위를 가진 분으로 공인한다.
3. 예수님은 구약성경의 영감을 보증하고 또 예수님이 사도들을 위임(authorization)하는 것을 통하여 신약의 신적인 영감도 예견하는데, 사도들의 가르침은 신약 전체에 대한 지식을 제공하고 승인한다.
4. 그러므로 예수님의 권위에 기초해서 우리는 구약성경과 신약성경의 신적인 영감을 받아들일 수 있다.

이 논증은 "우리는 성경이 영감받은 것을 아는데 왜냐하면 하나님이신 주 예수께서 그렇게 말씀하셨기 때문이며 그리고 우리는 주 예수께서 하나님이심을 아는데 왜냐하면 영감을 받은 성경이 그렇게 말하기 때문이다"처럼 순환적 추론이나 논점선취의 오류를 범하지 않는다.[79] 또

77　Ibid., 17-19.
78　사도들은 구약성경의 신적인 권위도 인정했는데 Frame, "The Apostles' View of the Old Testament" in *The Doctrine of the Word of God*; Wenham, "The New Testament Writers and the Old Testament," in *Christ and the Bible*을 보라.
79　Stott, *Authority of the Bible*, 23.

한 이 논증은 성경의 스스로 확증하는 자증적(self-authenticating) 본성만이 성경의 유일한 자격이어서 그렇기 때문에 누군가 단순히 성경을 읽으면 성경이 진실임을 "안다"고 주장하지도 않는다(비록 이런 일들이 성령의 사역으로 자주 일어나기는 하지만).

오히려 이 단순하고 단도직입적인 논증은 **선형적**인데 왜냐하면 우리는 신약(과 특히 복음서들)의 신뢰성**으로부터** 출발하여 예수님의 권위**까지** 그리고 그런 다음에는 하나님으로부터 영감을 받은 성경에 대한 예수님의 가르침의 진실성**까지** 논했기 때문이다. 이 추론으로부터 우리는 성경의 권위를 결론짓는다(전제하거나 가정하거나 맹목적인 믿음으로 받아들이는 것이 아니다).[80]

---

80 Ibid., 25.

21장

성육신을 변론하며

예수님의 완전무결한 성품, 기적을 행할 수 있는 자격, 신성에 대한 주장의 정당함을 입증했기 때문에, 우리는 이제 두 개의 근본적인 이슈들을 평가해야만 한다.

첫째, 예수님의 신성에 대한 증언을 믿어야 하는가? 아니면 그분의 주장에 대해 다른 개연적인 설명들이 있는 것은 아닌가?

둘째, 어떤 사람이 동시에 신이며 인간이라는 개념이 논리적으로 정합적인가? 만일 논리적으로 정합적이지 않다면 예수님의 주장은 거짓임이 분명하다. 그러나 만일 예수님의 주장이 논리적으로 정합적이라면 자신이 신이라는 주장을 위해 동원된 증거는 강한 설득력을 갖게 된다.[1]

이 장에서 우리는 예수님의 정체성을 위한 최선의 설명을 추적할 것이다. 최선의 설명은 내재적인 일관성을 지닐 것이고, 임기응변식 주장을 피할 것이며, 당면한 사실들에 실제로 일치할 것이고, 중요한 것을 조금도 생략하지 않을 것이다.

---

1 논리적으로 말해 성육신의 개념이 논리적으로 정합적이지만 유니콘(unicorn)이나 사티로스(satyr)의 예처럼 실제적인 사례로 예시되지 않는 것도 가능하다. 그러나 우리는 이 개념이 정합적일 뿐만 아니라 예시되기도 하였다고 주장하는데 왜냐하면 하나님은 유일무이하게 예수 그리스도를 통하여 이 세상에 오셨기 때문이다.

성육신 개념의 논리적 정합성을 평가하기 전에, 우리는 자신의 신성에 대한 예수님의 암묵적이고 명백한 주장들을 해석하기 위한 논리적 가능성에 대해 알아볼 필요가 필요가 있다. 예수님의 신성을 위한 논증은 꽤 오래된 것이고 선언적 삼단논법(disjunctive syllogism)의 형태로 정리될 수 있다.

1. 만일 예수님이 신이라고(인간인 것에 더하여) 주장했지만 신이 아니었다면, 그분은 나쁜 남자였고 단순한 인간이었다. 즉 그분은 사기꾼이거나 속았다.
2. 예수님은 나쁜 남자가 아니었고 그저 단순한 인간도 아니었다. 즉 그분이 (a) 사기꾼이 **아니었고** (b) 속은 것도 아니었다.
3. 그러므로 예수님은 신이셨다(인간인 것에 더하여).

잘 알려진 바와 같이 C. S. 루이스는 이렇게 표현했다.

> 단지 인간에 지나지 않는 한 남자가 예수님이 하신 종류의 말들을 했다면 위대한 도덕 교사는 아닐 것이다. 그는 자신을 삶은 계란이라고 얘기하는 사람처럼 정신병자이거나 그렇지 않으면 그는 지옥의 사탄일 것이다. 당신은 선택해야만 한다. 이 남자가 하나님의 아들이었고 하나님의 아들이거나 그렇지 않으면 미치광이거나 미치광이보다도 더 심한 무언가일 것이다. 당신은 예수님에게 바보라고 하며 입을 다물게 할 수 있고 예수님에게 침을 뱉을 수 있고 예수님을 마귀라고 죽일 수도 있다. 아니면 당신은 예수님의 발 앞에 엎드리고 예수님을 주님과 하나님으로 부를 수도 있다. 그러나 제발 예수님이 인간으로서 위대한 교사라고 하는 그런 터무니없는 소리를 잘난 체하며 말하지 말자. 예수님은 그런 가능성을 우리에게 남겨두지 않으셨다. 예

수님은 그럴 의도가 없으셨다.²

이 주장은 수사학적 용어들을 많이 사용해서 표현되었지만, 우리는 이 주장에 세부사항을 조심스럽게 추가할 수 있다. 유명한 작가인 무신론자 크리스토퍼 히친스(Christopher Hitchens)는 이 논증을 단칼에 신랄하게 거부하지만, 이 논증이 신중하게 제시되었을 때는 상당히 강력하다.³ 이 논증은 "하나님 아니면 나쁜 남자" 논증으로 칭해진다. 이 논증은 예수님의 주장과 인격을 활용하며 예수님이 성육신하신 하나님 외에 다른 어떤 존재가 되는 가능성들을 제거하고자 시도한다.

1. 전설이라는 주장들

예수님이 신성을 주장한 것을 고려했을 때 사용 가능한 논리적 대안들을 평가하기 전에, 우리는 예수님이 결코 스스로를 성육신한 하나님이라고 주장한 적이 없다고 하는 취지로 주장을 펼치는 두 가지의 다른 논증들을 반드시 고려해 보아야 한다.

첫 번째 논증은 앞의 두 장을 고려하면 신속하게 제거될 수 있다. 어떤 이들은 예수님의 신적인 주장은 단지 전설에 기초한 것이어서 역사적 사실이 아니라 경건 소설 같은 어떤 것이라고 고집한다. 예수님 자신은 결코 신성을 주장하지 않으셨다. 오히려 이 주장은 예수님 사후에 존재론적인 찬사를 드리기 원했던 지나치게 열성스러운 제자들이 예수님이 했다고 속인 것이다.

---

2   C. S. Lewis, *Mere Christianity* (1943; reprint, New York: Touchstone, 1996), 56. Lewis는 몇 군데에서 이 기본적인 논증을 펼쳤는데 이 논증이 가장 잘 알려진 것이고 잘 설명된 예이다.

3   Christopher Hitchens, *God Is Not Great: How Religion Poisons Everything* (New York: Twelve Books, 2007), 118-222.

인간일 뿐임을 주장했던, 단지 인간적인 종교 교사인 몇몇 사람들은 시간이 경과하면서 잠시도 가만히 있지 못하는 그들의 추종자들에 의해 신격화되거나 가치가 정해졌다. 부처가 으뜸가는 사례인데 왜냐하면 부처에게 조금이라도 초자연적인 요소를 귀속시키는 텍스트들은 그의 사망 후 수백 년이 지나서 등장하기 때문이다.[4]

어쨌든 이 과정이 발생하는 데에는 수십 년 혹은 수 세기가 소요된다. 19장에서 주목했듯이 예수님에 대한 주요 문서들은 그가 죽은 지 몇 십 년이 되지 않아 목격자들에 의해 저술되었거나 목격자들과 다른 신뢰할 만한 출처들의 자문을 구한 사람들에 의해 기록되었다. 그것이 암묵적이든지 노골적이든지 간에 그분의 신적인 주장들이 잘라져 나간 예수님의 원래 가르침을 우리는 찾을 수 없다. 따라서 전설이라고 하는 대안을 지지할 수 없다.

2. 구루로서의 예수님

두 번째로, 예수님의 성육신을 부인하는 다른 이들은 복음서의 역사성에 문제를 제기해서 성육신에 대한 예수님의 주장을 부인하는 것이 아니라(비록 그들은 복음서에서 흠을 통상적으로 찾아내기는 하지만) 비이원론적이거나 범신론적인 세계관에 따라 예수님의 주장을 재해석하여 예수님의 성육신을 부인한다. 그들에게 있어서 예수님은 유일무이하게 성육신한 하나님이 아닌 하나의 구루(guru), 대성자(adept)나 화신(avartar)이었다. 왜냐하면 성육신의 개념은 범신론에서 허용되지 않는 하나님과 피조물 사이의 구별을 요구하기 때문이다. 오히려 예수님은 모든 사람과 자신 안에 내재되어 있던 신성을 깨달은 사람이였다. 그렇기 때문에 예수님은 자신들의 무지를 초월하여 우주적이고 비인격적인 힘(force), 능력

---

4 나는 20장에서 이것에 대해 기적적인 탄생으로 추정된, 부처의 신화적 이야기들과 연계하여 언급한 바 있다.

(power) 또는 의식(consciousness)과의 일체감을 긍정한 계몽된 존재들의 긴 대열에 한 부분을 이루고 있었던 것이다. 인기있는 영적 저술가인 디팍 초프라(Deepak Chopra)는 그것을 이렇게 표현한다.

> 일단 우리가 예수님을 계몽 선생으로 보게 되면, 믿음의 초점이 바뀌게 된다. 당신은 메시아나 그분의 사명에 대한 믿음을 가질 필요가 없다. 대신 당신은 더 고등한 의식의 비전에 대한 믿음을 갖게 된다.[5]

초프라가 말하는 "더 고등한 의식"은 우주적 신성에 대한 자각을 의미한다. 이 견해를 논박하기 위해 나는 책을 저술하기도 했는데, 여기서는 이 두 가지 포괄적인 점을 나누는 것으로 충분할 것이다.[6]

첫째, 범신론적 구루들이 전형적으로 사용하는 가르침의 방식은 신비, 역설과 수수께끼 속에 자신들의 믿음의 의미를 감추어 두는 밀교적(esoteric) 방식이다. 구루들의 말은 숨겨진 의미를 가지며 그들은 소그룹의 입교자에게만 내부 비밀을 드러내는데, 대개 비이성적인 신비적 경험을 통해서이다. 그러나 예수님은 구루와는 정반대로 공개적으로 명확하게 "귀있는 사람" 모두에게 가르치셨다. 재판에서 예수님은 이렇게 선포했다.

> 예수께서 대답하시되 내가 드러내 놓고 세상에 말하였노라 모든 유대인들이 모이는 회당과 성전에서 항상 가르쳤고 은밀하게는 아무 것도 말하지 아니하였거늘 어찌하여 내게 묻느냐 내가 무슨 말을 하였는지 들은 자들에게 물어 보라 그들이 내가

---

5 Deepak Chopra, *The Third Jesus* (New York: Harmony Books, 2008), 62.
6 Douglass Groothuis, *Jesus in an Age of Controversy* (1966; reprint, Eugene, OR: Wipf & Stock, 2002). 또한 Ron Rhodes, *The Counterfeit Christ of the New Age Movement* (Grand Rapids: Baker, 1991)도 보라.

하던 말을 아느니라(요 18:20-21).

동양적 신비주의의 하나님은 생각과 언어를 초월하는 반면 성경의 하나님은 말씀하시고 행동과 언어를 통해서 자신을 알리신다. 마음이 강퍅한 자들이 그분의 가르침을 헤아릴 수 없었던 것은 사실이었지만 그분은 하나님 나라의 메시지를 공공연히 선포했고 자신의 믿음을 타인과 자유롭게 논하셨다. 사람들이 예수님의 메시지를 이해하지 못하는 경우도 몇 번 있었지만, 복음서는 계속해서 청중에게 그 의미를 설명했다. 어떤 경우에도 오해받은 예수님의 가르침이 범신론적인 가르침인 적은 없었다.[7]

신비하고 종종 비인지적인 수단(만트라 외우기, 빈 벽 응시하기)을 통해 자신들의 추종자를 입교시켜야만 하는 구루들과는 달리, 예수님은 제자들을 이성적으로 가르치셨다. 예수님의 가르침들이 제자들에 의해 전파되었을 때(사도행전과 서신서들에서), 제자들이 가르친 내용은 예수님이 복음서에서 직접 가르친 것으로 기록된 내용과 일치된다.

제자들이 가르친 내용에는 내부 핵심 그룹(inner circle)에 의해 판독되어야만 하는 숨겨진 혹은 비밀스런 의미는 없다. 만일 예수님이 지금까지 항상 그렇게 이해되어 온 기독교와는 전적으로 다른 비밀스런 메시지를 정말 가르치려고 했다면, 예수님은 인류 역사상 가장 나쁜 교사 중 하나였을 것이다. 왜냐하면 2000년 동안 그분의 추종자들(과 그분의 비평가들)에 의해 예수님은 일신론을 가르치는 것으로 이해되어 왔기 때문이다.[8] 어떤 다른 해석도 매우 비개연적이다.[9]

---

7 Douglass Groothuis, *Unmasking the New Age* (Downers Grove, IL: InterVarsity Press, 1986), 146-148을 보라.
8 Peter Kreeft and Ronald K. Tacelli, *Handbook of Christian Apologetics* (Downers Grove, IL: InterVarsity Press, 1994), 165-166.
9 "밀교적(esoteric) 해석"의 오류에 대해서는 Douglass Groothuis, *Confronting the New Age* (Downers Grove, IL: InterVarsity Press, 1988), 87-91을 참고하라.

둘째, 예수님은 엄격하게 일신론적 유대인이었다.[10] 그의 가르침은 구약성경에 깊이 젖어 있었다. 구약성경은 인격적이고 도덕적이고 초월적인 천지의 창조주이신 한 분 하나님 외에는 다른 어떤 신도 용납하지 않는다. 유대인들의 위대한 신조 선언(creedal affirmation)은 "이스라엘아 들으라 우리 하나님 여호와는 오직 유일한 여호와이시니"(신 6:4)였다(그리고 여전히 이 신조 선언을 지킨다). 하나님의 유일성은 하나님은 피조물 위에 한 분밖에 계시지 않는 주(Lord)시라는 것을 의미한다.

하나님은 우주와 하나가 아니다. 예수님은 제자들에게 "하늘에 계신 우리 아버지"(마 6:9)에게 기도하라고 가르치셨고, 그렇게 함으로써 하나님의 인격성과 관계성을 강조하신 것이다. 예수님은 하나님만이 유일한 실재(only reality)이고 모든 것이 다 신성하다고 결코 단언하지 않으셨다.

3. 나쁜 남자인 예수님: 사기꾼

이제 우리는 스스로를 성육신한 하나님이라고 한 예수님의 주장이 거짓이었을 수도 있는 다양한 가능성들을 반드시 살펴보아야 한다. 아마도 예수님은 자신이 "아버지와 하나"(요 10:30)가 아닌 것을 너무나도 잘 알았지만 그럼에도 불구하고 그렇게 주장했을 것이다. 만일 그렇다면 예수님은 이 세상에서 가장 지독한 거짓말쟁이일 것이다. 또한 그분은 거짓말에 아주 능했을 것인데 왜냐하면 예수님 바로 옆에 있던 제자들은 그 이후의 모든 정통 기독교인들이 그렇게 해 온 것처럼 결국 예수님의 주장을 믿게 되었고, 많은 이들은 그리스도를 포기하지 않고 고백한 결과로 핍박을 받게 되거나(요한은 밧모섬에 유배되었음[계 1장을 보라]) 죽임을 당하게 되었기 때문이다(행 7장의 스데반의 순교를 보라). 만약 그게 사

---

10 일신론자인 예수님에 대해서는 Douglass Groothuis, *On Jesus* (Belmont, CA.: Wadsworth, 2003), 37-39와 이 책 20장에 나오는 논의를 참고하라.

실이라면 예수님은 엄청난 도덕적 실패였을 것이다.[11] 이런 가능성을 조사하기 위해 우리는 두 가지 질문에 집중해야 할 필요가 있다.

첫째, 자신의 주장이 거짓이라는 것을 알면서도 예수님으로 하여금 그런 터무니없는 주장을 하게 할 만한 동기는 무엇인가?

둘째, 예수님 스스로의 존재에 대한 이 추정상의 형이상학적 거짓말은 복음서를 통해 우리가 예수님에 대해 알고 있는 다른 모습과 일치하는가?

만일 예수님이 자신은 죽을 수밖에 없는 단순한 인간에 지나지 않는다는 것을 알았다면, 예수님이 신성을 주장할 만한 어떤 이유를 정하는 것은 어려워진다. 그럼에도 불구하고 거짓말은 특정한 목적의 달성을 위해 대개 사용된다. 거짓말이 심할 수록 그 거짓말에 대한 이유는 반드시 더 클 수밖에 없다. 고대 이스라엘에서 스스로의 신성을 주장하는 것은 성공적인 커리어를 위한 홍보 공식은 아니었다. 세계사에서 유대인들보다 더 전투적으로 일신론적인 문화를 유지한 민족은 하나도 없었다.[12]

구약성경에서 메시아가 신성할 것이라는 암시와 단서가 있었던 반면에(20장에서 지적되었듯이), 이것이 일반적인 지식은 아니었다. 설상가상으로 신성모독에 대한 유대의 법정형은 돌을 던져 죽이기였고, 우리는 복음서에서 사람들이 예수님에게 돌을 던지려 하거나 예수님의 십자가형 전에도 그분을 죽이려고 시도하는 몇몇 경우를 발견하게 된다(요 8:58-59 참고). 게다가 만일 예수님의 신성 주장이 계략이었다면, 그것은 돈, 섹스나 권력의 차원에서 볼 때 예수님을 위해서는 아주 성공적이지 않았다. 예수님이 "인자는 머리 둘 곳이 없도다"(눅 9:58)고 말했던 것처럼 말이다. 순회 랍비로서 예수님은 종교의 제도권 밖에 있는 다른 이들의 후원을 받았다. 예수님에게는 토지나 소유물이라고 말할 만한 것이 없었다.

---

11 David Horner, "*Aut Deus Aut Malus Homo*: A Defense of C. S. Lewis's 'Shocking Alternative,'" in *C. S. Lewis as Philosopher*, ed. David Baggett, Gary R. Habermas and Jerry L. Walls (Downers Grove, IL: InterVarsity Press, 2007), 73.
12 Larry Hurtado, *Lord Jesus Christ* (Grand Rapids: Eerdmans, 2005), 27-53.

예수님은 심지어 결혼도 하지 않으셨는데 그것이 그 당시 종교 지도자들에게 흔한 일은 아니었지만 전례가 없는 것은 아니었다. 그리고 그분이 조금이라도 로맨틱한 관계를 가진 것에 대해 믿을 만한 기록은 전혀 없다.[13]

대체적으로 예수님의 추종자들은 대단한 평판을 지닌 사람들이 아니었고 오히려 그분의 많은 추종자들은 평판이 좋지 않았다(매춘부, 세리와 사마리아 여성을 포함한 다양한 여성들). 예수님의 주장들과 행동들은 그분을 명성, 재산이나 쾌락주의적 탐닉이 아닌 결국 채찍질과 섬뜩한 십자가로 그분을 이끌었다. 따라서 이 엄청나게 큰 거짓말이 어떤 불순한 동기를 위해 발설되었다는 주장은 실패한다.

그러나 예수님은 거짓말을 통해서 유명해지고자 했던 목표를 성취하는 것에 실패한 것이라고 혹자는 주장할 수도 있다.

예수님은 자신이 죄를 용서할 권위가 있다고 하거나 아브라함 이전에 하나님으로 존재했다고 주장하는 것 혹은 그와 유사한 주장들을 펼치는 것이 명성, 재산, 명예나 쾌락주의적 보상을 받도록 박차를 가하는 것이라고 잘못 생각했다. 그러나 이 추측은 두 가지 면에 있어서 나머지 예수님의 가르침들과 상충한다.

1. 예수님은 상당히 똑똑했고 추론에 능했으며 그 당시 최고의 지성들도 결코 그를 앞지를 수 없었다.[14] 그런 정도로 총명한 사람이 자기 자신을 홍보하는 계획에 그렇게 전적으로 둔감할 수 있었을까? 이는 상당히 비개연적이다.
2. 예수님은 그의 가르침에서 진리-말하기(truth-telling), 정직과 겸손을 강조했다(마 5-7장 참고). 그렇지만 이러한 강조들은

---

13 이는 The Da Vinci Code (New York: Doubleday, 2003)에서 Dan Brown의 기막힌 주장들과는 대조를 이룬다. Ben Witherington III, The Gospel Code: Novel Claims About Jesus, Mary Magdalene, and Da Vinci (Downers Grove, IL: InterVarsity Press, 2004), 2를 보라.
14 Groothuis, On Jesus, 특히 1, 3장을 보라.

누군가가 야훼가 아니면서 야훼라고 신학적으로 얼버무리기
를 하는 것과 무조건 상충하게 된다.

예수님은 역대 가장 고약한 거짓말쟁이면서 동시에 위대한 (많은 사람들은 가장 위대하다고 말할 것이다) 도덕가일 수 있는가? 대답은 자명하다.

4. 속임 당한 예수님: 특이하거나 미쳤거나

예수님이 거짓말쟁이라는 개념은 너무 많은 심리적 파편들로 산산조각난다. 그러나 다른 대안이 가능하다. 즉 예수님은 자신에 대한 신학적 믿음에 대해서는 진심이었으나, 그분은 진심으로 틀렸었다는 것이다.

이 옵션을 주장하는 사람들은 (1) 예수님은 단순히 오해하고 있었지만 그것 외에는 정신이 온전했었다. 아니면 (2) 예수님은 완전히 미쳤다고 믿는다.

두 경우 모두에서, 예수님은 심리적으로 실패한 자였을 것이다.[15] 먼저 우리는 선택 (1)을 살펴보겠다.

어떤 천재들은 일련의 영역에서 망상적이라고 할 정도의 매우 기이한 믿음을 견지하지만 그럼에도 다른 나머지 부분에서는 보편적으로 정신이 온전하고 유능한 편이라고 혹자는 주장할 수도 있을 것이다.[16]

극단적으로 유별난 천재 과학자는 스스로에 대해서는 터무니없는 믿음을 고수할 수도 있겠지만 그럼에도 그는 시설에 수용되지 않고도 인생을 헤쳐 나가는 데 필요한 다른 기능들을 여전히 유지할 수 있다.

아마 예수님도 동일한 범주에 해당되었을 것이다. 그분은 총명한 교사였고 대담자들과 조리있게 논했다. 예수님은 인간에 지나지 않았지만

---

15 Horner, "Aut Deus Aut Malus Homo," 74.
16 이 예는 과제물을 위해 인터뷰하던 사람으로부터 내 제자가 들은 것을 말해 준 것이다. 나는 이런 얘기를 듣기 전에는 이런 내용을 전혀 고려해 본 적이 없다.

신이라고 생각하면서 어떻게 하다 보니 스스로의 정체성에 대해 엄청나게 잘못 알게 된 것이다.

그러나 우리는 이렇게 추정하는 실수의 심각성을 고려해 볼 필요가 있다. 우리는 오류를 범하기 쉬운 사람들도, 그들의 모든 별난 점들과 더불어, 좋은 도덕 교사가 될 수 있다는 것을 확실히 인정한다. 사람들은 덕을 가르치고 덕을 예시할 수도 있는데, 그들의 가르침에 직접적인 영향을 미치는 것에 대해서는 그렇지 않지만 사소한 것들에 대해서는 여전히 **최소한으로 속을 수도** 있다. 그렇지만 만일 어떤 교사가 아프리카인들과 아프리카계 미국인의 도덕적 가치를 다른 인종보다 더 떨어지는 것으로 여긴다면, 그녀가 다른 문제들에 대해서 아무리 탁월하게 추론한다 할지라도 우리는 그녀를 좋은 **도덕** 교사로 여기지는 않을 것이다.

한층 더 강력한 이유로 만일 사람에 지나지 않는 자가 스스로를 인간의 형태를 지닌 전능하신 하나님으로 여긴다면, 이것은 결코 사소하지 않은 실수로 **최대 기만**(maximal deception)의 사례가 될 것이다. 이 기만(속임)의 심각성은 잘못된 믿음과 실천을 전면적으로 도입하면서 많은 영역들 속으로 반드시 확산될 것이다.[17]

과학자의 기이한 믿음들이 그가 갖는 지적인 관심의 초점에 영향을 미치지는 않는다. 반면에 예수님은 그분의 가르침을 (그것이 도덕적인 것이든 신학적인 것이든) 그분 스스로에게 집중시키셨다. 20장에 언급했듯이 예수님은 스스로의 정체성과 사람들이 그분의 주장에 대해 어떻게 반응했는지를 포함한 궁극적인 관심의 문제들에 대해 굉장한 권위와 확신으로 말했다.

따라서 만일 예수님이 스스로에 대해 잘못 말했다면, 그것은 과학자가 갖는 유별난 믿음과 유사하지는 않을 것이다. 우주 안에서와 우주 전체에 대해 그가 유일무이한 권위와 최고권을 갖는다는 예수님의 주장은 그분의 믿음과 가르침과 행위에 중추적인 것이다.

---

17 최소한의 기만과 최대한의 기만의 구별은 Horner의 "*Aut Deus Aut Malus Homo*," 77에서 유래한 것으로, 나는 여기서 용어들을 다소 변경했다.

예를 들어, 산상수훈 말미에서 예수님은 자신이 사람들의 영원한 운명을 결정할 역사의 주인이라고 주장한다(마 7:21-23). 예수님의 가르침은 역사의 주인으로서의 그분의 인간됨(personhood)으로부터 분리될 수 없다.[18] 마찬가지로 예수님은 우리가 그분의 가르침에 따라 우리의 삶을 정립하지 않으면 우리가 인생의 스트레스를 견디지 못할 것이라고 단언하신다(마 7:24-29). 예수님은 스스로를 추상적인 원칙들이 아닌 위로와 쉼의 근원으로 제안하며 이렇게 말씀하신다.

> 수고하고 무거운 짐 진 자들아 다 내게로 오라 내가 너희를 쉬게 하리라 나는 마음이 온유하고 겸손하니 나의 멍에를 메고 내게 배우라 그리하면 너희 마음이 쉼을 얻으리니 이는 내 멍에는 쉽고 내 짐은 가벼움이라 하시니라(마 11:28-30).

만일 예수님이 스스로의 정체성이 포괄하는 이 모든 사실에 대해 잘못 알고 있었다면 예수님의 전체 세계관은 왜곡되었을 것이고, 따라서 그분이 현실과 철저하게 동떨어져 있었다는 것을 보여주는 것이다. 존 몽고메리(John Montgomery)의 표현처럼 "만일 누군가가 실제로는 하나님이 아니면서 자신의 신성에 믿음을 두는 것보다 실재에서 더 크게 동떨어진 것이 있을까?"[19] 그러나 사랑, 자비, 정의와 성품에 대한 예수님의 가르침은 근본적으로 실재에서 동떨어져 있지 않다.[20] 예수님은 세계사에서 가장 영향력 있는 도덕 선생이 되셨다.[21]

---

18 J. Gresham Machen은 이 점을 "Christ," in *Christianity and Liberalism* (1923; reprint, Grand Rapids: Eerdmans, 2009)에서 분명히 하는데 예수님의 윤리는 유지하고자 하지만 그분의 초자연적인 영역들은 무산시키려는 사람들을 반박하기 위해서다.
19 John Warwick Montgomery, *History and Christianity* (Downers Grove, IL: InterVarsity Press, 1965), 64.
20 Bertrand Russell처럼 어떤 이들은 지옥에 대한 예수님의 믿음이 그분을 나쁜 사람으로 만들었다고 주장한다. 나는 부록 I에서 이것에 대한 반론을 제기한다.
21 Jaroslav Pelikan, *Jesus Through the Centuries: His Place in the History of Culture* (New Have,

예일대학교의 저명한 역사학자인 케네스 스캇 라투레뜨(Kenneth Scott LaTourette)가 "이 행성에서 지금까지 살았던 그 어떤 존재도 인간사(affairs of men)에 이토록 강력한 영향력을 행사한 적은 없었다"라고 말한 것처럼 말이다.[22] 게다가 그분은 이 진술을 충분히 입증된 다수의 기적들을 통해 나타난 급진적인 긍휼함과 용기로 뒷받침했다.[23]

간디에게도 그랬던 것처럼, 예수님의 많은 주장들은 비기독교인들에게도 가슴에 와 닿은 주장들이다. 따라서 예수님이 자신의 신성에 대해서는 틀렸지만 대부분의 다른 것들에 대해서는 옳았다(도덕적인 문제들에서는 훌륭하기까지 함)는 개념은 극도로 비개연적이다.

이에 연관된 반론은 예수님의 도덕적 가르침이 가장 중요하다는 것으로 예수님의 신성에 대한 문제 제기는 부적절하다는 것이다. 존 베버슬루이스(John Beversluis)는 예수님은 좋은 도덕 선생이면서도 동시에 자신의 정체성에 있어서는 다분히 틀릴 수 있다고 주장한다. 이런 이유는 좋은 도덕적 가르침은 그것을 가르치는 사람과 관계없기 때문이다.[24]

따라서 우리가 지금까지 설명해 온 "하나님 혹은 나쁜 남자"의 기본적인 이접(disjunction)은 잘못된 이분법이 될 것이다. 예수님은 스스로를 하나님이라고 틀리게 주장했을 수 있으며 그것을 제외하면 예수님은 좋은 남자(건전한 도덕적 가르침과 더불어)였던 것이다. 예수님이 하나님이었든지의 여부와 상관없이 "예수님이 가르친 내용은 정확히 동일한 내용일 것이다"라고 베버슬루이스는 말한다.[25]

가르침을 제공하는 사람과는 별개로 도덕적 가르침(명제들이나 명령문들의 집합으로 여겼을 때)은 좋거나 나쁘다는 것이 진실인 반면에 베버슬

CN: Yale University Press, 1985)를 참고하라.
22　Kenneth Scott LaTourette, *The Unquenchable Light* (New York: Harper and Brothers, 1941), xi.
23　19장과 22장에서 예수님이 베푸신 기적의 신뢰성에 대해 보라.
24　John Beversluis, *C. S. Lewis and the Search for Rational Religion*, 2nd ed. (Amherst, N.Y.: Prometheus Press, 2007), 133-135.
25　Ibid., 135.

루이스는 핵심을 놓치고 있다. 문제는 가르치는 사람과는 별도로 도덕적 원칙들의 합법성을 우리가 평가할 수 있는가의 여부에 대한 것이 아니라 과연 예수님은 일련의 도덕적 가르침에 충실하면서 또 자신의 정체성에 대해 그렇게 속임당할 수 있는가의 여부에 대한 것이다.

즉 (1) 신성에 대한 예수님의 잘못된 주장과 (2) 예수님의 도덕적 가르침의 **연접**(conjunction)은 비개연적인데 왜냐하면 도덕성(그리고 그 외 모든 것)에 대한 예수님의 가르침은 예수님의 자기 이해와 너무나도 밀접하게 연결되어 있었기 때문이다. 예수님은 황금률(C. S. 루이스가 지적한 것처럼 많은 도덕주의자들이 유사한 어떤 것을 가르쳐 왔다)을 단순히 가르치시기만 하지 않았다. 또한 예수님은 자신의 가르침이 우리의 삶을 그 위에 구축해야 하는 토대며(마 7:24-29) 스스로가 생명으로 가는 길이라고(마 11:27; 요 14:1-6; 또한 행 4:12도 보라) 단언하셨다. 그렇기 때문에 예수님의 도덕적 가르침은 예수님이 하나님이신지의 여부와 상관없이 동일할 것이라는 베버슬루이스의 주장은 틀렸다.

만일 예수님이 하나님이 아니었는데 하나님을 위해 따로 구별된 도덕적 권위를 사용해서 가르쳤다면, 그분은 전반적으로 좋은 도덕 교사는 아닐 것이다. 왜냐하면 예수님은 좋은 도덕 교사에게 요구되는 지적인 그리고 도덕적인 고결함이 결여되어 있을 것이기 때문이다.

확실히 한 개인은 단지 인간에 지나지 않으면서 또 좋은 도덕적 가르침을 제공할 수 있다. 아무리 그렇다고 해도 극도로 미심쩍은 것은 누군가가 단지 인간이면서, 스스로를 신이라고 생각하면서 예수님의 가르침의 수준에서 양질의 도덕적 가르침을 여전히 제공할 수 있는가 하는 것이다. 또한 우리가 예수님 안에서 발견하는 긍휼함, 지성, 용기, 지혜 등과 같은 다른 모든 성품적인 장점들을 내보일 수 있는가 하는 것이다.

이뿐만 아니라 신약에서 예수님을 만난 사람들은 결코 그를 **단지**(merely) 좋은 도덕 교사로만 여기지 않았다. 신약에 나오는 사람들은 이전에도 그런 사람들을 만났다. 예수님은 전적으로 다른 범주에 속한 분이셨다. 루이스가 말했듯이 예수님은 "절대로 단순한 도덕 교사로만 여겨지지 않으셨다. 예수님을 실제적으로 만난 그 누구에게도 예수님은 그런 결과를 산출하지 않으셨다.

예수님은 주로 증오(Hatred), 공포(Terror), 경배(Adoration)라는 세 가지 주요 결과들을 산출해내셨다. 사람들이 약간의 긍정만을 표현한 기미는 찾아볼 수 없었다."[26]

특이(idiosyncratic) 논제 자체는 너무 특이하다. 그러나 아마도 예수님은 자신을 **근본적으로 실성하게** 만들었을 정도로 자신의 정체성에 대해 속임 당하셨을 것이다. 그래서 실재와는 철저하게 동떨어져 있었을 수 있다. 지금이라면 예수님을 합법적으로 정신병원에 입원시킬 수 있었겠는가? 일부 유감스러운 사람들은 자신들이 그리스도, 하나님 또는 나폴레옹처럼 다소 역사적으로 유명한 인물이라는 황당한 주장을 펼치기도 한다. 그러나 예수님의 온전한 정신에 대해 방금 주장한 것을 감안해 보면 이 옵션은 특이 논제보다도 훨씬 더 비개연적인 것 같다.

"신성 컴플렉스"(divinity complex)를 앓고 있는 사람들은 그들의 형이상학적 자축(self-congratulation)에 동반되는 건강하지 않은 성품적 특성을 내보인다. 이런 특성들로는 "이기주의(egotism), 자아도취(narcissism), 비융통성(inflexibility), 아둔함(dullness), 예측 가능성(predictability), 다른 사람을 있는 모습 그대로 이해하고 사랑하고 다른 사람들에게 창의적으로 관계할 수 있는 능력의 부재"가 있다.[27] 피터 크리프트(Peter Kreeft)와 로날드 테슬리(Ronald Tacelli)는 이러한 성품적 특성들은 지혜롭고, 애정이 넘치고 창의적이었던 예수님과는 공통점이 하나도 없음을 지적한다.

> 그분은 지혜롭고 기민하게 사람들의 마음 속과 사람들이 한 말들의 이면에 숨겨진 것(마 12:25; 막 2:8을 보라)을 보셨다. 그분은 해결할 수 없는 문제들(마 22:15-33)을 해결하셨다. 또한 예수님은 자신의 생명을 포함해서(막 10:45을 보라) 자신을 송두리째 남에게 내어 주셨다. 마지막으로 예수님은 지금까지 살아 있

26　Lewis, "What Are We to Make of Jesus Christ?" 158.
27　Kreeft and Tacelli, *Handbook of Christian Apologetics*, 159.

었던 사람들 중에서 가장 창의적이고, 흥미롭고, 예측 불가능한 사람이셨다. 그 누구도(신자, 비신자나 불가지론자도) 예수님 때문에 지루해하지 않았다. 예수님을 만난 사람에게 서술된 공통적인 동사는 싸우마조(thaumazo), 즉 "경탄하다"(to wonder, 마 7:25; 참고 막 1:22)였다. 정신이상자들은 경탄할 만하지 않지만 예수님은 역사상 가장 경탄할 만한 분이셨다. 만일 그것이 광기였다면 광기(lunacy)가 온전한 정신(sanity)보다 더 바람직할 것이다.[28]

그런데 한 번은 예수님의 가족 구성원들이 예수님이 온전한 정신을 가졌는지 의심한 적이 있다.

> 집에 들어가시니 무리가 다시 모이므로 식사할 겨를도 없는지라 예수의 친족들이 듣고 그를 붙들러 나오니 이는 그가 미쳤다 함일러라(막 3:20-21).

예수님에 의해 선동된 논란과 짓눌리는 상황은 예수님의 가족을 압도했을 것이다. 예수님의 가족들은 사방에서 가해진 압력 때문에 예수님이 기진맥진하여 피폐해져 있을까봐 염려했을 법하다. 그렇기 때문에 예수님의 가족들은 예수님이 신경쇠약 직전 상태에 있는 것은 아닌지 궁금하게 여겼을 것이다. 게다가 예수님의 가족들은 예수님의 메시아적인 사명을 아직 충분히 이해하지 못했다. 예수님은 선지자는 자신의 고향과 집에서는 배척당하는 법이라고 말했기 때문에(마 13:57; 막 6:4), 이런 종류의 반응은 전혀 뜻밖의 것이 아니었을 것이다.

---

28 Ibid. 성경구절은 내가 추가한 것이다. 예수님의 정신 건강에 관해서는 Gary Collins(심리학자)의 인터뷰인 "The Psychological Evidence," in Lee Strobel, *The Case for Christ* (Grand Rapids: Zondervan, 1998), 144-154; Jon A. Buel and O. Quentil Hyder, "Deluions or Grandeur?" in *Jesus: God, Ghost, or Guru?* (Grand Rapids: Zondervan, 1978)를 참고하라.

우리는 예수님의 가족이 왜 이 당시에 예수님이 제정신인지에 대해 의문을 제기했는지는 확실히 알지 못한다. 그렇지만 이러한 혐의는 예수님의 사역 기간에 단 한 번만 보고되었다는 것을 우리는 아는데 아마도 예수님의 사역 초기였을 것이다. 게다가 이런 염려는 예수님의 가족구성원 중 어떤 한 사람이 뚜렷하게 확신하는 바를 나타내는 것이 아니다. 왜냐하면 예수님의 남자 형제인 야고보는 결국 예수님의 추종자가 되었기 때문이다. 예수님의 어머니인 마리아는 그리스도가 십자가에 처형되는 순간에도 예수님에게 성실했다. 따라서 예수님의 가족이 예수님이 온전한 정신을 가졌는지를 염려하는 것은 훌륭하고 예측 불가능한 가족구성원에 대한 시기상조이며 무지한 평가로 보여질 수 있다.

요한은 예수님이 가르치신 후에 많은 사람들이 "그가 귀신 들려 미쳤거늘 어찌하여 그 말을 듣느냐?"(요 10:20)라며 예수님에 대해 이의를 제기하며 말한 것을 보고한다. 마태복음 12:22-29을 보면 예수님은 귀신과 결탁하였다는 혐의를 받았다.[29] 바리새인들은 예수님이 귀신의 왕인 바알세불 덕분에 귀신을 내쫓는다고 비난하여 축사자로서 예수님의 명예를 훼손하려 한다. 즉 하나님으로부터 유래하는 것처럼 보이는 기적들이 실은 사악한 존재로부터 유래한다는 것이다. 그것에 대한 반응으로 예수님은 귀류법 논증을 활용하신다.

예수님은 그들의 전제를 취해서 논리적 모순을 끌어내신다.

> 예수께서 그들의 생각을 아시고 이르시되 스스로 분쟁하는 나라마다 황폐하여질 것이요 스스로 분쟁하는 동네나 집마다 서지 못하리라 만일 사탄이 사탄을 쫓아내면 스스로 분쟁하는 것이니 그리하고야 어떻게 그의 나라가 서겠느냐?(마 12:25-26).

---

29 막 3:20-30을 보면 귀신 들렸다는 비난은 가족 구성원들에 의해 정신이 이상하다는 비난을 받은 뒤에 일어난다. 마태의 서술을 보면 정신이상이라는 비난을 받는 내용 언급이 없다. 마태는 마가에게 상당히 자주 의존했기 때문에 아마도 어떤 이유 때문에 이 비난의 내용을 생략했을 것이다.

공식으로 옮겨보면 다음과 같다.

1. 만일 사탄이 스스로 갈라져 싸운다면, 사탄의 왕국은 망하게 될 것이다.
2. 그러나 사탄의 왕국은 망하지 않았다(왜냐하면 귀신의 활동이 계속되고 있기 때문에). 이와 다르게 생각하는 것은 터무니없다.
3. 그러므로 (a) 사탄은 사탄을 쫓아내지 않는다.
4. 그러므로 (b) 예수님은 사탄의 권능을 통해서 사람들을 사탄으로부터 해방시킬 수 없다(후건부정[modus tollens]에 의함).

예수님은 스스로를 변호하기 위해 강력한 귀류법 논증을 동원하신다.[30] 게다가 복음서에서 귀신 들린 사람들은 한결같이 아팠고, 자해(self-injuring)를 했거나 어떤 식으로든 제 정신이 아니었다. 예수님은 전혀 그렇지 않으셨다.[31]

또한 몇몇 사람들이 예수님이 정신이상이라고 생각했다는 것을 복음서 저자들이 피하지 않고 알린 점은 주목할 만한 가치가 있다. 복음서 저자들은 예수님의 명성에 먹칠하게 될까봐 두려워하지 않고 이렇게 상반되는 의견들을 기꺼이 기록할 만큼 예수님의 전반적인 인품에 대한 확신이 있었다. 역사학자인 윌 듀란트(Will Durant)는 복음서 저자들의 정직성을 짚고 넘어간다.

> 복음서 저자들은 그들의 편견과 신학적 선입견에도 불구하고 단순한 창안자(inventor)라면 숨겼을, 다음과 같은 많은 사건들

---

30 사실 27절에서 그분은 내가 언급하지 않은 또 다른 귀류법 논증을 사용하신다. *On Jesus*, 34-35를 참고하라.
31 몇몇 사람들은 다른 이유들에 근거해서 예수님의 인격을 공격했는데, 예를 들면, 무화과나무에 대해 예수님이 내리신 가혹한 심판, 저주 등과 같은 것들이다. 이에 대해서는 Benjamin B. Devan and Thomas W. Smythe, "The Character of Jesus Defended," *Christian Apologetics Journal* 5, no. 2 (2006), 109-140을 참고하라.

을 알린다. 하나님 나라 안에서 높은 자리를 차지하기 위해 경합을 벌였던 사도들, 예수님이 체포된 후 도망간 사도들, 베드로의 부인, 갈릴리에서는 기적을 베푸는 것에 실패한 그리스도, 예수님이 **정신이상일 수도 있다고** 한 **몇몇** 청자들의 언급들, 초기에 예수님이 자신의 사명에 대해 가졌던 불확실함, 예수님이 미래에 대한 자신의 무지를 고백한 것, 예수님이 쓴마음을 가졌던 순간들, 예수님이 십자가에서 뱉어냈던 절망적인 울부짖음. 이런 장면을 읽는 사람이라면 그 누구도 이 사건들 배후에 있는 인물의 실재를 의심할 수는 없다.[32]

나는 예수님이 실제적으로 신성을 주장했고 문자 그대로 그것을 의미한 것이라는 주장을 펼쳐왔다. 실패한 대안들(신화, 구루, 거짓말쟁이, 속임 당한 자 또는 정신이상자)에 비추어 보았을 때,[33] 예수님 가장 가까이에 있었던 자들의 증언은 말할 것도 없이 예수님 스스로의 증언 논리에 기초해서 나는 "예수님이 주요, 하나님이시다"라는 결론을 내린다.[34]

---

32 Will Durant, *Caesar and Christ*, vol. 2, *The Story of Civilization* (New York: Simon & Schuster, 1944), 557. 강조는 추가된 것이다.
33 나는 몇몇 미확인 비행 물체(UFO) 숭배자들의 "예수님이 우주의 외계인이였다"라고 하는 주장을 심각하게 받아들이지 않아 왔다. 이 주장은 성경 안에서 내적인 지지를 받지 못하고 성경 밖의 논거 또한 결여되어 있다. 그럼에도 불구하고 어떤 이들은 이 견해를 견지한다. 이것을 논박한 내용으로는 Kenneth Samples, *Without a Doubt* (Grand Rapids: Baker, 2004), 116-117을 보라.
34 Stephen T. Davis(찬성)와 Daniel Howard-Snyder(반대)는 아주 상세하게 이 논증의 장점에 대해 논의해 왔다. Stephen T. Davis, "Jesus: Mad, Bad, or God?" in *Christian Philosophical Theology* (New York: Oxford University Press, 2006); Daniel Howard-Snyder, "Was Jesus Mad, Bad, or God…Or Only Mistaken?" *Faith and Philosophy* 21 (2004): 456-479; Stephen T. Davis, "The Mad/Bad/God Trilemma: A Reply to Daniel Howard-Snyder," *Faith and Philosophy* 21 [2004]: 480-492를 참고하라.

5. 성육신의 이성적 정합성

만일 우리가 예수님의 신성을 위한 논증을 승인한다 하더라도, 어떤 이들은 예수님이 신성과 인성을 갖는 개념은 논리적으로 양립될 수 없다고 여전히 불평한다. 몇 년 전 "성경으로 대답하는 사람"(The Bible Answer Man)이라는 라디오 프로그램에 내가 게스트로 출연했을 때 전화를 걸어 이것을 걱정한 사람이 있었다. 존 힉은 성육신을 거부하기는 하지만, 힉은 "정통 기독교의 임무는 누군가가 완전한 신의 본성을 소유하는 것, 즉 모든 본질적인 신의 속성을 소유하는 것뿐만 아니라 동시에 완전한 인간의 본성을 소유하는 것, 즉 모든 본질적인 인간의 속성을 소유하는 것을 알기 쉽게 상세히 설명하는 것이다"라고 정확하게 말한다.[35]

힉은 고전적인 정통 기독교는 이 도전을 감당할 수 없고 따라서 양립될 수 없는 교리로 결말짓게 된다고 믿는다.[36] 이것에 대해서 또 삼위일체는 논리적으로 비정합적이라고 하는 관련된 주장에 대해서 우리는 무슨 말을 할 수 있을까?

성육신한 하나님으로서의 예수님의 구체적인 형이상학은 교회 공의회들(councils)과 신조들(creeds)을 통해 수 세기에 걸쳐 형성되어 왔다. 이 교리의 가장 완성된 형태는 주후 451년에 있었던 칼케돈 공의회에서 발표된 선언문에 포함되어 있다. 기독교 세계를 구성하는 모든 분파들(정통 기독교, 로마 가톨릭교, 개신교)은 이 신조를 긍정한다. 성육신의 개념이 논리적으로 정합적인지를 고려하기 전에 우리는 이 신조를 살펴보아야 할 필요가 있다.

---

35 John Hick, *The Metaphor of God Incarnate: Christology in a Pluralistic Age* (Louisville: Westminster John Knox, 1994), 48.

36 Ibid., 178. Hick의 구체적인 도전을 비평한 것을 위해서는 Paul D. Adams, "The Mystery of the Incarnation," in *The Mystery of God Incarnate: An Analysis and Critique of John Hick's Christology* (master's thesis, Denver Seminary, 1994)를 참고하라.

그러므로 거룩한 아버지들의 발자취를 따라서 우리 모두는 한 마음으로 사람들이, 한 분이시고 동일한 아들이신 우리 주 예수 그리스도가 동시에 완전한 신격(Godhead)과 완전한 인격(manhood)이시며, 참된 하나님이시며 참된 사람이시며 이성적인 영혼과 육체로도 이루어져 있으시다는 것을 인정하도록 가르친다. 예수님의 신격에 관해서는 아버지와 한 본질(substance)이시고, 동시에 예수님의 인격에 관해서는 우리와 한 본질이시다. 죄를 제외하고는 모든 면에서 우리와 같으시다. 예수님의 신격에 관해서는 예수님은 아주 오래전에 하나님 아버지로부터 태어나셨지만, 그럼에도 예수님의 인격에 관해서는 우리 사람들과 우리의 구원을 위해서 하나님을 임신한 자(God-bearer) 동정녀 마리아로부터 태어나셨다. 한 분이고 동일하신 그리스도, 아들, 주, 독생함(Only-begotten)은 두 본성들 안에서 혼돈 없이, 변화 없이, 나뉨 없이, 분리됨 없이 인식되었다. 두 본성들의 차이는 연합에 의해 결코 파기되지 않았고, 오히려 한 인격과 생존(subsistence)을 형성하기 위해 보존되고 연합되었다. 두 인격으로 나뉘지거나 분리되지 않으셨고, 한 분이시고 동일하신 아들이시며 독생하신 하나님의 말씀이신 주 예수 그리스도이시다. 선지자들도 아주 옛날부터 그분에 대해 말했었고 또 우리 주 예수 그리스도 스스로도 우리를 가르치셨으며 또한 교부들의 신조도 우리에게 전해져 왔다.

칼케돈은 성경적 가르침을 개념적으로 철저하고 풍요로운 방식으로 보존하기 위해 그리스도론에 대한 다양한 옵션들에 대답하였다. 우리가 이 선언문의 모든 세부사항을 조사해 볼 수는 없다.[37] 놓치지 말아야 하

---

37 칼케돈의 광범위한 함축을 살펴보기 위한 인상적인 연구로는 Rousas John Rushdoony, *The Foundations of Social Order: Studies in the Creed and Councils of the Early Church* (Vallecito, CA: Chalcedon, 2003)를 보라. 칼케돈을 신학적으로 자세히 평가하고 칼케돈 공의

는 중요한 점은 칼케돈은 예수님의 진정한 인간성과 진정한 신성을 한 인격 안에서 긍정했다는 것이다. 그렇게 함으로써 다양한 이단들이 예방되었다.[38] 예수님의 신성과 인간 본성의 관계를 위격의 연합(hypostatic union)이라고 부르는데 이는 본질적으로 예수님은 두 가지 본성을 지닌 한 사람임을 의미한다.

6. 역설로서의 성육신

그렇지만 힉처럼 어떤 이들은 신의 속성과 인간의 속성은 한 사람 안에서 결코 결합될 수 없을 것이라고 주장해 왔다. 하나님과 인간들의 상이한 본성들을 고려해 보면 다음과 같다.

1. 하나님은 영원하시며(시작이 없고), 스스로 존재하시고, 비물질적이시고, 능력(전능), 지식(전지) 혹은 임재(무소부재)가 제한되지 않으셨다.
2. 인간은 시간적이고(시작이 있고), 우연적이고, 물질적이고(더 정확히 말해 적어도 부분적으로는 그렇고) 또한 능력, 지식과 임재가 제한되었다.

여기서 제기되는 비난은 한 존재는 동시에 신적이고 인간적인 속성을 소유할 수 없다는 것인데 왜냐하면 이 속성들은 서로 대립적이기 때문이다. 좀 과도하게 단순화해 보면 인간은 유한하고 하나님은 무한하다

회까지의 개발과정은 Millard Erikson, "The Development of Incarnational Christology. (1) To the Counsel of Chalcedon," in *The Word Became Flesh: An Incarnational Christology* (Grand Rapids: Baker, 1991)를 참고하라.

38 그리스도론적 이단에 대해 유익한 요약으로는 Kenneth Samples, *Without a Doubt* (Grand Rapids: Baker, 2004), 130-131이 있다. "칼케돈의 형이상학"에 대해서는 Erickson, *Word Became Flesh*, 513-516을 참고하라.

는 것이다. 무한한 것은 한 존재 안에서 유한한 것과 연합될 수 없는데 왜냐하면 이것은 한 주체 안에서 모순되는 속성들을 산출해낼 것이기 때문이다. 따라서 예수님이 동등하게 신이고 인간이라는 아이디어는 필연적으로 잘못된 것이다. 그것은 네모난 원만큼이나 모순적인 것이다.

『철학적 단편』(Philosophical Fragments)의 키에르케고르처럼 몇몇 기독교 사고가들은 성육신을 해결될 수 없는 역설로 받아들여 왔다. 그는 그 것을 "절대적인 역설"(the absolute paradox) 그리고 인간 이성에 필연적인 위법(offense)으로 칭했다.[39]

우리는 절대적인 역설을 열정적인 믿음으로 고수한다. 그것이 이성적이기 때문이 아니다. 만일 절대적인 역설이 이성적이라면, 키에르케고르의 신앙주의(fideism)를 감안했을 때, 믿음을 위한 기회는 모두 사라지게 될 것이다. 나는 한 설교가가 "예수님은 100% 하나님이셨고 100% 사람이셨습니다. 이해하려고 하지 마십시오. 그냥 그것을 믿으십시오"라고 선포하는 것을 들었다. 우리는 3장에서 신앙주의를 거부했지만, 두 가지 평을 제시해 보고자 한다.

첫째, 만일 우리가 논리적인 모순으로 보이는 것(예수님은 유한한 동시에 무한하다)을 우리 스스로가 긍정하도록 허용한다면, 논리적 모순으로 여겨지는 것을 역설(paradox)이라고 명명하는 것은 지나치게 친절한 것이다. 역설은 모순처럼 보이지만 그럴 필요는 없다. 예수님이 "먼저 된 자로서 나중 되고 나중 된 자로서 먼저 될 자가 많으니라"(마 19:30)라고 말하셨을 때 한 사람이 양립 불가능한 속성들을 소유한다고 하는 어떤 모순을 긍정하고 있는 것이 아니다.

오히려 자신을 교만하게 첫 번째로 두는 사람들에게는 도덕적 우선순위가 없다는 것이다. 그러나 겸손한 사람들은 교만한 사람들에 비해 더 높은 도덕적 우선순위를 갖는다는 것이다. 예수님은 역설을 교육을 위한 도구로 종종 활용했다. 그렇지만 눈에 보이는 해결책 없이 A

39　Soren Kierkgaard, *Philosophical Fragments*, trans. Edna Hong and Walter Hong (Princeton, NJ: Princeton University Press, 1985).

와 A가 아닌 것(non-A)을 동일한 어떤 것의 속성이라고 문자 그대로 단정짓는 것은 또 다른 문제이다. 활용 가능한 해결책이 없는 한 모순(contradiction)이라고 하는 비난은 진실되게 여겨진다.

고든 클락이 말했듯이 역설은 "양쪽 귀 사이에 쥐가 나는 것과 같다."[40] 역설은 설명되어야 하는 것이지 감수해야 하는 것이 아니다.

만일 우리가 절망적인 역설(모순이나 진배 없는)을 기독교 믿음의 최중심부에서부터 긍정하게 되면, 우리는 성육신의 정합적인 서술 이상의 것을 상실하게 된다. 즉 우리는 다른 세계관들을 평가하기 위해 필수적인, 부정적인 테스트(negative test)[41]에 필요한 무모순성(noncontradiction)도 함께 놓치게 된다(3장 참고). 만일 기독교인들이 논리적 분석에서 면제되는 철저한 역설을 고백하게 된다면, 기독교인들은 다른 세계관을 모순이라고 비판할 수 있는 토대와 부정적인 변증학(negative apologetics)을 위한 필수요소를 잃게 되는 것이다. 만약 우리가 그리스도를 위해 세상보다 더 탁월하게 생각하고자 갈망한다면, 그런 변증학적 자살은 반드시 거부되어야만 한다.

둘째, 만일 우리가 명백한 모순들을 긍정하게 되면, 우리가 하나님에 대한 지식을 조금이라도 습득할 가능성을 저해하는 것이다. 논리 법칙

---

40 Gordon Clark, John Robbins, *Trinity Review*, March-April 1986, 8에서 인용함.
41 부정적인 변증학(negative apologetics)으로도 칭해진다. 그로타이스 박사는 다른 세계관들을 위한 테스트로 활용하기 위한 변증학을 부정적인 변증학과 긍정적인 변증학(positive apologetics)으로 구분하는데 부정적인 변증학은 주로 비기독교 세계관들의 논리적 불일치를 비판하며 타 세계관들의 기독교 세계관에 대한 지적인 공격을 논박하는 것으로 이루어진다. 이때 무모순성과 같이 기본적인 논리적 요소를 사용하게 된다. 예를 들어, 기독교 변증가는 초자연적 요소를 배제하는 일원론(monism)에 대한 비평을 개진하여 다원주의에 근거한 순수 물리주의나 자연주의에 근거한 인간 이해에 도전하며 대신 기독교적 이원론(고후 5:1-8; 빌 1:21-24)을 제안할 수 있다. 갈등점(point of tension)에 노출되어 일원론의 환상에서 깨어난 다원을 선호하는 자연주의자나 물리주의자는 자신의 세계관을 조정해야 할 수밖에 없게 된다. 그때 비로소 기독교 변증가는 긍정적인 변증학을 활용할 수 있게 되는데 긍정적인 변증학은 핵심적인 기독교 주장들을 위한 논증들과 증거들을 제시하여 비기독교인의 회심을 유도하게 된다-역주.

들은 모든 지식(정당화된, 참된 믿음)을 위한 필수 전제조건이다. 만일 하나님이 스스로를 (동시에) A이기도 하며 A가 아니기도(non-A) 한 것으로 보여주실 수 있다면, 하나님은 아무것도 보여주시지 않은 것이다. 왜냐하면 무모순성의 법칙(law of noncontradiction)을 고려했을 때 양립 불가능한 속성들을 소유할 수 있는 것은 아무것도 없기 때문이다. 하나님을 아는 지식없는 변증학은 불가능해진다. 신학, 성경적 윤리와 그외 여러 가지가 그런 것처럼 말이다. 따라서 우리는 반드시 이런 명백한 모순긍정의 함의(entailment)를 반대해야만 한다.

신-인(God-man) 역설은 희망적인 역설로 더 잘 간주된다. 아니면 아마도 수수께끼로 간주되는, 이 세상에 존재하는 그 어떤 것과도 확실한 비유가 불가능한 어떤 존재의 정체성에 대한 유일무이하여 이목을 끄는 주장이다. 이렇듯 그리스도에 대한 유일무이함의 의미는 성육신은 단일하고(singular), 반복될 수 없고(unrepeatable), 필적할 데 없고(unparalleled) 경외감을 불러일으킨다(awe-inspiring)고 하는 성경적 확언과 일치한다. 전능하신 하나님이 태아로 이 땅을 찾아오시고 또 유아가 되셔서 "지혜와 키가 자라가며 하나님과 사람에게 더욱 사랑스러워 가시더라"(눅 2:52)는 것은 과연 놀랄 만한 일이다.

체스터턴을 인용하자면 "전능함과 무능, 또는 신성과 유아기는 아무리 수백만 번 반복해도 상투적인 문구로 도저히 변질될 수 없는 일종의 경구(epigram)를 틀림없이 만들어낸다. 그것을 유일무이하다고 부르는 것은 전혀 비이성적이지 않다."[42] 성육신이 흔한 일은 아니다. 수년 전 비기독교인에게 기독교에 대해 말했을 때 그는 내게 "왜 하나님은 자신을 그토록 난처한 방법으로 나타내실까요?"라고 물어 왔다. 난처하다(awkward, 힘들다)는 단어가 상대방의 마음을 누그러뜨리고 매력적인 성육신의 본질을 아주 잘 포착하며, 더 나아가 변증적인 토론도 촉진시켰다.

---

42 G. K. Chesterton, *The Everlasting Man* (New York: Image Books, 1925), 173.

해결될 수 없는 역설(또는 불합리까지도)을 보는 것 대신에, 기독교 철학자들과 신학자들은 신인(God-man)으로서의 예수님에 대해서는 거룩한 신비감을 유지하면서도 명약한 모순을 없애기 위해 시도해 왔다. 이러한 노력들을 살펴보기 전에 우리는 모순적인 주장을 진리 주장으로 정립하는 것이 결코 쉬운 일은 아니라는 것을 반드시 유의해야 한다. 모순의 혐의에 반박하여 변론할 수 있는 **가능한** 방법이 한 가지라도 있는 한 이 모순의 혐의는 좌초된다. 모순의 실패가 가능한 이유는 모순은 **필연적으로** 거짓이기 때문이다. 따라서 만일 누군가가 칼케돈의 정통성을 긍정하며 예수님의 신성과 인간성을 조화시킬 수 있는 가능한 방법을 한 가지 제공할 수 있다면 모순의 혐의는 실패한다. 자 다함께 이를 고찰해 보도록 하자.

어떤 사람들은 성육신이 발생하기에는 하나님과 인간 사이의 틈이 너무 크다고 생각하는 반면, 성경은 하나님을 절대로 "전적인 타자"(totally Other: Kierkegaard와 Karl Barth가 그렇게 소개하듯이)로 소개하지 않는다는 것을 이해해야만 한다. 하나님은 그의 전능, 전지와 무소부재함에 있어서 초월적이시지만, 하나님은 또한 인격적이시다. 그래서 하나님은 인식하고, 의도하고, 느끼고, 행동하는 도덕적 행위주체이시다.

이런 면, 즉 인성에 관해서는 우리도 유한한 방식으로 하나님 같다고 할 수 있다.[43] 우리도 인식하고, 의도하고, 느끼고 행동하는 유한한 행위주체이다. 이것은 성육신에 대한 기초를 다지는 데 도움이 되는데 왜냐하면 자신의 형상을 따라 인간을 만든 인격적인 하나님이 자신의 피조물을 위한 단번의 사명을 위해서 바로 그 인간의 형상을 취하는 것은 부적절하지 않기 때문이다.[44] 그러나 우리는 어떻게 성육신이 논리적으로 일관될 수 있는지에 대해 면밀히 검토해 볼 필요가 있다.

---

43 Francis A. Schaeffer, *The God Who Is There*, 30th anniv. ed. (Downers Grove, IL: InterVarsity Press, 1998), 118–22.

44 Erickson, *Word Became Flesh*, 554–558을 보라.

7. 성육신의 형이상학

성육신은 예수님이 오직 신적인 속성들과 오직 인간적인 속성들만을 소유한다는 것을 의미하지 않는다. 이 주장들은 모순되고 따라서 필연적으로 거짓이다. 예를 들어, 한 물체가 오직 구형이며(spherical) 오직 사각형(square)일 수는 없는 것이다. 그렇지만 한 물체는 원이면서 그 안에 사각형을 지닐 수 있다. 고든 루이스와 브루스 더마레스트는 이렇게 기록한다.

> 원이 사각형을 포함함에 따라 두 도형은 함께 더 복합적인 기하학적 디자인을 형성한다. 전체적으로 복합적인 패턴은 원의 속성과 사각형의 속성 두 가지와 더불어 두 본성을 소유하게 된다. 만일 우리가 복합 디자인의 속성 일부가 원에 속한 것이고 일부는 사각형에 속한 것이라고 긍정한다면 우리는 복합디자인에 관한한 자기 모순에 빠질 필요가 없다. 그렇기 때문에 디자인의 통합적인 단일성은 나뉘어지지 않는다. 이 두 "본성"은 혼동될 필요가 없다. 이 원은 여전히 원으로 유지되고 사각형은 원 안에서 사각형으로 유지된다. 이 하나의 "원-사각형 디자인"은 두 가지 뚜렷한 본성들을 갖는다.[45]

예수님의 신성과 인성의 관계는 모순되는 관계의 주장(필연적으로 거짓이 될 것임)이 아닌 소반대 관계의 주장(subcontrary relationship of assertions)으로 더 잘 이해된다. 진술문 간의 소반대 관계에서는 부인(denial)뿐만 아니라 긍정(affirmation)도 보편적이지 않다.

만일 우리가 (1) "예수님의 속성 모두가 신적이다"와 (2) "예수님의 어떤 속성은 신적이지 않다"고 주장한다면, 진술문 1과 2는 서로 모순된

---

[45] Gordon R. Lewis and Bruce A. Demarest, *Integrative Theology* (Grand Rapids: Zondervan, 1990), 2:349.

다. 두 진술문 모두 참일 수는 없다. 그러나 두 진술문 (3) "내 학생들 중 일부는 아프리카 출신이다"와 (4) "내 학생들 중 일부는 아프리카 출신이 아니다"는 서로 정합적인데 왜냐하면 이 진술문들은 모순(contradiction)이 아닌 소반대(subcontrary) 관계에 있기 때문이다. 이 배경을 감안하여 우리는 예수님이 신적이고 인간적인 속성들을 정합적이고 소반대적인 방식으로 소유한다는 것을 주장할 수 있다.

> 소반대 관계에서는 긍정도 부인도 보편적이지 않다. 따라서 두 가지 다 참일 수 있다. 예를 들어, "어떤 사람의 속성 일부는 육체적이다"와 "어떤 사람의 속성 일부는 비육체적이다"라고 하자. 유사하게 "예수 그리스도라는 사람의 속성 일부는 신적이고 일부는 인간적이다." 신적인 속성의 집합도 인간적인 속성의 집합도 그분이 소유한 것의 전부라고 말하지는 않는다. 그렇기 때문에 긍정이 필연적인 거짓은 아니다.[46]

인간이 물질적이기도 하고 비물질적이기도 하다고 하는 개념에 대해 좀 더 자세히 말해 보겠는데 왜냐하면 이 개념이 성육신의 논리를 설명하는 데 도움이 되기 때문이다.[47]

인간은 물질적이고 비물질적인 본성 두 가지를 모두 소유하지만, 그렇다고 해서 두 본성이 두 인격체를 뜻하는 것은 아니다. 내 뇌는 일정한 무게가 나가겠지만 내 마음은 무게가 나가지 않는다. 이것은 모순이 아닌데 왜냐하면 나는 내 인성의 두 가지 다른 측면들에 대해 얘기하고 있기 때문이다.[48]

이 비유는 완벽하지 않은데 왜냐하면 성육신은 단일하고(singular) 필적할 데 없는 사실로 단순한 인간의 심신 관계(실체 이원론)와는 다르기

---

46 Ibid., 350.
47 나는 17장 전반부에서 이 문제를 이미 다뤘다.
48 이 둘은 사실 두 가지 다른 **실체들**(substances)이다.

때문이다. 나의 몸과 마음은 유한하다. 성육신의 경우처럼 내 인격 안에 신적인 것과 인간적인 것의 연합은 없는데 왜냐하면 나는 전적으로 인간이기 때문이다. 그럼에도 불구하고 이 비유는 예수님의 신성과 인간성이 어떻게 동일한 인격체 안에 모순 없이 공존할 수 있는가를 설명하는 데 도움이 된다. 나는 어쨌거나 한 인격체를 이루는 두 실체(몸과 마음)인 것이다.

몇 가지 추가적인 조건들이 도움이 될 것이다. 우리는 각각의 독특한 본성(신성이나 인성)과 관련한 성육신에 대해서 모순 없이 말할 수 있다. 즉 인간으로서의 예수님은 피곤해지셨지만, 하나님으로서의 예수님은 그렇지 않으셨다. 인간으로서의 예수님은 마리아를 통해 태어나셨지만, 하나님으로서의 예수님은 (영원히 존재해 오셨기에) 그렇지 않으셨다.

그럼에도 여기에는 모순이 없는데 왜냐하면 두 가지 별개의 본성들이 언급되었기 때문이다(그럼에도 불구하고 두 본성들은 위격적으로 한 인격 안에 연합되어 있다). 심신 관계를 다시 한번 고려해 보자. 만일 내가 몸으로서의 내 자신에 대해 생각해 보면 나는 특정한 피부톤과 머리색을 갖고 있다. 만일 내가 마음으로서의 내 자신에 대해 생각해 보면 비물질적 실체는 색깔이 없기 때문에 나는 색깔이 없다.

성육신의 정합성에 대해 숙고하면서 그리스도의 정체성에 대해서 **단지 인간으로만 존재하는 것**과 **온전히 인간으로 존재하는 것**을 구별하는 것도 유익하다. 단지 인간으로 존재하는 것은 인류가 되기에 필요충분한 속성을 소유하는(어떤 속성들은 더 일찍 예시됨) 것으로 인간 본성에 귀속시킬 수 있는 속성들만 소유하는 것이다. 그러나 예수님은 **온전히 인간**이셨지 **단지 인간**만은 아니셨다. 다시 말해 예수님은 진정한 인간의 본성을 소유하신 것과 더불어(인간 본성의 결정적인 속성들과 함께) 신적인 본성을 소유했다(신적 본성의 결정적인 속성들과 함께).

우리는 또한 **본질적 속성**(essential properties)에서 **공통적 속성**(common properties)을 구별해낼 수도 있겠다. 예를 들어, 인간이 지구에서 태어나거나 지구의 대기권 속에 있는 것(예를 들어, 비행기를 탑승하고 있을 때)은 **공통적인**(사실 현재로 보아 보편적인 것임) 것이다. 그러나 **지구 출생의 속**

성은 인간이 되는 것에 **본질적인** 것은 아니다. 인간은 우주 정거장에서 나 다른 행성에서 태어날 수도 있을 것이다. 그럼에도 그/그녀는 여전히 인간일 것이다. 인간이 인간적 속성만을 소유하는 것은 **공통적인** 것이지만, 인간이 되기 위해 오직 인간적 속성만을 소유하는 것은 **본질적인** 것이 아니다. 예수님을 제외하고 인간이 신적인 본성을 갖지 않는 것은 **공통적인** 것이다(사실 보편적인 것이다). 그럼에도 불구하고 인간이면서 신적인 본성을 갖지 않는 것은 **본질적인** 것이 아니다. 그러나 물론 신적이고 인간적인 본성 두 가지 모두를 소유하는 것은 예수 그리스도안에서만 예시되었다.[49]

이제 우리는 예수님이 진정한 인간이 되어 가시는 동안 어떻게 그분의 신적인 속성들을 유지하실 수 있었는지를 고려해 볼 필요가 있다. 성육신이 "하나님이 우리와 함께하심"이 되기 위해서, 일부 사람들이 주장해 온 것처럼 예수님은 그분의 신적인 속성들을 포기할 수 없었을 것이다(극단적인 겸허주의[kenoticism]: 자기 비움의 행위인 케노시스[kenosis]로부터 비롯된다고 간주함. 케노시스주의, 겸허설이라고도 칭한다-역주). 바울은 빌립보서 2:5-11에서 인간 종의 형태를 취하시기 위해서 예수님이 기꺼이 "자신을 비우시는 것"("자신을 아무것도 아닌 것으로 만드심," NIV)에 대해 말한다. 이는 "케노시스"(*kenosis*)라고 언급된 것으로, 빌립보서 2:7에 있는 헬라어 에케노센(*ekenosen*, "자신을 비우셨다")에서 유래한 것이다.

예수님은 성육신하실 때 신적인 **속성들**을 박탈당하지 않으셨다. 만일 예수님이 신적인 속성들을 박탈당하셨다면, 성육신은 없었을 것이다. 왜냐하면 남겨두고 온 신성이 있었을 것이기 때문이다. 오히려 그리스도는 성육신 전의 **신분**, 즉 그리스도가 하나님 아버지와 성령님과 더불어

---

49 이 단락에 등장하는 대조는 Thomas V. Morris, *The Logic of God Incarnate* (Ithaca, NY: Cornell University Press, 1986)에 가장 잘 전개되어 있다. 이런 아이디어들은 Thomas V. Morris, "Rationality and the Christian Revelation," in *Christian Faith and Practice in the Modern World*, ed. Mark A. Noll and David F. Wells (Grand Rapids: Eerdmans, 1988), 120-131; Thomas V. Morris, *Our Idea of God: An Introduction to Philosophical Theology* (Downers Grove, IL: InterVarsity Press, 1991), 159-165에 요약되어 있다.

하나님으로서의 권능과 영광을 온전히 드러내시던 것을 남겨두셨다. 그리고 그렇게 함으로써 그리스도는 일시적으로 그분의 신적인 속성들 중 일부의 **사용**(the employment)을 중지하셨지만, 존재론적으로는 이러한 속성들을 **상실함** 없이 중지하셨다.

예를 들어, 전성기의 마이클 조단이 시카고에서 중학생 아이들과 즉석 농구 게임을 할 수도 있다. 어린 선수들과 재미있는 게임을 하기 위해서, 조단은 자신의 뛰어난 농구 기술의 **사용을** 자원해서 **중지할** 수 있다. 조단은 그런 능력을 여전히 계속해서 **소유**하겠지만, 그의 진짜 실력은 어린이들과의 농구 게임을 위해 억제될 것이다. 허나 조단은 종종 아이들에게 감동을 주려고 마음먹고 그의 진짜 실력을 보여줄 수도 있을 것이다. 유사하게 예수님도 그분께서 한 사람의 죄를 용서하셨다고 때때로 선포하시거나(막 2:1-10) 혹은 그분의 추종자들로부터 예배를 받기도 하셨다(요 20:24-28). 이 두 가지는 하나님만 유일무이하게 베푸실 수 있는 특전들이다.[50]

하나님이고 인간이신 그리스도의 정체성의 정합성에 대한 토론은 철학적이고 신학적으로 아주 수준 높은 관점 몇 가지를 창출해냈다.[51]

그러나 우리의 목적을 위해서는 성육신의 개념에는 필연적인 모순이 전혀 없다는 것을 아는 것만으로 충분하다. 즉 이 역설을 해결하는 개연적인 방법들이 존재한다. 성육신이 논리적으로 정합적이지 않다는 혐의를 해결하기 위해서 우리는 성경적으로 정통적이면서도(칼케돈 선언) 동시에 논리적으로 가능한 이야기를 제시하기만 하면 된다. 더 나아가 우리가 성육신이라는 개념 때문에 불쾌해해서는 안 되는데 왜냐하면 그

---

50 내가 신인(神人)으로서의 예수님의 의식에 대한 흥미로운 질문을 논의하지는 않았지만, 논리적으로 정합적이고 성경적인 모델들을 찾아볼 수 있다. Richard Swinburne, *Was Jesus God?* (New York: Oxford University Press, 2008), 41-47; Morris, *Logic of God Incarnate*, 102-107을 참고하라.

51 성육신의 형이상학에 대해서는 Erickson, *Word Became Flesh*, 507-576; David Werther, "Incarnation," in *The Internet Encyclopedia of Philosophy* (2009) ⟨www.iep.utm.edu/incarnat⟩를 참고하라.

개념을 겸손하게 받아들이게 되면 그것은 우리에게 일어날 수 있는 최고의 소식이기 때문이다.

하나님 자신은 우리를 타락한 참상에서 구출하시기 위해 우리 중 한 사람이 되어 이 땅에 내려오셨다. 성육신은 논리학자들을 출동해서 해결해야 하는 단순한 철학적 수수께끼가 아니다. 성육신은 우리 가운데 계신 은혜와 진리로 충만하신 하나님이시다(요 1:14).

8. 결론: 논리와 로고스

이 장은 예수님이 펼친 신성에 대한 주장을 가장 이성적으로 평가했을 때 그렇게 엄청난 주장을 제시한 예수님은 과연 옳았다는 논거를 이 장에서 개진했다. 요한복음이 "태초에 말씀이 계시니라 이 말씀이 하나님과 함께 계셨으니 이 말씀은 곧 하나님이시니라"(요 1:1)라고 드러내듯 말이다. 어떤 사람들은 신성과 인성은 절대로 결합될 수 없기 때문에 성육신의 개념은 논리적으로 정합적이지 않거나 구제불능적인 역설이라고 여전히 트집을 잡는다. 그러나 성육신의 개념이 신중하게 진술되고 설명되었을 때 그 개념은 신적인 구출이 필요하고, 죄를 범해 죽을 수밖에 없는 인간을 위해서는 논리적으로 정합적이고 외경심을 불러일으키고 유일무이하며 경탄할 만한 것임이 입증되었다.

그렇다면 예수님의 말과 행동에 대한 최선의 설명으로 예수님의 신성을 받아들일 확실한 이유가 있는 것이며 성육신을 논리적으로 불가능한 것으로 거절할 아무 이유가 없는 것이다.

그러나 역사의 무대에서 활약한 다른 모든 경쟁자들보다 예수님을 더 한층 고양시키는 그리스도론적 자격을 한 가지 더 고려하는 일이 아직 남아 있는데 그것은 죽음에서의 그분의 부활이다. 이제 부활을 살펴보도록 하겠다.

22장

예수님의 부활

이성적 유신론을 위해 앞에서 이미 제시된 변증에 덧붙여 증거의 합리적인 기준들을 감안했을 때 예수님에 대해 말하는 신약은 역사적으로 신뢰할 만하다는 것이 지금까지 우리의 주장이다. 우리는 또 예수님의 주장과 자격도 검사했는데 예수님은 신인(God-man)으로서 스스로를 군중으로부터 확연히 구별시킨다고 논했다. 그럼에도 그리스도에게 필수적이고 가장 최고의 자격을 심사숙고하는 것이 남아 있는데 그것은 바로 시공간의 역사에서 일어났던, 죽음으로부터의 초자연적인 부활이다.

1. 부활의 중대성

세계의 모든 종교들 중에서 기독교만 창시자인 하나님의 부활에 기초한 것이라고 주장한다. 그 어떤 종교나 세계관도 그렇게 대담하고 중대한 주장을 하지 않는다. 복음서 전체에 걸쳐 예수님은 스스로의 배신, 죽음과 부활을 예견하신다.

> 이 때로부터 예수 그리스도께서 자기가 예루살렘에 올라가 장로들과 대제사장들과 서기관들에게 많은 고난을 받고 죽임을

당하고 제삼일에 살아나야 할 것을 제자들에게 비로소 나타내시니(마 16:21; 참고 마 12:40; 요 2:19-22).

어떤 사람들은 기독교는 죽고 재생하는(rising) 인물을 특징으로 하는 다양한 신비종교들로부터 부활의 아이디어를 훔쳐 왔다고 강력하게 주장한다. 반면, 복음서 서술들은 사실에 입각한 현실로서 연대 추정이 가능하며 검증 가능한 역사라는 전혀 다른 인상을 뿜어낸다.[1]

신비종교들에 등장하는 영웅들과 신들은 역사의 사건들보다는 자연을 신화화하는 식물 생장의 패턴과 결부되어 있다. 신비종교의 영웅들과 신들은 일종의 꿈의 세계에서 발생한다. 브루스 메츠거(Bruce Metzger)의 표현을 빌자면 신들은 "상상된 과거의 불분명한 인물들"이다.[2] 그런 인물들은 애초부터 역사적인 인물들로 의도된 사람들이 아니었다.

J. N. D. 앤더슨이 관찰하듯이 "봄의 도래(자연의 재각성)를 상징하는 신의 재생이나 환생은 역사적으로 존재했던 한 사람이 '3일째' 부활하는 것과는 하늘과 땅만큼 엄청난 차이가 있다."[3] 초대교회는 부활하신 그리스도와 빈 무덤의 서술들을 위해 신비종교들의 이야기들로부터 어떤 영감도 얻어낼 수 없었을 것이고 신비종교들은 예수님 당시나 초대교회 기간 동안에 견고하게 확립되어 있지도 않았다.[4]

---

1 최근의 사례는 영화, *The God Who Wasn't There* (2005)이다. 이 영화는 예수님이 존재하지 않았고 복음서의 모든 주제들(부활도 포함하여)은 신비종교들에서 훔쳐온 것이라고 주장한다. 이런 류의 공격에 철저하게 답한 내용으로는(사실 공격 자체에 비해 훨씬 더 철두철미한) Paul Rhodes Eddy, Gregory Boyd, *The Jesus Legend* (Grand Rapids: Baker, 2007); Gary R. Habermas, "A Summary Critique: Questioning the Existence of Jesus," *The Christian Research Journal* 22, no. 3 (2000): 54-56을 참고하라.
2 Bruce Metzger, *Historical and Literary Studies: Pagan, Jewish, and Christian* (Grand Rapids: Eerdmans, 1968), 13, James R. Edwards, *Is Jesus the Only Savior?* (Grand Rapids: Eerdmans, 2005), 136에서 인용됨.
3 J. N. D. Anderson, *Christianity and Comparative Religion* (Downwers Grove, IL: InterVarsity Press, 1971), 38.
4 Edwards, *Is Jesus the Only Savior?* 135-136을 참고하라. 내가 여기서 개진시킬 수는 없지

예수님의 부활은 기독교 세계관과 기독교 헌신의 중심에 놓여 있다. 복음서들은 예수님의 죽음으로 끝나지 않고 빈 무덤, 여러 번에 걸친 그분의 출현과 부활하신 예수님이 하신 위임에 대해 말한다.[5] 고린도에 있는 교회에서 죽은 사람들의 부활에 대해서 논쟁이 일어난 것에 대해 거론한 서신에서 바울이 너무나도 확실하게 알리듯이 부활절 없이 기독교는 없다.

> 그리스도께서 만일 다시 살아나지 못하셨으면 우리가 전파하는 것도 헛것이요 또 너희 믿음도 헛것이며 또 우리가 하나님의 거짓 증인으로 발견되리니 우리가 하나님이 그리스도를 다시 살리셨다고 증언하였음이라 만일 죽은 자가 다시 살아나는 일이 없으면 하나님이 그리스도를 다시 살리지 아니하셨으리라 만일 죽은 자가 다시 살아나는 일이 없으면 그리스도도 다시 살아나신 일이 없었을 터이요 그리스도께서 다시 살아나신 일이 없으면 너희의 믿음도 헛되고 너희가 여전히 죄 가운데 있을 것이요 또한 그리스도 안에서 잠자는 자도 망하였으리니 만일 그리스도 안에서 우리가 바라는 것이 다만 이 세상의 삶뿐이면 모든 사람 가운데 우리가 더욱 불쌍한 자이리라(고전 15:14-19).

만일 그리스도가 죽음에서 다시 살리심을 받지 못했다면 (1) 기독교

만 C. S. Lewis는 성육신은 구약성경의 예언을 성취했을 뿐만 아니라 죽고 재생하는 신들의 이야기들에 의해 암시되었던 이방문학 안에서의 구속의 신화적 갈망도 채워주었다고 간주했다. Lewis는 성육신과 부활은 실제 역사로 일어났지만 예수 그리스도는 "신화가 사실이 된 것"이라고 생각했다(C. S. Lewis, "Myth Became Fact," in *Christian Reflections* [Grand Rapids: Eerdmans, 1970]). 그가 이런 결론을 내리게 만든 Lewis 생애의 사건들에 대해서는 David Dowing, *The Most Reluctant Convert: C. S. Lewis's Journey to Faith* (Downers Grove, IL: InterVarsity Press, 2002), 146-147을 참고하라.

5 마가복음은 빈 무덤 때문에 놀라워하던 여인들로 끝맺는다. 그리스도의 부활에 대한 구절들은(막 16:9-20) 본문의 완전한 보전을 의문케 하는 구절들이다.

설교는 소용없고, (2) 기독교 믿음도 소용없고, (3) 기독교인들은 하나님에 대한 거짓된 증인들이고, (4) 기독교 믿음은 헛수고이고, (5) 기독교인들은 용서받지 못하여 자신들의 죄 가운데 여전히 남겨져 있고, (6) 기독교의 소망 속에서 죽은 사람들은 실패한 삶을 산 것이고, (7) 그리스도 안에 소망을 둔 사람들이 최고로 불쌍한데 왜냐하면 그들의 소망은 이생에서 끝나기 때문이다.[6] 다시 말해 부활하신 그리스도가 없는 기독교는 무의미한 것이다.

그리스도의 부활은, 그것이 진실이라면, 해 아래 인생은 무의미하지 않은 것, 죽음이 끝이 아니라는 것과 그리스도 안에서 하나님과 제대로 관계하는 사람들은 하나님 나라의 행위주체들이 되어 지금뿐만 아니라 종국에는 저주와 종말이 없는 회복된 우주에서 번영할 수 있다는 것을 보장해 준다(마 6:33; 계 21-22). 죽음 이후 어떤 "생존"에 대한 막연한 소망에 호소하는 것이 아니라 기독교는 예수님의 부활이라고 하는 과거의 사건 속에 미래를 향한 소망의 뿌리를 깊이 내린다. 이는 기독교인에게 오늘과 내일을 위한 자신감을 제공한다. 사실 N. T. 라이트가 강조하듯이 전 세계는 부활을 통해 변혁되어 왔다.

> 예수님의 부활 그 자체는 기독교인이나 신학자에 못지 않게 역사나 과학을 공부하는 학생에게, 기존의 세상 안에서 벌어진 유별난 사건이 아닌, 새롭게 존재하기 시작한 세상 안에서 전적으로 특징적이고(characteristic), 모범적이고(prototypical), 기초를 이루는(foundational) 사건으로 제시한다. 그것은 구세계 안에서 일어난 터무니없는 사건이 아니라 신세계의 상징이자 시작점이다.[7]

---

6   Peter Kreeft and Ronald Tacelli, *Handbook of Christian Apologetics* (Downers Grove, IL: InterVarsity Press, 1994), 176-177에서 영감을 얻어 이렇게 항목화하였다.
7   N. T. Wright, *Surprised by Hope: Rethinking Heaven, the Resurrection, and the Mission of the Church* (San Francisco: Harper One, 2008), 67.

예수님의 죽음 이후 최초의 설교는 부활을 그 설교의 핵심축, 버팀대 그리고 무게 중심으로 만들었다(행 2:22-24 참고). 초대 기독교 증언에 있어서 전무후무하고 중대했던 것은 그것의 윤리적 가르침이라기보다는 기독교 창시자를 승귀시키고 그의 추종자들에게 삶을 위한 새로운 의미와 새로운 사명을 부여해 준 한 사건이었다.[8]

N. T. 라이트는 "부활이 핵심적인 믿음이 아니었던 초기 기독교 형태의 증거는 전혀 없다. 이를테면 부활에 대한 믿음은 기독교의 변두리 믿음으로 고착되어 있지도 않았다. 이 믿음은 전체 기독교 운동을 알리는 핵심적 추진력이었다."[9] 바울이 아테네에 있던 그리스 철학자들에게 설교할 때 바울은 창조주이고 우주의 주인이신 자연의 하나님에 대해 먼저 얘기하고 이어서 기독교와 헬라 사고의 몇몇 접촉점에 대해서 말한다. 그런 다음 그는 인류를 향한 하나님의 관계 속에서 결정적인 요인으로 부활을 인용한다.

> 알지 못하던 시대에는 하나님이 간과하셨거니와 이제는 어디든지 사람에게 다 명하사 회개하라 하셨으니 이는 정하신 사람으로 하여금 천하를 공의로 심판할 날을 작정하시고 이에 그를 죽은 자 가운데서 다시 살리신 것으로 모든 사람에게 믿을 만한 증거를 주셨음이니라 하니라(행 17:30-31).

바울은 예수님의 부활은 하나님의 권위와 심판의 "증명"(proof)이라고 증언한다. 부활은 신약신학을 통합시키는 교리다.[10] 그러나 우리의 관심은 부활의 변증학적인 의의에 있다. 많은 사람들은 이 사건이 역사적 증

---

8 C. S. Lewis, *Miracles: A Preliminary Study* (1947; reprint; San Francisco: HarperSan Francisco, 1996), 233-235.
9 N. T. Wright, *The Challenge of Jesus* (Downers Grove, IL: InterVarsity Press, 1999), 133.
10 Gary Habermas, *The Risen Jesus and Future Hope* (Lanham, MD: Rowman & Littlefield, 2003), viii-xiii을 보라. 또한 Richard Swinburne, "The Significance of the Resurrection," in *The Resurrection of God Incarnate* (New York: Oxford University Press, 2003)를 참고하라.

거와는 별도로 믿음으로만 믿어질 수 있다고 주장해 온 반면에, 이 장은 부활 사건의 실재를 위한 논증들을 집결시킬 것이고 또 부활과 상반되는 주장들은 어떤 것이든지 진지하게 살펴볼 것이다. 그렇게 함으로써 우리는 성경적 자료를 위한 최선의 설명을 추적해 볼 것이다. 즉 가까이에 당면한 모든 사실들을 가장 잘 이해할 수 있게 해 주는 것이 최선의 설명이다.

2. 유신론과 예수님의 부활

예수님의 부활은 유신론적 세계관의 한 부분을 차지한다. 이는 섭리적 역사(providential history)에서 최고로 중대한 사건이다. 죽음에서 예수님이 부활한 것은 하나님에 의해 초래된 초자연적인 사건을 토대로 해서 설명된다. 하나님이 예수님을 죽음에서 다시 살리셨다는 내용은 사도행전과 다른 곳에서 반복적으로 확인된 것이다(행 2:24; 3:15, 26; 5:30; 10:40; 13:30, 34; 참고 롬 4:24; 7:4; 10:9; 고전 15:15; 엡 2:6; 골 2:12; 벧전 1:21).

만일 유신론에 대해 설득력 있는 사례가 주어질 수 있다면, 보편적인 기적들과 특별히 부활에 대한 개연성은 증가된다. 만일 초자연적인 완벽한 존재(Perfect Being), 창조주(Creator), 설계자(Designer), 입법자(Lawgiver)가 존재한다면, 그 존재는 역사 속에 기적적으로 개입할 수 있을 것이다. 다시 말해 만일 우리의 배경 믿음이 확고부동한 유신론이라면, 우리는 무신론자나 불가지론자보다는 예수님의 부활에 대한 역사학적인 증거를 더 열린 태도로 대하게 될 것이다. 안토니 플루(Antony Flew)도 그렇게 인정하며 "확실히 하나님에 대한 일련의 믿음을 감안해 보면, 부활이 일어날 가능성은 엄청나게 더 커진다"고 저술했다.[11]

---

11 Antony Flew, Gary Habermas in *Did Jesus Rise from the Dead? The Resurrection Debate*, ed. Terry L. Miethe (New York: Harper & Row, 1987), 39에 등장하는 개인적인 서신 왕래에서 인용되었다.

무신론자가 예수님의 부활에 대한 역사적 증거에 감명을 받게 되어 유신론에서도 개종하여 단번에 부활을 믿는 기독교 신자가 되는 것도 가능하다. 존 워윅 몽고메리와 게리 하버마스의 변증적 방법은 기독교를 위한 증거의 주된 노선인 부활을 강조한다(비록 두 사람 모두 자연신학의 합법성에 대해서 부인하지는 않지만).[12] 그렇지만 여기에서 나는 기독교 특유의 주장들을 구별하여 주장하기 전에 유신론 전반에 대한 설득력 있는 사례를 제시하기 위해 노력했다.[13]

리처드 스윈번이 말하는 것처럼 만일 "하나님의 존재에 대해 실질적인 개연성을 제공하는 증거"가 있다면 우리는 성육신을 위한 선행적(antecedent) 증거를 갖게 된다. 그는 이런 배경적 증거를 염두에 두지 않고 신약성경 본문들을 접근하는 성경학자들을 마땅히 꾸짖는다.[14] 비록 신약에 대해 비판적인 대부분의 학자들이 부활에 의해서 가장 잘 설명되는 몇 가지 기본적인 사실들에 동의한다고 하더라도, 그들은 전형적으로 부활을 긍정하는 것을 주저한다. 이는 증거가 빈약해서가 아니라 방법론적인 자연주의(methodological naturalism)로 역사를 설명하는 것에 이미 헌신했기 때문이다. 즉 역사학자로서의 역사학자는 어떤 것도 초자연

---

12 John Warwick Montgomery, *Tractatus Logico-Theologicus* (Bonn: Verlag fur Kultur and Wissenschaft, 2002); John Warwick Montgomery, *Where Is History Going? A Christian Response to Secular Philosophies of History* (Minneapolis: Bethany Fellowship, 1969), 2-3장. Habermas, *Risen Jesus*, 1-2장을 보라.
13 이런 점에서, 전반적인 전략은 Richard Swinburne의 방대한 변증학적 프로젝트와 유사한데 Swinburne은 성육신과 부활에 대한 그의 책을 출간하기 전에 유신론을 변호하는 책을 여러 권 저술했다. 그의 변증학적 전략은 Richard Swinburne, "The Vocation of a Natural Theologian," in *Philosophers Who Believe*, ed. Kelly James Clark (Downers Grove, IL: InterVarsity Press, 1994)에 요약되어 있다.
14 Swinburne, *Resurrection of God Incarnate*, 30; Douglas R. Geivett, "The Epistemology of Resurrection Belief," in *The Resurrection of Jesus: Dominic John Crossan and N. T. Wright in Dialogue*, ed. John Dominic Crossan, N. T. Wright and Robert B. Stewart (Minneapolis: Fortress, 2006), 93-105를 참고하라.

적으로 설명하는 것을 허용해서는 절대로 안 된다는 입장이다.[15] 그럼에도 만일 유신론이 철학적으로, 과학적으로 견고하게 정립되었다면, 이런 개념적 차별은 부당한 것이다.

3. 기적은 신뢰할 만한가?

역사상 예수님이 죽음에서 다시 살아났다는 주장을 살펴보기 전에, 우리는 기적 주장들은 원칙적으로 신뢰할 수 없다고 하는 몇몇 논증들을 언급할 필요가 있다. 이것을 하기 위해 우리는 기적의 성경적인 의미를 논의하고 기적 이야기는 결코 믿을 만한 것이 아니라고 제기한 데이비드 흄의 비난들을 반박해 볼 것이다.

성경적인 기적은 신적인 행위자의 행동이며 그것으로 이 땅에 하나님의 나라를 분명하게 드러낼 목적으로 초자연적인 결과가 산출된다.[16] 성경적으로 기적은 하나님 나라의 침투의 징후들이다. 기적들은 그저 터무니없거나 구경거리를 위한 에피소드들이 결코 아니며, 오히려 하나님의 초자연적인 성품을 드러낸다.

이신론자들(Deists)은 기적을 믿는 것은 하나님이 피조물의 원래 버전을 망쳤기 때문에 피조물이 제대로 작동하기 위해서는 반드시 지금 만지작거려야 하는 것과 같다고 주장해 왔다. 이렇게 하는 것은 하나님답지 않은 것이다.[17] 그러나 이 귀류법은 실패한다. 성경에 의하면 하나님

---

15 13장에서 지적된 것처럼 이것은 생물학에도 부정적으로 영향을 미친 방법론적인 자연주의의 독단(dogma)과 병렬을 이룬다.
16 나는 성경 안에 기록된 기적 외에 성경 밖에서 발생하고 있는 기적들을 거론하지 않는다. 비록 나는 기적들은 하나님의 능력에 의해서 역사 전체를 통틀어서 계속해서 발생해 왔고 그리고 지금도 계속해서 발생하고 있다고 믿지만 말이다. Craig Keener, *Gift and Giver: The Holy Spirit for Today* (Grand Rapids: Baker Academic, 2001)를 참고하라.
17 James W. Sire, *The Universe Next Door: A Basic Worldview Catalog*, 5th ed. (Downers Grove, IL: InterVarsity Press, 2009), 51-52.

은 자연법칙에 따라 작동하는 선한 세상을 미리 정해 놓으셨다. 그럼에도 그 세상은 하나님과 하나님의 좋은 선물에 대항하여 반항하고 죄짓게 되었다. 인간들과 다시 접촉점을 갖고 교제하기 위한 하나님의 전략의 일환으로, 하나님은 때때로 기적적으로 개입하신다. 그럼에도 이것 역시 하나님 계획의 일부였고 무한한 지혜로 집행된다. 기적은 좌절된 원래 계획을 보완하는 것이 아니다. 오히려 하나님의 섭리가 펼쳐지는 것의 한 부분이다. 세상은 하나님이 고칠 필요가 있는 결함있는 기계가 아니다. 오히려 세상은 하나님이 연주하시고 필요할 때 다시 조율하는 악기와 같다.[18]

자연법칙들에 대한 철학적 토론은 다소 이론이 분분한 주제이다.[19] 그러나 우리는 이슈가 되는 문제를 강조하여 바로 본론으로 들어갈 수 있다. 자연법칙은 우주 안에서 벌어지는 사건들의 정상적인 패턴을 기술하며, 그 정상적인 패턴은 물리학, 화학과 생물학의 관점에서 기술될 수 있다.[20] 자연법칙은 상호관계에서 나타나는 물리적 객체들의 기본적인 속성들을 기술한다.[21]

기적은 자연법칙에 기초해서 설명될 수 없지만 초자연적인 원인에 귀속시킬 수 있는 사건이다. 플루가 얘기하듯이 "기적은 말하자면 자연을 제멋대로 하도록 내버려 두었다면 결코 일어날 수 없는 어떤 것이

---

18 William Dembski, *The Design Revolution* (Downers Grove, IL: InterVarsity Press, 2004), 149. 다시 조율하는 것은 타락의 결과를 고려하여 세상이 음을 다시 찾게 하는 것이고, 혹은 다른 종류의 음악을 연주하기 위해 특별하게 조율하는 것이다. 마치 기타에 특별한 조율이 필요할 때가 있는 것처럼 말이다.
19 William Lane Craig, *Reasonable Faith*, 3rd ed. (Wheaton, IL: Crossway, 2008), 259-263을 보라.
20 이는 지적인 원인들을 감지하는 것을 배제하지 않으며, 지적인 원인들은 우연이나 자연법칙의 범주에 해당되지 않는다(12장을 보라).
21 그러나 이런 자연적 규칙성들도 하나님이 우주를 유지하고 통치하는 정상적인 방법들이다. 신적인 보존에 대해서는 Frank McCann, "Divine Conservation," in *Guide to the Philosophy of Religion*, ed. Phillip L. Quinn and Charles Taliaferro (New York: Blackwell, 1997), 306-312를 참고하라.

다."²² 스스로 작동되는 자연의 힘을 감안하게 되면, 물체들은 가능하지 않은 방식들로 행동하게 된다. 예수님이 나사로를 죽음에서 다시 살렸을 때(요 11장), 예수님은 다른 상황에서는 불가능한 행동을 행하셨는데 왜냐하면 **모든 조건이 동일하다면** 죽은 자들은 보통 죽은 상태로 머물러 있기 때문이다. 그러나 만일 역사상 초자연적으로 개입할 능력이 있는 하나님이 계시다면, 모든 조건은 항상 동일하지 않다. 하나님은 자연의 인과적 힘을 초월하는 방식들을 통해서 행하실 수 있을 것이다.

이 마지막 주장을 공식으로 정리하는 것은 중요하다. 나는 하나님이 자연법칙을 **반박**하거나 **뒤집**거나 **중지**하거나 **위반**할 수 있을 것이라고 말하지 않았다. 기적은 자주 이렇게 정의되지만, 이는 기적에 불리한 편견을 갖게 한다. 왜냐하면 이렇게 하는 것은 자연법칙들의 타당성을 저해하는 것처럼 여겨지기 때문이다. 잘 알려진 바와 같이 데이비드 흄은 기적을 "자연법칙들의 위배"라고 정의했다.²³ 그러나 기적은 자연법칙들을 위반하지 않는다. 그리스도가 나사로를 살리신 날 전세계의 사람들은 여전히 죽어가고 있었고 죽은 사람들은 죽은 상태를 유지하고 있었다. 자연법칙들이 변했던 것은 아니었다. 그러나 자연법칙들은 자연적인 사건들에 대해서만 말한다. 초자연적인 사건들은 자연적인 사건들의 영역에서 벗어난다.

다른 예를 들어 설명하는 것이 기적은 자연법칙에 위배되지 않는다는 점을 명확하게 하는 데 도움이 될 것이다. 성경은 선지자의 명령에 따라 도끼가 수면에 떠오른 것에 대해 말한다(왕하 6:1-7). 중력과 부력의 법칙들을 감안하게 되면, 철로 된 도끼 머리는 떠오르지 않고 가라앉는다. 사실 우주의 구성을 고려했을 때, 도끼 머리가 떠오르는 것은 물

---

22 Antony Flew, "Miracles," *The Encyclopedia of Philosophy*, ed. Paul Edwards (New York: Macmillan, 1967), 5:346.
23 David Hume, "Of Miracles," *Writings on Religion*, ed. Antony Flew (Chicago, IL: Open Court, 1992), 68. 이 내용은 *An Enquiry Concerning Human Understanding* (1751)에 제일 처음 출판되었다.

리적으로 불가능하다. 그러나 초자연적인 행위자가 자연계 너머로 능력을 행사하여 도끼 머리를 부양시켜서 (말하자면) 떠오른 것처럼 보이게 하는 것이 불가능한 것은 아니다.[24] C. S. 루이스는 이렇게 표현한다. "기적이라고 하는 신의 예술은 사건들이 순응하는 패턴을 중단시키는 예술이 아니라 그 패턴에 새로운 사건들을 공급하는 예술이다."[25]

4. 기적에 반대하는 흄의 논증

데이비드 흄은 잘 알려진 것처럼 기본적인 두 가지 방식으로 기적에 대한 반대의견을 논한다.[26]

첫째, 그는 기적에 대한 믿음은 결코 지적으로 정당화될 수 없다고 주장하여 원칙상(in-principle) 기적에 반대하는 논증을 제시한다. 왜냐하면 기적이라고 주장된 것들을 자연적으로 설명할 수 있다고 하는 것이 항상 더 개연적이기 때문이다. 흄은 기적이 형이상학적으로 불가능하다고 주장하지는 않는다. 그러나 아무리 많은 양의 증거가 있다고 하더라도 기적이 발생한 것에 대한 믿음의 근거가 될 수는 없을 것이라고 주장한다.

둘째, 흄은 모든 기적의 주장은 "무지하고 야만적인 민족들의" 미신적인 오해에 기초한 것이라고 주장한다.[27] 그래서 그들의 증언은 믿을 수 없고 그렇기 때문에 믿어서는 안 된다는 것이다.

흄의 비판은 오랫동안 (그러나 보편적으로는 아니고) 기적에 대해서 완

---

24 이 예는 Keith Yandell로부터 유래한 것으로, 그가 수 년 전에 한 강의에서 언급했다.
25 Lewis, *Miracles*, 81.
26 Hume, "Of Miracles," 63-88. 나는 세 번째 방식에 대해 아래에서 언급한다.
27 Hume, *Writings on Religion*, 72. 고대인들의 의심 많음(incredulity)에 대한 Hume의 언급에 인종차별주의가 내재되어 있었다. Charles Taliaferro and Anders Hendrickson, "Hume's Racism and His Case Against the Miraculous," *Philosophia Christi* 4, no. 2 (2003): 427-442를 보라.

전히 결정타를 날리는 것으로 갈채를 받았고, 최근 몇 년 동안은 집중적인 철학적 조사대상이 되어 왔으며 흄의 비평은 이전 명성의 많은 부분을 상실해 왔다.[28] 나는 여기서 흄에 대해 철두철미하게 비평할 수는 없지만 몇 가지 언급만으로도 충분할 것이다.

흄의 원칙상 논증(우리는 절대로 기적을 믿어서는 안 된다고 하는 주장)은 만일 실제적으로 이런 사건들이 발생한다면, 아주 중요한 유형의 사건들을 인식 불가능한 것들로 만들어버릴 것이다.

"X가 발생할 수도 있겠으나, 우리가 X를 믿는 것은 결코 정당하지 않다"는 주장은 자명하지 않으며, 이 주장이 유지되기 위해서는 특별한 지원이 필요하다. 그러나 만일 하나님이 존재하신다면 이따금씩 발생한다고 하더라도 기적은 가능하다. 문제는 기적이 발생했다고 결정할 만한 신뢰할 만한 증거가 존재하느냐의 여부다. 기적이 애초부터 비개연적이라고 하는 것은 기적에 대한 모든 증언들을 토론의 여지가 있어서 침묵해야 하는 것으로 만들지는 않는다. 어떤 사람이 완벽한 포커 패를 세 번 연속 갖게 될 확률은 거의 없지만, 만일 우리가 이런 일이 발생한 것에 대한 증거를 확보하게 된다면, 단순히 그런 일이 일어날 확률이 없다는 이유로 그것을 부인할 이유는 전혀 없는 것이다.

기적이 발생할 **보편적인** 확률은 낮다. 왜냐하면 기적은 드물게 일어나기 때문이다. 허나 기적 주장을 이성적으로 평가하기 위해 우리는 조건부 확률을 반드시 고찰해 보아야 한다.[29]

조건부 확률은 하나의 주장을 위해 연관된 모든 증거를 평가한다. 비기적적인 주장 한 가지를 고려해 보자. 누구나 1마일(1.6 km)을 4분만에 달릴 확률은 상당히 희박한데 왜냐하면 이런 육상 기량은 드물기 때문이다. 그렇지만 미국 올림픽 육상선수가 1마일을 4분 내로 주파할 확률

---

28 예를 들면, John Earman, *Hume's Abject Failure* (New York: Oxford University Press, 2000)를 살펴보라. 저자는 무신론자이다.

29 C. John Collins, *The God of Miracles: An Evangelical Examination of God's Action in the World* (Wheaton, L: Crossway, 2000), 147-150을 보라.

은 비개연적이지 않은데 왜냐하면 그는 그렇게 할 수 있는 능력이 있고 이전에 그렇게 주파한 적도 있으며 또한 그는 자신의 삶을 가장 신속하게 1마일을 주파하는 것(지금은 4분 벽이 무너졌다)에 집중시켜 왔기 때문이다. 동일한 것이 기적에도 적용된다. 기적이 발생할 가능성은 보편적으로 매우 낮다. 그럼에도 만일 우리에게 (1) 기적을 행할 수 있는 초자연적인 하나님의 존재에 대한 확실한 증거가 있고 (2) 기적 주장을 뒷받침하는 한 무리의 증거들이 있다면(예수님의 부활에 대한 우리의 태도처럼), 개연성은 상당히 증가하게 된다.

흄의 원칙상 논증은 기적의 확인에 대해 논점선취의 오류를 범하는 것이다. 만일 피조세계 속으로 개입할 수 있는 하나님이 계시다면, 기적은 발생할 수 있을 것이고 확인될 수도 있을 것이다. 그럼에도 불구하고 많은 성경적 비평가들은 중립성을 지킨다는 주장에도 불구하고, 기적은 발생하지 않는다거나 기적은 결코 확인될 수 없는 것이라고 전제한다.

기적 증언의 특징에 반대하는 흄의 논증은 심각한 반론을 제기케 한다. 성경적 기적을 믿는 사람은 대부분의 기적 주장들은(오늘날 기독교인들에 의해 제기된 많은 주장들조차도) 가짜이거나 최소한 의심스럽다고 기꺼이 인정할지도 모른다. 왜냐하면 기적 주장을 뒷받침하는 증거의 자질이 수준 이하이기 때문이다. 우리가 기적 주장을 구체화하기 위해서는 비기적적인 사건을 위한 것보다 더 높은 수준의 증거가 필요하다.

만일 내가 다리에 금이 갔던 것이 6주만에 결국 다 나았다고 당신에게 말하고, 내가 그 다리로 걷는 것을 당신이 보게 된다면, 당신은 내가 하는 말을 의심할 이유가 없는 것이다. 그러나 만일 부상을 입은 지 하루 만에 심하게 접지른 내 다리를 하나님이 고치셨다고 내가 당신에게 말한다면, 당신은 나를 믿기 전에 문제를 더 면밀히 살펴보고 더 확증적인 증거를 요구할 수도 있다. 가장 이성적인 처음 반응으로 내가 거짓말을 하고 있거나 장난을 치고 있거나 내가 어쩌다가 망상에 빠지게 되었다고 하는 것도 당연할 것이다.

기독교에 있어서 특히 예수님의 부활과 같은 정경적인 기적의 보고들은 종교 자체를 구성하는 본질적인 것이며 종교에서 분리될 수 없다.

교회에서 세례와 성만찬을 제정하는 것은 그리스도의 부활과 복음서 서술들을 전제로 한다. 이런 성례들은 1세기 중반부터 후반까지 새로운 신자들을 가르치고 제자화하기 위해 사용되어 왔으며 이런 성례들은 예수님 이야기에 주된 것들이다(우리는 이것의 의미심장함에 대해 이 장의 후반부에서 다루게 된다). 이러한 기적 주장들을 중심으로 핍박받던 새로운 종교 운동이 발달되었고, 이 종교 운동은 적대적인 초기 환경의 역경에도 불구하고 번성하였다.

기적 주장들은 역사상 빈번하게 제기되어 왔지만, 그 중 많은 주장들은 날조된 장난으로 무시해도 무방한 것들이며, 자연현상을 오해한 것이었거나 자연적인 설명들을 통해서 해결될 수 있는 불가사의들이었다. 그러나 여기에서 우리의 관심은 성경 속에 등장하는 기적 주장들, 특히 복음서들과 사도행전에 등장하는 기적에 관심이 집중되어 있다.[30] 그렇기 때문에 문제는 **이러한 출처들**에서 보고된 기적들을 우리는 신뢰할 수 있는가 하는 것이다.

흄과 좀 더 최근의 저자들 같은 몇몇 사람들은 이러한 보고들 모두를 무시했는데 왜냐하면 기적들은 과학 이전의(prescientific) 시대에 살았던 남자들과 여자들에 의해 보고되었기 때문이다. 이런 남자들과 여자들은 자연에서 벌어지는 사건들을 늘상 초자연적인 행동들로 잘못 해석했다.[31]

이런 무지몽매한 영혼들은 과학과 자연법칙에 대한 이해가 전혀 없었다는 식으로 반대의견이 펼쳐진다. 그렇기 때문에 옛 사람들의 미신적인 마음은 신적인 개입으로 간주된 가지각색의 속임수에 빠지기에 안성맞춤이었다. 그러나 루이스가 주장하듯이 요셉과 같은 고대 유대인도 그의 과학적인 순진함이 어떠했든지 간에, 자신의 약혼녀의 처녀 임신은 자연적인 수단에 의해 야기된 것은 아니라는 것을 인식할 수 있었다.

---

30 성경에 등장하는 기적을 총망라한 목록은 Norman Geisler, "Miracles in the Bible," in *Baker Encyclopedia of Christian Apologetics* (Grand Rapids: Baker, 1999), 480–488을 보라.
31 Hume, *Writings on Religion*, 71–74.

(게다가 만일) 자연법칙을 전혀 모르는 사람들이 있었다면 그들은 기적에 대한 개념을 전혀 소유하지 않았을 것이고 그들 목전에서 기적이 베풀어진다고 해도 기적에 대한 특별한 관심은 갖지 않을 것이다. 당신이 평범한 것을 발견하게 될 때까지는 그 어떤 것도 비범하게 여겨질 수 없다. 기적에 대한 믿음이, 자연법칙들에 대한 무지에 달려있기는 커녕, 그러한 자연법칙들을 아는 만큼만 가능한 것이다.[32]

그렇기 때문에 옛날 사람들이 자연현상들을 단지 잘못 알아본 것이라고 하는 주장은 개연성을 상실한다. 게다가 기적에 대한 성경적 서술들은, 타종교들이나 후기 기독교 복음 서술들을 다룬 내용들에 등장하는 기적 이야기들과 비교해 보았을 때 나타나듯이 윤색 설화(embellished tales)처럼 기록되어 있지는 않다는 것이 더 부각된다.[33]

1) 무효화 논증(The cancellation argument)

흄은 만일 기적을 종교와 연계해서 확인할 수 있다고 하더라도 다양한 종교들의 다양한 기적들은 서로를 무효화 할 것이라고 또 주장한다. 즉 만일 기적 A가 종교 X의 진리 주장을 증명하고 또 기적 B가 종교 Y의 진리 주장을 입증한다면, 두 종교 중 어떤 것도 기적에 기초해서는 우위를 주장할 수 없다는 것이다. 그럼에도 종교 안에서 기적의 목적은 다른 종교들과 비종교에 비해 한 개인의 종교가 진정한 것임을 증명하는 것이다. 따라서 기적에 종교적인 호소를 하는 것은 증거력(evidential force)을 상실하게 된다.[34]

이 논증은 꽤 과대평가 되었다.

---

32 Lewis, *Miracles*, 65.
33 5000명을 먹인 신화적 서술을 *Hayat al-Qulub*에서 참고하라. Thomas Baldwin Thayer, *Christianity Against Infidelity* (Cincinnati OH.: John A. Gurley, 1849), 368에서 인용됨.
34 Hume, *Writings on Religions*, 75-76.

첫째, 다른 종교들은 기적 주장을 자신들의 핵심 교리들에 각기 다른 방식들로 연계시킨다. 기적은 모든 종교들의 진리 주장을 직접적으로 지지하지 않는다. 많은 기적 이야기가 부처의 탄생과 삶을 에워싸고 있지만 이것은 달마(dharma, 또는 네 개의 고귀한 진리)에 초점을 맞추는 불교의 가르침에 핵심적이지 않다.

마찬가지로 도교도, 창시자인 노자가 초자연적인 이야기들에 대해 말하기는 하지만 본질적으로 기적 주장은 하지 않는다. 이 이야기가 맞고 틀리냐의 문제는 도교의 형이상학과 윤리학과는 상관이 없다.

힌두교의 많은 경전들은 신들과 인간들 간의 기적적인 만남으로 채워져 있지만 이들은 역사학자들이 접근할 수 없는 영역들에서 발생한다. 힌두교 신자에게 있어서 크리슈나의 생애와 그의 기적을 역사적으로 조사하는 것은 범주 실수로 간주될 것이다. 힌두교의 이런 이야기들은 영적인 파워를 지니며 비범한 영역들에 대해 말하지만, 이런 이야기들은 역사적 사건들에 대한 구체적인 주장들은 아니다.[35]

자 이제 위대한 일신론적 종교들을 살펴보자.

신학적으로 보수적인 유대교의 기적 주장은 기독교인들에 의해 부인되지 않았고 유대인에게 주시는 하나님의 계시의 일부로 간주되었다. 이슬람의 경우 핵심적인 기적 주장은 쿠란의 신적인 영감에 대한 것이다. 만일 이 책을 천사 가브리엘을 통해 (문맹으로 추정되는) 마호메트가 초자연적으로 받은 것이라고 입증될 수 있다면 이슬람은 강력한 지지를 받게 될 것이다. 그렇지만 쿠란이 예수님의 십자가 처형과 부활처럼 확고하게 입증된 역사적 사실에 정반대되는 입장을 취하는 것을 고려해 보면 이슬람의 핵심적인 기적 주장인 쿠란의 신적인 영감을 위한 증거는 충분치 않다. 게다가 쿠란에서는 마호메트를 위한 기적 주장은 없다. 기독교에서는 예수님의 기적(특히 그의 부활)이 중심을 이루며 예수님의 기

---

35 Norman Anderson, *A Lawyer Among the Theologians* (Grand Rapids: Eerdmans, 1974), 29-30을 보라. 역사적 세부사항에 대한 관심 결핍은 힌두교가 역사 자체를 평가절하하는 것과 관련 있으며 힌두교에서 역사는 계몽을 통해서 탈출해야 하는 것으로 여겨진다.

적들은 예수님을 모든 다른 이들보다 더 높게 승귀시키는 것으로 이해된다. 게다가 쿠란의 신적 영감을 위해 통상적으로 고안된 논증들은 실패한다.[36]

나는 여기서 모든 주요 (그리고 비주류) 종교들이 개진해 온 모든 기적 주장들을 상술할 수는 없다. 그러나 두 가지를 지적하는 것으로 충분하다고 본다.

첫째, 예수님의 부활에 대한 사례는 비기독교 종교들이 해 온 그 어떤 기적 주장보다 훨씬 더 역사적으로 강력하다.[37] 고대역사 교수인 에드윈 야마우치(Edwin Yamauchi)는 세계의 어떤 종교도 그 종교의 초기 주요 문서들에 창시자에게 기적을 귀속시킨 적이 없다는 것에 주목한다.[38]

둘째, 만일 지금까지 개진한 일신론을 위한 변증적 사례가 성공적이라면 일신론적이지 않은 종교들(불교, 힌두교와 도교 같은 것)은 기적 주장에도 불구하고 경쟁에서 탈락하게 된다. 더 나아가 불교, 힌두교와 도교에 의해 제기된 기적 주장은 역사적으로 검증되지 않았고 해당 종교의 핵심적인 선언에 중요하지 않다.

유대교의 기적 주장은 기독교와 양립 가능하지만 기독교의 기적 주장은 유대교와 양립 가능하지 않다. 이슬람이 성경에 등장하는 기적 주장을 다소간 수용하기는 하지만, 이슬람은 가장 위대한 기적인 부활을 부정한다. 그래서 사실 실제적인 경합은 예수님의 기적적인 행동들이 유대교와 회교에서 제기한 논증들을 반대로 무효화할 수 있는 방법들로 증명될 수 있는가의 문제이다.[39]

---

36 Norman Geisler and Abdul Saleeb, "An Evaluation of the Qu'ran," in *Answering Islam*, rev. ed. (Grand Rapids: Baker, 2002)을 참고하라. 또한 이 책 24장도 참고하라.
37 Gary Habermas, "Resurrection Claims in Non-Christian Religions," *Religious Studies* 25 (1989): 167-177.
38 Edwin Yamauchi, *Jesus, Zoroaster, Buddha, Socrates, Muhammad*, rev. ed. (Downers Grove, IL: InterVarsity Press, 1972), 40.
39 무효화 논증을 더 알기 원하면 David K. Clark, "Miracles in the World Religions," in

5. 예수님의 인격과 부활

리처드 스윈번은 하나님이 어떤 종류의 사람을 죽음에서 다시 살아나게 하실지를 고려해 볼 필요가 있다고 주장했다. 신약은 아무나 죽었고 장사되었다가 다시 살아나게 되어 결코 다시는 죽지 않게 되었다고 단순히 주장하지 않는다. 베드로가 설교했던 것처럼, 우리는 나사렛 예수에 대해 이야기하고 있는 것이다.

> 하나님께서 나사렛 예수로 큰 권능과 기사와 표적을 너희 가운데서 베푸사 너희 앞에서 그를 증언하셨느니라(행 2:22).

예수님의 부활을 고려하는 것을 차치하고라도, 예수님은 여러 면에서 "하나님으로부터 공인받은" 분이셨다.[40] 20장에서 지적했듯이 예수님은 모든 문제들에 대해서 권위를 갖고 말했고, 한 번도 논쟁에서 밀린 적이 없는 수석교사(master teacher)로 인간들이 달리 알 수 없었던 것들을 가르쳐 주셨고, 긍휼함과 강인함과 최상급의 성품을 지닌 남자였고, 기적을 행하는 자였으며, 예수님의 삶은 구약의 많은 예언들과 약속들을 성취한 것으로 복음서들은 묘사한다.

예수님은 명확하고 설득력 있는 세계관을 분명히 표현하셨고, 성육신한 하나님으로서의 스스로를 그 세계관의 최중심부에 두었다. 예수님은 가르침의 핵심적인 부분으로 그분 스스로의 죽음과 부활을 예견했고 그것의 의미에 대해서도 어느 정도는 설명했다(비록 사도들의 증언으로 더 포괄적인 설명이 주어지긴 했지만).

제임스 사이어(James Sire)의 표현처럼 "만일 누군가가 죽은 자 가운데

In Defense of Miracles: A Comprehensive Case for God's Action in History, ed. R. Douglas Geivett and Gary Habermas (Downers Grove, IL: InterVarsity Press, 1996)를 참고하라.

40 Swinburne의 전체 논증은 *Resurrection of God Incarnate*, 2-3장을 참고하라.

서 다시 살아난다면, 그는 예수님 같은 사람일 것이다."[41]

부활을 위한 논증들을 평가함에 있어서 우리의 첫 번째 고찰은 신약의 본질적인 신뢰성을 다룬 이전 장들을 환기시켜 준다. 이것을 근간으로 할 때 우리는 이러한 보고들을 전반적인 면에서 신뢰할 이유를 갖게 된다. 쉐퍼가 말했던 것처럼 예수님의 생애에 대한 자연주의적 조사는 실패했다. 다음과 같은 이유 때문이다. 즉 "초자연적인 것이(예수님의 생애) 나머지 부분과 너무 엉켜 있었기 때문에, 만일 사람들이 초자연적인 모든 것을 뜯어냈다면 역사적인 예수님은 더 이상 존재하지 않았을 것이다. 즉 만일 사람들이 역사적인 예수님을 유지했다면 초자연적인 것도 계속해서 존재하는 것이다."[42] 그러나 성경적 증거와 성경 밖의 증거를 감안할 때 예수님이 결코 존재하지 않았다는 생각은 터무니없는 것이고, 가장 이성적인 접근은 초자연적인 서술들을 받아들이는 것이다.[43]

게다가 N. T. 라이트는 그의 권위있는 저서인 『하나님의 아들의 부활』(The Resurrection of the Son of God)에서 부활에 관한 신약의 모든 본문들을 가장 철저하게 조사한 내용을 실었고 그 본문들은 신뢰할 만한 것으로 판명됐다.[44]

안토니 플루가 아직 부활을 믿지 않을 때에 자신이 왜 유신론의 최소 형태(또는 이신론)를 위해 무신론을 포기했는지에 대해 게리 하버마스와 가진 인터뷰에서 한 말은 다른 기적 주장들과 관련한 기독교의 부활 주장에 대해 이런 놀라운 점을 시사했다. "부활의 증거는 그 어떤 다른 종교의 기적 주장들을 위한 증거보다 더 낫다. 내가 생각하기에 부활의 증

---

41 James Sire, *Why Should Anyone Believe Anything at All?* (Downers Grove, IL: InterVarsity Press, 1994), 152. Sire는 성경에서 예수님 외에 다른 사람들이 다시 살아난 것도 주장한다는 것을 인식한다. Sire는 예수님만이 결코 다시 죽지 않을 생명의 주로서 죽음에서 다시 살아날 사람의 역할에 유일무이하게 어울린다는 것이다.
42 Francis A. Schaeffer, *The God Who Is There*, 30th anniv. ed. (Downers Grove, IL: InterVarsity Press, 1988), 72.
43 본 장의 각주 1번을 보라.
44 N. T. Wright, *The Resurrection of the Son of God* (Minneapolis: Fortress, 2003), 2부.

거는 대부분의 다른 추정상의 기적 사건들의 발생을 위해 제공된 증거와는 질적이고 양적인 면에서 현격히 다르다."[45]

6. 최소 사실과 최대 결과: 부활

윌리엄 레인 크레이그, 게리 하버마스와 리처드 스윈번에 의해서 유력하게 종종 활용되어 온 또 다른 논증은 복음서들과 나머지 신약에 등장하는 특정 주장들에 호소한다. 신약 전체의 신뢰성을 위해 논하는 것을 시도하는 것 대신에, 이 전략은 신약 안에 내포된 "최소 사실"의 집합을 결집한다. 일정한 기준에 기초하는 이 전략은 자유주의적이고 보수적인 진영 양측에서 신약에 대해 비판적인 대부분의 학자들에 의해서 받아들여진다. 그런 다음 이런 최소 사실들은 어떤 경쟁 가설에 의해서가 아닌 예수님의 부활에 근거해서 최선으로 설명되는 것이라고 주장되어 왔다. 나는 모든 부류의 신약학자들에 의해 광범위하게 합의된 네 가지 사실을 고려함으로써 시작해 보겠다. 그 후에 나는 학자들에 의해서 상당한 지지를 받고 있는 다른 요인들에 대해서도 살펴보도록 하겠다.

1) 십자가에 달려 돌아가심

예수님이 30년대 초반에 십자가형으로 돌아가셨다는 것은 아주 잘 확립된 역사적 사실이다. 모든 종파의 신약학자들은 예수님이 십자가에 못 박히셨다고 하는 성경적인 그리고 성경 밖 자료의 증언을 의심할 이유를 찾지 못한다. 그렇지만 프리드리히 슐라이어마허 같은 일부 학자들은 예수님이 십자가형에서 살아남으셨다(기절설[the swoon theory])고 추정하고, 이슬람은 예수님이 결코 십자가형에 처해진 적이 없다고 주

---

45 Anthony Flew and Gary Habermas, "My Pilgrimage from Atheism to Theism: A Discussion Between Antony Flew and Gary Habermas," *Philosophia Christi* 6, no. 2 (2004): 209.

장한다.⁴⁶ 어떤 사람들은 예수님이 십자가형에서 살아남으셨고 인도에서 장사된 것이라고 주장하기조차 한다.⁴⁷

대개 우리는 예수님이 십자가에 못 박히셨다는 것을 긍정할 만큼 복음서 서술들을 신뢰하는 사람들이, 그렇게 긍정한 후에는 예수님이 죽었다고 말해 주는 동일한 서술들에서 왜 이탈하는가에 대해 의아스럽게 여겨야 한다. 왜 어느 시점에는 (십자가형을) 믿고 또 다른 시점에는 (십자가형에 의한 죽음을) 의심하는가? 만일 비평가들이 그들의 의심을 위한 근거를 제공하지 않는다면, 예수님의 죽음을 그들이 거부하는 것은 단순한 임시 변통에 지나지 않는다.

그럼에도 불구하고 몇몇 사람들은 예수님이 죽지 않은 표시들이 있다고 주장한다. 이런 주장은 전형적으로 두 가지 요인들을 포함한다. 즉 예수님이 죽을 만큼 충분한 시간이 없었다는 것 아니면 예수님이 십자가 상에서 받은 음료수는 예수님이 죽은 것처럼 시늉할 수 있게 해 주는 약이었다는 것이다(막 15:36).⁴⁸ 이런 반대의견들은 즉시 해결될 수 있다.⁴⁹

예수님이 십자가에서 돌아가실 충분한 시간이 있었다. 우리는 십자가형 이전에 일어났던 일들과 십자가형을 별개로 간주해서는 절대로 안 된다. 마이클 그린이 주목하듯이 말이다.

자신의 사형집행 전에 음식을 드시지도 주무시지도 않으셨던

---

46 우리는 이슬람과 기독교 사이의 주요 차이점을 24장에서 논의할 것이다.
47 나는 *Jesus in an Age of Controversy* (1996; reprint, Eugene, OR: Wipf & Stock, 2002), 147-151에서 예수님이 십자가형에서 살아남으시고 인도에 가셨다는 뉴에이지 지향적 이론 몇 가지를 다룬다.
48 이런 종류의 논증은 주지하는 바와 같이 한 세대 전에 Hugh Schonfield, *The Passover Plot* (New York: Bantam Books, 1966)에서 제기되었고 이따금씩 다시 등장하곤 한다.
49 학자들의 세계에서 기절론은 거의 주목을 끌지 못하는 반면에 문화 전반에 계속해서 영향력을 미치고 있다는 것은 흥미롭다. 이런 이유로 나는 학자적 문헌에서 보증된 것보다는 더 많은 공간을 할애해서 그 문제를 다루어 보겠다.

예수님, 가장 잔혹한 채찍질(벧전 2:24 참고)로 혈액을 손실하여 기력이 쇠해졌던 예수님, 양 손과 발이 관통되셨던 예수님이 십자가에서 내려질 때 살아만 있으셨다면, 도움 없이도 생존하실 수 있었을 것이라는 것은 믿기 어렵다. .[50]

예수님은 그분이 당한 매질 때문에 너무 약해져서 사형집행 장소인 골고다 끝까지 십자가를 지고 가실 수 없었다(마 27:32). 의사(M.D.)이며 박사(Ph.D.)이고 저명한 병리학자인 알렉산더 메드럴(Alexander Metherell) 박사는 십자가 처형 전 잔혹한 채찍질에 대해 말하는 복음서 서술들을 감안할 때 예수님은 급격한 혈액 손실로 인한 혈액량 저하 쇼크(hypovolemic shock)를 겪었을 것이라고 주장한다. 이는 손실된 혈액을 퍼올리기 위해 심장의 빨리 뜀, 심각한 혈압 저하, 신장기능 부진, 극심한 갈증을 필연적으로 수반한다.[51]

메드렐은 "못이 그의 손과 발을 관통하기 전부터 예수님은 이미 중태의 위독한 상태에 있었다는 것은 의심의 여지가 없다."[52]

「미국 의사협회지」(*The Journal of the American Medical Association*)에 게재된 "예수 그리스도의 육체적 죽음" 같은 전문적인 기사를 작성한 저자들은 로마의 십자가 처형의 생존시간은 "3-4시간에서 3-4일에 걸쳐 지속되었는데 생존시간은 채찍질의 가혹함에 반비례했던 것으로 보여진다"[53]고 기술했다. 이런 종류의 죽음은 끔찍했다. 크레이그가 이렇게 주목한다.

---

50 Michael Green, *The Empty Cross of Jesus* (Downers Grove, IL: InterVarsity Press, 1984), 93. 예수님이 죽으신 속도에 대해서는 James Charlesworth, *Jesus Within Judaism* (New York: Doubleday, 1988), 122-123을 보라.

51 Alexander Metherell, Lee Strobel, *The Case for Christ* (Grand Rapids: Zondervan, 1998), 196에 게재된 인터뷰 내용.

52 Ibid.

53 William D.Edwards, Wesley J.Gabel and Floyd E.Hosmer, "On the Physical Death of Jesus," *Journal of the American Medical Association* 255, no. 11 (1986): 1460.

희생자가 십자가에 매달려 있는 동안 그의 흉막(lung cavity)은 내려앉는다. 그래서 그는 더 이상 숨을 내쉴 수가 없다. 호흡하기 위해 그는 못이 관통된 두 손에 힘을 주어 자신을 끌어당겨야 하고 숨을 고르기 위해 두 발로는 밀어내야만 한다. 그가 이 자세를 오래 유지할 수는 없다. 그래서 그는 다시 온 몸을 아래로 축 늘어뜨려야 하는 것이다.[54]

그렇게 계속 하다가 고통받던 자는 질식해서 죽게 되었다.[55]

빌라도는 예수님이 빨리 죽은 것에 놀라움을 보였지만(막 15:44), 빌라도는 실제적으로 예수님이 죽은 것을 의심하지는 않았다. 로마인들은 십자가형에 대해서는 초보가 아니었다. 4명의 군인으로 이루어진 한 분대는 예수님과 함께 십자가형에 처해진 두 남자의 다리를 부러뜨렸지만(죽음을 앞당기는 관습) 예수님은 이미 숨을 거두신 것을 알았기 때문에 예수님의 다리는 부러뜨리지 않았다.

휴 숀필드(Hugh Schonfield)가 『유월절 음모』(The Passover Plot: 1967)에서 개진시킨 기절설(swoon theory)의 한 버전은 예수님이 죽은 척 하도록 묘약을 받아 마시도록 미리 계획을 짠 것이라고 주장한다. 요한복음은 예수님이 숨을 거두시기 전에 **로마 호위병들이 지켜보는 바로 앞에서** 음료를 받으셨다고 전한다(요 19:28-29). 로마 호위병들은 사형집행자였지 어떤 속임수에 방조자 역할을 했던 것이 아니다. 그들이 정확한 검시관이 되는 것에 그들의 기득권이 걸려 있었다.

"메시아인 체 하는 자를 사형집행하는 데 있어서 백부장과 총독이 실수를 했다면 그들의 직장과 아마도 그들의 생명까지도 위태로웠을 것이다."[56] 당연히 그들은 그런 책략에 대해서도 베테랑이었을 것이다. 게다

---

54 William Lane Craig, *Knowing the Truth About the Resurrection* (Ann Arbor, MI: Servant Books, 1988), 32-33.
55 Metherell interview, 198-199.
56 Michael Green, *The Empty Cross of Jesus* (Downers Grove, IL: InterVarsity Press, 1984), 93.

가 예수님이 어쨌든 자신의 막판 구출을 미리 주선해 놓았을 것이라고 우리가 가정한다면, 예수님은 전대미문의 협잡꾼일 것이고 어떤 존경도 받을 가치가 없는 것이다. 왜냐하면 예수님은 자신의 죽음의 필연성에 대해 설교했기 때문이다. 예수님이 설파한 높은 도덕성은 그런 계략으로 인해 심하게 타격을 받게 될 것이고, 복음서 서술에 등장하는 예수님의 인격과는 전혀 앞뒤가 맞지 않을 것이다(20장을 참고하라).

물과 피가 예수님의 옆구리에서 나왔다는 사실은 그분의 죽음을 위한 긍정적인 증거다. 로마군인들은 그분의 옆구리를 찔렀는데 그들은 예수님이 죽은 것을 이중으로 확인하고 싶었기 때문이다. 이렇게 옆구리를 찌르는 것은 죽음을 보증하기 위한 표준 관행이었다.[57] 위에서 언급된 미국의사협회지에 게재된 기사가 설명하듯이 그 다음에 이어지는 일들은 예수님의 죽음을 확인해 주었다. 다음은 저자들의 결론이다:

> 명백히 역사적이고 의학적인 증거의 증명력은 옆구리에 상처가 가해지기 전에 예수님이 돌아가셨음을 나타내고 또한 창은 그의 오른쪽 갈비뼈 사이를 찔렀고 아마도 우측 폐뿐만 아니라 심막과 심장도 꿰뚫어서 그것 때문에 그분의 죽음이 확증되었다는 전통적인 견해를 뒷받침한다. 따라서 예수님이 십자가에서 죽지 않았다는 가정에 기초한 해석들은 현대의학 지식과 상충되는 것 같다.[58]

마지막으로 예수님이 십자가의 고통뿐만 아니라 격렬한 채찍질에서도 어떻게든 살아남았다고 하더라도(Metherell이 "불가능한" 것으로 간주하는 개념) 이것은 예수님의 제자들이 왜 예수님을 부활하신 생명의 주라고 결국 환호하며 맞이하게 되었는지에 대해서는 전혀 설명하지 않은

---

57 Craig, *Knowing the Truth of the Resurrection*, 33.
58 Edwards et al., "On the Physical Death of Jesus Christ," 1463. 또한 Metherell이 Strobel, *Case for Christ*, 199에서 언급한 내용도 살펴보라.

채로 남겨둘 것이다.[59] 메드렐이 말하듯이 "대재앙적인 혈액 손실과 트라우마가 있었던 그 끔찍한 학대를 겪으신 후에 그분은 너무나도 비참해 보였을 것이기 때문에 제자들은 결코 예수님을 죽음에서 승리한 정복자로 환호하며 맞이하지는 않았을 것이다. 오히려 제자들은 그분을 불쌍하게 여겼을 것이고 예수님의 건강이 회복되도록 간호했을 것이다."[60] 이런 종류의 비평은 1828년 H. E. G. 파울로스(H. E. G. Paulus)가 처음으로 기절설을 개진한 이후로 계속해서 기절설을 따라다녔다.[61] 결론적으로 말하자면 예수님이 사형집행 미수로 살아남았다고 주장하는 사람은 누구나 입증책임의 무거운 짐을 지닌다. 핵심적인 학자들은 이 사장된 이론을 이미 오래 전에 무덤에 묻었다.

2) 잘 알려진 무덤에 장사되심

학자들은 예수님의 죽음 이외에도 유대 법정(예수님에게 판결을 내렸던)의 회원이었던 아리마대 사람 요셉이 소유했던 무덤에 예수님이 장사되었다는 것에 동의한다(마 27:57-61; 막 14:42-47; 요 19:38-42). 크레이그는 이 사실이 중요하다고 지적하는데 왜냐하면 이 사실은 예수님의 무덤에 대한 정확한 장소를 알려주기 때문이다. 만약 제자들이 무덤의 장소를 알지 못했다면 나중에 예루살렘에서 예수님의 무덤이 텅 비어 있었다고 자신있게 주장할 수 없었을 것이다. 여러 가지 이유로 인해 예수님이 이 무덤에 장사된 것을 의심할 만한 정당한 근거는 없다.

첫째, 경쟁적인 전통으로 여겨질 만한 그 어떤 다른 매장 전통도 존재하지 않는다.

둘째, 마가복음(아마도 복음서 중에 가장 먼저 저술된 것이다), 마태복음과 요한복음에 나타난 다수의 증언들을 통하여 이 서술은 잘 확립되었다.

셋째, 예수님이 장사된 것은 바울의 고린도전서 15:3-5에서 등장하

---

59 Metherell, in Strobel, *Case for Christ*, 201.
60 Ibid., 202.
61 Craig, *Knowing the Truth About the Resurrection*, 31-34를 참고하라.

는 초기 보고에 의해서도 확증되었다.

넷째, 크레이그가 주목하듯이 "예수님에게 사형을 판결한 유대 법정의 회원인 아리마대 사람 요셉은 기독교가 꾸며낸 사람일 것 같지는 않다."[62] 초기 기독교인들은 예수님에게 사형선고가 내려지고 제대로 된 장례를 치러주고 격조 높은 무덤이 제공되었을 그런 이야기는 만들어 내지 않았을 것이다. 매우 자유주의적인 학자인 A. T. 로빈슨(A. T. Robinson)은 예수님의 장사(burial)는 고린도전서 15장에서, 모든 사복음서에서 그리고 사도행전의 설교에서 증언되어진 "예수님에 대해서 최초로 그리고 최고로 잘 입증된 사실들 중 하나"라고 진술한다.[63]

한때 "예수 세미나"의 멤버였던 존 도미닉 크로산(John Dominic Crossan)이 아마도 예수님은 얕은 무덤에 장사되었던 것이고 개들이 그의 시신을 먹은 것이라고 주장하여 대서특필된 적이 있다. 크로산이 이렇게 단언하는 이유는 사형당한 죄수들은 일반적으로 공동묘지에 묻혔기 때문이다. 그렇지만 크로산이 이런 주장을 하기 위해서는 우리가 복음서에서 발견하는 모든 증거를 무시해야만 한다. 그리고 크로산은 당시의 관습 외에 반대로 상쇄시킬 수 있는 증거는 아무것도 제시할 수 없다. 예수님은 분명히 **평범한** 죄수는 아니었고 우리가 입수할 수 있는 최고의 기록은 그분이 아리마대 사람 요셉의 특별한 무덤에 장사되었다고 주장한다. 따라서 논란의 여지가 있는 크로산의 주장은 일축해도 무방하겠다.[64]

---

62 William Lane Craig, "Opening Statements," in *Jesus' Resurrection: Fact or Figment?* ed. Paul Copan and Ronald Tacelli (Downers Grove, IL: InterVarsity Press, 2000), 32.
63 John A. T. Robinson, *The Human Face of God* (Philadelphia: Westminster Press, 1973), 131.
64 William Lane Craig, "Evidence for the Empty Tomb," *In Defense of Miracles*, ed. Gary Habermas and R. Douglas Geivett (Downers Grove, IL: InterVarsity Press, 1977), 248-251.

3) 빈 무덤

사복음서는 예수님이 십자가형에 처해지고 장사된 후에 몇몇 여성들, 베드로와 다른 제자(아마도 요한)가 그분의 무덤이 비어 있는 것을 발견했다고 만장일치로 전하고 있다(마 28:1-7; 막 16:1-8; 눅 24:1-8; 요 20:1-9). 이것은 여러 이유로 신뢰할 만하다.

1. 이 내용은 아마도 가장 오래된 복음서 자료인 마가복음에서 발견된다.
2. 이 내용은 고린도전서 15장에 나오는 바울의 보고에 가정되어 있다.
3. 이야기들은 기본적이고 소설적인 윤색이 결여되어 있다.
4. 사복음서 모두에서 여자들이 빈 무덤을 주시하여 보았다는 것이 이 이야기에 신뢰도를 더해 주는데 그 당시에 여성의 증언은 아주 무시되었기 때문이다. 만일 복음서가 설득력 있는 이야기를 꾸며냈다면, 복음서는 여성들을 주된 증인으로 여자를 포함하지는 않을 것이다.[65]
5. 기독교인들에 대한 초기 유대인들의 논쟁은 예수님의 제자들이 예수님의 시신을 훔쳤다는 것인데 이는 예수님의 무덤이 실제로 비어 있었다고 하는 의혹을 전제한다(마 28:11-15).[66] 게리 하버마스와의 논쟁에서 철학자 안토니 플루는 기독교인이 아니었지만 무덤이 빈 것은 인정했다.[67]

텅 빈 무덤은 예수님의 부활을 정립시키기 위해 필수적이지만 충분

---

65 N. T. Wright, *Resurrection of the Son of God*, 607-609를 보라.
66 유대인들이 이런 주장을 했다는 것은 Tertullian and Justin Martyr에 의해서도 확인되었다 (Tertullian *On Spectacles* 30; Justin Martyr *Dialogue with Trypho* 108).
67 Gary Habermas and Anthony Flew, *Resurrected? An Atheist and Theist in Dialogue*, ed. John Ankerberg (Lanham, MD: Rowman & Littlefield, 2005), 28을 보라.

한 조건은 아니다. 만일 예수님이 죽음에서 육체를 입고 다시 살아났다면-당시 유대인들이 믿었던 유일한 종류의 부활-결코 그의 육체가 무덤에서(혹은 다른 어느 곳에서나) 부패하고 있을 수는 없었을 것이다. 그럼에도 불구하고 부활 이외의 다른 이유로 무덤은 비어 있을 수도 있는데, 예를 들어, 자신들의 이해가 걸려있는 어떤 그룹의 사람들이 예수님의 몸을 도둑질하는 것 같은 것이다. 나는 이 대안 설명에 대해 곧 언급해 보겠지만, 여기서 중요한 점은 예수님의 부활 주장이 진실이라는 가능성을 조금이라도 갖기 위해서는 무덤은 **반드시** 비어 있어야만 한다는 것이다.

역사적으로 신뢰할 만하다고 우리가 결론을 내린 누가복음은 예수님이 사망하시고 7주가 지났을 즈음에 초대교회가 부활을 설교하기 시작했다고 말해 준다. 이 설교는 예수님과 그분의 십자가 처형에 대해 잘 알고 있던 사람들이 들었다. 만일 예수님의 무덤이 비어 있지 않았다면 예수님의 시신을 대중에게 공개하기 위해 단순히 가져오거나 혹은 예수님이 장사되었던 무덤으로 그냥 사람들을 데려가는 것으로 사도들의 설교는 중단될 수 있었을 것이다. 유대 종교 지도자들과 로마의 정치 지도자들은 위협적인 운동(movement)을 저지하기 위해서 그렇게 하는 것에 그들의 기득권이 걸려 있었을 것이다.

그러나 그런 종류의 일이 조금이라도 발생했는지에 대한 증거가 우리에게는 없다. 사도들은 그런 종류의 일은 어떤 것도 두려워하지 않았고 사도행전에 기록된 모든 설교들의 중심 주제로서 다시 살아나신 예수님을 담대하게 선포했다.[68] 사후경직(rigor mortis: 사후 일정 시간 후에 근육, 특히 골격근에 나타나는 경직 증상-역주)된 예수님은 부활한 예수님이 아니셨다. 그분의 영이 어디있었건 간에 말이다.

게르트 뤼데만(Gerd Lüdemann)은 그 당시에 예수님의 시신은 알아볼 수 없을 만큼 부패했을 것이라고 주장하여 부활에 대한 반증으로 사용

---

68 Lewis, *Miracles*, 188-189.

된 개념인 예수님의 시체가 모습을 드러냈을 수도 있었을 것이라는 아이디어를 저해하려고 시도했다.[69] 그러나 이것은 전혀 확실하지 않다. 만일 이 시점에 예수님의 얼굴이 어느 정도 부패했다고 하더라도 (그리고 그의 외관이 얼마나 심하게 훼손되었을지 아는 것은 힘들다) 그의 체격, 머리 색깔과 십자가 처형 후 상처는 여전히 가시적이고 인식 가능했을 것이다. 게다가 이 사람이 예수님이 아니었다는 것을 보여주는 입증책임은 제자들이 부담해야 했을 것이다. 그런데 우리에게는 이와 비슷한 일이 한 번이라도 발생했었다는 증거가 전혀 없다.[70]

만일 예수님이 실제적으로 죽임을 당했고 장사되어 무덤에 있었다면 예수님의 무덤은 그 당시의 관습에 따라 성인의 무덤처럼 추앙되었을 가능성이 아주 농후하다. 예수님 당시 팔레스타인에서 그렇게 추앙된 무덤이 최소한 50개는 있었다(눅 11:47-48 참고).[71] 누가는 여자들이 아리마대 사람 요셉을 따라 예수님의 무덤까지 따라 갔다고 이야기하는데 아마도 나중에 조의를 표하려고 장소를 표시하기 위해서 그랬을 것이다. 그 당시 유대인들은 역사의 종말에 있을 부활을 기대하며 사랑했던 사람들의 뼈를 납골당에 보관했던 것을 우리는 안다.[72] 그럼에도 교회는 시신으로 점유된 무덤이 아닌 빈 무덤을 기념했다.[73]

4) 예수의 사후 출현

부활의 사례에서 최우선적인 또 다른 일련의 사실들이 있다. "다수의 경우들과 다양한 상황들에서 여러 다른 개인들과 사람들의 그룹들은 죽음에서 다시 살아나신 예수님의 출현을 경험했다."[74]

---

69 Ludemann, "Second Rebuttal," in *Resurrection: Fact or Figment?* 61.
70 나는 이 통찰력을 2006년 7월 William Lane Craig와 주고 받은 e-mail에서 얻었다.
71 Edwin Yamauchi, "Easter-Myth, Hallucination, or History? Part Two," *Christianity Today*, March 29, 1974, 13.
72 Ibid., 15-16.
73 Craig, *Knowing the Truth About the Resurrection*, 33.
74 신약의 모든 비판적인 학자들은 이러한 서술들 모두를 역사적인 것으로 수용하지 않을 수

예수님은 다음의 사람들에게 나타나셨다.

1. 막달라 마리아(요 20:10-18).
2. 마리아와 다른 여자들(마 28:1-10).
3. 베드로(눅 24:34; 고전 15:5).
4. 엠마오로 가던 두 제자들(눅 24:13-35).
5. 열 명의 사도들(눅 24:36-49).
6. 열한 명의 사도들(요 20:24-31).
7. 일곱 명의 사도들(요 21장).
8. 모든 사도들(마 28:16-20).
9. 오백 명의 제자들(고전 15:6).
10. 야고보(고전 15:7).
11. 다시 한 번 모든 사도들에게(행 1:4-8).
12. 사도 바울(행 9:1-9; 고전 15:8; 9:1).[75]

이런 출현들의 본질은 혼동을 피하기 위해 반드시 설명되어야 한다.

첫째, 위의 서술들은 육체에서 분리된 영이 아닌 육체를 지닌 사람의 출현에 대해 얘기하고 있다. 예수님은 죽음에서 살아 있는 사람으로 돌아오신 분으로서, 공간을 차지하고, 보여지고, 들려지고, 만져질 수 있는 분이시다. 예수님은 제자들과 걷고, 제자들을 가르치고, 제자들과 식사를 하신다. 이것에 대해서 신약은 그 어떤 의심도 허락하지 않는다.[76]

둘째, 역사를 통틀어서 그리고 예수님 당시 살아 있는 사람들이 죽은

도 있겠지만, 그럼에도 불구하고 그들은 일반적으로 사후 출현의 경험은 역사적으로 충분한 근거가 있는 것으로 고려한다.

75 이 목록의 아이디어는 Kenneth Samples, *Without a Doubt* (Grand Rapids: Baker, 2004), 137에서 얻었다.

76 이런 출현들과 출현들의 물리적인 본성에 대한 전체 서술을 위해서는 Norman Geisler, *Baker Encyclopedia of Christian Apologetics* (Grand Rapids: Zondervan, 1999), 651-656을 참고하라. 특히 655에 나오는 도표를 참고하라.

사람을 보거나 경험하는 것에 대한 보고들이 있어 왔다. 이런 것들은 망령이거나 환상적 경험들이었다. 그러나 이러한 주장들은 죽어서 장사된 사람들에 대해 제기되었다. 이러한 주장들이 부활하신 예수님에 대한 보고들과 혼동해서는 안 된다. 라이트가 상세하게 증거를 제공하듯이 예수님 당시의 제2성전기 유대교(Second Temple Judaism)는 육체와 분리된 부활의 개념이 부재했다.[77]

사후 세계를 믿었던 유대인들은(사두개인들과는 달리, 막 12:18 참고) 역사의 마지막 때에 모든 사람들의 일반 부활을 믿었다(예를 들어, 마 22:23-33에 나오는 부활 이후 삶의 성격에 대한 예수님의 논의를 보라. 단 12:2도 보라). 따라서 예수님의 부활은 당시 만연했던 견해와 다음의 이유로 달랐다. (1) 예수님의 부활은 역사 말이 아닌 역사 속에서 일어났고 (2) 예수님의 부활은 전체 인류가 아닌 한 개인에게 일어났다. 이를 감안했을 때, 초대교회가 역사 속에서 일어난 단일한 예수님의 부활에 대한 그들의 아이디어를 당시 지배적이었던 유대적 아이디어로부터 찾아냈을 리 만무하다.

따라서 만일 예수님의 추종자들(또는 다른 이들)이 예수님에 대해 단지 환상적인 또는 망령적인 경험만 했다면, 이런 경험들은 예수님이 죽음에서 다시 살아났다는 주장을 지지할 수 없었을 것이다. 잘해봤자 그들은 예수님의 육체에서 분리된 영이 여러 번 지구에 나타난 것이라고 주장했을 것이다. 그러나 신약 어디에도 이런 주장을 하지는 않는데 신약은 예수님의 육체적 부활과 빈 무덤을 강조하기 때문이다.

라이트의 지적처럼 "만일 누군가가 '죽음에서 다시 살아났다고' 1세기 유대인이 말했다면, 유대인이라면 절대로 의도하지 *않았을* 한 가지 의미는 다시 산 사람이 비육화(disembodied)라는 최상의 행복 상태인 그곳에 들어갔으니 거기서 영원히 쉬거나 재육화(re-embodiment)를 위대한 날이 올 때까지 기다리게 될 것이라는 것이다."[78]

---

77 Wright, *Resurrection of the Son of God*, 3-4장.
78 N. T. Wright, "Christian Origins and the Resurrection of Jesus: The Resurrection of

게다가 예수님이 천상의 영역에 살아 있으면서 그곳에 있다가 여러 다른 사람들에게 다른 시간대에 나타나신 것이라고 하는 주장은, (논의의 여지가 없이) 명백한 그리고 다수에 걸쳐 입증된, 예수님의 죽음과 승천 사이의 시간적 간격(interval)을 설명할 수 없다. 순서는 죽음, 장사, 부활 그리고 그 다음이 승천이다. 부활과 승천은 생략된 것이 아니라 틀림없이 구별되었다.[79]

우리는 여성들이 빈 무덤뿐만 아니라 부활된 예수님의 목격자로 열거된 것에 다시 주목해야만 한다. 이는 빈 무덤에 관해 인용되었던 동일한 이유로 인해 진실성을 느끼게 하는데, 즉 당시에 여성들의 증언은 높이 평가되지 않았다는 것이다.[80] 만약에 교회가 부활 이야기를 고안해내려고 했다면(다소 기이한 이유로), 교회는 빈 무덤과 부활된 예수님의 주된 증인으로 여성들을 열거하지는 않았을 것이다.

그런데 우리에게는 또 다른, 아마도 가장 강력한, 부활의 목격자가 있는데 그것은 사도 바울이다. 죽은 자들의 부활에 대한 고린도 교회의 논쟁을 다루면서 바울은 부활하신 예수님이 여러 번에 걸쳐 출현하신 것에 대해 말한다.

> 형제들아 내가 너희에게 전한 복음을 너희에게 알게 하노니 이는 너희가 받은 것이요 또 그 가운데 선 것이라 너희가 만일 내가 전한 그 말을 굳게 지키고 헛되이 믿지 아니하였으면 그로 말미암아 구원을 받으리라 내가 받은 것을 먼저 너희에게 전하

Jesus as a Historical Problem," *Sewanee Theological Review* 41, no. 2 (1998) 〈www.ntwrightpage.com/Wright_Historical_Problem.htm〉.

79 N. T. Wright, "Jesus' Resurrection and Christian Origins," *Gregorianum* 83, no. 4 (2002): 615-635 〈www.ntwrightpage.com/Wright_Jesus_Resurrection.htm〉.

80 Talmud, 예를 들면, *Rosh Hashana* 1.8c와 *Babylonian Mas. Sotah* 31b를 보라. 그리고 N. T. Wright, *Resurrection of the Son of God*, 317, 322-326; C. Cetzer, "Excellent Women: Female Witnesses to the Resurrection," *Journal of Biblical Literature* 116 (1997): 259-272를 참고하라.

였노니 이는 성경대로 그리스도께서 우리 죄를 위하여 죽으시고 장사 지낸 바 되셨다가 성경대로 사흘 만에 다시 살아나사 게바에게 보이시고 후에 열두 제자에게와 그 후에 오백여 형제에게 일시에 보이셨나니 그 중에 지금까지 대다수는 살아 있고 어떤 사람은 잠들었으며 그 후에 야고보에게 보이셨으며 그 후에 모든 사도에게와 맨 나중에 만삭되지 못하여 난 자 같은 내게도 보이셨느니라(고전 15:1-8).

이 본문은 교리고백인 동시에 증거적 힘과 세부사항에 있어서도 풍요롭다.

첫째, 바울은 부활의 육체적 성격을 긍정하고 있는데 장사되었던 바로 그 예수님이 다시 살리심을 받았다는 것이다. 바울은 빈 무덤을 가정하는데 그가 결부시켜 하는 말들은 빈 무덤 없이는 뜻이 통하지 않는다.

둘째, 바울이 고린도전서의 원작자임은 한 번도 이의가 제기된 적이 없는데, 전통적으로 바울에게 귀속되었던 다른 서신서들 일부의 원작자로 바울에 의문을 제기하는 자유주의적인 학자들도 고린도전서의 원작자로서의 바울에 이의를 제기하지 않는다.[81]

셋째, 이 본문에 등장하는 바울의 언어는 그가 초대교회에 이미 존재하고 있었던 신조를 언급하고 있었음을 지시한다.[82] 바울의 편지는 50년대 중반에 기록되었고 따라서 바울의 편지는 예수님의 부활에 대해 가장 일찍 기록된 증언일 가능성이 높다. "내가 전해 받은 것을 내가 전한다"는 어구는 예수님의 삶, 죽음, 장사와 부활에 대한 초기 진술을 언급하는 것으로 바울은 당면한 목적을 위해 되풀이하고 있는 것이다. 영어

---

81 바울에게 귀속된 서신서들의 원작자가 사도 바울인지에 대한 논의가 더 개진된 것을 원하면 D. A. Carson and Douglas Moo, *Introduction to the New Testament*, 2nd ed. (Grand Rapids: Zondervan, 2002)에서 모든 바울 서신서들의 도입부 내용을 참고하라.

82 신약에는 그런 신조나 찬송 다수가 잘 분포되어 있다. W. J. Porter, "Creeds and Hymns," in *Dictionary of New Testament Background*, ed. Craig Evans and Stanley E. Porter (Downers Grove, IL: InterVarsity Press, 2000)를 참고하라.

로는 이것이 분명하게 표현되지 않을 수 있지만, 이 단어들은 예수님의 처음 유대인 제자들의 통용어였던 아람어로는 쉽게 번역된다. 유대 신약학자인 핀하스 라피드(Pinchas Lapide)는 "부활에 대한 바울의 가장 오래된 믿음 진술이 바울 자신의 생각을 전달하는 것이 아니라 정말 바울 스스로가 첫 번째 목격자들로부터 '전해 받은 것'을 전달하는 것이라는 사실을 호의적으로 변론해 주는 각각의 언어학적 사항(items)" 여덟 개를 나열한다.[83]

넷째, 바울은 여기서 부활의 증인으로 베드로와 야고보를 언급하기 때문에, 또 바울은 갈라디아서와 사도행전에서 바울 자신이 그들을 만나는 것에 대해 말하고 있기 때문에 바울은 이 신조를 이러한 부활의 목격자들로부터 전달받았을 가능성이 아주 높다. 따라서 바울은 고대 증인들과 확고한 연결고리를 갖게 되는 것이다.

바울 본문의 이러한 특징들은 예수님의 장사와 부활에 대한 원래 신조를 30년대로 연대를 추정케 할텐데, 대략 50년대 중반으로 추정되는 바울서신 저술보다 상당히 앞선 것이다.[84] 그리스도의 죽음과 부활의 증언은 그분이 죽은 지 몇 년이 되지 않은 후에 너무나도 확고부동하게 자리잡았기 때문에 신조, 간결한 요약과 공동체의 본질적인 믿음들의 고백으로 공식화되었다. 이는 시간적으로 후에 전설이 발전된 것이라고 하는 부활의 개념은 사실이 아님을 입증한다. 특히 바울이 전에 부활된 예수님을 목격했고 지금 살아 있는 자들에 대해 말하고 있는 것임을 기억할 때 더 그렇다. 이 목격자들은 살아 있었고 그들을 만나는 것이 가능했다. 이는 종교 역사상 가장 황당한 허풍 중 하나이거나 입증된 사실의 자신있는 주장이라 하겠다.

바울의 증언은 비범한데 단지 바울 서신의 이른 날짜를 고려해서 그런 것이 아니다. 왜냐하면 우리가 복음서의 다른 저자들을 통해서가 아

---

83 Pinchas Lapide, *The Resurrection of Jesus* (Minneapolis: Augsburg Publishing, 1983), 98–99.
84 Gary Habermas and Anthony Flew, *Did Jesus Rise from the Dead?* ed. Terry L. Miethe (San Francisco: Harper & Row, 1987), 23.

닌 바울 자신의 저술물들을 통해(그리고 사도행전에서 바울에 대해 기록된 것) 바울에 대해 더 많이 알게 되면 그렇게 느낄 수밖에 없다. 리처드 스윈번은 기록한다.

> 바울은 신약의 페이지에 등장하는 그 어떤 사람과도 구별되며 의심의 여지없는 진짜 바울의 서신들을 읽게 되면 우리를 위한 증인으로서의 그의 성품을 판단할 수 있는데 바울은 정말 정직한 사람으로 느껴진다. 만일 바울이 특히 이 가장 중요한 문제에 신조 형태(creedal formula)를 승인한다면, 바울은 그것을 믿는 것이다.[85]

바울은 다른 사람들이 부활하신 그리스도를 보았다는 것에 대해 증언할 뿐만 아니라, 그는 부활에 대한 증인으로서도 자기 자신을 열거한다(갈 1:15-16 참고). 바울의 개종은 누가에 의해서 사도행전 9:1-19에 상술되었고 바울은 두 번에 걸쳐 사도행전 22:1-11과 사도행전 26:9-18에서 다시 그것에 대해 들려준다. 갈라디아서에서 바울은 그가 사도 야고보와 베드로를 만나 복음의 의미에 대해 합의하게 된 공회(convocation)에 대해 이야기한다(갈 1-2장). 고린도전서 15장에서 열거된 예수님의 출현 이후에 예수님은 바울에게 마지막으로 나타났는데 이것은 여전히 육체적인 출현이었다. 바울은 예수님이 말씀하시는 것을 들었고 예수님의 형태(form)를 보았다. 당시 바울의 동반자들도 예수님의 육체적인 현현(manifestation)을 보았고 무엇인가를 들었다.[86] 이 예수님의 출현은 그것

---

85 Richard Swinburne, *The Resurrection of Incarnate* (New York: Oxford University Press, 2003), 148.
86 어떤 이들은 예수님과의 만남을 기록한 바울의 두 서술 사이에 모순이 있다고 주장해 왔다. 행 9:7에서 바울은 그의 동반자들이 빛을 보았고 어떤 목소리를 들었다고 말한다. 그러나 행 22:9에서 바울은 그와 함께 있던 사람들은 그 목소리를 듣지 않았다고 얘기한다. Gleason Archer는 영어에서 모순적으로 보이는 것이 헬라어에서는 그렇지 않다고 설명한다. 바울이 양쪽 경우에서 의미하는 것은 바울의 동반자들이 무엇인가를 듣긴 들었는

이 아무리 신약에서 서술된 다른 출현들과 달랐다고 할지라도 주관적인 환상은 아니었다.[87]

다음은 대부분의 모든 신약학자들에 의해 보편적으로 받아들여진 네 가지 사실이다. (1) 십자가 상에서의 예수님의 죽음. (2) 알려진 무덤에 장사됨. (3) 빈 무덤. (4) 부활하신 상태의 예수님을 예수님의 추종자들이 경험한 것. 마지막 주장은 현상학적으로(phenomenologically) 표현되었는데 왜냐하면 이런 경험들은 실재적이거나 비실재적인 것으로 해석될 필요가 있기 때문이다. 많은 이들이 그렇게 해 온 것처럼 단지 이러한 사실만으로도 부활을 위한 강력한 사례가 제시될 수 있음을 나는 믿는다.[88] 그러나 더 나아가 나는 부활을 위한 확고부동한 증거 몇 가지를 인용해 보도록 하겠다.

7. 제자들의 변화

예수님이 다양한 시간대에 다양한 사람들에게 여러 번 출현하신 것의 증거는 부활을 위한 다른 부류의 증거와 단단하게 연결되어 있다. 그

데 그것의 의미를 이해할 수 없었다는 것이다. 그렇기 때문에 바울의 동반자들은 어떤 소리는 들었지만, 그들은 바울 자신이 그럴 수 있었던 것처럼 메시지를 이해할 수 있을 만큼 들은 것은 아니다. 헬라어에 대한 자세한 내용은 Gleason Archer, *Encyclopedia of Biblical Difficulties* (Grand Rapids: Zondervan, 1982), 382를 참고하라.

87 Habermas의 토론에서 Flew는 바울의 동반자들은 바울처럼 부활한 그리스도에 대해 정확하게 동일한 경험을 하지 않았기 때문에, 그 사건이 진정으로 물리적인 사건은 아니었다는 것을 주장하려고 시도한다. 그러나 Habermas가 반응하듯이 "만일 사도행전의 세 가지 본문(9:7; 22:9; 26:13-14)을 취한다면 바울의 동반자들도 빛을 본 것이다. 우리는 그들 모두가 엎드렸다고 들었다. 그들은 어떤 목소리를 들었으나 그들은 그 목소리가 말하는 것을 이해하지 못했다. 그렇기 때문에 그들에게는 명백히 객관적인 결과가 있다"(*Resurrected?* 35). 확실히 물리적인 사건은 다른 인식자들로부터 상이한 반응들을 유도하기도 한다.

88 가령 Gary Habermas and William Lane Craig에 의한 이 주제에 대한 많은 논쟁들과 책들이 그런 것들이다. 세부적인 참고문헌을 위해 이미 언급된 각주들을 참고하라.

것은 바로 제자들의 변화다. 이 남자들은 십자가에서 처형당한 랍비의 추종자, 즉 풀이 죽고, 의기소침하고 비통해 하는 추종자에서 다시 살아나신 그리스도를 목격한 사도들이 되었으며, 그것에 기초해서 그들은 예수님이 생명의 주요, 역사의 심판자라고 설교했다.

복음서는 예수님이 잡히기 전 날 밤 제자들은 한 시간도 기도하며 깨어있을 수 없었다고 전한다. 제자들 중 하나(유다)가 예수님을 배반했고 제자들은 예수님이 체포되었을 때 도망갔다(막 14:32-50). 예수님의 제자들은 그분의 부활을 목전에 두고 예수님을 위해 신실하게 기도하는 것에 실패했다. 베드로는 주님을 부인했고, 제자들은 예수님의 체포에 쇼크를 받았고 무기력하게 되었다. 베드로는 나중에 예수님을 공개적으로 부인했다(막 14:66-72). 예수님의 여성 추종자들 몇명을 제외하고는 오직 요한만 십자가 처형 장소에 있었다. 게다가 남자 제자들은 예수님이 죽음에서 다시 살아났다고 하는 여성들의 초기 보고를 믿으려 하지 않았다(막 16:11; 눅 24:11).

비록 예수님이 부활에 대해 암시하긴 했지만, 제자들은 그분이 도대체 무엇을 의미한 것인지 이해하지 못했다. 그 당시 "죽어가는 메시아, 더군다나 다시 살아날 메시아"에 대해 믿음을 갖고 있는 유대인은 한 명도 없었다.[89] 게다가 유대법에 의하면 예수님이 범죄자로 십자가형에 처해진 것은 예수님은 배교자였고 하나님의 저주 아래 있음을 표시하는 것이었다(신 21:23; 참고 갈 3:13).[90] 그럼에도 기독교는 바울이 그토록 명확하게 단언하듯이(고전 15장) 십자가에서 돌아가신 바로 이 예수님의 부활을 자명한 것으로 가정한다. 예수님의 실제적인 부활은 소심함, 절망과 혼동에서 확신에 찬 선포를 하고 예수님과 그분의 복음을 위해서라

---

89 Craig, *Knowing the Truth About the Resurrection*, 34.
90 Ibid. 이슬람교도들은 예수님이 십자가형을 당하셨다는 것을 부인하는데, 즉 알라는 선지자에게 그렇게 불명예스러운 죽음을 허락하지 않으실 것이기 때문이다. 그럼에도 성경은 하나님의 선지자, 제사장이며 왕이신 예수님이 그런 죽음을 죽었어야 했음을 예견하고 기록한다(사 53장; 행 8:32-35).

면 박해, 고난과 순교까지도 기꺼이 감내한 제자들의 변혁을 가장 최선으로 설명해 준다.

만일 이 부활이 실제적으로 일어나지 않았다면 어떻게 우리는 기독교가 고대 세계 전체에 걸쳐 급속도로 확산된 것과 기독교의 기원을 설명할 수 있겠는가? 어떻게 동일한 제자들(십자가 처형을 앞둔 그들의 주님인 예수님을 위해 한 시간도 기도할 수 없었고 예수님의 체포 후에 뿔뿔이 흩어졌던 그들)이 부활하신 예수님을 위해 박해와 순교를 무릅쓸 수 있었던 동일한 복음전도자들이란 말인가?

기독교는 예수님 부활의 후광을 입고 태어났다. 이것이 기독교를 동기부여하는 불이였고 기독교의 용기의 근간을 이루는 것이었다. 유아기 기독교 메시지는 부활에 깊이 뿌리내려져 있다. "사도행전에서 초기 기독교 설교의 중심 소망을 형성하는 것은 일관되게 부활이었다"(예, 행 2:22-36; 17:18; 26:6-8).[91]

기독교의 기원은 부활 없이 설명될 수 없음을 지적하며 C. F. D. 물(C. F. D. Moule)은 "기독교교회의 탄생과 급속한 성장은 따라서 교회 자체가 제시한 유일한 설명을 심각하게 고려하는 것을 거부하는 역사학자 그 누구에게나 미해결의 수수께끼로 남게 된다"라고 단언했다.[92] 라피드는 부활을 "교회의 출생증명서"라고 칭해 왔다.[93]

사람들은 그들의 죄에서 용서받을 수 있고, 그리스도 안에 둔 믿음으로 의롭다 여김을 받아 하나님의 가족 안으로 입양될 수 있다는 것은 교회의 믿음은 그리스도가 다시 살아나셨다는 것을 가정한다. 바울은 예수님이 "우리를 의롭다 하시기 위하여 살아나셨느니라"(롬 4:25)고 말한다. 베드로는 예수님을 믿는 모든 이들은 부활 때문에 죄 용서를 받게

---

91 Craig L. Blomberg, *Jesus and the Gospels: An Introduction and Survey*, 2nd ed. (Nashville TN.: B & H Academic, 2009), 409.

92 C. F. D. Moule, *The Phenomenon of the New Testament* (Naperville, IL.: Alec R. Allenson, 1967), 13, 원본에도 강조되어 있음. 1-20에 그의 논증 전체가 실려있다.

93 Lapide, *Resurrection of Jesus*, 46.

되는 것이라고 설교했다(행 10:43). 예수님의 부활 없는 그리스도의 죽음은 아무 의미가 없을 것이다. 바울에 의해 언급된 교회의 초기 고백은 이를 분명히 한다.

> 네가 만일 네 입으로 예수를 주로 시인하며 또 하나님께서 그를 죽은 자 가운데서 살리신 것을 네 마음에 믿으면 구원을 받으리라(롬 10:9).

8. 일찍이 예수님을 예배함

제자들의 변화와 초대교회 관행의 본질적인 요소의 또 다른 한 가지는 초대교회가 그리스도를 하나님으로 예배한 것이다. 지난 25년간 래리 허타도(Larry Hurtado)는 초대교회가 예수님을 예배를 받기에 합당한 신적인 존재로 높이 평가한 것에 대해 광범위한 연구를 해왔다.[94] 허타도는 강력한 변증적 결론을 내리는 것은 꺼리지만 그의 논증들은 예수님을 예배하는 것(단지 그가 부활하였다는 믿음이 아닌)이 가장 일찍 존재했던 교회의 경건 생활에 중심적이었다는 것을 입증한다. 예를 들어, 빌립보서에서 바울은 예수님의 선존재, 그분의 성육신과 승귀에 대해 얘기하는 초기 기독교 신조(빌립보서 자체보다 시간적으로 아마 수십 년은 더 앞서 존재함)를 인용한다(빌 2:5-11).

기원후 111-113년 동안 비두니아와 본도의 총독이었던 플리니(Pliny the Younger)는 트라야누스 황제에게 보낸 잘 알려진 텍스트에서 기독교인들의 활동에 대해서 기록했다. 그는 어떤 이들은 압박을 못이겨 믿음을 져버리고 다른 신들을 예배했다고 전했다. 플리니는 배교자들이 "그들의 잘못 또는 실수의 요점은 그들이 어떤 정해진 날이면 새벽이 되기

---

[94] Larry Hurtado, *Lord Jesus Christ* (Grand Rapids: Eerdmans, 2005) 그리고 그가 집필한 *How on Earth Did Jesus Become a God?* (Grand Rapids: Eerdmans, 2006)을 보라.

전에 모여서 신에게 하듯이 그리스도에게 찬송가를 화답하며 부르는 것에 익숙해져 있었던 것"임을 시인한 것에 주목한다.[95]

허타도가 반복해서 강조하듯이 열성적인 일신론자들, 즉 예수님 당시의 유대인들이 어떤 인간을 예배하고 있는 것을 발견할 수 있을 것이라고 기대하는 것은 너무나도 뜻밖이고 비개연적이다. 그럼에도 만일 예수님 자신이 사실상 성육신한 하나님이라고 주장했고 그분의 부활을 통해 이런 주장들의 정당성을 강력하게 입증하셨다면, 그런 믿음들과 예배는 예수님의 부활이라고 하는 바로 그 사실로 설명될 것이다. 그런 믿음과 관행을 예수님의 부활과는 분리하여 설명하는 것은 대단히 어렵다. 예수님의 부활은 왜 고대의 일신교적 유대인들이 예수님을 신으로 예배할까에 대한 사실상 최고의 설명이다.

9. 정황적 증거

지금까지 우리는 부활을 위한 **문서 증거**(documentary evidence)를 다뤄왔는데 말하자면, 예수님의 십자가 처형과 부활의 주된 사건들에 대해 정확한 정보를 제시한다고 주장하고 있는 다양한 문서 자료들을 말한다. 하지만 부활의 역사성을 위한 강력한 **정황적 증거**(circumstantial evidence)도 있는데, 즉 초대교회의 관행으로 세례, 성만찬과 주일예배를 실행한 것이다.

세례의 상징은 예수님이 죽고 생명으로 다시 살아나게 된 것처럼 마찬가지로 신자도 죄로 가득한 삶의 방식에 대해서는 죽고 그리스도 안에서 새로운 생명으로 다시 살아나게 되는 비유에 기초한다(롬 6:3-4을 보라). 세례는 부활을 전제하고 부활 없이는 무의미하다. 게다가 세례는 기독교의 관행에 본질적인 것으로 기독교의 원래 의도를 잘 살려낸다.

---

95 Pliny, *Letters* 10, 96–97.

또 다른 성례(sacrament)는 신자를 위해 예수님의 삶이 주어진 것을 상징하는 성만찬이다. 마이클 그린(Michael Green)은 성만찬이 "사망한 창시자를 추도하기 위한 축제"는 아니었다고 지적한다. 신자들은 "극도의 기쁨(agalliasis), 환희로 떡을 떼었는데(행 2:46) 왜냐하면 신자들은 자신들을 위해 그분의 죽음의 상징을 취했을 때 다시 살아나신 주가 그들 한가운데 계심을 믿었기 때문이다."[96] 두 관행 모두는 "예수님이 죽음에서 다시 살아나셨다는 것을 최초의 기독교인들이 믿지 않았다면 완전한 코미디였을 것이다"라고 그린은 덧붙인다.[97] 그리고 다시 말하건데 왜 최초의 기독교인들이 예수님이 부활했다고 믿었는지에 대한 최선의 설명은 그것이 사실이었기 때문이다.

예수님의 사망 직후에 초대교회는 한 주간의 첫 번째 날인 일요일에 만나기 시작했다(행 20:7; 고전 16:1-2). 이것은 하나님에 의해 제정된 안식일인 일곱 번째 날인 토요일을 지켰던 유대 관습을 거스르는 것이었다(창 2:1-3; 출 20:8). 복음서들은 예수님이 일요일을 새로운 성일로 옹호하는 것을 기록하지는 않지만, 그럼에도 초대교회는 다시 사신 주님을 기념하기 위해서 일요일에 만나기 시작했다.[98] 이렇게 함으로 초대교회는 그들의 원래 유대 믿음의 핵심 교리와 그들 주변에 있던 개종하지 않은 유대인들의 믿음에 도전했다. 하찮은 이유 때문에 이런 변혁이 일어나지는 않을 것이다. 영적인 관행에 일어난 이런 심각한 변화는 예수님의 부활은 일요일에 일어났다고 믿는 초대교회의 믿음으로 가장 잘 설명되며, 반대로 이런 믿음은 부활 자체에 의해 가장 잘 설명된다.

---

96 Green, *Empty Cross of Jesus*, 94.
97 Ibid.
98 D. A. Carson, ed., *From Sabbath to Lord's Day: A Biblical, Historical and Theological Investigation* (Eugene, OR: Wipf & Stock, 2000)을 보라. 그리고 Wily Rordorf, *Sunday: The History of the Day of Rest and Worship in the Earliest Centuries of the Christian Church* (Philadephia: Westminster Press, 1968)를 참고하라.

10. 역사상 있어 왔던 그리고 오늘날의 영적 경험

단지 주관적인 것이라고 일축될 수도 있겠지만, 예수님과 사도들은 예수님의 추종자들에게 예수님의 삶, 죽음과 부활에 기초한(마 19:18; 28:18-20) 풍성한 삶(요 10:10), 영적 승리(엡 6:10-18)와 역사를 통틀어 나타나는 하나님의 나라의 진전을 약속했다는 것을 반드시 기억해야 한다. 죽음을 이기고(death-defeating), 생명을 주는(life-conferring) 부활의 실재 없이 이러한 실재들을 누릴 수는 없을 것이다(고전 15:14-19).

지난 2000년간 전 세계 수백만의 그리스도의 추종자들이 다시 살아나신 그들의 구세주가 펼친 주장의 실재에 대해 증언해 왔다는 사실은 부활의 실재에 신뢰성을 더해 준다. 부활을 확인하는 것에 있어서, 이런 부류의 증거없이 부활을 위한 다른 역사적인 증거만 있는 것은 별로 중요하지 않을 것이다. 왜냐하면 예수님의 부활에 필연적으로 따르게 되는 결과 하나는 역사를 통틀어 있어 온 교회의 구원, 권능 강화와 성공이기 때문이다(16장 참고).

문서적이고 정황적인 이런 다양한 부류의 증거를 함께 고려해 보면, 이는 우리를 그리스도가 없는 무덤, 죽었다가 초자연적으로 살아 있는 것으로 발견된 한 남자와 고대 세계를 거꾸로 뒤집은 역동적인 추종자들의 그룹으로 인도한다.[99]

---

99 Bernard Ramm은 예수님의 부활을 부인하는 자들은 그것을 긍정하는 자들보다 더 많은 어려움에 직면한다고 주장한다. *Protestant Christian Evidences* (Chicago: Moody Press 1967), 195-207. John Warwick Montgomery는 법률적 추론에 따르면 입증책임은 증인들의 신뢰성을 부인한 자들에게 있는 것이라고 주장한다. *Human Rights and Human Dignity* (Grand Rapids: Zondervan, 1986), 139-156.

11. 대안적인 자연주의적인 이론들

몇몇 자연주의적인 이론들은 신약에서 제기된 부활 주장은 역사적 부활을 입증하지 않는다고 주장한다. 그렇지만 이 이론들 어떤 것도 이전에 지적된 핵심 사실들을 설명해내지 못한다. 자연주의적 이론들은 결국 비개연성들을 배가시키거나 서로 무효화하여 아무 의미도 주지 못한다. 게다가 다수의 자연적 설명들은 학자들에 의해 동의된 기본적인 사실들을 다루기 위해 필요한데, 자연적 설명들 중에 아주 그럴듯하게 여겨지는 설명은 하나도 없다. 하지만 한 이론에 따르면 부활 자체가 모든 사실들을 능숙하게 설명한다.

안토니 플루는 게리 하버마스와의 토론에서 어떤 자연주의적인 설명도 하버마스가 부활을 위한 자신의 사례를 근거한 것으로 알려진 확증된 사실들을 충분하게 설명하지 못함을 강력하게 인정했다.[100]

플루는 증거에 기초한 것이라기보다는 자연주의에 대한 그의 철학적인 헌신에 더 근거해서 부활에 저항해 온 것으로 여겨졌다.[101] 그럼에도 불구하고 우리는 좀 더 잘 알려진 자연주의적 주장들 몇 가지를 조사해 볼 것이다. 파스칼은 본질적인 이분법을 제시한다. 즉 만일 그리스도가 다시 살아나지 않은 것이라면, 제자들은 순진하게 속은 사람들이거나 비난받아 마땅한 사기꾼들인 것이다.

> 사도들은 속았거나 사기꾼들이었다. 두 가지 추정이 다 어려운 이유는 한 남자가 죽음에서 다시 살아났다는 것을 상상하는 것이 가능하지 않기 때문이다. 예수님이 사도들과 함께 하는 동안은 그들을 지속시킬 수 있었겠지만 그 후에 만일 예수님이 사

---

100 Flew, *Resurrected?* 31.
101 이 토론 후에 Flew는 설계자를 위한 논증 때문에 이신론으로 개종하였는데 기독교를 받아들이지는 않았다. Anthony Flew and Roy Abraham Varghese, *There is a God* (San Francisco HarperOne, 2007)을 참고하라. 그는 2010년에 타계했다.

도들에게 나타나지 않았다면, 사도들이 (마치 예수님이 부활하신 것처럼) 행동하도록 누가 그들을 그렇게 만들었을까?[102]

이런 부류의 증거에도 불구하고 다시 살아나신 예수님의 목격자라고 알려진 자들이 진짜 속았을 것 같은가? 이런 개념을 변론하기 위한 가장 흔한 논법은 부활 후 출현은 일종의 환각작용(hallucination)이었고 객관적으로 실재적인 것이 아니었다고 하는 것이다. 현대 중요한 학자들은 예수님의 제자들은 예수님이 죽음에서 다시 살아나신 것을 믿었고 예수님을 본 것을 주장했다는 것에 대해 폭넓은 일치를 보인다고 하버마스는 주목한다.[103]

그렇기 때문에 이 시각적인 대면은 초자연적으로(그리스도는 다시 살아났다) 또는 자연적으로(제자들은 속았다) 설명되어야 한다. 제자들이 일련의 시각적인 사건들을 지각했다는 것을 고려하게 되면 (비록 시각적인 경험 이상의 것이 수반되긴 했지만), 신약 자체가 제시하는 것 외에 가장 가능성이 높은 설명은 이 시각적 사건은 환각이라는 것이다. 환각설은 최근 몇 년간 다시 부활되었다.[104]

12. 정신적 환각인가 아니면 부활된 것인가?

그토록 다양한 사람들이 각기 다른 장소에서 다른 시간대에 육체적으로 부활하신 예수님에 대해 모두 동일한 환각을 겪었다는 것은 극히 변론하기 어려운 아이디어인데 왜냐하면 그들은 시각, 청각, 촉각처럼

---

102 Blaise Pascal, *Pensées* 322/802, ed. and trans. Alban Krailsheimer (New York: Penguin, 1966), 127.
103 Gary Habermas, "Resurrection Research 1975 to the Present: What Are Critical Scholars Saying?" *Journal for the Study of the Historical Jesus* 3, no. 2 (2005): 135–153.
104 Gary Habermas, "Explaining Away Jesus' Resurrection: The Recent Revival of Hallucination Theories," *The Christian Research Journal* 23 (2001): 26–31.

다양한 감각의 양태를 통해 그리스도를 인지했기 때문이다. 환각은 집단 현상이 아닌 개인에게 일어나는 일탈이다. 더 나아가 환각은 대개 강렬한 소원 성취를 통해 야기된다. 그러나 원래 제자들은 예수님이 죽은 것으로 생각하여 포기했었고 예수님 부활의 소식을 처음으로 접했을 때 상당히 충격받은 것을 꼭 기억해야 한다(눅 24:1-11; 요 20:24-26).[105] 곧 도래할 부활을 믿었던 유대인들은,[106] 부활은 역사의 종말에 모든 사람에게 임할 것이라고 믿었지 역사의 종말 전에 어떤 한 사람에게 임할 것이라고는 믿지 않았다.[107] 비록 예수님은 반복적으로 자신의 부활을 예견했지만, 제자들은 예수님을 이해하지 못했다(마 16:21-23).

부활에 대한 이 놀라움과 소원 성취에 기초한 환각일 가능성의 희박함은 바울과 야고보에게도 한층 더 강력하게 적용된다.[108] 예수님의 형제였지만 야고보는 부활 전에는 예수님을 믿지 않았다(요 7:5). 그러나 부활 후에 부활의 증인과 사도가 되었다(행 13:13-14; 고전 15:7; 갈 1:19).[109]

바울은 교회를 핍박하는 사람으로 악명 높았고 첫 번째 기독교 순교자인 스데반의 죽음에 동의한 사람이었다(행 7:54-8:1). 자신의 회심이 일어나기 전까지(행 9:1-19), 바울 자신이 여러 곳에서 인정하듯이, 바울은 원래 유대인들을 호의적으로 대하는 경향이 있는 사람이 전혀 아니었다.

또한 환각설은 기독교의 존재 자체가 다수의 정신질환에 기초한다는

---

105 Swinburne, *Resurrection of God Incarnate*, 170-172. Craig, *Truth About the Resurrection*, 109-110.
106 바리새인들은 부활을 긍정하였고 사두개인들은 부활을 부인했다. 예수님 당시 유대인들이 가졌던 믿음에 대해서는 Wright, "Time to Wake Up (2): Hope Beyond Death in Post Biblical Judaism," in *Resurrection of the Son of God*을 참고하라.
107 Wright, *Resurrection of the Son of God*, 2-3장.
108 매우 자유주의적인 신약학자인 Reginald Fuller는 야고보의 이름이 여기에 나열되지 않았다고 하더라도 야고보의 회심과 그의 연이은 예루살렘 교회에서의 탁월함을 설명하기 위해서라도 "우리는" 야고보에게 일어난 출현을 "꾸며내야만 한다"고 인정한다(*The Formation of the Resurrection Narratives* [New York: Macmillan, 1971], 37).
109 Josephus는 야고보가 기독교 믿음(Christian faith)으로 인해 기원후 57년에 돌에 맞아 죽었다고 기록한다(Josephus *Antiquities of the Jews* 20.200).

것과 기독교의 최초 개종자들(자신이 부활의 목격자라고 주장하는 사람들을 포함하여)은 말 그대로 광란의 메시지를 설교했다는 비개연적인 결론에 이르게 한다.[110] 라피드의 의견은 시사하는 바가 크다.

> 만일 실패하고 우울해진 제자들의 무리가 (근본적인 믿음의 경험 없이) 자기 암시 또는 자기 기만을 통해 하룻밤 사이에 승리를 거둔 믿음 운동으로 탈바꿈할 수 있다면 이것이 부활 자체보다 훨씬 더 대단한 기적일 것이다.[111]

라피드는 "부활은 정말 실재하고 효과적인 사건들에 속하는데 왜냐하면 역사의 사실 없이 참된 믿음의 행위는 없기 때문이다."[112]

게다가 만일 그렇게 많은 사람들이 (어떻게든) 환각에 의해 속았다면 그들은 예수님이 안치된 무덤을 한 번 방문하는 것으로 쉽게 그들의 환각에서 깨어날 수 있었을 것이다. 적개심을 품은 유대인들뿐만 아니라 로마 제도권은 이 어린 "이교"(cult)에 대해 상당한 적개심을 갖고 있었다. 그렇기 때문에 그들은 예수님의 시신을 내어놓거나 사람들을 예수님의 무덤 자리로 알려진 곳으로 데려가서 부활 주장들을 꽤 신속하게 논박할 수 있었을 것이다.[113]

환각설은 환각의 성격을 감안할 때 실패하지만, 환각설은 빈 무덤을 설명하는 것에도 실패한다. 부활에 대한 게리 하버마스와의 토론에서, 안토니 플루는 초기 제자들이 예수 안에 두었던 믿음을 설명하기 위한 방법으로 다양한 환각설을 사용하려고 시도한다. 의미심장하게도 하버마스의 격렬한 질의 후에 플루는 환각설을 토론 말미에 마지못해 내려

---

110 Norman Anderson, *Jesus Christ: The Witness of History* (Downers Grove, IL: InterVarsity Press, 1987), 140–144; Craig, *Knowing the Truth About the Resurrection*, 109–113; Green, *Empty Cross of Jesus*, 113–119를 참고하라.
111 Lapide, *Resurrection of Jesus*, 126.
112 Ibid., 92.
113 시신을 알아볼 수 없었을 것이라는 주장은 이 장의 545 페이지에서 다뤘다.

놓고 어떤 자연주의적 이론도 부활을 설명하지 못한다고 얘기한다. 그럼에도 불구하고 플루는 부활은 "불가능"하다고 여기는데, 따라서 그 당시 그가 철학적으로 어떤 것에 충성하고 있었는지를 드러내는 것이다.[114]

13. 기독교 음모?

어떤 이들은 초대교회는 그들이 이미 거짓말인지 알고 있었던 어떤 믿음을 영구화하고 있었다고 비난하여 부활을 부정하려 시도한다(비록 현대 학자들 사이에서 이것이 제기되지는 않지만).[115] 그들은 속은 것이 아니라 의도적인 기만자들이었다. 그런 거짓말을 설명할 수 있는 논리적 동기부여에는 어떤 것이 있을까? 블레이즈 파스칼은 거짓말 이론이 거짓이라는 것을 증명한다

> 사도들이 부정직한 악한이었다는 가설은 상당히 터무니없다. 그 가설을 끝까지 전개해서 예수님의 사망 후에 이 12명의 남자들이 만나서 예수님이 죽음에서 다시 살아난 것이라고 얘기하자고 모의하는 것을 상상해 보라. 이것은 위에 있는 모든 권세나 권위자들을 공격하는 것을 의미하는 것이다. 인간의 심령만큼 변덕스러움에, 변화에, 약속에, 뇌물에 그렇게 흔들리기 쉬운 것은 없다. 이런 유인에 이끌려서, 아니면 투옥, 고문과 죽음이 더 걱정되어 그들 중 한 사람만 이 이야기를 부인하기만 했어도 사도들 모두는 망했을 것이다.[116]

의도적인 속임수 같은 대안 이론을 제안하기 위해 개인은 그런 계략

---

114 Flew, *Resurrected?* 67.
115 Craig, *Knowing the Truth About Jesus*, 31.
116 Pascal, *Pensées* 310/801, 125.

을 위해 믿을 만한 **동기**를 먼저 생각해내야 한다. 그 다음에 반드시 고려해야 하는 것은 그렇게 동기부여 받은 사람들이 그런 속임수를 성사시킬 수단을 보유하고 있었는가이다. 제자들은 두 가지 다 갖고 있지 않았다. 제자들은 속임수를 위한 동기를 전혀 갖지 않았을 것이다. 왜냐하면 거짓말에 기초한 종교를 꾸며내어 덕을 볼 것이 없었기 때문이다. 사도행전과 고대 역사는 초기 기독교인들은 자주 핍박받았고 순교당했다고 우리에게 말해 준다.

윌리엄 페일리(William Paley)가 그의 고전적인 작품인 『기독교 증거의 관점』(A View of the Evidences of Christianity, 1794)에서 오래전에 지적했듯이 숭고한 대의명분을 위해 살아낸 힘난한 삶은 그것 나름대로의 즐거움이 있긴 하지만 그것이 진심으로 살아낸 삶일 때만 그렇다.[117]

크레이그는 "공허함과 거짓의 저변에 놓여 있는 의식에서 오는 피로와 중압감을 감당하기 힘들었을 것이다"라고 기록한다.[118] 파스칼의 지적처럼 자신의 신념을 철회해야 하는 그런 강렬한 압박 아래 놓여 있는 인간의 심령은 너무나도 나약해서 이미 알고 있는 거짓말을 영구화할 수 없다. 흄 자신도 그것을 인정하며 이렇게 말했다. "어느 누구나가 한 것으로 알려진 행동이 자연의 섭리에 정반대된다는 것을 증명하는 것보다 더 설득력 있는 논증을 우리는 사용할 수 없다. 그리고 어떤 인간적인 동기도 그런 상황 속에서 그가 그런 행동을 하도록 절대로 설득할 수 없을 것이다."[119]

게다가 비록 제자들이 그들의 부활 음모를 위한 일련의 동기를 가졌다고 하더라도 제자들에게는 지금까지 면면히 이어지는 대중적인 운동에 착수할 수 있을 만큼 충분히 많은 사람들을 속일 수 있는 수단이 없

---

117 William Paley, *A View of the Evidences of Christianity* 1.1.1 (London: John W. Parker, 1859), 38.
118 Craig, *Knowing the Truth About Jesus*, 23.
119 David Hume, *An Enquiry Concerning Human Understanding*, ed. T. Beauchamp (Oxford: Oxford University Press, 2001), 65.

었을 것이다. 제자들은 고대 팔레스타인을 쥐고 흔들었던 실세들이 아니었고, 오히려 세리, 어부와 다른 서민들, 오합지졸의 모임이었다.

이는 워터게이트 사건에서 중죄인으로 선고받았고 기독교로 회심한 찰스 콜슨(Charles Colson)과 현저한 대조를 이룬다. 콜슨은 자신과 닉슨 대통령의 측근들이 워터게이트 사건이 공개되는 것을 은폐하기 위해 쏟아부은 처절한 노력에 대해 상술한다. "세상에서 가장 막강한 집무실이 위기에 처해지면서 열 명 미만의 엄선된 충신들의 작은 무리는 음모를 두 주 이상 함께 버텨낼 수 없었다."[120] 부패한 대통령 곁에서 권력과 충정을 지녔던 충신들이 있었음에도 불구하고 "자기 보호 본능이 너무나도 압도적이어서 몇 주 만에 음모자들은 한 명씩 자신들의 지도자를 저버렸다."[121]

콜슨은 만일 워터게이트 범법자들이 경력의 파멸과 투옥의 가능성을 무릅쓰고 대통령을 저버렸다면, 더 심각한 결과, 즉 사회적 거부, 매질, 가난 그리고 심지어 죽음까지도 직면했던 예수님의 제자들이야말로 자신들의 기만을 고백해야 할 훨씬 더 충분한 동기부여 요인을 갖고 있었을 것이라고 한층 더 강력한 이유로(a fortiori: 강이유 논증) 주장한다. 또한 제자들은 워터게이트 음모자들이 기만하기 위해 소유했던 그런 사회적 수단도 갖고 있지 않았을 것이다. 어쨌든 제자들이 기만을 그렇게 고백한 기록은 전혀 없다. 콜슨은 이렇게 정리한다.

> 워터게이트라는 세상 안에서 바깥을 내다보았던 한 사람으로부터 배우라. 그는 은폐가 얼마나 취약한지를 직접 경험한 사람이다. 다름 아닌 바로 부활하신 그리스도처럼 경외심을 불러일으키는 분을 목격하는 행위만이 제자들이 죽는 순간에 예수님은 살아계시고 주님이시라고 속삭일 수 있게 할 수 있었을 것이다.[122]

---

120 Charles Colson, *Loving God* (Grand Rapids: Zondervan, 1983), 67.
121 Ibid.
122 Ibid., 69.

14. 시체가 도난되었는가?

지난 몇 년간 혹자들은 예수님의 무덤이 빈 것은 죽음에서 살아난 것이 아니라 누군가가 그분의 시체를 훔쳤기 때문이라고 단언해 왔다. 예수님의 제자들이 사체를 훔친 것이라고 자주 주장되기도 했지만, 종종 다른 후보자들이 제안되기도 했다.

기독교를 반박하는 초기 유대적 논증은 빈 무덤을 전제했다. 신약 자체는 제자들이 시체를 훔쳤다는 것을 유대인들이 퍼뜨렸음을 기록하고 있다(마 28:11-15). 이는 터툴리안(Tertullian)과 저스틴 마터(Justin Martyr)에 의해 확증된 것이다.[123]

시체 도난의 개념이 전혀 와닿지 않는 이유는 숙련된 경비병들이 무덤 주변에 보초를 서고 있었고(시체 도난설에 대해 언급하는 동일한 복음서인 마태복음에 의하면),[124] 만일 제자들이 어떻게 해서든지 경비병들에게 걸리지 않고 몰래 지나갈 수 있었다면 제자들이 도둑이었음을 확인하는 것은 어려웠을 것이고, 이렇게 도둑질하던 제자들이 7주 후에는 예루살렘에서 뻔뻔스러운 거짓말을 선포하여 전 세계를 떠들썩하게 했다는 것은 터무니없다.[125]

마지막으로 비기독교인들에 의해서도 역사상 가장 위대했던 윤리 교사 중 하나로 인정된 예수 그리스도의 제자들이 시체를 훔치기 위해서 법을 어기고 또 그런 다음에는 제자들 스스로도 부활이 일어나지 않은

---

[123] Tertullian, *On Spectacles* 30; Justin Martyr, *Dialogue with Trypho* 108.

[124] 대부분의 주요 학자들은 그리스도의 무덤에 있던 경비병 이야기는 마태(마태만 단독으로 언급함)가 허구로 추가한 것으로 여기는 것을 거부한다. 어쨌든 Swinburne은 (어떤 전설적인 내용이 복음서에 편입되었다고 생각하며) 달리 논한다. 그의 주장에 따르면 로마 사람들은 예수님의 무덤을 잘 지켜야 하는 이유가 있었는데 왜냐하면 그들은 예수님을 잠재적인 정치적 협박으로 간주했기 때문이다. 따라서 그들은 그의 제자들이 시체를 가져가는 것을 원치 않았을 것이고, 시체를 가져갔다면 제자들은 추정된 정치적 반란을 계속할 어떤 동기를 부여받았을 것이기 때문이다. *The Resurrection of God Incarnate*, 177-178. 또한 N. T. Wright, *Resurrection of the Son of God*, 636-640도 참고하라.

[125] Craig, *Knowing the Truth About the Resurrection*, 21을 보라.

것을 알면서 빈 무덤이 부활을 증명한 것이라고 주장하는 것은 말이 되지 않는다.

어떤 사람들은 미지의 묘지 도굴범들에 의해 습격당한 것이라고 주장해 왔는데 왜냐하면 그 당시에 묘지 도굴이 꽤 통상적이었기 때문이다. 이 이론은 또한 무덤 수비에 대해서도 설명할 수 있어야 할 것이다. 게다가 묘지 도굴범들은 부자들의 무덤에 눈독을 들이고 있었는데 왜냐하면 부자의 시체에 남아 있던 값비싼 물건을 훔칠 수 있었기 때문이다. 물론 예수님은 왕권을 나타내는 그 어떤 상징물로도 치장하지 않은 채 벌거벗은 상태로 사망하셨고 그 어떤 물질적 유산도 자신의 몸에 남기지 않고 가셨다.[126]

게다가 어떤 시체 도난 이론도, 내가 상세하게 논했듯이, 상당히 오랜 시간 동안 많은 사람들이 부활하신 예수님을 만났다(행 1:1-3; 고전 15:5-8)는 확고부동한 사실을 설명할 수 없다. 절도가 빈 무덤을 설명해 줄 수 있다고 하더라도(그럴 수는 없지만), 예수님의 출현은 여전히 충분한 설명을 요구한다. 그리고 나는 가장 좋은 설명은 부활 자체라고 주장해 왔다.[127]

15. 부활 서술에 불일치하는 것들이 있는가?

어떤 이들은 복음서에 나오는 부활 서술들이 완벽하게 일치하지 않는 것 같아서 마음이 불편할 수 있을 것이다. 극단적인 경우인 마이클 마틴(Michael Martin)은 부활 서술들은 허구이며 사실이 아니라는 것을 보여

---

126 이 이론의 더 많은 반대의견은 Swinburne, *Resurrection of God Incarnate*, 182-83을 보라.
127 부활을 해명하기 위한 모든 자연주의적인 이론들을 철저하게 논박한 내용으로는 Gary Habermas and Michael Licona, *The Case for the Resurrection of Jesus* (Grand Rapids: Kregel, 2004), 3부를 참고하라.

주는 강력한 증거라고 주장한다.[128] 그러나 이것은 논리적인 귀결이 아니다. 조금만 더 인내하고 주의하여 재구성해 보면 복음서들에 서술된 사건들은 서로 조화될 수 있다. 사실상 세속 역사에서 다중적으로 증언된 사건의 서술들은 복음서 서술들과 동등하거나 더 많은 불일치를 보인다.

예를 들어, 그리스 역사가인 폴리비오스(Polybius)와 로마 역사가인 리바이(Livy)는 제 2차 포에니 전쟁에서 이태리 알프스를 횡단한 한니발(Hannibal) 장군의 진군 경로의 묘사에 있어서 일치하지 않는 것 같다. 그럼에도 고대 역사학자들은 한니발이 이 구간을 여행한 것에 대해서는 이의를 제기하지 않는다.[129] 해리스는 역사학자들이 외관상 불일치하는 서술을 조화시키기 위해 사용하는 두 가지 기본적인 원칙에 주목한다.

(1) "무죄추정"(assumption of innocence)의 원칙은 한 사건에 대해 두 명의 독립적인 저자가 제공하는 서술들 혹은 두 가지 다른 사건들에 대해 한 명의 동일한 저자가 제공하는 서술들의 경우에도 "다소의 차이점을 보이기 마련이다"라고 주장한다. 게다가 이런 기술(description)의 차이는 "비담합(noncollusion)의 선험적인 증거"를 부여한다. 따라서 "유죄로 판정이 나기 전까지는 무죄"(그리고 반대의 경우는 아님) 접근법이 적절하다.[130] (2) "진리의 복잡성" 원칙은 다음을 긍정한다.

> 동일한 사건이나 현상의 두 개 또는 두 개 이상의 서술들이 그 세부사항이나 내용에 있어서 달라 보이거나 실제적으로 다르다면, 진리는 하나의 서술에서뿐만 아니라 두 서술 모두에서 발견될 것으로 보여지는데, 왜냐하면 사고 영역 속에서의 진리

---

128 Michael Martin, *The Case Against Christianity* (Philadelphia: Temple University Press, 1993), 78-81.

129 Murray Harris, *From Grace to Glory: Resurrection in the New Testament* (Grand Rapids: Zondervan, 1990), 158-159를 보라. Harris는 고대 역사학자들이 이런 경우에 사용하는 전략들에 대해 논하고, 로마가 불에 탔을 때 Nero의 위치에 대한 불일치의 다른 예도 제공한다(ibid., 159를 보라).

130 Ibid., 159-160.

만큼이나 역사 영역 속에서의 진리는 단순하기보다는 종종 더 복잡하기 때문이다.[131]

그럼에도 서술들 안에 조화되지 않는 차이점이 어느 정도 존재할 수 있다고 하더라도, 이는 부활 자체가 발생하지 않은 것을 증명하지는 않을 것이다. 왜냐하면 모든 서술들은 다음의 내용에 동의하기 때문이다.

> 예수님은 돌아가셨다는 것, 예수님은 아리마대 사람 요셉이라고 하는 남자에 의해 제공된 예루살렘 근처 무덤에서 장사되었다는 것, 안식일 다음 날 이른 시간에 예수님과 함께 했던 일련의 여성들(그녀들 중에는 막달라 마리아가 있었다)이 무덤으로 갔다는 것, 여성들은 무덤이 불가사의하게 비어 있는 것을 발견했다는 것, 여성들이 천사 한 명 또는 천사들을 만났다는 것, 여성들은 예수님이 죽음에서 다시 살아나게 된 것에 대해 얘기를 들었거나 아니면 발견했다는 것 그리고 예수님은 연이어 여러 번에 걸쳐 일련의 여성들과 일련의 제자들에게 출현했다는 것이다. 그 어떤 부활 본문들도 이런 항목들에 대해 의문을 제기하는 것 같지 않다.[132]

사실 이 이야기를 말하는 것에 있어서 발견되는 경미한 차이점들은 실질적인 실수가 아닌 진정성을 증명해 준다. 만일 각기 다른 서술이 나머지 서술들과 완벽하게 일치한다면, 이는 다른 (그러나 동등하게 진실된) 관점들에서 발화된 정확한 역사가 아닌 담합 의혹을 보여주는 것이다.[133]

---

131 Ibid., 160.
132 Stephen T. Davis, *Risen Indeed: Making Sense of the Resurrection* (Grand Rapids: Eerdmans, 1993), 181.
133 많은 작가들은 부활 서술들을 조화시키기 위해 시도해 왔다. 예를 들면, Harris, *Raised Immortal*, 157-163; George Eldon Ladd, *I Believe in the Resurrection of Jesus* (Grand Rapids: Eerdmans 1975), 91-93을 보라. 도서의 형태로는 John Wenham, *Easter Enigma*

1800년대 초기부터 있어 왔던 한 변증학 본문은 동일한 사건에 대한 서술들 사이에 보여지는 지엽적인 불일치들이 이런 서술들의 신뢰성을 배제하게 해서는 안 되는지에 대해 설명한다.

> 여기에서 관찰해야 하는 것은 다른 목격자들의 증언의 경미하고 부차적인 항목들에서 나타나는 부분적인 차이들은, 비록 이 차이들은 반대쪽 변호인이 풍부하게 관찰할 주제를 자주 제공해 주기는 하지만, 거의 중요하지 않다는 것이다. 이 차이들이 너무 현저하고 이목을 끄는 것이어서 단지 부주의, 소홀, 혹은 기억 결손의 탓으로 돌릴 수 없는 한 그렇다는 것이다.
> "상황적 다양함 속에서 인간 증언의 일반적인 특징은 실질적인 진리(substantial truth)"라고 어떤 위대한 관찰자가 훌륭하게 말했다. 동일한 거래(transaction)의 증인들이 거래와 관련된 모든 점에 있어서 하나도 빠짐없이 철저하고 완벽하게 일치하는 것, 즉 모든 세부사항에 있어서도 전적으로 완전한 일치가 일어나는 것은 너무나도 드물게 일어나며, 그런 일이 일어난다고 해도 증인들 간의 신뢰를 강화시키기는 커녕 심심찮게 연습과 합의에 대한 의심을 불러일으킨다.
> 우리가 제기해야 하는 진정한 질문은, 차이와 불일치의 항목들이 너무나도 강력하고 결정적인 성격의 것들이어서 그런 항목들을 이런 다양성, 소홀함 혹은 부족한 기억력과 같은 일반적인 원인들의 탓으로 돌리는 것을 불가능하게 하거나 최소한 힘들게 만들지는 않는가의 여부이다.[134]

(1984; reprint, Eugene, OR: Wipf & Stock, 2005)를 참고하라.
134 Thomas Starkie, *A Practical Treatise of the Law of Evidence* (London: n. p., 1833), 488–489. 이 인용은 Timothy McGrew 덕분이다.

16. 예수님은 과연 다시 살아나셨다!

유신론적인 우주에서 기적은 불가능하지 않고 가능한데 왜냐하면 기적을 실행할 수 있는 초월적이고 도덕적으로 완전무결하고 엄청나게 능력있는 존재가 존재하기 때문이다. 기적들이 조금이라도 일어났었는가 아닌가의 여부는 역사적인 질문이 되며 기적들은 방법론적 (또는 형이상학적) 자연주의에 따라 선험적으로 배제될 수 없다. 이 장에서 예수님의 부활은 확고부동하다는 것을 주장했다. 부활에 대해 대안적인 자연주의적 이론들은 예수님과 초대교회에 관해 보편적으로 동의된 사실들을 설명하는 것에 실패한다. 역사상 필적할 데 없는 이런 하나님의 개입이 바로 교회가 서 있는 반석(Rock)이다.[135]

---

[135] 어떤 이들은 부활을 위한 증거는 불가지론을 넘어설 수 없다고 주장한다. 그래서 부활이 발생했다는 것을 긍정도 하지 않고 부정도 하지 않는다. 이것에 대해서는 Gary Habermas, "The Resurrection of Jesus and Recent Agnosticism," in *Reasons for Faith: Making a Case for the Christian Faith*, ed. Norman Geisler and Chad V. Meister (Wheaton, IL: Crossway, 2007), 281–295를 참고하라.

제3부

기독교 유신론에 대한 반대
Objections to Christian Theism

23장

종교다원주의

많은 종교, 하나의 진리

대부분의 미국인들은 하나님이나 어떤 높은 차원의 힘을 믿는다. 미국인들의 종교적인 믿음에 대해 논의한 "퓨 포럼"(Pew Forum)이 발표한 "2008 종교적 환경 리포트"는 미국인 71%는 "하나님이나 어떤 우주적인 영(Universal Spirit)"의 존재에 대해 전적으로 확신하고 있다고 주장했다. 17%는 "꽤 확실하다"고 여겼다.[1]

미국 수정헌법 제1조는 종교의 자유를 보장한다. 그리하여 미국 땅에서 다양한 종교들이 번성해 왔다. 계속 확대되는 **세계화**는 유례없는 방식으로 전 세계의 재화, 용역과 **종교들**을 바로 우리의 코 앞까지 가져오고 있다.[2] 그럼에도 이런 믿음의 다양성(여전히 기독교가 주도함)은 종종 미국 기독교인들과 다른 이들로 하여금 기독교의 성경적인 관점 그리고 다른 종교들과도 부합하지 않는 입장을 종교 전반에 대해 취하도록 유도한다. "퓨 포럼"은 복음주의적 기독교인들 중 57%가 "많은 종교들이

---

1 *U. S. Religious Landscape Survey* (Washington, D.C.: Pew Research Center, 2008), 116, ⟨http://religions.pewforum.org⟩.
2 종교와 관련한 세계화를 지혜롭게 논의하며 정보를 얻기 원한다면 Harold Netland, *Encountering Religious Pluralism* (Downers Grove, IL: InterVarsity Press, 2001), 80-89를 참고하라.

영원한 생명으로 이끌 수 있다"고 믿는 반면, 일반 대중은 70%가 이 믿음을 견지하고 있다는 것을 알아냈다.³

이러한 다른 종교들의 추종자들은 그들의 믿음은 객관적으로 진실될 뿐만 아니라 영적 해방을 위해 본질적이라는 것을 일상적으로 선포한다. 현기증이 날 만큼 과다하게 많은 종교다원주의는 많은 이들로 하여금 어떤 종교도 그것이 구원의 유일한 길이라는 것을 주장할 수 없다고 믿도록 이끌어 왔다. 종교는 종교적 독단(dogmatism), 논란과 갈등을 피하기 위해 자신들에 대해 좀 더 겸손한 평가를 내리도록 양보해야 한다.

다른 사람들과 마찬가지로 기독교인들도 종교는 일반적으로 좋은 것이고 그 어떤 종교도 그것만이 진리와 구원을 제공한다고 주장해서는 안 된다는 견해를 채택한다. 그렇게 되면 성경적인 세계관은 진지하게 받아들여지지 않을 것이다. 따라서 종교적 다원주의는 그리스도만 영원한 구원의 유일한 길이며 다른 종교들은 죄많은 인간들을 하나님과 화목시킬 수 없다고 주장하는 역사적인 기독교 변증학에 중대한 도전을 제기한다. 성경은 다원주의적인 천국은 절대로 승인하지 않지만 하나님의 어린 양을 예배하는 것에 살아 있고 불타오르는 천국은 승인한다.

기독교 세계관이 가장 중요한 바로 그 하나(one)라고 추천하는 것은 벅찬 과제다. 예수님을 하나님의 유일무이한 최고의 계시로 여기는 것은 많은 이들에 의해 신학적인 광적 충성(chauvinism)으로 간주된다. 모든 종교는 동등하게 영적인 것이라고 단순하게 그리고 아마도 무지하게 받아들이는 사람은 누구든지 기독교를 위한 가장 강력한 변증학을 무시할 것이다. 이 장에서는 그런 아이디어에 도전하고 다른 종교들에 대한 성경적인 견해를 논의한다.

---

3 *U. S. Religious Landscape Survey*, 58.

1. 코끼리와 장님

코끼리 한 마리와 여러 명의 맹인에 대한 잘 알려진 비유는 세계의 종교들 간의 관계에 대한 일반적인 생각을 예시한다. 이 이야기는 종교적 불관용과 폭력조차도 상호적인 이해와 겸손을 통해 극복될 수 있다고 약속한다.

장님 몇 사람은 코끼리를 만지고 있었다. 상아를 만진 사람은 이 짐승이 매끄럽고 딱딱하다고 했다. 꼬리를 만지던 다른 맹인은 코끼리는 가늘고 철사같다고 했다. 귀를 만진 사람은 이 동물은 부드럽고 유연성 있는 피조물이라고 믿었다. 손으로 가죽을 쓰다듬은 사람은 코끼리는 찰흙처럼 딱딱하고 거칠다고 했다. 각 사람은 제한적으로 코끼리에 노출되었고 제한적으로 이해할 수밖에 없었다. 총체적인 진리에 대한 무지 때문에 각 사람은 전체 코끼리가 매우 제한된 묘사와 일치한다고 가정했다. 물론 코끼리는 장님들이 묘사한 모든 것들로 이루어져 있다. 상아는 매끄럽고 귀는 부드럽고 가죽은 거칠고 꼬리는 철사와 같다.

여기서의 교훈은 각 종교는 신적인 실재(divine reality)의 부분적인 지식만 소유하고 있다는 것이지만, 각 종교는 각자가 종교적 진리의 본질을 파악한 것이라고 잘못 생각한다. 깨달은 자의 관점에서, 혹자는 모든 종교를 하나의 신적 실재(동일한 코끼리)의 일부로 간주한다. 이 코끼리 비유는 대중 정서의 많은 부분을 사로잡았다.

2. 종교와 진리 주장

우리는 이 코끼리와 그의 친구들을 나중에 살펴볼 것이다. 우선 우리는 어떤 중요한 의미에서 모든 종교는 하나라고 하는 주장을 평가하기 위해 종교의 본질과 기능을 살펴볼 필요가 있다. 종교를 정의하는 것은 어려운 것으로 악명높다. 우리는 불교, 이슬람, 기독교, 유대교와 힌두교가 종교인 것을 알지만, 종교들이 공유하는 어떤 본질적인 속성이 종교들을 종교되게 하는가?

우리의 목적을 위해서, 하나의 종교는 성스러운 것(the sacred)의 본성과 그 성스러운 것과 인간들이 어떻게 조화를 이룰 수 있는지에 대해 설명하는 것을 시도하는 믿음들의(beliefs) 집합으로 정의된다.[4] 종교가 도덕성, 종교의식, 경험 등에 관한 많은 요소들을 수반하는 반면에, 세계의 모든 종교들은 궁극적인 실재(ultimate reality), 인간상태 그리고 어떻게 인간이 영적 해방을 찾을 수 있는가에 대한 진리 주장들을 펼친다. 진리 주장은 실재를 정확하게 대표하는 것을 꾀한다(6장 참고). 이것은 종교의 교리적인 영역으로 종교의 정체성에 필수적인 것이다.[5] 종교 창시자들은 그것이 부처 또는 예수님 또는 마호메트이든 간에 객관적인 진리에 대한 지식을 받은 것으로 주장한다. 객관적인 진리는 영적 해방을 발견하기 위해 모든 사람이 필히 알아야 하는 진리다.

종교는 문화 속에 깊이 뿌리박혀 있으며 수많은 사회적 그리고 심리적 기능을 담당한다. 종교는 한 공동체를 연합하고 소망을 주며 세속 권력에 도전하거나 제재를 가하는 역할을 한다. 윌리엄 제임스는 『종교적 경험의 다양성』(The Varieties of Religious Experience, 1902)에서 이렇게 지적한다. 종교들 간에 존재하는 방대한 차이점들에도 불구하고 "모든 종교들이 만나는 것처럼 보이는 곳에서는 어떤 획일적인 해방(deliverance)이 있는 것 같다. 이 공통 요소는 두 부분으로 되어 있다. (1) 불안감과 (2) 그것의 해결책이다.

(1) 불안감을 가장 간단한 용어로 설명하면, 우리가 자연적인 상태에

---

4 이 논의를 위해서는 Winfried Corduan, "Religion: Study and Practice," in *Neighboring Faiths* (Downers Grove, IL: InterVarsity Press, 1998), 1장을 참고하고 Ian Markham, *A World Religions Reader*, 2nd ed. (Oxford: Blackwell, 2000), 3-7을 보라.

5 진리 주장과 종교에 대해서는 Mortimer Adler, *Truth in Religion: The Plurality of Religions and the Unity of Truth* (New York: Macmillan, 1990); Harold Netland, *Dissonant Voices: Religious Pluralism and the Quest for Truth* (Grand Rapids: Eerdmans, 1991); Ian Markham, "Truth and Religion," in *Routledge Companion to Philosophy of Religion*, ed. Chad Meister and Paul Copan (New York: Routledge, 2008)을 참고하라.

있을 때 갖게 되는 것으로서, 우리가 무엇인가 잘못된 것 같은 느낌이다. (2) 해결책은 우리가 더 높은 힘과 적절하게 연결될 때 갖게 되는 것으로서, 우리가 **잘못된 것에서 구원받은** 느낌이다."⁶

그렇지만 문제의 본질과 제안되어 온 해결 방법은 현저하게 다른 방식들로 정의되어 왔다. 종교들이 형태와 기능에 있어서 유사할 수 있겠으나 궁극적 실재, 인간상태와 영적 해방에 대해서는 모순되는 것들을 주장한다.

G. K. 체스터턴은 그의 고전적인 작품 『정통』(*Orthodoxy*)에서 이 점을 강조했는데 특히 그가 "이 땅의 종교들이 의식들과 형태들은 다르지만, 종교들은 그들이 가르치는 것에 있어서 동일하다"는 개념에 반박했을 때이다. 그는 이렇게 주장했다.

> 이 아이디어는 틀렸다. 그것은 사실과 정반대다. 이 세상의 종교들은 의식 절차와 형태에 있어서 크게 다르지 않다. 그러나 종교들은 그것들이 무엇을 가르치는가에 있어서 크게 다르다. 진실은, 이 세상 모든 신조들(creeds)의 난제가 이 싸구려 격언 안에서 주장된 것과는 다르다는 것이다. 이 격언은 종교들은 의미에 있어서는 일치하지만 종교들이 표현되는 매카니즘에 있어서는 일치하지 않는다는 것이다. 사실 정확히 정반대가 맞는 말이다.
>
> 종교들은 조직의 매카니즘에 있어서는 일치한다. 이 세상의 모든 위대한 종교의 대부분은 성직자, 경전, 제단, 서약으로 맺어진 형제애, 특별 절기 같은 동일한 외부적 방식들과 더불어 작동한다. 종교들이 가르치는 양태에 있어서는 동의한다. 종교들이 무엇을 가르치느냐에 대해서는 달라진다. 서로 파괴시키기 위해 존재하는 신조들은 둘 다 경전을 소유하며, 마치 상대방을

---

6 William James, *The Varieties of Religious Experience: The Works of William James*, ed. Frederick Burkhardt (Cambridge, MA: Harvard University Press, 1985), 400. 원본에 강조됨.

서로 파괴시키려고 존재하는 군대들이 각기 총을 갖고 있는 것
처럼 말이다.[7]

체스터턴이 신조는 서로를 파괴시키기 위해 존재한다고 얘기할 때 종교가 서로를 향해 무장봉기한다는 의미가 아니라 모든 종교는 다른 종교들의 진리 주장들과 양립할 수 없는 진리 주장들을 발표한다는 것이다.

모든 종교가 하나인지의 여부를 규명할 수 있는 하나의 방법은 세 개의 주요 종교 전통들의 핵심적인 가르침들을 비교하는 것이다. 만일 세계의 모든 주요 종교들이 동일한 실재의 궁극적인 표현들이라면 우리는 종교들이 궁극적인 실재, 인간상태와 영적 해방의 문제들에 대해 일치하기를 기대할 것이다. 적어도 우리는 코끼리 이야기처럼 명백히 모순적인 가르침들을 통일시킬 수 있는 일련의 전략을 찾으려 기대할 것이다.

따라서 나는 (1) 궁극적인 실재, (2) 인간의 본성 그리고 (3) 영적 해방의 영역에 대한 기독교, 비이원론적인 힌두교와 불교의 가르침들을 비교해 보겠다.[8] 이런 세계의 종교들은 그들의 기본적인 진리 주장들에 있어서 통일되지 않았다는 것을 보여주는 것이 나의 요지다. 기독교에 대해서는 간략하게 논할 것인데, 기독교 세계관은 이미 4장에서 설명했기 때문이다.

3. 궁극적 실재: 삼위일체, 브라만 또는 니르바나?

1) 기독교

하나님은 유일무이하고 지존한 우주의 창조주이시며(창 1:1), 우주와 동일할 수 없는데 왜냐하면 하나님은 초월적이시기 때문이다. 하나님은

---

[7] G. K. Chesterton, *Orthodoxy* (1908; reprint, New York: Image Books, 1959), 128-129.
[8] 16장에서 언급했듯이 비이원론적인 힌두교는 힌두교의 한 학파에 지나지 않으나 최근 몇 십 년 동안 서구 사상에 지대한 영향력을 미쳐 왔다.

자존한(self-existent) 존재로 온 우주는 하나님께 의존한다(행 17:25). 하나님은 이 세상에서 행동하시는 자기 성찰적(self-reflective)이고 인격적인 존재(출 3:14)이시다. 이사야는 하나님을 이런 방식으로 묘사한다.

> 땅의 모든 끝이여 내게로 돌이켜 구원을 받으라 나는 하나님이라 다른 이가 없느니라(사 45:22).

예수님은 그분의 제자들에게 기도할 때 하나님을 그들의 "아버지"로 부르라고 가르치셨다(마 6:9). 이 개인적인 언어는 하나님의 실제적인 성품을 언급하는 것이다. 힌두교의 몇몇 형태들에서 하는 것처럼 인격을 넘어선 한 존재를 묘사하기 위해 사용된 시적인 표현이 아니다.

기독교는 또한 삼위일체적이어서 유신론의 다른 형태들과는 구별된다(4장 참고). 삼위일체의 제2격이신 예수님은 성육신하신 하나님으로 구약에서 약속된 메시아다. 예수님은 "나와 내 아버지는 하나다"라고 말씀하셨는데 그분의 청중은 그것을 신성에 대한 주장과 동일한 것으로 받아들였다(요 10:30). 바울은 예수님이 죄를 짓는 그분의 피조물들을 구속하기 위해 인간 종(servant)이 되심으로 그분의 신적인 특권 일부를 일시적으로 중지한 것을 확언했다(고후 8:9; 빌 2:6-11).

2) 비이원론적인 힌두교

힌두교는 매우 다양한 종교로 6개의 주요 학파가 있고, 많은 신학적 불일치를 보인다. 나는 범신론적 일원론(또는 비이원론)을 대표하는 한 학파를 선택했는데 이 세계관은 주로 초월 명상과 뉴에이지 운동을 통해서 서구세계에 영향을 미쳐왔다.[9] 상카라(주후 788-820)가 가르쳤듯이 비이원론적인 힌두교는 실재는 궁극적으로 하나(일원론)라고 주장한다. 모

---

9 범신론적 일원론과 뉴에이지 관점들의 관계에 대해서는 Douglas Groothuis, *Unmasking the New Age* (Downers Grove, IL: InterVarsity Press, 1986); *Confronting the New Age* (Downers Grove, IL: InterVarsity Press, 1988)를 참고하라.

든 분명한 구별(distinction), 이원성(duality)과 다양성(diversities)은 실재하지 않고 환상에 불과한(maya) 것으로, 이는 궁극적 실재에 대한 무지(avidya)에 의한 것이다. 이 위대한 단일성(oneness) 또는 비이원론의 궁극적 실재는 브라만으로 불리며 힌두 경전에서 최고의 신으로 여겨진다. 브라만은 실재의 총체(범신론)며 브라만 외에는 아무것도 없다.

일원론(Monism)은 일신교(monotheism)의 파트너가 될 수 없다. 비이원론은 기독교에서 긍정하는 창조주-피조물의 이원성을 부인한다. 기독교에서 피조물은 신이 아니라고 가르치는 반면에 비이원론적인 힌두교에서는 신적인 것 외에는 아무것도 존재하지 않고 자아 자체도 본질상 신성한 것이라고 가르친다. 찬도갸 우파니샤드(Chandogya Upanishad)에서 한 아들은 그의 아버지에게 하나님의 본성에 대해 묻는다. 그는 "그것이 너이다"(That art thou)라는 대답을 듣는다.[10] 자아는 하나님과 동일한 것이다.

비이원론적인 힌두교의 하나님은 인격적인 존재가 아닌 비인격적인 원칙 또는 본질이다. 비록 비이원론자들이 인격을 지닌 하나님(*saguna Brahman*)을 예배하는 것을 허용하여 대중적인 정서에 영합한다고 하더라도 이것은 하나님에 대한 더 하등하고 부적절한 이해로 여겨진다. 오히려 한 개인은 인격을 지니지 않은 더 고등한 하나님(*nirguna Brahman*)의 지식으로 발전해야 하는 것이다.[11] 브라만은 그의 피조물들과 관계를 맺는 인격을 지닌 행위주체가 아니다.[12]

---

10 Swami Prabhavananda and Frederick Manchester, *The Upanishads: Breath of the Eternal* (New York: Mentor, 1957), 70.
11 이 구별에 대한 통찰력 있는 논의와 비평은 Stuart Hackett, *Oriental Philosophy: A Westerner's Guide to Eastern Thought* (Madison: University of Wisconsin Press, 1979), 145-167; Douglas Groothuis, "Sankara's Two Level Theory of Truth: Nondualism on Trial," in *Journal of the International Society of Christian Apologetics* 1, no. 1 (2008): 105-112를 참고하라.
12 범신론적인 일신교에 잘 정리된 개괄적인 내용으로는 James Sire, "Journey to the East: Eastern Pantheistic Monism," 5장, *The Universe Next Door*, 5th ed. (Downers Grove, IL: InterVarsity Press, 2009); Os Guinness, "The East No Exit," in *The Dust of Death* (1973;

3) 불교

불교는 다양한 가르침과 함께 많은 분파들이 있지만 나는 부처 자신의 가르침에서 우리가 알 수 있는 것을 다뤄보도록 하겠다. 부처는 신학적이거나 형이상학적인 추측은 중요하게 여기지 않았으며 영적 해방에 도달하는 데 오히려 도움이 되지 않고 부적절하다고 여겼다. 부처는 자신의 고향인 인도의 힌두교에 있어서 그것의 주요 특징(브라만의 존재 같은 것)에 도전했지만 일신교를 받아들이지는 않았다. 부처는 결코 스스로를 하나님의 계시로 여기지 않았고 오히려 자신을 깨달은 선생으로 여겼다(부처[Buddha]는 "깨달은 자"를 의미한다).

궁극적 실재는 긍정적인 용어로 표현될 수 없다. 왜냐하면 궁극적 실재는 비영구적(impermanent)이고 실체가 없는(insubstantial) 세상과는 상당히 다르고, 경험해야만 알 수 있기 때문이다. 이것이 열반(nirvana)이며, 문자 그대로 양초가 꺼졌을 때 남은 것을 의미한다. 이것은 **중지, 무위**(unconditioned: 불교 용어로 다수의 요소가 함께 어우러져 생성과 소멸을 경험하는 일반적인 현상의 세계와는 대조를 이루는 개념이다. 인과관계적인 현상의 세계를 초월한 조작되지 않은 세계, 항상 존재하는 진리의 세계를 의미한다-역주) 혹은 **갈망의 부재**처럼 부정적인 용어로 묘사된다. 열반은 긍정적으로는 **윤회로부터의 자유**로 표현될 수 있겠다. 열반은 인격이나 장소가 아닌 어떤 상태다. 인간 너머의 이 상태는 오직 혹독한 수양을 통해서만 성취될 수 있다.

---

reprint, Wheaton, IL: Crossway, 1994), 6장을 참고하라.

4. 인간의 본성: 죄많고 무지한가 아니면 신인가?

1) 기독교

인간은 하나님의 형상과 모양을 따라 만들어졌는데 하나님 그리고 인간들과 서로 교제하고 하나님의 선한 피조세계를 개발하고 발전시키기 위해서이다(창 1-2장). 그렇지만 인간은 하나님의 지혜로우신 뜻에 거역했고 불순종과 죄 가운데로 타락하게 되었다(창 3장). 그때부터 사람들은 이 반항의 결과로 인해 고통당하게 되었다.

> 모든 사람이 죄를 범하였으매 하나님의 영광에 이르지 못하더니(롬 3:23).

죄는 인간 본성의 모든 면과 삶의 모든 영역을 타락케 한 세력이다. 죄는 도덕적으로 완벽하신 하나님에 대한 도덕적 위법 행위로 그것은 신-인(divine-human) 관계를 단절한다(시 51:4).

2) 비이원론적 힌두교

인간은 본질적으로 브라만과 하나다. 개인 자아(때로 아트만으로 언급됨)는 브라만의 피조물이 아니고 브라만과 별개도 아니다. 분리감은 개인의 참된 정체성에 대한 무지에서 기인한다. 하나님은 비인격적이고 모든 것을 포함하기(all-encompassing) 때문에 비이원론은 거룩한 하나님에 대한 도덕적 위법 행위인 죄의 개념이 존재하지 않는다. 인류 안에 있는 결함은 개인의 신적인 본질에 대한 인식이 결여된 것이다. 상카라는 "개인 자아와 지존하신 하나님 사이의 차이는 어떤 다른 실재 때문이 아니라 오직 잘못된 지식 탓이다"라고 말했다.[13]

---

13 Sankara, *A Sourcebook in Indian Philosophy*, ed. Sarvepalli Radhkrishnan and Charles A. Moore (Princeton, N.J.: Princeton University Press, 1957), 515에서 인용됨.

3) 불교

부처는 인간의 기원에 대해 추측하지 않았지만 인간의 상태가 (1) 고통으로 가득찼으며 (2) 채워지지 않은 욕망들을 통해 초래되었다는 것에 초점을 맞추었다(불교의 정수인 네 가지 고귀한 진리 중 처음 두 가지 진리다). 사람들은 어떤 것으로도 그들의 영혼을 만족시킬 수 없는데 왜냐하면 사람들은 영혼(즉 영속적인 실체)을 갖고 있지 않기 때문이다. 전차(chariot)는 본질이 없고 단순한 개개 부품의 집합이듯이, 마찬가지로 인간의 인격은 본질이 없는 스칸다(skandas)로 불리어지는 상태들의 집합일 뿐이다. 왜냐하면 영혼이 없기 때문이고 개인적인 사후 세계도 없다. 부처는 힌두의 윤회사상을 부인하지는 않았지만 다른 형태, 동물이나 인간으로 다시 돌아오는 개인의 영혼이 있다는 것을 부처는 부인했다.

5. 영적 해방: 믿음 또는 깨달음?

마지막으로 우리는 영적 해방이라는 매우 중요한 문제에 봉착하게 되었다. 윌리엄 제임스가 관찰했듯이 모든 종교는 인간상태에 해결책을 제공하는 것으로 알려진 것들을 제시한다. 정확히 무엇이 잘못된 것인가? 어떻게 그 문제가 해결될 수 있겠는가?[14]

1) 기독교

기독교인들은 예수님을 주(Lord) 그리고 인류의 구세주며 성육신한 하나님으로 환호한다(요 1:14). 예수님은 사람들이 거룩한 하나님과 화목케 될 수 있도록 완벽한 삶을 사셨고 십가가 상에서 희생적인 죽음을 감당하셨으며 자신의 사명의 정당성을 입증하기 위해 죽음에서 다시 살아나셨다(롬 1:4). 하나님과 인류 사이에는 오직 한 분의 중재자, 그리스

---

14 James, *Varieties of Religious Experience*, 400.

도 예수가 존재하신다(딤전 2:5-6). 영적 해방은 신자에게 죄사함과 하나님 앞에서의 의로운 지위를 부여한다. 이것은 그리스도 안에 두는 믿음으로만, 하나님의 은혜를 통해서만 받게 된다(엡 2:8).[15]

2) 비이원론적인 힌두교

영적 해방(moksha)은 적절한 요가(영적 실행)를 통해서 성취된다. 상카(Sankar)라는 지나나(jnana) 요가(지식의 요가)는 자아의 정체성을 브라만으로 깨닫게 해 주는 수단이라고 가르쳤다. 상카라는 "브라만이 우주적 자아라는 것을 일단 이해한 사람은 그가 이전에 그랬던 것처럼 다시 태어나는[윤회하는] 이 세상에 속하지 않는다"라고 말했다. "반면, 이전처럼 이 윤회하는 세상에 여전히 속한 사람은 브라만이 우주적인 자아임을 이해하지 못한 것이다."[16] 목샤를 경험하는 개인은 윤회의 굴레에서 벗어나게 되고 그/그녀의 신적인 정체성을 찾게 된다. 모두는 브라만 자체다(그 사람이 그것을 알든지 모르든지 간에).

3) 불교

부처는 영적 해방은 욕망(비존재하는 영혼을 만족시키고자 노력하는 것)을 버림으로 그리고 비영구적인 것들로부터 자기 자신을 분리시킴으로 발견하게 되었다고 가르쳤다. 이것이 세 번째로 고귀한 진리다. 네 번째로 고귀한 진리는, 구원은 "팔정도"(the eightfold path)라고 하는 적절한 노력을 통해 얻어지는 것이다. 그것은 지혜(바르게 보기[이해하기], 바르게 생각하기), 윤리적 행위(바르게 말하기, 바르게 행동하기, 바르게 생활하기) 그리고 정신 수양(바르게 정진하기, 바르게 깨어 있기, 바르게 삼매[집중]하기)을 요구한다.

---

15 믿음으로만 가능한 성경적인 칭의 교리를 위해서 R. C. Sproul, *Faith Alone: The Evangelical Doctrine of Justification* (Grand Rapids: Baker, 1995); Charles Hodge, *Justification by Faith Alone* (Hobbes, NM: Trinity Foundation, 1995)을 참고하라.

16 Sankar, Radhkrishnan and Moore, ed., *Sourcebook*, 513에서 인용됨.

성공하는 사람들은 카르마와 윤회의 영역을 초월하고 열반에 이르게 된다. 부처는 이 상태를 다른 사람들에게 수여하지 않았다. 즉 단순히 그는 그 상태를 향하여 가리켰다.

표 23.1은 우리가 지금까지 토론해 왔던 종교적인 가르침들을 요약한 것이다.

표 23.1 기독교, 힌두교, 불교의 주요 가르침들

종교	궁극적 실재	인간상태	영적 해방
기독교	삼위일체의 인격적인 하나님	하나님의 형상으로 창조되었지만 타락하고 죄성을 갖게 됨	예수 그리스도 안에서의 믿음을 통해서만 찾아짐
비이원론적 힌두교	비인격적인 신 (브라만)	신적이나 무지함	내면의 신성에 대한 지식으로
불교 (소승불교)	존재의 비인격적인 상태 (열반)	무실체적임(무영혼), 무지	열반으로 이르게 하는 지식의 길

6. 차이점 평가하기

코끼리와 맹인들을 기억하라. 이 이야기는 세계의 종교들을 맹인들의 자리에 두게 된다. 세계의 어떤 종교도 이 평가를 받아들이지 않으려 할 것인데 왜냐하면 각 종교는 다른 종교들로부터 자세한 설명이 필요한 부분적 통찰력이 아닌, 궁극적이고 보편적인 진리를 드러낸다고 주장하기 때문이다. 관용과 보편성을 주장하는 힌두교조차도 다른 종교들의 절대적인 주장들을 부인하고 힌두교의 세계관에 따라 다른 종교들을 재해석한다.[17]

---

17 S. Radhakrishnan, *The Hindu Way of Life* (New York: Macmillan, 1964), 2장 특히 34 페이지를 보라.

코끼리 이야기를 활용하는 사람들은 높고 유리한 지점에서 모든 종교들을 내려다보는 것이라고 주장한다. 사실 해석자는 그/그녀가 평가하고 있는 실제 종교들의 특별한 주장들을 부인하는 어떤 새로운 종교를 만들어 내고 있는 것이다.[18] 게다가 이 비유를 보면 맹인들은 동일한 코끼리를 만지고 있었다고 말해 주는데 그것은 모든 종교들의 실재를 대표한다. 그러나 모든 종교들(맹인들)이 더 큰 전체(코끼리)의 일부라고 하는 주장은 증명될 필요가 있다. 이 비유는 증거 없이 이를 단언하는 것에 지나지 않는다.[19] 소위 높아진 종교의 관점은 우리가 발견해낸 상반되는 주장들을 정말 화해시킬 수 있을까?

비록 코끼리의 한 곳은 거칠고 또 다른 곳은 매끄러울 수 있다고 하더라도 코끼리는 동시에 모든 곳이 거칠고 매끄러울 수는 없다. 이와 같이 궁극적 실재는 동시에 열반이며 성경의 인격적인 하나님일 수는 없다. 열반은 인격적인 존재도 신적인 존재도 아니며, 오히려 존재의 비인격적인 상태이다. 또한 우리는 비이원론적인 견해들로 이해되는 비인격적인 브라만을 기독교 안에서 철저하게 인격적인 개념들로 이해되는 하나님과 동일한 선상에 둘 수도 없다.

하나님의 본성이 인격적이고 비인격적인 것 두 가지 모두일 수 없는데 왜냐하면 인격성은 비인격성을 무효화하고 그 반대도 마찬가지이기 때문이다. 성경적인 하나님은 철저하고 순수하게 인격적이시며 비인격성은 조금도 섞여 있지 않으시다.

니르바나와 브라만 모두 궁극적인 실재에 대한 비인격적인 설명으로, 그것들은 서로 모순이 되기도 한다. 왜냐하면 브라만이 절대적인 자아라고 한다면 니르바나는 어떤 자아도 부재한 것이기 때문이다. 사실 초기 불교도들과 힌두교도들과의 분쟁은 이런 논쟁들에 국한된 것이었다. 불교도들은 힌두교의 브라만 교리를 비평했고 힌두교도들은 불교의 무자

---

18 이를 위해서는 Lesslie Newbigin, *The Gospel in a Pluralist Society* (Grand Rapids: Eerdmans, 1989), 9-10을 보라.
19 이 점에 대해서는 Harold Netland 교수에게 감사를 드린다.

아 교리(anatman)에 반박하여 논쟁하는 것으로 응수하였다.[20]

이런 종교들을 조화시키는 데에 따르는 동일한 논리적 어려움들은 인간의 본성과 해방에 대한 종교들의 가르침에서 명백하게 드러난다. 부처는 혹독한 수양의 삶을 통해 이 세상의 갈망에서 벗어나는 것으로 구원을 찾게 된다고 가르쳤다. 예수님은 인간의 노력이 아닌 예수님 그분만의 유일무이한 업적에 믿음을 두는 것을 통해서 구원을 찾게 된다고 가르쳤다. 인간은 동시에 브라만과 하나이면서(비이원론) 동시에 자신들의 창조주로부터 확연히 구별되는 것(기독교) 두 가지 모두일 수 없다.

궁극적 실재의 상이한 기술(descriptions)은 상이한 인간 문제의 설명과 그것을 해결하기 위한 상이한 처방에 이르게 한다. 코끼리와 무지몽매한 코끼리 관찰자들이 우리를 실망시킨 것 같아 보인다.

7. 항존주의: 넓은 길 그리고 막다른 골목

불교 승려인 틱낫한(Thich Nhat Hanh)은 그의 유명한 저서인 『살아 계신 붓다, 살아 계신 그리스도』(Living Buddha, Living Christ)에서 기독교의 성만찬 의식은 포도주와 빵으로 대표되는 땅과 기독교인들이 상호 연결되어 있음을 숙고하는 방식이라고 기술한다.

> 만일 우리가 우리 자신들이 빵을 깊숙이 만지도록 허용한다면 우리는 다시 태어나게 된다. 왜냐하면 우리의 빵은 생명 자체이기 때문이다. 빵을 깊이 맛보며 우리는 태양, 구름, 땅 그리고 우주 안에 있는 만물을 만진다. 우리는 생명을 만지고 또 하나님의 나라를 만진다.[21]

---

20 Richard King, *Indian Philosophy: An Introduction to Hindu and Buddhist Thought* (Washington, D.C.: Georgetown University Press, 2007).
21 Thich Nhat Hanh, *Living Buddha, Living Christ* (New York: G. P. Putnam's, 1995), 31.

틱낫한은 기독교 성만찬을 선불교라고 하는 프로크루스테스의 침대 (Procrustean bed)에 가져다 묶는다. 그렇게 함으로 그는 예수님이 십자가 상에서 죽으심으로 바쳐진 예수님의 찢어진 몸(빵)과 흘리신 피(포도주)를 기억하고 기념하는 그리스도 중심의 관습을 부인한다. 틱낫한은 부처와 예수님의 형상을 포함하는 "개인 사당"(personal shrine)을 갖고 있고 그는 부처와 예수님 모두를 영적인 형제들로 여긴다. 그러나 틱낫한은 종교적인 토론에 더 큰 이해함을 더하기 위해 기여하는 것이 하나도 없는데 왜냐하면 그는 서술된 종교 고유의 의미를 존중하지 않기 때문이다. 하나님의 나라를 성경적으로 이해했을 때 그것은 우주와 하나되는 것의 문제가 아니라 하나님의 인격적인 통치며 구속적인 임재를 말한다.[22]

틱낫한 혼자서만 이런 부정직한 시도를 하는 것은 아니다. 항존주의 (Perennialism)는 위대한 세계 종교 속에는 일련의 핵심 진리들이 영구적으로 명백하게 존재한다고 가르친다. 모든 주요 종교들은 단지 주변적인 문제들에 대해서만 일치하지 않는다. 깨닫지 못한 자들은 종교의 외면적이거나 표면적(exoteric) 요소들만 고려하는 사람들이며 따라서 핵심적인 **밀교적**(esoteric) 실재에는 결코 이르지 못하게 된다. 하지만 현자는 밀교적 단계에서 모든 종교들은 동일한 것을 가르친다는 것을 깨닫는다.

이 논제는 알두 헉슬리(Aldous Huxley)에 의해 개진되어 왔으며, 가장 최근에는 베스트셀러이며 인기많은 텔레비전 시리즈인 "신화의 힘"(*The Power of Myth*)에 등장한 조세프 캠벨(Joseph Campbell: 1904-1987)과 비이원론적 저자로 많은 저술 활동을 펼치는 켄 윌버(Ken Wilber)에 의해서다.[23] 윌버는 그리스도가 "나와 아버지는 하나다"라고 말했을 때 이것은

Hanh은 불교 용어로 기독교를 재정의한다.

22 하나님의 나라에 대해서는 Craig Blomberg, *Jesus and the Gospels*, 2nd ed. (Nashville: Broadman & Holman, 2009), 448-452를 보라.

23 Aldous Huxley, *The Perennial Philosophy* (1944; reprint, New York: Meridian Books, 1969). Joseph Campbell, *The Power of Myth* (New York: Anchor Books, 1988). Campbell의 비평으로는 Douglas Groothuis, "Myth and the Power of Joseph Campbell," in *Christianity That Counts* (Grand Rapids: Baker Books 1994), 150-162를 참고하라. Ken Wilber,

"(힌두경전인) 우파니샤드가 인도로 들여온 동일한 계시인 탓 트밤 아시(Tat tvam asi)인 '그대가 그것이다'(Thou art that), 즉 당신과 신은 궁극적으로 하나임"을 깨닫는 것에 실패하여 기독교인들이 표면적 수준에 머무는 것을 꾸짖는다.[24] 예수님은 비이원론의 실재를 인식한 노련한 자에 불과했지만, 교회는 예수님을 유일무이하게 성육신한 하나님으로 착각했다.[25]

저명한 종교작가인 휴스턴 스미스(Huston Smith)는 잘 알려진 자신의 교재인 『인간의 종교』(The Religions of Man: 나중에 The World's Religions로 개칭됨)에 소개된 것처럼 오랫동안 항존주의를 가르쳤다. 가장 최근에 스미스는 기독교에 대한 자신의 견해를 『기독교의 영혼』(The Soul of Christianity)에 요약해서 출간했다. 스미스의 기독교 정의는 예수님에 대한 어떤 언급도 없으며 스미스는 그의 범신론적인 전제에 따라 기독교의 근본적이고 역사적인 교리 일체를 재정의한다. 예를 들어, 스미스는 예수님이 세례 받았을 때 예수님의 "세 번째 눈"이 열렸다고 기록한다.[26]

이는 스미스가 기독교를 힌두교 렌즈를 통해서 보고 있다는 것을 알려준다. 힌두교에서 세 번째 눈은 인간 육체의 샤크라(에너지 센터) 중 하나로 간주된다. 요가를 통해서 세 번째 눈을 각성시키는 것은, 한 개인이 신이 되는 것이 아니라면, 선천적인 영적 힘을 직관하게 되었다는 것을 의미한다. 올바른 요가 실행을 하는 사람이면 누구나 이것이 가능하다고 힌두교는 가르친다. 이것에도 불구하고 스미스의 책은 복음적이라고 알려진 두 작가들에 의해 추천되었다.[27] 그러나 전에 힌두교 구루였다가 기독교로 개종한 라비 마하라지(Rabi Maharaj)가 말하듯이 "예수님

Up from Eden (New York: Anchor Books, 1981).

24　Wilber, Up from Eden, 244.
25　Ken Wilber, Sex, Ecology, Spirituality: The Spirit of Evolution, 2nd ed. (Boston: Shambhala, 2000), 362–365.
26　Huston Smith, The Soul of Christianity (San Francisco: HarperSanFrancisco, 2005), 41.
27　The Soul of Christianity in Christian Research Journal 29, no. 4 (2006): 48–49의 나의 서평을 참고하라.

은 깨달은 것이 아니다. 그분은 이 세상의 빛이시다!"[28]

틱낫한, 헉슬리, 켐벨, 윌버, 스미스와 다른 이들에게 밀교적 종교는 유신론의 한 형태가 아니고(그리고 특히 정통 기독교가 아니다), 비이원론적인 범신론이다.[29] 모든 부류의 항존주의가 피할 수 없는 문제는 항존주의는 기저를 이루는 근본적인 하나의 세계관(비이원론)에 따라 모든 종교들을 재정의하는 항존주의의 프로젝트를 위한 정당화가 결여되어 있다는 것이다. 입증책임은 단연코 항존주의자들에게 있는데 왜냐하면 항존주의자들은 오랜 세월 동안 이해되어 온 비이원론 외부에 존재하는 모든 종교들의 근본적인 가르침을 반드시 논박해야 하기 때문이다.[30]

8. 존 힉의 종교적 다원주의

그럼에도 불구하고 몇 명의 현대사고가들(그 중 John Hick이 가장 주목할 만하다)은 항존주의에 의존함 없이 세계의 종교들을 조화시키려 시도해 왔다.[31] 만일 힉의 말이 맞다면, 우리는 항존주의와 특정주의(particularism: 한 종교만 유일무이하게 진실되고 유일무이하게 구원을 베푼다는 견해) 모두를 넘어 나아갈 수 있게 된다. 힉의 종교적 다원주의 이론

---

28 나는 이 발언을 Maharaj가 한 강의에서 직접 들었다. 그의 놀라운 책인 *Death of a Guru* (Eugene, OR.: Harvest House, 1984)에서 힌두교 구루에서 복음주의적 기독교 신자로 회심한 그의 경험을 기록한 것을 참고하라.

29 이 책은 비이원론은 무에서의 우주 창조를 설명할 수 없고, 악의 문제에 대답할 수 없고, 개개의 인격적인 사람에게 의미를 부여할 수 없으며, 종교적인 체험으로부터 유래하는 논증을 통해서는 어떤 지지도 받을 수 없다고 주장한다. 그렇기에 비이원론은 이성적으로 설득력 있는 세계관이 되는 것에 실패한다.

30 항존주의에 대한 간략하고 설득력 있는 반박으로는 Netland, *Encountering Religious Pluralism*, 106-110을 참고하라. 또 Keith E. Yandel, "On the Alleged Unity of All Religions," *Christian Scholar's Review* 6 (1976): 140-155도 참고하라.

31 Hick의 입장을 가장 잘 개발시킨 진술이 *An Interpretation of Religion* (New Haven, CT: Yale University Press, 1989)이다.

은 너무 복잡해서 여기서 제대로 충분히 비판하기에는 무리가 있다.[32] 그렇지만 우리는 힉의 접근법에서 몇 가지 중요한 요소들을 평가해 볼 수는 있다.

힉은 지난 50년간 종교철학자들 중 가장 중요한 철학자들 중 한 명으로 종교적 언어, 종교적 체험 그리고 가장 최근에는 종교적 다원주의에 기여해 왔다. 힉은 모든 주요 종교들은 대략 동일한 성공율로 성자들을 배출해낸다고 믿는다. 성자같은 비기독교인들과의 만남들이 힉으로 하여금 보수적인 개신교(Protestantism)에서 현재의 관점으로 전환하게 되는 핵심적인 요인이었다.[33] 그러므로 힉은 구원은 한 종교에만 국한되어서는 안 된다고 믿는데 왜냐하면 이렇게 하는 것은 다른 종교들의 너무나도 많은 성자들을 제외시키기 때문이다. 그러나 힉은 각 종교들은 매우 상이한 것들을 가르친다는 것과 종교들은 어떤 가설상의 본질로 희석될 수 없다는 것(항존주의)도 깨닫는다.

상충하는 진리 주장들을 조화시키기 위한 힉의 전략은 "실재"(the Real)로 칭해지는 모든 것을 포함하는 범주를 만들어 내는 것을 수반하는데, 실재는 세계 주요 종교들의 다양한 표현의 근원이 되는 궁극적인 실재를 의미한다. 힉은 종교들은 핵심적인 진리 주장들에 대해 일치하지 않는다는 것을 안다. 힉은 모든 종교들은 본질상 하나라고 주장하지 않으며 그는 상대주의자가 아니다. 대신 힉은 한 종교의 편을 들어 다른 종교들에 대항하기보다는, 모든 종교들은 문화적으로는 제한적이지만 동등하게 구원을 베푸는 방법으로서의 "실재"(the Real)를 다르게 표현하는 것이라고 주장한다.

힉의 이론은 의문의 여지가 있는 세 가지의 가정에 의존하는데, 세 가지 모두 이 책에서 이미 논박되었다.

---

32 좀 더 철저한 비평은 Netland, *Dissonant Voices*, 특히 5-7장; Netland, *Encountering Religious Pluralism*, 특히 158-177, 218-226; Ronald Nash, *Is Jesus the Only Savior?* (Grand Rapids: Zondervan, 1995), 1-6장을 참고하라.

33 Netland, *Encountering Religious Pluralism*, 5장을 보라.

첫째, 힉은 하나님의 지식은 종교적 경험을 통해서만 오며 종교적 경험은 하나님 본성 자체에 대해서는 정보를 제공할 수 없다고 믿는다. 즉 힉은 종교적 경험을 통해서 하나님에 대한 **객관적인** 지식이 가능하다는 것을 부인한다. 그럼에도 불구하고 힉은 종교적 경험이 단지 주관적이거나 비실재론적이라고만 여기지 않는데 왜냐하면 그는 이런 경험들이 객관적으로 존재하는 실재(the Real)에 대한 다양한 (그리고 모순적이기도 한) 믿음들을 보증할 수 있다고 주장하기 때문이다. 어쨌든 있는 그대로의 실재 그 자체 안에는 실재의 지식이 존재하지 않는다. 또한 힉은 성경에 의해 주어진 명제적 계시의 범주를 부인한다.

둘째, 이것 때문에 힉은 우주는 "종교적으로 애매모호하다"고 주장한다. 그렇기 때문에 우주는 많은 다른 방식들로, 즉 유신론적으로나 다신론적으로 아니면 심지어는 무신론적으로도 해석될 수 있을 것이다. 따라서 하나의 주요 세계관은 철학적 논증을 통하여 다른 세계관들을 이성적으로 제외시킬 수 없다.

셋째, 힉은 신약이 역사적으로 신뢰할 만하다는 것을 부정한다. 힉은 예수님에 대한 신약의 서술들을 대부분 신화와 은유로 받아들인다. 따라서 힉에게는 예수님이 유일한 주시며 우주의 구세주라는 신약의 주장을 심각하게 받아들일 이유가 전혀 없는 것이다.[34] 이런 전제들을 고려하여, 힉은 그의 가설을 이런 방식으로 진술한다.

> (거기에는 하나의) 형언할 수 없는 궁극적인 실재가 있는데 그것은 만물의 근원이며 근거다. 그리고 종교적 전통들이 이 실재와 구원론적인 선상(soteriological alignment)에 놓여 있는 한 그 전통들은 구원/해방의 맥락들이다. 이러한 종교적 전통들은, 실재에 대한 다양한 형태들의 경험과 실재에 대한 반응으로 다양한 형태들의 삶을 (이런 인간적인 개념들에) 대응하여 동반하는, 실

---

34 Netland는 Hick의 전제들에 대해 통찰력 있게 제시하고 논의한다.

재에 대해 서로 다른 인간적인 개념들을 필연적으로 포함한다.[35]

이는 실재를 중요한 지적 내용 일체에서 제거시키게 되는데 왜냐하면 실재는 "형언할 수 없기" 때문이다. 실재는 모든 실질적인 묘사 너머에 있다. 힉은 실재는 **인격자**(personae: 유대교, 기독교, 이슬람 등과 같이 하나님을 인격적으로 이해하는 것) 그리고 **비인격자**(impersonae: 힌두교, 도교 등과 같이 하나님을 비인격적으로 이해하는 것)로 동등하게 대표된다고 주장한다. 하지만 힉에게 있어서 실재는 인격적이지도 않고 비인격적이지도 않다.

> (실재[The Real])가 한가지 또는 여러 가지, 사람 또는 물건, 의식 있는 또는 의식 없는, 목적이 있는 또는 무목적의, 실체 또는 과정, 선 또는 악, 사랑하는 또는 미워하는 것의 하나라고 할 수는 없다. 이런 기술적(descriptive) 용어들 중에서 인간 경험 영역의 근거가 되는 경험 불가능한 실재에 문자 그대로 적용할 수 있는 것은 아무것도 없다.[36]

우리는 실재가 인격적이라고 말할 수 없는데 왜냐하면 이렇게 말하는 것은 범신론과 불교를 반대하게 될 것이기 때문이다. 또한 우리는 실재가 비인격적이라고도 말할 수 없는데 왜냐하면 이렇게 말하는 것은 일신론을 반대하게 될 것이기 때문이다. 우리는 실재가 신적이라고도 말할 수 없는데 왜냐하면 소승불교(Theravada Buddhism)는 무신론적이거나 불가지론적이기 때문이다. 힉은 궁극적 실재가 모든 종교들의 근원과 근거로 기능하기에 충분히 널찍한 형이상학적이고 인식론적인 범주로 팽창하기 위해서는 궁극적 실재의 개념에서 모든 본질적인 의미를 반드시 제거해야 한다. 실재는 개념의 영역 너머에 존재한다. 힉은 서로 모순적인 종교적 주장들의 동등함을 반드시 변론해야 하기 때문에 이런 위치

35　John Hick, *A Christian Theology of Religion* (Louisville: Westminster John Knox, 1995), 27.
36　John Hick, *An Interpretation of Religion* (New York: Oxford University Press, 1989), 350.

에 이를 수밖에 없었다.

　그렇지만 미지(unknowble)에의 호소는 아무것도 해결하지 않고 더 많은 문제들만 불러일으킨다. 만일 실재는 존재하고 실재는 세계 종교들의 근원이다라는 것이 힉이 실재에 대해서 말할 수 있는 전부라면, 힉은 실재의 본성에 대해서 어떤 구체적인 것도 말할 수 없다. 우리는 실재가 지식을 갖고 있거나, 강력하거나, 혹은 선하거나 사랑하는 것으로 언급할 수 없다는 것을 힉은 인정한다. 힉 교수가 종교들이 실재에 대해서 안다고 말하는 것보다 격언에 등장하는 맹인들이 코끼리에 대해서 더 많은 것을 알고 있었던 것이다. 그러나 만일 실재가 알 수 없는 것이라면, 실재는 세계 종교들의 본질을 제대로 설명할 수 없는데 왜냐하면 설명을 위해서는 지식이 요구되기 때문이다.

　만일 내가 의문의 죽음에 대한 설명이라고 주장하면서 "나는 도대체 누가 혹은 무엇이 그렇게 했는지 전혀 모르겠다"고 말한다면, 나는 아무것도 설명하지 않은 것이다. 만일 실재에 대한 우리의 개념이 실재의 핵심적인 본질을 전혀 파악할 수 없다면, 특히 이런 전통들이 근본적인 교리들에 있어서 서로를 명백하게 반박할 때, 왜 우리는 실재를 모든 참된 종교적 표현들의 근원으로 믿어야만 하는가? 따라서 실재는 말을 할 수 없게 되고 무의미해진다.

　게다가 실재 자체의 묘사는 논리적으로 비정합적인 것 같다. 그렇기 때문에 실재는 아무것도 설명해내지 못한다. 이 문제는 실재의 본성에 대한 힉의 기본적인 진술을 면밀하게 분석하여 밝혀볼 수 있다.

　앞의 인용에서 힉은 일련의 7가지 모순적인 술어들을 배열하는데 그 술어들 중 어떤 것도 실재의 술부가 될 수는 없다. 만일 두 가지 술어들이 서로 모순적인 관계에 놓여 있다면, 두 술어 모두는 동일한 면에서 동일한 방식으로 참일 수는 없다(무모순성의 원리를 고려하면). 어쨌든 술어들 두 가지 중 어느 한 가지는 반드시 반드시 참이여야 하는데 왜냐하면 다른 대안이 없기 때문이다. 즉 모순적 관계들에 대해서는 다음의 세 진술문이 참이다.

1. X이거나 Y다.
2. X도 아니고 Y도 아닌 것이 아니다. 이것이거나 저것이어야 한다.
3. X이기도 하고 Y이기도 한 것이 아니다.

이것은 **배타적 선언**(exclusive disjunction)이라고도 불린다. 이것을 구체화하기 위해 모순적 술어들을 내포하는 다음의 진술문을 살펴보자.

1. 물체 O는 시간 T1에 투명하거나(비쳐 보일 수 있음) 불투명하다(비쳐 보일 수 없음).

우리는 물체를 어느 정도 통과해서 볼 수 있거나 우리는 그렇게 할 수 없다(정상적인 사람의 시력과 적당한 조명을 가정할 때). 그러나 이 진술문을 고려해 보라.

2. 물체 O는 시간 T1에 투명하지도 않고 불투명하지도 않다.

그러나 이 물체가 다른 어떤 것일 수 있는가? 이 대안들(우리가 그것을 통해서 비쳐 볼 수 있는 것과 우리가 그렇게 비쳐 볼 수 없는 것)은 모든 가능성들을 남김없이 논한다. 따라서 내가 기술한 것처럼 불투명함이나 투명함에 대한 제3의 대안은 없기 때문에 이 진술은 거짓이다. 힉이 "말로 표현될 수 없다"고 한 실재의 묘사를 다시 한번 고려해 보라.

힉에 의하면 실재는
1. 한 가지도 아니고 여러 가지도 아니다.
2. 사람도 아니고 물건도 아니다.
3. 의식이 있는 것도 아니고 의식이 없는 것도 아니다.
4. 목적이 있는 것도 아니고 무목적의 것도 아니다.
5. 실체도 아니고 과정도 아니다.
6. 선도 아니고 악도 아니다.

7. 사랑이 많은 것도 아니고 증오가 많은 것도 아니다.

1-5번까지의 진술문들을 고려해 보라. 이런 양극개념(polarities)은 논리적 가능성들을 총망라한다. 1-5번까지의 진술문에서 기술된 속성들은 모두 부정되었고 한 개체(entity)가 소유할 수 있도록 남아 있는 술어는 하나도 없다. 아무 개체, 실재(the Real)나 다른 어떤 것은 진술문 1-5에서 구체화된 이분법적 대안들 중 어느 한 가지를 소유해야만 할 것이다. 따라서 힉은 실재가 아예 존재에서 사라지도록 정의하고 있는 것 같다.

그러나 이제 도덕적 속성들과 관련된 진술문 6을 살펴보라. 만일 한 개체가 비인격적이라면 (즉 물건이고 사람이 아니라면-진술문 2에서 구체화된 대안), 그 개체는 선할 수도 없고 악할 수도 없다(진술문 6). 그 개체는 또한 사랑이 많은 것도 아니고 증오가 많은 것도 아닐 것이다(진술문 7). 예를 들어, 바위는 선하지도 않고 악하지도 않다(도덕적인 의미에서).[37] 따라서 만일 힉이 실재는 비인격적이라고 단언한다면, 그는 진술문 6과 7만 긍정할 수 있다. 만일 그가 실재는 비인격적이라고 긍정한다면 말이다. 그러나 실재가 비인격적이라고 단언하는 것은 진술문 2에 의해서 배제되며, 진술문 2는 실재가 "사람이나 물건"이 되는 것을 제외시킨다. 여기서 물건(thing)은 어떤 비인격적인(impersonal) 것을 의미한다.

넷랜드(Netland)가 "비록 실재가 종교적 궁극에 대한 인격적이고 비인격적인 두 가지 개념 모두의 기초이지만, 실재 자체는 인격적이지도 않고 비인격적이지도 않다. 실재는 그런 구별을 초월한다"고 지적하듯이 말이다.[38] 그러나 힉이 실재의 개념을 이해할 수 있는 것으로 만들 수 없다면 그는 궁지에 빠지게 된다.

힉의 진술문 1-5는 모든 종류의 존재를 제외시키는 것으로 보여진

---

37   나는 "도덕적인 의미"라고 말하는데 왜냐하면 창세기 1장은 전체 창조세계가 "좋았다"고 가르치며 거기에는 바위도 포함되어 있었다. 그러나 도덕적 행위주체들이 선할 수 있는 것과 같은 의미에서의 그런 도덕적 선함을 의미하는 것이 아니다.
38   Netland, *Dissonant Voices*, 217.

다. 그럼에도 실재는 힉의 목적을 위해 반드시 존재해야만 한다. 진술문 6-7은 비인격적인 실재에만 적용될 수 있지만 힉은 실재가 "사람 또는 물건"의 이분법을 초월하기 때문에(진술문 2) 실재에 비인격성을 귀속시킬 수 없다고 주장한다(종교적인 궁극에 대한 그의 형이상학적 불가지론을 감안했을 때 Hick은 인격성이나 비인격성의 문제에 있어서는 어느 한 쪽을 택해서는 안 된다). 그러므로 힉이 제시한 일곱 개의 부정문들은 내적인 일관성이 결여된다. 그러므로 이 집합은 참으로 긍정될 수 없고 힉이 제시한 실재의 바로 그 개념은 실패한다. 그러므로 힉의 실재 개념은 아무것도 설명하지 못한다.

『종교의 해석』(*An Interpretation of Religion*)의 제2판 서문에서 힉은 이런 종류의 비판에 대해 간략하게 대응하는데 윌리엄 로우와 알빈 플랜팅가에 의해 비판이 제기되었다.[39] 분자(molecule)에 "영리한" 또는 "영리하지 않은"의 개념이 적용되지 않는 것처럼, "인격적인" 또는 "비인격적인"의 개념 또한 실재에 관련시킬 수 없다고 힉은 주장한다. 실재에 실질적인 술어들을 긍정하는 것은 "중요한 신적 초범주성(transcategoriality)의 원칙을 위반하는 것이 될 것"이라고 힉은 단순히 재차 확인할 뿐이다. 정말 그렇다. 바로 그 원칙 때문에 플랜팅가, 로우 그리고 나 스스로는 철학적 비판에 우리 자신들을 드러내 놓은 것이다. 힉은 이 비판의 내용에 반응하기보다는 이 비판을 무시한다.[40]

그럼에도 힉의 다원주의적 가설에는 세 가지 다른 문제가 존재한다.

첫째, 힉의 종교적 다원주의를 위한 강력한 동기는 비기독교인들의

---

39 John Hick, *An Interpretation of Religion*, 2nd ed. (New Haven, CT: Yale University Press, 2004), xx-xxi. 이 출판본의 주요 본문과 책의 페이지 번호는 동일하다. 유일한 차이는 새로운 서문의 추가다.

40 Ibid., xxii. Hick이 신적 초범주성(divine transcategoriality)이라는 용어를 사용한 것이 이상한데 왜냐하면 실재는 유신론적인 이해와 비유신론적인 이해 두 가지 모두를 반드시 통합하거나 포함해야 한다고 Hick은 강조하기 때문이다. 따라서 실재를 "신적"(divine)이라고 칭하는 것은 유신론 쪽으로 선입견을 갖게 하는데, 유신론은 실재가 초월하기로 되어 있는 범주이다. 이것은 Hick이 해결해야 하는 결코 작지 않은 논리적 모순이다.

도덕적 선함이다. 기독교인들만 구원된다고 하는 힉이 이전에 가졌던 복음주의적 믿음을 감안했을 때 그는 이것을 칭찬할 만하고 훌륭한 것으로 여겼다. 그렇지만 비기독교인들의 도덕적 선함에 기초해서 구원을 허용하는 것과 상관없이 보수적인 기독교 세계관은 수평적인 차원에서 도덕적 선함을 설명할 수 있다. 하나님의 형상은 모든 사람들 안에 남아 있고(창 1:26), 그렇기 때문에 모든 사람들은 어느 정도는 하나님으로부터 부여받은 양심에 비추어 살아갈 수 있다(롬 2:14-15). 그러나 우리 모두는 하나님의 요구하시는 완벽한 의로움의 기준에 미치지 못한다(마 22:37-40; 롬 3:23).

그럼에도 불구하고 구원에 대한 이 염려가 힉으로 하여금 기독교 특정주의(particularism)를 떠나 다원주의(pluralism)로 가도록 압박했다. 힉의 다원주의는 실재(모든 종교의 초월적인 근원으로 알려진)는 "선하거나 악한 것이라고 말할 수 없는 것"이라고 주장한다. 이는 힉으로 하여금 다음 사항을 주장하는 묘한 위치로 몰리게 한다.

1. 실재는 성자들(도덕적으로 모범적인 사람들)을 만들어내며 성자로서의 그들은 자신들이 속한 다양한 종교들의 합법성과 영적 세계의 실재에 대해 증언한다.
2. 실재 자체는 어떤 도덕적 속성도 소유한다고 말할 수 없다.

그러나 만일 실재에 도덕적 속성이 부재하다면, 실재는 세계의 종교들 안에 존재하는 다양한 "성자들"에게 나누어 줄 도덕적 속성을 갖고 있지 않은 것이다. 이는 애초에 힉의 다원주의적 가설을 채택할 핵심적인 이유를 약화시킨다. 진술문 1과 2 두 가지 모두가 힉의 시스템을 위해 필요한데 진술문 1과 2는 서로 모순되기 때문에 힉의 시스템은 참이 될 수 없다.

둘째, 힉은 우리는 "실재는 목적적이거나 무목적적이라고 말"할 수 없다고 단언한다. 그러나 "성자 배출"(saint production)이 그의 가설에 결정적으로 중요한 것임을 기억하라. 세계의 모든 주요 종교들은 대략 동일한 정도의 성공률로 성자들을 배출해낸다. 이는 힉으로 하여금 다음의 두 진술문을 긍정케 한다.

1. 실재는 자신들이 속한 종교들의 합법성과 영적 세계의 실재에 대해 증언하는 성자들(도덕적으로 모범적인 사람들)을 배출해낸다.
2. 실재는 목적적이거나 무목적적이라고 말할 수 없다.

그렇지만 진술문 2는 진술문 1을 반박하며, 성자들의 배출 배후에는 실재라는 **목적**이 있을 것을 요구한다. 힉의 시스템을 위해서는 두 가지 진술문이 다 요구되고 두 진술문은 서로 모순되기 때문에 힉의 시스템은 참일 수 없다.

셋째, 힉은 세계의 모든 주요 종교들의 실재를 보존하려고 한다. 결국 이것은 배타적이지 않은 다원주의적 가설이다. 허나 아이러니컬하게도 힉의 가설은 모든 주요 종교들의 핵심 교리들을 부정하게 되어, 결국 실재에 대해서는 문화 의존적 반응만을 하는 것으로 귀결된다. 힉은 한 종교가 실재에 대해 배타적인 주장을 할 때마다(모든 종교들이 이런저런 방식으로 하게 되듯이) 그 종교는 스스로를 지나치게 확장시키는 것이라고 주장하면서 종교들 간의 불일치를 해결하려 한다. 계몽된 관점은 모든 종교들을 실재의 부분적인 표현으로 간주한다. 종교들 자체가 그런 범주를 허용하지 않는다고 하더라도 말이다. 그러나 그렇게 함으로써 힉은 종교들을 조화시키기 위해 새로운 종교적 (그리고 궁극적으로는 비종교적인) 범주 하나를 창출해낸다.

9. 예수 그리스도에 대해 설명하기

힉과 다른 종교적 다원주의자들의 아이디어들은 예수 그리스도 앞에서 무너진다. 그들은 신약에서 제시된 대로의 예수님을 받아들일 수 없으면서 여전히 모든 종교들은 하나라고 주장한다. 힉은 이것을 안다. "만일 예수님이 문자 그대로 성육신한 하나님이라면 그리고 만일 예수님의 죽음으로만 사람들이 구원받을 수 있고 예수님에게 반응할 때에만 사람들이 그 구원을 자신의 것으로 취할 수 있다면, 영생을 향해 열려진 유일한 출입구는 기독교 믿음이다."[41]

하나님은 어떻게든 세상에 영향을 미친다고 비록 일신교적 종교들이 주장하기는 하지만, 기독교만 하나님이 인간의 구원을 위해 역사 속에서 인간이 되어 오셨다고 유일무이하게 주장하고 있다(20-22장). 힌두교는 비인격적인 브라만이 무지한 자의 깨달음을 돕기 위해 종종 아바타로 인격적 형태를 취한다고 가르친다. 그러나 아바타는 역사적으로 불분명한 (또는 존재하지 않는) 인물들로 그리스도와 공통점은 거의 없다.[42]

부처와 그리스도가 자주 비교되긴 하지만 부처가 예언적 주장은 커녕 신적인 주장을 펼친 적은 한 번도 없다.[43] 마호메트는 이슬람에서 존경받는 것에도 불구하고 단지 선지자라고만 주장했지 성육신을 주장하지는 않았다(24장 참고).

10. 기독교와 비복음화된 사람들

기독교에서 특정성(particularity)을 제거하려고 하는 시도는, 항존주의나 다원주의 전략의 사용 여부와 상관없이 실패한다. 그럼에도 불구하고 기독교 변증학에는 만만찮은 질문이 남아 있다. 구약에서 하나님과 언약 백성들과 전혀 접촉을 하지 않았거나 신약시대에 복음을 전혀 접해 보

---

41 John Hick, "Jesus and the World Religions," in *The Myth of God Incarnate*, ed. John Hick (London: SCM, 1977), 180, Netland, *Dissonant Voices*, 241에서 인용됨.
42 성육신과 관련된 아바타 교리를 위해서는 Geoffrey Parrinder, *Avatar and Incarnation* (New York: Barnes & Noble, 1970)을 참고하라.
43 부처와 예수님을 통찰력 있게 비교한 내용을 보기 원하면 Russell Aldwinkle, *More Than a Man: A Study in Christology* (Grand Rapids: Eerdmans, 1976), 211-246을 보라.

지 못하고 역사를 통틀어 존재해 왔던 수많은 영혼들의 운명은 어떻게 되는 것인가? 이 질문은 기독교에 반박하는 후건부정식(modus tollens)의 논증으로 구성될 수 있다.

1. 만일 기독교가 참이라면, 하나님의 구원적인 계시에 반응할 기회를 가져본 적이 없는 사람들은 (옛 언약 또는 새 언약의 기간 동안에) 구원될 수 없다.
2. 사람들이 알 수 없었던 것에 대해 그토록 가혹하게 벌하는 것은 사랑과 정의의 하나님과 어울리지 않는다.
3. 그러므로 기독교는 참이 아닌데 왜냐하면 기독교는 (a) 하나님은 사랑이 많고 정의롭다는 것 그리고 (b) 대부분의 사람들은 저주받았다는 것을 가르치기 때문이다.

이 비난에 반응하기 전에 적어도 비난을 무장해제 시키거나 최소한 이 비난의 강도를 누그러뜨릴 수 있는 다른 방법이 하나 있다. 전건긍정식(modus ponens) 논증을 사용하면 앞의 논증은 역전될 수 있다.[44]

1. 만일 기독교가 참이라고 믿을 만한 확실한 이유가 있다면(이곳과 다른 곳에서 개진된 누적적 사례 논증을 고려한다면), 언약적 계시를 접할 수 없었던 그분의 피조물들과 하나님이 **어떻게** 관계하시든지 간에, 하나님은 그분의 정의롭고, 거룩하고 사랑 많은 인격을 드러내실 것이다.
2. 기독교에 호의적인 다방면에 걸친 증거를 감안할 때 기독교가 참이라고 믿을 수 있는 확실한 이유가 있다.

---

44 어떤 이들은 이 논증이 철학 문헌에서 "G. E. Moore 전환(shift)"이라고 불리며 활용되는 것에 주목하게 될 것이다. 이 논증의 역사와 본질에 대한 짧지만 명쾌한 토론이 Ronald H. Nash, *Faith and Reason: Searching for a Rational Faith* (Grand Rapids: Zondervan, 1988), 112-113에 나와 있다.

3. 그러므로 언약적 계시 밖의 사람들의 운명은 정의롭고 사랑 많은 하나님의 손 안에 놓여 있다. 하나님이 그것을 어떻게 해결하시든지 말이다.

이 논증은 예수 그리스도의 삶, 죽음 그리고 부활을 통해 필적할 데 없이 입증된 하나님의 선함과 정의를 특별히 활용할 수 있다(20-22장 참고). 만일 그리스도가 우주의 주요, 구세주이며 재판관이라면, 우리는 그의 판결이 정의로울 것이라는 것에 대해서는 안심할 수 있다.

비록 이것이 회피하는 것처럼 여겨지기도 하겠지만 그렇지 않다. 비복음화된 사람들의 운명이라는 문제는 남게 되지만, 그 문제는 이미 이 책에서 확립된 변증적 논증들을 통해서 이제 골격을 갖추게 되었다. 어쨌든 우리는 비복음화된 사람들에 대한 하나님의 대우가 정의롭다는 것에 대한 상세하고 긍정적인 사례를 세울 수 있다. 비복음화된 자들의 운명에 대한 특별한 주제와 다른 종교들에 대한 기독교의 관계에 대한 보편적인 주제는 최근 수십 년간 복음주의자들 사이에 상당한 간행물들을 발생시켜 왔다. 그 모든 것을 내가 일일히 검토할 수는 없다.[45] 대신 나는 당면한 이슈에 적절한 주요 우려 몇 가지를 지적하고 설명해 보겠다.

11. 비복음화된 자들에 대한 토론: 기본사항

비복음화된 자들의 운명을 직접적으로 언급하기 전에 우리는 결정적으로 중요한 여덟 가지 우려들을 살펴볼 필요가 있다.

첫째, 성경은 비기독교적 종교들의 가르침과 성경의 계시된 가르침을 혼합하기 위해서 왜곡되어서는 안 된다. 항존주의의 실패한 프로그램이 그런 것이다. 항존주의를 채택하는 것은 임시변통이며 비합법적으로

---

45 Veli-Matti Karkkainen, *An Introduction to the Theology of Religions: Biblical, Historical and Contemporary Perspectives* (Downers Grove, IL: InterVarsity Press, 2003)를 참고하라.

기독교를(다른 종교들도 마찬가지로) 재조정하는 것이다.[46] 이전 논의에서 강조했듯이 기독교는 결정적인 점들에 있어서 비이원론적인 힌두교 그리고 불교와는 정반대이다. 동일한 대립은 기독교가 이슬람, 도교, 정령 숭배와 유교와 같은 다른 종교들과 비교될 때에도 명백해진다.[47]

둘째, 기독교의 혈관은 순수하고 강력한 세계복음화라는 생명의 피를 뿜어낸다. 교회는 주님으로부터 모든 민족에 복음을 갖고 나아가라는 위임을 받았다(마 28:18-20; 눅 24:44-47; 행 1:8). 이것은 양보할 수 없는 본질적인 것이다. 하나님은 선교사 하나님이시다. 그리스도는 선교사 그리스도시다. 교회는 선교사 교회다.[48]

이는 복음은 복음에 대해 무지한 자들에게 알려져야 한다는 것을 전제한다. 이 복음적인 목적을 저해하거나 약화시키는 기독교나 다른 종교들에 대한 접근 방식은 참되고 계시된 종교와는 양립 불가능하다.[49]

셋째, 비록 기독교가 다른 종교들과 공유하는 공통적 핵심으로 환원될 수는 없지만, 기독교는 다른 종교들에 의해 견지된 **개인의 믿음**에 관해서는 **어느 정도는** 공통분모를 여전히 찾을 수 있다. 비록 다른 종교들의 가르침이 구원을 제공할 수 없고 비록 그것들이 종교적인 **시스템**이나 **세계관**으로서는 불충분한 것으로 반드시 거부되어야 한다고 하더라도 다른 종교들이 전적으로 틀린 것은 아니다.[50] 이 주제는 윈프리드 콜듀안(Winfried Corduan)의 연구인 『믿음의 융단』(*A Tapestry of Faiths*)에서 다채롭게 탐구되었다.[51] 기독교 신자는 다른 종교에는 어떤 진리도 없다고

---

46 3장의 세계관에 있어서 부적절한, 임시변통적 재조정에 대한 논의를 참고하라.
47 Dean Halverson, ed., *The Compact Guide to World Religions* (Minneapolis: Bethany House, 1996)를 보라.
48 이런 표현은 John Stott의 강의 덕분이다.
49 더 광범위한 선교신학에 대한 것으로는 Christopher Wright, *The Mission of God* (Downers Grove, IL: InterVarsity Press, 2006)을 보라.
50 이 점에 대해서는 David Clark, *To Know and Love God* (Wheaton, IL: Crossway, 2003), 323을 보라.
51 Winfried Corduan, *A Tapestry of Faiths* (Downers Grove, IL: InterVarsity Press, 2002).

말하며 그들을 일축해서는 안 된다.

인간은 타락하여 구원이 필요하긴 하지만 여전히 하나님의 형상을 지니고 있으며 양심을 갖고 있고 하나님의 세상에서 살고 있다. 이러한 사실들은 일반계시를 가능케 한다(시 19:1-6; 롬 1-2장). 따라서 우리는 타종교들도 도덕성, 인류와 신성한 것에 대해서 다소 진리를 내포하고 있음을 기대해야 한다.

예를 들어, 불교는 긍휼함의 가치와 사람들을 고통에서 해방하는 것의 가치를 긍정한다. 더 보수적인 유대교 형태들은 기독교인들이 믿는 것의 많은 부분을 긍정하는데 왜냐하면 그들은 구약성경을 권위 있는 것으로 간주하기 때문이다. 그럼에도 불구하고 유대인들 자신들의 구원을 위해서는 여전히 약속된 메시아가 필요하다.[52]

우리는 기독교와 다른 종교들과의 관계를 미로를 걷기 시작하는 사람들의 무리에 비교할 수 있을 것이다. 생명으로 이끄는 길은 협착하기 때문에 기독교만 유일하게 꼬불꼬불한 길과 모퉁이들의 우여곡절을 통과해서 미로의 중심까지 다다르게 된다. 그렇지만 다른 종교들은 그들의 세계관이 틀리기 시작하는 막다른 골목과 맞닥뜨리기 전까지는 미로의 중도까지는 걸어간다. 그렇기 때문에 두 가지 다른 주요 일신교적 종교인 유대교와 이슬람은 일신교라는 점까지는 여정을 공유하지만 그리스도가 중재자(Mediator)이며 주(Lord)라는 점에 와서는 벽에 부딪히게 된다.[53]

넷째, 타락 때문에, 특별계시와 중생(regeneration) 외에는 인간들은 일반계시를 통해서 인식 가능한 진리의 예치분(deposit)을 거짓 종교들과 철학들로 왜곡할 것이다. 바울은 이 퇴행(devolution)에 대해서 로마서 1:18-32에서 조심스럽게 설명한다. 바울은 "하나님의 진노가 불의로 진

---

52 물론 바울이 애통하게 여겼듯이 유대인들이 구약을 읽을 때에는 마치 그들의 심령 위에 수건이 덮여 있는 것 같았다(고후 3:15).
53 이 예시의 영감은 J. P. Morland and Tim Muehlhoff, *The God Conversation* (Downers Grove, IL: InterVarsity Press, 2007), 50-52에서 얻었다.

리를 막는 사람들의 모든 경건하지 않음과 불의에 대하여 하늘로부터 나타나나니"(18절)라고 선포하는 것으로 시작한다. 이는 자연인(natural person)에게는 나쁜 소식이다. 그런 다음 바울은 다음과 같이 말하며 모든 사람들은 그들이 갖고 있는 지식에 대해 책임이 있다고 지적한다.

> 이는 하나님을 알 만한 것이 그들 속에 보임이라 하나님께서 이를 그들에게 보이셨느니라 창세로부터 그의 보이지 아니하는 것들 곧 그의 영원하신 능력과 신성이 그가 만드신 만물에 분명히 보여 알려졌나니 그러므로 그들이 핑계하지 못할지니라 (롬 1:19-20).

그러나 주어진 계시에도 불구하고 그 계시는 잘못 사용되었다.

> 하나님을 알되 하나님을 영화롭게도 아니하며 감사하지도 아니하고 오히려 그 생각이 허망하여지며 미련한 마음이 어두워졌나니(롬 1:21).

따라서 그들은 "썩어지지 아니하는 하나님의 영광을 썩어질 사람과 새와 짐승과 기어다니는 동물 모양의 우상으로"(롬 1:23) 맞바꾸어서 우둔해졌다. 우상숭배는 자연을 통해 알게 된 진리를 가렸고 결과는 심판이었다(롬 1:24-32).

바울도 그렇지만 그 어떤 성경 저자도 이교도의 종교성을 신뢰하지 않았다. 바울이 그리스도께서 유대인과 이방인 사이의 담을 허무신 것에 대해 에베소인들에게 기록할 때 바울은 그리스도 없는 이방인들의 상실을 결코 경시하지 않는다. 회심 전 이방인들은 "그 때에 너희는 그리스도 밖에 있었고 이스라엘 나라 밖의 사람이라 약속의 언약들에 대하여는 외인이요 세상에서 소망이 없고 하나님도 없는 자"(엡 2:12)였다는 것을 바울은 상기시킨다. 이 소외는 일반계시에 대한 이방인들의 경건한 반응 또는 이방인 고유의 미덕을 통해서가 아닌 이방인들이 그들 자신들의 것으로 취한 "그리스도의 피를 통해"(엡 2:13) 극복되었다. 유사하게 예수님이 우물가에서 사마리아 여인에게 얘기하고 있었을 때, 사마리아인들은 무지함 가운데 예배드렸지만 "구원이 유대 사람들로부터 나오기 때문에"(요 4:22) 유대인들은 하나님에 대한 적절한 지식을 소유하고 있었다는 것을 예수님은 분명하게 긍정했다.

다섯째, 성경 그 어느 곳에서도 사람들은 그들이 모르는 내용이나 알 수 없었던 내용에 근거해서 심판받을 것이라고 주장하지 않는다. 오히려 하나님은 사람들이 얻을 수 있었던 지식과 사람들이 그것에 어떻게 반응했는지에 근거해서 사람들에게 책임을 물으신다(그렇기 때문에 우리는 종교성이 있든지 없든지 믿지 않는 자들과 어느 정도는 공통분모를 항상 갖게 되는 것이다).

로마서의 처음 세 장에서 인류에 대한 그의 주장을 세우면서, 바울은 사람들이 입수할 수 없었던 지식에 대해 그들이 책임지게 된다고 결코 긍정하지도 않고 암시조차도 하지 않는다. 오히려 바울은 창조된 질서의 증거를 통해 하나님이 존재하시는 것과 하나님은 감사 받기에 합당한 분이라는 것을 알 수 있다고 주장한다(롬 1:18-32; 참고 시 19:1-6).

추가적으로 모든 사람들은 하나님 그분 안에 깊이 뿌리박혀 있는 객관적인 도덕률(objective moral order)에 자신들을 연결시키는 양심을 부여받았다(롬 2:14-15). 다양한 히브리 선지자들(아모스, 이사야, 요나)은 이스라엘을 둘러싸고 있는 주변의 이교도 국가들이 모세 율법의 수혜자들이 아니었는데도 불구하고 이교도 국가들의 부도덕성에 반대하여 말했다. 이는 이교도 국가들도 하나님 앞에서 해명할 의무가 있게 만들 만큼 충분한 도덕적 진리를 갖고 있었음을 가정한다. 하나님과의 언약 밖에 있었던 사람들에 대해서 내려지는 평가는 그 평가가 어떤 것이든지 간에 그들이 알 수 있었던 이 지식(일반계시)에 기초해서 공평하게 내려질 것이다.

여섯째, 그 누구도 도덕적으로나 영적으로 구원을 받을 만하지 않으며 어떤 사람도 구원이 권리나 특권의 문제라고 주장할 수 없다. 내가 18장("폐위된 왕족")과 20장(인류의 죄성에 대한 예수님의 가르침에 기초함)에서 논했듯이 인간들은 죄와 반항의 수렁에 너무나도 깊이 빠져 있다. 이는 특별계시의 수혜자가 아니었던 그토록 많은 "선한 사람들"에게 하나님이 유죄판결을 내리는 것은 부당하다고 하는 반론에 적절하다. 모든 사람 안에 있는 하나님의 형상은 율법의 두 번째 목록(출 20:12-17)에 대해 상당한 순종을 보이는 믿지 않는 자들에 대해 설명해 준다. 그럼에도 불구하고 하나님의 완벽한 기준과 예수 그리스도 자신의 눈부신 모범(롬 3:14-26)에 비하면 우리의 모든 행위는 "더러운 누더기"(사 64:6)이다. 구원은 받을 자격이 없는 자들에게 은혜가 충만하시고 정의로우며 거룩한 하나님이 주시는 하나님의 선물이다.

일곱째, 복음화되지 않은 자들의 운명에 대해 우리가 어떤 자세를 견지하든지 간에 기독교 세계관의 진리와 합리성을 감안할 때 어느 누구라도 예수 그리스도의 중재 외에 다른 방법으로 구원받을 수 있다는 것은 불가능하다(마 11:27; 요 14:6; 딤전 2:5). 예수님만이 하나님과의 화해, 죄에 대한 속죄, 죄용서, 하나님 앞에서의 칭의, 하나님 가족으로의 입양 그리고 영생을 부여받는 것의 근원이다.

여덟째, 사람들이 특별계시를 남몰래 알고 있는지의 여부와 상관없이 어떤 사람들은 자신들에게 제공된 하나님의 지식에 구제불능적으로 저항하고 반항할 것이라는 성경적 주장을 회피할 수 없다. 결국 끝까지 회개하지 않는 사람들은 구원 너머에 있으며 영원한 형벌에 처해질 것이다.

만인구원설(universalism: 그리스도가 결국 모든 사람들을 구원할 것이라는 것)을 뒷받침하기 위해 성경 말씀을 찾는 사람들은 헛수고를 하는 것이다. 성경 몇 대목에서 어떤 이들은 이 상실을 겪게 될 것이라고 분명히 단언한다. 양과 염소의 비유 후에 예수님은 "지극히 작은 자"를 섬김으로 예수님을 섬겼던 사람들에 대해서 얘기한다. 이들은 "영원한 생명"을 받는다. "가장 보잘것 없는 자"를 섬기는 것에 실패하므로 예수님을 섬기는 것에 실패한 사람들은 "영원한 형벌"에 들어간다(마 25:31-46).

이 두 경우에 "영원"을 뜻하는 동일한 헬라어가 사용되었고 구조도 동일하다. 그러므로 만약 그리스도가 주시는 생명이 영원하고 의식을 지닌 것(eternal and conscious)이라면 형벌도 영원하고 의식을 지닌 것이다. 신자나 비신자가 이 교리를 받아들이는 것이 아무리 어렵다고 할지라도, 이 교리는 기독교 메시지의 본질적인 부분이며 신실한 기독교 변증에 있어서 불가결한 부분이 되어야 한다.[54]

12. 특정주의와 포괄주의

여덟 가지 요점에 비추어 볼 때 우리는 복음을 전혀 듣지 못하는 타 종교 사람들이 어떻게 되는지에 대해 대답해 볼 수 있다. 복음주의자들은 이 이슈에 대해 나뉘어져 있다. 다양한 범주적 체계가 활용되어 오긴 했지만 나는 간단하게 특정주의자(배타주의자)와 포괄주의자의 영역으로 구분해 보려고 한다. 양대 진영은 그리스도만이 유일한 구원의 **행위주체**라고 믿는다. 두 진영은 구원받기 위해 한 개인은 하나님의 구원 계획에 대해 얼마나 많은 것을 알아야하는지에 대해 의견을 달리한다.

포괄주의자들은 복음을 정식으로 결코 들어본 적이 없는 이들에게도 구원은 가능하다고 믿는다. 특정주의자들은 이를 부인하고 구원은 복음의 특정한 지식을 요구한다고 주장하는데 그래서 **특정주의자**(particularists)라고 부르는 것이다.[55] 특정주의자라는 용어가 배타주의자(exclusivist)라는 용어보다는 덜 자극적이기 때문에 그 용어를 사용하겠다.

물론, 비기독교인이 복음을 듣는 것과는 별개로 구원을 받을 수 있다

---

54 나는 부록 1에서 지옥의 정당성에 대해 다룬다.
55 이 토론은 도덕적 책임감의 연령에 도달한 자들이 어떻게 일반계시에 반응하는지에 대해서도 고려한다. 배타주의자와 포괄주의자 모두는 구원은 아직 태어나지 않은 아기, 유아와 심각한 발달장애가 있는 자들에게도 구원은 가능하다고 주장할 수 있을 것이다. 아직 태어나지 않은 아기와 어린이들을 위한 구원에 대한 특정주의자의 관점을 위해서는 Ronald Nash, *When a Baby Dies* (Grand Rapids: Zondervan, 1999)를 참고하라. 포괄주의자 관점을 위해서는 Millard Erickson, "The Salvation of Those Incapable of Faith" in *How Shall They Be Saved?* (Grand Rapids: Baker, 1996)를 참고하라.

면 "그들은 무엇을 반드시 해야만 하는가?"라는 질문에 봉착하게 된다. 이에 대해 포괄주의자는 다양한 입장을 취한다. 클락 피녹(Clark Pinnock)처럼 더 자유주의적인 복음주의적 포괄주의자는 비기독교적인 종교 내에서도 사람들이 구원을 받을 수도 있을 것이다라고 믿는데 왜냐하면 믿음 자체가 믿음의 대상보다 더 중요하기 때문이다.[56]

하지만 이 접근법은 지금까지의 우리 논증과 상충되는 것이다. 만일 바울이 이방인들을 "세상에서 소망이 없고 하나님도 없는"(엡 2:12) 사람들이라고 했다면, 이는 복음을 수용하는 것을 제외하고는 그들의 구원을 위해서 좋은 징조가 아니라는 의미이다. 게다가 신약에서 구원에 이르게 하는 믿음(saving faith)에 대해 이루어진 다양한 언급들은 하나님 안에 두는 보편적인 믿음이 아닌 **믿음의 대상인 예수 그리스도**에 집중한다. 바울이 간수에게 "이르되 주 예수를 믿으라 그리하면 너와 네 집이 구원을 받으리라"(행 16:31)고 말한 것처럼 말이다.

게다가 만일 하나님이 바울이 "불의로 진리를 막는"(롬 1:18)다고 주장하는 타종교들을 통해서도 구원에 이르게 하는 믿음을 중재하실 수 있다면 복음화의 급박함은 감소된다. 따라서 자유주의적인 포괄주의는 논의의 여지가 있는데 왜냐하면 포괄주의는 더 많은 사람들을 구원에 참여시키기 위해서 너무나도 많은 성경적 진리들을 제외시키기 때문이다.

그렇지만 다른 포괄주의자들은 만일 복음화되지 않은 사람이 구원 받으려면 다소 보편적이고 진지한 유신론적 믿음보다는 더 많은 것이 요구된다고 논의한다. 노만 앤더슨(Norman Anderson)과 밀라드 에릭슨(Millard Erickson)과 같은 학자들은 사람들이 자신들의 종교가 그들을 구원해 줄 수는 없다는 것, 그들이 자신을 구원할 수 없다는 것 그리고 그들은 하나님의 자비에 자신을 맡겨야만 하는 것을 깨닫게 되어 일반계

---

56 Clark Pinnock, *A Wideness in God's Mercy: The Finality of Christ in a World of Religions* (Grand Rapids: Zondervan, 1992)를 보라. 하지만 Pinnock은 비기독교 종교들의 특정한 가르침과 관행에도 불구하고 비기독교 종교 추종자들을 구원하실 수 있다고 생각했다. 110-111 페이지를 보라.

시에 마땅히 반응할 수도 있다고 주장한다. 앤더슨이나 에릭슨은 얼마나 많은 비기독교인들이 자연계시에 올바르게 그리고 구원에 이르게 반응하겠는가에 대해서는 어떤 추측도 하지 않지만 그 가능성은 열어둔다. 포괄주의의 두 가지 해석 중에 이 형태가 성경적으로 더 개연적이다.

이 논란에 대해 쓰여진 책들이 있다.[57] 허나 나는 가장 성경적이고 변증학적으로 통찰력 있는 쪽으로 견해를 개진해 보겠다. 성경의 증거는 특정주의를 향해 강력하게 기울어져 있으며, 일반적으로 말해 그것은 꽤 최근까지 역사적으로 교회가 취해 온 입장이었다.[58] 무지는 복음의 진리를 아는 지식으로 극복될 필요가 있다는 것과 인간은 이 진리를 의사소통하는 하나님의 주요 도구라는 것을 교회의 선교 명령은 전제하는 것으로 보여진다.

시편의 한 구절이 이를 강조한다. "여호와께서는 자기에게 간구하는 모든 자 곧 진실하게 간구하는 모든 자에게 가까이 하시는도다"(시 145:18, 강조는 추가됨). 사도 베드로는 그와 요한이 산헤드린 공회 앞에 섰을 때 이 내용을 강조한다. 베드로가 "성령이 충만해서" 그가 법정에 서게 된 것은 예수 그리스도의 이름의 권능으로 한 남자를 치유한 것 때문이라고 주장한다.

> 이 예수는 너희 건축자들의 버린 돌로서 집 모퉁이의 머릿돌이 되었느니라 다른 이로써는 구원을 받을 수 없나니 천하 사람 중에 구원을 받을 만한 다른 이름을 우리에게 주신 일이 없음이라 하였더라(행 4:11-12).

---

57 Dennis L. Okholm and Timothy R. Phillips, eds., *Four Views of Salvation in a Pluralistic World* (Grand Rapids: Eerdmans, 1996). 이 책에는 복음주의권에서 벗어나는 John Hick의 에세이도 포함된다.
58 Netland, *Dissonant Voices*, 10-14. 전통에서 시작된 논증은 이 사례를 결정하지 못하는데 왜냐하면 종종 발언되었듯이 "하나님의 말씀에서 발생할 수 있는 더 많은 진리가 있을 수 있기 때문이다." 그럼에도 불구하고 전통에서 시작된 논증은 전체적인 사례에 공헌하는 바가 있으며 입증책임을 다른 견해에 넘긴다.

다름 아닌 영원한 구원의 문제가 걸려 있는 것이다. 나사렛 예수 그리스도 외에 그 누구도 구원의 행위주체가 될 수 없다. 베드로가 예수님의 "이름"을 언급한 사실은 의미심장하다. 구원은 이 특정한 사람을 통해서만 오는 것이고 그분의 이름은 "나사렛 예수 그리스도"이시다(행 4:10). 이것이 함축하는 것은 예수님은 구원의 유일한 행위주체일 뿐만 아니라 구원은 예수님이 누구시며 그분이 하신 일을 아는 지식, 즉 그분의 "이름"을 통해서만 온다는 것이다.[59]

특정주의를 강력하게 암시하는 또 다른 본문이 로마서에 등장하는데 이 책은 조심스럽게 하나님 구원의 본질과 계획을 규정한다. 유대인과 이방인들을 위한 구원을 토론하면서 바울은 이렇게 단언한다.

> 네가 만일 네 입으로 예수를 주로 시인하며 또 하나님께서 그를 죽은 자 가운데서 살리신 것을 네 마음에 믿으면 구원을 받으리라 사람이 마음으로 믿어 의에 이르고 입으로 시인하여 구원에 이르느니라 성경에 이르되 누구든지 그를 믿는 자는 부끄러움을 당하지 아니하리라 하니 유대인이나 헬라인이나 차별이 없음이라 한 분이신 주께서 모든 사람의 주가 되사 그를 부르는 모든 사람에게 부요하시도다 누구든지 주의 이름을 부르는 자는 구원을 받으리라
> 그런즉 그들이 믿지 아니하는 이를 어찌 부르리요 듣지도 못한 이를 어찌 믿으리요 전파하는 자가 없이 어찌 들으리요 보내심을 받지 아니하였으면 어찌 전파하리요 기록된 바 아름답도다 좋은 소식을 전하는 자들의 발이여 함과 같으니라
> 그러나 그들이 다 복음을 순종하지 아니하였도다 이사야가 이르되 주여 우리가 전한 것을 누가 믿었나이까 하였으니 그러므

---

59 이 구절에 대한 더 완전한 설명을 원하면 Douglas Geivett and W. Gary Phillips, "A Particularist View," in *Four Views of Salvation in a Pluralistic World*, ed. Dennis L. Okholm and Timothy R. Phillips (Grand Rapids: Eerdmans, 1996), 230–233을 참고하라.

로 믿음은 들음에서 나며 들음은 그리스도의 말씀으로 말미암 았느니라(롬 10:9-17).

바울이 베드로처럼 주님의 구체적인 "이름"인 예수님에 대해 말하는 것에 주목하라. 바울은 믿음을 위해서는 복음의 지식이 필요하며 구원을 위해서는 믿음이 요구됨을 가르친다. 그것은 복음을 모르는 사람들의 구원을 배제하는 것으로 보여진다.[60]

피녹과 같은 포괄주의자들은 사도행전 10장에 나오는 고넬료 이야기에 호소하면서 "예수님의 이름"에 대한 지식이 없어도 구원받을 수 있는 "의로운 이방인들"이 있다는 증거라고 한다.[61] 고넬료는 유대인은 아니었지만 하나님을 경외하는 자였고 유대 개종자가 되지 않고도 유대인의 하나님을 그가 할 수 있는 한 최선을 다해서 예배했다. 고넬료는 환상에서 천사를 통하여 그의 기도를 하나님께서 들으셨다는 것과 그는 베드로를 데려와서 그와 얘기해야 한다는 것을 전해 들었다. 하지만 본문은 고넬료가 하나님께 기도했고 그가 아는 한 최선을 다해서 하나님을 섬겼지만 구원은 베드로에 의해 제공된 복음 메시지에 고넬료가 반응한 후에만 임했음을 명백하게 단언한다.

하나님은 그분을 경외하고 옳은 일을 행하는 사람들이라면 어떤 민족이라도 받아주신다는 베드로의 진술(행 10:35)은 그 문맥상 복음을 듣지 않은 사람들을 염두에 두고 한 것이라고 볼 수 없는데 왜냐하면 베드로는 고넬료의 상황에 국한시켜서 말하기 때문이다. 어쨌든 이 본문은 자신들이 아는 하나님에 대해 선한 믿음으로 반응하는 사람들에게는 더

---

60 Ibid., 236-237을 참고하라. 어떤 이들은 이 본문과 유사 구절들은 구원을 위해 필수조건이 아닌 충분조건만을 규정하는 것이라고 믿는다. 즉 만일 한 사람이 이 구절들의 내용에 근거해서 반응한다면 그/그녀는 구원받게 되지만 이렇게 반응하지 않는 사람들도 구원받을 수 있다는 것이다. 이것은 가능하나 이런 구절들이 발견되는 문맥들의 호소력과 흐름을 감안할 때 비개연적이다.

61 Pinnock, *Wideness in God's Mercy*, 165.

많은 빛이 주워질 것이라고 믿을 만한 이유를 제공해 준다.⁶² 또 다른 사람들은 구약성경의 신자들은 예수 그리스도(아직 오시지 않았던)를 아는 지식과는 별도로 구원을 받았기 때문에 **시간상으로**(chronologically)는 예수님 이후에 태어났지만 단지 우연히 정보적으로(informationally) 그리스도 이전에 놓여 있게 된 신실한 일신교신자들도 구원받을 수 있다고 주장해 왔다. 그렇지만 이 논증은 무너진다. 유대인들은 하나님의 언약 백성이었고 율법, 선지자와 희생제도를 통한 예배형식을 통해 시연된, 구원에 이르게 하는 진리에 유일무이한 접촉점을 갖고 있었다.

이 계시는 성경(시 22편; 사 53장)과 "흠없이" 희생되었어야만 했던 동물제사와 같은 관습 모두를 통해서 오실 메시아를 예상하게 했다. 그렇기 때문에 고대 유대 믿음의 지적인 내용은 단순한 일신교보다는 훨씬 더 풍요로웠고 비록 성육신 이전에 받아들인 것이지만 그것은 구원을 위한 충분한 내용이었다. 예수님이 "이는 구원이 유대인에게서 남이라" (요 4:22)라고 말씀하셨던 것처럼 말이다. 따라서 논증이 적용되기 위해 필요한 유사 조건들이 성립되지 않는 것 같다.⁶³

13. 얼마나 많은 자들이 구원될 것인가?

한 가지 남아 있는 이슈는 다른 종교들과 기독교와의 관계에 관한 것이다. 많은 이들을 비성경적인 구원관으로 치닫게 하는 것은 구원받을 자들보다는 구원받지 못할 자들이 더 많을 것이라고 성경에서 가르친다고 하는 생각 때문인 것 같다. 이런 생각은 많은 사람들을 불쾌하게 만들고 사람들로 하여금 영혼멸절설(annihilationism), 만인구원설 (universalism)을 수용하게 하거나, 아니면 기독교를 아예 포기하게 한다

---

62 Ajith Fernando, *Sharing the Truth in Love* (Grand Rapids: Discovery House, 2001), 222–224.

63 Ibid., 224–227.

(부록 1 참고). 나는 여기서 구원받지 못하는 사람보다 구원받는 사람이 더 많을 것이라는 강력한 가능성을 피력해 보고자 한다. 이것은 어려운 과제고 모든 관련 이슈들을 훑어볼 수는 없을 것이다. 하지만 몇 가지 고찰은 해야 될 것이다.

첫째, 예수님이 그분을 통한 구원의 배타성에 대해 진술한 것은(마 11:27; 요 14:6) 많은 이들에게 인류의 대다수가 파멸되는 것으로 받아들여졌다. 예를 들어, 예수님은 "좁은 문으로 들어가라 멸망으로 인도하는 문은 크고 그 길이 넓어 그리로 들어가는 자가 많고 생명으로 인도하는 문은 좁고 길이 협착하여 찾는 자가 적음이라"(마 7:13-14)고 말씀하셨다. 허나 병렬 본문이 누가복음 13:22-30에 나오고 그것은 예수님의 진술에 대한 맥락을 더 제공해서 다른 가능성들도 열어준다. 예수님은 "주여 구원을 받는 자가 적으니이까?"(눅 13:23)라는 질문을 받았으나 그 질문에 대답하기를 거부하고 청중들에게 다시 초점을 맞춘다.

> 좁은 문으로 들어가기를 힘쓰라 내가 너희에게 이르노니 들어가기를 구하여도 못하는 자가 많으리라 집 주인이 일어나 문을 한 번 닫은 후에 너희가 밖에 서서 문을 두드리며 주여 열어 주소서 하면 그가 대답하여 이르되 나는 너희가 어디에서 온 자인지 알지 못하노라 하리니 그 때에 너희가 말하되 우리는 주 앞에서 먹고 마셨으며 주는 또한 우리를 길거리에서 가르치셨나이다 하나 그가 너희에게 말하여 이르되 나는 너희가 어디에서 왔는지 알지 못하노라 행악하는 모든 자들아 나를 떠나 가라 하리라 너희가 아브라함과 이삭과 야곱과 모든 선지자는 하나님 나라에 있고 오직 너희는 밖에 쫓겨난 것을 볼 때에 거기서 슬피 울며 이를 갈리라 사람들이 동서남북으로부터 와서 하나님의 나라 잔치에 참여하리니 보라 나중 된 자로서 먼저 될 자도 있고 먼저 된 자로서 나중 될 자도 있느니라 하시더라 (눅 13:24-30).

예수님은 "좁은 문"과 많은 사람들이 들어가려 하겠지만 들어가지 못할 것이라는 사실에 대해 이야기한다(눅 13:24). 여기서 이 맥락은 예수님과 함께 식사했고 그분이 가르치는 것을 본 예수님 당시의 유대인들을 언급하는 것으로 보여진다(눅 13:26). 많은 이런 유대인들은 그들의 메시아를 알아보는 것에 실패할 것이다(눅 13:28). 그러나 28절에서 이 본문의 대의는 급진적으로 변화한다. 예수님은 이제 "동서남북 사방에서" 온 사람들이 하나님의 나라에서 잔치를 할 것이라고 단언하신다. 기대되었던 것의 역전(어쨌든 유대인들이 하나님의 선택된 민족이었기에)이 예수님의 진술에 명백하다.

> 나중 된 자로서 먼저 될 자(이방인들)도 있고 먼저 된 자로서 나중 될 자(예수님 당시의 유대인들)도 있느니라(눅 13:30).

예수님 당시에는 소수 유대인들만 "하나님 나라에 들어"가겠으나 나중에는 전 세계에서 온 많은 다른 이들(유대인들과 이방인들)이 들어갈 것이다. 그렇기 때문에 마태복음 7:13-14에서 발견된 제한은 살아 있는 사람 모두에게가 아닌 아마도 예수님 당시의 유대인들을 언급하는 것으로 이해되어야 할 것이다. 예수님이 "청함을 받은 자는 많되 택함을 입은 자는 적으니라"(마 22:1-14; 눅 14:15-24)고 단언했을 때에는 그가 마태복음 7:13-14에서 하신 말씀을 의미하는 것 같다. 즉 예수님 당시 사람들 중 소수가 선택되었다는 것이다.

신약의 다른 언급을 통해서는 구원받은 자들의 수가 많음이 강조된 것 같다. 예수님 자신도 "인자가 온 것은 섬김을 받으려 함이 아니라 도리어 섬기려 하고 자기 목숨을 **많은** 사람의 대속물로 주려 함이니라"(마 20:28, 강조 추가됨)고 선포하신다. 히브리서에서는 "그러므로 만물이 그를 위하고 또한 그로 말미암은 이가 **많은 아들들을 이끌어 영광에 들어가게** 하시는 일에 그들의 구원의 창시자를 고난을 통하여 온전하게 하심이 합당하도다"(히 2:10, 강조 추가됨)라고 선포하신다.

아담을 통해 들어온 죽음과 예수 그리스도를 통해 들어온 생명에 대해 토의하면서 바울은 "한 사람이 순종하지 아니함으로 많은 사람이 죄인 된 것 같이 한 사람이 순종하심으로 많은 사람이 의인이 되리라"(롬 5:19, 강조 추가됨) 라고 확언한다. 더 나아가 로마 백부장과의 만남에서 예수님은 "또 너희에게 이르노니 동 서로부터 많은 사람이 이르러 아브라함과 이삭과 야곱과 함께 천국에 앉으려니와"(마 8:11, 강조 추가됨)라고 외치셨다. 게다가 요한계시록은 거대한 군중의 무리를 "이는 큰 환난에서 나오는 자들인데 어린 양의 피에 그 옷을 씻어 희게 하였느니라"(계 7:14)고 묘사한다.[64]

> 이 일 후에 내가 보니 각 나라와 족속과 백성과 방언에서 아무도 능히 셀 수 없는 큰 무리가 나와 흰 옷을 입고 손에 종려 가지를 들고 보좌 앞과 어린 양 앞에 서서 큰 소리로 외쳐 이르되 구원하심이 보좌에 앉으신 우리 하나님과 어린 양에게 있도다 하니 (계 7:9-10).

요한계시록은 해석하기 힘든 것으로 악명 높지만 구원받은 자들의 광대함을 보여주는 이 환상은 역사상 구원된 모든 이들을 언급하는 것일 수도 있다. 왜냐하면 예수님은 자신의 추종자들이 환난과 시험을 경험하게 될 것이라고 말씀하셨기 때문이다(요 16:33).

구원받은 자의 수를 세계 전체 인구에 대비해 작은 비율로 제한시키는 구절들은 달리 개연적으로 해석될 수도 있으며, 몇 개의 구절들은 아마도 대부분이라고 해도 좋을 아주 많은 수의 구원받은 사람들을 제안한다. 보편적인 신학적 원칙으로서도 하나님의 구속적인 사랑을 경험하는 사람보다 구원받지 못하는 존재들을 더 많이 창조하는 하나님은 이상하게 여겨진다. 그렇지만 혹자는 지금까지 구원된 사람들의 비율은 이 결론을 정당화하지 못한다고 논쟁할 수도 있을 것이다.

---

64 이는 성경에서 언급된 "많은" 사람들이 구원받은 것을 다 총망라하는 것은 아니지만, 이런 종류의 본문들을 알려준다.

역사를 통틀어 기독교인들은 소수집단(minority)이었고 비록 최근 몇 백 년간 기독교인들의 비율이 드라마틱하게 증가되었어도 이것은 여전히 오늘날도 그렇다.[65] 세 가지 대답이 가능하다.

첫째, 자궁에서 사망하거나, 출산시 혹은 아주 어린 나이에 죽는 사람들은 아마도 하나님의 자비로 구속되는 듯하다.[66] 얼마나 많은 자들이 이런 방식으로 사망했는지는 하나님만 아시지만 역사 전체를 통틀어 보면 전체 숫자는 틀림없이 꽤 클 것인데 특히 고대에 유산과 유아사망률을 감안했을 때는 더 그렇다.

둘째, 역사는 아직 끝나지 않았다. 어떤 이들은 매우 염세적인 종말론에 찬성하고 종말이 임박했다고 확신하지만 예수님의 재림 전에 대규모 영혼 추수가 있을 수도 있다.[67]

셋째, 특정주의자들은 인간만이 유일하게 잃어버린 영혼에게 복음을 전달하는 메신저라고 가정할 필요는 없다. 신약에서는 인간 증인이 구원에 이르게 하는 믿음으로 사람들을 인도할 필요가 있다고 강조하는 한편, 천사가 영원한 복음을 선포하는 것에 대한 언급도 있다(계 14:6). 성경 밖에서 비기독교인들이 기독교인들을 통해 복음화 되기 전에 꿈과 환상을 통해 복음을 듣는 것에 대한 신뢰할 만한 보고들이 많다.[68]

---

65 David B. Barrett, George Thomas Kurian and Todd M. Johnson, eds., *World Christian Encyclopedia: A Comparative Survey of Churches and Religions in the Modern World*, vol. 1, *The World by Countries: Religionists, Churches, Ministries*, 2nd ed. (New York: Oxford University Press, 2001)을 참고하라.
66 Nash, *When a Baby Dies*를 보라.
67 이것에 대한 개인의 관점은 어느 정도는 그/그녀의 천년설에 대한 견해(millennial views)에 달려있다. 구원된 자들의 전체 숫자에 관해서 가장 낙관적인 견해는 후천년설(postmillennialism)이다(B. B. Warfield, "Are There Few That Be Saved?" in *Biblical and Theological Studies*, ed. Samuel Craig [Phillipsburg, N.J.: P&R Publishing, 1968]를 참고하라). 그러나 무천년설(amillennialism)과 전천년설(premillennialism: 특히 역사적 전천년설)은 구원된 자들의 숫자에 대해 낙관적인 가능성을 허용한다.
68 Brother Yun and Paul Hattaway, *The Heavenly Man* (Grand Rapids: Monarch, 2002), 50을 보라. 이슬람에서 기독교로의 회심에 꿈과 환상이 기여한 역할에 대한 토의로는 Bilquis

더욱이 예수님은 다메섹 도상에 있던 바울에게 직접 복음을 전하셨다(행 9장). 예수님은 다른 이들에게도 복음을 전하셨을 수 있고 미래에도 여전히 그렇게 복음을 전하실 수 있을 것이다.[69] 복음화의 범위는 인간의 증언만으로 성취될 수 있는 것보다 더 광범위할 수 있다.

14. 예수 그리스도: 종교의 끝

종교는 넓지만 진리는 좁다. 진리는 실재를 진술문 안에 포착하며 그렇게 하지 못하는 모든 진술은 틀린 것이다. 종교 내에서의 실수는 결코 사소한 일이 아니며 그 실수가 너무 엄청나서 영원한 결과에 영향을 미치는 문제가 될 수도 있다. 진실된 종교의 끝은 반드시 진리, 즉 구원에 이르게 하는 타오르는 진리여야 한다. 기독교에 의하면 예수 그리스도는 실재의 영원한 초석이며 성육신하신 진리이시다(요 14:6).

이것은 결코 나태한 주장이 아니라 상당히 철학적이고 역사적인 논증으로 뒷받침된 주장이다. 따라서 그리스도는 영원한 해방의 유일한 근원이다. 이 점을 놓치는 것은 대재앙처럼 비참한 것이다. 다른 종교들이 진리의 요소들을 담고 있긴 하지만 그들은 모든 것 중에서 가장 중요한 진리, 즉 우주의 구원을 위해 예수님은 십자가에서 죽으시고 부활하시고 희생되셨다는 진리를 거부한다. 그러므로 모든 종교들은 동등하게 창

Sheikh and Richard H Schneider, *I Dared to Call Him Father: The Miraculous Story of a Muslim Woman's Encounter with God* (Lincoln, VA: Chosen Books, 2003)을 보라. 이 현상에 대한 일반적인 내용으로는 Joel C. Rosenberg, *Inside the Revolution: How the Followers of Jihad, Jefferson, and Jesus are Battling to Dominate the Middle East and Transform the World* (Carol Stream, IL: Tyndale House, 2009), 387-388을 참고하라. 기독교로 회심한 이전 무슬림들의 많은 간증으로는 "Truth, Love, and Newness of Life," AnsweringIslam. org 〈www.answering-islam.org/Testimonies/index.html〉를 참고하라.

69 Phillip Weibe, *Visions of Jesus: Divine Encounters from the New Testament to Today* (New York: Oxford University Press, 1997)를 보라.

조되지 않았다. 하나님은 모든 인간을 정의롭게 심판하시겠지만, 논리도 성경도 모든 종교들은 하나라고 승인하는 것을 허용하지 않고 또한 십자가에서 돌아가시고 부활하신 나사렛 사람 예수 그리스도가 일구어 내신 길 외에는 구원으로 가는 다른 어떤 길도 정당화하지 않는다.

24장

변증학 그리고 이슬람의 도전

사실 세계 전체는 이런저런 모습으로 "테러와의 전쟁"에 연루되어 있다. 대다수의 사람들은 감정에 북받쳐 있고 두려움이 엄습해 올 때 종교와 지정학적 세력으로서의 이슬람의 실재에 대해 정확하게 파악하는 것은 어렵다. 모든 테러리스트들이 무슬림은 아니며 대부분의 무슬림들은 테러리스트가 아니라는 것은 단순한 진리이지만 그럼에도 불구하고 이교도들을 벌하기 위해 지하드를 (주로 유대인들과 기독교인들에게) 행하고 세계적으로 이슬람을 확립해가고 있는 세계적인 테러리스트 대부분이 무슬림들이라는 것도 맞는 말이다.

몇 가지 이유들로 인해 미국인들이 정확히 이슬람을 평가하는 것에 특별한 어려움을 겪는다.

첫째, 미합중국 정부는 그들이 특정한 국가들에 대해서 취한 군사행동들은 이슬람에 대한 전쟁의 일부가 아님을 확인하기 위해 세심한 주의를 기울여 왔다. 이를 강조하기 위해 조지 W. 부시(George W. Bush) 대통령은 반복해서 "이슬람은 평화를 의미"하며 "평화의 종교"임을 반복해서 말했다. 버락 오바마(Barack Obama) 대통령은 한 술 더 떠서 2009년 이집트에서 이슬람에 대해 무제한적인 칭송을 담은 내용을 연설했다. 다른 많은 이들은 유대인들, 기독교인들, 무슬림들이 "모두 동일한 하나님을 예배한다"고 말해 왔다.

둘째, 미국 문화에서는 종교적 특정성에 대해서는 무비판적이어야 하고 긍정해야 하는 극심한 압박감이 있다(이에 대한 예외로는 주로 Sam Harris, Richard Dawkins, Christopher Hitchens처럼 "새로운 무신론자들"[new atheists]에 의해 제기된 기독교 주장들에 대한 추정상의 객관적이고, 중립적이며 과학적인 공격이다). 종교에 대한 이성적인 평가를 시도하기보다 개인은 종교적 다양성에 대한 선의의 무관심을 함양시켜야 하는 것이다. 이것은 이미 갈등이 심하게 고조되어 있는 이슬람에 관해서는 특히 더 그렇다. 이 나라로 이민해 온 어떤 사람의 종교에 대해 비판하는 것은 종종 비미국적(un-American)인 것으로 여겨진다.

그럼에도 불구하고 기독교의 진리 주장에 관련하여 이슬람을 평가하기 위해서 이런 잡동사니는 반드시 제거되어야 한다. 물론 미국에 있는 무슬림들은 기독교인이나 유대인 혹은 어느 누구나처럼 수정헌법 제1조에 의해 잘 보호받고 있다. 따라서 무슬림들은 언론과 종교의 자유를 포함해 헌법이 보장하는 모든 자유를 소유한다.[1] 하지만 정치적인 옳음(이 경우에는 도덕적 옳음이기도 함)은 한 개인의 믿음의 올바름을 보장하지 않는다. 그 믿음은 사실 아주 틀릴 수 있으며 위험할 수도 있는 것이다.

이슬람을 논의하는 데 있어서 정치적으로 편리한 것이 어떤 것이든지 간에 이슬람의 세계관과 이슬람과 기독교와의 관계를 이성적으로 평가하기 위해서는 부차적인 것이 되어야 한다. 23장에서 우리는 모든 종교가 하나라고 하는 주장에 대해 토의했고, 그것이 결함이 있다는 것을 발견했다.

이슬람은 지구에서 두 번째로 큰 종교며 대략 13억의 추종자들이 있

---

[1] 그렇지만 만일 종교 관습이 미합중국의 헌법 체계를 저해한다면 (특히 종교와 언론의 자유와 관련해서) 그 종교의 관습은 면밀하게 관찰되어야 하며, 미국 시스템 자체의 본질에 반역적이라면 제한되기도 해야 한다. 미국에 있는 많은 무슬림들은 미국에서 회교 율법(샤리아법)을 제정하고 싶어한다. Robert Spencer, *Stealth Jihad* (New York: Regnery, 2008); Nonie Darwish, *Cruel and Usual Punishment: The Terrifying Implications of Islamic Law* (Nashville: Thomas Nelson, 2008)을 보라.

다고 주장한다. 만일 현재의 서구 세속주의,[2] 다문화주의와 유럽으로의 무슬림 이동이 계속된다면 수십 년 안에 유럽의 대부분은 무슬림 대륙이 될 것이다.[3]

이슬람은 존재하는 종교 중 가장 급성장하고 있으며 그것에 크게 기여하는 요인으로는 추종자들 간의 높은 출산률, 이슬람 팽창을 위한 세계적 비전과 무슬림으로 남아 있어야 한다는 강력한 사회적 압박감이 있다. 전통적인 회교 율법에서 이슬람을 배교하는 것에 대한 형벌은 죽음이다.[4] 마크 가브리엘(Mark Gabriel: 기독교로 개종한 이후 그가 채택한 이름)이 이집트에서 가장 저명한 무슬림 신학교에서 이슬람 역사 교수로서 이슬람의 윤리에 대해서 질문하기 시작했을 때 그는 비밀경찰에 의해 체포되었고 감옥에 투옥되어 고문받게 되었다.[5]

가브리엘이 그의 아버지에게 그리스도에 대한 자신의 믿음을 고백했을 때 그의 아버지는 권총을 꺼내서 그 자리에서 가브리엘을 쏘려고 했다.[6] 게다가 어떤 이슬람 국가에서는 "선지자"(마호메트)를 신성모독하게 되면 유죄선고를 받거나 심지어는 죽임을 당할 수도 있다.[7] 이런 것들은

---

2 유럽의 세속화와 기독교 역사를 인정하는 것조차 하지 않으려는 것에 대해서는 George Weigel, *The Cube and the Cathedral: Europe, America, and Politics Without God* (New York: Basic Books, 2005)을 참고하라.

3 Bat Ye'or, *Eurabia* (Madison, NJ: Fairleigh Dickinson University Press, 2005)를 참고하라. 또한 이태리의 베테랑 저널리스트인 Oriana Fallaci, *The Rage and the Pride* (New York: Rizzoli, 2002)와 *The Force of Reason* (New York: Rizzoli, 2006)도 참고하라. 영국 내에서 증가하는 이슬람의 영향에 대해서는 Melanie Phillips, *Londonistan* (New York: Encounter Books, 2007)을 참고하라.

4 Robert Spencer, *Religion of Peace? Why Christianity Is and Islam Isn't* (New York: Regnery, 2007), 174.

5 Mark Gabriel, "Leaving the University," in *Jesus and Muhammad* (Lake Mary, FL: Charisma House, 2004)를 보라.

6 Gabriel, *Jesus and Muhammad*, 131.

7 주요 이슬람은 서구의 종교적이고 정치적인 관용의 교리를 지지할 수 없다. 이에 대해서 Nezir Hyseni, "Tolerance and the Qur'an: Understanding the Unavoidable Islam," AnsweringIslam.org ⟨www.answering-islam.org/Quran/Themes/tolerance.html⟩를 참고하라.

다른 종교 주장들을 조사하고, 이슬람에 대한 의심이나 비평을 표명하거나 이슬람에서 기독교(이슬람에 있어서 1400년 된 가장 중대한 라이벌)로 개종하지 못하게 하는 확실한 방해물들이다.

서구의 포스트모던들과는 달리 무슬림들은 객관적 진리와 쿠란에 등장하는 신적인 우주적 계시를 믿는다. 이러한 철학적으로 굳은 결의가 오늘날 그리고 역사적인 이슬람 성공의 많은 부분에 대해 설명해 준다.[8]

이 장에서는 이슬람이 기독교를 유일하게 합법적인 일신교로서 대체했고 찬탈했다고 하는 무슬림의 주장에 도전할 것이다. 우리는 무슬림들이 기독교에 제기한 다섯 가지의 구체적인 비난들을 살펴볼 것이다. 그러나 변증적 교류를 시작하기 전에 우리는 이슬람의 역사를 이야기하기보다는 이슬람의 믿음을 강조하여 이슬람의 교리적 골격에 살을 붙여 볼 필요가 있다.

마호메트에게 주어진 계시는 하나님으로부터 인류가 받은 마지막 계시라고 이슬람은 주장한다. 쿠란의 수라 2:177(이슬람 경전 쿠란은 총 114 수래[장]로 되어 있다. 그래서 쿠란 인용구절들은 쿠란 혹은 수라를 혼용하여 표기한다-역주)에 나오는 여섯 개의 핵심 교리가 이슬람의 세계관을 구성한다.[9]

---

8 Irving Hexham, "Evangelical Illusions: Postmodern Christianity and the Growth of Muslim Communities in Europe and North America," in *No Other Gods Before Me?* ed. John Stackhouse (Grand Rapids: Baker Academics, 2001)를 참고하라.
9 나는 정통 이슬람을 소개하고 있다. 하지만 이런 아이디어들과 관습들은 종종 "토속 이슬람"(folk Islam)의 관습을 통해 타협되는데 토속 이슬람에는 무슬림의 믿음과 관습에 다른 세계관들이 병합되어 있다. 예를 들어, 아프리카의 많은 이슬람은 정령주의의 영향을 받았다.

1. 기본적인 무슬림 교리와 관습

1) 하나님

이슬람은 오직 유일한 하나님만 있고 그의 이름은 알라라고 주장한다. 인격적인 하나님인 알라는 창조주이며, 입법자이고 우주의 재판관이다. 아랍어로 알라(Allah)는 문법적으로 복수 형태로 구성될 수가 없고 알라는 하나이며 유일한 하나님이다. 이슬람은 하나님의 철저한 초월성과 단일성을 반복적으로 그리고 호전적으로 단언한다. 따라서 이슬람은 하나님에게는 아들이나 동료가 있을 수 없다고 주장한다.

> 단연코 그들은 이렇게 말하는 자들을 믿지 않는다. 즉 확실히 알라(Allah), 그는 메시아이며 마리움의 아들이다 그리고 메시아는 이렇게 말했다. 아 이스라엘의 자녀들이여! 나의 주와 너의 주인 알라를 섬기라. 분명히 알라는 알라와 (다른 이들을) 연계시키는 자는 누구든지 그가 낙원에 가는 것을 금지했고 그의 거처는 화염이다. 그리고 불의한 자를 위해서는 돕는 자가 없을 것이다.
> 단연코 그들은 이렇게 말하는 자들을 믿지 않는다. 즉 확실히 알라가 세 분 중에 세 번째(위격)이시다. 그리고 한 분 하나님 외에는 그 어떤 신도 없다. 만일 그들이 말하는 것을 그만두지 않으면 의심하는 자들 속에서 고통스러운 징벌이 가해지게 될 것이다(쿠란 5:72-73).[10]

2) 천사와 마귀

이슬람은 유한하고 비물질적인 존재들의 실재를 긍정한다. 이런 존재들은 알라의 통제 아래 있는 천사들이다. 두 명의 천사는 인간들의 선

---

10 *The Holy Qur'an*, trans. M. H. Shakir (Elmhurst, N.Y.: Tahrike Tarsile Qur'an, 1983), ⟨http://quod.lib.umich.edu/k/Korn⟩. 앞으로 나오는 쿠란의 번역은 이 자료를 사용했다.

하고 악한 모든 행위의 목록을 만드는데 이 행위들은 최후 심판의 날에 내보이게 된다(쿠란 50:17-18; 53:5-10; 81:20). 천사 이외에 진(jinn)으로 알려진 영들이 있으며 선한 진과 악한 진이 있다. 쿠란 자체는 가브리엘 천사를 통하여 마호메트에게 계시된 것으로 알려져 있다. 무슬림들은 또한 악한 영의 우두머리인 사탄의 존재를 믿는다.[11]

3) 선지자

알라는 선지자들에게 영감을 주어 복종의 메시지를 인류에게 선포한다. 첫 번째 선지자는 첫 번째 인간인 아담이었다. 다른 많은 이들이 있는데 모세, 다윗, 세례 요한과 예수님이 포함되며(쿠란 3:84), 예수님은 죄가 없고 기적을 베푸는 메시아로 알려져 있다(나는 나중에 예수님에 대한 이슬람의 관점에 대해 더 얘기할 것이다).

25명에 달하는 선지자들이 쿠란에 지명되어 있으나 무슬림 전통은 많게는 124,000명의 선지자들을 확인한다.[12] 어쨌든 최후의 선지자인 "선지자들의 봉인"(쿠란 33:40)은 마호메트로, 그는 하나님으로부터 최종적이고 완전한 계시인 쿠란을 받았다. 이는 마호메트가 22년이라는 기간(주후 610-632)에 걸쳐 받은 것이며 그의 사망 후에 수집되고 편집되었다. 하디쓰(Hadith)로 알려진 대규모의 저술 모음이 있는데 마호메트 생애에 있었던 사건들을 기록한다. 이 사건들의 기록은 쿠란만큼 권위가 있지는 않으나 무슬림들이 교리와 관행을 위해 참고하기 때문에 이슬람에 매우 중요한 저술물이다.

---

11 Mark Gabriel은 복음서의 예수님과는 달리 이슬람에서 마호메트는 악한 영들에 대해서 특별한 권능이나 권위를 가지는 것으로 간주되지 않았다고 지적한다(Gabriel, *Jesus and Muhammad*, 12장을 참고하라).

12 Abdul Saleeb, "Islam" in *To Everyone an Answer*, ed. Francis Beckwith, William Lane Craig and J. P. Moreland (Downers Grove, IL: InterVarsity Press, 2004), 351을 참고하라.

4) 거룩한 책들

무슬림들은 몇몇 선지자들이 신으로부터 영감 받은 책들을 받았다고 믿는다. 따라서 그들은 토라(타우랏[Taurat])는 모세로부터, 시편(자부르[Zabur])은 다윗으로부터, 복음서(인질[Injil])는 예수님으로부터 그리고 쿠란은 마호메트로부터 받은, 신적으로 계시된 거룩한 책들로 받아들인다.[13] 그렇지만 쿠란은 마호메트에게 직접 계시되었으며 그것의 시작부터 흠없이 보존되어 온 최종적이며 궁극적인 권위로 여겨진다. 성경이 쿠란에 모순되는 부분은(자주 상충됨) 쿠란이 옳고 성경이 틀린 것으로 간주된다.

5) 하나님의 심판

쿠란의 거의 모든 장은 알라의 마지막 심판에 대해 열정적으로 얘기하며 낙원보다는 지옥에 대해 훨씬 더 자주 말한다. 만일 한 개인의 선한 행위들이 악한 행위를 압도하게 되면(천사들이 점수를 관리함), 그/그녀는 상급으로 낙원을 기대할 수도 있을 것이다. 그렇지만 알라는 절대적인 주권을 지녔고 아무 곳에도 얽매이지 않기 때문에 개인은 그가 사후에 자비 또는 가혹함을 받게 될지 알 수 없다(쿠란 36:54; 53:38). 어쨌든 남자는 그가 참된 지하드에서 죽지 않는 한 그의 영원한 상태에 대해 확신할 수 없다. 지하드로 생을 마감하게 되면 그의 운명은 확실해지는데 여러 명의 천상의 처녀들에 둘러싸여 영원한 삶을 누리는 것이다.[14]

6) 신의 법령과 예정

알라는 절대적인 주권을 가지며 인간을 그의 친구나 하인이 아닌

---

13 물론 예수님 자신은 책을 저술하거나 세상에 전달하지 않으셨다. 신약에 의하면 그것은 사도적 증인들에게 남겨진 일이었다(쿠란 19:30을 참고하라).
14 나는 의도적으로 여자를 제외하고 남자들에 대해 기록하고 있다. 이슬람의 천국에는 현세계의 여인에 대한 묘사가 전혀 없다. 천녀(houris)로 언급된 여자들은 검은 눈동자를 가진 처녀들로 남자들에게 성적인 쾌락을 제공한다(쿠란 56:12-39 참고).

노예로 간주한다(쿠란 17:16; 59:23; 74:31; 35:8). 기독교와 유대교는 하나님의 섭리(providence)를 강조하는 것에 반하여 이슬람은 탄원 기도(petitionary prayer)를 배제할 정도로 신의 섭리를 강조한다. 기도는 쿠란의 부분들을 암송하여 알라의 권능을 불러일으키는 것을 수반하지만 알라의 뜻에 영향을 미치기 위한 사적인 기도 제목을 포함시키지는 않는다.[15]

이 여섯 가지 교리 위에 놓이게 되는 다섯 가지 기둥이 이슬람의 실행 강령들이다.

첫째, 알라를 하나님으로 마호메트를 그의 선지자로 고백하는 것이다(샤하다[shahada]). 이 믿음에 근거하여 한 개인은 무슬림으로 간주되는데 즉 알라에게 복종하는 자가 된 것이다. 허나 이 행위가 사람의 존재를 변화시키지는 못한다. 한 개인은 그저 하나의 믿음을 고백한 것이고 이는 그것에 따라 사는 것에 헌신하는 것을 함축한다.

둘째, 무슬림들은 메카를 향하여 매일 다섯 번씩 기도(살라트[salat])를 해야 한다. 이 기도들은 상당히 의식화 되고(ritualized) 육체적이며 기도 전 세정(ablutions)과 올바른 몸 자세가 요구된다. 자발적인 기도와 개인적 간청의 의미는 거의 찾아볼 수 없다.

셋째, 무슬림들은 구제를 행하도록 요구받는데(자카트[zakat]), 이는 그들 수익의 2.5%에 달하는 액수를 이슬람 자선단체에 기부하는 것이다.

넷째, 매년 한 달 동안 해가 뜨고 지기 전까지 금식할 것이 요구된다(라마단[Ramadan]).

다섯째, 만약 가능하다면 모든 무슬림은 이슬람의 탄생지인 메카를 성지순례해야 한다(하즈[hajj]).

---

15 Ergun Mehmet Caner and Emir Fethi Caner, *Unveiling Islam: An Insider's Look at the Muslim Life and Beliefs* (Grand Rapids: Kregel, 2002) 109-110. 그럼에도 불구하고 그런 방식의 기도를 무슬림들이 부인하지는 않는다. 그것이 이슬람의 교리와는 맞지 않다고 하더라도 말이다.

2. 이슬람과 기독교

이슬람은 유대교도들과 조로아스터교도들(다신교도들과 정령숭배자들과는 정반대로)과 더불어 기독교인들을 "책의 사람들"(people of the book)이라고 언급하며 기독교가 하나님의 최종적이며 영원한 계시임을 거부하고 기독교인들을 아주 부정적으로 "배교자"(the infidels, 카푸르[*kaffur*])라고 말한다.[16] 이런 이유는 마호메트가 "선지자들의 인봉"이고 알라의 선지자들 중 가장 위대한 최후의 선지자이기 때문이다(쿠란 48:27-28). 기독교의 탈선을 포함해서 과거의 실수를 수정할 수 있는 자는 마호메트밖에 없다. 이슬람은 기독교를 폐지하며(쿠란 48:27-28) 이슬람은 기독교를 대체한다. 폐지를 위한 논증은 기독교에 반박하는 이슬람에 의해 제기된 다섯 가지 주요 주장들에 깊이 뿌리박혀 있다. 이슬람의 세계 진출과 서구에서 증가하고 있는 그 영향력을 감안했을 때 이는 오늘날 기독교인들이 지적으로 대면해야만 하는 중대한 변증학적 도전이다.

1) 최초에 있었던 거룩한 책은 왜곡되어 왔다

하나님, 인간, 구원(경건 행위도 마찬가지로)의 본질에 대한 확실한 차이가 기독교와 이슬람 사이에 존재하기 때문에, 비록 무슬림들이 모세, 다윗과 예수님을 알라의 진정한 선지자들로 긍정하기는 하지만 이러한 불일치에 대해서 설명해야만 한다. 따라서 무슬림들은 유대와 기독교 선지자들(모두 알라의 선지자들이었음)에게 전달되었던 원래 계시가 변경되고 왜곡되어 왔다고 비난한다. 이 혐의는 두 가지 형태를 취한다. 즉 (1) 성경 저술물들의 원래 형태가 왜곡되어 있었다고 하거나 (2) 이슬람을 뒷받침했던 원래 기독교 문서들이 그 후에 변조되었다는 것이다. 쿠란이 구약과 복음서의 신적인 권위를 승인하기 때문에 (쿠란 4:48, 136;

---

16 다음에 이어지는 내용의 많은 부분은 Kevin Bywater's essay "Islam as the 'End' of Christianity: Assessing the Arguments for Abrogation," AnsweringIslam.org ⟨http://answering-islam.org/Intro/replcing.html⟩에서 영감을 받은 것이다.

5:47-51, 68-71; 10:94) 두 번째 주장이 무슬림을 위해서는 더 나은 논증을 제공한다.

그러나 19장에서 살펴보았듯이 신약은 무결점 상태(integrity)로 전달되어 왔다. 게다가 마호메트 시절부터 구약 본문은 오늘날 우리가 성경에서 읽는 내용과 실질적으로 유사하다.[17]

유대인들이나 기독교인들이 원래 문서들을 급진적으로 변경시켰다는 주장은 논리적으로 뒷받침될 수 없다.

첫째, 변경시킨 내용의 규모는 엄청났을 것이다. 성경에서 이슬람에 모순이 되는 모든 언급들을 원래 문서들에 삽입시켜 왔어야 했을 것이다. 삼위일체, 성육신, 예수님의 십자가 처형, 믿음만을 통한 구원 등의 내용들을 포함했을 것이다.

둘째, 고대 세계에서 신약이 급속도로 보급된 것을 감안할 때 어떤 그룹이라도 목전에서 모든 텍스트들을 입수해서 변경시키는 것은 불가능했을 것이다.

셋째, 우리가 아는 한 기독교 초기의 신약 본문들 중에서 이렇게 특징적인 기독교 교리들이 결여되어 있는 것은 없다.

성경의 내용이 근본적으로 변질되었기 때문에 이슬람의 진리를 가르치지 않는다고 하는 비난을 확고히 하기 위해 이슬람이 직면해야 하는 또 다른 장애가 있다. 마호메트가 알라로부터 610년에서 632년까지 받은 것으로 알려져 있는 쿠란은 마호메트의 메시지의 진실성과 선지자로서의 그의 지위를 확증하기 위해 기독교 성경을 참고하라고 말한다.

> 그러나 만일 당신이 우리가 당신에게 계시한 것에 대해 의심한다면 당신보다 앞서 책(성경[the Book])을 읽은 사람들에게 물어보라. 분명히 당신의 주님으로부터 진리는 당신에게 도달했

---

17 E. Tov, *Textual Criticism of the Hebrew Bible*, 2nd ed. (Minneapolis: Fortress, 2001), 27을 참고하라. 또 더 전반적인 내용으로는 Kenneth Kitchen, *On the Reliability of the Old Testament* (Grand Rapids: Eerdmans, 2003)를 보라.

고 따라서 당신은 논쟁자들처럼 그렇게 하지 말아야 한다(쿠란 10:94; 참고 쿠란 5:47-51, 72; 19:29-30; 21:7; 29:46-47).

글리슨 아처(Gleason Archer)는 "첫째, 쿠란의 저자는 구약과 신약의 복음서들이 완전한 영감을 받아 기록된 권위 있는 하나님의 말씀이라는 것과 둘째, 쿠란에 계시된 내용이 하나님의 참 진리임을 확인하기 위해 구약성경에 호소되어야 함을 강력하게 믿고 있었다"고 주목하며 쿠란의 가르침을 요약한다.[18]

이 시기의 성경 사본들은 오늘날 우리가 성경에서 읽는 내용과 실질적으로 일치한다. 아처는 이렇게 관찰한다.

> 성경(Holy Scripture)의 본문이 마호메트 당시인 주후 610-632년에 통용되던 것과 더 이상 일치하지 않는다고 하여 성경의 신용을 떨어뜨리는 것은 생각할 수 없는 일이다. 4세기(코덱스 바티카누스[Codex Vaticanus]와 코덱스 시나이티쿠스[Kodex Sinaiticus])와 5세기(코덱스 알렉산드리누스[Codex Alexandrinus])에 필사된 전체 신약 사본들은 쿠란의 계시보다 3세기 앞선다.

따라서 쿠란이 이슬람의 진실성의 검증을 위해 기독교의 성경을 참고하라고 할 때 쿠란은 자기 모순적이다. 마호메트 당시에 현존했던 기독교 성경은 하나님은 삼위일체의 하나님이며 그리스도는 성육신하신 하나님이며 구원은 예수 그리스도를 믿는 믿음을 통해서라고 가르치는데 이 모든 교리들은 이슬람이 거부하는 교리들이다.

게다가 쿠란이 선지자로 여기는 예수님은 구약을 하나님의 계시로 승인했다(마 5:17-20; 요 10:35). 예수님은 자신의 가르침은 하나님이 이전

---

18 Gleason Archer, "Confronting the Challenge of Islam in the 21st Century," in *Contend for the Faith: Collected Papers of the Rockford Conference on Discernment and Evangelism*, ed. Eric Pement (Chicago: Evangelical Ministries to New Religions, 1992), 96.

에 공개하신 것과 일치하는 것으로 여기셨다. 그럼에도 우리 모두가 알게 되겠지만 이슬람은 예수님에 대한 결정적인 주장들을 거부한다.

2) 예수님은 십자가형에 처해지지 않으셨다

쿠란은 예수님(이사[Issa 또는 Isa])이 십자가형에 처해진 것이 아니라고 진술한다.

> 그리고 그들은 이렇게 말한다. 분명히 우리는 알라의 사도며 마리움의 아들 이사, 즉 메시아를 죽였다. 그러나 그들이 그를 죽인 것도 아니고 그들이 그를 십자가형에 처한 것도 아니지만, 그들에게는 그인 것처럼(이사[Isa]처럼) 보여졌고 그 점에 있어서 의견을 달리하는 자들은 그것을 의심만 할 뿐이다. 그들은 그것에 대한 어떤 지식도 없지만 추측(conjecture)만 할 뿐이며 그들은 확실히 그를 죽이지 않았다. 아니! 알라는 그를 알라에게 데려가셨다. 그리고 알라는 전능하시고 지혜로우시다.
> 그리고 그 책(성경[the Book])을 추종하는 자는 한 명도 그렇게 믿지 않지만 대부분은 그의 사망 전에 이 일이 일어난 것을 확실히 믿으며, 부활의 날 그(이사[Isa])는 그들을 반박하는 증언을 하게 될 것이다(쿠란 4:157-59).

쇼캣 모우캐리(Chawkat Moucarry)는 이 본문을 고전 아랍어로 이해하는 것의 어려움에 대해 지적하기는 하지만, 이 본문은 전세계의 무슬림들에게 예수님은 십자가형에 처해진 것이 아니라 알라에 의해 어떤 형태로든 구출된 것을 의미하는 것으로 이해되어 왔다. 회교도의 마음에는 진정한 선지자가 그런 굴욕을 당해야 한다는 것은 생각할 수 없는 일이다. 따라서 만일 예수님이 선지자였다면 그분은 십자가형에 처해지지 않은 것이 틀림없다. 그렇지만 쿠란의 또 다른 구절은 예수님은 죽게 될 것이라고 주장한다(쿠란 3:54-55). 대부분의 무슬림들은 이것을 예수님이 미래 어느 시점에 천국에서 다시 돌아온 후에 죽는 것을 의미하

는 것으로 해석한다. 그러나 그분이 처음으로 이 땅에 계셨을 때 그분은 알라에게 직접 보내졌다.[19]

복음서들과 신약의 나머지 부분을 훑어보면 십자가에 달리신 예수님의 죽음은 기독교 메시지에 있어서 뿌리깊은 핵심을 이룬다. 20장에서 논의했듯이 구약성경은 예수님의 죽음을 예언한다(사 53장).

예수님은 제자들에게 자신의 임박한 죽음에 대해 말씀하셨고(마 12:39-40; 요 10:11), 십자가 상에서 그분의 죽음은 모든 사복음서에 기록되어 있으며 그것은 신약의 모든 책에 가정되거나 표현된다. 이런 책들이야말로 나사렛 예수에 대해 입수 가능한 가장 오래되고 신뢰할 수 있는 문서들이다. 바울이 복음을 요약한 것을 보면 예수님의 죽음이 기초를 이룬다.

> 내가 받은 것을 먼저 너희에게 전하였노니 이는 성경대로 그리스도께서 우리 죄를 위하여 죽으시고 장사 지낸 바 되셨다가 성경대로 사흘 만에 다시 살아나사(고전 15:3-4).

게다가 현대 역사학자들은 예수님이 십자가형으로 처형된 것에 동의한다. 자유주의 수장인 루돌프 불트만(Rudolf Bultmann)도 이것을 믿는다. 마호메트 이전 6세기에 걸쳐서 기독교인들(과 유대인들)은 예수님이 십자가에 못 박히신 것을 믿었다.

세속적인 역사학자들은 인간의 죄를 대속한다는 점에서 예수님의 죽음의 의미를 거절할 수도 있겠지만, 그들은 십자가형에 의한 예수님의 죽음의 **사실성**(factuality)에 의문을 제기하지는 않는다. 따라서 이에 반대되는 모든 주장은 기독교교회의 우주보편적인 주장과 고대 역사학자들 대다수의 증언을 논박할 입증책임을 가진다(22장 참고).

---

19 회교도적 관점을 탁월하게 강해한 내용으로는 Chawkat Moucarry, *The Prophet and the Messiah: An Arab Christian's Perspective on Islam and Christianity* (Downers Grove, IL: InterVarsity Press, 2001), 128-144를 보라.

3) 예수님은 하나님이 아니다

무슬림들은 예수님이 하나님이라는 고백에 혐오감을 갖는다. 쿠란은 알라에 대해서 "셋이 아니라고 말하라"(쿠란 4:171) 그리고 "알라는 어떤 아들도 없다"(쿠란 72:3)고 단언한다. 따라서 무슬림들은 알라는 파트너가 없다고 주장하며 삼위일체되신 하나님을 거부한다.

> 결단코 알라는 그 어떤 것이라도 그 분과 연계되는 것을 용서하지 않으시며 알라는 이것 외에 다른 것에 대해서는 그가 원하면 기꺼이 용서해 주신다. 그리고 누구라도 알라와 어떤 것을 연계시키는 자, 그는 실로 돌이킬 수 없을 만큼 먼 오류의 길로 잘못 들어서는 것이다(쿠란 4:116).

이슬람에 의하면 예수님은 알라의 선지자로 처녀로부터 잉태된 죄없는 메시아(성경적 관점에서 보면 축소된 규모로)다. 쿠란이 선포하듯이, 그는 다시 올 것이나 결단코 신은 아니다.

> 책의 추종자들이여! 당신들 종교의 한계를 넘어서지 말라. 그리고 알라에 반대해서 (거짓을) 말하지 말라. 그러나 진리는 (말하라). 마리움의 아들 이사인 그 메시아는 알라와 알라의 말씀의 사도에 불과하며 알라는 마리움에게 그리고 알라에게서 나온 영과 의사소통하셨다. 그러므로 알라와 그의 사도들을 믿으라. 그리고 셋이라고 얘기하자 마라. 그만두는 것이 당신에게 좋다. 알라는 오직 한 분이신 하나님이시다. 알라에게 아들이 있어야 한다는 것은 알라에게 전혀 영광이 되지 않는다. 하늘에 있는 그 어떤 것이나 그리고 땅에 있는 그 어떤 것이나 다 그의 것이며 알라는 보호자로서 충분하시다(쿠란 4:171).

단연코 그들은 이렇게 말하는 자들을 믿지 않는다. 즉 확실히 알라(Allah), 그는 메시아이며 마리움의 아들이다. 그리고 메시아는 이렇게 말했다. 아 이스라엘의 자녀들이여! 나의 주와 너의 주인 알라를 섬기라. 분명히 알라는 알라와 (다른 이들을) 연계시키는 자는 누구든지 그가 낙원에 가는 것을 금지했고 그의 거처는 화염이다. 그리고 불의한 자를 위해서는 돕는 자가 없을 것이다(쿠란 5:72).

이에 대한 답변으로 우리는 가장 신뢰할 수 있는 문서에 반드시 호소해야 한다. 그것은 신약이다. 20, 21장에서 논의된 것처럼, 이러한 문서들이 여러 방면으로 입증하듯이 예수님은 신성을 주장했고 예수님의 사도들은 반복적으로 이를 긍정했다. 만일 그렇다면 쿠란의 주장들은 순수하게 역사학적인 근거에 의해서 제거될 수 있다.

때로 무슬림들은 예수님이 그분의 아버지께 기도하신 것과 아버지가 자신보다 더 크다고 예수님이 말한 것 등을 감안하면 예수님은 하나님일 수가 없다고 주장하며 예수님의 신성에 반대하는(비록 쿠란이 그렇게 하지는 않지만) 철학적 논증을 사용한다. 앞에서 살펴본 바와 같이, 이런 반대의견은 최근 몇십 년간 철학자들에 의해 일관된 취급을 받아 왔다. 21장에서 논의했듯이 성육신의 개념은 모순적이지 않을 뿐더러 기독교 신조나 신앙고백에서 모순적인 것으로 확인된 적은 한 번도 없다. 따라서 이 비난은 호소력이 없다.

4) 하나님은 삼위일체가 아니다

이슬람은 하나님이 삼위일체이라는 것을 거부하고 알라는 아들이나 파트너가 없이 절대적으로 하나라고 단언한다. 그 어떤 다른 교리도 다신교로 간주해서 혐오한다.

단연코 그들은 이렇게 말하는 자들을 믿지 않는다. 즉 확실히 알라가 세 분 중에 세 번째 (위격)이시다. 그리고 한 분 하나님

외에는 그 어떤 신도 없다. 만일 그들이 말하는 것을 그만두지 않으면 의심하는 자들 속에서 고통스러운 징벌이 가해지게 될 것이다(쿠란 5:73).

쿠란은 성경에 소개된 삼위일체의 본질을 오해한다(4장 참고). 성경은 한 분이신 하나님(신 6:4)과 하나님이신 세 위격—아버지, 아들, 성령—에 대해 말하는 반면에 쿠란의 성경번역은 성령을 빠뜨리고 마리아를 신적인 위격 중 하나로 여긴다.

그리고 알라가 말할 것이다. 오 마리움의 아들 이사[Isa]여! 너는 남자들에게 나와 나의 어머니를 알라 이외의 두 신들로 여기라고 말했느냐. 그때 이사는 이렇게 말할 것이다. 당신에게 영광을 올려드립니다, 내게 (말할) 권리가 없는 것을 내가 말하다니 그것은 나답지 않은 것입니다. 만일 내가 그것을 말했다면 당신은 그것을 정녕 알았을 것입니다. 당신은 내 마음 속에 있는 것을 아시고 나는 당신의 마음 속에 있는 것을 압니다. 확실히 당신은 보이지 않는 것들의 위대한 인식자(Knower)이십니다 (쿠란 5:116).

이 삼인조(threesome)는 마호메트의 이전에, 그와 동시대에 혹은 마호메트 이후에 그 어떤 기독교의 분파에 의해서도 삼위일체 신으로 긍정된 적이 한 번도 없었다. 쿠란은 이에 대해 명백히 틀린 것이고 따라서 이 이슈가 심각하게 고려되어서는 안 된다. 그렇지만 무슬림은 하나님은 셋이며 하나일 수 없다(비록 쿠란은 그렇게 우기지 않지만)는 순수하게 논리적인 점을 우길 수 있다. 성육신이 비논리적이라고 거부되었을 때 우리는 동일한 정신과 동일한 논리로 대응하면 된다.

교리의 정통적 표현은 모순되지 않으며 모순없이 하나님의 하나되심과 하나님의 삼위일체를 이해하는 다양한 방식들이 있다. 어떤 접근법이든지 그것의 골격은 하나님은 한 측면에서는 하나이시며(실체의 신적 본질) 다른 측면에서는 셋이시다(각 구성원의 위격성)라고 주장하는 것이다.

5) 예수님은 이슬람의 선지자셨다

이슬람은 예수님의 "복음"(인질[*injil*])은 구약 선지자들의 가르침인 "한 개인은 반드시 알라를 예배해야 하고 그의 율법에 순종해야만 한다"와 다를 바가 없었다고 가르친다. 모든 선지자들과 사자들은 본질적으로 동일한 것을 선포했지만 마호메트가 최종적으로 가장 위대한 선지자다. 그렇지만 알라의 선지자인 예수님의 이 간단한 메시지는 상실되었고 그것이 왜곡된 기독교 복음에 의해 대체되었다.

앞선 논증들을 통해 우리의 반증(counterclaim)이 제기되었다. 신약의 증언은 쿠란의 수정론(revisionism)보다 역사학적으로 훨씬 더 잘 확립되어 있다. 우리가 알고 있는 한 예수님의 인격의 본성과 메시지에 대한 문서로 복음서들과 나머지 신약보다 더 이른 문서들은 없다. 신약의 어떤 책들에서도 연약한 인간들이 신의 율법을 알고 그대로 살도록 알라의 선지자가 강력히 권고하는 경우는 없다.

대신 신약의 모든 책을 조명하는 인물은 심각한 결함이 있는 인류의 구세주이신 주님이시다(막 7:20-23). 예수님은 한 번도 사람들에게 구원을 받기 위해서 더 열심히 노력하라고 요구한 적이 없으며 오히려 사람들이 자신들의 죄에서 용서받고 영원한 생명을 받도록 사람들을 그분에게 오라고 부르셨다(요 3:16-18).

결정적인 예수님의 메시지는 자신이 하나님의 아들이요, 구세주며, 주라는 것이었다(요 3:16-18; 14:1-6; 마 11:27). 오직 예수님 한 분만 그분의 고결한 생애와 십자가 상에서의 순종적인 죽음을 통해서 하나님의 뜻에 완벽하게 순종하셨다. 이 비할 데 없는 삶은 바울이 로마서 도입부에서 강조하듯이 그분의 부활로 인해 더없는 영광의 자리로 높임을 받으셨다.

> 예수 그리스도의 종 바울은 사도로 부르심을 받아 하나님의 복음을 위하여 택정함을 입었으니 이 복음은 하나님이 선지자들

을 통하여 그의 아들에 관하여 성경에 미리 약속하신 것이라 그의 아들에 관하여 말하면 육신으로는 다윗의 혈통에서 나셨고 성결의 영으로는 죽은 자들 가운데서 부활하사 능력으로 하나님의 아들로 선포되셨으니 곧 우리 주 예수 그리스도시니라 (롬 1:1-4).

앞의 다섯 가지 주장에 근거해서 이슬람은 스스로를 기독교를 대체한, 전인류를 위한 하나의 진정한 종교로 여긴다. 알라 앞에 모두 순복해야만 한다. 하지만 신약의 자격과 예수님 자신의 최고권을 고려할 때 이러한 주장들 중 어떤 것도 버텨내지 못한다. 이 두 종교들 각각의 자격 조건들을 감안했을 때 이슬람이 기독교를 승계하는 것이라고 믿을 이유가 전혀 없다.

예수님의 주 되심(lordship)이 영원하고 우주보편적인 것이기에(마 28:18-20; 행 4:12; 엡 1:15-23), 그것을 부인하는 모든 사람은 모두 그리스도 자체를 부인한 것이며 자신들을 유일한 구원의 길에서 제외시킨 것이다. 예수님이 경고하신 것처럼 말이다.

거짓 선지자들을 삼가라 양의 옷을 입고 너희에게 나아오나 속에는 노략질하는 이리라 그들의 열매로 그들을 알지니 가시나무에서 포도를, 또는 엉겅퀴에서 무화과를 따겠느냐(마 7:15-16).

이슬람은 예수님이 그리스도임을 거부하여 예수님을 단지 인간 선지자에 지나지 않는 것으로 만들어버린다. 그렇게 하는 것은 시간과 영원 속에서 유일한 구원의 길인 복음을 부인하는 것이다. 따라서 그것은 복음을 배신했던 갈라디아의 어떤 초대교회를 사도 바울이 경고한 것과 같은 범주에 든다.

그러나 우리나 혹은 하늘로부터 온 천사라도 우리가 너희에게 전한 복음 외에 다른 복음을 전하면 저주를 받을지어다(갈 1:8).

예수 그리스도는 하나님의 최종적이고 최고인 계시다. 예수님은 다른 선지자에 위해 승계될 수 없다. 예수님은 그분의 추종자들을 위임하셔서 그들이 모든 민족으로 제자삼고 삼위일체 하나님의 이름으로 세례를 주고 그리스도가 추종자들에게 이미 가르치신 모든 것을 다른 사람들에게도 가르치게 하셨다. 이 사역의 근간이 되는 것은 예수님 자신의 나무랄 데 없는 그리고 영원한 권위였다.

그분은 "하늘과 땅의 모든 권세"를 소유하고 계시며 "세상 끝날까지" (마 28:18-20) 그분의 제자들과 함께 계실 것이다. 바울은 이에 대해 에베소 교인들에게 상세히 기록하는데 바울은 부활과 승천하신 그리스도의 위대함에 대한 형언할 수 없는 희열에 차서 이렇게 선포한다.

> (예수 그리스도는) 모든 통치와 권세와 능력과 주권과 이 세상뿐 아니라 오는 세상에 일컫는 모든 이름 위에 뛰어나게 하시고 또 만물을 그의 발 아래에 복종하게 하시고 그를 만물 위에 교회의 머리로 삼으셨느니라 교회는 그의 몸이니 만물 안에서 만물을 충만하게 하시는 이의 충만함이니라(엡 1:21-23).

그리스도의 영원무궁한 최고권은 7세기에 있었던 종교 지도자의 진술에 의해서 공격될 수 있는 것이 아니다.

3. 이슬람과 인간의 상태

이슬람은 쿠란이 하나님의 계시로서의 성경(지금 우리 수중에 있는)을 대체한다고 주장한다. 여기서 쿠란의 권위를 위한 논증들을 언급할 수는 없지만 그리스도와 성경에 대한 쿠란의 잘못된 주장들을 감안할 때 쿠란이 신에 의해 영감을 받은 것이라고 여길 이유는 전혀 없다고만 해두겠다.[20] 내가 기독교 세계관에 대한 사례를 펼쳐오는 동안, 나는 성경과 일치하지 않는 회교적 일신교를 논박해 왔다.

그러나 이슬람을 반박하는 사례로는 성경적인 문서들의 역사적 신뢰성뿐만 아니라 실재의 주요 국면들을 더 잘 설명하는 개념적 체계로서의 기독교에 대한 이해도 포함한다. 하나님에 대한 우리의 관계에 대해서 이슬람과 극명한 대조를 이루는 기독교의 두 가지 측면에 대해 주의를 기울여보고자 한다.

첫째, 인간상태는 단순한 연약함과 율법에 대한 무지함이 아닌 철저한 타락과 부패함이다. 이슬람이 가르치듯이 만일 인간들이 무고하게 태어난다면 왜 세상은 악으로 가득차 있는가?[21] 이슬람과는 달리 기독교는 인간은 하나님의 형상과 모양을 따라 만들어진다고 가르친다. 그렇지만 원래의 이 위대함은 죄로 끔찍하게 훼손되어서 오직 위로부터의 구출인, 그리스도 안에서의 하나님으로부터 오는 구출만 필요충분적이어서 우리를 우리의 죄에서 용서하고 하나님과 바른 관계에 놓이게 하고 영원한 생명을 부여해 줄 수 있다(18, 20장 참고).

둘째, 우리를 대신한 그리스도의 사역을 고려해 보면 기독교 믿음은 인간이 하나님으로부터 사랑받고 있다는 확신을 제공해 준다. 구원은 행함을 통한 것이라고 가르치는 이슬람과는 달리 복음은 구원이 전적으로 예수 그리스도의 삶, 죽음과 부활에 드러난 하나님의 사랑에 기초한 은혜를 통한 것이라고 가르친다. 따라서 그리스도를 따르는 자는 하나님을 사랑하고 하나님으로부터 사랑을 받고 그/그녀의 이웃(또는 원수)을 사랑하도록 자유케 된다. 하나님과 인간 사이의 사랑에 대한 이 뿌리깊은 강조가 쿠란에는 없다.[22]

20　Norman Geisler and Abdul Saleeb, "An Evaluation of the Qu'ran" in *Answering Islam*, rev. ed. (Grand Rapids: Baker 2002)을 참고하라.

21　이에 대해서는 이전에 무슬림이었던 Jerry Rassaminid가 소개한 논증, *From Jihad to Jesus: An Ex-Muslim's Journey of Faith* (Chattanooga: Living Ink, 2006), 3장을 보라.

22　Mark Gabriel, "Teachings About Love," in *Jesus and Muhammad* (Lake Mary, FL: Charisma House, 2004)를 참고하라.

이슬람과 달리 기독교인들은 하나님의 종으로만 간주되지 않고 하나님이 아주 사랑하는 친구들로 간주된다(요 15:16). 그렇다. 기독교인들은 모든 것에 대해서 하나님께 순복해야 한다(약 4:7-8). 그분은 주님이시다. 허나 이 순복은 하나님의 영광과 그분의 자녀들을 향하신 그분의 긍휼함을 아는 지식에 근거한 것이다.

기독교인들은 자주 하나님과 그들의 관계에 대해서 말하는데 그것은 당연한 것이다. 하나님은 종종 불가사의하시지만(롬 11:33-36) 그분의 구원된 자녀들에게 아버지, 상담가와 친구로 만나주신다. 게다가 하나님은 하나님의 뜻을 성취하시기 위해서 당신이 지극히 소중하게 여기시는 종들에게 힘을 주신다(벧전 4:11). 반대로 알라는 그의 성품을 피조세계에 나타내지 않는다. 단지 쿠란에 알려진 그의 뜻만 있을 뿐이다. 무슬림들은 알라의 절대적인 권위에 복종하지만, 그럼에도 알라와의 교제나 알라와의 살아 있는 관계에 대해서는 말하지 않는데 왜냐하면 무슬림들은 이렇게 하는 것이 알라의 타자성(otherness)과 최고권을 손상시키는 것이라고 믿기 때문이다.

그렇지만 하나님은 전에 들어보지 못한 말투, 또한 이슬람에서는 파문(anathema)거리가 될 수 있는 그런 말투로 우리를 그분과의 가족 관계로 초청하신다.

> 너희는 다시 무서워하는 종의 영을 받지 아니하고 양자의 영을 받았으므로 우리가 아빠 아버지라고 부르짖느니라 성령이 친히 우리의 영과 더불어 우리가 하나님의 자녀인 것을 증언하시나니(롬 8:15-16).

4. 이슬람에 흔들리지 않는 기독교

이슬람이 전세계에 흩어져 있는 10억 가량의 영혼들에게 충성을 명령하지만(그리고 자주 폭력적인 방법으로) 기독교를 무효화하는 것에 성공했다는 그 주장은 이 장에서 제시된 모든 이유들로 인해 실패한다. 이슬람은 하나님, 그리스도와 구원에 대한 성경의 주장을 반박하기 위한 입증책임을 감당할 수가 없다.

기독교인들이 기독교 세계관의 진리와 합리성으로 무슬림들에게 도전하려 할 때 이것을 명심하는 것이 좋겠다.[23]

---

23 이 장은 이슬람의 비난에 대해 기독교를 변론하는 것에 초점을 맞췄다. 여기서 무슬림 전도를 위한 구체적인 전략을 제시하지는 않았다. 무슬림을 복음화하는 것에 대해서는 Abdiyah Abdul-Haqq, *Sharing Your Faith with a Muslim* (Minneapolis: Bethany House, 1980); Anne Cooper and Elsie Maxwell, *Ishmael My Brother: A Christians Introduction to Islam* (London: Monarch Books, 2004); Phil Parshal, *Muslim Evangelism: Contemporary Approaches to Contextualization* (Waynesboro, GA: Gabriel Publishing, 2003)을 참고하라.

25장

악의 문제

막다른 골목과 기독교 해답

남북전쟁이 이미 오래전에 미국에서 노예제도를 폐지했다고 하는데, 덴버에 살던 한 사우디 아라비아 남자는 자신의 집에서 인도네시아 여인을 노예로 부리고 있다가 실형을 선고 받았다. 이 인도네시아 여인은 십대에 사우디 아라비아에서 미국으로 붙잡혀 왔다. 덴버에서 그녀는 집안에서 가사 노동을 하고 밤에 잠은 지하실 매트리스 위에서 자도록 강요당했다. 그녀는 또한 이 사우디 남자에 의해 성적인 학대도 당했다.[1]

이뿐 아니라 노예제도와 인신매매는 국내와 세계적으로 증가하고 있다. 역사상 그 어느 때보다 오늘날 더 많은 사람들이 노예가 되고 있다.[2]

이는 깨어지고 유혈이 낭자한 세상에서 벌어지는 다른 여러 일들과 마찬가지로 악한 것이다. 상대주의는 여기서 공허하게 들린다. "사람에 대한 사람의 비인도적 행위(inhumanity)"는 역사의 전면에 대서특필되고 그것은 우리에게 죽음의 수용소, 고문, 가난, 강간, 인종차별주의와 테러

---

1 Kieran Nicholson, "Saudi Gets 28 Years to Life in Nanny Abuse," *Denver Post*, September 1, 2006 〈www.denverpost.com/search/ci_4269856〉. 그는 모범적인 행동으로 감형되었다.
2 David Batstone, *Not for Sale* (San Francisco: HarperOne, 2007)을 참고하라. 또한 Kevin Bales, *Ending Slavery: How We Free Today's Slaves* (Berkeley: University of California Press, 2007)도 참고하라.

리즘이라는 가장 생생하고 끔찍한 전람회를 제공한다. 개들은 달을보며 청승맞게 울어대고 어미 곰은 죽어 있는 자신의 새끼 곰 시체 주변을 서성대며 통곡한다. 그러나 인간들은 악을 불가사의하게 여기며, 애통해하고 항의한다. 인간은 잘못을 시정하기 위해, 억압된 자들의 정의를 위해, 소망이 박탈된 세상에서 소망을 느껴보기 위해 하늘을 향해 울부짖는다. 질식할 듯한 강력한 악의 손아귀에서도 인간은 하늘을 향한다. 상처받은 사람의 질문은 자주 비난으로 옮겨 가고 비난에서 반항으로 그리고 반항에서 불신으로 옮겨 간다.

선한 하나님 앞에 있는 악의 존재는 고전적으로 악의 문제로 불렸다. 간단히 말해, 만일 하나님이 존재한다면 그런 악이 존재해서는 안 된다는 것이다. 왜냐하면 하나님은 그런 악을 중단시킬 수 있는 능력과 갈망이 있으실 것이기 때문이다. 따라서 하나님의 존재나 하나님의 선함이나 하나님의 능력에 의문을 제기하는 것이다. 이 문제를 상세히 다루기 전에, 나는 악의 의미를 명확히 설명해 보아야 한다.

악이란 무엇인가? 이 골치 아픈 문제는 우리로 하여금 거의 쉬지 않고 악을 인지케 하지만 쉬운 대답은 없다. 악은 비인간세계(동물과 더 큰 환경)의 기대에도 부응하지 않을 뿐만 아니라 인간의 기대도 좌절시킨다. 인간과 짐승 모두에게 불필요한 고통은 악이다. 삼림파괴도 악이 될 수 있다. 악은 수많은 종류들과 사례들을 통해 오지만 악의 영역은 자연적인 악과 인간적인 악, 두 범주로 나눌 수 있다.

자연적인 악은 자연계(natural world)가 토네이도, 지진, 해일, 허리케인, 홍수처럼 포악하게 바뀌는 것이다. 질병과 기형도 이 범주에 해당되는데 왜냐하면 질병과 기형은 인간에 의해 촉발된 것이 아니기 때문이다. 여기에는 장애를 동반하는 질병(루푸스, 섬유근통, 과민성 대장증후군)뿐만 아니라 치명적인 병(선천성 결함, 암, 뇌졸증)도 포함한다.[3]

---

[3] 만성적 질병을 이해하고 대처하는 것에 대해서는 Jeffrey Boyd, *Being Sick Well* (Grand Rapids: Baker, 2005); James Rotholz, *Chronic Fatigue Syndrome, Christianity, and Culture* (Binghamton, N.Y.: Hayworth Medical Press, 2002)를 참고하라.

그 다음으로는 인간의 수중에서 시작되는 악이 있다. 그것은 총, 칼, 폭탄, 펜과 혀에서 시작된다. 우리는 거짓말을 하고 살인하고 도적질하기도 하며, 아니면 우리는 거짓말을 당하고 죽임을 당하고 도적질을 당한다. 인간의 잔인함은 늘 우리 주변에 있고, 우리 속에서도 잔인함을 찾게 될 것이다.

홀로코스트 생존자인 엘리 위젤(Elie Weisel)은 그의 역사적인 소설 『나이트』(Night)에서 히틀러의 죽음의 수용소에서 맞이한 그의 소년기를 이렇게 묘사한다. 그는 한 유대인 아이가 사소한 위반을 범해서 교수형에 처해져서 매달려 있는 것을 보았다. 허나 그 아이의 가벼운 몸무게는 바로 옆에 매달려 있던 장성한 남자들의 경우처럼 아이의 목뼈를 빨리 부러뜨리지 못했다. 대신 그 소년은 반은 살고 반은 죽어서 그렇게 몇 시간 동안이나 허공에 매달려 있었다. 지켜보고 있던 죄수 중 한 명이 울부짖었다, "하나님은 어디에 계십니까? 하나님은 어디에 계십니까?" 다른 이가 대답했다, "하나님은 바로 저 올가미에 아이와 함께 매달려 계십니다." 위젤은 지옥 같은 자신의 이야기를 맺으며 이렇게 이야기한다, "그날 밤 수프에서는 시체 맛이 났습니다."[4]

이런 악들은 의도적인 악이다. 그럼에도 또 인간적인 악의 다른 범주가 있는데 그것은 비의도적인 것으로 전쟁터에서 "아군의 포격"을 통한 사망과 상해와 같은 것으로 자동차 사고, 비행기 사고, 열차 사고, 의료 사고 등이 있다. 이런 것들은 부주의로 인한 인간의 과실을 포함하겠지만, 해(harm)가 의도적으로 초래되지는 않는다.

비록 인간들은 악에 대해 철학적으로 이론화하고, 짐승들은 (짐작하건대) 철학적으로 이론화하지 않는다. 하지만 우리는 고통을 함께 나누는 것에서 짐승을 제외시킬 수는 없다. 감상적 오류(pathetic fallacy: 인간의 감정을 동물에게 귀속시키는 것을 말한다)[5]에 빠지지 않아도, 어떤 포유동물들은 슬픔과 두려움의 표시를 낸다는 것을 우리는 인정한다. 포유

---

4 Elie Wiesel, *Night* (New York: Avon Books, 1969), 76.
5 특히 미술이나 문학에서 많이 행해진다-역주.

동물들은 분명히 고통을 느낀다.[6] 한 떼의 고래 무리가 해안가에 밀려와 불가사의한 떼죽음을 당하는 것이나 아주 아끼는 애완동물이 어린 나이에 죽는 것이나 동물들이 공장화된 축산 농장에서 학대받는 것은 비극적인 일이다.[7]

1. 악의 문제를 공식화하기

과연 무엇을 두고 악의 문제라고 하는 것인가? 이 문제는 에피쿠로스(Epicurus)에 의해 고전적으로 진술되었다.

> 하나님은 악을 제거하기 원하는데 악을 제거할 능력이 없거나 혹은 하나님은 악을 제거할 능력이 있는데 악을 제거하는 것을 원치 않거나 혹은 하나님은 악을 제거하는 것을 원하지도 않고 악을 제거할 능력도 없거나 혹은 하나님은 악을 제거하는 것을 원할 뿐만 아니라 악을 제거할 능력도 있다.

그런 다음 에피쿠로스는 각각의 가능성을 이끌어 내는 것을 시도한다.

1. 만일 하나님이 악을 기꺼이 제거하기 원하는데 악을 제거할 능력이 없다면, 하나님은 유약하며, 이는 하나님의 성품에 부합되지 않는 것이다.
2. 만일 하나님이 악을 제거할 능력이 있는데 악을 제거할 용의가 없다면, 하나님은 시기하는 것이며[악을 의미함], 이것도

---

[6] 동물의 고통과 또 그것이 인간의 고통과는 어떻게 다른지에 대해서는 Michael Murray, *Nature Read in Tooth and Claw* (New York: Oxford University Press, 2008), 41-72를 보라.

[7] 분명히 말하면 나는 채식주의자는 아니지만 공장식 농장에서 이윤지향적(profit-driven)인 잔인한 운영방식 때문에 많은 동물들이 당하는 처사를 부인할 수 없다.

마찬가지로 하나님과는 모순된다.
3. 만일 하나님이 악을 제거할 용의도 없고 악을 제거할 능력도 없다면, 하나님은 시기할 뿐 아니라[악을 의미함] 유약한 것으로 따라서 하나님이 아니다.
4. 만일 하나님이 악을 제거할 용의도 있고 악을 제거할 능력도 있다면, 이것만 하나님께 어울리는 것으로, 그렇다면 악은 어떤 근원에서 유래하는 것인가? 바꾸어 말하면 왜 하나님은 악을 제거하지 않는가?[8]

나는 이 장의 후반부에 가서 기독교 유신론의 구체적인 문제점에 대해 상세히 설명해 보겠다.

2. 전략 개발

악의 문제는 기독교인들을 반박하기 위한 비장의 카드로 자주 제시된다. 위협적으로 논증을 휘두르기 위해서 꼭 에피쿠로스(또는 David Hume)처럼 유창하게 말할 필요는 없다. 악이 존재한다. 그러므로 하나님은 존재하지 않는다. 그러나 이것보다 얘기되어야 할 것은 훨씬 더 많다.

이 장을 책 말미에 배치한 이유는 우리가 이 문제를 철학적인 진공에서 다뤄서는 안 되기 때문이다. 우리는 기독교 믿음의 사례는 다면적(multifaceted)이고 누적적(cumulative)이라고 주장해 왔다. 기독교는 수많은 논증들에 의해 이성적으로 지지된다. 만일 그렇다면 기독교 세계관은

---

8 Epicurus, William Dyrness, *Christian Apologetics in a World Community* (Downers Grove, IL: InterVarsity Press, 1983), 153에서 인용됨. 나는 하나하나 열거한 주장들을 사용함으로써 인용 내용을 조금 각색하였다. Epicurus는 그리스도 전 시대 사람이어서 고대 유대인들과 그들의 일신교와는 아마도 접촉점을 갖지 못했을 텐데도 불구하고 그가 하나님을 전능(all-powerful)하시고 전선(all-good)하신 것으로 분명하게 상상한 것은 흥미진진하다.

한 가지 특정한 문제에 의해서 얼핏 보아 논박될 수 없다. 악의 문제는 기독교(그리고 곧 알게 되겠지만 그 어떤 세계관에 있어서도)에 있어서 무거운 주제이나, 강한 체질은 비중이 큰 무거운 짐을 감당할 수 있다.

따라서 이 문제는 우주에 있는 인격적이고 도덕적인 창조주의 증거에 비춰서 토론해야 한다. 인격적이고 도덕적인 우주의 창조주는 그분의 형상을 따라 인간들을 창조했고 또한 예수 그리스도의 생애, 죽음과 부활에서 절정을 이루는 그분의 계시를 이스라엘에게 주시는 것을 통해 인간들이 타락한 상태에 있었을 때에도 그들을 찾으셨다. 우리가 악의 문제를 고려할 때에는 기독교 세계관을 위해서 그리고 기독교 세계관의 경쟁자들에 반박하기 위해서 지금까지 제시된 **모든 논증들**을 꼭 고려해 보아야 한다.

그러나 악의 존재가 전선(all-good)하시고 전능(all-powerful)하신 하나님의 존재에 불리하게 작용하는가? 이 문제에 직접 대답하기 전에 우리는 악을 설명하는 것에 해당되는 비기독교적인 대안 다섯 가지를 반드시 고찰해 보아야 한다.

3. 악에 대한 다섯 가지 부족한 대답

악의 문제는 기독교 세계관에만 제한되지 않는다. 어떤 세계관이든지 유능한 세계관은 악에 대해서 그리고 어떻게 악에 지혜롭게 대처하는지에 대해 반드시 설명을 제시해야 한다.

1) 무신론(Atheism)

지나치게 많은 악을 감안하여, 무신론은 스스로를 기독교(그리고 다른 어떤 종교)보다 지적으로 그리고 도덕적으로 더 우월한 것으로 개진시킨다. 무신론은 하나님과 관련해서 악의 설명을 시도해야 하는 부담은 없다. 악은 하나님 없는 세상에 그저 존재할 뿐이다. 문제는 사라진다. 그러나 문제는 그렇게 사라지지 않는데 두 가지 주요 이유에서이다.

첫째, 악의 문제를 말하기 위해서 한 개인은 객관적인 악이 존재한다는 것을 반드시 믿어야만 한다.[9] 이 주장을 정당화하기 위해서 개인은 악의 존재와 본성을 충분히 설명해야 할 필요가 있다. 객관적인 악이 존재하기 위해서는 객관적인 선(goodness)도 반드시 존재해야 하며 선은 더 근본적인 방식으로 존재해야만 한다. 이는 악은 선의 변질 혹은 선의 왜곡이기 때문이다.

악은 그 자체만으로 존재하지 않는다. C. S. 루이스는 단순히 그것을 악으로 여기기 때문에 악을 행하는 사람은 아무도 없다고 관찰했다. 어떤 행동의 악함은 "잘못된 방법을 사용해서 또는 잘못된 방식으로 또는 과도하게 (선한 것들을) 추구하는 것에 있다." 비록 그렇게 하는 사람이 "악랄하게 사악하다"고 할 수도 있겠지만, "그 악함을 당신이 잘 조사해 보면 그것은 어떤 선한 것을 잘못된 방식으로 추구하는 것으로 판명된다."[10]

> 당신은 단지 선함을 위해서 선해질 수 있다. 허나 당신은 단지 악함을 위해서 나빠질 수는 없다. 당신은 친절한 느낌이 들지 않을 때에도 그리고 그 행동이 당신에게 전혀 즐거움을 주지 않아도 당신이 어떤 친절한 행동을 할 수 있는 것은 단순히 친절함이 옳기 때문이다. 그러나 그 누구도 단순히 잔인함이 잘못된 것이기 때문에 잔인한 행동을 한 적은 없다. 오로지 잔인함이 그에게 유쾌했거나 유익했기 때문에 한 것이다. 달리 말하면 선함이 선하기 때문에 성공하는 것과 동일한 방식으로 악함은 아무리 악해도 성공할 수 없다. 선함은 말하자면 바로 그 자체다. 악함은 단지 변질된 선함이다. 그리고 어떤 것이 변질될 수

---

9   Mark T. Nelson, "Naturalistic Ethics and the Argument from Evil," *Faith and Philosophy* 8, no. 3 (1991): 368-379를 참고하라.

10 Augustine은 젊은 시절 배(pears)를 훔치는 자신의 이야기에서 동일한 점을 강조한다. 그의 *Confessions*, 2권을 보라.

있기 전에 반드시 어떤 선한 것이 먼저 존재해야만 한다. 우리는 가학성애(sadism)를 성적인 왜곡이라고 부른다. 그러나 당신이 정상적인 성(sexuality)이 왜곡된 것에 대해 이야기할 수 있기 전에 정상적인 성에 대한 개념을 반드시 먼저 갖고 있어야만 한다. 그런 후에야 당신은 어떤 것이 왜곡인지를 볼 수 있는데 왜냐하면 당신은 정상적인 것으로부터 왜곡된 것을 설명할 수 있지 왜곡된 것으로부터 정상적인 것을 설명할 수는 없기 때문이다.[11]

루이스는 어거스틴의 전통을 따라 악은 선의 "결핍"(privation)으로 본다. 악은 선에 기생하는 것이며 악 그 자체로만으로는 실체가 아니다. 루이스가 보여주듯이 결핍의 관점은 악의 심리학과 악의 형이상학 두 곳 모두에서 드러난다. 악은 철에 슨 녹이고 지붕에 난 구멍이다.[12]

한 개인이나 하나의 사건이 정말 악할 수 있는 반면에(악은 환상이 아니다), 악은 선행자인 원래의 선 없이는 존재할 수 없었을 것이다.

이 토론은 도덕성의 존재로부터 출발하는 하나님을 위한 논쟁을 생각나게 하는데 그 논증에서 우리는 객관적인 도덕적 선의 존재를 주장했다. 이러한 선은 상대주의/허무주의(relativism/nihilism)와 범신론적 일신론(pantheistic monism) 모두를 제거하는데 왜냐하면 두 가지 모두는 객관적인 도덕적 선의 존재를 이성적으로 뒷받침할 수 없기 때문이다. 또한 객관적인 도덕적 선함은 하나님 없는 세상에서 그냥 주어진 사실(brute facts)도 아니다. 따라서 객관적인 도덕적 선함은 우주를 선하게 창조하셨고 현재 우리의 타락한 상태에서도 선한 것을 선으로 인식할 수 있는 능력을 우리에게 주신 창조주 하나님의 성품에 의해서 가장 잘 설명된다.

---

11 C. S. Lewis, *Mere Christianity* (1952; reprint, New York: HarperCollins, 2001), 44.
12 Winfried Corduan, *No Doubt About It* (Nashville: Broadman & Holman, 1994), 131-133도 참고하라.

둘째, 무신론은 악의 문제에 충분하게 대답하는 것에 실패하는데 왜냐하면 도덕적 논증 외에도 강력한 유신론적 논증 몇 가지가 무신론을 논박했기 때문이다. 이와 같이 유신론을 위한 누적적 사례는 무신론을 (그리고 유신론에 이의를 제기하는 다른 모든 세계관을) 반박하는 누적적인 사례가 되어 왔다. 따라서 하나님을 부인하는 자(God-denier)는 단지 악의 문제를 진술하는 것으로 유신론에 대한 승리를 선포할 수 없다.

2) 유한한 신(A finite god)

악에 대한 책임은 하나님께 있다고 어떤 이들은 주장한다. 이는 하나님이 막을 수도 있었던 악을 허용할 만한 불가사의한 이유가 있다고 하는 주장이 아니다. 오히려 하나님은 무력해서 악을 멈출 수 없다는 것이다.[13]

이 아이디어는 랍비 해롤드 쿠쉬너(Harold Kushner)의 베스트셀러인 『왜 악한 일들이 좋은 사람들에게 일어나는가』(Why Bad Things Happen to Good People)에서 대중화되었다. 그의 어린 아들이 희귀한 질병으로 고통스러워 하다가 비극적인 죽음을 맞이한 후 쿠쉬너는 하나님이 자연법칙과 인간의 자유의지에 개입할 능력이 없는 것으로 결론내렸다.[14]

이 유한한 개념의 신에 대한 철저한 비평을 내가 제공할 수는 없지만, 몇 가지 요점만 나누어도 충분하다고 본다.

첫째, 심리학적인 것이지만 여전히 관련이 있는 것이다. 그토록 제한된 신은 예배받을 수도 없고, 신뢰받을 수도 없을 것이다. 이런 신(god)

---

13 이것은 과정철학과 과정신학의 원천인 Alfred North Whitehead, *Process and Reality* (1929; reprint, New York: Free Press, 1982)뿐만 아니라 John Stuart Mill, *Three Essays on Religion* (1874)에서 견지된 관점이다. 과정적 사고의 비평을 위해서는 Carl F. H. Henry, "The Resurgence of Process Philosophy," *God, Revelation, and Authority* (Waco, TX: Word, 1983), 6:52-75; Ronald Nash, ed., *Process Theology* (Grand Rapids: Baker, 1987)를 보라.

14 Harold Kushner, *When Bad Things Happen to Good People* (New York: Schocken, 1981). Kushner에 대한 비평으로는 Norman Geisler, "Harold Kushner," in *Baker Encyclopedia of Christian Apologetics* (Grand Rapids: Baker, 1999), 411-413을 참고하라.

은 인간보다는 더 능력이 있겠지만 우연(chance)과 얼빠진 그의 피조물들의 의지 때문에 시달리게 될 것이다. 이 논증은 종종 유한한 하나님 신학(finite god theology)의 종교적 불충분성으로 칭해져 왔다.[15]

둘째, 하나님은 능력에 있어서 제한받지 않는다는 것을 믿을 만한 확실한 철학적 이유들이 존재한다. 무에서의 창조는 하나님을 전능하신 분으로 뒷받침하는 형이상학적인 힘의 필요불가결한 발현이라고 11장에서 주장했다. 더 나아가 10장의 존재론적 논증은 하나님은 모든 완전함을 소유하기 때문에 하나님은 최대한의 능력을 소유하는 것이라고 보증한다. 추가적으로 내가 22장에서 논했듯이 만일 하나님이 시공간의 역사 속에서 예수 그리스도를 죽음에서 다시 살렸다면, 죽음조차도 하나님의 설계를 물리칠 수는 없는 것이다. 따라서 우리에게 하나님의 선하심과 능력을 보증해 주게 된다.

3) 전선하지 않으신 하나님(God as not omnibenevolent)

하나님은 부분적으로만 선하다고 주장하는 주요 종교나 학파는 아무 것도 없음에도 불구하고, 그것은 여전히 가능성으로 남아 있고 일부 사람들에 의해 포용되어 왔다.[16] 세상의 사건들과 행위들은 잔인하고 불공평해 보인다. 어쩌면 하나님이 악한 의도로 그런 사건과 행위들을 배후에서 지지하고 있는 것이다. 때때로 삶이 그렇게 느껴지지만, 정말 이것이 실재를 반영하는 것일까?

알란 카터(Alan Carter)는 "파스칼의 내기"(Pascal's wager)를 논박하기 위한 시도로 악하거나 온전하게 선하지 않은 하나님의 가능성을 제기하였다.[17]

---

15 Corduan, *No Doubt About It*, 128-129를 보라.

16 이 견해의 고찰적인 서술로는 John K. Roth, "A Theodicy of Protest," in *Encountering Evil*, ed. Stephen T. Davis (Louisville: Westminster John Knox, 2001), 1-19가 있다.

17 Alan Carter, "On Pascal's Wager: Or All Bets Are Off?" *Philosophia Christi*, series 2, vol. 3, no. 2 (2001): 511-16. 나는 Douglas Groothuis, "Are All Bets Off? A Defense of Pascal's Wager," *Philosophia Christi*, series 2, 3, no. 2 (2001): 517-524에서 Carter의 악한 신

왜 신뢰할 수 없고 당신의 내기에 들어맞지 않는 그런 하나님의 존재에 내기하는가? 하나님은 당신이 그분을 믿는지의 여부에 신경쓰지 않을 수도 있다. 어쨌든 일신론적인 하나님의 개념은 도덕적인 완전무결함에 미달하는 하나님의 개념을 비정합적인 것으로 만든다. 만일 하나님이 전능하시고 전지하시다면, 하나님은 어떤 우연한 사고로 악을 산출해내실 수 없다. 게다가 만일 하나님이 전지하시다면 하나님은 어떤 것이 선한 것인지와 어떤 것이 바람직한 결과를 산출해낼 것인지를 아신다. 내가 10, 15장에서 논했듯이 사실 선함은 하나님의 영원하신 성품(그리고 다른 방식으로 존재할 수는 없다)에 깊이 뿌리박고 있다. 11장에서 논의했듯이 하나님은 자존(self-existent)하시며(행 17:25) 따라서 임의적 변화나 퇴화(devolution)에 영향받지 않으신다. 악은 선의 변절이며 선행자(antecedent)인 선(이미 논했듯이)에 기생하기 때문에, 하나님이 선에서 변절하실 수 있다는 것은 불가능하다.

4) 악의 비존재(The nonexistence of evil)

악의 문제를 제거하는 한 가지 방법은 악 자체를 없애는 것이다. 이 방법은 아드바이타 베단타 힌두교 같은 다양한 형태의 범신론, 선불교, 각양각색의 뉴에이지 세계관들과 "크리스챤 사이언스"(Christian Science), "종교적 과학"(Religious Science)과 "유니티"(Unity)와 같은 정신-과학교회들(mind-science churches)에 의해서 택해졌다. 모든 것은 궁극적으로 신이기 때문에 악은 비사실적이어서 악은 지각의 문제이지 객관적인 실재의 문제는 아니라는 것이다.

범신론자들은 하나님은 "선과 악 너머에 있다"고 주장한다. 선과 악의 차이는 외관상 있어 보이는 것이지 실재적인 것은 아니다.[18] 한 개인이 신의 마음(divine Mind)에 가까워질수록 이런 구별들은 시야에서 사라지게 된다. 6세기 선시(禪詩, Zen poem)는 그것을 이렇게 표현한다.

(그리고 다른 비난)에 대한 논의에 답한다.

18 Lewis, *Mere Christianity*, 36을 보라.

> 만일 당신이 명백한 진리에 도달하기 원한다면
> 옳고 틀린 것에 신경쓰지 마라.
> 옳고 틀린 것 사이의 갈등은
> 마음의 병이다.[19]

그러나 이 시를 고려해 보자. 이 시는 "명백한 진리"를 옹호하는데, 이는 반드시 객관적으로 선한 것으로 간주되어야 한다. 그렇지 않으면 "명백한 진리를 **얻을**" 이유는 전혀 없다. 그런 다음 이 시는 "옳고 틀린 것에 신경쓰지 마라"는 명령문을 제시하는데 "옳고 틀린 것 사이의 갈등은 마음의 병"이기 때문이다. 명령문은 **도덕적인 것으로**, 도덕적 갈등이라는 병적인 아이디어에 무관심해져서 "명백한 진리를 얻으라"는 명령이다. 이 시를 다음과 같이 간단하게 정리해 볼 수 있다.

1. 서로 갈등 중인 옳고 틀린 것은 없다.
2. 한 개인은 옳고 틀린 것에 신경을 써서는 안 되는데, 왜냐하면 옳고 틀린 것에 신경을 쓰는 것은 "병"이며, 반드시 틀린 것으로 간주되어야 하기 때문이다.

그러나 1과 2의 진술은 서로 모순되며 다음과 같은 결론을 산출해냅니다.

3. 만일 진술 2가 참이라면, 진술 1은 거짓이다.
4. 만일 진술 1이 거짓이라면, 선과 악 사이에 갈등은 있다.

선과 악이 환상이라는 고집에도 불구하고 범신론은 여전히 도덕적

---

19 Alan Watts, *The Way of Zen* (New York: Vintage Books, 1957), 115에서 인용됨. 또한 107, 147에 나와 있는 선(Zen)의 객관적인 도덕성 부인을 살펴보라. 15장에서 객관적인 도덕성에 대한 나의 논증을 감안해 보면 이 사실만으로도 선불교를 진실되고 이성적인 세계관에서 탈락시키기에 충분하다. Harold Netland, *Dissonant Voices* (Grand Rapids: Eerdmans, 1991), 189-192를 보라.

판단을 내리고 도덕적 명령을 한다. 그렇기 때문에 논리적으로 실존적으로 일관성이 없다. 이러한 고찰들은 객관적인 악은 존재하지 않는다는 개념을 거절하게끔 해야 한다.

5) 카르마와 윤회(Karma and reincarnation)

많은 이들은 카르마와 윤회가 악의 문제에 대한 해답이라고 믿는다. 만일 한 번만 산다면 이 생의 악은 정당화 될 수 없다. 그렇지만 만일 우리가 이전에 살았고 다시 살 것이라면(윤회), 카르마(도덕적 평가와 집행 법칙)가 상벌을 이생에서 다음 생으로 할당하기 때문에 저울은 균형을 이루게 될 것이다.[20] 그럼에도 불구하고 다중적인 문제들이 이렇게 시도된 응답을 끈질기게 따라다니며 괴롭힌다.

첫째, 카르마와 윤회를 옹호하는 두 선두 주자 종교들인 불교와 힌두교의 대부분 형태들은 실질적이고 인격적인 영혼의 존재(인간 혹은 비인간적인 존재의 여부에 상관없이 시간을 통해 지속되는 개개의 영적인 실체)를 거부한다. 불교에는 다른 많은 학파들이 있지만, 모두 개개의 자아는 존재하지 않는다고 주장한다(23장 참고). 자아는 분리될 수 있는 부분들(skandas)의 모음(collection)을 위한 이름에 지나지 않는다. 이는 중심부가 빠진 전차(chariot)와 같은 것이다. 한 본질 안에서 부분들을 하나로 묶어주는 실체가 존재하지 않는다. 하나의 자아라는 **환상**(illusion)을 형성하기 위해 결합된 부분들은 죽음과 함께 분리된다. 만일 그렇다면 윤회가 가능한 인격적인 자아는 없는데, 애초부터 어떤 자아도 존재하지 않았기 때문이다. 그러나 만일 한 생에서 다음 생으로 존재하는 인격적인 존재가 없다면, 그 존재가 좋은 카르마나 나쁜 카르마를 경험할 길은 전혀 없다. 왜냐하면 카르마가 작동될 실체가 전혀 존재하지 않기 때문이다.[21]

---

20 그렇지만 카르마를 고수하는 종교들의 목적은 미래의 어떤 시점에서 맞이하게 될 완벽하게 정의로운 세계가 아니라 시공간의 세계와 인격성 모두를 완전히 벗어나는 것이다.

21 Paul Griffiths, "Apologetics in Action: Buddhists and Christians on Selves," in *An Apologetic for Apologetics* (Maryknoll, N.Y.: Orbis, 1991).

힌두교는 현기증이 날 만큼 다양한 학파들을 선보이지만, 서구에서 가장 대중적인 형태(아드바이타 베단타)도 개인적인 자아의 존재를 부인한다.[22] 존재하는 하나의 실재는 브라만(Brahman) 혹은 절대적 자아(Absolute Self)다. 유한한 개개의 자아는 계몽되지 않은 마음의 환상이다. (비록 힌두교의 자아의 형이상학은 불교의 형이상학과 다르기는 하지만) 힌두교는 윤회에 대해서는 동일한 문제에 직면하게 된다. 왜냐하면 힌두교는 브라만이 유일한 실재라고 주장하기 때문이다. 거기에는 다양한 결과를 동반한 카르마가 소속할 만한, 한 생에서 다음 생으로 지속되는 것이 가능한 개별적인 자아들이 존재하지 않는다.

윤회된 카르마의 주체들이 존재하기 위해서는 한 생에서 다음 생으로까지 동일한 **본인들로 계속 유지되는** 개개의 인격적인 자아들이 반드시 존재해야만 한다. 그러나 불교와 아드바이타 베단타 힌두교는 개개의 인격적인 자아들의 존재를 긍정하지 않는다. 따라서 이런 종교들은 한 생에서 다음 생으로 지속되거나 카르마의 주체들인 자아들의 존재를 논리적으로 지지할 수 없다. 따라서 이런 동양 종교들은 윤회를 논리적으로 뒷받침할 수 없다. 만일 이 논증이 성공한다면, 이는 이 종교들이 악의 문제를 해결할 수 없다는 것을 보여줄 뿐만 아니라, 더 나아가 두 종교는 서로에게 모순되는 본질적인 진리 주장을 제안하고 있다는 것을 입증해 준다. (1) 자아는 존재하지 않는다 그리고 (2) 윤회와 카르마도 존재하지 않는다. 따라서 두 종교 모두 내적 논리적 일관성(internal logical consistency) 테스트에 실패하며, 필연적으로 거짓이다.

둘째, 불교와 힌두교는 카르마식 평가와 집행 시스템을 설명할 수 없다. 두 종교 모두 카르마는 인간의 도덕 행위를 **평가하고** 상벌을 적절하게 **집행하는** 우주적인 시스템이라고 단언한다. 인격적인 신을 허용하는 불교와 힌두교의 버전들조차도 이 신이 카르마 시스템을 집행한다고 주장하지 않는다. 카르마 시스템은 그냥 주어진 사실로 여겨진다. 카르마

---

22 다양한 학파들에 대해서는 R. C. Zaehner, *Hinduism* (New York: Oxford University Press, 1983)을 참고하라.

시스템은 철저하게 비인격적이다.

그러나 어떻게 비인격적인(의식이 없고 행위주체자가 아니라는 것을 의미함) 시스템이 인격을 지닌 사람들이 하는 행동의 가치를 도덕적으로 평가할 수 있는가? 카르마는 과학의 자연법칙과 유사한 법칙이다. 힌두교도인 G. R. 말카니는 카르마는 "자연계의 다른 모든 법칙처럼 적절한 결과를 자동적으로 산출해낸다. 그 누구도 이 법칙을 속일 수 없다. 이것은 여느 자연법칙처럼 가차없다"고 주장한다.[23] 그러나 카르마의 법칙은 과학에서 묘사된 일반적인 자연법칙과는 전혀 다르다.

예를 들어, 중력의 법칙은 물체들의 규칙적인 행동을 설명한다. 중력은 객관적인 도덕적 가치에 대해서 할 말이 전혀 없다. 오히려 중력은 물질적 개체들의 자동적인 반응을 예측한다. 그러나 도덕적 상태는 물질적 상태와는 아주 다른데 왜냐하면 도덕적 상태는 비물리적이고 인간 행위주체에 관련된 것이기 때문이다. 또한 17과에서 논했듯이 인간 행위주체는 물리적 영역으로 환원될 수 없기 때문이다. 한 가지 행동(또는 태도)의 도덕적 가치를 고려할 때, 우리는 당연히 판단 또는 평가를 떠올린다. 도덕적 판단은 15과에서 논했듯이 평가자를 요구한다. 하지만 카르마의 개념은 어떤 종류의 도덕적 평가자를 포함하지 않는다. 따라서 카르마의 개념은 논리적으로 지지될 수 없다. 그 외에도 이 문제는 힌두교와 불교 세계관 모두를 이성적인 관점에서 탈락시킨다. 왜냐하면 두 세계관은 비이성적이라서 거짓으로 밝혀진 윤회와 카르마를 본질적인 교리들로 긍정하기 때문이다.

그러나 문제는 계속 증가하게 되는데 왜냐하면 윤회와 카르마도 도덕적 집행을 요구하기 때문이다. 비인격적인 카르마 시스템은 늘 의식이 있는 모든 존재들에게 반드시 상벌을 우주적으로 할당해 주어야 하기 때문이다. 이는 우주적 집행정부가 감당해야 하는 기상천외하게 복잡

---

23 G. R. Malkani, *Philosophical Quarterly* (1965): 43, Paul Edwards, *Reincarnation: An Examination* (New York: Prometheus, 1996), 39에서 인용됨. 이 언급은 인도판 간행물에 게재되었으며 동일한 이름의 더 잘 알려진 스코틀랜드판의 저널에 게재된 것이 아니다.

한 과정이다. 그러나 이것은 집행자 없는 집행정부이며 카르마식 협응과 실행의 광대한 체계이지만, 이 모든 것은 집행을 계획할 어떤 **마음**이나 계획한 것을 실행할 어떤 **의지**의 도움 없이 하는 것이다. 그럼에도 그렇게 거대한 체계의 집행이 이루어지기 위해서는 인격적이고 도덕적인 행위주체가 꼭 필요할 것이다.

힌두교와 불교의 카르마와 윤회 교리는 악의 문제를 해결할 수도 없을 뿐만 아니라 힌두교와 불교의 핵심적인 가르침은 이성적으로 보증되지도 않았다. 따라서 이런 종교들은 이성적인 세계관으로서는 실격이다.

셋째, 윤회와 카르마 교리들은 악의 문제를 해결하지 못하는데 왜냐하면 그 교리들은 악의 실재를 설명할 수 없기 때문이다. 악의 문제를 가동시키는 것 중 하나는 무고한 고통이다. 이는 어느 세계관에게나 골치 아픈 난제이지만, 이것을 해결하거나 완화시키기 위해 카르마가 할 수 있는 것은 아무것도 없다.

카르마에 의하면 불의한 고통이란 것은 없다. 모든 사람은 그/그녀가 받아 마땅한 대접을 받는 것이며, 심지어는 무고한 것으로 알려진 어린 이들에게도 해당된다. 이것은 우리에게 반직관적인 것으로 여겨져야 한다. 폴 에드워즈(Paul Edwards)가 지적하듯이 심하게 기형을 앓는 아이의 죽음을 두고 비통에 잠겨 있는 어머니가, 아이의 죽음은 아이가 전생에서 저지른 악 때문에 도덕적으로 응당한 것이라는 설명을 윤회 집행자로부터 듣는다면 그것은 전혀 위로가 되지 않을 것이다.[24] 만일 에드워즈가 그 어머니이고 야구 방망이가 옆에 있었다면, 에드워즈는 아마 윤회 집행자의 머리를 세게 때려주며 "당신은 아파도 싼데 왜냐하면 당신이 전생에 죄를 지었기 때문이 아니라 당신은 지금 괴물이기 때문이야. 그러니까 정의가 승리한거야 알겠지"라고 말할 것이라고 에드워즈는 제안한다.[25]

넷째, 카르마와 윤회는 악의 문제에 대한 충분한 반응이 아닌데 왜

---

24 Edwards, *Reincarnation*, 45.

25 Ibid.

냐하면 카르마와 윤회는 결국에는 선이 악을 이긴다는 것을 보증할 수 없기 때문이다. 힌두교와 불교의 목표는 카르마와 윤회의 영역(삼사라[samsara])을 벗어나고 인격성, 개성, 도덕성과 역사를 초월하여 말로 형언할 수 없는 영역 안에서 깨달음에 도달하게 되는 것이다(불교에서는 그것을 니르바나[nirvana]라고 하고 힌두교에서는 목샤[moksha]라고 한다).

거기에는 우주와 곤경에 처해 있는 우주의 순례자들을 위한 궁극적인 신원(伸寃, vindication)이 없다. 우주와 인류 자체는 낙오된 채 잊혀질 수밖에 없게 되는데 왜냐하면 우주와 인류 모두는 허무의 무한한 순환 고리에 갇히게 되기 때문이다. 생명은 구원되지 않을 것이고 생명은 반드시 제거되어야만 한다. 기독교인들에게 약속된 새 하늘과 새 땅의 대조는 이보다 더 두드러질 수 없다(계 21-22장).

결론적으로 카르마와 윤회라는 동양의 시스템들은 악의 문제에 어떤 해결책도 제시하지 못한다. 우리는 다른 곳으로 눈을 돌려야만 한다.

지금까지 나는 악의 문제를 설명하기 위한 다섯 가지 대안적 전략들을 제거해 왔다. 제거된 것들은 무신론, 유한한 신, 도덕적으로 결함이 있는 신, 악이 없는 세상과 카르마/윤회였다.

자, 이제 우리는 기독교 세계관으로부터 악의 문제에 접근하는 방식들을 살펴보도록 하자.

4. 악의 기원과 악의 본성

성경적 세계관은 창조, 타락과 구원의 주제에 불가분하게 뿌리박혀 있기 때문에 악의 문제는 반드시 모든 세 가지의 주제에 의거하여 논의되어야만 한다.

1) 창조

창조의 교리가 결여되어 있는 동양의 종교들이나 무신론과는 달리, 성경은 하나님이 필적할 데 없는 그분의 지혜(잠 8장)와 속박받지 않는 의지(엡 1:11)에 의거하여 우주를 창조했다는 것과 그런 다음에는 우주를 "좋다"라고 선포하셨다는(창 1장; 딤전 4:4도 보라) 것을 단언한다. 그 다음에 하나님은 인간을 그분의 형상과 모양을 따라 창조하고 인간들을 "참 좋다"(창 1:26, 31)고 선포하셨다. 하나님은 인간들이 피조세계를 지배하게 하셨고, 인간들에게 피조세계를 일구고 개발하라고 독려하셨다.

몇 가지 철학적 요점들이 두드러진다.

첫째, 우주와 인간은 하나님께 객관적으로 소중한데 왜냐하면 하나님은 우주와 인간을 창조하셨고 그들이 좋다고 선포하셨기 때문이다. 우주는 하나님과 분리되어 있거나 물질적인 것이기 때문에 부족하지 않다.[26] 하나님은 방대한 양의 물질을 창조하셨고 "땅에서 취한 흙"으로 첫 번째 인간을 만드신 후에, 하나님의 영을 그에게 불어넣으셨다(창 2:7).

둘째, 우주에는 구조와 목적이 있는데 왜냐하면 우주는 인격적이고 도덕적인 하나님에 의해서 창조되었고 지탱되기 때문이다.

셋째, 하나님은 인간들에게 도덕적 책임감을 부여하셨고 인간들이 어떻게 살아야 할지에 대해 알려 주셨다. 태초에 생명으로 가는 길은 넓었고 죽음으로 가는 길은 좁았다(한 가지 나무에서 나오는 것만 먹지 마라). 물론 예수님은 그 반대가 이제는 진리라고 후에 주장하셨다(마 7:13).[27] 그렇다면 문제는 도대체 무슨 일이 일어났는가이다.

2) 타락

타락의 교리는 우리의 현 상태에 대해 설명하며 현재와 미래에 있을 구원에 대한 소망을 준다. 우리는 18장에서 이 주제를 살펴보았는데 타락에 대한 특정한 신학적 개념은 성경에만 유일무이하게 있는 개념이며 악의 문제를 이해하는 데 있어서 중요한 개념이라는 것을 기억해야만 한다. 우리 인간의 상태를 창조주의 원래 의도로부터 시공간상에서 변절

---

26 때가 차면(갈 4:4; 요 1:14) 하나님 그분은 인간의 몸을 취해서 성육신하실 것인데 성육신 때문에 하나님 스스로를 (도덕적으로) 타락시키지 않으시고 말이다.

27 나는 이 통찰력을 Rousas John Rushdoony의 녹음된 강의에서 얻었다.

한 것으로 설명하는 세계관은 하나도 없다.

어쨌든 어떤 신화들은 "황금기"나 세상에 악과 갈등을 가져온 "판도라의 박스"에 대해 이야기한다. 그렇지만 성경적 교리인 타락은 신화나 철학적 추측을 통해서 가능한 것보다 한층 더 심화되고 체계적인 방식으로 인간과 세상의 비정상성이나 역기능을 설명한다. 18장에서 우리는 우리의 첫 번째 부모님들의 죄의 의미와 그 죄가 인류 전체에 전이된 것의 의미를 살펴보았다. 여기서 나는 악의 문제와 구체적으로 관련되어 있는 몇 가지 주제들을 개진시켜 보도록 하겠다.

첫째, 다른 세계관들과는 달리 기독교는 악덕(vice)과 자연적 악(natural evil)이 인간 본성이나 우주에 고유한 것이거나 인간 본성이나 우주에 필연적으로 따르는 것이 아니라고 주장한다. 하나님은 피조세계 안에 악을 내장해서 설계하지 않으셨다. 우리의 첫 부모들은 하나님이 알려준 법에 반항했고 따라서 죄 가운데 빠지게 되었다(창 3장). 하나님이 첫 부모들을 잘못 인도했거나(뱀이 그렇게 했다) 하나님이 첫 부모들을 억지로 강요해서 그들이 그렇게 한 것이 아니었다(첫 부모들은 심사숙고한 후에 하나님의 명령에 반하는 행동을 했다). 또 타락은 첫 부모들 스스로가 갖는 유한성에 의한 것도 아니었다(피조물들은 하나님의 선한 설계에 의해 유한하며 타락하지 않은 천사들은 유한하고 죄없는 상태로 남아 있다).

프란시스 쉐퍼의 표현처럼 인간들은 이제 그들의 원래 기원적 조건과는 불연속적인 상태에 있는데, 하나님이 인간들을 사악하게 창조했거나 인간들의 의지와는 반대로 하나님이 인간들을 억지로 강요했기 때문이 아니라, 인간들이 하나님께 반항하여 자신들을 변화시켰기 때문이다. "이 경우에 우리는 사람이 이제는 잔인하다는 것, 하지만 하나님은 나쁜 하나님이 아니시라는 것을 이해할 수 있다. 이것이 바로 유대-기독교의 입장이다."[28]

게다가 악은 형이상학적으로 필연적이지 않았다. 사실 악은 기존에

---

28 Francis Schaeffer, *He Is There and He Is Not Silent*, 30th anniv. ed. (Wheaton, IL: Tyndale House, 2001), 127.

있었던 원래의 선함에 의존한다. 몇 페이지 전에 이 점에 대해 피력했지만, 우리는 그것을 다시 살펴볼 필요가 있다. 악은 선함의 부족 혹은 결핍이다. 바위가 볼 수 없는 것은 악한 것이 아닌데 왜냐하면 바위가 시력을 소유하는 것이 바위의 본성이나 목적에 포함되어 있지 않기 때문이다. 그러나 인간이 맹인인 것은 악인데 왜냐하면 보는 것은 인간의 원래 목적의 일부이기 때문이다. 악은 기생적인 방식으로 선에 의존한다. 악은 그 자체만으로는 어떤 것이나 어떤 실체가 아니지만, 선행하는 선이 부패하고 왜곡된 것으로, 참된 선의 결핍으로 귀결된다. 예를 들면, 히틀러의 일시적인 성공은 그의 웅변술과 전략적 능력에 기인한다. 이런 능력 자체가 악한 것이 아니었는데 왜냐하면 사람은 웅변술을 통해 선을 고취시킬 수 있고 올바른 전략을 통해 다른 사람들이 정의로운 노력을 하도록 이끌 수도 있기 때문이다. 그러나 히틀러는 그의 은사를 오용했고 특히 사랑이라는 미덕이 결핍되어 있었다. 그렇기 때문에 그는 악에 의해 지배되었다.

결론은 하나님은 악의 원저자가 아니라는 것이다. 하나님은 그분이 우주를 창조한 것과 동일한 방식으로 악을 직접 초래하거나 창조하지 않으셨다. 성경에는 하나님이 몇몇 사람들이나 그룹들에 악을 초래했다고 주장하는 구절들이 몇 개 있지만(사 45:7), 이 구절들은 하나님이 무에서 어떤 악한 것을 창조했다고 의미하지 않는다. 반대로 하나님은 악한 자들의 계획을 좌절시키고 그들을 벌줌으로 악한 자들을 심판한다. 악한 자들 스스로의 악이 하나님의 행동의 원인이다. 하나님은 심판을 가져옴으로 그분의 피조물의 부패에 반응하시는 것이다.

둘째, 원래의 인류와 타락한 인류 사이에 존재하는 불연속성은 현재 상태의 인류에게 회복을 위한 소망이 있음을 의미한다. 우리가 경험하는 현재의 비정상(Schaeffer는 그것을 "잔인함"으로 적절히 요약함)은 원래 창조되었던 우리의 본질의 일부가 아니다. 처음 창조되었던 우리 본질은 선하다. 러쉬두니가 말하듯 "사람은 **자연적으로는** 선하고 또 **역사적으로와**

현재적으로는 타락했고, 죄성이 있으며 부패했다."²⁹

만일 사람들과 세상이 항상 파괴되어 있었다면(동양 종교들, 영지주의와 자연주의의 입장) 인간의 (혹은 우주의) 개선을 위한 소망은 거의 존재하지 않을 것이다. 결함은 선천적으로 타고날 것이고 아마도 영구적일 것이다. 그렇지만 만일 인간과 자연적 악이 비정상으로 타락한 것의 결과라면(이는 인간의 유일무이함과 객관적 가치의 상실을 수반하지 않음), 인류와 우주의 실질적인 회복이나 치유를 위한 소망이 존재할 것이다. 그렇다면 악은 건강한 육체에 가해진 상처이며 그것을 위한 치료법이 있다. 적어도 위대한 의사에게 진찰받는 사람들에게는 말이다.

이는 인간의 행위(선량하고 사악한)를 추정적으로 진화론적인 선행자들에 기초해서 설명하려고 노력하는 자연주의자들과는 전혀 다른 위치에 기독교 견해를 두게 한다. 스티븐 핑커(Steven Pinker)와 다른 이들은 너무나도 자주 진화심리학(evolutionary psychology)에서 그렇게 해 왔다.

「뉴욕 타임즈 매거진」(New York Times Magazine)의 기사에서 핑커는 학년 말 댄스파티에서 자신의 아기를 출산한 후에 그 아기를 쓰레기통 안에 쑤셔 넣은 십대 소녀에 대해 말했다. 동물세계에서도 새로 어미가 된 동물들이 전망이 좋지 않다고 생각되면 때때로 자신들의 새끼를 죽인다고 주장하여 핑커는 유아 살해의 악을 최소화했다. 그렇기 때문에 우리가 이 젊은 여인의 행동을 묵과하지는 않는 반면, 우리는 그것을 "살인"이라고 불러서는 안 된다.³⁰ 사실 핑커의 자연주의적인 설명에서 그녀의 행동은 용인될 수 있었을 것이다(우리가 단지 진화된 동물에 지나지 않는다는 것을 고려하면). 그러나 그의 양심은 그의 세계관이 허용하는 것보다는 명백히 더 많이 알고 있었다.³¹

---

29 Rousas John Rushdoony, *Revolt Against Maturity: A Biblical Psychology of Man* (Fairfax, VA: Thoburn Press, 1977), 14.
30 Steven Pinker, "Why They Kill Their Newborns," *New York Times Magazine*, November 2, 1997, 52-54.
31 C. S. Lewis는 *The Abolition of Man*에서 특히 그가 어떤 사람들은 "그들의 원칙보다 더 낫다"고 지적할 때 이것을 논의한다(1944; reprint, New York: Touchstone, 1996), 34.

셋째, 만일 도덕적이고 자연적인 악으로 귀결되는 비정상이 타락에 깊이 뿌리박혀 있다면, 우리는 하나님을 반대하지 않고도 모든 종류의 악에 반대할 철학적 근거를 소유하는 것이다. 우리는 우리 스스로를 무가치하게 여기지 않고도 심지어는 우리 자신 안에 있는 악에 대항해서 싸울 수도 있다. 우리 모두는 근본적인 수리가 필요한 손상된 재화들이다. 쉐퍼가 말하듯이 "하나님은 사람을 잔인하게 만들지 않으셨고, 하나님은 사람의 잔인함에서 유래되는 결과도 만들지 않으셨다. 이런 것들은 하나님이 만드신 것에 대조되는 것으로 비정상적이다.

그래서 우리는 **하나님에게 대항해 싸우지 않으면서** 악에 대항해 싸울 수 있다."[32] 성경은 인간의 악과 악의 결과에 대한 도덕적 책임이 하나님에게 있다고 절대로 가르치지 않는다. 그분의 친구 나사로의 죽음에 대한 예수님의 반응은 타락한 이 세상에서는 하나님의 아들조차도 악에 저항했다는 것을 보여준다.

예수님은 죽음, 즉 자신의 친구의 죽음에 대해 슬픔과 격노함의 두 감정을 보였다. 예수님은 "심령에 비통히 여기시고 불쌍히 여기"(요 11:33)셨다. 헬라어는 단순한 슬픔이 아닌 격렬한 분노를 나타낸다.[33] 『메시지』(*The Message*)는 "그의 안에서 엄청난 분노가 복받쳐 올랐다"고 진술한다.

죽음은 하나님의 선한 피조물을 훼손했고, 성육신하신 하나님인 예수님은 죽음 때문에 분개했다. 예수님은 비록 그가 곧 나사로를 초자연적으로 죽음에서 다시 살릴 것이었지만 이런 감정들을 표현했다.

넷째, 하나님의 선한 피조세계 속에 일어났던, 역사상 중요한 시공간상 타락의 교리를 확증함과 더불어 기독교인은 절대적으로 선한 하나님의 성품과 명령에 기초한 객관적인 도덕 질서의 실재를 단언한다. 타락의 교리는 피조세계의 원래 선함과 창조주로서의 하나님의 선함 두 가

---

32 Schaeffer, *He Is There and He Is Not Silent*, 28, 원문에서 강조됨.
33 이 언급은 B. B. Warfield, "On the Emotional Life of Our Lord," in *Biblical and Theological Studies* (New York: Scribners, 1912), 35-90에서 영감을 얻은 것이다.

지 모두를 보존한다. 왜냐하면 타락은 피조세계의 고유한 속성이나 하나님의 나쁜 의도에 근거해서가 아니라, 하나님이 창조하신 인간 피조물들의 반항적인 의지에 근거해서 악을 설명하기 때문이다. 우리의 현재 비정상성은 최종 결과가 아니다. 윤리학은 인간의 타락한 본성에 기반하지 않고, 하나님 그분 스스로의 성품과 피조세계의 창조된 목적(telos) 안에 깊이 뿌리박혀 있다. 피조세계의 목적은 타락에 의해 훼손되었지만 완전히 말소되지는 않았다.

3) 구원

그러나 타락한 세상에서 하나님의 구원사역은 어떤가? 이 주제는 너무나도 방대하여 성경 전체에 들어 있다. 제대로 평가하기 위해서는 조직신학이 필요할 것이다. 어쨌든 하나님은 세상을 그냥 그대로 놔두지 않았다고 말함으로써 우리는 깨어진 세상에서 그분의 설계를 달성하기 위한 하나님의 전략을 간략하게 제시할 수 있다. 즉 세상이 깨어지기는 했지만 수리하지 못할 만큼 망가지지는 않았다는 것이다.

인간의 타락 직후에 하나님은 "여자의 자손"(창 3:15-16)을 통한 구원을 약속하셨고, 자연, 선지자들, 그분의 특별한 사람들(유대인들)을 통한 하나님의 섭리적 사역들을 통해 지속적으로 자신을 계시하셨다. 하나님의 계시는 예수 그리스도 안에서 자신의 성육신에서 그 절정을 이루었다(히 1:1-3). 성육신은 개인, 문화와 삶의 모든 영역에서 구원을 가능케 하는 사건이다(골 1-2장).

5. 문제를 대면하기

악의 문제에 대처하는 성경적 접근은 어떤 익명의 일신교에서 통상적인 대답을 악의 문제에 제시하는 것과는 현저하게 다르다는 것을 주목하는 것이 중요하다. 어떤 점에서는 접근법들이 중복되기도 하겠지만, 접근법들이 동일하지는 않다. 나의 기본적인 전략은 하나님이 세상에서 악을 허락하거나 악을 사용할 하등의 이유가 없다고 하는 비난을 무효화하는 것이 될 것이다. 나는 고전적으로 진술된 대로 악의 문제를 시작해 보겠다. 어떻게 이 3종 진술(triad)이 일관될 수 있는가?

1. 하나님은 전능하고 전지하다.
2. 하나님은 전선하다.
3. 객관적인 악은 존재한다.

어떤 이들은 이 3종 진술이 논리적으로 일관되지 않는다고 주장해 왔는데 왜냐하면 이 3종 진술 안에 모순이 내포되어 있기 때문이다. 만일 그렇다면 그것은 어떤 종류의 유신론도 필연적으로 거짓이라는 것을 의미하게 될텐데 왜냐하면 유신론의 결정적인 교리 세 가지가 논리적으로 일치하는 것에 실패하기 때문이다. 이는 "연역적인 악의 문제"(the deductive problem of evil)로 칭해져 왔다.

1. 하나님의 능력은 하나님이 어떤 악도 중단시킬 수 있다는 것을 의미하는데, 왜냐하면 하나님은 정말 무엇이나 할 수 있기 때문이다.
2. 하나님의 선함은 하나님이 어떤 악도 중단시킬 수 있다는 것을 의미한다.
3. 그러나 악이 존재한다.
4. 그렇기 때문에 하나님은 **존재할 수 없다**.

이는 연역적으로 전개된다. 즉 전제들이 참인 것을 고려하면 결론은 필연적으로 따른다.

그러나 과거 몇십 년간 아주 소수의 철학자들만 이런 형태의 논증을 발전시켜 왔는데, 알빈 플랜팅가를 필두로 한 여러 철학자들이 이런 형태의 논증을 무효화시키는 작업을 해 왔기 때문이다. 나는 기본적인 요

점들만 요약해 보겠다.[34]

위에 제시된 논증은 (1) 하나님은 정말 무엇이나 하실 수 있기 때문에 하나님은 어떤 악도 중단시킬 수 있다는 것과 (2) 하나님이 악을 허용할 충분한 이유는 절대로 존재하지 않는다는 것을 가정한다. 그러나 이 전제들은 유신론 자체의 철학적 맥락 내에서 상당히 논의의 여지가 있다. 어쩌면 하나님은 일련의 악을 존재케 해야만 특정한 선을 초래하실 수 있고, 따라서 하나님은 **아무것이나** 막 행하실 수 없는 것인지도 모른다.

예를 들어, 하나님의 전능은 하나님은 모순을 초래할 수 있다는 것을 의미하는 것이 아닌데 왜냐하면 네모난 원(a square circle)처럼 모순적인 것은 가능한 것이 아니기 때문이다. 네모난 원은 불가능한데 그것을 만들어 내기 위해 필요한 능력을 가진 존재가 없어서가 아니라 문자 그대로 아무것도 할 것이 없기 때문이다. 마찬가지로 하나님은 고통이 존재하지 않는 세상에서 사람들이 고통을 통해(고통 없이 달리 배울 길이 없는) 소중한 도덕적 교훈을 배울 수 있는 어떤 세상을 창조하실 수는 없다.[35]

앞에 언급된 유신론적 3종 진술에서 유래하는 것처럼 보이는 모순은 유신론적 3종 진술과 논리적으로 일관되는 명제를 도입하여 아주 손쉽게 해결할 수 있다. 나는 이 3종 진술을 재진술하고 조건에 부합하는 명제를 추가해 보겠다.

1. 하나님은 전능하고 전지하다.[36]

---

34 연역적인 악의 문제와 그것의 말로를 탁월하고 명쾌하게 다룬 것으로는 Ronald Nash, *Faith and Reason* (Grand Rapids: Zondervan, 1988), 177-194를 참고하라.
35 Plantinga의 논증은 자유주의적 자유는 하나님을 얼마간 제한하는 아이디어와 하나님은 자유주의적 자유가 없는 세상보다는 오히려 그것이 있는 세상을 예시할 것이라는 아이디어를 활용한다. 나는 이를 부인한다. 그렇기 때문에 내가 변호하는 관점에 부합하도록 예를 변화시켰다. 그렇지만 연역적인 악의 문제를 무효화시키기 위해 필요한 모든 것은 모순을 해결하기 위한 가능한 방법이 전부다. 현 상태의 Plantinga의 전략은 이 목적을 달성한다.
36 나는 전능함은 전지함을 수반한다고 생각하는데, 아는 것은 능력이고 하나님은 그것을 최대치까지 소유하시기 때문이다.

2. 하나님은 전선하다.
3. 객관적인 악은 존재한다.
4. 하나님이 허용하는 악이 어떤 것이든지 간에, 하나님은 이 악을 허용할 충분한 도덕적 이유를 가지며, 어떤 경우들에 있어서 도덕적으로 충분한 이 이유가 무엇인지를 우리가 모른다고 하더라도 말이다.

유신론적 3종 진술(1-3) 안에 존재하는 추정상 모순을 해결하기 위해서는 **가능한** 진리를 보여주는 명제 하나만 있으면 충분하다. 왜냐하면 모순은 **필연적으로** 거짓이기 때문이다. 명제가 참인 것으로 꼭 증명되지 않아도 된다. 그저 유신론적인 세계관에 부합하고 논리적으로 가능하면 되는 것이다. 연역적인 악의 문제는 하나님의 존재와 악은 **불가능하다고** 말한다. 만일 우리가 하나님과 악이 공존할 수 있는 **가능한** 방법을 제시할 수 있다면, 그것은 더 이상 **불가능하지** 않다. 우리는 플랜팅가가 한 다음의 진술을 말함으로 진술 4를 상세히 설명할 수 있다. "선하신 하나님은 그가 할 수 있는 한 더 큰 선을 상실하거나 더 큰 악을 초래함 없이 악을 제거하실 것이다."[37]

이 전제를 감안하게 되면, 3종 진술은 완벽한 일관성을 이루며 재구성될 수 있다.

1. 전능하고, 전지하고, 전선한 하나님은 세상을 창조했다.
2. 하나님은 선한 세상을 창조했고, 그 세상에서는 악이 가능했고 실제화되었으며 또 그렇게 할 만한 확실한 이유가 있었다.
3. 그러므로 세상은 악을 포함한다.[38]

이 전략은 **신정론**(theodicy)과는 반대되는 **변론**(defense)으로 알려져 왔

---

37 Alvin Plantinga, *God, freedom and Evil* (Grand Rapids: Eerdmans, 1974), 19.
38 Nash, *Faith and Reason*, 189.

다. 변론은 유신론을 이성적으로 설명하는 가능한 해결책을 제시하여 유신론에 가해진 공격을 무효화시킨다. 그러나 변론은 악을 허용할 만한 하나님의 충분한 이유에 대해서는 아무 세부사항도 제공하지 못한다. 내쉬가 주목하듯이 신정론은 "다른 한편으로는 하나님은 악을 허락하는 데 있어서 정당하다는 것을 보여주려고 시도한다. 즉 기독교 사고가는 악이 왜 존재하는지에 대한 자신의 이유들은 단순히 가능한 진리가 아니라, 참된 진리라는 것을 증명해 보이려고 시도한다."[39]

지금까지 최고의 변론은 좋은 공격이라고 말해 왔고, 이것은 악의 문제에도 적용된다. 내가 반복적으로 강조해 왔듯이, 기독교를 변론하고 추천하기에 가장 효과적인 전략은 기독교가 인생에서 가장 중요한 문제들을 가장 잘 설명한다고 주장하는 것이다. 따라서 나는 왜 하나님께서 그분의 피조세계에 그 만큼의 악을 허락하셨는지, 그에 대한 도덕적으로 충분한 이유들을 실제적으로 갖고 계신 것에 대해 몇 가지 이유들을 거론한다. 그렇게 함으로써 나는 악의 귀납적 혹은 증거적 악의 문제와 씨름하고 있는 것이다.

연역적인 악의 문제와는 달리 증거적인 논증은 어떤 악은 하나님의 존재와 양립 가능할지 몰라도, 이 주장이 개연성을 갖기에는 너무나도 많은 악(양)과 너무나도 많은 종류의 악(질)이 존재한다고 주장한다. 이 비난을 최선으로 반박하는 방법은 하나님 스스로가 완전무결하게 선하심을 계속 유지하는 반면, 하나님은 그분의 목적을 증진시키기 위해서 악을 사용할 수도 있다는 점을 부각시킬 수 있는 방법들을 추진하는 것이다.

---

39 Ibid., 188.

6. 자유의지

초기의 어거스틴에서 C. S. 루이스, 알빈 플랜팅가, 리처드 스윈번에 이르기까지 많은 기독교 철학가들은 진정으로 자유로운 도덕적 행위자들은 그들의 선택에서 실수를 범할 수도 있다는 전제를 지지해 왔다.[40]

그렇기 때문에 만일 스스로의 행동을 제어하고 그들 외부의 세력에 의해 제약을 받지 않는 존재들을 하나님이 창조하셨다면, 그 존재들은 자신들의 선택의 힘을 남용해서 하나님께 등을 돌릴 수도 있는 것이다. 하나님이라고 하더라도 만일 그분이 그런 존재들을 창조하기로 결정했다면 그 존재들의 자유의지를 침해함 없이 그들이 하나님께 등을 돌리지 못하도록 막을 수 없으시다.

이 논증의 또 다른 전제는 "로보트" 혹은 "자동인형" 혹은 "꼭두각시" 등을 창조하는 것보다는 배신할 수 있는 자유로운 존재들을 창조하는 것이 더 낫다는 것이다. 이와 같은 자유의지에의 호소는 행위주체의 자유주의적 견해를 활용한다.[41]

자유주의자(libertarian)에게 있어서는 만일 그리고 오직 행위자가 행동 A를 중단할 수 있었고 오직 그의 선택에만 근거해서 행동 A를 실행할 수 있었을 때에만 행동 A가 자유로운 것이다. 행위자의 상황이나 혹은 하나님 자체나 혹은 행위자의 성품조차도 행위자가 A를 하거나 하지 않도록 강요해서는 안 된다. 이는 종종 "반대 선택의 능력"(the power of contrary choice)이라고 쉽게 칭해져 왔다.

---

40 C. S. Lewis, "Divine Omnipotence," in *The Problem of Pain* (New York: Touchstone, 1966). Plantinga는 신정론이 아닌 저명한 "자유의지 변론"을 펼친다(*God Freedom and Evil* [Grand Rapids: Eerdmans, 1974]을 보라). 그렇지만 Lewis와 같은 다른 철학자들은 그들의 긍정적인 신정론의 일부로 자유의지 주장을 사용한다 Lewis, *The Problem of Pain*을 참고하라. Richard Swinburne, *Providence and the Problem of Evil* (New York: Oxford University Press, 1998).

41 인간 행위자에 대한 이 관점은 정치 철학의 자유지상주의(libertarianism)와 혼동되어서는 안된다.

자유주의자들은 (1) 의지의 자유와 (2) 의지의 외부 요인들에 의해서 의지가 결정되는 것의 연접(conjunction)은 **양립 불가능함**을 믿는다. 따라서 그들은 또한 **양립 불가능주의자**(incompatibilist)로도 알려져 있다. 자유주의자나 양립 불가능주의자에게 있어서 반대 선택의 능력은 도덕적 행위자를 위한 **필요조건**이다. 그들의 설명에 따르자면 이것이 자유의지이다.

그런 접근의 변증학적 이점은 도덕적 악이 인간의 자율(autonomy)에 근거한다는 것이다. 이는 하나님의 혐의를 벗겨 주는 것이다. 그렇지만 자연적 악은 더 해결이 어려워지는데 왜냐하면 비록 자유의지를 변호하는 사람들이 이 문제를 언급해 오긴 했지만 자연적 악은 행위자의 자유로운 행동에 의해서 야기된 것처럼 보이지 않기 때문이다.

행위주체성(인간 혹은 다른)의 형이상학은 철학적으로 그리고 신학적으로 골치 아프고 아주 오래된 주제이다. 비록 많은 사람들이 자유주의적인 행위주체성 설명을 가정하지만, 또 다른 견해를 위한 강력한 철학적 사례가 제시될 수 있는데, 그것은 일반적으로 양립 가능론(compatibilism)이라 불린다. 양립 가능론자들에 의하면 유한한 행위자들은 절대적인 발생(absolute origination) 능력을 소유하지 않는다. 즉 그들은 무에서 사태들을 초래할 수 없다.[42] 그럼에도 불구하고 진정한 행위주체성은 행위자의 외부 요인에 의해서 행위자의 행동이 결정되는 것과 양립 가능하다. 따라서 반대 선택의 능력은 행위주체성을 위한 필요조건이 아니다. 필요한 것은 행위자가 선택들에 대해서 심사숙고하는 것으로서, 한 개인이 그/그녀 자신만의 이유에 의거해서 그/그녀 자신만의 결정을 내리는 것을 말한다.

행위자들은 자연, 하나님과 그들 고유의 성격에 의해서 현저하게 영

---

42 이 아이디어의 개발을 위해서 R. K. McGregor Wright, "The Incoherence of the Free Will Theory," in *No Place for Sovereignty* (Downers Grove, IL: InterVarsity Press 1996)를 참고하라. 자유의지를 토의하기 위해서는 Gordon Clark, *Religion, Reason, and Revealation* (Philadelphia: P&R Publishing, 1961), 199-206을 참고하라.

향을 받는다. 그들의 선택은 인과적 진공에서 발생하지 않는다. 그렇지만 행위자들의 성품은 그들의 성품이지 어떤 다른 사람의 성품이 아니다. 행위자들의 성품은 단순히 반작용을 하게 하는 더 거대한 인과적 결합체(nexus)의 부분집합이 아니다. 숙의적 추론(deliberative reasoning)에서 비롯되는 선택들은 진정으로 자유로우며 책임있는 선택들이다(물론 어떤 인간의 행동들은 책임있는 선택들이 아니다. 떨림[tick]은 몸짓[gesture]과 다르며 발작[seizure]은 강의[lecture]와는 다르다. 아니면 적어도 그래야만 한다).

비록 양립 가능론은 철학적으로 그리고 신학적으로 열띤 토론의 근원이 되어 왔으나 종종 단순히 무시되거나 묵살되어 왔다. 『고통의 문제』(The Problem of Pain)에서 C. S. 루이스 자신은 자유의주의자적 입장을 가정하며 결코 양립 가능론을 고려하지 않는다.

그는 양립 가능론이 논리적으로 모순된다고 여기며 자유주의론에 내재된 문제들을 고려하지 않는다. 오늘날 기독교 유신론의 가장 탁월한 변호자들 중 일부는 알빈 플랜팅가와 윌리엄 레인 크레이그과 같은 자유의지론자들이다. 그들은 특히 악의 문제에 관해서는 특히 중간지식(middle knowledge)을 사용하여 자유주의적-자유의지(libertarian-freewill) 전략을 매우 훌륭하게 활용한다. 그럼에도 불구하고 나는 자유주의론(libertarianism)을 거짓으로 여긴다. 양립 가능론에 대한 심화된 철학적 사례를 제공하기보다는,[43] 나는 양립 가능론에 대한 성경적 논증을 제시해 보겠다. 그렇게 함으로써 전통적인 개혁주의나 칼빈주의에서 주장하는 인간 행위주체성 개념과 하나님의 주권을 나는 긍정하는 것이며, 전통적인 알미니안 견해인 자유의지론을 부인하는 것이다.

성경은 자유주의자적 자유와 인간의 선택을 포함한 모든 피조세계에 대한 하나님의 총체적인 통치 두 가지 모두를 가르친다고 혹자들은 반

---

43 R. E. Hobart, "Free Will as Involving Determinism and Inconceivable Without It," in *Metaphysics: The Big Questions*, ed. Peter Van Inwagen and Dean W. Zimmerman (Malden, MA: Blackwell, 1998), 343-355를 참고하라. John Frame, "Human Responsibility and Freedom," in *The Doctrine of God* (Phillipsburg, NJ: P&R Publishing, 2002)도 보라.

박한다. 이 두 주장은 서로 모순되며 성경은 모순되는 내용을 담고 있지 않기 때문에 이는 진리가 될 수 없다. 만일 그렇다면 우리는 성경을 믿을 수 없을 것이다. 성경은 창세기부터 요한계시록까지가 인간의 책임을 단언한다.

누군가가 "그럴 수밖에 없었어요"라고 하든가 그/그녀의 의지에 반해서 하나님에 의해 강요되었다는 것을 근거로 인간의 악이 결코 면제되지는 않는다. 인간의 선택과 행동은 항상 하나님의 계율과 "빈틈없는 섭리"[44]의 틀 안에 놓여져 있다.

D. A. 카슨(D A. Carson)은 성경이 "아래의 명제 두 가지 모두가 참인 것을 전제하고 가르친다"고 주장한다.

1. 하나님은 절대적으로 주권적이지만, 결코 인간의 책임감이 줄어들거나, 최소화되거나, 약화되도록 하나님의 주권은 작동하지 않는다.
2. 인간은 도덕적으로 책임있는 피조물이다. 인간은 의미심장하게 선택하고, 즐기고, 순종하고, 믿고, 거부하고, 결정을 내리는 것 등을 행하며 또 인간은 그런 행동들에 대해 마땅히 책임을 져야 한다. 그러나 인간의 이런 성품은 결코 하나님을 전적으로 우연적이 되도록 기능하지 않는다.[45]

카슨은 이런 취지를 위해 핵심점인 성경 본문들을 많이 인용하고 요

---

44 나는 이 용어를 Paul Helm, *The Province of God* (Downers Grove, IL: InterVarsity Press, 1994)에서 취했다. 하나님의 섭리에 대한 강한 견해를 위해서는 James Spiegel, *The Benefits of Providence: A New Look at Divine Sovereignty* (Wheaton, IL: Crossway, 2005)도 참고하라.
45 D. A. Carson, *How Long, O Lord?* (Grand Rapids: Baker, 1991), 201. 나는 왜 Carson이 "전적으로 우연적"이라고 기록했는지에 대해서는 확신이 없다. 그는 하나님은 어떤 의미에서든지 우리의 반응에 우연적으로 반응하지 않는다고 말하고 있는 것 같다. 우연성의 개념은 양자택일의 개념이며 우연성에는 등급이 없다.

약하는데 몇 가지 예를 들어보겠다. 하나님의 절대적인 주권을 고려해 보자.

시편기자는 "오직 우리 하나님은 하늘에 계셔서 원하시는 모든 것을 행하셨나이다"(시 115:3; 시 135:6을 보라)라고 단언한다. 하나님은 우주를 위한 의제(agenda)를 설정한다. 하나님이 기뻐하는 것은 의도대로 "모든 일을 그의 뜻의 결정대로 일하시는 이의 계획을 따라"(엡 1:11)[46] 행하시는 것이다. "왕의 마음이 여호와의 손에 있음이 마치 봇물과 같아서/ 그가 임의로 인도하시느니라"(잠 21:1). 이 신적인 지시(direction)는 모든 사람들에게 해당된다.

> 사람이 마음으로 자기의 길을 계획할지라도 그의 걸음을 인도하시는 이는 여호와시니라(잠 16:9; 렘 10:23도 보라).

하나님이 "인생으로 고생하게 하시며 근심하게 하심은 본심이 아니시로다"(애 3:33)라고 하지만 또 이렇게 말씀하신다.

> 나는 여호와라 다른 이가 없느니라 나는 빛도 짓고 어둠도 창조하며 나는 평안도 짓고 환난도 창조하나니 나는 여호와라 이 모든 일들을 행하는 자니라(사 45:6-7).

여러 다른 본문은 하나님께서 당신의 목적을 이루기 위하여 사람들을 강퍅케 하며 악한 의도를 사용하시는 것에 대해서 말한다(창 50:20; 롬 9:18; 삼상 2:25; 삼하 16:10; 왕상 22:21). 카슨은 이런 구절들과 그와 유사한 다른 많은 구절들에서 "하나님이 이것 혹은 저것의 배후에 어떤 방식으로든 존재한다고 하는 바로 그 이유로 인간 행위자가 그 어떤 순간에

---

46 John Feinberg가 이 본문을 해석한 것을 참고하고 양립 가능론에 대한 그의 사례를 "A Case for a Compatibilist Specific Sovereignty Model," in *No One Like Him* (Wheaton, IL: Crossway, 2001)에서 보라.

도 책임감에서 면제되는 것은 아니다"⁴⁷고 설명한다.

카슨은 또한 인간 의지와 도덕적 책임감의 실재를 확인하는 많은 구절들을 인용한다. 여호수아는 잘 알려진 바와 같이 "너희가 섬길 자를 오늘 택하라 오직 나와 내 집은 여호와를 섬기겠노라"(수 24:14-15)라고 선포한다. 많은 구절들은 하나님에 대한 우리의 관계를 인간의 행동을 명령하는 "만일…그렇다면" 진술문에 기초해서 설명한다. 예를 들면, 다음과 같다.

> 네가 만일 네 입으로 예수를 주로 시인하며 또 하나님께서 그를 죽은 자 가운데서 살리신 것을 네 마음에 믿으면 구원을 받으리라(롬 10:9).

이 모든 것에서 성경은 확고부동하게 하나님의 완전무결한 선하심을 긍정한다.

> 하나님은 빛이시라 그에게는 어둠이 조금도 없으시다(요일 1:5; 신 32:4; 합 1:13을 보라).

천상의 합창단이 소리 높여 외친다.

> 만국의 왕이시여
> 주의 길이 의롭고 참되시도다
> 주여 누가 주의 이름을 두려워하지 아니하며
> 영화롭게 하지 아니하오리이까
> 오직 주만 거룩하시니이다(계 15:3-4).

---

47 Carson, *How Long, O Lord?* 203.

"하나님은 결코 악의 공범처럼 혹은 비밀스럽게 악의적인 것처럼 혹은 선한 것의 배후에 서 계신 것과 정확하게 동일한 방법으로 악한 것의 배후에 서 계신 것처럼 소개되지 않는다."[48]

그리스도의 십자가는 하나님의 절대적인 주권, 하나님의 비길 데 없는 선함 그리고 악에 대한 인간의 책임감을 위한 초점이 된다. 사도행전에 나오는 기도에서 이 점이 특히 두드러진다. 감옥에서 풀려난 후에 베드로와 요한은 동료 신자들에게 돌아가서 하나님의 구원을 찬양한다(행 4:24-30). 이 기도에서 믿는 자들은 네 가지를 긍정한다.

1. 하나님만 만물의 유일한 창조주시다(행 4:24).
2. 세상 지도자들의 반대, 특히 헤롯과 빌라도가 메시아를 대하여 반대한 것(행 4:25-27)은 성경적인 예언의 성취다(시 2:1-2).
3. 메시아를 반대하고 죽인 자들은 "주의 능력과 뜻에 의해 미리 정하신 일을 그들이 단지 이룬 것뿐이다"(행 4:28).
4. 믿는 자들은 담대함으로 말씀을 전하고 "주의 거룩한 종 예수의 이름을 통하여" 표적과 기사가 나타나는 것을 보도록 반드시 주께 힘을 달라고 간구해야 한다(행 4:29-30).

하나님은 몰락하는 구세주를 구하기 위해 마지막 순간에 개입하지 않으셨다. 모든 것은 "사전에 결정된" 것이었다. 또한 하나님은 체스판의 졸(卒)처럼 인간 행위자들을 사용하지도 않으셨다. 헤롯과 빌라도는 "하나님께서 기름 부으신 거룩한 종 예수"(행 4:27)를 반대하여 음모를 꾸몄다. 카슨은 이렇게 말한다.

> 양립론을 시종일관 부인할 수도 있는 기독교인들은 십자가에 대해서 생각하게 되면서 양립론자가 된다(본인이 인식하면서 혹

---

[48] Ibid., 205.

은 본인이 모르는 사이에). 믿음을 부인하는 것 이외에는 대안이 없다. 그리고 만일 우리가 십자가에 대해 생각할 때 양립론자가 될 준비가 되어 있다면…그것은 성경 모든 곳에서 양립론을 가르치거나 양립론이 전제되어 있다는 것을 이해하기 위한 아주 작은 단계에 지나지 않는다.[49]

피조세계에 있는 모든 것이 그리스도의 인격과 사역에 집중되고 요약되어 있기 때문에(골 1:15; 2:15), 양립론은 피조세계의 모든 영역에 적용된다. 웨스트민스터 신앙고백서(The Westminster Confession of Faith)는 3장에서 이 관점을 능숙하게 제시한다.

1. 하나님은 영원 전부터 자신의 뜻대로 가장 지혜롭고, 거룩하신 계획에 따라 일어날 모든 일을 자유롭게 그리고 변경되지 않도록 예정하셨다. (그럼에도 불구하고) 하나님은 죄의 원작자도 아니며, 강제력이 피조물들의 의지에 행사되지도 않으며, 제2원인들의 자유나 우연성이 제거되지도 않으며, 오히려 확립된다.
2. 하나님은 비록 모든 가상적 조건들에 근거하여 일어날지도 모르는 혹은 일어날 수 있는 그 무엇이든지를 아시지만, 그럼에도 하나님은 어떤 일도 가상적인 조건들에 근거하여 일어날 미래로 아셨기 때문에 작정하지 않으셨다.

이 논증은 하나님의 섭리와 인간 행동의 관계에 대해 열변을 토하긴 하지만, 나는 악의 문제를 이 포괄적인 개혁주의나 칼빈주의 입장에서

---

49 Ibid., 212. 양립론자의 입장을 더 개발시킨 것으로 Mark R. Talbot, "True Freedom: The Liberty That Scripture Portrays as Worth Having," in *Beyond the Bounds: Open Theism and the Understanding of Christianity*, ed. John Piper, Justin Taylor and Paul Kjoss Helseth (Wheaton, IL: Crossway, 2003)를 참고하라.

접근하고자 한다. 내가 다른 견해를 경솔하게 일축하는 것은 아니지만, 내게는 가장 성경적이고 생산적이라고 여겨지는 변증을 나는 제시하고 있는 것이다.[50]

7. 더 위대한 선을 위한 변론

이것이 설명의 끝인가? 감사하게도 끝이 아니다. 어떤 개혁주의 사고가들은 하나님의 주권에 대한 강한 관점이 긍정적인 신정론을 개발시키는 것을 배제한다고 그릇되게 믿기는 하지만 말이다.[51]

하나님의 선함과 주권에 비추어 볼 때 타락한 세상 속에서 그리고 타락한 세상을 통해서도 하나님이 의도하셨던 목적을 성취하시기 위해서 어떻게 악이 하나님의 무한한 지혜와 조화되어 사용될지를 고려하는 것

---

50 나는 중간지식을 직접적으로 다루지는 않았는데 중간지식은 하나님이 모든 가능 세계를 훑어보고 가장 자유주의적인 세계를 선택한다고 주장한다. 이 점에서 하나님은 예정(foreordination)이 아닌 사전인지(precognition)를 행사하는 것인데 왜냐하면 그는 이 자유의지론적 세계에서 어떤 일들이 (반사실적으로) 발생할 것인지를 수동적으로 보기 때문이다. 이 입장은 철학적으로 심각한 문제들이 있지만(주된 것으로 "근거 반대"[the grounding objection]), 나는 아주 기본적인 두 가지 성경적인 이유로 거부해 왔다. (1) 행위자에 대한 성경적인 견해는 양립론자이지 자유주의자가 아니다. (2) 예지(foreknowledge)의 성경적인 견해는 사전인지가 아닌 예정(preordination)이다. 이에 대해서는 Carson, *How Long, O Lord?* 219-220을 참고하라. 신학적으로 주류는 아니지만 다른 학파는 자유주의적 행위주체성을 변호하고 하나님이 미래에 발생할 모든 것을 아는 것을 부인한다. 이를 "열린 유신론"(open theism)이라고 부르며 Greg Boyd, John Sanders, Clark Pinnock, William Hasker와 다른 이들이 발전시켜 왔다. 나는 이 견해는 비성경적이기 때문에 악의 문제에 대한 가능한 성경적인 대답으로서 고찰해 볼 가치가 있다고 여기지 않는다. 이 견해에 대한 해설을 위해서는 Greg Boyd, *Satan and the Problem of Evil* (Downers Grove, IL: InterVarsity Press, 2001)을 보라. 열린 유신론의 비평을 위해서는 Piper et al., *Beyond the Bounds*를 참고하라.

51 John Frame, *Apologetics to the Glory of God* (Phillipsburg, NJ: P&R Publishing, 1994), 6-7장과 Clark, "God and Evil," in *Religion, Reason, and Revelation*을 보라.

은 여전히 가능하고 생산적이다.

악은 우주에서 2차적인 지위를 갖는다. 악은 하나님의 직접적인 피조물은 아니지만 인간이 사람들과 자신들의 환경을 잘못 경영하는 것에 의하여 발생한다. 그럼에도 불구하고 어떤 도덕적 선은 특정한 악에 반응하는 것을 제외하고는 불가능하다. 따라서 타락(거룩하신 하나님에 반대하는 인간의 반항에 기초한 것이기는 하지만)은 달리 가능하지 않았을 선행을 위한 가능성을 열어 준다. 즉 악은 하나님의 섭리에서 도구로서의 선한 목적을 담당한다. 이런 부류의 변론은 역사적으로 "더 위대한 선을 위한 변론"(the greater-good defense)으로 불려 왔다.

윌리엄 웨인라이트(William Wainwright)는 설명한다. "이 변론은 (1) 악은…어떤 선을 위해서 논리적으로 필요하다는 것과 (2) 이 선은 악을 능가한다는 것과 (3) 악을 수반함 없이 더 나은 대안적인 선은 존재하지 않는다는 것을 (대략) 입증해 보이려 한다."[52] 하나님의 경제 안에서 모든 악은 일련의 합법적인 목적을 감당한다. 나는 인간적 요소를 먼저 언급해 보겠다. 이 접근은 때로 영혼-만들기 전략(soul-making strategy)이라고 불리며 초기 교부인 이레니우스(Irenaeus)에 의해 제안되었다.[53] 또 다른 교부인 오리겐(Origen)은 "선행은, 만일 반대가 없으면, 두드러지지 않을 것이며 견습 기간에 의해서 더 영화롭게 되지도 않는다. 만일 선행이 검증되지 않고 검토되지 않았다면 선행은 선행이 아니다. 악과 별개로 "제대로 분투해 온 사람을 위해 예비된 성공의 왕관은 존재하지 않을 것이다."[54] 어거스틴은 이런 고전적인 대답을 했다.

전능하신 하나님, 이교도도 인정하듯이 만물에 대해 최고의 능

---

52 William Wainwright, *Philosophy of Religion*, 2nd ed, (Belmont, CA: Wadsworth, 1999), 75.
53 John Hick은 이를 *Evil and the God of Love*, rev. ed. (New York: Palgrave Macmillan, 2007)에서 개발시킨 것으로 아주 잘 알려져 있다. 하지만 Hick의 신학적 견해는 정통적이지 않다.
54 Origen, Henry Bettenson, ed. *The Early Christian Fathers* (London: Oxford University Press, 1956), 264에서 인용됨.

력을 갖고 계시며, 스스로가 최고로 선하신 존재이신 그분은, 만일 그가 악에서도 선을 끌어낼 수 있을 만큼 그렇게 전능하시고 선하신 것이 아니라면, 그분의 사역 속에서 무엇이든지 악한 것은 그것의 존재를 허락하지 않으실 것이다.[55]

어떻게 영혼들이 갈등과 고통을 통해서 온전케 될 수 있을지를 숙고하는 것은 "더 큰 선을 위한 변호"에 대한 고전적 이해의 문을 열게 한다. 다른 방법으로 가능한 선보다 더 위대한 선을 현실화하기 위해 하나님은 특정한 악을 사용하신다. 최초이며 또 원형적인 인간들은 죄가 없었지만, 그들에게는 선행이 배출되는 것을 도울 수 있는 어려운 경험들이 부족했다. 예를 들어, 용기, 영웅적 행동과 자기 희생 같은 선행은 어떤 위기나 위험 요소를 요구한다.

타락 이후에 세상은 위험해졌고, 또 이런 종류의 선행들은 가능해졌다. 마찬가지로 인내와 같은 선은 오랜 시간 동안 평화롭고 자애로운 방식으로 특정한 장애물들을 다룰 것을 요구한다. 당신이 타락하지 않은 세상에서는 나의 성급함에 인내할 수 없다. 더 일반적으로 말해 다양한 종류의 역경이 세상에 존재하지 않는다면 인간은 절대로 역경을 극복할 수 없을 것이다. 만일 사랑하거나 중보해야 할 원수들이 없다면, 우리는 결코 그리스도가 우리에게 요청하시는 "비범한" 삶을 살아낼 수 없을 것이다.[56]

이 사실은 결코 행악자를 면제해 주는 것은 아닌데 왜냐하면 그들은 돕는 것이 아닌 해할 의도를 갖고 있기 때문이다. 하나님의 세계에서 악의 역할에 대한 어떠한 이해도 라이프니츠의 가르침이 프러시아의 여왕에게 미친 영향이라고 버트란드 러셀이 주장한 것과 같은 그런 이해로

---

55 Augustine, *Enchiridion on Faith, Hope, and Love*, trans. J. F. Shaw (Chicago: Henry Regnery, 1961), 11.

56 Dietrich Bonhoeffer가 기독교를 "비범한" 삶의 양식으로서 소개하는 *The Cost of Discipleship* (New York: Touchstone, 1995)을 참고하라.

귀착되어서는 안된다. 즉 "그녀가 계속해서 선을 누리는 동안 그녀의 농노들은 계속해서 악으로 고통당했고, 이것이 정의롭고 옳은 것이라고 위대한 철학가(Leibniz)가 확신시켜 주는 것은 (그녀에게) 위로가 되었다"[57]고 러셀은 말한다. 하나님이 진두지휘하셨을 때 악은 더 큰 도구적인 목적을 감당하는 반면, 악은 그 자체가 도덕적이라고 칭찬되어서는 안 되는데 왜냐하면 그렇게 하는 것은 선과 악의 구별을 제거할 것이기 때문이다(사 5:20 참고).

악은 악한 행위에 대한 선량한 반응의 가능성을 제공해야만 한다. 고전적인 성경의 이야기는 요셉의 이야기로 그의 형들은 불의하게 요셉을 노예로 팔았다. 그럼에도 하나님이 그와 함께 하셨기 때문에 요셉은 수년 후 그의 형들에게 이렇게 말할 수 있었다,

> 당신들은 나를 해하려 하였으나 하나님은 그것을 선으로 바꾸사 오늘과 같이 많은 백성의 생명을 구원하게 하시려 하셨나니 (창 50:20).

악은 자주 우리를 당황스럽게 하고 우울하게 하는 반면, 우리는 종종 악의 결과로 선한 것들을 발견할 수 있다. 덴버 신학교의 젊은 총장이었던 클라이드 맥도웰(Clyde McDowell)은 수술 불가능한 뇌종양으로 죽음을 앞두고 있었다. 그것 때문에 그는 말하는 능력이 심하게 제한되었다. 그는 자신의 고통과 극심한 낙담 속에서도 계속해서 다른 사람들을 사랑하고 돕고 또한 기도하는 것을 나는 보았다. 그는 천국 가까이에 있었고 천국의 빛을 발하고 있었다. 유사하게 마샬 셸리(Marshall Shelley)도 자신이 알았던 가장 위대한 복음전도자는 한 마디도 말을 하지 않았다고 한다. 이 사람은 극심한 장애를 앓았던 그의 딸로 몇 주밖에 살지 못했다. 자신의 짧은 삶을 통해, 그녀는 놀라운 방법으로 사람들 안에서 사랑을

---

57 Bertrand Russell, *History of Western Philosophy* (1945; reprint, New York: Simon & Schuster, 1972), 590. Russell은 Leibniz의 신정론에 대해 보다 풍자된 견해를 제시하고 있었다.

끌어냈고 여러 사람으로 하여금 인생의 깊은 문제들을 담판 짓도록 했다.[58] 그 모든 과정 동안 가족들은 그들이 고통당하는 동안에도 믿음을 지켰다. 사랑은 엄청난 고통을 야기하기도 하고 또 고통은 위대한 사랑의 계기가 되기도 한다.

C. S. 루이스는 『고통의 문제』(The Problem of Pain)에서 타락한 세상에서 죄많은 하나님의 피조물들을 향해 엄격하고 많은 요구를 하는 그분의 사랑에 대해 기록한다.[59] 완벽하게 자애로운 존재는 완벽하게 자애로운 피조물보다 부족한 피조물들을 완전케 하기 위해 고통스러운 수단을 사용할 수도 있다. 우리의 타락한 조건을 감안했을 때, 우리가 선하다고 여기는 것은 어쩌면 우리 나름대로의 하나님을 저버리고(God-forsaking) 하나님을 회피하는(God-avoiding) 방식들만 강화시킬 수 있다. 우리는 하나님의 선하심을 일종의 감상적인 친절함으로 생각하지, 많은 사랑을 받은 자가 급진적으로 변화되어 자신의 창조주와 구원자를 더 잘 대표하기 원하는, 즉 활활 타오르는 거룩한 갈망으로 여기지는 않는다.

> 사실 우리가 원하는 것은 하늘에 계신 아버지가 아니라 하늘에 계신 할아버지다. 하늘에 계신 할아버지는 노인성 자비심을 가진 사람으로 소문대로 "젊은 사람들이 스스로 즐기는 것을 보는 것을 좋아하고" 또 우주를 위한 그의 계획은 그저 매일 하루가 끝날 무렵에 단지 "모두 좋은 시간을 가졌구나"라고 진심으로 말할 수 있는 것이었다.[60]

사랑의 양태를 몇 가지 논의(예술가는 공예품을, 주인은 애완동물을 그리

---

58 Marshall Shelley, "Wordless, Sightless, Helpless Theologian," *Christianity Today*, April 26, 1993, 34-36.
59 나는 인간 행위성에 대해서는 Lewis의 자유주의자적 견해를 따르지는 않지만, 그의 통찰력은 행위주체성을 위한 양립론자 설명에 여전히 적용될 수 있다.
60 Lewis, *The Problem of Pain*, 31.

고 아버지는 아들을)한 후에 루이스는 여자를 향한 남자의 사랑 그리고 하나님의 신부가 점이나 흠이 없기를 원하는 하나님의 질투(엡 5:27)에 대해서 말한다. "이 비유가 제시하는 진리는 사랑은 스스로의 본질상 사랑하는 자가 완전하게 되기를 요구한다는 것을 강조한다. 그 대상 안에서 겪는 고통 외에 어떠한 것이라도 관용해내는 단순한 '친절함'은 사랑과 정반대의 극점에 놓여 있는 것이다."[61]

루이스는 이 사랑은 "소멸하는 불로 그분 자신이며, 세상들을 만든 그 사랑(the Love)이며, 예술가가 그의 작품을 향해 갖는 사랑처럼 끈질기며 개를 향한 주인의 사랑처럼 독재적이며, 아들을 향한 아버지의 사랑처럼 신중하고 존경할 만하고, 정확히 이성 간의 사랑처럼 질투하고, 가차없다"고 단언한다. 그렇게 가차없고 창의적인 사랑은 자기 지시(self-reference: 자기 자신에 관한 언급, 자신에게만 초점을 맞추는 것-역주)에 길들여져 있는 태만한 피조물들의 관심을 끌기 위해 고통을 이용할 수도 있다. 고통은 부인될 수 없다. 반드시 고통에 주의를 기울여야 한다. "하나님은 우리가 즐거울 때 우리에게 속삭이고 우리의 양심에 말하시지만, 우리가 고통 속에 있을 때에는 고함치신다. 고통은 귀먹은 세상을 깨우기 위한 그분의 메가폰이다."[62]

물론 선(다른 방법으로 실현 불가능한)을 야기할 수 있는 동일한 종류의 악이 더 큰 비참함을 야기할 수도 있다. 고통으로 괴로워하는 자들은 하나님을 저주하고 절대로 회개하지 않을 수도 있다.

2004년 12월에 인도네시아 해안을 휩쓸고 간 역사상 최악의 쓰나미 후에 세상은 영웅적인 도움이 제공된 것에 대해서도 들었을 뿐만 아니라, 약탈과 강간 같은 아주 비열한 해악이 자행된 것에 대해서도 들었다. 다른 방식으로는 성취될 수 없는 선한 목적을 성취하기 위해 얼마나 많은 인간(그리고 동물)의 고통이 사용되어야 하는지를 짐작하는 것은 어렵다. 그러나 물론 더 위대한 선을 위한 변론은 특정한 악이나 악의 집합

---

61 Ibid., 38.
62 Ibid., 91.

이 정당하다고 인정되는 더 위대한 선(justifiable greater good)으로 실제적으로 어떻게 귀결될 것인지를 계산하고 추측하는 것에 달려있지 않다. 그 일은 대개 우리의 이해를 넘어선다(요셉 같은 성경적 사례는 제외하고).

그럼에도 불구하고 유신론에 반대하는 사람들은 하나님의 경제 논리(divine economy)에 비추어 봤을 때 어떻게 해서든지 악을 지혜롭게 활용하는 하나님을 믿는 것보다는 부당한(gratuitous) 악(더 위대한 선에 쓸모없는 악)을 믿는 것이 더 이성적이라고 주장한다. 논증은 이렇게 표현된다.

1. 만일 하나님이 존재한다면, 부당한 악은 존재하지 않는다.
2. 부당한 악이 존재한다.
3. 그러므로 하나님은 존재하지 않는다(후건부정에 의해서).

이 도전에 두 가지의 기본적인 방법으로 대응할 수 있다.
첫째, 우리는 논증을 역전시킬 수 있다.

1. 만일 하나님이 존재한다면, 부당한 악은 존재하지 않는다.
2. 하나님은 존재한다.
3. 그러므로 부당한 악은 존재하지 않는다.

결국 어떤 명제가 가장 이성적인 지지를 많이 받는가에 달려있다.

1. 하나님은 존재한다.
2. 부당한 악이 존재한다.[63]

만일 전선하시고 전능하시며 전지하신 하나님을 위한 몇 개의 논증들이 확실하다면(내가 주장했듯이), 진술 1은 진술 2보다 더 강력하게 합

63　Nash, *Faith and Reason*, 211-212.

리적이다. 악의 문제를 지적인 진공에서 다뤄서는 안 된다. 세상의 악은 유신론과 기독교 유신론에 있어서 가능한 파기자(defeater)이다. 얼핏 보아서는 그런 문제다. 그러나 기독교 유신론을 믿어야 하는 광범위하고 다양한 이유들을 고려해 보면(하나님을 위한 다양한 논증들, 성경의 신뢰성, 예수 그리스도의 인격과 업적 등) 하나님은 존재하지 않는다는 주장은 그것의 많은 철학적 호소력을 상실한다(아무리 악의 경험이 고통스럽다고 할지라도 말이다).

둘째, 하나님의 세계에서 어떤 악도 허비되지 않는다고 하더라도, 주어진 악이 어떤 것이든지 간에 그 악에 대한 특별한 이유를 왜 우리가 결정할 수 없는지를 기독교 유신론 자체는 우리에게 제공해 준다고(성경에 계시된 것을 제외하고) 기독교 유신론자는 주장할 수 있을 것이다.

첫 번째 이유는 인간은 그들의 이해함에 있어서 유한하고 제한적이라는 것이다. 그렇기 때문에 인간들은 특별히 타락한 세상에서 사물의 실제적인 본성 때문에 당황할 수도 있다. C. S. 루이스는 이 사실을 고찰했다.

> 나는 우리가 사고하는 바로 그 독특한 방식 속에는 실제적인 존재에 의해 당황할 수밖에 없는 어떤 것이 존재하는 것은 아닌가 하고 생각해 본다. 그 실제적인 존재가 어떤 특성을 갖게 되든지 상관없이 말이다. 아마도 유한하고 우연적인 피조물(존재하지 않을 수도 있었던 피조물)은 실제적인 존재가 지금 여기에서도 실제적인 사물의 질서에 연결되어 있다는 그냥 주어진 사실을 마지못해 따르는 것을 항상 힘들어 할 것이다.[64]

하나님이 질문하는 욥에게 천둥같은 소리로 "내가 땅의 기초를 놓을 때 네가 어디 있었느냐?"고 물으셨다. 욥기 38-42장에 하나님이 제기하

---

64 C. S. Lewis, *God in the Dock* (Grand Rapids: Eerdmans, 1970), 40.

신 일련의 질문들은 모두 욥에 대한 하나님의 능력과 지식의 최고권을 강조한다. 이 심오한 책을 과도하게 단순화해 보면 하나님이 욥에게 하는 대답으로 여겨지는 것은 이것이다. "너는 왜 내가 너로 하여금 이것을 통과하게 했는지 알 수 있는 위치에 있지 않다. 그러나 너는 나를 신뢰할 수 있다."[65]

두 번째 이유는 타락의 교리가 왜 하나님의 섭리가 어떤 면에서는 우리에게 불명료하게 남게 될지에 대해서 설명해 준다. 우리의 인지적이고 도덕적인 장치는 하나님에 의해 창조되기는 했지만, 죄의 결과로 손상을 입게 되었다. 자기 중심성(self-centeredness)은 겸손하게 되는 것의 선함에 우리를 눈멀게 할 수 있다. 교만은 고통에 의한 다양한 방식을 통해 겸손케 되어야 하는 우리만의 필요가 있다는 것을 인식하는 것을 거부할 수도 있다.

하나님에 대해서 그리고 우주를 위한 그분의 계획에 대해서 우리가 아는 것에는 다소 무지의 여지도 존재한다. 예수님은 탁월하게 통합된 세계관을 내보이셨고 그분 당시의 최고 석학들과의 지적인 논쟁에서 위축되지도 않으셨지만,[66] 몇몇 경우에는 특정한 악에 대해서 설명하지 않으셨다. "빌라도가 어떤 갈릴리 사람들의 피를 그들의 제물에 섞은" 소식을 전해 들었을 때 예수님은 그저 이렇게 말씀하셨다.

> 너희는 이 갈릴리 사람들이 이같이 해 받으므로 다른 모든 갈릴리 사람보다 죄가 더 있는 줄 아느냐 너희에게 이르노니 아니라 너희도 만일 회개하지 아니하면 다 이와 같이 망하리라 (눅 13:2-3).

---

65 D. A. Carson, "Job: Mystery and Faith," in *How Long, O Lord?*를 참고하라. 또한 Elenore Stump, "The Mirror of Evil," in *God and the Philosophers*, ed. Thomas V. Morris (New York: Oxford University Press, 1995)를 참고하라.

66 나는 *On Jesus* (Belmont, CA: Wadsworth, 2003)에서 이 주장들을 심도 있게 변론한다. 특히 1장과 3장을 보라.

이는 거의 무례하게까지 여겨진다. 아마도 예수님께 말했던 사람들은 학살당한 사람들이 마땅히 들었어야 할 설명이나 의미를 원했을 것이다. 예수님은 그런 말씀은 전혀 없으셨다. 설명을 제공하는 대신에 예수님은 아직 생존해 있는 자들을 권고하셨다. 사람들은 회개하지 않는 한 자신들 역시 죽을 것임을 알아야 할 절박한 필요가 있었다(마 4:17을 보라). 예수님은 계속 말씀하셨다.

> 또 실로암에서 망대가 무너져 치어 죽은 열여덟 사람이 예루살렘에 거한 다른 모든 사람보다 죄가 더 있는 줄 아느냐 너희에게 이르노니 아니라 너희도 만일 회개하지 아니하면 다 이와 같이 망하리라(눅 13:4-5).

예수님 스스로도 십자가에서 몹시 괴로워하셨을 때 그분 자신의 구속적인 고난을 충분히 이해하지 못하셨다. 그렇지 않다면 예수님은 버림받으셨을 때 "나의 하나님, 나의 하나님, 어찌하여 나를 버리셨나이까?"(마 27:46)라고 부르짖지 않으셨을 것이다. 이것은 그분의 절규였다. 예수님이 자신의 죽음과 부활을 여러 차례 예측하셨음에도 말이다.

이러한 고찰들에 비추어 보았을 때 전능하시고 전지하신 하나님의 방법이 때로 (아니면 더 자주) 우리에게는 불가사의할 것이라고 가정하는 것이 합리적이다. 기독교 변증가이며 윤리학자인 조세프 버틀러(Joseph Butler, 1692-1752)는 그의 에세이인 "사람의 무지에 대하여"(Upon the Ignorance of Man)에서 이를 명쾌하게 설명한다.

> 그리고 하나님의 사역 또 그분의 통치 체계를 철저하게 이해하는 것은 우리의 능력을 넘어선 것이다. 그렇기 때문에 많은 것들이 우리로부터 감추어지는 것이 원래부터 적절하게 된 이유가 아마도 있을 것인데, 그 이유는 어쩌면 우리는 이해할 수 있는 자연적인 능력을 갖고 있다는 것이다. 세상의 통치속에서의 설계들, 방법들과 신적인 섭리의 목적에 대한 많은 것들을 이해하

도록 말이다. 무한한 능력, 지혜와 선함의 몇몇 장면들 위에 베일이 의도적으로 드리워졌다고 가정하는 것은 전혀 불합리한 것이 아닌데 무한한 능력, 지혜와 선함의 광경은 어떻게 해서든 우리에게 너무나도 강력하게 타격을 가하기 때문이다. 아니면 그런 광경이 우리의 지식에 노출될 수 있는 것보다는 감춰져서 더 바람직한 목적이 설계되고 이루어진다. 전능하신 분은 우리가 전혀 감을 잡지 못하거나 개념을 떠올리지 못하는 이유들과 목적들을 위하여 그분 주변에 구름과 어두움을 드리우실 수 있다.[67]

로마서에서 바울이 외치는 송영(doxology)을 보자.

깊도다 하나님의 지혜와 지식의 풍성함이여,
그의 판단은 헤아리지 못할 것이며
그의 길은 찾지 못할 것이로다(롬 11:33).

이렇게 불가해한 하나님의 길들은(굵고, 어둡고, 무거운 하나님의 섭리의 신비) 불합리가 아니다. 하나님의 길들은 무의미하지 않다. 그렇지만 하나님의 길들의 의미는 지금 우리에게 대부분 불명료하다. 이러한 악들에 대한 도덕적으로 충분한 이유가 **불가해할**(inscrutable) 수 있겠지만, 악이 **부당하지는**(gratuitous) 않다. 그럼에도 불구하고 하나님은 그분의 구원받은 자녀들에게 "하나님을 사랑하는 자 곧 그의 뜻대로 부르심을 입은 자들에게는 모든 것이 합력하여 선을 이루느니라"(롬 8:28)라고 약속하신다.

---

67 Joseph Butler, "Upon the Ignorance of Man(Ecolesiasters 8:16-17)," in *Fifteen Sermon: Preached at the Rolls Chapel* (Boston: Hilliard, Gray, Little, and Wilkins, 1827) 〈http://anglicanhistory.org/butler/rolls/15.html〉.

8. 십자가와 그리스도의 부활

악에 대해 선이 승리한 가장 위대한 예는 고대 예루살렘 외곽에 있던 십자가에서의 예수 그리스도의 죽음이다. 희생적인 사랑의 절정은 예수님의 원수들을 대신한 예수 그리스도의 육체적, 정신적 그리고 영적인 고통을 통하여 제시되었다. 이보다 더 큰 사랑의 행위가 보여진 적은 없었고 이후로도 그럴 것이다. 나는 이 사건을 보고하는 본문들의 신뢰성과 그리스도의 필적할 데 없는 성격을 위한 사례를 제시해 왔다. 그럼에도 하나님께 대항하는 인간의 반항 없이는 그리스도 안에서 하나님의 비할 데 없는 화해의 사역은 절대로 일어날 수 없었을 것이다. 성경이 그리스도를 세상 창조 때부터 "죽임을 당한 어린 양"(계 13:8)으로 언급할 때 최종적인 계획이 태초부터 세워졌음을 성경은 암시한다.

그 어떤 세계관도 전능하신 하나님께서 그분의 죄많은 피조물들을 그분 스스로의 고통과 죽음을 통해 구원하시기 위해 하나님 자신을 겸손케 낮추셨다고 가르치지 않는다. 그 어떤 세계관도 잃어버린 영혼들을 위해서 최고의 실재가 인간의 손에 의해 무기력하게 형벌에 처해지게 되었다는 개념을 인정하지 않는다. 어떤 종교의 창시자도 그의 희생적인 죽음에서 "나의 하나님, 나의 하나님, 어찌하여 나를 버리셨나이까?"(마 27:46; 참고 시 22:1)라고 울부짖지 않았다.

그리스도 안에 계신 하나님에게는 고통과 죽음이 생소하지 않았다. 많은 이들은 하나님은 우리가 이 땅에서 겪는 괴로움과는 아주 동떨어져 있으시다고 주장하여 하나님이 악을 허용하신 것에 의문을 제기한다. 그러나 하나님은 동떨어져 있지 않으시다. 그 어떤 하나님도 거절, 배신, 수치와 십자가 처형의 상처를 지니고 있지 않다. 예수 그리스도는 우리의 고통을 속속들이 아시는데 왜냐하면 그 누구보다도 더 심하게 고난받으셨기 때문이다. 예수 그리스도가 우리의 대제사장이신 것은 그분이 범하지도 않으신 범죄 때문에 잔인한 로마 십자가에서 죽는 것에 순복하시기까지 낮아지신 것, 바로 그 때문이다(빌 2:5-11). 복음은 하나님이 우리를 긍휼히 여기실 뿐만 아니라 하나님이 예수 그리스도를 통해 우리와 공감하신다는 것도 선포한다.

스탠리 존스는 사람들을 돌보는 데 있어서 우리가 일반적으로 고통을 감내하는 능력 그리고 하나님 자신 안에 있는 고통을 감내하시는 능력에 대해서 기술했다.

> 더 높은 단계의 문화와 성품 속으로 한 개인이 나아갈수록, 더 많은 민감함과 더 폭넓은 애정의 범위을 보이게 되며, 따라서 고통을 감내할 더 큰 능력을 드러내게 된다. 한 개인이 모든 삶에서 가장 지고한 삶, 즉 하나님께 이르게 되면, 우리는 이 민감함이 그것의 완벽함 속에서 발현될 것을 기대하게 될 것이다. 십자가는 그렇다고 말한다. 십자가는 하나님이 인간의 죄와 슬픔에 민감한 것이며, 너무나도 민감하셔서 인간의 죄와 슬픔이 그분 자신의 것이 되어 버린다.[68]

예수 그리스도는 우리의 죄를 지셨고 우리의 슬픔을 공유하셨다. 이 고통스런 세상의 많은 악들은 불명료하고 대답할 수 없는 것이긴 하지만, 역대 최고의 악은 우리에게 설명되어 왔다.

그러나 그리스도의 죽음은 끝이 아니었다. 사도행전에 나오는 최초의 설교부터 서신서까지 그리고 요한계시록을 통해서 그리고 오늘날 전 세계에 일어나는 복음의 선포까지 그리스도의 십자가는 필연적으로 그리스도의 부활에 연결되어 있다(22장 참고).

그 어떤 종교도 신적인 창시자의 죽음, 매장 그리고 부활에 기초하지 않는다. 바로 이 초자연적인 실재 안에서 악의 문제가 가장 잘 이해된다. 만일 예수님과 함께 있었던 사람들의 오해가 예수님을 좌절시킬 수 없었다면, 만일 어둠의 권세가 예수님보다 한 수 앞서거나 예수님을 유

---

68 E. Stanley Jones, *Christ and Human Suffering* (New York: Abingdon Press, 1933). 또한 Kazoh Kitamori, *Theology of the Pain of God*, 5th ed. (1958; reprint, Eugene, OR: Wipf & Stock, 2005)을 보라.

혹할 수 없었다면, 만일 죽음 자체가 예수님을 붙잡아 둘 수 없었다면, 우리는 예수님을 "시작과 끝"(계 21:6)으로 신뢰할 만한 모든 이유를 갖고 있다. 십자가형에 처해진 그리스도의 부활은 그리스도 안에 있는 모든 믿는 자에게 희망찬 미래를 열어 준다. 그래서 바울은 이렇게 선포하는 것이다.

> 내가 받은 것을 먼저 너희에게 전하였노니 이는 성경대로 그리스도께서 우리 죄를 위하여 죽으시고 장사 지낸 바 되셨다가 성경대로 사흘 만에 다시 살아나사(고전 15:3-4).

우리가 시편기자와 함께 울부짖듯이 세상은 눈물과 분노를 받을 만하다. "나의 영혼도 매우 떨리나이다 여호와여 어느 때까지니이까?"(시 6:3). 그러나 현 세상은 요한계시록에서 언급된 완전하게 구속된 우주가 아니다. 요한계시록이 말하는 세상에는 더 이상의 저주도 더 이상의 눈물도 없으며, 그 세상은 하나님이 구원받은 그분의 피조물들과 완벽한 조화 속에서 사는 세상이다(계 21-22장). 죽음에서 다시 살아난 그리스도의 부활의 실재로 인하여 바울은 합리적인 소망으로 앞을 내다본다.

> 나팔 소리가 나매 죽은 자들이 썩지 아니할 것으로 다시 살아나고 우리도 변화되리라 이 썩을 것이 반드시 썩지 아니할 것을 입겠고 이 죽을 것이 죽지 아니함을 입으리로다 이 썩을 것이 썩지 아니함을 입고 이 죽을 것이 죽지 아니함을 입을 때에는 사망을 삼키고 이기리라고 기록된 말씀이 이루어지리라 사망아 너의 승리가 어디 있느냐 사망아 네가 쏘는 것이 어디 있느냐 사망이 쏘는 것은 죄요 죄의 권능은 율법이라 우리 주 예수 그리스도로 말미암아 우리에게 승리를 주시는 하나님께 감사하노니(고전 15:52-57).

이 땅에서의 삶은 비록 타락하기는 했어도 의미심장한데 왜냐하면 그리스도의 업적을 통해서 촉발된 경로(trajectory) 때문이다. 그리고 그리스도는 지금 이 순간에도 우주 전체에서 최고의 권위를 갖고 계신다(마 28:18; 골 1-2장).

따라서 바울은 그리스도를 따르는 자들에게 권고하신다.

> 그러므로 내 사랑하는 형제들아 견실하며 흔들리지 말고 항상 주의 일에 더욱 힘쓰는 자들이 되라(고전 15:58).

불의, 불신, 편견, 가난, 폭력과 어리석음에 대항해서 싸우는 것은, 만일 그것이 "주 안에서" 행해진 것이라면 헛수고를 한 것이 아니다. 또한 그런 수고는 하나님 그분을 대항해서 싸우는 것도 아닌데 왜냐하면 하나님도 예수 그리스도의 공의로운 사역을 통해서, 타락해서 신음 중인 우주를 구속하는 과정 중에 있으시기 때문이다(롬 8:18-26). 이것이야말로 에덴 동쪽에서, 범죄하여 아파하는, 죽을 수밖에 없는 인간들이 얻을 수 있는 악의 문제에 대한 가장 강력한 대답이다.

26장

결론

대중에게로 가자

그러므로 형제들아 내가 하나님의 모든 자비하심으로 너희를 권하노니 너희 몸을 하나님이 기뻐하시는 거룩한 산 제물로 드리라 이는 너희가 드릴 영적 예배니라 너희는 이 세대를 본받지 말고 오직 마음을 새롭게 함으로 변화를 받아 하나님의 선하시고 기뻐하시고 온전하신 뜻이 무엇인지 분별하도록 하라 (롬 12:1-2).

이렇게 두꺼운 책의 결론은 짧아야 마땅한 것 같다. 꽤 포괄적인 형태로 나는 기독교가 우리의 삶을 위해 객관적으로 진실되며 합리적이고 의미심장함을 변호해 왔다. 나는 또한 주요 경쟁자들, 즉 자연주의, 범신론과 이슬람을 비평해 보았다. 자 여기서 나는 지금까지의 내용을 요약하고 마지막으로 권면하고자 한다.

존 스토트(John Stott)가 선교에 관해 한 말을 바꿔보면 하나님은 변증적인 하나님이고 성경은 변증적인 책이며 그리스도는 변증적인 그리스도다. 따라서 기독교인들이 열정적으로, 똑똑하고, 지혜롭게 기독교를 변론하고 추천하는 것이 시급하다. 이 거룩한 노력을 위해 가장 좋은 방법은 기독교를 경쟁적인 세계관들보다 합리적인 테스트에 더 잘 통과한 가설로 제시하는 것이다.

이 방법을 사용함에 있어서 기독교인들은 반드시 진정한 기독교 세계관을 제시하여서 믿지 않는 자들로 하여금 무엇이 변론되었는지를 그리고 기독교 세계관이 그들 자신들의 세계관과 어떻게 다른지를 분별할 수 있게끔 해야 한다. 그러나 기독교 세계관이 옹호되기 전에 반드시 여러 가지 왜곡들을 드러내어 진정한 성경적 관점이 밝게 비춰지도록 해야 한다.

최근 수십 년간 진행중인 일련의 철학 사상들을 감안할 때 기독교인들은 성경적 계시와 이성에 부합하는 진리에 대한 견해를 변론할 필요가 있다. 더 나아가 기독교인들은 비기독교인들에게 진리의 추구가 비현실적이거나 과장된 것이 아니라 옳은 것임을 설득해야 한다. 그리고 기독교에 의해 제시된 엄청난 타산성(prudential)에 근거한 가능성들을 고려할 때(영원한 행복 혹은 영원한 파멸) 한 개인은 기독교 진리를 진심을 다해 조사하도록 동기부여가 되어야만 한다.

변증학 자체에 었어서 자연신학은 중추적인 위치를 차지한다. 자연신학에 반대해서 겨냥된 신학적 논증들은 실패한다. 존재론적, 우주론적, 설계론적, 도덕론적 그리고 종교 체험적인 논증들은 하나님을 믿는 것이 합리적으로 설득력 있어 보이게 만든다. 세상을 무에서 창조한 필연적인 존재, 거시적이고 미시적인 차원에서 피조세계에 설계의 흔적(stamp of design)을 남기신 분, 객관적인 도덕적 진리와 의무의 근원이신 분 그리고 그분 자신을 종교 체험을 통하여 다양한 개인들에게 계시해 오신 분이다. 우리의 의식과 추론 능력은 유신론에 의해 가장 잘 설명된다. 일신론에서 특정한 기독교의 변호로 넘어가면서 성경적인 인간 본성의 설명은 인간의 위대함과 비참함 두 가지 모두를 유일무이하게 설명해낸다.

이러한 변증적 기초들을 놓은 다음에 우리는 신약의 신뢰성과 예수님의 견줄 데 없는 주장들과 필적할 데 없는 자격에 기초하여 예수님의 유일무이함과 우월성을 주장했다. 예수님의 활동과 그 자신, 하나님과 세상에 대한 단언들을 위한 가장 최선의 설명은 그가 실제적으로 성육신하신 하나님이었다는 것이다.

비평가들과는 반대로 성경, 신조와 논리를 정당하게 다루며 성육신을 논리적으로 일관되게 이해하는 방법들이 있다. 그리스도의 부활은 기독교 확신의 핵심이며 기독교를 다른 모든 세계관과 구별시켜 준다. 유신론에 대한 믿음의 배경과 예수님의 죽음과 관련된 특정한 사실들의 확고부동한 특성과 초대교회의 믿음과 관습을 감안하면 시공간의 역사 속에 일어났던 그리스도의 부활을 위한 설득력 있는 사례가 제시될 수 있다.

기독교 유신론에 대한 몇 가지 주요한 도전들은 별도로 확대하여 다룰 필요가 있다. 너무나도 많은 이들이 모든 종교들은 동등한 지위를 갖는다고 또 기독교가 최고권을 주장할 수 없다고 생각하기 때문에 나는 종교들은 화해될 수 없는 양립 불가능한 진리 주장들을 펼친다고 주장하는 바이다. 게다가 성경적인 증거는 모든 사람들이 예수 그리스도의 복음을 듣고 수용할 필요가 있음을 지지한다. 세계적으로 이슬람은 종교들 중에 기독교에 가장 의미심장한 도전장을 던진다. 따라서 나는 이슬람이 기독교를 대체했다는 주장을 평가했고 그 주장이 상당히 부족하다는 것을 알아냈다.

악의 문제는 기독교뿐만 아니라 모든 세계관에 골치거리다. 불가사의한 일들은 타락한 자아와 우주에 대한 하나님의 통치에 대한 우리의 이해를 부분적으로 희미하게 하는 반면에, 기독교 세계관은 그 어떤 대안적인 관점보다 악의 의미와 목적을 더 잘 설명한다. 기독교 세계관은 악을 설명할 뿐만 아니라 고난의 한복판에서 이성적 소망을 위한 의미와 도래할 더 나은 세상을 향한 소망을 제공한다. 부록에서는 두 가지 마지막 문제를 다룬다. 그것은 하나님의 선함과 관련된 지옥의 문제와 구약성경의 도덕적 위치에 대한 일련의 도전들이다.

때로 나는 이 책을 마치게 될 수 있을까하고 절망하기도 했다. 내가 계속 저술할 수 있었던 것은 30년 넘게 지속한 나의 연구, 저술, 가르침, 설교, 논쟁과 전도의 삶이 이 페이지들 속에서 열매 맺게 되어 하나님의 은혜로 다른 많은 사람들에게 도움을 주게 되기를 원하는 마음 때문이었다. 그러나 그것을 넘어서 이 노력들은 기독교가 진리며 최고로 중요하다고 하는 더 깊은 확신("내 뼈 속에 불이 되어") 속으로 나를 인도했다.

나는 1976년 여름부터 기독교인이였는데, 나는 기독교 진리 주장에 대해 비평적으로 생각하는 것을 한 번도 중단해 본 적이 없다. 나는 기독교 메시지가 실존적으로 의미있을 뿐만 아니라 (우여곡절을 통해서) 지적으로도 만족스러움을 발견하여 왔다.

이 책을 위한 나의 소망과 기도는 독자들이 이 책과 다른 출처들로부터 유용한 것을 취해서 모든 종류의 수고에 변증학을 활용하게 되는 것이다. 변증학은 예수 그리스도의 주권 아래 삶의 모든 영역에서 적용될 필요가 있다. 우리는 강대상에서 변증학이 울려퍼지는 것과 변증학이 모든 기독교 교육의 차원에서 토의되는 것을 들어야만 한다. 변증학은 기독교 신학교, 대학과 고등학교에서 주요 커리큘럼의 한 부분이여야 한다. 캠퍼스 사역은 사역자들이 기독교를 변호하고 다른 세계관들의 약점을 이해하도록 반드시 그들을 훈련시켜야 한다.

출판의 모든 차원(기독교와 세속 모두)에서 기독교 설득력의 힘을 느껴야만 한다. 학문적인 차원과 더 대중적인 차원 모두에서 말이다. 기독교 학자들은 그들의 학문 분야에서, 그것이 기독교 기관이거나 세속적인 기관이든지 상관없이, 기독교적 관점을 개발하도록 고군분투해야만 하는데 복음을 부끄러워하지 않아야 하며, 뱀처럼 지혜롭고 비둘기처럼 순결해야 한다(마 10:16).

나는 변증학적인 영향과 기회를 줄 수 있는 영역들을 계속해서 열거할 수 있겠지만,[1] 핵심적인 질문은, 기독교인들이 무슨 일이 생기더라도 믿지 않는 세상 앞에서 자신들이 믿는 것을 변론하라고 하시는 하나님의 부르심에 귀기울이기 원하는가의 여부이다. 이 부르심에 귀기울이는 것은 지속적인 연구, 도덕적 용기와 끊임없는 기도를 필요로 한다. 그것은 십자가에서 죽으셨다가 부활하시고 또 승천하셨고 지금은 하나님 우

---

[1] Douglas Groothuis, "A Manifesto for Christian Apologetics: Nineteen Theses to Shake the World with the Truth," in *Reason for Faith: Making a Case for Christian Faith*, ed. Norman L. Geisler and Chad V. Meister (Wheaton, IL: Crossway, 2007), 401-408을 보라.

편에 앉아계시는 예수 그리스도께 사람들이 나아오는 것을 목도하기 원하는 간절한 갈망을 요구한다. 이러한 것들 중 그 어떤 것도 진리의 영이신 성령님의 채우심과 인도함 없이는 주님이 기뻐하시는 방법으로 전혀 성취될 수 없다. 성령께서는 장시간의 연구가 필요한 빼어난 논증들을 통해 우리를 가르치실 수 있는 반면, 성령님은 또한 낯선 사람들과의 대화를 시작할 수 있도록 조용한 방법으로 혹은 아웃리치와 같은 다른 방법을 감수하는 쪽으로 유도하실 수도 있다. 우리는 성령님의 분별과 능력을 구하며 그리스도를 매 순간 의지할 필요가 있다.[2]

기독교인들은 기독교가 세상이 들어야 할 필요가 있는 활활 타오르는 진리라는 것, 기독교는 이성적 테스트에도 끄떡없다는 것, 그리고 진리의 하나님이 우리의 겸손한 변증적 노력을 지원하신다는 것에 대한 자신감 있고, 용감하며, 전염성이 있고 또 설득력 있는 확신이 필요하다. 기독교인들은 또한 기독교 전도 활동에 항상 동반되는 영적 전쟁에 직면하여 집요함이 필요하다(행 13:1-12 참고). 우리는 하나님의 전신갑주를 입고 심령과 마음을 위한 전투에 임할 필요가 있는데(엡 6:10-18) 왜냐하면 모든 것이 위기에 처해 있기 때문이다.[3]

내가 이 책에서 강조하지는 않았지만 하나님 나라의 초자연적인 표출(치유, 예언, 환상과 다른 기적들과 같은 표적과 기사)은 하나님이 오늘도 살아계시고 능력이 있으시다는 강력한, 변증적인 증거를 제공한다. 하나님 성품의 이러한 발현들을 긍정하는 것은 결코 비합리적인 것이 아니다. 왜냐하면 이런 발현들은 성경과 역사를 통해서 나타내 보여진 세상 속에서의 하나님의 활동을 가리키는 것이기 때문이다. 또한 표적과 기사를 향한 기대와 갈망이 모든 차원에서 진행되어야 하는 변증적 연구를

---

2 이것은 Francis Schaeffer와 Edith Schaeffer가 가진 권능 있는 사역의 비밀이었다. Francis Schaeffer, *The Spirituality* (Carol Stream, IL: Tyndale House, 1972)를 보라. 그리고 Edith Schaeffer, *The Tapestry: The Life and Times of Francis and Edith Schaeffer* (Waco, TX: Word, 1981); Colin Duriez, *Francis Schaeffer: An Authentic Life* (Wheaton, IL: Crossway, 2008)를 보라.

3 Gary Kinnaman, *Winning Your Spiritual Battles* (Ventura, CA: Vine Books, 2003)를 보라.

위한 필요를 대체해서도 안 된다. 왜냐하면 하나님의 진리는 두 가지 방법 모두를 통해서 전달되기 때문이다.[4]

그래서 결국 가장 중요한 것은 무엇인가? 삼위일체 하나님이 가장 중요하시다. 그분은 우리의 구원을 위해 그분 스스로를 자애롭게 드러내셨고 또 성육신하신 하나님이신 예수 그리스도를 통하여 그분의 더 큰 영광을 드러내신 분이다. 따라서 우리가 하나님의 은혜를 기꺼이 받아들이고 하나님의 나라를 먼저 구하고, 우리 자신을 부인하고, 우리의 십자가를 지고 예수 그리스도를 따라서 하나님 나라의 부르심에 임하는 것이 마땅하다. 이 높은 부르심의 일부는 하나님의 영광을 위하여 변증학을 가지고 거리로 나아가는 것이다.

---

4 상당히 노련하고 다양의 저술 활동을 해왔으며 많은 존경을 받는 철학자인 J. P. Moreland는 그의 중요한 저서인 *Kingdom Triangle* (Grand Rapids: Zondervan, 2007)에서 이 점을 강조한다.

부록 1

재판 중인 지옥

> 지옥행을 선고받은 사람들이 심판받는 방법 중 하나는, 그들이 기독교 종교를 심판했다고 주장한 바로 그들 스스로의 이성으로 자신들이 심판받게 될 것을 스스로 보게 되는 것이다.
>
> 블레이즈 파스칼(BlaisePascal)[1]

    기독교는 상상 가능한 명제 중 가장 위험부담이 큰 명제다(8장 참고). 하나님께 우리가 어떤 대답을 하느냐에 따라서 영원한 생명을 획득하게 되거나 상실하게 된다. 그러나 성경적으로 이해했을 때 그 상실은 이익을 단지 박탈당하는 것보다 훨씬 더 큰 것이다. 단순한 포기 대신 조금도 쉬지 않고 영원히 계속되는 정신적이고도 육체적인 고통의 유산이 존재한다. 회개치 않는 자들에게 하나님이 할당해 놓으신 고통의 규모는 끔찍한데 바로 그것은 지옥이다. 여기에서 구원받지 못한 이들은 그들 자신만의 타락한 자원에만 의지할 수밖에 없는 처지가 되어 하나님의 호의를 얻지 못하거나 그들의 도덕적 죄책감에서 벗어나지 못하게 되는데 왜냐하면 구원받지 못한 이들은 하나님께서 일반계시 또는 특별계시

---

1 BlaisePascal, *Pensées*, ed. and trans. A. Krailsheimer (New York: Penguin, 1966), 175/563, 84.

를 통하여 그들에게 알게 해 주신 것에 올바르게 반응하는 것에 실패했기 때문이다(25장 참고).

지옥은 기독교에 있어서 변증적인 문제인데 왜냐하면 그것은 우리가 하나님의 사랑과 하나님의 피조물 일부의 영원한 형벌을 조화시킬 것을 요구하기 때문이다.[2] 그러나 이 문제는 이 책의 페이지들(과 다른 곳)에서 주장된 기독교 유신론을 위한 누적적 사례와 별개로 다뤄져서는 안 된다. 어떤 철학적인 문제가 아무리 골치 아픈 문제라고 하더라도 전체 세계관을 사장시킬 필요는 없다. 이것은 기독교인들이 지옥의 교리를 믿는 것이나 이 교리를 가르치는 것을 기피하는 것을 의미하는 것은 아니다. 이는 우리가 이 교리를 겸손함으로 접근해야 하며 총체적인 시스템으로서 기독교를 위한 증거와는 별개로 이 교리를 접근해서는 안 된다는 것을 의미한다.

이 짧은 장에서 성경적인 지옥교리에 관련된 모든 이슈들을 제기하고 대답하는 것은 가능하지 않다. 오히려 이 장에서는 지옥을 믿으셨던 예수님에 반발하여 제기된 잘 알려진 비난을 언급해 볼 것이고 그런 다음에는 핵심적인 기독교 진리 주장들에 비추어 보았을 때 이해 가능한 지옥의 설명을 제시해 보도록 하겠다.[3]

---

[2] 나는 23장에서 결국 잃어버리는 사람들보다는 구원되는 사람들이 더 많을 것이라는 논거가 가능하다는 것을 주장했다.

[3] 나는 성경적인 지옥을 영원한 형벌로 이해하는 전통적인 견해를 견지한다. 성경에 대한 고견을 갖는 일부의 사람들은 만인구원설(universalism: 모두가 구원받는다) 혹은 영혼멸절설(annihilationism: 악한 자들은 파멸되지만, 영벌을 받지는 않음)을 변호해 왔다. 나는 이런 소장파의 견해에 반응하기보다는 이에 대해 Robert A. Peterson, *Hell on Trial: The Case for Eternal Punishment* (Phillipsburg, N.J.: P & R Publishing, 1995)를 추천한다. 만인구원설과 영혼멸절설에 대한 그의 논증들은 8-9장에 각각 나온다. 또한 이 교리에 대한 탁월한 개요를 위해서는 T. L. Tiessen, "Hell," in *Global Dictionary of Theology*, ed. William A. Dyrness and Veli-Matti Käerkkäeinen (Downers Grove, IL: InterVarsity Press, 2008), 372-376을 보라.

1. 예수님과 지옥[4]

예수님은 사후 존재를 축복 속에서 하나님과 보내는 것 혹은 하나님의 축복 밖에 있는 후회, 상실과 박탈의 상태라고 말한다. 예수님은 바로 옆 십자가에 달려있던 회개하던 죄수에게 그가 바로 그날 예수님과 함께 낙원에 있게 될 것이라고 알리신다(눅 23:43). 반대편 십자가에 달려서 회개하지 않던 죄수에게 예수님은 그런 약속을 하지 않으신다.

나사로와 부자의 비유에서 예수님은 "죽어서 천사들이 그를 아브라함의 품으로 데려간" 거지 나사로를 죽어서 자신이 "지옥에서 고통을 당하고 있었던" 것을 깨닫게 된 포학한 부자와 대조하신다(눅 16:19-23). 또한 예수님은 사람들이 예수님과 자신들의 이웃들에게 어떻게 반응하며 살았는지에 근거해서 "양"을 "염소"에서 영원히 가려낼 날에 대해서도 경고하신다(마 25:31-46). 이런 취지를 위해 예수님은 구약성경에 있는 일련의 구절들에 대해 암암리에 부연설명을 하시지만(예를 들어, 단 12:2), 예수님은 스스로를 영원한 해방과 축복, 혹은 영원한 판결과 심판의 주요 행위주체자로 만드신다.

예수님은 사망시에 사람은 육체에서 분리된 중간상태(a disembodied intermediate state)-하나님의 임재 속으로 들어가거나 임재에서 멀어지게 됨-로 변한다는 것과 미래의 어떤 시점에서 이는 최후 심판 때 예수님이 이땅에 직접 재림하는 것으로 이어질 것이라는 것을 가르치신다. 이 일 후에 육체의 영원한 부활이 일어날 것이다.

> 무덤 속에 있는 자가 다 그의 음성을 들을 때가 오나니 선한 일을 행한 자는 생명의 부활로, 악한 일을 행한 자는 심판의 부활로 나오리라(요 5:28-29).

---

[4] 이 섹션의 자료 일부는 Douglas Groothuis, "Jesus' Metaphysics," in *On Jesus* (Belmont, CA: Wadsworth, 2003)에서 각색한 것이다 .

예수님은 마지막 심판을 내릴 권위를 갖고 계심을 주장한다.

> 나더러 주여 주여 하는 자마다 다 천국에 들어갈 것이 아니요 다만 하늘에 계신 내 아버지의 뜻대로 행하는 자라야 들어가리라 그 날에 많은 사람이 나더러 이르되 주여 주여 우리가 주의 이름으로 선지자 노릇 하며 주의 이름으로 귀신을 쫓아 내며 주의 이름으로 많은 권능을 행하지 아니하였나이까 하리니 그 때에 내가 그들에게 밝히 말하되 내가 너희를 도무지 알지 못하니 불법을 행하는 자들아 내게서 떠나가라 하리라(마 7:21-23).

예수님이 한 이와 같은 진술들 때문에 몇몇은 예수님이 건강한 사고가나 도덕적 교사는 아니라고 거부하게 만들었다. 버트란드 러셀은 그의 유명한 에세이인 『왜 나는 기독교인이 아닌가』(Why I Am Not a Christian)에서 이를 여실히 드러낸다.

> 내 생각에는 그리스도의 도덕적 성품에 심각한 결함이 한 가지 있는 것 같은데 그것은 그가 지옥을 믿었다는 것이다. 누구라도 정말 철저한 인도주의자라면 영원한 형벌을 믿을 수 있을 것이라고 나 스스로는 그렇게 생각하지 않는다.[5]

예수님은 "그의 설교에 귀기울이려 하지 않는 사람들을 향해 보복적인 분노"를 드러낸 것이라고 러셀은 주장한다. 게다가 한 개인이 성령을 거스르는 죄를 지어서 절대 용서받지 못할 수도 있다는 예수님의 가르침은 "형언할 수 없을 만큼의 비참함을 세상에 야기시켰다." 인정 많은 사람이라면 그런 근심을 결코 세상에 불러일으키지 않았을 것이다.[6]

---

5 Bertrand Russell, *Why I Am Not a Christian and Other Essays on Religion and Related Subjects*, ed. Paul Edwards (New York: Simon & Schuster, 1957), 17.
6 Ibid., 12-13.

더 나아가 예수님은 "사람들이 슬피울며 이를 가는 것을 묵상하는 것에서 일종의 쾌감을" 느꼈고 "그렇지 않다면 그렇게 자주 성경에 등장하지 않을 것"[7]이라고 러셀은 주장한다. 마지막으로 러셀은 지옥의 교리는 "잔인함을 세상에 들여왔고 여러 세대에 걸쳐 세상을 잔인하게 고문했다. 그리고 만일 여러분이 예수님의 연대기 작가들(chroniclers)이 묘사하는 것처럼 복음서들에 등장하는 그리스도로 받아들일 수 있다면, 복음서의 그리스도는 그 잔인함에 어느 정도는 책임이 있는 것으로 반드시 여겨져야 할 것이다"[8]라고 말한다. 만일 러셀의 비난이 유효하다면, 예수님은 도덕적으로 그리고 철학적으로 실패하며 그렇기 때문에 예배는 차치하고라도 존경이나 흠모를 받을 가치도 없다. 그러나 러셀의 판단은 잘못됐다.

첫째, 예수님이 하나님의 심판을 예견할 때 그분은 "보복적인 분노"를 내고 있었던 것이 아니다. 그분은 때때로 강력한 경고를 공포하시지만 "구슬피 울며 이를 가는 것을 묵상하는 것에서 얻는 즐거움"을 전혀 보이지 않으신다. 게다가 "율법학자들과 바리새인들"(마 23:15-32)에 반대해서 일곱가지 비난(혹은 "화")을 선고하신 후에 예수님은 구원의 제의를 받아들이지 않는 예루살렘에 대해 **비통해 하신다.**

> 예루살렘아 예루살렘아 선지자들을 죽이고 네게 파송된 자들을 돌로 치는 자여 암탉이 그 새끼를 날개 아래에 모음 같이 내가 네 자녀를 모으려 한 일이 몇 번이더냐 그러나 너희가 원하지 아니하였도다(마 23:37).

자발적으로 십자가에서 죽으시면서도 예수님은 십자가 처형에 대한 책임이 있는 사람들을 위해 "아버지 저들을 사하여 주옵소서 자기들이 하는 것을 알지 못함이니이다"(눅 23:34)라고 기도하신다. 이는 전혀 보복

---

7 Ibid., 18.
8 Ibid.

적이지 않으며 너그러우며 긍휼하다. 예수님이 앙심을 품었다기보다는 천국과 지옥을 두 가지 모두를 믿으시기 때문에 그렇게 경고하시는 것이다. 내과의사가 흡연하는 천식환자에게 금연하지 않으면 죽게 될 것이라고 반복적으로 경고하는 것을 즐기지 않는 것처럼 영원한 상실에 대해 예수님이 반복적으로 경고한다고 해서 그 개념을 조금이라도 즐거워했다는 것을 의미하지는 않는다. 만일 예수님이 실제로 성령을 거스르는 영원한 죄가 가능하다고 믿으셨다면 예수님은 사람들이 그런 죄를 범하지 않도록 경고하시는 것이 마땅하다(막 3:20-30).

 심기증 환자(hypochontriacs)가 걸리지 않은 질병에 걸렸다고 생각할 때 병리학자가 비난받아서는 안 되는 것처럼 어떤 사람들이 이 죄를 짓는 것에 대해 쓸데없는 염려를 했다고 해서 그것을 예수님의 탓으로 돌려서는 안 된다.

 더 나아가 우리는 지옥에 대한 예수님의 가르침을 본서 20-22장에서 다룬 예수님의 주장과 자격과 분리해서는 안 된다. 예수님은 신적인 최후 심판에 대해 아무나 의견을 내듯 그렇게 생각 없이 쏟아내지 않으셨다. 예수님은 그런 내용을 도덕적 혹은 영적인 진공에서 말하지 않으셨다. 도덕적 가르침, 긍휼한 삶, 다수의 기적, 구원을 가져다주는 죽음과 죽음으로부터 죽음을 물리치는 부활에 기초해서 유일무이한 최고의 권위를 주장하셨고, 보여주신 한 사람으로서 예수님은 그분의 진술을 발표하셨다. 지옥에 대한 예수님의 가르침이 우리를 불편하게 한다고 하더라도(사실 이 가르침은 많은 기독교인들을 어느 정도는 불편하게 한다), 만일 예수님이 정말 성경에서 단언하는 바로 그분이라면, 우리는 예수님의 말씀에 귀기울여야 할 뿐 아니라 그분의 말씀을 초석으로 잘 다져야 한다.

 둘째, 지옥의 개념 자체가 여러 세대들로 하여금 다른 이들을 잔인하게 고문하도록 유도했다는 러셀의 주장은 심하게 과장된 것이다. 이 세상에서 당하는 고통이 영원한 형벌을 면하게 해 줄 것이라는 바람으로 배교자들을 고문했던 종교재판관 몇 명을 우리가 인용할 수는 있지만, 이는 전 세기를 통틀어 정도를 심하게 벗어난 극소수의 기독교인들에게만 해당된다. 이 생에서의 고문이 영원한 심판에서 한 개인을 구원할 수 있다는 개념에 대한 그 어떤 성경적인 보증도 존재하지 않는다.

예수님을 따른다고 하는 대부분의 사람들은 예수님의 구원의 메시지에 대해서는 고문이나 다른 형태의 강압이 아닌 경고와 초대의 태도를 채택했다. 구약이나 기독교 성경(또는 어떤 기독교 신조0) 어디에서도 고문은 회심(conversion), 정화(purgation) 혹은 보복(retaliation)의 방법으로 천거되지 않는다.

셋째, 어떤 이들은 지옥의 개념 자체를 완전히 혐오스러운 것으로 간주하기는 하지만 지옥교리를 뒷받침하는 철학적 논증들은 계속해서 규합되어 왔다. 만일 누군가가 인간의 죄와 도덕적 책임감에 관련하여 하나님의 완벽하고 무한한 거룩함 그리고 하나님의 정의를 이성적으로 뒷받침할 수 있다면, 하나님의 구원 제안을 거부하는 사람에게 결부된 영원한 형벌의 개념은 정당하다.[9] 밀튼의 루시퍼가 『실락원』(*Paradise Lost*)에서 표현한 것처럼 말이다.

> 그러니 잘 가라 소망 그리고 소망과 함께 두려움도 잘 가라,
> 잘 가라 양심의 가책, 나에게 모든 선은 상실되었다.
> 악, 그대가 나의 선이 되어주오.
> 지옥에서 통치하는 것이 더 낫겠소,
> 천국에서 섬기는 것보다는.[10]

C. S. 루이스는 피조물이 창조주로부터 돌아서는 것을 이러한 용어들로 설명했다.

---

9 10장(존재론적 논증)과 15장(도덕론적 논증)에서 나는 하나님의 도덕적인 완전함을 변론했다. 23장은 하나님의 섭리에 연관된 인간의 행위주체성에 대한 성경적 이해를 논의했다.

10 Milton의 Lucifer가 신적인 권위에 대항하는 수그러들지 않는 반항의 본질을 포착하기는 하지만, "지옥에서 통치"의 개념은 비정합적이다. 왜냐하면 성경적인 개념의 지옥은 사람들 사이에 그런 관계를 허용하지 않기 때문이다. 지옥에는 상급이 없다.

결국에는 두 종류의 사람들만 남게 된다. 하나님께 "당신의 뜻이 이루어지소서"라고 말하는 사람들과 하나님께서 "너의 뜻이 이루어지리라"라는 말씀을 한 대상들이다. 지옥에 있는 모든 사람들은 지옥을 택했다. 바로 그런 자기 선택(self-choice) 없이 지옥은 존재하지 않을 것이다.[11]

게다가 전혀 보복적이지 않아서 성경적인 방어와 철학적인 변론이 가능한 지옥의 모델들이 존재한다.[12] 성경은 회개하지 않는 죄(시간과 영원 속에서)에 대한 하나님의 진노와 벌에 대해 말하는 반면, 성경은 하나님이 가학적인 방식으로 이를 즐기지 않으신다는 것도 마찬가지로 긍정한다. 예레미야 애가가 드러내듯이 "주께서 인생으로 고생하게 하시며 근심하게 하심은 본심이 아니시로다"(애 3:33). 반항하는 그분의 백성들을 향한 하나님의 울음이 에스겔을 통해 흘려질 때에도 이 염려가 엿보인다.

너는 그들에게 말하라 주 여호와의 말씀이니라 나의 삶을 두고 맹세하노니 나는 악인이 죽는 것을 기뻐하지 아니하고 악인이 그의 길에서 돌이켜 떠나 사는 것을 기뻐하노라 이스라엘 족속아 돌이키고 돌이키라 너희 악한 길에서 떠나라 어찌 죽고자 하느냐 하셨다 하라(겔 33:11).

---

11 C. S. Lewis, *The Great Divorce* (New York: Harper, 2001), 75.
12 Michael J. Murray, "Heaven and Hell," in *Reason for the Hope Within*, ed. Michael J. Murray (Grand Rapids: Eerdmans, 1999), 287-317; C. S. Lewis, "Hell," in *The Problem of Pain* (1962; reprint, New York: Simon & Schuster, 1996), 105-114를 보라.

2. 지옥의 논리

많은 복음주의자들은 이 성경적 교리를 부끄러워하며 신적인 사랑이라는 화장품으로 가려야 하는 잡티로 간주한다. 그러나 이것은 하나님의 말씀을 부끄럽게 하는 것이다. 예수님은 그분의 청중들에게 예수님을 거절하는 사람들에게는 영원한 형벌이 기다리고 있는 것에 대해 경고하셨다(마 13:40-42; 25:46). 만일 우리가 지옥에 대한 진리를 긍휼한 마음으로 명확하게 설명한다면, 우리는 사람들이 믿음으로 그 설명에 반응하는 것을 보고 놀라게 될 수도 있을 것이다.

지옥의 교리는 고대 기독교의 공포의 방처럼 단독으로 존재하지 않는다. 오히려 지옥은 서로 상관관계가 있는 세 가지의 다른 성경적 진리와 불가분의 관계에 있으며 그 세 가지 진리는 인간의 죄, 하나님의 거룩함 그리고 그리스도의 십자가다.

상대주의적인 문화에서 확실한 죄의 개념은 반드시 명료하게 설명되어야 하며 강력하게 변론되어야 한다. 만일 도덕성이 각 개인에 따라 상대적인 것이라면, 한 개인이 반드시 준수하거나 위반해야 하는 도덕적 기준은 전혀 존재하지 않는 것이다. 그러나 내가 15장에서 주장했듯이, 객관적인 도덕법의 개념은 피할 수 없는 것이다. 우리가 모욕을 당하거나 착취를 당하면, 우리는 정의를 불러 외친다. 우리가 용기와 은혜의 사람들을 만나게 되면, 우리는 그들을 도덕적 본보기로 칭찬한다. 우리의 양심은 단순한 본능이나 사회적 조건화(social conditioning) 이상이다. 그럼에도 우리의 이상과 행동 간에는 거대한 간격이 자주 존재하기 때문에, 우리는 죄책감과 후회를 겪는다. 우리의 부인과 변명에도 불구하고, 우리의 양심은 우리가 사는 날 동안 우리를 끈질기게 따라다닌다.

기독교는 인간의 죄 때문에 지구 전체에 가해진 오점을 신학적인 틀에 두어 설명한다. 그 신학적인 틀은 죄의 쏘는 것을 예민하게 느끼게 할 뿐만 아니라 죄로부터의 해방도 가능하게 한다. 죄는 거룩한 하나님께 죄를 지어서 우리로 하여금 그분의 인정을 받지 못하도록 하는 도덕적인 상태다.

많은 현대 심리학은 인본주의적인 방법을 통해 죄책감을 제거할 수 있다고 우리를 확신시키는 반면, 복음은 문제를 정면으로 직시한다. 죄책감은 실제적으로 존재하는데 왜냐하면 우리는 선함의 기준을 위반했기 때문이다. 우리가 우리의 잘못을 원상태로 돌리기 위해 우리 스스로의 힘으로 우리가 할 수 있는 것은 아무것도 없다.

우리가 우리 스스로를 용서하는 것은 결코 충분하지 않은데 왜냐하면 우리는 범죄자를 혐의에서 벗어나게 해 줄 수 있는 입장이 전혀 아니기 때문이다. 이것은 마치 살인자가 스스로에게 사형 집행 유예(stay of execution)를 허용할 수 없는 것과 같은 것이다.

범법자들은 마땅히 벌을 받아야 한다. 그렇지만 지옥은 너무 심한 것 아닌가? 위대한 미국 신학자인 조나단 에드워즈는 그의 에세이 『죄인들을 심판하시는 하나님의 공의』(The Justice of God in the Damnation of Sinners)에서 이 질문을 제기한다.[13]

에드워즈는 하나님은 "무한한 위대함, 장엄함과 영광의 존재"이시기 때문에, 따라서 그분은 "무한히 영예로우시며" 절대적인 순종을 받기에 합당하시다고 주장했다. "하나님께 대항한 죄"는 무한한 의무의 위반으로 무한히 극악무도한 범죄인 것이 틀림없으며 무한한 벌을 받아 마땅한 것이다. 이는 우리는 유한하여 단지 유한한 수의 죄를 범하기 때문에, 우리는 제한된 기간 동안만 벌을 받아야 한다는 흔히 들어오는 반론을 꺾는 데 도움이 된다.

더 나아가 우리는 하나님께 대항하여 죄를 지었기 때문에, 우리가 아무리 고통을 당한다고 하더라도 우리의 범죄는 남게 된다. 우리의 고통으로 우리 스스로의 죄를 대속할 수 없다. 죄를 대속할 수 있는 유일한 고통은 예수 그리스도의 고난이다. "보라 세상 죄를 지고 가는 하나님의 어린 양이로다"(요 1:29). 그럼에도 만일 개인이 일반계시와 특별계시를

---

[13] Jonathan Edwards, "The Justice of God in the Damnation of Sinners," in *Puritan Sage: Collected Writings of Jonathan Edwards*, ed. Vergilius Ferm (New York: Liberty Publishers, 1953).

통한 하나님의 제안에 올바르게 반응하지 않았다면, 그/그녀는 하나님의 구원 계획 밖에 놓이게 되는 것이다. 게다가 지옥에 있는 자들은 그들 스스로를 하나님께 대적하는 위치에 둔 후에, 하나님을 대항하여 계속해서 죄를 짓는 것이고 그래서 그들의 영구적이고 교정 불가능한 죄에 대한 벌을 받는 것이다.

많은 비난을 받았으나 견고하게 성경적인 설교인 조나단 에드워즈의 『분노하신 하나님의 손에 있는 죄인들』(Sinners in the Hands of an Angry God)은 그리스도 없이 우리는 자신감을 가질 근거가 없으며, 지옥을 두려워할 모든 이유를 갖고 있다는 점을 잘 납득시킨다. 죄에 대해 분노하시는 하나님은 회개하지 않는 죄인을 언제든지 정당하게 지옥으로 보낼 수 있다. 예수님 스스로는 이렇게 경고하셨다.

> 몸은 죽여도 영혼은 능히 죽이지 못하는 자들을 두려워하지 말고 오직 몸과 영혼을 능히 지옥에 멸하실 수 있는 이를 두려워하라(마 10:28).

죄의 공포와 하나님의 거룩함을 헤아리기 위해서 우리는 그리스도의 십자가 앞에 무릎을 꿇어야만 한다. 성경은 우리에게 그리스도를 닮아가라고 명령하는 반면, 이 명령이 우리 구원의 근거로 제시된 적은 한 번도 없다. 그리스도의 죄 없는 완전함에 우리가 도달하는 것은 불가능한데 "모든 사람이 죄를 범하였으매 하나님의 영광에 이르지 못하기"(롬 3:23) 때문이다. 왜냐하면 예수님이 하나님의 도덕법을 우리 대신에 완벽하게 순종하셨기 때문에 우리의 구세주가 될 자격이 유일무이하게 있으시다. 십자가에서 그리스도는 자신을 우리의 죄를 위한 흠 없는 제물로 아버지께 바치셨다.

하나님에게 대항한 죄는 너무 심각해서 오직 하나님의 죄 없는 아들의 죽음만 그것을 대속하실 수 있다. 십자가형에 처해진 그리스도께서 "나의 하나님, 나의 하나님 어찌하여 나를 버리셨나이까?"(막 15:34)라고 부르짖으실 때 우리는 지옥의 실재를 본다. 바울은 "하나님이 죄를 알지도 못하신 이를 우리를 대신하여 죄로 삼으신 것은 우리로 하여금 그 안에서 하나님의 의가 되게 하려 하심이라"(고후 5:21)라고 설명했다.

그리스도의 십자가에서 죄의 사악함, 하나님의 거룩함과 지옥의 실재 모두가 어린 양의 보혈과 더불어 명확하고 확실하게 드러나 있다. 오직 그리스도가 그분의 죽음을 통해서 우리의 지옥을 책임져 주는 것을 통해서만 죄인들은 거룩한 하나님과 화해될 수 있는 것이다. 일단 이것이 이해되고 나면, 달리 인식될 수 없었던 지옥은 명료함을 갖게 된다. 십자가를 제외하고는 용서나 화해를 위한 소망은 전혀 존재하지 않는다. 지옥만이 유일한 대안이다.

지옥을 이해할 때에만 우리는 하나님 사랑의 광대함을 파악할 수 있게 된다. 하나님의 사랑은 우리를 위해서 그분의 아들을 십자가라는 지옥으로 데려가셨다. 이것은 값비싼 사랑이며 이 세상에 있는 어떤 종교에서도 유사한 개념을 찾아볼 수 없는 피로 얼룩진 사랑이다. 다른 종교들 (특히 이슬람)은 지옥을 위협하지만, 그 어떤 종교도 기독교가 하나님 스스로의 희생적인 사랑을 통해서 제공하는 것과 같은 지옥으로부터의 그런 확실한 구출을 제안하지는 않는다. 이런 면에서 예수 그리스도는 그분의 백성들을 위해 지옥을 겪으셨다.

이렇게 풍요로운 신학적 맥락에서, 우리는 우리의 복음전도와 변증적인 활동의 심장부에 지옥의 교리를 용감하게 포함시킬 수 있다. 예수님은 그/그녀가 온 세상을 다 얻고도 사람이 자기 목숨을 잃으면 무슨 소용이 있겠냐고(마 16:26) 질문하셨다. 지옥은 영혼의 상실이며 너무나도 끔찍한 실재여서 성경은 지옥을 묘사하기 위한 다양한 방법들을 사용한다. 성경에 등장하는 생생한 보고는-예를 들면, 무저갱(계 9:1-11), 불 못 (계 20:14), 칠흑같은 어둠(유 13절), 슬피 울며 이를 갈게 됨(마 25:30)과 같은-하나님으로부터 영원하게 분리된 가혹한 실재를 공개한다.

우리는 몇 가지 방법으로 이러한 진리들을 적용할 수 있다.

첫째, 우리는 올바른 신학적 배경에서 출발했고 기도와 긍휼함으로 제시된 지옥에 대한 성경적인 설교와 가르침을 격려해야 한다. 프란시스 쉐퍼가 말했듯이 지옥의 교리는 반드시 "눈물로" 가르쳐야 한다. 내가 몇 년 전에 뉴에이지의 그리스도에 대한 관점을 대학 캠퍼스에서 강연했을 때 나는 성경적인 그리스도는 사람들을 지옥으로부터 구원하기 위해 오신 것을 강조했다. 비록 세속적인 캠퍼스였지만 내가 나눈 내용은 사람들을 불쾌하게 만들지 않았다. 학생들은 내가 한 말을 곰곰히 생각했고 강연이 끝난 후에도 많은 학생들이 질문하기 위해 남아 있었다.

둘째, 우리의 일상적인 전도는 환영뿐만 아니라 경고도 반드시 포함해야 한다. 우리는 사람들이 그리스도 안에서 영원한 삶을 찾는 것을 환영하지만 우리는 하나님을 거절하는 자들을 기다리는 영원한 죽음에 대해서도 마찬가지로 반드시 경고해야 한다. 파스칼은 "천국과 지옥 사이에는 오직 이생(this life)만 존재하며, 이것은 이 세상에서 가장 깨지기 쉬운 것이다."[14] 지옥에 대한 성경적인 경고를 고려할 때 불신자들은 결국 기독교는 거짓이라는 것에 자신들의 삶을 내기하는 것이다. 우리가 얻을 수 있는 모든 것과 상실할 수 있는 모든 것을 감안하여 우리는 사람들이 기독교의 주장을 의도적으로 조사하도록 꼭 도전해야 한다(8장 참고).

셋째, 우리는 하나님께서 우리의 비기독교 친구들과 교회 전체에 지옥의 실재에 대해 경고해 주시도록 반드시 간청해야 한다. 기독교인들은 이 교리가 확고하게 정립되지 않은 상태에서는 그들의 복음적 호소력을 상실하게 될 것이다. 그리고 하나님의 거룩함에 대한 올바른 경외함 없이는 그 누구도 그리스도께 가서 용서와 영생이라는 자신의 선물을 받을 것을 기대해서는 안 된다.

지옥의 교리를 부인하거나 기피하는 변증은 진정한 기독교 변증이 아니다. 그럼에도 이 가르침은 반드시 긍휼함과 눈물로 행해져야 한다. 그런 삶을 살았던 사람이 프란시스 쉐퍼다. 그는 영원한 형벌을 믿었고 사람들을 그 영벌에서 구출해내어 예수 그리스도만 주실 수 있는 풍성한 삶으로 이끌기 위해 자신의 삶을 헌신한 사람이었다(요 10:10).

말기 암으로 고통받고 있는 중에서도 왜 그는 계속해서 복음을 변증

---

14 Pascal, *Pensées* 152/213, 81. 나는 요점을 더 명료하게 전달하기 위해 말을 약간 수정했다.

했고 선포했는지에 대한 질문을 받았을 때 쉐퍼는 "모든 잃어버린 영혼들에 대한 슬픔"이 그로 하여금 "대가에도 불구하고" 신실한 증인이 되게 했다고 대답했다. "잃어버린 영혼들의 영구적인 상실을 눈물 없이 받아들이는 것은 무정하고 죽은 것이나 다름없는 정통신앙(orthodoxy)일" 것이다. 각각의 잃어버린 영혼은 우리 중 하나이기 때문에, 우리가 잃어버린 영혼들을 복음화 하는 이 임무에 우리의 전부를 다하지 않는다면 그것은 "전적으로 추하고 성경적인 메시지에 반대하는 것"이 될 것이다.[15]

---

15 Francis Schaeffer가 1983년 1월 14일에 David H. Bryson 목사님께 보낸 편지. Peterson, *Hell on Trial*, 55에서 인용되었음.

부록 2

구약에서의 변증학적 이슈들

리처드 S. 헤스(Richard S. Hess)

구약에 관련된 추가적인 변증학적 문제에는 매우 방대한 쟁점들이 포함될 수 있다. 본서를 집필해 온 저자의 의도이기도 하고 나 자신도 무엇이 가장 중요한 것인지를 염두에 두면서 나는 이 시대가 직면한 일련의 주요 변증학적 이슈들을 우리가 충분히 인식하는 것을 도와줄 수 있는 세 가지 항목들을 선택하여 집중해 보고자 한다. 나는 최근 친-무신론(pro-atheist) 성향의 도서들에서 더 많은 인지도를 얻으며 언급된 주요 이슈 몇 가지들을 고려하는 것으로 시작해 볼 것이다. 그런 다음 나는 소위 최소주의자들(minimalists)이라 불리우는 자들과 성경의 역사적인 증언의 비평을 고려해 볼 것이다. 마지막으로 나는 아마도 구약에서 가장 중요한 변증학적 쟁점인 신명기, 여호수아와 하나님에 의해 명령된 대량학살(genocide)를 살펴보도록 하겠다.[1]

---

[1] 물론 다른 중요한 변증학적 이슈들도 있다. 예를 들면, 고대 이스라엘에서 "일신교"(monotheism)의 개발이다. 일신교는 이스라엘 역사 초기에 존재했는가 아니면 나중에 주전 7세기경이 되어서야 등장하게 된 것인가? 이에 대해서는 Richard S. Hess, *Israelite Religions: An Archaeological and Biblical Survey* (Grand Rapids: Baker Academics, 2007)를 보라.

1. 새로운 무신론자들과 구약

우선 나는 "새로운 무신론자들"(new atheists)이 제기한 몇 가지 구체적인 비난들을 다뤄보고자 한다. 공간이 제한적이기 때문에 논의된 모든 쟁점의 세부사항들을 다 살펴볼 수는 없다. 그래서 나는 동일한 입장을 견지하는 것으로 잘 알려져 있는 세 저자들의 인기도서, 세 권에 등장하는 주요 비난들 몇 가지에 초점을 맞출 것이다. 그것은 샘 해리스(Sam Harris)의 『믿음의 끝』(The End of Faith: Religion, Terror, and the Future of Reason), 리처드 도킨스(Richard Dawkins)의 『만들어진 신』(The God Delusion) 그리고 크리스토퍼 히친스(Christopher Hitchens)의 『신은 위대하지 않다』(God is Not Great: How Religion Poisons Everything)이다.[2]

해리스는 그의 의견을 뒷받침하기 위해 구약의 이곳저곳을 언급한다. 그가 가장 애용하는 본문은 신명기 13:6-16으로 그의 책 18 페이지와 82 페이지에 부분적으로 언급되어 있다. 해리스에게 있어서 순종은 당신의 자녀들이 "크리슈나 예배를 지지하는 요가 수업에서 돌아올 때 당신의 아들이나 딸"에게 돌을 던져서 그들을 죽이는 것을 요구한다. 순종은 또한 종교재판(Inquisition)도 정당화한다. 후자는 물론 해리스가 확실한 실수를 범하는 것이다. 종교재판을 정당화하기 위해 순종이 사용되었을 수도 있었겠지만, 그렇다고 순종이 올바르게 해석되었다는 것을 의미하지는 않는다. 사실 이 본문을 처음 요가를 시작하는 젊은 사람에게 적용하는 것은 오해의 소지가 있다.

첫째, 본문은 "꾀어들이다"(entice, 히브리어 어근 swt)라는 동사를 사용하는데 이 동사는 자주 하나님의 뜻에 위배되는(아합에게 보여진 이세벨의 리더십[왕상 21:25]) 어떤 것을 다른 사람들이 범하도록 성공적으로 유인

---

[2] Sam Harris, *The End of Faith: Religion, Terror, and the Future of Reason* (New York: W. W. Norton, 2004). Richard Dawkins, *The God Delusion* (Boston: Houghton Mifflin, 2006). Christopher Hitchens, *God Is Not Great: How Religion Poisons Everything* (New York: Twelve, 2007).

하는 사람들을 노골적으로 언급하기 위해 사용된다(사 1:14).

둘째, "우리는 반드시 다른 신들을 예배해야 한다"처럼 사형선고를 심판받은 사람들이 말한 것으로 여겨지는 이 진술은 명령(1인칭 청유형)이다.

셋째, 여기에서 쟁점은 개인적인 믿음의 문제가 아니라 누군가가 공동체를 조상 대대로부터 전수되어 온 믿음으로부터 명백히 이탈시키려고 하는 것에 있다.

넷째, 이 모든 것은 이 법률이 제정된 당시의 고대 맥락을 무시하는 것이다. 신명기는 전체 민족이 하나님을 따르는 이상적인 신정 정치 아래에 존재하는 법률과 형벌의 이상적인 모음으로 소개된다. 이것이 전례 없는 것은 아니다. 이미 수백 년 전에 함무라비 법전은 유사한 방식으로 기능했다. 함무라비 법전은 왕의 정의와 공의를 드러내도록 설계된 이상적인 법률집이었다. 법원의 판결을 포함한 수천 년 동안 있어 왔던 고대 바빌로니아 문서들에도 불구하고, 우리에게는 특정한 소송의 재판을 위해서 이 법전의 판결에 항소 제기된 구체적인 실례가 사실상 없다. 신명기의 경우도 마찬가지다. 사실 우리가 구약시대에 살면서 이스라엘의 역사를 읽는다면 이 그림은 그들 스스로의 가족들의 손에서 죽음을 맞이하게 될까봐 두려움에 떨며 이 율법을 지킨 사람들의 그림이 아니다. 실재는 그와 정반대이다.

모든 세대마다 너무나도 많은 숫자의 사람들은 벌을 받지 않고 하나님으로부터 돌아선다. 사실 드문 경우 중 하나인 아합과 이세벨도 그런 사례인데, 아합과 이세벨의 시대에 그들이 예후의 손에 의해 암살된 것은 부분적으로 그들의 죄로 인한 것이다. 그럼에도 후기 선지자인 호세아는 바알 숭배자들을 과도한 잔인함으로 대량학살한 예후 왕조에 대한 하나님의 형벌을 약속한다(호 1:4). 자주 구약에서 볼 수 있는 것처럼, 자비는 심판을 이긴다. 따라서 가장 가혹한 명령이 한 곳에서 명시될 수 있지만, 하나님의 자비는 이스라엘로 하여금 그들이 할 수 없었거나 하지 않으려고 했던 것을 성취하는 것을 가능하게 하신다. 신명기 10:16의 한 시점에서, 하나님은 이스라엘이 그들의 마음을 할례할 것을 명령하신다. 그러나 나중에 하나님은 그분이 직접 백성들의 마음에 할례를 행하실 것을 약속하신다(신 30:6). 그렇다. 우리는 성경에서 가혹한 본문들을 취사선택할 수 있다. 그렇지만 전체 맥락에서 보면 그림은 달라진다. 하나님은 심판이 아닌 자비에 의해 특징지어지신다(호 6:6; 마 9:13; 12:7).

리처드 도킨스가 구약에 대해 첫 번째로 언급하는 문제는 노아의 세대에 대한 것이다. 창세기의 6-9장의 도덕성은 "끔찍한"데 왜냐하면 하나님이 "인간에 대해 비관적인 견해"를 갖기 때문이고, 그렇기 때문에 하나님은 인간을 그들의 어린 자녀들과 무고한 동물들과 함께 익사시키신다. 238 페이지의 서두에 도킨스가 내어놓은 36 단어로 요약된 내용에는 몇가지가 빠져 있다.

첫째, 본문에 의하면 하나님은 이들 모두를 창조하셨고 따라서 그들의 존재에 대한 암묵적인 권리를 갖고 계신다.

둘째, 홍수의 근본적 이유는 이 땅에 만연했던 폭력이었는데 그렇기 때문에 노아를 제외한 모든 사람들은 폭력에 빠져 있었다(창 6:11-13). 도킨스가 인용하는 필적할 만한 고대 근동의 홍수 이야기(주전 7세기, *Epic of Gilgamesh*의 우트나피쉬팀[Utnapishtim])과는 달리 너무나도 많은 사람들이 내는 소음에 신들이 진저리가 나서 홍수를 일으킨 것이 아니다(즉 인구통제의 수단으로). 오히려 성경은 통제되지 않은 살인이라고 하는 도덕적 원인을 탓한다. 바로 이 이유 때문에 창세기 9:6에서 홍수 직후에 살인을 금지한 것이다.

셋째, 연대기와 순서를 아주 민감하게 여기는 본문에서, 홍수까지 치닫게 된 사건들이 처음 시작된 것은 노아가 500세였던 것을(창 5:32), 그리고 홍수 자체가 시작된 것은 노아는 600세였음을(창 7:6) 주목하는 것이 중요하다. 이것은 노아가 방주를 짓고 홍수를 준비하도록 100년이나 허락되었던 것이다. 따라서 이 이야기는 자비의 세기(century of mercy)를 소개하며, 이 기간 동안 건축 중인 방주로 상징되었던 임박한 심판에 대해서 알고자 했던 모든 이들은 노아를 통해서 임박한 심판에 대해서 배울 수 있었다. 우트나피쉬팀 이야기와는 달리 이것을 비밀로 지키라는 명령은 없었다. 노아의 가족을 제외하고는 그 누구도 자신들의 살인적인 폭력에서 돌이키지 않았다는 것(창 4:23-24 참고) 자체가 그 세대의 사악함과 하나님께서 창조하신 것에 대한 그들의 방종한 파괴를 입증한다.

넷째, 하나님은 그 세대 전체를 전멸함 없이는 그 세대와 그 세대의 살인적인 경향을 끝낼 수 없으셨을 것이다. 본문은 결코 아이들이 죽임을 당했다고 진술하지 않는 것에 주목하라. 이것이 우리의 마음에 떠오르는 그림이 가족 구성원 전체를 포함했을 것이라는 것을 부인하는 것은 아니다. 오히려 본문은 하나님의 눈에서 살인과 폭력의 끔찍한 결과를 강조한다. 가인에 의한 살인도 라멕에 의한 살인도 그들 스스로의 죽음으로 끝나지 않았다. 그러나 이렇게 자비로운 하나님의 행위는 더 끔찍하고 심각한 폭력으로 치달을 뿐이었다. 아마도 도킨스는 증가일로에 있는 이 유혈의 악순환에 종지부를 찍을 더 좋은 해결책을 갖고 있는지도 모르겠다. 창세기의 저자는 그렇지 않았다. 세상은 끝이 났고 노아의 의로움으로 시작되는 새로운 세상이 창조되었다.

그런 다음에 도킨스는 창세기 19장의 롯과 그의 딸들에게 자신의 관심을 집중시킨다. 도킨스의 초점은 롯과 그의 가족들에게 그들의 고향인 소돔에 임박한 심판을 경고하기 위해 왔던 "남자들"을 강간하고자 했던 화난 군중에게 자신의 딸들을 내어주기 원했던 롯에 맞추고 있는 것 같다. 롯의 이야기는 기브온에서 레위인의 첩의 윤간을 다루는 끔찍한 사사기 19장의 이야기와 병렬을 이룬다. 이 사건을 "여성 혐오적인 풍조"(misogynistic ethos)로 묘사하며 도킨스는 이런 이야기들의 목적을 무시함과 동시에 구약 서술을 어떻게 읽어야 하는지에 대한 기본 원칙들을 어기기까지 한다.

첫째, 이 이야기들의 목적은 고대 이스라엘에서 여성들(또는 남성들)이 어떻게 이상적으로 대접받아야 하는지를 소개하는 것에 있지 않다. 이 이야기들의 목적은 소돔과 기브온 두 곳에서 환대(hospitality)가 궁극적으로 결여된 것을 묘사하기 위한 것이다. 고대 세계(그리고 이스라엘 안에서) 전반에서 보편적인 도덕성은 한 동네를 방문하는 어느 누구에게나 정중함과 환대를 보일 것을 요구했다. 이 두 마을의 악한 남자들은 원기왕성한 동성애자들이었다기보다 이 보편적인 도덕성의 기본 원칙을 거부했고 방문객들을 모욕하고 학대하려고 했던 자들이었다.

두 경우 모두에서 그들이 환대를 철저히 위반한 것은 그들에게, 그들의 마을(삿 19장 사건의 경우)과 그들 부족에 엄청난 심판을 초래했다. 이 이기심과 연약한 자들을 위한 관심의 결핍은 에스겔 16:49의 배후에도 존재하는데, 에스겔 16:49은 소돔의 죄를 "가난한 사람들과 궁핍한 사람들을 돕지 않았던" 것으로 확인한다.

본문의 주된 우려는 이 이야기들이 한 개인의 딸들이나 다른 여성 가족 구성원들을 어떻게 대우해야 하는지에 대한 본보기로 의도되었던 것이 아니었던 것처럼 성(sexuality)에 대한 것도 아니었다. 성경에 있는 그 어떤 본문도 롯이나 레위인을 도덕적 이상형으로 소개하지 않는다. 오히려 이 본문들은 두 지역에서의 부패와 타락을 묘사한다. 아마 이런 이유 때문에 기독교 구약정경의 순서를 정한 사람들은 룻기를 사사기 바로 다음에 배치하기로 결정한 것 같다.

룻기는 믿음의 아름다운 러브 스토리를 묘사하는데 여기서 한 모압 여인은 그녀의 시어머니를 향한 사랑 때문에 이스라엘의 하나님께 기꺼이 헌신하기로 결정하며 이 행동을 통하여 베들레헴의 보아스와 사랑에 빠지게 된다. 여기에서 소개된 것은 여성 혹은 남성들의 역할이라기보다 잔인함과 폭력의 존재에도 불구하고 사랑, 평화와 가족이 여전히 중요한 가치로 존재할 수 있는 어떤 세상에서의 삶에 대한 것이다.

히친스는 출애굽기 20장에 등장하는 십계명의 비평과 함께 구약에 대한 공격을 시작한다.[3] 그의 첫 번째 공격은 출애굽기 20:5의 경고에 대한 것인데, 여기에서 다른 신들을 예배하는 것은 "삼사 대까지" 하나님의 벌을 초래한다. 히친스에게 있어서 이는 자녀들은 부모들의 범죄에 대해서 죄가 없다고 하는 "이성적인 가정"(reasonable assumption)에 대한 성경적 거절을 보여주는 것이다. 본문은 그런 주장을 하고 있는 것이 아니다. 사실 본문은 "나를 증오하는 자들에 대해서는 아버지의 죄를 그

---

3 Hitchens, *God Is Not Great*, 98-100.

자식에게 갚되 3, 4대까지 죄를 가하거나 죄가 이르게 하는 것"에 대해 말하고 있다.

첫째, **증오하다**(hate)라는 단어를 주목해보자. 이 언약의 맥락에서 증오한다는 것은 불충성(disloyalty)을 언급하는 것이고, 하나님에게 있어서 가장 큰 불충성은 다른 신들을 섬기기 위해 하나님을 저버리는 것이다. 따라서 이것은 미미하거나 하찮은 범죄가 아니다. 동맹조약문서(treaty literature)에서 누군가를 증오하는 것은 원수를 만드는 것이며 원수가 된 사람들을 대항해서 하는 전쟁과 원수들의 죽음을 위한 정당한 이유를 제공한다.

둘째, 1, 2대 혹은 후대의 다른 세대들의 집합보다 3, 4대까지라고 한 이유가 있다. 그것은 사람들이 그 정도는 살아야 그들의 손주들과 증손주들을 볼 수 있을 것이라고 기대되는 시간의 길이를 정의하는 것이다. 따라서 본문은 어떤 한 사람이 하나님으로부터 돌아서는 것의 결과는 그들이 살아 있는 동안은 자신들의 가족에게 계속 영향을 미치게 될 것이라는 것을 시사하고 있는 것이다. 한 개인의 믿음이나 믿음의 결핍의 결과는 그/그녀 자신의 가족에 직접적인 영향을 미치며 이 결과는 평생에 걸쳐 지속된다는 것이다.

이는 죄의 전이가 아니며, 구약 텍스트가 주장하는 바도 아니다. 그것은 오히려 부모와 조부모가 그들의 가족들에 대해서 갖는 불가피한 영향력에 대한 것인데 히친스는 이것에 대해서는 언급하지 않는다. 다음에 이어지는 구절은 그/그녀가 생존하는 동안 자신의 가족구성원에게 영향을 미치게 되는 죄의 결과와 대조를 이루는데, 그/그녀는 "천대까지" 성실함과 충성의 결과를 경험하게 된다. 한 개인의 가족이 그 개인의 성실함을 통하여 받게 되는 긍정적인 결과에는 끝이 없다. 이는 아브라함이 반복되는 시험을 통해서 하나님께 계속해서 성실하게 반응했을 때 땅, 자손과 축복을 약속받은 것에서 명백히 보여진다(창 12-22장).

다음에 이어지는 비난은 모든 사람에게 안식일을 지키라고 하는 명령은 틀림없이 "바빌로니아 황제나 앗수르 황제가 명령했을 것으로 여겨지는 것으로…오직 절대자가 말할 때에만 휴식하고 계속해서 일하라"

고 하는 것과 같은 종류의 것이라고 여기는 히친스의 견해와 관련있어 보인다.[4] 그렇지만 바빌로니아나 앗수르의 어떤 법률 문서도(혹은 고대 근동 법률집 중에 알려진 것 그 어떤 것도) 그 누군가를 위한 안식의 시간을 계획한 적이 없는데 노예와 노동에 사용되는 짐승들은 특히 더 그렇지 않다. 7일에 하루는 매번 쉬어야 한다는 이 규정은 성경 밖에서는 알려지지 않은 것이다. 그 어떤 바빌로니아나인이나 앗수르인도 이와 같은 안식의 기간을 공식적으로 명령한 적이 없었다. 이는 전례가 없는 고대 이스라엘에만 유일무이하게 존재하던 것이다.

사회에서 가장 취약한 구성원들을 위한 그런 경탄할 만한 자비가, 고대 근동 독재자에게 특징적인 권력을 향한 광기로 해석되어야 한다는 것은 히친스가 성경이 저술되었던 문화의 정확한 이해에서 얼마나 멀리 이탈했는지를 보여준다. 이 무지함 때문에 안식일 율법에 대한 맥락적 의의가 전도되었고 의도된 의미와 정반대되는 것의 탓으로 돌려졌다. 고대 세계에 살았던 노예라면 누구나 안식일의 맥락과 의의를 분명하게 이해했을 것이다.

나는 계속해서 각각의 비난을 조목조목 조사하여 논박할 수도 있을 것이다. 그렇지만 나에게 주어진 제한된 공간은 그렇게 하는 것을 허락하지 않는다. 대신 나는 아주 잘 알려진 도서 세 권을 선택했고, 각각의 책에서 구약에 대항하여 제시된 첫 번째 비난 혹은 두 가지 정도의 비난들을 살펴보았다. 반복해서 구약의 언어와 고대 세계의 문화를 오해하는 것은 구약에 묘사된 대로의 이스라엘의 하나님을 공격하기 위해 미리 정해 놓은 틀(predetermined framework)에 들어맞는 불합리한 주장에 이르게 한다. 본문과 그것의 맥락을 신중하게 연구하는 것은 의도된 주장과는 정반대의 것을 일관되게 드러낸다. 이제 나는 구약 변증에 있어서 두 가지 주요 쟁점에 집중해 보겠다.

---

4 Ibid., 99.

2. 최소주의자들과 구약

최소주의의 문제 혹은 더 정확히 말해 성경의 역사적인 가치 문제는 지난 수 년간 고대 이스라엘 역사의 초점에 있어서 변화를 겪어 왔다. 예를 들어, 1970년대 중반에 있었던 주요 관심사는 창세기 12-36장의 족장들이(patriarchs) 족장 전통에 역사적인 주장을 조금이라도 할 수 있는가의 여부였다.[5]

비평가들은 설형문자 고문서들(cuneiform archives)에서 발견한 병렬 본문들을 족장들의 전통적인 시대인 기원전 2천 년 초기의 것으로 추정하는 것에 의문을 제기했다. 비평가들은 그런 병렬 본문들은 1000년 후의 설형문자 본문에서나 발견될 수 있는 것들이라는 것, 창세기의 "역사 기록" 스타일은 기원전 5세기와 그 이후에 저술한 헬라인들에 선행하지 않았다는 것 그리고 창세기에 등장하는 다른 관습들과 소재들은 기원전 1천 년으로 가장 잘 연대 추정할 수 있으리라는 것을 주장했다.

이 주장은 일련의 연구결과로 논박되었는데 기원전 2천 년 초기에 그런 수량과 특성을 지닌 많은 병렬 본문들은 그때에는 성경 외부에서만 나타난다는 것, 창세기 12-36장에 등장하는 것과 같은 사건들의 서술적 기술은 기원전 2천 년 족장들의 세계에서 알려졌었다는 것 그리고 특히 사람들의 이름을 포함하여 인용된 많은 관습들은 기원전 2천 년 초기에만 독점적인 것이었거나 혹은 나중에는 유례를 찾아볼 수 없는 통계상 의미심장한 방식으로 기원전 2천 년 초기와 조화된다는 것이다.[6]

---

5 Thomas L. Thompson, *The Historicity of the Patriarchal Narrative: The Quest for the Historical Abraham*, Beihefte zur Zeitscherift fur die alttestamentliche Wissenschaft 133 (Berlin: de Gruyter, 1974); John Van Seters, *Abraham in History and Tradition* (London: Yale University Press, 1975)을 보라. 최소주의(minimalism)라는 용어는 아직 이때에 고안되거나 적용되지 않았다. 그러나 1990년대에 접어들면서 유사한 저자들과 논증들이 활용되는데 이때가 바로 이 용어가 사용되기 시작한 때이다.

6 특히 Alan R. Millard and Donald J. Wiseman, ed., *Essays on the Patriarchal Narratives* (1980; reprint, Winona Lake, IN: Eisenbrauns, 1983)의 다수의 연구들을 참고하라. Rich-

1980년대 후반부와 1990년대 초기에 일어난 변화는, 구약에 있는 어떤 것이라도 신뢰할 수 있는 것으로 고려될 수 있는지의 여부에 대하여 의문을 제기하게 된 것이다. 이 배후에는 다음의 가정들이 존재한다. 즉 헬레니즘 시대 이전에는 이스라엘에 어떤 의미심장한 저술물도 존재하지 않았다는 것, 기원전 3세기의 팔레스타인 유대인들과 기원전 6세기 이전의 팔레스타인들 사이에 어떤 인종적인 연결 고리도 없었다는 것 그리고 예루살렘에 집중되었던 유대 국가는 기원전 8세기 후반 전에는 입증될 수 없었다는 가정들이다.

따라서 바벨론 포로기 이후를 포함한 구약의 모든 역사 저술에 의문이 제기되었고 구약을 동화처럼 간주했다.[7] 사실 아주 최근의 증거는 고대 이스라엘에 중대한 저술이 존재했다는 것, 기원전 1천 년에 있었던 팔레스타인 안팎으로의 추방에도 불구하고 기원전 1천 년 초기까지 거슬러 올라가는 물리적인 조상들에 대한 실제적인 기억이 구약에 보존되었다는 것 그리고 기원전 701년의 앗수르 침공 전에 존재했던 유대 국

---

ard S. Hess, Philip Satterthwaite and Gordon Wenham, eds., *He Swore an Oath: Biblical Themes from Genesis 12-50*, 2nd ed. (Grand Rapids: Baker, 1994); Alan R. Millard, James K. Hoffmeier and David W. Baker, eds., *Faith, Tradition, and History: Old Testament Historiography in Its Near Eastern Context* (Winona Lake, Ind.: Eisenbrauns, 1994)를 보라. 단일 작가가 쓴 책으로 성경에 고대 근동 연구를 적용한 탁월한 예를 보여주는 것으로는 Kenneth A. Kitchen, *On the Reliability of the Old Testament* (Grand Rapids: Eerdmans, 2003), 특히 313-372가 있다.

7 다음을 참고하라. Thomas L. Thompson, *Early History of the Israelite People: From the Written and Archeological Sources*, Studies in the History of the Ancient Near East 4 (Leiden: Brill, 1992); Thompson, *The Mythic Past: Biblical Archaeology and the Myth of Israel* (New York: Basic Books, 1999); Thompson, *The Messiah Myth: The Near Eastern Roots of Jesus and David* (New York: Basic Books, 2005); Neils Peter Lemche, *Prelude to Israel's Past: Background and Beginnings of Israelite History and Identity*, trans. E. F. Maniscalco (Peabody, MA.: Hendrickson, 1998); Lemche, *The Old Testament Between Theology and History: A Critical Survey* (Sheffield, U.K.: JSOT Press, 1992); Philip R. Davies, *The Origins of Biblical Israel* (New York: T & T Clark, 2007); Davies, *Memories of Ancient Israel: An Introduction to Biblical History-Ancient and Modern* (Louisville: Westminster John Knox, 2008).

가(무엇보다도 "다윗의 집"으로 알려진 증명된 왕조 때에)에 대한 증거가 존재한다는 것을 입증했다.[8] 사실 이 접근법은 너무나도 많은 영역에서 문제가 있는 것으로 알려져서 수많은 단행본들과 수집된 연구결과들이 이 이론들이 거짓임을 폭로하는 설득력있는 증거를 제시해 왔다.[9]

2000년을 필두로 그 다음해부터 쟁점들은 다시 전환점을 갖게 되었다. 이번에는 성경에 대한 비난은 사사기에 기록된 가나안 안에서의 이스라엘의 이른 출현 그리고 통상적으로 기원전 10세기의 통일왕국으로 확인되는 시기에 집중되었다. 이들 각각의 비평들이 나름대로 의미심장

---

8 식자율(literacy)에 대해서는 Richard S. Hess, "Literacy in Iron Age Israel," in *Windows into Old Testament History: Evidence, Argument, and the Crisis of "Biblical Israel,"* ed. V. Philips Long, David W. Baker and Gordon J. Wenham (Grand Rapids: Eerdmans, 2002), 82-102; Hess, "Questions of Reading and Writing in Ancient Israel," *Bulletin for Biblical Research* 19 (2009): 1-9; Hess, review of *Literate Culture and Tenth-Century Canaan: The Tel Zayit Abecedary in Context*, by Ron E. Tappy and P. Kyle McCarter Jr., *Bulletin for Biblical Research* 19 (2009); William M. Schniedewind, "Orality and Literacy in Ancient Israel," *Religious Studies Review* 26, no. 4 (2000): 327-32를 참고하라. 다윗에 대한 9세기 증거로는 André Lemaire, "'House of David' Restored in Moabite Inscription," *Biblical Archaeology Review* 20, no. 3 (1994): 30-37; William M. Schniedewind, "Tel Dan Stela: New Light on Aramaic and Jehu's Revolt," *Bulletin of the American Schools of Oriental Research* 302 (1996): 75-90을 보라. 진정한 역사적 기억에 대한 일반적인 질문으로는 다음 각주들에 주목하라.

9 단행본 중 다음의 것들을 참고하라. William G. Dever, *What Did the Biblical Writers Know and When Did They Know It? What Archaeology Can Tell Us about the Reality of Ancient Israel* (Grand Rapids: Eerdmans, 2001); Dever, *Who Were the Early Israelites and Where Did They Come From?* (Grand Rapids: Eerdmans, 2003); Kitchen, *Reliability of the Old Testament*. 최소한 네 개의 컨퍼런스를 통해 이 비판적인 접근법에 도전하는 중요한 논문들이 배출되었다. 에세이들을 다음에서 참고하라. Long, Baker and Wenham, ed., *Windows into Old Testament History*; James K. Hoffmeier and Alan Millard, ed., *The Future of Biblical Archaeology: Reassessing Methodologies and Assumptions* (Grand Rapids: Eerdmans, 2004); Richard S. Hess, Gerald A. Klingbeil and Paul J. Ray Jr., eds., *Critical Issues in Early Israelite History*, BBR Supplement 3 (Winona Lake, Ind.: Eisenbrauns, 2008); Daniel I. Block, Bryan H. Cribb and Gregory S. Smith, eds., *Israel: Ancient Kingdom or Late Invention?* (Nashville: B & H Academic, 2008). 또한 중요한 모음집인 John Day, ed., *In Search of Pre-Exilic Israel*, JSOT Supplement Series 406 (London: T & T Clark, 2004)을 참고하라.

함을 갖고 있고 현재에도 중요하게 여겨지기는 하지만, 나는 나중에 발표된 가장 최근의 논쟁의 일부만 살펴보도록 하겠다.

이 견해는 텔아비브대학의 고고학자인 이스라엘 핀켈스타인(Israel Finkelstein)과 저명한 고고학 저자인 닐 애셔 실버만(Neil Asher Silberman)에 의해 대중화되었다.[10] 이 접근법은 중도를 선택했다. 그들은 창세기는 허구로 받아들였으나 구약의 나중 시기도 일말의 역사적 가치가 없다는 가정은 거부했다.

이 가정은 622년경에 요시아왕의 서기관들은 요시아왕의 "개혁"을 지지하는 일을 꾸미기 위하여 이스라엘의 초기 저술물들과 전통을 수집했다는 것이었다. 과거로 거슬러 올라가면 갈수록, 저술물들에 귀속시킬 수 있는 역사적 가치가 더 감소되었다는 것이다. 따라서 창세기와 구약의 처음 6-7개 책들의 주장은 거의 대부분 허구였거나, 적어도 진실의 핵심을 거의 복구하기 힘든 전설이라는 것이다. 예루살렘에서 통치했던 다윗도 있었고 아마 솔로몬도 있었겠지만, 대형 제국이라기보다는 작은 나라를 통치한 왕들이었다는 것이다.

오므리왕과 아합왕이 이스라엘 북왕국에서 역사적 가치의 시작을 제공하는 반면에, 8세기 후반에 히스기야왕은 남왕국 유다에서 역사에 필적한 어떤 것을 시작한다. 비록 일련의 이런 조사결과들에 이의를 제기할 이유가 존재하기는 하지만, 이 결과들은 성서비평 주류에서 정설로 받아들여지게 되었다.[11]

여기에 일단의 쟁점들이 존재한다. 그렇지만 쟁점들은 기록된 전통이나 혹은 구전 전통이 고대성(antiquity)과 진정성(authenticity)을 주장할 수 있는지의 여부를 중심으로 전개되는 경향이 있다. 역사적 가치가 2명이

---

10 Israel Finkelstein and Neil Asher Silberman, *The Bible Unearthed: Archaeology's New Vision of Ancient Israel and the Origin of Its Sacred Texts* (New York: Free Press, 2001); Finkelstein and Silberman, *David and Solomon: In Search of the Bible's Sacred Kings and the Roots of the Western Tradition* (New York: Free Press, 2006).

11 예를 들어, Thomas Römer, *The So-Called Deuteronomistic History: A Sociological, Historical and Literary Introduction* (New York: T & T Clark, 2007)을 보라.

나 2명 이상의 독립적인 목격자들에 기초하는 한, 구약에서 증명된 구체적인 사건에 대한 의심할 여지없는 가장 초기의 성경 외부의 증인은 쉬샥(Shishak)이라고도 칭해지는 애굽왕 바로 쉐숑크(Pharaoh Sheshonq)가 팔레스타인을 기원전 925년에 침공한 것이다(참고 왕상 14:25; 대하 12:9).

어쨌든 이는 성경 본문 속에 이것보다 더 선행하여 등장하는 것으로 알려진 그 어떤 것도 무효화하지 않는다. 그것은 단지 독립적인 증인이 없다는 것을 의미할 뿐이다. 만일 어떤 성경의 본문이 확인될 수 있는 역사와 동시에 일어난 것이라면, 입증책임은 동일한 맥락의 다른 곳에서 역사성(historicity)의 부재를 주장하는 자들에게 있다고 가정하는 것이 타당할 것이다. 예를 들어, 성경은 다윗과 그의 아들 솔로몬은 다양한 시간대에 걸쳐 이스라엘 너머의 지역들뿐만 아니라 근대 이스라엘 국가의 일부 혹은 전체를 포함하는 왕국을 통치했다(삼하 5장; 8장; 10장 참고).

이 주장을 뒷받침하는 어떤 근거가 있는가? 몇 가지 부류의 증거들은 이 질문과 관계가 있다.

첫째, 성경은 이 통치자들에게 할당하는 기간이 기원전 11세기 후반부터 기원전 931년까지라는 것을 주목하는 것이 중요한데 이 시기는 이스라엘을 정복했고 그 지역을 통치했을 주변 강대국들이 약화된 시기였다. 이는 초기에 이 지역에 영향을 미쳤던 이집트와 히타이트인들에게도 해당되는 사실이었다. 이집트는 사양길에 접어들었고 힛타이트 제국은 이미 거의 2세기 전에 몰락했다. 아직 앗수르와 바빌로니아는 충분한 권력으로 부상해서 남부 레반트(Levant: 지붕해 동부 지방 여러나라-역주)에 영향을 미치기 전이었다.

둘째, 사무엘하 5, 8, 10장에 이스라엘과 갈등 중인 것으로 언급된 강대국들은 아람, 암몬, 에돔, 모압과 블레셋이다. 아람인들은 11세기보다 3세기 전에 이미 입증되었고 이 시기에 강성해졌다. 이스라엘이 그랬듯이 아람인들도 나약해진 이집트가 남겨 놓은 권력 공백을 장악하게 되었다.[12]

---

12 K. Lawson Younger Jr., "The Late Bronze/Iron Age Transition and the Origins of the Arameans," in *Ugarit at Seventy-Five*, ed. K. Lawson Younger Jr. (Winona Lake, IN:

암몬과 암만 요새 지역에서 그리고 아마도 기원전 11세기 이전에 점령된 유적지/현장/부지의 1/3은 기원전 10-9세기까지 점령된 채로 유지되었다.[13] 8세기 이전에 에돔에는 정착이 전혀 일어나지 않은 것으로 오랫동안 가정되어 왔고 따라서 영토국가나 영토를 지닌 독립체로의 정황이 전혀 부재하였으나 이것은 지금은 부정확한 것으로 드러났다. 사해 남쪽의 에돔 저지대에서 기원전 10세기 광산 지역과 키르베트 엔-나하스 같은 요새들이 발굴되었다.[14]

모압 지역은 기원전 13세기처럼 이른 시기의 출처에서 언급되었다. 기원전 11-12세기 동안 더 많은 정착촌이 이 지역에 출연하여 국가적 지위(statehood)의 증진을 제안하게 되었다. 이 시기 블레셋인들의 세력과 확장은 기록으로 잘 보존되어 있다.[15]

셋째, 기원전 12세기의 하조르(Hazor), 메기도(Megiddo), 게제르(Gezer)에는 다양한 건축물들이 있었다. 각각의 도시들은 이스라엘의 정착 주거지, 가나안의 도시국가 그리고 블레셋의 속령이었다. 그러나 기원전 10세기 중반에 이 도시들은 포곽벽(casemate wall), 6개의 방을 갖춘 성문 출입구(six-chambered gateway), 왕궁 복합단지(palace complex)를 갖춘 유사한 건축형태를 따르게 되었다(하조르가 후자를 갖췄는지에 대해서는 확실치 않지만). 열왕기상 9:15에서 주목하듯이, 이 도시들은 전략적인 중심부였다. 주요 구조물들에서 보여진 신흥의 획일성은 이 지역에 단일 국가의 형성을 제안한다[16]

Eisenbrauns, 2007), 131-174.

13 ElizabethBloch-Smith and Beth Alpert-Nakhai, "A Landscape Comes to Life: The Iron Age I," *Near Eastern Archeology* 62 (1999): 108-111.

14 Thomas E. Levy and Mohammad Najjar, "Edom and Copper: The Emergence of Ancient Israel's Rival," *Biblical Archeology Review* 32, no. 4 (2006): 24-35, 70.

15 Ann E. Killebrew, *Biblical Peoples and Ethnicity: An Archeological Study of Egyptians, Canaanites, Philistines, and Early Israel 1300-1100 B.C.E.*, Society of Biblical Literature Archeology and Biblical Studies 9 (Atlanta: Society of Biblical Literature, 2005), 197-245.

16 John S. Holiday Jr., "The Kingdom of Israel and Judah: Political and Economic Centralization in the Iron IIA-B," in *The Archeology of Society in the Holy Land*, ed. T. E. Levy

마름돌 석공술(ashlar masonry)은 현지인 팔레스타인 스타일이 아닌 페니키아 스타일을 닮았다. 더우기 국내 건축이 솔로몬 시대의 하조르나 메기도에서 흔히 볼 수 있는 것이 아니라는 사실은(메기도에 인근에는 인구 밀집 지역도 없다) 이 도시들은 사무엘서와 열왕기서에서 기술된 것과 같은 더 큰 영토 국가에 의해 조성되고 통제되었다는 것을 제안한다.[17]

이제 이 증거에 발굴가가 통일왕국기로 연대를 추정하는 마름돌 석공술로 지어진 거대한 건축물이 추가되어야 한다. 예루살렘에 위치해 있는 이 건축물은 초광역적(supraregional) 국가의 심장부를 제안한다.[18]

넷째, 열왕기상 5-8장에 묘사된 솔로몬 성전은 성경 본문의 문학적 형태들 속에서 그리고 특히 리아 도처에서 발견된 기원전 11-9세기의 서부 셈족 성전들의 비교 건축형태의 세부 장식에서 유사점이 발견되었다.[19]

따라서 다윗과 솔로몬 통치의 성경적인 그림은 기원전 11세기와 10세기에 있었던 것으로 알려진 남부 가나안의 실재를 반영한다. 성경 본문에 따르면, 이미 언급된 바 있는 "다윗의 집"이 언급된 본문들은 다

(New York: Facts on File, 1995), 368-398.

17 Volkmar Fritz, "Monarchy and Re-Urbanization: A New Look at Solomon's Kingdom," in The Origins of the Ancient Israelite States), ed. V. Fritz and P. R. Davies, JSOT Supplement 228 (Sheffield, U.K.: Sheffield Academic Press, 1996), 187-195. Baruch Halpern, "The Construction of the Davidic State: An Exercise in Historiography," in *The Origins of the Ancient Israelite States*, JSOT Supplement 228 ed. V. Fritz and P. R. Davies (Sheffield, U.K.: Sheffield Academic Press, 1996), 44-75. Finkelstein and Silberman, *David and Solomon*에서 성문(gates)을 한 세기 뒤로 연대 추정하는 것에 주목하라. 그렇지만 고고학자들 사이에서 광범위한 의견을 대표하는 Dever는 What Did the Biblical Writers Know, 131-135에서 성문을 기원전 10세기로 연대 추정하는 것을 참고하라.

18 Eilat Mazar, "Did I Find King David's Palace?" *Biblical Archeology Review* 32, no. 1 (2006): 16-27, 70.

19 Victor (Avigdor) Hurowitz, *I Have Built You an Exalted House: Temple Building in the Bible in Light of Mesopotamian and Northwest Semitic Writings*, JSOT Supplement 115 (Sheffield, U.K.: Sheffield Academic Press, 1992). Dever, *What Did the Biblical Writers Know?* 144-157.

윗의 통치 시점에서 한 세기 반 내에 등장한다는 것도 추가적으로 말할 수 있다.[20] 그렇지만 지난 십 년간 맹렬한 공격을 받은 다윗과 솔로몬에 대한 본문들에, 이 증거가 진정성 있는 고대 저술물로서의 마땅한 자격을 부여하도록 충분한 보증을 제공하는지의 여부는 독자가 직접 알아보면 좋겠다.

3. 신명기, 여호수아와 대량학살

방향을 바꿔서 나는 신명기와 여호수아에 조명된 가나안 사람들에 대한 대량학살의 문제를 살펴보고자 한다. 성경의 하나님에 관심을 갖는 사람들로 하여금 그 어떤 문제보다도 우려케 하는 것은, 하나님이 전쟁에서 감당하신 역할이며, 특히 가나안인들을 대항하신 전쟁이다.

내가 이 쟁점과 관련해서 언급할 수 있는 본문들은 많다. 어쨌든 신명기 20장과 여호수아 1-11장이 가장 빈번하게 인용하는 본문들이다.

신명기 20:16-18은 하나님이 이스라엘에게 주신 땅에서 모든 "도시"를 완전히 파괴하라고 명령한다. 이 완전한 진멸 혹은 하나님께 봉헌된 것으로 금지됨(히브리어 헤렘[herem])은 주변 국가들에도 알려진 것이다. 허나 신명기에서 이 진멸은 가나안 내에 있는 도시들에 국한되었다. "도시"로 번역된 단어는 이르(ʿîr)다. 오늘날 우리가 도시에 대해 그렇게 생각하듯이 이 단어가 반드시 주요 도심지를 언급하는 것은 아니다. 성경에서 이 단어는 성읍(베들레헴[삼상 20:6]), 천막 야영지(사 10:4) 그리고 성채(삼하 12:26) 혹은 예루살렘에 있던 시온과 같은 요새(삼하 5:7, 9)를 묘

---

20 기원전 10세기에 Paraoh Sheshonq가 팔레스타인 지명의 일부를 언급할 당시 다윗을 언급한 내용을 Kenneth A. Kitchen, "A Possible Mention of David in the Late Tenth Century BCE, and Deity *Dod as Dead as the Dodo?" *Journal for the Study of the Old Testament* 76 (1997): 29-44에서 참고하라.

사할 수 있다.[21] 그것은 군사적인 맥락을 자주 확인하는 것 같다. 고고학적으로 이 단어는 후기 청동기(예를 들면, 텔 발라타 혹은 세겜)와 철기(예를 들면, 아라드)의 많은 장소들과 일치하는데 이렇게 성벽으로 둘러싸인 요새들은 일반인들이 사는 거주지는 아니었다.

대중들은 작은 마을을 이루어 거주했으며 이런 요새들 근처 다른 곳에서 살았다. 요새들 자체는 왕궁, 세금("현물")을 징수하기 위한 왕실 창고, 성전, 지도자들을 위한 얼마간의 주택들과 아마도 군대를 위한 막사를 포함했다. 이러한 "도시들"은 비엘리트(non-elites)나 비전투요원(non-combatants)들의 집이 아니었다. 오히려 이런 도시들은 지도자, 군부 그리고 그 땅의 억압과 통치권에 관련된 대부분의 사람들을 대표했다. 따라서 신명기 20장의 명령은 하나님과 이스라엘의 종교적인 믿음과 이데올로기에 정반대되는 종교적인 믿음과 이념을 대표하는 군대들과 요새들의 전멸에 대한 것이다.

이런 면에서 하나님과 이스라엘은 거룩하다는 것 그리고 이스라엘은 자신들의 군사력과 무력의 이데올로기를 통하여 하나님과 그분의 언약 백성을 타락시킴으로 대항하려는 자들을 파괴하라고 부르심을 받았다고 단언하는 것은 과연 맞는 말이다.

이스라엘의 (그리고 많은 고대 근동의) 율법에 관하여 이미 지적된 바와 같이 신명기 20장은 어떤 이상(ideal)이라는 것을 이해하는 것이 매우 중요하다. 지금까지 한 번이라도 발생한 어떤 일이나 혹은 발생했다고 알려진 일을 기술한 것이 아니다. 이를 위해서 우리는 여호수아의 전반부를 잘 살펴볼 필요가 있다.

이 본문들은 얼핏보기에 하나님의 뜻에 의한 대량학살의 증거로 자주 이해되어 왔다. 대개 여호수아 6:21과 여호수아 8:25이 인용되었다. 여호수아 6:21은 여리고성의 함락을 기술하며 이스라엘이 "그 성을 주님께 바쳤으며 성 안의 모든 것, 곧 남자와 여자, 젊은 사람과 나이 든 사

---

21 Richard S. Hess, "The Jericho and Ai of the Book of Joshua," *Critical Issues in Early Israelite History*, ed Hess, Klingbeil and Ray, 35-36.

람, 심지어 소, 양, 나귀까지 칼날로 진멸시켰다"는 것을 언급한다.

여호수아 8:25은 아이성(Ai)에 대해서도 유사한 것을 이야기한다. "그 날에 엎드러진 아이 사람들은 남녀가 모두 만 이천 명이라." 두 경우 모두 남녀라는 표현은 문자 그대로 "남자로부터(그리고) 여자까지"라는 말이다. 성경 다른 곳에서도 발견되며(삼상 15:3; 22:19; 삼하 6:19[역대상 16:3]; 느 8:2; 역대하 15:13) 항상(삼상 22:19은 제외됨. 여기서 아이들이 구체적으로 언급됨) 히브리어 콜(*kol*, "모두, 전부")과 대구(parallelism)를 이룬다.[22]

따라서 이 문구는 모든 사람과 동의어이며 그 그룹에 속해 있을 수 있는 누군가를 편견을 갖고 대하지 않는다는 면에서 전형적인 표현이다. 그것은 남자나 여자를 포함할 수 있지만, 꼭 필연적인 것은 아니다. 사실 여호수아 1-12장을 꼼꼼히 읽어보면 생명을 부지하게 된 라합과 그녀의 가족을 제외하고는 가나안 사람 중에서 그 어떤 비전투요원도 특별하게 지명된 적이 없음을 알 수 있다. 이는 이스라엘인들은 비전투요원들을 겨냥하지도 죽이지도 않았기 때문이다.

특히, 여리고와 아이는 민간인이 사는 마을로 생각하기보다는 요새로 이해되어야 한다. 이미 언급했듯이 성경 본문은 라합과 그녀의 가족을 제외하고 어떤 구체적인 비전투요원들의 이름도 언급하지 않는다. 이는 후기 청동기(성경의 연대기에 비추어볼 때 이스라엘이 여리고와 아이를 공격한 시기임)에서 이러한 지역들에서 고고학적 증거가 부재한 것을 부분적으로 설명하기도 한다. 만일 그 도시들이 요새라면, 그리고 아마도 이전에 수비를 위해 사용되었던 임시변통의 요새라면, 전형적인 "도시"에서 부유한 주민들이 소유한 고품격의(그리고 그렇기 때문에 판단의 근거가 될만한) 도자기와 같은 증거들은 전혀 존재하지 않을 것이다.

두 요새에서 통용된 "왕"을 지칭하는 단어는 히브리어로 멜렉(*melek*)이다. 이 어근은 서부 셈족 세계 전반에서 여러 사례를 통해 등장하는데

---

22 Ibid., 38-39.

어떤 장소나 지역을 관할하는 사람을 의미하지만, 멜렉은 더 높은 권위의 권세에 놓여 있었다.

예를 들어, 바빌로스(Bablos)의 지도자가 그의 기원전 14세기 서신에서 피우리(Piwuri)를 묘사하기 위해 이 어근을 사용하는데 피우리는 바빌로스를 포함하는 지역을 관할하던 바로의 행정장관이었다.[23]

따라서 여리고와 아이의 "왕들"은 아마도 예루살렘(여리고에서 시작된 주요 동–서 간 도로들 중의 하나는 예루살렘과 연결되어 있다)과 베델(수 8:9, 12, 17 참고)과 같은 도시들의 지도자들 권위 아래 놓여 있었던, 자신들의 요새들을 책임지고 있었던 군사 행정관들이였을 것이다.

기브온(수 10:2)과 하조르(수 11:10)와는 달리 여리고나 아이는 큰 도시로 언급되거나 그런 모든 왕국들의 선두에 언급되지 않았다. 따라서 여리고나 아이가 거대한 도시라는 견해는 성경적 증언에 기초한 것이 아니다. 아이라는 이름은 "폐허"(ruin)를 의미하고 기존에 존재하던 초기 청동기 시대 성벽으로 지어진 요새로 적절하게 확인될 수 있다.

여호수아 10-11장은 북부와 남부 동맹에 대항한 또 다른 주요 전투들을 상세하게 기술한다. 두 장 모두 이스라엘의 우방(기브온[수 10:35])과 이스라엘 자체(수 11:1-5)가 공격을 당한 상황에서 방어전으로 시작한다. 따라서 이런 전투들은 방어전이였고 공격전이 아니었다. 이스라엘은 싸우지 않으면 전멸될 기로에 놓여 있었다. 이번에도 비전투요원들은 어느 곳에서도 구체적으로 언급되지 않았다. "성읍"(city)에 이은 "성읍"이 진멸된 여호수아 10:28-42의 구체적인 묘사에서 "성읍"은 주로 왕을 위한 요새, 성전과 군대의 맥락에서 이해되어야 한다.

이렇게 이해하게 되면 비전투요원인 무고한 자들이 이러한 요새들에서 학살되었다고 가정할 이유가 전혀 없는 것이다.

만일 라합과 그녀의 가족이 그랬던 것처럼 가나안의 일반인들이 이스라엘에 합류하기로 선택하지 않았다고 하더라도 아마 가나안의 일반

---

23 Ibid., 39-41. 여기서 언급된 Amarna 본문은 EA 131, 21-24줄에 언급되어 있다.

인들은 이 요새 안에 주둔하지는 않았을 것이다. 왜냐하면 가나안의 군인들은 이스라엘과의 전투에 참여하기 위해 출정해서(그리고 패배를 당했다) 그들을 보호해 줄 군대가 없는 상태였기 때문이다.

이스라엘 사람들이 이 요새들을 공격하기 위해 오는 것을 알았기 때문에, 평범한 가나안 사람들은 이스라엘 군대가 지나갈 때까지 그들의 몸을 숨길 수 있는 언덕으로 도망갔을 것이다. 이것에 대한 성경적인 증거로 사사기는 가나안 전멸(Canaanite extermination)에 대해서 전혀 아는 바가 없다는 것이다. 사사기는 이스라엘을 타락시키기에 충분히 많은 가나안 사람들이 이스라엘의 차세대 가운데 공존하고 있었다는 것만 안다(예를 들면, 삿 2:10-13). 여호수아나 사사기의 성경 본문도 그 어떤 대량 학살도 지지하지 않는다. 여리고와 아이에 대한 공격은 군사적인 목표물에 대한 습격이었다.

이스라엘이 싸운 주요 전쟁은 방어전이었다. 가나안 사람들은 모든 지역에 잔류했고(삿 1장) 가나안의 다음 세대들은 이스라엘인들과 이종족간 결혼을 했다. 이것이 이러한 전투들에 대한 성경적인 이해다. 고고학적이고 성경 밖의 본문적 증거도 그런 성경적 이해를 반박하지 않는다. 비록 그 이상의 사례들을 살펴볼 수 있는 공간은 허락되지 않지만, 바라건대 이런 특정한 비난들에 대한 대답들의 존재가 이러한 쟁점들을 다룰 수 있는 활용 가능한 대답들이 존재한다는 것을 증명하여 주는 것이다.

대답들을 얻기 위해서는 문화, 고고학과 성경 외부의 본문적 증언뿐만 아니라 구약의 히브리어 본문의 문법적이고 문학적인 특징을 이해할 것을 요구한다. 여기에서 논의된 사례들이 구약을 진지하게 연구하는 것과 역사 속에서 일어나는 하나님의 권능의 행동들에 대한 구약의 증언에 대한 자신감과 흥미를 고취시키게 되기를 소망한다.

용어해설

가능 세계(possible world)
가설의 세계를 구성하는 사실들의 모음을 기술한 것으로 최대한으로 일관된 명제들의 집합이다. 실제 세계도 가능 세계다.

감각질, 특질(qualia)
색깔, 소리를 듣는 것, 음식의 맛을 보는 것 등과 같이 환원 불가능하게 주관적인 경험들이다. 3인칭 기술로 환원될 수 없는 마음속에서 벌어지는 1인칭의 사건.

개혁주의 인식론(Reformed epistemology)
알빈 플랜팅가에 의해 주도된 광범위한 철학운동으로 자연신학과 다른 형태의 변증학은, 한 개인이 기독교 세계관에 대한 보증된 믿음을 갖기 위해서는 필수적이지 않다고 주장하는데 한 개인은 증거와는 별도로 "정확히 기초적인 방식"으로 그런 믿음을 견지할 수 있기 때문이다.

귀납법(induction)
논증의 한 형태로 전제들의 진리가 결론의 진리를 유도해내는 것이 개연적이긴 하나 확실한 것은 아니다.

귀류법(reductio ad absurdum)
라틴어 표현. 먼저 논증이나 명제를 불합리로 축소시켜서 원래 논증이나 명제 자체가 불합리한 것이며 거짓임을 밝히는 것이다.

누적적(축적적) 사례 논증(cumulative case argument)
어떤 결론을 지지하기 위해서 다양한 부류의 증거를 활용하는 전략. 변증학에서 이 방법은 역사적이고 인간학적인 논증과 증거뿐만 아니라 자연신학에서 비롯되는 논증들도 포함한다.

다신교, 다신론(polytheism)
유한한 신들의 다원성을 긍정하는 세계관이다.

무에서의, 무로부터의(ex nihilo)
라틴어로 "무에서 창조"처럼 아무것도 없는 무로부터라는 뜻.

물질주의, 유물론(materialism)
오직 물리적 속성들과 개체들만 존재한다고 하는 철학적 주장이다. 때로 **자연주의**의 동의어로 사용됨.

범신론(pantheism)
존재하는 모든 것은 신성하다(신이다)고 주장하는 세계관이다. 그러나 범신론적인 신의 개념은 기독교 유신론처럼 인격을 지닌 신이라기보다는 인격을 지니지 않은 비인격적인 개념이다.

변증학(apologetics)
기독교 세계관이 객관적으로 진실되며, 이성적으로 설득력 있고 존재론적으로 삶의 모든 영역을 설명하기에 적합한 것으로 제시하는 학문적 분과이다.

불가지론(agnosticism)
유신론에 관련된 것으로 한 개인이 하나님의 존재에 대해서 확신할 수 없다고 하는 믿음이다.

비실재론(nonrealism)

객관적인 실재(현실)는 없다고 하는 주장이다. 모든 것은 해석하기에 달렸다.

비이원론(nondualism)

실재(현실)는 하나이며 나뉘어질 수 없다는 믿음이다.

상정논법(abduction)

적절한 기준을 감안하여 어떤 국면(사태, 정세)을 위한 최선의 설명을 제공하는 것을 활용하는 논증의 형태다. 때로 이 논증은 "최선의 설명으로의 추론"이라고도 불린다(어떤 이들은 상정논법을 귀납법의 한 형태로 간주한다. 다른 이들은 이를 추론이라고 하는 독특한 범주에 포함시킨다). 어떤 면에서 기독교 변증학은 그 전반적인 방법에 있어서 가추적이다. 기독교 변증학은 기독교 유신론에 근거하여 실체(현실)에 대한 최선의 설명을 제공하려고 시도한다.

신령한 체험, 신령한 경험(numinous experience)

인격적이고 거룩하고 두려움을 주는 존재에 대한 종교적인 경험.

신앙주의(fideism)

종교적 진리 주장들은 이성과 증거에 의해서 뒷받침될 수 없으며, 신자는 종교적 진리를 위해서는 이성적인 지지를 제공할 필요가 없다는 아이디어이다.

실재론(realism)

객관적인 실재를 적어도 부분적으로 알 수 있다고 하는 주장이다.

실제적 무한, 실무한(actual infinite)
제한없는 항목들의 완결된 총합을 의미하는 이론적인 개념. 칼람 우주론적 논증의 일부로 사용됨.

인식론(epistemology)
철학적 분과의 하나로 지식의 출처, 범위와 의미를 조사한다. 때로 "지식의 이론"으로도 불린다.

양립론(compatibilism)
인간의 행위성에 대한 것으로 인간의 책임감은 인간 행위주체들에 대한 신적인 결정과 양립 가능하다고 하는 주장이다.

연역법(deduction)
논증의 한 형태로 전제들의 참(진리)이, 결론이 꼭 참(진리)이 되도록 유도해 낸다. 전건긍정(*modus ponens*)과 후건부정(*modus tollens*)을 참고하라.

윤리적 상대주의(ethical relativism)
도덕적 진리는 문화나 개인에 따라 상대적이라는 주장이다.

자연신학(natural theology)
이성을 사용한 프로젝트로 일련의 자연 양상에서 하나님의 존재까지 논하여 자연 양상을 위한 최선의 설명으로 주장하는 것으로 유신론적 논증들 혹은 유신론적 증명과 대략 유사하다.

자유주의(libertarianism)
인간의 행위주체성에 대한 것으로, 인간의지가 자유롭기 위해서는 하나님이나 (또는 다른 어떤 외부 요인에 의해서) 결정되어서는 안되며 반드시 스스로 결정한 것이어야 한다는 주장이다.

잠재적 무한, 잠무한(potential infinite)
일련의 개체들은(사건, 숫자 등) 얼마든지 증가(증대)하지만 결코 상한계(upper limit)에 도달할 수 없다.

전건긍정, 전건긍정식(*modus ponens*)
라틴어로 연역적 논증에서 전건을 긍정하는 것이다. 만일 P라면 Q다. P다. 그러므로 Q다.

존재론(ontology)
존재에 대한 연구로 대략 형이상학과 유사하다.

종교적 다원주의(religious pluralism)
어떠한 사회에서나 한(동일한) 시점에서 여러 가지의 다른 종교들이 기능하고 있다고 하는 단순한 기술적인(descriptive) 주장이거나 모든 주요 종교들은 동등하게 구원을 베푼다고 하는 **규범적인** 주장이다. 존 힉은 이 견해의 주된 대변인이다.

증거주의(evidentialism)
변증학에서 역사의 사실들(특히 그리스도의 생애와 그의 부활에 관련된 사실들)에서 곧바로 기독교 세계관의 진리까지를 귀납적으로 논증하는 방법이다.

지적 설계(intelligent design: ID)
과학적 연구 프로그램으로 자연의 어떤 측면들은 일련의 비지성적인 인과관계보다는 설계가 가능한 지성에 근거해서 더 잘 설명된다고 주장한다.

충족률, 충족원리(principle of sufficient reason)
라이프니츠가 고안한 말로 대략 설명해 보면 어떤 긍정적인 국면(정세)에 대해서도 왜 그런 국면이 존재하는지에 대한 적당한 설명이 존재한다는 아이디어를 말한다.

특정주의(particularism)
구원에 대한 입장으로, 다른 모든 조건이 동일하다면, 한 개인은 구원받기 위해서는 반드시 예수 그리스도 안에 믿음을 두어야 한다는 주장한다.

특정화된 복합성(specified complexity)
지적 설계에서 동시에 비개연적이며 특정화된 (사물의) 국면을 지시하기 위해 사용된 개념이다. 만일 어떤 것이 특정화된 복합성의 사례라면 그것은 설계가 가능한 지성의 산물이며 어떤 자연주의적인 것이나 비인격적인 인과관계에 의해서 설명될 수 없다.

포괄주의(inclusivism)
그리스도가 구원을 위한 유일한 행위자이긴 하지만, 사람들은 예수 그리스도 안에 두는 구체적인 믿음과는 별개로 구원받을 수도 있다고 하는 주장이다.

포스트모더니즘(postmodernism)
철학에 관련해서는 진리는 문화들이나 개인들에 따라 상대적이라고 주장하는 철학들의 군집(무리)이다. 따라서 진리는 언어유희, 삶의 형태들과 실력행사로 해체된다.

필연적 존재(necessary being)
이런 존재가 존재하는 것은 논리적으로 필연적인데, 말하자면 하나님 같은 존재를 말한다.

항존주의(perennialism)
모든 종교들은 그들의 밀교적(비밀적인) 핵심에 있어서는 본질적으로 동일한 것을 가르친다는 주장이다. 대개 비이원론으로 간주된다.

형언 불능성, 말로 형언할 수 없음(ineffability)
개념들이나 명제들로 묘사할 수 없는 상태. 만일 X가 형언불가능하다면(니루구나 브라만[Nirguna Brahman]과 같은 힌두교 개념같은 것), X에 대해서 지적으로 긍정할 수 있는 것은 아무것도 없다.

허무주의(nihilism)
실재(현실)는 객관적인 가치나 목적이 결여되어 있기에 무의미하고 불합리하다는 관점이다.

형이상학(metaphysics)
하나님, 인간, 물질 등의 존재와 본질을 조사하는 철학적 분과다.

후건부정, 후건부정식(modus tollens)
라틴어로 연역적 논증에서 후건을 부정하는 것이다. 만일 P라면 Q다. Q가 아니다. 그러므로 P가 아니다.

참고문헌

Chapter 1: Introduction

Berger, Peter L., ed. *The Desecularization of the World.* Grand Rapids: Eerdmans, 1999.

Frankl, Victor. *The Doctor and the Soul* 1955; reprint, New York: Vintage Books, 1986.

———. *Man's Search for Meaning: An Introduction to Logotherapy.* New York: Pocket Books, 1959.

Fukuyama, Francis. *The End of History and the Last Man.* New York: Avon Books, 1992.

Huntington, Samuel. *A Clash of Civilizations.* New York: Simon & Schuster, 1996.

Jenkins, Philip. *The Next Christendom.* New York: Oxford University Press, 2002.

Lewis, C. S. *The Screwtape Letters.* 1942; reprint, San Francisco: HarperSanFrancisco, 2001.

Schaeffer, Francis. "How I Have Come to Write My Books." In *Introduction to Francis Schaeffer.* Downers Grove, Ill.: InterVarsity Press, 1974.

Steiner, George *Real Presences.* Chicago: University of Chicago Press, 1991.

Chapter 2: The Biblical Basis for Apologetics

Bell, Rob. *Velvet Elvis.* Grand Rapids: Zondervan, 2006.

Blomberg, Craig L., William Klein and Robert Hubbard Jr *Introduction to Biblical Interpretation.* Rev. ed. Nashville: Thomas Nelson, 2004.

Boa, Kenneth, and Robert Bowman. *Faith Has Its Reasons: An Integrative Approach to Defending Christianity.* 2nd ed. Colorado Springs: NavPress, 2005.

Bruce, F. F. *The Defense of the Gospel in the New Testament.* Grand Rapids: Eerdmans, 1977.

Carson, D. A. "Athens Revisited." In *Telling the Truth*, edited by D. A. Carson Grand Rapids: Zondervan, 2000.

Clark, David. *Dialogical Apologetics.* Grand Rapids: Baker, 1994.

Clark, Kelly James, ed. *Philosophers Who Believe*. Downers. Grove, Ill.: InterVarsity Press, 1994.

Clarke, Adam. *Commentary on the Holy Bible: One-Volume Edition*. Abridged by Ralph Earle. Grand Rapids: Baker, 1967.

Downing, David C. *The Most Reluctant Convert: C. S. Lewis's Journey to Faith*. Downers Grove, Ill.: InterVarsity Press, 2002.

Fernando, Ajith. *Acts*. The niv Application Commentary. Grand Rapids: Zon-dervan, 1998.

Groothuis, Douglas. "Event Specif ic Evangelism." In *Confronting the New Age*. Downers Grove, Ill.: InterVarsity Press, 1998.

―――. "Humility: The Heart of Righteousness." In *Christianity That Counts*. Grand Rapids: Baker, 1994.

―――. *On Jesus*. Belmont, Calif : Wadsworth, 2003.

―――. *On Pascal*. Belmont, Calif : Wadsworth, 2003.

―――. "Television: Agent of Truth Decay." In *Truth Decay*. Downers Grove, Ill.: InterVarsity Press, 2000.

Guinness, Os. *God in the Dark*. Wheaton, Ill.: Crossway, 2006.

Hasel, Gerhart. "The Polemical Nature of the Genesis Account." *Evangelical Quarterly* 46 (1974): 81-102.

Koukl, Greg. *Tactics: A Game Plan for Discussing Your Christian Convictions*. Grand Rapids: Zondervan, 2009.

Lewis, C. S. *Surprised by Joy: The Shape of My Early Life*. New York: Harcourt, Brace & World, 1955.

MacArthur, John. *The Gospel According to Jesus*. Grand Rapids: Zondervan, 1988.

Machen, J. Gresham. "Christianity and Culture " In *Christianity, Education, and the State*, edited by John W. Robbins Jefferson, Md.: Trinity Foundation, 1987.

Martin, Michael. *The Case Against Christianity*. Philadelphia: Temple University Press 1993.

Montgomery, John Warwick. "Apologetics in the 21st. Century." In *Reasons for Faith: Making a Case for Christian Faith*, edited by Norman L. Geisler and Chad V. Meister Wheaton, Ill.: Crossway, 2007.

Moreland, J. P. *Love Your God with All Your Mind*. Colorado Springs: NavPress, 1997.

Moreland, J. P. , and William Lane Craig. *Philosophical Foundations for a Christian*

Worldview. Downers Grove, Ill.: InterVarsity Press, 2003.

Morris, Thomas, ed. *God and the Philosophers*. New York: Oxford University Press, 1995.

Murray, Andrew. *Humility*. Minneapolis: Bethany House, 2001.

Pascal, Blaise. *Pensées*, edited and translated by Alban Krailsheimer New York: Penguin, 1966.

Plantinga, Alvin. *Warranted Christian Belief*. New York: Oxford University Press, 2000.

Schaeffer, Edith. *L' Abri*. 2nd ed. Wheaton, Ill.: Crossway, 1992.

―――. *The Tapestry: The Life and Times of Francis and Edith Schaeffer*. Waco, Tex.: Word, 1981.

Schaeffer, Francis A. *The Finished Work of Christ*. Wheaton, Ill.: Crossway, 1998.

―――. *The God Who Is There*. 30th anniv. ed. Downers Grove, Ill.: InterVarsity Press, 1998.

Sire, James. *A Little Primer for Humble Apologetics*. Downers Grove, Ill.: InterVarsity Press, 2006.

Whitlock, L. G., Jr. "Apologetics." In *Evangelical Dictionary of Theology*, edited by Walter Elwell. Grand Rapids: Baker, 1984.

Yandell, Keith. "Christianity and a Conceptual Orientation." In *Professors Who Believe*, edited by Paul M. Anderson. Downers Grove, Ill.: InterVarsity Press, 1998.

Chapter 3: Apologetic Method

Aristotle. *Metaphysics*.

Bahnsen, Greg L. *Presuppositional Apologetics: Stated and Def ined*, edited by Joel McDurmon Powder Springs, Ga.: American Vision, 2010.

―――. *Van Til's Apologetic Readings and Analysis*. Phillipsburg, N. J.: Presbyterian & Reformed, 1998.

Berger, Peter. *A Rumor of Angels*. Garden City, N.Y.: Anchor Books, 1970.

Boa, Kenneth, and Robert Bowman. *Faith Has Its Reasons*. 2nd ed. Colorado Springs: NavPress, 2005.

Burson, Scott R., and Jerry L. Walls. *C. S. Lewis and Francis Schaeffer: Lessons for a New Century from the Most Inf luential Apologists of Our Time*. Downers Grove, Ill.: InterVarsity Press, 1998.

Carnell, Edward John. *An Introduction to Christian Apologetics*. Grand Rapids:

Eerdmans, 1948.

Clark, Gordon. *Reason, Religion, and Revelation*. Philadelphia: P & R Publishing, 1961.

Clark, Kelly James. *Reason and Belief in God*. Grand Rapids: Eerdmans, 1990.

Cowan, Steve, ed. *Five Views of Apologetics*. Grand Rapids: Zondervan, 2000.

Edwards, Paul. *Reincarnation: A Critical Examination*. Amherst, N.Y.: Prometheus, 1996.

Evans, C. Stephen. *Faith Above Reason: A Kierkegaardian Account*. Grand Rapids: Eerdmans, 1998.

Feyman, Richard P. *QED: The Strange Theories of Light and Matter*. Princeton, N. J.: Princeton University Press, 1985.

Frame, John. *Apologetics for the Glory of God*. Phillipsburg, N. J.: P & R Publishing, 1994.

―――――. *Cornelius Van Til: An Analysis of His Thought*. Phillipsburg, N. J.: P & R Publishing, 1995.

Geivett, Douglas R. "Is God a Story? Postmodernity and the Talk of Theology." In *Christianity and the Postmodern Turn: Six Views*, edited by Myron B. Penner Grand Rapids: Brazos Press, 2005.

Gerstner, John, R. C. Sproul and Art Lindsley. *Classical Apologetics*. Grand Rapids: Zondervan, 1984.

Griffiths, Paul. *An Apologetic for Apologetics*. Maryknoll, N.Y.: Orbis, 1991.

―――――. "Philosophizing Across Cultures: Or, How to Argue with a Buddhist." *Criterion* 26, no. 1 (1987): 10-14.

Groothuis, Douglas. *On Pascal*. Belmont, Calif : Wadsworth, 2003.

―――――. *Truth Decay: Defending Christianity Against the Challenges of Postmodernism*. Downers Grove, Ill : InterVarsity Press, 2000.

Habermas, Gary. *The Historical Jesus*. Joplin, Mo.: College Press, 1996.

Henry, Carl F. H. *God, Revelation, and Authority*. 6 vols. Waco, Tex.: Word, 1976-1982.

James, William. *The Will to Believe and Other Essays on Popular Philosophy*. New York: Dover, 1956.

Jubien, Michael. "Is There Truth in Fiction?" In *Contemporary Metaphysics*. New York: Blackwell, 1999.

Lapide, Pinchas. *The Resurrection of Jesus*. Minneapolis: Fortress, 1985.

Lewis, Gordon. *Testing Christianity's Truth Claims*. Chicago: Moody Press, 1976.

Mascord, Keith A. *Alvin Plantinga and Christian Apologetics*. Eugene, Ore.: Wipf & Stock, 2006.

McGrew, Timothy. "A Defense of Classical Foundationalism." In *The Theory of Knowledge: Classical and Contemporary Readings*. 2nd ed. Edited by Louis Pojman Belmont, Calif.: Wadsworth, 1998.

Miller, Ed. L., and Jon Jensen. *Questions That Matter*. 5th ed. Boston: McGraw-Hill, 2004.

Montgomery, John Warwick. *Faith Based on Fact*. Nashville: Thomas Nelson, 1978.

Moreland, J. P. *Love Your God With All Your Mind*. Colorado Springs: NavPress, 1997.

──────. *Scaling the Secular City*. Grand Rapids: Baker, 1987.

Moreland, J. P., and William Lane Craig. "The Structure of Justification." In *Philosophical Foundations for a Christian Worldview*. Downers Grove, Ill.: InterVarsity Press, 2003.

Nash, Ronald. "The Evidential Challenge to Religious Belief." and "Foundationalism and the Rationality of Religious Belief." In *Faith and Reason*. Grand Rapids: Zondervan, 1988.

──────. *Life's Ultimate Questions*. Grand Rapids: Zondervan, 1999.

Pascal, Blaise. *Pensées*, edited and translated by Alban Krailsheimer New York: Penguin, 1966.

Piper, John, Justin Taylor and Paul Kjoss Helseth. *Beyond the Bounds: Open Theism and the Undermining of Biblical Christianity*. Wheaton, Ill.: Crossway, 2003.

Plantinga, Alvin. *Warrant and Proper Function*. New York: Oxford University Press, 1993.

──────. *Warrant: The Contemporary Debate*. New York: Oxford University Press, 1993.

──────. *Warranted Christian Belief*. New York: Oxford University Press, 2000.

Plantinga, Alvin, and Nicholas Wolterstorff, eds. *Faith and Rationality*. Notre Dame, Ind.: University of Notre Dame Press, 1983.

Ramm, Bernard. *Varieties of Christian Apologetics*. 2nd ed. Grand Rapids: Baker, 1962.

Sanders, John, *The God Who Risks*. 2nd ed. Downers Grove, Ill.: InterVarsity Press, 2007.

Schaeffer, Francis A. *Escape from Reason*. 1968; reprint, Downers Grove, Ill.: Inter-

Varsity Press, 2007.

―――――. "The Weakness of God's Servants." In *No Little People, No Little Places*. Downers Grove, Ill.: InterVarsity Press, 1974.

Schmidt, Alvin. *The Great Divide: The Failure of Islam and the Triumph of the West*. Boston: Regina Orthodox Press, 2004.

Sennet, James, and Douglas Groothuis, eds. *In Defense of Natural Theology*. Downers Grove, Ill.: InterVarsity Press, 2005.

Sire, James. *Naming the Elephant: Worldview as a Concept*. Downers Grove, Ill.: InterVarsity Press, 2004.

Spencer, Robert. *Religion of Peace? Why Christianity Is and Islam Isn't*. Washington, D. C. : Regnery, 2007.

Sproul, R. C. *Not a Chance: The Myth of Chance in Modern Science and Cosmology* Grand Rapids: Baker, 1994.

Swinburne, Richard. *Is There a God?* New York: Oxford University Press, 1996.

Van Til, Cornelius. *The Defense of the Faith*. 4th ed. 1955; reprint, Phillipsburg, N.J.: P & R Publishing, 2008.

Wright, N.T. *Jesus and the Victory of God*. Minneapolis: Fortress, 1997.

―――――. *The New Testament and the People of God*. Minneapolis: Fortress, 1992.

―――――. *The Resurrection of the Son of God*. Minneapolis: Fortress, 2003.

Chapter 4: The Christian Worldview

Blamires, Harry. *The Christian Mind: How Should a Christian Think?* 1963; reprint, Ann Arbor, Mich.: Servant Books, 1978.

Bruce, F. F. *New Testament History*. Garden City, N.Y.: Doubleday, 1972.

Byrne, Peter. *God and Realism*. Burlington, Vt.: Ashgate, 2003.

Carson, D.A. *Becoming Conversant with the Emerging Church*. Grand Rapids: Zondervan, 2005.

Chesterton, G. K. *Orthodoxy*. 1908; reprint, New York: Image Books, 1959.

Corduan, Winfried. *Neighboring Faiths*. Downers Grove, Ill.: InterVarsity Press, 1998.

Dooyeweerd, Herman. *A New Critique of Theoretical Thought*, translated by David H. Freeman and William S. Young Phillipsburg, N.J.: P & R Publishing, 1969.

Erickson, Millard. *God in Three Persons: A Contemporary Interpretation of the Trinity*. Grand Rapids: Baker, 1995.

Groothuis, Douglas. *On Jesus.* Belmont, Calif.: Wadsworth, 2003.

Guinness, Os. *The Call.* Nashville: Thomas Nelson, 1998.

───────. *Fit Bodies, Fat Minds.* Grand Rapids: Baker, 1994.

Halverson, William H. *A. Concise Introduction to Philosophy.* 3rd ed. New York: Random House, 1976.

Heschel, Abraham. *God in Search of Man: A Philosophy of Judaism.* New York: Farrar, Straus & Giroux, 1976.

Kuyper, Abraham. *Lectures on Calvinism.* Grand Rapids: Eerdmans, 1931.

Kwan, Kai-Man. "A Critical Appraisal of Non-Realist Philosophy of Religion: An Asian Perspective." *Philosophia Christi*, series 2, 3, no. 1 (2001): 225-35.

Lewis, C. S. *The Great Divorce.* 1946; reprint, New York: Macmillan, 1976.

Mackie, J. L. *The Miracle of Theism.* New York: Oxford University Press, 1981.

Martin, Walter. *Kingdom of the Cults.* Minneapolis: Bethany House, 1974

Moreland, J. P. , and Scott R. Rae. *Body and Soul.* Downers Grove, Ill.: InterVarsity Press, 2000.

Moreland, J. P. , and William Lane Craig. *Philosophical Foundations for a Christian Worldview.* Downers Grove, Ill.: InterVarsity Press, 2003.

Moreland, J. P. *Love Your God with All Your Mind.* Colorado Springs: NavPress, 1997.

Nash, Ronald. *Faith and Reason.* Grand Rapids: Zondervan, 1988.

───────. *The World of God and the Mind of Man.* Phillipsburg, N.J.: P & R Publishing, 1992.

Naugle, David. *Worldview: The History of a Concept.* Grand Rapids: Eerdmans, 2002.

Nietzsche, Friedrich. *The Twilight of the Idols.* In *The Portable Nietzsche*, edited and translated by Walter Kaufmann New York: Viking Press, 1975.

Pearcey, Nancy. *Total Truth: Liberating Christianity from Its Cultural Captivity.* Wheaton, Ill.: Crossway, 2004.

Piper, John. *Don't Waste Your Life.* Wheaton, Ill.: Crossway, 2003.

───────. *God Is the Gospel.* Wheaton, Ill.: Crossway, 2005.

───────. *When I Don't Desire God.* Wheaton, Ill : Crossway, 2004.

Poe, Harry Lee. *See No Evil: The Existence of Sin in an Age of Relativism.* Grand Rapids: Kregel, 2004.

Ramm, Bernard. *Offense to Reason: The Theology of Sin.* San Francisco: Harper & Row, 1985.

Russell, Bertrand. "A Free Man's Worship." In *Why I Am Not a Christian*, edited by Paul Edwards New York: Simon & Schuster, 1957.

Sayers, Dorothy L. *The Letters of Dorothy L. Sayers: 1937-1943, From Novelist to Play-wright*. Vol 2, *The Letters of Dorothy L. Sayers*, edited by Barbara Reynolds New York: St Martin's Press, 1988.

Schaeffer, Francis A. *The Church Before the Watching World: A Practical Ecclesiology*. Downers Grove, Ill.: InterVarsity Press, 1971.

―――. *Genesis in Time and Space*. Downers Grove, Ill.: InterVarsity Press, 1972.

―――. *The God Who Is There*. 30th anniv ed Downers Grove: Ill.: InterVarsity Press, 1998.

―――. *He Is There and He Is Not Silent*. 30th anniv. ed. Wheaton, Ill.: Tyndale House, 2001.

Senor, Thomas. "The Incarnation and the Trinity." In *Reason for the Hope Within*, edited by Michael J. Murray. Grand Rapids: Eerdmans, 1999.

Sire, James W. *The Universe Next Door: A Basic Worldview Catalog*. 5th ed. Downers Grove, Ill.: InterVarsity Press, 2009.

Smart, Ninian. *Worldviews*. 3rd ed. New York: Prentice-Hall, 1999.

Smith, R Scott. *Truth and a New Kind of Christian*. Wheaton, Ill.: Crossway, 2005.

Swinburne, Richard. *The Christian God*. New York: Oxford University Press, 1994.

Wilberforce, William. *Real Christianity*, edited by James Houston 1829; reprint, Minneapolis: Bethany House, 1997.

Chapter 5: Distortions of the Christian Worldview—Or the God I Don't Believe In

Buswell, Oliver J., III. *Slavery, Segregation, and Scripture*. Grand Rapids: Eerdmans, 1964.

Clark, Kelly James, ed. *Philosophers Who Believe*. Downers Grove, Ill.: Inter- Varsity Press, 1994.

Cole, Darrell. *When God Says War Is Right*. Colorado Springs: WaterBrook, 2002.

Copan, Paul. "Is Yahweh a Moral Monster?" *Philosophia Christi* 10, no. 1 (2008): 7-37.

Cowles, C. S., Eugene Merrill, Daniel Gard and Tremper Longman III. *Show Them No Mercy: Four Views on God and Canaanite Genocide*. Grand Rapids: Zondervan, 2003.

D'Souza, Dinesh. "Rethinking the Inquisition." In *What's So Great About Christianity*. Washington, D. C.: Regnery, 2007.

Dubos, René. *The Wooing of the Earth*. New York: Charles Scribner's, 1980.

Elwell, Walter A. *Handbook of Evangelical Theologians*. Grand Rapids: Baker, 1993.

Fitzmyer, Joseph. *The Letter to Philemon*. Anchor Bible Commentary New Haven, Conn : Yale University Press, 2000.

George, Robert. "Nature, Morality, and Homosexuality." In *In Defense of Natural Law*. New York: Oxford University Press, 1999.

Groothuis, Douglas. "Bacon and Pascal on Mystery Over Nature." *Research in Philosophy and Technology* 14 (1994): 191-203.

─────. *On Jesus*. Belmont, Calif.: Wadsworth, 2003.

─────. "Scientist and Philosopher of Science." In *On Pascal*. Belmont, Calif.: Wadsworth, 2003.

Guinness, Os. *Fit Bodies, Fat Minds*. Grand Rapids: Baker, 1994.

Hofstadter, Richard. *Anti-Intellectualism in American Life*. New York: Vintage, 1963.

Hutchinson, Robert. "You Were Called to Freedom." In *The Politically Incorrect Guide to the Bible*. Washington, D.C.: Regnery, 2007.

Irenaeus, *Against Heresies*.

Jaki, Stanley. *The Savior of Science*. Grand Rapids: Eerdmans, 2000.

Jenkins, Philip. *The Next Christendom*. New York: Oxford University Press, 2002.

Kaiser, Walter J. *Toward an Old Testament Ethics*. Grand Rapids: Baker, 1983.

Lee, Francis Nigel. "The Roots of Culture." In *The Central Signifiance of Culture*. Phillipsburg, N. J. : P&R Publishing, 1976.

Lewis, C. S. "Hope." In *Mere Christianity*. 1952; reprint, San Francisco: HarperSanFrancisco, 2001.

Malik, Charles. *The Two Tasks*. Wheaton, Ill.: Billy Graham Center, 2000.

McGrath, Alister. *The Reenchantment of Nature: The Denial of Religion and the Ecological Crisis*. New York: Doubleday, 2002.

Moreland, J. P. *Love Your God with All Your Mind*. Colorado Springs: NavPress, 1997.

─────. *Scaling the Secular City*. Grand Rapids: Baker, 1987

Morris, Thomas, ed. *God and the Philosophers*. New York: Oxford University Press, 1995.

Mouw, Richard. *When the Kings Come Marching In: Isaiah and the New Jerusalem*.

Rev. ed. Grand Rapids: Eerdmans, 2004.
Noll, Mark. *The Scandal of the Evangelical Mind*. Grand Rapids: Eerdmans, 1994.
Rae, Scott. *Moral Choices*. 3rd ed. Grand Rapids: Zondervan, 2010.
Rushdoony, Rousas John. *Institutes of Biblical Law*. Nutley, N. J. : Craig Press, 1973.
Samples, Kenneth. *Without a Doubt*. Grand Rapids: Baker, 2004.
Schaeffer, Francis A. *The God Who Is There*. 30th anniv. ed. Downers Grove, Ill.: InterVarsity Press, 1998.
Schaeffer, Francis, and Udo Middleman. *Pollution and the Death of Man*. 1970; reprint, Wheaton, Ill.: Crossway, 1992.
Siegel, Bob. "Why Did God Command the Israelites to Wipe Out the Other Nations?" In *I'd Like to Believe in Jesus But*…Wheaton, Ill.: Campus Ambassadors Press, 1999.
Sire, James. "Jesus the Reasoner." In *Habits of the Mind*. Downers Grove, Ill.: InterVarsity Press, 2000.
Smith, Quentin. "The Meta-Philosophy of Naturalism." *Philo* 4, no. 2 (2001): 195-215.
Spencer, Robert. *The Politically Incorrect Guide to Islam and the Crusades*. Washington, D.C.: Regnery, 2007.
Stark, Rodney. *For the Glory of God: How Monotheism Led to Reformations, Science, Witch-Hunts, and the End of Slavery*. Princeton, N.J.: Princeton University Press, 2003.
―――. *The Victory of Reason: How Christianity Led to Freedom, Capitalism, and Western Success*. New York: Random House, 2005.
Walls, Jerry L. "Heaven and Hell." In *The Routledge Companion to Philosophy of Religion*, edited by Chad Meister and Paul Copan. New York: Routledge, 2007.
White, Andrew D. *The Warfare of Science and Religion*. 1895; reprint, New York: George Braziller, 1955.
Whitehead, Alfred North. *Science in the Modern World*. New York: Macmillan, 1925.
Winnell, Marlene. *Leaving the Fold: A Guide for Former Fundamentalists and Others Leaving Their Religion*. Oakland, Calif.: New Harbinger, 1993.
Wittmer, Michael. *Heaven Is a Place on Earth: Why Everything You Do Matters to God*. Grand Rapids: Zondervan, 2004.
Wright, Christopher J.H. *An Eye for an Eye: The Place for Old Testament Ethics Today*. Downers Grove, Ill.: InterVarsity Press, 1983.

Chapter 6: Truth Def ined and Defended

Aristotle, *Metaphysics*.

Berger, Peter. *Facing Up to Modernity: Excursions in Society, Politics, and Religion*. New York: Basic Books, 1977.

─────. "The Perspective of Sociology: Relativizing the Relativizers." In *A Rumor of Angels: Modern Society and the Rediscovery of the Supernatural*. Garden City, N.Y.: Anchor Books, 1970.

Buber, Martin. *The Eclipse of God*. New York: Harper & Row, 1952.

Chesterton, G.K. *Orthodoxy*. 1908; reprint, New York: Image Books, 1959.

Corduan, Winfried. *No Doubt About It*. Nashville: Broadman & Holman, 1997.

Erickson, Millard. *Postmodernizing the Faith: Evangelical Responses to the Challenge of Postmodernism*. Grand Rapids: Baker, 1998.

─────. *Truth or Consequences*. Downers Grove, Ill.: InterVarsity Press, 2001.

Ezorsky, Gertrude. "Pragmatic Theories of Truth." In *The Encyclopedia of Philosophy*, edited by Paul Edwards. New York: Macmillan, 1967.

Goldman, Alvin. *Knowledge in a Social World*. New York: Oxford University Press, 1999.

Grenz, Stanley, and John Franke. *Beyond Foundationalism*. Grand Rapids: Eerdmans, 2000.

Groothuis, Douglas. *Confronting the New Age*. Downers Grove, Ill.: InterVarsity Press, 1998.

─────. "Meaning." In *Encyclopedia of Empiricism*, edited by Don Garrett and Edward Barbanell Westport, Conn : Greenwood Press, 1997.

─────. *Truth Decay: Defending Christianity from the Challenges of Postmodernism*. Downers Grove, Ill : InterVarsity Press, 2000.

Henry, Carl F. H. *God, Revelation, and Authority*. 6 vols Waco, Tex.: Word, 1976-1983.

James, William. *Essays on Pragmatism*. New York: Havner, 1955.

─────. *The Moral Philosophy of William James*, edited by John K. Roth New York: Thomas Crowell, 1969.

Kenneson, Philip. "There Is No Such Thing as Objective Truth and It's a Good Thing, Too." In *Christian Apologetics in a Postmodern World*, edited by Timothy Phillips and Dennis Ockholm. Downers Grove, Ill : InterVarsity Press, 1995.

Lovejoy, Arthur. "The Thirteen Pragmatisms, II." *Journal of Philosophy* 5, no 2 (1908): 29-39.

Machen, J. Gresham. *Christianity and Liberalism*. 1923; reprint, Grand Rapids: Eerdmans, 2009.

McLaren, Brian. *A New Kind of Christian*. San Francisco: Jossey-Bass, 2001.

Moreland, J.P., and William Lane Craig, *Philosophical Foundations for a Christian Worldview*. Downers Grove, Ill.: InterVarsity Press, 2003.

Nash, Ronald. *Life's Ultimate Questions*. Grand Rapids: Zondervan, 1999.

Plantinga, Alvin. "The Twin Pillars of Christian Scholarship." In *Seeking Understanding: The Stobb Lectures, 1986-1998*. Grand Rapids: Eerdmans, 1998.

Russell, Bertrand. *A History of Western Philosophy*. New York: Touchstone, 1967.

―――. *Philosophical Essays*. London: Longmans, Green, 1910.

Sampson, Philip J. *Six Modern Myths About Christianity and Western Civilization*. Downers Grove, Ill.: InterVarsity Press, 2001.

Schaeffer, Francis A. *The God Who Is There*. 30th anniv. ed. Downers Grove, Ill.: InterVarsity Press, 1998.

Taylor, Richard. *Metaphysics*. 4th ed. New York: Prentice Hall, 1990.

Webber, Robert. *The Younger Evangelicals*. Grand Rapids: Baker, 2002.

Wuthnow, Robert. *After Heaven: Spirituality in America Since the 1950s*. Berkeley: University of California Press, 1998.

Chapter 7: Why Truth Matters Most

Chesterton, G. K. *Orthodoxy*. 1908; reprint, New York: Image Books, 1959.

Eliot, T. S. *Murder in the Cathedral*. New York: Harcourt, Brace & World, 1963.

Feynman, Richard. *Surely You're Joking, Mr. Feynman: Adventures of a Curious Character*. New York: Bantam, 1989.

Geach, Peter. *Truth and Hope*. Notre Dame, Ind.: University of Notre Dame Press, 2001.

Groothuis, Douglas. "Jesus' Use of Argument." In *On Jesus*. Belmont, Calif.: Wadsworth, 2003.

―――. *The Soul in Cyberspace*. Grand Rapids: Baker, 1997.

―――. "Thomas Nagel's 'Last Word' on the Metaphysics of Rationality and Morality." *Philosophia Christi* series 2, 1, no. 1 (1999): 115-22.

―――. *Truth Decay: Defending Christianity Against the Challenges of Postmodernism*. Downers Grove, Ill.: InterVarsity Press, 2000.

Hexham, Irving. "Evangelical Illusions: Postmodern Christianity and the Growth of Muslim Communities in Europe and North America." In *No Other Gods Be-fore Me?* edited by John Stackhouse Grand Rapids: Baker Academic, 2001.

Huxley, Aldous. *Ends and Means*. 3rd ed. New York: Harper & Brothers, 1937.

James, William. "The Will to Believe." In *The Will to Believe*. New York: Dover, 1956.

Johnson, Phillip. *Defeating Darwinism by Opening Minds*. Downers Grove, Ill.: InterVarsity Press, 1997.

Kierkegaard, Søren. *Provocations: Spiritual Writings of Kierkegaard*, edited by Charles Moore Farmington, Penn.: Plough, 1999.

Morris, Tom. *Making Sense of It All: Pascal and the Meaning of Life*. Grand Rapids: Eerdmans, 1992.

Nagel, Thomas. *The Last Word*. New York: Oxford University Press, 1997.

Nietzsche, Friedrich. *The AntiChrist*, section 50 In *The Portable Nietzsche*, edited by Walter Kaufmann. New York: Viking Press, 1975.

————. *Thus Spoke Zarathustra*. In *The Portable Nietzsche*, edited by Walter Kaufmann. New York: Viking Press, 1975.

Pascal, Blaise. *Pensées,* edited and translated by Alban Krailsheimer. New York: Penguin, 1966.

Peterson, Eugene. *Subversive Spirituality*. Grand Rapids: Eerdmans, 1997.

Russell, Bertrand. *Why I Am Not a Christian and Other Essays on Religion and Related Subjects*, edited by Paul Edwards New York: Simon & Schuster, 1957.

Sayers, Dorothy. *Christian Letters to a Post-Christian World*. Grand Rapids: Eerdmans, 1969.

Stackhouse, John. *Humble Apologetics*. New York: Oxford University Press, 2002.

Westphal, Merold. *Suspicion and Faith*. Grand Rapids: Eerdmans, 1993.

Williams, Bernard. *Truth and Truthfulness*. Princeton, N.J.: Princeton University Press, 2002.

Chapter 8: Faith, Risk and Rationality

Corduan, Winfried. *Neighboring Faiths*. Downers Grove, Ill.: InterVarsity Press, 1998.

Davis, Caroline F. *The Evidential Force of Religious Experience*. New York: Oxford University Press 1989.

Flew, Antony. *God and Philosophy*. Amherst, N.Y.: Prometheus, 2005.

Groothuis, Douglas, "Obstinacy in Religious Belief." *Sophia* 32, no. 2 (1993): 25-35.

————. "Wagering a Life on God." In *On Pascal*. Belmont, Calif.: Wadsworth, 2003.

————. "Wagering Belief: Examining Two Objections to Pascal's Wager." *Religious Studies*. 30 (1994): 479-86.

James, William. *The Will to Believe*. New York: Dover, 1956.

Kreeft, Peter. *Christianity for Modern Pagans*. San Francisco: Ignatius Press, 1993.

Nash, Ronald. *Faith and Reason*. Grand Rapids: Zondervan, 1988.

Pascal, Blaise. *Pensées*, edited and translated by Alban Krailsheimer. New York: Penguin, 1966.

Rescher, Nicholas. *Pascal's Wager: A Study of Practical Reasoning in Philosophical Theology*. Notre Dame, Ind.: University of Notre Dame Press, 1985.

Rowe, William. *Philosophy of Religion*. Belmont, Calif.: Wadsworth, 1978.

Smart, Ninian. *The Philosophy of Religion*. New York: Random House, 1970.

Chapter 9: In Defense of Theistic Arguments

Bahnsen, Greg L. *Van Til's Apologetic: Readings and Analysis*. Phillipsburg, N.J.: P & R, 1998.

Barth, Karl. *Church Dogmatics: A Selection*. New York: Harper, 1961.

————. *The Epistle to the Romans*. New York: Oxford University Press, 1977.

Bavinck, Herman. *Doctrine of God*, translated by William Hendrickson Grand Rapids: Eerdmans, 1951.

Calvin, John. *Institutes of the Christian Religion*.

Clarke, Adam. *Commentary on the Holy Bible*. Grand Rapids: Baker, 1967.

Craig, William Lane. "A Classical Apologist's Response." In *Five Views of Apologetics*, edited by Steve Cowan. Grand Rapids: Zondervan, 2000.

————. "Classical Apologetics." In *Five Views of Apologetics*, edited by Steve Cowan. Grand Rapids: Zondervan, 2000.

DeWeese, Garrett. "Toward a Robust Natural Theology: Reply to Paul Moser." *Philosophia Christi* 3, no. 1 (2001): 113-18.

Gilson, Etienne. *God and Philosophy*. New Haven, Conn.: Yale University Press, 1941.

Groothuis, Douglas. "Are Theistic Arguments Religiously Useless? A Pascalian Objection Examined." *Trinity Journal* 15 (1994): 147-61.

———. "Do Theistic Proofs Prove the Wrong God?" *Christian Scholar's Review* 29, no. 2 (1999): 247-60.

———. "Pascal's Biblical Omission Argument Against Natural Theology." *Asbury Theological Journal* 52, no. 2 (1997): 17-26.

———. "Proofs, Pride, and Incarnation: Is Natural Theology Theologically Taboo?" *Journal of the Evangelical Theological Society* 38, no. 1 (1955): 67-77.

———. "Skepticism and the Hidden God." In *On Pascal*. Belmont, Calif.: Wadsworth, 2003.

Harris, Murray J. *Jesus as God: The New Testament Use of Theos in Reference to Jesus*. Grand Rapids: Baker, 1992.

Henry, Carl F. H. *God, Revelation, and Authority* Vol. 3, *God Who Speaks and Shows*. 6 vols. Waco, Tex.: Word, 1979.

Holder, Rodney. "Karl Barth and the Legitimacy of Natural Theology." *Themelios* 26, no. 3 (2001): 22-37.

Kierkegaard, Søren. *The Point of View of My Work as an Author*, translated by Walter Lowrie New York: Harper & Brothers, 1962.

Lewis, Gordon R. "Schaeffer's Apologetic Method." In *Reflections on Francis Schaeffer*, edited by Ronald W. Ruegsegger. Grand Rapids: Zondervan Academie Books, 1986.

Moser, Paul. "Cognitive Inspiration and the Knowledge of God." In *The Rationality of Theism*, edited by Paul Copan and Paul K. Moser New York: Routledge, 2003.

Pascal, Blaise. *Pensées*, edited and translated by Alban Krailsheimer New York: Penguin, 1966.

Plantinga, Alvin. "Reason and Belief in God." In *Faith and Rationality,* edited by Alvin Plantinga and Nicholas Wolterstorff Notre Dame, Ind.: University of Notre Dame Press, 1984.

———. *Warranted Christian Belief*. New York: Oxford University Press, 2000.

Schaeffer, Francis. *Escape from Reason*. 1968; reprint, Downers Grove, Ill.: InterVarsity Press, 2006.

Spiegel, James. *The Making of an Atheist: How Immorality Leads to Unbelief*. Chicago: Moody Press, 2010.

Stott, John. *The Message of Romans: God's Good News for the World*. The Bible Speaks Today Downers Grove, Ill.: InterVarsity Press, 1994.

Sudduth, Michael. "The Dogmatic Model of Natural Theology." In *The Reformed*

Objection to Natural Theology. Burlington, Vt.: Ashgate, 2009.

Chapter 10: The Ontological Argument
Anselm. *Proslogium*.
Craig, William Lane. "The Ontological Argument." In *To Everyone an Answer: A Case for the Christian Worldview*, edited by Francis Beckwith. Downers Grove, Ill.: InterVarsity Press, 2004.
Davis, Stephen T. *God, Reason, and Theistic Proofs*. Grand Rapids: Eerdmans, 1997.
―――. *Logic and the Nature of God*. New York: Palgrave Macmillan, 1983.
―――. "The Ontological Argument." In *The Rationality of Theism*, edited by Paul Copan and Paul K. Moser New York: Routledge, 2003.
Dawkins, Richard. *The God Delusion*. Boston: Houghton Mifflin, 2006.
Ebersole, Frank. *Things We Know*. Eugene: University of Oregon Press, 1967.
Green, Michael. *I Believe in Satan's Downfall*. Grand Rapids: Eerdmans, 1981.
Grim, Patrick. "Impossibility Arguments." In *The Cambridge Companion to Atheism*, edited by Michael Martin. New York: Cambridge University Press, 2007.
Groothuis, Douglas. *Confronting the New Age*. Downers Grove, Ill.: InterVarsity Press, 1988.
Guanilo, "In Behalf of the Fool." In *St. Anselm: Basic Writings*, translated by S.N. Deane Chicago: Open Court, 1962.
Hartshorne, Charles. *Anselm's Discovery: A Re-examination of the Ontological Argument for God's Existence*. Chicago: Open Court, 1965.
Hoffman, Joshua, and Gary Rosenkrantz. "Omnipotence." In *Routledge Companion to Philosophy of Religion*, edited by Chad Meister and Paul Copan. New York: Routledge, 2008.
Kant, Immanuel. "The Impossibility of an Ontological Proof of the Existence of God." In *The Critique of Pure Reason*, translated by Norman Kemp Smith. New York: St Martin's Press, 1929.
Keller, Timothy. *The Reason for God: Belief in an Age of Skepticism*. New York: Dutton, 2008.
Lowe, E.J. "The Ontological Argument." In *The Routledge Companion to Philoso- phy of Religion*, edited by Chad Meister and Paul Copan. New York: Routledge, 2007.
Malcom, Norman. *Knowledge and Certainty: Essays and Lectures*. Englewood Cliffs, N.J.: Prentice-Hall, 1963.

Martin, Michael. *Atheism: A Philosophical Justif ication*. Philadelphia: Temple University Press, 1990.

Martin, Michael, and Ricki Monnier, eds. *The Impossibility of God*. New York: Prometheus, 2003.

Maydole, Robert E. "The Ontological Argument." In *The Blackwell Companion to Natural Theology*, edited by William Craig and J.P. Moreland Malden, Mass.: WileyBlackwell, 2009.

Meister, Chad, and Paul Copan, eds. *The Routledge Companion to Philosophy of Religion*. Part 4. New York: Routledge, 2007.

Miller, Ed L., and Jon Jensen. *Questions That Matter*. 5th ed. Boston: McGraw Hill, 2004.

Morris, Thomas V. *Our Idea of God: An Introduction to Philosophical Theology*. Downers Grove, Ill.: InterVarsity Press, 1991.

Nash, Ronald. *The Concept of God*. Grand Rapids: Baker, 1983.

―――. "Possible Worlds." In *Ultimate Questions*. Grand Rapids: Zondervan, 1999.

Nietzsche, Friedrich. "The Gay Science." In *The Portable Nietzsche*, translated by Walter Kaufmann. New York: Viking, 1968.

Plantinga, Alvin. *God and Other Minds*. New York: Cornell University Press, 1967.

―――. "Self-Prof ile." *Profiles* 5, edited by James E. Tomberlin and Peter Van Inwagen Dordrecht: D. Reidel, 1985.

Rowe, William. "Modal Versions of the Ontological Argument." In *Philosophy of Religion: An Anthology*, edited by Louis Pojman Belmont, Calif.: Wadsworth, 1987.

―――. *Philosophy of Religion: An Introduction*. Belmont, Calif.: Wadsworth, 1978.

Schaeffer, Francis A. *The God Who Is There*. 30th anniv ed. Downers Grove, Ill.: InterVarsity Press, 1998.

Swinburne, Richard. *The Christian God*. New York: Oxford University Press, 1994.

―――. *The Coherence of Theism*. New York: Oxford University Press, 1977.

Wainwright, William *Philosophy of Religion*. 2nd ed. Belmont, Calif.: Wads-worth, 1999.

Zagzebski, Linda. "Omniscience." In *Routledge Companion to Philosophy of Religion*, edited by Chad Meister and Paul Copan. New York: Routledge, 2008.

Chapter 11: Cosmological Arguments

Anscombe, Elizabeth. "'Whatever Has a Beginning of Existence Must Have a Cause': Hume's Argument Exposed." *Analysis* 3, no. 4 (1974): 150.

Barrow, John, and Frank Tipler. *The Anthropic Cosmological Principle*. Oxford: Oxford University Press, 1986.

Berlinski, David. *The Devil's Delusion: Atheism and Its Scientific Pretenses*. New York: Crown Forum, 2008.

Copan, Paul, and William Lane Craig. *Creation Out of Nothing: A Biblical, Philosophical, and Scientific Exploration*. Grand Rapids: Baker Academic, 2005.

Copleston, F.C. "A Debate on the Existence of God: Bertrand Russell and F.C. Copleston." In *The Existence of God*, edited by John Hick New York: Macmillan, 1964.

Craig, William Lane. "Historical Statements of the Kalam Cosmological Argument." In *The Kalam Cosmological Argument*. 1979; reprint, Eugene, Ore.: Wipf & Stock, 2000.

―――. *Reasonable Faith: Christian Truth and Apologetics*. 3rd ed. Wheaton, Ill.: Crossway, 2009.

―――. "'What Place, Then, for a Creator?' Hawking on God and Creation." In *Theism, Atheism, and Big Bang Cosmology*, edited by William Lane Craig and Quentin Smith. Oxford: Clarendon, 1993.

Craig, William Lane, and James D. Sinclair. "The Kalam Cosmological Argument." In The Blackwell Companion to Natural Theology, edited by William Lane Craig and J.P. Moreland Malden, Mass.: Wiley-Blackwell, 2009.

Craig, William Lane, and Walter Sinnott-Armstrong. *God? A Debate Between a Christian and an Atheist*. New York: Oxford University Press, 2003.

Davies, Paul. *God and the New Physics*. New York: Simon & Schuster, 1984.

Davis, John Jefferson. *Frontiers of Science and Faith: Examining Questions from the Big Bang to the End of the Universe*. Downers Grove, Ill.: InterVarsity Press, 2002.

―――. "Genesis 1:1 and Big Bang Cosmology." In *Frontiers of Science and Faith: Examining Questions from the Big Bang to the End of the Universe*. Downers Grove, Ill.: InterVarsity Press, 2002.

Davis, Stephen T. "The Cosmological Argument and the Epistemic Status of Belief in God." *Philosophia Christi*, series 2, 1, no. 1 (1999): 8-10.

———. *God, Reason, and Theistic Proofs*. Grand Rapids: Eerdmans, 1997.

Davis, William C. "Theistic Arguments." In *Reason for the Hope Within*, edited by Michael Murray. Grand Rapids: Eerdmans, 1998.

Dembski, William. *No Free Lunch*. Lanham, Md.: Rowman & Littlefield, 2002.

Evans, C. Stephen, and R. Zachary Manis. *Philosophy of Religion*. 2nd ed. Downers Grove, Ill.: InterVarsity Press, 1999.

Ganssle, Greg, ed. *God and Time: Four Views*. Downers Grove, Ill.: InterVarsity Press, 2001.

Geisler, Norman, and William D. Watkins. *Worlds Apart*. Grand Rapids: Baker, 1989.

Groothuis, Douglas. "Metaphysical Implications of Cosmological Arguments." In *In Defense of Natural Theology*, edited by James Sennett and Douglas Groothuis Downers Grove, Ill.: InterVarsity Press, 2005.

Hackett, Stuart. "The Cosmological Argument: The Argument from the Fact of Particular Existence." In *The Resurrection of Theism: Prolegomena to Christian Apology*. 1957; reprint, Eugene, Ore.: Wipf & Stock, 2009.

Hawking, Stephen. *The Theory of Everything*. Beverly Hills, Calif.: New Millennium, 2002.

Hawking, Stephen, and Roger Penrose. *The Nature of Space and Time*. The Isaac Newton Institute Series of Lectures Princeton, N.J.: Princeton University Press, 1996.

Heidegger, Martin. *An Introduction to Metaphysics*. New York: Anchor Books, 1961.

Hilbert, David. "On the Infinite." In *Philosophy of Mathematics*, edited by Paul Benacerraf and Hillary Putnam. Englewood Cliffs, N.J.: Prentice-Hall, 1964.

Hume, David. "To John Stewart," Letter 91. In *The Letters of David Hume*, edited by J.Y.T. Greig Oxford: Clarendon, 1932.

Jastrow, Robert. *God and the Astronomers*. 2nd ed. New York: W.W. Norton, 1992.

Johnson, David L. *A Reasoned Approach to Eastern Religions*. Minneapolis: Bethany Press, 1985.

Kenny, Anthony. *The Five Ways: St. Thomas Aquinas' Proofs of God's Existence*. New York: Schocken Books, 1969.

Leibniz, G.W.F. von "Principles of Nature and Grace" (1714). In *Leibniz Selections*, edited by Philip P. Wiener. New York: Charles Scribner's, 1951.

Locke, John. *Essay on Human Understanding*, bk. 4. New York: J. M. Dent & Sons, 1961.

McDonnell, Craig Sean. "Twentieth Century Cosmologies." In *The History of Science and Religion in the Western Tradition: An Encyclopedia*, edited by Gary Ferngren New York: Garland, 2000.

McInerny, Ralph. *Characters in Search of Their Author*. Notre Dame, Ind.: University of Notre Dame Press, 2001.

Miller, Ed L. *God and Reason: A Historical Approach to Philosophical Theology*. New York: Macmillan, 1972.

Moreland, J.P. *Scaling the Secular City: A Defense of Christianity*. Grand Rapids: Baker, 1987.

―――. "Yes: A Defense of Christianity." In *Does God Exist? The Debate Between Theists and Atheists*, edited by J.P. Moreland and Kai Nielsen. 1990; reprint, Amherst, N.Y.: Prometheus, 1993

Nash, Ronald. "Two Concepts of God." In *The Concept of God*. Grand Rapids: Zondervan, 1983.

Nerlich, G. C. "Popular Arguments for the Existence of God." In *Encyclopedia of Philosophy*, edited by Paul Edwards. New York: Macmillan, 1967.

Overton, John Henry. *The English Church in the Eighteenth Century*. New York: Longmans, Green, 1906.

Pascal, Blaise. *Pensées*, edited and translated by Alban Krailsheimer. New York: Penguin, 1966.

Peterson, Michael, William Hasker, Bruce Reichenbach and David Basinger. *Reason and Religious Belief*. 3rd ed. New York: Oxford University Press, 2003.

Pruss, Alexander. "The Leibnizian Cosmological Argument." In T*he Blackwell Companion to Natural Theology*, edited by William Lane Craig and J.P. Moreland Malden, Mass.: Wiley-Blackwell, 2009.

―――. *The Principle of Sufficient Reason*. Cambridge, Mass.: Cambridge University Press, 2006.

Ross, Hugh. *Creation and Time*. Colorado Springs: NavPress, 1994.

Russell, Bertrand. *Our Knowledge of the External World*. 2nd ed. New York: W. W. Norton, 1929.

―――. *Why I Am Not a Christian and Other Essays on Religion and Related Sub-jects,* edited by Paul Edwards. New York: Simon & Schuster, 1957.

Sagan, Carl *Cosmos*. New York: Random House, 1980.

Schaeffer, Francis. *He Is There and He Is Not Silent*. 30th anniv. ed. Wheaton, Ill.:

Tyndale House, 2001.
Senor, Thomas D. "The Incarnation and the Trinity." In *Reason for the Hope Within*, edited by Michael J. Murray. Grand Rapids: Eerdmans, 1999.
Sire, James W. "The Clockwork Universe: Deism." In *The Universe Next Door*. 5th ed. Downers Grove, Ill.: InterVarsity Press, 2009.
Smith, Quentin. "The Uncaused Beginning of the Universe." In *Theism, Atheism, and Big Bang Cosmology*, edited by William Lane Craig and Quentin Smith Oxford: Clarendon, 1993.
Stannard, Russell. "Science and Religion." In *What Philosophers Think*, edited by Julian Baggini and Jeremy Stangroom. New York: Barnes & Noble, 2003.
Swinburne, Richard. *The Existence of God*. Rev. ed. New York: Oxford University Press, 1991.
Taliaferro, Charles. *Contemporary Philosophy of Religion*. Malden, Mass.: Blackwell, 1998.
Taylor, Richard. *Metaphysics*. 4th ed. New York: Prentice Hall, 1992.
Trueblood, D. Elton. *Philosophy of Religion*. Grand Rapids: Baker, 1957.
Van Til, Cornelius. *The Defense of the Faith*. Philadelphia: P & R Publishing, 1972.
Weldon, Stephen P. "Deism." In *The History of Science and Religion in the Western Tradition: An Encyclopedia*, edited by Gary Ferngren. New York: Garland, 2000.
Whitnow, G.J. "Entropy." In *Encyclopedia of Philosophy*, edited by Paul Edwards. New York: Macmillan, 1967.
Willard, Dallas. "The Three-Stage Argument for the Existence of God." In *Contemporary Perspectives in Religious Epistemology*, edited by R. Douglas Geivett and Brendan Sweetman. New York: Oxford University Press, 1992.
Wise, Kurt. *Faith, Form, and Time: What the Bible Teaches and What Science Conf irms About the Age of the Universe*. Nashville: Broadman & Holman, 2002.
Yandell, Keith, and Harold Netland. *Buddhism: A Christian Exploration and Appraisal*. Downers Grove, Ill.: InterVarsity Press, 2009.

Chapter 12: The Design Argument

Barr, Stephen. *Modern Physics and Ancient Faith*. Notre Dame, Ind.: University of Notre Dame Press, 2004.
Carter, Brendon. "Large Number Coincidences and the Anthropic Principle in Cosmology." In *I AU Symposium 63: Confrontation of Cosmological Theories*

with Observational Data. Dordrecht: Reidel, 1974.

Collins, Robin. "The Teleological Argument: Fine-Tuning." In *Blackwell Companion to Natural Theology*, edited by William Lane Craig and J. P. Moreland Malden, Mass.: Wiley-Blackwell, 2009.

Craig, William Lane. *Reasonable Faith: Christian Truth and Apologetics*. 3rd ed. Wheaton, Ill : Crossway, 2009.

Craig, William Lane, and Walter Sinnott-Armstrong *God? A Debate Between a Christian and an Atheist*. New York: Oxford University Press, 2004.

Davis, Jimmy D., and Harry Lee Poe. *Designer Universe*. Nashville: Broadman & Holman, 2002.

Dawkins, Richard. *The God Delusion*. Boston: Houghton Mifflin, 2006.

Dembski, William. "Argument from Ignorance." In *The Design Revolution*. Downers Grove, Ill.: InterVarsity Press, 2004.

─────. *The Design Inference: Eliminating Chance Through Small Probabilities*. New York: Cambridge University Press, 1998.

─────. *Intelligent Design*. Downers Grove, Ill.: InterVarsity Press, 1999.

─────. *No Free Lunch*. Lanham, Md.: Rowman & Littlefield, 2002.

Denton, Michael. *Nature's Destiny: How the Laws of Biology Reveal Purpose in the Universe*. New York: Free Press, 1998.

Flew, Antony, with Ray Abraham Varghese. *There Is a God*. San Francisco: HarperOne, 2007.

Glynn, Patrick. *God: The Evidence: The Reconciliation of Faith and Reason in a Postsecular World*. Rockland, Calif.: Prima, 1997.

Gonzalez, Guillermo, and Jay Wesley Richards. *The Privileged Planet*. New York: Free Press, 2004.

Groothuis, Douglas. "Proofs, Pride, and Incarnation: Is Natural Theology Theologically Taboo?" *Journal of the Evangelical Theological Society* 38, no. 1 (1995): 67-76.

Hawking, Stephen. *The Theory of Everything*. Beverly Hills, Calif.: New Millennium Press, 2002.

Hoyle, Fred. "The Universe: Some Past and Present Ref lections." *Engineering and Science* (1981): 12.

Lennox, John. *God's Undertaker: Has Science Buried God?* Oxford: Lion, 2007.

Leslie, John. "How to Draw Conclusions from a Fine-Tuned Universe." In *Physics,*

Philosophy and Theology: A Common Quest for Understanding, edited by R. J. Russell, W. R. Stoeger and G. V. Coyne Vatican City: Vatican Observatory Press, 1988.

Monton, Bradley. *Seeking God in Science*. Boulder, Colo.: Broadview, 2009.

Moreland, J. P. *Scaling the Secular City*. Grand Rapids: Baker, 1987.

Moreland, J. P., and William Lane Craig. *Philosophical Foundations for a Christian Worldview*. Downers Grove, Ill.: InterVarsity Press, 2003.

Nunley, Troy. "On Elliott Sober's Challenge for Biological Design Arguments." *Philosophia Christi* 9, no. 2 (2007): 443-58.

─────. "Fish Nets, Firing Squads and Fine-Tuning (Again): How Likelihood Arguments Undermine Elliott Sober's Weak Anthropic Principles." *Philosophia Christi* 11, no. 2 (2010): 33-55.

Parsons, Keith. "Naturalistic Rejoinders to Theistic Arguments." In *The Routledge Companion to Philosophy of Religion*, edited by Chad Meister and Paul Copan New York: Routledge, 2007.

Penrose, Roger. *The Emperor's New Mind*. New York: Oxford University Press, 1989.

─────. "Time-Asymmetry and Quantum Gravity." In *Quantum Gravity* 2, edited by C. J. Isham, R. Penrose and D. W. Sciama Oxford: Clarendon, 1981.

Peterson, Michael, William Hasker, Bruce Reichenbach and David Basinger. *Reason and Religious Belief: An Introduction to the Philosophy of Religion*. 3rd ed. New York: Oxford University Press, 2003.

Rees, Martin. "Exploring Our Universe and Others." *Scientific American Special Issue: The Once and Future Cosmos* (2002): 87.

Ross, Hugh. "Why Such a Vast Universe?" In *Why the Universe Is the Way It Is*. Grand Rapids: Baker, 2008.

Russell, Bertrand. *Religion and Science*. 1935; reprint, London: Oxford University Press, 1961.

Sober, Elliott. "Absence of Evidence and Evidence of Absence: Evidential Transitivity in Connection with Fossils, Fishing, Fine-tuning, and Firing Squads." *Philosophical Studies* 143 (2009): 63-90.

Stenger, Victor J. *God: The Failed Hypothesis*. New York: Prometheus, 2007.

Strobel, Lee. "The Evidence of Physics." *The Case for a Creator*. Grand Rapids: Zondervan, 2004.

Swinburne, Richard. "How the Existence of God Explains the World and Its Order."

In *Is There a God?* New York: Oxford University Press, 1996.

―――. "Teleological Arguments." In *The Existence of God*. 2nd ed. Oxford: Oxford University Press, 2004.

Wallace, Stan, ed. *Does God Exist? The Craig-Flew Debate*. Burlington, Vt.: Ashgate, 2003.

Wilber, Ken. *The Integral Vision*. Boston: Shambhala, 2007.

Chapter 13: Origins, Design and Darwinism

Adler, Mortimer. *The Difference of Man and the Difference It Makes*. New York: Holt, Rinehart & Winston, 1967.

Bacon, Francis. *The Advancement of Learning*. 1605; reprint, New York: Random House, 2001.

Beckwith, Francis. *Law, Darwinism, and Public Education*. Lanham, Md.: Rowman & Littlefield, 2003.

Bergman, Jerry. *Slaughter of the Dissidents: The Shocking Truth About Killing the Careers of Darwin Doubters*. Southworth, Wash.: Leafcutter Press, 2008.

Bergman, Jerry, and George Howe. *Vestigial Organs Are Fully Functional: A History and Evaluation of the Vestigial Organ Origins Concept*. Terre Haute, Ind.: Creation Research Society, 1990.

Bradley, Walter. "Why I Believe the Bible Is Scientifically Reliable." In *Why I Am a Christian*, edited by Norman Geisler and Paul Hoffman. Grand Rapids: Baker, 2001.

Broom, Neil. *How Blind the Watchmaker?* Downers Grove, Ill.: InterVarsity Press, 2002.

Burbank, Luther *Partner of Nature*, edited by Wilbur Hall. New York: D. Appleton-Century, 1939.

Chesterton, G. K. *Orthodoxy*. 1908; reprint, New York: Image Books, 1959.

Collins, C. John. *Genesis 1-4: A Linguistic, Literary, and Theological Commentary*. Phillipsburg, N. J.: P & R, 2006.

Collins, Francis. *The Language of God*. New York: Free Press, 2006.

Darwin, Charles. *Life and Letters of Charles Darwin, Including an Autobiographical Chapter*, edited by Francis Darwin. New York: Appleton, 1898.

―――. *Origin of Species*. London: John Murray, 1859.

Dawkins, Richard. *The Blind Watchmaker*. New York: W. W. Norton, 1986.

---. "The 'Information Challenge.'" In *Intelligent Design Creationism*, edited by Robert T. Pennock Boston: MIT Press, 2001.

Dembski, William. *The Design Inference*. New York: Cambridge University Press, 1998.

---. *The Design Revolution*. Downers Grove, Ill.: InterVarsity Press, 2004.

---. *The End of Christianity: Finding a Good God in an Evil World*. Nashville: Broadman & Holman, 2009.

Denton, Michael. *Evolution: A Theory in Crisis*. Chevy Chase, Md.: Adler & Adler, 1985.

Dobzhansky, T. "Nothing in Biology Makes Sense Except in Light of Evolution." *American Biology Teacher* 35 (1973): 125-29.

Fichman, Martin. *An Elusive Victorian: The Evolution of Alfred Russel Wallace*. Chicago: University of Chicago Press, 2004.

Flannery, Michael A. *Alfred Russel Wallace's Theory of Intelligent Evolution: How Wallace's World of Life Challenged Darwinism*. Riesel, Tex : Erasmus Press, 2008.

Fuller, Steve. *Science vs. Religion? Intelligent Design and the Problem of Evolution*. Malden, Mass.: Polity Press, 2007.

Geisler, Norman. "Genealogies, Open or Closed." In *Baker Encyclopedia of Apologetics*. Grand Rapids: Baker, 1999.

Gish, Duane. *Evolution: The Fossils Still Say No!* Green Forest, Ark.: Master Books, 1995.

Gould, Stephen Jay. "Evolution's Erratic Pace." *Natural History* 86 (1977): 12-16.

Grassé, Pierre-Paul. *Evolution of Living Organisms*. New York: Academic Press, 1977.

Harbin, Michael A. "Theistic Evolution: Deism Revisited?" *Journal of the Evangelical Theological Society* 40, no. 4 (1997): 639-52.

Hardin, Garret. *Nature and Man's Fate*. New York: Mentor, 1961.

Henry, Carl F. H. *God, Revelation, and Authority*. Vol. 6, *God Who Stands and Stays*. Waco, Tex : Word, 1983.

Hitchens, Christopher. *God Is Not Great*. New York: Twelve Books, 2007.

Hitching, Francis. *The Neck of the Giraffe: Why Scientists Now Are Attacking Darwin's Theory of Evolution*. New York: New American Library, 1982.

Hunter, Cornelius. *Darwin's God*. Grand Rapids: Brazos, 2002.

---. *Darwin's Proof*. Grand Rapids: Brazos, 2003.

Johnson, Phillip. *Darwin on Trial.* 2nd ed. Downers Grove, Ill.: InterVarsity Press, 1993.

―――. *Defeating Darwinism.* Downers Grove, Ill.: InterVarsity Press, 1997.

―――. *Reason in the Balance.* Downers Grove, Ill.: InterVarsity Press, 1995.

―――. "Theistic Naturalism and Theistic Realism." In *Reason in the Balance.* Downers Grove, Ill.: InterVarsity Press, 1995.

―――. *The Wedge of Truth.* Downers Grove, Ill.: InterVarsity Press, 2000.

Koestler, Arthur. *Janus: A Summing Up.* New York: Vintage Books, 1978.

Kuhn, Thomas. *The Structure of Scientif ic Revolutions.* 3rd ed. Chicago: University of Chicago Press, 1996.

Lewis, C. S. "The Fall of Man," In *The Problem of Pain.* 1962; reprint, New York: Touchstone, 1996.

Lewis, Gordon R., and Bruce A. Demarest. *Integrative Theology* Grand Rapids: Zondervan, 1990.

Lubenow, Marvin L. *Bones of Contention: A Creationist Assessment of Human Fossils.* Rev. ed. Grand Rapids: Baker, 2004.

Macbeth, Norman. *Darwin Retried.* New York: Dell, 1971.

―――. *Darwinism: A Time for Funerals: An Interview with Norman Macbeth.* San Francisco: Robert Briggs, 1985.

Machen, J. Gresham. *Christianity and Liberalism.* 1923; reprint, Grand Rapids: Eerdmans, 2009.

Mayr, Ernst. *What Makes Biology Unique? Considerations on the Autonomy of a Scientif ic Discipline.* New York: Cambridge University Press, 2004.

McGrath, Alister. *A Fine-Tuned Universe.* Louisville: Westminster John Knox, 2009.

Meyer, Stephen C. "The Cambrian Information Explosion: Evidence for Intelligent Design." In *Debating Design: From Darwin to DNA,* edited by William A. Dembski and Michael Ruse. New York: Cambridge University Press, 2006.

―――. *Signature in the Cell.* San Francisco: HarperOne, 2009.

Meyer, Stephen, Marcus Ross, Paul Nelson and Paul Chien. "The Cambrian Explosion: Biology's Big Bang." In *Darwinism, Design and Public Education,* edited by Angus Campbell and Stephen C. Meyer East Lansing: Michigan State University Press, 2003.

Miller, Donald E. *The Case for Liberal Christianity.* New York: Harper & Row, 1981.

Milton, Richard. *Scattering the Myths of Darwinism*. Rochester, Vt.: Park Street Press, 1997.

Monton, Bradley. *Seeking God in Science*. Boulder, Colo.: Broadview Press, 2009.

Moreland, J. P. *Christianity and the Nature of Science*. Grand Rapids: Baker, 1989.

―――. *Love Your God with All Your Mind*. Colorado Springs: NavPress, 1997.

Moreland, J. P., and John Mark Reynolds, eds. *Three Views on Creation and Evolution*. Grand Rapids: Zondervan, 1999.

Nagel, Thomas. "Public Education and Intelligent Design." *Philosophy and Public Affairs* 36, no. 2 (2008).

Newman, Robert C., and Herman J. Eckelman Jr. *Genesis One and the Origin of the Earth*. Hatfield, Penn.: Interdisciplinary Biblical Research Institute, 1989.

Plantinga, Alvin, "Methodological Naturalism?" *Origins and Design* 18, no. 1 (1996): 18-27.

―――. "Methodological Naturalism? Part 2: Philosophical Analysis" *Origins and Design* 18, no. 2 (1997).

Ramm, Bernard. *The Christian Approach to Science and Scripture*. Grand Rapids: Eerdmans, 1954.

Raup, David "Conflicts Between Darwin and Paleontology." *Field Museum of Natural History Bulletin* 30, no. 1 (1979): 22-29.

Reynolds, John Mark. "Getting God a Pass: Science, Theology, and the Consideration of Intelligent Design." In *Signs of Intelligence: Understanding Intelligent Design*, edited by William A. Dembski and James M. Kushiner. Grand Rapids: Brazos, 2001.

Rifkin, Jeremy, and Ted Howard. *Entropy: A New World View*. New York: Viking Press, 1980.

Ross, Hugh. *Creation and Time*. Colorado Springs: NavPress, 1994.

Schaeffer, Francis. *Genesis in Space and Time*. Downers Grove, Ill.: InterVarsity Press, 1972.

―――. *No Final Conflict*. Downers Grove, Ill.: InterVarsity Press, 1975.

Schützenberger, Marcel-Paul. "The Miracles of Darwinism." In *Uncommon Dissent: Intellectuals Who Find Darwinism Unconvincing*. Edited by William Dembski Wilmington, Del.: ISI Books, 2004.

Sermonti, Giuseppe. *Why Is a Fly Not a Horse?* Seattle: Center for Science and Culture, 2005.

Shapiro, James A., and Richard Sternberg. "Why Repetitive DNA Is Essential to Genome Function." *Biological Review* 80 (2005): 227-50.

Smith, A. E. Wilder. *The Creation of Life: A Cybernetic Approach to Evolution*. Wheaton, Ill.: Harold Shaw, 1970.

Spiegel, James. "The Philosophical Theology of Theistic Evolutionism." *Philosophia Christi* 4, no. 1 (2002): 89-99.

Sternberg, Richard. "On the Roles of Repetitive DNA Elements in the Context of a Unified Genomic-Epigenetic System." *Annals of the New York Academy of Sciences* 981 (2002): 154-88.

Strobel, Lee. *The Case for a Creator*. Grand Rapids: Zondervan, 2004.

Taylor, Gordon Ratray. *The Great Evolution Mystery*. New York: Harper & Row, 1983.

Thurman, L. Duane. *How to Think About Evolution and Other Bible-Science Controversies*. Downers Grove, Ill.; InterVarsity Press, 1978.

Tipler, Frank. "Refereed Journals: Do They Insure Quality or Enforce Orthodoxy?" In *Uncommon Dissent: Intellectuals Who Find Darwinism Unconvincing*, edited by William Dembski Wilmington, Del.: ISI Books, 2004.

Vries, Hugo de. *Species and Varieties: Their Origin by Mutation*. 1904; reprint, New York: Garland, 1988.

Weaver, Richard. *Visions of Order: The Cultural Crisis of Our Time*. 1964; reprint, Bryn Mawr, Penn.: Intercollegiate Studies Institute, 1995.

Weikart, Richard. *From Darwin to Hitler: Evolutionary Ethics, Eugenics, and Racism in Germany*. New York: Palgrave Macmillan, 2004.

Wells, Jonathan. *Icons of Evolution*. Washington, D. C.: Regnery, 2000.

―――――. *The Politically Incorrect Guide to Darwinism and Intelligent Design*. Washington, D.C.: Regnery, 2006.

Wells, Jonathan, and William Dembski. "The Origin of Species." In *The Design of Life: Discovering Signs of Intelligence in Biological Systems*. Dallas: Foundation for Thought and Ethics, 2008.

West, John G. *Darwin Day in America*. Wilmington, Del.: ISI Books, 2008.

Wiker, Benjamin. *The Darwin Myth*. Washington, D. C.: Regnery, 2009.

―――――. "One Long Argument, Two Long Books." In *The Darwin Myth*. Washington, D. C.: Regnery, 2009.

―――――. "What to Make of It All?" In *The Darwin Myth*. Washington, D. C.:

Regnery, 2009.

Woodward, Thomas. *Doubts About Darwin: A History of Intelligent Design*. Grand Rapids: Baker, 2003.

Chapter 14: Evidence for Intelligent Design

A lberts, Bruce. "The Cell as a Collection of Protein Machines: Preparing the Next Generation of Molecular Biologists." *Cell* 92, no. 291 (1998): 291-94.

Ankerberg, John, and John Weldon. *Darwin's Leap of Faith*. Eugene, Ore.: Harvest House, 1998.

Behe, Michael. "Answering the Scientif ic Criticism of Intelligent Design." In *Science and Evidence for Design in the Universe: The Proceedings of the Wethersfield Institute*, edited by Michael J. Behe, William A Dembski and Stephen C. Meyer San Francisco: Ignatius Press, 1999.

————. *Darwin's Black Box*. New York: Free Press, 1996.

————. "Design in the Details: The Origins of Biomolecular Machines." In *Darwinism, Design, and Public Education*, edited by John Angus Campbell and Stephen C. Meyer. East Lansing: Michigan State University Press, 2003.

————. *The Edge of Evolution*. New York: Free Press, 2007.

————. "Reply to My Critics: A Response to Reviews of Darwin's Black Box: The Biochemical Challenge to Evolution." *Biology and Philosophy* 16 (2001): 685-709.

Berger, Peter. *A Rumor of Angels*. New York: Anchor Books, 1970.

Berlinski, David. *The Devil's Delusion: Atheism and its Scientif ic Pretensions*. New York: Crown Forum, 2008.

Bhushan, Bharat. "Biomimetics: Lessons from Nature-An Overview." *Philosophical Transactions of the Royal Society of London* 367 (2009): 1445-86.

Bradley, Walter L., and Charles Thaxton. "Information and the Origin of Life." In *The Creation Hypothesis*, edited by J. P. Moreland Downers Grove, Ill.: InterVarsity Press, 1994.

Bradley, Walter L., Roger L. Olsen and Charles B. Thaxton. *The Mystery of Life's Origin: Reassessing Current Theories*. New York: Philosophical Library, 1984.

Cooper, John. *Panentheism: The Other God of the Philosophers—From Plato to the Present*. Grand Rapids: Baker Academic, 2006.

Crick, Francis. *Life Itself: Its Origin and Nature*. New York: Simon & Schuster, 1981.

───────. *What Mad Pursuit*. New York: Basic Books, 1990.

Darwin, Charles. *The Origin of the Species*. London: Langham, 1859.

Dawkins, Richard. *River Out of Eden: A Darwinian View of Life*. New York: Basic Books, 1995.

De Duve, Christian. *Vital Dust: Life as a Cosmic Imperative*. New York: Basic Books, 1995.

Dembski, William. "The Design Inference." In *The Design Inference*. New York: Cambridge University Press, 1998.

───────. *Intelligent Design: The Bridge Between Science and Theology*. Downers Grove, Ill.: InterVarsity Press, 1999.

───────. *No Free Lunch*. Lanham, Md.: Rowman & Littlefield, 2002.

Dennett, Daniel. "Universal Acid." In *Darwin's Dangerous Idea: Evolution and the Meanings of Life*. New York: Simon & Schuster, 1996.

Eden, Murray. "Inadequacies of Neo-Darwinian Evolution as a Scientific Theory." In *Mathematical Challenge to the Neo-Darwinian Interpretation of Evolution*, edited by Paul S. Moorhead. Philadelphia: Wistar Institute, 1967.

Eldredge, Niles. *The Monkey Business*. New York: Washington Square Books, 1982.

Gates, Bill. *The Road Ahead*. Rev. ed. New York: Basic Books, 1995.

Geisler, Norman, and Kerby Anderson. *Origin Science*. Grand Rapids: Baker, 1987.

Gould, Stephen Jay. "The Panda's Thumb." In *Intelligent Design Creationism*, edited by Robert T. Pennock. Boston: MIT Press, 2001.

───────. *Rocks of Ages: Science and Religion in the Fullness of Life*. New York: Ballantine, 2002.

Gritt, Werner. *In the Beginning Was Information*. Bielefeld, Germany: Christliche Literature, 2000.

Harold, Franklin. *The Way of the Cell: Molecules, Organisms, and the Order of Life*. New York: Oxford University Press, 2002.

Hoyle, Fred. *The Intelligent Universe*. New York: Holt, Rinehart & Winston, 1984.

Johnson, Phillip. *Darwin on Trial*. 2nd ed. Downers Grove, Ill.: InterVarsity Press, 1991.

───────. *The Wedge of Truth*. Downers Grove, Ill.: InterVarsity Press, 2000.

Koestler, Arthur. *Janus: A Summing Up*. New York: Vintage Books, 1978.

Meyer, Stephen. "The Explanatory Power of Design." In *Mere Creation: Science, Faith and Intelligent Design*, edited by William Dembski. Downers Grove, Ill.: InterVarsity Press, 2000.

----------. "The Origin of Biological Information and the Higher Taxonomic Categories" *Proceedings of the Biological Society of Washington* 117, no. 2 (2004): 213-39.

----------. *The Signature in the Cell*. San Francisco: HarperOne, 2009.

Milton, Richard. *Shattering the Myths of Darwinism*. Rochester, Vt.: Park Street Press, 1997.

Moreland, J. P. *Christianity and the Nature of Science*. Grand Rapids: Baker, 1989.

----------. *Scaling the Secular City*. Grand Rapids: Baker, 1987.

Nagle, Thomas. "Public Education and Intelligent Design." *Philosophy and Public Affairs* 36, no. 2 (2008).

----------. *The View from Nowhere*. New York: Oxford University Press, 1986.

Nelson, Paul. "The Role of Theology in Current Evolutionary Reasoning." In *Intelligent Design Creationism*, edited by Robert T. Pennock. Cambridge, Mass.: MIT Press, 2001.

Pearcey, Nancy. "You Guys Lost!" In *Mere Creation: Science, Faith and Intelligent Design*, edited by William Dembski. Downers Grove, Ill.: InterVarsity Press, 1998.

Pigluicci, Massimo. "Where Do We Come From?" In *Darwinism, Design, and Public Education*, edited by John Angus Campbell and Stephen C. Meyer. East Lansing: Michigan State University Press, 2003.

Polanyi, Michael. "Life's Irreducible Structure." *Science* 160 (1968): 1309.

Ross, Hugh. *Creation as Science*. Colorado Springs: NavPress, 2006.

Sire, James. *Naming the Elephant: Worldview as a Concept*. Downers Grove, Ill.: InterVarsity Press, 2004.

Thaxton, Charles, and Nancy Pearcey. *The Soul of Science*. Wheaton, Ill.: Crossway, 1994.

Thornhill, Richard. "The Panda's Thumb." *Perspectives on Science and Christian Faith* 55, no. 1 (2003): 30-35.

Ward, Peter, and Donald Brownlee. *Rare Earth: Why Complex Life Is Uncommon in the Universe*. New York: Springer, 2003.

Wells, Jonathan. *Icons of Evolution*. Washington, D. C. : Regnery, 2000.

Wilber, Ken. *A Brief History of Everything*. 2nd ed. Boston: Shambhala, 2001.

Wilder-Smith, A. E. *The Scientific Alternative to Neo-Darwinian Evolutionary Theory: Information Sources and Structures*. Costa Mesa, Calif.: TWFT Publishers, 1987.

Williams, George C. "A Package of Information." In *The Third Culture*, edited by John Brockman. New York: Touchstone, 1995.
Yockey, Hubert. *Information Theory, Evolution, and the Origin of Life*. New York: Cambridge University Press, 2005.
———. "Origin of Life on Earth and Shannon's Theory of Communication." *Computers and Chemistry* 24 (2000): 105-23.

Chapter 15: The Moral Argument for God
Alston, William. "What Euthyphro Should Have Said." *Philosophy of Religion: A Reader and Guide*, edited by William Lane Craig. New Brunswick, N.J.: Rutgers University Press, 2002.
Anscombe, Elizabeth. "Modern Moral Philosophy." *Philosophy* 33, no. 124 (1958): 1-19.
Benedict, Ruth. "A Defense of Ethical Relativism." In *Moral Philosophy: A Reader*, edited by Louis P. Pojman. 2nd ed. Indianapolis: Hackett, 1998.
Berger, Peter. *A Rumor of Angels*. New York: Anchor Books, 1970.
Carr, Karen L. *The Banality of Nihilism: Twentieth Century Responses to Meaninglessness*. New York: State University of New York Press, 1992.
Chesterton, G. K. *Orthodoxy*. 1908; reprint, New York: Image Books, 1959.
Clark, David, and Norman Geisler. *Apologetics in the New Age: A Christian Critique of Pantheism*. 1990; reprint, Eugene, Ore.: Wipf & Stock, 2004.
Conti, Joseph G. *The Truth About Tolerance: Pluralism, Diversity and the Culture Wars*. Downers Grove, Ill.: InterVarsity Press, 2005.
Coutois, Stephane, Nicholas Werth, Jean-Louis Panné, Andrzej Paczkowski, Karel Bartošek and Jean-Louis Margolin. "The Great Famine." In *The Black Book of Communism: Crimes, Terror, Repression*. Cambridge, Mass.: Harvard University Press, 1999.
Craig, William Lane. "Five Reasons Why God Exists." In *God: A Debate Between a Christian and an Atheist*. New York: Oxford University Press, 2004.
Frankena, William. *Ethics*. 2nd ed. New York: Prentice-Hall, 1988.
Frege, Gottlob. *Zeitscheift für Philosophie and philosophische Kritik* 100 (1892): 25-50.
Ganssle, Greg. "Necessary Moral Truths and the Need for Explanation." *Philosophia Christi* 2, no. 1 (2000): 105-12.
Groothuis, Douglas. "Ethics Without Reality, Postmodern Style." In *Truth Decay*.

Downers Grove, Ill.: InterVarsity Press, 2000.

———. "Thomas Nagel's 'Last Word' on the Metaphysics and Rationality of Morality." *Philosophia Christi*, series 2, 1, no. 1 (1999): 115-20.

———. "The Truth About Truth." In *Truth Decay*. Downers Grove, Ill.: InterVarsity Press, 2000.

Guinness, Os. *The Case for Civility*. San Francisco: HarperOne, 2008.

Hallie, Philip. "From Cruelty to Goodness." In *Virtue and Vice in Everyday Life*, edited by Christina Hoff Summers and Fred Summers. 7th ed. Belmont, Calif.: Wadsworth, 2006.

———. *Lest Innocent Blood Be Shed*. New York: Harper, 1979.

———. *Surprised by Goodness*. McClean, Va.: Trinity Forum, 2002.

Hanink, James, and Gary R. Marr. "What Euthyphro Couldn't Have Said." *Faith and Philosophy* 4, no. 3 (1987): 241-61.

King, Martin Luther, Jr. "Letter from a Birmingham Jail." In *The Book of Virtues*, edited by William Bennett. New York: Simon & Schuster. 1993.

Kluckholn, Clyde. "Ethical Relativity: 'Sic et Non.'" *Journal of Philosophy* 52 (1955): 672.

Kurtz, Paul. "Opening Statement." In *Is Goodness Without God Good Enough? A Debate on Faith, Secularism, and Ethics*, edited by Robert K. Garcia and Nathan L. King. Lanham, Md.: Rowman & Littlefield, 2009.

Leff, Arthur Allen. "Unspeakable Ethics, Unnatural Law." *Duke Law Journal* 1979, no. 6 (1979): 1229.

Lewis, C. S. *Abolition of Man*. 1944; reprint, San Francisco: HarperSanFrancisco, 1974.

———. *Christian Reflections*. 1967; reprint, Grand Rapids: Eerdmans, 1978.

———. *Mere Christianity*. 1943; reprint, New York: Simon & Schuster, 1996.

Mackie, J. L. *Ethics: Inventing Right and Wrong*. New York: Penguin, 1977.

Mavrodes, George. "Religion and the Queerness of Morality." In *Philosophy of Religion: An Anthology*. 5th ed. Edited by Louis Pojman and Michael Rea. Belmont, Calif.: Thomson, Wadsworth, 2008.

Moreland, J. P. *Scaling the Secular City*. Grand Rapids: Baker, 1987.

Murdoch, Iris. *The Sovereignty of the Good*. 2nd ed. 1970; reprint, New York: Routledge, 2001.

Nagel, Thomas. *The Last Word*. New York: Oxford University Press, 1997.

Nash, Ronald. *Faith and Reason*. Grand Rapids: Zondervan, 1988.

―――. *The Light of the Mind: St. Augustine's Theory of Knowledge*. Lexington: University Press of Kentucky, 1969.

―――. "Possible Worlds." In *Life's Ultimate Questions*. Grand Rapids: Zondervan, 1999.

Nietzsche, Friedrich. "The Gay Science." In *The Portable Nietzsche*, translated by Walter Kaufmann. New York: Viking, 1968.

Pirsig, Robert. *Zen and the Art of Motorcycle Maintenance*. New York: William & Morrow, 1999.

Pojman, Louis. "A Defense of Ethical Objectivism." In *Moral Philosophy*. 3rd ed. Indianapolis, Hackett, 2003.

―――. *How Should We Live?* Belmont, Calif.: Thomson, Wadsworth, 2005.

Rachels, James. *The Elements of Moral Philosophy*. 3rd ed. New York: McGraw Hill, 1999.

Randall, Hastings. *The Theory of Good and Evil*. Oxford: Clarendon, 1903.

Reppert, Victor. *C. S. Lewis's Dangerous Idea: In Defense of the Argument from Reason*. Downers Grove, Ill.: InterVarsity Press, 2003.

Rose, Eugene. *Nihilism: The Root of the Revolution of the Modern Age*. Forestville, Calif.: Fr. Seraphim Rose Foundation, 1994.

Ruse, Michael. "Evolutionary Theory and Christian Ethics" In *The Darwinian Paradigm*. London: Routledge, 1989.

Russell, Bertrand. "A Free Man's Worship." In *Why I Am Not a Christian and Other Essays on Religion and Related Subjects*, edited by Paul Edwards. New York: Simon & Schuster, 1955.

Thielicke, Helmut. *Nihilism, Its Origin and Nature—with a Christian Answer*. New York: Harper & Row, 1961.

Sartre, Jean-Paul. *Existentialism and Human Emotions*. New York: Philosophical Library, 1957.

Schaeffer, Francis. *Art and the Bible*. Downers Grove, Ill.: InterVarsity Press, 2000.

Singer, Peter. *Rethinking Life and Death*. New York: St. Martin's Press, 1995.

Sire, James. "Beyond Nihilism: Existentialism." In *The Universe Next Door: A Basic Worldview Catalog*. 5th ed. Downers Grove, Ill.: InterVarsity Press, 2009.

Stirner, Max. *The Ego and Its Own*. New York: Libertarian Book Club, 1963.

Swinburne, Richard. *The Existence of God*. 2nd ed. New York: Oxford University Press, 2004.

Van Inwagen, Peter. *Metaphysics*. Boulder, Colo.: Westview Press, 1993.

Wilbur, Ken. *A Brief History of Everything*. 2nd ed. Boston: Shambhala, 2000.

Wright, N. T. *Surprised by Hope: Rethinking Heaven, the Resurrection, and the Mission of the Church*. San Francisco: HarperOne, 2008.

Yandell, Keith. "Theism, Atheism, and Cosmology." In *Does God Exist? The Craig-Flew Debate*, edited by Dan Wallace. Burlington, Vt.: Ashgate, 2003.

Zagzebski, Linda. "Does Ethics Need God?" Faith and Philosophy 4, no. 3 (1987): 282-93.

Chapter 16: The Argument from Religious Experience

Alper, M. *The God Part of the Brain: A Scientific Interpretation of Human Spirituality and God*. New York: Rogue Press, 2000.

Barrett, Justin. *Why Would Anyone Believe in God?* Lanham, Md.: Rowman & Littlefield, 2004.

Barrs, Jerome, and Ranald Macaulay. *Being Human*. Downers Grove, Ill.: InterVarsity Press, 1978.

Beckwith, Francis, Carl Mosser and Paul Owen, eds. *The New Mormon Challenge*. Grand Rapids: Zondervan, 2002.

Campbell, Joseph. *The Power of Myth*. New York: Doubleday, 1988.

Copan, Paul. "Does Religion Originate in the Brain?" *The Christian Research Journal* 31, no. 2 (2008).

Dyrness, William. *Christian Apologetics in a World Community*. Downers Grove, Ill.: InterVarsity Press, 1983.

Feuerbach, Ludwig. *The Essence of Christianity*, translated by George Eliot. New York: Harper & Row, 1957.

Freud, Sigmund. *The Future of an Illusion*. 1927; reprint, Garden City, N.Y.: Anchor Books, 1961.

Geisler, Norman, and Winfried Corduan. Philosophy of Religion. 2nd ed. Eugene, Ore.: Wipf & Stock, 2003.

Groothuis, Douglas. Confronting the New Age. Downers Grove, Ill.: InterVarsity Press, 1988.

―――. "Was Moses Rational After All?" *The Bulletin of the Evangelical Philosophical Society* 17 (1994): 21-44.

Gruzalski, Bart. *On the Buddha*. Belmont, Calif.: Wadsworth, 2000.

Guinness, Os. "The Counterfeit Infinity." In *The Dust of Death*. 1973; reprint, Wheaton, Ill.: Crossway, 1994.

———. *God in the Dark: The Assurance of Faith Beyond a Shadow of Doubt*. Wheaton, Ill.: Crossway, 1997.

Habermas, Gary. *The Thomas Factor: Using Your Doubts to Draw Closer to God*. Nashville: Broadman & Holman, 1999.

Hart, David Bentley. *Atheist Delusions: The Christian Revolution and Its Fashionable Enemies*. New Haven, Conn.: Yale University Press, 2009.

Hick, John. *Philosophy of Religion*. 4th ed. Englewood Cliffs, N.J.: Prentice-Hall, 1990.

James, William. *The Varieties of Religious Experience*. New York: Longmans, Green, 1902.

Küng, Hans. *Does God Exist?* New York: Doubleday, 1980.

Lewis, C. S. *Mere Christianity*. 1943; reprint, New York: Simon & Schuster, 1996.

———. *Surprised by Joy: The Shape of My Early Life*. New York: Harcourt Brace Jovanovich, 1955.

———. *The Weight of Glory and Other Essays*. 1949; reprint, San Francisco: HarperSanFrancisco, 1980.

Martin, Walter. "Mormonism." In *The Kingdom of the Cults*. Rev. ed. Edited by Hank Hanegraff. 1967; reprint, Minneapolis: Bethany House, 1997.

———. "The Unanswerable Argument." In *Essential Christianity*. Ventura, Calif.: Regal, 1980.

Mavrodes, George. *Belief in God: A Study in the Epistemology of Religion*. New York: Random House, 1970.

Moreland, J. P. *Kingdom Triangle*. Grand Rapids: Zondervan, 2007.

———. *Scaling the Secular City*. Grand Rapids: Baker, 1987.

Murray, Andrew. *With Christ in the School of Prayer*. New Kensington, Penn.: Whitaker House, 1981.

Nagel, Thomas. *The Last Word*. New York: Oxford University Press, 1998.

Nicholi, Armand. *The Question of God: C. S. Lewis and Sigmund Freud Debate God, Love, Sex, and the Meaning of Life*. New York: Free Press, 2002.

Otto, Rudolf. *The Idea of the Holy*. 2nd ed. New York: Oxford University Press, 1958.

Pascal, Blaise. *Pensées*, edited and translated by Alban Krailsheimer. New York: Penguin, 1966.

Reisser, Paul C., Dale Mabe and Robert Velarde. "Is God a Dependent Variable?" In *Examining Alternative Medicine: An Inside Look at the Benefits and Risks*. Downers Grove, Ill.: InterVarsity Press, 2001.

Richards, Larry. *Every Covenant and Promise in the Bible*. Nashville: Thomas Nelson, 1998.

Rushdoony, Rousas John. *Freud*. Nutley, N.J.: P & R Publishing, 1965.

Schaeffer, Francis. *True Spirituality*. Wheaton, Ill.: Tyndale House, 1972.

Schmidt, Alvin. *The Great Divide: The Failure of Islam and the Triumph of the West*. Boston: Regina Orthodox Press, 2004.

―――. *How Christianity Changed the World*. Grand Rapids: Zondervan, 2004.

Sproul, R. C. *The Holiness of God*. Wheaton, Ill.: Tyndale House, 1985.

―――. *If There Is a God, Why Are There Atheists?* Wheaton, Ill.: Tyndale House, 1988.

Stace, W. T. *Mysticism and Philosophy*. New York: Jeremy Tarcher, 1960.

Stott, John. "God's People United in Christ." In *The Message of Romans: God's Good News for the World. The Bible Speaks Today*. Downers Grove, Ill.: InterVarsity Press, 1994.

―――. *Men Made New*. Downers Grove, Ill.: InterVarsity Press, 1966.

―――. *Why I Am a Christian*. Downers Grove, Ill.: InterVarsity Press, 2004.

Swinburne, Richard. *The Existence of God*. 2nd ed. New York: Oxford University Press, 2004.

Vitz, Paul. *Faith of the Fatherless: The Psychology of Atheism*. Dallas: Spence, 1999.

―――. *Sigmund Freud's Christian Unconscious*. Grand Rapids: Eerdmans, 1993.

Wainwright, William. *Philosophy of Religion*. 2nd ed. Belmont, Calif.: Wadsworth, 1999.

Wiebe, Phillip H. *God and Other Spirits*. New York: Oxford University Press, 2004.

―――. *Visions of Jesus*. New York: Oxford University Press, 1997.

Wilber, Ken. *A Brief History of Everything*. 2nd ed. Boston: Shambhala, 2000.

Yandell, Keith E. "Does Numinous Experience Provide Evidence That God Exists?" In *Christianity and Philosophy*. Grand Rapids: Eerdmans, 1984.

―――. *The Epistemology of Religious Experience*. New York: Cambridge University Press, 1994.

―――. *Philosophy of Religion*. New York: Routledge, 1999.

Zaehner, R. C. *Mysticism: Sacred and Profane*. New York: Oxford University Press, 1957.

―――――. *Zen, Drugs, and Mysticism*. New York: Pantheon, 1972.

Chapter 17: The Uniqueness of Humanity
Adams, Robert. "Flavors, Colors, and God." In *The Virtue of Faith*. New York: Oxford University Press, 1987.
Adler, Mortimer. *The Difference of Man and the Difference It Makes*. New York: Holt, Rinehart & Winston, 1967.
Anderson, Stephen R. *Dr. Doolittle's Delusion: Animals and the Uniqueness of Human Language*. New Haven, Conn.: Yale University Press, 2004.
Augustine. *The City of God*.
―――――. *The Trinity*.
Beilby, James, ed. *Naturalism Defeated? Essay on Plantinga's Evolutionary Argument Against Naturalism*. Ithaca, N.Y.: Cornell University Press, 2002.
Benson, Ophelia, and Jeremy Stangroom. *Why Truth Matters*. New York: Continuum, 2006.
Beauregard, Mario, and Denise O'Leary. *The Spiritual Brain: A Neuroscientist's Case for the Existence of the Soul*. San Francisco: HarperOne, 2007.
Chalmers, David. *The Conscious Mind*. New York: Oxford University Press, 1997.
Chesterton, G. K. *Generally Speaking*. New York: Dodd, Mead, 1929.
―――――. *Orthodoxy*. 1908; reprint, New York: Image Books, 1959.
Churchland, Patricia. "Epistemology in an Age of Neuroscience." *Journal of Philosophy* 84 (1987): 548-49.
Churchland, Paul. *Matter and Consciousness*. Cambridge, Mass.: MIT Press, 1984.
Clark, Gordon H. *A Christian View of Men and Things*. Grand Rapids: Eerdmans, 1952.
Cooper, John. *Body, Soul, and the Life Everlasting: Biblical Anthropology and the Monism-Dualism Debate*. Rev. ed. Grand Rapids: Eerdmans, 2000.
Corduan, Winfried. *Reasonable Faith: Basic Christian Apologetics*. Nashville: Broadman & Holman, 1994.
Darwin, Charles, to W. Graham. July 3, 1881. In *The Life and Letters of Charles Darwin*, edited by Francis Darwin. 1897; reprint, Boston: Elibron, 2005.
Descartes, René. *Meditations on First Philosophy*.
Flew, Antony. *Evolutionary Ethics*. New York: St. Martin's Press, 1967.
Green, Joel, and Stuart L. Palmer, eds. In *Search of the Soul: Four Views of the Mind-*

Body Problem. Downers Grove, Ill.: InterVarsity Press, 2005.
Groothuis, Douglas. *On Jesus*. Belmont, Calif.: Wadsworth, 2003.
―――. *Truth Decay*. Downers Grove, Ill.: InterVarsity Press, 2000.
Guinness, Os. *The Dust of Death*. Rev. ed. 1973; reprint, Wheaton, Ill.: Crossway, 1994.
Hasker, William. *Metaphysics*. Downers Grove, Ill.: InterVarsity Press, 1982.
Leibniz, Gottfried. *Monadology and Other Philosophical Essays*, translated and edited by Paul Schrecker and Anne Martin Schrecker. New York: BobbsMerrill, 1965.
Lewis, C. S. "Animal Pain." In *The Problem of Pain*. 1962; reprint, New York: Touchstone, 1996.
―――. *Christian Reflections*. Grand Rapids: Eerdmans, 1987.
―――. *Miracles*. 1947; reprint, San Francisco: HarperSanFrancisco, 1996.
MacKay, Donald M. *Human Science and Human Dignity*. Downers Grove, Ill.: InterVarsity Press, 1977.
Marlin, George J., Richard P. Rabatin and John L. Swan, eds. *The Quotable Chesterton*. Garden City, N.Y.: Image Books, 1987.
McGinn, Colin. *The Mysterious Flame*. New York: Basic Books, 2000.
Moreland, J. P. *Consciousness and the Existence of God*. New York: Routledge, 2008.
―――. *Scaling the Secular City*. Grand Rapids: Baker, 1987.
Moreland, J. P., and Scott Rae. *Body and Soul*. Downers Grove, Ill.: InterVarsity Press, 2000.
Moreland, J. P., and William Lane Craig. *Philosophical Foundations for a Christian Worldview*. Downers Grove, Ill.: InterVarsity Press, 2004.
Mumma, Howard. *Camus and the Minister*. Brewster, Mass.: Paraclete Press, 2000.
Nietzsche, Friedrich. *Daybreak: Thoughts on the Prejudices of Morality*, translated by R. J. Hollingdale. New York: Cambridge University Press, 1985.
Oller, John W., and John L. Omdahl. "Origin of the Human Language Capacity: In Whose Image?" In *The Creation Hypothesis*, edited by J. P. Moreland. Downers Grove, Ill.: InterVarsity Press, 1994.
Pascal, Blaise. *Pensées*, edited and translated by A. J. Krailsheimer. New York: Penguin, 1985.
Penfield, Wilder. *The Mystery of the Mind*. Princeton, N.J.: Princeton University Press, 1975.
Pinker, Steven. *How the Mind Works*. New York: W. W. Norton, 1997.

Plantinga, Alvin. *Warranted Christian Belief*. New York: Oxford University Press, 2000.

Polkinghorne, John. *Quantum Theory: A Very Short Introduction*. New York: Oxford University Press, 2002.

Popper, Karl R., and John C. Eccles. *The Self and Its Brain*. London: Routledge & Kegan Paul, 1977.

Purtill, Richard. *Reason to Believe*. Grand Rapids: Eerdmans, 1974.

Reppert, Victor. "The Argument from Reason." In *Blackwell Companion to Natural Theology*, edited by William Lane Craig and J. P. Moreland. Malden, Mass.: Wiley-Blackwell, 2009.

―――. *C. S. Lewis's Dangerous Idea: In Defense of the Argument from Reason*. Downers Grove, Ill.: InterVarsity Press, 2002.

Robinson, Howard. *Matter and Science*. Cambridge: Cambridge University Press, 1982.

Sartre, Jean Paul. *Being and Nothingness: An Essay on Phenomenological Ontology*. 1943; reprint, New York: Routledge, 1994.

Schwartz, Jeffrey, and Sharon Begley. *The Mind and the Brain: Neuroplasticity and the Power of Mental Force*. New York: Harper Perennial, 2003.

Searle, John. *Minds, Brains, and Science*. Cambridge, Mass.: Harvard University Press, 1984.

Shaffer, Jerome. "The Mind-Body Problem." In *The Encyclopedia of Philosophy*, edited by Paul Edwards. New York: Macmillan, 1967.

Sire, James W. *The Universe Next Door: A Basic Worldview Catalog*. 5th ed. Downers Grove, Ill.: InterVarsity Press, 2009.

Smart, J. J. C. "Materialism." *Journal of Philosophy* 22 (1963): 660.

Swinburne, Richard. *The Existence of God*. 2nd ed. New York: Oxford University Press, 2004.

Taliaferro, Charles. *Consciousness and the Mind of God*. New York: Cambridge University Press, 1994.

―――. "The Project of Natural Theology." In *Blackwell Companion to Natural Theology*, edited by William Lane Craig and J. P. Moreland. Malden, Mass.: Wiley-Blackwell, 2009.

Tallis, Raymond. "The Unnatural Selection of Consciousness." *The Philosopher's Magazine*. 3rd quarter (2009): 28-35.

Taylor, Richard. *Metaphysics*. 4th ed. Englewood Cliffs, N.J.: Prentice-Hall, 1990.
Wilson, Clifford, and Donald McKeon. *The Language Gap*. Grand Rapids: Zondervan, 1984.
Wright, N. T. *The Resurrection of the Son of God*. Minneapolis: Fortress, 2003.
Yandell, Keith E. *Philosophy of Religion*. New York: Routledge, 1999.

Chapter 18: Deposed Royalty

Chesterton, G. K. *Orthodoxy*. 1908; reprint, New York: Image Books 1959.
Cuneo, Terence D. "Combating the Noetic Effects of Sin: Pascal's Strategy for Natural Theology." *Faith and Philosophy* 11, no. 4 (1994): 645-47.
Erickson, Millard. *Christian Theology*. 3 vols. Grand Rapids: Baker, 1983-1985.
Groothuis, Douglas. "Are Theistic Arguments Religiously Useless? A Pascalian Objection Examined." *Trinity Journal*, n.s., 15, no. 2 (1994).
―――. "Bacon and Pascal on Mastery Over Nature." *Research in Philosophy and Technology* 14 (1994): 191-203.
―――. "Pascal's Biblical Omission Argument Against Natural Theology." *Asbury Theological Journal* 52, no. 2 (1997): 17-26.
―――. "Proofs, Pride, and Incarnation: Is Natural Theology Theologically Taboo?" *Journal of the Evangelical Theological Society* (March 1995): 67-76.
Johnson, Paul. Intellectuals. New York: Harper & Row, 1988.
Lewis, Gordon R. *Testing Christianity's Truth Claims*. Chicago: Moody Press, 1976.
Lewis, Gordon R., and Bruce A. Demarest. *Integrative Theology*. Grand Rapids: Zondervan, 1990.
MacGregor, Geddes. *Introduction to Religious Philosophy*. Boston: Houghton Mifflin, 1959.
Pascal, Blaise. *Pensées*, edited and translated by Alban Krailsheimer. New York: Penguin, 1966.
Peirce, Charles. *Collected Papers of Charles Sanders Peirce*, edited by C. Hartshorne and P. Weiss. 6 vols. Cambridge, Mass.: Harvard University Press, 1931-1935.
Plato. *Phaedrus*.
Ramm, Bernard. *The Christian View of Science and Scripture*. Grand Rapids: Eerdmans, 1954.
Ross, Hugh. *Creation and Time*. Colorado Springs: NavPress, 1994.
Trueblood, D. Elton. *Philosophy of Religion*. Grand Rapids: Baker, 1957.

Schaeffer, Francis A. *The God Who Is There.* 30th anniv. ed. Downers Grove, Ill.: InterVarsity Press, 1998.

Shakespeare, William. *King Lear.*

Steiner, George. In *Bluebeard's Castle: Some Notes Towards the Redefinition of Culture.* New Haven, Conn.: Yale, University Press, 1971.

Warner, Martin. *Philosophical Finesse.* Oxford: Clarendon, 1989.

Chapter 19: Jesus of Nazareth (by Craig Blomberg)

In addition to the sources mentioned throughout the notes, see especially:

Blomberg, Craig L. *The Historical Reliability of John's Gospel: Issues and Commentary.* Downers Grove, Ill.: InterVarsity Press, 2001.

―――. *The Historical Reliability of the Gospels.* 2nd ed. Downers Grove, Ill.: InterVarsity Press, 2007.

Bock, Darrell L. *The Missing Gospels: Unearthing the Truth Behind Alternative Christianities.* Nashville: Nelson, 2006. An excellent introduction to the beliefs of Gnosticism and other ancient mutations of Christianity deemed heretical, showing just how different and inferior they really are to historic Christianity when considered as entire worldviews.

Bowman, Robert M., Jr., and J. Ed Komoszewski. *Putting Jesus in His Place: The Case for the Deity of Christ.* Grand Rapids: Kregel, 2007. Debunks in detail the myth that first-century Christians did not almost uniformly believe in the deity of Christ, from the earliest stages of the New Testament onward. Makes a strong case for believing that Jesus was indeed divine.

Boyd, Gregory A., and Paul R. Eddy. *Lord or Legend? Wrestling with the Jesus Dilemma.* Grand Rapids: Baker, 2007. An abbreviated and more popular-level form of their larger work, The Jesus Legend: A Case for the Historical Reliability of the Synoptic Jesus Tradition (2007). Covers all the most important issues succinctly while fully abreast of the whole range of recent scholarship.

Evans, Craig A. *Fabricating Jesus: How Modern Scholars Distort the Gospels.* Downers Grove, Ill.: InterVarsity Press, 2006. A careful sifting of all of the sources outside the New Testament alleged by some to enable us to view the historical Jesus in radically different terms than the four canonical Gospels present. In short, the conclusion is that they fail in this endeavor.

Jones, Timothy P. *Misquoting Truth: A Guide to the Fallacies of Bart Ehrman's*

Misquoting Jesus. Downers Grove, Ill.: InterVarsity Press, 2007. A point-by-point refutation of the misleading claims of Ehrman's book, plus an equally helpful critique of his books on the so-called lost Gospels and lost Christianities. Surveys a huge amount of scholarship and presents it in a remarkably readable, bite-size fashion.

Roberts, Mark D. *Can We Trust the Gospels? Investigating the Reliability of Matthew, Mark, Luke, and John*. Wheaton, Ill.: Crossway, 2007. In many ways, without obviously intending to do so, a simplified and very popularized form of almost the identical array of issues I treat in my book The Historical Reliability of the Gospels, for those who find even my semipopularization of the issues too daunting.

Chapter 20: The Claims, Credentials and Achievements of Jesus Christ

Anderson, Norman. *Jesus Christ: The Witness of History*. Downers Grove, Ill.: InterVarsity Press, 1985.

Bauckham, Richard. *Jesus and the God of Israel: God Crucified and Other Studies on the New Testament's Christology of Divine Identity*. Grand Rapids: Eerdmans, 2008.

Beckwith, Francis. "Baha'i Faith." In *New Religious Movements*, edited by Ronald Enroth. Downers Grove, Ill.: InterVarsity Press, 2005.

Blomberg, Craig L. "Further Reflections on Jesus' View of the Old Testament." In *The Scripture Project: The Bible and Biblical Authority in the New Millennium*, edited by D. A. Carson. Vol. 1. Grand Rapids: Eerdmans, forthcoming.

―――――. *The Historical Reliability of John's Gospel*. Downers Grove, Ill.: InterVarsity Press, 2002.

―――――. *The Historical Reliability of the Gospels*. 20th anniv. ed. Downers Grove, Ill.: InterVarsity Press, 2007.

―――――. *Interpreting the Parables of Jesus*. Downers Grove, Ill.: InterVarsity Press, 1990.

Bonhoeffer, Dietrich. *The Cost of Discipleship*. New York: Touchstone, 1995.

Bowman, Robert M., Jr., and J. Ed. Komoszewski. *Putting Jesus in His Place: The Case for the Deity of Christ*. Grand Rapids: Kregel, 2007.

Brown, Michael L. *Answering Jewish Objections to Jesus*. Grand Rapids: Baker, 2003.

Bruce, F. F. *New Testament History*. Garden City, N.Y.: Doubleday, 1972.

Corduan, Winfried. *Neighboring Faiths*. Downers Grove, Ill.: InterVarsity Press, 1998.

Craig, William Lane. *Reasonable Faith*. 3rd ed. Wheaton, Ill.: Crossway, 2008.
Erickson, Millard. *God in Three Persons*. Grand Rapids: Baker, 1995.
―――――. *The Word Became Flesh: An Incarnational Christology*. Grand Rapids: Baker, 1991.
Evans, Craig. "Life-of-Jesus Research and the Eclipse of Mythology." *Theological Studies* 54 (1993): 3-36.
Feinberg, Charles Lee. *Is the Virgin Birth in the Old Testament?* Whittier, Calif.: Emeth, 1967.
Frame, John. "The Apostles' View of the Old Testament." In *The Doctrine of the Word of God*. Phillipsburg, N.J.: P & R Publishing, 2010.
―――――. "Jesus' View of the Old Testament." In *The Doctrine of the Word of God*. Phillipsburg, N.J.: P & R Publishing, 2010.
―――――. "The Virgin Birth." In *Evangelical Dictionary of Theology*, edited by Walter A. Elwell. Grand Rapids: Baker, 1984.
Gabriel, Mark. *Jesus and Muhammad*. Lake Mary, Fla.: Charisma House, 2004.
Geisler, Norman. *Systematic Theology*. Minneapolis: Bethany House, 2002.
―――――. "The Virgin Birth." In *Baker Encyclopedia of Christian Apologetics*. Grand Rapids: Baker, 1999.
Groothuis, Douglas. "The Ethics of Jesus." In *On Jesus*. Belmont, Calif.: Wadsworth, 2003.
―――――. *On Jesus*. Belmont, Calif.: Wadsworth, 2003.
―――――. *Jesus in an Age of Controversy*. 1996; reprint, Eugene, Ore.: Wipf & Stock, 2002.
Gruber, Elmar R., and Holger Kersten. *The Original Jesus: The Buddhist Sources of Christianity*. Rockport, Mass.: Element Books, 1995.
Gruenler, Royce. *New Approaches to Jesus and the Gospels*. Grand Rapids: Baker, 1982.
Habermas, Gary. *The Risen Jesus and Future Hope*. Lanham, Md.: Rowman & Littlefield, 2003.
Halverson, Dean, ed. *The Compact Guide to Religion*. Colorado Springs: NavPress, 1996.
Harris, Murray. *Three Crucial Questions About Jesus*. Eugene, Ore.: Wipf & Stock, 2008.
Hawthorne, G. F. "Amen." In *Dictionary of Jesus and the Gospels*, edited by Joel B.

Green, Scot McKnight and I. Howard Marshall. Downers Grove, Ill.: InterVarsity Press, 1992.

Johnson, *Paul*. Jesus: A Biography From a Believer. New York: Viking, 2010.

Jones, E. Stanley. *The Christ of the Indian Road*. New York: Grosset & Dunlap, 1925.

Kaiser, Walter. *The Messiah in the Old Testament*. Grand Rapids: Zondervan, 1995.

Leung, Thomas I. S. "Confucianism." In *The Compact Guide to World Religions*, edited by Dean Halverson. Minneapolis: Bethany House, 1996.

Lewis, C. S. *Miracles*. New York: Macmillan, 1960.

―――. "What Are We to Make of Jesus Christ?" In *God in the Dock*. Grand Rapids: Eerdmans, 1970.

Machen, J. Gresham. *The Virgin Birth of Christ*. New York: Harper, 1930.

Marshall, I. Howard. "Son of Man." In *Dictionary of Jesus and the Gospels*, edited by Joel B. Green, Scot McKnight and I. Howard Marshall. Downers Grove, Ill.: InterVarsity Press, 1992.

Masani, Sir Rustom. *Zoroastrianism: The Religion of the Good Life*. New York: Macmillan, 1968.

McNutt, Francis. *The Nearly Perfect Crime: How the Church Almost Killed the Ministry of Healing*. Grand Rapids: Chosen Books, 2005.

Moreland, J. P. *Kingdom Triangle*. Grand Rapids: Zondervan, 2007.

Newman, Robert C. *The Evidence of Prophecy*. Hatfield, Penn.: Interdisciplinary Biblical Research Institute, 2001.

Parrinder, Geoffrey. *Avatar and Incarnation*. New York: Barnes & Noble, 1970.

Payne, Philip B. "Jesus' Implicit Claim to Deity in His Parables." *Trinity Journal*, n.s., 2, no. 1 (1981): 3-23.

Phillips, J. B. *Your God Is Too Small*. New York: Macmillan, 1979.

Prothero, Stephen. *American Jesus*. New York: Farrar, Straus, & Giroux, 2004.

Ramm, Bernard. *An Evangelical Christology: Ecumenic and Historic*. Nashville: Thomas Nelson, 1985.

Raymond, Robert L. *Systematic Theology*. 2nd ed. Nashville: Thomas Nelson, 1998.

Sayers, Dorothy L. *Are Women Human?* Grand Rapids: Eerdmans, 1971.

Schaeffer, Francis. *True Spirituality*. 30th anniv. ed. Wheaton, Ill.: Tyndale House, 2001.

Stauffer, Ethelbert. *Jesus and His Story*. New York: Alfred A. Knopf, 1974.

Stott, John. *The Authority of the Bible*. Downers Grove, Ill.: InterVarsity Press, 1974.

―――. *Basic Christianity*. 2nd ed. Downers Grove, Ill.: InterVarsity Press, 1971.

―――. "The Hound of Heaven." In *Why I Am a Christian*. Downers Grove, Ill.: InterVarsity Press, 2002.

Twelftree, Graham. *Jesus the Exorcist: A Contribution to the Study of the Historical Jesus*. Peabody, Mass.: Hendrickson, 1994.

―――. In *the Name of Jesus: Exorcism Among Early Christians*. Grand Rapids: Baker Academic, 2007.

Warfield, B. B. "'It Says:' 'Scripture Says:' 'God Says.'" In *The Inspiration and Authority of the Bible*. 1948; reprint, Philadelphia: P & R Publishing, 1970.

―――. *The Person and Work of Christ*. Phillipsburg, N.J.: P & R Publishing. 1950.

―――. "The Terms 'Scripture' and 'Scriptures' as Employed in the New Testament." In *The Inspiration and Authority of the Bible*. 1948; reprint, Philadelphia: P & R Publishing, 1970.

Wells, David. *The Person of Christ*. Westchester, Ill.: Crossway, 1984.

Wenham, *John*. Christ and the Bible. 2nd ed. 1972; reprint, Grand Rapids: Baker, 1984.

Witherington, Ben, III. "Birth of Jesus." In *Dictionary of Jesus and the Gospels*, edited by Joel Green, Scot McKnight and I. Howard Marshall. Downers Grove, Ill.: InterVarsity Press, 1992.

Yamauchi, Edwin. *Jesus, Zoroaster, Buddha, Socrates, Muhammad*. Rev. ed. Downers Grove, Ill.: InterVarsity Press, 1972.

Chapter 21: Defending the Incarnation

Beversluis, John. *C. S. Lewis and the Search for Rational Religion*. 2nd ed. Amherst, N.Y.: Prometheus, 2007.

Brown, Dan. *The Da Vinci Code*. New York: Doubleday, 2003.

Buel, Jon A., and O. Quentin Hyder. *Jesus: God, Ghost, or Guru?* Grand Rapids: Zondervan, 1978.

Chesterton, G. K. *The Everlasting Man*. New York: Image Books, 1925.

Chopra, Deepak. *The Third Jesus*. New York: Harmony Books, 2008.

Collins, Gary. "The Psychological Evidence." In *Lee Strobel, The Case for Christ*. Grand Rapids: Zondervan, 1998.

Davis, Stephen T. "Jesus: Mad, Bad, or God?" In *Christian Philosophical Theology*. New York: Oxford University Press, 2006.

———. "The Mad/Bad/God Trilemma: A Reply to Daniel Howard-Snyder." *Faith and Philosophy* 21 (2004): 480-92.

Devan, Benjamin B., and Thomas W. Smythe. "The Character of Jesus Defended." *Christian Apologetics Journal* 5, no. 2 (2006): 109-40.

Durant, Will. *Caesar and Christ*. Vol. 2, *The Story of Civilization*. New York: Simon & Schuster, 1944.

Erickson, Millard. "The Development of Incarnational Christology. (1) To the Council of Chalcedon." In *The Word Became Flesh: An Incarnational Christology*. Grand Rapids: Baker, 1991.

Groothuis, Douglas. *Confronting the New Age*. Downers Grove, Ill.: InterVarsity Press, 1988.

———. *On Jesus*. Belmont, Calif.: Wadsworth, 2003.

———. *Jesus in an Age of Controversy*. 1996; reprint, Eugene, Ore.: Wipf & Stock, 2002.

———. *Unmasking the New Age*. Downers Grove, Ill.: InterVarsity Press, 1986.

Hick, John. *The Metaphor of God Incarnate: Christology in a Pluralistic Age*. Louisville: Westminster John Knox, 1994.

Hitchens, Christopher. *God Is Not Great: How Religion Poisons Everything*. New York: Twelve Books, 2007.

Horner, David. "Aut Deus Aut Malus Homo: A Defense of C. S. Lewis's 'Shocking Alternative.'" In *C. S. Lewis as Philosopher*, edited by David Baggett, Gary R. Habermas and Jerry L. Walls. Downers Grove, Ill.: InterVarsity Press, 2007.

Howard-Snyder, Daniel. "Was Jesus Mad, Bad, or God . . . or Only Mistaken?" *Faith and Philosophy* 21 (2004): 456-79.

Hurtado, Larry. *Lord Jesus Christ*. Grand Rapids: Eerdmans, 2005.

Kierkegaard, Søren. *Philosophical Fragments*, translated by Edna Hong and Walter Hong. Princeton, N.J.: Princeton University Press, 1985.

Kreeft, Peter, and Ronald K. Tacelli. *Handbook of Christian Apologetics*. Downers Grove, Ill.: InterVarsity Press, 1994.

LaTourette, Kenneth Scott. *The Unquenchable Light*. New York: Harper & Brothers, 1941.

Lewis, C. S. *Mere Christianity*. 1943; reprint, New York: Touchstone, 1996.

---. "What Are We to Make of Jesus Christ?" In *God in the Dock*, edited by Walter Hooper. Grand Rapids: Eerdmans, 1970.

Lewis, Gordon R., and Bruce A. Demarest. *Integrative Theology*. Grand Rapids: Zondervan, 1990.

Machen, J. Gresham. *Christianity and Liberalism*. 1923; reprint, Grand Rapids: Eerdmans, 2009.

Montgomery, John Warwick. *History and Christianity*. Downers Grove, Ill.: InterVarsity Press, 1965.

Morris, Thomas V. *The Logic of God Incarnate*. New York: Cornell University Press, 1986.

---. *Our Idea of God: An Introduction to Philosophical Theology*. Downers Grove, Ill.: InterVarsity Press, 1991.

---. "Rationality and the Christian Revelation." In *Christian Faith and Practice in the Modern World*, edited by Mark A. Noll and David F. Wells. Grand Rapids: Eerdmans, 1988.

Pelikan, Jarslav. *Jesus Through the Centuries: His Place in the History of Culture*. New Haven, Conn.: Yale University Press, 1985.

Rhodes, Ron. *The Counterfeit Christ of the New Age Movement*. Grand Rapids: Baker, 1991.

Rushdoony, Rousas John. *The Foundations of Social Order: Studies in the Creed and Councils of the Early Church*. Vallecito, Calif.: Chalcedon, 2003.

Samples, Kenneth. *Without a Doubt*. Grand Rapids: Baker, 2004.

Schaeffer, Francis A. *The God Who Is There*. 30th anniv. ed. Downers Grove, Ill.: InterVarsity Press, 1998.

Swinburne, Richard. *Was Jesus God?* New York: Oxford University Press, 2008.

Witherington, Ben, III. *The Gospel Code: Novel Claims About Jesus, Mary Magdalene and Da Vinci*. Downers Grove, Ill.: InterVarsity Press, 2004.

Chapter 22: The Resurrection of Jesus

Anderson, J. N. D. *Christianity and Comparative Religion*. Downers Grove, Ill.: InterVarsity Press, 1971.

Anderson, Norman. *Jesus Christ: The Witness of History*. Downers Grove, Ill.: InterVarsity Press, 1985.

---. *A Lawyer Among the Theologians*. Grand Rapids: Eerdmans, 1974.

Archer, Gleason. *Encyclopedia of Biblical Difficulties*. Grand Rapids: Zondervan, 1982.

Blomberg, Craig L. *Jesus and the Gospels: An Introduction and Survey*. 2nd ed. Nashville: B & H Academic, 2009.

Carson, D. A., and Douglas Moo. *Introduction to the New Testament*. 2nd ed. Grand Rapids: Zondervan, 2002.

Carson, D. A., ed. *From Sabbath to Lord's Day: A Biblical, Historical, and Theological Investigation*. Eugene, Ore.: Wipf & Stock, 2000.

Cetzer, C. "Excellent Women: Female Witnesses to the Resurrection." *Journal of Biblical Literature* 116 (1997): 259-72.

Charlesworth, James. *James Within Judaism*. New York: Doubleday, 1988.

Clark, David K. "Miracles in the World Religions." In *In Defense of Miracles: A Comprehensive Case for God's Action in History*, edited by R. Douglas Geivett and Gary Habermas. Downers Grove, Ill.: InterVarsity Press, 1996.

Collins, C. John. *The God of Miracles: An Evangelical Examination of God's Action in the World*. Wheaton, Ill.: Crossway, 2000.

Colson, Charles. *Loving God*. Grand Rapids: Zondervan, 1983.

Craig, William Lane. "Evidence for the Empty Tomb." In *In Defense of Miracles: A Comprehensive Case for God's Action in History*, edited by Gary Habermas and R. Douglas Geivett. Downers Grove, Ill.: InterVarsity Press, 1997.

―――. *Knowing the Truth About the Resurrection*. Ann Arbor, Mich.: Servant Books, 1988.

―――. "Opening Statements." In *Jesus' Resurrection: Fact or Figment?* edited by Paul Copan and Ronald Tacelli. Downers Grove, Ill.: InterVarsity Press, 2000.

―――. *Reasonable Faith*. 3rd ed. Wheaton, Ill.: Crossway, 2008.

Davis, Stephen T. *Risen Indeed: Making Sense of the Resurrection*. Grand Rapids: Eerdmans, 1993.

Dembski, William. *The Design Revolution*. Downers Grove, Ill.: InterVarsity Press, 2004.

Downing, David. *The Most Reluctant Convert: C. S. Lewis's Journey to Faith*. Downers Grove, Ill.: InterVarsity Press, 2002.

Earman, John. *Hume's Abject Failure*. New York: Oxford University Press, 2000.

Eddy, Paul Rhodes, and Gregory Boyd. *The Jesus Legend*. Grand Rapids: Baker, 2007.

Edwards, James R. *Is Jesus the Only Savior?* Grand Rapids: Eerdmans, 2005.

Edwards, William D., Wesley J. Gabel and Floyd E. Hosmer. "On the Physical Death of Jesus Christ." *Journal of the American Medical Association* 255, no. 11 (1986): 1455-63.

Flew, Antony. "Miracles." In *The Encyclopedia of Philosophy*, edited by Paul Edwards. New York: Macmillan, 1967.

Flew, Antony, and Gary Habermas. "My Pilgrimage from Atheism to Theism: A Discussion Between Antony Flew and Gary Habermas." *Philosophia Christi* 6, no. 2 (2004): 197-211.

Flew, Antony, and Roy Abraham Varghese. *There Is a God.* San Francisco: HarperOne, 2007.

Fuller, Reginald. *The Formation of the Resurrection Narratives.* New York: Macmillan, 1971.

Geisler, Norman. *Baker Encyclopedia of Christian Apologetics.* Grand Rapids: Baker, 1999.

Geisler, Norman, and Abdul Saleeb. "An Evaluation of the Qur'an." In *Answering Islam.* Rev. ed. Grand Rapids: Baker, 2002.

Geivett, Douglas R. "The Epistemology of Resurrection Belief." In *The Resurrection of Jesus: John Dominic Crossan and N. T. Wright in Dialogue*, edited by John Dominic Crossan, N. T. Wright and Robert B. Stewart. Minneapolis: Fortress, 2006.

Green, Michael. *The Empty Cross of Jesus.* Downers Grove, Ill.: InterVarsity Press, 1984.

Groothuis, Douglas. *Jesus in an Age of Controversy.* 1996; reprint, Eugene, Ore.: Wipf & Stock, 2002.

Habermas, Gary R. "Explaining Away Jesus' Resurrection: The Recent Revival of Hallucination Theories." *The Christian Research Journal* 23 (2001): 26-31.

―――. "Resurrection Claims in Non-Christian Religions." *Religious Studies* 25 (1989): 167-77.

―――. "The Resurrection of Jesus and Recent Agnosticism." In *Reasons for Faith: Making a Case for the Christian Faith*, edited by Norman L. Geisler and Chad V. Meister. Wheaton, Ill.: Crossway, 2007.

―――. "Resurrection Research 1975 to the Present: What Are Critical Scholars Saying?" *Journal for the Study of the Historical Jesus* 3, no. 2 (2005): 135-53.

---. *The Risen Jesus and Future Hope*. Lanham, Md.: Rowman & Littlefield, 2003.

---. "A Summary Critique: Questioning the Existence of Jesus." *The Christian Research Journal* 22, no. 3 (2000): 54-56.

Habermas, Gary, and Antony Flew. *Did Jesus Rise from the Dead?* edited by Terry L. Miethe. San Francisco: Harper & Row, 1987.

---. *Resurrected? An Atheist and Theist Dialogue*, edited by John Ankerberg. Lanham, Md.: Rowman & Littlefield, 2005.

Habermas, Gary, and Michael Licona. *The Case for the Resurrection of Jesus*. Grand Rapids: Kregel, 2004.

Harris, Murray. *From Grace to Glory: Resurrection in the New Testament*. Grand Rapids: Zondervan, 1990.

Hume, David. *An Enquiry Concerning Human Understanding*, edited by T. Beauchamp. Oxford: Oxford University Press, 2001.

Hume, David. "Of Miracles." In *Writings on Religion*, edited by Antony Flew. Chicago: Open Court, 1992.

Hurtado, Larry. *How on Earth Did Jesus Become a God?* Grand Rapids: Eerdmans, 2006.

---. *Lord Jesus Christ*. Grand Rapids: Eerdmans, 2005.

Josephus. *Antiquities of the Jews*.

Justin Martyr. *Dialogue with Trypho*.

Keener, Craig. *Gift and Giver: The Holy Spirit for Today*. Grand Rapids: Baker Academic, 2001.

Kreeft, Peter, and Ronald Tacelli. *Handbook of Christian Apologetics*. Downers Grove, Ill.: InterVarsity Press, 1994.

Ladd, George Eldon. *I Believe in the Resurrection of Jesus*. Grand Rapids: Eerdmans, 1975.

Lapide, Pinchas. *The Resurrection of Jesus*. Minneapolis: Augsburg, 1983.

Lewis, C. S. *Miracles: A Preliminary Study*. 1947; reprint, HarperSanFrancisco, 1996.

---. "Myth Became Fact." In *Christian Reflections*. Grand Rapids: Eerdmans, 1970.

Martin, Michael. *The Case Against Christianity*. Philadelphia: Temple University Press, 1993.

McCann, Frank. "Divine Conservation." In *Guide to the Philosophy of Religion*, edited by Phillip L. Quinn and Charles Taliaferro. New York: Blackwell, 1997.

Metzger, Bruce. *Historical and Literary Studies: Pagan, Jewish, and Christian*. Grand Rapids: Eerdmans, 1968.

Miethe, Terry L, ed. *Did Jesus Rise from the Dead? The Resurrection Debate*. New York: Harper & Row, 1987.

Montgomery, John Warwick. *Human Rights and Human Dignity*. Grand Rapids: Zondervan, 1986.

―――――. *Tractatus Logio-Theologicus*. Bonn: Verlag für Kultur und Wissenschaft, 2002.

―――――. *Where Is History Going? A Christian Response to Secular Philosophies of History*. Minneapolis: Bethany Fellowship, 1969.

Moule, C. F. D. *The Phenomenon of the New Testament*. Naperville, Ill.: Alec R. Allenson, 1967.

Paley, William. *A View of the Evidences of Christianity 1.1.1*. London: John W. Parker, 1859.

Pascal, Blaise. *Pensées*, edited and translated by Alban Krailsheimer. New York: Penguin, 1966.

Pliny. *Letters*.

Porter, W. J. "Creeds and Hymns." In *Dictionary of New Testament Background*, edited by Craig Evans and Stanley E. Porter. Downers Grove, Ill.: InterVarsity Press, 2000.

Ramm, Bernard. *Protestant Christian Evidences*. Chicago: Moody Press, 1967.

Robinson, John A. T. *The Human Face of God*. Philadelphia: Westminster Press, 1973.

Rordorf, Willy. *Sunday: The History of the Day of Rest and Worship in the Earliest Centuries of the Christian Church*. Philadelphia: Westminster Press, 1968.

Samples, Kenneth. *Without a Doubt*. Grand Rapids: Baker, 2004.

Schaeffer, Francis A. *The God Who Is There*. 30th anniv. ed. Downers Grove, Ill.: InterVarsity Press, 1998.

Schonfield, Hugh. *The Passover Plot*. New York: Bantam Books, 1966.

Sire, James W. *The Universe Next Door: A Basic Worldview Catalog*. 5th ed. Downers Grove, Ill.: InterVarsity Press, 2009.

―――――. *Why Should Anyone Believe Anything at All?* Downers Grove, Ill.: InterVarsity Press, 1994.

Starkie, Thomas. *A Practical Treatise of the Law of Evidence*. London: n.p., 1833.

Strobel, Lee. *The Case for Christ*. Grand Rapids: Zondervan, 1998.

Swinburne, Richard. *The Resurrection of God Incarnate*. New York: Oxford University Press, 2003.

———. "The Vocation of a Natural Theologian." In *Philosophers Who Believe*, edited by Kelly James Clark. Downers Grove, Ill.: InterVarsity Press, 1994.

———. "The Significance of the Resurrection." In *The Resurrection of God Incarnate*. New York: Oxford University Press, 2003.

Taliaferro, Charles, and Anders Hendrickson. "Hume's Racism and His Case Against the Miraculous." *Philosophia Christi* 4, no. 2 (2003): 427-42.

Tertullian. *On Spectacles*.

Thayer, Thomas Baldwin. *Christianity Against Infidelity*. Cincinnati: John A. Gurley, 1849.

Wenham, John. *Easter Enigma*. 1984; reprint, Eugene, Ore.: Wipf & Stock, 2005.

Wright, N. T. *The Challenge of Jesus*. Downers Grove, Ill.: InterVarsity Press, 1999.

———. "Christian Origins and the Resurrection of Jesus: The Resurrection of Jesus as a Historical Problem." *Sewanee Theological Review* 41, no. 2 (1998): 107-23.

———. "Jesus' Resurrection and Christian Origins." *Gregorianum* 83, no. 4 (2002): 615-35.

———. *The Resurrection of the Son of God*. Minneapolis: Fortress, 2003.

———. *Surprised by Hope: Rethinking Heaven, the Resurrection, and the Mission of the Church*. San Francisco: HarperOne, 2008.

Yamauchi, Edwin. *Jesus, Zoroaster, Buddha, Socrates, Muhammad*. Rev. ed. Downers Grove, Ill.: InterVarsity Press, 1972.

Chapter 23: Religious Pluralism

Adler, Mortimer. *Truth in Religion: The Plurality of Religions and the Unity of Truth*. New York: Macmillan, 1990.

Aldwinkle, Russell. *More Than a Man: A Study in Christology*. Grand Rapids: Eerdmans, 1976.

Barrett, David B., George Thomas Kurian and Todd M. Johnson, eds. *World Christian Encyclopedia: A Comparative Survey of Churches and Religions in the Modern World*. Vol. 1, *The World by Countries: Religionists, Churches,*

Ministries. 2nd ed. New York: Oxford University Press, 2001.

Blomberg, Craig. *Jesus and the Gospels*. 2nd ed. Nashville: Broadman & Holman, 2009.

Campbell, Joseph. *The Power of Myth*. New York: Anchor Books, 1988.

Chesterton, G. K. *Orthodoxy*. 1908; reprint, New York: Image Books, 1959.

Clark, David. *To Know and Love God*. Wheaton, Ill.: Crossway, 2003.

Corduan, Winfried. "Religion: Study and Practice " In *Neighboring Faiths*. Downers Grove, Ill.: InterVarsity Press, 1998.

—————. *A Tapestry of Faiths*. Downers Grove, Ill : InterVarsity Press, 2002.

Erickson, Millard "The Salvation of Those Incapable of Faith " In *How Shall They Be Saved?* Grand Rapids: Baker, 1996.

Fernando, Ajith *Sharing the Truth in Love*. Grand Rapids: Discovery House Publishers, 2001.

Geivett, Douglas, and W Gary Phillips. "A Particularist View " In *Four Views of Salvation in a Pluralistic World*, edited by Dennis L Okholm and Timothy R. Phillips. Grand Rapids: Eerdmans, 1996.

Groothuis, Douglas. *Confronting the New Age*. Downers Grove, Ill.: InterVarsityPress, 1988.

—————. "Myth and the Power of Joseph Campbell " In *Christianity That Counts*. Grand Rapids: Baker, 1994.

—————. "Nondualism on Trial " *Journal of the International Society of Christian Apologetics* 1, no. 1 (2008): 105-12.

—————. *Unmasking the New Age*. Downers Grove, Ill : InterVarsity Press, 1986.

Guinness, Os. "The East No Exit " In *The Dust of Death*. Wheaton, Ill : Crossway, 1994.

Hackett, Stuart. *Oriental Philosophy: A Westerner's Guide to Eastern Thought*. Madison: University of Wisconsin Press, 1979.

Halverson, Dean. *The Compact Guide to Religion*. Colorado Springs: NavPress, 1996.

Hanh, Thich Nhat. *Living Buddha, Living Christ*. New York: Riverhead Books, 1995.

Hick, John. *A Christian Theology of Religions*. Louisville: Westminster John Knox, 1995.

—————. *An Interpretation of Religion*. New Haven, Conn : Yale University Press, 1989.

—————. "Jesus and the World Religions " In *The Myth of God Incarnate*, edited by John Hick London: SCM, 1977.

Hodge, Charles. *Justification by Faith Alone*. Hobbes, N M : Trinity Foundation, 1995.

Huxley, Aldous. *The Perennial Philosophy*. 1944; reprint, New York: Meridian Books, 1969.

James, William. *The Varieties of Religious Experience: The Works of William James*, edited by Frederick Burkhardt. Cambridge, Mass : Harvard University Press, 1985.

Kärkkäinen, Veli-Matti. *An Introduction to the Theology of Religions: Biblical, Historical, and Contemporary Perspectives*. Downers Grove, Ill : InterVarsity Press, 2003.

King, Richard. *Indian Philosophy: An Introduction to Hindu and Buddhist Thought*. Washington, D C : Georgetown University Press, 2007.

Maharaj, Rabi. *Death of a Guru*. Eugene, Ore : Harvest House, 1984.

Markham, Ian. "Truth and Religion." In *Routledge Companion to Philosophy of Religion*, edited by Chad Meister and Paul Copan. New York: Routledge, 2008.

─────. *A World Religions Reader*. 2nd ed. Oxford: Blackwell, 2000.

Moreland, J. P., and Tim Muelhoff. *The God Conversation*. Downers Grove, Ill.: InterVarsity Press, 2007.

Nash, Ronald H. *Faith and Reason: Searching for a Rational Faith*. Grand Rapids: Zondervan, 1988.

─────. *Is Jesus the Only Savior?* Grand Rapids: Zondervan, 1995.

─────. *When a Baby Dies*. Grand Rapids: Zondervan, 1999.

Netland, Harold. *Dissonant Voices: Religious Pluralism and the Quest for Truth*. Grand Rapids: Eerdmans, 1991.

───── *Encountering Religious Pluralism*. Downers Grove, Ill : InterVarsity Press, 2001.

Newbigin, Lesslie. *The Gospel in a Pluralist Society*. Grand Rapids: Eerdmans, 1989.

Parrinder, Geoffrey. *Avatar and Incarnation*. New York: Barnes & Noble, 1970.

Pinnock, Clark. *A Wideness in God's Mercy: The Finality of Christ in a World of Religions*. Grand Rapids: Zondervan, 1992.

Prabhavananda, Swami, and Frederick Manchester. *The Upanishads: Breath of the Eternal*. New York: Mentor, 1957.

Radhakrishnan, S. *The Hindu Way of Life*. New York: Macmillan, 1964.

Radhakrishnan, Sarvepalli, and Charles A Moore, eds. *A Sourcebook in Indian*

Philosophy. Princeton, N J : Princeton University Press, 1957.

Rosenberg, Joel C. *Inside the Revolution: How the Followers of Jihad, Jefferson, and Jesus Are Battling to Dominate the Middle East and Transform the World*. Carol Stream, Ill : Tyndale House, 2009.

Sheikh, Bilquis, and Richard H Schneider. *I Dared to Call Him Father: The Miraculous Story of a Muslim Woman's Encounter with God*. Lincoln, Va : Chosen Books, 2003.

Sire, James W "Journey to the East: Eastern Pantheistic Monism." In *The Universe Next Door: A Basic Worldview Catalog*. 5th ed Downers Grove, Ill : InterVarsity Press, 2009.

Smith, Huston. *The Soul of Christianity*. San Francisco: HarperSanFrancisco, 2005.

Sproul, R. C. *Faith Alone: The Evangelical Doctrine of Justif ication*. Grand Rapids: Baker, 1995.

Warf ield, B. B. "Are There Few That Be Saved?" *Biblical and Theological Studies*, edited by Samuel Craig Phillipsburg, N. J. : P&R Publishing, 1968.

Weibe, Phillip. *Visions of Jesus: Divine Encounters from the New Testament to Today*. New York: Oxford University Press, 1997.

Wilber, Ken. *Sex, Ecology, Spirituality: The Spirit of Evolution*. 2nd ed Boston: Shambhala, 2000.

Wright, Christopher J. H. *The Mission of God*. Downers Grove, Ill : IVP Academic, 2006.

Yandell, Keith E. "On the Alleged Unity of All Religions " *Christian Scholar's Review* 6 (1976): 140-55.

Yun, Brother, and Paul Hattaway. *The Heavenly Man*. Grand Rapids: Monarch, 2002.

Chapter 24: Apologetics and the Challenge of Islam

Abdul-Haqq, Abdiyah. *Sharing Your Faith with a Muslim*. Minneapolis: Bethany House, 1980.

Caner, Ergun Mehmet, and Emir Fethi Caner. *Unveiling Islam: An Insider's Look at the Muslim Life and Beliefs*. Grand Rapids: Kregel, 2002.

Cooper, Anne, and Elise Maxwell. *Ishmael My Brother: A Christian Introduction to Islam*. London: Monarch, 2004.

Darwish, Nonie. *Cruel and Usual Punishment: The Terrifying Implications of Islamic*

Law. Nashville: Thomas Nelson, 2008.

Fallaci, Oriana. *The Force of Reason.* New York: Rizzoli, 2006.

―――. *The Rage and the Pride.* New York: Rizzoli, 2002.

Gabriel, Mark. "Leaving the University." In *Jesus and Muhammad.* Lake Mary, Fla : Charisma House, 2004.

Geisler, Norman, and Abdul Saleeb. "An Evaluation of the Qur'an." In *Answering Islam.* Rev. ed. Grand Rapids: Baker, 2002.

Hexham, Irving. "Evangelical Illusions: Postmodern Christianity and the Growth of Muslim Communities in Europe and North America." In *No Other Gods Before Me?* edited by John Stackhouse Grand Rapids: Baker Academic, 2001.

Kitchen, Kenneth. *On the Reliability of the Old Testament.* Grand Rapids: Eerdmans, 2003.

Moucarry, Chawkat. *The Prophet and the Messiah: An Arab Christian's Perspective on Islam and Christianity.* Downers Grove, Ill : InterVarsity Press, 2001.

Parshall, Phil *Muslim Evangelism: Contemporary Approaches to Contextualization.* Waynesboro, Ga.: Gabriel Publishing, 2003.

Phillips, Melanie. *Londonistan.* New York: Encounter Books, 2007.

Rassamini, Jerry. *From Jihad to Jesus: An Ex-Muslim's Journey of Faith.* Chattanooga, Tenn : Living Ink, 2006.

Saleeb, Abdul. "Islam." In *To Everyone an Answer*, edited by Francis Beckwith, William Lane Craig and J P Moreland Downers Grove, Ill : InterVarsity Press, 2004.

Spencer, Robert. *Religion of Peace? Why Christianity Is and Islam Isn't.* Washington, D. C. : Regnery, 2007.

―――. *Stealth Jihad.* Washington, D. C. : Regnery, 2008.

Tov, E. *Textual Criticism of the Hebrew Bible.* 2nd ed Minneapolis: Fortress, 2001.

Weigel, George. *The Cube and the Cathedral: Europe, America, and Politics Without God.* New York: Basic Books, 2005.

Ye'orr, Bat. *Eurabia.* Madison, N J : Farleigh Dickinson University Press, 2005.

Chapter 25: The Problem of Evil

Augustine. *Confessions.*

―――. *Enchiridion on Faith, Hope, and Love*, translated by J. F. Shaw Chicago: Henry Regnery, 1961.

Bales, Kevin. *Ending Slavery: How We Free Today's Slaves.* Berkeley: University of California Press, 2007.

Batstone, David. *Not for Sale.* San Francisco: HarperOne, 2007.

Bettenson, Henry, ed. *The Early Christian Fathers.* London: Oxford University Press, 1956.

Bonhoeffer, Dietrich. *The Cost of Discipleship.* New York: Touchstone, 1995.

Boyd, Greg. *Satan and the Problem of Evil.* Downers Grove, Ill.: InterVarsity Press, 2001.

Boyd, Jeffrey. *Being Sick Well.* Grand Rapids: Baker, 2005.

Butler, Joseph. "Upon the Ignorance of Man (Ecclesiastes 8:16-17)." In *Fifteen Sermons Preached at the Rolls Chapel.* Boston: Hilliard, Gray, Little, and Wilkins, 1827.

Carson, D. A. *How Long, O Lord?* Grand Rapids: Baker, 1991.

Carter, Alan. "On Pascal's Wager: Or All Bets Are Off?" *Philosophia Christi*, series 2, 3, no. 2 (2001): 511-16.

Clark, Gordon. *Religion, Reason, and Revelation.* Philadelphia: P & R Publishing, 1961.

Corduan, Winfried. *No Doubt About It.* Nashville: Broadman & Holman, 1994.

Dyrness, William. *Christian Apologetics in a World Community.* Downers Grove, Ill.: InterVarsity Press, 1983.

Edwards, Paul. *Reincarnation: An Examination.* New York: Prometheus, 1996.

Frame, John. *Apologetics to the Glory of God.* Phillipsburg, N J : P & R Publishing, 1994.

―――. "Human Responsibility and Freedom." *The Doctrine of God.* Phillipsburg, N. J.: P & R Publishing, 2002.

Feinberg, John. *No One Like Him.* Wheaton, Ill.: Crossway, 2001.

Geisler, Norman. "Harold Kushner." In *Baker Encyclopedia of Christian Apologetics* Grand Rapids: Baker, 1999.

Griffiths, Paul. "Apologetics in Action: Buddhists and Christians on Selves." In *An Apologetic for Apologetics.* Maryknoll, N.Y. : Orbis, 1991.

Groothuis, Douglas. "Are All Bets Off? A Defense of Pascal's Wager." *Philosophia Christi*, series 2, 3, no. 2 (2001): 517-24.

―――. *On Jesus.* Belmont, Calif.: Wadsworth, 2003.

Helm, Paul. *The Providence of God.* Downers Grove, Ill : InterVarsity Press, 1994.

Henry, Carl F. H. "The Resurgence of Process Philosophy." In *God, Revelation, and*

Authority Vol. 6, *God Who Stands and Stays*. Waco, Tex : Word, 1983.

Hick, John. *Evil and the God of Love*. Rev. ed. New York: Palgrave Macmillan, 2007.

Hobart, R. E. "Free Will as Involving Determinism and Inconceivable Without It." In *Metaphysics: The Big Questions*, edited by Peter Van Inwagen and Dean W Zimmerman Malden, Mass.: Blackwell, 1998.

Jones, E. Stanley. *Christ and Human Suffering*. New York: Abingdon, 1933.

Kushner, Harold. *When Bad Things Happen to Good People*. New York: Schocken, 1981.

Lewis, C. S. *The Abolition of Man*. 1944; reprint, San Francisco: HarperSanFrancisco, 1974.

―――. "Divine Omnipotence." In *The Problem of Pain*. New York: Touchstone, 1966.

―――. *Mere Christianity*. 1952; reprint, New York: HarperCollins, 2001.

Mill, John Stuart. *Three Essays on Religion*. 1874.

Murray, Michael. *Nature Red in Tooth and Claw*. New York: Oxford University Press, 2008.

Nash, Ronald *Faith and Reason*. Grand Rapids: Zondervan, 1988.

Nash, Ronald, ed. *Process Theology*. Grand Rapids: Baker, 1987.

Nelson, Mark T. "Naturalistic Ethics and the Argument from Evil." *Faith and Philosophy* 8, no. 3 (1991): 368-79.

Netland, Harold. *Dissonant Voices*. Grand Rapids: Eerdmans, 1991.

Piper, John, Justin Taylor and Paul Kjoss Helseth, eds. *Beyond the Bounds: Open Theism and the Undermining of Christianity*. Wheaton, Ill.: Crossway, 2003.

Plantinga, Alvin. *God, Freedom, and Evil*. Grand Rapids: Eerdmans, 1974.

Roth, John K. "A Theodicy of Protest." In *Encountering Evil*, edited by Stephen T. Davis. Louisville: Westminster John Knox, 2001.

Rotholz, James. *Chronic Fatigue Syndrome, Christianity, and Culture*. Binghamton, N.Y. : Hayworth Medical Press, 2002.

Rushdoony, Rousas John. *Revolt Against Maturity: A Biblical Psychology of Man*. Fairfax, Va : Thoburn Press, 1977.

Russell, Bertrand. *History of Western Philosophy*. 1945; reprint, New York: Simon & Schuster, 1972.

Schaeffer, Francis. *He Is There and He Is Not Silent*. 30th anniv ed Wheaton, Ill.: Tyndale House, 2001.

Spiegel, James. *The Benef its of Providence: A New Look at Divine Sovereignty*. Wheaton, Ill.: Crossway, 2005.

Stump, Eleonore. "The Mirror of Evil." In *God and the Philosophers*, edited by Thomas V. Morris. New York: Oxford University Press, 1995.

Swinburne, Richard. *Providence and the Problem of Evil*. New York: Oxford University Press, 1998.

Talbot, Mark R. "True Freedom: The Liberty That Scripture Portrays as Worth Having." In *Beyond the Bounds: Open Theism and the Undermining of Christianity*, edited by John Piper, Justin Taylor and Paul Kjoss Helseth Wheaton, Ill.: Crossway, 2003.

Wainwright, William. *Philosophy of Religion*. 2nd ed. Belmont, Calif.: Wadsworth, 1999.

Warfield, B. B. "On the Emotional Life of Our Lord." *Biblical and Theological Studies*. New York: Scribners, 1912.

Watts, Alan. *The Way of Zen*. New York: Vintage Books, 1957.

Weisel, Elie. *Night*. New York: Avon Books, 1969.

Whitehead, Alfred North. *Process and Reality*. 1929; reprint, New York: Free Press, 1982.

Wright, R. K. McGreggor. "The Incoherence of the Free Will Theory." In *No Place for Sovereignty*. Downers Grove, Ill : InterVarsity Press, 1996.

Zaehner, R. C. *Hinduism*. New York: Oxford University Press, 1983.

Chapter 26: Conclusion

Duriez, Colin. *Francis Schaeffer: An Authentic Life*. Wheaton, Ill.: Crossway, 2008.

Groothuis, Douglas. "A Manifesto for Christian Apologetics: Nineteen Theses to Shake the World with the Truth." In *Reasons for Faith: Making a Case for Christian Faith*, edited by Norman L. Geisler and Chad V. Meister. Wheaton, Ill.: Crossway, 2007.

Moreland, J. P. *Kingdom Triangle*. Grand Rapids: Zondervan, 2007.

Schaeffer, Edith. *The Tapestry: The Life and Times of Francis and Edith Schaeffer*. Waco, Tex.: Word, 1981.

Schaeffer, Francis. *True Spirituality*. Carol Stream, Ill.: Tyndale House, 1972.

Appendix 1: Hell on Trial

Edwards, Jonathan. "The Justice of God in the Damnation of Sinners." In *Puritan Sage: Collected Writings of Jonathan Edwards,* edited by Vergilius Ferm New York: Liberty Publishers, 1953.

Lewis, C. S. *The Great Divorce.* New York: Harper, 2001.

―――. "Hell." In *The Problem of Pain.* 1962; reprint, New York: Simon & Schuster, 1996.

Murray, Michael J. "Heaven and Hell." In *Reason for the Hope Within,* edited by Michael J. Murray. Grand Rapids: Eerdmans, 1999.

Pascal, Blaise. *Pensées,* edited and translated by Alban Krailsheimer New York: Penguin, 1966.

Peterson, Robert A. *Hell on Trial: The Case for Eternal Punishment.* Phillipsburg, N. J.: P & R Publishing, 1995.

Russell, Bertrand. *Why I Am Not a Christian and Other Essays on Religion and Related Subjects,* edited by Paul Edwards New York: Simon & Schuster, 1957.

Tiessen, T. L. "Hell." In *Global Dictionary of Theology,* edited by William A Dyrness and Veli-Matti Kärkkäinen. Downers Grove, Ill.: InterVarsity Press, 2008.

Appendix 2: Apologetic Issues in the Old Testament

Bloch-Smith, Elizabeth, and Beth Alpert-Nakhai. "A Landscape Comes to Life: The Iron Age I." *Near Eastern Archaeology* 62 (1999): 108-11.

Block, Daniel I., Bryan H. Cribb and Gregory S. Smith, eds. *Israel: Ancient Kingdom or Late Invention?* Nashville: B & H Academic, 2008.

Davies, Philip R. *Memories of Ancient Israel: An Introduction to Biblical History Ancient and Modern.* Louisville: Westminster John Knox, 2008.

―――. *The Origins of Biblical Israel.* New York: T & T Clark, 2007.

―――. *In Search of 'Ancient Israel.'* Sheffield, U. K.: JSOT Press, 1992.

Dawkins, Richard. *The God Delusion.* Boston: Houghton Mifflin, 2006.

Day, John, ed. *In Search of Pre-Exilic Israel.* JSOT Supplement Series 406 London: T & T Clark, 2004.

Dever, William G. *What Did the Biblical Writers Know and When Did They Know It? What Archaeology Can Tell Us About the Reality of Ancient Israel.* Grand Rapids: Eerdmans, 2001.

―――. *Who Were the Early Israelites and Where Did They Come From?* Grand

Rapids: Eerdmans, 2003.

Finkelstein, Israel, and Neil Asher Silberman. *The Bible Unearthed: Archaeology's New Vision of Ancient Israel and the Origin of Its Sacred Texts*. New York: Free Press, 2001.

―――. *David and Solomon: In Search of the Bible's Sacred Kings and the Roots of the Western Tradition*. New York: Free Press, 2006.

Fritz, Volkmar. "Monarchy and Re-Urbanization: A New Look at Solomon's Kingdom." In *The Origins of the Ancient Israelite States*. JSOT Supplement 228 Edited by V Fritz and P R Davies Sheffield, U K : Sheffield Academic Press, 1996.

Halpern, Baruch. "The Construction of the Davidic State: An Exercise in Historiography." In *The Origins of the Ancient Israelite States*. JSOT Supplement 228.

Edited by V Fritz and P R Davies Sheff ield, U K : Sheff ield Academic Press, 1996.

Harris, Sam. *The End of Faith: Religion, Terror, and the Future of Reason*. New York: W. W. Norton, 2004.

Hess, Richard S. *Israelite Religions: An Archaeological and Biblical Survey*. Grand Rapids: Baker Academic, 2007.

―――. "The Jericho and Ai of the Book of Joshua." In *Critical Issues in Early Israelite History. Critical Issues in Early Israelite History*, edited by Richard S. Hess, Gerald A Klingbeil and Paul J. Ray Jr. BBR Supplement 3. Winona Lake, Ind.: Eisenbrauns, 2008.

―――. "Literacy in Iron Age Israel." In *Windows into Old Testament History: Evidence, Argument, and the Crisis of "Biblical Israel,"* edited by V. Philips Long, David W. Baker and Gordon J. Wenham. Grand Rapids: Eerdmans, 2002.

―――. "Questions of Reading and Writing in Ancient Israel." *Bulletin for Biblical Research* 19 (2009): 1-9.

Hess, Richard S., Philip Satterthwaite and Gordon Wenham, eds. *He Swore an Oath: Biblical Themes from Genesis 12-50*. 2nd ed. Grand Rapids: Baker, 1994.

Hitchens, Christopher. *God Is Not Great: How Religion Poisons Everything*. New York: Twelve, 2007.

Hoffmeier, James K., and Alan Millard, eds. *The Future of Biblical Archaeology: Reassessing Methodologies and Assumptions*. Grand Rapids: Eerdmans, 2004.

Holladay, John S. Jr. "The Kingdoms of Israel and Judah: Political and Economic

Centralization in the Iron IIA-B." In *The Archaeology of Society in the Holy Land*, edited by T. E. Levy New York: Facts on File, 1995.

Hurowitz, Victor (Avigdor). *I Have Built You an Exalted House: Temple Building in the Bible in Light of Mesopotamian and Northwest Semitic Writings*. JOST Supplement 115 Sheffield, U. K.: Sheffield Academic Press, 1992.

Killebrew, Ann E. *Biblical Peoples and Ethnicity: An Archaeological Study of Egyptians, Canaanites, Philistines, and Early Israel 1300-1100 b.C.e*. Society of Biblical Literature Archaeology and Biblical Studies 9 Atlanta: Society of Biblical Literature, 2005.

Kitchen, Kenneth A. "A Possible Mention of David in the Late Tenth Century bce, and Deity *Dod as Dead as the Dodo?" *Journal for the Study of the Old Testament* 76 (1997): 29-44.

―――. *On the Reliability of the Old Testament*. Grand Rapids: Eerdmans, 2003.

Lemaire, André. "'House of David' Restored in Moabite Inscription." *Biblical Archaeology Review* 20, no. 3 (1994): 30-37.

Lemche, Neils Peter. *The Old Testament between Theology and History: A Critical Survey*. Louisville: Westminster John Knox, 2008.

―――. *Prelude to Israel's Past: Background and Beginnings of Israelite History and Identity*, translated by E F Maniscalo Peabody, Mass : Hendrickson, 1998.

Levy, Thomas E., and Muhammad Najjar. "Edom and Copper: The Emergence of Ancient Israel's Rival." Biblical Archaeology Review 32, no. 4 (2006): 24-35, 70

Mazar, Eilat. "Did I Find King David's Palace?" *Biblical Archaeology Review* 32, no. 1 (2006): 16-27, 70.

Millard, Alan R., and Donald J. Wiseman, eds *Essays on the Patriarchal Narratives*. 1980; reprint, Winona Lake, Ind.: Eisenbrauns, 1983.

Millard, Alan R., James K. Hoffmeier and David W. Baker, eds. *Faith, Tradition, and History: Old Testament Historiography in Its Near Eastern Context*. Winona Lake, Ind.: Eisenbrauns, 1994.

Römer, Thomas. *The So-Called Deuteronomistic History: A Sociological, Historical, and Literary Introduction*. New York: T & T Clark, 2007.

Schniedewind, William M. "Orality and Literacy in Ancient Israel." *Religious Studies Review* 26, no. 4 (2000): 327-32.

―――. "Tel Dan Stela: New Light on Aramaic and Jehu's Revolt." *Bulletin of the American Schools of Oriental Research* 302 (1996): 75-90.

Thompson, Thomas L. *Early History of the Israelite People: From the Written and Archaeological Sources*. Studies in the History of the Ancient Near East 4 Leiden: Brill, 1992.

———. *The Historicity of the Patriarchal Narratives: The Quest for the Historical Abraham*. Beihefte zur Zeitschrift für die alttestamentliche Wissenschaft 133 Berlin: de Gruyter, 1974.

———. *The Messiah Myth: The Near Eastern Roots of Jesus and David*. New York: Basic Books, 2005.

Van Seters, John. *Abraham in History and Tradition*. New Haven, Conn.: Yale University Press, 1975.

Younger, K Lawson, Jr. "The Late Bronze/Iron Age Transition and the Origins of the Arameans." In *Ugarit at Seventy-Five*, edited by K. Lawson Younger Jr. Winona Lake, Ind.: Eisenbrauns, 2007.

주제 색인

ㄱ

가드리트 521
가추법 261, 658
강한 핵력 382
개념적 경험 588
개연성 구조 452
개혁주의 95, 97, 100, 101, 112
검증주의 275, 659
결정론 329
고고학 370, 396, 456, 460, 696, 1012
공산주의 31
공통분모 54, 884, 887
공통혈통 446, 461
구루 769
그냥 주어진 사실 309, 360, 496, 543
근대성 32
금욕주의 644, 699, 757
기능 과학 455, 456, 459
기술주의 536, 537
기원 과학 455, 460
기적 108, 157, 693, 711, 712

ㄴ

높은 그리스도론 695
누적적인 사례 논증 93, 112

누적적인 사례의 접근 방식 110
니르바나 585, 859, 867, 939

ㄷ

다신론 499, 722
다우주 이론 394
다원주의 136, 154, 155, 404
다중도메인 393, 395
다중우주이론 392
도덕성 857, 885, 930, 934, 939
도마복음 699
돌연변이 409, 419, 426, 439
동일률 400
동일성의 원칙 76, 599

ㄹ

르 샹봉 502

ㅁ

마야 526
마약 575
명제적 태도 603
목샤 865, 939
목적론적 논증 263, 371
몰몬교 80, 208, 575
무로부터 314

무모순성 72, 77
무신론적 도덕적 실재론 529, 541, 543, 545
무에서 324, 341
문화적 상대주의 30, 505, 511, 513, 515
물리주의 134, 596, 597, 615, 616
미세조정 364, 368, 374, 375, 377

ㅂ

박테리아 편모 460, 467, 471
반지성주의 146, 147
발생적 오류 580
발생학 422, 432, 447
방법론적 자연주의 422, 423
범신론 80, 82, 83, 126, 131, 134, 157, 266, 324, 362
범재신론 499, 500
범주오류 483, 583
변증학 114, 116, 143, 179, 188, 195
부수현상설 607, 615, 619
분자기계 406, 451, 455, 464, 467
분자생물학 464
붉은 청어 503
브라만 525, 563, 758, 859, 861
비실재론 118, 227, 351, 873
비이원론 497
빅뱅 278, 314, 319, 327, 335, 336, 339
빈 무덤 799, 800

ㅅ

사실적 충분성 86, 87, 93
사후 세계 50, 134, 140, 146, 175, 511, 560, 727, 759, 828, 864
상대적 무시간성 334, 335
상동성 445
상정논법 261, 586, 658, 659, 661, 1015
상카라 526, 860, 863, 865
새로운 무신론자들 902, 994
생물학 353, 374, 384
생체모방 491
선(Zen) 239, 934
선험적 97, 153, 262, 282, 313, 424, 458, 711
설계 결함 492
설계 논증 262, 364, 496, 498
설계 추론 370, 372, 374, 383
설명항 614
성경무오설 410
성차별주의 163, 548
소반대 관계 792, 793
시조새 441
신경과학 582, 583
신경신학 583
신뢰성 35, 79, 96, 124, 147
신비종교 799
신비주의 556, 584, 588, 657, 658
신앙주의 72, 95, 96
신적 실재 497, 856
신정론 948, 949, 950, 958, 961
신플라톤주의 498
실재론 529, 541, 543
실제적 무한 330, 331, 336
실체 이원론 591, 592, 597, 600, 608, 610, 613
심신 이원론 596
싯다르타 가우타마 756
쓰레기 DNA 449

ㅇ

아드바이타 베단타 496, 525, 563, 588, 933, 936
아슬란 581
악의 문제 923, 926
양립론 956, 957
양심 124, 138, 142, 174
양자역학 329, 393, 608
에피쿠로스 54, 926, 927
에픽테투스 644
엑소시즘 475
엔트로피 342, 343, 345
여성 성기 절제 199
여호와의 증인 709
열역학 제2법칙 342, 344, 345
영지주의 226, 691, 698, 699, 706
영혼멸절설 894, 980
외경 123, 698, 704, 706
외계지적생명체탐사 370
외삽법 428, 429
우연성 317, 325, 342, 370, 372
우주론 42, 220
우주론적 논증 262, 314
우주의 나이 489
웨스트민스터 신앙고백 112, 957
유물론 92, 397, 1015
유신론적 논증 94, 99, 151, 931
유신론적 진화론 375, 411, 413, 414
유전학 419, 439
유티프로 541
유한한 신 499, 931, 939
윤리적 상대주의 505, 524, 1016
윤회 84, 250, 251, 362, 758, 862, 864, 866
의식 202, 208, 590

이레니우스 579, 703, 959
인간학 132, 576, 591, 633, 645, 662
인격주의 131, 537
인식론 620, 643, 645, 1016
인종주의 146
일반 상대성 이론 339, 347
일신교 569, 573, 758, 861, 885
일원론 556, 789, 860

ㅈ

자기 기만 135, 143, 843
자연계시 891
자연발생설 411, 482
자연선택 409, 411, 413, 418
자연신학 555, 596, 635, 636, 662
자연주의 789, 804, 816, 852
전이 형태 434, 436, 441, 442
전제주의 95, 97, 123
전환 117, 215, 233, 234
정황적 증거 837
제1원인 346, 348, 352
제국주의 146, 170
조로아스터교 759, 909
존재론적 논증 281, 318, 319, 361, 367, 402, 500, 550
종교적 다원주의 17, 82, 756, 855, 871, 878
종분화 411, 418, 428, 430, 440, 628
증거주의 95, 108, 1017
지구중심설 204, 220, 366
지시된 포자설 489
지옥 979
지적 설계 405, 406, 452
지하드 901, 907

지형학 696
진리 주장 494, 554, 565, 568

ㅊ

철학적 위선 87, 88
초월 명상 860
최선의 설명으로의 논증 387
최소 사실 717, 718, 817, 822
최소주의 993, 1001
충족이유율 302, 309, 310

ㅋ

카르마 526, 548
칼람 우주론적 논증 314, 324
칼빈주의 97, 111, 123, 177, 952, 957
칼케돈 공의회 785, 786
캄브리아기 대폭발 435
코페르니쿠스 154, 366
쿠란 81, 705, 759, 813, 904

ㅌ

타산성 239, 241, 243, 248, 250, 251, 252, 256, 257
태양중심설 154, 366
테러리즘 923
토대주의 101, 102
특별계시 108, 263, 274, 275
특정주의 871, 879, 889, 891, 892
특정화된 복잡성 465, 469, 475, 480, 481, 486, 490, 491, 496
틈새를 메우는 하나님 374, 470, 481

ㅍ

파기자 420, 965
파스칼의 내기 241, 932
판다의 엄지 492, 493, 494
폐위된 왕족 562, 633
포괄주의 889, 890
포스트모더니즘 181, 509, 1018
표준 명제 142, 143
퓨 포럼 854
피설명항 614
필연성 295, 297, 304
필연적 존재 283, 297, 301, 1019

ㅎ

하나님의 왕국 140, 689
항존주의 868, 870, 872, 881
허무주의 29, 88, 322, 514, 520, 521, 540, 541
허수아비 논증의 오류 43
화학 155, 371, 384, 409, 456, 459
환원 불가능한 복잡성 465, 466, 467, 469
회의론 273, 556, 593, 642, 644
후건긍정 660, 661
후건부정 323, 342, 492, 517, 882
후추나방 426
후험적 262, 301, 307
흔적 기관 448, 449

기타

DNA 406, 445, 451

기독교 변증학
Christian Apologetics

2015년 11월 02일 초판 발행

지 은 이 | 더글라스 그로타이스
옮 긴 이 | 구혜선

편 집 | 김수홍
디 자 인 | 이수정
펴 낸 곳 | 사)기독교문서선교회
등 록 | 제16-25호(1980. 1. 18)
주 소 | 서울시 서초구 방배로 68
전 화 | 02) 586-8761~3(본사)   031) 942-8761(영업부)
팩 스 | 02) 523-0131(본사)   031) 942-8763(영업부)
홈페이지 | www.clcbook.com
이 메 일 | clckor@gmail.com
온 라 인 | 기업은행 073-000308-04-020, 국민은행 043-01-0379-646
       예금주: 사)기독교문서선교회

ISBN 978-89-341-1499-4 (93230)

※ 낙장·파본은 교환해 드립니다.

이 도서의 국립중앙도서관 출판시 도서목록(CIP)은 서지정보유통지원시스템 홈페이지(http://seoji.nl.go.kr)와
국가자료공동목록시스템(http://www.nl.go.kr/kolisnet)에서 이용하실 수 있습니다.
(CIP제어번호: CIP2015027081)